le Guide du **routard**

Directeur de collection et auteur
Philippe GLOAGUEN

Cofond...
Philippe GLOAG...

Réda...
Pier...

Rédacteurs
Amanda KERAVEL et Benoit LUCCHINI

Directrice de la coordination
Florence CHARMETANT

Rédaction
Olivier PAGE, Véronique de CHARDON,
Isabelle AL SUBAIHI, Anne-Caroline DUMAS,
Carole BORDES, Bénédicte BAZAILLE,
André PONCELET, Marie BURIN des ROZIERS,
Thierry BROUARD, Géraldine LEMAUF-BEAUVOIS,
Anne POINSOT, Mathilde de BOISGROLLIER,
Gavin's CLEMENTE-RUÏZ, Alain PALLIER
et Fiona DEBRABANDER

PARCS NATIONAUX DE L'OUEST AMÉRICAIN

2006
2007

Hachette

Avis aux hôteliers et aux restaurateurs

Les enquêteurs du *Guide du routard* travaillent dans le plus strict anonymat. Aucune réduction, aucun avantage quelconque, aucune rétribution ne sont jamais demandés en contrepartie. Face aux aigrefins, la loi autorise les hôteliers et restaurateurs à porter plainte.

Hors-d'œuvre

Le *GDR*, ce n'est pas comme le bon vin, il vieillit mal. On ne veut pas pousser à la consommation, mais évitez de partir avec une édition ancienne. Les modifications sont souvent importantes.

Pour que votre pub voyage autant que nos lecteurs,
contactez nos régies publicitaires :
● fbrunel@hachette-livre.fr ●
● veronique@routard.com ●

ON EN EST FIERS : www.routard.com

Tout pour préparer votre voyage en ligne, de A comme argent à Z comme Zanzibar : des fiches pratiques sur 125 destinations (y compris les régions françaises), nos tuyaux perso pour voyager, des cartes et des photos sur chaque pays, des infos météo et santé, la possibilité de réserver en ligne son visa, son vol sec, son séjour, son hébergement ou sa voiture. En prime, *routard mag,* véritable magazine en ligne, propose interviews de voyageurs, reportages, carnets de route, événements culturels, dossiers pratiques, produits nomades, fêtes et infos du monde. Et bien sûr : des concours, des *chats,* des petites annonces, une boutique de produits de voyage...

Comité Éthique

Nous avons créé un Comité Éthique comprenant des membres de la rédaction et hors de la rédaction. Si vous avez des questions et des commentaires concernant certains textes, merci d'écrire au Comité Éthique : 5, rue de l'Arrivée, 92190 Meudon. ● guide@routard.com ●

Les réductions accordées à nos lecteurs ne sont jamais demandées par nos rédacteurs afin de préserver leur indépendance. Les hôteliers et restaurateurs sont sollicités par une société de mailing, totalement indépendante de la rédaction qui reste libre de ses choix. Idem pour les autocollants et plaques émaillées.

Mille excuses, on ne peut plus répondre individuellement aux centaines de CV reçus chaque année.

Le contenu des annonces publicitaires insérées dans ce guide n'engage en rien la responsabilité de l'éditeur.

TABLE DES MATIÈRES

COMMENT Y ALLER ?

GÉNÉRALITÉS

LA CALIFORNIE

Attention : le reste de la Californie est traité dans le guide *Californie*.

LE NEVADA

L'ARIZONA

L'UTAH

LE WYOMING, LE MONTANA ET LE DAKOTA DU SUD

LE COLORADO

LE NOUVEAU-MEXIQUE (NEW MEXICO)

Nous tenons à remercier tout particulièrement Loup-Maëlle Besançon, Thierry Bessou, Gérard Bouchu, François Chauvin, Grégory Dalex, Fabrice de Lestang, Cédric Fischer, Carole Fouque, Michelle Georget, David Giason, Claudine de Gubernatis, Lucien Jedwab, Emmanuel Juste, Florent Lamontagne, Delphine Meudic, Jean-Sébastien Petitdemange, Laurence Pinsard, Thomas Rivallain, Claudio Tombari et Solange Vivier pour leur collaboration régulière.

Et pour cette nouvelle collection, nous remercions aussi :

David Alon et Andréa Valouchova
Antonin Amado
Didier Angelo
Marjorie Bensaada
Jean-Jacques Bordier-Chêne
Philippe Bourget
Nathalie Boyer
Ellenore Busch
Florence Cavé
Raymond Chabaud
Caroline Chapeaux
Alain Chaplais
Bénédicte Charmetant
Geneviève Clastres
Stéphanie Condis
Agnès Debiage
Tovi et Ahmet Diler
Bénédicte des Dorides
Émilie Droit
Sophie Duval
Sophie Ferard
Alain Fisch
Cécile Gauneau
Stéphanie Genin
Arnaud Gèze
Adrien Gloaguen
Angela Gosmann
Romuald Goujon
Stéphane Gourmelen
Méril Goussot
Xavier Haudiquet
Bernard Hilaire
Lionel Husson
Catherine Jarrige
Sébastien Jauffret
François et Sylvie Jouffa
Olga Krokhina

Hélène Labriet
Lionel Lambert
Vincent Launstorfer
Francis Lecompte
Benoît Legault
Jean-Claude et Florence Lemoine
Sacha Lenormand
Valérie Loth
Dorica Lucaci
Stéphanie Lucas
Philippe Melul
Kristell Menez
Éric Milet
Catherine Moine
Xavier de Moulins
Jacques Muller
Alain Nierga et Cécile Fischer
Sébastien Noulet
Hélène Odoux
Caroline Ollion
Nicolas Pallier
Patrick de Panthou
Martine Partrat
Odile Paugam et Didier Jehanno
Xavier Ramon
Dominique Roland
Déborah Rudetzki et Philippe Martineau
Corinne Russo
Caroline Sabljak
Jean-Luc et Antigone Schilling
Brindha Seethanen
Alexandra Sémon
Guillaume Soubrié
Nicolas Tiphagne
Christophe Trognon
Charlotte Valade
Julien Vitry

Direction : Cécile Boyer-Runge
Contrôle de gestion : Joséphine Veyres et Céline Déléris
Responsable de collection : Catherine Julhe
Édition : Matthieu Devaux, Stéphane Renard, Magali Vidal, Marine Barbier-Blin, Laure Méry, Géraldine Péron, Amélie Renaut et Jean Tiffon
Secrétariat : Catherine Maîtrepierre
Préparation-lecture : Muriel Lucas
Cartographie : Frédéric Clémençon et Aurélie Huot
Fabrication : Nathalie Lautout et Audrey Detournay
Couverture : conçue et réalisée par Thibault Reumaux
Direction marketing : Dominique Nouvel, Lydie Firmin et Juliette Caillaud
Direction partenariats : Jérôme Denoix et Dana Lichiardopol
Édition partenariats : Juliette Neveux et Géraldine Seris
Informatique éditoriale : Lionel Barth
Relations presse : Danielle Magne, Martine Levens et Maureen Browne
Régie publicitaire : Florence Brunel

LES GUIDES DU ROUTARD
2006-2007

(dates de parution sur **www.routard.com**)

France

Nationaux

- Nos meilleures chambres d'hôtes en France
- Nos meilleures fermes-auberges en France
- Nos meilleurs hôtels et restos en France
- Petits restos des grands chefs

- Pays de la Loire
- Poitou-Charentes
- Provence
- Pyrénées, Gascogne

Villes françaises

- Bordeaux
- Lille
- Lyon
- Marseille
- Montpellier
- Nice
- Toulouse

Régions françaises

- Alpes
- Alsace, Vosges
- Aquitaine
- Ardèche, Drôme
- Auvergne, Limousin
- Bourgogne
- Bretagne Nord
- Bretagne Sud
- Châteaux de la Loire
- Corse
- Côte d'Azur
- Franche-Comté
- Île-de-France
- Languedoc-Roussillon
- Lot, Aveyron, Tarn
- Nord-Pas-de-Calais
- Normandie
- Pays basque (France, Espagne)

Paris

- Junior à Paris et ses environs
- Paris
- Paris balades
- Paris exotique
- Paris la nuit
- Paris sportif
- Paris à vélo
- **Paris zen (avril 2006)**
- Restos et bistrots de Paris
- Le Routard des amoureux à Paris
- Week-ends autour de Paris

Europe

Pays européens

- Allemagne
- Andalousie
- Andorre, Catalogne
- Angleterre, Pays de Galles
- Athènes et les îles grecques
- Autriche
- Baléares
- Belgique
- Crète
- Croatie
- Écosse
- Espagne du Centre (Madrid)
- Espagne du Nord-Ouest (Galice, Asturies, Cantabrie)
- Finlande

- Grèce continentale
- Hongrie, République tchèque, Slovaquie
- Irlande
- Islande
- Italie du Nord
- Italie du Sud
- Malte
- Norvège, Suède, Danemark
- Piémont
- Pologne et capitales baltes
- Portugal
- Roumanie, Bulgarie
- Sicile
- Suisse
- Toscane, Ombrie

LES GUIDES DU ROUTARD
2006-2007 (suite)

(dates de parution sur **www.routard.com**)

Villes européennes

- Amsterdam
- Barcelone
- **Berlin (avril 2006)**
- Florence
- Londres

- Moscou, Saint-Pétersbourg
- Prague
- Rome
- Venise

Amériques

- Argentine
- Brésil
- Californie
- Canada Ouest et Ontario
- Chili et île de Pâques
- Cuba
- Équateur
- États-Unis, côte Est
- Floride, Louisiane
- Guadeloupe, Saint-Martin, Saint-Barth

- Martinique, Dominique, Sainte-Lucie
- Mexique, Belize, Guatemala
- New York
- Parcs nationaux de l'Ouest américain et Las Vegas
- Pérou, Bolivie
- Québec et Provinces maritimes
- République dominicaine (Saint-Domingue)

Asie

- Birmanie
- Cambodge, Laos
- Chine (Sud, Pékin, Yunnan)
- Inde du Nord
- Inde du Sud
- Indonésie
- Israël
- Istanbul

- Jordanie, Syrie
- Malaisie, Singapour
- Népal, Tibet
- Sri Lanka (Ceylan)
- Thaïlande
- Turquie
- Vietnam

Afrique

- Afrique de l'Ouest
- Afrique du Sud
- Égypte
- Île Maurice, Rodrigues
- Kenya, Tanzanie et Zanzibar
- Madagascar

- Maroc
- Marrakech
- Réunion
- Sénégal, Gambie
- Tunisie

Guides de conversation

- **Allemand (nouveauté)**
- **Anglais (nouveauté)**
- **Chinois (mars 2006)**
- **Croate (mars 2006)**
- **Espagnol (nouveauté)**

- **Grec (mars 2006)**
- **Italien (nouveauté)**
- **Portugais (mars 2006)**
- **Russe (mars 2006)**

Et aussi...

- Le Guide de l'expatrié

- Le Guide de l'humanitaire

Remerciements

Pour leur aide apportée à la réalisation de cette nouvelle édition, nous remercions vivement :

– L'office du tourisme de Las Vegas à Paris.

– Marina G. Nicola et Erika Yowell du *Convention & Visitors Authority* de Las Vegas.

– Valérie Ferrière, de l'ambassade des États-Unis à Paris.

– Cowboy Ted, directeur exécutif de l'office du tourisme de Kanab et figure locale du Kane County.

– Deena Loyola, de l'*Utah State Parks & Recreation*.

– Les offices du tourisme de Capitol Reef et de Torrey, pour l'accueil très sympathique et efficace.

– Patrick Debrabander, partenaire de route et conducteur hors pair.

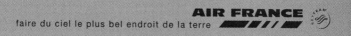

Les Vacances selon Air France.

Les Vacances plus accessibles que jamais avec les tarifs Tempo. Les Vacances dans le monde
entier vers plus de 650 destinations, les Vacances où l'on devient le centre de toutes les attentions,
les Vacances en toute sérénité, les Vacances selon Air France.
www.airfrance.fr

A petit prix

sur airfrance.fr

AIR FRANCE KLM

LES QUESTIONS QU'ON SE POSE LE PLUS SOUVENT

➤ *Quels sont les papiers indispensables pour se rendre aux États-Unis ?*

Passeport à lecture optique en cours de validité (même pour les enfants) et un billet aller-retour. Visa nécessaire pour un séjour de plus de 3 mois.

➤ *Quel est le temps de vol ?*

Compter 15 h pour Las Vegas (vol avec connexion obligatoire), au départ de Paris.

➤ *Quel est le décalage horaire ?*

Il est de 8 h par rapport à l'heure française d'hiver (9 h pour la Californie et le Nevada). Quand il est 16 h en France, il est donc 8 h du matin à Santa Fe et 7 h à Las Vegas.

➤ *Quel est le climat ?*

L'été est chaud partout, voire caniculaire dans la vallée de la Mort (qui porte bien son nom !). Les hivers sont très froids dans les Rocheuses, doux dans le Sud californien. Préférer le printemps et l'automne (il y a moins de monde qu'en été).

➤ *La vie est-elle chère ?*

Dans l'ensemble, très chère depuis quelques années. Aux prix affichés, n'oubliez pas de rajouter les taxes (entre 5 et 15 % selon le type d'achat) et le service (minimum fixé entre 15 et 20 % !).

➤ *Comment se loger au meilleur prix ?*

Le motel de bord de route est la solution la moins chère, d'autant qu'on peut y dormir à quatre. Dans les parcs, les campings sont souvent sommaires mais bon marché.

➤ *Peut-on y aller avec des enfants ?*

Les États-Unis sont le royaume des enfants, et l'Ouest américain ne faillit pas à la règle. Sachez quand même que les distances à parcourir sont longues, que la chaleur est rude en plein été et, surtout, que ça reste cher.

➤ *Comment se déplacer ?*

Dans cette région de grands espaces, en voiture bien sûr. Le carburant reste bon marché, et les voitures de location sont bien plus spacieuses et confortables qu'en France.

➤ *Quels sont les plus beaux parcs ?*

Ils sont tous beaux mais voici un palmarès des plus variés, en vrac : Death Valley, Yosemite, Monument Valley, Bryce, Zion, Lake Powell, Canyonlands (un concentré de tous les parcs !) et enfin Yellowstone.

➤ *Quel est le prix moyen d'une entrée dans un parc national ?*

Comptez en moyenne 10-15 US$ par véhicule, et 20 US$ pour certains « gros » parcs, comme Grand Canyon, Bryce, Zion, Yosemite ou Yellowstone. On peut aussi acheter un *pass* annuel, donnant accès à tous les parcs et monuments nationaux, pour 50 US$.

➤ *Peut-on dormir dans les parcs nationaux ?*

Oui, il y a des campings et parfois des bungalows et des motels. Attention, les places sont rares : réservez très longtemps à l'avance ou présentez-vous le plus tôt possible lorsque les réservations ne sont pas autorisées. Mais ça vaut le coup !

➤ *Le mariage à Las Vegas est-il reconnu en France ?*

Oui, pour le faire enregistrer par l'état civil français, il faut constituer un dossier de mariage et l'envoyer au consulat général de France à Los Angeles 2 mois avant la date du mariage. En cas d'oubli, il y a une session de rattrapage après !

➤ *Peut-on vraiment gagner aux jeux à Las Vegas ?*

Ne vous faites pas d'illusion. Vous avez plus de chance de perdre votre chemise que de gagner des mille et des cents. D'ailleurs, le boulevard des grands casinos extravagants s'appelle le *Strip*...

COMMENT Y ALLER ?

LES LIGNES RÉGULIÈRES

Les compagnies françaises

▲ AIR FRANCE

Renseignements et réservations au ☎ 0820-820-820 (de 6 h 30 à 22 h ; 0,12 €/mn), sur • www.airfrance.fr •, dans les agences Air France et dans toutes les agences de voyages.
– *Houston :* 1 Allen Center, 500 Dallas St, Suite 2850. ☎ (713) 654-3600. Fax : (713) 654-3636.
– *Los Angeles :* 725 South Figueroa St, suite 3250. ☎ (800) 237-2747. Fax : (213) 624-6854.
– *San Francisco :* 100 Pine St, Suite 230. ☎ (800) 237-2747.
➢ Air France dessert Los Angeles avec 17 vols hebdomadaires directs au départ de l'aéroport de Roissy-Charles-de-Gaulle, terminal 2C.
Air France dessert Houston avec un vol quotidien direct au départ de l'aéroport de Roissy-Charles-de-Gaulle, terminal 2C.
Enfin, Air France propose d'autres destinations en vols non directs avec KLM-Northwest et Delta Air Lines dont San Francisco, Phoenix, San Diego et Albuquerque.
Air France propose une gamme de tarifs accessibles à tous : du *Tempo 1* (le plus souple) au *Tempo 5* (le moins cher) selon les destinations. Pour les moins de 25 ans, Air France propose des tarifs très attractifs *Tempo Jeunes,* ainsi qu'une carte de fidélité, « Fréquence Jeune », gratuite et valable sur l'ensemble des compagnies membres de Skyteam. Cette carte permet de cumuler des *miles.*
Tous les mercredis dès 0 h, sur • www.airfrance.fr •, Air France propose les tarifs « Coup de cœur », une sélection de destinations en France pour des départs de dernière minute.
Sur Internet, possibilité de consulter les meilleurs tarifs du moment, rubrique « Offres spéciales », « Promotions ».

Les compagnies américaines

▲ AMERICAN AIRLINES

Informations et réservations : ☎ 0810-872-872, du lundi au vendredi de 8 h à 19 h et le week-end de 9 h 30 à 18 h. • www.americanairlines.fr • Comptoir billetterie à l'aéroport Roissy-Charles-de-Gaulle, terminal 2A.
➢ American Airlines propose, au départ de Paris-Roissy, un vol quotidien sans escale sur les villes suivantes : Chicago, Dallas/Fort Worth et Miami, ainsi que 2 vols quotidiens sur New York. Aux États-Unis, correspondances sur près de 200 destinations domestiques, ainsi que vers le Canada, l'Amérique centrale, la zone caraïbe et l'Amérique du Sud.

▲ DELTA AIR LINES

– *Paris :* 2, rue Robert-Esnault-Pelterie, 75007. • www.delta.com • Ⓜ Invalides. L'agence est ouverte du lundi au vendredi de 9 h à 18 h 30 et le samedi de 9 h 45 à 18 h. La compagnie est également joignable par téléphone tous les jours au ☎ 0800-354-080, de 8 h à 21 h du lundi au vendredi, et les samedi, dimanche et jours fériés de 9 h à 17 h.
➢ Delta propose des vols quotidiens sans escale vers Boston, New York, Atlanta, Cincinnati, Chicago, Houston, Washington, Los Angeles, Philadel-

phie, San Francisco, Miami et Detroit. Le réseau de Delta est l'un des plus étendus avec plus de 200 villes desservies.

▲ UNITED AIRLINES
– *Paris :* ☎ 0810-727-272 (n° Azur ; réservations par téléphone, du lundi au vendredi de 8 h à 20 h) ou sur Internet ● www.united.fr ●
➤ Au départ de Paris-Roissy-Charles-de-Gaulle, la compagnie dessert tous les jours San Francisco sans escale. Possibilité de rejoindre de très nombreuses villes de la côte Ouest : San Diego, Las Vegas, Phoenix, Tucson, Salt Lake City... Toute l'année, la compagnie propose des tarifs vers plus de 150 destinations aux États-Unis (Hawaii compris).
Lors de la réservation, la compagnie peut vous inscrire au programme de fidélisation United Airlines, *Mileage Plus.* Vos miles aériens seront crédités sur votre compte et vous permettront d'obtenir des billets gratuits. United Airlines offre un aller-retour pour certaines destinations européennes à partir de 20 000 miles et, avec 50 000 miles, un aller-retour en classe économique *United Economy,* Europe-États-Unis, Canada ou Amérique centrale.
Pour les 12-25 ans, un numéro spécial est mis à leur disposition leur permettant de bénéficier de tarifs préférentiels, jusqu'à - 25 % : ☎ 0820-001-225.
United propose des départs de province via le TGV jusqu'à Roissy-Charles-de-Gaulle avec un billet combiné train + avion (départs d'Angers, Avignon, Bordeaux, Lyon, Lille, Le Mans, Marseille, Montpellier, Nantes, Poitiers, Rennes, Tours-Saint-Pierre-des-Corps et Valence).

▲ US AIRWAYS
– *Paris :* ☎ 0810-632-222 (n° Azur, joignable tous les jours de 8 h à 21 h). ● www.usairways.com ●
Un vol quotidien pour Philadelphie, plus de 200 connexions ensuite, aux États-Unis (notamment Los Angeles, San Francisco, Phoenix, Las Vegas et Denver), Canada et Caraïbes. Inscription au programme de fidélité *Dividend Miles* gratuite, chaque vol effectué rapporte des miles (équivalents à la distance parcourue). US Airways étant membre du réseau Star Alliance (plus grande alliance mondiale regroupant 16 compagnies aériennes, soit 795 destinations dans 139 pays différents), les détenteurs d'une carte *Dividend Miles* peuvent gagner des miles et les échanger avec les autres compagnies de la Star Alliance.

LES ORGANISMES DE VOYAGES

– Ne pas croire que les vols à tarif réduit sont tous au même prix pour une même destination à une même époque : loin de là. On a déjà vu, dans un même avion partagé par deux organismes, des passagers qui avaient payé 40 % plus cher que les autres... Authentique ! De plus, une agence bon marché ne l'est pas forcément toute l'année (elle peut n'être compétitive qu'à certaines dates bien précises). Donc, contactez tous les organismes et jugez vous-même.
– Les organismes cités sont classés par ordre alphabétique, pour éviter les jalousies et les grincements de dents.

EN FRANCE

▲ ANYWAY.COM
☎ 0892-302-301 (0,34 €/mn). Fax : 01-53-19-67-10. ● www.anyway.com ●
Du lundi au vendredi de 8 h à 20 h et le samedi de 9 h à 19 h.
Depuis 17 ans, Anyway.com se spécialise dans le vol sec et s'adresse à tous les routards en négociant des tarifs auprès de 500 compagnies aériennes et l'ensemble des vols charters pour garantir des prix toujours plus compétitifs.

Anyway.com propose aussi un large éventail de séjours et week-ends à prix réduits : croisières, séjours bien-être, circuits tout compris ou sur mesure. Possibilité de comparer les différents séjours sur le site.

▲ AVENTURIA
– *Lyon* : Objectif USA, 11, quai Jules-Courmont, 69002. ☎ 04-72-77-98-98.
– *Paris* : 213, boulevard Raspail, 75014. ☎ 01-44-10-50-50.
– *Marseille* : 2, rue Edmond-Rostand, 13006. ☎ 04-96-10-24-70.
– *Lille* : 21, rue des Ponts-de-Comines, 59800. ☎ 03-20-06-33-77.
– *Nantes* : 2, allée de l'Erdre, Cours des 50-Otages, 44000. ☎ 02-40-35-10-12.
– *Bordeaux* : 9, rue Ravez, 33000. ☎ 05-56-90-90-22.
– *Bruxelles* : 15, rue Royale, 1000. ☎ 02-526-92-90.
Spécialiste des États-Unis et du Canada, ce tour-opérateur original fabrique ses propres programmes, édite ses propres brochures et les distribue exclusivement dans ses agences de Lyon, Paris, Marseille, Lille, Nantes, Bordeaux et Bruxelles. Avec l'aide d'équipes de vente performantes, vous pourrez construire votre itinéraire et personnaliser votre voyage grâce à une sélection d'étapes de charme et de modules d'escapades. Tout à la carte. Brochure sur demande par téléphone ou sur le Web ● www.aventuria.com ●

▲ BACK ROADS
– *Paris* : 14, pl. Denfert-Rochereau, 75014. ☎ 01-43-22-65-65. Fax : 01-43-20-04-88. ● www.backroads.fr ● contact@backroads.fr ● Ⓜ ou RER B : Denfert-Rochereau. Ouvert du lundi au vendredi de 10 h à 19 h et le samedi de 10 h à 18 h.
Depuis 1975, Jacques Klein et son équipe sillonnent chaque année les routes américaines, ce qui fait d'eux de grands connaisseurs des États-Unis, de New York à l'Alaska en passant par le Far West. Pour cette raison, ils ne vendent leurs produits qu'en direct. Ils vous feront partager leurs expériences et vous conseilleront sur les circuits les plus adaptés à vos centres d'intérêt. Spécialistes des autotours qu'ils programment eux-mêmes, ils ont également le grand avantage de disposer de contingents de chambres dans les Parcs Nationaux et dans les nombreux hôtels et motels de l'Ouest. Ils proposent, en outre, plusieurs expéditions en raft, en hélicoptère ou à cheval. Dans leur brochure, ils offrent également un grand choix d'activités, allant du séjour en ranch aux expéditions à VTT, en passant par le jeeping, le trekking ou le rafting.
De plus, Back Roads représente deux centraux de réservation américains lui permettant d'offrir des tarifs très compétitifs pour la réservation d'*Amerote,* des hôtels sur tout le territoire, des *Hilton* aux *YMCA,* et *Car Discount,* un courtier en location de voitures, motos (Harley notamment), pour la location de véhicules.

▲ BOURSE DES VOLS / BOURSE DES VOYAGES
Pour connaître les derniers « Bons Plans » de la Bourse des Vols / Bourse des Voyages, rendez-vous sur le site ● www.bdv.fr ● ou par téléphone, appelez le ☎ 0892-888-949 (0,34 €/mn), du lundi au samedi de 8 h à 22 h.
Agence de voyages en ligne, bdv.fr propose une vaste sélection de vols secs, séjours et circuits à réserver en ligne ou par téléphone. Pour bénéficier des meilleurs tarifs aériens, même à la dernière minute, le service de Bourse des Vols propose en temps réel un large panel de vols réguliers, charters et dégriffés au départ de Paris et de nombreuses villes de province à destination du monde entier ! Référençant les offres d'une trentaine de tour-opérateurs spécialistes, Bourse des Voyages permet aux internautes d'accéder à une gamme étendue de voyages répondant à toutes leurs envies d'escapades ! Bdv.fr propose également des guides pratiques sur plus de 180 destinations à consulter en ligne pour préparer ses prochains voyages.

▲ COMPAGNIE DES ÉTATS-UNIS & DU CANADA

– *Paris :* 3, av. de l'Opéra, 75001. ☎ 01-55-35-33-55 (pour les États-Unis) et ☎ 01-55-35-33-50 (pour le Canada). Ⓜ Palais-Royal.
– *Paris :* 82, bd Raspail (angle rue de Vaugirard), 75006. ☎ 01-53-63-29-29 (pour les États-Unis) et ☎ 01-53-63-29-28 (pour le Canada). Fax : 01-42-22-20-15. Ⓜ Rennes ou Saint-Placide. Ouvert du lundi au vendredi de 9 h à 19 h et le samedi de 10 h à 19 h.
● www.compagniesdumonde.com ● etats.unis@compagniesdumonde.com ●
Après 20 ans d'expérience, Jean-Alexis Pougatch, passionné de l'Amérique du Nord, a ouvert à Paris le centre des voyages à la carte et de l'information sur les États-Unis et le Canada.
D'un côté, la compagnie propose 1 500 vols négociés sur les États-Unis et le Canada. De l'autre, une brochure très complète offre toutes sortes de formules de voyages : des circuits thématiques (en Harley Davidson, en avion privé, en camping, en trekking, etc.), des circuits en groupes et de nombreux circuits individuels en voiture.
Les séjours à la carte représentent la spécificité de ce voyagiste. La Compagnie est aussi spécialisée dans les séjours tournés vers l'art, les grands musées, les expositions. Elle propose de nombreux week-ends à New York, Philadelphie, Boston, Chicago, Las Vegas, etc. Compagnie des États-Unis et du Canada fait partie du groupe Compagnies du Monde, comme Compagnie Amérique Latine et Caraïbes et Compagnie des Indes et de l'Extrême Orient.

▲ COMPTOIR DES ÉTATS-UNIS

– *Paris :* 344, rue Saint-Jacques, 75005. ☎ 0892-238-438 (0,34 €/mn). Fax : 01-53-10-21-71. ● www.comptoir.fr ● RER B : Port-Royal. Ouvert du lundi au samedi de 10 h à 18 h 30.
Les voyages « cousus main ». Cette petite équipe de passionnés propose mille et une façons de découvrir les États-Unis. Autotours, location de voitures, de *motorhomes* ou même de Harley Davidson, hébergements très divers... Les possibilités sont infinies mais les spécialistes de Comptoir des États-Unis sont à votre écoute pour vous conseiller et vous aider à construire votre voyage.
Comptoir des États-Unis s'intègre à l'ensemble des Comptoirs organisés autour de thématiques : Déserts, Afrique, Maroc, Canada, Islande, Pays celtes, Terres Extrêmes, Scandinavie, Italie et Brésil.

▲ COMPTOIRS DU MONDE (LES)

– *Paris :* 22, rue Saint-Paul, 75004. ☎ 01-44-54-84-54. Fax : 01-44-54-84-50. ● cdm@comptoirsdumonde.fr ● Ⓜ Saint-Paul ou Bastille.
C'est en plein cœur du Marais, dans une atmosphère chaleureuse, que l'équipe des Comptoirs du Monde traitera personnellement tous vos désirs d'évasion : vols à prix réduits mais aussi circuits et prestations à la carte pour tous les budgets sur toute l'Asie, le Proche-Orient, les Amériques, les Antilles, Madagascar et maintenant l'Italie. Vous pouvez aussi réserver par téléphone et régler par carte de paiement, sans vous déplacer.

▲ DIRECTOURS

– *Paris :* 90, av. des Champs-Élysées, 75008. ☎ 01-45-62-62-62. Fax : 01-40-74-07-01.
– *Lyon :* ☎ 04-72-40-90-40.
– Pour le reste de la province : ☎ 0801-637-543 (n° Azur).
● www.directours.com ●
Directours présente la particularité de s'adresser directement au public en vendant ses voyages exclusivement par téléphone, sans passer par les agences et autres intermédiaires. Directours propose une grande variété de destinations dont tous les États-Unis à la carte (avec des brochures spéciales

C^{LE} DES ETATS UNIS & DU CANADA

L'ART DE CHOISIR SON VOYAGE AUX ETATS-UNIS

VOLS – SEJOURS HOTELS- CIRCUITS ACCOMPAGNES-CIRCUITS INDIVIDUELS

LOS ANGELES	SAN FRANCISCO	PHOENIX	LAS VEGAS
430 €	455 €	510 €	565 €

Vols A/R avec prix à partir de, taxes en sus (env.180 euros à ce jour)

EXEMPLES D'HOTELS CATEGORIE ** et ***/**** PAR NUIT

• **GRAND CANYON**	BW Squire Inn (1)	67€	El Tovar**** (2)	113€
• **BRYCE CANYON**	Bryce View Lodge (1)	34€	Bryce Canyon Lodge (2)	112€
• **MONUMENT VALLEY**	Holiday Inn Kayenta (1)	47€	Goulding's Lodge (2)	94€
• **LAS VEGAS**	Circus Circus ***sup	36€	Bellagio (Luxe)	98€

Prix par pers. et par nuit, en ch. double, à partir de-taxes incluses. (1) à proximité du Parc. (2) dans le Parc

EXEMPLES DE CIRCUITS INDIVIDUELS EN VOITURE AU DÉPART DE PARIS

• **ZOOM SUR LES PARCS**	8 jours/6 nuits	895€
• **CANYONS ET DESERTS DU FAR WEST**	14 jours/12 nuits	985€
• **L'OUEST GRAND ECRAN**	15 jours/13 nuits	1045€
• **ADOBE & CANYONS**	15 jours/13 nuits	1065€

Prix à partir de, par pers, au départ de Paris, en ch. Quadruple, location de voiture Full Size, en km illimité
& assurance LDW/CDW & Road book inclus. Hôtels 2/3 étoiles. Taxes en sus environ 180 euros à ce jour.

EXEMPLES DE CIRCUITS ACCOMPAGNÉS AU DÉPART DE PARIS

• **LES JOYAUX DE L'OUEST**	12 jours/10 nuits	1714€

Prix à partir de, par personne au départ de Paris, en chambre double en Hôtels 2/3 étoiles,
en pension complète avec uide en français uniquement. Taxes en sus environ 180 euros à ce jour.

C^{LE} DES ETATS-UNIS

3, Avenue de l'Opéra	82, bd Raspail *(angle rue de Vaugirard)*
75001 PARIS	75006 Paris
Métro Palais-Royal/Louvre	Métro : Rennes-St Placide
Tél : 01 55 35 33 55 - Fax : 01 42 61 00 96	Tél : 01 53 63 29 29 - Fax : 01 42 22 20 15

e-mail : etats.unis@compagniesdumonde.com
Site internet : www.compagniesdumonde.com

JE VOUS REMERCIE DE M'ENVOYER CONTRE 3,2€ EN TIMBRES, DEUX BROCHURES MAXIMUM AU CHOIX:
BROCHURES: ETATS-UNIS / CANADA / BAHAMAS ☐ INDES & EXTRÊME-ORIENT ☐

BROCHURES : AMERIQUE LATINE ☐ AFRIQUE AUSTRALE & OCÉAN INDIEN ☐

NOM ....PRENOM ....

ADRESSE ....

CODE POSTAL |_|_|_|_|_| VILLE ....E-MAIL ....

New York, Las Vegas, Hawaii). Directeurs vend ses vols secs et ses locations de voitures sur le Web.

▲ EXPEDIA.FR

☎ 0892-301-300 (0,34 €/mn), du lundi au vendredi de 8 h à 20 h et le samedi de 9 h à 19 h. ● www.expedia.fr ● Expedia.fr permet de composer son voyage sur mesure en choisissant ses billets d'avion, hôtels et location de voitures à des prix très intéressants. Possibilité de comparer les prix de quatre grands loueurs de voitures et de profiter de tarifs négociés sur 17 000 hôtels de 1 à 5 étoiles dans le monde entier. Également la possibilité de réserver à l'avance et en même temps que son voyage des billets pour des spectacles ou musées aux dates souhaitées.

▲ EXPERIMENT

– *Paris :* 89, rue de Turbigo, 75003. ☎ 01-44-54-58-00. Fax : 01-44-54-58-01. ● www.experiment-france.org ● Ⓜ Temple ou République. Ouvert du lundi au vendredi de 9 h à 18 h.
Partager en toute amitié la vie quotidienne d'une famille, c'est ce que vous propose l'association Experiment. Cette formule de séjour chez l'habitant à la carte existe dans une douzaine de pays à travers le monde (Amériques, Europe, Asie ou Océanie).
Aux États-Unis, Experiment offre également la possibilité de suivre des cours intensifs d'anglais sur 5 campus pendant une durée de 2 semaines à 9 mois. Les cours d'anglais avec hébergement chez l'habitant existent également en Irlande, en Grande-Bretagne, à Malte, au Canada, en Australie et en Nouvelle-Zélande. Experiment propose aussi des cours d'espagnol, d'allemand, d'italien et de japonais dans les pays où la langue est parlée. Ces différentes formules s'adressent aux adultes et adolescents.
Sont également proposés : des jobs en Grande-Bretagne ; des stages en entreprise aux États-Unis, en Angleterre, en Espagne ; des programmes de bénévolat aux États-Unis, au Costa Rica, au Togo, au Guatemala et en Australie. Service *Départs à l'étranger :* ☎ 01-44-54-58-00.
Pour les 18-26 ans, Experiment organise des séjours « au pair » aux États-Unis (billet aller-retour offert, rémunération de 139 US$ par semaine, formulaire DS 2019, etc.). Service *Au Pair :* ☎ 01-44-54-58-09. Également en Espagne, en Angleterre, en Italie et en Irlande.

▲ FUAJ

– *Paris :* antenne nationale, 27 rue Pajol, 75018. ☎ 01-44-89-87-27. Fax : 01-44-89-87-49. ● www.fuaj.org ● Ⓜ La Chapelle, Marx-Dormoy ou Gare-du-Nord. Ouvert du mardi au vendredi de 10 h à 18 h et le samedi de 10 h à 17 h. Renseignements dans toutes les auberges de jeunesse et les points d'information et de réservation en France.
La FUAJ (Fédération unie des auberges de jeunesse) accueille ses adhérents dans 160 auberges de jeunesse en France. Seule association française membre de l'IYHF *(International Youth Hostel Federation),* elle est le maillon d'un réseau de 4 000 auberges de jeunesse dans le monde. La FUAJ organise, pour ses adhérents, des activités sportives, culturelles et éducatives. Les adhérents de la FUAJ peuvent obtenir gratuitement les brochures *Go as you please, Activités été* et *Activités hiver, chantiers de volontaires, rencontres interculturelles,* le *Guide français* pour les hébergements. Les guides internationaux regroupent la liste de toutes les auberges de jeunesse dans le monde. Ils sont disponibles à la vente ou en consultation sur place.

▲ JETSET

Renseignements : ☎ 01-53-67-13-00. Fax : 01-53-67-13-29. ● www.jetset-voyages.fr ● Et dans les agences de voyages.
Jetset est l'un des spécialistes de la destination. Deux brochures : printemps-été et hiver. Jetset propose un choix important d'autotours dans l'Ouest, du

Comptoir
DES ÉTATS-UNIS

SEJOURS - VOYAGES EN INDIVIDUEL

> LODGES
> RANCH
> MOTORHOME
> HOTELS DE CHARME

LIC075960144 © P. Le Floc'h

COMPTOIR DES VOYAGES
344, RUE SAINT-JACQUES 75005 PARIS

sud-ouest au nord-ouest. En hiver, plusieurs programmes de sports d'hiver dans les Rocheuses du Colorado et dans le Wyoming : *B & B*, ranchs, hôtels de toutes catégories, circuits « Suntrek » en minibus avec hébergement sous tente en motels. Location de villas et d'appartements en Californie. Formule « l'Ouest en liberté » permettant de bâtir son itinéraire personnalisé ainsi que des croisières en Alaska depuis Seattle. N° vert assistance aux États-Unis pendant la haute saison.

▲ JET TOURS

La brochure « Les voyages à la carte » est disponible dans toutes les agences de voyages. Vous pouvez aussi joindre Jet Tours sur Internet ● www.jet tours.com ● et au ☎ 0825-30-20-10 (0,15 €/mn).

Les voyages à la carte de Jet Tours s'adressent à tous ceux qui ont envie de se concocter un voyage personnalisé, en couple, entre amis, ou en famille, mais pas en groupe. Tout est proposé à la carte : en plus des vols internationaux, prestations au choix : hôtels de différentes catégories (de 2 à 5 étoiles), adresses de charme, maisons d'hôtes, appartements..., location de voitures, itinéraires déjà composés ou à imaginer soi-même, escapades aventure, sorties en ville ou circuits randonnées. Nature, découverte et dépaysement sont au rendez-vous.

Avec les voyages à la carte Jet Tours, vous pourrez découvrir de nombreuses destinations comme Chypre, l'Espagne, Madère, le Portugal (en été), la Sicile (en été), la Grèce, la Crète (en été), le Maroc, l'Afrique du Sud, Cuba, le Mexique, l'île Maurice, la Réunion, la Thaïlande (en hiver), l'Inde (en hiver), le Canada et les États-Unis.

▲ LASTMINUTE.COM

Lastminute.com vous propose une vaste palette de voyages et de loisirs : billets d'avion, chambres d'hôtel, séjours courts ou longs, sur mesure ou clé en main, location de voitures, spectacles, restaurants..., qui vous permet de penser vos vacances selon vos envies, vos disponibilités et votre budget.

Les offres Lastminute.com sont accessibles 24 h/24 sur ● www.lastminute. com ●, au ☎ 0899-78-5000 (1,34 € l'appel TTC puis 0,34 €/mn) et dans 9 agences de voyages situées à Paris, Nice, Toulouse, Bordeaux, Montpellier, Aix-en-Provence et Lyon.

▲ MAISON DES ÉTATS-UNIS

– *Paris* : 3, rue Cassette, 75006. ☎ 01-53-63-13-40. ● www.maisondesetat sunis.com ● Ⓜ Saint-Sulpice.

La Maison des États-Unis est un espace dédié aux voyages et à la culture. Une large collection d'itinéraires individuels en voiture, de courts séjours urbains ou de loisirs, des circuits accompagnés pour visiter les grands musées américains ou découvrir la culture amérindienne sont proposés. Les « Rendez-vous culturels » de la Maison des États-Unis proposent toute l'année un calendrier de conférences et de journées forums avec des experts reconnus pour approfondir ses connaissances et préparer son séjour.

▲ NOUVELLES FRONTIÈRES

– Renseignements et réservations dans toute la France : ☎ 0825-000-825 (0,15 €/mn). ● www.nouvelles-frontieres.fr ●

Les 12 brochures Nouvelles Frontières sont disponibles gratuitement dans les 210 agences du réseau, par téléphone et sur Internet. Plus de 30 ans d'existence, 1 800 000 clients par an, 250 destinations, une chaîne d'hôtels-clubs *Paladien* et une compagnie aérienne, *Corsair*. Pas étonnant que Nouvelles Frontières soit devenu une référence incontournable, notamment en matière de tarifs. Le fait de réduire au maximum les intermédiaires permet d'offrir des prix « super-serrés ». Un choix illimité de formules vous est proposé : des vols sur la compagnie aérienne de Nouvelles Frontières au départ de Paris et de province, en classe Horizon ou Grand Large, et sur toutes les

jetset
equinoxiales
les Amériques par cœur

Voyagez tranquille, voyagez en style avec
le **CARNET DE BORD JETSET** !
Que vous partiez en
Jetset Accompagnés,
Jetset au Volant,
Jetset en Privé
ou Jetset à la Carte*,
vous bénéficiez de votre
Carnet de Bord Jetset Personnalisé,
votre compagnon de voyage.

* Avec 10 nuits consécutives minimum.
Conditions détaillées :
brochures Jetset.

Dans votre

Agence de Voyages ou chez

Jetset : 01 53 67 13 00

www.jetsetvoyages.fr

lic. 075 95 0344

compagnies aériennes régulières, avec une gamme de tarifs selon confort et budget. Sont également proposés toutes sortes de circuits, aventure ou organisés ; des séjours en hôtels, en hôtels-clubs et en résidences ; des weekends, des formules à la carte (vol, nuits d'hôtel, excursions, location de voitures...), des séjours neige.
Avant le départ, des réunions d'information sont organisées. Intéressant : des brochures thématiques (plongée, rando, trek, thalasso).

▲ OTU VOYAGES

Informations : ☎ 0820-817-817 (0,12 €/mn). ● infovente@otu.fr ● N'hésitez pas à consulter leur site ● www.otu.fr ● pour obtenir adresse, plan d'accès, téléphone et e-mail de l'agence la plus proche de chez vous (26 agences OTU Voyages en France).
OTU Voyages propose tous les voyages jeunes et étudiants à des tarifs spéciaux particulièrement adaptés aux besoins et au budget de chacun. Les bons plans, services et réductions partout dans le monde avec la carte d'étudiant internationale ISIC (12 €). Les billets d'avion (Student Air, Air France...), train, bateau, bus, la location de voitures à des tarifs avantageux et souvent exclusifs, pour plus de liberté ! Des hôtels, des *city trips* pour découvrir le monde, des séjours ski et surf. Des séjours linguistiques, stages et jobs à l'étranger pour des vacances studieuses, ainsi que des assurances voyage.

▲ PARTIRSEUL.COM

– *Le Perreux-sur-Marne :* 71, quai de l'Artois, 94170. ☎ 0871-77-39-94. ● www.partirseul.com ● Partirseul.com est un concept de voyage original qui s'adresse à toute personne seule désirant voyager collectivement dans un cadre amical. Ces voyages ne sont pas réservés qu'aux célibataires mais à tous ceux qui se retrouvent dans l'impossibilité d'être accompagné. Des voyages en petits groupes à la découverte d'un pays de façon ludique, sportive ou plus traditionnelle.

▲ PLEIN VENT VOYAGES

Réservations et brochures dans les agences du sud-est de la France.
Premier tour-opérateur du sud-est, Plein Vent assure toutes ses prestations au départ de Lyon, Marseille et Nice. Ses destinations phares sont : l'Espagne, Prague, la Hongrie et les Pays baltes, l'Autriche, Malte, la Sicile, le Maghreb avec la Tunisie et le Maroc, mais également l'Europe du Nord avec l'Irlande, l'Écosse et la Norvège. Plein vent propose aussi le Canada, le Mexique, le Pérou, la Thaïlande, les Antilles, les États-Unis en circuit accompagné. Croisière fluviale sur la Volga. Plein Vent garantit ses départs et propose un système de « garantie annulation » performant.

▲ USA CONSEIL

Devis et brochures sur demande, réception sur rendez-vous, agence Paris 16e. Renseignements : ☎ 01-45-46-51-75. Fax : 01-45-47-55-53. ● www. usaconseil.com ● ou ● www.canadaconseil.com ● usatour@club-internet.fr ● Spécialiste des voyages en Amérique du Nord, USA Conseil s'adresse particulièrement aux familles ainsi qu'à toutes les personnes désireuses de visiter et de découvrir les États-Unis et le Canada, en maintenant un bon rapport qualité-prix. USA Conseil propose une gamme complète de prestations adaptées à votre demande et en rapport avec votre budget : vols, voitures, hôtels, motels, bungalows, circuits individuels et accompagnés, itinéraires adaptés aux familles, excursions, *motorhomes,* motos, *roadbook,* bureau d'assistance téléphonique tout l'été avec numéro vert USA et Canada. Sur demande par téléphone, mail ou fax, USA conseil vous adressera un devis gratuit et détaillé pour votre projet de voyage.

▲ USIT CONNECTIONS

Informations et réservations par téléphone : ☎ 0825-08-25-25 (0,15 €/mn). ● www.usitconnections.fr ●

vous avez choisi
de réussir vos vacances

Amateur d'indépendance et de liberté, votre rêve est de parcourir le monde hors des sentiers battus.

La brochure "Les Voyages à la Carte" de Jet tours vous propose de composer votre voyage à votre guise : itinéraires au volant, en randonnée, hébergements à la carte, sorties et escapades.

Des formules combinables pour composer le voyage de vos rêves.

Alors vive les vacances et vive la liberté !

– *Paris :* 31 bis, rue Linné, 75005. ☎ 01-44-08-71-20. Fax : 01-44-08-71-25. Ⓜ Jussieu.

– *Paris :* 85, bd Saint-Michel, 75005. ☎ 01-43-29-69-50. Fax : 01-43-25-29-85. RER B : Luxembourg.

– *Aix-en-Provence :* 7, cours Sextius, 13100. ☎ 04-42-93-48-48. Fax : 04-42-93-48-49.

– *Bordeaux :* 284, rue Sainte-Catherine, 33000. ☎ 05-56-33-89-90. Fax : 05-56-33-89-91.

– *Lyon :* 33, rue Victor-Hugo, 69002. ☎ 04-72-77-81-91. Fax : 04-72-77-81-99.

– *Montpellier :* 1, rue de l'Université, 34000. ☎ 04-67-66-03-65. Fax : 04-67-60-33-56.

– *Toulouse :* 5, rue des Lois, capitole, 31000. ☎ 05-61-11-52-42. Fax : 05-61-11-52-43.

Usit Connections proposent des hôtels dans le monde entier, du 2 au 5 étoiles en passant pas l'hôtellerie de charme, les palaces, les *B & B*... Également une gamme complète de produits pour tous : séjours à la carte, locations de voitures en France et à l'étranger, formules « découverte » et week-ends à des tarifs très attractifs, des circuits actifs, des voyages d'aventure, et de nombreux services aux voyageurs comme l'assurance voyage.

▲ VACANCES FABULEUSES

– *Paris :* 95, rue d'Amsterdam, 75008. ☎ 01-42-85-65-00. Fax : 01-42-85-65-03. Ⓜ Place-de-Clichy.

Et dans toutes les agences de voyages.

Vacances Fabuleuses, c'est « l'Amérique à la carte ». Ce spécialiste de l'Amérique du Nord (États-Unis, Canada, Mexique et Caraïbes) vous propose de découvrir l'Amérique de l'intérieur, avec un large choix de formules allant de la location de voiture aux formules sportives en passant par des circuits individuels de 6 à 22 jours.

Le transport est assuré sur compagnies régulières, le tout proposé par une équipe de spécialistes.

▲ VOYAGES ET DÉCOUVERTES

– *Paris :* 58, rue Richer, 75009. ☎ 01-47-70-28-28 et 01-42-61-00-01. Ⓜ Grands-Boulevards.

Voyagiste proposant d'excellents tarifs sur lignes régulières à condition d'être étudiant ou jeune de moins de 26 ans. Difficile de trouver des vols moins chers sur Israël et les États-Unis. Grâce à ses accords spécifiques, tarifs assez exceptionnels sur plus de 200 destinations. Voyages et Découvertes propose des vols charters au départ de Paris tous les jeudis et dimanches sur Tel Aviv, et sur place, des formules d'hébergement intéressantes.

▲ VOYAGEURS AUX ÉTATS-UNIS, AU CANADA ET AUX BAHAMAS

Le grand spécialiste du voyage en individuel sur mesure. ● www.vdm.com ● Nouveau ! Voyageurs du Monde Express : des séjours « prêts à partir » sur des destinations mythiques. ☎ 0892-68-83-63 (0,34 €/mn).

– *Paris :* La Cité des Voyageurs, 55, rue Sainte-Anne, 75002. ☎ 0892-23-63-63 (0,34 €/mn). Fax : 01-42-86-17-89. Ⓜ Opéra ou Pyramides. Bureaux ouverts du lundi au samedi de 9 h 30 à 19 h.

– *Bordeaux :* 28, rue Mably, 33000. ☎ 0892-234-834 (0,34 €/mn).

– *Grenoble :* 16, bd Gambetta, 38000. ☎ 0892-233-533 (0,34 €/mn).

– *Lille :* 147, bd de la Liberté, 59000. ☎ 0892-234-634 (0,34 €/mn). Fax : 03-20-06-76-31.

– *Lyon :* 5, quai Jules-Courmont, 69002. ☎ 0892-231-261 (0,34 €/mn). Fax : 04-72-56-94-55.

– *Marseille :* 25, rue Fort-Notre-Dame (angle cours d'Estienne-d'Orves), 13001. ☎ 0892-233-633 (0,34 €/mn). Fax : 04-96-17-89-18.

– *Nantes* : 22, rue Crébillon, 44000. ☎ 0892-230-830 (0,34 €/mn). Fax : 02-40-20-64-38.

– *Nice* : 4, rue du Maréchal-Joffre (angle rue de Longchamp), 06000. ☎ 0892-232-732 (0,34 €/mn). Fax : 04-97-03-64-60.

– *Rennes* : 31, rue de la Parcheminerie, 35102. ☎ 0892-230-530 (0,34 €/mn). Fax : 02-99-79-10-00.

– *Toulouse* : 26, rue des Marchands, 31000. ☎ 0892-232-632 (0,34 €/mn). Fax : 05-34-31-72-73. Ⓜ Esquirol.

Sur les conseils d'un spécialiste de chaque pays, chacun peut construire un voyage à sa mesure...

Pour partir à la découverte de plus de 120 pays, 100 conseillers-voyageurs, de près de 30 nationalités et grands spécialistes des destinations donnent des conseils, étape par étape, et à travers une collection de 25 brochures, afin que chacun élabore son propre voyage individuel. Des suggestions originales et adaptables, des prestations de qualité et des hébergements exclusifs.

Voyageurs du Monde propose également une large gamme de circuits accompagnés (Famille, Aventure, Routard...). À la fois tour-opérateur et agence de voyages, Voyageurs du Monde a développé une politique de « vente directe » à ses clients, sans intermédiaire.

Dans chacune des *Cités des Voyageurs*, tout rappelle le voyage : librairies spécialisées, boutiques d'accessoires de voyage, restaurant des cuisines du monde, lounge-bar, expositions-vente d'artisanat ou encore dîners et cocktails-conférences. Toute l'actualité de VDM à consulter sur leur site Internet.

▲ VOYAGES WASTEELS (JEUNES SANS FRONTIÈRE)

63 agences en France, 140 en Europe. Pour obtenir l'adresse et le numéro de téléphone de l'agence la plus proche de chez vous, rendez-vous sur
● www.wasteels.fr ●

Centre d'appels Infos et ventes par téléphone : ☎ 0825-887-070 (0,15 €/mn).

Voyages Wasteels propose pour tous, des séjours, des vacances à la carte, des croisières, des voyages en avion ou train et de la location de voitures, au plus juste prix, parmi les milliers de destinations en France, en Europe et dans le monde. Voyages Wasteels, c'est aussi tous les voyages jeunes et étudiants avec des tarifs réduits particulièrement adaptés aux besoins et au budget de chacun. Bons plans, services, réductions et nombreux avantages en France et dans le monde avec la carte d'étudiant internationale ISIC (12 €). Séjours sportifs, ski et surf, séjours linguistiques.

▲ WEST FOREVER (ÉTATS-UNIS)

– *Entzheim* : 26A, route de Strasbourg, 67960. ☎ 03-88-68-89-00. Fax : 03-88-68-68-55. ● www.westforever.com ● courrier@westforever.com ●

West Forever est le spécialiste français du voyage en Harley-Davidson. Il propose des séjours et des circuits aux États-Unis (Floride, Grand Ouest, etc.), en Thaïlande, mais aussi en Australie et en France. Agence de voyages officielle Harley-Davidson, West Forever propose une large gamme de tarifs pour un savoir-faire dédié tout entier à la moto. Si vous désirez voyager par vous-même, West Forever pourra vous louer la Harley dont vous avez besoin. Désormais la possibilité de louer un trike (moto à 3 roues) avec un simple permis voiture.

EN BELGIQUE

▲ CONNECTIONS

Renseignements et réservations au ☎ 070-233-313. ● www.connections.be ● Ouvert de 9 h à 21 h en semaine et de 10 h à 17 h le samedi.

Spécialiste du voyage pour les étudiants, les jeunes et les *Independent travellers*. Le voyageur peut y trouver informations et conseils, aide et assistance (revalidation, routing...) dans 21 points de vente en Belgique et auprès de bon nombre de correspondants de par le monde.

Connections propose une gamme complète de produits : des tarifs aériens spécialement négociés pour sa clientèle (licence IATA) et, en exclusivité pour le marché belge, les très avantageux billets « Campus » réservés aux jeunes et étudiants ; le bus avec plus de 300 destinations en Europe (un tarif exclusif pour les étudiants) ; toutes les possibilités d'arrangement terrestre (hébergement, locations de voitures, *self-drive tours,* vacances sportives, expéditions) ; de nombreux services aux voyageurs comme l'assurance voyage « Protections » ou les cartes internationales de réductions (la carte internationale d'étudiant ISIC).

▲ GLOBE-TROTTERS
– *Bruxelles :* 179, rue Victor-Hugo (angle avenue E.-Plasky), 1030. ☎ 02-732-90-70. Fax : 02-736-44-34. ● globetrotterstours@hotmail.com ● Ouvert du lundi au vendredi de 9 h 30 à 13 h 30 et de 15 h à 18 h ainsi que quelques samedis de 10 h à 13 h.

Une large gamme de voyages pour tous au départ de Bruxelles. Spécialisé dans les voyages à la carte (principalement les États-Unis, le Canada, l'Australie, la Nouvelle-Zélande, la Thaïlande, le Vietnam, le Cambodge...) et « soft aventure » en Afrique australe, Australie, Nouvelle-Zélande, Guyane française. Assurances voyages. Cartes étudiant ISIC, auberges de jeunesse, IYHF, hostels of Europe, VIP & Nomads Backpackers et Nomads Backpackers. Globe-Trotters est le représentant de *Kilroy Travels* et *Voyages Campus* pour la Belgique et le grand-duché de Luxembourg.

▲ JOKER
– *Bruxelles :* quai du Commerce, 27, 1000. ☎ 02-502-19-37. Fax : 02-502-29-23. ● brussel@joker.be ●
– Adresses également à *Anvers, Bruges, Courtrai/harelbeke, Gand, Hasselt, Louvain, Malines, Schoten* et *Wilrijk.* ● www.joker.be ●

Joker est spécialiste des voyages d'aventure et des billets d'avion à des prix très concurrentiels. Vols aller-retour au départ de Bruxelles, Paris et Amsterdam. Voyages en petits groupes avec accompagnateur compétent. Circuits souples à la recherche de contacts humains authentiques, utilisant l'infrastructure locale et explorant le vrai pays.

▲ NOUVELLES FRONTIÈRES
– *Bruxelles* (siège) *:* bd Lemonnier, 2, 1000. ☎ 02-547-44-22. Fax : 02-547-44-99. ● www.nouvelles-frontieres.be ● mailbe@nouvelles-frontieres.be ●
– Également d'autres agences à *Bruxelles, Charleroi, Liège, Mons, Namur, Waterloo, Wavre* et au *Luxembourg.*

Plus de 30 ans d'existence, 250 destinations, une chaîne d'hôtels-clubs *Paladien.* Pas étonnant que Nouvelles Frontières soit devenu une référence incontournable, notamment en matière de tarifs. Le fait de réduire au maximum les intermédiaires permet d'offrir des prix « super-serrés ».

▲ SERVICE VOYAGES ULB
– *Bruxelles :* campus ULB, av. Paul-Héger, 22, CP 166, 1000. ☎ 02-648-96-58.
– *Bruxelles :* rue Abbé-de-l'Épée, 1, Woluwe, 1200. ☎ 02-742-28-80.
– *Bruxelles :* hôpital universitaire Érasme, route de Lennik, 808, 1070. ☎ 02-555-38-49.
– *Bruxelles :* chaussée d'Alsemberg, 815, 1180. ☎ 02-332-29-60.
– *Ciney :* rue du Centre, 46, 5590. ☎ 083-216-711.
– *Marche :* av. de la Toison-d'Or, 4, 6900. ☎ 084-31-40-33.

– *Wepion* : chaussée de Dinant, 1137, 5100. ☎ 081-46-14-37. ● www.servi
cevoyages.be ●
Ouvert de 9 h à 17 h sans interruption du lundi au vendredi.
Service Voyages ULB, c'est le voyage à l'université. L'accueil est donc très
sympa. Billets d'avion sur vols charters et sur compagnies régulières à des
prix hyper-compétitifs.

▲ TAXISTOP
Pour toutes les adresses *Airstop*, un seul numéro de téléphone : ☎ 070-233-
188. ● www.airstop.be ● air@airstop.be ● Ouvert de 10 h à 17 h 30 du lundi
au vendredi.
– *Taxistop Bruxelles* : rue Fossé-aux-Loups, 28, 1000. ☎ 070-222-292. Fax :
02-223-22-32.
– *Airstop Bruxelles* : rue Fossé-aux-Loups, 28, 1000. Fax : 02-223-22-32.
– *Airstop Anvers* : Sint Jacobsmarkt, 84, 2000. Fax : 03-226-39-48.
– *Airstop Bruges* : Dweersstraat, 2, 8000. Fax : 050-33-25-09.
– *Airstop Courtrai* : Badastraat, 1A, 8500. Fax : 056-20-40-93.
– *Taxistop Gand* : Maria Hendrikaplein, 65B, 9000. ☎ 070-222-292. Fax :
09-242-32-19.
– *Airstop Gand* : Maria Hendrikaplein, 65, 9000. Fax : 09-242-32-19.
– *Airstop Louvain* : Maria Theresiastraat, 125, 3000. Fax : 016-23-26-71.
– *Taxistop et Airstop Wavre* : rue de la Limite, 49, 1300. ☎ 070-222-292.
Fax : 070-24-26-47.

EN SUISSE

▲ NOUVELLES FRONTIÈRES
– *Genève* : 10, rue Chantepoulet, 1201. ☎ 022-906-80-80. Fax : 022-906-
80-90.
– *Lausanne* : 19, bd de Grancy, 1006. ☎ 021-616-88-91. Fax : 021-616-
88-01.
Voir texte dans la partie « En France ».

▲ STA TRAVEL
– *Bienne* : General Dufourstrasse 4, 2502. ☎ 058-450-47-50. Fax : 058-450-
47-58.
– *Fribourg* : 24, rue de Lausanne, 1701. ☎ 058-450-49-80. Fax : 058-450-
49-88.
– *Genève* : 3, rue Vignier, 1205. ☎ 058-450-48-30. Fax : 058-450-48-38.
– *Lausanne* : 26, rue de Bourg, 1003. ☎ 058-450-48-70. Fax : 058-450-48-
78.
– *Lausanne* : à l'université, bâtiment BFSH2, 1015. ☎ 058-450-49-20. Fax :
058-450-49-28.
– *Montreux* : 25, av. des Alpes, 1820. ☎ 058-450-49-30. Fax : 058-450-
49-38.
– *Neuchâtel* : Grand-Rue, 2, 2000. ☎ 058-450-49-70. Fax : 058-450-49-78.
– *Nyon* : 17, rue de la Gare, 1260. ☎ 058-450-49-00. Fax : 058-450-49-18.
Agences spécialisées notamment dans les voyages pour jeunes et étu-
diants. Gros avantage en cas de problème : 150 bureaux STA et plus de
700 agents du même groupe répartis dans le monde entier sont là pour donner un coup de main *(Travel Help)*.
STA propose des voyages très avantageux : vols secs *(Skybreaker)*, billets
Euro Train, hôtels, écoles de langues, voitures de location, etc. Délivre la
carte internationale d'étudiant ISIC et la carte Jeune Go 25.
STA est membre du fonds de garantie de la branche suisse du voyage ; les
montants versés par les clients pour les voyages forfaitaires sont assurés.

BERLIN (Avril 2006)

Redevenue la capitale de l'Allemagne, Berlin est une ville qui surprend, non seulement par son étendue (9 fois la superficie de Paris) et par la juxtaposition de ses divers styles (du classique au postmoderne) au milieu de gigantesques espaces verts, mais surtout parce qu'il s'agit d'une ville en ébullition. La complète métamorphose et le bouillonnement alternatif côtoient une branchitude teintée d'*Ostalgie*. On y recense pas moins de 150 théâtres, 300 galeries et quelque 170 musées rénovés de fond en comble ! De quoi satisfaire le plus boulimique des cultureux. En pansant les cicatrices de son histoire, Berlin n'est pas seulement un nouveau rendez-vous des Allemands avec eux-mêmes, c'est aussi un rendez-vous incontournable de l'Europe, et surtout de sa jeunesse, avec son avenir.

AU QUÉBEC

▲ EXOTIK TOURS

La Méditerranée, l'Europe, l'Asie et les Grands Voyages : Exotik Tours offre une importante programmation en été comme en hiver. Ses circuits estivaux se partagent notamment entre la France, l'Autriche, la Grèce, la Turquie, l'Italie, la Croatie, le Maroc, la Tunisie, la République tchèque, la Russie, la Thaïlande, le Vietnam, la Chine... Dans la rubrique « Grands voyages », le voyagiste suggère des périples en petits groupes ou en individuel. Au choix : l'Amérique du Sud (Brésil, Pérou, Argentine, Chili, Équateur, îles Galapagos), le Pacifique Sud (Australie et Nouvelle-Zélande), l'Afrique (Afrique du Sud, Kenya, Tanzanie), l'Inde et le Népal. L'hiver, des séjours sont proposés dans le Bassin méditerranéen et en Asie (Thaïlande et Bali). Durant cette saison, on peut également opter pour des combinés plage + circuit. Le voyagiste a par ailleurs créé une nouvelle division : Carte Postale Tours (circuits en autocar au Canada et aux États-Unis). Exotik Tours est membre du groupe *Intair* comme Intair Vacances (voir ci-dessous).

▲ INTAIR VACANCES

Membre du groupe Intair comme Exotik Tours, Intair Vacances propose un vaste choix de prestations à la carte incluant vol, hébergement et location de voitures en Europe, aux États-Unis et dans les Antilles. Sa division Boomerang Tours présente par ailleurs des voyages sur mesure et des circuits organisés en Australie, en Nouvelle Zélande et dans le Pacifique sud. Et sa branche Shangrila Tours offre le même type de produits en Afrique et en Asie. Cette année, Intair propose une nouvelle gamme d'hôtels en France et un programme inédit en Autriche. Également au menu, des courts ou longs séjours, en Espagne et en Italie (hôtels et appartements à Rome, Florence et Venise, en Toscane et sur la côte Amalfitaine). À Londres, Intair présente une sélection complète de produits (excursions, transferts, tours de ville).

▲ KILOMÈTRE VOYAGES-AMERICANADA

Filiale de DMC Transat, le tour-opérateur « réceptif » du groupe Transat, Kilomètre Voyages-Americanada offre essentiellement le Canada (Ouest, Ontario, Québec, Maritimes) et les États-Unis (côte Est et côte Ouest). Sa brochure principale (printemps-été-automne) présente des circuits accompagnés, de courts forfaits individuels (pour la plupart au Québec), des autotours avec hôtels réservés, des hôtels à la carte, des locations de voitures ou de maisons motorisées et des vols secs nolisés (Toronto, Vancouver et Calgary, avec Air Transat bien sûr). Le voyagiste offre aussi des forfaits individuels à destination de New York, avec transport en autocar de luxe et choix d'hôtels. L'hiver, le choix se limite aux forfaits de 3 jours/ 2 nuits dans les régions touristiques du Québec.

▲ SPORTVAC TOURS

– *Québec :* 538 Notre-Dame, St-Lambert, J4P 2K7.
Spécialiste des séjours ski (Québec, Ouest Canadien et Américain, Alpes françaises) et golf (Québec, États-Unis, Mexique, République dominicaine, France, Portugal), Sportvac est l'un des chefs de file dans son domaine au Canada. Racheté début 2004, Randonnées Plein Air propose une sélection de voyages de groupes au Québec (Gaspésie notamment), dans les Rocheuses canadiennes, aux États-Unis (Grand Canyon), en Bretagne, en Corse, à Madère... Et l'hiver, des expéditions à ski de fond ou raquettes. ● www.sport vac.com ●

▲ STANDARD TOURS

Ce grossiste né en 1962 programme les États-Unis, le Mexique, les Caraïbes, l'Amérique latine et l'Europe. Spécialité : les forfaits sur mesure.

▲ TOURSMAISON

Spécialiste des vacances sur mesure, ce voyagiste sélectionne plusieurs « Évasions soleil » (plus de 600 hôtels ou appartements dans quelque 45 destinations), offre l'Europe à la carte toute l'année (plus de 17 pays) et une vaste sélection de compagnies de croisières (11 compagnies au choix). Toursmaison concocte par ailleurs des forfaits escapades à la carte aux États-Unis et au Canada. Au choix : transport aérien, hébergement (variété d'hôtels de toutes catégories ; appartements dans le sud de la France ; maisons de location et condos en Floride), locations de voitures pratiquement partout dans le monde. Des billets pour le train, les attractions, les excursions et les spectacles peuvent également être achetés avant le départ.

▲ VOYAGES CAMPUS / TRAVEL CUTS

Campus / Travel Cuts est un réseau national d'agences de voyages qui s'adresse tout particulièrement aux étudiants et négocie de bons tarifs auprès des transporteurs aériens comme des opérateurs de circuits terrestres, et diffuse la carte d'étudiant internationale (ISIC), la carte de jeune de moins de 26 ans (IYTC) et la carte d'enseignant ou professeur à plein temps (ITIC). Voyages Campus publie deux fois par an le magazine *L'Étudiant voyageur,* qui présente ses différents produits et notamment ses séjours linguistiques (Canada anglais, Amérique du Sud, États-Unis), de même que son Programme Vacances Travail (PVT) disponible dans 10 pays (États-Unis, France, Nouvelle-Zélande, Japon, Afrique du Sud...). Le réseau compte quelque 70 agences au Canada, dont 9 au Québec (5 à Montréal, une à Québec, une à Trois-Rivières et 2 à Sherbrooke), le plus souvent installées près ou sur les campus universitaires ou collégiaux, sans oublier six bureaux aux États-Unis. ● www.voyagescampus.com ●

GÉNÉRALITÉS

Pour la carte des parcs nationaux de l'Ouest américain,
se reporter au cahier couleur.

« Les États-Unis, le pays qui a trop de géographie
mais pas assez d'histoire. »

Un inconnu célèbre, 1997.

CARTE D'IDENTITÉ
DES ÉTATS-UNIS

- **Superficie :** 9 629 090 km^2 (17 fois la France).
- **Population :** 294 millions d'habitants.
- **Capitale :** Washington D.C.
- **Langue officielle :** l'américain. L'espagnol est également très parlé dans l'Ouest américain.
- **Monnaie :** le dollar américain (US$).
- **Régime :** démocratie présidentielle.
- **Nature des États-Unis :** république fédérale (50 États et le District of Columbia).
- **Président des États-Unis :** George W. Bush, depuis fin 2000, réélu fin 2004.
- **Sites classés au Patrimoine de l'Unesco :** Mesa Verde, Yellowstone, Grand Canyon, Yosemite, Taos Pueblo.

AVANT LE DÉPART
Adresses utiles

En France

🄸 *Office du tourisme USA (c/o Visit USA Committee) :* ☎ 0899-70-24-70 (1,35 € l'appel + 0,35 €/mn).
● www.office-tourisme-usa.com ●
Fermé au public mais on peut obtenir de nombreux renseignements sur le site Internet et par téléphone. Possibilité également de se faire envoyer des cartes, de la documentation sur les États... (moyennant 5 à 7 € de participation aux frais d'envoi). On peut aussi être mis en relation avec un spécialiste des États-Unis par téléphone.

🄸 *Office du tourisme de Las Vegas à Paris :* ☎ 0825-83-13-73 (0,12 €/mn). Fax : 01-53-77-13-43.
● www.visitlasvegas.fr ● info@cellet.fr ● On peut téléphoner pour se faire envoyer des brochures (dont certaines en français), un plan de la ville, et de nombreuses infos pratiques sur les hébergements, le mariage, le jeu... Également des renseigne-

ments sur les compagnies aériennes et tour-opérateurs desservant Las Vegas. Le site Internet (en français) est très complet.

■ *Rocky Mountain International (bureau du tourisme de l'Idaho, du Montana, du South Dakota et du Wyoming) :* BP 70307, 75723 Paris Cedex 15. ☎ 01-48-28-12-08. ● www.wildwestusa.com ● herve@duxin.com ● Envoi de brochures.

■ *Consulat américain :* 2, rue Saint-Florentin, 75001 Paris. Le consulat est fermé au public. Pour tous renseignements sur les visas, consulter le site Internet (très complet et accessible en français) : ● www.amb-usa.fr ●, puis cliquer sur « visas ». Également des renseignements par téléphone au ☎ 0892-23-84-72 (serveur vocal 24 h/24 ; 0,34 €/mn). Fax : 01-42-86-82-91. Lire plus loin le paragraphe concernant les formalités d'entrée et l'obtention d'un visa.

■ *Ambassade des États-Unis :* 2, av. Gabriel, 75008 Paris. ☎ 01-43-12-22-22. Ⓜ Concorde. Fermé au public.

■ *Librairie Brentano's :* 37, av. de l'Opéra, 75002 Paris. ☎ 01-42-61-52-50. ● www.brentanos.fr ● Ⓜ Pyramides ou Opéra. Ouvert du lundi au samedi de 10 h à 19 h 30. La plus grande librairie américaine de la capitale. Section tourisme bien achalandée.

■ *Réservation de spectacles et autres billets :* Keith Prowse, 7, rue de Clichy, 75009 Paris. Réservations au : ☎ 01-42-81-88-88. Fax : 01-42-81-88-89. ● paris@keithprowse.com ● Ⓜ Trinité. Agence internationale de spectacles, Keith Prowse est spécialisée dans les billetteries à vocation « divertissement ». Avant votre départ, vous pouvez réserver vos places pour les spectacles musicaux à l'affiche à Las Vegas. De plus, en tant qu'agent officiel agréé, Keith Prowse vous propose d'assister aux rencontres sportives des célèbres ligues américaines de football américain *(NFL),* basket *(NBA),* hockey *(NHL),* baseball *(MLB)* où que vous soyez aux États-Unis...

En Belgique

■ *Visit USA Marketing & Promotion Bureau :* PO Box 1, Berchem 3, Berchem 2600. Fax : 03-230-09-14. ● www.visitusa.org ● info@visitusa.org ● Bureau d'information privé qui pallie l'absence d'office du tourisme. Les demandes de renseignements peuvent être communiquées par courrier, fax ou e-mail. Pour l'envoi de documentation ou brochures, une participation aux frais est demandée.

■ *Ambassade et consulat des États-Unis :* bd du Régent, 25, Bruxelles 1000. ☎ 02-508-21-11. Fax : 02-511-27-25 (ambassade) et 02-513-04-09 (consulat). Le visa n'est pas obligatoire pour les Belges pour un séjour de moins de 90 jours (voir « Formalités d'entrée », plus loin).

En Suisse

■ *Ambassade des États-Unis :* 95, Jubiläumsstrasse, 3005 Berne. ☎ 031-357-70-11. Fax : 031-357-73-44 ou 98 (fax du service des visas). Le visa n'est pas obligatoire pour les Suisses pour un séjour de moins de 90 jours (voir « Formalités d'entrée », plus loin).

Au Québec

■ *Consulat général des États-Unis :* 1155, rue Saint-Alexandre, Montréal. Adresse postale : CP 65, succursale Desjardins, H5B 1G1, Montréal. ☎ (514) 398-9695 (serveur vocal). Fax : (514) 398-9748. Service des visas ouvert en semaine de 8 h 30 à 11 h.

■ *Consulat général des États-Unis :* 2, pl. Terrasse-Dufferin (derrière le château Frontenac), Québec. Adresse postale : CP 939, G1R 4T9, Québec. ☎ (418) 692-2095 (serveur vocal). Fax : (418) 692-4640. Ouvert de 9 h à 16 h en semaine. Pour toutes questions sur les visas, les adres-

GÉNÉRALITÉS

ses de consulats américains au Canada (il y en a 6) : ● www.usembassycanada.gov ● Le visa n'est pas obligatoire pour les Canadiens pour un séjour de moins de 90 jours (voir « Formalités d'entrée », ci-dessous).

Formalités d'entrée

Attention : les mesures de sécurité concernant les formalités d'entrée sur le sol américain n'ont cessé de se renforcer depuis le 11 septembre 2001. Avant d'entreprendre votre voyage, consultez impérativement le site de l'ambassade des États-Unis, très détaillé et constamment remis à jour : ● www.amb-usa.fr ●, rubrique « Visas ».

– *Passeport à lecture optique (en cours de validité) exigé,* y compris pour les enfants qui ne peuvent plus être inscrits sur le passeport des parents. *Important :* les Français déjà en possession de ce passeport à lecture optique, à condition qu'il ait été délivré avant le 26 octobre 2005, ne sont pas tenus de présenter le tout nouveau modèle de passeport à lecture optique avec photo imprimée numériquement, exigé depuis le 26 octobre 2005 par les autorités américaines. C'est le cas uniquement pour ceux qui ne seraient pas déjà titulaires du passeport à lecture optique mentionné plus haut (un visa sera alors nécessaire pour ces voyageurs, le temps que les préfectures soient à même de délivrer ce nouveau type de passeport). Le passeport biométrique deviendra obligatoire à partir du 26 octobre 2006 sauf pour ceux qui seraient déjà en possession d'un passeport à lecture optique émis avant le 26 octobre 2005.

Vous devez aussi présenter un *billet d'avion aller-retour,* ainsi que des preuves de solvabilité (carte de paiement ou chèques de voyage par exemple). Enfin, tous les voyageurs se rendant aux États-Unis doivent se soumettre au rituel des empreintes digitales et de la photo, lors du passage de l'immigration.

– *Le visa* n'est a priori pas nécessaire pour les Français qui se rendent aux États-Unis pour tourisme (lire plus haut). Cependant, votre séjour ne doit pas dépasser 90 jours.

ATTENTION : le visa reste de toute façon indispensable pour les diplomates, les étudiants poursuivant un programme d'études, les stagiaires, les jeunes filles au pair, les journalistes en mission et autres catégories professionnelles.

– Le visa n'est pas obligatoire pour les Suisses, les Belges et les Canadiens pour un séjour de tourisme de moins de 90 jours, à condition de posséder un passeport à lecture optique (même régime que pour les Français). Si vous allez aux États-Unis en passant par le Mexique ou le Canada, il n'est pas non plus nécessaire d'avoir un visa (mais une taxe de 6 US$ vous sera demandée).

– Pas de *vaccination* obligatoire (mais lire la rubrique « Santé » plus loin).

– *Pour conduire sur le sol américain :* impératif d'avoir son *permis de conduire national.* Le *permis international* n'est pas une obligation mais une facilité, même si l'on ne conduit pas. Il est beaucoup plus souvent demandé, comme preuve d'identité, que le passeport (les Américains s'en servent comme carte d'identité).

– *Interdiction d'importer des denrées périssables non stérilisées* (charcuterie, fromage, biscuits...) *ni des végétaux.* Seules les conserves sont tolérées. Une bouteille d'alcool par personne est autorisée.

– *ATTENTION :* en arrivant aux États-Unis, à la police des frontières, ne dites jamais que vous êtes au chômage ou entre deux contrats de travail. Vous pourriez être refoulé *illico presto* !

Obtention d'un visa

Pour tous renseignements concernant la procédure à suivre pour l'obtention d'un visa, nous vous renvoyons sur le site Internet de l'ambassade (lire plus haut).

Student Advantage Card

Cette carte, réservée aux étudiants de moins de 26 ans (y compris non américains), permet d'obtenir de nombreuses réductions aux États-Unis (billets d'avion, de bus, de train, hôtels de chaîne, magasins, restos...). Elle coûte 20 US$ pour un an (plus frais de port). S'achète sur le site • http://international.studentadvantage.com • ou par correspondance (formulaire disponible sur le site Web). Peut être envoyée à l'étranger.

Carte FUAJ internationale des auberges de jeunesse

Cette carte, valable dans 60 pays, permet de bénéficier des 4 200 auberges de jeunesse du réseau *Hostelling International* réparties dans le monde entier. Les périodes d'ouverture varient selon les pays et les AJ. À noter, la carte des AJ est surtout intéressante en Europe, aux États-Unis, au Canada, au Moyen-Orient et en Extrême-Orient (Japon...). On conseille de l'acheter en France car elle est moins chère qu'à l'étranger.

Pour toutes informations et réservations

■ *Sur place :* Fédération unie des auberges de jeunesse (FUAJ), 27, rue Pajol, 75018. ☎ 01-44-89-87-27. Fax : 01-44-89-87-49. Ⓜ Marx-Dormoy ou La Chapelle. Ouvert du mardi au vendredi de 10 h à 17 h 30 et le samedi de 10 h à 16 h 30. Montant de l'adhésion : 10,70 € pour les moins de 26 ans et 15,30 € pour les autres (tarif 2006). Munissez-vous de votre pièce d'identité lors de l'inscription. Une autorisation des parents est nécessaire pour les moins de 18 ans (une photocopie de la carte d'identité du parent qui autorise le mineur est obligatoire).
– Inscription possible également dans toutes les auberges de jeunesse, points d'information et de réservation FUAJ en France. • www.fuaj.org •
■ *Par correspondance :* envoyer une photocopie recto verso d'une pièce d'identité et un chèque correspondant au montant de l'adhésion. Ajouter 1,20 € pour les frais d'envoi de la FUAJ. Vous recevrez votre carte sous une quinzaine de jours.

– La FUAJ propose aussi une *carte d'adhésion « Famille »,* valable pour les familles de deux adultes ayant un ou plusieurs enfants âgés de moins de 14 ans. Compter 23 €. Fournir une copie du livret de famille.
– La carte donne également droit à des réductions sur les transports, les musées et les attractions touristiques de plus de 60 pays, mais ces avantages varient d'un pays à l'autre, ce qui n'empêche pas de la présenter à chaque occasion, ça peut toujours marcher.

En Belgique

Le prix de la carte varie selon l'âge : entre 3 et 15 ans, 3 € ; entre 16 et 25 ans, 9 € ; après 26 ans, 15 €.

Renseignements et inscriptions

■ *LAJ :* rue de la Sablonnière, 28, Bruxelles 1000. ☎ 02-219-56-76. Fax : 02-219-14-51. • www.laj.be •
■ *Vlaamse Jeugdherbergcentrale*
(VJH) : Van Stralenstraat, 40, Antwerpen 2060. ☎ 03-232-72-18. Fax : 03-231-81-26. • www.vjh.be •

En Suisse

Le prix de la carte dépend de l'âge : 22 Fs pour les moins de 18 ans, 33 Fs pour les adultes et 44 Fs pour une famille avec des enfants de moins de 18 ans.

Renseignements et inscriptions

■ *Schweizer Jugendherbergen (SJH) :* service des membres des auberges de jeunesse suisses, 14, | Schaffhauserstr., Postfach 161, 8042 Zurich. ☎ 01-360-14-14. Fax : 01-360-14-60. ● www.youthhostel.ch ●

Au Canada

La carte coûte 35 $Ca pour une durée de 16 à 26 mois et 175 $Ca à vie. Gratuit pour les moins de 18 ans qui accompagnent leurs parents. Pour les juniors voyageant seuls, compter 12 $Ca. Ajouter systématiquement les taxes.

■ *Tourisme Jeunesse :* 205, av. du Mont-Royal-Est, Montréal (Québec) H2T 1P4. ☎ (514) 844-0287. Fax : (514) 844-5246. Également 94, bd René-Lévesque-Ouest, Québec (Québec) G1R 2A4. ☎ (418) 522-2552. Fax : (418) 522-2455.

● www.tourismej.qc.ca ●
■ *Canadian Hostelling Association :* 205, Catherine Street, Bureau 400, Ottawa (Ontario) K2P 1C3. ☎ (613) 237-7884. Fax : (613) 237-7868. ● www.hihostels.ca ●

ARGENT, BANQUES, CHANGE

La monnaie américaine

Fin 2005, 1 US$ valait 0,82 € environ.
– *Les pièces :* 1 cent *(penny),* 5 cents *(nickel),* 10 cents *(dime,* plus petite que la pièce de 5 cents), 25 cents *(quarter)* et 1 dollar, récente et plus rare. On peut faire la collection des différents types de *quarters,* frappés à l'effigie de chaque État. Lancées en 1999, ces pièces commémoratives sont frappées dans l'ordre d'entrée des États dans l'Union.
– *Les billets :* sur chaque billet, le visage d'un président des États-Unis : 1 US$ (Washington), 5 US$ (Lincoln), 10 US$ (Hamilton), 20 US$ (Jackson), 50 US$ (Grant), 100 US$ (Franklin). Il existe aussi un billet de 2 US$ (bicentenaire de l'Indépendance, avec l'effigie de Jefferson), assez rare et que les collectionneurs s'arrachent.
Pour la première fois de son histoire, le fameux billet vert change de look : de nouveaux billets (un peu plus colorés, avec des parties brillantes et des filigranes compliqués) sont désormais en circulation. Faites attention quand même, ils se ressemblent tous beaucoup. Alors, ne les confondez pas !
Une dernière chose : un dollar se dit souvent *a buck.* L'origine de ce mot remonte aux temps des trappeurs lorsqu'ils échangeaient leurs peaux de daims *(bucks)* contre des dollars. Pour 1 000 US$, on dit souvent *a grand.*

Les banques

Les banques sont généralement ouvertes en semaine de 9 h à 15 h ou 17 h et parfois le samedi matin. Très peu font du change, et leurs commissions sont souvent extravagantes.

Argent liquide, change et chèques de voyage

– En gros, seuls les bureaux de change permettent de changer des euros en dollars aux États-Unis (les banques le font parfois aussi, mais moyennant une commission). Vu que ces bureaux sont rares dans la zone géographique traitée dans ce guide, on vous recommande d'emporter quelques dollars changés en Europe, et de retirer le reste sur place, selon vos besoins, aux **distributeurs automatiques** au moyen d'une **carte bancaire.** Au bout du compte, ce n'est pas moins avantageux que de changer avant le départ, et cela évite de devoir partir avec une épaisse liasse de billets verts ou de chèques de voyage. Il y a des distributeurs de billets (appelés *ATM* pour *Automated Teller Machine* ou *cash machines*) partout, jusque dans certaines petites épiceries ! Chaque retrait d'argent liquide étant soumis à une taxe fixe, on conseille quand même d'éviter de retirer des sommes trop riquiqui à tout bout de champ. N'oubliez pas non plus qu'il y a un seuil maximal de retrait par semaine, fixé par votre banque (téléphonez pour le connaître, et négocier éventuellement une extension temporaire).

– Pour ceux qui ne disposeraient pas de carte bancaire, avoir presque tout son argent sous forme de **chèques de voyage** est évidemment plus sécurisant, car on est assuré en cas de perte ou de vol.

Sachez à ce propos qu'aux États-Unis, vous n'êtes pas obligé, comme souvent en Europe, d'aller dans un bureau de change pour convertir vos chèques en liquide : la plupart des restaurants, motels et grands magasins les acceptent sur simple présentation du passeport. Pratique.

Les cartes de paiement

C'est le moyen le plus économique de payer ! Tout simplement parce que l'opération se fait à un meilleur taux que si vous achetiez des dollars dans une banque ou un bureau de change. Ici, on surnomme les cartes de paiement **plastic money.** Les plus répandues aux États-Unis sont la *MasterCard* et la *Visa*. Indispensable, par ailleurs, pour louer une voiture ou réserver une chambre d'hôtel (même si vous avez tout réglé avant le départ par l'intermédiaire d'une agence, on prendra systématiquement l'empreinte de votre carte). Précaution au cas où vous auriez l'idée saugrenue de partir sans payer les prestations supplémentaires, qu'on appelle en anglais les *incidentals* (parking, petit déjeuner, téléphone, minibar...). L'*American Express* est également acceptée pratiquement partout, contrairement à la *Diners Club,* avec laquelle les commerçants doivent payer une commission substantielle sur chaque achat.

Les Américains paient tout par carte, même 5 US$, les commerces n'imposant généralement pas de montant minimum, sauf les petites épiceries isolées dans des trous perdus. C'est plus simple et cela permet aussi de garder une trace de l'achat et de bénéficier de certaines assurances souscrites avec la carte, sans frais supplémentaires.

– **Carte MasterCard :** assistance médicale incluse, numéro d'urgence : ☎ (00-33) 1-45-16-65-65. En cas de perte ou de vol, composer le ☎ (00-33) 1-45-67-84-84 en France (24 h/24 ; PCV accepté) pour faire opposition ; numéro également valable pour les cartes *Visa* émises par le Crédit Agricole et le Crédit Mutuel. ● www.mastercardfrance.com ●

– **Carte Visa :** assistance médicale incluse, numéro d'urgence : ☎ (00-33) 1-42-99-08-08. Pour faire opposition, contactez le numéro communiqué par votre banque.

– Pour la carte **American Express,** téléphoner en cas de pépin au : ☎ (00-33) 1-47-77-72-00. Numéro accessible 24 h/24, PCV accepté en cas de perte ou de vol.

– Pour toutes les cartes émises par **La Poste,** composer le ☎ 0825-809-803 (pour les DOM : ☎ 05-55-42-51-97).

– Également un numéro d'appel valable quelle que soit votre carte de paiement : ☎ 0892-705-705 (serveur vocal à 0,34 €/mn).

Dépannage d'urgence

Bien sûr, c'est très cher, mais en cas de besoin urgent d'argent liquide, vous pouvez être dépanné en quelques minutes grâce au système **Western Union Money Transfer.** ● www.westernunion.com ●
– *Aux États-Unis :* ☎ 1-800-325-6000.
– *En France :* demandez à quelqu'un de déposer de l'argent à votre attention dans l'un des bureaux *Western Union.* Les correspondants en France sont *La Poste* (fermée le samedi après-midi, n'oubliez pas ! ☎ 0825-00-98-98 ; 0,15 €/mn), le *Crédit commercial de France* (ouvert de 9 h à 19 h, le dimanche de 9 h 45 à 18 h ; ☎ 0820-388-388), et la Société financière de paiement (ouvert du lundi au samedi de 9 h à 19 h ; ☎ 0825-825-842). L'argent vous est transféré en 10-15 mn aux États-Unis. Évidemment, avec le décalage horaire, il faut que l'agence soit ouverte de l'autre côté de l'Atlantique, mais certaines restent ouvertes la nuit. La commission, assez élevée donc, est payée par l'expéditeur.

ACHATS

Certains achats restent très intéressants aux États-Unis, d'autant plus que le taux de change nous est pour le moment vraiment favorable. Attention toutefois : ils peuvent varier énormément d'une boutique à l'autre et le prix est toujours affiché hors taxes (ajouter 6 à 10 %). D'une manière générale, profitez absolument des **soldes** pour faire vos emplettes. Toutes les occasions sont bonnes pour attirer le consommateur ! Du coup, les boutiques organisent des opérations les week-ends et jours fériés, pour la Saint-Valentin... En janvier, les réductions atteignent des sommets, surtout lorsque les commerçants font une remise supplémentaire sur le prix déjà soldé à partir d'un certain montant d'achats. C'est le moment de renouveler sa garde-robe ! Très bon plan : les **factory outlets,** d'énormes centres commerciaux situés à la périphérie des villes et signalés par des panneaux publicitaires le long des *interstates* (autoroutes). Ils regroupent les magasins d'usine de grandes marques américaines de vêtements et chaussures : *Ralph Lauren, Levi's, Timberland, Reebok, Nike, OshKosh, Gap, Eddie Bauer, Calvin Klein, Esprit, Tommy Hilfiger, Quicksilver,* etc. Les articles sont écoulés à des prix défiant toute concurrence (jusqu'à 75 % de réduction en période de soldes !) et proviennent souvent du stock des collections précédentes. Ils peuvent parfois présenter des défauts (mention *irregular* sur l'étiquette). Nous indiquons quelques adresses de ces véritables « temples des soldes », mais vous obtiendrez leur liste complète auprès du *Visitor Center* local. Parmi les plus connus, **Belz** et **Premium** quadrillent stratégiquement les États-Unis dans des complexes bien léchés où les Américains viennent passer l'après-midi en famille. De même, en centre-ville, on trouve des **shopping malls,** centres commerciaux souvent gigantesques regroupant pléthore de magasins (presque exclusivement des chaînes). Ces *malls* proposent régulièrement les soldes *(sales).* Sachez enfin que les boutiques des grandes marques *(Levi's Store, Gap, American Outfitters...)* ne sont pas toujours moins chères que chez nous, mais proposent parfois des articles un peu différents. Voici quelques articles susceptibles d'être intéressants.
– *Le prêt-à-porter.*
– *Les chaussures et vêtements de sport et de loisirs.* Pour vos chers bambins, également les célèbres *salopettes OshKosh B'Gosh* (les classiques sont à prix défiant toute concurrence dans les *Outlets*).
– Pour revivre l'émotion du *Old West* à votre retour, ou pour tous les nostalgiques de western, vous trouverez des boutiques de cow-boys pur jus dans chaque ville d'importance (notamment dans le *Wyoming*). Les chapeaux sont particulièrement abordables, et on peut s'offrir un véritable *Stetson* à partir de

30 US$. Pour d'authentiques santiags en revanche, il faudra casser votre tirelire. Mais le choix est illimité !

– *Les DVD.* S'assurer avant tout achat que votre lecteur pourra les décrypter. Les États-Unis utilisent un standard zone 1, alors que la France est en zone 2.

– *Les appareils photo, caméras,* et surtout leurs accessoires.

– *ATTENTION,* si vous devez acheter des *appareils électroniques,* assurez-vous qu'ils peuvent fonctionner correctement en France (tension et fréquence, notamment). Les consoles de jeux vidéo, hormis les Game Boy, ne sont pas compatibles ; même si le vendeur vous affirme le contraire, le système électronique est différent. De même, les TV et lecteurs DVD répondent à la norme américaine NTSC, incompatible avec notre procédé Secam. Sachez enfin que, si au retour vous ne déclarez pas ces achats auprès du service des douanes, vous risquez de payer de fortes amendes (idem pour les appareils photo et caméras).

– *L'artisanat indien :* souvent beau, mais cher. Acheter de préférence aux Indiens eux-mêmes ou dans les boutiques spécialisées et agréées qui reversent les bénéfices aux artisans indiens. Les produits des boutiques touristiques sont généralement importés (les tapis du Mexique, et les porte-monnaie... de Chine !).

Tableau comparatif entre les tailles

HOMMES								
Costumes	USA	36	38	40	42	44	46	48
	Métrique	46	48	50	52	54	56	58
Chemises	USA	14	$14^{1/2}$	15	$15^{1/2}$	16	$16^{1/2}$	17
	Métrique	36	37	38	39	41	42	43
Chaussures	USA	$6^{1/2}$	7	8	9	10	$10^{1/2}$	11
	Métrique	39	40	41	42	43	44	45
FEMMES								
Vêtements	USA		6	8	10	12	14	16
	Métrique		38	40	42	44	46	48
Chaussures	USA		$5^{1/2}$	6	7	$7^{1/2}$	$8^{1/2}$	9
	Métrique		36	37	38	39	40	41

BOISSONS

Les alcools

Le rapport des Américains à l'alcool n'est pas aussi simple que chez nous. La société, conservatrice et puritaine, autorise la vente des armes à feu mais réglemente de manière délirante tout ce qui touche aux plaisirs « tabous » (sexe, marijuana, alcool). L'héritage de la Prohibition et bien sûr les lobbies religieux n'y sont pas pour rien. On peut acheter un pistolet-mitrailleur et des caisses de munitions sans aucun permis ou presque mais, paradoxalement, si vous paraissez un peu jeunot, on vous demande quasiment toujours une pièce d'identité quand vous achetez une simple bière ou une bouteille de vin au supermarché ! Il est impératif de sortir avec ses papiers car de nombreux bistrots, bars et boîtes de nuit les exigent à l'entrée. Enfin, dans certains *counties* (comtés), il est même impossible d'acheter de l'alcool le dimanche dans les supermarchés, voire tous les jours dans les *dry counties.*

– *Âge minimum :* le *drinking age* est 21 ans. On ne vous servira pas d'alcool si vous n'êtes pas majeur ou si vous ne pouvez pas prouver que vous l'êtes.

Il vous faudra donc impérativement votre *ID* sous peine de vous voir refuser l'entrée des bars et des boîtes de nuit.

– *Vente et consommation surveillées :* dans la plupart des États, il est strictement interdit de boire de l'alcool (bière comprise) dans la rue. Vous serez surpris par le nombre de gens cachant leur canette de bière dans un sachet en papier, ou dans une housse en Néoprène censée conserver la fraîcheur. Interdit d'avoir des bouteilles ou canettes d'alcool dans la voiture, elles doivent impérativement être dans le coffre en cas de contrôle par les *cops*. Certains États sont plus permissifs, mais il vaut mieux respecter cette règle. N'oubliez pas non plus que la vente d'alcool est en principe interdite dans les réserves indiennes. Les horaires de fermeture des boîtes sont aussi fixés par décret dans chaque État : cela peut être très tôt (à 2 h, tout le monde remballe), ou pas du tout.

– *Les vins :* on trouve de bons *vins californiens* qui enchanteront la curiosité des amateurs. Les progrès des vignerons sont considérables depuis quelques années ! Certains n'ont pas hésité à faire le voyage jusqu'en France, voire à s'y établir le temps d'une vendange ou deux, histoire d'acquérir le précieux savoir-faire de nos meilleurs producteurs. Ils vinifient des vins souvent charmeurs, faciles à apprécier, mais sans complexité... à l'image peut-être des gens qui les produisent ! Seule ombre au tableau, les crus, même les moins élaborés, se livrent à des prix toujours prohibitifs.

– *Les cocktails :* savez-vous que le *cocktail* est une invention américaine ? Peu de gens connaissent l'origine de ce mot qui signifie « queue de coq ». Autrefois, on apposait des plumes de coq de couleurs différentes sur les verres afin que les consommateurs puissent retrouver leur breuvage.
Par ailleurs, en France, au XVIIe siècle, dans le Bordelais et les Charentes, existait une boisson à base de vin et d'aromates appelée coquetel ! Lequel des deux fut le premier ? Ne soyons pas trop chauvins... Quelques grands cocktails : *Manhattan* (vermouth rouge et bourbon), *cocktail Martini* (gin et vermouth mélangés dans un *shaker* avec des glaçons), *bloody Mary* (vodka et jus de tomate). Les cocktails latins sont aussi très à la mode : la classique *Margarita* (tequila, cointreau, jus de citron vert, auquel on ajoute souvent de la glace pilée), le *Mojito,* la *Caipirinha* (citron vert, sucre et cachaça, l'alcool de canne à sucre brésilien) et la *Cuba Libre* (à base de rhum bien sûr).

– *Le bourbon* (attention à la prononciation : prononcer « Beurben » !) *:* impossible de passer sous silence le bourbon, ce whisky américain *(whiskey)* dont le Kentucky fournit une bonne moitié de la production. Cette région s'appelait autrefois le Bourbon County, dont le nom fut choisi en l'honneur de la famille royale française. C'est ainsi que, depuis 1790 (en pleine Révolution française !), le célèbre whisky américain porte le nom de bourbon. Pas étonnant non plus que la capitale du bourbon s'appelle Paris !

– *Happy hours :* beaucoup de bars attirent les foules après le travail, généralement entre 16 h et 19 h, en leur proposant de fortes réductions sur certains alcools.

Les boissons non alcoolisées

– *L'eau glacée :* dans les restaurants, la coutume est de servir d'emblée un verre d'eau glacée à tout consommateur. Quand on dit glacée, ce n'est pas un euphémisme, donc n'hésitez pas à demander votre boisson sans glaçons *(without ice)* ou avec peu de glaçons *(with little ice)*. Si vous êtes fauché, vous trouverez des fontaines d'eau fraîche dans de nombreux buildings et lieux publics.

– *Le thé et le café :* dans de nombreux restos et cafés (en particulier les *coffee shops* et pour le petit déjeuner) on peut redemander le café de base *(regular coffee)* autant de fois qu'on le désire *(free refill)*. Notez que cela ne s'applique pas à tous les restos, ni à tous les repas, ni aux cafés plus élaborés. Sachez que le café américain est plus proche du café très allongé que du *ristretto* italien. Dans le même ordre d'idées, n'oubliez pas de préciser *black coffee* (café noir), sinon on vous le sert automatiquement avec du lait ! Bien heureusement, on peut maintenant déguster des *espressos* un peu partout. Chez *Starbucks* et consorts – les Américains ne faisant jamais les choses à moitié –, la carte des cafés présente en général un choix impressionnant de *cappuccini*, mokas, *caffè latte,* etc., servis chauds ou glacés. Enfin, les amateurs de thé ne seront pas gâtés : c'est Lipton bas de gamme garanti !

– ***Les cream sodas :*** encore une expérience culturelle à ne pas manquer ! Il s'agit d'un soda (en général du *Coke* ou de la limonade) mélangé à de la glace à la vanille. Hyper sucré et... assez bon finalement.

– ***La root beer :*** si vous voulez faire une expérience culturelle intéressante, goûtez à la *root beer*. Ce sinistre breuvage au goût de chewing-gum médicamenteux est très apprécié des *kids* américains, mais n'a rien à voir avec de la bière. Exercez-vous longtemps pour prononcer le mot (bien dire « rout bir » ; la marque la plus courante est la *A & W*). Dans le même genre, vous pouvez essayer le *Dr Pepper*. Une fois, mais pas deux.

– ***Habitudes :*** les Américains n'ont pas inventé le Coca-Cola (le « Coke » comme on dit là-bas) pour rien : ils consomment des sodas sucrés à longueur de journée. D'ailleurs, dans de nombreux restaurants de chaîne, fast-foods, *coffee-shops* et autres petits restos, les sodas *(fountain drinks)* sont souvent à volonté. Soit on se sert soi-même « à la pompe », soit on demande un *free refill*.

BUDGET

Difficile de prévoir un budget précis dans ce vaste pays. Pourtant, une chose est sûre : l'embellie économique jusqu'en 2000 a entraîné une impressionnante flambée des prix. En une petite dizaine d'années, les prix des motels et des hôtels ont ainsi presque doublé dans tout le pays. Et les campings gratuits ont pour ainsi dire disparu. Cela dit, l'actuelle bonne tenue de l'euro face au dollar allège considérablement la note ; mais pour combien de temps encore ? En slalomant entre les pièges de la surconsommation, on peut s'en tirer honorablement. Que ce soit pour le logement, la nourriture ou le transport, il existe toujours des solutions économiques. Le tout, c'est de ne pas être trop exigeant sur le confort, parce qu'alors là, les prix s'envolent... Et n'oubliez pas que voyager à plusieurs (4 est le nombre d'or) est le moyen le plus économique pour visiter les USA.

Globalement, avec un dollar sensiblement équivalent à l'euro, le coût de la vie est assez comparable aux États-Unis et en France. Toutefois, quelques bonnes surprises demeurent : le burger-frites à 6 US$ et l'essence plutôt bon marché malgré une tendance récurrente à la hausse du prix du gallon (compter 2,60 US$ le gallon = 3,8 litres)...

Très important : les prix affichés un peu partout (dans les restaurants, les hôtels, les boutiques...) s'entendent SANS LA TAXE, qui varie de 10 à 15 % dans l'hôtellerie et entre 5 et 10 % dans les autres secteurs (restauration, magasins...). Seuls les musées échappent à cette règle.

Les moyens de locomotion

Bien réfléchir. Votre choix dépendra en fait de trois paramètres : combien vous êtes, où vous désirez aller, et de combien de temps vous disposez. Si vous parcourez les grands parcs de l'Ouest américain et que vous êtes 4, la voiture est indispensable et vous fera économiser un temps et un argent fous (malgré les frais de parking). Pour les familles ou à partir de 4 personnes, une des meilleures options, certainement la plus économique, pour sillonner les parcs est la location d'un camping-car *(RV, trailer ou cruiser),* qui dispose de tout le confort. On est bien loin des « Bidochons en vacances » car la majorité des parcs nationaux permettent de passer la nuit en pleine nature, sur des aires de camping bon marché (voir la rubrique « Transports »). Si vous devez faire un crochet par Las Vegas (les parkings des casinos sont gratuits), la voiture s'impose également. Juste un détail : évitez de la louer dans un aéroport (plus pratique, mais plus cher). En revanche, les voyageurs solitaires au long cours prendront le bus pour des raisons économiques, mais aussi pour faire des rencontres.

Le logement

C'est une lapalissade, mais le budget consacré au logement variera énormément selon les modes de logement et de transport choisis. Le plus économique est de circuler en voiture (ou en camping-car, mais la location revient plus cher, sauf si on est nombreux) et de camper dans les parcs nationaux. Les prix sont très raisonnables (de 10 à 25 US$ l'emplacement, par jour). Les tarifs sont plus élevés dans les campings privés. Ceux qui n'ont pas la possibilité de planter leur tente pousseront la porte d'une **YMCA/YWCA,** ou d'une **auberge de jeunesse.** On y trouve toujours des lits en dortoirs (autour de 20 US$ la nuit par personne). Ensuite, les **motels** proposent souvent un bon niveau de confort pour des prix raisonnables (de 40 à 80 US$ en moyenne pour une nuit en chambre double). Ils disposent souvent de chambres pouvant accueillir 4 personnes, et curieusement, le prix d'une chambre à 4 n'est pas beaucoup plus élevé que celui d'une double. Enfin, pour une nuit dans un **hôtel** ou un **bed & breakfast,** il faudra s'intéresser plutôt aux catégories « Plus chic ».

Les prix varient généralement selon la **saison,** sauf dans les *YMCA,* les *auberges de jeunesse* et les *B & B* qui pratiquent souvent les mêmes tarifs toute l'année. La haute saison débute *grosso modo* en mai, pour s'achever en septembre ; mais certains établissements débutent en mars et poussent jusqu'en novembre ! En basse saison, les tarifs diminuent de 20 à 40 %, et plus encore (il faut bien attirer le client !) dans les régions du sud, particulièrement torrides en été... Il faut savoir aussi que bien souvent, les hôtels et motels font payer un supplément le week-end, ou lorsque la période est *busy* en raison d'un événement local.

Les prix indiqués dans le guide sont ceux d'une chambre pour 2 personnes en haute saison et HORS TAXES. Voici nos **fourchettes de prix :**
– **Très bon marché :** moins de 25 US$ (lit pour une personne).
– **Bon marché :** de 35 à 55 US$ (chambre double).
– **Prix moyens :** de 55 à 80 US$ (chambre double).
– **Plus chic :** de 80 à 120 US$ (chambre double).
– **Très chic :** plus de 120 US$ (chambre double).
ATTENTION, les **taxes** à rajouter vont de 10 à 15 % selon l'État et la qualité de l'établissement. Sachez encore que le petit déjeuner est rarement compris. Compter alors 8-10 US$ pour un *American breakfast,* 5-7 US$ pour un *Continental breakfast* (qui peut atteindre 10 US$ dans certains hôtels plus huppés). Il est souvent gratuit dans les motels, mais la qualité... Passons.

La nourriture

Il est souvent possible de se caler vite fait, bien fait, sans se ruiner. Pour environ 5 US$, on trouve des sandwichs et des *burgers* partout (ce n'est pas un scoop !). Pour une poignée de dollars supplémentaires, on peut opter pour des *today's specials* (plats du jour), des salades ou des formules *all you can eat.* Pour plus de détails, se reporter à la rubrique « Cuisine ».

Il faut savoir que dans de nombreux restaurants, en particulier dans les grandes villes, les mêmes plats coûtent plus cher le soir qu'à midi (3 à 4 US$ de plus), surtout si le cadre est joli. Ainsi, de nombreux restos offrent sandwichs, *burgers* et salades pour un *lunch* à des prix bon marché. Puis, au moment du *dinner,* la carte propose des plats cuisinés dont les prix flirtent souvent avec la catégorie « Plus chic » ; ce qui n'est pas toujours justifié pour la qualité fournie... Il est donc conseillé de bien manger à midi, quitte à casser une petite graine le soir (en plus, c'est bien meilleur pour la ligne... Merci qui ?). Voici les *fourchettes de prix* correspondant aux plats principaux proposés sur les cartes des restos. Il s'agit bien de fourchettes moyennes qui peuvent subir quelques distorsions selon la ville. Pour un repas complet, ajoutez, en fonction de votre appétit et de vos petites envies, entrées, desserts... Mais bien souvent, le plat principal suffit.

– *Bon marché :* moins de 11 US$.
– *Prix moyens :* de 11 à 16 US$.
– *Chic :* de 16 à 22 US$.
– *Très chic :* au-delà de 22 US$.

Attention encore : pour obtenir l'addition finale, ne pas oublier d'ajouter la taxe aux prix indiqués sur la carte (entre 5 et 10 %), ainsi que le pourboire ou *tip* (voir la rubrique « Taxes et pourboires », plus loin).

Les loisirs

Petit avertissement pour ceux qui sont ric-rac côté finances : les sirènes de la consommation ont plus d'un tour dans leur sac pour vous séduire. Un exemple : si vous passez par Las Vegas, même dans un état d'esprit cynique « pour analyser la décadence d'un modèle en faillite », comment résister à l'envie de glisser quelques piécettes dans la machine à sous ? Bref, lors de la préparation budgétaire de votre futur merveilleux voyage, ne vous serrez pas trop la ceinture côté plaisir, car vous le regretteriez sur place.

CIGARETTES

Depuis 1998, l'État de Californie interdit de fumer dans les bars, les restaurants, les boîtes de nuit et autres casinos. Les établissements qui ne respectent pas cette législation risquent des fermetures administratives plus ou moins longues. Quant aux particuliers, les amendes sont quelque peu dissuasives : de 10 à 200 US$. Il paraît que les *barmen* seraient plus touchés par le cancer du poumon que la moyenne. Aux États-Unis, d'une manière générale, il est interdit de fumer dans les lieux publics (bus, magasins, cinémas, théâtres, musées, hôtels, restaurants, etc.) d'une bonne trentaine d'États. Sachez aussi que les cigarettes sont globalement plus chères qu'en France, et que leur prix varie du simple au double suivant les États et les magasins (fumeurs, faites donc votre stock au *duty-free* !). Elles s'achètent dans les stations-service, les boutiques d'alcool, etc., mais aussi dans des distributeurs automatiques, où elles sont souvent plus chères.
Suite à la poursuite de l'embargo, les cigares cubains sont interdits à la vente. On pourra parfois vous en proposer mais ils datent d'avant l'embargo (!) ou ils sont entrés illégalement dans le pays ou, le plus fréquemment, ce sont des faux, c'est-à-dire des dominicains déguisés en cubains. En résumé, on vous gruge !

CLIMAT

Du fait de l'immensité du territoire, les climats sont très variés. Dans les Rocheuses, le climat est continental : les hivers sont très froids avec toutefois des radoucissements quand souffle le *chinook,* un vent chaud et sec. Par contre, les étés sont chauds et orageux. En Arizona (Phoenix) et au Nouveau-Mexique (Santa Fe et Albuquerque), c'est la canicule (en été) mais supportable grâce à l'air sec, alors que le climat du sud de la Californie est de type méditerranéen (hivers doux, étés secs et chauds). Au nord-est de L.A., région

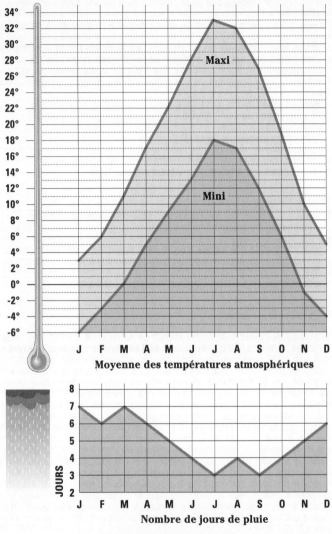

Moyenne des températures atmosphériques

Nombre de jours de pluie

PARCS NATIONAUX (Salt Lake City)

désertique, il est préférable de visiter la Death Valley en automne ou au printemps car l'été est torride. Attention si vous visitez les parcs nationaux, buvez beaucoup (de l'eau, bien sûr !), munissez-vous de lunettes de soleil, d'un chapeau et enduisez-vous d'écran total. Il y fait TRÈS chaud l'été et vous risquez l'insolation. En revanche, emportez dans vos valises une grosse polaire en hiver, car les températures sont très fraîches (altitude oblige !), avec de fréquentes chutes de neige. D'ailleurs, renseignez-vous avant de vous aventurer dans les parcs nationaux car certains sont fermés pendant cette saison. Si vous partez au printemps (mars-avril), les températures sont

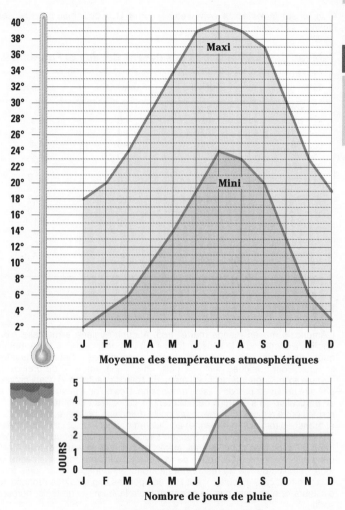

Moyenne des températures atmosphériques

Nombre de jours de pluie

PARCS NATIONAUX (Phoenix)

très variables, imprévisibles et peuvent être franchement froides dans certains parcs. On en a vu mettre les chaînes pour traverser le Yosemite National Park en plein mois d'avril et la neige tomber sur Monument Valley à cette même période. Même cas de figure pour les parcs nationaux de Grand Teton et Yellowstone, plus au nord, avec des routes fermées jusqu'à la fin du mois d'avril. Les hivers y sont d'ailleurs très rudes, et le printemps ne fait véritablement son apparition qu'à partir de juin. Il est difficile de transformer de tête les degrés Fahrenheit en degrés Celsius. Aux degrés Fahrenheit, soustraire 30, diviser par 2 et ajouter 10 % – ou enlever 32 et diviser par 1,8. Une dernière méthode de conversion (approximative, certes) pour les nuls en calcul mental : retrancher 26 °F, puis diviser par deux et vous aurez des Celsius !

■ **Infos sur la météo :** ● www.weather.com ● Utile pour bien préparer ses itinéraires en voiture ou à pied.

Tableau des équivalences des degrés Celsius et Fahrenheit

Fahrenheit	Celsius	Fahrenheit	Celsius
108	42,2	52	11,1
104	40	48	8,9
100	37,8	44	6,7
96	35,6	40	4,4
92	33,3	36	2,2
88	31,1	32	0
84	28,9	28	- 2,2
80	26,7	24	- 4,4
76	24,4	20	- 6,7
72	22,2	16	- 8,9
68	20	12	- 11,1
64	17,8	8	- 13,3
60	15,6	4	- 15,6
60	15,6	4	- 15,6
56	13,3	0	- 17,8

CUISINE

L'Américain moyen mange mal et trop. Aucune hygiène alimentaire n'est apprise à l'école ou à la maison. Même les tout petits enfants consomment quotidiennement frites, hot-dogs, bacon et saucisses... Seule la quantité importe. Pour quelques cents de plus, on est souvent tenté de prendre le menu « extra large » (la taille du menu ou celle du pantalon ?). Cela ne veut pas dire qu'il n'y a pas de cuisine américaine. Dès qu'on s'intéresse à un État en particulier, on s'aperçoit des différences culinaires et même des antagonismes entre régions. Cuisine cosmopolite (française, asiatique, mexicaine...) et branchée (bio et végétarienne) en Californie. *Soul food* et viandes grillées à l'honneur dans les États du Sud, en sauce et avec beaucoup de légumes dans le Tennessee et la Georgie, steaks de bison et de wapiti dans le Wyoming et le Montana... On trouve de tout et à tous les prix, du snack vendu à tous les coins de rue au restaurant gastronomique inspiré du modèle français. En tout cas, « bouffer » est l'un des péchés mignons des Américains, d'ailleurs ils n'arrêtent pas de grignoter toute la journée : bretzels, *burgers,* sodas...

À ce sujet, vous serez frappé par le nombre d'obèses. Près de 30 % des Américains sont obèses... L'obésité coûte si cher au pays (entre autres, 400 000 morts par an, à peine moins que le tabac) que le président Bush lui-même l'a considéré comme ennemi national n° 2 (après Ben Laden bien sûr !).

Le *breakfast*

Le *breakfast made in America* est l'un des meilleurs rapports qualité-quantité-prix que l'on connaisse. Pour les Américains, c'est souvent un vrai repas, copieux et varié (qui inclut des plats salés) et qu'ils prennent souvent dehors. Un peu partout, vous trouverez des restos qui servent le petit dej' (certains ne font même que ça), des cafétérias, des *diners,* des *coffee-shops...* La carte est souvent longue comme le bras, avec au choix jus de fruits, céréales, *hash* browns (pommes de terre râpées et grillées), *pancakes* (petites crêpes épaisses) ou pain perdu que l'on appelle ici *French toast,* et puis, bien sûr, des œufs servis brouillés *(scrambled),* en omelette (*omelette* en anglais dans le texte) ou sur le plat *(fried).* Sur le plat, il peut être ordinaire *(sunny side up)* ou retourné et cuit des deux côtés comme une crêpe *(over).* Dans ce cas, pour éviter que le jaune ne soit trop cuit, demandez-le *over easy* (légèrement). Ils peuvent également être pochés (*poached*), mollets *(boiled)* ou durs *(hard boiled).* Le fin du fin, les œufs Benedict : pochés, allongés sur un petit pain toasté et nappés de sauce hollandaise. On peut aussi y ajouter du jambon, du bacon, des saucisses, beaucoup de ketchup, quelques *buttered toasts,* des *French fries* (frites). Ne pas oublier les *muffins,* aux myrtilles, à la framboise, à la banane, etc., moelleux et délicieux, qu'on trouve surtout dans les *coffee-shops.* Beaucoup d'Américains mangent des *donuts* (beignets en forme d'anneau, un peu grassouillet forcément) ou, bien meilleurs à notre avis et surtout beaucoup plus digestes, des *bagels* (petits pains ronds troués au milieu), traditionnellement tartinés de *cream cheese* (cousin américain du Saint-Moret). Attention, dans les petits déj' ou bien les brunchs tout compris à prix défiant toute concurrence, la boisson chaude n'est pas incluse.

Le brunch

Les samedi et dimanche matin, il est typique de prendre un brunch. Après la grasse matinée, il est trop tard pour le petit déj', mais on a trop faim pour attendre l'heure du déjeuner. Ainsi, bon nombre de restaurants servent, à partir de 10 h 30, le brunch, formule qui contient des mets à mi-chemin entre le breakfast et le lunch. On trouve souvent des formules de brunch arrosé au champagne (mieux vaut ne pas y aller trop tôt...). En général, on en a pour sa faim ; ne négligez donc pas cette option qui peut vous faire 2 repas en un.

Le *lunch* et le *dinner*

Dans la plupart des restos (on ne parle pas de fast-foods, mais bien de vrais restos), le *lunch* est généralement servi de 11 h à 14 h 30. Puis, les portes se ferment pour rouvrir vers 17 h. Dans cette région des États-Unis, on dîne tôt ; rien de plus normal que de se rendre au restaurant à partir de 18 h. D'ailleurs, passé 21 h 30 en semaine, vous aurez le plus grand mal à mettre les pieds sous une table. Les chaînes de restauration ferment bien plus tard.
Sachez que **la carte n'est pas la même le midi et le soir.** Au déjeuner, elle est souvent plus réduite et moins chère, avec principalement des salades, sandwichs, pizzas et autres burgers. Le soir, en revanche, les plats (que l'on appelle *entrees* en americain) sont plus élaborés et les prix plus élevés. Il arrive parfois que les mêmes repas coûtent beaucoup plus cher le soir que le midi, surtout si le cadre est joli. Il est donc conseillé de bien manger le midi, quitte à casser une toute petite graine le soir. Ou alors, si, à cause du décalage horaire, vous avez faim en fin d'après-midi, profitez des tarifs **early bird** (spécial couche-tôt) : pour étendre leurs heures de service et faire plus de profit, certains restaurants ouvrent dès 17 h ou 17 h 30 et proposent, pendant 1 h ou un peu plus, des prix spéciaux pouvant atteindre – 30 % sur une gamme de plats.
– Intéressants : les **today's specials** (ou *specials* tout court, ou encore *specials of the day*), ces incontournables plats du jour, servis en fait midi et soir. Ils sont affichés à l'entrée du restaurant. Si vous optez pour un *special* ou un plat principal, vous aurez parfois droit à une soupe ou une salade d'accompagnement à prix réduit, ce qui cale son homme pour une poignée de dollars. Très fréquent le soir, un peu moins à midi.
– Un bon truc économique, rapide et sain : les **salad bars** dans les **delis section** des supermarchés qu'on trouve un peu partout aux États-Unis (ne pas confondre avec les *delicatessen* de New York). Un choix de crudités, de

s (à accompagner de nombreuses sauces), plats cuisinés chauds ou
le toutes sortes, y compris des plats chinois ou mexicains, des des-
.es fruits frais, etc., à consommer sur place *(for here)* ou à emporter *(to
go)* dans une barquette en plastique. Idéal pour les végétariens qui font le
plein de verdure pour trois fois rien. Il vous suffit de remplir une barquette et
de passer à la caisse : on paye au poids (5 à 8 US$ le pound, soit 454 g), et
on assaisonne à sa façon. On vous donne même des couverts en plastique,
une serviette, du sel et du poivre... Attention cependant, dans certaines épiceries, les aliments ne sont pas de toute première fraîcheur... Privilégiez les
hypermarchés car le débit est important.
– Certains restos proposent des formules buffets appelées *all you can eat*
(ou ACE, c'est-à-dire « tout ce que vous pouvez manger »). Pour une poignée de dollars, vous pouvez vous en mettre plein la lampe. Une bonne
manière de goûter à tout. L'abondance est garantie, la qualité un peu moins.
Tous les casinos de Las Vegas proposent cette formule pour attirer la clientèle. Sinon, dans les grandes villes, certains restos font ça une fois par
semaine, le jour le plus creux. Sympa et pas cher.

Les spécialités

– *La viande :* la viande de bœuf est de premier ordre, mais assez chère.
Pour nous, le meilleur morceau (et le plus tendre) aux États-Unis est le *prime
rib* (à ne pas confondre avec les *spare ribs* qui est du travers de porc). On
oserait dire qu'il n'y a pas d'équivalent chez nous. Essayer, c'est l'adopter.
Détail intéressant : la tendreté de la viande américaine provient aussi de sa
découpe (perpendiculaire aux fibres du muscle), différente de celle des bou-
chers français. Comme les animaux sont de plus petite taille que les niver-
nais ou les charolais, on peut s'attaquer à un *T-bone*, c'est-à-dire la double
entrecôte avec l'os en « T ». Si vous voyagez au nord du pays dans les États
du Wyoming et du Montana, vous aurez droit au steak de wapiti (cerf) et au
bison, une viande corsée. Si vous aimez la viande cuite « à point » comme
en France, demandez-la *medium,* saignante se disant *rare* (prononcer
« raire »). Mais il est parfois encore difficile d'obtenir de la viande vraiment
saignante ! Si au contraire vous préférez votre steak « bien cuit », demandez-le *well done*. L'Ouest des cow-boys et des *cattlemen* a donné à l'Amérique et au reste du monde la recette indispensable : le barbecue, accompagné de son cortège de sauces en flacons. Le poulet frit du Kentucky (ou
d'ailleurs) est également l'une des bases du menu américain.
– *Le hamburger (ou burger) :* le mythe américain ! Apparu vers 1900, il
désignait à l'époque un bifteck consommé surtout par des immigrés allemands de la région de Hambourg, qui affluaient en masse vers les États-
Unis. Voilà pour l'origine du mot hamburger. Depuis quelques années, le
burger est en perte de vitesse dans les fast-foods (même chez MacDo), sans
doute parce qu'il est associé à la malbouffe engendrant l'obésité. Cela dit, le
hamburger n'est pas forcément mauvais. Pour l'apprécier, ce n'est surtout
pas dans les fast-foods qu'il faut aller, mais dans les vrais restos, qui servent
des viandes fraîches, *juicy,* tendres et moelleuses (on vous en demande la
cuisson), prises entre deux tranches de bon pain. Dans les États du Sud,
mais aussi dans la région de Buffalo Bill, autour de Cody, la viande est l'une
des meilleures que l'on connaisse. Attention, les frites ne sont pas toujours
servies avec, il faut parfois les prendre en plus.
– *Les salades :* les Américains sont les champions des salades composées.
Toujours fraîches et copieuses, elles constituent un repas sain et équilibré.
La star est la *Caesar Salad*, à base de romaine, parmesan râpé, croûtons et
d'une sauce crémeuse et aillée. En version *Deluxe,* elle s'accompagne de
poulet grillé ou de grosses crevettes.
– *Les sauces (dressings) :* impossible d'évoquer les salades sans le cortège de sauces qui vont avec. Les plus populaires sont la *Ranch,* relevée d'ail

et de poivre, la *Blue cheese,* parfumée au bleu, la *Thousand Island,* de couleur rosée (un peu l'équivalent de notre « sauce cocktail ») avec des cornichons et des œufs durs hâchés, et la *Caesar,* au parmesan et à l'ail, qui accompagne la *Caesar salad.* Pour ceux qui font attention à leur ligne, toute ces sauces existent en version allégée. Enfin, on trouve aussi des vinaigrettes variées, souvent à base de balsamique et d'huile d'olive. Vous voilà paré pour répondre à la rituelle question que l'on vous posera si vous commandez une salade : « What kind of dressing would you like ? ».

– **Les sandwichs :** le sandwich que nous connaissons en Europe s'appelle en américain *cold sandwich.* À ne pas confondre avec, donc, les *hot sandwiches,* de véritables repas chauds avec frites et salade, donc plus chers. Au fait, savez-vous d'où vient le mot sandwich ? Il tire son nom du comte Sandwich (un Anglais), joueur invétéré qui, pour ne pas quitter la table de jeux, demanda à son cuisinier de lui inventer ce nouveau type de repas. Et le hot dog alors ? Il est né en 1941, lorsque l'Amérique entra en guerre contre l'Allemagne. Ainsi, les *frankfurters* (saucisses de Francfort) commencèrent à être cuites *hot* ; mesure de rétorsion symbolique contre ces *dogs* de nazis !

– **Le pop-corn :** si vous achetez du pop-corn, précisez si vous le voulez avec du sucre, sinon on vous le servira salé. On peut aussi le demander avec du beurre fondu. Dans les cinémas ou les salles de spectacles, les gens achètent des seaux entiers de pop-corn (et un litre de Coca !) et grignotent durant toute la séance.

– **Le peanut butter :** ou beurre de cacahuète, le Nutella des petits et des grands Américains. Ils ont pour habitude de se faire des sandwichs de pain de mie avec beurre de cacahuète sur une tranche et confiture de raisin ou d'orange sur une autre...

– **Les glaces :** voici un autre chapitre de la cuisine américaine qui vaut la peine qu'on s'y arrête. Il y a des milliers de glaciers comme *Dairy Queen,* une chaîne nationale, *Baskin Robbins* (plus de 30 parfums !) ou *Ben & Jerry's.* En plus de faire des glaces succulentes, *Ben & Jerry's* est une entreprise citoyenne et originale, qui emploie des personnes en difficulté et achète des produits bio. La glace est présentée en cornet, ou bien dans un récipient en carton avec, par-dessus, toutes sortes de garnitures *(toppings)*... Cela s'appelle un *sundae*... à la fraise, à la noix de coco râpée, avec des ananas, au caramel, ou au *hot fudge* (avec du chocolat chaud et fondu, plus des noix ou des cacahuètes). On vous conseille aussi le *frozen yogurt* (yaourt glacé), un peu plus léger en matières grasses mais toutefois à texture onctueuse. On peut y ajouter des *toppings* comme des M & M's, des noix ou des céréales. Et puis on trouve bien sûr de délicieux milk-shakes mixés avec de grandes louchées de glaces à la vanille, à la banane ou à la fraise et des *malts* (avec de la poudre de malt dedans, un délice).

– **Les desserts :** certains les trouvent alléchants, d'autres écœurants rien qu'à regarder... Les plus connus sont les *cheese cakes* (gâteaux au fromage blanc), *carrot cakes* (gâteaux aux carottes) ; mais aussi les *chocolate cakes, apple pies* (tourte à la pomme), *pecan pies* (à la noix de pécan), *pumpkin pies* (célèbre tarte au potiron, typique de la période d'Halloween), etc.

Les restaurants de chaîne

Disséminées dans tous les États-Unis, ces chaînes de restaurants garantissent une même qualité de Boston à San Fransisco. Les Américains en sont assez friands. À côté des universels *McDonald's, Burger King, Wendy's* et *Wimpy,* on peut essayer les *Denny's* (familial ; on y sert de traditionnels et copieux burgers), *Applebees,* les *Country Kitchen, Jack in the Box* (assez « prolo »), les *Houses of Pancakes* et autres *Dunkin' Donuts* pour les petits creux. Côté buffets, notre préférence va sans hésiter à *Shoney's, Ryan's* et *Sweet Tomatoes* (ce dernier est spécialisé dans les salades, soupes et pâtes), où, pour environ 8 US$, vous serez rassasié. Dans un genre plus élaboré, on recommande *Mel's Diner* pour son décor *Fifties* souvent très réussi et sa carte de spécialités ricaines longue comme le bras, *Olive Garden* (cuisine d'inspiration méridionale), et enfin *Cracker Barrel* qui propose une cuisine saine et roborative dans un cadre qui rappelle *La Petite Maison dans la Prairie*. Mais dans tous les cas, ne vous hasardez pas dans les *Subway* : cuisine graillonneuse garantie !

DANGERS ET ENQUIQUINEMENTS

Inutile de vous inquiéter, il n'existe pas de réels dangers dans les grands espaces. Mais évitez de vous mettre dans des situations délicates, en faisant du stop tout seul par exemple. De manière générale, si vous n'allez pas au-devant du danger, celui-ci ne viendra pas tout seul à vous.
– Quelques rappels pour les grandes villes : Salt Lake City est sans doute la plus tranquille des métropoles de la région. Phoenix possède quant à elle des quartiers un peu craignos, mais le routard n'a rien à y faire de toutes manières. Las Vegas, malgré ses débordements de paillettes et d'outrances en tous genres, est une ville très sûre. La municipalité tient à sa réputation. Bref, franchement peu ou pas de problèmes à signaler. Conseil global pour les villes : ne jamais traîner dans le *downtown* après la tombée de la nuit. C'est en général dans ces quartiers que viennent échouer les laissés-pour-compte de la société américaine.
– En ce qui concerne les parcs nationaux proprement dits, aucun danger à signaler. Mis à part une rencontre inopportune avec un grizzli mal léché, vous ne risquez pas grand-chose ! Évidemment, ne laissez pas votre argent dans votre tente, ni votre carte de paiement à portée de vol. Et soyez prudent en circulant en voiture dans les parcs du Nord-Ouest, car il n'est pas rare de croiser le chemin d'un animal. Dans tous les parcs, les *rangers* assurent la sécurité de tous et sont là pour vous conseiller. Ils connaissent les balades les plus adaptées à une population donnée, les difficultés à surmonter et les durées précises. Lors des randonnées, les incidents les plus importants sont provoqués par les touristes eux-mêmes : mauvaise préparation, manque d'eau, chaussures inadaptées, forme physique surévaluée. C'est toujours étonnant de voir des touristes descendre au fond du Grand Canyon en tongs avec une simple petite gourde d'écolier pour se désaltérer !
– En règle générale, veillez à avoir des réserves d'eau dans le coffre de la voiture quand vous partez et, enfin, n'oubliez pas que les stations-service sont parfois très éloignées les unes des autres...
– Enfin, en cas de problème urgent, composer le ☎ 911 (gratuit de n'importe quel téléphone public ; pas besoin d'introduire des pièces).

DÉCALAGE HORAIRE

Il y a 4 fuseaux horaires aux États-Unis (6 avec l'Alaska et Hawaii). Le Nouveau-Mexique, l'Arizona, le Colorado et l'Utah sont situés dans le fuseau horaire « Mountain Time ». Il y a alors un décalage horaire de 8 h en moins par rapport à la France. Par exemple, quand il est 15 h en France, il est 7 h à Salt Lake City. Par contre, la Californie et le Nevada se situent dans le Fuseau horaire « Pacific Time » et marquent un décalage de 9 h en moins par rapport à la France (une heure de moins que le Mountain Time).
– Attention toutefois, au-delà de ces questions de zones horaires, certains États appliquent le changement d'horaire entre l'hiver et l'été. Il s'agit de l'Utah et du Nevada. Ici, on appelle ça le *daylight saving time*. L'Arizona quant à lui reste toute l'année sur ce qu'on appelle le *standard time* (à opposer au *daylight saving time*). L'heure d'été s'applique de début avril à fin octobre. Durant cette période, l'Arizona et le Nevada, bien que ne faisant pas partie de

LES FUSEAUX HORAIRES

la même tranche horaire, se retrouvent alors à la même heure, à savoir une heure plus tôt que l'Utah. Facile, non ?
– Attention, comme en Grande-Bretagne, quand on vous donne rendez-vous à 8.30 pm, cela veut dire à 20 h 30. À l'inverse, 8.30 am, désigne le matin. Pensez-y, cela vous évitera de vous lever de très bonne heure pour rien ! Enfin, notez que 12 am c'est minuit et 12 pm midi... et pas l'inverse. Retenez surtout que si vous êtes crevé les premiers jours, c'est le *jet lag*.

DROITS DE L'HOMME

Afghanistan, Irak, Guantanamo... L'impact de la « guerre internationale contre le terrorisme » engagée par les États-Unis après le 11 septembre 2001 commence à se faire ressentir dans l'opinion publique américaine. Effrayée par le bilan humain, mais aussi et surtout par les révélations sur les exactions commises par l'armée US, la société civile demande aujourd'hui plus de transparence. Le *Center for Constitutional Rights* (*CCR*, affilié à la Fédération Internationale des Droits de l'homme) exige ainsi la nomination d'un procureur indépendant chargé d'enquêter sur les cas de torture commis par l'armée américaine, et dénonce les traductions de certains prisonniers devant des commissions militaires. Nombreux sont ceux, y compris au sein du Parti républicain, qui se prononcent désormais pour la fermeture du camp de Guantanamo, où 500 prisonniers étaient encore détenus fin 2004. En juin 2004, ces « combattants ennemis » ont néanmoins obtenu de la Cour suprême le droit à un procès équitable. En outre, la prolongation pour 10 ans de la « loi Patriot » – jugée par beaucoup attentatoire aux libertés individuelles – n'est passée que très difficilement devant la Chambre des représentants en juillet 2005, et c'est désormais au Sénat de se prononcer. La peine de mort est depuis 5 ans en recul aux États-Unis (59 exécutions en 2004 contre 65 en 2003), néanmoins, plus de 3400 condamnés attendent toujours dans les « couloirs de la mort ». Amnesty dénonce également l'utilisation par les forces de l'ordre de pistolets paralysants qui auraient contribué, directement ou indirectement, à la mort de quarante personnes en 2004 (rapport annuel 2005). Enfin, le Sénat américain a officiellement présenté ses excu-

ses aux victimes des lynchages, pour ne pas avoir explicitement interdit ces crimes racistes, auraient fait quelque 4750 victimes entre 1881 et 1964.
Pour en savoir plus, n'hésitez pas à contacter :

■ *Fédération internationale des Droits de l'homme (FIDH) :* 17, passage de la Main-d'Or, 75011 Paris. ☎ 01-43-55-25-18. Fax : 01-43-55-18-80. ● www.fidh.org ● fidh@fidh.org ● Ⓜ Ledru-Rollin.
■ *Amnesty International (section française) :* 76, bd de la Villette, 75940 Paris Cedex 19. ☎ 01-53-38-65-65. Fax : 01-53-38-55-00. ● www.amnesty.asso.fr ● info@amnesty.asso.fr ● Ⓜ Belleville ou Colonel-Fabien.

N'oublions pas qu'en France aussi, les organisations de défense des Droits de l'homme continuent de se battre contre les discriminations, le racisme et en faveur de l'intégration des plus démunis.

ÉCONOMIE

L'économie américaine s'appuie sur la dalle de granit du libéralisme absolu, un credo souvent discuté mais jamais renié. Celui-ci tient en quelques principes simples : voir les choses en grand, laisser faire les lois du marché, ne jamais contrarier la liberté des financiers, des industriels et des commerçants, travailler sans relâche (la répugnance au travail est un signe de disgrâce divine, selon l'éthique protestante puritaine), être à la pointe de l'innovation technologique, ne pas trop dépenser, payer le moins possible d'impôts, et laisser le secteur public s'occuper du reste (un minimum d'intervention, sauf quand ça va mal, bien entendu). Au fil du XXe siècle, cette recette économique typiquement américaine a été la clé du succès. Elle a permis l'émergence de métropoles bourdonnantes qui ont fait leur place au soleil.
Depuis le 11 septembre 2001, l'économie américaine, déjà fragilisée, a du mal à reprendre du poil de la bête. La consommation des ménages est en perte de vitesse et le taux de chômage affiche une augmentation constante ; il atteint même son plus haut niveau depuis une vingtaine d'années.
La guerre en Irak, qui coûte des centaines de milliards de dollars au gouvernement américain, n'arrange évidemment pas les choses et retarde encore la fameuse reprise économique que tout le monde attend... La dette nationale, colossale, augmente de plus en plus vite et le cours du billet vert est en baisse. En août 2005, l'estocade est portée par le cyclone Katrina, dont les dommages pourraient dépasser les 125 milliards de dollars (dont un bon tiers pour les assurances).
Difficile dans ces conditions de prévoir la suite, mais avec un gouvernement aussi endetté et des consommateurs *grosso modo* dans le même cas, toute reprise ne peut être que fragile.
Évidemment, en traversant les grands espaces désertiques de l'Ouest, on se sent bien loin de cette agitation. Pourtant, l'une des principales activités de ces États, le tourisme, est un secteur durement touché par ces crises successives. Heureusement, dame Nature ne s'est pas contentée de doter le coin de paysages éblouissants : elle a aussi fortement pourvu ses terres en énergie primaire et minerais (pétrole, cuivre, charbon, etc.) et l'activité minière y est très présente (la production de minerais non combustibles – or, argent et cuivre – dans le Nevada rapporte quand même annuellement quelque 3 milliards de dollars). Au milieu de ces espaces vides, ruraux (où l'élevage joue également un rôle important), quelques grandes villes, mais qui gardent une dimension humaine (Salt Lake City, Phoenix, Denver). Certaines, comme Salt Lake City, grâce à une économie prospère et dynamique (s'appuyant sur les petites entreprises, le tourisme et les hautes technologies) et un cadre de vie sain, attirent de plus en plus une population lasse de l'agitation des grandes métropoles régionales.

ÉLECTRICITÉ

Généralement : 110-115 volts et 60 périodes (en France : 220 volts et 50 périodes). *Attention :* si vous achetez du matériel, prévoyez l'adaptateur électrique qui convient. De même, sachez que les fiches électriques américaines sont plates. On conseille d'acheter l'adaptateur en France ; difficile à trouver sur place.

ENVIRONNEMENT

Il y a l'océan, des montagnes, des déserts, des forêts, des lacs. C'est le domaine des paysages grandioses qui appellent la contemplation, le recueillement quasi religieux. Cette région des Rocheuses est un véritable sanctuaire dédié à la protection de la nature : plus de la moitié des zones protégées du pays s'y concentre ! Et il y en a de toutes sortes : des *national parks,* des *national monuments,* des *recreation area reserves,* des *wilderness areas,* etc. Ce sont surtout des milieux naturels riches qui sont essentiels pour le maintien de la biodiversité. Plus de 120 espèces menacées ou en voie de disparition y ont été recensées. Cette nature, restée en de nombreux endroits inexplorée jusqu'à la fin du XXe siècle, fait partie intégrante du patrimoine américain : elle a nourri toute une littérature, elle a été sublimée par de nombreux films, elle est indissociable de l'histoire du pays et de la fierté américaine.

Des efforts importants ont été déployés pour préserver ces espaces naturels. Leur gestion peut même paraître exemplaire. Plusieurs programmes de protection d'espèces sensibles ont été menés : protection des populations de grizzlis, de bisons et d'élans dans le parc national de Yellowstone notamment, réintroduction du loup dans le Wyoming et l'Idaho, du condor californien en Californie et en Arizona, etc. Des zones spécifiques *(national recreation areas)* ont été créées pour « délester » les parcs nationaux parfois confrontés aux problèmes inhérents à la sur-fréquentation touristique. Ces belles images conformes à une certaine idée d'une belle nature intimement préservée, ne doivent pas pour autant occulter des aspects un peu plus sombres de la réalité. Des incendies ravagent presque de manière récurrente des milliers d'hectares de forêts (parc du Yellowstone en 1988, nord-ouest du Nouveau-Mexique en 2000, une dizaine d'États de l'Ouest touchés durant l'été 2001). Le problème de la préservation des ressources en eau pourrait devenir crucial dans les États du Sud. Des lacs artificiels ont été aménagés le long des principaux cours d'eau (comme le lac Powell, sur le Colorado, qui est le deuxième du pays en superficie) pour satisfaire les besoins de la population et de l'agriculture dans ces zones arides. Mais les besoins augmentent continuellement avec le développement important des villes (un Américain consomme près de 8 m^3 d'eau par jour !), et des villes comme Phoenix s'enorgueillissent de posséder plus de 100 terrains de golf, qu'il faut arroser ! Depuis peu il y a tout de même une prise de conscience : dans certains restaurants, le verre d'eau est servi uniquement sur demande, par ailleurs des hôtels proposent aux clients de choisir le jour du changement des draps, qui n'est plus systématique. Et puis, récemment, une nouvelle donne est apparue : les États-Unis traversent une importante crise énergétique ; George W. Bush entend y répondre en privilégiant le nucléaire et l'extraction d'énergies fossiles. Certains pensent qu'il y a danger pour les espaces de l'Ouest américain dont le sous-sol est localement riche en pétrole et en gaz naturel, comme au sud du Yellowstone. Par ailleurs, un très sérieux projet prévoit de créer un site d'enfouissement de déchets nucléaires en plein désert du Nevada (Yucca Mountain), à 150 km au nord-est de Las Vegas. Ce serait même le plus gros chantier de travaux publics de l'histoire américaine. Il est vrai que la région (Nouveau-Mexique) s'était déjà distinguée en juillet 1945, avec le premier essai atomique. Mais l'opinion publique est massivement favorable à la préservation de l'environnement et pourrait bien constituer l'un des meilleurs garde-fous contre toute atteinte. Rappelons que selon l'OCDE, près de 70 % des Américains privilégient la protection de l'environnement à la croissance économique : un paradoxe dans un pays qui est le premier producteur mondial de gaz à effet de serre (36 % des émissions mondiales de CO_2) et ardemment hostile au protocole de Kyoto (1997) visant à limiter les rejets de ces gaz, non ?

Enfin, pour plus d'informations, un site Web consacré à la protection de l'environnement aux États-Unis : ● www.epa.gov ●

FÊTES ET JOURS FÉRIÉS

Les fêtes

En plus des événements nationaux, dans les grandes villes de l'Ouest américain, chaque communauté a sa parade. Les Américains en raffolent, alors dès que l'occasion se présente, on parade en toute fanfare. Pour connaître les dates exactes, voir le *Visitor Center* de chaque ville.

– Dans les deux États du Sud, où les racines mexicaines sont fortes, impossible de passer à côté du *Cinco de Mayo* qui a lieu le 5 mai, comme son nom l'indique. Cette fête très populaire commémore la victoire des Mexicains sur les troupes françaises de Napoléon III, à Puebla, en 1862. Rassurez-vous, aucune rancune envers les Français. Les parades western de Memorial Day célébrées à Jackson Hole et Cody, dans le Wyoming, valent aussi le coup d'œil. Défilé de cow-boys, Indiens, diligences, et petit déjeuner de pancakes offert à tous.

Les jours fériés

Ils varient suivant les États. Mais voici onze jours fériés sur l'ensemble du territoire. Attention, presque toutes les boutiques sont fermées ces jours-là.

– *Martin Luther King Birthday :* vers le 3e lundi de janvier, celui le plus près de son anniversaire, le 15 janvier. Un jour très important pour la communauté noire américaine.

– *Presidents' Day :* le 3e lundi de février, pour honorer la naissance du président Washington, le 22 février 1732.

– *Easter (Pâques) :* les boutiques sont souvent fermées le dimanche et certaines aussi le lundi.

– *Memorial Day :* le dernier lundi de mai. En souvenir de tous les morts au combat. Correspond au début de la saison touristique.

– *Independence Day :* le 4 juillet, fête nationale, qui commémore l'adoption de la déclaration d'Indépendance en 1776.

– *Labor Day :* le 1er lundi de septembre, la fête du Travail. Marque la fin de la saison touristique.

– *Colombus Day :* le 2e lundi d'octobre, en souvenir de la « découverte » de l'Amérique par Christophe Colomb.

– *Veteran's Day :* le 11 novembre.

– *Thanksgiving Day :* le 4e jeudi de novembre. Fête typiquement américaine commémorant le repas donné par les premiers immigrants (les Pères Pèlerins) en remerciement à Dieu et aux Indiens pour leur avoir permis de survivre pendant leur premier hiver dans le Nouveau Monde. Fête familiale et chômée par à peu près tout le monde.

– *Christmas Day :* le 25 décembre.

– *New Year's Day :* le 1er janvier.

– Impossible de clore une rubrique sur les fêtes sans évoquer celle d'*Halloween,* la nuit du 31 octobre au 1er novembre. Cette tradition celte importée par les Écossais et les Irlandais, est célébrée avec une grande ferveur aux

États-Unis. Sorcières ébouriffantes, fantômes et morts-vivants envahissent les rues, tandis que les enfants, déguisés eux aussi, font du porte-à-porte chez les voisins en demandant « *Trick or treat ?* » (« Une farce ou un bonbon ? »), en repartant les poches pleines de bonbecs.

GÉOGRAPHIE

Les parcs de l'Ouest américain s'étendent sur une zone géographique complexe : la région des Rocheuses, et plus largement, au sein de la vaste cordillère nord-américaine qui s'étire depuis l'Alaska jusqu'au Mexique. À l'origine (il y a plusieurs dizaines de millions d'années), une rencontre – ou plutôt une collision – entre la plaque tectonique du Pacifique et la plaque nord-américaine. Cette dernière se plisse et se soulève, donnant ainsi naissance à des massifs montagneux, tandis que la première s'enfonce dans les profondeurs du globe... Des phénomènes secondaires de soulèvement ou d'effondrement des terrains suivant des lignes de failles orientées selon un axe nord-sud créent alors chaînes de montagne ou cuvettes et bassins. Interviennent ensuite les forces du vent et de l'eau dans un long processus d'érosion. D'est en ouest, on rencontre :

– Les **montagnes Rocheuses** proprement dites *(Rocky Mountains).* Constituées de plusieurs chaînes plus ou moins parallèles, elles dressent leurs nombreux pics enneigés qui surplombent torrents et lacs, vallées recouvertes de forêts de conifères et de prairies principalement dans le Wyoming *(Absaroka Range)* et le Colorado *(Front Range).* L'État du Colorado s'enorgueillit d'ailleurs de compter plus d'une cinquantaine de sommets dépassant 4 000 m ! Les Rocheuses se poursuivent jusqu'au Nouveau-Mexique avec les *Sangre de Cristo Mountains,* mais deviennent plus imposantes. Elles empiètent également sur l'Utah *(Wasatch Range).* Inutile de préciser qu'elles constituent un réservoir d'eau colossal et donnent naissance à de nombreux cours d'eau essentiels pour l'économie du pays.

– Au sud-ouest, le paysage change radicalement. C'est le domaine des **plateaux intérieurs**, des **grandes étendues désertiques et arides.** Le Grand Bassin *(Great Basin)* couvre le Nevada et l'ouest de l'Utah. Il est formé de différentes cuvettes : le célèbre lac Salé *(Great Salt Lake),* la vallée de la Mort *(Death Valley)* dont l'altitude descend à 94 m au-dessous du niveau de la mer. Le plateau du Colorado, à cheval sur l'Arizona, l'Utah, le Colorado et le Nouveau-Mexique, est incontestablement le plus connu. C'est là que se trouvent de nombreux parcs *(Monument Valley, Zion, Bryce, Capitol Reef, Grand Canyon...),* où se dressent des parois rocheuses aux couleurs étonnantes, où les rivières ont taillé de profonds canyons, parfois comme des coups de couteau. Encore plus au sud, c'est une ceinture de déserts, depuis la Californie jusqu'au Nouveau-Mexique *(Mojave Desert, Sonoran Desert, Chihuahuan Desert)* avec des « forêts » de cactus près de la frontière mexicaine.

– Enfin, dans l'est de la Californie s'élève, du nord au sud, la **Sierra Nevada,** qui constitue une véritable barrière pour les précipitations venues du Pacifique ; elle culmine à 4 420 m avec le mont Whitney. Son versant ouest très arrosé irrigue la vallée Centrale *(Central Valley) ;* c'est l'une des zones agricoles les plus riches du pays. Ceci explique cela.

HÉBERGEMENT

Comme chez nous, il y a de tout et à tous les prix. Toutefois, il est un type d'établissement omniprésent sur le territoire américain et qu'on ne trouve pas, ou pas beaucoup, en Europe : le motel. Plus d'infos sur ce dernier dans la rubrique qui lui est consacrée plus bas.

À part ça, l'hébergement est donc très varié : il va du camping aux palaces 10 étoiles en passant par l'auberge de jeunesse et, bien sûr donc, le motel.

À noter, on trouve parfois des coupons de réduction pour les hôtels et motels dans certains journaux distribués gratuitement en ville (dans les *Visitor Centers,* les restos, etc.).
– IMPORTANT : le prix des chambres est quelquefois négociable, en période creuse notamment (surtout si vous arrivez en fin de journée et que vous payez en liquide), et d'autant plus depuis la désaffection touristique. La phrase clé est donc : « *Could I have a discount ?* ». Signalons aussi le site Internet
● www.hotels.com ● qui recense des milliers d'hôtels à prix cassés partout aux États-Unis (également par téléphone : ☎ 1-800-246-8357).
– ATTENTION : dans les endroits touristiques, il est conseillé de réserver son hôtel le plus longtemps possible à l'avance. Les moyens les plus utilisés sont l'e-mail et le téléphone (il s'agit d'ailleurs très souvent de numéros gratuits si vous téléphonez depuis les États-Unis). On vous demandera le numéro de votre carte de paiement. Attention, si vous ne pouvez pas prendre votre chambre, et si vous n'en informez pas l'hôtel au moins 1 ou 2 jours à l'avance, vous serez débité quand même. Dans les *B &B,* le délai d'annulation est souvent plus long.

Les auberges de jeunesse

Outre les auberges privées, assez nombreuses, il existe une petite quarantaine d'auberges de jeunesse membres de l'association **Hostelling International** dans l'Ouest américain. Cela dit, elles sont inégalement réparties. Ainsi, on en trouve 18 en Californie mais à peine une en Arizona (à Phoenix), une au Nouveau-Mexique (Taos) et aucune en Utah ! Qu'à cela ne tienne, il y a souvent des AJ privées...
Pour connaître la situation, les tarifs, coordonnées, etc., des auberges officielles, rendez-vous sur le site ● www.hiusa.org ●, très bien fait.
Les prix vont de 10 US$ pour les plus simples à 30 US$ pour les plus grandes et les mieux équipées. En général cela dit, compter 15 à 25 US$ la nuit en dortoir, ce qui correspond à peu près aux tarifs de chez nous. Les draps *(linen)* sont souvent inclus, et la plupart des auberges disposent d'une cuisine bien équipée et d'une salle à manger.
Aucune limite d'âge pour y séjourner. La carte de membre *Hostelling International* n'est pas obligatoire pour y être admis, mais vous paierez un peu plus cher (3 US$ par nuit) si vous ne l'avez pas. Cette carte coûte un peu plus de 15 € en France (réduction pour les moins de 26 ans) et environ 28 US$ aux États-Unis (18 US$ pour les plus de 55 ans, gratuite pour les moins de 18 ans ; voir la rubrique « Avant le départ », plus haut). En cas d'oubli, on peut se la procurer dans toutes les AJ membres du réseau ou sur Internet.
Dans les grandes villes, les AJ sont souvent installées dans de beaux bâtiments historiques et restent ouvertes 24 h/24, contrairement à bon nombre d'AJ rurales, qui ferment entre 10 h et 17 h (pour entretien). Dans les plus anciennes et les plus reculées, on vous demandera peut-être encore de participer aux tâches ménagères... alors que dans d'autres, renseignez-vous, il sera possible d'« échanger » son séjour contre quelques heures de travail.
En haute saison, il est conseillé de *réserver* à l'avance. Plusieurs possibilités :
– **Par Internet :** ● www.hiusa.org ● (cliquez sur « *reservations* » et choisissez votre date).
– **Par téléphone ou fax,** en contactant directement l'AJ.
– **Par téléphone, depuis les États-Unis :** ☎ 1-800-909-4776. Avoir sa carte bancaire sous la main et taper les 3 premières lettres de la ville où se trouve l'AJ. Pour composer les numéros avec des lettres, lire la rubrique « Téléphone – Télécommunications » plus loin.

■ Pour ceux qui désirent se procurer la carte **Hostelling International** avant de partir, l'organisation **Hostelling International** est représentée à Paris par la **Fédération unie des auberges de jeunesse (FUAJ)**.

Coordonnées plus haut dans la rubrique « Avant le départ ». La FUAJ propose 3 guides répertoriant toutes les AJ du monde : un pour la France, un pour l'Europe et un pour le reste du monde (les deux derniers sont payants).

Les *YMCA* (pour les hommes) et *YWCA* (pour les femmes)

Il s'agit de centres d'hébergement modernes, dotés d'installations sportives assez impressionnantes, proposant des chambres fonctionnelles et bien tenues mais sans charme. Les *YMCA* et les *YWCA* sont relativement chères, elles correspondent à un hôtel de moyenne gamme. Compter de 70 à 120 US$ pour une double avec salle de bains. Parfois, mais c'est assez rare, il y a des dortoirs, ce qui permet de bénéficier de tarifs plus bas. À noter que les *YMCA* sont généralement mixtes, tandis que les *YWCA* sont toujours réservées aux filles exclusivement. Les « Y » (prononcer « waï ») sont en général très centrales. Beaucoup d'étudiants, de jeunes ou de travailleurs en déplacement y résident ; c'est donc un moyen sûr et rapide de se faire des connaissances, et d'en apprendre sur le coin.
Autre inconvénient des « Y » : elles sont souvent complètes, surtout le week-end. Réserver le plus longtemps possible à l'avance ; sinon, se pointer vers 11 h, heure du *check-out*. Vous serez alors dans les premiers à bénéficier des quelques chambres qui se seront libérées.
– Pour tous renseignements : ● www.ymca.int ●

Les campings

On en trouve partout ou presque, des grands, des petits, des beaux, des modestes. Beaucoup sont situés en pleine nature mais, bien sûr, il y a aussi des campings urbains où s'entassent les mobile homes. Utiles (mais encombrants !), le *Trailer Life* (● www.tldirectory.com ●) ou le *Woodall's Campground Directory* (● www.woodalls.com ●) qui, tous deux, recensent les campings du pays. Quelques tour-opérateurs proposent aussi des itinéraires en camping-tours, particulièrement bien conçus. Voir les adresses plus haut, dans le chapitre « Comment y aller ? ».
Il existe deux types de campings :

Les campings nationaux et d'État (campgrounds)

Ce sont les moins chers (entre 10 et 20 US$), et on paie en principe pour l'emplacement (ou par véhicule), jusqu'à 6 personnes. En prime, les *campgrounds* sont généralement situés dans les meilleurs endroits, en pleine nature. Dans certains sites non équipés, il arrive encore que ce soit gratuit, mais c'est de plus en plus rare. On les trouve partout dans les *National parks, National monuments, National recreation areas, National forests* et *State parks*. Dans les *campgrounds* nationaux les moins fréquentés, il faut déposer une enveloppe avec le prix de la nuit dans une urne, en notant sur l'enveloppe vos nom et adresse, le numéro minéralogique de la voiture et celui de l'emplacement retenu. N'essayez pas d'en profiter car les *rangers* veillent et l'amende est alors salée.
L'espace entre l'emplacement de chaque tente est le plus souvent très grand. Mais ce n'est pas une raison pour faire du bruit le soir car beaucoup de parcs imposent des *quiet hours* dès 22 h. Il y a toujours des toilettes et lavabos, mais pas nécessairement de douches ni d'électricité. Arrivez tôt le matin pour réserver votre emplacement dans les parcs nationaux, ou, mieux, réservez à l'avance quand c'est possible ; car en été la demande peut être forte. Dans certains parcs, il n'est pas possible d'obtenir une réservation. Dans ce cas, le

premier arrivé est le premier servi *(First come, first served !)*. Pensez aussi à faire vos courses dans un supermarché avant d'arriver. Les boutiques sont rares ou alors plus chères et moins bien fournies. Enfin, n'oubliez pas d'emporter des vêtements chauds ; beaucoup de parcs sont en altitude, et il arrive qu'en mai ou septembre il gèle la nuit. Important, dans les parcs nationaux peuplés d'ours, suivez scrupuleusement les consignes des *rangers* concernant la cuisine. L'odorat de ces jolis nounours n'est plus à prouver, de même que leur férocité, au point de vous contraindre à changer de vêtements si vous étiez de corvée de popote.

■ *Réservations pour camper dans les parcs nationaux :* fortement conseillé de réserver (on peut le faire jusqu'à 5 mois à l'avance).

– *Par téléphone :* ☎ 1-800-365-2267 depuis les États-Unis, ou ☎ (301) 722-1257 depuis l'étranger. On vous indique aussi les différents numéros de téléphone gratuits pour chaque parc. On donne son numéro de carte de paiement et sa date d'expiration au téléphone, ou éventuellement on envoie un mandat, mais c'est plus long et plus compliqué. Un numéro de réservation vous est donné, à ne pas perdre puisque ce sera votre sésame une fois arrivé au parc.

– *Sur Internet :* ● http://reservations.nps.gov ● Le service fonctionne de 10 h à 22 h, heure de la côte est (6 h de moins par rapport à la France) et se révèle vraiment plus pratique que le téléphone.

– *Par courrier :* NPRS, PO Box 1600, Cumberland, MD 21502. N'oubliez pas dans ce cas d'inclure tous les détails nécessaires : votre nom, celui du parc et du camping désirés, les dates d'arrivée et de départ, le nombre de personnes, le type de site demandé (pour tente ou camping-car) et le type de paiement (mandat ou numéro de carte de paiement).

■ *Réservations pour camper dans les parcs d'État :* cela permet de retenir à l'avance un emplacement dans un des campings d'État de Californie ou du Wyoming, ouverts à la réservation (ce n'est pas le cas de tous). Comme pour les parcs nationaux, le règlement se fait de préférence par carte de paiement (compter 7,50 US$ de commission). On peut réserver jusqu'à 7 mois à l'avance.

– *Par téléphone :* ☎ 1-800-444-7275. Ouvert de 8 h à 17 h *(Pacific Time)*, tous les jours. En été, ce système est assailli par les appels. Appelez en milieu de journée et en milieu de semaine.

– *Sur Internet :* ● www.cal-parks.ca.gov ●

– *Par courrier :* Reserve America, PO Box 1510, Rancho Cordova, CA 95741-1510.

Les campings privés

Il n'y en a pas dans les parcs nationaux. Globalement moins bien situés car dans un environnement moins sauvage. En revanche, ils offrent souvent plus de commodités : sanitaires complets, électricité, machines à laver, boutique avec produits de première nécessité, ainsi que des tables de pique-nique et des grilles pour barbecues (si vous prévoyez d'emporter un brûleur, adoptez un modèle récent de la marque Camping-gaz, on trouve facilement les recharges sur place). Il y a même, dans certains, une piscine et des bungalows *(cabins)* à louer. Bien sûr, ils sont aussi plus chers que les campings d'État : compter *grosso modo* 25 US$ pour deux et un camping-car, un peu moins avec une tente. Il existe également des chaînes de camping comme *KOA (Campgrounds of America)*, qui édite une brochure (disponible dans tous ses campings) avec toutes les adresses et leurs positionnements précis sur une carte routière. Elle propose également une carte d'abonnement qui coûte autour de 10 US$ et donne droit à 14 % de réduction.

■ *KOA (Campgrounds of America) :* ☎ 1-800-562-5616. Fax : 1-406-245-9878. ● www.koa.com ● PO Box 30558, Billings, MT 59114.

Les motels

C'est le type d'établissement le plus répandu aux États-Unis. Normal, nous direz-vous, dans un pays où tout s'articule tellement autour de la voiture. Un motel, c'est en effet un hôtel au bord d'un axe routier... plus ou moins fréquenté, généralement un bâtiment bas autour d'une vaste cour qui fait office de parking. Ils sont plutôt anonymes et proposent des chambres à la déco très standardisée, avec salle de bains et TV, toujours propres mais quelquefois un peu vétustes, ça dépend de chacun et, surtout, de la catégorie. En général, cela dit, ils sont plus convenables que les hôtels de mêmes tarifs. À propos de tarifs justement, ceux-ci varient le plus souvent selon le type de chambre et le nombre de personnes qui l'occupent. Généralement intéressant pour les familles, qui peuvent occuper une chambre avec deux *queen beds* (1,40 m de large) pour un prix avantageux (en général, les enfants de moins de 17 ans ne paient pas s'ils sont dans la chambre des parents). Très courants aussi, les chambres avec un *king size bed*, ou lit de 1,80 m de large ! Sinon, il y a aussi les chambres avec un seul *queen*, mais quasiment jamais avec deux lits simples comme en Europe. Le petit déjeuner est parfois compris dans le prix mais s'il ne l'est pas, ne vous désolez pas trop, vous ne ratez rien...

Il existe des chaînes de motels assez économiques : **Econo Lodge** (surtout sur la côte est) et **Motel 6** (surtout sur la côte ouest) sont les meilleur marché, avec d'autres, comme **Budget Inn, Quality Inn, Days Inn, Red Roof Inn** ou **Super 8 Motel.** Les communications téléphoniques locales y sont le plus souvent gratuites, comme le parking. Dans le premier *Motel 6* où vous descendrez, demandez l'annuaire des *Motel 6* aux États-Unis. Ils affichent un bon rapport qualité-prix. Situés à la périphérie des villes et sur les axes routiers, ils sont facilement repérables (enseigne bleue et rouge). On recense plus de 800 *Motel 6* dans tous les États-Unis. Attention, les tarifs changent d'un établissement à l'autre, en fonction de la situation géographique surtout. Ici, un *Motel 6* sera bon marché alors que là, il sera dans les « Prix moyens ». Il existe également les *Studio 6*, tout équipés, pour les séjours supérieurs à 4 nuits.

■ **Motel 6 :** réservations aux États-Unis, ☎ 1-800-4-MOTEL6. Fax : 1-423-893-6482. ● www.motel6.com
■ **Econo Lodge :** n'est plus représenté en France. Toutefois, il existe un numéro de réservation gratuit pour les Français : ☎ 0800-267-3837 ou 1-877-424-6423 depuis les États-Unis et le Canada (valable aussi pour d'autres chaînes, comme *Quality Inn, Clarion*). ● www.econolodge.com ●

Quelques infos valables pour les hôtels et les motels, en vrac

– Les prix que nous indiquons s'entendent sans la *taxe* de l'État (de 10 à 15 %). Dur !
– Dans les endroits touristiques, *mieux vaut réserver à l'avance.* En haute saison, c'est même parfois indispensable. Cela se fait surtout par e-mail (plus simple, surtout d'Europe), et par téléphone (beaucoup d'hôtels proposent un numéro gratuit mais utilisable uniquement aux États-Unis). Quel que soit le moyen choisi, on vous demandera un numéro de carte de paiement. Dans la plupart des hôtels, vous pourrez annuler sans frais votre réservation jusqu'à 48 h ou même parfois 24 h avant la date d'arrivée. Notez aussi que, dès votre arrivée, on prendra l'empreinte de votre carte de paiement, pour les *incidentals* comme ils disent, à savoir les éventuels frais de téléphone (beaucoup plus élevés que d'une cabine, lire plus loin), minibar, *pay TV*, etc.

– La plupart des hôtels proposent des chambres équipées de **TV, clim' et sanitaires complets.** Si tel n'est pas le cas, nous le précisons dans le commentaire.

– **Assez peu d'hôtels proposent le petit déjeuner,** et encore plus rares sont ceux qui l'incluent dans le prix de la chambre. Un peu plus souvent néanmoins, l'hôtel met du café et des muffins dans le lobby à la disposition des clients. Mais bon, allez plutôt prendre un café ou un petit dej' à l'extérieur. Surtout que les endroits pour prendre le petit déjeuner ne manquent pas aux USA : en dehors de nos adresses bien sûr, on trouve des cafétérias ou des *coffee shops* un peu partout.

– Cela peut surprendre dans ce pays, mais la plupart des hôtels et motels proposent encore des chambres **fumeurs.** Bien choisir sa catégorie : risque de surtaxe pour avoir perverti l'atmosphère de la chambre avec l'odeur du tabac !

– Faites attention au **check-out time,** heure au-delà de laquelle vous devez payer une nuit supplémentaire. C'est généralement 12 h, parfois 11 h.

– **Téléphoner des hôtels** coûte très, très cher. La solution la plus économique consiste à acheter préalablement une carte téléphonique prépayée (lire plus loin la rubrique « Téléphone et télécommunications ») que vous utiliserez depuis votre chambre d'hôtel. Une taxe d'environ 1 US$ par appel vous sera prélevée mais ce n'est rien à côté du montant que vous auriez dû payer.

Les *Bed & Breakfast*

Ils sont assez répandus et permettent de faire un séjour bien agréable dans d'anciennes demeures de charme où règne une atmosphère souvent familiale. Nettement plus personnalisé que l'hôtel donc, mais attention, ils se situent souvent dans la catégorie « Plus chic ». Leur capacité d'accueil est évidemment limitée (de deux à une petite dizaine de chambres maximum), c'est d'ailleurs ce qui fait une partie de leur attrait. Et, bien sûr, ils comprennent un bon petit déjeuner, très copieux. Leur *check-out* est souvent assez tôt (11 h le matin). Enfin, les fumeurs et les enfants de moins de 10 ans y sont rarement les bienvenus.

L'échange d'appartements

Une formule de vacances originale et très pratiquée outre-Atlantique. Il s'agit, pour ceux qui possèdent une maison, un appartement ou un studio, d'échanger leur logement contre celui d'un adhérent du même organisme dans le pays de leur choix, pendant la période des vacances. Cette formule offre l'avantage de passer des vacances aux États-Unis à moindres frais, en particulier pour les jeunes couples avec enfants. Voici deux agences qui ont fait leurs preuves :

■ **Intervac :** 230, bd Voltaire, 75011 Paris. ☎ 01-43-70-21-22. ● www.intervac.com ● M : Rue-des-Boulets. Adhésion : 100 € par an, comprenant une annonce valable 12 mois consécutifs sur Internet (avec photo) et dans l'un des deux catalogues internationaux édités au cours de l'année.

■ **Homelink International :** 19, cours des Arts-et-Métiers, 13100 Aix-en-Provence. ☎ 04-42-27-14-14. Fax : 04-42-38-95-66. ● www.homelink.fr ● Adhésion annuelle (comprenant une annonce à faire paraître sur Internet et dans un de leurs 2 catalogues internationaux édités de décembre à mai) : 115 € (sans l'envoi du catalogue) et 175 € (avec le catalogue).

Les terminaux de bus

Ce n'est pas le rêve et ça peut même parfois tourner au cauchemar, mais sachez qu'il est parfois possible d'y dormir. Guère tranquille toutefois, car il peut y avoir du monde et donc du bruit... De plus, ces gares routières sont souvent situées dans des quartiers sinistres, ce qui fait qu'on y voit des gens étranges, pas toujours fréquentables, des jeunes marginaux ou tout simplement des exclus de la société américaine (et ils sont nombreux). L'ambiance, certains soirs, n'est pas des plus gaies non plus ni des plus rassurantes. D'un autre côté, c'est gratuit et vous croiserez d'autres routards voyageant en bus Greyhound. Il y a des distributeurs de boissons et de snack, ainsi que des fauteuils avec TV incorporée, au cas où le sommeil ne viendrait pas... Bref, à vous de voir. En tous cas, si vous optez pour cette solution, veillez bien à mettre vos bagages à la consigne, car il y en a trop qui se réveillent au petit matin avec plus grand-chose.

HISTOIRE

Quelques dates

– *De 35 000 à 15 000 av. J.-C. :* premières migrations de populations d'origine asiatique à travers le détroit de Béring.
– *2640 av. J.-C. :* les astronomes chinois Hsi et Ho auraient descendu la côte américaine par le détroit de Béring.
– *1000-1002 :* Leif Eriksson, fils du viking Erik le Rouge, explore les côtes de Terre-Neuve et du Labrador et atteint peut-être ce qui est aujourd'hui le nord-est des États-Unis.
– *1492 :* découverte de l'Amérique par Christophe Colomb.
– *1524 :* découverte de la baie de New York par Giovanni da Verrazano.
– *1585 :* fondation d'une colonie anglaise sur l'île de Roanoke.
– *1607 :* fondation de Jamestown (Virginie) par le capitaine John Smith.
– *1613 :* découverte des chutes du Niagara par Samuel de Champlain.
– *1619 :* premiers esclaves noirs dans les plantations de Jamestown.
– *1620 :* le *Mayflower* débarque à Cape Cod avec 100 pèlerins (les Pères Pèlerins) qui fondent Plymouth.
– *1636 :* création du collège Harvard, près de Boston.
– *1647 :* Peter Stuyvesant, premier gouverneur de New York.
– *1650 :* légalisation de l'esclavage.
– *1692 :* chasse aux sorcières à Salem (Massachusetts).
– *1718 :* fondation de La Nouvelle-Orléans par Pierre Le Moyne d'Iberville.
– *1776 :* adoption de la déclaration d'Indépendance le 4 juillet.
– *1784 :* New York élue provisoirement capitale des États-Unis.
– *1789 :* George Washington élu premier président des États-Unis.
– *1800 :* Washington devient capitale des États-Unis à la place de Philadelphie.
– *1830 :* fondation de l'Église mormone par Joseph Smith à Fayette (État de New York).
– *1831 :* 2 millions d'esclaves aux États-Unis.
– *1843 :* invention de la machine à écrire.
– *1847 :* invention du jean par Levi Strauss.
– *1849 :* ruée vers l'or en Californie.
– *1857 :* invention de l'ascenseur à vapeur par E.G. Otis.
– *1861-1865 :* guerre de Sécession. En 1865, Abraham Lincoln proclame l'abolition de l'esclavage.
– *1867 :* les États-Unis achètent l'Alaska à la Russie.
– *1871 :* création du Yellowstone National Park.
– *1872 :* invention du chewing-gum par T. Adams. Le 1er brevet pour la Télégraphie sans fil déposé par Mahlon Loomis.
– *1876 : Les Aventures de Tom Sawyer* de Mark Twain. Invention du balai mécanique par M.R. Bissel.

– **1880 :** premier gratte-ciel en acier à Chicago.

– **1886 :** invention du Coca-Cola par J. Pemberton. La statue de la Liberté, de Frédéric Bartholdi, est offerte par la France aux États-Unis pour symboliser l'amitié franco-américaine à New York (une copie est érigée en bas du pont de Grenelle à Paris).

– **1895 :** ouverture du Sea Lion Park, premier parc d'attractions américain, à Coney Island.

– **1903 :** fabrication du fameux Teddy Bear par Morris Michtom, surnom au départ donné à Theodore Roosevelt qui chassait l'ours dans le Mississippi et qui refusa de tuer un ours attaché à un arbre.

– **1906 :** grand séisme de San Fransisco.

– **1911 :** 1er studio de cinéma à Hollywood.

– **1913 :** construction à New York du Woolworth Building (le plus élevé à l'époque) par Cass Gilbert.

– **1914 :** création de la Paramount.

– **1916 :** 1er magasin d'alimentation libre-service à Memphis, Tennessee.

– **1921 :** 1re miss America.

– **1923 :** création de la Warner Bros par Harry M. Warner.

– **1924 :** l'Indian Citizenship Act, citoyenneté américaine des Indiens.

– **1925 :** Hoover est le premier président à utiliser la radio pour sa campagne électorale.

– **1927 :** création de l'oscar du cinéma par Louis Mayer.

– **1928 :** Walt Disney crée le personnage de Mickey Mouse.

– **1929 :** construction du Royal Gorge Bridge, pont le plus haut du monde (321 m), au-dessus de l'Arkansas dans le Colorado. Krach de Wall Street le 24 octobre. Ouverture du MoMA (Museum of Modern Art) à New York.

– **1930 :** 1er supermarché, ouvert à Long Island.

– **1931 :** construction de l'Empire State Building à New York.

– **1932 :** New Deal instauré par Franklin Roosevelt pour remettre sur pied l'économie américaine.

– **1933 :** invention du Monopoly par Charles B. Darrow.

– **1936 :** l'athlète noir américain Jesse Owens remporte quatre médailles d'or aux J.O. de Berlin.

– **1937 :** premier caddie (créé en 1934 par Raymond Josef) testé dans un magasin d'Oklahoma City.

– **1939 :** *La Chevauchée fantastique* de John Ford. *Autant en emporte le vent*, réalisé par Victor Fleming, Sam Wood et George Cukor.

– **1941 :** attaque japonaise à Pearl Harbor (Hawaii) le 7 décembre. Déclaration de guerre des États-Unis au Japon le 8 décembre. Déclaration de guerre de l'Allemagne et de l'Italie aux États-Unis le 11 décembre.

– **1944 :** débarquement allié en Normandie le 6 juin.

– **1945 :** bombes atomiques sur Hiroshima et Nagasaki les 6 et 9 août.

– **1946 :** début de la Guerre froide. Winston Churchill parle du « Rideau de fer ».

– **1948 :** premier fast-food, créé par deux frères, Maurice et Richard MacDonald.

– **1949 :** naissance de l'OTAN à New York.

– **1950 :** début du maccarthysme, croisade anti-communiste par le sénateur McCarthy.

– **1951 :** construction du musée Guggenheim à New York par l'architecte Frank Lloyd Wright.

– **1952 :** début de l'Action Painting (ou expressionnisme abstrait) lancé par Rosenberg, qui consiste à projeter des couleurs liquides (Pollock, De Kooning, Kline, Rothko).

– **1953 :** exécution des Rosenberg, accusés d'espionnage.

– **1955 :** ouverture du parc d'attractions Disneyland, en Californie.

– **1960 :** début du Pop Art lancé par Andy Warhol.

– **1962 :** décès de Marilyn Monroe le 5 août.

– *1963 :* Ich bin ein Berliner, discours historique de Kennedy le 26 juin. Assassinat de John F. Kennedy à Dallas le 22 novembre.

– *1964 :* début de la guerre du Vietnam.

– *1966 :* fondation des Black Panthers à Oakland par des amis de Malcom X. Black Power, expression lancée par Stockeley Carmichael, prônant le retour des Noirs en Afrique.

– *1968 :* assassinat de Martin Luther King le 4 avril. Le 5 juin, Bob Kennedy, frère de John, meurt lui aussi assassiné.

– *1969 : Easy Rider* de Dennis Hopper. Premiers pas d'Armstrong sur la lune. Mythique concert de Woodstock, dans l'État de New York.

– *1971 :* ouverture du premier café *Starbucks* à Seattle.

– *1973 :* construction du World Trade Center (417 m) à New York. Élections des premiers maires noirs à Los Angeles, Atlanta et Detroit. Cessez-le-feu au Vietnam. Insurrection indienne à Wounded Knee (Dakota).

– *1974 :* la crise du Watergate entraîne la démission de Richard Nixon.

– *1975 :* légalisation partielle de l'avortement.

– *1976 :* rétablissement de la peine de mort (après sa suspension en 1972).

– *1979 :* accident nucléaire à Three Mile Island.

– *1981 :* attentat contre Reagan.

– *1982 :* courant Figuration libre inspiré des graffitis, de la B.D. et du rock. Keith Haring est l'un des plus célèbres représentants.

– *1984 :* la statue de la Liberté est inscrite sur la liste du Patrimoine mondial de l'Unesco. J.O. de Los Angeles boycottés par les pays de l'Est.

– *1986 :* la navette *Challenger* explose en direct.

– *1987 :* création d'Act Up (mouvement d'action et de soutien en faveur des malades du Sida).

– *1988 :* gigantesque incendie au parc de Yellowstone. Un cinquième du parc est détruit.

– *1989 :* séisme de magnitude 6,9 à San Fransisco (55 morts).

– *1991 :* 17 janvier-27 février, guerre du Golfe.

– *1992 :* émeutes à Los Angeles (59 morts et 2 300 blessés). Élection de Bill Clinton.

– *1993 :* le 19 avril, 80 membres (dont 25 enfants) d'une secte millénariste, les Davidiens, périssent à Waco dans l'incendie de leur ferme assiégée depuis 51 jours par le FBI. La même année, Toni Morrisson reçoit le prix Nobel de littérature.

– *1994 :* séisme à Los Angeles (51 morts). Signature de l'ALENA, accord de libre-échange avec le Mexique et le Canada. Affaire Whitewater, enquête liée aux investissements immobiliers des Clinton.

– *1995 :* le sénat du Mississippi ratifie enfin le 13ᵉ amendement de la constitution des États-Unis, mettant un terme à l'esclavage ! Attentat d'Oklahoma City par des extrémistes de droite (170 morts).

– *1996 :* J.O. d'Atlanta. Réélection de Bill Clinton.

– *1998 :* début du Monicagate le 21 janvier.

– *1999 :* tuerie de Littleton (Colorado) : deux ados se suicident après avoir abattu 12 de leurs camarades et un professeur de lycée de Columbine. Décès de Bill Bowerman, cofondateur de la firme Nike. La légende raconte qu'il avait créé la chaussure mythique dans sa cuisine avec... un moule à gaufres.

– *2000 :* en décembre, George W. Bush devient le 43ᵉ président des États-Unis.

– *2001 :* le 11 septembre, les États-Unis sont victimes de la plus grave attaque terroriste de l'histoire mondiale (3 000 morts).

– *2003 :* de fin mars à mi-avril, guerre en Irak, suivie de l'occupation militaire du pays par la coalition formée par les États-Unis. Le 14 août, une panne d'électricité géante paralyse 8 États de la côte Est des États-Unis (dont la ville de New York) pendant près de 29 heures. En septembre, les USA rejoignent l'Unesco, après 20 ans de désertion. Le 7 octobre, Arnold Schwarzenegger est élu gouverneur de Californie.

– **2004** : en mai, Michael Moore reçoit la Palme d'or à Cannes pour son film-pamphlet contre l'Amérique de Bush, *Fahrenheit 9/11*. George W. Bush est réélu président des États-Unis en novembre, face à John Kerry.

– **2005** : fin août, le cyclone Katrina, un des plus dévastateurs de l'histoire américaine, provoque une catastrophe humanitaire, écologique et financière sans précédent dans 3 États : Louisiane, Mississipi et Alabama.

Le Nouveau Monde

Tout au bout de nos rêves d'enfant se trouve un pays, un pays dont on partage les clichés et les mythes avec le monde entier. Des bidonvilles asiatiques aux intellectuels occidentaux, en passant par les hommes d'affaires japonais et les apparatchiks de l'ex-Union soviétique, nous avons tous bien plus que « Quelque chose de Tennessee » en nous ! Certains s'élèvent contre un impérialisme culturel et/ou politique et en dénoncent les dangers. D'autres vont boire à ces sources qui leur inspirent des œuvres telles que *Paris, Texas* qui sont tellement américaines qu'elles ne peuvent être qu'européennes ! Cette fascination assez extraordinaire que nous éprouvons pour ce pays ne peut être expliquée seulement par sa puissance industrielle ou son dollar... Peut-être avons-nous tous, imprimé dans notre subconscient, ce désir, ce rêve d'un nouveau monde... La preuve, Mickey et les westerns ont fini par appartenir à notre culture. Un comble !

Le détroit de Béring

Les colons nommèrent les Indiens « Peaux-Rouges », non en raison de la couleur naturelle de leur peau (qui est d'ailleurs plutôt jaune), mais de la teinture rouge dont ils s'enduisaient parfois. Certains spécialistes placent les premières migrations en provenance d'Asie dès 50 000 av. J.-C., d'autres, plus nombreux, avancent les dates de 40 000, 30 000, 22 000 ans av. J.-C. Cette toute première vague d'immigration dura jusqu'au XIe ou Xe millénaire av. J.-C. Ces « pionniers » américains franchirent le détroit de Béring. Suivant la côte ouest, le long des Rocheuses, ces hordes d'hommes préhistoriques pénétrèrent peu à peu au nord et le sud du continent américain. La migration dura 25 000 ans. La superficie de ce continent et les vastes étendues d'eau qui le séparent du reste du monde font que les Indiens, tant dans le Nord que dans le Sud, imaginèrent longtemps être seuls au monde.

Si, à l'arrivée des premiers colons, les Indiens furent une fois pour toutes catalogués « sauvages », notre ignorance à leur sujet aujourd'hui, quoique moins profonde, demeure impressionnante.

Contrairement à une certaine imagerie populaire, il n'y a jamais eu de « nation indienne », mais une multitude de tribus réparties sur l'ensemble du territoire nord-américain. Le continent était si vaste qu'on estime qu'avant l'arrivée de l'homme blanc il y avait plus de mille langues indiennes, chacune étant inintelligible aux membres d'un autre groupe linguistique. Isolés les uns des autres, ils n'ont jamais mesuré l'étendue de leur diversité, mais commerçaient cependant activement. Depuis l'arrivée des Blancs, plus de 300 langues ont disparu. Aujourd'hui, le tagish ne serait connu que d'une seule personne.

Les modes de vie variaient selon les tribus, certaines sédentaires, comme les Pueblos (baptisés ainsi par les Espagnols parce qu'ils habitaient dans des villages) et d'autres semi-nomades, mais la plupart vivaient de chasse, de pêche et de cueillette, se déplaçant au gré du gibier et des saisons. Quant à leur nombre avant l'arrivée de l'homme blanc, certains ethnologues avancent le chiffre de 10 à 12 millions de sujets ! D'autres, plus méfiants ou ayant plus mauvaise conscience, disent qu'ils étaient à peine 1 million.

La découverte

Leif Eriksson (le fils d'Erik le Rouge), un Viking, se lança dans l'exploration du Nouveau Monde. En 1003, avec un équipage de 35 hommes, il partit du sud du Groenland, récemment colonisé, puis explora toute la côte atlantique du Canada. D'autres expéditions suivirent, et il y eut des tentatives de colonisation, puis les Vikings rentrèrent chez eux, semble-t-il victimes des attaques indiennes. Cela se passait plus de 100 ans avant que Christophe Colomb ne « découvre » l'Amérique ! À notre avis, son attaché de presse était plus efficace que celui des Vikings.

Colomb, lui, cherchait un raccourci pour les Indes. La plupart des hommes cultivés de son époque étant arrivés à la conclusion que la terre était ronde, il y avait donc forcément une autre route vers les trésors de l'Orient que celle de Vasco de Gama, même si, paradoxalement, elle se trouvait à l'ouest. D'origine génoise, Colomb vivait au Portugal, et c'est donc vers le roi Jean du Portugal qu'il se tourna pour financer son expédition. Le roi Jean n'était pas intéressé, et finalement c'est grâce à un moine espagnol, Perez, confesseur de la reine Isabelle d'Espagne, que Colomb put approcher la reine et monter son expédition. Son bateau, la *Santa María,* ainsi que deux autres petites caravelles partirent le 3 août 1492. La *Santa María,* lourde, peu maniable et lente, n'était pas le bateau idéal pour ce genre d'expédition. Mais deux mois plus tard, le 12 octobre 1492, Colomb débarquait, aux Bahamas sans doute, muni d'une lettre d'introduction... pour le Grand Khan de Chine ! Tout le monde sait que les premiers habitants des États-Unis s'appellent Indiens parce que Christophe Colomb ne connaissait pas le *Guide du routard.* De vous à nous, il aurait pu se rendre compte rapidement de son erreur : l'Empire State Building ne ressemble guère à un temple hindou !

Le roi François Ier envoya à son tour Jacques Cartier qui, lui, fit trois voyages entre 1534 et 1541. Cartier remonta le Saint-Laurent jusqu'au Mont-Royal où des rapides arrêtèrent son entreprise, lesquels rapides furent d'ailleurs nommés Lachine, puisque la Chine devait être en amont ! Puis en 1520, Ferdinand de Magellan trouva le fameux détroit qui mène à l'océan Pacifique, en traversant la Patagonie à quelques encablures au nord du cap Horn. Ainsi, le malheur des Indiens et la colonisation de l'Amérique n'eurent pour origine que la volonté de trouver un autre accès plus facile vers l'Asie !

Les premières tentatives de colonisation

En 1513, Juan Ponce de Leon atteint la Floride, qu'il croit être une île ; le 7 mars 1524, le Florentin Giovanni da Verrazano, envoyé lui aussi par François Ier, débarque au Nouveau Monde – depuis peu baptisé « Amérique » en souvenir de l'explorateur et géographe Amerigo Vespucci – et promptement le rebaptise « Francesca » pour honorer sa patrie d'adoption et son maître. La Nouvelle-France (futur Canada) est née. De 1539 à 1543, Hernando de Soto découvre et explore des cours d'eau comme la Savannah, l'Alabama et le majestueux Mississippi, mais il est finalement vaincu par la jungle ; au même moment, Francisco Vasquez de Coronado part du Mexique, franchit le río Grande et parcourt l'Arizona. Toujours en même temps, la première tentative de christianisation par les moines de Santa Fe reçoit le salaire du martyr... Ils sont massacrés par les Indiens pueblos et, petit à petit, le cœur n'y est plus. L'or, les richesses des civilisations sophistiquées qui pourraient dissiper les hésitations ne sont pas découverts, et les milliers de volontaires nécessaires à une véritable colonisation ne se manifestent pas. Et puis, finalement, pourquoi étendre encore un empire déjà si vaste, se dit la couronne espagnole ?

L'arrivée des Anglais

Le premier Anglais, John Cabot, n'est pas un Anglais d'origine mais un Génois habitant la ville de Bristol. Lui aussi recherche, en 1497, un passage vers l'Orient, navigue le long de la côte. Faute de trouver ce fameux passage, il laissera son nom à la postérité avec la pratique du... cabotage !

Trois quarts de siècle passent, l'Angleterre est plus prospère, les querelles religieuses s'apaisent, et Élisabeth Ire est sur le trône depuis 1558. L'heure américaine a sonné. Sir Humphrey Gilbert propose d'installer une colonie en Amérique qui fournirait, l'heure venue, les vivres aux marins en route pour la Chine. Élisabeth lui accorde une charte, mais la colonie ne se matérialise pas.

Une nouvelle charte est accordée, cette fois à son demi-frère Sir Walter Raleigh. Il serait à l'origine de deux tentatives d'implantation. Il jette l'ancre près de l'île Roanoke et baptise la terre Virginia (Virginie) – le surnom de la reine Élisabeth : la Vierge. Mais après le premier hiver, les colons préfèrent rentrer en Angleterre. La seconde tentative aura lieu un an plus tard : le 8 mai 1587, 120 colons débarquent. Un événement marque cette deuxième tentative : la naissance sur le sol du Nouveau Monde – d'après le carnet de bord du bateau avant qu'il ne reprenne la mer – de la première Américaine, une petite fille nommée Virginia Dare (nom lourd de sous-entendus, *dare* signifiant en anglais « ose » !). Mais c'est encore un échec, tragique cette fois-ci, car, quand le bateau revient en 1590, les colons ont disparu sans laisser de traces.

Malgré ces échecs successifs, le virus du Nouveau Monde s'empare de l'Angleterre, mais il faudra attendre le successeur d'Élisabeth, Jacques Ier, pour un véritable début de colonisation.

Le 26 avril 1607, après 4 mois de traversée, 144 hommes et femmes remontent la rivière James dans trois navires et choisissent un lieu de mouillage qu'ils baptisent James-Town. C'est un aventurier-marchand de 27 ans, le capitaine John Smith, qui a combattu en Europe et sait maintenir une discipline (essentielle pour ne pas sombrer dans le désespoir), qui dirige les colons. Il s'enfonce dans le pays, fait des relevés topographiques... Le rôle d'un chef est primordial dans ce genre de situation, et l'anecdote suivante illustre bien à quel point. John Smith est capturé par les Indiens, et il aura la vie sauve grâce à la fille du roi Powhatan, nommée Pocahontas. Il comprend, ayant vécu avec cette tribu, que les colons ne survivront que par la culture du « blé indien » : le maïs. À son retour parmi les siens, et sur son ordre, les colons (très réticents car ils voulaient bien chasser, chercher de l'or ou faire du troc avec les indigènes, mais pas se transformer en agriculteurs) cultivent le maïs à partir de grains offerts par les Indiens. Le maïs contribua pour beaucoup à la culture américaine, toutes époques confondues.

La Nouvelle-Angleterre

En 1620, une nouvelle colonie est fondée par les pèlerins – *Pilgrim Fathers* ou Pères Pèlerins – arrivés sur le *Mayflower*. Ces immigrants protestants transitent par la Hollande, fuyant les persécutions religieuses en Angleterre. Ils aspirent à un christianisme plus pur, sans les concessions que selon eux aux séquelles du papisme que l'Église anglicane charrie dans son organisation et ses rites. Ce sont au total 100 hommes et femmes avec 31 enfants qui arrivent au cap Cod (cap de la Morue). Rien n'a préparé ces hommes à l'aventure américaine. Il faudrait pêcher, mais ils ne sont pas pêcheurs ; de plus, ils sont de piètres chasseurs et se défendent difficilement contre les Indiens qu'ils jugent sauvages et dangereux. Plus grave encore, voulant atteindre la Virginie et sa douceur, les voilà en Nouvelle-Angleterre, une région éloignée, avec un climat rude et une terre ingrate. La moitié d'entre eux meurt le premier hiver. Pourtant, l'année suivante, ils célèbrent le tout premier Thanksgiving – une journée d'action de grâces et de remerciements – symbolisé par la dégustation d'une dinde sauvage. Ces immigrants austères et puritains incarnent encore dans l'Amérique d'aujourd'hui une certaine aristocratie, et nombreux sont ceux qui se réclament – ou voudraient bien se réclamer ! – d'un aïeul venu sur le *Mayflower* ! La ténacité, la volonté farouche et une implication religieuse proche de l'hystérie (un exemple : l'épisode de la chasse aux sorcières à Salem de 1689 à 1692 – suite au soi-disant ensor-cellement de deux enfants, 150 personnes furent emprisonnées et une ving-taine pendues –, pour ne citer que la plus célèbre illustration de leur fana-tisme religieux) vont garantir le succès de cette nouvelle colonie qui compte déjà 20 000 âmes en 1660 !

Les Français et le Nouveau Monde

C'est grâce à René Robert Cavelier de La Salle, un explorateur français né à Rouen en 1643, que la France, elle aussi, eut pendant une courte période une part du « gâteau » nord-américain. Après avoir obtenu une concession en amont de Montréal au Canada et appris plusieurs langues indiennes, il partit explorer les Grands Lacs, puis il descendit le Mississippi jusqu'au golfe du Mexique. Il prit possession de ces nouvelles contrées pour la France et tenta d'y implanter une colonie en 1684. En l'honneur du roi Louis XIV, cette terre prit le nom de Louisiane.

Cette nouvelle colonie s'avéra être une catastrophe financière, doublée en plus d'un climat très malsain. La couronne française céda la concession à Antoine Crozat, qui ne la trouva pas plus rentable et qui, à son tour, vendit ses parts à un Écossais que l'histoire de France a bien connu, puisqu'il s'agit de John Law, contrôleur général des Finances en France sous Louis XV, inventeur probable du crédit, du papier-monnaie... et de la banqueroute !

Grâce à l'aide de la *Banque générale* en France, il fonda en août 1717 la Compagnie de la Louisiane. Le succès fut fulgurant mais de courte durée. Devant la montée spectaculaire des actions, beaucoup prirent peur, et l'iné-vitable krach s'ensuivit, probablement le premier de l'histoire de la finance.

La ville de La Nouvelle-Orléans fut fondée en 1717 par Pierre Le Moyne d'Iberville. Un premier lot de 500 esclaves noirs fut importé en 1718, et la culture du coton commença en 1740. Puis, par un traité secret, une partie de la Louisiane fut cédée aux Espagnols en 1762 et l'autre aux Britanniques ! Les 5 552 colons français de la Louisiane de l'époque ne goûtèrent guère ce tour de passe-passe, mais dans l'ensemble le règne dit « espagnol » fut calme et prospère. C'est d'ailleurs à cette période que les exilés d'Acadie, persé-cutés par les Anglais devenus maîtres du territoire, émigrèrent en Louisiane (lors d'un épisode appelé le « Grand Dérangement »). Après une nouvelle distribution des cartes politiques, la Louisiane espagnole redevint française en 1800. À peine le temps de dire ouf, et Napoléon – à court d'argent pour combattre l'ennemi héréditaire – revendit la colonie aux États-Unis le 30 avril 1803.

William Penn et les quakers

La plus sympathique implantation de l'homme blanc en Amérique fut sans conteste celle des quakers. Avec son principe de non-violence, son refus du pouvoir des Églises quel qu'il soit et son doute quant à la nécessité des prêtres en tant qu'intermédiaires entre l'homme et Dieu, le quaker est appelé à une liberté radicale, irrépressible puisqu'elle se fonde sur Dieu lui-même. George Fox, qui fut à l'origine de ces thèses révolutionnaires et subversives, naquit en 1624. « Songez qu'en vous il y a quelque chose de Dieu ; et ce quelque chose existant en chacun le rend digne du plus grand respect, qu'il soit croyant ou pas. » Pour mieux mesurer l'extravagance de cette déclara-tion de George Fox, il faut se souvenir qu'à cette époque l'Inquisition espa-gnole battait son plein. *Quakers* signifie « trembleurs » (devant Dieu), et ce surnom leur fut donné par moquerie, leur véritable appellation étant *Society of Friends* (« Société des amis »).

Hormis le célèbre paquet de céréales, c'est surtout le nom de William Penn qui vient immédiatement à l'esprit dès qu'on prononce le mot quaker (les deux sont d'ailleurs liés car l'emblème de la marque est effectivement un portrait de Penn, la compagnie – à sa fondation, en 1901 – ayant choisi ce créneau de marketing pour souligner la pureté de ses produits ! Cela dit, cette compagnie n'avait rien à voir avec la Société des amis, et un procès fut intenté contre eux en 1915 par les vrais quakers, sans succès).

William Penn, né en 1645, était un fils de grande famille extrêmement aisée, possédant moult propriétés en Irlande et en Angleterre. À l'âge de 13 ans, il rencontre pour la première fois celui qui allait marquer sa vie, Thomas Loe, quaker et très brillant prédicateur. Quittant rubans, plumes et dentelles, William ne conserve de sa tenue de gentilhomme que l'épée qu'il déposera aussi par la suite, soulignant ainsi publiquement son refus de la violence et son vœu d'égalité entre les hommes. À partir de 1668, ses vrais ennuis vont commencer ; il a alors 24 ans. De prisons (la Tour de Londres, entre autres) en persécutions, Penn publiera rien moins que 140 livres et brochures et plus de 2 000 lettres et documents. *Sans croix, point de couronne,* publié en 1669, sera un classique de la littérature anglaise. À la mort de son père, Penn devient Lord Shanagarry et se retrouve à la tête d'une fortune considérable. Il met aussitôt sa richesse au service de ses frères. Les quakers avaient déjà tourné leurs regards vers le Nouveau Monde afin de fuir la persécution, mais les puritains de la Nouvelle-Angleterre ressentent la présence des quakers sur leur territoire comme une invasion intolérable. Des lois anti-quakers sont votées. En 1680, après avoir visité le Nouveau Monde, William Penn obtient du roi Charles II (en remboursement des sommes considérables que l'État devait à son père) le droit de fonder une nouvelle colonie sur un vaste terri-toire qui allait devenir la Pennsylvanie (« forêt de Penn », une terre presque aussi grande que l'Angleterre).

Les Indiens qui occupent cette nouvelle colonie se nomment Lenni Lenape (ou Delaware), parlent l'algonquin et sont des semi-nomades. Penn et les quakers vont établir avec eux des relations d'amour fraternel, et le nom de leur capitale, Philadelphie, sera choisi pour ce qu'il signifie en grec (« ville de la Fraternité »). Penn apprendra leur langue, ainsi que d'autres dialectes indiens. Dans sa maison de Pennsbury Park, il y avait souvent une foule étrange : les Indiens arrivaient par dizaines, voire parfois par centaines ! Les portes de la maison leur étaient grandes ouvertes. Le fait qu'ils étaient peints et armés n'effrayait personne. Ils réglaient les questions d'intérêt commun avec Onas, c'est-à-dire avec Penn (*onas* veut dire plume en algonquin, *penn* signifiant plume en anglais). La non-violence étant l'une des pierres d'angle des principes quakers, les Indiens auraient pu massacrer toute la colonie en un clin d'œil. Mais tant que les principes quakers ont dominé, les deux com-munautés vécurent en parfaite harmonie.

Les anecdotes sur les rapports entre les quakers et les Indiens sont nom-breuses, et c'est certainement aussi l'« esprit » des deux communautés qui les a rapprochés. Car, si d'un côté les Indiens étaient très primitifs matériel-lement parlant, leur art de vivre et leur spiritualité étaient très raffinés.

La « Boston Tea Party » et l'Indépendance

Dès 1763, une crise se dessine entre l'Angleterre et les nouvelles colonies qui sont de plus en plus prospères. Son aboutissement allait être l'Indépen-dance. Le 16 décembre 1773, après une série très impopulaire de taxes et de mesures imposées par la Couronne et une nette montée nationaliste, se produisit ce qu'on appelle la « Boston Tea Party ». Des colons, déguisés en Indiens, montèrent sur trois navires anglais dans le port de Boston et jetèrent par-dessus bord leur cargaison de thé.

Au-delà de la péripétie, l'événement fera date. En effet, le recours aux armes se fera en 1775 et, le 4 juillet 1776, la déclaration d'Indépendance rédigée par Thomas Jefferson est votée par les 13 colonies. Le fondement de la Déclaration est la philosophie des droits naturels qui explique que Dieu a créé un ordre, dit naturel, et que, grâce à la raison dont il est doué, tout homme peut en découvrir les principes. De plus, tous les hommes sont libres et égaux devant ces lois. En 1778, les Français signent deux traités d'alliance avec les « rebelles » ; en 1779, l'Espagne entre en guerre contre l'Angleterre. Mais il faudra attendre le 3 septembre 1783 pour la signature d'un traité de paix entre l'Angleterre et les États-Unis, qui sera conclu à Paris. Les États-Unis par la suite s'étendent, et les Indiens sont rejetés de plus en plus vers les terres désertiques de l'Ouest, tandis que la France vend la Louisiane et qu'un nouveau conflit se dessine : la guerre civile.

L'esclavagisme et la guerre de Sécession

Durant plus de trois siècles, le Noir américain fut tour à tour esclave, métayer, domestique, chansonnier et amuseur public. Il a donné à cette jeune nation beaucoup plus qu'il n'a jamais reçu, lui qui fut un immigrant forcé.

L'idée même de l'esclavagisme remonte à la nuit des temps, et même les Grecs les plus humanistes, durant l'âge d'or de leur civilisation, n'ont jamais douté du fait que l'humanité se divisait naturellement en deux catégories : les hommes qui devaient assumer les tâches lourdes et l'élite qui pouvait ainsi cultiver les arts, la littérature et la philosophie. L'aspect immoral qu'est la vente d'un homme ne fut pas la vraie raison de la guerre de Sécession, contrairement à une certaine imagerie populaire. Abraham Lincoln n'avait que peu de sympathie pour la « cause noire », la libération des esclaves ne s'inscrivait alors que dans le cadre du combat contre le Sud. Il déclara à ce sujet : « Mon objectif essentiel dans ce conflit est de sauver l'Union... Si je pouvais sauver l'Union sans libérer aucun esclave, je le ferais... » L'histoire a évidemment oublié cette phrase. D'ailleurs, ce n'était pas si difficile pour les Nordistes d'être contre l'esclavage (ils n'avaient que 18 esclaves contre 4 millions au Sud !).

Les Sudistes portent l'uniforme gris tandis que les Nordistes sont bleus. Bien qu'ils soutiennent les Noirs, les Nordistes n'hésiteront pas à massacrer les Indiens. Tout ça pour dire que les Bleus n'étaient pas si blancs et les Gris pas vraiment noirs.

Pour être juste, cette guerre civile devrait être présentée comme une guerre culturelle, un affrontement entre deux types de société. L'une – celle du Sud – , aristocratique, fondée sur l'argent « facile », très latine dans ses racines françaises et espagnoles, était une société très typée avec une identité forte, très attachée à sa terre. L'autre – celle du Nord –, laborieuse, austère, puritaine, extrêmement mobile, se déplaçait au gré des possibilités d'emploi, avec des rêves de grandeur nationale, mais dépourvue de ce sentiment d'appartenir profondément à « sa » terre.

Ce grave conflit fut l'accident le plus douloureux dans l'histoire de l'Amérique et est encore aujourd'hui un traumatisme national. Ses origines peuvent s'analyser rationnellement, mais son déclenchement relève de l'irrationnel.

Le détonateur fut l'élection de Lincoln. Le conflit dura de 1861 à 1865, faisant en tout 630 000 morts et 400 000 blessés. Ce fut aussi la première guerre « moderne » – mettant aux prises des navires cuirassés, des fusils à répétition, des mitrailleuses et des ébauches de sous-marins. Mais plus que tout, cette lutte fratricide fut le théâtre de scènes d'une rare violence. Deux profonds changements dans la société américaine sont issus de cette guerre civile : le premier est l'abolition de l'esclavage le 18 décembre 1865, et le second sera la volonté de l'Union de représenter et de garantir désormais une forme de démocratie. Lincoln en sort grandi et devient un héros national. Son assassinat le 14 avril 1865 par John Wilkes Booth – un acteur qui veut par son geste venger le Sud – le « canonise » dans son rôle de « père de la nation américaine ».

Il reste que presque 150 ans plus tard, les Noirs américains et les *Natives,* c'est-à-dire les Indiens, sont toujours en marge du grand rêve américain. La drogue, les ghettos, le manque d'éducation, la misère sont leur lot quotidien ;

et il y a peu d'exceptions qui confirment cette règle qui hante et culpabilise maintenant l'« autre Amérique ».

L'immigration massive

L'appel du Nouveau Monde à travers tout le XIXe siècle et le début du XXe attira des immigrants en provenance du monde entier, mais principalement d'Europe. En 1790, on pouvait compter 4 millions d'habitants ; en 1860, 31 millions. Entre 1865 et 1914, la population va tripler pour atteindre les 95 millions. Il y a autant de raisons historiques pour cette vaste immigration que de peuples et de pays concernés. Mais c'est toujours la persécution – religieuse ou politique – et la misère qui furent les facteurs principaux de cette immigration, qu'elle soit juive, russe, d'Europe centrale, italienne ou allemande. En 1973, quand le jeu des mariages interraciaux était moins prononcé, la mosaïque ethnique était la suivante : 88 % de Blancs, 10,5 % de Noirs et 1,5 % de *Natives* (Indiens autochtones) et d'Asiatiques.

Aujourd'hui, on peut encore trouver des « bastions », comme la Bible Belt – la Ceinture biblique – qui s'étend à travers le centre des États-Unis et est essentiellement germano-britannique de confession protestante, ou des petites minorités pures et dures qui « annexent » des quartiers précis dans les grandes métropoles. Mais, de plus en plus, l'arbre généalogique des Américains devient un kaléidoscope ethnique complexe. Et il est probable que, dans un avenir relativement proche, naîtra de ce melting-pot une nouvelle ethnie unique dans l'histoire de l'homme.

L'arrivée dans le club des Grands

Dès le lendemain de la guerre de 1914-1918, la suprématie de la Grande-Bretagne est en déclin, et les États-Unis sont désormais présents sur l'échiquier mondial.

En 1919, l'alcool est prohibé par le 18e amendement à la constitution. La fabrication, la vente et le transport des boissons alcoolisées sont alors interdits. La corruption est inévitable : règlements de compte, trafics d'alcool, insécurité, prostitution. La Prohibition fait mal au puritanisme américain. Roosevelt, dès son élection en 1933, fait abolir l'amendement, soucieux de donner un nouvel élan au pays.

Les années 1920 furent donc... les Années folles. Pendant que les intellectuels américains se produisaient dans les bars parisiens, la spéculation boursière s'envolait, et l'Amérique dansait sur la nouvelle musique qui allait ouvrir la voie à d'autres musiques populaires : le jazz. Les femmes, grâce aux efforts de suffragettes, obtiennent le droit de vote. Mais cette grande euphorie se termine tragiquement en octobre 1929 avec le krach de Wall Street. Le monde fut choqué par les images d'hommes d'affaires ruinés sautant par les fenêtres des gratte-ciel, ou les concours de danse-marathon (les participants dansaient jusqu'à épuisement pour une poignée de dollars), fait illustré par le film admirable *On achève bien les chevaux*...

Cette époque fut aussi très noire pour les petits exploitants agricoles durant le Dust Bowl : ils durent quitter leurs terres par milliers, fuyant la sécheresse associée à l'effondrement de l'économie. L'auteur-compositeur-interprète Woody Guthrie nous en laissa des témoignages discographiques poignants. Devenu clochard *(hobo)* par la force des circonstances, il passa la Grande Dépression à voyager clandestinement sur les longs et lents trains qui sillonnent les États-Unis en compagnie de sa guitare, narrant le quotidien des gens à cette période. Guthrie fut le père de la *folk song* et inspira le mouvement contestataire et le renouveau folk des années 1960 (il était, entre autres, l'idole de Dylan).

McCarthy et les listes noires

Le New Deal de Franklin D. Roosevelt fut – dans le contexte malheureux de la Seconde Guerre mondiale – le remède qui guérit l'économie des États-

Unis, et une ère de prospérité s'ouvrit avec la paix. Les années 1950 furent aussi celles de Joseph McCarthy et de ses listes noires. Le communisme représentait l'antithèse de l'esprit de libre entreprise et des valeurs fondamentales américaines. L'Amérique craignait d'autant plus le communisme que les intellectuels de l'époque étaient fascinés par cette doctrine qui semblait humaniste et généreuse. Les listes noires frappèrent essentiellement le milieu du cinéma et instaurèrent un climat de peur et de malveillance. Le grand Cecil B. De Mille fut, entre autres, un grand délateur, ainsi qu'Elia Kazan, l'auteur de *Sur les quais* et *Viva Zapata*. Des réalisateurs comme Jules Dassin, Joseph Losey ou John Berry décidèrent d'émigrer en Europe.

La ségrégation

Les barrières de la ségrégation commencent officiellement à s'estomper dès 1953, date à laquelle la Cour suprême décide de mettre fin à la ségrégation au sein du système scolaire, mais il fallut le mouvement des Droits civiques avec Martin Luther King (assassiné en 1968) pour qu'une prise de conscience nationale prenne forme. Le chanteur blanc Pete Seeger – disciple de Guthrie – fit beaucoup pour la cause noire en chantant des comptines pleines d'humour dénonçant la ségrégation.

Mais cette décision n'empêchait pas de nombreuses autres mesures discriminatoires de s'appliquer, notamment dans les États du Sud. Martin Luther King, pasteur à Montgomery (Alabama), lança en 1955 le boycottage des autobus de cette ville sudiste, à la suite de l'arrestation d'une femme noire, Rosa Park, qui avait refusé de céder sa place dans le bus à un passager blanc. Le courage de Martin Luther King eut un retentissement international. Fin 1958, une nouvelle décision de la Cour suprême donna raison au mouvement antiségrégationniste, interdisant toute discrimination dans les transports publics.

Le mouvement des Droits civiques, organisé autour de Martin Luther King, malgré la concurrence de groupes plus radicaux, resta fidèle à la non-violence. Un an après la marche historique sur Washington, le 28 août 1963, le prix Nobel de la paix décerné à Martin Luther King récompensait la cause noire. Une prise de conscience nationale prenait forme. L'assassinat de Martin Luther King, le 4 avril 1968 à Memphis, n'arrêterait pas le mouvement.

Le mal de vivre

La *beat generation* apparaît autour de 1960. À sa tête on trouve des écrivains tels que Jack Kerouac et des poètes comme Allen Ginsberg. D'origine québécoise, issu d'ancêtres bretons, élevé à Lowell (Massachusetts), Kerouac s'appelle Jean-Louis Lebris de Kerouac, et sa langue maternelle est le français tel qu'il est parlé au Québec. Sa famille l'appelait Ti-Jean. Insurgée, éprise de liberté, détachée des biens matériels, la *beat generation* prit la route à la recherche d'un mode de vie alternatif. L'opulence de la société liée à un cortège d'injustices avait créé un refus, chez les jeunes, du monde dit « adulte ». Pendant que les premiers beatniks rêvaient de refaire un monde plus juste en écoutant les héritiers de Woody Guthrie (Joan Baez et Bob Dylan), le rock'n'roll avait déjà pris ses marques. Il fit irruption dès 1956 dans la musique populaire avec Elvis Presley.

Lui aussi se voulait le symbole d'une révolte, mais très différente de celle des beatniks. Le rock'n'roll exprimait certes un refus des valeurs institutionnelles, mais sans offrir de solutions, se contentant de condamner le monde adulte. C'est James Dean, dans *Rebel Without a Cause* (chez nous *La Fureur de vivre*, un beau contresens), qui exprima peut-être le mieux le malaise de l'ensemble de la jeunesse. Jimmy Dean devint, après sa mort violente et prématurée, l'incarnation même du fantasme adolescent de « faire un beau cadavre » plutôt que de mal vieillir, c'est-à-dire le refus des compromis immoraux de la société.

Les années 1960 marqueront aussi l'apparition de la musique noire enfin chantée par des Noirs dans ce qu'on peut appeler le « Top blanc ». Auparavant, il y avait des radios « noires » et des radios « blanches », et les succès « noirs » ne traversaient la frontière culturelle que quand des chanteurs blancs reprenaient à leur compte ces chansons. Il est aussi intéressant de noter que Presley doit une partie de son succès au fait qu'il était un Blanc chantant avec une voix « noire ».

Il est bon de signaler que, en gros, le C & W *(country et western)* – de loin la musique la plus populaire encore aujourd'hui – trouve ses racines dans les chansons traditionnelles d'Europe, notamment d'Irlande. Chanté avec un accompagnement à la guitare, c'est la nostalgie de la conquête de l'Ouest et un esprit très « feu de camp » qui le caractérise. D'ailleurs, dans le Far West, les cow-boys irlandais étaient particulièrement prisés car ils chantaient la nuit en montant la garde sur les troupeaux, et ça calmait les vaches !

Contestation et renouveau

Les années 1960 furent presque partout dans le monde des années de contestation. Ce furent aussi des années pas très « clean » : mort suspecte de Marylin Monroe, affaire de la baie des Cochons avec Cuba, début de la guerre du Vietnam sous John F. Kennedy, dont le mythe est aujourd'hui fort altéré (liens avec la mafia, solutions « radicales » envisagées au problème « Fidel Castro », etc.) ? L'assassinat du président Kennedy à Dallas, en 1963, marqua vraiment la fin d'une vision saine, jeune et dynamique de la politique pour un aperçu bien plus machiavélique du pouvoir.

Les beatniks laissèrent la place aux hippies, et le refus du monde politique fut concrétisé par le grand retour à la campagne afin de s'extraire d'une société dont les principes devenaient trop contestables. Tout le monde rêva d'aller à San Francisco avec des fleurs plein les cheveux et, en attendant, les appelés brûlaient leur convocation militaire pour le Vietnam.

L'échec américain dans la guerre du Vietnam fut aussi l'une des conséquences de cette prise de conscience politique de la jeunesse. La soif de « pureté » et de grands sentiments eut sa part dans la chute de Richard Nixon qui, en somme, n'avait fait que tenter de couvrir ses subordonnés dans une affaire de tables d'écoute – la plupart des hommes politiques français ont agi de même sans jamais avoir été inquiétés. Le président Jimmy Carter fut l'incarnation de la naïveté et du laxisme... notamment au Moyen-Orient au moment de l'affaire des otages. L'Amérique montrait alors au monde le visage d'une nation victime de ses contradictions, affaiblie par sa propre opinion publique, et en pleine récession économique.

Les années 1980 marquèrent un profond renouveau dans l'esprit américain. L'élection de l'acteur (Ronald Reagan) à la place du clown (Carter), comme le prônaient les slogans, redonna au pays l'image du profil cow-boy. De nouvelles lois sur les taxes eurent pour effet d'élargir le fossé entre les pauvres et les riches. Superficiellement, la récession se résorba et l'industrie fut relancée. Mais, plus présente que jamais, reste l'Amérique des perdants, avec un nombre scandaleux de *homeless* (sans domicile fixe) vivant en dessous du seuil de pauvreté mondial dans un pays manquant de préoccupations sociales. L'« autre Amérique », en harmonie avec Reagan, est devenue obsédée par l'aérobic et la santé. L'apparition du Sida marqua la fin des années de liberté sexuelle, et cette maladie fut brandie comme l'ultime châtiment divin envers une société qui avait perdu ses valeurs traditionnelles.

Ordre mondial et désordre national

La première guerre du Golfe de 1991, censée juguler la récession, n'a fait que l'aggraver.

Pendant que les soldats américains libèrent le Koweit, les conditions de vie aux États-Unis continuent à se détériorer : chômage galopant, aides sociales supprimées, violence accrue, propagation des drogues dures et du sida, etc. ! Les émeutes de Los Angeles (et d'ailleurs) révèlent aux Américains eux-mêmes le fiasco total des républicains, dont la politique s'avère réactionnaire et cynique. Le peuple américain, déçu, sanctionne Bush comme il se doit aux présidentielles de novembre 1992.

Le nouveau président, le démocrate Bill Clinton, est à l'opposé de Reagan et Bush : jeune, proche des petites gens, il incarne cette génération du Vietnam pacifiste, soucieuse d'écologie et qui tend à donner plus de responsabilités aux femmes et aux représentants des minorités ethniques ; en un mot, une nouvelle manière de diriger.

Après 8 années de présidence, force est de constater que le bilan est mitigé. Comme ses prédécesseurs, Clinton n'a pas su faire face aux attentes des Américains. Élu en 1992 avec un programme axé sur la relance de l'économie, il a réussi à assurer l'emploi mais il a dû partiellement masquer l'échec de sa politique de protection sociale en privilégiant une politique extérieure tous azimuts, en Bosnie, en Israël, en Irak, en Afrique, etc. Il est toutefois réélu en novembre 1996, ne faisant qu'une bouchée de son rival Bob Dole. Clinton-défenseur du monde, voilà l'image que l'opinion publique américaine retiendra de ses deux mandats, en partie ternis par le Monicagate.

Bush-Gore : coude à coude historique

L'élection présidentielle de novembre 2000 présentait a priori peu d'intérêt. Entre le pâle Gore et le Texan George W. Bush, les Américains ont longtemps hésité entre bonnet blanc et blanc bonnet. Les sondages annonçaient un scrutin serré, mais on ne se doutait pas à quel point... Après un mois de péripéties autour des conditions douteuses dans lesquelles les élections se sont déroulées, notamment en Floride, une polémique inédite dans l'histoire des États-Unis s'est achevée à la Cour suprême des États-Unis, qui introduisa officiellement George W. Bush comme 43e président des États-Unis.

Mardi 11 Septembre 2001 : l'acte de guerre

Beaucoup pensent que le 11 septembre 2001 a marqué d'une pierre noire l'entrée dans le XXIe siècle. Ce matin-là, 4 avions sont détournés par des terroristes kamikazes et transformés en bombes volantes. Deux s'écrasent sur les Twin Towers, symboles de New York et de la toute-puissance économique américaine. Le troisième sur le Pentagone à Washington, comme un défi à sa puissance militaire. Le dernier appareil, quant à lui, se crashe en Pennsylvanie. C'est la plus grosse attaque terroriste jamais commise contre un État. Aucun scénariste de film catastrophe hollywoodien n'aurait pu imaginer cela. Le bilan est tragique : près de 3 000 morts et autant de blessés. Moins de 2 heures auront suffi aux terroristes pour mettre le monde entier en état de choc. Le traumatisme est d'autant plus grand que ces images apocalyptiques, notamment celles de l'effondrement des tours jumelles du WTC, ont été retransmises en direct, puis en boucle, sur tous les écrans de télévision de la planète.

Pour la première fois depuis près de deux siècles (Pearl Harbor mis à part), les États-Unis sont victimes d'un acte de guerre sur leur propre sol. Acte hautement symbolique ; l'agresseur n'est pas un État mais une nébuleuse de fanatiques invisibles en guerre contre tout ce qui représente le mode de vie occidental. L'Amérique qui se croyait seule superpuissance a révélé la vulnérabilité de son talon d'Achille : le terrorisme organisé par de petits groupes dont les membres sont prêts au sacrifice suprême.

L'ennemi public numéro 1 des États-Unis, Oussama Ben Laden, milliardaire intégriste musulman d'origine saoudienne et réfugié en Afghanistan sous la protection des talibans, est immédiatement désigné comme le principal suspect. Paradoxalement, c'est un « produit *made in USA* » : dans les années 1980, lors du premier conflit en Afghanistan, il a été formé et armé par la CIA pour lutter contre l'ennemi commun de l'époque, l'Union soviétique. Pour rassurer les citoyens américains sur la toute-puissance de leur nation, l'entourage ultra-conservateur de George W. Bush, lui, prépare des discours manichéens basés sur l'existence d'un « axe du mal ». C'est le signal d'un revirement de politique étrangère : désormais les « États voyous » (Corée du Nord, Iran, Irak) se retrouvent dans le collimateur des faucons de Washington. Première cible : l'Afghanistan, avec l'objectif de traquer sans relâche les réseaux de Ben Laden (introuvable à ce jour) et d'éliminer le régime des talibans qui lui ont donné refuge...

Un an après, la remise en question sur le pourquoi et les causes d'une telle violence n'est déjà plus d'actualité. Dans la logique de la lutte contre le terrorisme, Bush demande au FBI et à la CIA de lui fournir des arguments probants pour s'attaquer à sa deuxième cible : l'Irak de Saddam Hussein que la guerre de son papa en 1991 n'a pas réussi à destituer.

Mais où sont donc passées les armes de destruction massive ?

Dès l'été 2002, l'administration Bush annonce la couleur : l'Amérique va se débarrasser d'un tyran sanguinaire qui asservit son peuple depuis plus de 20 ans. Mais pour faire la guerre et recevoir l'aval du congrès et des alliés des États-Unis, il faut des motifs de guerre autres que le contrôle des réserves pétrolières du 4e producteur mondial. Malgré l'embargo dont l'Irak est frappé depuis 12 ans, on va donc démontrer que Saddam mitonne dans son arrière-cuisine quelques programmes de développement d'armes de destruction massive (nucléaire, chimique et biologique) et qu'à coup sûr, il doit être de mèche avec Oussama Ben Laden, constituant par cette alliance diabolique une menace permanente pour la paix du monde. Peu importe si les missions d'investigation mandatées par l'ONU ne trouvent pas un seul fragment de plutonium, une seule éprouvette d'anthrax ou le moindre germe de peste bubonique à se mettre sous la loupe !

Delenda est Carthago (« Carthage doit être détruite », pour ceux qui auraient perdu leur latin), c'est ce que martèle Caton-Bush à une population américaine matraquée à coup de *news* tendancieuses distillées par la Fox de Rupert Murdoch et abrutie de citations bibliques par les prêches des télé-évangélistes. Quelques voix s'élèvent du côté des artistes ou des intellectuels (Sean Penn ou Norman Mailer) mettant en doute la légitimité d'une telle guerre mais se retrouvent vilipendées par les médias aux ordres du Pentagone.

Le principal soutien international de George W. Bush s'appelle Tony Blair, le Premier ministre britannique.

Les autres membres permanents du Conseil de sécurité, France, Russie et Chine, soutenus par d'ex-alliés traditionnels des États-Unis (Allemagne, Mexique, Canada), renâclent à partir en croisade arguant que les missions d'inspection sont parfaitement capables, si on leur en donne le temps et les moyens, de déterminer si le programme militaire irakien présente ou non un danger pour la communauté internationale.

Les services de renseignements américains et britanniques montent alors de toutes pièces un dossier à charge contre l'Irak tendant à prouver d'hypothétiques connexions de Saddam avec le réseau Al-Qaida.

En mars 2003 la diplomatie via l'ONU vire à l'échec ; Bush & co décident de se passer de la légitimité internationale et de s'engager unilatéralement dans le conflit. L'offensive démarre le 24 mars.

En moins de deux semaines les faubourgs de Bagdad sont atteints. On redoute alors une bataille rangée digne de Stalingrad, mais les dés sont déjà jetés. Saddam Hussein, ou un de ses clones, fait une dernière apparition télévisée puis disparaît complètement de la circulation. Mort, vivant, blessé, en fuite ? Nul ne connaît son sort.

Les combats n'auront duré que 19 jours.

La tâche consiste alors à pacifier le pays. On traque les notables du parti Baas et les proches de Saddam Hussein qui, en dépit de la mort de ses fils, reste introuvable. Les Américains sont plutôt bien accueillis par des Irakiens pas fâchés d'être débarrassés d'un tyran et de sa clique de profiteurs. Mais ils ont du mal à se concilier la coopération des anciens cadres du régime qui ne sont plus payés. Les réseaux d'entraide chiites du sud du pays en font plus pour réorganiser la vie quotidienne que les administrateurs venus de Washington.

Le problème est éminemment culturel : les braves petits gars du Middle-West ne comprennent pas pourquoi ce peuple (qui a 6 000 ans d'histoire) les traite en occupants alors qu'il pensaient être acclamés en libérateurs.

Si les pertes américano-anglaises sont restées légères pendant les combats, une résistance organisée commence à se manifester dès juin 2003 par des embuscades meurtrières pour les patrouilles US. Voir tomber ses *boys* indispose l'opinion publique, et sur les *networks* on commence à poser des questions insidieuses sur les raisons de la guerre et la présence toujours non prouvée des fameuses armes de destruction massive. Petit à petit se profile sournoisement le spectre de l'enlisement de l'armée (comme au Vietnam) contraignant Bush, via l'ONU, à multiplier les appels du pied vers les autres puissances capables de donner un coup de main aux GI's fatigués et démoralisés de partager le fardeau de l'après-guerre.

En décembre 2003, Saddam est finalement capturé : son procès a commencé fin 2005.

G. W. Bush II : bis repetita...

La campagne présidentielle de 2004 a commencé tôt, avec, côté républicain, le « ticket Bush-Cheney » reconduit et, chez les démocrates, John Kerry, sénateur catholique du Massachusetts, brillant étudiant à Yale et ex-héros du Vietnam.

Les républicains s'appuient sur un électorat très à droite, dont les patriotes traumatisés par le *Nine-Eleven*, convaincus que la « guerre contre le terrorisme » devait passer par le renversement de Saddam Hussein. Kerry se fait critiquer sur ses états de service au Vietnam (alors que Bush s'était planqué), sur sa versatilité dans sa carrière sénatoriale et sur sa propension à intellectualiser à l'excès ses discours.

En mai, *Fahrenheit 9/11*, le brûlot de Michael Moore contre Bush & Cie, remporte la Palme d'Or à Cannes. Un vrai missile de croisière lancé en pleine campagne électorale !

Malgré l'énorme succès du film, Kerry, lui, ne décolle pas. L'équipe qui avait mené Clinton à la victoire vient alors à sa rescousse. Les débats télévisés révèlent un Kerry présidentiable, à l'aise en économie et dénonçant l'aventure irakienne comme une tragique erreur de jugement alors que Bush ne fait qu'ânonner les mêmes slogans éculés. La cote du démocrate remonte alors jusqu'à talonner Bush. Rarement une élection américaine aura autant tenu le monde en haleine. Le 2 novembre, après quelques heures de flottement du côté de l'Ohio, Bush remporte l'élection, avec au total plus de 3,5 millions de voix en plus. Presque un plébiscite comparé à 2000...

Même si l'élection s'est jouée sur le thème de la sécurité, l'Amérique est coupée en deux. C'est le système des valeurs qui a changé : à droite, toute ! À l'unilatéralisme sans états d'âme à l'extérieur vient s'ajouter la prééminence des critères moraux et familiaux sur l'emploi ou l'économie. On taille des carpes sombres dans les budgets fédéraux. La référence à Dieu émaille tous les discours et bientôt, les petits Américains feront une prière avant de commencer leurs cours, les mômes de 16 ans pourront encore s'acheter une arme de guerre, Darwin sera éjecté des manuels scolaires, les gays et les lesbiennes seront priés d'aller s'unir ailleurs et les retraités auront intérêt à placer leurs économies sur les actions des entreprises liées à la sécurité pour espérer survivre dignement. Sans parler de la couverture santé dont 40 millions d'Américains doivent se passer.

Et Ben Laden court toujours... Et la « Liberté » poursuit sa marche écrasante en Irak avec près de 100 000 victimes dans la population locale et plus de 1 100 côté GI's. Mais ça, George W. Bush semble l'ignorer, lui qui n'a jamais assisté à un seul enterrement de l'un de ses soldats. Au fait, qui parlait de croisade pour un monde meilleur ?

L'année 2005 aux USA en bref

En Californie, entrée en vigueur d'une loi comparable au PACS français pour les couples homosexuels. Procès de Michael Jackson pour faits de pédophilie. Il sera acquitté. Bavure à Bagdad : une patrouille américaine tire sur la voiture où se trouve la journaliste italienne Giuliana Sgrena qui vient d'être libérée par des preneurs d'otage. L'agent secret qui l'avait délivrée est tué. Les Italiens ne se satisfont pas des regrets de la Maison Blanche. Un fils d'émigrés mexicains est élu maire de Los Angeles. Mark Felt, ex-directeur adjoint du FBI, révèle qu'il était l'informateur secret (surnommé Gorge profonde) du journaliste Bob Woodward du Washinton Post, celui qui avait révélé le Scandale du Watergate qui mena à la démission de Richard Nixon. En juillet, la Chambre des représentants approuve à une large majorité que 14 des 16 dispositions du Patriot Act (adoptées après les attentats du 11 septembre 2001 à New York) deviennent permanentes. Par décret, George W. Bush nomme John Bolton, un anti-ONU acharné, ambassadeur américain à l'ONU. Pendant ses vacances dans son ranch du Texas, George W. Bush est assiégé par plusieurs milliers de personnes qui se sont rassemblées autour d'une mère de famille, Cindy Sheehan, dont le fils de 24 ans a été tué seulement cinq jours après son arrivée à Bagdad. Bush refuse de la rencontrer. 28 août : le maire de La Nouvelle-Orléans ordonne l'évacuation immédiate de la ville, qui compte 48 000 habitants, à l'approche de l'ouragan Katrina. Après avoir fait des victimes en Floride, ce dernier s'est renforcé pour passer en catégorie 5 avec des vents soufflant à 250 km/h. Un ouragan de cette catégorie, le plus haut degré sur l'échelle Saffir Simpson, peut causer des dégâts catastrophiques. Katrina atteint les côtes le 29 août 2005, évitant la ville de La Nouvelle-Orléans en bifurquant au dernier moment vers l'est, en anéantissant la ville de Biloxi. Après son passage sur le Mississipi et l'Alabama, Katrina plonge la Louisiane et La Nouvelle-Orléans dans la désolation et le chaos tandis que des pillards et des gangs profitent de la désorganisation des forces de l'ordre. Les digues du lac Pontchartrain cèdent et les eaux envahissent la ville. Des quartiers entiers sont noyés jusqu'à la hauteur des toits. On craint des milliers de victimes. Les autorités sont prises de court et mettent plusieurs jours pour organiser les secours vers les habitants qui, faute de moyens, n'avaient pas quitté la ville. L'Amérique se trouve confrontée à une des plus grandes catastrophes naturelles de son histoire et les télévisions mettent en évidence la pauvreté d'une partie de sa population, en grande majorité Afro-américaine. L'armée fait évacuer de la ville ceux qui s'y trouvaient encore. L'administration Bush se retrouve sur la sellette pour avoir négligé les risques d'inondation et sabré dans les budgets fédéraux affectés à l'entretien des digues. Le prix du baril de pétrole atteint des sommets inégalés. La popularité du président plonge dans les sondages, les Américains ne lui font plus confiance pour garantir leur sécurité. Déjà, des élus républicains, dans la perspective des *mid-elections* de fin 2006 se démarquent des positions de la Maison-Blanche, et chose rare pour un ancien président, Bill Clinton exprime publiquement ses critiques. Bush aura-t-il la capacité de terminer son mandat en regagnant la confiance des ses administrés et en sortant le contingent américain en Irak de l'enlisement inéluctable ? Lourde tâche....

LES INDIENS

> « Quand vous êtes arrivés, dit le vieil Indien,
> vous aviez la Bible, nous avions la terre.
> Vous avez dit :
> « Fermons les yeux, prions ensemble. »
> Quand nous avons ouvert les yeux,
> nous avions la Bible, vous aviez la terre. »

Comprendre ne veut pas dire forcément pardonner. La majorité des immigrants européens, défavorisés, démunis, croyants fanatiques et sans éducation, débarquaient avec l'espoir d'une vie meilleure comme seul bagage, ayant pour la plupart été persécutés sur leurs terres d'origine. Or qui dit persécuté dit, éventuellement, persécuteur... En l'occurrence, c'est ce qu'ils furent pour les populations indigènes de ce « nouveau monde », pour qui il eût sans doute mieux valu que le blanc restât là où il se trouvait... Les Indiens n'avaient aucune notion de propriété, et la terre était leur « mère ». Ils ne possédaient aucune notion non plus de la mentalité, ni des lois, ni des règles de la société européenne d'où venaient ces nouveaux arrivants. Il fut enfantin, dans un premier temps, de déposséder les Indiens de leurs terres contre quelques verroteries. Ces derniers s'en amusaient, un peu comme l'escroc qui vend la tour Eiffel : ils obtenaient des objets inconnus, donc fascinants, en échange de ce qui ne pouvait en aucun cas être vendu dans leur esprit. Avide de nouveaux espaces et de richesse, le Blanc ne chercha pas à s'entendre avec l'Indien. Le fusil étant supérieur aux flèches, il s'empara de ses terres sans rencontrer trop d'obstacles. On tua l'Indien physiquement bien sûr, mais aussi économiquement et culturellement, quand la situation exigeait des procédés plus sournois.

Les Indiens auraient pourtant pu au début – et sans aucun problème – rejeter ces nouveaux venus à la mer. Au lieu de cela, des tribus permirent aux colons de survivre, notamment en leur apprenant à cultiver le maïs. Certains leur en furent reconnaissants (d'où *Thanksgiving*) mais, en général, dans l'esprit des Européens de l'époque, le « bon sauvage » servait d'intermédiaire entre eux et ce nouveau monde inconnu et hostile ; il était donc envoyé par Dieu afin de faciliter l'installation des Blancs en Amérique ! Quand il fut chassé de ses terres qui, à ses yeux, étaient les terres de chacun, il se fâcha ; et très vite le bon sauvage devint un sauvage mort. Sans parler des maladies importées d'Europe, comme la variole, qui éliminèrent des pans entiers de populations indigènes.

Les guerres indiennes (du début du XVIe siècle à 1890)

Elles s'étalent sur près de trois siècles. Les Indiens ne sont pas assez armés et ne font preuve d'aucune cohésion. À peine 50 ans après l'arrivée du *Mayflower* (et déjà quelques échauffourées), le fils du chef Massassoit, également appelé le roi Philippe, mesurant le danger que représente la multiplication des navires venus d'Europe avec leur cortège de violences, de rapts, de saisies de territoires et de meurtres, lève une confédération de tribus de sa région et part en guerre contre les puritains. Ce premier conflit coûtera la vie à quelque 600 colons et 3 000 Amérindiens. Un massacre ! Les survivants indiens seront vendus comme esclaves aux Indes occidentales. Cette guerre et toutes celles qui suivirent seront des guerres perdues pour les autochtones. Seule la bataille de Little Big Horn, le 25 juin 1876, où le général Custer, de sinistre réputation, trouva la mort en même temps que les 260 *blue coats* de la cavalerie, fut une victoire... Une victoire de courte durée, bientôt suivie de représailles qui culminèrent avec la boucherie inexcusable de Wounded Knee, le 29 décembre 1890, où le 7e de cavalerie massacra – malgré la protection du drapeau blanc – 150 Sioux, dont des femmes et des enfants. Toujours divisées, souvent rivales, les tribus galopent malgré tout comme un seul homme au combat. Mais quand ce n'est pas la guerre, l'homme blanc trouve d'autres moyens perfides d'exterminer l'Indien. La liste des horreurs est longue. Par exemple, des officiers de Fort Pitt (Ohio) distribuèrent aux Indiens des mouchoirs et des couvertures provenant d'un hôpital où étaient soignés des malades atteints de la petite vérole, tandis que Benjamin Franklin déclara un jour : « Le rhum doit être considéré comme un don de la Providence pour extirper ces sauvages et faire place aux cultivateurs du sol... »

Un Indien assimilé est un Indien mort

À l'aube du XXe siècle survivent à peine 250 000 Indiens, qui tombent dans l'oubli. Rappelons qu'à l'arrivée des Blancs, ils étaient entre 3 et 10 millions selon les estimations. En 1920, l'État américain s'en préoccupe de nouveau et décide de faire fonctionner le melting-pot, c'est-à-dire de pratiquer une politique d'assimilation. On favorise et subventionne les missions chrétiennes, et on lutte contre les langues indiennes pour imposer l'anglais. On tente par tous les moyens de sortir les Indiens de leurs réserves pour les intégrer à l'*American way of life*. L'aigle américain est le seul symbole indien utilisé par la nation américaine ; il est iroquois, et les flèches qu'il tient dans ses serres représentent les 6 nations indiennes.

En 1924, on leur octroie même la nationalité américaine, ce qui ne manque pas d'ironie ! Pour la petite histoire, c'est indirectement grâce à la France que cette reconnaissance tardive eut lieu. Un Indien du Dakota s'était brillamment illustré en 1917, capturant la bagatelle de 171 soldats allemands ! Quand il fut question de lui décerner une médaille, on s'aperçut que cet Indien ne possédait même pas la nationalité américaine ! Finalement, la loi de 1924 garantissant à tous les Indiens le statut de citoyen fut imposée, mais dans l'indifférence générale. Pour supprimer les réserves, mettre fin à leurs hiérarchies, leurs privilèges, on partage aussi la propriété tribale collective entre toutes ses familles, histoire de faciliter l'assimilation. Ce fut une erreur de plus dans l'histoire indienne. Une erreur sociologique, car l'Indien dans sa large majorité ne peut vivre coupé de ses racines et de sa culture. De la même façon que l'Indien est extrêmement vulnérable face aux maladies importées par l'homme blanc, il est perdu économiquement et socialement lorsque isolé dans la société blanche.

Un des plus grands bienfaiteurs des Indiens allait se révéler être le président tant décrié de l'affaire Watergate : Richard Nixon. C'est lui qui, d'un coup de stylo, a tiré un trait sur la politique désastreuse de tentative d'assimilation des Indiens.

Une réserve indienne peut apparaître à nos yeux comme un ghetto, et l'est sous maints aspects, mais c'est aussi un territoire propre, une propriété privée appartenant aux Indiens, où ils peuvent s'organiser en respectant leur culture et leurs traditions. Ils en profitent parfois pour ouvrir des casinos, dans des États où cette activité est prohibée. Cette nouvelle activité économique est une véritable manne : en Nouvelle-Angleterre, les Pequots, quasiment rayés de la carte après 1637, sont aujourd'hui entre 1 000 et 2 000 et gèrent un casino qui a fait d'eux les plus riches Indiens du pays... Toutefois, il ne faut pas généraliser : d'une réserve à l'autre, les niveaux de vie varient énormément et, en réalité, la plupart des Indiens vivent toujours dans la pauvreté.

L'Indien du XXIe siècle ne rejette pas le progrès, mais il refuse les structures d'une société dans laquelle il ne se reconnaît pas. On dénombre à ce jour environ 300 réserves (totalisant 220 000 km²) pour quelque 500 tribus survivantes, ce qui veut dire que certaines tribus n'ont pas de territoire. La population indienne progresse assez rapidement, et a atteint les 2,5 millions d'individus. Il existe aujourd'hui une quinzaine de stations de radio indiennes que vous pourrez facilement capter avec votre autoradio : navajo en Arizona, zuni au Nouveau-Mexique...

L'Indien, multiracial mais pas multiculturel

Les populations indiennes, trop mobiles pour leur grand malheur entre les XVIIe et XXe siècles, furent placées et déplacées par l'homme blanc au fur et à mesure du non-respect des traités. Cette mobilité fut à la source d'un brassage entre les tribus, mais aussi la cause de nombreux mariages interraciaux. Par exemple, la tribu shinnecock qui possède sa réserve un peu à l'ouest de Southampton – la ville balnéaire la plus chic, la plus snob de Long Island près de New York – est aujourd'hui (par le jeu des mariages interraciaux) une tribu d'Indiens métissés, le fruit d'unions tant avec des Blancs qu'avec des Noirs. Les Cherokees, eux, gèrent leur « race » grâce au grand sorcier électronique, l'ordinateur. La consultation avant chaque mariage est gratuite et fortement conseillée car il ne faut pas descendre sous la barre de deux seizièmes de sang indien pour l'enfant issu du mariage sous peine de perdre sa « nationalité » indienne, et donc ses droits dans la réserve ! Les « droits » sont parfois importants : les Indiens osages en Oklahoma ont découvert du pétrole sur leur territoire. De 1906 à 1972, les « royalties » de l'or noir rapportèrent 800 millions de dollars. D'autres, comme les Mohawks de l'État de New York, s'en tirent aussi : n'étant pas sujets au vertige, ils sont très recherchés pour la construction des gratte-ciel.

Mais malgré cela, et dans l'ensemble, les Indiens demeurent le groupe ethnique disposant du plus bas revenu par habitant. Ils détiennent encore d'autres tristes records ; jusqu'à 40 % des individus de certaines tribus sont alcooliques, et la tribu des Pimas, en Arizona, est l'ethnie la plus touchée au monde par le diabète : plus de 50 % en sont atteints. Lien de cause à effet, l'espérance de vie des Indiens d'Amérique du Nord est, selon les estimations, de 5 à 10 ans inférieure à la moyenne nationale qui est de 77 ans. Les avocats de race indienne sont continuellement en procès avec le gouvernement pour des questions parfois aussi choquantes que la violation de cimetières indiens...

Pour terminer sur une note « culturelle », sachez qu'il subsiste sur le territoire de nombreuses ruines de villages anasazis, ces anciens occupants du sud-ouest américain que les Pueblos revendiquent comme leurs ancêtres. Ces villages, construits au creux des canyons entre 1100 et 1300 av. J.-C., sont encore visibles au Navajo National Monument (Arizona), au Mesa Verde National Park (Colorado) et dans certains sites du Nouveau-Mexique.

INFOS EN FRANÇAIS SUR TV5

La chaîne TV5 est reçue dans la plupart des hôtels du pays. Pour ceux qui souhaitent s'y installer plus longtemps, TV5 est disponible dans la plupart des offres du câble et du satellite. Si vous êtes à l'hôtel et que vous ne recevez pas TV5 dans votre chambre, n'hésitez pas à le demander. Vous pouvez également rechercher les hôtels recevant TV5 sur ● www.tv5.org/hotels ●

Pour tout savoir sur TV5, sa réception, ses programmes, et ses journaux connectez vous à ● www.tv5.org ●

GUE

ssions courantes

Oui	*Yes*
Non	*No*
D'accord	*Okay*
S'il vous plaît	*Please*
Merci (beaucoup)	*Thank you (very much)*
Bonjour !	*Hello !*
Salut !	*Hi !*
Bonjour (le matin)	*Good morning*
Bonjour (l'après-midi)	*Good afternoon*
Bonsoir	*Good evening*
Bonne nuit	*Good night*
Au revoir	*Good bye, bye* ou *bye bye*
À plus tard, à bientôt	*See you (later)*
Enchanté	*Nice to meet you*
Comment ça va ?	*How are you doing ?*
Bien, merci, et vous ?	*Fine, thanks, and you ?*
Excusez-moi	*Excuse me*
Pardon	*Sorry*
Parlez-vous le français ?	*Do you speak French ?*
Y a-t-il quelqu'un ici qui parle le français ?	*Does anyone here speak French ?*
Pourriez-vous parler plus lentement ?	*Could you speak more slowly ?*
Pourriez-vous répéter, SVP ?	*Could you repeat, please ?*
Je ne comprends pas	*I don't understand*
Est-ce que vous comprenez ?	*Do you understand ?*
Est-ce que je peux avoir... ?	*May I have... ?*
Je voudrais...	*I would like...*
Je cherche...	*I'm looking for...*
Pouvez-vous m'aider ?	*Can you help me ?*
Où est... ?	*Where is... ?*
Pouvez-vous me montrer sur la carte ?	*Can you show me on the map ?*
À gauche, à droite	*On the left, on the right*
Tout droit	*Straight ahead, straight on*
En bas	*Downstairs*
En haut	*Upstairs*
Ici	*Here*
Là-bas	*There, over there*
Bon marché	*Cheap*
Cher	*Expensive*
C'est combien ?	*How much is it ?*
Environ 10 dollars	*About ten dollars*
Gratuit	*Complimentary*
Comment voulez-vous payer ?	*How would you like to pay ?*
Avec une carte de paiement	*By credit card*
Poste	*Post office*
Boîte à lettres	*Mailbox*
Timbre	*Stamp*
Carte postale	*Postcard*
Office de tourisme	*Visitor Center*
Centre commercial	*Shopping center, shopping mall*
Supermarché	*Supermarket*
Banque	*Bank*
Bureau de change	*Currency exchange office*

Cabine téléphonique	*Payphone*
Téléphone portable	*Cell phone*
Laverie automatique	*Laundromat*
Médecin	*Doctor /Physician*
Pharmacie	*Pharmacy*
Préservatifs	*Condoms*
Couches pour bébé	*Diapers*
Hôpital	*Hospital*
C'est une urgence	*It's an emergency*

Le temps, l'heure, les jours...

Hier	*Yesterday*
Aujourd'hui	*Today*
Demain	*Tomorrow*
La semaine prochaine	*Next week*
Plus tard	*Later*
Maintenant	*Now*
Avez-vous l'heure ?	*What time is it ?*
Quelles sont les heures d'ouverture ?	*What are the hours ?*
À quelle heure est-ce que ça ferme ?	*At what time does it close ?*
Année	*Year*
Mois	*Month*
Jour	*Day*
Lundi	*Monday*
Mardi	*Tuesday*
Mercredi	*Wednesday*
Jeudi	*Thursday*
Vendredi	*Friday*
Samedi	*Saturday*
Dimanche	*Sunday*

À l'hôtel ou à l'auberge de jeunesse

J'ai réservé, mon nom est...	*I have a reservation, my name is...*
Est-ce que je peux voir votre passeport (une pièce d'identité), s'il vous plaît ?	*May I see your passport (your ID), please ?*
Pouvez-vous remplir cette fiche ?	*Could you fill in this form ?*
Quel est votre numéro d'immatriculation ?	*What is your licence plate number ?*
Nom	*Last name*
Prénom	*First name*
Y a-t-il des aménagements pour enfants, pour handicapés ?	*Do you have facilities for children, for disabled people ?*
Avez-vous des chambres libres ?	*Do you have any rooms available ?*
Y a-t-il un autre hôtel près d'ici ?	*Is there another hotel nearby ?*
Je voudrais une chambre à un lit, avec un lit double	*I would like a single room, a double room*
Une chambre à deux lits	*A twin*
Un grand lit	*A King bed, a Queen bed*
C'est combien par nuit ?	*How much is it per night ?*
Y a-t-il quelque chose de moins cher ?	*Is there anything cheaper ?*
Y a-t-il une réduction pour les enfants ?	*Is there a discount for children ?*

Petit déjeuner compris	*Breakfast included*
Salle de bains	*Bathroom*
Douche(s)	*Shower(s)*
Jacuzzi	*Hot tub*
Toilettes	*Bathroom, restroom, ladies/Men's room*
Air conditionné	*AC* (prononcer « éïcii ») / *air conditioning*
Ventilateur	*Fan*
Chauffage	*Heating*
Télévision	*Television* (ou *TV*, prononcer « tiivii »)
Téléphone	*Telephone*
Je voudrais téléphoner en France	*I would like to call someone in France, to make a phone call to France*
Quel est l'indicatif téléphonique pour... ?	*What is the area code for... ?*
Y a-t-il des messages pour moi ?	*Are there any messages for me ?*
Je voudrais envoyer un message par fax, e-mail	*I would like to send a message by fax, e-mail*
Est-ce que je peux me connecter à Internet ici ?	*Do you have an Internet connection here ?*
Ça ne fonctionne pas	*It doesn't work*
Il n'y a pas d'eau chaude	*There is no hot water*
Service de blanchisserie	*Laundry service*
Machines à laver	*Laundry facilities*
Piscine	*Swimming pool*
Parking	*Parking lot*
Un lit supplémentaire	*An extra bed*
Une couverture supplémentaire	*An extra blanket*
Une serviette de bain supplémentaire	*An extra towel*
Un lit d'enfant	*A crib*
À quelle heure servez-vous le petit déjeuner ?	*At what time is breakfast served ?*
Pourriez-vous me réveiller à... ?	*Could you wake me up at... ?*
À quelle heure devons-nous libérer la chambre ?	*At what time do we have to vacate the room ? What time is the check-out ?*
Puis-je avoir ma note, s'il vous plaît ?	*May I have my bill, please ?*
Est-ce que je peux avoir un reçu ?	*Can I have a receipt ?*
À quelle heure les portes sont-elles fermées ?	*At what time are the doors locked ?*
Est-ce que vous louez des draps ?	*Do you rent linen ?*

Au camping

Avez-vous de la place pour une tente ?	*Do you have free space for a tent ?*
Quel est le tarif... ?	*What is the charge... ?*
Eau potable	*Drinking water*
Branchement électrique	*Hook-up*

Au resto

Petit déjeuner	*Breakfast*
Brunch	*Brunch*

Déjeuner	*Lunch*
Dîner	*Dinner*
Une table pour deux, s'il vous plaît	*A table for two, please*
Vous avez des plats végétariens ?	*Do you have vegetarian dishes ?*
Fumeur ou non-fumeur ?	*Smoking or non smoking ?*
Vous désirez commander ?	*Are you ready to order ?*
Est-ce pour emporter ou pour manger sur place ?	*Is it to go or for here ?*
Puis-je avoir du, de la... ?	*May I have some... ?*
Je prendrai...	*I will have...*
Pourrions-nous avoir une chaise haute	*Could we have a high chair, please ?*
(pour bébé), s'il vous plaît ?	
Bon appétit !	*Enjoy your meal !*
Légumes	*Vegetables*
Salade	*Salad*
Soupe	*Soup*
Œufs	*Eggs*
Viande	*Meat*
Poisson	*Fish*
Fruits de mer	*Seafood*
Crevettes	*Prawns, shrimps*
Truite	*Trout*
Thon	*Tuna*
Poulet	*Chicken*
Bœuf	*Beef*
Agneau	*Lamb*
Dinde	*Turkey*
Pâtes	*Pasta*
Hamburger	*Burger*
Frites	*(French) fries*
Fromage	*Cheese*
Pain	*Bread*
Beurre	*Butter*
Sel	*Salt*
Poivre	*Pepper*
Sauce	*Gravy*
Sauce salade	*Dressing*
Sucre	*Sugar*
Eau plate	*Still water*
Eau pétillante	*Sparkling water*
Jus d'orange	*Orange juice*
Coca	*Coke*
Des glaçons / sans glaçons	*Ice / without ice*
Thé (chaud)	*Hot tea*
Thé glacé	*Iced tea*
Café	*Coffee*
Café noir	*Black coffee*
Café au lait	*Coffee with milk*
Vin rouge, vin blanc	*Red wine, white wine*
Bière pression	*Draft beer*
Bière en bouteille	*Bottled beer*
L'addition s'il vous plaît	*The check, please*
Le pourboire ?	*The tip, the gratuity*

L'avion, le train, le bus, la voiture...

Aéroport	*Airport*
À quelle heure est	*At what time is*

l'enregistrement ?	*the check-in ?*
À quelle heure est le vol pour... ?	*At what time is the flight to... ?*
Bagage	*Baggage*
Consigne	*Baggage check*
Consigne automatique	*Luggage lockers*
Bureau des renseignements	*Information desk*
Carte d'embarquement	*Boarding pass*
Gare	*Train station*
Gare routière	*Bus station*
Aller simple	*One-way*
Aller-retour	*Round-trip*
Location de voitures	*Car rental*
Caution	*Deposit*
Est-ce qu'il y a un bus pour aller en ville ?	*Is there a bus to get into town ?*
C'est loin ?	*Is it far ?*
Combien de temps cela prend-il pour aller à... ?	*How long does it take to go to... ?*
Est-ce que je peux avoir un horaire ?	*Could I have a schedule ?*
Quand part le prochain car pour... ?	*When is the next bus to... ?*
Je voudrais louer une voiture	*I would like to rent a car*
Le plein s'il vous plaît	*Fill it up, please*
Je suis en panne d'essence	*I have run out of gas*

Les chiffres et les nombres

un	*one*	quatorze	*fourteen*
deux	*two*	quinze	*fifteen*
trois	*three*	vingt	*twenty*
quatre	*four*	trente	*thirty*
cinq	*five*	quarante	*forty*
six	*six*	cinquante	*fifty*
sept	*seven*	soixante	*sixty*
huit	*eight*	soixante-dix	*seventy*
neuf	*nine*	quatre-vingts	*eighty*
dix	*ten*	quatre-vingt-dix	*ninety*
onze	*eleven*	cent	*one hundred*
douze	*twelve*	mille	*one thousand*
treize	*thirteen*	million	*one million*

LIVRES DE ROUTE

Brûlot

– **Dégraissez-moi ça** et **Mike contre-attaque,** de Michael Moore. 10/18, nᵒˢ 3603 et 3597, 2004. Véritable poil à gratter de l'Amérique sous George W. Bush, le réalisateur de *The Big One, Bowling for Colombine* et *Fahrenheit 9/11,* récompensé par la Palme d'Or à Cannes en 2004, est un pamphlétaire corrosif qui s'en prend avec un humour ravageur aux maux endémiques de l'*American way of life.* Ses provocations ne font pas dans la dentelle : racisme, illettrisme, alcoolisme, prolifération des armes, arrogance de l'équipe au pouvoir, peine de mort, insécurité, corruption, ultra-libéralisme, licenciements massifs font partie de ses cibles favorites. Même si la frappe tient parfois de l'artillerie lourde, son tir fait toujours mouche et détonne dans le consensus patriotique dominant depuis le 11 Septembre. À lamper à grandes gorgées comme antidote à l'unilatéralisme de l'oncle Sam.

Généralités

– **Les États-Unis d'aujourd'hui** (1999, nouvelle édition revue et augmentée en 2004), d'André Kaspi. Éd. Perrin, coll. « Tempus ». André Kaspi est un des meilleurs historiens de l'Amérique contemporaine. Auteur de nombreux ouvrages sur le sujet, il fournit les clés de l'Amérique du XXIe siècle, tout en restant facile à lire. Une excellente introduction à la culture des *States*.
– **États-Unis, peuple et culture** (2004). Éd. La Découverte. De l'origine du territoire yankee à la culture américaine aujourd'hui, en s'arrêtant sur des questions aussi fondamentales que les peuplements ou les mythes fondateurs du pays, l'étudiant comme le lecteur curieux liront avec un grand intérêt cet ouvrage concis. En 200 pages écrites par un collectif (professeurs, sociologues, géographes, historiens, journalistes...), sont abordés les thèmes majeurs qui ont façonné l'Amérique d'aujourd'hui, admirée par les uns, honnie et vilipendée par les autres. Ce livre de qualité, très instructif et à la page, a l'avantage de remettre les pendules à l'heure sur la spécificité du pays, en nous faisant intelligemment comprendre ses rouages.
– **Les États-Unis au temps de la prospérité, 1919-1929** (1980), d'André Kaspi ; histoire (Hachette Littérature, coll. « Vie quotidienne », 1994). Grandeur et décadence des années 1920, celles que l'on appelait les *Roaring Twenties*. Kaspi évoque ici les mirages d'une prospérité américaine insolente, bientôt brisée sur les écueils de la crise de 1929. Organisé par thèmes, très agréable à parcourir, ce livre n'est pas dépourvu d'un certain humour.
– **De la démocratie en Amérique** (1834-1840), d'Alexis de Tocqueville (Flammarion, coll. « GF », n° 354, 1981). Le 2 avril 1831, Alexis de Tocqueville embarque pour le Nouveau Monde dans le dessein d'étudier le fonctionnement et les institutions de cette nouvelle république qui suscitait encore interrogations et méfiance chez les conservateurs du Vieux Continent. Un ouvrage incontournable.

L'autre Amérique

– **Sur la route** (1957), de Jack Kerouac ; roman (Gallimard Poche, coll. « Folio Plus », n° 31, 1997 ; traduit par J. Houbart). Avec ses compères Ginsberg et Burroughs, Kerouac, le vagabond écrivain, a inventé la *beat generation*, vingt ans avant les années 1970. *Sur la route* demeure le livre phare de nos ancêtres, les babas, partis sur les chemins de Katmandou. Déçus du rêve américain, ces révoltés refusent le conformisme et les rapports commerciaux qui régissent le mode de vie occidental, pour exalter l'instant présent, le voyage et ses rencontres imprévues.
– **La Feuille repliée** (1948), de William Maxwell ; roman (Gallimard, coll. « L'Imaginaire », n° 136, 1984 ; traduit par M. E. Coindreau). Le roman de William Maxwell fait partie de ces joyaux perdus, uniques, que le temps a néanmoins patinés d'un lustre irrécusable. Dans ce roman d'adolescence, on notera avant tout la justesse de l'émotion, la pudeur et cette simplicité chuchotée de l'enfance qui s'en va.
– **Les Matins du Nouveau Monde** (1988), d'Yves Berger ; roman (LGF, coll. « Le Livre de Poche », n° 6469). L'histoire se passe dans les 5 grands parcs nationaux de l'Ouest. *La Pierre et le Saguaro* évoque les déserts d'Arizona et du Nouveau-Mexique. *L'Attrapeur d'ombres* (LGF, coll. « Le Livre de Poche », n° 9777, 1994), quant à lui, raconte une virée dans l'Oregon, l'Idaho, le Wyoming et le nord de l'Utah.

Indiens et Far West

– **Les Indiens d'Amérique du Nord** (1985), de Claude Fohlen ; essai (PUF, coll. « Que sais-je ? », n° 2227, 1999). Claude Fohlen commence par dresser un tableau de la situation actuelle, avec l'apparition d'un *Red power,* avant de remonter dans le temps : hésitations des autorités fédérales entre assimilation et indianité (respect de l'originalité ethnique), guerres indiennes qui repoussaient les Peaux-Rouges toujours plus loin vers l'Ouest.

– *Pieds nus sur la terre sacrée* (1971), de Teri C. MacLuhan et Edward Sheriff Curtis ; recueil de textes illustrés (Denoël, 2004 ; traduit par Michel Barthélemy). Il est impossible d'évoquer la vie des Indiens d'Amérique du Nord sans passer par le superbe livre de MacLuhan. Ce recueil de textes, de discours et de prières indiennes nous plonge au cœur même d'une civilisation sacrifiée.

– *Ishi* (1968), de Theodora Kroeber ; ethnologie (Pocket, n° 3021, coll. « Terre Humaine », 2002 ; traduit par J. Hess). Ce livre, sous-titré *Le Testament du dernier Indien sauvage de l'Amérique du Nord,* est un témoignage bouleversant sur un homme, Ishi, découvert à bout de forces, nu et à moitié mort de faim, dans la cour d'une ferme de Californie, en août 1911, comme s'il était venu « se rendre à la civilisation ».

– *La Voie du fantôme* (1987), de Tony Hillerman ; polar (Rivages, coll. « Rivages Noirs », 1992 ; traduit par D. et P. Bondil). Jim Chee, de la police tribale, enquête sur un meurtre doublé d'une disparition, à la manière des Indiens navajos, qui utilisent leurs méthodes ancestrales pour pister les criminels modernes. Au travers d'une intrigue complexe et passionnante, c'est une bonne occasion de découvrir un peuple dont les coutumes sont vivaces, et une région montagneuse et sèche dont Hillerman rend la beauté attachante.

– *Coyote attend* (1990), de Tony Hillerman ; polar (Rivages, coll. « Rivages Noirs », n° 134, 1992 ; traduit par D. et P. Bondil). Dans les canyons séculaires d'Arizona, quelque chose ne tourne pas très rond. Un cinglé vient barbouiller les flèches volcaniques des monts sacrés de grands traits de peinture blanche. Le flic Navajo chargé de l'enquête, Delbert Nez, est retrouvé assassiné dans sa voiture. Sur les lieux du crime, Jim Chee, son collègue, appréhende un vieux chaman en état d'ébriété qui ne cesse de bredouiller : « Mon fils, j'ai honte ! »

– *L'Arbre aux haricots* (1994) et *Les Cochons au paradis* (1995), de Barbara Kingsolver (Rivages Poche, coll. « Bibliothèque Étrangère », n°s 224 et 242, 1998 et 1999 ; traduits par M. Béquié). Les aventures d'une Américaine qui quitte l'Est et se retrouve d'abord à Tucson, avec une petite Indienne qu'on lui a confiée. Deux aspects intéressants dans ces livres : le problème des enfants indiens adoptés par des Blancs et les descriptions des déserts, du Nevada, de Seattle, Jackson Hole, etc., au travers de l'errance et des déboires vécus par la mère et l'enfant. Le problème indien dans l'Amérique d'aujourd'hui.

Las Vegas

– *La Lune était noire* (2000), de Michael Connelly ; polar (Le Seuil, coll. « Points », n° 876, 2001 ; traduit par Robert Pépin). Cassie Black, une ex-« détrousse-flambeurs » de Las Vegas, en liberté conditionnelle après avoir purgé sa peine, reprend du service au *Cleopatra,* un casino de Las Vegas. Jack Karch, un agent de sécurité plus ou moins psychopathe, se lance à sa poursuite. Une lutte à mort s'engage. Un thriller palpitant.

– *Las Vegas parano* (1971), de Hunter S. Thompson ; roman reportage (10/ 18, coll. « Domaine étranger », n° 2512 ; traduit par Philippe Mikriammos ; 1998). Un livre culte dans l'Amérique des années 1970 dès sa parution, adapté au cinéma par Terry Gilliam en 1998 (avec Johnny Depp). Hunter Thompson a inventé un nouveau genre de journalisme qui, de manière on ne peut plus réaliste, lui permet de nous emmener dans une descente délirante et hallucinante, pour ne pas dire hallucinogène, dans la capitale du jeu. Cœurs sensibles s'abstenir... (en v.o., le livre s'intitule *Fear and Loathing in Las Vegas,* soit « Crainte et Dégoût à Las Vegas »). Tout un programme...

La « littérature » amérindienne

Société de tradition orale, les Indiens ont fixé tardivement leurs textes sur le papier. Un sermon fut publié en 1772, mais il faut attendre 1840 pour trouver le premier roman écrit de la plume (fastoche !) d'un Indien. Les récits ancestraux renforcés par leur mode de transmission étaient souvent retranscrits par des Blancs. D'Arcy MacNikle, issu d'une tribu nommée (à tort) « Tête plate », fut un des seuls auteurs reconnus dans la première moitié du XXe siècle, avec notamment *Les Assiégés* (1936, considéré encore comme un livre majeur sur les Indiens). À partir de 1960, la littérature amérindienne connut un nouvel essor avec l'apparition de revues et de maisons d'édition spécialisées. Cet engouement fut couronné par l'attribution en 1969 du célèbre prix Pulitzer à Scott Momaday, professeur d'anglais dans une université californienne, cherokee par sa mère et kiowa par son père. Créé en 1992, le Native Writers Circle décerne chaque année des prix aux jeunes auteurs amérindiens. Bien qu'elle soit discrète (entre autres à cause de la politique d'assimilation), la littérature représente un soutien important de la cause amérindienne. En France, la collection « Terre Indienne », publiée chez Albin Michel, propose de bons romans contemporains.

L'école de Missoula

Méconnue du grand public en France, l'école de Missoula (prononcer « Mizoula »), dans le Montana, est un véritable phénomène littéraire aux États-Unis, prônant la redécouverte de la civilisation américaine par le biais de polars, de romans littéraires et de romans noirs. Cette petite bourgade tranquille et sans histoire de 70 000 habitants accueille, depuis les années 1920, des milliers d'écrivains, faisant un grand pied de nez aux villes culturelles comme New York ou L.A. Aujourd'hui, Missoula est la ville américaine qui compte le plus d'écrivains au km^2 ! Loin du mythe de la conquête de l'Ouest et du cliché cow-boys-country-*beer*, Missoula a su tirer son épingle du jeu en laissant une totale liberté intellectuelle et historique aux écrivains (ou pseudo-écrivains) venus tenter leur chance.

Tout commence en 1920 à l'université de Missoula, avec la création d'un *creative writing,* traduisez « atelier d'écriture », le plus ancien après Harvard. Dans les années 1960, le phénomène s'amplifie : des étudiants des universités les plus prestigieuses comme Yale ou Berkeley affluent des quatre coins de l'Amérique, et la venue massive d'artisans, d'avocats, de médecins ou d'ouvriers incite l'université à revoir à la baisse sa capacité d'accueil, les classes devenant bondées. L'université restreint alors les inscriptions au profit des étudiants. Aujourd'hui, l'université compte 12 000 étudiants. Le programme de ces ateliers d'écriture est simple : écrire en s'inspirant d'expériences vécues, imaginer une histoire tout en gardant un minimum de vérité historique.

Ces amateurs ont leurs chefs de file : Norman MacClean dont le roman *Et au milieu coule une rivière,* publié en 1976, a été adapté au cinéma en 1992 par Robert Redford (avec Brad Pitt dans le rôle principal). Quant à James Crumley, il puise ses idées dans le roman policier qu'il transporte dans les grandes plaines de l'Ouest. Ces thèmes littéraires ont séduit d'autres auteurs, tels que Bill Kittrege (auteur également de l'anthologie des écrivains du Montana, *The Last Best Place*), Rick De Marinis, John Jackson, James Welch (auteur indien de premier plan), James Lee Burke ou encore Robert Sims Reid. Depuis les années 1980, les missouliens ont élargi leur cercle littéraire à la gente féminine (il était temps !). Aujourd'hui, tout ce petit monde est réconcilié : les étoiles montantes de la nouvelle génération s'appellent désormais Judy Bunt, David Cates, Caroline de Patterson, Peter Stark, Phil Condon, Carole De Marinis, Fred Haefele... Leurs thèmes favoris : la disparition des forêts, la pollution des rivières, les droits sur l'eau (écologie oblige).

D'autres écrivains, qui ne sont pas originaires du Montana, ont posé eux aussi leurs valises : Rick Bass, Mary Blew, Richard Ford, David Long, Thomas MacGuane... l'aventure missoulienne n'est pas prête de s'arrêter !

MÉDIAS

La télévision

La télévision est largement répandue sur le sol américain puisqu'elle est présente dans 98 % des foyers. Il existe 5 réseaux nationaux : *ABC, CBS, NBC, FOX* et *PBS* (chaîne publique financée par l'État et les particuliers, sans pub, proposant les meilleures émissions mais pas pour autant les plus regardées). On trouve aussi dans chaque État diverses chaînes locales ou régionales. À ces réseaux vient s'ajouter le câble. On y trouve des chaînes spécialisées diffusant 24 h/24 des informations (par exemple *CNN,* plutôt démocrate, et *FOX,* clairement républicaine), des émissions pour les enfants, de la météo, des films (*HBO,* l'équivalent de notre Canal +), du sport, de la musique, du téléachat, des programmes religieux, etc.

Les nostalgiques ne manqueront pas de lire aussi la rubrique « Infos en français sur TV5 », plus haut.

La presse

Les quotidiens sont de véritables institutions aux États-Unis. Les Américains lisent énormément les journaux. À l'échelle nationale, les plus importants sont : le *New York Times* (journal progressiste et de qualité, plus d'un million d'exemplaires vendus chaque jour, près de deux le dimanche), le *Washington Post* et le *Los Angeles Times* (inspiration politique plutôt libérale). Également le *Wall Street Journal* (sérieux et conservateur – entre nous, il n'a pas été tendre avec les Français au début de la guerre en Irak en 2003) et le *USA Today* (le seul quotidien national, très grand public et de qualité médiocre) ; vous serez surpris du tarif ridicule de ces journaux : environ 25 cents en semaine, et 1,25 dollars le dimanche. On trouve encore les différents journaux locaux concentrés sur les faits divers et les manifestations culturelles. Il y a aussi les *tabloids* (appelés ainsi à cause de leur format) : *Daily News* et compagnie, souvent gratuits, et sans contenu de fond ; on se contente des nouvelles locales, et le reste de l'actualité n'est traité que sous forme de dépêches. Côté hebdos, citons *Time* (plutôt libéral) et *Newsweek* (plus centriste). Tous ces journaux et magazines sont largement diffusés dans tous les États-Unis.

Les journaux s'achètent dans des distributeurs automatiques dans la rue. On glisse la somme et une petite porte s'ouvre pour vous laisser prendre votre quotidien.

La presse étrangère en général, et française en particulier, est difficile à trouver, même dans les aéroports internationaux. Quelques exemplaires du *Monde diplomatique* ou du *Figaro* dans sa version internationale (France-Amérique) sont distribués régulièrement dans les grandes villes. Les magasins Tower Records (disques, livres, magazines) sont, en revanche, très bien achalandés. On y trouve même le *Canard Enchaîné* et *Fluide Glacial* (avec quelques semaines de retard...). Si ce genre de magasin est introuvable dans votre coin, nous vous conseillons de vous rabattre sur les librairies internationales (dans les grandes villes), ou sur les bibliothèques publiques (*public libraries*).

La radio

Il y en a pléthore, toutes différentes. Nombreuses radios locales, essentiellement musicales (pas mal de rock et du hip-hop autour des grandes villes).

On les retrouve sur la bande FM. Les stations de radio portent des noms en 4 lettres, commençant soit par W (celles situées à l'est du Mississippi), soit par K (à l'ouest).

Le réseau public américain, le *NPR (National Public Radio)* propose des programmes d'une qualité supérieure.

Liberté de la presse

Quand on se souvient que, au moment du scandale du Watergate, en 1974, deux journalistes ont réussi à faire chuter le président Richard Nixon, on voit mal comment la liberté de la presse pourrait être menacée aux États-Unis. Et pourtant. Un journaliste de télévision du Rhode Island, Jim Taricani, a purgé, jusqu'au 9 avril 2005, 4 mois d'assignation à résidence (avec interdiction d'utiliser Internet et son portable). Motif ? Il avait refusé de révéler ses sources d'information dans une affaire de corruption impliquant un élu municipal. Deux journalistes risquent aujourd'hui la prison pour la même raison. Le 19 avril 2005, une Cour d'appel fédérale de Washington a confirmé l'ordre d'incarcération de Judith Miller, du *New York Times* et Matthew Cooper, du *Time,* condamnés pour « outrage à la Cour ». À l'origine de l'affaire : les fuites dans la presse concernant l'identité d'un agent de la CIA, Valerie Plame. Les deux journalistes n'ont plus d'autre recours que la Cour suprême. Pourtant, dans une autre affaire, Judith Miller a obtenu gain de cause auprès d'un tribunal de New York le 24 février 2005.

La question est désormais posée : les journalistes ont-ils le droit absolu de protéger leurs sources, y compris devant la justice ? Trente-et-un États leur reconnaissent ce droit, mais une lacune juridique demeure au niveau fédéral. Un projet de loi favorable aux journalistes a été déposé au Congrès et attend d'être voté. Le temps presse car, au total, une dizaine de journalistes sont actuellement poursuivis pour avoir protégé leurs contacts.

Ce texte a été réalisé en collaboration avec **Reporters sans frontières.** Pour plus d'informations sur les atteintes aux libertés de la presse, n'hésitez pas à les contacter :

■ **Reporters sans frontières :** 5, rue Geoffroy-Marie, 75009 Paris. ☎ 01-44-83-84-84. Fax : 01-45-23-11-51. ● www.rsf.org ● rsf@rsf.org ● Ⓜ Grands-Boulevards.

MESURES

Même s'ils ont coupé le cordon avec la vieille Angleterre, même s'ils roulent à droite, pour ce qui est des unités de mesure, les Américains ont conservé un système « rustique » dont il ne faut pas attendre de changement avant un bon moment. On ne sait pas s'ils ont fait ça exprès pour nous embrouiller, mais en tout cas c'est réussi ! On a essayé de limiter les dégâts en vous donnant les mesures : bon courage pour les calculs !

Longueurs
1 yard = 0,914 m
1 foot = 30,48 cm
1 inch = 2,54 cm
0,62 mile = 1 km
ou *1 mile* = 1,6 km
1,09 yard = 1 m
3,28 feet = 1 m
0,39 inch = 1 cm

Poids
1 pound = 0,4536 kg
1 ounce (oz) = 28,35 g

Capacité
1 quart = 0,946 l
1 pint = 0,473 l
1 gallon = 3,785 l
1 fl. ounce = 29,573 ml

ORIENTATION

Dans les grandes villes, une rue sépare les secteurs nord et sud. Idem entre l'est et l'ouest. Très utile de connaître ces deux rues (ou avenues) de référence, pour se repérer lorsqu'on cherche une adresse.

Il faut savoir un truc, les numéros des rues sont très longs... par exemple, le n° 3 730 se situe entre le 37ᵉ bloc, ou rue, et le 38ᵉ ; ça peut ensuite passer de 3 768 à 3 800. C'est pas compliqué. Le *120 North 4ᵗʰ Street* est donc théoriquement très facile à repérer. En réalité, on se plante, du moins au début !

Autre principe à intégrer : le nom de la rue indiqué sur le panneau correspond à la rue que vous croisez et non à celle où vous vous trouvez. Attention, il arrive (rarement) que ça ne marche pas comme ça.

D'autre part, sachez que traverser hors des clous ou au feu vert pour les voitures peut être passible d'une amende (environ 30 US$). On vous aura prévenu !

Les abréviations suivantes ont été utilisées dans ce guide

Ave	Avenue	**Rd**	Road
Blvd	Boulevard	**Sq**	Square
Dr	Drive	**St**	Street
Gr	Grove	**E**	East
Hwy	Highway	**N**	North
Pl	Place	**S**	South
Pwy	Parkway	**W**	West

PARCS ET MONUMENTS NATIONAUX

Dans ces régions de grands espaces particulièrement privilégiées par la nature, les parcs nationaux *(National Parks)* et les monuments nationaux *(National Monuments)* sont des endroits rigoureusement protégés. En réalité, pas de grande différence entre eux. Les premiers sont créés après un vote du Congrès, les seconds le sont par simple décret signé par le président des États-Unis. Ils sont gérés par la même administration, et des réglementations très strictes les préservent de toute dégradation d'origine humaine (50 US$ d'amende si vous ramassez du bois mort). Le résultat est fabuleux : le Yosemite, par exemple, est un merveilleux enclos de beauté naturelle (très fréquenté cela dit).

Pourtant, les Américains ont réussi à y intégrer toutes les commodités possibles en matière de logement champêtre : il est possible d'y passer la nuit dans une cabane améliorée (bains, douche, kitchenette, TV...), sous une tente ou dans une caravane. Pour dormir dans un parc en été, il est bon de réserver longtemps à l'avance ou de s'y prendre très tôt le matin (lorsque la réservation n'est pas possible).

Tous ces parcs proposent des programmes de visite en groupe, mais si vous possédez une voiture, procurez-vous de bonnes cartes, une gourde et quelques sandwichs. N'hésitez pas à vous enfoncer dans ces forêts de rêve, ces canyons dont les cartes postales ne seront jamais que le piètre reflet, ces vallées dont le cinéma ne restituera jamais la vraie grandeur. Un bon plan suggéré par un de nos lecteurs : achetez au début de votre séjour une glacière bon marché. Mettez-y des glaçons (la majorité des motels ont des distributeurs gratuits) pour avoir des boissons fraîches toute la journée. Vous pouvez laisser votre glacière dans le coffre de la voiture de location, ça pourra servir au routard suivant.

– **Droits d'entrée :** la moyenne des droits d'entrée des parcs nationaux tourne autour de 10-15 US$ par véhicule (et non par personne). Six parcs (Bryce Canyon, Grand Canyon, Grand Teton, Yellowstone, Yosemite et Zion) ont un tarif plus élevé : 20 US$. Le parc le moins cher : Capitol Reef, dont l'entrée ne coûte que 5 US$ par véhicule. Les monuments nationaux sont un peu moins chers (parfois gratuits, mais c'est rare, comme le canyon de Chelly (New Mexico et Arizona). Parfois, le droit d'entrée est par personne ; c'est tout de même rare. Attention, toutes les routes qui traversent un parc national obligent à en payer le droit d'entrée. Bon à savoir, le droit d'entrée est valable 7 jours consécutifs.

– **Le National Parks Pass :** 50 US$ pour une voiture et ses passagers. Vendu à l'entrée de chaque parc, il est valable un an et généralement rentabilisé à partir de 5 ou 6 visites. Il donne droit à l'accès aux parcs et monuments nationaux des États-Unis (nombre d'entrées illimitées). Attention, il ne donne pas accès à Monument Valley par exemple (logique, ce n'est pas un monument national !). Franchement, ce *pass* peut largement suffire pour des vacances qui seront déjà bien remplies.

– **Le Golden Eagle Pass :** si on le souhaite, on peut très facilement étendre les possibilités de son *National Parks Pass* en achetant le *Golden Eagle Hologram* (genre de vignette) à 15 US$, qui en plus des parcs et monuments nationaux, permet d'accéder à certains *National Recreative Areas* et *National Wildlife Refuges*.

– **Les centres d'accueil ou Visitor Centers :** dans tous les parcs naturels, il existe un ou plusieurs *Visitor Centers* où l'on trouve le plan du parc, une variété remarquable de cartes topographiques (randonnées pédestres, équestres, cyclistes...), de superbes cartes postales et des livres splendides. C'est le premier endroit où se rendre en arrivant. C'est souvent aussi le point de départ des visites et toujours une mine de renseignements. La plupart sont même de véritables petits musées.

– **Sites Internet des parcs nationaux américains :** pour toutes infos utiles, tarifs d'entrée, etc. : ● www.nps.gov/ ● suivi des premières lettres ou des initiales du parc. Ça marche presque à tous les coups ! Exemple : ● www.nps.gov/yose ● pour le Yosemite. Pour réserver un hébergement dans tous les parcs nationaux : ● http://reservations.nps.gov ●

– Les **chèques de voyage en dollars** sont acceptés très facilement dans les **boutiques** et les **restos** (même pour des petites sommes).

Enfin, on constate une forte affluence à Yellowstone (4 millions de visiteurs par an) ou au Grand Canyon (4,5 millions de visiteurs). Le problème, c'est que les touristes ont tendance à s'agglutiner toujours aux mêmes endroits au lieu d'explorer les milliers d'hectares dont ils peuvent parfois disposer. Pour la plupart, ils ne s'éloignent guère de leur voiture... alors qu'il serait possible d'éviter la foule en marchant un peu.

Abréviations utiles

NM = *National Monument* = monument national.
NP = *National Park* = parc national.
NHP = *National Historic Park* = parc national historique.
NHS = *National Historic Site* = site historique national.
NRA = *National Recreative Area* = zone récréative nationale.

PERSONNAGES

Histoire, politique, société

– **Buffalo Bill** (William Frederick Cody, 1846-1917) *:* un nom légendaire de la conquête de l'Ouest. Aventurier et pionnier, Buffalo Bill joue un rôle d'éclaireur lors de la guerre de Sécession, participe activement au carnage des populations de bisons et aux guerres contre les Indiens (il était payé pour !). Plus tard, il devient acteur dans le *Wild West Show* (1883) où il joue son propre rôle et retrace ses exploits. Son spectacle est même venu à Paris, sous la tour Eiffel. Plus d'infos sur le personnage dans le commentaire du musée de Buffalo Bill, dans les environs de Denver.

– *Bill Clinton* (Williams Jefferson Clinton, 1946) : 42ᵉ président des États-Unis, en fonction de début 1993 à fin 2000. Après son départ de la Maison Blanche, il a installé ses bureaux d'ancien président à Harlem, le quartier noir de New York en pleine renaissance. Depuis quelques années, il s'investit dans une fondation qui porte son nom et lutte, entre autres, contre le Sida et pour la réconciliation des ethnies et des religions. En 2004, il a publié ses mémoires et soutenu activement John Kerry lors des présidentielles. Voir aussi la rubrique « Histoire » plus haut.

– *Benjamin Franklin* (1706-1790) : imprimeur, scientifique, inventeur, philosophe et diplomate. C'est lui qui proposa l'union des colonies en 1754, qui scella une alliance avec la France (1778) et qui négocia les traités mettant fin à la révolution. Il aida à la rédaction de la déclaration d'Indépendance. Par ailleurs, il est aussi l'inventeur du paratonnerre. Il reste l'un des personnages les plus aimés du peuple américain.

– *Thomas Jefferson* (1743-1826) : homme du Siècle des Lumières, il est le rédacteur de la déclaration d'Indépendance et écrit en 1776 : « *All men are created equal.* » Après avoir occupé la fonction d'ambassadeur à la cour de France, il fonde le Parti républicain en 1793 et devient président des États-Unis de 1801 à 1809 (c'est lui qui achète alors la Louisiane à la France). Également architecte, il fut très inspiré par la Maison carrée de Nîmes.

– *John Fitzgerald Kennedy* (1917-1963) : sa présence à la Maison Blanche (1961-1963) fut aussi courte que remarquée. Dès 1961, il s'embourbe lamentablement dans l'affaire de la baie des Cochons (invasion ratée de Cuba visant à renverser le régime de Fidel Castro). Homme de projet (il lance le programme pour la conquête de la Lune) et homme à femmes, il cultive son image de beau gosse avec réussite. Son assassinat dans de troubles circonstances, le 23 novembre 1963 à Dallas, laissa l'Amérique sous le choc.

– *Martin Luther King* (1929-1968) : celui qui un jour fit un rêve incarne la lutte pacifiste pour la reconnaissance et l'intégration du peuple noir. Voir la rubrique « Histoire » plus haut. Depuis 1986, le 3ᵉ lundi de janvier, on commémore la naissance de M. L. King.

– *Abraham Lincoln* (1809-1865) : homme du Nord, membre du Parti républicain, Lincoln est anti-esclavagiste. Son élection à la présidence des États-Unis en 1860 est perçue comme une provocation par les États du Sud ; la Caroline du Sud fait sécession. Un mois après, 10 autres États emboîtent le pas. C'est la guerre. En 1862, il proclame l'émancipation des esclaves. Réélu en 1864, il est assassiné par un esclavagiste pur et dur.

– *Ronald Reagan* (1911-2004) : le passage de Rony à la présidence des États-Unis marqua le retour à un conservatisme et à un libéralisme économique forts. Cet ancien acteur de série B utilisa à fond un charisme qu'il savait grand, à défaut d'une intelligence politique qui lui faisait défaut. Si le grand capital sort renforcé de son passage à la Maison Blanche (1981-1989), les caisses du pays sont vides. Quant à sa politique sociale, elle met des dizaines de milliers de gens dans la rue. Son décès ébranla l'Amérique.

– *Rockefeller* (John Davison, 1839-1937) : homme déterminé, rigoureux, inflexible, Rockefeller fonde en 1870 la *Standard Oil Company* à l'époque où l'on vient de découvrir les extraordinaires propriétés de l'or noir. En deux temps trois mouvements et sans états d'âme, la société élimina la concurrence pour se retrouver en situation de quasi-monopole aux États-Unis. Mais en 1911, l'empire industriel est démantelé par la loi antitrust.

– *Franklin D. Roosevelt* (1882-1945) : élu à la Maison Blanche en 1932, Roosevelt est l'homme du New Deal, un programme réformateur visant à résoudre la crise économique et sociale sans précédent que connaissent alors les États-Unis. Il est réélu en 1936 puis en 1940, une première ! Autre challenge, le projet top secret qu'il lance en 1939... et qui devait aboutir à l'élaboration de la bombe atomique. Il meurt trois mois après avoir défendu, avec Churchill, la création de l'ONU à la conférence de Yalta.

– *Malcolm X* (Malcolm Little, 1925-1965) : une figure incontournable de la cause noire. Converti à l'islam, il devient le porte-parole de la Nation of Islam (Black Muslims), un mouvement révolutionnaire qui revendique la création d'un État noir indépendant. En 1964, il fonde sa propre organisation et s'oriente vers une vision plus humaniste intégrant l'ensemble des Afro-Américains ; l'objectif étant toujours l'émergence d'un réel pouvoir noir. Il meurt assassiné devant son pupitre.

– *George Washington* (1732-1799) : riche propriétaire et représentant de la Virginie au Congrès, il prit position très rapidement pour l'indépendance. Il est nommé commandant en chef des armées pendant la guerre d'Indépendance et bat les Anglais, aidé par la France. Héros de la victoire, il est élu premier président des États-Unis puis réélu après un premier mandat. La grande œuvre de sa vie fut de parvenir à conserver et affermir l'unité de la nouvelle nation contre les intérêts de chaque État.

Musique

– *Louis Armstrong* (1901-1971) : trompettiste et chanteur, le surnommé Satchmo ou Pops a fait danser et rêver toute La Nouvelle-Orléans sur des rythmes de jazz et de blues. Il s'abandonne à des improvisations qui donnent le vertige, son swing est puissant. Son talent et sa voix ont profondément marqué toute l'histoire du jazz. Et comme si cela ne suffisait pas, il tourna également plusieurs films !

– *Chet Baker* (1929-1988) : trompettiste et chanteur de jazz connu de tous à partir des années 1950. Si sa vie ressemble à un exode (qu'il connut d'ailleurs sur la route 66, avec ses parents), sa musique est pleine de sensibilité. Et ce ne sont pas les trafiquants de drogue qui lui fendent les lèvres un soir de concert qui mettront fin à sa carrière.

– *Count Basie* (1904-1984) : pianiste, il débute dans les cabarets de Harlem. Dans les années 1940, il renouvelle le style swing qui bouscule la base rythmique du jazz ; le groupe qu'il dirige s'impose alors rapidement comme l'un des meilleurs de l'époque, l'un des plus swing que le jazz ait jamais connus. Count Basie s'est aussi illustré par ses interprétations boogie-woogie très personnelles et ses remarquables morceaux de blues à l'orgue.

– *Sydney Bechet* (1891 ou 1897, selon les sources-1959) : clarinettiste dès l'âge de 6 ans, c'est en tant que saxophoniste qu'il devient l'une des figures emblématiques du style Nouvelle-Orléans, alors qu'il n'a même pas appris à lire la musique ! Bechet joue avec les plus grands noms, traverse l'Atlantique maintes fois et sillonne l'Europe. En 1949, il s'installe en France pour y rester jusqu'à sa mort.

– *Chuck Berry* (1926) : il fait ses premiers pas dans le blues à Saint-Louis. Mais sa vraie personnalité se dévoile dans les années 1950, lorsque, avec sa guitare et sa façon de la faire mugir, il s'impose comme l'un des pionniers du rock'n'roll. Avec une longue série de titres qui marqueront la jeunesse occidentale, il a tracé le sillon aux plus grands comme les Beatles, les Rolling Stones, etc.

– *Ray Charles* (1930-2004) : chanteur, pianiste, saxophoniste, Ray Charles reste un personnage charismatique aux lunettes noires masquant une cécité contractée à l'âge de 6 ans. Inspiré à ses débuts par le blues californien, il crée, dans les années 1950, un style musical alliant jazz, blues et gospel : la *soul music*. Sa disparition laisse un vide dans le monde de la musique afro-américaine.

– *Nat King Cole* (1917-1965) : pianiste talentueux de jazz, il est surtout connu comme chanteur de blues à la tête du célèbre Trio qu'il fonde en 1939. À la fin de la Seconde Guerre mondiale, il est l'un des principaux musiciens qui contribuent à l'émancipation d'un courant californien : un blues de cabaret, sophistiqué et feutré, apprécié par un public averti.

– **Miles Davis** (1926-1991) : trompettiste virtuose, animé par le goût de l'innovation, Miles Davis est à l'origine d'un jazz avant-gardiste qui lui vaudra l'incompréhension des puristes. À la fin des années 1940, il affirme le cool-jazz, mais la principale révolution dont il est l'artisan intervient vers 1970. Il compose des titres de jazz-rock et rapproche ainsi deux courants musicaux jusqu'alors bien distincts. Il reçut la Légion d'honneur française.

– **Bob Dylan** (Robert Allan Zimmerman, 1941) : le « cow-boy poète » par excellence des années 1960, influencé par Baudelaire, Rimbaud, Céline... contestataire et anticonformiste. Une guitare, un harmonica et voilà à ses débuts une musique folk acoustique. En 1965, sa guitare devient électrique, et il inaugure un folk-rock conspué par certains. Peu importe, Bob Dylan apporte une « conscience » au rock ; son rôle est considérable. Son album *Blood on the Tracks* (1974) reste l'un de ses meilleurs.

– **Duke Ellington** (1899-1974) : un autre nom mythique du jazz. Pianiste et compositeur dès l'âge de 16 ans, il enflamme le célèbre Cotton Club de New York à la fin des années 1920, et ce n'est qu'un début. En Europe, puis dans le monde entier, ses tournées sont triomphales. Inspiré à ses débuts par l'ambiance Nouvelle-Orléans, son propre génie se révèle rapidement avec ses mélodies pleines de swing et son talent de l'improvisation.

– **Ella Fitzgerald** (1918-1996) : avec « ce tout petit supplément d'âme, cet indéfinissable charme », Ella reste la « First Lady » du jazz, la reine du swing et du scat. Son sens de l'improvisation et sa facilité de voguer sur les octaves impressionnent les plus grands. Dans les années 1950 et 1960, elle rayonne. Pas moins de 250 disques à son actif !

– **Aretha Franklin** (1942) : surnommée « Lady Soul », Aretha Franklin demeure l'une des plus grandes interprètes du soul et du gospel moderne. Il faut dire qu'une voix qui s'échelonne sur 4 octaves, ça aide ! C'est avec l'album *Amazing Grace* qu'elle atteint le zénith de sa carrière dans les années 1970.

– **George Gershwin** (Jacob Gershovitz, 1898-1937) : il est l'auteur de nombreuses *songs* devenues des standards de jazz *(The Man I Love, I Got Rhythm)*. Il est aussi à l'origine d'une musique symphonique dans laquelle il introduit les rythmes de jazz et les bruits de la jungle urbaine *(Rhapsody in Blue, Un Américain à Paris)*.

– **Jimi Hendrix** (James Allen, 1942-1970) : l'un des guitaristes de rock les plus illustres des années 1960, capable de jouer de la guitare dans son dos ou avec ses dents et ses pieds ! En 1966, à Londres, il enflamme le public et sa guitare ! Sensation, scandale et succès assurés. Le scénario se reproduit immanquablement en Amérique. En 1969, c'est Woodstock : Hendrix entre dans la légende.

– **Billie Holiday** (1915-1959) : chanteuse de blues des années 1930 et 1940. Sa voix chaude évoque le timbre d'un saxo. La « Lady Day » s'illustra notamment dans le film *Nouvelle-Orléans* (1946) avec Louis Armstrong.

– **BB King** (1925) : BB King inaugure un blues moderne dans les années 1950. Avec son allure élégante, sa façon de faire vibrer sa guitare, nommée Lucille, il révolutionne l'image du *bluesman*. Une grande pointure de la musique noire américaine qui, dans les années 1990, se produisait encore en concert.

– **Jerry Lee Lewis** (1935) : une figure phare du rock'n'roll de la fin des années 1950 (jusqu'aux années 1970). Après avoir hésité entre la musique et le religieux, il chevauche son piano (aussi bien avec les coudes qu'avec les pieds !) pour des rythmes décapants directement inspirés du boogie-woogie. Attaché à un esprit de liberté, il connut quelques errances, et sa vie émaillée de scandales bouscula quelque peu l'Amérique puritaine.

– **Madonna** (Louise Veronica Ciccone, 1958) : une enfance malheureuse, un milieu modeste, un départ pour New York avec moins de 50 dollars en poche, une volonté farouche d'y arriver. Tous les ingrédients étaient réunis pour que cette jeune femme libérée, sulfureuse et provocante, au charisme érotique, faisant preuve de talents par tous les moyens possibles... s'inscrive dans la lignée des plus grands artistes qui collent à leur époque, de ces stars mythiques qui font la fierté de l'Amérique. Elle change de look chaque année depuis 20 ans !

– **Thelonious Monk** (1917-1982) : le grand prêtre du be-bop, selon la formule consacrée, s'installe à New York dès l'âge de 6 ans. Il deviendra l'un des grands New-Yorkais du XXe siècle. Tous les hauts lieux du jazz tendance be-bop ont vu passer sa silhouette dégingandée puis bedonnante avec l'âge.

– **Jim Morrison** (1943-1971) : « homme de mots », comme il se définissait, Jim Morrisson, avec le groupe **The Doors** qu'il forme avec Ray Manzarek, est un « monument » de la scène rock des années 1960. En concert, ce jeune éphèbe hypnotise les foules, se délivre et se livre sous l'emprise de diverses substances. Le groupe incarne alors toute une culture. Jim Morrisson a été retrouvé mort à Paris. Sa tombe au cimetière du Père-Lachaise est visitée par les touristes du monde entier.

– **Jessye Norman** (1945) : cantatrice afro-américaine qui aime la France. Avec sa voix de soprano, elle envoûta des milliers de spectateurs lors du défilé commémorant le bicentenaire de la Révolution française sur les Champs-Élysées, enveloppée dans un drapeau tricolore.

– **Elvis Presley** (1935-1977) : un nom mythique, l'idole de toute une génération ou « The King », tout simplement. Un titre en 1954, *That's All Right* (qu'il enregistra pour sa mère), et voilà le premier coup de tonnerre ! Très vite, ce jeune sex-symbol à la voix chaude et sensuelle, ce crooner ténébreux, fait rêver et pleurer des dizaines de milliers d'adolescentes, déclenche des hystéries tandis qu'il inquiète une Amérique bien pensante. Plus rien ne sera comme avant. Le rock'n'roll s'est imposé !

– **Prince** (Prince Rogers Nelson, 1958) : extravagant et sensuel sous les projecteurs, il cultive l'ambiguïté sexuelle et fait fi des tabous. Prince, c'est aussi un point de rencontre et de fusion de plusieurs courants musicaux (funk, blues-rock, soul, pop et une pincée de jazz). Il marque de manière indélébile la scène rock de la fin du XXe siècle avec des chefs-d'œuvre tels que les albums *Sign'o'the Time, Purple Rain*, etc.

– **Paul Simon** (1941) : le premier du couple **Simon & Garfunkel**. Les deux acolytes ont commencé à se faire connaître en 1957 sous le nom de Tom et Jerry ! Ces idoles des *sixties* connurent leur premier succès avec *Wednesday Morning*, mais c'est surtout la b.o. du film *Le Lauréat*, avec *Mrs Robinson* (disque de l'année 1968), qui a fait d'eux des vedettes planétaires. Sexagénaire assagi, Paul Simon poursuit aujourd'hui sa carrière en solo. Mais le duo se reforme parfois pour des tournées.

– **Frank Sinatra** (1926-1998) : crooner aux yeux bleus et acteur, Frank Sinatra est une véritable légende (plus de 600 millions d'albums vendus et une cinquantaine de films). Il s'est illustré dans des comédies musicales, a reçu un oscar pour son interprétation dans le film *Tant qu'il y aura des hommes* (1953), et s'est immortalisé avec les fameux *Strangers in the Night* (1966), *New York, New York* (1975) et le célèbrissime *My Way* (1969) écrit par... Claude François !

– **Bruce Springsteen** (1949) : qualifié de « nouveau Dylan » à ses débuts, puis surnommé « The Boss », Springsteen puise ses références dans le rock'n'roll, la country, le folk. L'album *Born to Run* en 1975 le révèle ; *The River, Nebraska* sont de véritables succès, tout comme le patriotique *Born in the USA*, en 1985. Il s'est illustré récemment avec un album-hommage aux victimes des attentats du 11 Septembre.

– Et encore : **Aerosmith,** groupe de hard rock né en 1970, **Lenny Kravitz** qui surprend par son mélange des genres musicaux, **REM,** qui a remporté un succès mondial colossal avec *Losing my Religion,* et encore **Macy Gray, Jennifer Lopez, Britney Spears, Beyonce...** Sans oublier toutes les stars actuelles du hip-hop, le sulfureux **Eminem, Dr. Dre, Snoop Doggy Dog, Gangstar, Cypress Hill,** etc.

Cinéma

– **Woody Allen** (Allen Stewart Konisberg, 1935) : le cinéaste new-yorkais par excellence dont on attend chaque année le nouvel *opus.* Le gamin de Brooklyn vit aujourd'hui sur la 5e Avenue, l'un des derniers bastions de l'opulence et de la bourgeoisie intello new-yorkaise, qui nourrit d'ailleurs le meilleur de son œuvre. On pense à *Annie Hall, Manhattan, Meurtre mystérieux à Manhattan, Coups de feu sur Broadway...*

– **Lauren Bacall** (Betty Wernstein Perske, 1924) : surnommée « The Look », cette grande actrice hollywoodienne débuta sa carrière à la fin de la Seconde Guerre mondiale. Avec Humphrey Bogart, elle partage sa vie, elle partage des films, ils forment l'un des couples les plus mythiques du 7e art.

– **Humphrey Bogart** (1899-1957) : l'incontournable Humphrey Bogart ou « Bogey », l'acteur de la planète Hollywood qui joua dans près de 80 films. Tantôt gangster ou personnage de western à ses débuts, il endosse un rôle de détective dans *Le Faucon maltais* (1941) qui le révèle. Par la suite, c'est un aventurier quelque peu sentimental. Tenancier de bar mythique dans *Casablanca,* il obtient la consécration en 1952 avec l'Oscar du meilleur acteur dans *African Queen.*

– **Marlon Brando** (1924-2004) : moulé dans un tee-shirt blanc, Marlon Brando se forge une notoriété dans *Un tramway nommé Désir* (1951). Il devient alors un acteur phare d'Hollywood, à l'aise aussi bien dans le western que dans la tragédie, le film de guerre *(Apocalypse Now)* ou d'aventure. En 1961, il réalise son seul film : *La Vengeance aux deux visages,* un western surprenant et remarqué. Il s'éteint, retiré du monde, sur un îlot du Pacifique.

– **John Cassavetes** (1929-1989) : l'archétype de l'auteur indépendant qui a refusé le système hollywoodien. Dès son premier film, *Shadows* (1959), il innove un style cinématographique qui lui permet de coller à la réalité du sous-prolétariat noir. Ses films se feront ensuite « en famille », avec sa femme, la sublime Gena Rowlands.

– **Francis Ford Coppola** (1939) : à la fois scénariste, réalisateur et producteur, il signe des films qui témoignent d'un certain goût pour la grandeur, voire la démesure. On lui doit notamment *Le Parrain* (1972), *Apocalypse Now* (1979), *Cotton Club* (1984), ainsi que le scénario de *Paris brûle-t-il ?* (1966). Eh oui.

– **James Dean** (1931-1955) : acteur américain devenu mythique en trois films : *À l'est d'Éden* (1954), *La Fureur de vivre* et *Géant* (1955). Son physique de jeune premier et sa mort prématurée dans un accident de voiture qui le faucha en pleine ascension firent de lui le symbole de toute une génération éprise de liberté et de fureur de vivre.

– **Robert De Niro** (1943) : l'une des grandes figures italo-américaines du 7e art. Tout d'abord acteur de théâtre, c'est avec son compère Scorsese qu'il perce dans le cinéma à partir des années 1970 : *Mean Streets* (1973), *Taxi Driver* (1976), *Raging Bull* (1980), *Les Affranchis* (1990), sans oublier *Le Parrain II* et *Le Parrain III* (Coppola). Depuis quelques années, il tourne beaucoup plus, semblant préférer la quantité à la qualité (les impôts à payer ?).

– **Walt Disney** (Walter Elias, 1901-1966) : curieusement, Disney n'était pas un dessinateur exceptionnel. Très vite, il s'arrêta même de dessiner. C'était surtout un homme d'idées. Son premier trait de génie fut de donner aux visages de ses héros des expressions reflétant leurs émotions. Disney inventa aussi les études de marché : il invitait son équipe au cinéma et faisait projeter son dernier dessin animé avec le public. On notait ensuite les réactions dans la salle pour modifier le scénario. Au fait, saviez-vous que Mickey, créé en 1928, tint le second rôle jusqu'aux années 1940 ? La vedette, c'était Pluto.

– **Clint Eastwood** (1930) : avec un parcours atypique ponctué de grands succès et d'échecs cinglants, jamais là où on l'attend, Clint Eastwood est en quelque sorte un « hors-la-loi » du 7e art, très attaché à son instinct. Après 217 épisodes de la série *Rawhide*, trois westerns spaghettis dont *Le Bon, la Brute et le Truand* (1966), il se cantonne ensuite dans le rôle du fameux inspecteur Harry, et entame bientôt une brillante carrière de réalisateur : *Bird, Sur la route de Madison, Mystic River, Million Dollar Baby*...

– **Henry Fonda** (1905-1982) : acteur de 1935 à 1981, Henry Fonda s'illustra dans près de 90 films (!) dont une série de westerns spaghettis. *Les Raisins de la colère* (1940), *La Poursuite infernale* 1946 ; film dans lequel il incarne l'authentique shérif de Tombstone, Wyatt Earp), *Il était une fois dans l'Ouest* (1969) restent dans les annales du cinéma.

– **Harrison Ford** (1942) : si la carrière d'acteur d'Harrison Ford a démarré tout doucement et a failli s'arrêter prématurément, elle s'est bien rattrapée par la suite ! Menuisier dans les studios, il rencontre George Lucas qui accepte de lui donner un rôle dans *American Graffiti* (1973). Ensuite, c'est lui qui décide... Et par chance, il choisit des films (d'aventure de préférence) qui font un carton : les trilogies *Star Wars* et *Indiana Jones, Apocalypse Now* (1979), *Witness* (1984), etc.

– **Greta Garbo** (Greta Louisa Gustafsson, 1905-1990) : Suédoise naturalisée américaine. Greta « la Divine » est la beauté froide qui illumine les écrans du cinéma muet des années 1920 avec *La Légende de Gösta Berling, La Femme divine*, etc. Elle se met à parler dans *Anna Christie* (1931), avant de rire pour la première fois dans *Ninotchka* (1939). Préférant certainement perpétuer le mythe de sa beauté, elle met un terme à sa carrière en 1940.

– **Cary Grant** (Archibald Alexander Leach, 1904-1986) : acteur des plus populaires dans les années 1950, toujours élégant, séducteur, un temps marié à la légendaire et richissime Barbara Hutton, c'est l'acteur fétiche d'Hitchcock... Que demander de plus ? Un peu de solitude peut-être, pour une personnalité complexe et angoissée.

– **Katharine Hepburn** (1907-2003) : une femme indépendante au tempérament bouillant et à l'allure élégante, une actrice pleine d'audace au caractère volontaire et teinté d'impertinence. Toujours fascinante, Katharine Hepburn enchaîne les rôles dans des comédies romantiques, des mélodrames, sans jamais réellement quitter le théâtre. *Morning Glory* (1933), *Soudain l'été dernier* (1959), *Un lion en hiver* (1968), *Devine qui vient dîner ?* (1967) soulignent son interprétation magistrale.

– **Alfred Hitchcock** (1899-1980) : l'œuvre d'Hitchcock impressionne, plus même, elle fascine ! De 1925 à 1975, il réalise plus de 50 films dont la simple évocation des titres provoque des sueurs froides... Quelques incontournables : *Les 39 Marches* (1935), *Fenêtre sur cour* (1954), *La Mort aux trousses* (1958), *Psychose* (1960), *Les Oiseaux* (1963)... Maître incontesté du suspense, Hitchcock a imposé un style, un humour et une façon toute singulière de signer ses propres films.

– **Dustin Hoffmann** (1937) : acteur aux multiples facettes qui a baigné dans le milieu hollywoodien dès sa plus jeune enfance (son père était décorateur de plateau). Tantôt victime, tantôt comique (*Tootsie*, 1982), il sait aussi être émouvant ; dans *Rain Man* (1988), où son jeu est consacré par l'Oscar du meilleur acteur pour le rôle difficile d'un autiste.

– **John Huston** (1906-1987) : acteur, scénariste, John Huston n'a pas raté ses débuts de réalisateur avec *Le Faucon maltais* (1941). Par la suite, il enchaîne des films qui, pour la plupart, mettent en scène des personnages confrontés à l'échec, aux errances, des *loosers* quoi ; c'est un aspect quasi identitaire du cinéma de Huston. *Le Trésor de la sierra Madre* (1948), *African Queen* (1952), *Moby Dick* (1956) sont les plus célèbres.

— **Elia Kazan** (né Kazanijoglou, 1909-2003) : originaire de Turquie, il découvre le sol américain à l'âge de 4 ans. Kazan débute sa carrière au théâtre à Broadway, fait quelques pas en tant qu'acteur avant de devenir réalisateur. En tout, il signe une vingtaine de films dans lesquels il aborde des thèmes sensibles comme l'antisémitisme, la corruption, etc. *Un tramway nommé Désir* (1951) avec Marlon Brando, *À l'est d'Éden* (1955) avec James Dean figurent parmi ses grands titres.

— **Stanley Kubrick** (1928-1999) : un personnage mystérieux et perfectionniste, un réalisateur en marge, inclassable. Kubrick a peu tourné comparé à d'autres, mais ses films touchent l'exceptionnel, dérangent, interrogent, fascinent. Des genres différents qui dépeignent une nature humaine soumise à de sombres pulsions. *Lolita* (1962), *2001, l'Odyssée de l'espace* (1968), *Orange mécanique* (1971), *Barry Lyndon* (1975), *The Shining* (1980) sont aujourd'hui des films mythiques.

— **Spike Lee** (Shelton Jackson Lee, 1957) : cinéaste noir militant, il dépeint la communauté afro-américaine de Brooklyn confrontée au racisme, à la violence. Sa carrière débute avec *She's Gotta Have it* (1986). Depuis, il a réalisé plus d'une vingtaine de films dont *Jungle Fever* (1991) et *Malcolm X* (1992).

— **George Lucas** (1944) : le réalisateur de l'incontournable saga de la *Guerre des étoiles* (commencé en 1977), sans oublier *American Graffiti* (1973) devenu le film fétiche de toute une génération. Les héros remasterisés de *Star Wars* prennent forme aujourd'hui dans le Skywalker Ranch : l'empire et les studios de Lucas construits dans la Lucas Valley (un hasard, paraît-il). C'est aussi une adresse incontournable pour les films à effets spéciaux (*Jurassic Park...*).

— **Marx Brothers** : des gags à mourir de rire, des répliques ravageuses, un burlesque nourri d'improvisations... Voici trois compères-frères, Chico (pianiste au chapeau pointu), Harpo (obsédé sexuel et muet), Groucho (intello de service) parfois rejoints par Zeppo, qui ont marqué le comique américain des années 1930 jusqu'à l'après-guerre. Deux grands classiques à savourer sans modération : *Une nuit à l'opéra* (1935) et *Go West* ! (1940).

— **Marilyn Monroe** (Norma Jean Baker, 1926-1962) : plus de quarante ans après sa disparition, Marilyn reste encore aujourd'hui « le » sex-symbol. Ses amours tumultueuses, ses liaisons avec les deux frères Kennedy, son mode de vie libertaire dans une Amérique puritaine firent que son talent ne fut sans doute pas assez reconnu par ses pairs. Marilyn tourna pourtant avec les plus grands noms, des films tantôt légers et peu marquants, tantôt poignants et inoubliables. Son jeu sincère, émouvant et naïf, lui vaudra une notoriété mondiale. Elle est retrouvée morte à Los Angeles, vraisemblablement suicidée, mais en tout cas assassinée par un système appelé Hollywood.

— **Michael Moore** (1954) : journaliste, documentariste, pamphlétiste, trublion, clown... Michael Moore multiplie les casquettes, la sienne invariablement vissée sur son crâne. Avec un seul objectif : faire campagne contre G. W. Bush pour rendre à l'Amérique ses vraies valeurs. Sa meilleure arme : un humour dévastateur. Son film *Fahrenheit 9/11* reçut la Palme d'Or à Cannes en 2004.

— **Paul Newman** (1925) : élu meilleur acteur de tous les temps (qualités maritales prises en compte !), Paul Newman est fascinant, déroutant par son physique, impressionnant par son charisme. *La Couleur de l'argent* (1984) lui vaut l'oscar du meilleur acteur. C'est aussi un réalisateur, un homme marqué par le décès de son fils (d'une overdose) et engagé dans la lutte contre la drogue et le cancer.

— **Jack Nicholson** (1937) : révélé dans *Easy Rider* (1969), Nicholson tourne alors aux côtés des plus grands réalisateurs : Kazan, Kubrick, Polanski, etc. *Chinatown* (1974), *Vol au-dessus d'un nid de coucou* (1975), *Le facteur sonne toujours deux fois* (1981) et surtout le terrifiant *The Shining* (1980) sont les films les plus marquants de sa carrière (récompensée par 3 Oscars). Souvent dérangeant, il s'est également essayé à quelques réalisations. Il se consacre aujourd'hui à son écurie de course automobile.

– **Al Pacino** (1940) : d'origine sicilienne (ce n'est pas un scoop !), il grandit dans le Bronx. Al Pacino, on le connaît évidemment dans la saga du *Parrain*. Mais il incarne aussi plein d'autres personnages : gangster, mafieux, policier, clochard... En 1973, il reçoit la Palme d'or au Festival de Cannes avec *L'Épouvantail*. En 1996, il réalise *Looking for Richard*, un film qui témoigne de sa passion pour Shakespeare. Bref, du grand éclectisme !

– **Sean Penn** (1960) : une vraie gueule du cinéma d'aujourd'hui et un leader charismatique de l'Amérique anti-Bush. Enfin débarrassé de son costume d'ex-monsieur Madonna, cet acteur rebelle est aujourd'hui reconnu comme un des meilleurs de sa génération. Ses rôles sont toujours sur le fil du rasoir, comme dans *Mystic River*, récompensé par un Oscar, ou *21 Grams*. Sean Penn a aussi réalisé 3 films, dont *The Crossing Guard*.

– **Robert Redford** (1937) : après des débuts à Broadway, il se montre aussi à l'aise dans les rôles comiques que dramatiques. Charme, beauté et séduction sont quelques ingrédients de son succès. Redford est l'acteur fétiche de Pollack (*Out of Africa*, 1985). Son engagement réel pour la préservation de l'environnement constitue pour lui une source d'inspiration en tant que réalisateur et s'exprime notamment dans *Et au milieu coule une rivière* (1992), avec Brad Pitt.

– **Arnold Schwarzenegger** (1947) : cet acteur d'origine autrichienne, plus connu pour ses prestations musclées sur le grand écran (*Conan le Barbare*, la saga *Terminator*) que pour ses discours dans les rangs politiques, a néanmoins été élu, en 2003, au prestigieux poste de gouverneur de Californie (l'État le plus riche des États-Unis) et peut se vanter aujourd'hui d'un triomphe politique. Marié à Maria Shriver, journaliste et membre du très démocrate clan Kennedy, Schwarzy affiche, lui, l'étiquette républicaine.

– **Martin Scorsese** (1942) : l'enfant d'Elisabeth Street, dans Little Italy (à New York), est tombé tout petit dans le cinéma (non sans avoir failli embrasser la carrière de prêtre). Les grands moments de sa filmographie sont liés à sa ville, New York. *Mean Streets* (1973), son 4e film, est selon lui « une sorte de manuel anthropologique et sociologique ». Puis c'est *Taxi Driver* (1976), *New York, New York* (1977), *Gangs of New York* (2002), entre autres.

– **Steven Spielberg** (1947) : entreprenant, croyant au lendemain, démagogique juste comme il faut, drôle, ce raconteur d'histoires a touché à tous les genres avec bonheur. De *Duel* (1971) à *La Liste de Schindler* (1993) en passant par l'attendrissant *E.T.* (1982) ou *Jurassic Park* (1993), Spielberg réussit avec brio un grand écart cinématographique. *La Liste de Schindler* démontre qu'il peut traiter d'un sujet grave avec justesse, pudeur et retenue. Humour et émotion, espoir et dérision. Voilà sans doute sa recette miracle.

– **Elizabeth Taylor** (1932) : à 10 ans, elle débute sa carrière d'actrice avec *La Fidèle Lassie* (1942) ; c'est ainsi la plus jeune star d'Hollywood. Avec son regard intense, sa carrière fut brillante et récompensée par deux statuettes. Sa relation passionnée avec Richard Burton a aussi contribué à sa renommée. Liz Taylor est d'ailleurs une femme à hommes, même si elle a promis qu'elle ne voulait pas se remarier une 9e fois !

– **John Wayne** (Marion Michael Morrisson, 1907-1979) : avec plus de 100 films, John Wayne incarne par excellence le bon cow-boy courageux, grand et fort, chevauchant son destrier dans les plaines de l'Ouest. En 1939, *La Chevauchée fantastique* le fait sortir de l'ombre. Des westerns, certes, mais aussi des films de guerre musclés comme *Le Jour le plus long*. Bref, il plaît à une certaine Amérique bien pensante et sûre d'elle.

– **Orson Welles** (1915-1985) : un réalisateur hors normes qui marqua l'histoire cinématographique avec son premier long métrage *Citizen Kane* (1941), un film anthologique. Un comédien de talent qui provoqua la panique chez ses compatriotes (et même des suicides !) après avoir conté sur les ondes

l'invasion de la Terre par des Martiens (une adaptation très réussie de *La Guerre des mondes*). Enfin, un acteur reconnu qui joua dans plus de 50 films.
– Et puis, en vrac : *Sylvester Stallone* (1946), symbole d'une certaine Amérique bien musclée (celle qui n'est pas notre préférée), et héros de *Rambo* et *Rocky, Johnny Depp* (1964), acteur à la fois rebelle et discret qui choisit ses films sans se soucier du qu'en dira-t-on, *Jodie Foster* (1962), actrice exceptionnelle dans *Le Silence des agneaux* (1990), aujourd'hui plutôt derrière la caméra, *Meryl Streep* (1950), mémorable dans *Le Choix de Sophie* (1982) et *Out of Africa* (1986), *Brad Pitt* (1964), le sex-symbol à qui il suffit d'une scène de quelques minutes dans *Thelma et Louise* (1991) pour crever l'écran, *Tom Hanks* (1956), acteur éclectique qui connut une reconnaissance tardive dans *Philadelphia* (1993), *Julia Roberts* (1967), qui fit ses débuts de star dans *Pretty Woman* (1990) et reçut un Oscar pour *Erin Brockovitch*, *Tom Cruise* (1962), révélé dans *Top Gun* (1986), magistral dans *La Guerre des Mondes* (2005) et par ailleurs fervent défenseur de l'église de Scientologie, *Joel et Ethan Coen,* les maîtres d'un cinéma décalé et esthétique qui ont pour principe de situer leurs films dans différents coins des Etats-Unis (Los Angeles pour *The Big Lebowski*, le Minnesota pour *Fargo...*), *Quentin Tarantino* (1963), le réalisateur nouvelle vague américaine à l'origine du *come-back* de Travolta dans *Pulp Fiction*, et *Sofia Coppola,* fille de son papa et réalisatrice talentueuse et récompensée de *Lost in Translation*.

Littérature

– *Paul Auster* (1947) *:* installé à Brooklyn (New York), Paul Auster s'est fait connaître dans les années 1980 avec sa *Trilogie new-yorkaise,* minimaliste et étrange, qui capte une partie du mystère de la grande cité. Ses romans suivants *(Léviathan, Moon Palace...)* s'interrogent sur l'Amérique et ses valeurs. Touche-à-tout, il s'est essayé au travail de scénariste et de réalisateur (*Lulu on the Bridge* en 1998).
– *Dan Brown* (1964) *:* après des études littéraires, il s'installe en Californie pour y écrire au départ des chansons, dont une fut d'ailleurs retenue pour les JO d'Atlanta. Son 4e roman, *Da Vinci Code,* devient rapidement un best-seller mondial et un phénomène littéraire digne de *Harry Potter*. Vendu à plus de 4 millions d'exemplaires et traduit dans 35 pays, le fameux roman a été adapté au cinéma, avec entre autres Audrey Tautou et Tom Hanks.
– *John Dos Passos* (1896-1970) *:* romancier passé à la postérité avec *Manhattan Transfer* (1925). Son œuvre témoigne d'un engagement politique marqué et ciblé contre un certain ordre établi. Ses chevaux de bataille : la peine capitale, les prisonniers politiques, le modèle américain, etc.
– *William Faulkner* (1897-1962) *:* romancier venu à la littérature par dépit amoureux combiné à une terrible frustration de n'avoir pu participer à la Première Guerre mondiale (à cause de l'armistice !). Auteur de *Le Bruit et la Fureur* (1929), *Pylône* (1935), *Absolon, Absolon !* (1936), il est considéré comme l'un des plus grands écrivains de son temps.
– *Francis Scott Fitzgerald* (1896-1940) *:* romancier et nouvelliste, Fitzgerald est l'auteur de *Gatsby le Magnifique* (1925), son chef-d'œuvre. Après l'échec de *Tendre est la nuit* (1934) et la folie qui emporte sa femme Zelda, la pente glissante est toute proche... Alcoolisme, puis crise cardiaque. Son œuvre est imprégnée des idéaux du rêve américain confrontés à la réalité de l'échec et de la frustration.
– *Dashiel Hammett* (1894-1961) *:* spécialiste du roman policier de la première moitié du XXe siècle, Dashiel Hammett dépeint avec justesse le milieu du gangstérisme de l'époque et sa violence. Son ouvrage *Le Faucon maltais* (1930) a été porté à l'écran par John Huston en 1941.
– *Ernest Hemingway* (1899-1961) *:* l'un des romanciers et des nouvellistes les plus connus de la première moitié du XXe siècle. *Le Soleil se lève aussi* (1926) le fait connaître, *Le Vieil Homme et la Mer* (1952) lui vaut le prix Nobel,

récompensant l'ensemble de son œuvre. Hemingway puise son inspiration dans ses voyages et sa vie d'aventure ; il est blessé en Italie en 1918, couvre la guerre d'Espagne, vit la Libération de Paris, s'écrase en avion en Afrique... Et se suicide, comme son père.

– **Mary Higgins Clark** (1929) : d'une manière simple, efficace et presque évidente, Mary Higgins Clark s'est imposée, dans les années 1980, comme la reine du suspense. Tout a commencé avec *La Nuit du renard* (1979). Depuis, cette ancienne secrétaire et hôtesse de l'air reconvertie enchaîne les best-sellers et les prix (plus de 20 livres en une vingtaine d'années, c'est honorable...).

– **Henry James** (1843-1916) : James est un romancier à part, bercé par le sentiment tenace d'être exclu et inutile dès sa plus tendre enfance. Sa vie est alors une forme d'ascèse. Il choisit l'écriture et s'impose comme un scrutateur et un fin analyste de l'esprit humain dans la *Scène américaine* (1905).

– **Jack Kerouac** (Jean-Louis Kerouac, 1922-1969) : d'origine bretonne (ses ancêtres portaient le nom de Lebris de Keroack), il a été surnommé le « Pape des beatniks ». À la recherche d'un renouveau spirituel libéré de toutes conventions sociales et des affres du matérialisme, Kerouac va explorer les chemins de l'errance et de l'instabilité en traversant les États-Unis. En 1957, il écrit en trois semaines *On the Road* qui deviendra un ouvrage culte pour la *beat generation*. Il meurt jeune, déprimé et alcoolique.

– **Stephen King** (1947) : l'un des maîtres de la littérature fantastique contemporaine. Des univers terrifiants... des livres qui se dévorent blotti sous la couette... pour d'interminables nuits blanches. *Carrie* (1974) a lancé sa carrière, et ses livres sont une mine d'or pour le cinéma. Un petit *Shining* ce soir ?

– **Jack London** (1876-1916) : chasseur de phoques, écumeur de parcs à huîtres, chercheur d'or, journaliste puis écrivain à succès. Dans *L'Appel de la forêt* (1903), *Le Loup des mers* (1904), et surtout *Croc-Blanc* (1906), c'est un faiseur d'histoire, amoureux de la nature. En 1905, il s'installe dans la vallée de la Lune, en Californie, dans un ranch dément. Malheureusement, celui-ci brûle. Ruiné et désespéré, il meurt trois ans plus tard.

– **Herman Melville** (1819-1891) : c'est de ses nombreux voyages sur les différentes mers du globe qu'il tire ses récits exotiques mais surtout sa grande œuvre *Moby Dick* (1851). Avec moins de 4 000 exemplaires vendus de son vivant, c'est l'échec. Devenu inspecteur des douanes, il se replie alors sur la poésie.

– **Henry Miller** (1891-1980) : Miller s'est fait remarquer (on peut le dire) avec ses *Tropique du Cancer* (1934) et *Tropique du Capricorne* (1939), tous deux interdits de publication pendant près de 30 ans aux États-Unis. Dans la lignée, il signe d'autres titres frappés par la censure. Trop dissolu, trop choquant pour le puritanisme ambiant, trop avant-gardiste... Pas d'inquiétude, l'œuvre de cet ancien prof d'anglais à Dijon est aujourd'hui réhabilitée.

– **Toni Morrisson** (1931) : romancière noire (prix Nobel de littérature en 1993), Toni Morrison puise son inspiration dans l'histoire et la culture du peuple noir-américain. Son œuvre entraîne dans l'obscurité de l'esclavage. En 1988, *Beloved,* qui raconte l'histoire authentique d'une mère tuant sa fille pour qu'elle échappe à l'asservissement, a été salué par la critique.

– **Edgar Allan Poe** (1809-1849) : une enfance marquée par des parents tuberculeux, un tuteur qui n'entend rien à la poésie... pas facile ! Peu importe, le jeune Allan quitte son tuteur (qui le déshéritera) pour se consacrer à l'écriture. Il est le plus grand conteur américain du XIXe siècle *(Histoires extraordinaires),* traduit en français, par Charles Baudelaire notamment.

– **John Steinbeck** (1902-1968) : à l'écart des mondanités et des projecteurs qu'il déteste, John Steinbeck décrit l'univers difficile des petits fermiers et des ouvriers agricoles. C'est avec *Les Raisins de la colère* (1939) qu'il rencontre la célébrité. Nombre de ses romans ont été portés à l'écran, comme *À l'est d'Éden*. En 1962, il reçoit le prix Nobel de littérature.

GÉNÉRALITÉS

– **Mark Twain** (Samuel Langhorne Clemens, 1835-1910) : écrivain certes, mais aussi aventurier pour les uns, héros pour les autres. Son ouvrage *Les Aventures de Tom Sawyer* (1876) le rend célèbre. *Les Aventures de Huckleberry Finn* (1884) marquent de manière indélébile la littérature transatlantique ; « tout ce qui s'écrit en Amérique vient de là », *dixit* Hemingway.

– **Tennessee Williams** (Thomas Lanier Tennessee, 1911-1983) : dramaturge et romancier qui partagea sa vie avec la solitude et l'écriture. Il est l'auteur de nombreuses pièces, souvent adaptées par de grands réalisateurs, comme *Un tramway nommé Désir*. Il met en scène des *losers,* des personnages égarés dans une forme d'errance et qui, au fond, lui ressemblent un peu.

Sciences

– **Neil Armstrong** (1930) : le 21 juillet 1969, il est 4 h 17 (heure de la côte est). Neil Armstrong fait rêver la terre entière en faisant le premier pas sur la Lune et prononce cette phrase devenue mythique : « Un petit pas pour l'homme, un grand bond en avant pour l'humanité. » L'Union soviétique prenait une claque historique...

– **Thomas Édison** (1847-1931) : un petit génie de l'invention que son professeur d'école trouvait « stupide » à cause de toutes ses questions ! En tout, il déposa pas moins de 1 000 brevets ! Le phonographe (1877) et la lampe à incandescence (1878) sont ses deux inventions phares.

– **Albert Einstein** (1879-1955) : inutile de présenter l'un des plus grands génies de l'histoire, né en Allemagne et qui a d'ailleurs connu sa gloire scientifique en Europe. La théorie de la relativité, ça vous dit quelque chose ? C'est celle qui permet notamment de décrire la structure de l'univers et qui a été vérifiée lors d'une éclipse totale du soleil ! Einstein est aussi un pacifiste, il combat le nazisme (qu'il fuit d'ailleurs en 1935) et défend l'idée de la création d'une terre juive en Palestine.

– **Benjamin Franklin :** lire plus haut la rubrique « Histoire, politique, société ».

– **Bill Gates** (1955) : l'entrepreneur pas forcément le plus visionnaire de la planète mais certainement le plus riche... du moins jusqu'à une date récente. En 1975, il fonde Microsoft qui s'impose vite comme le leader mondial de l'informatique. Mais voilà, cet homme d'affaires en agace, en exaspère même plus d'un (20 États portent plainte) ; en 2000, il est reconnu coupable de « conduite prédatrice » conduisant à une situation de monopole. Le jour même, le titre perd 15 % en bourse (soit 80 milliards de dollars !).

– **Robert Oppenheimer** (1904-1967) : physicien appelé en 1942 pour diriger un projet terrifiant, celui de d'élaboration de la bombe atomique (« Projet Y ») à Los Alamos (Nouveau-Mexique). Peu de temps après, il affirme que « les physiciens ont connu le péché et c'est une expérience qu'ils ne peuvent oublier ». En 1949, il s'oppose au projet de la bombe H. Et en 1954, ses accréditations lui sont retirées, sa loyauté étant mise en cause...

Peinture et architecture

– **Jean-Michel Basquiat** (1960-1988) : Basquiat s'est fait connaître au début des années 1980, dans Tompkins Square Park, à New York, où il dormait dans un carton. Il est l'un des premiers artistes-graffiteurs noirs dans un milieu dominé par les Blancs. Une dizaine d'années après sa mort prématurée d'une overdose, le film *Basquiat* (1998) et le documentaire *Downtown 81* (2001) lui ont valu un *come-back* posthume.

– **Keith Haring** (1958-1990) : graffiteur qui sévit à New York avec des représentations de petits bonshommes aux formes arrondies et délimitées par un simple trait épais, qui donnent l'impression de danser, du moins de s'agiter. Un style un tantinet primitif. Il réalisa la fresque de l'hôpital Necker à Paris.

– **Edward Hopper** (1882-1967) : peintre de l'entre-deux-guerres qui s'inscrit dans le réalisme américain. Edward Hopper dépeint l'univers d'une Amérique nouvelle, celle des lieux urbains dans lesquels errent des individus solitaires regardant souvent vers l'ailleurs. La lumière est la clef de voûte de ses œuvres qui évoquent étrangement des images de cinéma.

– **Roy Lichtenstein** (1923-1996) : peintre qui ouvre la voie du Pop Art à la fin des années 1950, un courant qui s'enracine dans la représentation figurative souvent agressive et provocante de la vie quotidienne et de la société de consommation. Lichtenstein trouve son terrain d'expression dans la parodie de la bande dessinée.

– **Jackson Pollock** (1912-1956) : l'artiste qui inaugure l'Action Painting à la fin des années 1940. Les toiles sont posées sur le sol et Pollock tourne autour en projetant d'intenses giclées de peinture (technique du *dripping*). D'étranges arabesques s'animent ; elles se veulent à la fois l'expression de l'inconscient de l'artiste et d'un esthétisme calculé.

– **Andy Warhol** (1928-1987) : artiste touche-à-tout, provocateur, à l'ego surdimensionné, Andy Warhol est le « pape du Pop ». Illustrateur publicitaire à ses débuts, il devient peintre dans les années 1960 et innove des techniques, comme celle de la photographie sérigraphiée sur toile. Il se consacre également au cinéma et produit dans son usine désaffectée le célèbre groupe de rock The Velvet Underground.

– **Frank Lloyd Wright** (1867-1959) : cet architecte anticonformiste détestait autant les gratte-ciel que le style « néo-quelque-chose » des maisons américaines du XIXe siècle. Il préférait les constructions basses, en harmonie avec leur environnement. Sa plus grande réalisation est incontestablement le musée Guggenheim de New York, en forme de grande hélice blanche.

Sport, danse

– **André Agassi** (1970) : jeune prodige du tennis, il reçoit sa première raquette à l'âge de 2 ans et intègre la célèbre académie de Nick Bolletieri à 13 ans. Il remporte son 1er tournoi à 17 ans. Propulsé n° 1 mondial pour la 1re fois en 1995, son parcours est exceptionnel, avec 58 titres gagnés à ce jour et 8 en grand chelem. C'est aussi le mari d'une non moins célèbre joueuse de tennis, Steffi Graf.

– **Mohamed Ali** (né Cassius Clay en 1942) : né à Louisville, il fut champion du monde de boxe toutes catégories à 22 ans, en battant l'invincible Sonny Liston. La même année, il change de nom par conviction religieuse. Après plusieurs titres de champion du monde des poids lourds, il met un terme à sa brillante carrière en 1980. Atteint de la maladie de Parkinson, il a offert un grand moment d'émotion en allumant la flamme olympique lors des jeux d'Atlanta en 1996.

– **Lance Armstrong** (1971) : l'exceptionnelle force de combativité de ce coureur cycliste texan n'est plus à prouver : après avoir vaincu un cancer en 1998, il enchaîne sur une première victoire en Tour de France l'année suivante. Dès lors, il enchaîne les trophées et en juillet 2005, il est le premier à remporter pour la 7e fois le prestigieux Tour de France. Il a mis désormais un terme à sa carrière.

– **Merce Cunningham** (1919) : danseur et chorégraphe dont l'œuvre déconcerta dans un premier temps pour n'être pleinement considérée qu'à partir de 1967. Pas facile de s'imposer comme le plus grand créateur de la danse contemporaine !

– **Magic Johnson** (1959) : du haut de ses 2,05 m, Magic Johnson est « le » basketteur nord-américain des années 1980. Mais voilà, sa séropositivité le pousse à mettre un terme à sa carrière, même s'il joue encore de temps en temps. Il crée alors une fondation à la tête de laquelle il est devenu aujourd'hui une figure emblématique de la lutte contre le Sida.

– **Michael Jordan** (1963) : avec ses 1,98 m, le gamin de Brooklyn est devenu le plus grand joueur de basket de tous les temps : 6 fois champion NBA de 1991 à 1998 avec les Chicago Bulls, élu de nombreuses fois meilleur joueur du championnat américain, double champion olympique, il a révolutionné le jeu et laissé derrière lui des statistiques inégalables. En 2003, il a mis un terme à sa carrière chez les Washington Wizards dont il est devenu le manager général.

– *Carl Lewis* (Frederick Carlton Hinley, 1961) : vous savez... l'« homme le plus rapide du monde », l'athlète qui, en faisant des petits séjours à Los Angeles (1984), Séoul (1988), Barcelone (1992) et Atlanta (1996), a raflé 9 médailles d'or olympiques (100 m, 200 m, 4x100 m, saut en longueur)... et on ne parle pas des Championnats du monde ! Seul Ben Johnson l'a inquiété quelque temps.

– *John MacEnroe* (1959) : ce grand *tennisman* appartient à la génération des figures sacrées du tennis des années 1970-1980 : Connors, Borg, Lendl, Noah et consorts. Il fut connu autant pour son style que pour son caractère de cochon et ses coups de gueule avec les arbitres.

– *Jessie Owens* (1913-1980) : un athlète noir de légende qui s'est brillamment illustré aux J.O. de 1936 à Berlin en remportant pas moins de 4 médailles d'or (100 et 200 m, 4x100 m, saut en longueur). Dans une Allemagne nazie qui n'a alors qu'une obsession, celle de démontrer la supériorité de sa race, ça fait désordre !

– *Tiger Woods* (1975) : né pour gagner... Ce vœu pieux, formulé par son père, est devenu réalité. On dit qu'à un an, Tiger Woods frappait sa première balle de golf. Ce qui est sûr, c'est qu'à 21 ans, il devient le n° 1 mondial du green et enchaîne les records. Après une petite baisse de régime de quelques années et une dizaine de tournois sans succès, il revient au devant de la scène en 2005.

Et encore...

– Et puis, pour finir, un petit détour dans le monde de la mode et des couturiers pour saluer *Calvin Klein* (1942) – aussi créateur de parfums – qui se distingue avec une ligne de sous-vêtements masculins et *Ralph Lauren* (1939) avec son style à la fois classique et désinvolte.

POPULATION

Une fièvre démographique au sein d'espaces vides

Les États du massif des Rocheuses figurent parmi ceux qui ont la plus faible densité de population parmi les plus faibles des États-Unis (2 hab./km^2 pour le Wyoming, à peine 6 ou 7 hab./km^2 pour le Nouveau-Mexique et le Nevada, aux alentours de 17 hab./km^2 pour le Colorado et l'Arizona). Le Grand Bassin, dans le Nevada, est la région la moins peuplée du pays. Jusque-là, rien de surprenant dans une région dominée par les montagnes et les grands espaces. Pourtant, ces chiffres ne traduisent qu'une facette de la réalité. Les États de l'Ouest américain, à l'exception du Wyoming, sont aussi ceux qui connaissent la plus forte croissance démographique depuis une quinzaine d'années. Les villes comme Las Vegas, Tucson, San Diego, etc. s'étendent dans les espaces désertiques. Le cas de Phoenix est éloquent ; sa population a augmenté d'environ 60 % depuis 1990 ! Les uns ont été attirés par le dynamisme économique des villes de ces dernières années, les autres, pour la plupart retraités, se sont installés dans la Sun Belt, depuis la Californie jusqu'au Nouveau-Mexique, pour profiter de la douceur du climat !

La plus forte concentration de tribus indiennes

En 2005, les Indiens sont environ 2,5 millions et représentent 0,85 % de la population des États-Unis. Cela paraît faible. Pourtant, ils étaient 10 fois moins au début du XXe siècle. On rencontre aujourd'hui des Indiens dans l'ensemble des États, notamment dans les 300 réserves que compte le pays. Mais, évidemment, la répartition actuelle n'a rien à voir avec celle qui prévalait avant l'arrivée des Blancs. Elle obéit à une règle simple : les Indiens ont été refoulés sur des terres arides, souvent difficiles d'accès (pour le détail des tragiques épisodes de la conquête des terres américaines par les nouveaux occupants, se reporter à la rubrique « Les Indiens »). Pas étonnant, dès lors que le massif des Rocheuses (avec les rives du Pacifique, dans une moindre mesure) abrite la plus forte concentration de réserves indiennes. Ils représentent 9,5 % de la population au Nouveau-Mexique (178 000 Indiens), 5 % (280 000) en Arizona, 1 % (355 000) en Californie. Ils sont moins de 50 000 dans les autres États de la région. Parmi les tribus les plus importantes, on distingue :

– *Les Navajos :* la réserve navajo, appelée *Navajo Nation,* est la plus vaste réserve indienne des États-Unis (70 000 km^2). Située dans la partie nord de l'Arizona et débordant sur l'Utah et le Nouveau-Mexique, elle compte à peu près 250 000 Navajos.

– *Les Pueblos :* ils sont 35 000 et vivent en Arizona, sur les bords du fleuve Colorado, et au Nouveau-Mexique, le long du Rio Grande. Ils furent baptisés comme ça par les Espagnols car, aux premiers temps de la colonisation, ils vivaient dans des petits villages de maisons en adobe (*pueblo* signifie « village » en espagnol).

– *Les Apaches :* restent cantonnés en Arizona et dans le sud du Nouveau-Mexique, près de la chaîne de montagnes de Sacramento. Ils sont environ 50 000.

– Et puis, toute une constellation de petites réserves ou tribus (parfois sans véritable territoire) comme les *Papagos,* les *Pimas,* les *Yumas* dans les États du Sud, les *Hopis* encerclés par la réserve navajo, les *Huavasupais* sur les rives du Grand Canyon, les *Païutes* qui subsistent dans le Grand Bassin du Nevada (après avoir été « radiés » de l'Utah par décret fédéral !), les *Shoshones* dans la région du Grand Lac Salé et dans les montagnes du Wyoming, etc.

Des Latinos... de plus en plus nombreux

Dans les États du Sud, vous aurez presque autant de chance de parler l'espagnol que l'anglais ! Il s'agit là d'une réalité bien vivante ; la Californie, l'Arizona, le Nouveau-Mexique et le Colorado accueillent près de 40 % de la population d'origine hispanique des États-Unis (près de 60 % avec le Texas). Les Latinos représentent 42 % de la population au Nouveau-Mexique, 32 % en Californie, 25 % en Arizona, un peu moins de 20 % dans les États du Nevada et du Colorado. Certes, les États du Sud étaient en territoire mexicain avant qu'ils ne tombent dans le giron américain... Mais l'augmentation de la population hispanique a été surtout importante durant la dernière décennie (+ 58 % entre 1990 et 2000 pour l'ensemble des Etats-Unis !), et ils sont désormais plus nombreux que les Noirs. Certains parlent même de reconquête pacifique des terres du Sud ! Les firmes américaines dans la zone frontalière avec le Mexique (la « Mexamérique ») se sont multipliées. La main-d'œuvre y est bon marché. De nombreux Mexicains traversent la frontière, parfois au péril de leur vie, attirés par un rêve américain toujours bien vivant dans les esprits. Et ce ne sont pas les 9 km de mur qui séparent les villes de San Diego et de Tijuana qui vont les en empêcher !

POSTE

– *Les bureaux de poste* sont pour la plupart ouverts du lundi au vendredi de 8 h à 17 h et le samedi matin pour les achats de timbres, dépôts de lettres ou

paquets. Ils ne se chargent pas de l'envoi des télégrammes, réservé aux compagnies privées. De plus, ils sont bigrement difficiles à trouver.
– Vous pouvez vous faire adresser des lettres à la poste principale de chaque ville par la **poste restante.** Exemple : Harry Cover, General Delivery, Main Post Office, ville, État. Attention, les postes restantes ne gardent pas toujours le courrier au-delà de la durée légale : 30 jours.
– À noter, si vous achetez des **timbres** : vous pouvez vous en procurer dans les guichets de poste *(US Mail)* mais aussi dans les distributeurs *(automats),* les papeteries, et chez les marchands de souvenirs situés dans certaines AJ et YMCA, mais comme ils ne rendent pas la monnaie, ils reviennent plus chers. Enfin, il existe des distributeurs de timbres à l'entrée des postes, accessibles jusqu'à des heures assez tardives, en tout cas bien après la fermeture des bureaux.
– Compter **80 cents pour l'envoi d'une lettre** en Europe et **70 cents pour une carte postale.**

RELIGIONS ET CROYANCES

La religion est intimement liée à l'histoire des États-Unis. En 1620, ce sont les Pères pèlerins du Mayflower (les fameux *Pilgrim Fathers*) qui, fuyant les persécutions religieuses en Angleterre, ont formé la première grande famille religieuse et fondé, avec d'autres bien sûr, le Nouveau Monde.
La référence à Dieu est d'ailleurs partout aux États-Unis. Sur les billets de banque, dans les écoles, et jusque dans les discours du président Bush, émaillés d'une rhétorique biblique et clos par le rituel *God bless you*. Phénomène récent, depuis le succès américain du film de Mel Gibson sur *La Passion du Christ,* Jésus se retrouve maintenant le héros de séries télé... Sans parler de tous les produits dérivés qui font fureur.
Plus de la moitié des Américains sont pratiquants, contre seulement 15 % des Français par exemple. **L'église catholique,** nourrie par l'immigration irlandaise, italienne et hispanique (du Mexique et de Cuba), caracole en tête du hit-parade des religions, avec au moins 60 millions d'adeptes, soit un Américain sur quatre.
Au coude à coude avec le catholicisme, la grande famille des **protestants,** fractionnée en de multiples Églises, dont les baptistes, les Amish, les méthodistes, les mormons et surtout les évangélistes, dont fait d'ailleurs partie George W. Bush, et qui représentent entre 25 et 46 % de la population. Les évangélistes fondent leur mouvement sur une interprétation littérale de la Bible et disent tisser des liens personnels avec Jésus-Christ. Ils figurent parmi les plus actifs, et les plus virulents aussi (contre l'avortement, l'homosexualité, l'athéisme, etc.). Leurs lieux de culte sont d'un nouveau genre : des giga-paroisses (*megachurch*) de plusieurs milliers de fidèles, avec office à grand spectacle, parking et club de fitness intégré, qui fleurissent un peu partout aux États-Unis, particulièrement dans le Sud et le Middle West. Ce sont eux aussi que l'on voit sur les écrans de télévision, organisant des messes cathodiques. Pas étonnant que la démarche religieuse des Américains, largement influencée par les techniques de marketing, déconcerte souvent les Européens.
Les **juifs** sont environ 6 millions, suivis de près par les **musulmans,** de plus en plus nombreux avec les récentes immigrations (entre 4 et 6 millions).
Enfin, viennent les religions asiatiques comme le **bouddhisme,** arrivées avec les mouvements contestataires datant des années 1960, les chrétiens orthodoxes, sans oublier toutes les religions *Made in America.*
Car aux États-Unis, tout le monde a le droit de fonder une église. Et la liberté des cultes est totale. Il faut se référer au 1er amendement de la Constitution des États-Unis du 17 septembre 1787, fondé sur la séparation de l'Église et de l'État : « Le Congrès ne fera aucune loi relativement à l'établissement

d'une religion ou en interdisant le libre exercice ; ou restreignant la liberté de parole et de la presse ; ou le droit du peuple de s'assembler paisiblement, et d'adresser des pétitions au gouvernement pour une réparation de ses torts. » D'où la possibilité de développer un nombre insensé d'églises, pas toujours faciles à différencier des sectes. L'administration américaine a par exemple agréé l'Église de Scientologie, qui compte de nombreux adeptes parmi les *people,* ainsi que celle des Mormons (les saints des derniers jours). Ces deux églises forment en même temps de richissimes entreprises économiques possédant des propriétés foncières, des banques, des compagnies d'assurances, des hôtels... Il faut dire que leurs fidèles leur versent 10 % de leurs revenus. L'inverse est aussi vrai car certaines églises n'hésitent pas à appâter leurs « clients » en les payant pour leur fidélité.

ROUTE 66

Un mythe, un symbole, un « monument » indissociable de la culture américaine ! Surnommée « The Mother Road » (la route Mère) par John Steinbeck dans *Les Raisins de la colère,* « route de la Gloire » par les Okies (les fermiers de l'Oklahoma), c'est aussi la *Main Street of America* (Grande Rue de l'Amérique) dans le cœur des Américains. Débutée en 1926, sa construction s'achève en 1937. C'est la première voie qui permet de relier les rives du lac Michigan (à Chicago) au rivage du Pacifique à Santa Monica en Californie, après un périple de 2 448 miles à travers 7 États (Illinois, Missouri, Oklahoma, Texas, Nouveau-Mexique, Arizona et Californie – pardon, on a oublié le Kansas, sillonné sur 12 miles). Dès 1934, des milliers de familles de paysans d'Oklahoma et d'Arkansas ruinés et condamnés à l'exode par le *dust bowl* (tempête de poussière qui anéantit les cultures) vont l'emprunter, à la recherche d'espoir et d'une nouvelle vie quelque part, plus à l'ouest. Durant la Seconde Guerre mondiale, c'est au tour des convois militaires acheminant hommes et armements vers le Pacifique ou l'Atlantique. Tout le long de la route 66 s'est très vite développée une nouvelle culture alors inconnue, celle des motels, des stations-service, des enseignes de néons tapageuses, des serveuses qui s'affairent avec le sourire... ; une véritable *way of life,* quoi. Après les angoisses de la guerre, l'avènement des vacances en famille arrive à point nommé comme une juste récompense. Ce phénomène naissant draine de nouveaux candidats vers la 66, attirés par les parcs nationaux qu'elle explore et les promesses de beaux pique-niques ! À la fin des années 1950, le trafic devient important, les accidents se multiplient. La bonne vieille « Mother Road » n'est plus adaptée à son époque. Les autorités lui préfèrent les nouvelles *interstates* à deux voies qui contournent les villes, plus rapides, plus sécuritaires. À la fin des années 1960, le flot quotidien de véhicules s'évapore rapidement. Sur les bords de route, les boutiques ferment leurs portes, les guirlandes lumineuses s'éteignent. En 1981, les autorités ont même souhaité gommer son tracé sur les cartes routières. Ce n'était pas si difficile, de larges sections de la 66 ayant déjà été remplacées par les *Interstates* flambant neuves... Localement, le goudron a disparu des *miles* rescapés pour laisser place à une piste. Mais voilà, c'était sans compter sur les nostalgiques de la belle époque, sur les amoureux de l'*American way of life* ! Sous la pression d'associations de défense, la Road 66 retrouve aujourd'hui une deuxième jeunesse. Le long du tracé, des musées se sont créés, des panneaux retraçant l'histoire de cette voie ont fleuri, des festivals très vivants rassemblent tous les adeptes lors de grand-messes pétaradantes et chromées. Mieux, une nouvelle loi pour la protection de la route 66 a été promulguée ! De quoi rassurer tous ceux (*bikers* chevauchant leurs rutilantes motos en tête) qui sillonnent à nouveau l'ancien tracé sur les pas de leurs prédécesseurs ou tout simplement à la recherche d'un peu de rêve et de magie.

SANTÉ

Les soins médicaux et les assurances voyage

La sécurité sanitaire est excellente aux États-Unis, mais extrêmement chère. Pas de consultation médicale à moins de 100 US$. Pour les médicaments, multiplier par deux au moins les prix français. D'où l'importance de souscrire, avant le départ, une *assurance voyage intégrale (assistance-rapatriement).* L'assurance maladie et frais d'hôpital doit couvrir au moins 75 000 € sans franchise. Dans certains cas, ce montant est dépassé. Il vaut mieux avoir une garantie de 300 000 €. Ces chiffres ne sont pas exagérés, en cas de problème les compagnies d'assurances n'hésiteront pas à vous rapatrier tant elles craignent d'avoir à payer les frais d'hôpital.

■ *Routard Assistance :* 28, rue de Mogador, 75009 Paris. ☎ 01-44-63-51-01. Fax : 01-42-80-41-57. Ⓜ Trinité ou Chaussée-d'Antin. RER A : Auber. Propose des garanties complètes avec une assurance maladie et hôpital de 300 000 € sans franchise (un record). La carte personnelle d'assurance, avec un texte en anglais, comprend une prise en charge des frais d'hôpital – c'est la formule : « Hospitalisé ! Rien à payer » – et un numéro d'appel gratuit jour et nuit vous permet d'être conseillé et de recevoir des soins spécialisés pour votre problème de santé.

– *Numéro de téléphone à composer en cas d'urgence :* ☎ 911.
– *Si vous devez voir un médecin :* cherchez dans les pages jaunes (sur Internet : ● www.yellowpages.com ● à « Clinics » ou « Physicians »).
– *Si vous voulez des médicaments* de confort comme de l'Aspirine, ou pour soigner des petits bobos comme des maux de gorge, une sinusite ou autre, allez dans un *drugstore* ou *pharmacy* (certains sont ouverts 24 h/24). On y trouve des médicaments efficaces en libre-service (les Américains sont les rois de l'automédication !). Mais les vrais médicaments ne vous seront délivrés qu'avec une ordonnance de médecin.
– Lire aussi la rubrique « Urgences » à la fin des « Généralités ».

Les maladies

Pas de panique à la lecture des lignes suivantes, qui n'ont pour but que d'améliorer les conditions de votre voyage, et en aucun cas de vous angoisser sur ses risques potentiels.
Attention aux tiques dans les zones boisées, comme dans les parcs nationaux par exemple : leurs piqûres transmettent la redoutable maladie de Lyme *(Lyme disease)*, dont les symptômes sont ceux d'une grippe très forte. Pour éviter les piqûres, prévoir un répulsif spécial et bien se couvrir la tête (chapeau), les bras, les jambes et les pieds. Examinez-vous régulièrement pour limiter les risques de transmission (il faut 24 h à une tique pour transmettre la maladie).
Dans la partie ouest du pays, diverses maladies, dont les rongeurs sont le réservoir de germes et les insectes les agents transmetteurs, sont présentes et en croissance (mais dans des proportions faibles), essentiellement dans les parcs nationaux. Pour plus d'informations : ● www.nps.gov/public_health ●
Compte tenu de l'ampleur de la virose à West Nile, transmise par les piqûres de moustiques, et qui gagne du terrain chaque année, on recommande une prévention de type « tropical » : répulsifs cutanés à 50 % de DEET, imprégnation des vêtements, voire moustiquaires imprégnées.
Et même si tous les moustiques ne sont pas vecteurs de maladies, ils gâchent parfois un peu le voyage ! Pensez à emporter dans vos bagages des produits

antimoustiques efficaces car ils sont beaucoup plus chers là-bas. Beaucoup pour ne pas dire la totalité des répulsifs vendus en grandes surfaces ou en pharmacie sont peu ou insuffisamment efficaces. Un laboratoire (Cattier-Dislab) fabrique une gamme conforme aux recommandations du ministère français de la Santé : *Repel Insect* Adulte ; *Repel Insect* Enfant ; Repel Insect Capillaire pour la protection du cuir chevelu ; *Repel Insect* Trempage (perméthrine) pour imprégnation des tissus (moustiquaires en particulier) permettant une protection de 6 mois ; *Repel Insect* Vêtements (perméthrine) pour imprégnation des vêtements ne supportant pas le trempage, permettant une protection résistant à 6 lavages. Disponibles en pharmacie ou en parapharmacie et en vente par correspondance ou via le site Internet de Catalogue Santé Voyages (lire ci-dessous).

■ *Vente par correspondance de produits et matériel pour les voyageurs tropicaux :* Catalogue santé voyages (Astrium), 83-87, av. d'Italie, 75013 Paris. ☎ 01-45-86-41-91. Fax : 01-45-86-40-59. Infos santé voyages et commandes en ligne sécurisée sur ● www.sante-voyages.com ● Envoi gratuit du catalogue sur simple demande. Livraisons *Colissimo Suivi* en 48 h.

Vaccins

Aucun vaccin exigé sur le sol américain, mais comme partout, soyez à jour de vos vaccinations « universelles » : tétanos, polio, diphtérie (DTP) et hépatite B. Le vaccin préventif contre la rage (maladie transmissible par à peu près tous les mammifères, y compris les chauves-souris) est recommandé pour tout séjour prolongé en zone rurale ou en contact avec des animaux.

SAVOIR-VIVRE ET COUTUMES

Difficile de décrire les règles de savoir-vivre à adopter dans un pays à qui on reproche souvent de ne pas en avoir. Pourtant, le pays de la peine de mort et de l'injustice sociale sait souvent faire preuve d'un savoir-vivre étonnant dans les situations de tous les jours. Les Américains sont dans l'ensemble puritains. Ils adorent les fêtes patronales où l'émotion à trois-francs-six-sous déborde de partout mais s'indignent peu de savoir que les enfants chinois fabriquent leurs *Nike* ou que l'embargo contre Cuba fait des ravages. La compassion est ici à géométrie très variable, comme partout certainement, mais peut-être un peu plus qu'ailleurs. Les Américains ne sont pas à une contradiction près. Ils sont en majorité contre les lois visant à restreindre la liberté de port d'arme, mais s'interrogent quand leurs enfants sont assassinés à la sortie du lycée. Ils se goinfrent de pop-corn et de crème glacée pour mieux s'inscrire à des programmes de régime ultra-coûteux. Peuple difficile à saisir, où les excès sont légion, mais le civisme reste le lot quotidien. Quelques conseils et indications en vrac, pour vous montrer que cette civilisation de pionniers, où la force a de tout temps été la seule loi qui prévalait, sait faire preuve, dans la vie de tous les jours, d'une étrange gentillesse qui fait souvent passer les Français pour de curieux rustres.
– À la ville comme dans les campagnes, *on se dit facilement bonjour* dans la rue, même si on ne se connaît pas. Vous ne couperez pas non plus au « *How are you doing today ?* » (Comment ça va aujourd'hui ?), l'entrée en matière des serveurs ou commerçants que vous ne connaissez ni d'Ève ni d'Adam mais auxquels vous répondrez avec un grand sourire « *Fine, thanks, and you ?* ».

– Les **files d'attente** dans les lieux publics ne sont pas un vain mot. Pas question de gruger quelques places à la poste ou dans la queue de cinéma. Le petit rigolo qui triche est vite remis en place.

– En voiture, le **code de la route** est véritablement respecté. L'automobile est considérée comme un moyen de locomotion, pas comme un engin de course. Les distances de sécurité sont la plupart du temps une réalité. Et puis vous ne verrez jamais une voiture stationnée sur le trottoir. Non par peur des représailles policières, mais tout simplement parce que ça empêche les piétons de passer ! Ne vous avisez pas de transgresser ce genre de règles, ça vous coûtera cher. De même, si quelqu'un est devant un passage piéton, les voitures s'arrêtent automatiquement pour le laisser passer. En revanche, au feu vert pour les piétons, il vaut mieux se presser pour traverser, car il passe rapidement au vert en faveur des autos cette fois-ci.

– **Vous verrez rarement un Américain jeter un papier par terre.** Il attendra toujours de croiser une poubelle. Et si tel n'était pas le cas, il y aura toujours quelqu'un pour le rappeler à l'ordre ou lui dire avec un brin de cynisme : « *You've just lost something !* » (Vous avez perdu quelque chose !).

– **Les crottes de chien :** et voilà encore un sujet sur lequel on pourrait prendre de la graine. Ce qui apparaît comme un geste simple, civique et évident aux États-Unis a décidément du mal à se mettre en place en Europe. Tout naturellement, chaque maître possède avec lui un petit sac plastique dans lequel il glisse sa main, ramasse la déjection canine et retourne le sac proprement avant de le mettre dans la première poubelle. À ne pas confondre avec le *doggy bag* ! (voir plus loin « Les petits restes »).

– **Les Américains se font très rarement la bise.** Quand on se connaît peu on se dit « *Hi !* » (prononcer « Haïe »), qui veut dire « Salut, bonjour ». Quand on est proches et qu'on ne s'est pas vus depuis un moment, c'est l'accolade (le *hug*) qui prévaut. Il s'agit de s'enlacer en se tapant dans le dos, gentiment avec les femmes, avec de grandes bourrades quand il s'agit d'hommes. Si vous approchez pour la première fois un Américain en lui faisant la bise, ça risque de surprendre (voire choquer) votre interlocuteur. Cela dit, la *French attitude* est plutôt bien vue... Le meilleur moyen de saluer quelqu'un est de lui serrer la main, pratique très courante, même chez les ados.

– En arrivant **dans un restaurant, on ne s'installe pas à n'importe quelle table,** sauf si l'écriteau « *Please seat yourself* » vous invite à le faire. On attend donc d'être placé.

– **Les petits restes :** si, dans un restaurant, vous avez du mal à terminer ce que vous avez commandé (ça arrive souvent là-bas), n'ayez pas de scrupules à demander une barquette pour emporter les restes de vos plats, d'ailleurs tout le monde le fait. Jadis, on disait pudiquement « C'est pour mon chien », et il était alors question de *doggy bag*. Aujourd'hui, n'hésitez pas à demander : « *Would you wrap this up for me ?* » ou plus simplement « *Would you give me a box, please ?* ».

– **Le service n'est jamais compris** dans les restos et les cafés. En revanche, il est dû par le client (sauf si vous estimez que le service a été exécrable, ce qui est rare aux États-Unis). Personne n'a idée de gruger le serveur ou la serveuse car tout le monde sait que c'est précisément grâce au *tip* qu'ils gagnent leur vie (le salaire de base étant très bas). Pour calculer un pourboire honnête, multipliez la taxe (inscrite avant le total sur l'addition) par deux, et si vous êtes très content, arrondissez au-dessus ! Voir aussi plus loin, la rubrique « Taxes et pourboires ».

– Dans les restos et les cafés, **ne vous attendez pas à un service à l'européenne,** du genre nappe, petite cuillère pour le café, couvert à poisson, etc. Ici c'est l'efficacité et le rendement qui priment. Ne pas s'étonner de se faire servir un expresso dans une grande tasse avec une paille ou d'avoir l'addition avant la fin du repas. Le service est généralement limité à sa plus simple expression (mais toujours avec le sourire !).

– Au sujet des **toilettes publiques** : elles sont presque toujours gratuites et bien tenues. Vous en trouverez dans chaque *Visitor Center,* les *bus stations,* dans les stations-service, les grands centres commerciaux et grands magasins ou dans les halls des hôtels et les cafétérias. Demandez, on ne vous dira jamais non, à moins qu'une pancarte précise « Customers only ».

– **Les *sections non-fumeurs*** sont particulièrement respectées dans les restaurants et les hôtels qui possèdent la grande majorité de leurs chambres en non-fumeurs. De plus en plus d'établissements sont d'ailleurs entièrement non-fumeurs. Et ne vous avisez pas de fumer, ça déclencherait le système d'arrosage situé dans les plafonds ainsi que l'alarme.

– **La climatisation :** les Américains ont la manie de pousser la clim' à fond dans la plupart des lieux publics. Aux beaux jours, ayez donc toujours un petit pull sur vous pour éviter les chocs thermiques permanents.

– **Dans les petits campings de certains parcs nationaux, le paiement se fait par un système d'enveloppe.** On met la somme demandée dans l'enveloppe que l'on glisse dans la boîte. Le *ranger on duty* viendra le lendemain ramasser les enveloppes. Question de confiance ! Mais ce système est de plus en plus rare. On trouve le même principe dans de nombreux parkings publics.

– Dans le même ordre d'idées, **pour acheter votre journal, il existe des distributeurs automatiques.** Il suffit de glisser la somme et une petite porte s'ouvre pour vous laisser prendre votre quotidien. On pourrait parfaitement en prendre 2, 3 ou 10 à la fois tout en ne payant qu'un seul, mais personne ne le fait. L'honnêteté prévaut.

– **Le rapport à l'argent** des Américains a souvent tendance à énerver les touristes, surtout lorsqu'ils font un voyage culturel. Leur guide insistera plus facilement sur les prix de tels tableaux, de telle fabuleuse construction plutôt que d'en évoquer les valeurs esthétiques. De même ils seront rapidement énervés par l'insistance permanente des serveurs dans les restaurants ou des vendeurs à vouloir faire consommer ou dépenser plus. Il faut bien faire marcher la machine économique, et tout est super organisé pour cela.

– Les Américains sont des individualistes forcenés, mais **ils sont prêteurs.** Ils n'hésiteront pas, après avoir fait un peu votre connaissance, à vous prêter leur voiture et à vous laisser les clés de leur maison. Ça étonne toujours un peu, mais on s'habitue rapidement à cet état d'esprit.

– **Le patriotisme :** le drapeau et l'hymne national (avec la religion) ont été le lien fédérateur essentiel des différents peuples qui constituent le peuple américain. Afficher (souvent avec fierté) son appartenance à la nation est un geste évident pour un grand nombre d'Américains. Cela peut étonner plus d'un Européen, et depuis les attentats du 11 Septembre la bannière étoilée a tendance à se multiplier en tous lieux. Et les messages d'encouragement aux *boys* en Irak pullulent aussi. Plus surprenant encore : les églises qui carillonnent l'hymne national.

– **Il ne sert à rien de hurler** (comme on le fait souvent en France...) dès que quelque chose ne se déroule pas comme on le voudrait. Vous pouvez être accusé d'insolence, de manque de respect vis-à-vis de la personne derrière son comptoir, voire d'agression. Sachez que tout se plaide et se négocie aux États-Unis. En revanche si vous êtes dans votre bon droit, vous serez immédiatement remboursé. Et puis, ne vous avisez pas non plus de hausser le ton avec un policier : vous finiriez illico au poste.

– **Les malentendus culturels :** les Américains, joyeux drilles, aiment les contacts et sont d'un abord facile. Cet élan immédiat peut laisser croire qu'on se fait de nouveaux amis dans la minute. Mais le premier contact passé, l'analyse de cette situation fait dire aux Français que les Américains sont superficiels, légers, inconstants. À l'inverse, les Américains nous trouveraient froids et distants. Mais ce qui ressort le plus souvent de l'aventure américaine, c'est toujours la gentillesse, les rencontres et la serviabilité des gens.

SITES INTERNET

● *www.routard.com* ● Tout pour préparer votre périple, des fiches pratiques, des cartes, des infos météo et santé, la possibilité de réserver vos prestations en ligne. Sans oublier *Routard mag,* véritable magazine avec, entre autres, ses carnets de route et ses infos du monde pour mieux vous informer avant votre départ.

Les sites institutionnels

● *www.amb-usa.fr* ● Le site de l'ambassade des États-Unis en France. Très complet et parfaitement actualisé. Infos culturelles, politiques et sur les visas (possibilité de télécharger les formulaires). Nombreux liens.
● *www.whitehouse.gov* ● Le site officiel de la Maison Blanche.
● *www.cia.gov* ● Pour tout savoir sur la CIA *(Central Intelligence Agency).* Dernières nouvelles et publications en ligne.

Les médias

● *www.cnn.com* ● *http://abcnews.go.com* ● *www.time.com* ● *www.washing tonpost.com* ● *www.nytimes.com* ● *www.iht.com* ● Figurent parmi les meilleurs sites d'actualités.

Sur la Californie

● *http://gocalif.ca.gov* ● Des informations pratiques et utiles qui vous donnent un bon aperçu de la Californie (géographie, histoire, plan des grandes villes, réservations d'hôtels et de voitures, sites à visiter, etc.). Et aussi, possibilité de télécharger une carte très précise de toute la Californie.
● *www.america-dreamz.com* ● Un autre site utile (en français) avec un tas de conseils pratiques, cartes, photos et des orientations de lecture.

Sur les parcs nationaux de l'Ouest américain

● *www.nps.gov* ● Le meilleur site sur les parcs nationaux. Descriptif de tous les parcs et de tous les sites incontournables. Petit plus : rubriques sur la paléontologie, les plantes et les animaux.
● *www.arizona-dream.com* ● Site perso très exhaustif sur les parcs de l'ouest américain : galerie de photos, cartes, carnet de route, forum, les Amérindiens, etc.
● *www.americansouthwest.net* ● Site extrêmement fourni à la fois en textes et en photos sur tout l'ouest américain (site en anglais).
● *www.americanparknetwork.com* ● À l'origine, une publication californienne apportant des informations de qualité sur les parcs nationaux (pas tous, seulement les plus importants), qui a développé son site en ligne. Pour compléter son carnet d'adresses.
● *www.gorp.com* ● Gorp, késaco ? Comprenez Great Outdoor Recreation Pages. Des infos sur les activités de plein air dans les différents parcs (mais aussi dans les *recreation areas*).
● *www.yellowstonegeographic.com* ● Site très sérieux sur le Yellowstone avec des cartes interactives. Rubriques culturelle, historique, scientifique et une rubrique pour les aventuriers.
● *www.yosemite.org* ● Site assez complet sur le parc de Yosemite (en anglais).
● *www.visitsaltlake.com* ● Site très fonctionnel de Salt Lake Convention & Visitor Bureau : où dormir, où manger, que faire dans l'ancienne ville olympique et dans ses alentours. Très belles photos (en anglais).

● *www.thecanyon.com* ● Le site propose différentes façon de découvrir le Grand Canyon, par la terre, les airs ou les rivières, en plus des traditionnelles rubriques sites touristiques, hôtels, restos et shopping.

Sur les Indiens

● *www.aimovement.org/* ● Le site de l'American Indian Movement.
● *www.geocities.com/bazarnik/index.html* ● Très beau site hommage, belles photos en noir et blanc, nombreux liens vers d'autres sites sur la culture indienne, mais aussi sur des associations de défense de la nature.
● *http://amerindiens.koissa.net* ● Site perso. Bon aperçu de la culture amérindienne pour ceux qui s'y intéressent de plus près (les traditions, textes rédigés par des chefs indiens, fonds d'écran...)

TAXES ET POURBOIRES

D'abord les taxes...

Dans tous les États-Unis, les prix affichés dans les magasins, les hôtels, les restos, etc. s'entendent SANS TAXE. Celle-ci s'ajoute au moment de payer, et varie selon l'État et le type d'achat. Dans les hôtels, elle oscille entre 10 et 15 % ; pour tout ce qui est restos, vêtements, location de voitures... elle varie entre 5 et 10 %.
Les commerçants, les restaurateurs et les hôteliers l'ajoutent donc à la caisse. Seuls les produits alimentaires vendus en magasin, ainsi que les vêtements et les chaussures, ne sont souvent pas soumis à la taxe (en fait, cela dépend des États). De même, certains secteurs, il est vrai peu nombreux, en sont exonérés.

Puis, les pourboires *(tips* ou *gratuities)*

Dans les restos, les serveurs ayant un salaire fixe ridicule, la majeure partie de leurs revenus provient des pourboires. Voilà tout le génie de l'Amérique : laisser aux clients, selon leur degré de satisfaction, le soin de payer le salaire des serveurs, pour les motiver. Le *tip* est une institution à laquelle vous ne devez pas déroger (sauf dans les fast-foods et endroits self-service). Un oubli vous fera passer pour le plouc total. Les Français possèdent la réputation d'être particulièrement radins et de laisser plutôt moins de 10 % que les 15 ou 20 % attendus. Pour savoir quel pourboire donner, il suffit en général de doubler la taxe ajoutée au montant de la note, ce qui représente selon l'État, environ 15-17 % (et donc un pourboire honnête). Parfois, le service est ajouté d'office au total, après la taxe ; ce qui n'est pas très correct car il est alors trop tard pour marquer son désaccord si la prestation n'est pas à la hauteur... Heureusement (allez savoir pourquoi), cela se passe surtout avec les *parties* (groupes) de 8 ou plus... Si vous payez une note de resto par carte de paiement, n'oubliez pas non plus de remplir vous-même la case *Gratuity,* car sinon, le serveur peut s'en charger lui-même... avec toutes les conséquences ruineuses pour vos finances ; d'autant que vous ne vous en apercevriez qu'à votre retour, en épluchant votre relevé de compte bancaire. Enfin, gardez bien en tête qu'aux USA, 1 s'écrit *l*, sinon vous avez toutes les probabilités que votre 1 soit pris pour un 7 !
Idem dans les ***bars*** : le barman, qui n'est pas mieux payé qu'un serveur de restaurant, s'attend à ce que vous lui laissiez un petit quelque chose, par exemple 1 US$ par bière, même prise au comptoir.
Pour les ***taxis*** : il est de coutume de laisser un *tip* de 10 à 15 % en plus de la somme au compteur. Là, gare aux insultes d'un chauffeur mécontent ; il ne se gênera pas pour vous faire remarquer vertement votre oubli.

TÉLÉPHONE – TÉLÉCOMMUNICATIONS

Téléphone

– *États-Unis → France :* 011 + 33 + numéro du correspondant à 9 chiffres (sans le 0 initial).
– *France → États-Unis :* 00 + 1 + indicatif de la ville (sans le 1 initial) + numéro du correspondant. Tarifs : 0,22 €/mn en tarif normal du lundi au vendredi de 8 h à 19 h, 0,12 €/mn en tarif réduit le reste du temps.

Quelques tuyaux

– *Le réseau téléphonique* est divisé en de très petites régions ; pour appeler d'une région à l'autre, il faut composer le 1 puis le code de la région ou *area code* (ex. : 602 pour Phoenix). Cela donne un numéro à 11 chiffres alors que si vous restez dans la même zone, vous ne composez a priori que 7 chiffres. Mais attention cependant, dans certaines zones téléphoniques, il faut composer 10 chiffres : le *area code* (même à l'intérieur d'une même zone téléphonique), sans le 1 devant, suivi des 7 chiffres du numéro de téléphone. Pour connaître un numéro local, composez le ☎ 411 (ou 1-411, cela dépend de l'endroit où vous vous trouvez) ; pour un numéro interurbain, composez l'indicatif + 555-1212 et pour un numéro gratuit, le ☎ 1-800 + 555-1212.
– *Utilisez le téléphone au maximum :* cela vous fera gagner pas mal de temps. Par exemple, si vous êtes perdu, entrez dans une cabine téléphonique et faites le 0 ; l'opérateur vous renseignera sur l'endroit où vous vous situez... Au début de l'annuaire des Pages jaunes, vous trouverez un tas d'infos intéressantes concernant les transports (intérieurs et extérieurs), les parcs, les sites, les musées, les théâtres...
– *Tous les numéros de téléphone commençant par 1-800, 1-888, 1-877 ou 1-866 sont gratuits* (compagnies aériennes, chaînes d'hôtels, agences de location de voitures...). On appelle ça les *toll-free numbers* : nous les indiquons dans le texte, ça vous fera faire des économies pour vos réservations d'hôtels et vos demandes de renseignements (la plupart des *Visitor Centers* en ont un). En plus, comme ça, pas besoin de carte ni de monnaie.
– *Les numéros gratuits sont parfois payants depuis les hôtels* et ne fonctionnent pas quand on appelle de l'étranger. Ceux des petites compagnies fonctionnent parfois uniquement à l'intérieur d'un État.
– *Certains numéros sont composés de mots,* ne vous affolez pas, c'est normal ! Chaque touche de téléphone correspond à un chiffre et à trois lettres. Ce qui permet de retenir facilement un numéro (exemple : pour contacter les chemins de fer Amtrak, ☎ 1-800-USA-RAIL, ça équivaut à 1-800-872-7245). Ne vous étonnez pas si certains numéros dépassent les 11 chiffres, c'est tout simplement pour faire un mot complet, plus facile à retenir.

Les règles de base

Joindre la France ou même les États-Unis depuis une cabine aux États-Unis relève en général du calvaire si l'on n'a pas de carte téléphonique. Il faut faire des provisions de pièces de 25 cents et en déverser des quantités dans l'appareil. De plus, même si cela s'améliore, la plupart des cabines n'acceptent toujours pas les cartes de paiement. Attention : les hôtels pratiquent toujours des tarifs abusifs qui ne laissent que le choix de la carte de téléphone *(phone card)* ou du PCV (c'est papa qui va être content quand il va recevoir la note !). Dans certains hôtels, on peut aussi vous facturer une communication téléphonique même si l'appel n'a pas abouti. Il suffit parfois de laisser sonner 4 ou 5 coups dans le vide pour que le compteur tourne. Dans le même ordre d'idées, il arrive souvent que les hôtels (sauf les petits motels) fassent payer les communications locales, qui sont normalement gratuites... Pour éviter les surprises, renseignez-vous avant de décrocher votre combiné.

Les cartes téléphoniques prépayées (prepaid phone cards)

Les cartes téléphoniques demeurent le moyen le plus pratique et le moins cher de téléphoner aux States. Éditées par des dizaines de compagnies différentes, elles sont en vente un peu partout (supermarchés, drugstores, réceptions d'hôtels, certains *Visitor Centers...*) à des prix variables selon le crédit disponible (généralement 5, 10 ou 20 US$). Elles fonctionnent avec un code d'accès confidentiel inscrit dessus, que l'on compose (on ne les introduit pas dans l'appareil). Il suffit ensuite de suivre les instructions. Le montant du crédit téléphonique disponible est indiqué automatiquement. Quand il est épuisé, il vaut mieux acheter une autre carte plutôt que de recharger son compte en communiquant son numéro de carte bancaire. Pour passer des coups de fil locaux, préférer les pièces aux cartes téléphoniques (les frais de connexion liés à la carte sont élevés par rapport au prix d'une communication locale). *Motel 6* vend ses propres cartes téléphoniques prépayées dans tous ses établissements. L'usager peut ainsi téléphoner où il veut et quand il veut depuis sa chambre d'hôtel, à des prix bien plus démocratiques que ceux pratiqués habituellement dans les hôtels.

Téléphoner avec un portable

Attention, votre téléphone portable français peut ne pas être compatible avec le réseau américain. Plusieurs conditions doivent être réunies. Il faut d'abord que votre mobile soit tri-bande GSM (la plupart des mobiles sur le marché français sont encore bi-bandes). Ensuite, tout dépend de l'endroit où vous vous rendez aux États-Unis : la norme n'est pas toujours la même. Bref, contactez le service clients de votre opérateur pour vous faire confirmer ces deux paramètres. Vous pourrez soit louer un téléphone tri-bande, soit, si la norme locale est incompatible, louer un portable adapté à la norme américaine le temps de votre séjour, toujours par l'intermédiaire de votre opérateur.

Internet

Le réseau Internet est né aux États-Unis dans les années 1950, en pleine guerre Froide. Il était alors destiné à relier les militaires, avant de s'étendre aux centres de recherche et aux universités... Ensuite, c'est l'invention du *World Wide Web,* au début des années 1990, qui a révolutionné ce réseau en le rendant multimédia (image et son) et accessible au grand public, notamment.
Le développement de ces nouvelles technologies a eu pour creuset la Silicon Valley, en Californie, qui compte aujourd'hui quelques milliers de jeunes entreprises de pointe (les fameuses *start-up*) sur le créneau de la « nouvelle économie ». Fabricants de micro-ordinateurs, fournisseurs d'accès Internet (le principal est *America Online,* avec plus de 35 millions d'abonnés dans le monde), créateurs de logiciels (*Microsoft* est le plus important), prestataires de services, etc. ; tous tentent à nouveau de révolutionner le réseau, après avoir essuyé une crise sans précédent et plusieurs centaines de faillites. Aux États-Unis, plus d'un foyer sur deux dispose d'un micro-ordinateur PC connecté à Internet, utilisé avant tout pour le courrier électronique. Son usage est tellement répandu outre-Atlantique, que l'on peut même s'en servir pour des raisons très officielles (plainte au tribunal par exemple). Plus concrètement, les routards qui souhaitent rester en contact avec leur tribu n'auront

pas vraiment le choix des cafés Internet, plutôt rares (même dans les grandes villes), en raison du fort taux d'équipement informatique des foyers américains. Cela dit, on trouve des accès en libre-service dans de nombreux endroits : bars, *coffee-shops,* gares *Greyhound,* halls d'hôtels. Il s'agit de bornes qui fonctionnent comme des distributeurs : on peut se connecter à raison de 1 US$ pour 5 mn (la machine avale les billets ou la carte bancaire).

Bon plan : si vous ne trouvez pas d'accès dans ces lieux précités, on conseille de se rendre dans les bibliothèques *(public libraries),* qui disposent toutes d'un accès Internet. L'accès est gratuit (généralement limité à 30 mn de connexion par personne et par jour ; la réservation préalable est souvent exigée), mais il arrive qu'il soit nécessaire de prendre sa carte de biblio (tout dépend de la commune et de sa politique). En revanche, l'impression de pages Web est un service payant.

Une sélection de sites Internet à consulter avant le départ est détaillée plus haut, à la rubrique « Sites Internet ».

TRANSPORTS

Pour ceux qui n'ont pas bien appris leur géographie à l'école, rappelons que les États-Unis sont un très grand pays. Les distances sont donc longues, très longues.

L'avion

Les compagnies desservant l'intérieur des États-Unis sont nombreuses. La plupart sont spécialisées sur une région. Depuis la déréglementation des tarifs, la concurrence est énorme, ce qui est très bien. Ce qui l'est moins, ce sont les retards fréquents. Le routard aura du mal à s'y retrouver (chaque jour de nouveaux tarifs apparaissent). Les forfaits coûtent bien moins cher pour qui les achète avant de partir (lire plus loin).

Bon à savoir, le service de bord est très réduit sur les lignes régulières américaines, et la plupart des prestations sont payantes.

On conseille d'arriver bien en avance pour l'embarquement ; à cause des mesures de sécurité qui entourent les aéroports américains depuis *September 11th.* C'est toujours rageant de rater son avion à cause d'une fouille inopinée, juste avant de monter en cabine. Dans ce cas, le personnel de sécurité, souvent à cran, ne vous fera aucun cadeau, et aura tôt fait de considérer vos plaintes comme suspectes (quel professionnalisme !)...

Les compagnies aériennes

– *Air France :* ☎ 1-800-237-2747 ou 0820-0820-0820 (en France). ● www. airfrance.fr ●
– *America West :* ☎ 1-800-327-7810. ● www.americawest.com ●
– *American Airlines :* ☎ 1-800-433-7300. ● www.aa.com ●
– *Continental Airlines :* ☎ 1-800-523-3273. ● www.flycontinental.com ●
– *Delta Airlines :* ☎ 1-800-221-1212. ● www.delta-air.com ●
– *Northwest Airlines :* ☎ 1-800-225-2525. ● www.nwa.com ●
– *United Airlines :* ☎ 1-800-241-6522. ● www.ual.com ●
– *US Airways :* ☎ 1-800-428-4322. ● www.usairways.com ●

Les forfaits (passes)

En gros, c'est une fleur que font les compagnies aériennes aux passagers résidant en dehors des États-Unis et munis d'un billet transatlantique. Le prix des distances en est réduit. Il est nécessaire de fixer l'itinéraire avant de partir. Inscrire le plus de villes possible. Si on ne va pas à un endroit, on peut le sauter, mais on ne peut pas ajouter d'escale, à moins de payer un supplément de 20 US$ (dans certaines compagnies). Attention : un trajet n'est pas forcément égal à un coupon, faites-vous bien préciser le nombre de coupons nécessaire pour chaque voyage, avant le départ.

Voici les conditions de quelques compagnies aériennes qui offrent des *passes* :

– **American Airlines** (adresse dans le chapitre « Comment y aller ? ») : propose des forfaits de 2 coupons minimum et 10 maximum, valables uniquement en continuation d'un vol transatlantique opéré par American Airlines ou par un transporteur de l'alliance Oneworld, et utilisables sur les vols domestiques américains, vers le Canada, le Mexique et les Caraïbes. Pour pouvoir en bénéficier, il faut être non-résident américain.

– **Delta Air Lines** (adresses dans le chapitre « Comment y aller ? ») : propose, avec d'autres membres de SkyTeam, le *SkyTeam America Pass*. Il faut acheter au minimum 3 coupons et au maximum 10. Le meilleur tarif est applicable lorsque le vol transatlantique est effectué sur une compagnie membre de Skyteam (Aeromexico, Air France-KLM, Delta, Alitalia, Continental Airlines, Czech Airlines, Northwest Airlines). Majoration en cas de voyage transatlantique sur un autre transporteur. Impératif de fixer l'itinéraire et de réserver le premier vol avant l'arrivée. Pas de supplément sur le Canada. Possibilité de se rendre en Alaska, à Hawaii, aux Caraïbes et au Mexique moyennant une surcharge.

– **United Airlines** (adresse dans le chapitre « Comment y aller ? ») : réservé aux passagers non-résidents aux États-Unis ou au Canada, porteurs d'un billet transatlantique. Renseignez-vous sur les *Air Passes* à tarif préférentiel pour les États-Unis (y compris Hawaii), Canada, Mexique et Caraïbes, pour les passagers voyageant sur les compagnies de la Star Alliance et d'autres transporteurs. Valable de 1 à 60 jours. Le 1er vol doit être réservé avant l'arrivée aux États-Unis (attention, pénalité de 100 US$ pour les changements sur le premier coupon). On doit acheter au minimum 3 coupons, au maximum 8. Le reste du parcours peut être laissé *open* mais l'ensemble de l'itinéraire doit être fixé avant le départ. Valable également sur le Mexique, l'Alaska, le Canada et Hawaii. *Open jaws* autorisés.

– *US Airways* (adresse dans le chapitre « Comment y aller ? ») : propose des forfaits très intéressants sur l'ensemble de son réseau intérieur. De 3 à 10 coupons sur tout le pays, 60 jours maxi. 1 vol = 1 coupon et 1 transit offert (et là aussi, pénalité en cas de changement du 1er coupon). Tarifs réduits pour les enfants de 2 à 11 ans accompagnés d'un adulte, billet gratuit pour les moins de 2 ans. Tarif préférentiel pour les passagers voyageant sur un vol transatlantique US Airways. Possible également de l'utiliser pour le Canada, les Bahamas, Porto Rico et les îles Vierges, sans supplément. Possibilité d'extension également (Mexique, Bermudes, Jamaïque, Saint-Martin, Antigua, Aruba, Barbade, République dominicaine, Costa Rica, Belize, Sainte-Lucie et îles Cayman).

– *IMPORTANT :* si vous avez une série de réservations aériennes à l'intérieur des États-Unis que vous avez effectuées en France avant votre départ, il est indispensable de les reconfirmer auprès du premier transporteur, retour compris, au plus tard 72 h avant le départ.

La voiture

Ah, quel bonheur de conduire aux États-Unis ! Quel plaisir de rouler sur les larges *interstates* ou *highways* rectilignes en écoutant les Doors ou le meilleur de la country, le tout *piano piano ;* limite de vitesse oblige... Et quel régal d'admirer au passage les énormes camions aux essieux rutilants comme des miroirs. Évidemment, on fait abstraction des grandes villes et de leurs abords où là, conduire (et se garer) relève plutôt du calvaire. Mais pour tout le reste, quel pied ! Sans compter que l'essence est beaucoup moins chère qu'en

France et qu'il n'y a que très peu de péages... Ces derniers sont surtout présents dans la périphérie des grandes villes et presque systématiques pour les ponts et tunnels majeurs.

Les règles de conduite

Certaines agences de location de voitures distribuent des fiches avec les règles de conduite spécifiques à l'État dans lequel on loue le véhicule.
– *Âge minimum :* l'âge minimum de conduite est de 16 ans (avec cours de conduite), ou sinon 18 ans.
– *La ceinture de sécurité :* elle est obligatoire à l'avant et les enfants de moins de 5 ans (ou moins de 18 kg) doivent être dans un siège auto.
– *La signalisation :* les panneaux indiquant le nom des rues que l'on croise sont généralement accrochés aux feux ou aux poteaux des carrefours, ce qui permet de les localiser un peu à l'avance.
– *La priorité à droite :* elle ne s'impose que si deux voitures arrivent en même temps à un croisement. La voiture de droite a alors la priorité. Dans tout autre cas, le premier arrivé est le premier à passer !
– *Tourner à gauche, avec une voiture en face :* contrairement à la circulation dans certains pays, dont la France, un tournant à gauche, à un croisement, se fait au plus court. Autrement dit, si une voiture vient en sens opposé et tourne sur sa gauche, vous passerez l'un devant l'autre, au lieu de tourner autour d'un rond-point imaginaire situé au centre de l'intersection. Attention : si une pancarte indique « no left turn » ou « no U turn », vous devrez attendre la prochaine intersection pour vous engager à gauche ou faire demi-tour ; ou alors, tourner à droite et revenir sur ses pas.
– *Tourner à droite, à une intersection :* à condition d'être sur la voie de droite, vous pouvez tourner à droite au feu rouge après avoir observé un temps d'arrêt et vous être assuré que la voie est libre. Attention ! Dans certains États seulement, dont la Californie, l'Utah, le Wyoming, l'Arizona et le Nevada. Bien entendu, on ne le fait pas si une pancarte indique « No red turn ».
– *Sur une autoroute :* pour aborder une autoroute, mêlez-vous au trafic aussi rapidement que possible. Ne vous arrêtez jamais sur la voie d'accès. Si vous êtes en panne, restez à la droite du véhicule, ouvrez votre capot et attendez. La police routière vous aidera. Sur certaines autoroutes, des téléphones sont installés pour les appels d'assistance. On trouve aussi de nombreuses aires de repos.
– *Sur les routes nationales et les autoroutes :* les voies venant de la droite ont soit un « STOP », soit un « YIELD » (« cédez le passage »), et la priorité à droite n'est pas obligatoire.
– *Les feux tricolores :* ils sont situés après le carrefour et non avant comme chez nous. Si vous marquez le stop au niveau du feu, vous serez donc en plein carrefour. Pas d'inquiétude, après une ou deux incartades, on flippe tellement qu'on s'habitue vite.
– *Les ronds-points (ou giratoires) :* ils sont plutôt rares, sauf dans les États de la Nouvelle-Angleterre et l'État de New York. Priorité aux voitures qui sont déjà engagées dans le giratoire.
– *Les 4-way stops :* carrefour avec stop à tous les coins de rue. S'il y a plusieurs voitures, le premier qui s'est arrêté est le premier à repartir. Assez fréquent aux États-Unis et totalement inédit chez nous.
– *Les commandes internes :* pour ceux qui n'auraient jamais conduit de voitures à boîte automatique (il n'y a pratiquement que cela aux États-Unis), voici la signification des différentes commandes. P : Parking (à enclencher lorsque vous stationnez) ; R : Reverse (marche arrière) ; N : Neutral (point mort) ; D : Drive (le mieux adapté pour avancer) ; 1, 2 et 3 : vous sélectionnez votre propre rapport de boîte (bien utile en montagne ou dans certaines

GÉNÉRALITÉS

Distances entre les grandes villes en milles (par les grands axes)

	LAS VEGAS	DENVER	PHOENIX	ALBUQUERQUE	SANTA FE	GRAND CANYON	MONUMENT VALLEY	LAKE POWELL (PAGE)	YELLOWSTONE	SALT LAKE CITY	YOSEMITE	ZION NATIONAL PARK	BRYCE CANYON	CANYON DE CHELLY
CANYON DE CHELLY	464	537	357	208	267	296	171	210	764	580	737	298	294	
BRYCE CANYON	230	555	405	574	633	155	278	136	563	260	563	84		294
ZION NATIONAL PARK	153	624	409	578	637	119	242	140	630	309	486		84	298
YOSEMITE	333	1 079	728	960	1 019	608	740	892	1 022	684		486	563	737
SALT LAKE CITY	413	487	671	614	673	381	394	408	338		684	309	260	580
YELLOWSTONE	770	617	1 090	952	1 011	841	593	678		338	1 022	630	563	764
LAKE POWELL	384	609	275	444	503	401	111		678	408	717	140	136	210
MONUMENT VALLEY	407	472	329	353	412	247		111	593	394	740	242	278	171
GRAND CANYON	275	669	223	392	451		247	401	841	381	608	119	155	296
SANTA FE	562	389	512	59		451	412	503	1 011	673	1 019	637	633	267
ALBUQUERQUE	627	448	453		59	392	553	444	952	614	960	578	574	208
PHOENIX	290	901		453	512	223	329	275	1 090	671	728	409	405	357
DENVER	746		901	448	389	669	472	609	617	487	1 079	624	555	537
LAS VEGAS		746	290	627	562	275	407	384	770	413	333	153	230	464

côtes). Pour oublier vos vieux réflexes, calez votre pied gauche dans le coin gauche, et ne l'en bougez plus jusqu'à la fin de votre périple. On se sert uniquement du pied droit pour accélérer ou freiner.

Astuce : les voitures américaines sont toutes équipées d'un *cruise control,* dispositif qui maintient votre vitesse, quel que soit le profil de la route, tant que vous n'appuyez pas sur le frein ou l'accélérateur. Très pratique sur les longues autoroutes américaines, mais déconseillé en ville.

– Le système du car pool : sur certains grands axes, pour faciliter la circulation et encourager le covoiturage, il existe une voie dénommée *car pool* réservée aux usagers qui roulent à deux ou plus par voiture. Il y a bien sûr beaucoup moins de monde que sur les autres voies. Très utile aux heures de pointe ; mais à n'emprunter évidemment en aucune façon si vous êtes seul à bord, sous peine d'amende.

– La limitation de vitesse : la vitesse est toujours limitée aux États-Unis. Ce sont les États qui fixent ces limitations. Elle ne dépasse pas 55 mph (88 km/h) sur de nombreuses routes. Mais sur les autoroutes *(interstates),* elle peut atteindre 65 mph (104 km/h). Depuis quelques années, la limite a même été remontée dans de nombreux États de l'Ouest : 70 mph (112 km/h) en Californie et même 75 mph (120 km/h) en Arizona, dans le Colorado, le Nevada, le Nouveau-Mexique, le South Dakota et le Wyoming. En ville : 20-35 mph, soit 32-56 km/h. À proximité d'une école, elle chute à 15 mph (24 km/h), et tout le monde le respecte ! Les radars sont très nombreux, et la police, très présente et très vigilante, aime beaucoup faire mugir ses sirènes. Et là, le scénario se met en branle : interdiction de sortir du véhicule, le flic s'approche d'une démarche chaloupée, la main sur le calibre au cas où vous seriez un bandit... Faites-lui un beau sourire et bafouillez votre plus mauvais anglais, ça aide souvent, surtout pour les filles. Sachez aussi que les voitures de police, même si elles vous croisent, ont la possibilité de déterminer votre vitesse. Sur les autoroutes, la police surveille grâce à des longues-vues.

– Le stationnement : faites attention où vous garez votre voiture. Les PV fleurissent très vite sur votre pare-brise. Des panneaux « No parking » signalent les stationnements interdits. Ne vous arrêtez jamais devant un arrêt d'autobus, ni devant une arrivée d'eau pour l'incendie *(fire hydrant),* ni s'il y a un panneau « Tow away » qui signifie « Enlèvement demandé » : on vous enlèvera la voiture en quelques minutes, et la fourrière comme l'amende sont très chères (plus de 200 US$). Quand la voiture est en stationnement, notez votre rue pour la retrouver.

– Le stationnement en ville : le problème du parking est crucial dans certaines grandes villes, où il est très cher. Il vaut mieux trouver un *park and ride,* grand parking aux terminaux et grandes stations de bus et métro (généralement indiqués sur les plans des villes). Arriver tôt car ils sont vite complets. Mais dans d'autres villes (comme Phoenix, par exemple), se garer est un jeu d'enfant, même en plein centre.

– Les parcmètres : le système de stationnement en ville est compliqué. La présence d'un parcmètre ne veut pas dire qu'on puisse se garer tout le temps. Dans certaines villes, il faut observer la couleur du marquage sur le trottoir : rouge (interdit), blanc (réservé à la dépose de passagers, comme devant les hôtels), vert (limité à 15 mn), etc. Attention aux places réservées à la livraison. De plus, il faut observer les petits panneaux sur les trottoirs indiquant des restrictions comme le nettoyage des rues *(street cleaning).* Ainsi, aux jours et heures indiqués, mieux vaut débarrasser le trottoir, sous peine de voir sa voiture expédiée à la fourrière. Et si le parcmètre est hors service, ne pensez pas faire une bonne affaire : vous devez alors vous garer devant un parcmètre qui fonctionne ! La liste n'est pas exhaustive, et vous découvrirez encore plein de chouettes surprises par vous-même. Globalement, sachez que l'Américain est très civique et qu'il ne lui viendrait pas à l'idée de bloquer en double file la circulation pour acheter son journal. Que ceux qui se reconnaissent lèvent le doigt...

– **Les bus scolaires à l'arrêt :** lorsqu'un *school bus* (on ne peut pas les louper, ils sont toujours jaunes) s'arrête et qu'il met ses feux clignotants rouges, l'arrêt est obligatoire dans les deux sens. Il faut stopper son véhicule avant de le croiser (pour laisser traverser les enfants qui en descendent), et si on le suit, ne surtout pas le doubler, tant que les feux clignotants sont orange. Le bus ne fait que signaler qu'il va s'arrêter. À l'arrêt, un petit panneau triangulaire est parfois automatiquement déployé, sur la gauche du véhicule, pour vous intimer l'arrêt. Ne l'oubliez pas : beaucoup de lecteurs se sont fait piéger. C'est l'une des pénalités le plus gravement sanctionnées aux États-Unis.

– **Le respect dû aux piétons :** le respect des passages protégés n'est pas un vain mot, et le piéton a VRAIMENT la priorité. Dès qu'un piéton fait mine de s'engager sur la chaussée pour la traverser, tout le monde s'arrête (enfin presque tout le monde...). D'autre part, sachez que traverser hors des clous ou au feu rouge peut être passible d'une amende (environ 30 US$) ! Il y a même un terme pour ça : le *jaywalking*...

– **Les PV :** si vous avez un PV *(ticket)* avec une voiture de location, mieux vaut le payer sur place et non une fois rentré chez vous. Car lorsque vous signez le contrat de location, vous donnez implicitement l'autorisation au loueur de régler les contraventions pour vous (avec majoration). La solution la plus simple consiste à payer en se rendant directement à la *Court House* locale. Autre possibilité : payer par carte de paiement. Au dos du PV, un numéro de téléphone vous permet de le faire. Votre compte est ensuite débité par la police. D'ailleurs, certains lecteurs nous ont signalé que leur carte n'a pas été débitée parce qu'elle n'était pas émise par une banque américaine. On ne va pas s'en plaindre. Enfin, il semblerait que moyennant une commission, certains organismes de location possèdent un service qui règle l'amende auprès des instances concernées. À vérifier avant de perdre du temps dans les démarches.

– Utile, le petit guide réalisé par Hertz : *Conduire aux USA.* Nombreux conseils pour faciliter la conduite sur place. Pour l'obtenir, faire la demande par courrier à Hertz France, Service marketing, 78198 Trappes Cedex, ou par fax : 01-39-38-38-01.

L'essence

Faites votre plein avant de traverser des zones inhabitées, certaines stations-service *(gas stations)* sont fermées la nuit et le dimanche. Parfois, sur les autoroutes, on peut rouler pendant des heures sans en trouver une. Le prix de l'essence *(gas),* à la hausse en ce moment, peut aussi varier selon les États. Malgré cela, elle reste bien moins chère que chez nous (compter 2,60 US$ pour 1 *gallon* = 3,8 l environ) ; ce qui n'encourage pas les constructeurs à concevoir des voitures moins gourmandes, et surtout moins polluantes. Les taxes sur l'essence étant assez faibles, les variations des cours du brut sont amplement répercutées à la pompe. *Bon plan :* certaines stations-service disposent de cartes de fidélité qui proposent ensuite des réductions immédiates sur un plein, chez *Maverick* notamment, présent dans le Colorado, l'Arizona, l'Utah et le Nevada.

Les bouchons de réservoir indiquent clairement le carburant à utiliser, généralement du *unleaded* (sans plomb), dont il existe plusieurs qualités. La moins chère convient parfaitement. Enfin, il y a le diesel mais peu de véhicules l'utilisent...

Dans les stations-service, deux possibilités : le *full-serve* (on vous sert et on vous fait le pare-brise) et le *self-service* (10 % moins cher). Un truc à savoir, pour remettre le compteur de la pompe à zéro et l'amorcer, détacher le tuyau et relever le bras métallique. Le libre-service est le plus fréquent en ville. On paie parfois à la caisse avant de se servir. Si on ne sait pas combien on veut d'essence (si on fait le plein, par exemple), on peut laisser sa carte de paiement ou un gros billet au caissier et on revient prendre la monnaie ou signer ensuite. Sinon, la plupart des stations-service ont des pompes avec paiement automatique par carte bancaire.

La plupart des *gas stations* offrent une grande variété de services : des toilettes à disposition, du café ou des cigarettes, souvent une petite épicerie. Elles vendent aussi des cartes très précises de la localité où l'on se trouve et qui couvrent en général toute la périphérie.

Le permis de conduire

Le permis français est valable aux États-Unis (minimum 1 an de permis). Toutefois, il est conseillé de se munir d'un permis international. Celui-ci est délivré gratuitement dans les préfectures sur présentation du permis français, d'un justificatif de domicile et de deux photos d'identité. Les policiers sont plus habitués au permis international qu'à un permis écrit dans une langue qu'ils ne connaissent pas. Mais emportez quand même le permis national, car les policiers demandent souvent que vous le présentiez en même temps que le permis international ; et puis la plupart des agences de location l'exigent.

L'état général des routes et la signalisation

En France, si vous connaissez le nom de la ville où vous allez, vous pourrez toujours vous débrouiller mais, aux États-Unis, il faut connaître le nom et le numéro de la route et votre orientation (nord, sud, est ou ouest) ; par exemple, pour aller de New York à San Francisco, il faut prendre l'« Interstate 80 West » (sur les panneaux, c'est inscrit « I-80 W »). C'est particulièrement vrai pour les abords des grandes villes.

On distingue les *freeways* (larges autoroutes aux abords des grandes villes), les *interstates,* qui effectuent des parcours transnationaux, et les routes secondaires. Elles sont signalisées de manière différente et faciles à repérer. Simplement, ouvrez bien l'œil et sachez vers quel point cardinal vous allez. Sur les *interstates,* le numéro de la sortie correspond au *mile* sur lequel elle se trouve. Ainsi, la prochaine sortie après la 189, peut très bien être la 214. Si vous rencontrez des (rares) *turnpikes,* sachez que ce sont des autoroutes payantes. Les grands ponts (comme le Golden Gate) et beaucoup de tunnels majeurs sont aussi souvent payants.

Contrairement à l'Europe, il y a peu de symboles de signalisation routière. Impératif de bien connaître l'anglais, surtout pour les stationnements.

Les cartes routières

Ce n'est pas très utile d'acheter des cartes détaillées en France. Pratiquement toutes les stations-service vous en proposeront à des prix bien moins élevés. Les cartes des agences de location de voitures sont également utiles (bien qu'un peu sommaires), ainsi que celles des offices de tourisme ; et elles sont gratuites.

– Se procurer l'atlas des routes de *Rand McNally,* la Bible du voyageur au long cours aux États-Unis : une page par État, c'est très bien fait. Indique les parcs nationaux et les campings. L'atlas de l'*American Automobile Association* n'est pas mal non plus.

– Lorsqu'on traverse la frontière d'un État, il y a très souvent un *Visitor Center* où il est possible d'obtenir gratuitement des cartes routières de l'État dans lequel on entre. Vous trouverez aussi moult brochures et coupons de réduction.

Les voitures de location

Les voitures sont louées à la journée ou à la semaine. Certaines compag̃ louent à l'heure, mais les grosses agences exigent un jour de location au minimum.

La location depuis la France

En France, vous pouvez acheter deux types de forfaits ; c'est le plus souvent moins cher que sur place. Passez par une grande agence.
– *Les coupons de location à la journée :* ils n'intéressent que les voyageurs qui ne veulent pas louer une voiture plus de deux jours consécutifs. À partir de trois jours, ces coupons sont inintéressants.
– *Les forfaits valables sur tous les États-Unis :* il s'agit de location pour 3 jours minimum, suivant un tarif dégressif, incluant généralement un nombre de *miles* illimité et l'assurance de base. Les prix varient selon les États. Ceux de la Floride sont les plus bas et ceux de New York les plus élevés.

■ *Auto Escape :* ☎ 0800-920-940 (n° gratuit). ☎ 04-90-09-28-28. Fax : 04-90-09-51-87. ● www.autoescape. com ● info@autoescape.com ● L'agence *Auto Escape* réserve auprès des loueurs de véhicules de gros volumes d'affaires, ce qui garantit des tarifs très compétitifs. 5 % de réduction supplémentaire aux lecteurs du *Guide du routard* sur l'ensemble des destinations. Il est recommandé de réserver longtemps à l'avance. Important : une solution spécialement négociée aux États-Unis pour les conducteurs de moins de 25 ans. Vous trouverez également les services d'Auto Escape sur ● www. routard.com ●
■ Et aussi : *Hertz* (☎ 0825-861-861 ; 0,15 €/mn), *Avis* (☎ 0820-05-05-05 ; 0,12 €/mn) et *Budget* (☎ 0825-00-35-64 ; 0,15 €/mn).

Quelques conseils

– Exigez que figure sur le coupon la mention selon laquelle la location a été payée.
– Emportez la documentation où figurent les tarifs pratiqués en Europe.
– Vérifiez si les coordonnées de l'agence ou le numéro de téléphone de celle-ci aux États-Unis sont précisés pour chaque ville où la location se fait.
– Emportez l'adresse et le numéro de téléphone de l'agence en France (qui ne figure pas sur le coupon) afin de pouvoir téléphoner en PCV en cas d'ennuis.

La location aux États-Unis

Il faut choisir, parmi les tarifs proposés, le plus économique par rapport à votre utilisation. Avant de vous décider pour telle ou telle agence, appelez-les toutes et comparez les prix. Ils peuvent aller du simple au double pour les mêmes prestations. Si vous pensez faire peu de kilomètres, mieux vaut prendre le tarif le plus avantageux à la journée, même si le coût au kilomètre est plus cher. Pour un très long parcours, la formule « kilométrage illimité » est toujours plus rentable, en tout cas à partir de 150 *miles* (240 km) par jour. Les voitures de location les moins chères sont les *economies* et les *compacts* (catégorie A). Très bien jusqu'à 3 personnes. Ensuite viennent les *sub-compacts* et les *mid-sizes*. De façon générale, les voitures sont beaucoup plus spacieuses et confortables qu'en Europe, à catégorie égale.
Les compagnies proposent souvent des réductions week-end *(week-end fares)* : du vendredi midi au lundi midi. On paie 2 jours pour 3 jours d'utilisation.

Il s'agit également d'interpréter le prix annoncé par les compagnies : si l'on vous propose un tarif par jour pour une voiture moyenne, tenez compte de la taxe qui va de 4 à 15 % en fonction des États (celle-ci n'est généralement pas incluse dans les *vouchers* – bons de paiement – des agences de voyages), et de l'essence, qui ne sont jamais comprises dans le prix affiché. Les assurances sont ou non comprises dans les forfaits, renseignez-vous.

Pour de nombreuses compagnies, on peut rendre le véhicule dans un endroit différent de celui où on l'a pris *(one-way rental),* mais il faudra payer un *drop-off charge* (frais d'abandon), jusqu'à 500 US$.

Quelques règles générales

– Il est impossible de louer une voiture si l'on a moins de 21 ans, voire 25 ans pour les grandes compagnies.

– Si votre permis a moins de 3 ans ou si vous avez moins de 25 ans, les compagnies de location font payer un supplément (comptez environ 20 US$/ jour). Bien souvent le permis international ne suffit pas ; la plupart des agences refusent de louer une voiture sans le permis national.

– Attention, il arrive que certaines compagnies demandent un numéro de téléphone local comme contact. Ne prenez pas le risque de dire que vous allez de ville en ville en campant, ou il se pourrait bien que l'on vous refuse la location... (ça arrive surtout chez les plus petites compagnies). Donnez le téléphone de l'hôtel où vous passerez la 1re nuit ; généralement ça suffit.

– Évitez de louer dans les aéroports où seules les grandes compagnies sont représentées. Les moins chères se trouvent en ville (en fait, les taxes sont moins élevées), mais si vous arrivez en avion elles peuvent vous livrer le véhicule.

– Avoir absolument une carte de paiement (*MasterCard* et *Visa* sont acceptées partout). Très rares sont les compagnies qui acceptent le liquide. De plus, dans celles qui peuvent accepter, on doit laisser une grosse caution. Un truc en or : avec les cartes prestige style *MasterCard Gold* ou *Visa Premier,* vous bénéficiez gratuitement de l'assurance vol et dégradations. Certes ces cartes ne sont pas données, mais vous aurez vite amorti votre investissement si vous louez votre voiture pour 15 jours et plus. Attention : vérifiez par avance quel type de carte bancaire (débit immédiat ou différé) est accepté par votre compagnie de location ; pour le paiement, bien sûr, mais aussi pour l'empreinte de caution.

– Toujours faire le plein avant de rendre la voiture, à moins que le contraire ne soit clairement stipulé dans votre contrat. Sinon, on vous facturera le gallon 2 ou 3 fois plus cher que le prix à la pompe.

– Si vous réservez d'avance, vous paierez moins cher qu'en vous y prenant le jour même.

– Les prix indiqués sont toujours hors taxe.

– Les voitures de location sont à 99 % avec boîte de vitesses automatique. On s'y habitue vite.

– Pour la plupart, les véhicules disposent de l'air conditionné, indispensable en été.

– Un tuyau : si vous n'êtes pas fan de la musique US, pensez à emporter vos CD préférés. Bon nombre d'autoradios sont pourvus de lecteurs.

– Les tarifs les moins chers sont ceux à la semaine.

– Quand l'agence n'a plus la catégorie de voiture que vous avez réservée, on vous propose une catégorie supérieure sans supplément.

– Toujours demander une réduction si vous louez pour plus de 2 semaines. Ça peut marcher.

– Les franchises d'assurances voitures varient d'une compagnie à l'autre.

– La plupart des loueurs n'autorisent pas à rouler sur des *unpaved roads* (routes non bitumées). Si vous le faites quand même, sachez que c'est à vos risques et périls.

– Parfois, les agences de location remboursent le taxi nécessaire pour se rendre à leur agence (demander une *bill* au taxi). Très pratique : il existe partout des navettes gratuites des aéroports jusqu'aux agences.
– Les contrats de location ne sont définitifs qu'au bout de 24 h. Dans ce délai, vous pouvez changer de voiture, changer les options, ou les deux.

Les assurances

Elles sont nombreuses et l'on s'emmêle rapidement les pinceaux. Tous les véhicules possèdent une assurance minimum obligatoire, comprise dans le tarif proposé. Au-delà, tout est bon pour essayer de vous vendre le maximum d'options, qui peut vite fait de revenir plus cher que la voiture elle-même. On conseille donc de se renseigner et de souscrire, avant de partir, une assurance auprès de votre loueur de voitures ; les tarifs sont généralement plus avantageux.
Avec une carte de paiement « haut de gamme » *(MasterCard Gold, Visa Premier...)*, il est inutile de prendre l'assurance *CDW* ou *LDW*, car le paiement par ces cartes donne automatiquement droit à ces deux options. Ne prenez, dans ce cas, que la *LIS* ou *SLI* (responsabilité civile) si vous le souhaitez.
– La *LDW (Loss Damage Waiver)* ou *CDW (Collision Damage Waiver)* : c'est l'assurance tous risques. Elle est à présent obligatoire dans la plupart des États. Son coût varie entre 10 et 20 US$ par jour selon les États. Elle couvre votre véhicule pour tous dégâts (vol, incendie, accidents..., mais pas le vandalisme) si vous êtes en tort, mais pas les dégâts occasionnés aux tiers si vous êtes responsable. Certaines cartes de paiement prennent en charge cette assurance (sauf pour les très gros véhicules et les voitures de luxe), alors renseignez-vous auprès de votre banque ou de votre organisme de carte de paiement afin de ne pas la souscrire deux fois. Pour être totalement couvert, il faut souscrire en plus une *LIS* (voir ci-dessous). On vous la conseille.
– La *LIS* ou *SLI (Liability Insurance Supplement)* : c'est une assurance supplémentaire qui vous couvre si vous êtes responsable de l'accident. Aucune carte de paiement ne l'inclut dans ses services. Il faut savoir qu'aux États-Unis, si vous renversez quelqu'un et que cette personne est hospitalisée pour 6 mois, votre responsabilité sera engagée bien au-delà de vos revenus. Il est donc important d'avoir une couverture en béton. Attention toutefois, si vous roulez en état d'ivresse, cette assurance ne fonctionne pas.
– La *PAI (Personal Accident Insurance)* : elle couvre les accidents corporels. Inutile si vous avez par ailleurs souscrit une assurance personnelle incluant les accidents de voiture. La *PAI* ferait alors double emploi.
– La *PEC (Personal Effect Coverage)* : elle couvre les effets personnels volés dans la voiture. À notre avis, cette assurance est inutile. Il suffit de faire attention et de ne jamais rien laisser de valeur à l'intérieur. À cet égard, une nouvelle loi interdit aux loueurs de matérialiser la voiture de location avec des macarons et autocollants. C'était du pain béni pour les voleurs qui repéraient ainsi les véhicules à « explorer ».

Les petites compagnies

Thrifty Rent-a-Car, Greyhound Rent-a-Car, Compacts Only... et toutes les petites compagnies locales qui n'ont que 5 ou 10 voitures.
Si vous désirez faire seulement un *U-drive*, c'est-à-dire partir pour revenir au même endroit, il est préférable de louer une voiture dans une petite compagnie locale : c'est nettement moins cher et, en principe, elles accepteront de l'argent liquide en guise de caution. De toute façon, si vous reconduisez la

voiture à l'endroit où vous l'avez louée, vous avez des chances de payer moins cher. Pratique pour visiter les parcs nationaux.

Voici quelques petites compagnies avec leur *toll free number* (numéro gratuit). Pour les appeler de France, voir la rubrique « Téléphone », plus haut.

■ *Payless Rent-a-Car :* ☎ 1-800-729-5377. ● www.paylesscarrental.com ●
■ *Cafla Tours :* ☎ 1-800-636-9683 et (818) 785-4569. Fax : (818) 785-3964. ● www.caflatours.com ● C'est un agent qui négocie les meilleurs ta-

rifs auprès de différentes compagnies de location, comme *Alamo, Enterprise, Thrifty,* etc.
■ *Dollar :* ☎ 1-800-800-4000. ● www.dollar.com ● Une autre compagnie qui loue aux 23-25 ans.

Les grandes compagnies

Hertz, Avis, National, Budget, Alamo...
Inconvénient : elles acceptent rarement une caution en liquide.
Avantages :
– Les voitures sont généralement neuves, donc pépins mécaniques rares !
– En cas de problème mécanique, le représentant local de la compagnie vous changera la voiture aussitôt.
– Possibilité (généralement) de louer une voiture dans une ville et de la laisser dans une autre (supplément à payer). Si vous la rendez dans un autre État, les frais seront d'autant plus élevés.
– Les plus grandes compagnies de location de voitures ont un numéro de téléphone gratuit en 1-800 *(toll free number).*
■ *Hertz :* ☎ 1-800-654-3131. ● www.hertz.com ●
■ *Avis :* ☎ 1-800-230-4898. ● www.avis.com ●
■ *National :* ☎ 1-800-CAR-RENT. ● www.nationalcar.com ●
■ *Budget :* ☎ 1-800-527-0700. ● www.budget.com ●

La location d'un *motor-home* ou d'un *camper* (ou *RV*)

C'est un véhicule issu de l'amour tendre entre une caravane et une camionnette. Cette progéniture est fort utilisée aux États-Unis.
– Le *camper* est une camionnette équipée d'une unité d'habitation qui ne communique pas avec la cabine ; il faut donc ouvrir la porte arrière pour pénétrer dans la partie habitation de ce véhicule de taille moyenne – 3,50 m à 5 m – , où 4 personnes peuvent coucher confortablement.
– Le *motor-home* est un vrai camion-caravane, très luxueux et très élaboré au niveau du confort. Il est même équipé d'une douche. C'est la plus grande des maisons roulantes (7 à 9 m), pouvant loger jusqu'à 8 personnes très confortablement. C'est aussi la plus chère des solutions, encore que, lorsque l'on a des gamins ou que l'on divise les frais par 4 ou 6, cela devient beaucoup plus abordable.

Quelques conseils et infos utiles

– La moins onéreuse des maisons roulantes est sans conteste le bus Volkswagen aménagé, modèle *Camper.* Il est équipé d'un coin-cuisine avec un petit réfrigérateur, d'une table et de lits pliables. On peut y loger jusqu'à 5 personnes.
– À éviter : la caravane, car il faut louer une automobile pour la remorquer.
– Pour choisir un *campground,* vous devez toujours prévoir 2 ou 3 endroits différents dans un rayon de 50 *miles* ; ainsi, si le premier terrain ne vous plaît pas, vous pouvez tenter votre chance plus loin, mais ne tardez pas trop dans la journée car il est interdit de stationner en dehors des *campgrounds* pour la

nuit. C'est une solution très intéressante pour sillonner les parcs nationaux ou les parcs d'État : c'est moins coûteux et le site est toujours intéressant. Mais c'est aussi souvent plein en haute saison.
– Les réfrigérateurs sont en général à gaz et les bouteilles se rechargent dans les stations-service.
– Sachez qu'en plus de tous ces accessoires nécessaires à l'habitation roulante, vous trouverez un seau, une pelle de camping, de la vaisselle, des chaises pliantes, un couchage complet et même un balai. Les *motor-homes* sont équipés de l'air conditionné, qui fonctionne sur le moteur en marche ou bien en se branchant sur le *hook-up* (branchement dans les campings).
– Si vous êtes intéressé, mieux vaut louer le véhicule depuis Paris car, en été, il est très difficile d'en trouver sur place.

Inconvénients

Pour parler franchement, on n'est pas très favorable à ces engins. Même si c'est la grande mode de louer un *motor-home* (ou *RV*) pour visiter les États-Unis, cela comporte bien des inconvénients :
– C'est lent.
– Il faut le ramener au point d'origine ou, sinon, payer un supplément qui a vite fait de vous ruiner.
– La consommation est extrêmement élevée : de 12 à 45 l aux 100 km selon les modèles !
– En été, il est difficile de trouver des places de stationnement, surtout dans les parcs nationaux. Généralement, il est interdit de se garer n'importe où (dans certaines grandes villes, on vous met en fourrière sur l'heure). Vous devrez passer la nuit dans des emplacements réservés (un annuaire est fourni) : 10 à 25 US$ la place + eau + électricité + gaz... Eh oui ! tous les branchements (eau, électricité) sont payants dans les terrains aménagés. Possibilité quand même, en règle générale, de stationner sur les parkings des hypermarchés ou des magasins, à condition évidemment d'éviter tout déballage et de laisser les lieux propres.
– C'est cher (à titre d'exemple, compter de 700 à 1 200 US$ la semaine pour un véhicule pour 6 personnes dans l'Ouest des États-Unis) : il est souvent moins onéreux de louer une voiture ordinaire et de dormir dans un motel.
On peut toutefois les réserver en France auprès d'un voyagiste, c'est souvent moins cher et le risque de ne pas trouver de véhicule en arrivant aux États-Unis est exclu.
Pour toutes infos complémentaires : • www.motorhomerentals.com •, un site Internet très complet sur les locations de *motor-homes* aux États-Unis. Plans détaillés des véhicules, visite virtuelle, équipement, tarifs, disponibilité... Une autre bonne adresse avec plus de 150 agences aux États-Unis :

■ *Cruise America RV Rentals :* 11 West Hampton Ave, Mesa, AZ 85210. (480) 464-7300 ou 1-800-327-7799. Fax : (480) 464-7321. •www. cruiseamerica.com • Loue des *motor-homes (RV)* et *trailers* dans tout le pays, depuis les aéroports ou les diverses agences en ville. Compter 130 US$ pour 500 *miles* (environ 800 km), assurances incluses. La taxe de frais d'abandon dans un autre État s'élève tout de même à 500 US$. Loue également des *RV* équipés pour les personnes handicapées et des motos (Honda) pour sillonner les routes les cheveux au vent !

L'auto-stop *(hitch-hiking)*

Pas facile à pratiquer, et on n'en fait presque plus dans de nombreux endroits. C'est dans les États du Sud (le « Deep South ») que les difficultés sont les plus grandes : les gens, là-bas, ont une aversion viscérale pour tous les marginaux et ceux qui affichent un air bohème.

En fait, de plus en plus d'États interdisent carrément le stop : attention, vous pourriez vous retrouver au poste... Après tout, c'est louche de ne pas avoir de voiture ! Pas encore trop de problèmes en Californie, mais on ne peut pas dire que les clients se bousculent pour vous offrir un brin de conduite. On le déconseille pour les filles non accompagnées. La protection de se dire *VD (venereal disease)* est bien mince.

Écrire aussi sur la pancarte la direction, ça rassure tout le monde. De plus, vous avez quelques chances d'être pris par des types qui ne prennent jamais de stoppeurs mais qui ont visité, en voyage organisé, la France en juin 1944. Dites-leur que vous faites du stop pour l'expérience et pour rencontrer des Américains, non pas par souci d'économie (ils n'aiment pas du tout).

Si vous traversez la frontière Canada-États-Unis, ne dites pas que vous êtes stoppeur. On pourrait vous refouler.

Dans les foyers des universités (*student centers* ou *unions*), il y a toujours en principe un panneau *(riding board)* réservé aux *rides with sharing expenses* (trajets avec partage des frais). C'est beaucoup plus sûr que le stop à tous points de vue. Il y a aussi des *sharing driving* et des « *sharing* rien du tout, sauf la compagnie » (filles, attention !).

Il est rare de pouvoir se faire transporter dans un autre État, sauf si l'on s'adresse aux grandes universités (Harvard, Columbia, etc.). Pour trouver des campus moins connus, acheter une carte de la série « Buckle-up USA » où ils sont signalés en rouge. Enfin, sachez qu'un étudiant n'a pas le droit de vous héberger plus de 4 jours dans sa chambre universitaire.

N'oubliez pas non plus qu'une bonne partie des États-Unis est désertique (en particulier le Nouveau-Mexique, l'Arizona et le Nevada). Sur la route, apportez de l'eau et un peu de nourriture (biscuits, etc.), car vous pouvez tomber dans un coin paumé. En ce qui concerne les *trailers*, c'est le moyen de déplacement favori des *rednecks*, ces beaufs du Middle-West et du Sud, bien réac' et sexistes. Bon à savoir quand on est sur le bord de la route car ils ne prennent jamais de stoppeurs, ou quand ils s'arrêtent c'est pour vous injurier. Si vous n'êtes pas convaincu, allez revoir le film *Easy Rider*.

Les routiers prennent rarement les stoppeurs. Ils sont peu à être couverts par l'assurance en cas de pépin. Évitez les *truck stops* (relais pour routiers), il y a des pancartes partout : interdit aux stoppeurs. Même faire du stop à la sortie d'un *truck stop* est interdit.

– **Stop sur autoroutes :** en principe, c'est interdit sur l'autoroute même et sur les grandes stations d'autoroutes, mais vous pouvez stopper sur les bretelles d'entrée. Si les flics *(cops)* vous surprennent sur l'autoroute, oubliez tout ce que vous savez de la langue de Steinbeck. Pas plus bêtes que les autres, ils ne tarderont pas à comprendre que vous êtes étranger. Le risque d'amende n'en sera que diminué et vous aurez même une chance qu'ils vous conduisent au prochain bled (très confortable, leur voiture, croyez-nous !).

ATTENTION : quand un flic s'arrête pour vous réprimander, obéissez *(« Yes sir ! »)*, car il y a de grandes probabilités qu'il revienne ou qu'il avertisse un collègue par radio. Et alors, les ennuis commencent.

Mais quand le flic vous avertit que c'est interdit, il faut avoir le réflexe de lui demander où l'on peut faire du stop, et préciser où l'on veut aller (tout ça dans un anglais des plus déplorables, bien sûr). Il est généralement bien embêté et il vous emmène jusqu'à la limite de sa zone de patrouille. Le fait de se retrouver entre deux zones de patrouille élimine le risque qu'un autre flic ne s'arrête. Malin, non ! ?

La moto

Si vous partez avec votre moto, vous aurez de la peine à l'assurer en France. Dans les grandes villes, certains grands magasins proposent des assurances pour les étrangers. C'est également le cas de AAA, l'American Automobile Association. De même, on trouve parfois des annonces de motos et autos d'occasion dans les journaux locaux. Il faut en plus la faire immatriculer, pour ne pas se retrouver coincé dans un bled du Texas par un shérif qui n'aime pas le style *Easy Rider*. Ensuite, il faut faire un contrôle de sécurité chez un concessionnaire de motos agréé (enseigne jaune).

Pour finir, il est conseillé d'équiper sa moto d'un carénage, *because* les insectes dans le Sud. Le mieux est encore d'en acheter un sur place (moins cher qu'en France) et de le revendre à la fin de votre séjour. Port du casque pas toujours obligatoire (une folie !), mais on le recommande strictement.

Le bus

Le réseau couvre la quasi-totalité du pays, et il existe même des accords entre sociétés régionales, qui permettent de l'élargir encore. *Greyhound* dessert 4 000 villes et villages, et les billets sont valables 3 mois. Pour toutes infos sur les destinations et billets Greyhound : ☎ 1-800-231-2222. ● www.greyhound.com ●

Les *Greyhound* ont, à tort, mauvaise réputation aux États-Unis. Dans cette Amérique où la voiture et l'avion priment, le *Greyhound* est considéré comme le moyen de transport des pauvres, à éviter dès qu'on a les moyens de voyager autrement. En effet, se pointer dans une station de bus (de préférence au petit matin ou tard le soir), est la meilleure façon de voir l'Amérique profonde, avec tous ces échoués du rêve américain. Pourtant, on peut tout à fait parcourir le pays de long en large sans danger et sans faire de mauvaises rencontres. Au contraire, les Américains étant curieux et bavards, un voyage en *Greyhound* est un excellent moyen d'entrer en contact avec les gens du coin et d'apprendre plein de choses sur ce pays et le mode de vie des gens.

Les billets

Ils s'achètent dans toutes les stations. Possibilité de réductions (notamment 15 % avec la *Student Advantage Card*, lire la rubrique « Avant le départ » plus haut). Consulter le site Internet pour les offres spéciales et les billets à prix réduits achetés à l'avance. Attention, pas de place numérotée sur les billets, donc si vous ne voulez pas être obligé d'attendre le prochain bus, prévoyez au moins 30 mn d'avance, un peu plus si vous avez des bagages à mettre en soute : il vous faudra alors passer au guichet pour faire imprimer un *baggage tag,* et il y a souvent la queue !

Les forfaits

Aucun billet de point à point n'est en vente en France. Ils doivent être achetés directement sur place. Si vous comptez traverser en bus les États-Unis d'est en ouest, sachez que les forfaits sont alors vite amortis. Environ 120 petites compagnies de bus acceptent les forfaits *Greyhound*.

– *Greyhound* propose le forfait **International Ameripass,** avec plusieurs durées possibles : pour 4, 7, 10, 15, 21, 30, 45 ou 60 jours, le délai prenant date le jour de la première utilisation du billet. Plus la durée est longue, plus le prix est intéressant (environ 180 US$ pour 4 jours, et 640 US$ pour 2 mois, en haute saison ; réductions). Également des forfaits combinés États-Unis et Canada. L'*International Ameripass* doit être acheté avant l'arrivée en Amérique du Nord, au moins 21 jours avant la première utilisation. Une fois là-bas, vous pouvez toutefois acheter le *Discovery Pass,* même produit, mais un peu plus cher. La distance est illimitée. L'affrètement et les consignes des bagages sont inclus. Il existe également des possibilités d'utilisation de ces forfaits pour gagner 3 villes du Canada (Toronto, Montréal, Vancouver) et

3 villes frontalières du Mexique (Tijuana, Nuevo Laredo, Matamoros). Pour utiliser l'*Ameripass* sur une autre compagnie que *Greyhound*, il est nécessaire de se présenter au guichet pour y recevoir un billet qui précise la destination, le nom de la compagnie, et le fait qu'il s'agit bien de l'*Ameripass*. Le tout est gratuit pour peu que la compagnie ait des accords avec *Greyhound*. L'*Ameripass* se présente sous la forme d'une carte imprimée qu'il faut passer dans une borne à l'entrée du bus puis présenter au chauffeur en montant dans le bus, en précisant la destination. Le chauffeur note alors le numéro de votre *Ameripass* sur son carnet de bord. Le passeport est demandé. Ne plastifiez pas cette carte car la colle dissout le texte du *pass* ! Attention, on ne peut pas faire de réservation pour un trajet, il faut donc se présenter suffisamment tôt pour avoir de la place (1 h avant).

Se procurer les forfaits Ameripass

Achat en ligne sur le site ● www.greyhound.com ● (cliquer sur *Discovery Pass* dans le menu « Products and Services »).
La plupart des forfaits *International Ameripass* de *Greyhound* sont vendus en France par :

■ *Voyageurs aux États-Unis et au Canada :*
– *Paris :* La Cité des Voyageurs, 55, rue Sainte-Anne, 75002. ☎ 0-892-23-63-63 (0,34 €/mn). Fax : 01-42-86-17-89. ● www.vdm.com ● Ⓜ Opéra ou Pyramides.
– *Lyon :* 5, quai Jules-Courmont, 69002. ☎ 0-892-231-261 (0,34 €/mn). Fax : 04-72-56-94-55.
– *Toulouse :* 26, rue des Marchands, 31000. ☎ 05-34-31-72-72. Fax : 05-34-31-72-73.
– *Marseille :* 25, rue Fort-Notre-Dame (angle cours d'Estienne-d'Or-ves), 13001. ☎ 0-892-233-633 (0,34 €/mn). Fax : 04-96-17-89-18.
– Voir aussi les coordonnées des autres agences dans la rubrique « Comment y aller ? » au début du guide. On peut obtenir auprès d'eux tous les renseignements utiles sur le fonctionnement général des bus *Greyhound,* sauf les horaires. Concernant l'*Ameripass,* pensez à vérifier auprès d'eux qu'il y a bien un bureau *Greyhound* dans votre ville de départ, car ils vous remettent un bon à échanger chez *Greyhound*.

Les bagages en bus

En règle générale, c'est à vous de récupérer vos bagages à l'arrivée ou dans une station où vous changez de bus. Si vous changez de bus, prenez vos bagages et mettez-vous dans la file d'attente pour votre nouveau bus à l'intérieur de la station. C'est aussi simple que ça... Sinon, le personnel se charge de tous les bagages pas transférés par les voyageurs eux-mêmes, mais là, attention, il y a parfois des pertes ou plutôt des égarements : vous vous trouvez à San Francisco et vos bagages se dirigent vers La Nouvelle-Orléans, ou au mieux, vos bagages arriveront dans le bus suivant ! Cela arrive un peu trop fréquemment. Si nous avions un conseil à vous donner, ce serait de prendre vos bagages avec vous chaque fois que c'est possible et de les mettre dans les filets... Pour vos bagages à mettre en soute, retirez *baggage tag* au guichet et mettez-vous dans la file d'attente pour votre destination avec vos bagages. Au moment de monter dans le bus, laissez vos bagages le long du véhicule ; un employé les placera dans la soute. Le mieux étant de passer un coup de fil avant. Pour éviter de payer la consigne, dans les grandes villes, ne récupérez pas vos bagages dès la sortie du bus, ils seront gardés gratuitement au guichet bagages. Attention, les consignes automatiques *Greyhound* sont vidées au bout de 24 h, et les bagages mis dans un bureau fermé la nuit et le week-end. Si vous avez besoin de laisser vos affaires plus de 24 h, mettez-les directement en consigne au guichet baga-ges (forfait journalier pas très cher). Là encore, notez les heures d'ouverture ! Pour les routards chargés : la limite de poids des bagages en soute (2 auto-risés, plus 2 bagages à main) est de 27 kg par bagage et de 45 kg pour les deux bagages combinés.

Le système GPX *(Greyhound Package Xpress)* permet de transporter des objets d'une ville à une autre par bus direct, même si vous ne prenez pas le bus vous-même. Intéressant pour les dingues du shopping qui ne veulent pas s'encombrer. À déconseiller toutefois pour les marchandises de valeur. Le prix dépend évidemment du poids et de la distance parcourue. Rensei-gnements : ☎ 1-800-479-1329. ● www.shipgreyhound.com ●

Attention en achetant votre sac à dos, même de marque américaine : pour entrer dans les consignes automatiques, il ne faut pas qu'il dépasse 82 cm. Avec cette taille, on peut juste le faire entrer de biais.

Le confort des bus

Outre leur rapidité, ces bus offrent un certain confort, avec toilettes à bord. Ils ont l'air conditionné, ce qui veut dire qu'il peut y faire très frais. Prévoyez un pull, surtout si vous avez l'intention de dormir.

Ces bus sont particulièrement intéressants de nuit car ils permettent de cou-vrir des distances importantes tout en économisant une nuit d'hôtel ! Mais les sièges ne s'inclinent que faiblement. Si vous avez de grandes jambes, pré-férez les sièges côté couloir. En principe, quand un bus est plein dans les grandes stations, un deuxième prend le restant des voyageurs. C'est moins évident dans les petites stations. Même si cela apparaît plus intéressant de voyager dans le second bus à moitié vide (pour s'étendre), sachez que par-fois, dès qu'il y a de la place dans le premier, on transfère les voyageurs et, en pleine nuit, ce n'est pas marrant ! Ne pas se mettre à l'avant (on est gêné par la portière, mais si vous voulez admirer le paysage, c'est toutefois la meilleure place), ni à l'arrière (*because* les relents des toilettes, et la ban-quette du fond ne s'abaisse pas).

En vrac

– Faites attention aux diverses formes de trajet : *express, non-stop, local...* Comparez simplement l'heure de départ et l'heure d'arrivée, vous saurez ainsi quel est le plus rapide. En période de fêtes, les bus sont pris d'assaut par tous ceux qui ne peuvent pas payer un billet d'avion (et ils sont nom-breux !). Donc, arrivez impérativement à la station en avance et ne vous attendez pas à ce que votre bus parte à l'heure prévue. Lors des arrêts en route : respectez impérativement le temps donné par le chauffeur pour la pause. Le chauffeur repartira à l'heure annoncée, et n'aura pas d'état d'âme pour ceux qui ne seront pas remontés dans le bus. Outre le risque de rester coincé sur une aire de repos au milieu de nulle part en attendant le prochain bus (qui peut arriver bien quelques heures plus tard), vos affaires continue-ront à faire le voyage sans vous... En descendant lors d'une pause, relevez aussi le numéro du bus pour bien remonter dans le même, d'autres bus pour la même destination pouvant arriver entre-temps. Lors d'un arrêt prolongé dans une station, le chauffeur vous donnera un *reboarding pass* qui vous permettra de remonter dans le bus avant les nouveaux passagers pour conserver votre place ou en choisir une meilleure qui se serait libérée. Atten-tion, pour vous inviter à remonter dans le bus, le chauffeur fera une annonce dans le terminal en évoquant le numéro du *reboarding pass* (et non pas le numéro du bus ou la destination !).

Surtout pour les voyages longue distance, apportez de quoi grignoter. Sinon, profitez de l'occasion si le bus fait une pause dans une aire avec un fast-food, car la bouffe vendue dans les snacks des stations *Greyhound* est en général immonde. Si vous croyiez que jamais ça ne vous arriverait de prier pour que le bus s'arrête dans un *McDo*... Enfin, les gares routières sont les meilleurs points de rendez-vous quand vous ne connaissez pas un bled. D'autant plus que vous pouvez y faire votre toilette (sanitaires pas toujours très propres). Le seul problème, c'est qu'elles sont souvent loin du centre, et parfois dans des quartiers peu sûrs.

Les bus urbains

– Les abonnements à la journée ou pour plusieurs jours sont très rapidement rentabilisés.
– Pensez toujours à demander un *transfer*. Pour un petit supplément généralement, ils permettent, à l'intérieur d'un même trajet, de changer de ligne sans être obligé de racheter un autre billet.
– Attention : les chauffeurs de bus rendent rarement la monnaie. Avoir de la monnaie sur soi et payer le compte juste.

Le train

Le train américain est très confortable. Beaucoup plus cher que les forfaits de bus (qui, eux, couvrent l'ensemble du territoire, ce qui est loin d'être le cas du train), mais on y dort beaucoup mieux (sièges larges qui s'allongent presque complètement dans certaines voitures). De plus, on dispose d'oreillers gratuits et d'un wagon-salon. Les prestations supplémentaires, en revanche, sont très chères. Dans l'ensemble, reconnaissons-le, ce n'est pas si pratique de se déplacer en train.

Pour les longues distances, **Amtrak** propose une série de *USA Rail Passes* valables sur tout ou une partie du territoire américain. Ces forfaits de 15 ou 30 jours donnent droit à une place en *coach class* et vous permettent de faire autant de trajets et d'arrêts que vous le désirez sur un réseau qui compte plus de 100 destinations touristiques. Par exemple, le *pass* national coûte 440 US$ pour 15 jours et 550 US$ pour 30 jours en haute saison. Les enfants de 2 à 15 ans paient moitié prix (sauf sur certains trains).

Il est conseillé d'acheter les billets avant de partir pour les États-Unis. En Europe, le prix des forfaits est plus intéressant (encore moins cher de septembre à mai, sauf la deuxième quinzaine de décembre). Les forfaits *Amtrak* peuvent être réservés en France auprès de Voyageurs aux États-Unis et au Canada (voir plus haut le paragraphe sur les bus *Greyhound*). Infos : ☎ 1-800-872-7245. ● www.amtrak.com ●

Le transport maritime de véhicules (camping-car, auto et moto)

ATTENTION : si votre séjour ne dépasse pas 45 jours, louez plutôt sur place ! Dans le cas contraire, voici un spécialiste confirmé pour vous calculer un budget raisonnable (ayez les dimensions du véhicule !) :

■ *Allship :* sur rendez-vous seulement, au 18, av. Bosquet, 75007 Paris. ☎ 01-47-05-14-71. Fax : 01-45-56-98-75. ● francis_allship@hotmail.com ● Les véhicules (vides) seront transportés par rouliers réguliers (pas de passagers !) aussi bien vers les côtes est et ouest que vers le golfe du Mexique. Les motos aussi, sans emballage coûteux. Le retour ? Depuis Los Angeles, le golfe et toute la côte est. Les véhicules achetés là-bas peuvent revenir dans les mêmes conditions, et même si les taxes et passage aux Mines alourdissent l'ardoise, ça peut être intéressant.

Avec Allship, vous pourrez aussi transporter équipement lourd, gros excédent de bagage ou déménagement par ses groupages hebdomadaires vers une bonne centaine de destinations du continent.

TRAVAILLER AUX ÉTATS-UNIS

ATTENTION : le visa touristique interdit formellement tout travail rémunéré et toute recherche de travail sur le territoire américain.

– Pour effectuer n'importe quel travail déclaré, il faut absolument se procurer un *visa spécifique* que l'on peut obtenir soit par le biais d'un organisme d'échange agréé (lire plus loin), soit (et c'est beaucoup plus difficile) par l'employeur directement, qui effectue les démarches nécessaires pour l'obtention d'un visa approprié, et ce avant le départ du territoire français. Régulariser sur place, une fois le travail trouvé, n'est pas impossible légalement, mais quel employeur voudrait s'enquiquiner avec une montagne de paperasses (coûteuses) alors qu'il est si facile d'engager quelqu'un qui a déjà une carte verte *(green card)* ? De toute façon, vous l'aurez compris, il est très difficile pour un étranger de travailler aux États-Unis. Mais la chance peut vous sourire, on ne sait jamais. Voici quelques conseils :

– **Les *milieux diplomatiques et bancaires*** mais aussi certaines compagnies privées (du fabricant de dentelles à l'importateur de vin) recherchent des secrétaires parfaitement bilingues et publient des annonces dans la section « Help Wanted » du *Sunday Times*. Elles sont classées par ordre alphabétique : *administrative assistant, bilingual, executive assistant, executive secretary, French* et *secretary...* Appeler uniquement celles qui recherchent quelqu'un parlant le français (quand il est écrit juste *bilingual*, ils veulent dire anglais-espagnol). Parfois, ce sont des agences de placement qui mettent des annonces. Attention, ils n'ont pas le droit de recommander des candidats illégaux. Dans tous les cas, ne pas hésiter à dire que vous n'avez pas de carte verte (ça vous évitera de perdre du temps).

En revanche, dans les consulats, à l'ONU et dans les missions et délégations auprès de l'ONU, vous devriez obtenir un visa diplomatique vous permettant de travailler uniquement pour l'administration qui vous a embauché. Avantage, vous pouvez entrer et sortir du territoire américain légalement et votre salaire (autour de 2 000 US$ par mois) sera exempt de taxes.

– On peut éventuellement mettre son costume du dimanche et aller dans les *motels* expliquer que, question vin, on est imbattable. Avoir un serveur français donne un coup de prestige à leur boîte.

Ceux qui connaissent un peu la cuisine française ont de sérieux atouts. On connaît aussi des acteurs amateurs qui font la tournée des alliances françaises et écoles privées, mais n'espérez pas trop de ce côté-là.

– Les *CV* et *lettres de motivation* doivent bien sûr être rédigés en anglais. Pour les employeurs américains, c'est l'expérience qui prévaut sur les diplômes. Dans votre CV (*resume,* c'est comme ça qu'ils disent), indiquez vos expériences professionnelles en premier, et détaillez chacune d'elles (votre CV américain peut faire plusieurs pages). N'y mettez jamais votre photo ni votre âge. Quant à la lettre de motivation, elle doit être dactylographiée (pas de sélection par la graphologie !).

– Pour plus de *renseignements,* contactez :

■ *Commission franco-américaine :* 9, rue Chardin, 75016 Paris. ☎ 08-92-68-07-47 (0,34 €/mn) ou 01-44-14-53-60 (administration). Fax : 01-42-88-04-79. ● www.fulbright-france.org ● Ⓜ Passy. Pour tout renseignement concernant les études, les stages ou les jobs d'été aux USA. Le centre de documentation est ouvert les mercredi, jeudi et vendredi de 14 h à 16 h 30. Accès gratuit en auto-documentation (pas de prêt). Possibilité de consultations individuelles payantes avec une conseillère (téléphoner pour prendre rendez-vous). Fermé le mardi et en août.

■ *Département Green Card :* 19, rue Jean-Lolive, 93170 Bagnolet. ☎ 0826-626-123 (serveur vocal ; 0,15 €/mn) ou 01-41-94-55-55. Fax : 01-41-94-55-50. ● www.carteverteusa.org ● Cet organisme est le seul en France à servir d'intermédiaire entre les services américains d'immigration et les candidats à la fameuse loterie fédérale américaine. Au total, 55 000 *green cards* (permis de séjour et de travail sur le sol américain sans limite dans le temps) sont ainsi attribuées tous les ans en décembre par tirage au sort. À partir de 60 € pour une aide personnalisée à la constitution du dossier. Clôture des inscriptions à la mi-décembre.

■ *France Service :* 311 N. Robertson Blvd # 813, Beverly Hills, CA 90211, USA. Fax : (310) 388-5654. ● www.franceservice.com ● contact@franceservice.com ● Ce journal mensuel (basé à Los Angeles) s'adresse à tous les Français vivant aux États-Unis ou souhaitant y habiter. *France Service* donne aussi des infos sur la **loterie des cartes vertes** (*green cards*) et les autres types de visas.

■ *Maison des Français de l'étranger :* 30, rue La-Pérouse, 75016 Paris. ☎ 01-43-17-60-79. Fax : 01-43-17-70-03. ● www.mfe.org ● Ⓜ Kléber ou Charles-de-Gaulle-Étoile. On peut se rendre sur place du lundi au vendredi de 10 h à 17 h (le mercredi à partir de 14 h) ou les contacter par téléphone. Renseigne gratuitement les candidats à l'expatriation sur les pays où ils envisagent de s'installer (site Internet très complet également). Préparez-vous cependant à un discours pessimiste si vous avez choisi les États-Unis !

■ *Site de l'ambassade des États-Unis à Paris :* ● www.amb-usa.fr ● puis cliquer sur « Visas ». Pour obtenir des infos sur les types de visas.

Les organismes d'échanges agréés

■ *Parenthèse :* 39, rue de l'Arbalète, 75005 Paris. ☎ 01-43-36-37-07. Fax : 01-43-36-54-48. ● www.parenthese-paris.com ● Ⓜ Censier-Daubenton. Ouvert du lundi au vendredi de 9 h à 18 h. Brochures téléchargeables sur le site Internet. Pour décrocher un *job d'été* aux États-Unis, il faut déjà être « Bac + 1 ». Ensuite, les autorités américaines exigent que l'étudiant participe à un programme d'échange intergouvernemental, proposé par un organisme agréé. Le rôle de *Parenthèse* est de vous aider à monter ce dossier pour obtenir le fameux iosa, et ensuite d'assurer le suivi une fois sur place. Attention, ce n'est pas une société de placement, c'est à vous de trouver l'entreprise. Mais on pourra vous donner des pistes, notamment les grands parcs d'attractions qui proposent régulièrement des emplois saisonniers, et vous orienter vers des sites Internet spécialisés dans les jobs (● www.summerjobs.com ●). Nombreux liens et infos utiles sur leur site Internet, notamment pour chercher des stages en entreprise.

■ *InterExchange :* pas d'agence en France, seulement aux États-Unis : 161 6th Avenue, New York, NY 10013. ☎ (212) 924-0446. Fax : (212) 924-0575. ● www.interexchange.org ● info@interexchange.org ●

Cette association s'occupe d'échanges internationaux, culturels et éducatifs, depuis une trentaine d'années. Nombreux programmes pour les jeunes : au pair, jobs d'été (et d'hiver), toujours pendant une période de quelques mois maximum dans l'hôtellerie, la restauration, les parcs nationaux, les parcs d'attractions, les stations de sports d'hiver ; offres de stages en entreprise pour les étudiants. Possibilité enfin d'être moniteur dans un *summer camp*.

■ *Experiment :* 89, rue de Turbigo, 75003 Paris. ☎ 01-44-54-58-00. Fax : 01-44-54-58-01. ● www.experiment-france.org ● Ⓜ Temple. Cette association à but non lucratif, établie en France depuis 1934, propose des jobs au pair et également des stages non rémunérés en entreprise.

■ *French-American Center :* 4, rue Saint-Louis, 34000 Montpellier. ☎ 04-67-92-30-66. Fax : 04-67-58-98-20. ● www.frenchamericancenter.com ● Ce programme offre le choix entre deux sortes de job : moniteur de centre de vacances et au pair. Pour être mono dans un *summer camp*, il faut être majeur et disponible pour 9 semaines minimum. Prendre contact avec eux avant février de l'année en cours. Pour le programme au pair, lire ci-dessous.

Le travail au pair

Important : on ne négocie pas un contrat d'au pair directement avec la famille de son choix, tout se passe par l'intermédiaire d'organismes spécialisés dans ce type d'échanges qui se chargent de mettre en relation les familles d'accueil et les jeunes filles (eh oui, les garçons sont presque automatiquement refusés !). Pour connaître la liste de ces organismes agréés, consulter le site en anglais ● http://exchanges.state.gov ● et cliquer sur « Au Pair program ». On en cite quelques-uns ci-dessous.

Conditions très strictes : avoir entre 18 et 26 ans, savoir se débrouiller en anglais et avoir le baccalauréat ou équivalent, justifier de 200 heures (c'est précis !) d'expérience avec les enfants au cours des 3 dernières années (pour s'occuper d'un enfant de moins de 2 ans), être titulaire du permis de conduire (la plupart des familles l'exigent), avoir un casier judiciaire vierge, et être disponible pour une année entière. Si vous répondez à tous ces critères (bravo !), il faut encore être prête à travailler entre 30 et 45 h par semaine, et cela pendant les 12 mois maximum du contrat. En revanche, votre voyage est payé et l'argent de poche est assez conséquent (environ 140 US$ par semaine). Enfin, les cours d'anglais sont payés par la famille d'accueil et vous avez droit à un jour et demi de congé par semaine, un week-end complet par mois et 2 semaines de congés payés par an.

Les chantiers de travail bénévole

■ *Concordia :* 1, rue de Metz, 75010 Paris. ☎ 01-45-23-00-23. Fax : 01-47-70-68-27. ● www.concordia-asso ciation.org ● concordia@wanadoo. fr ● Ⓜ Strasbourg-Saint-Denis. En échange du gîte et du couvert, le travail est bénévole. Chantiers très variés, restauration de patrimoine, valorisation de l'environnement, travail d'animation, etc. Places très limitées, s'y prendre à l'avance (en avril pour l'été). Attention, voyage à la charge du participant et frais d'inscription obligatoires.

URGENCES

– *Pour une urgence (médicale ou autre), téléphonez au 911* (numéro national gratuit). Si vous ne parlez pas l'anglais, précisez-le à l'opérateur (« *I don't speak English, I am French* ») qui vous mettra en relation, selon votre problème, avec le service adéquat (la police, les pompiers ou les ambulances).

LA CALIFORNIE

La Californie, le mythe américain par excellence ! Un « bout du monde » à la fois fortement urbanisé et incroyablement sauvage. La mer, la montagne et le désert se trouvent aux portes des villes, elles-mêmes plutôt ouvertes sur la nature. Des paysages grandioses et lunaires de la Vallée de la Mort, le point le plus aride des États-Unis, aux séquoias géants du Yosemite, en passant par la ville fantôme de Bodie, vestige de la fameuse ruée vers l'or, les clichés ne sont jamais très loin, mais la légende est toujours au rendez-vous. Quelle image retenir de la Californie ? Il y en a trop. Tout commence par une couleur et une sensation : ciel bleu et température douce presque à longueur d'année ; bref, une qualité de vie incomparable. Si l'on ajoute à cela une santé économique qui fut longtemps enviable, on comprend pourquoi beaucoup d'Américains et de migrants veulent encore s'y installer. Car le « Golden State », comme on le surnomme là-bas, est devenu, au fil des années, un nouveau centre du monde, où des vecteurs de croissance économique particulièrement originaux (d'abord la ruée vers l'or, puis l'industrie du cinéma à Hollywood et aujourd'hui les nouvelles technologies et la viticulture) ont longtemps assuré une prospérité sans pareille dans l'histoire du pays. Aujourd'hui, malgré la récession de l'économie nationale et les vicissitudes de l'actualité, la Californie demeure toujours le moteur du rêve américain, une Terre promise où tout est possible. Alors, *go West* !

DEATH VALLEY (LA VALLÉE DE LA MORT)

🏃🏃🏃 Située à un peu plus de 130 *miles* au nord-ouest de Las Vegas, la vallée de la Mort, un des sillons les plus profonds dans l'hémisphère Nord, s'enfonce à 86 m sous le niveau de la mer. D'une superficie de 13 354 km², c'est le plus grand parc national des États-Unis, devant Yellowstone. Son nom sinistre lui vient de la phrase lancée par un pionnier rescapé et exprimant la reconnaissance des mormons : « Dieu merci, nous sommes sortis de cette vallée de la Mort. » D'autres n'eurent pas cette chance et, durant la ruée vers l'or, un certain nombre de prospecteurs (les *forty-niners*), en route vers la Californie, y perdirent plus que leur chemin. Certains en profitèrent pour découvrir des filons d'or (un peu) et d'argent (un peu plus). Mais c'est finalement l'exploitation du borax, un minerai de moindre valeur, qui se révéla la plus rentable.

Entre les flancs resserrés de la vallée, le soleil est dément. C'est le point le plus chaud et le plus aride de tous les États-Unis. Le pays de l'épouvante, un désert impitoyable où la température, en été, dépasse constamment 40 °C à l'ombre (pas de pot, car il n'y a pas d'ombre). On peut faire cuire un œuf sur un capot de voiture ! L'année 1913 fut propice aux records : on y enregistra la même année la plus haute température (57 °C) et la plus basse (- 9 °C). Durant l'été 1994, il fit plus de 49 °C pendant 31 jours ! Mais ne noircissons pas le tableau : il pleut bel et bien dans la vallée... 3 à 4 cm par an en moyenne ! Cela dit, certaines années sont bien plus arrosées que d'autres. Ce fut le cas en 2004. Au printemps 2005, les visiteurs affluaient pour découvrir la vallée couverte de fleurs !

Le paysage, à la fois grandiose et lunaire, offre le spectacle d'une région brûlée par le soleil mais d'une incroyable diversité : montagnes et mer de sel, canyons et cactus, palmeraie et dunes de sable, cratères et phénomènes géologiques... N'oubliez pas que c'est à l'aube et à la fin du jour que les roches se colorent. De plus, la chaleur est moins étouffante. Difficile de le croire, car on la voit rarement, mais ce désert est peuplé d'une faune plutôt riche : lynx, coyotes, mouflons, serpents, pumas, et le *roadrunner,* l'oiseau « bip bip » du dessin animé.

Conseils pour traverser Death Valley

– *Période idéale :* d'octobre à début décembre, la température est douce. Février, mars et avril sont également agréables, surtout quand la vallée se couvre de fleurs sauvages, ce qui n'arrive pas chaque année. On le répète, l'été est torride.
– *Consulter la météo :* risques d'orage toute l'année, compte tenu des températures extrêmes.
– *Lutter contre la déshydratation :* l'humidité de l'air est quasi nulle et, au volant d'une voiture non climatisée, on peut perdre en transpiration plus d'un litre d'eau à l'heure. C'est pourquoi il est très prudent – dans tous les cas – d'emporter des réserves d'eau : au moins 4 l par personne et par jour. Il est exclu de traverser la Death Valley en stop...
– *Évitez de randonner dans le fond de la vallée aux heures les plus chaudes :* préférer le matin et la fin de journée.
– *Restez sur les routes goudronnées,* à l'exception des pistes les plus empruntées. Si vous tombez en panne, ne quittez en aucun cas votre véhicule ; il passera tôt ou tard une voiture qui vous dépannera. Tous ces conseils, prodigués par le *Visitor Center,* ne sont pas à prendre à la légère : les avis de recherche placardés dans les centres d'information donnent froid dans le dos (un peu facile, le jeu de mots !).
– *La traversée est très dure pour les moteurs de voiture :* surtout, contrôlez le liquide de refroidissement avant d'arriver dans la vallée, vérifiez bien les radiateurs, et ne faites pas trop chauffer la voiture (coupez la clim' de temps en temps). Sur toute la traversée de la Death Valley, on trouve des réservoirs d'eau non potable pour les radiateurs des voitures *(radiator water only).* Ne vous avisez pas de la boire...

Adresses et infos utiles

ⓘ *Visitor Center :* ☎ (760) 786-3200. Sur la route 190, à 300 m environ du *Furnace Creek Ranch.* Ouvert de 8 h à 18 h (17 h de décembre à février). Plein d'infos utiles : l'état des routes (car de temps en temps, des inondations violentes – même en plein été – emportent des tronçons de routes), la température du jour, les conseils pour se balader dans le désert. Carte bien détaillée gratuite et quelques feuilles d'information avec de bons conseils pratiques en français. Joli diaporama. Intéressant musée (gratuit) : histoire des *forty-niners* et des mineurs qui suivirent, au travers d'objets anciens, exposition d'animaux du désert, géologie, cultures indiennes... D'autres bureaux d'information plus petits à Beatty, Lone Pine (voir plus loin) et à Stovepipe Wells (après l'entrée ouest). Excepté à l'entrée nord, il n'y a pas de poste de contrôle aux frontières du parc. C'est donc au *Visitor Center* que l'on paye l'entrée si l'on vient d'une autre direction : 10 US$ par voiture pour 1 semaine (*National Parks Pass* accepté), mais il est question que le prix soit réévalué à 20 US$, comme les autres grands parcs nationaux.
■ *Infos sur le parc :* par courrier, Superintendant, Death Valley National Park, PO Box 579, Death Valley, CA 92328-0570. ● www.nps.gov/deva ●
✉ *Poste :* au *Furnace Creek Ranch.* Ouvert a priori en semaine de 8 h 30 à 17 h.

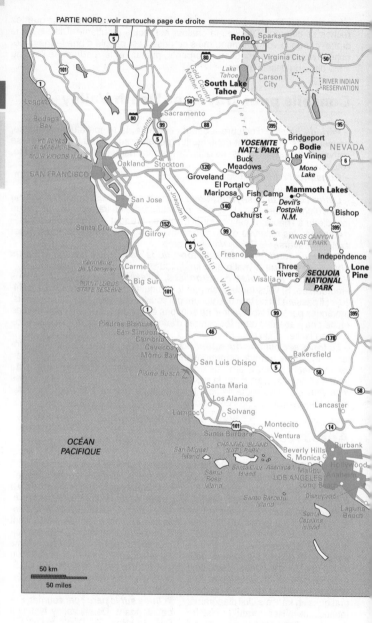

PARTIE NORD : voir cartouche page de droite

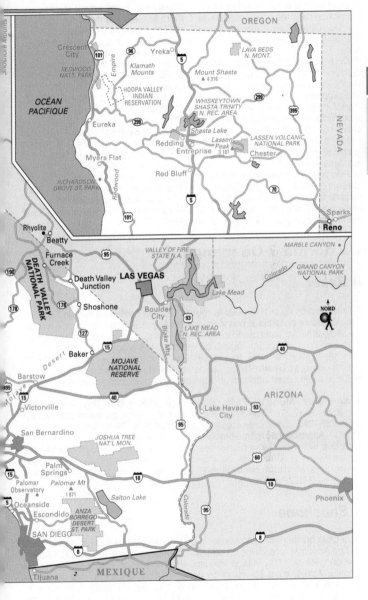

LA CALIFORNIE

LA CALIFORNIE

@ *Internet :* a priori, une borne de connexion payante à la réception du *Furnace Creek Ranch,* à proximité du *Visitor Center.* Une autre à Shoshone.

■ *Distributeurs d'argent :* dans les *General Stores* de Furnace Creek Ranch et Stovepipe Wells Village.

■ *Épiceries :* au *Furnace Creek Ranch* (la plus importante), à Stovepipe Wells, et une petite à Shoshone. Ouvert de 7 h à 21 h. Produits de première nécessité, boissons, sandwichs, souvenirs et les dattes produites dans l'oasis.

■ *Pompes à essence :* à Furnace Creek (24 h/24), Scotty's Castle, au nord de la vallée (de 9 h à 17 h 30), à Stovepipe Wells (de 7 h à 21 h), à Panamint Springs (24 h/24) et à Shoshone. Évidemment, c'est cher (faire le plein avant d'arriver dans la vallée). Egalement quelques stations dans le Nevada tout proche : à Amargosa Valley (frontière Californie-Nevada), à Lathrop Wells et à Beatty.

■ *État des routes :* California Highways, ☎ 1-800-427-7623 ; Nevada Highways, ☎ 1-877-687-6237.

■ *Urgences :* ☎ 911 (24 h/24).

■ *Douches et piscines :* au *Furnace Creek Ranch* et à Stovepipe Wells Village. S'inscrire à la réception des hôtels. Environ 3 US$. Idéal pour ceux qui campent, car il n'y a pas de douches dans les campings. Attention, le nombre de places quotidiennes est limité (venir tôt).

■ *Laverie :* au *Furnace Creek Ranch.*

Où dormir ? Où manger ?

À Baker

À l'intersection de la I-15 et de la route 127, à 112 *miles* au sud de Furnace Creek. Escale possible si l'on vient de Los Angeles. Petite bourgade moche de 390 habitants, sans grand intérêt si ce n'est qu'elle possède le plus grand thermomètre (à affichage digital) du monde : 134 pieds de haut (41 m), en commémoration de cette année 1913 où la température atteignit 134 °F (57 °C) dans la Death Valley, soit le record absolu aux États-Unis. Après Baker, c'est le désert pendant un bon bout de temps (penser à faire le plein !).

🛏 *Bun Boy Motel :* 72155 Baker Blvd. ☎ (760) 733-4363. Fax : (760) 733-4365. Chambres autour de 55 US$. Appartient au même propriétaire que le thermomètre ! Près des stations-service. Chambres de motel propres et plutôt confortables, avec 1 ou 2 lits. Pas bruyant.

|●| À côté, le *Bun Boy Restaurant,* au pied même du thermomètre. Ouvert 24 h/24. Resto américain classique avec grand choix de *burgers* et de sandwichs, plus toute une gamme de desserts à la fraise – *shakes,* tartes, gâteaux au sucre... Une bonne adresse.

À Shoshone

Pour ceux qui souhaitent remonter la Death Valley par le sud (en provenance de Los Angeles), possibilité de dormir à Shoshone (sur la route 127, à l'intersection avec la 178). Village minuscule à l'ambiance *Bagdad café,* assez insolite. Après, c'est 63 *miles* de désert ! Dans le village, une pompe à essence, une petite épicerie (avec un distributeur d'argent), une poste et même un minuscule musée fait de bric et de broc, avec des objets divers ayant appartenu à des mineurs. Ouvert dans l'ancienne station-service, du mardi au dimanche de 9 h 30 à 17 h.

🛏 *Hi-Desertaine International Hostelling :* après le village de Tecopa, | 10 *miles* au sud de Shoshone par la route 127. En arrivant devant le *Ge-*

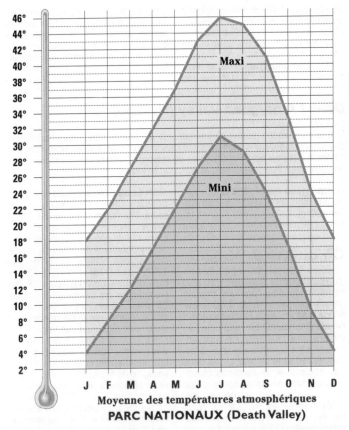

Moyenne des températures atmosphériques
PARC NATIONAUX (Death Valley)

neral Store, prendre à gauche ; c'est tout droit et indiqué sur la droite de la route. ☎ (760) 852-4580 ou 1-877-907-1265. Fax : (760) 852-4578. ● litt leegypt30@hotmail.com ● Parfois fermé en juin. La nuit pour 18 US$ par personne. Perdue au milieu de nulle part, cette AJ propose juste quelques mobile homes sommaires abritant 2 dortoirs de 5 personnes (filles ou garçons, pas de mélange !) avec salle de bains dans chacun, ainsi qu'une chambre double (salle de bains partagée, mais mélange permis !). Simple et propre. Petite cuisine et salle commune.

🏠 *Shoshone Inn :* dans la rue principale. ☎ (760) 852- 4335. Fax : (760) 852-4250. ● shoshonevillage@kay-net.com ● À partir de 65 US$, quelle que soit la période. Petit motel proposant une quinzaine de chambres assez défraîchies, avec ventilo et douche. Bien trop cher pour la qualité proposée, mais bon accueil et accès possible à la piscine du village (plutôt un bassin), alimentée par une source naturelle d'eau chaude. En dépannage pour une nuit, point barre. Sinon, quelques emplacements de camping (spartiates) à 15 US$ la nuit pour deux. Douches chaudes, toilettes et accès à la piscine possible. Renseignements au ☎ (760) 852-4569.

🍽 *Café C'est si bon :* à deux pas du *Shoshone Museum,* vers la sortie sud du village. ☎ (760) 852-4307. Ouvert du jeudi au lundi de 8 h à 16 h. Petit café avec accès Internet tenu par un couple fort sympathique, Dave et Mireille (une *Frenchy*). Crêpes, gâteaux, soupe du jour... Bien pour le petit dej' ou une pause gourmande en plein désert. Juste à côté, Dave a ouvert une incroyable petite brocante, nommée... *UFO* (*Unique and Found Objects* et non *Unidentified Flying Objects !*). Parmi ses autres projets, la transformation d'une vieille station-service des années 1950 en café, à Tecopa, à quelques *miles* de là.

Dans l'Amargosa Valley (Nevada)

Quelques maisons isolées en plein désert, à l'extérieur du parc national, déjà dans le Nevada, mais bien pratique quand toutes les autres adresses sont complètes (ce qui est souvent le cas en saison). Compter quand même 45 mn de trajet pour Furnace Creek, le cœur de la vallée.

🛏 **Amargosa Hotel :** 608 Death Valley Junction, à l'intersection des routes 190 et 127. ☎ (760) 852-4441. Fax : (760) 852-4138. ● www.amargosa-opera-house.com ● Ouvert toute l'année. Environ 50 US$ la double. Dans une hacienda blanche aux fenêtres bleues (qui aurait besoin d'un bon coup de peinture...), où était autrefois installée l'une des compagnies exploitant le borax dans la vallée de la Mort. Marta Becket a ouvert cet établissement juste à côté de son théâtre (lire plus loin « À voir encore »). Une quinzaine de chambres, avec AC et salle de bains. Les murs des couloirs et de certaines chambres ont été peints et décorés par Marta. L'ensemble est un peu décrépi, surtout les moquettes, mais très propre. Et il règne ici une atmosphère bohème bien sympa. Souvent plein les jours de spectacle. Café le matin, mais pas de resto sur place (le plus près est le *Long Street Inn Casino*, à 7 *miles* au nord ; voir ci-dessous).

🛏 🍽 **Long Street Inn Casino :** à la frontière Californie-Nevada, sur la route 373 (si vous venez de Death Valley Junction, la route porte le numéro 127 du côté Californie) et à une bonne douzaine de *miles* du village d'Amargosa Valley. ☎ (775) 372-1777. Fax : (775) 372-1280. Chambres doubles de 70 à 100 US$ (les plus chères ont balcon ou terrasse). En plein désert, un établissement plutôt récent, qui vous donnera un (pâle) avant-goût de Las Vegas avec ses machines à sous. Fréquenté par des routiers et des habitués. Chambres spacieuses et récemment rénovées, parfaitement équipées (cafetière, planche à repasser), certaines avec vue sur le petit étang et les montagnes à l'arrière-plan. Piscine, laverie. Prudent de réserver le week-end. Petite boutique près de la réception et resto, assez médiocre. Pour changer, allez prendre un verre ou un burger dans le saloon en face : l'Amérique dans son jus !

À Beatty (Nevada)

Cette bourgade isolée et sans grand charme occupe une cuvette à 100 m d'altitude, dans les montagnes dominant la vallée par le nord. De là, la route 374 redescend en 26 *miles* vers le principal carrefour de la Death Valley. Comme Beatty se trouve juste de l'autre côté de la frontière du Nevada, quelques casinos s'y sont installés, fréquentés par les *truckers* de passage.

🛏 🍽 **Stagecoach Hotel & Casino :** à la sortie du village, sur la Hwy 95 N (direction Tonopah). ☎ (775) 553-2419 ou 1-800-4-BIG-WIN. Fax : (775) 553-9054. Chambres à 43 ou 53 US$. C'est le plus grand hôtel de la ville, composé de plusieurs ailes. Les chambres les plus récentes sont

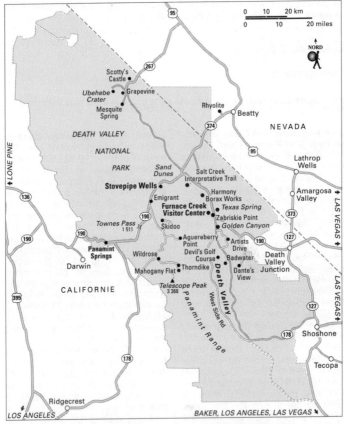

LA CALIFORNIE

DEATH VALLEY NATIONAL MONUMENT

les plus grandes, mais toutes sont bien équipées (AC, minifrigo). Piscine et jacuzzi. Réservations conseillées le week-end (eh oui, même ici !). Le resto du casino est un peu glauque mais relativement bon marché et ouvert 24 h/24.

🏠 *Phoenix Inn :* 350 1st St (parallèle à la Hwy 95, direction Las Vegas). ☎ (775) 553-2250 ou 1-800-845-7401. Fax : (775) 553-2260. Prévoir 40 US$ pour une double. Motel en bois blanc et bleu doté de grandes chambres un peu sombres mais très propres à 1 ou 2 lits, avec AC, TV câblée et minifrigo – et aussi, pour la plupart, un four à micro-ondes. Le prix inclut un petit dej' sommaire. Laverie à pièces. Très bon rapport qualité-prix.

🏠 *Motel 6 :* à la sortie du village, sur la Hwy 95 N, un peu après le *Stagecoach Hotel & Casino.* ☎ (775) 553-9090. Fax : (775) 553-9085. Compter 44 US$ la double. Tout le confort standardisé des *Motel 6,* celui-ci présentant l'avantage d'être neuf. Pas de piscine mais les clients ont accès à celle du *Stagecoach Hotel.* Laverie, café le matin.

|●| *Ensenada Grill :* 600 Hwy 95 S (direction Las Vegas), presque en face du casino *Burro Inn.* ☎ (775) 553-2600. Plats de 6 à 12 US$. Spécialités mexicaines sans finesse mais roboratives : *tacos, enchiladas, fajitas...* sans oublier les burgers pour les indécrottables. On a bien aimé la petite salle aux couleurs pétantes et

l'ambiance « *In the middle of nowhere* ». Ne faites pas un détour exprès, mais pour une halte, c'est pratique.

Dans le parc

Campings

Impossible de camper en été à cause de la chaleur. Il fait plus frais dans un four.

🏕 I●I *Furnace Creek Campground* : tout à côté du *Furnace Creek Ranch.* ☎ 1-800-365-2267. ● http://reservations.nps.gov ● Ouvert toute l'année. Emplacement de 10 à 17 US$, selon saison. Notre préféré. En tout, 136 places, dont moins de la moitié avec de l'ombre (c'est le seul à en avoir). Pas de douche sur place, mais de nombreux services au *Furnace Creek Ranch Resort* tout proche : restaurant, piscine, poste, douches, station-service, épicerie... et bar-saloon. Souvent complet, mais réservation possible de la mi-octobre à la mi-avril (c'est encore le seul du parc à le faire).

🏕 *Mesquite Spring Campground* : à 3 *miles* au sud de Scotty's Castle, dans un cul-de-sac. Ouvert toute l'année sur le principe du « premier arrivé, premier servi ». Compter un bon 10 US$ pour l'emplacement. L'un des moins hostiles, mais ne comptez pas sur de l'ombre ou du gazon pour autant... Une trentaine d'emplacements assez proches les uns des autres. Eau et toilettes, mais pas de douches.

🏕 Sept autres *campings* dans la vallée. On commence par les payants (environ 10-12 US$ l'emplacement) *Sunset* et *Texas Spring,* tout contre le *Furnace Creek Ranch* et ouverts d'octobre à avril, le premier réservé aux camping-cars, le second avec, dans le meilleur des cas, 3 emplacements vaguement ombragés (le A2 est le mieux) ; *Stovepipe Wells* (ouvert d'octobre à avril), sur un grand terrain vague sans ombre aucune ! Les campings gratuits (et on comprend pourquoi) sont aussi les plus petits : *Wildrose* (ouvert toute l'année) ; *Thorndike* et *Mahogany Flat* (ouverts de mars à novembre), situés dans le Panamint Range, loin de tout, à l'écart de la route 178 reliant Ridgecrest à la Death Valley (véhicule 4x4 nécessaire). Aucune infrastructure, juste de l'eau à *Wildrose,* pas pour les deux autres, et partout un soleil de plomb et aucune ombre. Enfin, le camping d'*Emigrant,* ouvert toute l'année, au croisement des routes 178 et 190.

Prix moyens à plus chic

🏨 I●I *Stovepipe Wells Village :* sur la Hwy 190, entre Panamint Springs et Furnace Creek. ☎ (760) 786-2387. Fax : (760) 786-2389. ● www.stovepipewells.com ● De 63 à 103 US$ pour une double, selon taille et confort. Cet ensemble de bâtiments en bois genre motel du Far West fut le premier hôtel construit dans la vallée de la Mort (en 1926). Moins cher et plus convivial que le *Furnace Creek Ranch,* géré lui aussi par Xanterra. Les chambres, rénovées récemment, proposent différents niveaux de confort. Les moins chères (les plus petites) sont les plus demandées, pensez à réserver à l'avance. Si vous avez plus de moyens, demander celles situées dans le bâtiment Road Runner (ou Forty Niner), elles ont vue sur les Sand Dunes. Le gros avantage ici, c'est la piscine. On y trouve aussi un resto (ouvert matin, midi et soir) et un saloon à la déco western marrante, une épicerie avec *ATM* et une station-service. Les non-résidents, et en particulier ceux qui dorment au camping voisin, peuvent utiliser la piscine (alimentée par une source) et les douches, moyennant 3 US$. Le meilleur rapport qualité-prix à l'intérieur de la vallée.

â |●| **Furnace Creek Ranch Resort :** à Furnace Creek Village, au cœur de la vallée. ☎ (760) 786-2345. Fax : (760) 786-2514. ● www.furnacecreekresort.com ● Chambres doubles en motel de 135 à 182 US$ selon la saison ; en bungalows (cabins), de 105 à 130 US$. Un cadre assez exceptionnel car, après des heures de désert total, on se retrouve dans une vraie oasis ! En fait, le « ranch » est un véritable village qui a le monopole dans la vallée, avec boutique, épicerie, laverie, poste, distributeur de billets et musée. En prime : piscine (d'eau minérale naturellement chaude), tennis (éclairé la nuit), golf 18 trous et promenades à cheval. Bien sûr, tout cela est éminemment touristique, souvent bondé, d'où un côté « usine », et l'accueil s'en ressent. Plusieurs possibilités de logement. Le motel (vraiment trop cher), a été récemment rénové. Il est très souvent complet. Les chambres, assez spacieuses, disposent de la clim', TV, minifrigo, patio ou balcon. Les plus chères offrent une agréable vue sur le golf. Les cabin bedrooms,

des bungalows alignés en rang d'oignons et divisés en 2 chambres, sont moins chères mais très simples, avec juste un minifrigo et une clim' bruyante. Douche-piscine payante pour les campeurs. Côté restauration, un saloon et 3 restos (médiocres et chers) : Forty Niner Café (de 7 h à 21 h), Wrangler steakhouse qui sert des buffets au petit dej' et à midi, et bar-grill du golf.

⚏ â |●| **Panamint Springs Resort :** dans la Panamint Valley, parallèle à la Death Valley, juste à l'entrée ouest du parc (sur la route 190) et à 48 miles de Lone Pine. Réservations : ☎ (775) 482-7680. Fax : (775) 482-7682. ● www.deathvalley.com ● La double autour de 65 US$ (80 US$ pour 4 personnes). En plein désert, un autre resort composé de plusieurs bâtiments en bois assez simples, mais fleuris, genre « vieil Ouest ». Petites chambres avec AC et salle de bains, malheureusement totalement défraîchies. L'endroit est en vente depuis plusieurs années, ce qui explique sans doute le laisser-aller côté entretien. Fait aussi bar et resto (tous les jours jusqu'à 22 h). De l'autre côté de la route, une aire de camping très rudimentaire (environ 12 US$, 3 US$ de plus pour la douche). Uniquement si tout est complet ailleurs.

Très chic

â |●| **Furnace Creek Inn :** ☎ (760) 786-2345. Fax : (760) 786-2514. ● www.furnacecreekresort.com ● De 250 à 365 US$ la chambre double, selon la saison, la vue et l'équipement. Fermé de mi-mai à mi-octobre. Perché juste au-dessus de Furnace Creek, dans sa propre oasis de palmiers dattiers. Sans conteste le plus agréable des hôtels de la vallée pour ceux qui en ont les moyens. Construit en 1927 alors que l'Amérique apprenait à découvrir ses parcs nationaux, il ac-

cueillit à cette époque les premières stars du cinéma muet. Il abrite aujourd'hui 66 chambres à la déco 1930, réparties sur 3 niveaux, à flanc de colline. Celui du bas s'ouvre sur les jardins, bercés par les gargouillis de la source à 28 °C qui alimente une bien charmante piscine. L'hôtel abrite un très bon restaurant, mais cher lui aussi et guindé, où l'on ne peut dîner que smart (ni jean ni T-shirt), et de préférence sur réservation. Le midi, c'est moins cher et plus casual.

À voir

ATTENTION : pour ceux qui souhaiteraient quitter les routes goudronnées, surtout bien s'informer de l'état des pistes auprès du Visitor Center. Aux heures chaudes, dès que vous quittez la voiture pour une balade à pied, prenez chapeau, crème solaire et beaucoup d'eau.

À Furnace Creek

Borax Museum : juste en face du *Wrangler steakhouse,* dans une vieille maison en bois de 1883, transportée ici depuis le *canyon des Vingt-Mules.* Ouvert tous les jours de 9 h à 16 h (parfois fermé l'été). Entrée gratuite. Petit musée consacré à l'exploitation minière dans la vallée, et particulièrement à celle du borax, un minerai découvert en 1875 par un prospecteur français du nom d'Isidore Daunet. C'est lui qui mit sur pied la 1re exploitation. Peu après, il y en avait des dizaines. À l'origine, le borax était surtout utilisé dans la confection du savon. Aujourd'hui, il sert à tout : céramique, porcelaine, insecticides, composants électroniques, antigel, liquide de transmission, et même à protéger la navette spatiale de la surchauffe lors de son retour dans l'atmosphère ! Près de la moitié de la production mondiale vient de Californie. Vous apprendrez aussi tout sur les convois de 20 mules qui transportaient le borax jusqu'à la gare la plus proche, à Mojave, situé à... 166 *miles* de là !

Vers le sud

Zabriskie Point : 4,5 *miles* après Furnace Creek, sur la 190, direction Death Valley Junction. Rendu célèbre par le film d'Antonioni (qui porte le même nom), c'est l'un des phénomènes géologiques les plus fascinants de la vallée. Le point de vue porte le nom de celui qui a exploité le borax dans la vallée. S'y rendre absolument au lever du soleil, avant le rush des cars de touristes : calme olympien et magie des couleurs assurés. La vue sur les collines voisines, ravinées par la force conjuguée des éléments, offre un paysage absolument unique, à 365°. On se croirait sur la lune ! La roche présente des couleurs merveilleuses, allant du vert à l'orange en passant par le rose. Quand on pense qu'il y a plusieurs millions d'années, il y avait là un lac...

Twenty Mule Team Canyon : juste après Zabriskie Point (1 *mile* au sud). À l'écart de la route 190. Boucle (en sens unique) non goudronnée, mais en bon état. Route étroite qui s'enfonce sur près de 4 *miles* dans les roches de couleurs de Zabriskie Point.

Dante's View : à l'écart de la route 190 (à 13 *miles*), après Zabriskie Point (éviter d'y aller en camping-car). Promontoire du haut duquel se révèle une vue absolument superbe sur une grande partie de la Death Valley (surtout au lever du soleil). On la domine entièrement de 1 669 m de haut. Le dernier kilomètre, qui monte à 14 %, est pénible pour les voitures. Il est préférable de couper la climatisation, sinon le moteur risque de bouillir.

Golden Canyon : à 3 *miles* au sud du *Furnace Creek Ranch,* sur la route 178 (direction Badwater et Shoshone). Y aller très tôt pour éviter les grosses chaleurs. Petite balade à pied de 2,5 km dans un ravissant canyon. Intéressantes formations géologiques. Emporter de l'eau, un chapeau et des lunettes de soleil.

Devil's Golf Course : à 12 *miles* au sud du *Furnace Creek Ranch,* le long de la 178, entre Artist Drive et Badwater. Une immense étendue de sel, presque aveuglante, en plein désert ! D'où le surnom de « terrain du golf du Diable »... Le vent a sculpté des sillons sur le sol, à même les blocs de terre et de sel.

🎥🎥 **Badwater :** toujours au bord de la route 178, à 18 *miles* au sud du *Furnace Creek Ranch*. Une vaste étendue d'eau, résidu salé d'un lac immense qui recouvrait la vallée entière, il y a très longtemps. C'est le point le plus bas des États-Unis, à 86 m au-dessous du niveau de la mer ! Notez qu'il a fallu escalader la paroi rocheuse dominant la route pour y installer un panneau indiquant l'endroit exact du niveau de la mer...

🎥🎥 **Artist's Palette (Artist Drive) :** juste avant le Golden Canyon (route 178), en revenant de Badwater, à 9,5 *miles* au sud du *Furnace Creek Ranch*. À faire au retour, car boucle en sens unique. Dans un amphithéâtre, des pigments minéraux ont donné aux pierres volcaniques des couleurs très intenses. Le fer produit les rouges, roses et jaunes. La décomposition du mica donne les verts, le manganèse, les pourpres et les violets. Encore un régal pour les yeux (et l'appareil photo !). À faire de préférence en fin de journée pour profiter de la belle lumière mordorée.

Vers le nord

🎥 **Harmony Borax Works Interpretative Trail :** à quelques *miles* de Furnace Creek, sur la gauche. Les vestiges de la première exploitation de borax dans la vallée de la Mort, datant de 1883. On peut encore voir la charrette, les cuves et la cheminée. De là, panorama sur le Mustard Canyon, dont les roches arborent en effet de jolis tons jaune moutarde.

🎥 **Salt Creek Interpretative Trail :** à un peu plus d'un *mile* de la route 190, en direction de Scotty's Castle. Balade assez inattendue de 800 m sur une avancée en bois surélevée à quelques centimètres au-dessus du sol (pour éviter d'abîmer la flore). Nombreuses explications sur la flore et la faune du coin. Autant dire qu'en plein été ça tape fort, et qu'à part le désert, il n'y a rien à voir. En revanche, en hiver, c'est l'un des meilleurs endroits pour observer la vie sauvage : petits poissons et oiseaux migrateurs sont au rendez-vous.

🎥🎥 **Sand Dunes (Dunes de sable) :** toujours sur la route 190, peu avant Stovepipe Wells Village, sur la droite. L'un des points forts de la visite dans la vallée. On croit rêver : un morceau de Sahara dans l'Ouest américain ! Ces dunes de sable sont l'œuvre des vents, qui se rencontrent à ce point précis de la vallée, apportant grain par grain les fragments de roche des montagnes voisines. Essayer de venir au lever ou au coucher du soleil, c'est encore plus beau. Ne confondez pas ces dunes-ci avec celles du *Great Sand Dunes National Monument* dans le Colorado, beaucoup plus imposantes.

🎥🎥 **Scotty's Castle :** ☎ (760) 786-2392. Visite guidée toutes les heures, de 9 h à 17 h, tous les jours de l'année. Entrée : 11 US\$; moitié prix pour les enfants. Souvent une longue attente (sa durée est affichée dans plusieurs endroits de la vallée). Après avoir pris son billet, on peut aller faire un tour au cratère d'Ubehebe (voir ci-après) pour tuer le temps (attention, c'est à 10 *miles,* quand même !). Demandez une brochure en français et, pour la visite, la traduction du commentaire du guide (à restituer à la fin). Attention, il est interdit d'entrer avec sac photo, trépied, sac à dos...

Walter Scott était, au début du XXe siècle, un sacré escroc. Ancien du *Buffalo Bill Wild West Show*, pour lequel il fut tireur d'élite et cascadeur, il devint prospecteur dans la vallée de la Mort et réussit à convaincre un certain Johnson, magnat des assurances, qu'il y avait trouvé une mine d'or. Il parvint à lui soutirer des fortunes pour exploiter cette prétendue mine. Jusqu'à ce que Johnson y aille et se rende compte de la supercherie. Mais le milliardaire, très malade, s'aperçut que le climat très sec du désert améliorait sa santé. Du coup, il n'en voulut pas à Scott et alla même jusqu'à lui verser une pension mensuelle. Johnson décida même de faire construire une résidence de 20 pièces ; un véritable palais (3 658 m²) dans le style d'une hacienda espagnole du XVIIIᵉ siècle, dans un vallon isolé perdu en plein désert. Il lui en coûta 2 millions de dollars de l'époque, une sacrée somme ! Rien n'était trop beau : meubles anciens achetés en Europe, ferronnerie d'art, étoffes précieuses... Johnson y passa dès lors toutes ses vacances d'hiver avec sa femme, et de nombreuses personnalités de l'époque leur rendaient visite. En raison de la crise de 1929, le château ne fut jamais achevé. Scotty, qui avait une chambre attitrée, mais habitait une baraque en plein désert, affirmait durant l'absence des Johnson que le « château » lui appartenait, construit grâce à l'or découvert dans sa mine fantôme – ce qui explique que la maison soit encore baptisée Scotty's Castle. Il y finit ses jours, une fois le château revendu, jusqu'à sa mort en 1954.

Si vous arrivez trop tard pour une visite guidée (orchestrée par les *rangers* du parc en uniforme d'époque), vous pourrez au moins visiter la salle d'expo (gratuite), où est racontée l'histoire du château et de Scotty – voire jeter un coup d'œil à sa tombe, juste à côté.

🕱 *Ubehebe Crater :* à 5 *miles* de l'entrée nord du parc et 10 *miles* du *Scotty's Castle*. Beau cratère de 800 m de large et de 500 pieds (152 m) de profondeur, dû à une explosion volcanique vieille d'environ 1 000 ans. On peut y descendre. En langue shoshone, *ubehebe* signifie « panier », ce qui évoque bien sa forme.

🕱 En continuant la piste au-delà du cratère, on parvient après 25 *miles* à la *Racetrack Valley.* Phénomène étonnant : de grandes traces, ressemblant à s'y méprendre à des empreintes de roues, marquent le sol. Mais aucun véhicule n'est passé par là ! En fait, de gros blocs de pierre ont tout simplement roulé sur le sol, poussés par le vent. Véhicule 4x4 indispensable.

🕱 *Titus Canyon :* à 6 *miles* au sud de Beatty, dans le Nevada (juste avant l'entrée dans le parc), une piste en sens unique part sur la droite. Elle traverse d'abord des paysages montagneux, pour finir par atteindre l'entrée d'un défilé très étroit, assez spectaculaire. Piste accessible aux véhicules 4x4 exclusivement. À défaut, on peut gagner le débouché du canyon par le sud (depuis la route 190 en direction de *Scotty's Castle*, à 14 *miles* du carrefour principal de la Death Valley) puis le remonter à pied.

À voir encore

🕱 La ville fantôme de *Rhyolite,* située à l'écart de la route 374, à 4 *miles* à l'ouest de Beatty, hors du parc, ne vaut pas tripette – surtout si vous vous êtes déjà arrêté à Bodie ou prévoyez de le faire. Il ne reste que la vieille gare (entourée de grillages), un wagon, une citerne et des pans de maisons en contrebas. Si vous êtes venu jusque-là, vous pourrez toujours jeter un coup d'œil sur la fameuse *Bottle House*, datant de 1906, aux murs complètement recouverts de bouteilles de bière...

🕱 *Amargosa Opera House :* à *Death Valley Junction,* intersection des routes 190 et 127. ☎ (760) 852-4441. • www.amargosa-opera-house.com • Billets vendus à côté, à l'*Amargosa Hotel* : 15 US$. Marta Becket est une femme étonnante. Un jour, la voiture de cette danseuse new-yorkaise tombe en panne dans ce petit hameau isolé du monde. Elle découvre alors le désert et décide d'y vivre. Ainsi, depuis 1968, tous les samedis à 20 h 15 (d'octobre à mi-mai), organise-t-elle un spectacle de danse, ballet, comédie et pantomime. Séance supplémentaire le lundi en novembre et de février à avril. Les murs sont recouverts d'une gigantesque fresque peinte par Marta, illustrant des tribunes de spectateurs entourant un roi et une reine, probablement au XVIᵉ siècle.

🎬 *Wildrose Charcoal Kilns :* ces étonnants fours à charbon de bois, conçus par un ingénieur suisse en plein milieu de nulle part en 1879, ne valent quand même pas le grand détour nécessaire pour s'y rendre depuis Furnace Creek. En revanche, c'est sur le chemin de ceux quittant la vallée par la route 178 en direction de Ridgecrest (plus exactement, à 7 *miles* du camping de Wildrose). Les 10 fours, en forme de ruches, s'alignent parfaitement (c'est ça la précision helvétique !). Le charbon de bois était vendu à la mine de Modock, située à environ 30 *miles* vers l'ouest.

🎬 *Mojave National Preserve :* si vous venez de Los Angeles ou que vous repartez dans cette direction et que vous n'avez pas eu votre ration de désert, pourquoi ne pas vous offrir quelques heures de balade en voiture à travers cette réserve ? La 3e plus grande du pays, elle s'étend sur 6 500 km^2 du grand désert de Mojave – soit un territoire plus important que l'État du Delaware ! On peut y découvrir une vaste étendue de grandes dunes, d'une belle couleur mordorée, dont les plus hautes mesurent 180 m (Kelso Dunes). À voir aussi, la plus importante forêt de *Joshua trees* de l'Ouest américain. Pas de droit d'entrée.

ℹ️ On peut obtenir de la documentation au *Baker Desert Information Center,* situé au pied même du thermomètre géant de Baker, sur la I-15. ☎ (760) 733-4040. ● www.nps.gov/moja ● Ouvert toute l'année de 9 h à 17 h.

LONE PINE

IND. TÉL. : 760

Sur la Hwy 395, à la jonction de la route pour la Death Valley. Peu fréquentée des touristes, cette petite ville de l'Ouest, fondée au milieu du XIXe siècle lors de la ruée vers l'or, est pourtant connue pour avoir été l'une des plus importantes annexes d'Hollywood. C'est en effet dans le désert et les montagnes des environs que furent tournés la plupart des grands classiques du western et du film d'aventure : *La Charge de la brigade légère, Les Trois Lanciers du Bengale, Star Trek, Nevada Smith, Maverick* et tant d'autres. En débarquant à Lone Pine, sachez que vous mettez vos pas dans les empreintes des bottes de John Wayne (qui y tourna à 4 reprises), Gary Cooper, Errol Flynn, Cary Grant, Gregory Peck, Humphrey Bogart, Anthony Quinn, Rita Hayworth, Kirk Douglas, David Niven, Spencer Tracy, Lee Marvin, Clint Eastwood, Mel Gibson, Demi Moore, et on en oublie plein. Aujourd'hui, on y tourne surtout des pubs. Lone Pine représente une bonne étape sur la route de la vallée de la Mort à Yosemite (ou vice versa). La ville peut également servir de camp de base à tous ceux qui disposent de plus de temps et veulent entreprendre une chouette découverte des environs. On est ici au pied du mont Whitney, le plus haut sommet des USA en dehors de l'Alaska (4 418 m). Du centre de la ville, une petite route grimpe dans la montagne. À son extrémité, une aire de pique-nique, point de départ idéal pour de belles randonnées. Vers le nord, au-dessus de Big Pine, la route 168 conduit à plus de 3 000 m d'altitude vers une forêt de *bristlecone pines,* qui seraient les plus vieux arbres du monde (plus de 3 000 ans)...

Adresses utiles

ℹ️ *Visitor Center :* à la sortie de la ville, à l'embranchement de la route 136 pour la Death Valley. ☎ et fax : 876-6222. Ouvert de 8 h à 17 h 50 de fin mai à fin septembre (16 h 50 le reste de l'année). Fermé à Thanksgiving, à Noël et le Jour de l'an. Demander le plan de la région indiquant tous les lieux des tournages de films importants. Petite librairie intéressante : bouquins sur le western, les Indiens, la faune et la flore de l'Ouest, etc. Également toutes sortes d'infos – certaines en français – sur la Death Valley, les possibilités d'hébergement (campings, motels...) dans la région et les routes praticables selon la saison.

@ *Internet :* à la bibliothèque municipale *(library),* au coin de Bush St et de Washington St. Du lundi au vendredi de 9 h à 12 h et de 13 h à 17 h ; le mercredi de 18 h à 21 h ; et le samedi de 10 h à 13 h. Connexions gratuites.

✉ *Poste :* sur Bush St.

■ *Pompes à essence :* 3 stations-service sur Main St.

Où dormir ?

Camping

⚓ *Diaz Lake Campground :* Hwy 395. À environ 2 *miles* au sud de Lone Pine (passé l'embranchement de la route 136 vers la Death Valley), sur la droite. Emplacements autour de 10 US$. Quelques places bien ombragées pour tentes, au bord d'un lac formant comme une sorte d'oasis. Très joli panorama sur la Sierra Nevada. Plein d'oiseaux et d'écureuils. Les emplacements sont assez proches les uns des autres, mais c'est ce qu'il y a de mieux dans les environs de Lone Pine. Hors saison, de toute façon, il n'y a pas grand monde. Douches près de l'entrée du parc, à 800 m des campements.

Bon marché

🛏 *Dow Villa Hotel & Motel :* 310 S Main St. ☎ 876-5521 ou 1-800-824-9317. Fax : 876-5643. • www.dowvillamotel.com • À l'hôtel, chambres doubles de 25 à 55 US$, selon équipement et saison ; au motel : de 55 à 95 US$. Un ancien hôtel, construit pour héberger les équipes de tournage de films. Chambres au confort simple, avec ou sans salle de bains, un peu vieillottes, mais propres et d'un bon rapport qualité-prix. À côté, un motel du même nom, plus récent. Les chambres y sont plus chères, mais plus confortables : toutes avec sanitaires, minifrigo, TV câblée et magnétoscope. Piscine et accueil sympa. Café et thé à volonté. Et pour les nostalgiques des westerns, plein de photos de John Wayne dans le salon, ainsi qu'une vitrine de reliques et d'autographes de l'illustre acteur, qui séjourna, paraît-il, dans la chambre n° 23 du motel.

🛏 *Mount Whitney Motel :* 305 N Main St. ☎ 876-4207 ou 1-800-845-2362. Compter de 40 à 60 US$ pour une double, selon saison. Confortable, propre et bien tenu. Toutes les chambres ont TV câblée, téléphone, frigo, et cafetière. Petite piscine entourée d'un grillage.

Prix moyens

🛏 *Trails Motel (National 9 Inn) :* 633 S Main St. ☎ 876-5555 ou 1-800-862-7020. La double de 35 à 90 US$, selon la saison. Les chambres sont un peu petites, mais bien tenues et plutôt confortables : téléphone, AC, TV câblée, four micro-ondes, cafetière, minifrigo et petite piscine. Une très bonne adresse, et certainement l'un des meilleurs rapports qualité-prix de la ville.

🛏 *The Portal Motel :* 425 S Main St. ☎ 876-5930 ou 1-800-531-7054. Prévoir de 40 à 80 US$ pour une chambre double, selon saison. Chambres très correctes et absolument nickel, avec 1 ou 2 lits. Prix assez raisonnables.

🛏 *Best Western-Frontier Inn :* 1008 S Main St. À la sortie sud de Lone Pine. ☎ 876-5571 ou 1-800-231-4071. Fax : 876-5357. Doubles standard de 45 à 80 US$, selon la saison ; jusqu'à 105 US$ pour la catégorie *deluxe*. Chambres très confortables avec TV câblée, téléphone, cafetière et minifrigo. Les *deluxe* sont même équipées de baignoires à remous, pour mieux se détendre après les balades. Également piscine chauffée et petit dej'

sommaire inclus.

🛏 *Alabama Hills Inn :* 1920 S Main St. Presque à la jonction de la route pour la Death Valley et de la route 395. ☎ 876-8700. Fax : 876-8704. Compter de 55 à 110 US$ pour une chambre double, selon confort et saison. Motel récent très confortable avec piscine et vue superbe sur la Sierra Nevada. Toutes les chambres disposent de minifrigo, four micro-ondes et sèche-cheveux. Café et thé à volonté toute la journée. Prix encore corrects. Bon accueil.

Où manger ?

|●| *Totem Café :* 131 S Main St. ☎ 876-1120. Ouvert tous les jours de 6 h 30 à 21 h. Compter 10 à 15 US$ au maximum. Malgré le nom et le totem d'Indien en short couleurs *stars and stripes* (bannière étoilée) à l'entrée, les vieilles photos sur les murs évoquent plus la cavalerie que les Peaux-Rouges ! Cela dit, le cadre, tout en bois et un rien pionnier, n'est pas désagréable. Petit dej' très classique, sandwichs et *burgers* à midi, steaks et *ribs* le soir ; le tout à des prix raisonnables. En journée, on peut manger sur l'agréable terrasse ensoleillée.

|●| *Mount Whitney Restaurant :* 227 Main St. ☎ 876-5751. Ouvert de 6 h 30 à 21 h 30 ou 22 h. Autour de 10 US$. Petit resto sans prétention, décoré des portraits de John Wayne, Clint Eastwood, Audrey Hepburn, et qui se vante tout de même de faire les meilleurs *burgers* de la ville... A juste titre : les steaks sont vraiment très bons, grillés au feu de bois. La spécialité de la maison :

les burgers de bison (*buffalo*), qui changent du bœuf habituel. Également des salades et des sandwichs. Accueil et service aimables.

|●| *Seasons Restaurant :* 206 S Main St. ☎ 876-8927. Ouvert du lundi au samedi de 17 h à 22 h. Autour de 25 US$ le repas. Au bord de la route, une jolie maison en planches avec des fenêtres persiennes. À l'intérieur, une multitude de vieilles photos accrochées au mur, ainsi que des dédicaces d'acteurs de cinéma venus tourner dans le coin... Côté assiette, vous venez de vous asseoir à la meilleure table de la ville, réputée pour sa cuisine fine : copieuses salades, délicieuses viandes, pâtes arrangées avec goût, et succulent plateau de desserts. Fraîcheur absolue des produits ; mais évitez quand même les fruits de mer, pas toujours bien portants par grande chaleur. Service aimable et stylé. Une rencontre quasi gastronomique inattendue et à prix justes.

Où dormir ? Où manger entre Lone Pine et Yosemite ?

À Independence

À 16 bons *miles* au nord de Lone Pine, dans la vallée d'Owens.

🛏 *The Winnedumah Hotel :* 211 N Edwards (Hwy 395). ☎ 878-2040.

● www.winnedumah.com ● Chambres avec sanitaires privés de 50 à

65 US$, ou partagés à 55 US$. Fonctionne comme un *B & B* avec petit dej' inclus. De nombreux acteurs dormirent dans cet hôtel de 1927, qui a gardé le parfum de l'Ouest. Parmi eux, Gary Cooper et Bing Crosby, qui y chantait sous la douche. Chambres décorées avec des meubles des années 1920. Certaines ont été aménagées en *hostel*, pour 2 ou 3 personnes par chambre (autour de 20-25 US$ par personne).

À Bishop

À environ 44 *miles* au nord de Lone Pine. La petit ville (3 700 habitants) s'est autoproclamée « capitale mondiale de la mule » ! Chaque année, fin mai, on célèbre donc une fête en son honneur, avec course à la clé, pour rappeler que c'est grâce à la mule que les chercheurs d'or réussissaient à survivre. Bishop est la porte d'une réserve indienne païute – on y trouve même un casino !

🏠 *Starlite Motel :* 192 Short St. ☎ 873-4912. Dans une rue perpendiculaire à Main St, à la sortie sud de Bishop. Prix oscillant entre 45 et 50 US$, autour de 40 US$ avec coupon de réduction. Au calme, car en retrait de la route principale. Chambres très correctes avec frigo et cafetière. Petite piscine. Très bon accueil.

🏠 *Mountain View Motel :* 730 W Line St. ☎ 873-4242. Fax : 873-3409. Compter 60-70 US$. Plus confortable que le *Starlite Motel* : chambres avec frigo aussi, certaines avec cuisine. Propreté à l'allemande. Piscine et petit dej' avec café et pâtisseries inclus.

🏠 *Town House Motel :* 625 N Main St. ☎ 872-4541 ou 1-888-399-1651. Fax : 873-5030. De 45 US$ en hiver à 75 US$ en été. Le petit dej' est inclus en hiver. Toutes les chambres sont un peu différentes, certaines avec intérieur bois, d'autres aux murs blancs plus classiques. La plupart ont un frigo (le demander, c'est le même prix). Les plus proches de la route sont un peu bruyantes, en préférer une dans le fond. Propre et bien tenu. Piscine en été.

I●I *Erick Schat's Bakery :* N Main St (angle Park Ave). Ouvert de 6 h 30 à 18 h 30 en règle générale, 22 h le vendredi et 20 h le dimanche. Une autre des boulangeries de la famille Schat (voir plus loin le chapitre sur Mammoth Lakes), avec les mêmes touches hollandaises. Ici, la maison est en brique rouge avec tuiles et faïences. Tout un choix de sandwichs avec pain frais maison du côté cafétéria, gâteaux, viennoiseries et autres chocolats appétissants du côté boulangerie.

I●I *Whiskey Creek :* 524 N Main St. ☎ 873-7174. Compter 20 US$ côté resto. On peut grignoter pour moins cher au bar. Tire sa popularité de l'établissement qui le précédait : le *Kittie Lee Inn,* où descendait dans l'entre-deux-guerres une belle brochette de grands acteurs lors de tournages dans la région. Aujourd'hui, le cadre n'est pas très évocateur de cet héroïque passé, mais il y a quand même une boutique de souvenirs. Bonne cuisine où figurent en rois steaks et *ribs.*

Festival de cinéma

– *Lone Pine Film Festival :* tous les ans, vers la mi-octobre. Ce festival rend hommage au cinéma américain. Projections de films, concerts, rencontres d'acteurs, etc. Des circuits sont proposés pour revivre les tournages mythiques de Lone Pine : le désert où Johnny Weissmüller se prenait pour Tarzan, la route empruntée par Tony Curtis pour *The Great Race,* l'endroit où Robert Mitchum sauvait la vie de Hopalong Cassidy, etc. Renseignements auprès de la *Commerce Chamber* de Lone Pine : ☎ 1-877-253-8981. ● www.lonepi nechamber.org ● ou ● www.lonepinefilmfestival.org ●

BODIE

IND. TÉL. : 760

Dix ans après le début de la ruée vers l'or, les premiers filons découverts sur le versant occidental de la Sierra Nevada commençaient à s'épuiser. Certains mineurs décidèrent alors de se rendre sur le versant oriental pour « voir l'éléphant », comme on disait alors (chercher de l'or)... En 1859, un certain W. S. Bodey découvrait une pépite dans une zone d'altitude désolée (à plus de 2 500 m). En quelques jours une ville surgissait de terre : Bodie. Mais le premier hiver, qui vit des records de froid, fut terrible. Les morts, l'isolement, les difficultés d'approvisionnement poussèrent plus d'un prospecteur à reprendre son balluchon. Bodie survécut.

En 1879, un filon très important était découvert. En quelques semaines, la bourgade paumée devint la seconde plus importante ville de Californie après San Francisco : 10 000 habitants, aventuriers de tous poils, *desperados* en quête d'un mauvais coup, bandits notoires, tenanciers malhonnêtes, prostituées et rares prêcheurs illuminés... Dès 1880, la ville comptait 65 saloons, un nombre indéterminé de bordels, une *Chinatown* et 4 magasins de cigares ! Quant aux mines, souterraines, elles forçaient les hommes, payés 3 ou 4 US$ par jour, à travailler par 100 à 200 m de fond. Autant dire que Bodie n'était pas un paradis... D'ailleurs, à cette époque, quand on partait pour Bodie, la phrase consacrée était : « *Goodbye God, I'm going to Bodie !* » Pour ôter cette image profane, il fut décidé de faire une collecte afin de bâtir une église méthodiste. Les pasteurs ne voulurent jamais y venir car tout l'argent venait, prétendait-on, des bordels et bars à opium. À la grande époque, il y avait un mort par jour. Pour rire, les mineurs disaient : « *Well, have we got a man for breakfast this morning ?* »

En 100 ans de prospection, les mines de Bodie ont livré 100 millions de dollars d'or. Puis, en 1942, la ville fut définitivement abandonnée à la suite d'un arrêté gouvernemental. Ils n'étaient plus alors qu'une douzaine d'oubliés à vivre dans les décombres d'une ville quasiment détruite 10 ans plus tôt par un gigantesque incendie (allumé par un gamin). Si 95 % de Bodie est parti en fumée, il reste toutefois de nombreuses maisons en état (partiellement restaurées), une église, des hôtels, des banques, la maison des pompiers et des pompes funèbres, une école, une prison, ainsi que la vieille mine – et n'oublions pas les gogues ! Sans être trop restaurée, la ville a bien gardé son esprit de jadis (on s'y croit vraiment). Située dans une lande désertique, elle produit une impression assez fantasmagorique. Rien n'a bougé. Si la plupart des bâtiments sont fermés, par les fenêtres sales on découvre des instants de vie figée. Les papiers peints s'émiettent, la poussière s'entasse, les vieux fauteuils sont bouffés par les rats, les planchers s'effondrent. Tout est là, sauf les habitants, dont beaucoup ont fini au cimetière sans même être débottés. Les Chinois et les gens de mauvaise vie (prostituées, voleurs et... enfants illégitimes) étaient inhumés hors de l'enceinte. Mais de toute façon, toutes les tombes, ou presque, ont disparu, tant à l'intérieur qu'à l'extérieur. Toute la ville et ses environs sont classés *State park*.

LA BELLE HISTOIRE DES VILLES FANTÔMES ET DE LA RUÉE VERS L'OR

En 1848, Marshall, un jeune employé des moulins à eau de la vallée de Sacramento, découvre quelques pépites d'or dans la rivière South Fork, à Coloma. À cet endroit précis, au bord de la route 49, on visite aujourd'hui le Marshall Gold Discovery State Historic Park. Les rumeurs vont aussi vite que les diligences de la *Wells & Fargo*. Aussitôt, les tricheurs au poker, les filles de bar et les *desperados* affluent, et des dizaines de villes jaillissent du désert.

Les saloons poussent aussi vite que les champignons. Et les chercheurs d'or, éternellement assoiffés, éclusent leur bière face à un énorme miroir afin de protéger leurs arrières. Le moulin où eut lieu la formidable découverte appartenait à un certain John A. Sutter. Cet aventurier suisse, devenu colon au service du Mexique, fonda Sacramento (voir le fort Sutter dans cette ville). Il explora et administra une grande partie de la région. La vie de Sutter est racontée par Blaise Cendrars dans *L'Or*, livre qu'avait lu Staline ! Or, ce propriétaire commit la grave erreur de ne pas entourer ses terres de fil de fer barbelé. D'après la loi de l'époque, les terrains non clos n'appartenaient à personne. En quelques jours, le malheureux Sutter se vit dépouillé de toute sa propriété. Malgré de multiples procès, il ne put jamais reprendre possession de ses biens et mourut en 1871 dans la misère. C'est le début d'une fantastique épopée. Tous ceux qui, aux États-Unis, rêvent de faire fortune se mettent en branle. On part en bateau des grands ports de la côte est, on double le cap Horn, on traverse à pied l'isthme de Panamá ou bien on s'en va à travers le continent en de longs convois qui partent de Saint Louis, sur le Missouri. Mais, lorsque le filon est tari, ces villes sont abandonnées aussi vite qu'elles s'étaient peuplées. Certaines ont été admirablement restaurées. En de nombreux secteurs de l'arrière-pays californien, les villes fantômes *(ghost towns)* et anciens campements de chercheurs d'or présentent un intérêt certain pour le touriste européen, qui n'en connaît généralement l'existence qu'au travers des productions hollywoodiennes.

Adresses et infos utiles

Bodie est située sur la route 270, à 13 *miles* de la Hwy 395, près de Bridgeport – au nord de Lee Vining et en direction du Lake Tahoe. Les 5 derniers kilomètres pour s'y rendre ne sont pas goudronnés, mais facilement carrossables avec une voiture de tourisme. La route n'est généralement dégagée que d'avril à octobre ou novembre. Assurez-vous d'avoir assez d'essence car il n'y a aucun service sur place. Pour dormir, le plus simple est de s'arrêter dans l'une ou l'autre bourgade (pour Lee Vining, voir ci-après « Où dormir ? Où manger dans les environs ? » dans le chapitre sur Mammoth Lakes).
– *Bodie State Historic Park :* ouvert de 8 h à 19 h en été (17 h hors saison). Entrée payante : 2 US$ (guide inclus). Si le *Visitor Center* est fermé, on trouve en anglais et en français dans un distributeur situé juste devant le *park office,* près de l'entrée (à droite de l'église). La plupart des bâtiments sont numérotés, et des explications sont données sur chacun, ainsi que sur certains de leurs résidents.

🚹 *Visitor Center :* ☎ 647-6445. Situé dans la même baraque que le musée, au centre de Bodie (angle de Green et de Main St). Ouvert de 10 h à 15 h. Organise différentes visites guidées de juin à mi-octobre : « Stamp Mill Tour », « Historic Mining Tour », « History Walk », pour 20 personnes minimum. Les horaires, variables, sont affichés sur le parking. En général, on peut au moins compter sur des visites tous les jours à cette période à midi et à 14 h – beaucoup plus souvent en plein été. Doc sur Bodie.

Où dormir ? Où manger dans les environs ?

À Bridgeport

Une bourgade de 500 habitants isolée dans un paysage morose, à quelques *miles* au nord de l'embranchement de la route 270 conduisant à Bodie – et à une trentaine de *miles* de l'entrée est (Tioga Pass Entrance) du parc de Yosemite. On y trouve une dizaine de motels à prix raisonnables, qui vaudront surtout pour ceux qui veulent dormir près de Bodie pour y aller le lendemain ou qui font la route, en été, entre Yosemite et Lake Tahoe.

⋇ 🏠 |●| *Virginia Creek Settlement :* Hwy 395, à 800 m seulement au nord de l'embranchement menant à Bodie. ☎ 932-7780. ● www.virginiacrksettlement.com ● À 20 *miles* au nord de Lee Vining et à 5 *miles* au sud de Bridgeport. Chambres de 60 à 70 US$. Le patron de ce restaurant-motel-*campground* a de l'humour. Il affiche : « En 1897, rien n'est arrivé dans cet endroit ! » Deux chambres au-dessus du restaurant, avec salle de bains partagée, et 7 autres dans le motel, à l'arrière, avec leurs propres sanitaires. On peut aussi planter sa tente, ce qui est moins indiqué, ou dormir dans un *tepee* ou dans un chariot couvert *(wagon)* au « camping-musée », près de la rivière (compter 20 US$ pour 2). Fait aussi restaurant (du mercredi au samedi soir seulement, de 17 h à 21 h) : pizzas, pâtes, salades, viandes. Déco intérieure sympa, genre western. Prix moyens (15-20 US$). Très bon accueil.

MAMMOTH LAKES

IND. TÉL. : 760

Sur l'US 395, au sud de Lee Vining, à 35 *miles* (57 km) de l'entrée est (Tioga Pass Entrance) de Yosemite Park (environ 45 mn en voiture). Grande station de ski, très vivante aussi bien en hiver qu'en été. Sur la cinquantaine de restaurants, on ne compte que quelques fast-foods ! Ici, les prix sont plus élevés qu'à Bridgeport, un peu moins qu'à Lee Vining. Pour les adeptes, il existe des magasins d'usine (Ralph Lauren par exemple), l'occasion de se rapporter un polo ou une chemise à prix cassés.

Adresses utiles

🛈 *Visitor Center :* Mammoth Lakes. ☎ 934-2712 ou 1-888-GO-MAM-MOTH. ● www.visitmammoth.com ● À l'entrée de la ville, sur la droite. Ouvert tous les jours de 8 h à 17 h. Fermé à Noël et le Jour de l'an. Regroupe les services de renseignements du *Forest Service* (si vous voulez camper dans la région ou faire des balades) et le *Visitor Bureau*. Petite brochure en français exposant les principaux centres d'intérêt, infos sur les conditions routières et téléphones pour joindre les hôtels. Compétent.

🛈 *Mono Basin Visitor Center :* ☎ 647-3044. Situé sur un promontoire dominant le lac Mono, à la sortie nord de Lee Vining. Ouvert de 9 h à 16 h, sauf les mardi et mercredi hors saison. Vous y apprendrez tout sur le lac, son origine géologique et celle de ses concrétions. Petit film, expo de photos, librairie. Organise des balades guidées par un naturaliste d'une durée de 1 h 30, le week-end à 13 h.

■ *Chamber of commerce :* ☎ 647-6595. ● www.monolake.org ● Au centre de Lee Vining, sur la Hwy 395, au niveau de la 3ᵉ rue. Ouvert tous les jours, de 9 h à 17 h en hiver et jusqu'à 22 h de juin à octobre. Très bien documenté. Infos sur les balades dans la région de Lee Vining et du lac Mono (vend des cartes détaillées). Projection de diapos. Organise des balades guidées en canoë sur le lac.

Où dormir ?

⋇ On trouve de nombreux campings dans les forêts domaniales encadrant Mammoth Lakes (liste disponible au *Visitor Center*). Pour effectuer une réservation : ☎ 1-877-444-6777. Pour la plupart, ils ouvrent au plus tôt fin mai, bon nombre seulement vers la mi-juin. Compter de 12 à 15 US$ pour un emplacement (un peu plus à Devil's Postpile).

▲ *Swiss Chalet Motel Lodge :* 3776 Viewpoint Rd. ☎ 1-800-937-9477 ou 934-2403. De 65 à 80 US$ la nuit pour 2 selon la période. Dans une petite rue tranquille, au-dessus de Main St (juste avant Minaret Rd).

Chambres assez coquettes avec balcon et vue (certaines ont un frigo). Déco chalet suisse, comme son nom l'indique. Excellent accueil. Sauna et jacuzzi. Bonne adresse.

▲ *Motel 6 :* 3372 Main St. ☎ 934-6660. Fax : 934-6989. Chambres habituelles de cette chaîne à prix correct : autour de 55 US$ hors saison, de 70 à 80 US$ en été. Accueil très moyen. Si c'est complet, d'autres motels pas chers, du même côté de la route.

Où manger ? Où prendre le petit dej' ?

|●| *Schat's :* 3305 Main St, sur Factory Outlet Mall. ☎ 934-4203. Ouvert de 6 h (5 h 30 de juillet à septembre) à 18 h. Boulangerie-pâtisserie tenue par une famille d'origine hollandaise. Cadre sympa pour le petit dej', pour un déjeuner rapide ou un goûter gourmand : grand choix de gâteaux, biscuits, pain frais, confitures, chocolat maison, le tout à déguster avec un bon café dans une jolie salle dont les peintures murales évoquent la Hollande natale des Schat. Ce n'est pas forcément très bon marché, mais la maison est connue à travers toute la Californie.

|●| *Breakfast Club :* 2987 Old Mammoth Rd (à l'angle de Main St). ☎ 934-6944. À l'entrée de la station, près de la 1re station Shell. Ouvert tous les jours de 6 h à 13 h. Une bonne adresse sous le signe des vaches. Regardez les tabourets blanc et noir du bar à l'entrée. Sert de bons petits déjeuners : *huevos rancheros, club burrito,* œufs brouillés, omelettes et *pancakes.* Prix raisonnables mais n'accepte pas les cartes de paiement.

|●| *Base Camp Café :* 3325 Main St, sur Factory Outlet Mall. ☎ 934-3900. Ouvert de 7 h 30 à 17 h (20 h du vendredi au dimanche). Encore une bonne adresse pour le petit dej', cette fois dans une ambiance de montagne plus que d'alpages. Le *Base Camp,* comme son nom le suggère, est le point de rencontre de tous les grimpeurs et sportifs des environs. Assez classique, mais choix plutôt vaste sur une note naturelle. *Specials* plusieurs fois par semaine, comme le *all you can eat spaghetti* autour de 8 US$ le dimanche.

|●| *Perry's Pasta and Pizza :* 3399 Main St. ☎ 934-6521. Au niveau du *Motel 6,* sur une *plaza* (Factory Outlet Mall). Ouvert à partir de 6 h 30 le matin. Une petite terrasse fraîche les soirs d'été, un bar, une salle chaleureuse, voilà une bonne adresse pour prendre un repas pseudo-italien sans se ruiner. Pratique pour ceux qui dorment au *Motel 6,* de l'autre côté de la route. Le buffet de fruits frais autour de 7 US$, au petit dej', est une bonne affaire (ainsi que tous les classiques américains).

|●| *Gringo's Mexican Food y Cantina :* Main St. ☎ 934-8595. Juste en contrebas de la seconde station Shell. Ouvert de 16 h 30 à 21 h (plus ou moins). Le soir, prévoir de 12 à 15 US$. La rencontre de la *cantina* mexicaine et du *sports bar* gringo. On ne vient pas pour y dîner au calme. Cuisine correcte, copieuse et prix plutôt raisonnables.

Où dormir ? Où manger dans les environs ?

À Lee Vining

À environ 10 *miles* de l'entrée est (Tioga Pass Entrance) du parc de Yosemite, sur la route US 395. Simple hameau de 400 habitants dominant le magnifique lac Mono. Autre avantage : la ville fantôme de Bodie n'est qu'à 25 *miles*. Inconvénient : la Tioga Pass Entrance du Yosemite est fermée jusqu'en juin à cause de la neige, parfois même jusqu'en juillet. Dans ce cas, pas d'accès au parc par ce côté : on doit le contourner par le nord (une journée de route !) pour atteindre la porte ouest... Plusieurs motels, mais rien de bon marché à Lee Vining. Tout est vite complet en été : réservez. Si vous ne trouvez rien, allez à Mammoth Lakes plutôt qu'à Bridgeport.

⚕ *Camping Mono Vista RV Park :* ☎ 647-6401. À la sortie nord du village. Planter sa tente coûte environ 12 US$ (autour de 25 US$ pour un camping-car). Ce n'est pas l'idéal, mais ça peut dépanner : emplacements très proches les uns des autres sur la pelouse, aucune ombre et peu d'intimité. Sanitaires très propres. Attention : nuits glaciales.

🛏 *Murphey's Motel :* Main St (US 395). ☎ 647-6316 ou 1-800-334-6316. De 90 à 100 US$ en été. Bon accueil et bonnes chambres de motel, propres, avec TV et téléphone, certaines avec jacuzzi.

🛏 *Gateway Motel :* Main St. ☎ 647-6467 ou 1-800-282-3929. Fax : 647-1108. ● ygateway@qnet.com ● Autour de 120 US$ pour 2 en plein été pour 1 ou 2 lits. Charmante maison en bois. Toutes les chambres ont une terrasse donnant sur le lac Mono. Encore plus cher que ses voisins.

🛏 *Best Western-Lake View Lodge :* 30 Main St. ☎ 647-6543. Bonnes chambres confortables à 1 ou 2 lits (de 110 à 120 US$ en été). Prix inférieurs hors saison.

|●| *Whoa Nellie Deli :* station-service Mobil, route de Yosemite. À 300 m de l'embranchement de la Hwy 395 (sortie sud de Lee Vining). Plat du jour autour de 10 US$. Lorsque tout est fermé hors saison, et même dans le cas contraire, on peut manger au *deli* de cette station-service. Contre toute attente, c'est l'une des meilleures adresses du coin !

Outre de bons sandwichs, des pizzas (à emporter si l'on veut), des salades et des *burgers*, on peut choisir parmi quelques plats du jour aussi surprenants qu'excellents – que diriez-vous de *tacos* de poisson aux fruits tropicaux avec une salade de chou au gingembre ? Tout cela à des prix très raisonnables.

|●| *Yosemite Trails Inn :* ☎ 647-6312. Situé dans la rue principale, contre une boutique de souvenirs (*Trading Company*). Ouvert d'avril à octobre de 6 h à 22 h. Un bon resto tenu par des Indiens. Cuisine simple et sans chichis : steaks, soupes, salades, *burgers*. Petit dej' extra. Le soir, menu copieux et bon marché. Salle simple avec artisanat indien aux murs.

|●| *The Mono Inn :* 55620 Hwy 395. ☎ 647-6581. À 5 *miles* au nord de Lee Vining. De mai à octobre, ouvert de 11 h 30 à 14 h et de 17 h à 22 h ; fermé le mardi. De décembre à mars, ouvert du jeudi au dimanche soir seulement de 17 h à 21 h. Fermé en avril et en novembre. Entre 18 et 30 US$ le soir. Sa baie vitrée panoramique domine merveilleusement le lac Mono et ses eaux bleues miroitantes. Ouvert par la petite-fille du célèbre photographe Ansel Adams, renommé pour ses paysages de Yosemite, le restaurant abrite aussi une galerie qui lui est dédiée. Du côté de la carte, on trouve un peu de tout : viandes, volaille, poissons, sur une note plutôt country. Assez cher tout de même.

➤ *DANS LES ENVIRONS DE MAMMOTH LAKES*

🏔🏔 *Devil's Postpile National Monument :* les amateurs de roches et phénomènes volcaniques pourront y admirer les plus belles, les plus grandes et les plus régulières colonnes basaltiques du monde. Rappelez-vous *Rencontres du troisième type...* Le film ne fut pas tourné ici, mais dans le Dakota, où existe un phénomène similaire. Comme le parc est perché à près de 3 000 m d'altitude, on ne peut s'y rendre que de fin juin à début septembre, lorsque la neige a enfin fondu. La route d'accès est longue de 17 *miles.* À moins d'y grimper à vélo (dur), il est interdit de dépasser le point de vue de Minaret Vista. Au-delà, seuls les bus du service des parcs peuvent l'emprunter (une dizaine d'US$ aller-retour). Compter 2 h aller-retour. Une exception à la règle : si vous arrivez sur place avant 7 h ou après 17 h 30, vous pourrez utiliser votre propre voiture (et donc entrer gratuitement !).

🐾 *Mono Lake :* juste à côté de Lee Vining. Apparu il y a plus de 700 000 ans (ce qui en fait l'un des plus vieux lacs d'Amérique du Nord), le Mono occupe une cuvette dans une zone d'altitude hostile, semi-désertique, où survivent tout juste des buissons de sauge. En toile de fond se dressent les sommets enneigés de la Sierra Nevada. Le cadre est superbe, mais si le Mono est célèbre, c'est aussi en grande partie pour ses étonnantes concrétions calcaires (vieilles de 13 000 ans), qui se dressent sur ses berges et hors de l'eau, comme d'éternelles sentinelles. Formées sous la surface, elles ont peu à peu été exposées au fur et à mesure que le niveau du lac a baissé. C'est d'ailleurs là tout son drame : si le spectacle attire de nombreux touristes, il est aussi le révélateur d'un profond malaise. Car depuis les années 1960, le Mono vit un drame : les sources l'alimentant ont été détournées au profit de Los Angeles, consommatrice avide d'eau potable. Et les risques d'assèchement demeurent. D'ailleurs, depuis la dernière ère glaciaire, sa taille a été divisée par 60 ! Au centre flottent deux îles. La blanche, *Pahoa,* apparue il y a environ 300 ans, est constituée de sédiments surélevés par l'activité sismique de la région. *Negit,* la noire, plus ancienne (1 700 ans) et le fruit direct d'un épisode volcanique. Il est possible de les atteindre à pied sec en été, mais elles sont toutes deux interdites d'accès d'avril à fin juillet, de manière à assurer la protection de l'immense colonie de mouettes qui y niche à cette période.

Plusieurs points d'accès permettent de s'approcher du lac. Deux se trouvent sur la Hwy 395, au nord de Lee Vining (direction Bridgeport), d'abord au niveau de l'ancienne marina (Old Marina Site), puis du Mono Lake County Park (4 *miles* au nord). Là, un sentier surélevé sur une plate-forme en bois permet de s'approcher de la berge à travers un jardin d'anciennes concrétions. Selon la saison, celles qui ont encore les pieds dans l'eau dépassent franchement ou montrent tout juste la tête.

Le 3e point d'accès, le plus populaire, est situé sur la rive sud. Pour vous y rendre, de Lee Vining, prenez l'US 395 vers le sud. Après 6 *miles,* tournez à gauche (vers l'est) sur la route 120. Suivez-la pendant 5 *miles,* puis un chemin vous conduira au bord du lac. Entrée : 3 US$ par personne ; gratuit avec le *Golden Eagle Pass* (mais pas avec le *National Parks Pass*). C'est ici que vous verrez les plus belles concrétions (moins visibles d'avril à juillet, en période de hautes eaux). Sentier de 1 *mile* à parcourir dans un calme absolu (en tout cas hors saison). En été, tour du lac avec un guide et veillée d'observation des étoiles. Certains, curieux de tester la forte salinité du lac, rappelant un peu la mer Morte, n'hésitent pas à se baigner. Ce n'est pas impossible, mais l'eau est froide, et on ne voit pas toujours les concrétions (aïe !). En plus, une fois qu'on s'est bien baigné, on est plein de... sel, et rien n'est prévu pour se rincer !

SEQUOIA NATIONAL PARK

IND. TÉL. : 209

À environ 80 *miles* au sud du Yosemite, une splendide région (2 000 à 2 500 m d'altitude moyenne) qui regroupe d'imposants sommets granitiques, des gorges profondes, des lacs, des rivières, des forêts d'arbres millénaires et notamment de séquoias géants, dont le célèbre *General Sherman Tree* au tronc de 31 m de circonférence, ce qui en fait l'être vivant le plus imposant au monde.

Attenant au Sequoia National Park, Kings Canyon offre aussi des paysages de forêts et rivières tumultueuses. Évitez de vous y rendre avant juin : les routes sont enneigées. Autre conseil : si l'on considère la seule beauté des séquoias géants, il n'est pas nécessaire d'aller à Yosemite pour cela, car les forêts du Sequoia National Park sont plus majestueuses que nulle part ailleurs. Cependant, tous nos lecteurs ne partagent pas notre avis. En revanche, le relief et les montagnes qui leur servent de décor de fond ne sont évidemment pas aussi spectaculaires qu'au Yosemite, beaucoup plus vaste. Il n'y a que deux entrées, par la route 198 (Three Rivers) et par la 180 (Fresno). Si l'on vient de Death Valley, n'espérez pas trouver une entrée à l'est du parc, il faut faire le détour.
– Entrée : 10 US$ par véhicule pour 7 jours, 5 US$ si l'on est à pied, en bus ou à vélo (*National Parks Pass* accepté).

LA CALIFORNIE

Adresses utiles

🚹 *Visitor Center de Foothills :* à l'entrée sud du parc, en venant de Three Rivers. ☎ 565-3135. Ouvert de 8 h à 17 h.
🚹 *Visitor Center de Lodgepole :* à quelques *miles* de la Giant Forest et de General Sherman. ☎ 565-3782. Ouvert tous les jours en été de 8 h à 18 h.
🚹 *Visitor Center de Grant Grove :* à l'entrée nord du parc, dans Kings Canyon, à deux pas du séquoia Ge-neral Grant. ☎ 565-4307. Ouvert tous les jours de 8 h à 18 h.
◼ *Infos sur le parc :* ☎ 565-3341. ● www.nps.gov/seki ● Infos pratiques et réservations : ● http://reservations. nps.gov ●
◼ *Réservations de lodges :* ☎ 1-888-252-5757.
◼ Autres services à Lodgepole : *poste, laverie, épicerie* (équipement pour randonneurs et campeurs), *snack.*

Où dormir à Three Rivers ?

Dans le parc

🏕 Il existe une vingtaine de *campings,* répartis entre Sequoia National Park, Kings Canyon et Sequoia National Forest. Compter de 12 à 20 US$ pour un emplacement qui comprend une table et un barbecue. Les plus agréables sont ceux de Buckeye Flat (entrée sud), Azalea (Grant Grove area) et Canyon View (Cedar Grove, à l'extrémité est de Kings Canyon). Attention, la plupart des campings ne sont ouverts que de mai à octobre. Réservations au ☎ 1-800-365-2267 ou ☎ 1-301-722-1257 (depuis l'étranger). ● www.reservations. nps.gov ●
🛏 *Wuksachi Lodge :* à l'ouest de Lodgepole. ☎ 1-888-252-5757. Compter de 155 à 219 US$ pour deux. Répartis entre plusieurs bâtiments, les 102 chambres plutôt luxueuses de ce complexe jouent la carte du rustique chic : décor en bois très chaleureux, beaucoup d'espace, TV et frigo. Restaurant sur place. Ce *lodge* est d'autant plus agréable qu'il est situé en retrait de la route principale, au milieu du calme majestueux des séquoias.

À Three Rivers

🛏 *Sequoia Motel :* 43000 Sierra Dr, Hwy 198. ☎ 561-4453. Fax : 561-1625. ● www.sequoiamotel.com ● À 3 *miles* de Three Rivers, sur la route du parc, à droite. Compter de 70 US$ pour deux, à 115 US$ pour six personnes. Petit motel avec deux bâtiments en bois, dont les 14 chambres n'offrent pas un charme particulier, mais sont confortables et très propres. Idéalement situé, à quelques *miles* de l'entrée du parc. Petite piscine. Accueil très sympa.

🛏 ***Three Rivers Hideaway :*** 43365 Sierra Dr, Hwy 198. ☎ 561-4413. ● www.threerivershideaway.com ● Compter de 60 US$ en semaine à 80 US$ le week-end pour deux dans une cabin ; emplacement de tente pour 20 US$ pour quatre personnes,

et autour de 35 US$ pour un *RV* (électricité, eau et câble pour TV). Seulement 3 *cabins,* dont une avec cuisine, toutes récemment rénovées, climatisées et propres, dans ce complexe plutôt fréquenté par les campeurs. Le site s'étend entre la route et la rivière Kaweah, et est plutôt agréable. La plupart des emplacements pour les tentes sont ombragés. Douches gratuites, machines à laver. Accueil aimable.

À voir

🚶 ***Crystal Cave :*** à 15 *miles* au nord de l'entrée sud du parc, à 3 *miles* au sud du General Sherman. Entrée : 11 US$ (réductions) pour une visite guidée d'environ 45 mn. Attention, en raison des distances et de la fréquentation, les billets doivent être achetés au moins 1 h 30 avant l'horaire de la visite, et sont en vente uniquement aux *Visitor Centers* de Lodgepole et de Foothills. Après une petite marche en pente douce de 15 mn au milieu de la forêt, on entre dans cette grotte découverte en 1918, où la température oscille entre 9 et 10 °C ; pensez à votre petite laine. Les rivières souterraines ont façonné des décors étonnants dans différentes salles, où stalagmites et stalactites s'entre-mêlent, tantôt en nef de cathédrale, tantôt en orgues. L'éclat du marbre ajoute à l'ambiance très particulière du lieu. Les commentaires des *rangers* spéléo-logues qui conduisent la visite sont très intéressants.

🚶 ***Moro Rock :*** du sommet de ce dôme en granite situé dans la Giant Forest, vous aurez une vue imprenable sur la partie ouest du parc. On accède à son sommet par un escalier assez raide, qui permet de gravir les 91 mètres du rocher. En poursuivant sa route vers l'est, on peut passer en voiture à travers le tronc d'un séquoia couché, avant d'atteindre ***Crescent Meadows,*** lieu de villégiature préféré des ours bruns qui peuplent le parc.

🚶🚶 ***Le séquoia géant General Sherman :*** ce monstre sacré de la forêt, nommé d'après un héros de la guerre de Sécession, se trouve dans la Giant Forest, à droite de la General Hwy qui traverse le parc du sud au nord. À un peu moins de 2 *miles* avant le *Visitor Center* de Lodgepole. Très bien indiqué. Bravo mon général ! On ne connaît pas exactement votre âge mais vous pourriez avoir entre 2 300 et 2 700 ans ! Les *bristlecone pines* à l'est de la Sierra Nevada sont plus vieux encore (sans doute les plus vieux arbres de la planète).
Vos mensurations dépassent tous les superlatifs : 84 m de haut, 11 m de diamètre, un poids total de 1256 tonnes, qui font de vous l'être vivant le plus volumineux sur terre. La première de vos branches se trouve à 39 mètres du sol, et si vous avez le malheur de perdre une de vos précieuses ramures, c'est une catastrophe nationale ! C'est arrivé en 1978 : la branche tombée mesurait 42 m de long, pour un diamètre de 1,80 m !

🚶 ***Le séquoia General Grant :*** encore un autre vieux patriarche bien conservé, situé dans le coin de Grant Gr (futaie de Grant), à la sortie ouest du parc. Très bien indiqué, on y accède en faisant une petite balade entre d'autres géants, en particulier le Fallen Monarch, un séquoia couché dans le tronc duquel on peut marcher, comme dans un tunnel. Le concurrent du séquoia General Sherman, moins vieux, moins haut, mais plus grand à sa base (diamètre de 12,30 m).

YOSEMITE NATIONAL PARK IND. TÉL. : 209

À environ 320 *miles* au nord de Los Angeles et à 181 *miles* à l'est de San Francisco. Ce fut le premier site protégé du monde, dès 1864, par un décret signé par Abraham Lincoln en personne ! Grâce à l'intense travail de lobbying de John Muir (1838-1914), un Écossais formé aux États-Unis, botaniste, géologue et vulgarisateur, Yosemite devint officiellement un parc national en 1890.

On a donné à cette vallée le nom de Yosemite (prononcer « iossémiti ») en souvenir d'une tribu indienne, les Uzumatis, exterminée au milieu du XIXe siècle. Le Yosemite Park couvre des milliers d'hectares de forêts (dont une partie a été malheureusement dévastée par l'incendie d'août 1990) et de montagnes grandioses dont l'altitude varie entre 600 et 3 960 m ; c'est l'une des grandes zones privilégiées de la faune et de la flore du continent américain. La vallée de Yosemite (au centre du parc) est l'un des plus beaux exemples de vallée glaciaire qui soient, dominée par El Capitan et Half Dome, de fantastiques monolithes, uniques au monde. La vallée se caractérise par des flancs hauts et abrupts et un fond plat où coule la Merced River, qui est tout ce qui reste du lit du glacier.

🍴🍴🍴 En plein cœur de la Sierra Nevada, c'est l'image même que l'on se fait de la végétation et des montagnes : séquoias géants, paysages incroyables et panoramas à vous couper le souffle. Tous les animaux sont là : loups, ours, daims en goguette, et partout des écureuils qui viennent jusqu'à vos pieds pour vous quémander à manger. Ne pas les nourrir. Ils sont mignons, mais certains trimbalent la rage. Bon à savoir : le parc étant truffé d'ours, il faut mettre toute votre nourriture (ainsi que tout ce qui sent bon, comme savon, *after-shave* ou mousse à raser) dans une grosse boîte en fer que l'on trouve à chaque emplacement de camping. Ne rien laisser dans votre voiture (les ours arrachent les portes avec une étonnante facilité, plus de 1 000 voitures fracturées tous les ans), ni dans votre tente. Attention aussi aux tiques au printemps et aux moustiques en été.

Le parc est immense : les routes étant sinueuses et les motor-homes ralentissant la circulation, il faut compter 1 h 30 à 2 h pour le traverser (sans s'arrêter !) d'ouest en est. 3 108 km² tout de même !

Il y a énormément de monde à Yosemite en été et tous les week-ends d'avril à octobre. D'ailleurs, devant cet afflux sans cesse plus important, les autorités essaient de limiter l'accès du parc aux voitures grâce à un système de navettes gratuites mises à la disposition des visiteurs. Pour l'instant, les voitures individuelles sont encore autorisées, mais il n'est pas impossible qu'à terme on s'oriente vers un plan semblable à celui mis en œuvre au Grand Canyon, avec des parkings obligatoires situés hors de l'enceinte du parc.

Enfin, question climat, il est préférable de réserver votre visite au Yosemite pour les mois d'été si vous comptez randonner. Il fait en effet très froid, même en avril (encore de la neige). Cela dit, les paysages hivernaux, avec les rivières partiellement gelées et un silence assourdissant, sont magnifiques – et vous les aurez presque pour vous seul.

Comment y aller ?

En bus (ou train puis bus)

➤ *Par l'ouest :* Greyhound ne va pas jusqu'au parc. La solution la plus simple est donc de se rendre d'abord en bus ou en train jusqu'à Merced, à

80 *miles* du Yosemite Village, puis de rejoindre le parc avec l'une des deux compagnies qui desservent cette ligne (voir ci-dessous). Pour aller de San Francisco à Merced : train *Amtrak*, ☎ 1-800 USA-RAIL. On peut réserver directement son billet de train et sa connexion sur *VIA*.

■ *Grayline-VIA Yosemite Connection :* ☎ 1-800-369-7275 ou 384-1315. Fax : 384-7441. ● www.via-adventures.com ● Fonctionne toute l'année. Propose en moyenne 4 bus par jour pour le parc à la belle saison qui empruntent la route 140 via Mariposa, Midpines (auberge de jeunesse) et El Portal (2 h 30-3 h de trajet). Terminus au *Yosemite Lodge*. L'aller simple est à environ 10 US$, l'aller-retour autour de 20 US$ depuis Merced, droits d'entrée dans le parc inclus. Le plus gros avantage de *VIA*, c'est de proposer des départs en fonction des heures d'arrivée du train *Amtrak* en provenance de San Francisco ou de Fresno. On peut d'ailleurs, en conjonction, choisir une excursion à la journée dans le parc depuis Merced (brochure sur Internet).

■ *YARTS (Yosemite Area Regional Transportation System) :* ☎ 1-877-98-2787 ou 723-3153. Fax : 723-0322. ● www.yosemite.com/yarts ● Inauguré en 2000, ce service a été conçu pour tenter de diminuer l'impact de la circulation automobile dans la vallée de Yosemite. Dessert plusieurs arrêts à Merced, Mariposa, Midpines et El Portal sur la 140 (toute l'année), ainsi que Mammoth Lakes et Lee Vining, à l'est du parc (de juin à septembre). On peut acheter ses billets dans un certain nombre d'hôtels de ces villes. Compter environ 20 US$ l'aller-retour entre Merced et Yosemite, droits d'entrée dans le parc inclus.

➤ *Par l'est :* les bus du *Inyo Mono Transit,* en particulier la ligne CREST, qui relie Bishop à Reno, s'arrêtent à Lee Vining (infos : ☎ (760) 872-1901 ; ● www.inyocounty.us/transit ●). Puis bus *YARTS* (voir ci-dessus). ATTENTION, cette route franchit le Tioga Pass, un col situé à une altitude de 3 031 m ouvert seulement de juin à octobre (et encore, pas toujours, ça dépend du climat !), pour cause d'enneigement.

➤ *À partir de San Francisco :* pour ceux qui ne disposent pas de beaucoup de temps, *Tower Tours* organise une visite d'une journée : *Tower Tours,* 865 Beach St. ☎ 1-888-657-4520. ● www.towertours.net ● Compter 120 US$ pour une visite de 9 h environ (3 fois par semaine).

En voiture

➤ *4 entrées :* dont 2 à l'ouest, Big Oak Flat Entrance, facile d'accès si vous venez de San Francisco, et Arch Rock Entrance, un peu plus au sud (direction Merced). Ceux qui viennent directement de Los Angeles arriveront *a priori* par l'entrée sud (South Entrance). Si c'est votre cas, tournez tout de suite à droite après l'entrée du parc pour ne pas rater les séquoias de la Mariposa Grove (les plus beaux du parc).

Si vous venez de Las Vegas, de Death Valley ou du lac Tahoe, ATTENTION : l'entrée à l'est, par Lee Vining, est fermée une grande partie de l'année à cause de la neige. Ne comptez pas passer avant juin. Certaines années, il faut même attendre juillet ! Le coin regorge de touristes déçus qui doivent se taper un détour de 7 à 8 h pour rejoindre l'entrée la plus proche, alors ne vous laissez pas surprendre. Si vous venez à une période charnière, le mieux est de téléphoner avant aux Road Conditions : ☎ 1-800-427-7623 (renseigne sur toute la Californie) ou 209-372-0200 (concerne uniquement le Yosemite, et donne aussi des infos sur la météo ; fonctionne 24 h/24). Les 3 autres entrées sont normalement ouvertes toute l'année. Mais de novembre à avril, il est souvent nécessaire d'avoir des chaînes.

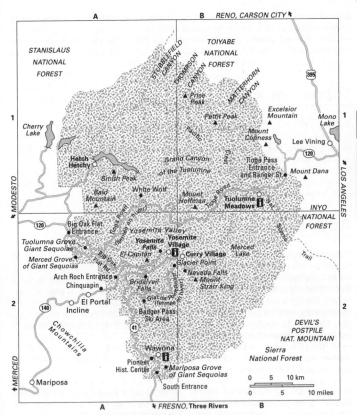

YOSEMITE NATIONAL PARK

Transports intérieurs

Dans la vallée de Yosemite proprement dite, une route en sens unique effectue une boucle, desservant tous les campings et les *lodges,* de même que les points de départ des sentiers les plus populaires.

➤ *Un bus gratuit (shuttle)* effectue la navette toute l'année. En été : de 7 h à 22 h, toutes les 10 mn. Attention, la route de Mirror Lake et Happy Isles, à l'est de la vallée, n'est accessible que par le *shuttle.*

➤ En été, d'autres ***navettes gratuites*** sont mises en service pour alléger le poids du trafic automobile dans les zones sensibles : de Wawona à Mariposa Grove, ainsi que de la Tioga Pass Entrance au lac Tenaya.

➤ Du printemps à l'automne, les ***randonneurs*** peuvent aussi profiter du service du *hikers bus* : environ 15 US$ pour gagner Glacier Point ou en revenir sans devoir retourner sur ses pas. Un service similaire relie Tuolumne Meadows à la Yosemite Valley. Cher mais pratique. ☎ 372-1240.

➤ Plusieurs routes sont réservées aux ***bicyclettes,*** notamment les 4 *miles* qui permettent d'atteindre Mirror Lake (au nord-est du *Curry Village*). Sachez qu'il est impossible de louer un vélo plusieurs jours de suite : il faut le rendre tous les soirs avant la fermeture (17 h hors saison, 18 h en été) car ils n'ont pas de lumières ! Location de vélos au *Yosemite Lodge,* et au *Curry Village* (voir « Adresses et infos utiles », plus bas).

➤ *Balades à cheval :* les écuries près du *North Pines Campground* (lire « Adresses et infos utiles »), ainsi qu'à Tuolumne Meadows – à partir de la mi-juin – et à Wawona proposent des balades équestres.

Topographie

YOSEMITE NATIONAL PARK

Le parc est très vaste et forme une sorte d'œuf, au sud-ouest duquel se situe la vallée de Yosemite. Là sont concentrées les plus grandes beautés naturelles du parc : El Capitan, Half Dome, Nevada Falls, Glacier Point, etc. Bien sûr, la plupart des campings s'y trouvent.

L'été, c'est donc bondé et pas très calme : supermarché, vastes parkings, passage de voitures permanent. Nous, on préfère nettement camper à l'extérieur de la vallée, c'est plus calme et plus intime.

Adresses et infos utiles

– *Entrée payante :* 20 US$ par véhicule, valable 7 jours consécutifs. 10 US$ à pied ou à bicyclette. *National Parks Pass* accepté.

– Bien entendu, comme dans tous les parcs nationaux, pour dormir, la solution idéale c'est le *camping.* Non parce que c'est la solution la plus économique (ce qui n'est pourtant pas négligeable), mais parce que c'est la seule manière de vivre en harmonie avec la nature, et de bien découvrir ses richesses. Même si le centre du parc (la vallée) est souvent complet en plein été, il est parfois possible de trouver de la place.

– ATTENTION, pas de station-service. Il y en a uniquement à Crane Flat, El Portal, Wawona, et Tuolumne Meadows en été. Bien sûr, l'essence est beaucoup plus chère qu'ailleurs.

🔲 En arrivant dans la vallée de Yosemite, s'arrêter impérativement au *Visitor Center* : ouvert tous les jours de 8 h à 18 h en été (8 h 30 à 17 h en basse saison). Là, les *rangers* vous donneront une carte indiquant les routes, les randonnées pédestres, les pistes cyclables, ainsi qu'un petit journal très bien fait sur le parc avec le niveau de difficultés des balades, les temps de parcours moyens, etc. On peut aussi demander une brochure de présentation générale en français. Ils vous informeront aussi sur le taux de remplissage de chaque camping (tableau d'affichage à consulter) et vous dirigeront vers ceux qui possèdent encore des sites disponibles – enfin, s'il en reste... Si vous n'avez pas de chance, utilisez les téléphones « de courtoisie », reliés directement aux hôtels des environs (situés hors du parc). Également affichés, le temps prévu pour le lendemain et l'état des routes. Vitri-

nes et vidéo présentent le milieu naturel de Yosemite. Le service des parcs propose tous les jours des programmes différents : balades accompagnées par un *ranger* sur différents sites et sur toutes sortes de thèmes, présentation sur la faune, photo, etc. En été, 2 autres *Visitor Centers* ouvrent à Tuolumne Meadows et à Wawona, de juin (ou juillet) à septembre, de 9 h à 17 h.

🔳 *Infos sur le parc :* Superintendant, Yosemite National Park, CA 95389. ☎ (209) 372-0200. ● www.nps.gov/yose ●

🔳 Ceux qui envisagent de partir en randonnée feront mieux de s'adresser au *Wilderness Center,* tout proche. Ouvert d'avril à octobre, de 8 h à 19 h. On peut aussi demander un permis par téléphone au ☎ 372-0308, ou sur Internet ● www.nps.gov/yose/wilderness/permits.htm ● C'est ici que l'on obtient les permis de camping obligatoires *(backcountry per-*

mits) pour les randonnées de plus d'une journée dans tout le parc. On peut y acheter des cartes détaillées et des descriptifs des sentiers. On trouve aussi toutes les infos sur la météo, ainsi que sur les sentiers ouverts et fermés.

✉ *Poste :* Yosemite Village. Ouvert du lundi au vendredi de 8 h 30 à 17 h.

■ *Distributeurs de billets (ATM) :* au supermarché et à la *Bank of America,* dans Yosemite Village ; au *Curry Village,* dans l'épicerie ; au *Yosemite Lodge,* à la réception ; à Wawona, dans le *Pioneer Gift Shop/Grocery.*

■ *Yosemite Medical Clinic :* Yosemite Village. ☎ 372-4637. Ouvert tous les jours de 8 h à 19 h. Traite les urgences 24 h/24.

■ *Garage :* Yosemite Village. ☎ 372-8320. Ouvert tous les jours de 8 h à midi, et de 13 h à 17 h.

■ *Location de vélos :* au *Yosemite Lodge* (☎ 372-1208) toute l'année (si le temps le permet) et au *Curry Village* (☎ 372-8319) d'avril à octobre. Compter 6 US$ l'heure ou 21,50 US$ pour la journée.

■ *Écuries :* contre le *North Pines Campground :* ☎ 372-8348 ; à Tuolumne Meadows : ☎ 372-8427 ; à Wawona : ☎ 375-6502. D'avril à novembre (mi-juin à fin septembre pour Tuolumne Meadows). Balades guidées de 2 h (autour de 50 US$), à la demi-journée (environ 70 US$) ou à la journée (95 US$). En 2 h, on peut parcourir une partie du Tenaya Canyon pour admirer le Half Dome ; en 4 h, on peut aller jusqu'à Vernal et Yosemite Falls.

■ *Supermarché Village Store :* Yosemite Village. Ouvert de 8 h à 21 h (22 h en été). On peut y acheter du bois pour un barbecue au camping.

■ *Laverie :* au *Housekeeping Camp,* dans la vallée. Ouvert tous les jours de 8 h à 22 h.

■ *Douches :* au *Curry Village* (24 h/ 24) et au *Housekeeping Camp* de 7 h à 22 h à partir de mai.

■ *Magasin de sport (Sport Shop) :* Yosemite Village. Ouvert de 8 h à 18 h. Sacs à dos, équipement de camping, chaussures de randonnée, fringues, etc.

■ *Snacks, marchand de glace et restos :* Yosemite Village et Curry Village.

■ *Boutiques et galeries :* Yosemite Village.

■ *Musée indien (Indian Cultural Museum) :* Yosemite Village. Derrière le *Visitor Center.* Consacré aux Miwoks et aux Païutes.

Où dormir dans le parc ?

Campings

Le parc possède 13 campings avec des niveaux de confort variables. La moitié peut être réservée, l'autre non. À vous de savoir si vous préférez assurer le coup ou prendre le gros risque de ne pas trouver de place. Méfiez-vous en outre des dates d'ouverture : seuls 4 terrains sont ouverts toute l'année. Ceux proches de l'entrée ouest et de la Tioga Pass Entrance ne le sont généralement que de juin-juillet à septembre). Le séjour maximum autorisé est d'une semaine entre le 1er mai et le 15 septembre dans la Yosemite Valley et à Wawona. Pour toute question, une fois sur place, consultez la page camping du *Yosemite Guide* distribué au Visitor Center.

– Pour les *réservations* depuis l'étranger, faites le ☎ (301) 722-1257 ou, des États-Unis, ☎ 1-800-436-7275. ● www.reservations.nps.gov ● On peut aussi écrire : NPRS, PO Box 1600, Cumberland, MD 21502. Possible de réserver jusqu'à 5 mois à l'avance. Le plus simple, c'est de donner son numéro de carte bancaire. Les sites ouverts à la réservation sont tous à 18 US$.

– Si vous n'avez pas réservé, il reste donc possible de se présenter très tôt le matin (après 10 h tout est complet) sur les sites fonctionnant sur la base du *First come, first served* (« Premier arrivé, premier servi »). Un seul est situé dans la vallée *(Camp 4)*. Les autres se trouvent pour la plupart sur la route du Tioga Pass, et trois d'entre eux n'ont pas d'eau potable (*Tamarack Flat, Yosemite Creek* et *Porcupine Flat*). Autre inconvénient : ceux qui sont venus en bus ne pourront pas s'y rendre. Malgré tout, il peut être judicieux de planter sa tente par là car, en été, cela vous permettra d'éviter la cohue de la Yosemite Valley. En arrivant sur le site, prenez une enveloppe, cherchez un emplacement et placez le paiement dans l'enveloppe (avec le numéro de l'emplacement sélectionné), puis dans le tronc. Si tout est complet, il vous reste éventuellement la possibilité de demander gentiment à des gens de partager leur site (repérer ceux qui ont une petite tente et qui ne sont que deux). Les emplacements avec eau potable sont à 12 US$, 8 US$ s'ils n'en ont pas.

– Si vous tenez absolument à dormir dans la vallée et que tout est plein, il reste une dernière option : les annulations. Se rendre au chalet des *Campground Reservations* (ouvert de 8 h à 16 h 45 en été), et s'inscrire sur la liste d'attente. Vers 15 h, on vous annoncera s'il reste des emplacements libres ou pas ; les premiers inscrits sur la liste d'attente ont évidemment plus de chances de trouver de la place, alors rendez-vous au chalet très tôt, car à 8 h, la file est déjà longue ! Impossible évidemment, dans ces conditions, de choisir le site. Ce sera déjà beau si vous réussissez à en trouver un.

– Pour camper malgré tout, même si tout est plein, vous pouvez vous rabattre sur les campings situés hors du parc, dans les forêts domaniales d'Inyo, Sierra et Stanislaus. Ils sont assez nombreux, ils sont généralement sans réservation et gratuits – et souvent assez mal équipés. On en trouve plusieurs de bien agréables à la sortie est du parc par la 120, près des lacs. En dernier ressort, il existe aussi des terrains privés.

Dans la Yosemite Valley

Les 4 campings situés dans la vallée, *Lower Pines, Upper Pines, North Pines* et le *Camp 4,* sont très très demandés durant la période estivale. Si vous voulez y dormir, il est quasi obligatoire de réserver plusieurs semaines, voire plusieurs mois à l'avance. Mais sachez que, en été, la sérénité attendue est rarement au rendez-vous. À cette période, on conseille donc plutôt les terrains situés hors de la vallée. Hors saison, il y a plus souvent de la place (sauf le week-end) et tout est plus calme. À noter, le *Camp 4* est le seul de la vallée qui ne prend pas les réservations.

⚹ **North Pines Campground** est situé dans un paysage qui rappelle la Corse et l'Ardèche à la fois. Chaque emplacement coûte environ 15 US$. On campe sur un terrain sablonneux, sous les pins. Quelques emplacements, très demandés, à la confluence des rivières Tenaya et Merced. Beaucoup d'ombre. Espace assez important entre les tentes, sanitaires corrects bien que vieillots. Pas de douches, les plus proches sont au Curry Village.

⚹ **Upper** et **Lower Pines Campgrounds** se trouvent à deux pas, juste de l'autre côté du cours d'eau – mais légèrement plus en retrait. Compter 18 US$. Là aussi, les emplacements sont abrités par les pins. Chacun dispose d'une table, d'un barbecue et d'un coffre à nourriture. À noter : les emplacements de *Lower Pines* sont légèrement plus grands que ceux de son camping voisin. Douches au *Curry Village*.

⚹ Le *Camp 4* est situé à l'ouest de la vallée, juste après le *Yosemite Lodge,* au pied du sentier menant aux Upper Yosemite Falls. C'est un *walk-in campground* : on laisse sa voiture sur un grand parking, juste à côté. Compter 5 US$ par personne. Peu d'espace entre les tentes et manque évident d'ombre pour certains emplacements, mais pas de gaz d'échappement !

Dans le reste du parc

Si vous aimez la tranquillité et que vous êtes venu à Yosemite en voiture, vous serez mieux sur les terrains situés hors de la vallée durant toute la période s'étendant de mai à octobre. Cela dit, ils sont loin d'être désertés pour autant... Les trajets étant assez longs, choisissez attentivement selon les lieux que vous souhaitez visiter et les infrastructures.

⚕ *Hodgdon Meadow :* situé tout contre l'entrée ouest, sous les pins. Ouvert toute l'année. Emplacement autour de 18 US$. Plutôt plus agréable que les sites de la vallée, car il offre un peu plus d'espace et d'intimité. Les réservations sont obligatoires de mai à septembre ; le reste de l'année, il fonctionne sur le principe « *First come, first served* ».

⚕ *Wawona Campground :* le seul camping qui soit situé au sud du parc, et l'un des rares ouverts toute l'année, ce qui fait qu'il est assez demandé. C'est pourtant l'un des moins agréables, avec des emplacements très rapprochés manquant de tranquillité. Les emplacements sont à environ 18 US$. Réservations obligatoires de mai à septembre.

⚕ *Tamarack Flat,* proche de l'entrée ouest, et *Yosemite Creek,* en route vers la Tioga Pass Entrance, sont réservés aux tentes (pas de camping-cars, ouf !) et disponibles uniquement sur le principe du « premier arrivé, premier servi ». Comme il n'y a pas d'eau potable, c'est le moins cher des trois : 8 US$ environ. Ouverts de début juillet à début septembre.

Lodges et cabins

– Pour réserver un *lodge* ou une *cabin* à l'intérieur du parc, écrire au *Yosemite Reservations Delaware North Companies :* 6771 N Palm Ave, Fresno, CA, 93704. ☎ (559) 252-4848 ou 372-1040 (pour une réservation le jour même). ● www.yosemitepark.com ● Dépôt obligatoire équivalent au prix d'une nuit. De juin à septembre, vous avez de grands risques d'entendre le répondeur vous dire que tout est *sold out* (bourré à craquer), car il faut en principe réserver 1 an à l'avance !

🛏 *Canvas tent cabins :* au *Curry Village.* De 60 (sans chauffage) à 65 US$ (tente chauffée) la nuit. Au milieu de la forêt. Tentes véritables, contenant 2 lits, érigées sur des plates-formes en bois. Prévoir un sac de couchage. Douches communes. Une chance de trouver une place sans réservation en y allant à l'heure du check-in, vers 14 h. On trouve des *tent cabins* similaires avec chauffage (d'avril à octobre seulement) à *White Wolf Lodge* et *Tuolumne Meadows,* édifiées sur une dalle de ciment et avec un poêle à l'ancienne. Les prix sont assez les mêmes.

🛏 *Cabins without bath :* au *Curry Village.* Compter 80 US$. Les murs sont en dur, mais c'est encore bien proche du camping. Seule véritable différence avec le *Canvas tent cabins :* ici, il y a du chauffage. Tarifs d'un motel de gamme moyenne. On trouve aussi au *Curry Village* et au *White Wolf Lodge* des *cabins with bath* (avec salle de bains), entre 85 et 90 US$.

🛏 *Housekeeping Camp :* à côté du *Curry Village* et seulement en été. Autour de 62 US$ la nuit. C'est une *tent cabin* un peu améliorée, avec murs à la fois en toile et en dur, qui peut accueillir de 2 à 6 personnes. Un pan sépare la « chambre » d'une cuisine partiellement ouverte. Douches communes.

🛏 *Yosemite Lodge :* au Yosemite Village. Plusieurs bâtiments sans charme d'un ou deux étages. Au choix : 19 chambres simples avec salle de bains et TV entre 100 et 110 US$, et 226 chambres de *lodge,* plus grandes, avec petite terrasse ou balcon de 95 à 160 US$.

▲ **The Ahwahnee :** également au Yosemite Village. Compter 370 US$ la nuit, tarif unique toute l'année, pour une chambre. C'est le plus beau et le plus chic des *lodges* du parc. Il ressemble un peu à un (très) gros chalet en bois et pierre, avec un intérieur chaleureux, tout en bois. Les chambres sont très confortables, avec frigo, TV, peignoirs, sèche-cheveux, etc. Possibilité de se faire masser. Évidemment, tout cela n'est pas donné. Vous pourrez toujours vous contenter d'y prendre un repas (de 15 US$ pour un petit déjeuner à 40 US$ le soir). Attention, cravate et robe de soirée de rigueur pour le dîner.

▲ **Wawona Hotel :** ☎ (209) 375-6556. Ouvert de fin mars à fin décembre. Chambres sans salle de bains autour de 115 US$; avec, compter 170 US$. Situé tout près de l'entrée sud, ce joli *lodge* en bois blanc, de style victorien, date de 1856. C'est le premier à avoir été édifié dans le parc. Les joueurs de golf y trouveront un 9-trous en plein parc !

Où dormir ? Où manger à l'extérieur du parc ?

Pour l'hébergement situé à l'est du parc, pour un accès par la Tioga Pass Entrance (juin à octobre seulement), reportez-vous au chapitre consacré à Mammoth Lakes (voir plus haut).

À Oakhurst (entrée sud)

Au sud de Yosemite Park, sur la route 41, l'escale la plus logique si l'on vient de Fresno ou de Los Angeles. Ville sans charme, où l'on ne fera que passer la nuit, mais où l'on peut se ravitailler facilement. On y trouve un certain nombre de motels (dont plusieurs chaînes).

▲ **Oakhurst Lodge :** 40302 Hwy 41. ☎ 1-800-OK-LODGE ou (559) 683-4417. Fax : (683) 441-7171. ● www. oaklodge.com ● Dans le centre-ville, peu après le croisement de la 49 en provenance de Mariposa. À partir de 60 US$ hors saison (novembre à mars), 80 US$ pour un lit en été, 90 US$ pour deux, petit déjeuner compris. Confort standard, avec frigo, TV, machine à café et accès wi-fi dans des chambres très bien tenues. Piscine et machines à laver. Pour être plus au calme, choisissez les chambres 10 à 20, les plus éloignées de la route. Accueil aimable.

▲ **Apple Blossom B & B :** 44606 Silver Spur Trail. ☎ 1-888-687-4281 ou (559) 642-2001. ● www.sierratel. com/appleblossominn ● En venant d'Oakhurst (à 10 *miles*) via Ahwahnee par la route 49, prenez le chemin juste après le panneau marquant l'entrée du hameau de Nipinnawasee (on voit bien la maison de la route, à côté d'un joli verger de pommiers). Compter 135 US$ la chambre, d'avril à octobre, et entre 85 et 110 US$ hors saison. À une trentaine de minutes de l'entrée sud du parc, cette charmante maison bleue en bois offre 3 belles chambres, où l'on peut loger à 2 ou à 4. Excellent petit déjeuner. Jacuzzi sur la terrasse à flanc de colline, bien agréable pour un bain sous la voûte étoilée, dans un cadre exceptionnel.

À Fish Camp (entrée sud)

Fish Camp n'est pas vraiment un village, plutôt un hameau constitué de quelques motels perdus en pleine forêt, à 12 *miles* au nord d'Oakhurst, à l'entrée sud de Yosemite.

🛏 |●| *White Chief Mountain Lodge :* ☎ (559) 683-5444. Fax : 683-2615. ● www.sierratel.com/whi techiefmtnlodge ● Avant d'arriver dans le parc, un panneau sur la droite vous l'indiquera. Prenez la petite route qui monte à travers les sapins. Ouvert d'avril à octobre. Chambres autour de 60 US$. Un motel au calme, dans la forêt, qui propose des chambres très correctes avec TV, micro-onde, frigo, mais sans fantaisie. Restaurant agréable qui sert petit déjeuner et dîner (autour de 15 US$). Accueil très aimable.

🛏 *Owl's Nest Lodge :* ☎ (559) 683-3484. Fax : 683-3486. ● owlsnest@sierratel.com ● À la sortie de Fish Camp, sur le bord de la route, côté gauche en venant du sud. Environ 150 US$ la nuit en *chalet* en plein été (au-delà de deux, supplément de 15 US$ par personne, 10 US$ de réduction si on paye en *cash*). Chaque petit *chalet*, sur 2 étages, comprend un vaste salon organisé autour d'une cheminée, une cuisine, une salle de bains et une chambre à l'étage pouvant accueillir jusqu'à 6 personnes. Le tout avec TV, magnétoscope, terrasse et barbecue. Seul inconvénient : le séjour minimum est de 3 jours (2 hors saison). Il y a aussi des chambres partageant une même unité autour de 90 US$, moins agréables mais tout de même d'un bon rapport qualité-prix. Pour ne rien gâcher, très bon accueil.

À Mariposa (entrée sud-ouest)

Au sud-ouest du parc, au confluent des routes 120 et 49. Jolie bourgade de style western, avec plus de caractère qu'Oakhurst. On y trouve une dizaine de motels, mais rien de folichon côté restos. À signaler : une bonne auberge de jeunesse, le *Yosemite Bug Hostel,* à une dizaine de *miles* de là, à Midpines.

🛏 |●| *Yosemite Bug Lodge and Hostel :* 6979 A Hwy 140. ☎ 966-6666. Fax : 966-6667. ● www.yose mitebug.com ● À environ 10 *miles* au nord de Mariposa, à Midpines, sur la route du parc de Yosemite (Arch Rock Entrance), du côté gauche de la route 140, il y a un panneau brun, vert et jaune. C'est au bout d'un petit chemin, loin du bruit, en pleine nature. Si vous arrivez par le bus, demandez au chauffeur de vous déposer à l'arrêt « Hostel ». Compter autour de 16 US$ la nuit en dortoir, entre 30 et 50 US$ pour une *tent-cabin,* et de 40 à 115 US$ en chambre selon sa capacité et son confort (avec ou sans salle de bains). Enfin une AJ dans cette région qui en est si dépourvue ! L'auberge est dirigée par des jeunes gens très sympathiques et pleins d'idées. À flanc de coteau, s'éparpillent plusieurs bungalows, certains abritant des dortoirs de 6 lits, d'autres des chambres privées. Il en existe toute une gamme, des plus simples partageant une salle de bains commune aux grandes chambres familiales avec salle de bains privée. Les prix des chambres s'en tendent pour 2 à 4 personnes. On peut aussi camper (17 US$ jusqu'à 4 personnes), ou dormir dans l'une des 12 *tent-cabins* (tente pour 2 à 4 personnes, avec un sol en dur). En plus, tout cela est très propre. Pour les week-ends d'été, pensez à réserver. Laverie, location de serviettes pour les *dorms* et les *tent-cabins,* accès Internet. En hiver, loue aussi des raquettes pour randonner dans la neige. Pas de piscine, mais en été, les plus téméraires pourront plonger depuis une petite falaise dans un *swimming hole* (retenue d'eau naturelle alimentée par une cascade) situé à 5 mn de l'hostel. Excellente adresse et accueil très sympa.

|●| *Café at the Bug :* au même endroit que la *Yosemite Bug Hostel* (ci-dessus). Ouvert de 7 h 30 à 10 h et de 18 h à 21 h 30. Compter entre 4 et 6,50 US$ pour un breakfast, et de 6,50 à 13 US$ le soir. Si l'on a accès à une grande cuisine commune à l'*hostel,* la plupart de ceux qui y séjournent préfèrent néanmoins prendre leurs repas ici, au *Café at the Bug.* On y sert essentiellement des plats végétariens, simples et d'une fraîcheur irré-

prochable. Pas de *burgers* dégoulinants de ketchup ni de frites huileuses, mais truite grillée, riz sauvage, légumes vapeur. De quoi attaquer sainement les balades à Yosemite.

🛏 *River Rock Inn :* 4993 7th St. ☎ 1-800-627-8439 ou 966-5793. Fax : 742-5669. ● www.riverrockinn.com ● Chambres à environ 70 US$ en été. Calme, car en retrait de la route, ce petit motel orange et violet propose des chambres récemment rénovées avec beaucoup de goût, avec AC et TV câblée. Les lits sont grands et confortables ; la patronne, très gentille, promet que vous y dormirez comme un charme. Pâtisseries et café de Mariposa inclus pour le petit déjeuner.

🛏 *The Mariposa Lodge :* 5052 Hwy 140. ☎ 1-800-966-8819 ou 966-3607. Fax : 742-7038. ● www.mariposalodge.com ● De 89 à 99 US$ la chambre double en été. À la sortie de Mariposa en allant vers Yosemite. Belles chambres spacieuses et très propres, avec minifrigo, TV câblée et cafetière. Petite piscine chauffée. Bon accueil.

🍽 *Savoury's :* 5027 Hwy 140. ☎ 966-7677. Ouvert de 11 h à 14 h 30, et de 17 h à 21 h. Fermé lundi et dimanche. Le meilleur resto de Mariposa selon les locaux. *Savoury's* propose une cuisine goûteuse et plutôt raffinée, dans un cadre vert olive rehaussé de boiseries jaunes. La carte n'offre pas un choix démesuré, mais l'accord des saveurs est parfait : côtes de porc laquées à l'ananas, pâtes fraîches aux crevettes parfumées au gingembre et à la coriandre. Chaque plat est accompagné d'une salade ou d'une soupe du jour, et tout est présenté avec beaucoup de soin, comme la *lemon mousse* au coulis de fraises, surmontée d'une sculpture en chocolat. Les parts sont copieuses sans être bourratives, et le service est aimable et attentif. On s'en lèche encore les babines !

À *El Portal (entrée sud-ouest)*

Situé à 30 *miles* de Mariposa sur la route 140, en direction du parc, El Portal n'est pas une ville, ni un village, pas même un hameau, tout juste un vallon encaissé où s'étire un immense motel plutôt haut de gamme. C'est le plus proche de la Yosemite Valley (7 *miles*).

🛏 🍽 *Yosemite View Lodge :* 11156 Hwy 140, El Portal. ☎ 1-888-742-4371 ou 379-2681. Fax : 379-2704. Les premiers prix commencent vers 85 US$ hors saison, 140 US$ en été. Les bâtiments manquent incontestablement de charme, mais sa situation en fait un best-seller. Les chambres sont grandes et confortables, toutes avec kitchenette. Celles qui ont une vue sur la Merced River, avec cheminée (au gaz) et bain bouillonnant, oscillent entre 105 et 170 US$, mais les valent bien. On trouve sur place un restaurant (ouvert de 7 h à 11 h, et de 17 h à 21 h 30), correct mais cher (autour de 15-20 US$), et une pizzeria (ouverte de 17 h à 22 h). Piscine et spas bien agréables, foi de routard !

À *Groveland (entrée ouest)*

À 23 *miles* de l'entrée ouest du parc (Big Oak Flat Entrance) et 40 *miles* de la Yosemite Valley, Groveland est le village le plus agréable pour faire escale en venant de l'ouest par la route 120. Sur un air western et Californie pionnière, on y trouve tout ce dont on peut avoir besoin, les prix sont raisonnables et l'accueil vraiment sympa. Sa situation conviendra tout particulièrement à ceux qui ont quitté San Francisco tard dans la journée.

🛏 *The Groveland Hotel :* 18767 Main St. ☎ 1-800-273-3314 ou 962-4000. Fax : 962-6674. ● www.groveland.com ● Compter de 135 à

175 US$ pour une chambre, selon confort. Édifié dans le sillage de la ruée vers l'or dans les années 1850, l'hôtel s'est agrandi au fil du temps et possède aujourd'hui 17 chambres, toutes meublées différemment, dans le style du XIXe siècle. Toutes ont leur propre salle de bains et un gros édredon. Superstition oblige, il n'y a pas de chambre 13, mais vous pourrez vous offrir la *Lyle's Room* abritant (paraît-il) le fantôme du même nom. Bonne nuit !

|●| *Iron Door Saloon :* 18761 Main St. ☎ 962-8904 (saloon) ou 962-6244 (grill). Ouvert tous les jours de 11 h à 21 h (22 h les vendredi et samedi). Brunch de 8 h à 11 h du vendredi au dimanche. Compter entre 10 et 15 US$ le midi, de 15 à 20 US$ le soir. Fondé en 1852, trois ans seulement après la naissance de Groveland – qui auparavant s'appelait Garrotte, en mémoire d'un voleur de chevaux mexicain pendu haut et court, c'est le plus vieux saloon de Californie ! D'abord magasin et poste, le bâtiment devint véritablement saloon en 1896. Passez les portes en fer, importées d'Angleterre par le cap Horn (pour servir de coupe-feu !), et vous découvrirez une salle qui a peu changé depuis cette époque, avec grand comptoir en bois où les habitués jouent aux dés, trophées de chasse aux murs et dollars punaisés au plafond. Le week-end, la salle devient piste de danse. On peut déjeuner ou dîner dans le saloon, ou au grill, dans la salle attenante, au cadre moins parlant. Au menu, salades, burgers, viandes et poissons grillés.

À Buck Meadows (entrée ouest)

À 11 *miles* à l'est de Groveland, plus près du parc national, un hameau où l'on trouve tout juste deux motels et un restaurant.

▲ *Yosemite Lakes Resort :* 31191 Hardin Flat Rd. ☎ 1-800-533-1001 ou 962-0121. ● www.stayatyosemite. com ● Entre Buck Meadows et l'entrée ouest du parc (à 5 *miles* de là) ; en venant de Yosemite, tourner à gauche après la station Exxon, la réception se trouve dans la *Yosemite Inn*. Bien situé, ce *resort* propose différents types d'hébergement, du camping autour de 25 US$ (pas exceptionnel, mais OK) aux yourtes avec salle de bains et cuisine, entre 130 et 170 US$ (la vue sur la rivière coûte plus cher). On peut aussi dormir dans les *rustic bunkhouse cabins* autour de 70 US$, des cahutes rappelant vaguement des maisons de jardin en bois. Toutes petites et toutes simples, elles peuvent accueillir jusqu'à 4 personnes dans 2 lits superposés (sanitaires communs). Propose aussi des chambres style AJ, de 70 US$ pour 2 personnes, à 85 US$ pour 6, avec sanitaires communs là aussi. Petit magasin et station-service.

▲ |●| *Westgate Lodge :* 7633 Hwy 120. ☎ 1-800-253-9673 ou 962-5281. Fax : 962-5285. ● www.in nsight.com ● Ce motel haut de gamme n'est pas destiné à toutes les bourses : en été, les chambres oscillent entre 120 et 130 US$. Plutôt confortables, avec AC, elles sont calmes malgré la présence de la route à côté. Piscine et jacuzzi. Fait aussi resto. Mais attention, ne soyez pas pressé ! Accueil très moyen.

À voir. À faire

🏹🏹🏹 Yosemite est un des plus beaux parcs nationaux américains.
– Si vous n'avez pas beaucoup de temps, des *scenic tours* plus ou moins longs sont organisés chaque jour, au départ du Yosemite Lodge : en 2 h, visite de la vallée (21 US$) ; en 4 h, aller-retour jusqu'à Glacier Point (environ

30 US$; vous pouvez aussi ne faire qu'un aller pour 15 US$ et revenir à pied, ou l'inverse) ; en 8 h, visite des séquoias géants de Mariposa Grove et de Glacier Point (55 US$). Possibilité aussi de faire un *moonlight tour* les nuits de pleine lune. Infos au ☎ 372-1240.

– **Valley View et Tunnel View :** deux superbes points de vue quand on arrive dans la vallée en voiture depuis l'entrée sud. Dans les deux cas, après le tunnel. D'un coup, on découvre toute la Yosemite Valley, merveilleux exemple de vallée glaciaire. À l'ouest se dresse la falaise d'El Capitan et, en arrière-plan, le sommet, enneigé jusqu'à la fin du printemps, du Half Dome. Les Bridalveil Falls tombent en panache sur le versant sud de la vallée. Vaut le détour même si vous n'arrivez pas par l'entrée sud.

– **El Capitan,** avec ses 900 m, est la plus haute falaise entière du monde. C'est le point de rendez-vous des *free climbers* du monde entier.

– Presque en face, les **Bridalveil Falls** (chutes du Voile de la mariée), dont le nom rappelle le mouvement de cette étoffe si légère qui s'envole sous l'emprise du vent. Depuis le parking, un court sentier conduit à son pied, toujours très humide... Bien logiquement, ces chutes, comme toutes les autres, sont les plus belles au printemps et au début de l'été, lorsqu'elles sont nourries par la fonte des neiges. Au début de l'automne, leur débit est réduit de manière significative.

– Un peu plus loin, les **Yosemite Falls** restent les cascades les plus hautes du parc. Un sentier mène à leur base (rien de spectaculaire), puis jusqu'au sommet pour ceux qui sont en forme (voir plus loin).

– Le **Half Dome,** à la forme si caractéristique, est devenu le symbole du parc car on aperçoit sa silhouette de pratiquement partout.

– Les fameux **séquoias géants** : à **Wawona** et à **Mariposa Grove,** au sud du parc, et à **Tuolumne Grove,** à l'ouest (tout près de Crane Flat). Ces arbres font parfois plus de 6 m de diamètre pour un âge allant jusqu'à 2 700 ans.

La curiosité la plus photographiée du parc fut longtemps l'*arbre tunnel* de *Wawona*, haut de 71 m et âgé de 2 100 ans, dans le tronc duquel un tunnel laissait passer une route à deux voies. Malheureusement, des chutes de neige très abondantes ont chargé son faîte d'un tel poids qu'un jour de l'hiver 1968-1969, le géant des cimes s'est abattu, ne laissant à la contemplation des touristes que son corps impressionnant, allongé pour quelques années encore. En été, pour le voir, il faut garer sa voiture et prendre la navette qui fait la visite en 1 h (12 US$; réductions), ou y aller à pied.

Il reste heureusement dans le parc des séquoias beaucoup plus vieux, comme le *Grizzly géant* qui est toujours debout depuis 2 700 ans. Pour le voir, il faut marcher 2 km à partir du parking.

– **Glacier Point :** du haut de cette saillie rocheuse, dominant de près de 1 000 m le fond de la vallée de Yosemite, à l'orée du Merced Canyon, le panorama est époustouflant. Face à vous les Yosemite Falls, nourries au printemps de mille affluents. Et en toile de fond se dessinent, majestueux, les sommets de la Sierra Nevada. La route, très sinueuse, est fermée de novembre à mai, mais on peut alors s'y rendre en ski de fond...

– **Tuolumne Meadows :** à plus de 7 *miles* à l'ouest de la Tioga Pass Entrance (l'entrée est du parc), sur la très belle route 120 (ou Tioga Rd), Tuolumne Meadows est une vaste prairie subalpine située dans la haute région, sauvage à souhait. Là se trouvent les paysages les plus rudes de la Sierra Nevada, qui sont parfois quasi lunaires. En raison du climat et de l'altitude (2 580 m), les forêts se font rares, au profit d'une maigre mais tenace végétation de haute montagne ; l'avantage, c'est qu'il fait bien moins chaud que dans la vallée, où la température avoisine les 40 °C en été. Les *rangers* du *Visitor Center* qui s'y trouve donnent toutes les infos nécessaires pour les randonnées, très populaires dans la contrée avoisinante. Une balade facile à faire (11 km aller-retour) mène à **Elizabeth Lake** (moustiques en été), où les moins frileux peuvent se baigner (eau très très fraîche !).

Trekking et autres activités

Yosemite est intéressant avant tout pour ses randonnées pédestres : le parc compte près de 1 350 km de *hiking trails*. Si vous « trekkez », consultez impérativement le journal de Yosemite. Il est très complet : parcours, distances, dénivelée, temps moyen... Les itinéraires sont innombrables et pour tous niveaux. Si vous partez plus d'une journée, il faut demander une autorisation *(wilderness permit)* gratuite au **Wilderness Center,** proche du *Visitor Center,* au Yosemite Village, ou dans l'une des 4 stations subsidiaires (à Wawona, à Big Oak Flat, à Hetch Hetchy ou à Tuolumne Meadows) ; attention, les *Wilderness Centers* ne délivrent cette autorisation que d'avril à octobre. Elle peut s'obtenir sur place le jour ou la veille du départ en randonnée, ou par réservation, ce qui n'est pas inutile en plein été, car devant l'affluence le nombre de randonneurs a été limité. On peut réserver jusqu'à 5 mois à l'avance par téléphone au ☎ 372-0740 ; ou en écrivant à *Wilderness Permits,* PO Box 545, Yosemite, CA 95389. Par courrier, précisez vos nom, adresse, téléphone, le nombre de participants à la randonnée, le moyen de transport (à pied, en raquettes, etc.), les dates de départ et de retour souhaitées et l'itinéraire prévu – sans oublier votre numéro de carte de paiement (avec date d'expiration) pour les 5 US$ de frais de réservation.

Si vous souhaitez juste des informations sur la randonnée : ☎ 372-0200.

● www.nps.gov/yose/wilderness ●

Ces précautions ne sont pas inutiles et permettent aux *rangers* de savoir où vous chercher en cas de non-retour dans les dates prévues. Évidemment, BIEN PRÉVENIR LES *RANGERS* DE VOTRE RETOUR. Les ours sont nombreux et moins gentils que ceux de Walt Disney. Des randonneurs se font attaquer chaque année, la plupart des voitures sont « contrôlées » chaque nuit, donc ne laissez pas traîner de nourriture quand vous campez ! Pour info, on peut louer des *bear cans* (boîtes pour nourriture s'ouvrant avec un tournevis) au magasin de sports. Un autre tuyau : ne fermez pas vos sacs à dos pour éviter que les ours n'arrachent les fermetures éclair. Moins dangereux mais beaucoup plus nombreux : les moustiques ! Un répulsif adapté est bien utile (voir le chapitre « Santé » dans les « Généralités »).

Et même si vous ne partez que pour une balade de quelques heures, renseignez-vous au *Visitor Center* sur la durée et la difficulté du chemin que vous souhaitez emprunter, cela vous évitera de vous embarquer pour un entraînement commando si vous aviez juste prévu de faire une petite promenade digestive !

➤ **Trek de 3 h** (parmi tant d'autres) *:* l'un des plus beaux (et des plus fréquentés !) consiste à partir d'Happy Isles (laissez votre voiture sur le parking du *Curry Village* et prenez le shuttle jusqu'à l'arrêt n° 16) et à atteindre Vernal Falls. Le chemin longe la rivière. On peut effectuer cette randonnée à cheval, mais les canassons emprunteront une autre route, moins belle. Les plus courageux continueront jusqu'aux Nevada Falls (ça grimpe, mais c'est superbe ; compter 6 h aller-retour). Pensez à prendre un K-way pour vous protéger de l'inévitable douche de la cascade.

➤ **Trek d'une grosse journée (l'ascension du Half Dome) :** on y accède par une sorte de via ferrata (escaliers creusés dans la roche, que l'on gravit à l'aide de câbles). Compter pour un marcheur expérimenté entre 10 et 12 h pour parcourir les 17 *miles* (environ 27 km) aller-retour entre la vallée et le sommet du Half Dome. Ouvert seulement de fin mai à mi-octobre.

➤ **Trek de 2 jours :** suivez le même itinéraire que pour le trek de 3 h ci-dessus. Puis, des Nevada Falls, continuez le chemin pour camper à *Little Yosemite Valley* (à environ 2,5 km des chutes). Ne pas oublier de demander un *wilderness permit* avant de partir. Site fantastique, mais attention à la rigueur de la nuit : il fait froid, car c'est à presque 2 000 m ! Le lendemain, revenez vers Glacier Point. Vue absolument superbe. Puis redescendez au Yosemite Village par le *4 Mile Trail.*

– *Pour faire trempette :* on peut se baigner dans la rivière Merced, qui coule au creux de la vallée, mais seulement de mi-juillet à septembre. Le reste de l'année, les rapides et la température glaciale de l'eau ne rendent pas la baignade très agréable ni prudente. Beaucoup de monde en été. Le lac Tenaga, sur la Tioga Rd, offre une eau limpide, calme et pas si froide.

➢ *Pour les vrais randonneurs :* des dizaines d'autres circuits de 2 à 10 jours. Voir aussi les *rangers*.

– *Remarques :* possibilité de laisser ses affaires dans les consignes *(lockers)* situées près du *Registration Office,* au *Curry Village* (mais elles sont souvent pleines). Il est interdit de couper des arbres sur pied (que ces arbres soient vivants ou morts !) et de récolter du bois dans tous les sites les plus touristiques (même si vous campez). Inutile, bien sûr, de penser faire un trek en hiver (dès novembre), à moins d'être un fana du ski de fond ou des raquettes.

– *Escalade :* la réputation de Yosemite dans le monde de la grimpe n'est plus à faire. Spécialité des *big walls,* des murs verticaux : Half Dome, Nut cracker, Serenity Crack, Sons of Yesterday, Direct North Buttress sont parmi les voies les plus renommées.

– *Rafting :* on peut faire du rafting sur la Merced river en louant tout l'équipement nécessaire au *Curry Village,* au même endroit que la location de vélos. Pour environ 13,50 US$ par personne, vous pourrez descendre la rivière sur environ 3 *miles* (entre 1 et 3 heures), et une navette vous ramènera au point de départ. Uniquement de fin mai à juillet, si le temps le permet. Infos au ☎ 372-8319.

– *Patinage :* si vous passez par là en hiver, vous pourrez profiter de la patinoire à l'air libre qui se trouve au *Curry Village.* On peut louer des patins pour pratiquement rien.

➢ DANS LES ENVIRONS DU YOSEMITE NATIONAL PARK

🎿 *Saddlebag Lake :* à quelques *miles* de la sortie est de Yosemite. Pour s'y rendre, prendre la 120 qui traverse le parc d'ouest en est par la Tioga Pass Entrance (on vous rappelle qu'elle est fermée d'octobre à juin). On passe dans les *meadows,* puis on grimpe et on sort du parc. Quand on commence à redescendre, dans un virage, à gauche, une route mène à Saddlebag Lake. Celle-ci devient une piste (très bonne) sur environ 2,5 *miles.*

On découvre alors un lac de haute montagne, superbe, dans lequel pêchent quelques amateurs de truite. Une bicoque en bois fait café et épicerie dans un style refuge de montagne. Des sentiers font le tour du lac, et d'autres permettent d'atteindre les cols qui le surplombent. Des canoës circulent sur le lac. Un « camping » à côté du café accueille les amoureux de calme.

ATTENTION : le lac est situé au-dessus de 2 500 m, et il y fait vite froid quand le soleil se couche.

SOUTH LAKE TAHOE IND. TÉL. : 530 (côté Californie) et 775
(côté Nevada)

Ville de vacances au sud d'un grand lac, à cheval sur la Californie (South Lake Tahoe proprement dite) et le Nevada (Stateline). Ce qui explique que d'un côté on admire le paysage, de l'autre on joue dans les casinos – et ce dès la ligne de la frontière franchie.

Le lac, aux eaux bleu azur, est entouré de belles forêts, surtout des conifères. Une superbe route panoramique en fait le tour, traversant une noria de bourgades touristiques. Les eaux sont si bleues, les plages si méditerranéennes d'aspect (sable, conifères sur la berge, ciel bleu comme en Provence), le tout si éclatant que l'on se croirait partout sauf en altitude ! Et pourtant, contrairement à ces apparences, le lac Tahoe est un authentique lac de montagne, qui culmine à 1 867 m au-dessus de la mer. Le climat y est ensoleillé, tout en restant très supportable grâce à l'altitude. Bien sûr, une telle merveille naturelle, si proche des grandes métropoles de la côte californienne, ne pouvait rester vierge *ad vitam aeternam*. Le tourisme s'y est développé à une vitesse foudroyante. Nombreux sont les habitants de San Francisco qui y débarquent le week-end ; bon nombre se sont fait construire des chalets. Et l'été, ils sont des milliers sur les plages et à barboter dans les eaux frisquettes, pratiquant des sports nautiques, se promenant en barque ou en hors-bord, se baladant en forêt, etc. C'est pourtant presque en hiver que la clientèle est la plus nombreuse : le lac est la porte d'accès à plusieurs stations de ski (de piste ou de fond). Les plus nombreuses se regroupent aux portes mêmes de South Lake Tahoe. Et n'oubliez pas qu'on est à deux pas de Valley Springs, qui fut un site olympique.

LE LAC TAHOE

– **Origine :** ce n'est pas un lac volcanique, mais un lac situé dans une cuvette formée par un effondrement du relief.
– **Dimensions :** 35 km du nord au sud, 19 km d'est en ouest. C'est le 3e lac le plus profond de l'Amérique du Nord (493 m).
– **Les eaux du lac Tahoe :** le lac est alimenté par la pluie et par la fonte des neiges et des glaces provenant des montagnes aux alentours. Curieusement, aucune goutte d'eau du lac ne rejoint l'océan. Une maigre rivière (la Truckee River) s'en va rejoindre Reno et même le Pyramid Lake, dans le désert du Nevada. La température tourne autour de 20 °C en moyenne en été, le long du rivage où l'on peut se baigner. Elle est plus basse dès que l'on s'éloigne des rives. Autre curiosité : la transparence. La clarté des eaux du lac Tahoe est si forte qu'à certains endroits, dit-on, des objets peuvent être vus à 22 m de profondeur. Toutefois, cette pureté légendaire est sérieusement menacée aujourd'hui. Des sédiments de plus en plus nombreux favorisent la prolifération d'algues. Celles-ci, petit à petit, assombrissent les fonds ; la clarté diminue. En outre, malgré des mesures draconiennes, la pollution n'arrange rien. Le pire : les rejets domestiques des maisons, des bateaux à moteur (hors-bord) et particulièrement ceux des jet-skis.

Comment se déplacer ?

➢ **En bus et trolley Area Transit Management (ATM) :** ☎ 542-6077 ou 1-800-COMMUTE. Gère les différents services de bus dans la région de South Lake Tahoe. Le plus utile, le *Stage,* dessert le centre-ville de 6 h à 1 h tous les jours. Comme toujours, monnaie exacte exigée (1,25 US$). De la mi-juin à la mi-septembre le *Nifty-Fifty Trolley* circule à raison d'un par heure, de 10 h à 23 h, entre Zephyr Cove – au Nevada – et Emerald Bay (2 US$).
➢ Le *Tahoe Lake Lapper,* bien pratique pour ceux qui n'ont pas de voiture, effectue le tour du lac en 20 arrêts et 2 h 45. Fonctionne de 8 h à 19 h 45 (22 h 45 les vendredi et samedi). ☎ (530) 542-5900.
➢ En saison, les **stations de ski** offrent toutes des services de **navettes gratuites** pour gagner la base de leurs pistes – plutôt que celles des autres...

Pour savoir où les prendre : ☎ (530) 541-7548 pour Heavenly et Sierra-at-Tahoe, ☎ (775) 588-4472 pour Kirkwood.

➤ *À vélo :* voir la rubrique « Adresses utiles », ci-dessous.

Adresses utiles

US Forest Visitor Center *(plan, 1) :* à Camp Richardson. ☎ 573-2674. À un bon *mile* à l'ouest de la ville, le long de la route US 89. Pour les infos sur l'environnement, c'est ici. Très serviable, et l'on peut voir une coupe souterraine de rivière qui permet d'observer les poissons (notamment les saumons en octobre) et les animaux d'eau douce batifoler dans leur élément naturel.

South Lake Tahoe chamber of commerce *(plan, 2) :* 3066 Hwy 50. ☎ 541-5255. Fax : 541-7121. ● www.tahoeinfo.com ● Ouvert du lundi au samedi de 8 h 30 à 17 h.

✉ *Poste :* 3962 Hwy 50. À la jonction du Pioneer Trail. Ouvert en semaine de 9 h à 17 h.

🚌 *Terminal Greyhound :* au cours des dernières années, le terminal a déménagé 4 fois ! Ces derniers temps, il se trouvait au *Thunderbird Motel,* 4123 Laurel Ave – une petite rue parallèle à la Hwy 50 (la première en direction du lac), juste avant la frontière avec le Nevada. ☎ 543-1050 ou 1-800-231-2222. Trois bus par jour dans chaque sens pour San Francisco (6 h) via Sacramento et Oakland.

■ *Location de bicyclettes :* Lakeview Sports, 3131 Hwy 50. ☎ 544-0183. En face du *Campground By The Lake.* VTT à 25 US$ par jour. Possibilité de louer tout son équipement de ski à prix raisonnable : à partir de 12 US$ par jour et environ 45 US$ par semaine pour skis et chaussures.

Où dormir ?

Ceux qui dorment dans les motels ont vraiment intérêt à ne pas venir le week-end : les prix grimpent alors d'une façon vertigineuse, et il est difficile, malgré le très grand nombre d'établissements, de trouver une chambre. En semaine, en revanche, et surtout hors saison, la compétition est telle que les prix sont vraiment plancher : à partir de 20-25 US$ la double. Si vous désirez vous rendre à la plage de South Lake Tahoe (payante), il peut être intéressant de demander si l'hôtel fournit ou non un *beach pass* – c'est toutefois rarement le cas pour les moins chers.

Autre précision, la Hwy 50 changeant de nom en traversant la ville, nous avons pris le parti de toujours la désigner par Hwy 50.

Les bourgades encerclant le lac sont loin d'être dépourvues de motels, hôtels et *B & B* de toutes sortes, mais les prix qui y sont pratiqués sont nettement plus élevés qu'à South Lake Tahoe.

Campings

Bon nombre de campings, tant à South Lake Tahoe que sur le pourtour du lac, n'ouvrent qu'à partir de mai ou juin.

⋀ *Campground By The Lake* *(plan, 10) :* 1150 Rufus Allen Blvd. ☎ 542-6096. Derrière le bureau de la chambre de commerce, au bord de la Hwy 50. Emplacement autour de 12 US$. En bord de route, mais pas bruyant. On plante sa tente sous les pins, entre les écureuils. Il arrive même qu'on ait la visite d'un coyote. Douches chaudes, toilettes bien équipées.

⋀ *Eagle Point Campground :* réser-

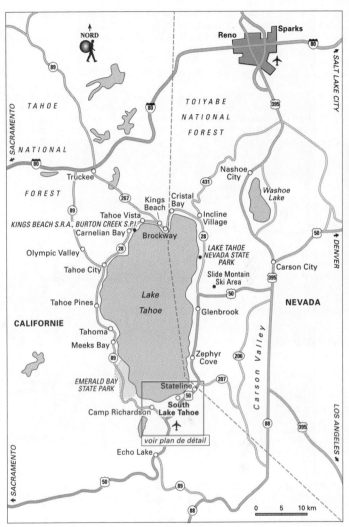

LE LAC TAHOE

vations, ☎ 541-3030 ou 1-800-444-7275. À environ 4 *miles* au nord-ouest de South Lake Tahoe, sur la route 89. Ouvre en mai. Emplacement autour de 12 US$. Site superbe (le plus beau autour du lac), donnant sur l'Emerald Bay. Les emplacements sont éparpillés dans un bois surplombant une charmante crique. On vit au milieu des écureuils (cer-

tains sont porteurs de la rage, alors méfiance !). Les plus beaux emplacements pour la vue sont ceux qui vont du n° 54 au n° 70, à la pointe extrême du camping.

⚊ *D.L. Bliss State Park Campground :* ☎ 525-7232. Sur la Hwy 89, à environ 6 *miles* à l'ouest de South Lake Tahoe, après l'Emerald Bay. N'ouvre qu'à partir de mai,

SOUTH LAKE TAHOE

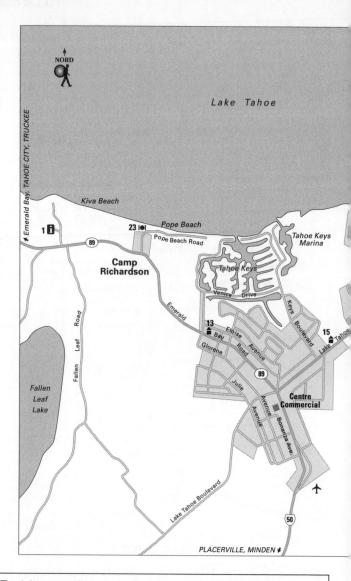

- ■ **Adresses utiles**
  - 🛈 **1** US Forest Visitor Center
  - 🛈 **2** South Lake Tahoe chamber of commerce
  - ✉ Poste
  - 🚍 Terminal Greyhound

- ⚊ **Où dormir ?**
  - **10** Campground By The Lake

- **11** Doug's Mellow Mountain Retreat
- **12** Pioneer Inn Motel
- **13** Lazy S Lodge
- **14** National 9 Inn
- **15** Motel 6
- **16** Royal Valhalla Motor Lodge
- **17** Sail In Motel

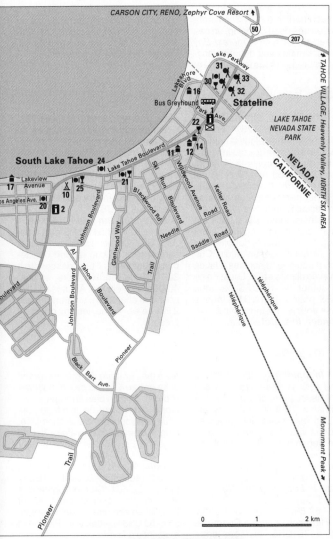

SOUTH LAKE TAHOE

SOUTH LAKE TAHOE

|◐| ▼ Où manger ? Où prendre le petit dej' ? Où boire un verre ?	

20 The Sprouts Café
21 The Brewery
22 Alpen Sierra Coffee Company
23 The Beacon Restaurant

24 Heidi's
25 The Tudor Pub & Restaurant
30 Harvey's

🏃 Casinos-hôtels

30 Harvey's
31 Horzon
32 Harrah's
33 Caesar's

lorsque la neige a fini de fondre. L'emplacement à 12 US$ environ. Encore un très beau camping, un peu moins en pente que l'*Emerald Bay State Park* mais avec des emplacements ombragés (sous les sapins) et relativement espacés. En plus, il y a une plage quasi méditerranéenne en bas, des coins pique-nique, des kilomètres de sentiers de randonnée. Parfois des ours en goguette.

De très bon marché à bon marché

🛏 *Doug's Mellow Mountain Retreat (plan, 11) :* 3787 Forest. ☎ 544-8065. ● hostelguy@hotmail.com ● À un bon *mile* des casinos et à 0,5 *mile* du lac. Depuis la Hwy 50, prendre Wildwood Ave ; Forest est la 3ᵉ à gauche. Compter un bon 15 US$ par personne. Une auberge de jeunesse *(youth hostel)* privée, dans les bois, avec billard, skis sur les murs, appareils de gym. Chambres à 3 ou 5 lits (petits dortoirs). On peut également louer un studio. Cuisine bien équipée, machines à laver. Salon avec divans et TV. Location de vélos autour de 10 US$ par jour, 15 US$ pour 2 jours. Une bonne adresse pour les routards sac à dos.
🛏 *Pioneer Inn Motel (plan, 12) :* 3863 Pioneer Trail. ☎ 544-5728. Grandes chambres classiques et bien tenues, très bon marché en semaine hors saison (à partir de 20-25 US$). Toujours très raisonnable en été du dimanche au jeudi (30 à 55 US$ selon le nombre de lits), mais les prix s'envolent le week-end, atteignant 75 à 95 US$.
🛏 *National 9 Inn (plan, 14) :* 3901 Pioneer Trail. ☎ 541-2119 ou 1-800-293-0363. Ce motel simple mais très correct offre un bon rapport qualité-prix en semaine : il peut descendre à 25 US$ la double hors saison, 40 US$ en plein été. Ajouter 10 US$ pour une chambre plus grande avec 2 lits. Le week-end, les prix doublent presque.

Prix moyens

🛏 *Sail In Motel (plan, 17) :* 861 Lakeview Ave. ☎ 544-8615. Les prix varient assez peu : de 60 à 70 US$ en semaine, 70 à 80 US$ le week-end. L'un des motels les mieux situés de la ville, ancré juste au-dessus de Regan Beach. Les chambres, assez classiques, sont tournées pour partie vers le lac, juste derrière un carré de gazon.
🛏 *Lazy S Lodge (plan, 13) :* 609 Emerald Bay Rd. ☎ 541-0230 ou 1-800-862-8881. Fax : 541-2503. ● www.lazyslodge.com ● Chambres de 60 à 75 US$, *cottages* entre 100 et 120 US$. Réductions d'octo-bre à mai. Entouré d'arbres, un grand bâtiment en U avec des bungalows et des chambres bien arrangées. Les moins chères ont un minifrigo ; les *cottages* disposent d'une cheminée, d'une cuisine et d'un salon. Piscine et gazon. Bon accueil. On peut louer des vélos juste à côté.
🛏 *Motel 6 (plan, 15) :* 2375 Hwy 50. ☎ 542-1400 ou 1-800-4-MOTEL-6. Fax : 542-2801. Ce motel classique voit ses prix osciller entre 45 et 65 US$ en semaine selon la saison, 55 à 80 US$ le week-end. Piscine et machines à laver.

Plus chic

🛏 *Royal Valhalla Motor Lodge (plan, 16) :* 4104 Lakeshore Blvd. ☎ 544-2233 ou 1-800-999-4104. Fax : 544-1436. ● royalval@aol.com ● À partir de 65 US$ hors saison sans vue et avec un seul lit, jusqu'à 120 US$ en été avec balcon tourné vers le lac. Motel assez chic, situé au bord du lac, dans un coin calme et plutôt vert, et non loin des casinos. Chambres spacieuses, d'un bon niveau de confort, avec frigo, cafetière et petit dej' inclus

– certaines avec cuisine. Suites de 2 ou 3 chambres, plus chères (mais intéressantes pour les familles) et piscine chauffée.

Où manger ? Où prendre le petit dej' ? Où boire un verre ?

Comme à Las Vegas, les casinos sont les endroits les moins chers pour manger (tout est bon pour attirer les joueurs). Pensez à demander des *fun books* gratuits dans les motels pour obtenir des réductions dans les casinos.

Bon marché

|●| ♟ *Harvey's (plan, 30) :* sur la Hwy 50. ☎ (775) 588-2411. Casino connu pour son somptueux *graveyard breakfast* très abordable (autour de 7 US$), servi de 7 h à 11 h au *Garden Buffet* : omelettes à la demande, œufs, gaufres, *pancakes*, céréales, fruits, jus, etc. *Harvey's* est aussi réputé pour son *seafood brunch* dominical au champagne (moins de 15 US$, servi de 7 h à 14 h 30). Le casino abrite aussi le *Hard Rock Café* et plusieurs restaurants.

|●| *The Sprouts Café (plan, 20) :* 3123 Harrison Ave, angle Hwy 50 et Alameda Ave. ☎ 541-6969. Ouvert tous les jours de 8 h à 22 h. Petit resto à tendance bio tenu par des jeunes sympathiques. Carte variée : *bagels,* sandwichs, soupes, salades, lasagnes, *hommous*, et tout plein de jus frais et de *smoothies*. Si vous n'avez jamais essayé le jus de blé *(wheatgrass)*, c'est l'occasion : les

jeunes pousses sont récoltées devant vous, aux ciseaux, dans de grands plats où elles poussent ! Ajoutez à cela une agréable terrasse pour les beaux jours et vous obtiendrez une excellente adresse pour le petit dej' – le meilleur rapport qualité-prix de la ville.

♟ *Alpen Sierra Coffee Company (plan, 22) :* 3940 Hwy 50. ☎ 544-7740. *Coffee-house* plutôt sympa, avec de bons cafés venus du monde entier. Le plafond est peint de paysages et d'animaux représentant leurs contrées d'origine. On peut aussi acheter quelques pâtisseries. Dommage que l'accueil soit un peu tristounet.

|●| ♟ *The Brewery (plan, 21) :* 3542 Hwy 50, en face de l'entrée du Lakeland Village. Maisonnette qui fait café-snack. Fabrique ses propres bières : 6 variétés différentes. Pizzas. Ça manque plutôt d'ambiance par ici, surtout dans la journée.

De prix moyens à chic

|●| *Heidi's (plan, 24) :* 3485 Hwy 50. ☎ 544-8113. Ouvert tous les jours de 7 h à 14 h. Compter une petite dizaine de dollars par personne. Malgré ses airs de chalet suisse, garé sur le bord de la route, et ses blasons des provinces helvétiques, la maison est spécialisée dans les petits déjeuners à l'américaine. D'ailleurs, le proprio est tout ce qu'il y a de plus local, et s'il a choisi le thème alpin, c'est uniquement parce que sa petite-fille s'appelle Heidi ! Le choix est vaste, les plats très copieux et de bonne qualité, mais les prix sont

assez élevés. À midi, on doit se contenter de *burgers* et de sandwichs.

|●| *The Beacon Restaurant (plan, 23) :* 1900 Jameson Beach Rd. ☎ 541-0630. Situé au Camp Richardson, à un bon *mile* à l'ouest de South Lake Tahoe, et au bord même du lac. Ouvert tous les jours à partir de 11 h 30. Compter autour de 10-12 US$ pour un déjeuner. À midi, la carte se limite essentiellement au *fish and chips* (frais et excellent), sandwichs et salades, mais le restaurant est alors plus abordable, et c'est lo-

giquement le meilleur moment pour profiter de la vue depuis la terrasse. Le soir, les plats sont plus habillés et les prix grimpent (18-25 US$). Sachez qu'un droit de parking de 5 US$ vous sera demandé à l'entrée, déduit ensuite de la note.

I●I ▼ *The Tudor Pub & Restaurant* (plan, 25) : 1041 Fremont St. ☎ 541-6603. Ouvert tous les jours à partir de 11 h. Compter entre 18 et 25 US$ par personne. Situé derrière la *Lakeview Plaza*, sur le bord d'une rue peu passante, le *cottage,* tout en noir et blanc, semble tout droit sorti de la campagne anglaise. À l'étage, un pub très *british* débite Guinness et London Pride à la pression *(pub fare)*. Au rez-de-chaussée, le restaurant *(Dory's Oar)* affiche un air à la fois chic et cosy. Avant d'élire domicile ici, les Simpson ont régalé jusqu'aux membres de la famille royale ! Anglais direz-vous ? Pas sûr. En fait, le menu s'inspire de la nouvelle cuisine, avec de notables influences Pacific Rim : napoléon de thon, quenelles de confit de canard, espadon grillé, etc.

Très chic

I●I *Riva Grill :* 900 Ski Run Blvd. ☎ (530) 542-2600 ou 1-888-734-2882. Sur le boulevard principal, en venant du Nevada, tourner à droite vers le lac, après le *McDo.* Plats de 15 à 25 US$ environ. Terrasse magnifique sur le lac ; avec des parasols illuminés la nuit ; sinon, la grande salle à manger est superbe (splendide escalier en acajou) aussi mais vite bruyante. Quant à la table, il y en a pour tous les prix. Excellents *specials*. Belle carte des vins (le chardonnay maison est très bien). Service attentif. Une bonne adresse loin du grand boulevard central trop bruyant.

À voir. À faire

➤ *La route panoramique autour du lac (shoreline) :* cette route, longue de 70 *miles* environ, offre des points de vue superbes ; les pressés seront contents puisque les plus beaux sites sont à une dizaine de *miles* à l'ouest de South Lake Tahoe.

Si vous avez de bons mollets, louez un vélo (adresse plus haut) pour aller jusqu'à la charmante *crique d'Emerald Bay.* La route, longée sur une partie du chemin par une piste cyclable, surplombe le lac. À un moment donné, elle décrit une courbe, puis grimpe sur une sorte de butte boisée d'où l'on aperçoit à droite et à gauche, en contrebas, les eaux turquoise du lac Tahoe et d'un autre petit lac, le Cascade Lake. Il y a quelque chose de fascinant : la route semble si étroite sur son dôme de terre qu'on la dirait jaillie de nulle part, posée sur presque rien. C'est là que se trouve le point de vue justement nommé Inspiration Point.

– Aux alentours, plein d'agréables balades à faire à pied dans la forêt.

➤ *Emerald Bay :* le sentier pour s'y rendre fait 1 *mile.* Aujourd'hui, l'Emerald Bay fait partie d'un *State park.* Dans les années 1930, une riche veuve y fit construire une pseudo-forteresse de 38 pièces, inspirée de l'architecture scandinave, le Vikingsholm Castle. Il paraît qu'elle trouvait que la baie ressemblait à un fjord (à part les sapins...). Sur l'îlot de Fannette, Mrs Knight avait même fait aménager une « maison de thé ». Aujourd'hui, on peut visiter la demeure, de mi-juin à début septembre, de 10 h à 16 h. Il est possible de se baigner dans l'Emerald Bay en été.

🦌 *Les casinos* (plan, 30, 31, 32 et 33) : à la sortie est de la ville. Valables seulement pour ceux qui ne connaissent pas Las Vegas, car ils n'ont ni leur splendeur ni leur démesure.

➢ *Excursion en bateau sur le lac (lake cruise) :* 3 départs par jour avec le *Tahoe Queen,* un joli bateau à aube, genre Mississippi, qui effectue une balade de 2 h sur le lac jusqu'à l'Emerald Bay. Moins romantique mais plus abordable, le *Tahoe Star* propose le même type d'excursion (20-30 US$).

➢ *Survol du lac en hydravion :* **Commodore Seaplane** organise des survols de 30 mn autour du lac à partir de mai ou juin. Extra ! 100 US$ le vol par personne pour une mémorable expérience. Départ de Tahoe City, à la Tahoe City Marina, au bord du lac (700 N Lake Blvd). L'avion est garé devant le resto *Grazie.* ☎ 583-0673 ou 1-888-SEAPLANE. On survole une partie du lac, surtout le sud, et notamment la superbe Emerald Bay. Réduction de 10 % sur présentation du *Guide du routard.*

➢ *Survol du lac en montgolfière :* avec *Lake Tahoe Balloons* (☎ 544-1221 ou 1-800-872-9294) ou *Balloons over Lake Tahoe* (☎ 544-7008). Fonctionne généralement de mai à octobre.

➢ *Parachute ascensionnel sur le lac (para-sailing) :* plusieurs compagnies proposent ce type d'activité, non seulement à South Lake Tahoe, mais aussi ailleurs autour du lac. Compter 40 ou 50 US$.

➢ *Jet-ski, locations de bateaux* (à voile ou à moteur), *de kayaks, de pédalos...* tout est possible un peu partout autour du lac.

SOUTH LAKE TAHOE

LE NEVADA

L'État du Nevada est né avec la guerre de Sécession et la ruée vers l'or en Californie. La chaîne montagneuse de la Sierra Nevada, qui traverse tout l'État, était la barrière à franchir pour accéder aux filons d'or, et jusque là, rares étaient ceux qui s'étaient risqués dans ce désert hostile. Les prospecteurs ont afflué, les villes ont poussé comme des champignons à proximité des mines, avant d'être finalement désertées et transformées en villes-fantômes qui témoignent de ces rêves brisés. En 1931, en pleine prohibition et surtout, alors que la crise boursière fait rage, le Nevada se trouve une autre poule aux œufs d'or : la légalisation du jeu, qui va de pair avec l'attitude ultra-libérale de l'État en matière de mariage et de divorce. Las Vegas, créée artificiellement *in the middle of nowhere,* ouvre officiellement ses premiers casinos légaux, la ville de Reno suit le mouvement et de fil en aiguille, le Nevada devient la capitale du bandit manchot. Un État étonnant que ce Nevada, vaste désert rocheux planté de yuccas, donnant l'impression de traverser une sorte de *No Man's Land.* Et tout d'un coup, dans une débauche de néons et de paillettes, de luxe et de démesure, surgit un des endroits les plus délirants de la planète, la ville-lumière au sens propre. *Welcome to Fabulous Las Vegas,* comme l'écrivent les panneaux. Clignotants bien sûr...

LAS VEGAS

1,6 millions d'hab.　　　　IND. TÉL. : 702

> **Pour le plan couleur de Las Vegas, se reporter au cahier couleur.**

À 275 *miles* (440 km) au nord-est de Los Angeles et 560 *miles* (900 km) au sud-est de San Francisco, Las Vegas s'ancre dans une plaine désertique écrasée de soleil, à l'extrémité sud de l'État du Nevada. Qu'on y aille pour s'amuser ou pour bronzer, pour s'y marier ou pour divorcer – ou les deux à la fois –, pour y jouer son fric et repartir sans sa chemise (le plus souvent), c'est la nuit qu'il faut y arriver, ou au coucher du soleil, pour voir s'allumer les milliers de néons clignotant... Las Vegas est un immense parc d'attractions pour adultes, traversé du nord au sud par le fameux Las Vegas Blvd, appelé plus communément le *Strip,* car on risquait (et on risque toujours !) d'y laisser sa dernière chemise après avoir tout perdu au jeu. Enfin, en plein été, une raison de plus d'arriver à Las Vegas de nuit : pendant la journée, la chaleur est intenable (voir plus loin la rubrique « Un climat de zone désertique »).

UNE VILLE, PLUSIEURS GENRES

La décennie 1990 et le début de ce nouveau siècle ont vu la folie immobilière reprendre du poil de la bête. Les immeubles, tous plus farfelus les uns que les autres, sont sortis de terre comme des champignons après la pluie. Plusieurs parcs d'attractions géants (Treasure Island, la Stratosphere, l'Adventuredome au *Circus Circus*) ont été créés sur le Strip afin d'attirer les familles, cette nouvelle clientèle sur laquelle Las Vegas, en quête de respectabilité, fait aussi son beurre aujourd'hui. Officiellement, les responsables du développement économique voudraient faire de la ville « un lieu d'accueil à voca-

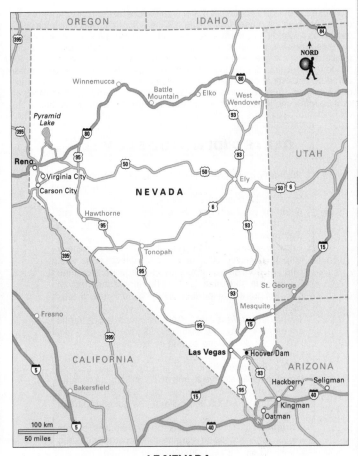

LE NEVADA

tion multiple ». Autrement dit, si, depuis des décennies, Las Vegas a construit sa réputation sulfureuse sur le jeu, l'argent et le sexe, elle ne tient pas à étouffer vivante sous cette image de cité débauchée. Pour commencer, la prostitution a été interdite dans le comté de Las Vegas, ce qui n'est pas le cas dans la plupart des autres comtés du Nevada. La ville a aussi entrepris, depuis plusieurs années, de se transformer en une immense ville-spectacle à l'image de Disneyland et d'Hollywood. L'objectif est déjà presque atteint. Oscar Goodman, surnommé « The Big O », le maire depuis 1999, tient à la respectabilité de sa ville (après 30 ans de bons et loyaux services rendus à la Mafia comme avocat : un comble !). De nombreuses familles accompagnées de leurs enfants déambulent dorénavant par grappes entières sur le *Strip*. Mais ce marché de l'enfance n'est pas aussi rentable que ce que les prévisions affirmaient. Alors les casinos essaient désormais d'attaquer le marché des générations montantes, tout en conservant leur côté « propre sur soi ». Mais la Cité Lumière en veut encore : redoutant la légalisation du jeu dans les autres États américains (42 déjà), elle a entrepris, pour assurer ses arrières et pour résister à la concurrence, de développer une infrastructure hôtelière d'un luxe toujours plus raffiné et d'une architecture toujours plus démente. Et de ce côté-là, c'est réussi. Las Vegas décline aujourd'hui ses multiples visages : métropole du jeu, théâtre de spectacles artistiques et musicaux parmi les plus étonnants et les plus professionnels de la planète, toujours d'une qualité exceptionnelle ; elle est encore parc d'attractions et se veut aussi ville de congrès. Enfin, depuis les attentats de *September 11th*, Magic Vegas demeure la destination touristique préférée (loin devant Hawaii et Orlando) des *Yankees* ; preuve que le légendaire rêve américain n'est pas mort, et qu'il se refait une jeunesse dorée à coup de milliards de billets verts !

CARTE D'IDENTITÉ DE LA VILLE

- **Population :** un peu plus de 1,6 million d'habitants (soit les trois quarts des quelque 2 millions d'âmes du Nevada). La population a doublé en 10 ans.
- **Nombre de visiteurs :** record battu en 2004, avec 37,4 millions de visiteurs (87 % d'Américains et 13 % d'étrangers).
- **Économie :** les hôtels et les casinos sont les principaux employeurs avec 25 % des emplois directs de la ville. Chaque nouvelle chambre d'hôtel crée en moyenne 2,5 emplois nouveaux. Le taux de remplissage moyen des hôtels est supérieur à 85 %, un record aux États-Unis.
- **Gains des casinos :** en 2004, les casinos de Las Vegas ont gagné environ 6,8 milliards US$; soit plus de 2 fois le montant de la dette extérieure d'un pays comme le Mali...
- **Gains des joueurs :** le plus gros de tous les jackpots jamais gagnés s'élève à près de 35 millions de dollars ! En moyenne chaque année, plus de 50 personnes gagnent plus de 200 000 dollars. Les autres repartent plumés.
- **Mariages :** la ville compte environ 50 chapelles, et près de 130 000 licences de mariage sont accordées chaque année à Las Vegas. Bon, toutes ne sont pas homologuées. En effet, il y a des couples qui se marient à Las Vegas juste pour le fun et l'émotion, mais ne font pas valider leur mariage. Il n'a alors que la valeur que les mariés veulent bien lui accorder. Un truc à la mode pour les Américains : se remarier « pour de faux » après 10, 20 ou plus d'années de mariage, histoire de revivre ce moment qui, pour le coup, n'est plus unique. Céline Dion s'est « remariée » au *Caesars Palace* en 1999 après 5 années de mariage avec son R'né.
- **Autres records :** plus tristement, Las Vegas est la ville américaine qui compte le plus de suicides et d'infarctus. Ah, l'enfer du jeu...

UN PEU D'HISTOIRE

C'est à la construction du chemin de fer, en 1905, que la ville doit d'exister (elle a donc célébré son 100e anniversaire en 2005). Située en plein désert,

NOS NOUVEAUTÉS

GUIDE DE CONVERSATION ALLEMAND (paru)

L'allemand, trop complexe ? Plus d'excuse avec ce guide de poche. Ludique et complet, il répertorie plus de 7 000 mots et expressions. Tout le lexique pour organiser votre voyage ou simplement discuter autour d'une bière. Un outil indispensable qui rend accessible à tous la langue de Goethe.

GUIDE DE CONVERSATION ANGLAIS (paru)

Certes votre accent *frenchy* est irrésistible, mais encore faut-il avoir le vocabulaire adéquat ! La langue privilégiée de l'échange dispose désormais d'un nouveau guide. Dans votre nouvel indispensable, des centaines de phrases-clés pour toutes les situations de voyage. *Exit* le temps du bégaiement hésitant : le routard que vous êtes peut désormais s'épanouir hors de nos frontières. *Have a good trip !*

la vallée de Las Vegas (nom signifiant « Les Prairies ») avait d'abord été, en 1840, un lieu de campement pour les caravanes qui empruntaient la vieille piste espagnole reliant Santa Fe à la Californie.

Le divorce ou le mariage, selon la constitution des différents États, généralement d'inspiration puritaine ou catholique, était chose difficile. Il fallait de longs délais et de sérieux motifs. Le Nevada se montra libéral dans ce domaine. On devait pouvoir marier cow-boys et pionniers, qui n'étaient là que de passage, le plus rapidement possible. Pour le divorce, en fait de délai, les autorités locales ne vérifiaient que la qualité de résident de l'État, qui s'acquérait au bout de 6 semaines. L'aspirant au divorce n'avait donc qu'à prendre 42 jours de vacances dans un hôtel de Las Vegas pour l'obtenir. Quant au motif, le Nevada se chargea également de le fournir ; on y inventa la notion de « cruauté mentale ».

Le mariage est une formalité encore plus simple : il n'est même pas nécessaire de justifier d'un temps de résidence. Il suffit d'être deux et de remplir un formulaire. Chaque année, Las Vegas voit ainsi débarquer des centaines de milliers d'Américains ou de touristes pressés de nouer les doux liens du mariage, ou anxieux de les rompre.

L'attitude des autorités vis-à-vis du jeu découle sans doute de la libéralisation du divorce. Il fallait bien occuper les « clients » pendant leurs 42 jours de loisirs. Aussi en 1931 tous les jeux furent-ils autorisés, sans aucune espèce de formalités. Tout commença autour du noyau dur de la vieille ville, sur Fremont St, qui porte le nom de John Fremont, célèbre explorateur de l'Ouest américain au XIXe siècle. Cette rue historique cumule de nombreuses premières. Le premier hôtel de Las Vegas, l'*Hotel Nevada,* y ouvrit ses portes en 1906 : c'est aujourd'hui le *Golden Gate Hotel.* Fremont St fut aussi la première rue à être pavée en 1925. La première licence de jeu fut accordée en 1931 au *Northern Club,* le premier néon installé en 1934 au *Boulder Club.* Plus que le chemin de fer ou la roulette, l'image de marque du Nevada est la machine à sous *(slot machine).* Celle-ci est née à l'époque de la Prohibition. Il s'agissait en fait de distributeurs de bonbons, quelque peu transformés.

Bugsy Siegel, gangster et visionnaire

Tout s'accéléra avec l'entrée en scène de « l'homme le plus dangereux d'Amérique », un certain Benjamin Siegel, dit « Bugsy » (cinglé en yankee). Ce gangster richissime et d'une violence inouïe ne manquait pas d'idées. Truand oui, mais pas bête ! Il contrôlait le plus grand réseau de jeux et de prostitution de Los Angeles. Obnubilé par le cinéma, hanté par sa propre mégalomanie, il envoya dans le Nevada son homme de confiance, Little Moe Sedway. Ce dernier repéra un petit établissement, *El Rancho Vegas,* que Bugsy acheta, soutenu financièrement par le boss, Meyer Lansky. Ainsi, Bugsy fit construire le *Flamingo,* le premier casino « géant » de Las Vegas. Inauguré à Noël 1946, ce fut au départ un désastre financier. Peu de temps après, Bugsy fut assassiné d'une balle dans l'œil dans la maison de sa maîtresse à Beverly Hills. Mais la poule qui était dans l'œuf du *Flamingo* se mit alors à pondre des œufs d'or ; tant et si bien que le succès déferla bientôt sur la ville tout entière. Le *Flamingo* existe toujours aujourd'hui, dépassé en grandeur par la nouvelle génération des méga-casinos. Il profita d'une considérable publicité gratuite lorsque fut tourné le film *Bugsy* (avec Warren Beatty), qui raconte les tribulations de la création du casino par son génial truand-promoteur...

Une expansion fulgurante

La Sécurité sociale n'assurant pas les retraites aux États-Unis, ce sont les syndicats qui collectaient les fonds pour leurs propres caisses. Le puissant syndicat des camionneurs (les *teamsters*) disposait de liquidités énormes qu'il décida de placer. Ses liens avec la Mafia l'incitèrent à investir dans les casinos de Las Vegas, dès 1945-1946. Outre leurs énormes profits, ces entreprises avaient et ont toujours un très gros avantage : la quasi-totalité de l'argent amassé par le biais des jeux est en liquide. À partir de 1966, le milliardaire Howard Hugues se lança dans une campagne virulente contre la Mafia. L'objectif de Hugues n'était pas de chasser les maîtres de la ville, mais de casser leur monopole sur les jeux d'argent. Il fit pression sur les élus du Nevada afin que n'importe quelle entreprise cotée en bourse puisse légalement obtenir une licence nécessaire à l'ouverture des casinos. Les patrons des casinos-hôtels virent alors arriver une nouvelle race d'investisseurs : les puissantes chaînes hôtelières comme *Hilton* ou *Mirage,* et même des sociétés commerciales comme *ITT.*

BABYLONE CORRIGÉE PAR DISNEYLAND

Royaume du kitsch, de l'extravagance et de la mégalomanie ; factice des pieds à la tête ; Las Vegas est sans conteste, plus encore que New York City ou L.A., la ville la plus démente des États-Unis. Certains affirment même qu'on ne peut pas avoir compris le pays si on n'a jamais mis les pieds ici. Tout est possible (il a même neigé en 1973). Las Vegas réunit à elle seule toutes les contradictions, toutes les folies américaines : démesure architecturale au cœur des grands espaces, débauche électrique, bouffe à volonté, hôtels atteints par la maladie du gigantisme (voir plus bas), frénésie de gagner ou de dépenser, règne de la Mafia alliée au show-business, mariages éclairs... Avouez que ça fait beaucoup pour un pays aussi puritain ! D'où son surnom : *Sin-City,* ou la « Ville du Péché » !
Pour tout cela, on pense vraiment que Las Vegas est à voir une fois dans sa vie, même si la ville devient rapidement écœurante pour notre sensibilité européenne. Car derrière le décor merveilleux, le spectacle est parfois terrible : cortèges de *homeless,* de vieux paumés et de jeunes défoncés, mélange de fauchés et de friqués hagards, venus s'échouer contre ce fantasme de la fortune facile ; et tout cela sur fond « musical » assourdissant des omniprésentes machines à sous. Voilà pour le côté « dégueu-Las Vegas » !
Il reste heureusement l'atmosphère unique de la ville, ses féeriques avenues clignotantes, son *entertainment* typiquement américain qui vous en met plein la vue, et un coût de la vie étonnamment moins élevé que dans le reste du pays. « Viva Las Vegas », chantait le King Elvis ! Alors un conseil : organisez-vous une nuit délirante et repartez vite pour les grands espaces avant que l'effet pervers de la déchéance ne se fasse sentir !

LES PLUS GRANDS HÔTELS DU MONDE

Preuve de sa mégalomanie galopante, 18 des 20 plus grands hôtels des États-Unis se trouvent à Las Vegas. Au hit-parade de la folie hôtelière, on trouve en tête le *Venetian* avec, tenez-vous bien, plus de 4 000 suites ! Le plus grand, le *MGM Grand,* compte un peu plus de 5 000 chambres. Le *Luxor* et le *Mandalay Bay* affichent, eux, plus de 4 400 chambres, l'*Excalibur* et le *Bellagio* plus de 3 900 chambres, etc.
Pour mieux comprendre, sachez qu'en additionnant le nombre des chambres des 6 principaux hôtels de la ville (*MGM, Venetian, Luxor, Mandalay Bay, Bellagio* et *Excalibur*), on atteint la capacité hôtelière des villes de San Francisco et San Diego réunies ! Et on n'a pas encore tout vu. Régulièrement, les hôtels s'enrichissent de nouvelles ailes, créent de nouvelles tours pour abriter toujours plus de nouvelles chambres. Sans oublier d'autres monstres comme le *New York-New York* (2 025 chambres), le *Paris-Las Vegas Casino Resort* (2 900 chambres) ou le tout nouveau *Wynn* (2 700 cham-

bres). Bref, d'après le *convention center,* la capacité hôtelière totale de Las Vegas a dépassé la barre des 135 000 chambres ! Et encore, on doit déjà être en retard de quelques milliers de chambres. La ville ambitionne de passer le cap des 150 000 chambres d'ici 2010. Pour terminer avec ces chiffres délirants et parfaitement futiles, on dira que Las Vegas possède 9 des 10 plus grands hôtels du monde. Le développement se poursuit, impénitent, en dehors de la ville, au Lake Las Vegas et à Henderson, au nord-ouest de la vallée de Las Vegas.

Et si on dormait à la belle étoile ce soir ?

UN CLIMAT DE ZONE DÉSERTIQUE

En été, à quelques degrés près, il fait *grosso modo* le même temps à Las Vegas qu'à Khartoum, au Soudan ! Contrairement à la Californie, zone subtropicale tempérée, la ville de Las Vegas est située au cœur d'un vaste désert où règne un climat aride, chaud et sec. Il ne tombe que 10 cm de pluie chaque année. Le soleil est omniprésent 211 jours par an et fait une apparition ponctuelle pendant au moins 320 jours.

– *De juin à septembre :* c'est la période la plus chaude de l'année. Les journées sont torrides. Et si la température moyenne est de 40 °C, il fait un peu moins chaud la nuit (24-25 °C).

– *De novembre à mars :* c'est l'hiver. Un drôle d'hiver où la température oscille autour de 13-18 °C dans la journée et peut tomber à 5 °C la nuit. Donc, l'air y est beaucoup plus respirable qu'en plein été. Prévoir quand même un vêtement genre veste ou blouson.

– *ATTENTION :* en été, gare aux sinusites, dues au contraste brutal entre la température torride du dehors et l'air climatisé, très frais, des casinos et hôtels.

Arrivée à Las Vegas en avion

✈ *Aéroport international Mac Carran (hors plan couleur par A2) :* situé à 1 *mile* seulement du *Strip.* ☎ 261-5211 (informations). ● www.mccarran.com ● Il figure parmi les aéroports les plus fréquentés au monde. Dès l'arrivée à l'aéroport, on est happé par le souffle barbare de la ville et l'enfer du jeu : des centaines de machines à sous sont plantées dans les salles d'attente de l'aéroport et jusque dans le hall de livraison des bagages !

🛈 *Bureau d'information touristique :* plusieurs dans l'aéroport (dont un au tapis des bagages). Ouvert 20 h sur 24. Documentation plutôt limitée.

Comment rejoindre le centre-ville depuis l'aéroport ?

➢ *En navette (shuttle) :* de l'aéroport, plusieurs compagnies de navettes privées desservent les principaux hôtels de Downtown et du Strip. Elles sont situées côte à côte, juste à l'extérieur de l'aéroport. Compter un bon 5 US$ par personne pour le Strip et autour de 6,50 US$ pour Downtown (à partir de la *Stratosphere*).

➢ *En taxi :* si l'on voyage à 3 ou 4 (il y a aussi de nombreux monospaces qui transportent confortablement 5 passagers et leurs bagages), le taxi revient presque moins cher : 12 à 15 US$ pour le Strip selon la distance ; et 15 à 20 US$ pour Downtown. Pour quelques dollars de plus, vous pourrez même vous offrir une arrivée en limousine !

➢ *En bus n° 108 ou 109* (Paradise-Swenson) *:* toutes les 30 mn entre 5 h 10 et 1 h 30 du matin. C'est le seul à desservir l'aéroport (1,50 US$). Il vous mènera au centre-ville en passant par l'hôtel *Las Vegas Hilton* à l'aller ; et le *Convention Center* au retour. Il croise le Strip à la hauteur de Sahara Ave.

Bon, franchement, avec vos bagages, ce n'est pas vraiment pratique. Et puis l'argent que vous économiserez, vous le perdrez de toute manière au jeu, alors à quoi bon ?

Circuler à Las Vegas

En bus

➢ La compagnie ***CAT (Citizens Area Transit)*** dessert toute la ville dans un rayon d'une vingtaine de kilomètres. Infos : ☎ 228-7433. Les bus circulent généralement de 5 h 30 à 1 h 30 du matin, tous les jours de la semaine. Un ticket dans le ***bus n° 301*** qui remonte et descend sans fin le Strip est à 2 US$, alors que pour voyager dans presque tous les autres bus un trajet vous coûtera 1,50 US$ (monnaie exacte exigée). *Pass* à la journée à 5 US$ (à demander au chauffeur). Si vous comptez rester un moment dans le coin, vous pouvez acheter un sac de 40 jetons à 20 US$ (il en faut 4 par trajet pour le bus n° 301 ; et seulement 2 pour un bus normal), ou un *pass* mensuel à 30 US$.
➢ De la station de bus *Greyhound,* si l'on se rend à l'*USA Hostel Las Vegas Backpackers,* à l'est de Downtown, prendre le bus n° 107 (24 h/24) depuis le bâtiment du DTC (à 4 rues au nord de la station de bus *Greyhound,* derrière le bâtiment de la poste). Attention, prenez bien soin de porter votre sac à dos comme une valise, car ils sont interdits dans les bus.

En trolley

➢ Le ***Las Vegas Strip Trolley*** dessert le Strip toutes les 15 mn environ entre la *tour Stratosphere* au nord et le *Mandalay Bay* au sud. Infos : ☎ 382-1404. Circule de 9 h 30 à 1 h 30 du matin. Compter 2 US$ le trajet (monnaie exacte exigée). *Pass* à la journée à 5 US$. Assez lent.

En monorail

➢ Plusieurs de ces petits trains suspendus relient gratuitement les hôtels-casinos appartenant aux mêmes proprios. Vous en trouverez ainsi entre le *Mirage* et le *Treasure Island* (de 9 h à 1 h), entre le *Bellagio* et le *Monte Carlo* (24 h/24), ainsi qu'entre le *Mandalay Bay* et l'*Excalibur* avec arrêt au *Luxor* (de 4 h à 2 h). Attention, ces horaires peuvent changer en fonction de la fréquentation touristique.
➢ Sinon, un autre réseau de ***monorails,*** payant lui, et complémentaire à l'autre réseau précédemment cité, relie d'autres hôtels du Strip, du *Sahara* au *MGM,* en passant par le *Las Vegas Hilton,* le *Las Vegas Convention Center,* le *Harrah's* et le *Imperial Palace,* le *Flamingo* et le *Caesars Palace,* le *Bally's* et le *Paris.* Compter 15 mn pour effectuer le circuit complet. Fonctionne tous les jours de 8 h à minuit. Tarif : 3 US$ par trajet, 20 US$ le carnet de 10 trajets, 10 US$ le *pass* d'une journée (plus cher que le bus n° 301, lire plus haut) et 25 US$ pour 3 jours. Tickets et *passes* s'achètent aux stations. Pour toutes infos, ● www.lvmonorail.com ●

En voiture

Tous les casinos du Strip disposent de ***parkings*** gratuits pour faciliter l'accès des joueurs. Si vous êtes en voiture, c'est une bonne alternative au bus ou à la marche forcée sous le soleil.

En taxi ou limousine

Si votre porte-monnaie le permet, voici 2 compagnies de taxi : *ABC Union Cab Co* (☎ 736-8444) ou *Yellow Cab Co* (☎ 873-2000). Enfin, si vos gains aux jeux sont importants, pourquoi ne pas continuer à flamber en limousine ? *Ambassador Limousine* (☎ 362-6200 ou 1-800-519-5466) ou *Las Vegas Limousines* (☎ 736-1419). Compter au moins 40 US$ l'heure.

Adresses et infos utiles

🄸 *Office de tourisme de Las Vegas à Paris :* voir les généralités, rubrique « Avant le départ ».

🄸 *Visitor Center* (plan couleur B2) : 3150 Paradise Rd, à l'angle de Convention Center Dr. Pour obtenir des infos par courrier, écrivez au : 3150 Paradise Rd, Las Vegas, NV 89109-9096. ☎ 892-7573 ou 1-800-332-5333 (des USA) ou 1-800-233-5836 (du Canada). Fax : 892-2824. ● www.visitlasvegas.com ● Ouvert tous les jours de 8 h à 17 h. Parking gratuit sur Convention Center Dr. Vous y raflerez un paquet de brochures (quelques-unes en français) sur les hôtels (on peut même vous mettre gratuitement en relation téléphonique avec une hôtesse qui donne la disponibilité des hôtels dans la catégorie de prix demandée, il y a parfois des *bargains*), restos, casinos et excursions dans la région. Procurez-vous les magazines gratuits *What's On* et *Show Bizz*, pour connaître le programme complet des spectacles, distractions et autres événements particuliers (nombreux coupons de réduction). Également pas mal d'infos très utiles dans la revue *Las Vegas* éditée par le *Visitor Center*, 2 fois par an. Et encore, pour les néophytes, le *Guide des jeux* détaille en français les mille et une façons de perdre son argent au baccarat, au craps, à la roulette, etc. Enfin, 15 mn de connexion gratuite à Internet.

Argent, change

– Des **guichets automatiques** permettent de retirer de l'argent dans pratiquement tous les casinos. Prudence évidemment, d'autant que les commissions sont énormes. Mieux vaut aller dans les ATM des banques, situées à l'écart du Strip.

Transports

– *Amtrak :* il n'y a plus de train à Las Vegas jusqu'à nouvel ordre. On prévoit une nouvelle gare pour... on ne sait pas quand !

🚌 *Greyhound Station* (plan couleur D2) : dans Downtown, 200 Main St (à la hauteur de Carson Ave). ☎ 384-9561. Ouvert 24 h/24. Départs vers Los Angeles (environ 40 US$) toutes les 2 h en moyenne. Pour San Diego, une dizaine de départs par jour. Environ 5 bus quotidiens pour Phoenix, 3 pour Denver, 5 pour Chicago, 1 pour Reno et 2 seulement pour Salt Lake City. Consignes et distributeurs d'argent *(ATM)*.

Internet

▣ Connexions gratuites à l'office de tourisme (lire plus haut) et à la bibliothèque municipale : **Las Vegas Library**, 833 Las Vegas Blvd N. ☎ 507-3500. Également à la bibliothèque du comté : *Clark County Library*, 1401 E Flamingo Rd. ☎ 507-3400. Généralement ouvert du lundi au jeudi de 9 h à 21 h ; de 10 h à 18 h le week-end.

Location de voitures

La plupart des grandes et moins grandes compagnies sont présentes à l'aéroport Mac Carran. Beaucoup d'annonces de journaux ont des offres de location intéressantes.

Santé

■ **Centre médical :** à l'*University Medical Center,* 1800 Charleston Rd. ☎ 383-2000. Sachez que la médecine ne peut rien contre la fièvre du jeu !

Où dormir ?

Encore une originalité de Las Vegas : les hôtels ne ressemblent pas à des hôtels ! En fait, chaque hôtel fait en même temps casino, à moins que ce ne soient les casinos qui fassent hôtels. Inconvénients : ce n'est pas toujours de tout repos (chambres parfois juste au-dessus des salles de jeu) et la réception est souvent perdue au milieu des machines à sous (!), sans doute pour inciter les clients à dépenser quelques dollars avant même d'avoir posé leurs valises ! Avantage : les prix des chambres sont faibles pour le pays à certaines périodes, histoire de vous attirer, justement, dans les casinos.
– Il y a plus de 135 000 chambres dans toute la ville. Et il s'en construit chaque année quelques milliers de plus. Si avec ça vous ne trouvez pas votre bonheur...
– **HYPER IMPORTANT :** il est **indispensable de prévoir à quelle période vous souhaitez venir et de réserver à l'avance.** Votre vision de la ville et surtout le prix que cela vous coûtera peut aller du simple... au quintuple. À Las Vegas il faut jouer malin. En dehors des périodes de congrès, de festivals, de Nouvel An et de week-ends (les Américains débarquant alors par dizaines de milliers), les grands hôtels sont parfois moins chers que les petits motels que nous mentionnons dans les catégories « Bon marché » ou « Prix moyens ». Un établissement hyper-chic, dont les prix « normaux » tournent autour de 150-200 US$, peut brader ses chambres à 40 ou 60 US$ quand il n'y a personne en ville (et surtout pas de congrès), notamment entre le dimanche soir et le jeudi soir. Inversement, certains petits motels, dont le prix de la chambre ne vaudrait pas plus de 40 US$, peuvent faire grimper leurs prix jusqu'à 200 ou 300 US$ aux dates les plus « chaudes ».
– **Conseil de base :** renseignez-vous sur Internet ● www.visitlasvegas.com ● ou par téléphone auprès du *Visitor Center,* pour connaître les dates exactes de congrès *(incentive),* puis allez sur les sites Internet des hôtels pour faire vos réservations en fonction des périodes « creuses » que vous aurez choisies. Cela vous coûtera moins cher de le faire sur Internet que par l'hôtel directement. Lors de certains gros rassemblements (comme la *Automobile Race* le premier week-end de mars), ce n'est même pas la peine de venir. Car on le rappelle, l'intérêt de Vegas, c'est justement son excellent rapport qualité-prix.
– **Petit paragraphe technique :** il faut savoir que les tarifs de chaque hôtel sont gérés par leur central de réservations et qu'ils sont calculés par un logiciel qui évalue au jour le jour les meilleurs prix à appliquer en fonction du taux de réservation, pour ramasser le plus de blé. Or, demander beaucoup pour une chambre lorsqu'il n'y a pas beaucoup de monde en ville est une mauvaise idée car la concurrence est vive. Donc, à ces périodes-là, les chambres sont bradées. À vous d'en profiter. Évidemment, ça demande un peu de calcul, de temps... et de machiavélisme, mais ça vaut vraiment le coup. Ici,

c'est œil pour œil, porte-monnaie contre portefeuille ! *ATTENTION,* certains hôtels exigent de rester au moins 2 nuits. Ceux qui viennent aux périodes de pointe payent le prix fort (sauf s'ils descendent à l'AJ). Perdus dans une foule en short, au milieu des flots de voitures sur le Strip et des marées humaines sur les trottoirs, ils ont alors beaucoup plus de mal à profiter des attractions gratuites – et bonjour la queue aux buffets !

– *Autre précaution à prendre :* mieux vaut s'installer à l'hôtel tôt. En effet, certains établissements pratiquent une politique de prix évolutifs selon l'heure d'arrivée. Le soir, si vous n'avez pas réservé, il peut vous en coûter jusqu'à 50 % de plus que le matin si leur taux de remplissage a soudainement augmenté au cours de la journée ! Bon, là, ça devient vraiment pervers.

– Si vous arrivez en bus ou en voiture, arrêtez-vous dans un resto ou un fast-food pour prendre des bons de réduction valables dans les hôtels ou motels. Pas étonnant qu'aux États-Unis, pour dire « bon marché », certaines publicités proclament : « At Vegas prices ! »

■ **Informations-réservations :** ☎ 1-800-332-5333 (tous les jours de 7 h à 19 h). Le plus important centre de réservations, géré par le *Convention and Visitors Bureau.* Gratuit, plutôt bien conçu, il vous propose les hôtels selon les tarifs du jour et le budget que vous désirez consacrer à votre nuitée. Possibilité de téléphoner du *Visitor Center* même.

Dans Downtown (quartier de la gare routière)

Bon marché

Les casinos les moins luxueux attirent une clientèle assez populaire. Les hôtels dépendant de ces casinos sont plutôt bon marché. De juin à septembre et le week-end, mieux vaut réserver.

🛏 **USA Hostel Las Vegas Backpackers** *(plan couleur D2, 10) :* 1322 Fremont St, à l'est de Downtown. ☎ 385-1150 ou 1-800-550-8958. Fax : (561) 258-4691. ● www.usahostels.com ● Lits en dortoir de 15 à 19 US$ en semaine, 2 à 4 US$ de plus en fin de semaine. Réduction de 2 US$ par nuit en réservant sur Internet. Chambres doubles également, autour de 41 US$ en semaine et 48 US$ le week-end (compter environ 15 US$ par personne supplémentaire). Petit dej' inclus. À partir de 2 nuits (ou d'une nuit pour deux), on vient vous chercher à la station Greyhound ou on vous remboursera le taxi à hauteur de 6 US$ maxi, avec un reçu. Navettes depuis l'aéroport (6,50 US$). Située à l'est de Downtown, cette AJ privée est installée dans un ancien motel. Ses chambres sont loin (très loin, même) d'être des suites, mais elle possède une vraie chouette ambiance d'AJ comme il n'en existe plus beaucoup. Parfaitement en décalage avec l'atmosphère de la ville. Vous pourrez donc profiter de la piscine et du jacuzzi. Tous les dortoirs – d'anciennes chambres reconverties (4 à 8 lits) – ont leur propre salle de bains et l'AC. TV câblée dans les chambres uniquement. Les portes sont peintes de drapeaux de différents pays. Vous trouverez en plus un billard, une laverie, une cuisine équipée, des consignes, un accès à Internet (payant) et des navettes pour le Strip 2 fois par soir, en été seulement (3 US$). Possibilité de barbecues sur la terrasse et pas de couvre-feu à l'horizon. Soirée endiablée toutes les semaines. Pizzeria attenante pas chère. Les voyageurs impénitents pourront profiter des navettes organisées au moins 2 fois par semaine (en principe les lundi, mercredi et vendredi) pour San Francisco et Los Angeles (autour de 40 US$ le trajet simple).

🛏 **Sin City Hostel** *(plan couleur D2, 11) :* 1208 Las Vegas Blvd. À partir de 19 US$ la nuit en dortoir, à peine plus le week-end. Petit déj' inclus. Non loin de la Stratosphère, à mi-chemin entre le Downtown et l'agitation du Strip. Une autre AJ, dans un grand bâtiment tout en longueur. Dortoirs de 6 lits assez basiques (sommier et matelas, point barre). Possibilité de s'isoler dans des doubles donnant sur les dortoirs, mais avec sanitaires communs. Cuisine commune, salon TV, laverie, accès Internet à 1 US$ pour 10 mn. L'ensemble manque un peu de personnalité, la déco est rudimentaire, mais bon esprit et accueil sympathique.

🛏 **Gold Spike Casino** (plan couleur D2, 12) : 400 E Ogden (et Little St). ☎ 384-8444 ou 1-877-467-7453. Fax : 384-8768. ● www.goldspikehotelcasino.com ● Compter 27 US$ pour une double et 37 US$ le week-end. Pour une suite, 42 et 52 US$. Breakfast compris. Surtout ne vous fiez pas à la réception ni au casino,

glauques et enfumés. Situé à deux blocs à peine de l'animation, cet hôtel moderne dispose de chambres propres et bien tenues, avec téléphone, TV, AC et salle de bains. Très intéressant : même prix quasiment toute l'année (70 US$ au maximum), parmi les moins chers de la ville. Bon rapport qualité-prix, donc souvent plein : réserver au moins un mois à l'avance.

🛏 **Budget Inn Hotel** (plan couleur D2, 13) : 301 S Main St ; pas loin du terminal des bus Greyhound. ☎ 385-5560 ou 1-800-959-9062. Fax : 382-9273. ● www.budgetinnhotel.com ● Chambres doubles à partir de 39 US$ en semaine et jusqu'à 75 US$ le week-end, voire le double au Nouvel An. Un des rares hôtels qui ne soient pas aussi un casino. Chambres très propres et plutôt confortables, avec douche, w.-c., TV et téléphone. Excellent accueil. Parking, thé et café gratuits.

De prix moyens à plus chic

🛏 **Main Street Casino Brewery Hotel** (plan couleur D2) : 200 N Main St, à l'angle d'Ogden Ave. ☎ 387-1896 ou 1-800-465-0711. Fax : 386-4406. ● www.mainstreetcasino.com ● Chambres doubles de 40 à 125 US$ selon la période et le moment de la semaine. Charmant hôtel de seulement très bien (!) 400 chambres, reconstituant une gare de l'époque victorienne (réception boisée particulièrement réussie). Tout confort évidemment : chambres agréables et joliment décorées dans des tons clairs. Les numéros impairs sont plus au calme. Une vraie affaire à certains moments, d'autant que les prix ne s'envolent pas ici. Côté resto, on y mange aussi très bien : le Triple 7 Restaurant & Brewery (bon marché) brasse sa propre bière, le Pullman Grille (steakhouse plus chic) possède un fabuleux décor, notamment un authentique wagon Pullman de 1926 dans la salle, sans oublier le Garden Court Buffet (voir notre rubrique « Où manger ? ») qui brille dans tout Las Vegas pour son rapport qualité-prix. On aime beaucoup cette

adresse, intimiste et loin des paillettes du Strip.

🛏 **Lady Luck** (plan couleur D2) : 206 N 3rd St, à l'angle d'Ogden Ave, au cœur de Downtown. ☎ 477-3000 ou 1-800-523-9582. Fax : 477-7021. ● www.ladyluck.com ● La chambre double tourne autour de 45 US$ en semaine pour grimper parfois jusqu'à 105 US$ le week-end. Ce casino à taille humaine, d'un bon rapport qualité-prix, est fréquenté par la middle class. Certaines chambres ont été rénovées ; à vous de voir.

🛏 **Four Queens** (plan couleur D2) : 202 Fremont St. ☎ 385-4011 ou 1-800-634-6045. ● www.fourqueens.com ● Compter de 40 à 300 US$ pour une double, selon saison, jour de la semaine et période de l'année. Situé dans la rue la plus animée de Downtown, ce casino à la façade flamboyante de lumières plutôt haut de gamme dispose de près de 700 chambres spacieuses et confortables. Tarifs vraiment intéressants à certaines périodes de l'année ; à vous de bien choisir.

Très chic

🏠 **Golden Nugget** *(plan couleur D2)* : 129 E Fremont St. ☎ 386-8121 ou 1-800-634-3454. Fax : 386-8362. • www.goldennugget.com • La double oscille entre 60 et 240 US$ la nuit, et les prix sont les plus bas en été (l'occasion de se payer un palace pour presque rien !). Au cœur de Downtown, cet hôtel-casino de luxe assez étonnant se fait un devoir de refuser la vulgarité et les matériaux bas de gamme. Les marbres et les tissus les plus chers sont utilisés pour la décoration. Pour une description plus détaillée, se reporter, plus loin, à la rubrique « Les casinos ». Su-

perbe hall d'entrée, d'un très grand raffinement. Chambres élégantes et rénovées récemment. Jolie piscine entourée de palmiers. L'hôtel abrite également un élégant établissement de bains et de détente, réservé aux seuls clients (ouvert de 7 h à 9 h, prix autour de 15 US$), avec une merveilleuse piscine à remous. Il propose enfin d'excellents restaurants, dont un *buffet* (voir notre rubrique « Où manger ? ») réputé dans tout Las Vegas pour la qualité de ses victuailles à prix riquiqui. Leçons de jeu certains jours.

Sur le Strip (Las Vegas Boulevard) et à proximité

De prix moyens à plus chic

Pas mal de choix dans cette catégorie, à des prix assez attractifs. Les 3 premières adresses citées sont des hôtels-casinos, les suivantes étant des motels.

🏠 **Tropicana** *(plan couleur A1)* : 3801 Las Vegas Blvd S. ☎ 739-2222 ou 1-800-634-4000. Fax : 739-2469. • www.tropicanalv.com • La nuit en chambre double de 40 à 200 US$, selon l'emplacement et la période. Certainement l'un des grands hôtels-casinos parmi les plus abordables du Strip. Chambres avec TV, téléphone, AC, dans une grande tour ou bien dans de petits bâtiments, certaines donnant sur l'immense et jolie piscine, bordée d'exotisme irrésistible. Une bonne adresse, également fréquentée par les filles des *Folies Bergère* qui s'y donnent chaque soir en spectacle (ah, les petites femmes de Paris !).

🏠 **Excalibur** *(plan couleur A1)* : 3850 Las Vegas Blvd S, à l'angle de Tropicana Ave. ☎ 597-7777 ou 1-800-937-7777. Fax : 597-7040. • www. excaliburcasino.com • Chambres doubles de 40 à 80 US$ en semaine, et jusqu'à 300 US$ le week-end en haute saison. Impossible à rater : de loin, on jurerait un mini-Disneyland !

Voici encore l'un des meilleurs *deals* de Las Vegas, avec tout le confort et les services d'un grand hôtel ; en prime, atmosphère médiévale en carton-pâte et un rien désuète. Plus de 4 000 chambres, 2 piscines, 6 restaurants, un spa et une chapelle pour les épousailles... Voir description détaillée dans la rubrique « Les casinos ».

🏠 **Circus Circus** *(plan couleur C1)* : 2880 Las Vegas Blvd S. ☎ 734-0410 ou 1-800-444-2472. Fax : 734-5897. • www.circuscircus.com • Compter en moyenne de 40 à 200 US$ pour une double. Le *Circus Circus,* né en 1968, fait un peu *has been.* Il est aussi assez excentré par rapport aux animations récentes du Strip. Cela dit, les tarifs en semaine et en basse saison sont vraiment attractifs. Chambres confortables et sans surprise, les mieux étant celles de la West Tower, récemment rénovées. Cet amusant mélange de casino, hôtel, fête foraine et cirque convient bien aux familles : les numéros de cirque donnés dans la mezzanine devraient plaire aux plus jeunes et les ados seront sans doute séduits par *l'Adventuredome,* le parc d'attractions de l'hôtel (un genre de Foire du Trône). En revanche, ne vous hasardez pas au buffet, pas cher mais graillonneux à souhait.

▣ *Motel 6 (plan couleur A1, 14) :* 195 E Tropicana Ave. Tout proche du Strip et de l'aéroport. ☎ 798-0728 ou 1-800-466-8356. Fax : 798-5657. ● www.motel6.com ● Pour une double, compter 52 US$ en semaine, et de 60 à 100 US$ le week-end ou lors de manifestations exceptionnelles (10 % de réduction en réservant sur Internet). Nickel et confortable, ce *Motel 6* est situé à seulement deux pas des grands casinos *MGM, Excalibur* et *Luxor.* Plus de 600 chambres, 2 piscines... Et pourtant souvent complet durant les vacances et le week-end. Penser à s'y rendre tôt le matin. Petite boutique face à la réception, pratique pour le réapprovisionnement de petites victuailles et l'accès Internet et un *7-eleven* à proximité pour les produits plus frais. Une très bonne adresse.

▣ *Americas Best Value Inn (plan couleur A1, 15) :* 167 E Tropicana Ave. Face au *MGM* et tout contre le *Motel 6* (derrière le restaurant *Coco's).* ☎ 795-3311 ou 1-888-315-2378. Fax : 795-7333. ● www. bestvalueinn.com ● De 40 US$ en semaine à... 130 US$ le week-end (sauf événements exceptionnels où, là, les prix peuvent s'envoler encore plus haut) pour une nuit en chambre double. Suites familiales avec frigo et micro-ondes à partir de 70 US$.

Bien situé pour tous ceux qui veulent rejoindre à pied les casinos du Strip. Les chambres ne sont pas très spacieuses, mais correctes ; machines à laver, petite piscine et jacuzzi en prime. Bon rapport qualité-prix. Ceux qui sont fatigués trouveront un resto bon marché sur place : *Coco's.* Accès Internet payant.

▣ *Super 8 Motel (plan couleur A1, 16) :* 4250 Koval Lane. ☎ 794-0888 ou 1-800-800-8000. Fax : 794-3504. ● www.super8.com ● La nuit en chambre double de 60 à 100 US$; mais peut atteindre 400 US$ lors de manifestations exceptionnelles en ville. Des trois motels *Super 8* de Las Vegas, il est le plus proche du Strip. Confort standard et piscine minuscule. Accès Internet payant mais navette gratuite pour l'aéroport. Petit resto pas cher juste à côté (Ellis Island, voir plus loin « Où manger ? », prix moyens).

▣ *Howard Johnson Inn (plan couleur C2, 17) :* 1401 Las Vegas Blvd, au nord du Strip et juste à côté de la Little White Chapel. ☎ 388-0301 ou 1-800-307-7199. Fax : 388-2506. ● www.hojo.com ● La double de 40 à 60 US$ en semaine, et jusqu'à 200 US$ le week-end. Un très bon motel de chaîne, construit autour d'une jolie piscine, dans un cadre verdoyant, paisible et agréable. Chambres impeccables et confortables, avec machine à café. Pour plus de calme, éviter si possible celles donnant sur Las Vegas Blvd. Accès Internet payant à la réception. Bon resto cubain sur place. Dommage, l'accueil n'est vraiment pas à la hauteur.

Très chic

▣ *Luxor (plan couleur A1) :* 3900 Las Vegas Blvd S. ☎ 262-4000 ou 1-800-288-1000. Fax : 262-4404. ● www.luxor.com ● Chambres doubles de 60 à 100 US$ en semaine et de 150 à 400 US$ le week-end ou lors de grandes manifestations en ville. Certainement l'une des belles réussites architecturales de Las Vegas. Dès l'aéroport, on aperçoit le sphinx, grandeur nature, qui veille

devant la pyramide, aussi grande que celle de Gizeh. À l'intérieur, plus de 2 500 chambres spacieuses, confortables, et dont le mobilier rappelle aussi la terre des pharaons avec un style que l'on pourrait qualifier : « fin de retour d'Égypte » ! Dans deux grandes annexes attenantes, également des chambres supplémentaires de même facture. Mais c'est plus marrant de dormir dans la pyramide ! Voir description détaillée dans la rubrique « Les casinos ».

🛏 *Hard Rock Hotel & Casino (plan couleur A2) :* 4455 Paradise Rd, à l'angle d'Harmon Ave (un peu à l'écart du Strip, tout près de l'aéroport). ☎ 693-5000 ou 1-800-693-7625. Fax : 693-5010. ● www.hardrockhotel.com ● La chambre double à partir de 80 US$ en semaine et jusqu'à 450 US$ le week-end le plus chargé. Évitez donc d'y venir le week-end... Sauf bien sûr si vous envisagez de jouer les jolis cœurs, car c'est le moment où vous rencontrerez le plus de monde, et de jeunes en particulier. Avec ses quelque 700 chambres très confortables, l'hôtel fait presque intime et donne dans la déco rock'n'roll délirante. On a adoré l'ambiance jeune et branchée, la musique évidemment excellente, et les vitrines thématiques dispersées un peu partout et dédiées tantôt à Elvis, tantôt aux guitares ou aux costumes de scène des stars du rock. Ne manquez pas celle qui renferme précieusement la veste en plumes de paon de Jimi Hendrix (dans le *Peacock Lounge*). La piscine est entourée de palmiers... et de sable, et dispose de plusieurs jacuzzis et d'un toboggan à eau. Nombreux restos dans le même esprit que ceux du *MGM*, dont le *Pink Taco*, vaste cantine mexicaine toujours bondée (prix raisonnables) et le très design et japonisant *Nobu*, annexe du resto new-yorkais de De Niro. Grande salle de spectacles *(The Joint)* qui a déjà accueilli Bob Dylan, James Brown, Tom Jones, Madonna, Elton John, Britney Spears et tant d'autres. Une programmation époustouflante ! Renseignements et réservations : ☎ 693-5000 (ou sur Internet). Navettes pour le Strip toutes les heures.

🛏 *The Mirage (plan couleur B1) :* 3400 Las Vegas Blvd S. ☎ 791-7111 ou 1-800-374-9000. Fax : 791-7446. ● www.mirage.com ● Le prix des doubles commence à 80 US$ en semaine, pour atteindre jusqu'à 500 US$ certains week-ends. Au cœur de ce désert du Nevada, *Mirage* est une véritable oasis où se côtoient jeux d'eau et nature luxuriante. Dans ce cadre exotique et chic, on

trouve aussi plus de 3 000 chambres confortables, mais à la déco plus conventionnelle. Belle piscine. Également pas mal de restos (dont un des meilleurs buffets de la ville : voir « Où manger ? »), attractions et spectacles réputés dans tout Las Vegas. Un ensemble très réussi, même si le prix n'a rien d'une illusion ! Voir aussi notre rubrique « Les casinos ».

🛏 *Paris-Las Vegas (plan couleur A1) :* 3655 Las Vegas Blvd S. ☎ 946-7000 ou 1-888-266-5687. Fax : 946-4405. ● www.parislasvegas.com ● Compter de 110 à 200 US$ pour une chambre double, et jusqu'à 350 US$ certains jours de grande affluence. Envie de vous payer une nuit avec vue sur la tour Eiffel ? Il ne vous en coûtera pas aussi cher qu'au Trocadéro, mais presque... Pour le prix, vous pourrez profiter de la piscine (située au pied de la tour Eiffel !), des tennis du *Bally's* juste à côté et du spa-*fitness* de la maison, sans oublier les 10 restaurants (dont l'excellent *Village Buffet* : voir notre rubrique « Où manger ? »), les 5 bars et... les 2 200 machines à sous ! Les chambres, avec salle de bains en marbre, sont bien équipées et très confortables, mais elles ne sont pas parmi les plus grandes ni les plus claires. Voir description détaillée dans la rubrique « Les casinos ».

🛏 *The Venetian (plan couleur B1) :* 3355 Las Vegas Blvd S. ☎ 414-1000 ou 1-888-2-VENICE. Fax : 414-4806. ● www.venetian.com ● Les tarifs commencent à 120 US$ en semaine, pour atteindre 400 US$ certains week-ends. L'un des plus agréables des grands hôtels-casinos de Las Vegas, le *Venetian* mêle le standing à un cadre assez dément et un peu moins kitsch que chez d'autres. Il abrite plus de 4 000 suites (pas de chambres simples) vraiment grandes (120 m²) et élégantes, avec de jolies salles de bains. Une tour en construction en prévoit 3 000 autres. Également une bonne quinzaine de restaurants, 2 halls pour des expos fabuleuses et une galerie marchande *(The Grand Canal Shoppes)* particulièrement originale... Voir aussi description dans notre rubrique « Les casinos ».

À l'extérieur de la ville

Campings

⚿ Deux **campings** à Boulder City (à 19 *miles* au sud-est de Las Vegas, au bord du Colorado) et plusieurs terrains autour du magnifique Lake Mead, à 20 *miles* à l'est de Las Vegas, en direction du Grand Canyon. Liste disponible au *Visitor Center* de Las Vegas.

Où manger ?

Profitez-en, Las Vegas est la ville des États-Unis où les prix des repas sont les moins chers ! Comme pour les chambres, les casinos se battent à coups de discount afin d'appâter les gogos dans les salles de jeux... Résultat : il est possible de se retrouver devant un buffet à volonté pour 6 US$, de se taper un dîner gargantuesque ou même de s'offrir un *champagne brunch* (la spécialité de Las Vegas) pour 15 US$! Même les boissons (thé ou café le matin et *soft drinks*) sont comprises dans le prix du buffet, et les enfants de moins de 10 ans bénéficient généralement de réductions. Quant au traditionnel pourboire (*tip*), il est réduit à 1 ou 2 US$ puisque le service est principalement effectué par vous (hormis les boissons qu'on vous apporte). Évidemment, pour accéder à la salle à manger, passage obligé par les machines à sous... Cela ne semble pas rebuter la clientèle, qui se presse à toutes les heures de la journée (et de la nuit). Le principe a été inventé au début des années 1940 et n'a cessé de faire des émules. Évidemment, la qualité n'est pas toujours égale à la quantité et votre guide préféré est là pour vous aider à faire le choix parmi la pléthore de buffets proposés. Certains casinos, plutôt que de proposer des buffets à prix planchers, optent pour des buffets gastronomiques ou thématiques (fruits de mer, exotique, etc.), dont les meilleurs peuvent grimper jusqu'à 25-30 US$ le soir. Si vous avez très faim, cela vaut le coup, le rapport qualité-prix étant bien supérieur à un resto un peu chic. En tout cas, après ces quelques mots, vous ne vous étonnerez plus que nous indiquions essentiellement des adresses de casinos dans cette rubrique... Un conseil pour le petit dej' : essayer de venir avant 8 h 30 le week-end, car la queue s'allonge vite et il faut parfois attendre une demi-heure pour avoir une table. Ceux qui ne supportent plus la proximité des bandits manchots se rabattront sur les fast-foods classiques (vous les trouverez sans nous) ou se tourneront vers les restaurants chic, voire gastronomiques, de plus en plus en vogue ces dernières années (on en indique quelques uns, dans une gamme de prix raisonnable).

LES BUFFETS

Les pas chers

⬤▮ **Main Street Station Casino-Garden Court Buffet** (plan couleur D2) : 200 N Main St, à la hauteur d'Ogden Ave dans Downtown. ☎ 387-1896. Petit dej' à 6 US$ de 7 h à 10 h 30 ; déjeuner à 8 US$ de 11 h à 15 h ; dîner à 11 US$ (quelques dollars de plus pour les dîners à thèmes) de 16 h à 22 h ; brunch les samedi et dimanche à 10 US$ de 7 h à 15 h. Élu plusieurs années de suite meilleur buffet de Las Vegas, c'est certainement l'un des rapports qualité-prix les plus intéressants de la ville. Nourriture très variée, à déguster dans un cadre vraiment agréable et aéré (ce qui est loin d'être toujours le cas), qui évoque le hall d'une vieille gare de l'ère victorienne, avec sa charpente métallique.

|●| **Golden Nugget** (plan couleur D2) : 129 E Fremont St, dans Downtown. ☎ 385-7111. *Breakfast* du lundi au samedi de 7 h à 10 h 30 pour 7 US$. *Lunch* de 10 h 30 à 15 h pour 8 US$. *Dinner* de 16 h à 22 h pour 13 US$. *Champagne brunch* le dimanche de 8 h à 22 h pour 14 US$. *Seafood buffet* le vendredi de 16 h à 22 h pour 17 US$. En arrivant dans la salle de jeux principale, chercher les panneaux « The Buffet ». C'est le resto le moins cher de l'hôtel, mais considéré comme l'un des bons buffets de Las Vegas, qui vaut surtout pour son fantastique *salad bar* et son fameux *bread pudding*. Déco raffinée et classique. L'hôtel offre également deux superbes restaurants : le **Stefano's** ouvert seulement le soir (peut-être le décor le plus sophistiqué), servant une délicieuse cuisine du Nord de l'Italie et d'excellents vins abordables, et le **Lillie Langtry's** (ouvert seulement le soir), avec son

décor fin de XIXe siècle et sa très fine cuisine cantonaise. Également le **Carson Street Café,** ouvert 24 h/24 (intéressantes promos sur les plats chinois pour les joueurs noctambules affamés). Nourriture américaine : salades, *burgers*, pâtes, grillades...

|●| **Harrah's-Fresh Market Square Buffet** (plan couleur B1) : 3475 Las Vegas Blvd S, en face du *Caesars Palace*. ☎ 369-5000. *Breakfast* à 11 US$, servi de 7 h à 11 h (10 h le week-end). *Lunch* à 13 US$ du lundi au vendredi, de 11 h à 16 h. *Dinner* de 16 h à 22 h pour 17 US$. *Brunch* au champagne le week-end de 10 h à 16 h pour 17 US$ également. Déco intérieure un peu kitsch mais marrante avec ses fruits et légumes géants. Le buffet, bien qu'assez populaire, nous a paru très moyennement appétissant... Le seul intérêt à notre avis est, pour les noctambules, le *Late Night Dinner* à 10 US$, servi de 22 h à 5 h.

Les grands classiques

|●| **Cravings** (The Mirage ; plan couleur B1) : 3400 Las Vegas Blvd S. ☎ 791-7111. *Breakfast* de 7 h à 11 h pour 12,50 US$. *Lunch* de 11 h à 15 h : 17,50 US$. *Dinner* de 15 h à 22 h pour 23 US$. Brunch au champagne le week-end de 8 h à 15 h pour 21 US$. Un des meilleurs buffets de la ville, tant pour la qualité que pour le choix, dans un fabuleux décor design, limite futuriste. Bouchées asiatiques à la vapeur, *antipasti*, sushis très frais, barbecue, *world food*, desserts tentants... Bref, on a été emballés (et le prix est vraiment justifié). Le *Mirage* compte également une dizaine de restos, souvent assez chers, mais dont certains ont des décors absolument exceptionnels. Ainsi, ne manquez pas le merveilleux **Kokomo's** (fruits de mer et viandes) au milieu d'une jungle tropicale, ou encore les restos chinois **Moongate** et japonais **Mikado**, tous deux sous un superbe ciel étoilé. Même sans y manger, à voir pour le plaisir des yeux.

|●| **Dishes** (Treasure Island ; plan couleur B1) : 3300 Las Vegas

Blvd S. ☎ 894-7111. Petit déjeuner de 7 h à 11 h à 12 US$, déjeuner de 11 h à 16 h à 15 US$, et dîner de 16 h à 22 h 30 à 20 US$. Voici un nouveau buffet, remarquable par sa qualité et son décor, chic, sobre et de bon goût pour une fois, avec du bois sombre, des miroirs biseautés et des rayures à la Paul Smith sur les banquettes. Parmi la variété de stands, bar à sushis, pâtes à la demande, délicieuses pizzas, plats « tradi » américains et bons desserts. Avec *Cravings* du Mirage, c'est un de nos coups de cœur dans cette catégorie.

|●| **Paris-Las Vegas-Le Village Buffet** (plan couleur A1) : 3655 Las Vegas Blvd S. ☎ 946-7000. Petit déj' de 7 h à 11 h 30 pour 13 US$, déjeuner à 18 US$ de 11 h 30 à 17 h 30 et dîner à 25 US$ de 17 h 30 à 22 h. *Champagne sunday brunch* à 35 US$. Buffet débordant d'originalité culinaire, et très populaire. Il met en scène, matin, midi et soir, la gastronomie des régions françaises : Alsace, Bretagne, Bourgogne, Normandie, Provence, Savoie. Avis aux

amateurs en overdose de *burgers* ! Le cadre est mignon même si très « disneylandisé » : tables disséminées entre de jolies bâtisses évoquant les différentes régions, sous un ciel bleu. Et pour ne rien gâcher, on trouve même du cidre normand et une vaste gamme d'excellents desserts. Le seul inconvénient, c'est la queue, souvent longue. Juste en face, *La Boulangerie* propose de gros sandwichs pas mal, et un peu plus loin, on recommande *Lenôtre* pour les pâtisseries.

|●| *Luxor-Pharaoh's Pheast Buffet* *(plan couleur A1) :* 3900 Las Vegas Blvd, au sous-sol de la pyramide. ☎ 262-4000. Petit dej' de 6 h 30 à 11 h 30 pour 11 US$, déjeuner entre 11 h 30 et 16 h à 11,25 US$, et dîner pour 17 US$ de 16 h à 23 h. Originalement installé dans le pseudo chantier archéologique d'un temple égyptien encore enfoui sous le sable, et dont on ne voit que les chapiteaux des colonnes. Çà et là, émergeant à peine du sable qui les recouvrait depuis des millénaires, on trouve pêle-mêle : une statue en or, le sarcophage de Toutankhamon (!), une reine égyptienne dorée dans la position du Christ (étonnant, non ? !) et quelques céramiques banales d'un souk quelconque... Côté cuisine, le choix du buffet est aussi pharaonique que le décor et la qualité est honnête.

De chic à très chic

|●| *Bellagio (plan couleur A1) :* 3600 Las Vegas Blvd S. ☎ 693-7111. Petit déjeuner servi de 8 h à 10 h 30 à 14 US$, déjeuner de 11 h à 15 h à 18 US$ et dîner de 16 h à 22 h à 26 US$. Un des meilleurs buffets de Vegas, très prisé. Ici, c'est la gastronomie qui prime sur le décor, vaguement italien mais moins amusant qu'ailleurs. En revanche, côté papilles, on est servi ! Tout est impeccablement présenté, frais et appétissant. Très varié en prime. Excellents plats de poisson, ce qui n'est pas si fréquent.

|●| *Wynn (plan couleur B1) :* 3131 Las Vegas Blvd S. Petit déjeuner à 16 US$, déjeuner à 23 US$ et dîner à 30 US$. Le dernier-né des casinos de Las Vegas, qui avait l'ambition de faire mieux que tous les autres, a évidemment mis le paquet pour son buffet. Le résultat est à la hauteur, c'est tout simplement le top du top ! Présentation exceptionnelle, variété inégalée, finesse des plats, servis dans une superbe vaisselle... La grande classe, indéniablement. Pas donné bien sûr mais excellent rapport qualité-prix pour un repas plantureux mais raffiné. Décor luxueux, sans thème particulier (magnifique sol en mosaïque nacrée comme des coquillages). Essayez de vous trouver une table sous la verrière, éclairée par une lumière zénithale, parmi les étonnantes sculptures végétales.

LES RESTAURANTS ET LES BARS

Prix moyens

|●| *Ellis Island (plan couleur A1, 30) :* 4178 Koval Lane. ☎ 733-8901. Formule steak (à demander, elle n'est pas sur la carte) à 5 US$, servie 24 h/24. Un beau steak accompagné de légumes et pomme de terre, c'est, pour ce prix-là, l'un des meilleurs *deals* de Vegas. On vous accorde que la déco de ce casino n'est pas des plus folichonnes, mais pour les fauchés, ça change des burgers de chaîne, et puis, détail amusant, le resto donne directement sur les machines à sous. Autres plats bien entendu à la carte, petits déjeuners pas chers et bière brassée maison. Plein de locaux.

|●| *Gilley's (plan couleur B1, 31) :* au *New Frontier Hotel,* 3120 Las Vegas Blvd S. ☎ 1-800-634-6966. Ouvert de 16 h à 2 h. Ce grand saloon est célèbre dans tout Las Vegas pour

son taureau mécanique ! Le jeudi soir, la chevauchée est gratuite pour les filles, et toutes les boissons sont à 1 US$. Les autres jours, vous pourrez profiter de la piste de danse et vous déhancher au son de la musique western – *live* les mardi, mercredi et jeudi à 21 h, vendredi et samedi à 22 h. Si vous avez faim, sachez que la spécialité de la maison est en toute logique le barbecue (tous les jours de 16 h à 22 h environ).

De chic à très chic

🍴 *Mon Ami Gabi* (plan couleur A1) : 3655 Las Vegas Blvd S, à l'entrée du *Paris-Las Vegas,* côté gauche. ☎ 944-4224. Déjeuner de 11 h 30 à 16 h et dîner de 16 h à 23 h (minuit les vendredi et samedi). Compter environ 30 US$ par personne (un peu moins le midi). Des 10 restaurants du *Paris,* c'est l'un des moins chers, ce qui ne signifie pas qu'il soit donné pour autant. Même si son chef est italien et ses serveurs tout sauf français, sa cuisine de bistrot chic, en accord avec le cadre qui évoque une brasserie parisienne, n'est pas désagréable. On peut commander des vins français au verre, des escargots, des huîtres ou des moules marinières au mains trois fois plus grosses que des bouchots ; mais les Américains y viennent surtout pour déguster leur fameux steak frites... incorrigibles *Yankees* ! Grande et agréable terrasse.

🍴 *Smith & Wollensky* (plan couleur A1, 32) : 3767 Las Vegas Blvd S, face au *Monte Carlo.* ☎ 862-4100. Resto ouvert de 17 h à minuit, le grill de 11 h 30 à 3 h du matin. Compter de 35 à 40 US$ par personne au resto et de 15 à 25 US$ au grill. Sous le même toit, un resto chic d'un côté et un gentil grill de l'autre. Cette enseigne, très réputée à New York, Miami Beach et La Nouvelle-Orléans (entre autres), est spécialisée dans les excellentes pièces de viande juteuses à souhait. Également très bon thon à la moutarde et saumon grillé particulièrement goûteux. Essayez aussi le jarret de porc croustillant *(crackling pork shank),* spécialité de la maison. Carte des vins généreuse mais très chère. Un cadre idéal pour un dîner un peu spécial, genre anniversaire. Le *Wollensky's Grill,* qui fait aussi épicerie fine, est moins cher, et sa carte propose des *burgers,* pizzas, sandwichs et viandes grillées. Agréable terrasse sur le Strip (rare à Vegas).

🍴 *Canaletto* (plan couleur B1) : dans le *Venetian,* 3555 Las Vegas Blvd S. ☎ 733-0070. Ouvert de 11 h 30 à 23 h (minuit le week-end). Plats de 13 à 25 US$. Un authentique resto de l'Italie du Nord, dont le chef connaît toutes les ficelles. Il vous mitonnera de délicieux risottos, de succulentes pâtes aux fruits de mer, à déguster dans le cadre magique de la place Saint-Marc, tout en regardant défiler les gondoles.

Les casinos

Ne dormez pas, car Las Vegas est extraordinaire la nuit. Déposez vos bagages à votre hôtel ou à la consigne de la gare *Greyhound* située sur Main St. Puis allez de casino en casino au gré de vos désirs (un sport bien américain qui a même un nom : *casino hopping*). Pas de risque de venir au bout de cette litanie de néons et de machines à sous : il y a plus de 1 500 casinos dans le seul comté de Clark ! Aujourd'hui, trois hommes se disputent le titre de Mister Megalo ! Il s'agit de Thomas Gallagher, président de la *Park Place Entertainment Corp.,* la plus grosse société de jeux au monde (18 casinos aux États-Unis, en Uruguay, en Australie, dont le *Paris-Las Vegas,* le *Flamingo,* le *Caesars Palace,* le *Bally's* et le *Las Vegas Hilton*) ; Sheldon Adelson, heureux propriétaire du luxueux *Venetian* ; et Kirk Kerkorian, le plus gourmand, promoteur du *MGM Grand*, du *New York-New York*, du *Bellagio*, du *Mirage*, de *Treasure Island* et du *Golden Nugget*. Tous trois promettent monts et merveilles en assurant qu'à Las Vegas : « C'est là que ça se passe ! »

Le vendredi, dès 15 h, des norias d'avions déversent les *red eyes* (les « yeux rouges ») qui viennent à Las Vegas le temps d'un week-end. Savez-vous pourquoi les habitants du coin ne jouent pas ? Ils savent que seuls les joueurs occasionnels peuvent gagner (ceux qui viennent un ou deux jours et qui repartent). Les vrais joueurs (qui jouent sur une longue période) perdent tous. Loi des grands nombres oblige ! Les jeux sont interdits aux moins de 21 ans, et certaines parties des casinos leur sont aussi fermés.

ATTENTION, les appareils photo sont en général mal vus sur les jeux de table (poker, *blackjack*...) car il faut protéger l'anonymat des joueurs. Mais ils sont tolérés dans la zone des machines à sous. Très souvent, les casinos comptent une salle de spectacle (entrée payante et souvent chère). Les casinos ont l'habitude également d'offrir un verre lorsqu'on commence à jouer. En faisant la tournée des casinos, vous pouvez donc boire à l'œil. Attention tout de même, l'abus d'alcool est dangereux pour la santé... et pour le porte-monnaie aussi. Car la flambe s'accentue quand les idées sont moins claires ; les proprios de casinos le savent bien, les petits malins !

En principe, on exige, dans les casinos et pour les spectacles, une tenue correcte ; mais, en fait, tout le monde s'en moque, surtout le personnel des casinos. « *Don't kill the goose that lays the golden eggs* » (ne tuez pas l'oie aux œufs d'or), disent les Américains. Il faut donc être vraiment crado pour se faire vider...

Pourquoi n'y a-t-il jamais de parasols autour des piscines de casinos ? Il fait tellement chaud que les clients ne restent jamais longtemps et vont vite se rafraîchir dans les salles de jeux... climatisées. On dit aussi que la climatisation serait enrichie d'oxygène ; ce qui a la vertu d'euphoriser tout en diminuant le besoin de sommeil ! De même, le niveau sonore des casinos et des salles de jeux ne doit rien au hasard. Le bruit pousse à flamber. Ici, les psychologues et les psychiatres sont consultés à la moindre occasion. On leur demande leur avis sur la décoration des salles de jeux, des chambres, sur la musique, sur le style des ascenseurs, la forme des sièges et la couleur des jetons. Bref, les moindres détails sont savamment étudiés pour accroître le profit. Il faut savoir aussi que le jeu peut devenir une maladie. À l'image de la drogue, les *slot machines* génèrent leurs *slot addicts*, c'est-à-dire les drogués du jeu. Ce fléau fait plus de ravages à Las Vegas que la cocaïne ou l'héroïne.

Pour la petite histoire, sachez aussi que les casinos ont l'habitude d'offrir un billet d'avion à leurs gros clients ruinés pour qu'ils puissent rentrer chez eux. De cette façon, il ne leur reste plus qu'à faire de nouvelles économies pour revenir au plus vite. Attention, la généralisation des distributeurs de billets dans les salles de jeu permet de vider plus facilement votre compte bancaire et de dilapider jusqu'à votre dernier centime d'euro (bonjour l'engueulade à la maison...). Enfin, vous constaterez que, dans un casino, l'indication la moins visible est toujours la pancarte « Exit »...

En fait, il y a deux quartiers bien distincts à Las Vegas : le Strip et Downtown. Si vous restez peu de temps à Vegas (une ou deux journées), concentrez-vous sur le Strip.

Le Strip

Nom donné au Las Vegas Blvd. Le verbe *to strip* en américain signifie « mettre quelqu'un (ou se mettre) tout nu ». On comprend pourquoi autant de brochures minables font de la pub pour les *show-girls totally nude*. *To strip* signifie également défruiter un pommier et dégarnir un lit ! Les fruits défendus de Las Vegas sont en effet bien vendus sur le Strip. Et les gens se couchent si

tard que les femmes de ménage ne passent pas dans les chambres avant midi. Mais la plus probable origine du mot *strip* vient, dit-on, de ce que sur ce long boulevard de 4 *miles,* on risque toujours de tout perdre au jeu, y compris sa chemise ! Arpenter le Strip revient à faire le tour du monde en ligne droite : de Paris à Venise, en passant par New York et Louxor, on y trouve – alignés sur plusieurs kilomètres – de très luxueux casinos plus extravagants les uns que les autres. Une vraie réserve de mammouths. Quand vont-ils s'arrêter dans la démesure ? Jamais, car ici il y a encore beaucoup de place, de l'imagination et des milliards de dollars à dépenser.
– **Les casinos sont présentés ici du nord au sud du Strip.** Toutes les 10 à 15 mn, le bus 301 parcourt l'avenue jusqu'à Downtown.

🐾🐾🐾 ***The Wynn Las Vegas*** *(plan couleur B1)* : 3131 S Las Vegas Blvd. ☎ 733-4300 ou 1-877-770-7077. Fax : 733-4437. ● www.wynnlasvegas. com ● La nouvelle folie « végassienne », ouverte en 2005 à la place de l'ancien casino *Desert Inn.* Jusque là, l'hôtel le plus cher du monde ! Son propriétaire, Steve Wynn, qui possédait entre autres les hôtels-casinos *Bellagio, Mirage* et *Treasure Island,* a réalisé dans ce projet ses rêves les plus fous. D'ailleurs, cet immense *resort* de 45 étages était parti pour s'appeler *Le Rêve,* du nom du tableau de Picasso qui devait à l'origine inspirer le décor intérieur. Ah oui, au fait ! le thème de ce casino ? Et bien pour une fois, c'est un casino sans thème ! À moins que le thème soit le luxe... L'élégante sobriété du bâtiment détonne avec l'extravagance des autres casinos. Une vague tout en verre fumé, qui vire au mordoré sous le soleil, avec pour tout signe distinctif la signature stylée de son maître, *Wynn.* C'est à l'intérieur que ça se passe. Le ton est d'ailleurs donné dès l'entrée, où vous attend une concession Ferrari-Maserati, au cas où vous auriez une soudaine envie de changer de voiture. Dans le hall, de grosses fleurs en mosaïques (très Gaudí) incrustées dans un sol de marbre à l'italienne côtoient des fresques à l'antique et des dorures en-veux-tu-en-voilà. Du luxe, rien que du luxe, mais aucune unité de style et bien trop chargé à notre goût. Quelques chiffres, comme ça : 2 700 chambres, avec écran plat dans les salles de bains siou plaît, 18 restos gastronomiques et un excellent buffet (voir « Où manger ? »), une trentaine de boutiques ultra-haut de gamme, un spa, plusieurs piscines et un golf 18-trous (ça, aucun hôtel de Vegas ne l'avait encore fait !), dessiné par Tony Fazio et dédié à Picasso. À voir : le mur d'eau derrière le lobby. Et puis, à l'image du *Venetian* et du *Bellagio,* une galerie d'art (**The Wynn Collection of Fine Art,** ouverte tous les jours de 10 h à 17 h ; entrée : 10 US$, réductions) présente des grands noms de la peinture : Picasso (dont *Le Rêve,* bien sûr), Manet, Matisse, Renoir, Cézanne, Gauguin et même un portrait de Wynn réalisé par Andy Warhol.
Sans oublier le fameux spectacle que tout hôtel-casino se doit d'avoir : *Le Rêve* est une nouvelle création de Franco Dragone, dans un théâtre circulaire inédit à Las Vegas.
Piqué au vif, le magnat new-yorkais Donald Trump a décidé d'ériger une giga-tour de condominiums et d'hôtels juste en face... Ve-gas, ton univers impitoi-ya-a-bleu !

🐾🐾🐾 ***The Venetian*** *(plan couleur B1)* : 3355 S Las Vegas Blvd, en face du *Mirage.* ☎ 414-1000 et 1-888-2-VENETIAN. Fax : 414-4800. ● www.venetian.com ● Le projet le plus fou que Las Vegas ait connu. Il s'agit, ni plus ni moins, du plus grand hôtel du monde : plus de 4 000 suites (soit plus que les 20 plus gros hôtels de Paris réunis !), avec lit à baldaquin, TV grand écran et salle de bains en marbre d'Italie ; un casino de près de 11 000 m^2, 5 piscines, une quinzaine de restaurants, une centaine de magasins, le plus grand centre de congrès des États-Unis et près de 10 000 employés ! Un projet vertigineux (2,5 milliards de dollars !) qui ne pouvait s'accommoder d'un cadre quelconque. L'ensemble, très réussi, reconstitue donc Venise, avec la place

Saint-Marc, un Grand Canal de 365 m de long parcouru par de vraies gondoles (15 US$ la balade par adulte pour à peine 20 mn, l'arnaque...), le palais des Doges, le pont des Soupirs, etc. Le tout couvert par un faux ciel bleu. Nombreux restos donnant l'impression d'être en terrasse (sous le faux ciel donc). L'ambition du promoteur n'est pas de faire du faux mais du vrai (tous les matériaux ont donc été importés d'Italie dont 3 000 t de marbre et de superbes lustres en Murano) et de faire survivre le *Venetian* à Venise (une fois engloutie par les eaux), rien de moins ! Pour divertir les touristes, certains employés sont costumés en Napoléon (petite erreur de casting), Casanova, Marco Polo ou en belle Florentine. À l'intérieur, ne ratez pas la somptueuse galerie en trompe l'œil menant de la réception à l'hôtel. La vogue des gondoles sur le pseudo Grand Canal vaut également le coup d'œil. Les gondoliers – T-shirt rayé et canotier vissé sur la tête – manœuvrent leur embarcation (propulsée par une hélice électrique) avec finesse sur le canal tortueux, tout en poussant la chansonnette. L'endroit résonne alors au son de *O sole mio ;* un air qui fut d'ailleurs repris avec succès par Elvis Presley dans une chanson, *It's Now or Never...* Le casino abrite également le *musée de Madame Tussaud* (entrée : 20 US$; réductions, ouvert de 10 h à 22 h en général) où vous verrez des figures locales comme les magiciens Siegfried & Roy (voir le *Mirage* ci-dessous), Bugsy Siegel ou Liberace, mais aussi des stars : Elvis Presley, Madonna, Paul Newman ou le boxeur Mohamed Ali...
– Absolument incontournable : **The Grand Canal Shoppes** est une belle galerie commerciale installée sous les arcades des jolies maisons vénitiennes qui longent le Grand Canal. Pas mal inspirée par celle du *Caesars Palace*. Entre boutiques de luxe, grands couturiers italiens, bistrots en terrasse, petits restos, etc., on trouve le tableau agréable et assez convaincant.
– **Guggenheim Hermitage :** à côté de la réception du *Venetian.* ☎ 414-2440. ● www.guggenheimlasvegas.org ● Ouvert tous les jours de 9 h 30 à 20 h 30. Entrée : 20 US$ (audioguide inclus) ; réductions. Exposition inattendue d'une cinquantaine d'œuvres originales provenant du musée de l'Ermitage de Saint-Pétersbourg. Voici une preuve supplémentaire, s'il en fallait, de la tentative des grands casinos de s'éloigner un peu du sentiment de « tout fric » qui transpire de Las Vegas, pour se la jouer « un peu de culture dans ce monde de pognon ! ». Renouvelée plusieurs fois par an, cette expo suscite bien des critiques cinglantes, tant Las Vegas est aussi considérée comme le paradis du faux et de la copie. Selon nous, le prix est tout simplement exagéré par rapport au peu d'œuvres exposées.

🎭🎭 **The Mirage** *(plan couleur B1) :* 3400 S Las Vegas Blvd, face au *Venetian.* ☎ 791-7111 ou 1-800-627-6667. Fax : 791-7446. ● www.mirage.com ● Une folie du proprio du *Golden Nugget* pour un investissement de plus de 500 millions de dollars. Au soleil, on dirait un immense lingot d'or aux formes affinées. Au total, 28 étages, plus de 3 000 chambres et 7 500 employés. *Lobby* couvert d'un atrium en verre haut de 27 m et conçu comme une serre. Aussi, en entrant, on est aussitôt happé par une végétation tropicale très dense. 2 200 machines à sous ont été installées juste à côté. Les jardins et la piscine, immenses, ont été conçus pour évoquer un lagon des mers du Sud, avec lacs, grottes, cascades et quelque... 1 000 palmiers. C'est vraiment extraordinaire ! Enfin, au-dessus des cascades donnant sur l'avenue, on peut assister chaque soir, toutes les 15 mn dès la tombée de la nuit, à des éruptions volcaniques avec fumées et flammes conquérantes crachées par le cratère (sacrée Amérique !). Ne pas venir après minuit, vous manqueriez le spectacle.
On peut aussi voir, derrière le comptoir de la réception, un grand aquarium exotique avec des poissons étonnants comme des requins à pointe blanche ou des poissons-lune.
C'était au *Mirage* que se tenait depuis 1990 le show le plus réputé de Las Vegas, le plus kitsch aussi : celui des mythiques Siegfried et Roy, les

plus grands magiciens du monde (d'origine allemande). Les effets spéciaux de la salle de spectacle avaient été créés par Spielberg et George Lucas, et la musique originale composée par Michael Jackson. La marque de fabrique du duo était de travailler sur scène avec de superbes animaux, principalement des tigres blancs qui vivaient d'ailleurs avec eux dans leur luxueuse villa des environs de Las Vegas. Roy entretenait avec les fauves une relation étrange, quasi transcendantale. Moulés dans leurs combinaisons futuristes, Siegfried et Roy étaient capables de faire disparaître un de leurs tigres de la scène (voire un éléphant !). En octobre 2003, Roy est sauvagement attaqué par un de ses fameux tigres blancs, alors qu'il est seul en scène avec l'animal, en plein spectacle. C'est un miracle s'il réchappe de ses blessures. Compte tenu de l'immense popularité des deux artistes, devenus de véritables icônes de la culture populaire américaine, cet événement fut ressenti comme un drame. Et si aujourd'hui Roy se remet tout doucement de ses blessures, les spectacles sont évidemment suspendus. Pas facile pour le *Mirage* d'assurer la relève, après un tel succès. Le Cirque du Soleil (encore lui...) devrait s'imposer, avec sa 5e production à Vegas, inspirée cette fois par les Beatles. Les fans de Siegfried et Roy se consoleront en allant faire un petit coucou (gratuit !) aux tigres blancs, qui sont toujours là, sur la gauche en entrant dans le casino. Suivez juste les panneaux « White Tigers ». La plupart des animaux sont cependant au *Secret Garden of Siegfried and Roy* où, là, l'entrée est payante (voir rubrique « À faire »).

🐾🐾 *Caesars Palace (plan couleur A-B1) :* 3570 S Las Vegas Blvd, à l'angle de Flamingo Rd. ☎ 731-7110 ou 1-800-634-6661. Fax : 731-7172. • www. caesars.com • Sa façade illuminée est l'une des plus belles du genre. Ici, on ne recule devant rien : plus de 6 000 employés s'occupent de 3 500 chambres, environ 20 restaurants (mais, pour une fois, pas de buffet), 3 casinos et 4 piscines d'une surface de 1 ha ! L'ensemble est d'un kitsch absolu. Les serveuses sont vêtues de mini-toges romaines. Le club *Cleopatra's Barge* a été aménagé dans un bateau qui tangue, inspiré des navires qui sillonnaient le Nil à l'époque de l'Égypte ancienne. Construit en 1966, c'est le plus vieux night-club du Strip (ne vous étonnez pas qu'il fasse un peu ringard). L'immense piscine des jardins intérieurs, digne des Olympiades, a la forme d'un bouclier romain. La salle de spectacles (4 000 places), réalisée sur les plans d'un colisée romain, accueille jusqu'en 2007 le show de Céline Dion. *Une anecdote :* en 1987, un jeune de 19 ans gagna au *Caesars* un million de dollars sur une *slot machine*. Le casino refusa de payer, car il n'avait pas l'âge requis. Ses parents firent un procès qu'ils perdirent.
– *À voir :* **The Forum Shops,** galerie commerciale comptant plus d'une centaine de jolies boutiques disséminées le long d'une avenue de la Rome antique, avec ses colonnes, ses arches immenses, ses fontaines exubérantes et ses statues, comme au temps de Jules César. La couleur du ciel évolue selon l'heure de la journée (des nuages sont projetés au plafond) ; il est étoilé la nuit. Ne manquez pas, près de l'entrée, la fontaine avec la statue de Bacchus. Toutes les heures, à heure pile, un coup de tonnerre retentit et la statue du dieu du Vin et des Libations se met à parler, tandis qu'une farandole d'éphèbes s'anime. À l'autre bout de la galerie, la *fontaine Atlantis* abrite un vaste aquarium. Show, là aussi, toutes les heures à partir de 10 h. Avant d'y parvenir, vous passerez au pied du gigantesque cheval de Troie du magasin FAO Schwartz. C'est ça l'Amérique !

🐾🐾🐾 *Bellagio (plan couleur A1) :* 3600 S Las Vegas Blvd. ☎ 693-7444 ou 1-888-987-6667. Fax : 693-8546. • www.bellagio.com • Inauguré en 1998, ce gigantesque complexe hôtelier (4 000 chambres, la *Spa Tower,* et près de 8 000 employés) s'inspire de l'architecture du village de Bellagio, qui surplombe le lac de Côme dans le nord de l'Italie. Ne manquez pas les extraordinaires jeux d'eau sur le mini-lac, qui fait quand même 3,5 ha (voir la rubrique « Spectacles gratuits »), sur fond d'opéra ou de *Chantons sous la pluie*. Honnêtement, dans le genre, on n'a jamais vu mieux !. À l'intérieur, le *Bellagio* se veut aussi élégant qu'un ancien palais italien : hall d'entrée au sol couvert de mosaïques, fascinant plafond constellé d'extraordinaires « nénuphars » en verre soufflé de toutes les couleurs, incroyable serre fleurie et odorante, boutiques chicos et une quinzaine de restos, dont quelques-uns très classe sans oublier un excellent buffet (lire plus haut « Où manger ? »). Les chambres sont à l'avenant et la plus grande suite mesure, tenez-vous bien... 743 m² ! Le style, très luxueux et classique, nous semble cependant un brin monotone au beau milieu des extravagances « végassiennes »... Mais c'est pourtant ici qu'à été tourné le film *Ocean's Eleven*, racontant l'histoire d'un casse du siècle orchestré par une belle brochette de célébrités : Julia Roberts, George Clooney, Brad Pitt, Andy Garcia... Également dans les lieux, la troupe du Cirque du Soleil se produit dans un spectacle appelé « O » ; l'un des plus fameux de Las Vegas (lire plus loin la rubrique « Spectacles »).

– *Bellagio Gallery of Fine Art :* face à l'entrée de la piscine. Ouvert de 9 h à 22 h. Entrée : 15 US$; réductions. Oui, vous avez bien lu, une galerie d'art dans un hôtel-casino ! En fait, l'idée a germé dans la tête de Steve Wynn, le proprio, grand amateur d'art et à la tête d'une collection personnelle époustouflante évaluée à près de 300 millions de dollars. Depuis le *Bellagio*, le *Venetian* s'y est mis avec une antenne du Guggenheim, tout comme le dernier-né, le *Wynn*, qui appartient également à Steve Wynn. Les expos thématiques changent deux fois par an, et les œuvres exposées proviennent de musées de renom ou de collections particulières. Honnêtement, c'est bien trop cher pour ce qu'on y voit. Et puis, vient-on à Vegas pour ça ?

Pour parachever la visite, vous pouvez toujours vous offrir un déjeuner ou un dîner au restaurant gastronomique le plus coté de l'hôtel : le *Picasso,* où l'on peut voir une dizaine de toiles originales du maître accrochées au mur. Compter la bagatelle de 100 US$ le menu. On comprendra pourquoi, de tous les projets hôteliers réalisés à ce jour, le *Bellagio* est l'un des plus chers : 1,7 milliard de dollars (il a récemment été détrôné par *The Wynn Las Vegas* qui à coûté 2,7 milliards de dollars !).

ⓧⓧⓧ *Paris-Las Vegas Casino Resort* *(plan couleur A1) :* 3655 S Las Vegas Blvd. ☎ 946-7000 ou 1-800-BONJOUR. Fax : 946-4405. ● www. parislasvegas.com ● On avait déjà l'Égypte pharaonique, la Rome impériale, New York, Monte Carlo, une île tropicale, il ne manquait plus que la Ville lumière pour faire de Las Vegas la plus universelle des cités artificielles. Voilà, c'est fait... Las Vegas s'est payé *Paris* – un Paris de la Belle Époque, que vous prendrez un malin plaisir à démonter quand le tableau vire à la caricature ! Ce casino-hôtel de 33 étages abrite environ 2 900 chambres, 4 200 employés, 2 200 machines à sous et 80 tables de jeux. Coût total de cette folie : 650 millions de dollars ! Le *Paris* a été inauguré en 1999 par la marraine du projet, Line Renaud, le consul de France à Los Angeles, Catherine Deneuve et Charles Aznavour. Les hauts lieux et les monuments symboles les plus prestigieux de la capitale sont presque tous là : la place de l'Étoile (aussi bondée qu'à Paname, car c'est l'accès au parking !) et son Arc de triomphe, l'avenue des Champs-Élysées, l'Opéra-Garnier, la gare d'Orsay (entrée principale du casino), une partie du Louvre, le parc Monceau, la façade de l'Hôtel de Ville, les boutiques de la rue de la Paix et, évidemment, la tour Eiffel, (à demi-échelle quand même !) qui plante ses pieds dans le casino, dispose d'un restaurant à l'étage (compter au moins 50 US$) et paie même une redevance à la vraie tour ! On peut en principe monter au sommet (moyennant 9 US$), pour une vue époustouflante sur le Strip (de nuit notamment)... sauf les jours de grand vent où l'accès est fermé ! L'obélisque de la place de la Concorde est planté un peu plus loin sur le Strip, devant le casino *Luxor* ! Manque juste la Seine (et nos amours !) pour que ce gentil concentré de Paris soit complet. Le *lobby* mérite vraiment un coup d'œil : mosaïques au sol, lustres, colonnes ; voici une chouette petite réplique de la fameuse galerie des Glaces du château de Versailles. « Les toilettes » (« Mesdames » et « Messieurs »), « Le Centre de convention », « Le boulevard Shops », « La Préfecture de Police » ; décidément, la maison prend un plaisir évident à l'usage de l'article sur les pancartes... On suggère : « La place de la Bourse » qui pourrait être au cœur même du casino, là où se trouvent les machines à sous ! La salle de casino est plutôt originale par rapport aux autres. On a pour une fois l'illusion d'être dehors (on a bien dit l'illusion), sous un ciel bleu à peine nuageux. Les bandits manchots sont disséminés entre les pieds de la tour Eiffel ou sous des bouches de métro dessinées par Guimard. Attablez-vous donc à la terrasse du restaurant *Le Café Île Saint-Louis*, sous l'enseigne « Foie gras, boudin, petit gris, truffe », ou titillez pour le plaisir un serveur américain ou mexicain de chez *Lenôtre*, qui s'efforce de baragouiner en français. Car tous les employés du casino savent au moins dire « bonjour ! » avec un accent amusant, et ceux chargés du ménage portent même des bérets (pas très flatteur pour les *Frenchies* !). Sinon, on s'est franchement marré devant le valeureux boulanger en T-shirt rayé et béret basque qui arpente les ruelles sur un tricycle, chargé de baguettes. À chaque terrasse de bistrot, il est rejoint par un accordéoniste et pousse la chansonnette dans un français absolument incompréhensible ! Curieuse manière de voir les Français... Enfin, s'il vous reste des sous à dépenser, glissez vos *quarters* dans les bandits manchots du « Jacque pot » (jackpot !), dans ceux dénommés « Can Can Quarters » ou encore « Tour de Slot » (avec cyclistes), conçus spécialement pour le *Paris* ! Si l'envie vous prend de vous marier au sommet de la tour Eiffel, il vous en coûtera plus de 3 000 US$, la suite nuptiale étant comprise dans le forfait. Et pour parachever l'illusion, 500 cuisiniers « importés » de l'Hexagone travaillent à temps complet dans la dizaine de restaurants de l'établissement, dirigés par un jeune chef français. Les Américains en short qui rêvent de Paris mais qui ne peuvent se payer le billet d'avion pourront toujours venir rêver à Las Vegas !

🏃🏃 *Planet Hollywood Resort & Casino* (plan couleur A1) : 3667 Las Vegas Blvd S. ☎ 785-5555 ou 1-877-333-9474. Fax : 785-9600. ● www.aladdinca sino.com ● Planet Hollywood a dernièrement racheté l'*Aladdin* pour y établir son premier *resort,* qui devrait voir le jour fin 2006. D'ici là, et malgré les travaux, l'« Aladdin-Planet Hollywood » reste ouvert. Difficile de dire à quoi ressemblera ce nouveau casino, le secret est jalousement gardé. Ce qui est sûr, c'est que le thème Mille et Une Nuits sera abandonné au profit d'une ambiance jeune et branchée. *Exit* donc les quelque 1,4 millions de dollars investis lors de la reconstruction de l'Aladdin en 2000... Cela dit, la fantastique galerie commerciale du ***Desert Passage,*** qui reconstitue avec réalisme une petite ville d'Afrique du Nord, devrait être conservée.

🍴 *Monte Carlo* (plan couleur A1) : 3770 S Las Vegas Blvd, presque en face du *MGM Grand Hotel* et contre le *New York-New York.* ☎ 730-7000 ou 1-800-311-8999. ● www.montecarlo.com ● Ouvert en 1996, le *Monte Carlo* dresse sa silhouette couleur crème sur 32 étages. Ce mastodonte, sans fantaisie architecturale, si ce n'est deux fausses portes néoclassiques genre porte de Brandebourg avec fontaine et sculptures, comprend plus de 3 000 chambres et à peu près 250 suites. Il s'inspire vaguement du prestigieux casino de Monte-Carlo, perle de la Côte d'Azur, et cultive (ça rapporte plus) son côté européen. Mais ici rien d'époustouflant qui mérite vraiment le détour. Juste les quelques pseudo-ruelles ombragées de la galerie marchande rappellent vaguement le vieux Monte-Carlo ; le charme en moins... Un simple coup d'œil en passant suffira. À l'intérieur, un pub-brasserie avec d'énormes cuves en cuivre dans l'arrière-boutique. À noter toutefois, le spectacle du magicien Lance Burton (voir la rubrique « Spectacles fous et shows mégalos »).

🎭🎭 *New York-New York* *(plan couleur A1)* : 3790 S Las Vegas Blvd, entre le *Monte Carlo* et l'*Excalibur* et face au *MGM*. ☎ 740-6969 ou 1-800-NY-FOR-ME. ● www.nynyhotelcasino.com ● Plus que beau, superbe ! Inauguré en 1997, le *New York-New York* (plus de 2 000 chambres) est le 1er à avoir vu le jour dans cette nouvelle génération d'hôtels-casinos à l'architecture démente. Tenez-vous bien : les architectes ont reconstitué (pour 460 millions de dollars tout de même) une douzaine des plus belles tours de Manhattan (réduites d'un tiers, mais l'illusion est totale). Vous y reconnaîtrez l'Empire State Building, haut ici de 42 étages, et le Chrysler Building, plus une série d'immeubles de tous les styles et de toutes les teintes, avec bien sûr la statue de la Liberté en avant, le pont de Brooklyn et la gare de Grand Central ! La déco intérieure, également bien réussie, évoque de manière très colorée les quartiers de Broadway, Chinatown, Greenwich Village et Little Italy. Quant à la salle de casino, elle représente le fameux New York Stock Exchange (la Bourse). On y débusque plein de petits restos, ainsi qu'un grand-huit inspiré des montagnes russes de Coney Island, le *Manhattan Express,* qui traverse l'hôtel et certains restaurants ; fabuleux mais cher (12,50 US$). Si vous avez le cœur bien accroché (pointes à 107 km/h, et le premier looping en forme de cœur du monde), faites un tour le soir : entre deux palpitations, vous profiterez d'une vue géniale sur le Strip et ses néons.

🎭🎭 *MGM Grand Hotel* *(plan couleur A1)* : 3799 S Las Vegas Blvd, face au *New York-New York* et à l'angle de Tropicana Ave. ☎ 891-1111 ou 1-800-929-1111. Fax : 891-1030. ● www.mgmgrand.com ● Il fut durant plusieurs années le plus grand hôtel du monde jusqu'à ce que le *Venetian* ne le détrône. Ce monstre de verre fumé teinté de couleur verte, gardé par le tout aussi gigantesque lion doré de la *Metro Goldwyn Meyer,* dispose de 5 000 chambres environ et emploie près de 8 000 personnes. Il a coûté 1 milliard de dollars et fut inauguré en 1993. Son propriétaire, le milliardaire américain Kirk Kerkorian, a même associé le *Crédit lyonnais* dans l'affaire... Depuis cette date, le *MGM*, du nom de la célèbre maison de production de films d'Hollywood, rivalise avec le *Caesars*, en accueillant régulièrement des stars du show-biz et de la boxe. Ainsi, le *MGM Grand Garden Arena* (consultez le programme) s'est déjà enflammé avec les Rolling Stones, Elton John, Rod Stewart, Tom Jones, etc. ; et on y a vu le boxeur Mike Tyson envoyer Evander Holyfield au tapis, en deux temps trois mouvements ! D'ailleurs, Stallone y a aussi tourné les scènes de combat de *Rocky IV*. Garantie culturelle incontestable ! Le décor Art Déco du MGM, parfaitement réussi, évoque l'âge d'or du 7e art : fresque circulaire à la gloire des stars d'Hollywood, balustrades finement travaillées et bas-reliefs sculptés dans le bel *Entertainment Dome,* superbe atrium. Ajoutez à cela une pléthore de restos chic et branchés, fréquentés par la jeunesse yuppie, dont les lignes design se marient parfaitement avec les formes dépouillées et géométriques des années 1930. Parmi ceux qui nous ont tapé dans l'œil, le restaurant japonais *Shibuya* avec son immense écran plasma derrière le bar où s'affaire la batterie de cuisiniers préparant les sushis ; le *Seablue,* resto de poisson marqué à l'entrée par un aquarium cylindrique où évolue un banc de sardines argentées ; *Diego,* qui décline des spécialités mexicaines dans un décor entièrement rouge, etc. C'est ici que Joël Robuchon a ouvert dernièrement ses deux premiers restaurants aux États-Unis. Même si vous n'avez pas les moyens de vous attabler ici, jetez au moins un œil à ces atmosphères stylées, magnifiées par des éclairages tamisés. Le buffet, en revanche, nous a paru bien tristounet en comparaison. Puisqu'on en parle, si vous êtes dans les parages du buffet (et uniquement), vous pouvez rendre visite aux descendants du lion du *MGM (Lion Habitat)*. On passe à travers un tunnel en verre avec les fauves tout autour, et des rugissements enregistrés (on est à Vegas !). Bof...

🍴🍴 *Excalibur* *(plan couleur A1)* **:** 3850 S Las Vegas Blvd, à l'angle de Tropicana Ave. ☎ 597-7777 ou 1-800-937-7777. Fax : 597-7040. ● www.excaliburcasino.com ● Voir aussi dans la rubrique « Où dormir ? Sur le Strip (Las Vegas Blvd) et à proximité. Prix moyens ». Amusant château médiéval version gâteau d'anniversaire sur le thème du roi Arthur. Ce grand Breton a vraiment vécu au Ve siècle de notre ère et, ironie de l'histoire, il résista jusqu'au bout à l'invasion de l'île de Bretagne (la Grande-Bretagne d'aujourd'hui) par les Anglo-Saxons. On remarque que ce casino-hôtel à ses tours aux formes invraisemblables et ses tourelles or, rouge et bleu, qui brillent dans la nuit : de loin, on dirait un construction géante en Lego ou Playmobil. Les architectes ont étudié 20 châteaux écossais et anglais et y ont puisé leur inspiration. Les « murailles » abritent quelque 4 000 chambres. Cette petite folie médiévale n'a coûté que 290 millions de dollars, une misère... Curieusement, c'est un casino très populaire, où les parents osent emmener leurs enfants sans avoir l'impression de les pervertir ! Au 1er étage, galerie commerciale décorée de dragons, marionnettes, etc. Au sous-sol, des jeux où les gamins peuvent, eux aussi, perdre leur argent. Et pour un mariage mémorable, foncez à la Canterbury Wedding Chapel. L'hôtel loue même couronnes et costumes d'époque. Vraiment chics !

🍴🍴🍴 *Luxor* *(plan couleur A1)* **:** 3900 S Las Vegas Blvd, contre l'*Excalibur* et tout près de l'aéroport (on le voit depuis le terminal). ☎ 262-4000 ou 1-800-288-1000. Fax : 262-4404. ● www.luxor.com ● Voir aussi dans les rubriques « Où dormir ? sur le Strip (Las Vegas Blvd) et à proximité. Plus chic » et « Où manger ? ». Encore une folie, l'image même de Las Vegas-Babylone revisitée par Disneyland ! Inauguré en 1993, le *Luxor Hotel-Casino* couvre 19 ha et abrite plus de 4 400 chambres (annexe comprise). Il s'agit ni plus ni moins de la reproduction, grandeur nature s'il vous plaît, de la pyramide de Gizeh, près du Caire en Égypte. Un immense sphinx, également à l'échelle, monte la garde à l'entrée, dominé par un obélisque. On pénètre alors dans un véritable temple du jeu, gardé par une allée de sphinx à tête de bélier (comme à Louxor, quoi !) et deux colosses assis, très lointains cousins de ceux du temple d'Abu Simbel (sud de l'Égypte), dédiés au pharaon Ramsès II. À l'intérieur de la pyramide, l'atrium, le plus vaste du monde, pourrait contenir 9 Boeing 747 empilés les uns sur les autres ! Des ascenseurs appelés ici « inclinateurs » mènent les clients à leurs chambres, en suivant les pentes obliques à 39° du bâtiment. À ne pas rater. La nuit, du sommet de la pyramide, un puissant faisceau lumineux balaie le ciel étoilé du Nevada. Les avions en vol peuvent l'apercevoir depuis Los Angeles... à 400 km !

Mais le délire furieux ne s'arrête pas là. Au thème égyptien du casino vient même se greffer une chimère des Indes et du Moyen-Orient ! En plus, l'architecte a dessiné l'entrée d'un cinéma dans une pyramide de style... maya ! Au chapitre des divertissements, on déconseille le ***King Tut's Tomb & Museum*** (entrée à 5 US$), qui abrite une pâle copie du tombeau du pharaon Toutankhamon et des répliques guère plus concluantes de son fabuleux trésor, visible au musée du Caire. Également plusieurs salles de ***cinéma IMAX 3D*** (15 US$, toutes les heures, de 9 h à 23 h).

🍴 *Mandalay Bay* *(plan couleur A1)* **:** 3950 S Las Vegas Blvd, le plus au sud des casinos, après le *Luxor*. ☎ 632-7777 ou 1-888-632-7000. Fax : 632-7234. ● www.mandalaybay.com ● Parmi les derniers-nés de Las Vegas (inauguré en 1999), ce gros pâté asiatico-tropical d'environ 4 300 chambres (dont une cinquantaine de suites grand, grand luxe) n'a pas la même envergure que les autres casinos, malgré sa tentative de se démarquer en créant dernièrement une nouvelle aile sobrement nommée *The Hotel*. Rien à voir avec le kitsch vegassien, ici tout est design et épuré, style Andrée Putman. Dans la partie plus ancienne, quelques fontaines en forme d'éléphants, plusieurs piscines nichées entre les palmiers – dont l'une fait de grosses vagues –, une plage de sable dans un lagon artificiel, quelques chambres décorées façon gothique (on se demande bien pourquoi), orientale ou indienne, mais ça s'arrête là. Rien d'exceptionnel comparé aux autres ; à part peut-être **Shark Reef** (entrée à 16 US$, réductions ; tous les jours de 10 h à 23 h) : un chouette aquarium géant où batifole une quinzaine d'espèces de requins, parmi de nombreux poissons tropicaux... C'est au dernier étage du *Mandalay Bay* qu'Alain Ducasse a créé son resto vegassien, *The Mix*.

Downtown

On y trouve les casinos les plus populaires. Les mises sont bien moins importantes. Clientèle peu fortunée ou ruinée... par les casinos du Strip.
Le centre-ville cache néanmoins l'un des plus beaux établissements de la ville *(Golden Nugget)* mais, surtout, le quartier est de dimension bien plus humaine que le Strip aux casinos disséminés sur une distance épuisante pour les piétons. La vraie grande claque de Las Vegas, c'est de remonter Fremont Street *by night* : un déluge de couleurs, un ruissellement de néons inimaginables ! On se croirait, au choix : dans un rêve mégalo, ou carrément dans un dessin animé psychédélique... (Voir plus bas : « Fremont Street Experience » dans la rubrique « Spectacles fous et shows mégalos ».) Voici les 2 plus beaux casinos :

🏃🏃 **Golden Nugget** *(plan couleur D2)* **:** 129 E Fremont St. ☎ 385-7111 ou 1-800-634-3454. Fax : 386-8362. ● www.goldennugget.com ● Même s'il est situé dans Downtown, les fous du jeu le considèrent comme l'un des meilleurs casinos de la ville. Il détient le record du monde pour le nombre de machines à sous, savamment rangées côte à côte, sans extravagance aucune ; et son grand sens de la clientèle est réputé dans tout Las Vegas. La décoration et la finition de l'édifice se révèlent quasi parfaites. Les marbres viennent d'Italie, tous les tapis des couloirs sont tissés main (à 600 US$ le mètre !) et le changement quotidien des fleurs ne coûte pas moins de 800 US$. La moindre empreinte de doigt sur les cuivres et les glaces est essuyée immédiatement. Au rez-de-chaussée, derrière le *lobby* nord, on peut admirer, dans une vitrine, une collection de pépites d'Alaska aux formes inhabituelles, dont l'une des plus grosses du monde (la *golden nugget,* justement). Découverte à 20 cm sous la surface du sol, en octobre 1980, près de Wedderburn, Victoria, en Australie, par un homme et sa famille qui prospectaient près de leur *trailer*. Elle pèse près de 30 kg. Notez aussi la superbe chaîne de montre, avec plus d'un kilo d'or. Pour finir, une anecdote : il y a quelque temps, un camionneur, qui vivait dans un motel pouilleux de Downtown, gagna 3 millions de dollars au casino. Le patron du *Golden Nugget* fit établir le chèque immédiatement et lui offrit de dormir dans l'un des plus beaux appartements. Il lui demanda s'il désirait autre chose. L'heureux gagnant répondit : *« Yerrr ! I wanna burger and a beer ! »*

🏃 **Main Street Station Casino** *(plan couleur D2)* **:** 200 N Main St, à la hauteur de Stewart Ave. ☎ 387-1896 ou 1-800-713-8933. Fax : 386-4466. ● www.mainstreetcasino.com ● Ce casino est symbolique de la renaissance de Downtown. Inspiré d'une vieille gare victorienne, il arbore un charmant cadre pittoresque, avec moulures et verrières au plafond, cariatides et gros sanglier de bronze sur le bar. Certains éléments du décor sont de vraies antiquités. La maison fait aussi sa propre bière (en plus de son propre beurre !) ; on peut la goûter au *Triple 7 Restaurant & Brewery*. Enfin, le buffet a été élu « meilleur buffet de Las Vegas » plusieurs années de suite (voir dans la rubrique « Où manger ? »)...

Comment jouer ?

Avant toute chose, il faut avoir au moins 21 ans pour jouer et boire de l'alcool dans un casino à Las Vegas. Si vous avez l'air jeune, on conseille d'ailleurs d'avoir son passeport sur soi, en cas de contrôle. La loi est très stricte et vous vous verriez refuser votre gain si jamais vous dérogiez à la règle. Dans la plupart des casinos, des sections spéciales sont dédiées aux enfants, avec des jeux rien que pour eux.

Sinon, que ceux qui n'ont jamais mis les pieds dans un casino ne paniquent pas : à Las Vegas, le jeu le plus populaire est la machine à sous *(slot machine),* surnommée à juste titre « bandit manchot » *(one-armed bandit).* C'est d'une simplicité déconcertante : on glisse sa pièce et on appuie sur un bouton, histoire de ne pas attraper de courbatures à force de tirer sur le manche ! Un conseil : contentez-vous surtout de celles à 1 ou 5 cents (peu nombreuses et prises d'assaut, ces machines à sous sont surmontées d'un panneau « Pennies »), éventuellement celles à 25 cents, car les voraces, à 1 ou 5 US$ (on ne parle même pas de celles à 10 ou même 25 US$!) vous ruinent à toute vitesse. Les fous dangereux peuvent même, dans certains casinos, jouer avec des jetons de 100 US$, voire... 500 US$!

Il arrive souvent qu'on gagne une poignée de pièces à peine arrivé dans un casino, ce qui incite à tout rejouer immédiatement. Méfiez-vous : après avoir gagné plusieurs fois des petites sommes (aussitôt réinvesties et reperdues), on croit avoir tout de même de la chance... et on ressort un billet. C'est tout calculé : pour vous donner l'impression d'avoir de la chance, la plupart des bandits manchots redistribuent de 95 à 98 % des mises. Voilà comment on se retrouve dépouillé, et pourquoi les casinos roulent sur l'or. Tout l'art du jeu consiste à savoir s'arrêter. Soit après n'avoir perdu qu'une somme fixée à l'avance (et sacrifiée volontairement pour le plaisir). Soit, si on est chanceux, immédiatement après avoir gagné en un seul coup un paquet de pièces. Sachez que les rapports de gain des machines sont conçus de telle façon que plus on joue, plus on perd...

Les autres jeux proposés dans les casinos attirent plutôt les spécialistes et demandent un investissement plus important. On trouve de tout : roulette, *craps,* baccarat, black jack, poker... et même loto sportif *(race & sports book),* avec murs entiers d'écrans TV retransmettant des événements sportifs !

Les règles : apprendre à jouer...

– **Avec un livre :** pour connaître les bases de tous ces jeux, se procurer à l'office du tourisme le *Guide des jeux de Las Vegas (Las Vegas Gaming Guide)* en version française.

– **Cours et leçons en** live *:* il est également possible de suivre une des nombreuses initiations dispensées par tous les casinos... Les leçons sont généralement gratuites. Voici quelques exemples :

■ Au **New York-New York** *(plan couleur A1),* on vous apprend gratuitement à jouer au *craps* (appelé communément « passe anglaise »), mais pas à gagner. Du lundi au vendredi, on peut aussi prendre des cours de black jack, de roulette, de poker, de pai gow, de mini-baccarat, etc. L'un des plus complets. Infos au : ☎ 740-6969.

■ Au **Planet Hollywood Resort &** *Casino (plan couleur A1),* également du lundi au vendredi, une panoplie de leçons gratuites très complètes : black jack, roulette, poker et baccarat. Infos : ☎ 785-5555.

■ Au **Venetian** *(plan couleur B1),* leçons gratuites de black jack, roulette et craps, tous les jours près du *cashier.* Se renseigner pour les horaires : ☎ 414-1000.

Où danser ?

La vague des *night-clubs* a déferlé sur Las Vegas. Tous les casinos ouvrent désormais leur boîte. En fin de semaine, les panthères et les minets, dont l'âge n'excède guère la trentaine, envahissent les pistes de danse et, selon la popularité du lieu, de longues files d'attente peuvent se former à l'entrée. Celle-ci n'est pas donnée, en plus il faut la trouver ! Compter environ 20 US$ par tête, parfois moitié moins pour les filles. Attention, si les casinos tolèrent n'importe quelle tenue, du moment que vous êtes vêtu, les boîtes sont beaucoup plus strictes : chaussures de sport refusées et tenue soignée (voire extrêmement soignée) exigée.

♩♪ **Light :** au *Bellagio (plan couleur A1)*. L'escalier du *Light* est situé au rez-de-chaussée, tout au bout de la via Bellagio si vous entrez par le *Caesars Palace*. Du jeudi au dimanche de 22 h 30 à 4 h. Un *night-club* à la déco sophistiquée et recherchée, qui cultive une bonne ambiance intime, jeune et plutôt cool. Les danseurs iront se trémousser au rythme d'une musique assez variée (house, techno, hip-hop et rock) sur la grande piste de danse au centre, et les buveurs s'affaleront au luxueux comptoir qui l'entoure. Notre question : les muses sexy perchées aux coins de la piste sont-elles censées inspirer les danseurs ou nourrir le regard des buveurs ?

♩♪ **Curve :** au *Planet Hollywood Resort & Casino (plan couleur A1)*, à l'intérieur du très sélect *High Limit Casino,* au niveau de la mezzanine.

Ouvert les vendredi et samedi de 22 h 30 à 5 h. Le *night-club* qui mène la danse à Las Vegas. Un luxueux palais, très en vogue, où l'on danse, boit, papote, flâne de salle en salle (6 au total) au son déchaîné concocté par les 2 DJs invités par la maison. Le lieu est beau, presque grandiose, mais peut-être un peu froid pour nous. Cela dit, on adore sa terrasse romantique qui domine le Strip.

♩♪ **Risqué :** au *Paris-Las Vegas (plan couleur A1)*. Ouvert du jeudi au dimanche de 22 h à 4 h. Ici, on ne mélange pas tout : le bar d'un côté, la piste de l'autre et des petits coins canapés semés ici et là. Le must du lieu : les petits balcons, très prisés, avec une très belle vue sur le Strip. Idéal pour siroter une des divines boissons proposées par la maison.

Les *fun coupons*

Un truc super à Las Vegas pour les routards fauchés qui veulent quand même en profiter : ce sont les carnets de coupons *(fun coupons)* gratis ou à demi-tarif pour les casinos. Il existe aussi des coupons pour des boissons gratuites (souvent des margaritas), des *breakfasts,* et même des paquets de *play tokens,* sortes de jetons qui n'ont pas de valeur marchande, mais que l'on peut faire ingurgiter aux machines à sous. C'est l'appât ! Mais ça vaut le coup d'en profiter si on sait s'arrêter... À noter enfin, les demi-tarifs pour des pizzas et des repas complets.

On trouve malheureusement de moins en moins de ces *fun coupons.* Le *Visitor Center* en distribue, mais leur intérêt varie selon les mois. Demandez aussi aux caissiers des casinos de Downtown ou dans les hôtels-casinos de moyenne gamme du Strip *(Circus Circus, Excalibur...).* C'est là que vous aurez le plus de chance... À défaut, essayez dans les stations de *Gray Line Tours* ou dans certaines stations-service. Ramassez-en un maximum et ensuite organisez-vous. Vous pouvez, par exemple, tracer votre itinéraire en fonction des coupons dont vous disposez. Également de nombreux coupons de réductions pour des buffets, spectacles, musées, etc., dans des magazines gratuits comme *Show Bizz* ou *What's On,* que l'on se procure aisément au *Visitor Center* de Las Vegas.

Spectacles fous et shows mégalos

On conseille de se procurer rapidement les deux magazines hebdomadaires gratuits les plus populaires de tout Las Vegas : *What's On* et *Show Bizz* ; disponibles généralement dès l'arrivée à l'aéroport, ou à défaut, au *Visitor Center* de la ville, dans la plupart des hôtels et dans certains casinos. Ces journaux vous tiendront au courant des attractions, shows et spectacles de la semaine.

Il est bon de savoir que les casinos ont suffisamment d'argent pour inviter les plus grandes vedettes du monde. Hormis Céline Dion qui fait salle comble depuis plusieurs années, vous pouvez très bien tomber sur Madonna, Tom Jones, Elton John, Santana, Britney Spears... Le Cirque du Soleil a la cote, avec pas moins de 5 spectacles présentés. Enfin, les spectacles français sont aussi prisés depuis des années. Il n'est pas rare de voir les casinos vantant à coups de néons géants la présence du *Lido*, des *Folies Bergère* ou du *Crazy Horse* (appelé ici : *La Femme*)... Comme si ces illustres cabarets fermaient boutique à Paris pour passer quelques semaines dans la ville. En fait, des techniciens français sont présents, des couturiers parisiens fabriquent les costumes, et on met quand même quelques danseuses françaises dans le spectacle, au moins celles qui parlent dans le micro. C'est du *Frenchising,* comme dans la haute couture.

Spectacles gratuits

🎭 *Sirens of TI :* devant l'entrée du *Treasure Island (plan couleur B1),* 3300 Las Vegas Blvd, à côté du *Mirage.* ☎ 894-7111. Tous les soirs à 17 h 30, 19 h, 20 h 30 et 22 h. Conseil : s'y rendre au moins 20 mn à l'avance, à cause de la foule. Durée du spectacle : 20 mn. Les représentations peuvent être annulées s'il y a trop de vent. L'architecture de l'hôtel est vite oubliée devant le décor incroyable de la baie des sirènes, reconstituée au bord même du Strip. Le bateau des pirates affronte celui des sirènes, dans ce show qui mêle musique, danse, effets pyrotechniques... Du grand spectacle, comme toujours.

🎭 *Fremont Street Experience (plan couleur D2) :* au cœur de Downtown. ● www.vegasexperience.com ● Tous les soirs, dès la tombée de la nuit, et toutes les heures (pile !). Le spectacle musical son et lumière le plus étonnant qui soit. La rue est couverte sur toute sa longueur d'une immense voûte mécanique de 27 m de haut, longue de 416 m (1,6 ha au total), constellée de 16 millions d'ampoules. Celles-ci s'éclairent pendant 6 mn, selon des figures et des motifs étonnants, formant plus de 65 000 combinaisons, toutes différentes, toutes magiques. Tout est commandé par 36 ordinateurs invisibles. Un fabuleux cyber-show où l'on retrouve le couple de cow-boy (et cow-girl) emblématique de Las Vegas : Vic et Vickie (en néons).

🎭 *The Fountains of Bellagio :* au *Bellagio (plan couleur A1),* 3600 Las Vegas Blvd. Toutes les 15 à 30 mn, de 15 h à 23 h 55, et à partir de midi le week-end. Dans le joli lac au pied de l'hôtel, un extraordinaire son et lumière rythmé par quelque 1 000 jets d'eau, qui varient en fonction des mélodies. Avec le casino *Paris-Las Vegas* juste en face, ce spectacle a vraiment une petite touche des *Grandes Eaux* du château de Versailles !

Spectacles payants

Pour avoir le plus de chance de trouver des places, surtout pour les spectacles les plus courus (Cirque du Soleil, Céline Dion...), le plus prudent est de les réserver bien avant le départ (via Internet). Sinon, en dehors des weekends, il est généralement possible d'acheter des billets la veille pour le lendemain. Vous aurez d'autant plus de chance si vous vous y prenez 2 jours à l'avance.

Bon à savoir, des places à moitié prix sont vendues à partir de 11 h 30 chez **Tickets 2Nite,** situé dans la bouteille de Coca-Cola géante (accolée au magasin Everything Coca-Cola, à côté du *MGM*). Vaste choix de spectacles, mais pas les plus grands shows, genre « O » au Bellagio (cela dit, de temps en temps, Céline Dion ou Elton John). Même genre de prestations chez **Tix4Tonight,** à partir de midi, devant l'entrée de Neiman Marcus au *Fashion Show Mall* (voir « Shopping » plus loin).

¶¶¶ *Mystere at the Treasure Island (plan couleur B1) :* réservations sur place de 8 h à 23 h, au ☎ 796-9999 ou 1-800-963-9634, ou sur Internet ● www.treasureisland.com ● Spectacles à 19 h 30 et 22 h 30 du mercredi au samedi, à 16 h 30 et 19 h 30 le dimanche ; relâche les lundi et mardi. Cher (de 60 à 95 US$ la place), mais fabuleux ! Depuis 1993, la troupe québécoise du Cirque du Soleil a élu domicile ici et composé un spectacle enchanteur. Au total, plus de 70 acteurs, danseurs, chanteurs, musiciens, jongleurs, acrobates et clowns venus du monde entier. Des numéros de cirque, bien sûr, mais avec des costumes, une chorégraphie et une musique *live* qui rendent l'ensemble féerique. De surprise en étonnement, on a parfois l'impression de rêver éveillé. À voir absolument !

¶¶¶ *« O » at the Bellagio (plan couleur A1) :* réservations sur place, au ☎ 796-9999 et 1-800-963-9634, ou ● www.bellagio.com ● Représentations tous les jours (sauf les lundi et mardi) à 19 h 30 et 22 h 30. Un des spectacles les plus chers de Las Vegas (avec ceux de Céline Dion et Elton John) : de 100 à 150 US$. Ce fantastique ballet aquatique, exécuté par les membres de la troupe du Cirque du Soleil et conçu sur le thème du cercle et de l'infini, fait depuis plusieurs années salle comble tous les soirs. Pas moins de 75 acteurs et près de 6 millions de litres d'eau sur scène ! Pour avoir une petite chance d'y assister, pensez à réserver plusieurs jours à l'avance, voire avant votre départ par l'intermédiaire d'un tour-opérateur.

¶¶¶ *KA at MGM Grand (plan couleur A1) :* réservations sur place, au ☎ 796-9999 ou 1-877-264-1844, ou ● www.mgmgrand.com ● Spectacles du vendredi au mardi à 19 h 30 et 22 h 30. Le Cirque du Soleil a encore frappé ! Cette nouvelle production est une comédie musicale onirique, servie comme toujours par une musique envoûtante et des costumes extraordinaires. La pièce maîtresse du show est une gigantesque plaque suspendue au-dessus de la scène, sur laquelle évoluent les artistes. Peut-être moins de prouesses techniques que dans *Mystere* ou *O*, mais la mise en scène est très audacieuse et originale. Fascinant. Les places sont à la hauteur de la qualité : de 100 à 150 US$.

¶¶ *Le Rêve (plan couleur B1) :* au Wynn. Réservations au ☎ 770-WYNN, ou ● www.wynnlasvegas.com ● Représentations à 19 h 30 et 22 h 30. Relâche 2 soirs par semaine. Tarif unique : 110 US$. Un spectacle aquatique conçu par Dragone, un ancien du Cirque du Soleil, dans une remarquable et inédite salle de spectacle circulaire. Le siège le plus éloigné de la scène n'est qu'à 12 m de l'action centrale !

¶¶ *Céline Dion (A New Day ; plan couleur A-B1) :* au *Caesars Palace.* Réservations sur ● www.caesars.com ● ou au ☎ 1-800-634-6698. Construite tout spécialement pour le show de Céline Dion, la salle du Colosseum

(4 100 places) accueille jusqu'en 2007, en alternance avec celui de la star québécoise, lorsque cette dernière est en vacances, le spectacle d'*Elton John.* Orchestré par Franco Dragone, le spectacle *A New Day* est un mélange des classiques de Céline Dion doublé d'effets audiovisuels uniques. Tarifs : à partir de 90 US$ pour Céline Dion, 100 US$ pour Elton John.

𝕏𝕏 *Zumanity (plan couleur A1) :* au *New York-New York.* Réservations au ☎ 1-866-606-7111 ou ● www.zumanity.com ● Représentations à 19 h 30 et 22 h 30 ; relâche les mercredi et jeudi. Tarifs : de 65 US$ le tabouret à 125 US$ la place dans un canapé pour deux. Toujours le Cirque du Soleil (on ne les arrête plus), mais cette fois, dans un show sexy et provoquant, façon cabaret, réservé aux adultes.

𝕏𝕏 *We Will Rock You (plan couleur A1) :* au *Paris-Las Vegas.* Spectacle créé par deux des survivants du groupe Queen, Roger Taylor et Brian May, et fondé sur 20 de leurs plus gros succès *(We are the Champions, Another bites the dust...).* Représentations tous les soirs sauf le jeudi. Tarifs : de 53 à 114 US$. Réservations : ☎ 474-4000 ou 1-877-ROCKSHOW. ● www.paris lasvegas.com ●

LAS VEGAS

𝕏 *Lance Burton at the Monte Carlo (plan couleur A1) :* réservations sur place, par téléphone au ☎ 730-7160 ou 1-877-386-8224, ou ● www.lance burton.com ● Spectacles les mercredi, jeudi et vendredi à 19 h, et les mardi et samedi à 19 h et 22 h ; relâche les dimanche et lundi. De 67 à 73 US$ la place, selon la situation. L'un des magiciens les plus célèbres des États-Unis. Spectacle plus traditionnel que ne l'était celui de *Siegfried and Roy,* mais le prix est aussi plus abordable.

𝕏 *Star Trek-The Experience (plan couleur B2) :* au *Las Vegas Hilton,* 3000 Paradise Rd. ☎ 697-TREK et 1-888-GOBOLDLY. ● www.startrekexp.com ● Tous les jours de 11 h à 23 h. Billet combiné (2 attractions + musée) 32 US$; réductions. Pour les fans de la plus célèbre série télé de science-fiction américaine. Si vous avez toujours rêvé d'être le capitaine Kirk, monsieur Spock (ses oreilles sont en vente sur place, au magasin de souvenirs !), ou un méchant extra-terrestre avec des verrues plein le nez, c'est l'occase inespérée ! Tout se passe par le biais de vidéos interactives et de techniques de réalité virtuelle. Les fauchés ou les sceptiques se contenteront des décors des boutiques, et du bar-restaurant ; ou demanderont à visiter la suite d'Elvis (au dernier étage).

𝕏 *Jubilee ! (plan couleur A1) :* au *Bally's Las Vegas.* ☎ 967-4567 et 1-800-237-7469. ● www.ballyslasvegas.com ● Du samedi au jeudi à 19 h 30 et 22 h 30. Ticket de 50 à 70 US$. Pour assister en direct, sur la scène, au naufrage du *Titanic.* Le reste du show est plus classique avec revue de danseuses à paillettes et magicien. Réservé aux plus de 18 ans.

𝕏 *Tournament of Kings (plan couleur A1) :* à l'*Excalibur.* ☎ 597-7600. ● www.excaliburcasino.com ● Deux shows par jour, à 18 h et 20 h 30. Compter 48 US$, mais assez réussi (à la sauce américaine). Toujours dans le genre moyenâgeux (le concept a été entièrement pensé à la mode marketing), l'*Excalibur* organise un « Tournoi des rois ». Reconstitutions simili historiques en costumes des fêtes paillardes médiévales, avec joutes, danses et dîner. Pour faire plus Moyen Âge, on mange sans couverts (pas bête, ça réduit la vaisselle).

– Et aussi, parmi les nouveautés 2006 : *Avenue Q* (au *Wynn*), un spectacle de marionnettes pour adultes ; *Hairspray* (au *Luxor*), adapté du film de John Waters et mettant en scène un groupe d'ados dansant à Baltimore dans les années 1960 ; *Phantom of the Opera* (au *Venetian*) ; et la toute dernière création du Cirque du Soleil (au *Mirage*) qui aura pour thème les Beatles.

Les musées

🍴 *Atomic Testing Museum* *(plan couleur A2, 70)* : 755 E Flamingo Blvd.
☎ 794-5161. ● www.atomictestingmuseum.org ● Ouvert de 9 h (13 h le
dimanche) à 17 h. Entrée : 10 US$; réductions. Un nouveau et intéressant
musée consacré aux essais nucléaires du Nevada, qui se déroulèrent régulièrement de 1951 à 1992, à quelque 70 *miles* de Las Vegas, en plein désert.
Certains trucs sont vraiment impressionnants, comme ces films d'explo-
sions, où l'on voit de pauvres soldats dans des tranchées, à peine protégés,
servir de cobayes pour étudier l'impact des radiations. On aurait apprécié
que le musée insiste un peu sur les effets radioactifs sur les humains...

🍴 *Las Vegas Natural History Museum* *(hors plan couleur par A2)* : 900 N
Las Vegas Blvd, au nord de Downtown (bus n°s 113 ou 401). ☎ 384-3466.
● www.lvnhm.org ● Ouvert tous les jours de 9 h à 16 h. Entrée : 6 US$;
réductions. Ce petit musée d'histoire naturelle, qui accueille épisodiquement
des expositions temporaires nationales de grande qualité, est surtout destiné
aux habitants de la région et aux écoles. Toutefois, les autres peuvent y voir
une jolie section consacrée aux dinosaures : reconstitution grandeur nature
du tyrannosaure (le plus gros dinosaure carnivore), avec animation et vrais
cris ! Même chose avec le tricératops (son œil bouge aussi). Heureusement,
il est précisé que la bête était herbivore... À côté de cela, aquariums, écologie
des requins, animaux naturalisés du Nevada et d'Afrique, fossiles retraçant
l'évolution des espèces, etc.

🍴 *Imperial Palace Auto Collection* *(plan couleur B1)* : à l'*Imperial Palace
Hotel*. 3535 S Las Vegas Blvd. ☎ 794-3174 et 1-800-634-6441. ● www.impe
rialpalace.com ● Ouvert tous les jours de 9 h 30 à 21 h 30. Entrée : 7 US$;
réductions. Plus de 250 superbes voitures en majorité américaines. On y voit
la plus grande exposition de Duesenberg et l'une des plus belles collections
de voitures présidentielles, dont celles de présidents américains récents
(d'Herbert Hoover à Richard Nixon), la Rolls Royce de Nicolas II, la Packard
d'Hiro Hito, la Mercedes d'Hitler et la voiture d'Howard Hughes (effrayé par
les microbes, il y avait installé un appareil pour filtrer l'air, qui coûtait plus cher
que l'auto !). Certains véhicules sont même à vendre...

🍴 *Las Vegas Liberace Museum* *(hors plan couleur par A2)* : 1775 E Tropicana, à l'est du Strip. ☎ 798-5595. ● www.liberace.com ● Ouvert du lundi au
samedi de 10 h à 17 h et de 12 h à 16 h le dimanche. Entrée : 13 US$;
réductions. Musée consacré à Liberace, qui fut l'un des plus célèbres anima-
teurs de music-hall américains. Une idole à Las Vegas et un très grand pianiste qui faisait toujours ses entrées sur scène au volant. On peut admirer ici
l'une des plus fabuleuses collections de pianos qu'on connaisse, ainsi que
son incroyable garde-robe (plutôt efféminée, mais il faisait ce qu'il voulait...),
ses bijoux de scène et ses voitures démentes (faites sur mesure !).

À faire

– *Siegfried & Roy's Secret Garden & Dolphin Habitat* *(plan couleur A1)* :
au *Mirage*. Infos : ☎ 791-7111 et 1-800-627-6667. ● www.mirage.com ●
Ouvert de 10 h à 19 h. Entrée jumelée 15 US$. Les animaux que les deux
grands magiciens utilisaient pour leur show sont présentés au public, dans
un cadre exotique charmant. Tigres blancs, lions blancs, panthères noires,
sans oublier l'éléphante de 4 t nommée Gildah, qui a fêté son 57ᵉ anniversaire
en 2005 ! Attenant au *Jardin Secret,* un aquarium géant où batifole une dizaine
de gentils dauphins. Les bestiaux sont magnifiques et bien traités.

– *La tour Stratosphere* (*plan couleur C2*) : 2000 S Las Vegas Blvd. ☎ 380-7777 ou 1-800-99-TOWER. ● www.stratospherehotel.com ● Ouvert de 10 h à 1 h (2 h les vendredi et samedi). *Package* tout compris à 30 US$ avec montée au sommet de la *Stratosphere* et les 4 attractions (*High Roller, Big Shot, XScream* et *Insanity*). Sinon, possibilité de prendre des tickets séparés pour chaque attraction (de 4 à 8 US$) + la montée au sommet à 10 US$. C'est à la nuit tombée qu'il faut venir admirer le plus haut monstre de Las Vegas, tout droit sorti d'un film de science-fiction. Une tour de 345 m, mélange de château d'eau et de vase en béton, terminée par un observatoire circulaire. Cette tour d'observation, la plus grande dans son genre aux États-Unis, a été construite par Bob Stupak, un promoteur aussi mégalo que génial. Au pied de la tour, dans un bâtiment classique qui contraste avec l'architecture audacieuse de la tour, un hôtel-casino banal, voire presque ringard de plus de 2 500 chambres et suites. C'est en haut de la tour que tout se passe, vous vous en doutez. En un instant, l'ascenseur vous propulse au sommet de la *Stratosphere*, où se trouvent un restaurant et un bar panoramiques (*Top of The World*). De là-haut, la vue sur Las Vegas *by night* avec son océan de lumières et de casinos multicolores est absolument superbe. Le *Stardust* bleu et rose, le *MGM* tout vert, le *Rio* rouge et violet...

Pour couronner le tout, Stupak a réussi à installer sur le toit de l'observatoire des attractions à sensations... et c'est un euphémisme. En amuse-bouche, on attaque avec les montagnes russes (*High Roller*) puis on enchaîne avec le *Big Shot,* une attraction démentielle qui propulse, en une « strato-seconde » et à la vitesse de 72 km/h, une dizaine de candidats, fermement attachés à leur siège, jusqu'au sommet d'une colonne métallique de 50 m de haut. On monte et on redescend 3 fois, comme sur un siège éjectable. En plat de résistance, on vous conseille *XScream,* qui entraîne les visiteurs dans une chute vertigineuse le long d'une rampe suspendue dans le vide. Sur cette antenne, sorte de pointe de fusée lancée dans le ciel étoilé, on peut ressentir les sensations fortes des astronautes de la Nasa. À déconseiller aux personnes sujettes au vertige ou fragiles du cœur, aux claustrophobes, aux femmes enceintes, ainsi qu'à tous ceux qui sortent du buffet (pas terrible, entre parenthèses). Bon, mais vous n'allez pas partir sans prendre un petit dessert ! Et c'est reparti avec *Insanity,* la dernière attraction en date, des balançoires tournant à 42 *miles* par heure au-dessus du vide... Dans l'avenir, Bob Stupak prévoit de construire un gorille mécanique de 15 m qui grimperait le long de la tour, en emportant près de 60 personnes...

– *Flyaway Indoor Skydiving* (*plan couleur B2*) : 200 Convention Center Dr. ☎ 731-4768 et 1-877-545-8093. ● www.flyawayindoorskydiving.com ● Ouvert tous les jours de 10 h à 19 h. Autour de 60 US$ le vol, tout compris. Les amateurs de sensations fortes ou ceux qui ont toujours rêvé de sauter en parachute (mais n'ont jamais eu le courage de le faire) pourront s'offrir 3 mn de chute libre – ou plutôt de sur-place – dans une gigantesque soufflerie recréant des vents de près de 180 km/h. Cher tout de même pour la durée. Un petit cours de préparation, d'une vingtaine de minutes, est prévu.

Comment se marier à Las Vegas ?

En 1939, Clark Gable épouse Carole Lombard à Las Vegas. Ce fut le point de départ de la renommée internationale de Las Vegas pour les mariages rapides. Une explication technique : le test sanguin n'y est pas obligatoire. Depuis, un tas de célébrités s'y sont mariées : Mickey Rooney, Bing Crosby, Elvis Presley et Priscilla Beaulieu, Frank Sinatra et Mia Farrow, Bruce Willis et Demi Moore, notre Johnny national, ainsi que Brigitte Bardot, Roger Vadim (mais avec Jane Fonda), sans oublier Britney Spears qui a défrayé la chronique en divorçant presque aussitôt (le mariage ne dura en tout que 55 h !)

Contrairement à une légende, on se marie plus à Las Vegas qu'on ne divorce (10 fois plus). La ville célèbre en gros plus de 120 000 unions chaque année, une moyenne donc de quelque 328 mariages par jour, soit un mariage environ toutes les 4 mn 30. On peut se marier de toutes les manières possibles : assis au volant de sa voiture, en hélicoptère, ou bien dans une montgolfière construite spécialement par le proprio de la *Little White Chapel*. À la chapelle *Graceland*, un sosie d'Elvis Presley orchestre et anime la cérémonie. À la chapelle *Canterbury* de l'*Excalibur*, le ton est définitivement médiéval, avec costumes à l'avenant. Et pour ceux qui ont toujours eu une fantaisie romaine, direction Neptune's Villa au *Caesars Palace*. La palme de l'originalité revient toutefois à un couple qui, il y a quelques années, a renouvelé ses vœux de mariage sur une plate-forme de saut à l'élastique avant de plonger dans le vide !

Mode d'emploi

– Tout commence au **Marriage License Bureau** au rez-de-chaussée de la **Clark County Court House** (plan couleur D2, 2) : 200 S 3rd St, à l'angle de Carson St. ☎ 455-4415. Fax : 455-2254. ● www.co.clark.nv.us/clerk/Civil_Marriage.htm ● Bureau ouvert du lundi au jeudi de 8 h à minuit, et sans interruption du vendredi au dimanche minuit. Éviter le samedi, c'est bondé ! C'est le tribunal de Las Vegas. Se munir d'un passeport. Pour 55 US$ (en *cash*, s'il vous plaît), on vous remet une *marriage license*. Aucune analyse de sang n'est demandée, aucun délai n'est nécessaire. C'est cette *license* qui vous permet de vous marier. Pour les Français (les deux membres du couple), il suffit d'avoir 18 ans et, éventuellement, si l'on est divorcé, avoir une copie de l'acte (en français, ça marche *a priori*).
Pour la célébration proprement dite, à vous de choisir, ensuite, entre **la chapelle** et **l'officier de l'état civil** ad hoc : pour la chapelle, pas de problème, il y en a plein à Las Vegas (voir les deux adresses « historiques » que nous proposons). On peut aussi consulter une liste sur place, à la mairie, de tous ceux qui proposent leurs services. À voir également, *The Perfect Wedding Guide*, le petit *vade-mecum* du mariage à Las Vegas, disponible gratuitement au *Visitor Center*... Si vous souhaitez convoler uniquement devant un officier de l'état civil, le plus pratique et le moins cher (50 US$ *cash*, quand même !) est de se rendre, presque en face de l'adresse où l'on obtient les licences, au **Civil Marriage Commissioner**, 309 S 3rd St. Là, on vous mariera en quelques minutes, avec un témoin au moins par personne, même recruté dans la queue (il y a parfois de l'attente). Une fois la cérémonie achevée, ce bureau (ou la chapelle dans laquelle vous vous êtes mariés) envoie dans les 10 jours les documents au **Clark County Recorder** (500 S Grand Central Parkway, 2nd Floor), afin qu'ils soient officialisés. C'est donc là qu'on peut obtenir le **Certified Copy of Marriage Certificate** (copie certifiée du certificat de mariage) qui porte le sceau officiel du *county*, et qui vous sera indispensable pour officialiser votre mariage en France. En fait, on ne se déplace pas à cet endroit (à moins de rester plus de 10 jours à Las Vegas), mais il faut leur faire une demande d'envoi de ce document directement à votre domicile. Trois façons pour le faire : par téléphone, ☎ 455-4336, ou par écrit. Les jeunes mariés internautes peuvent également obtenir le document en le demandant à l'adresse suivante : ● www.co.clark.nv.us ● Vous recevrez le certificat dans les semaines qui suivent. Le coût est de 10 US$.

Quelques mots sur le mariage à l'église

Le mariage civil est le plus rapide et le moins cher (10 mn chrono et 50 US$). Mais le mariage à la chapelle, façon cow-boy ou rock star, vaut vraiment le coup d'être vécu (liste complète des chapelles : ● www.lasvegasweddingcha

pels.com ●). On en trouve dans tous les hôtels, mais également aux deux extrémités du Strip, où elles ont pignon sur rue, toutes plus kitsch les unes que les autres ! Généralement elles proposent des *wedding tours* à tous les prix. La moyenne basse se situe entre 60 et 80 US$, mais la note grimpe vite avec les à-côtés. Les plus chères peuvent atteindre près de 1 000 US$ avec toutes les options (photographe, vrai musicien, diffusion en direct sur le Net, location de costard et de robe, de fleurs en plastique, limousine de luxe, gâteau...). Si cela vous semble trop, il vous reste toujours la possibilité de demander le mariage à crédit ! Il y a aussi, depuis peu, des *fast weddings* (mariages rapides) : vous ne sortez pas de la voiture, et un pasteur vient vous marier en quelques minutes pour quelques dizaines de dollars ! Quelle que soit la formule choisie, un point commun à toutes : c'est d'un ringard achevé et d'un kitsch absolu. Au 1er, 2e ou 3e degré (à chacun ses fantasmes !), on hésite toujours entre éclater de rire ou pleurer sur l'incroyable dérision de la nature humaine. Pour que les bonnes traditions ne se perdent pas, on vous conseille tout de même les deux chapelles les plus sympas de Las Vegas :

– **The Little Church of the West** *(hors plan couleur par A1)* : 4617 S Las Vegas Blvd ; au niveau de Russel Rd, deux blocs au sud du *Luxor* (de l'autre côté de la route). ☎ 739-7971 ou 1-800-821-2452. ● www.littlechurchlv. com ● Ouvert de 8 h à minuit tous les jours. Même si elle a déménagé plusieurs fois depuis sa fondation en 1943, elle reste la plus mignonne de la ville, tout en bois, au milieu d'un petit bosquet d'arbres. Elle a même été classée Monument historique. Un vrai havre de calme, perdu dans le béton et les néons tapageurs. C'est ici qu'Elvis se marie dans le film *L'Amour en quatrième vitesse*. Depuis, de nombreuses stars ont dit « *I do* » dans la petite église de l'Ouest : Dudley Moore, Judy Garland, Mickey Rooney, Telly Savalas (alias *Kojak*), le chanteur Bob Geldof (fondateur du Live Aid), Richard Gere et Cindy Crawford, Johnny Hallyday et Adeline, Angelina Jolie et Billy Bob Thornton...

La location de la chapelle coûte environ 75 US$ et inclut la limousine (généralement une Cadillac blanche, ça va de soi), mais attention, il ne s'agit nullement d'un « tout compris », et l'addition monte vite. Le chauffeur vient vous prendre à votre hôtel puis vous remettez à l'organisatrice la licence délivrée à la mairie. Elle tend à la future mariée *(bride)* un bouquet de fleurs (à partir de 10 US$) puis vous fait avancer le long du couloir, tandis que démarre l'harmonium (30 US$ pour l'organiste) ou, pour les fauchés, une cassette de musique classique (10 US$)... Tatatam ! Le couple a ensuite droit au sermon du pasteur (pourboire très apprécié à la fin de la cérémonie, normalement à discrétion, mais il peut être imposé ; compter une cinquantaine de dollars en espèces !), à la remise des anneaux et aux félicitations des curieux réunis devant la porte de l'église (sons de cloche à la sortie, mais eux sont gratuits). Ah, on oubliait l'essentiel : après le « oui » fatidique, le pasteur vous autorise à vous embrasser tendrement. Si vous n'avez pas oublié votre appareil photo (pour économiser de 50 à 150 US$), on prendra gentiment pour vous des photos de ce moment inoubliable... Et si vous avez encore 80 US$ à débourser, vous repartirez même avec le DVD de la cérémonie. Les premiers *packages* (« tout compris ») se situent autour de 200 US$.

– **The Little White Wedding Chapel** *(plan couleur D2)* : 1301 S Las Vegas Blvd. ☎ 382-5943 ou 1-800-545-8111. ● www.alittlewhitechapel. com ● Ouvert 24 h/24. Toute blanche, comme son nom l'indique ! Minuscule et à la déco très cucul-la-praline, avec froufrous et tout et tout, c'est aussi l'église la plus connue de Las Vegas depuis que l'actrice de *Dynastie,* Joan Collins, a fait vibrer toute l'Amérique en s'y mariant. Michael Jordan, Bruce Willis et Demi Moore, Britney Spears ont suivi... Forfaits tout compris à partir de 55 US$ pour la version basique (l'important c'est d'aimer, n'est-ce pas ?) jusqu'à... plus soif.

Pour l'état civil français

– **ATTENTION,** pour faire enregistrer le mariage dans les registres de l'état civil français, il faut « théoriquement » obtenir, préalablement à la célébration, un « certificat de capacité à mariage » auprès du consulat. Pour ce faire, il convient de constituer un **dossier de mariage** comprenant :
1) les deux extraits originaux d'actes de naissance des futurs époux valables 6 mois ;
2) une copie du certificat de nationalité française (le passeport, simple titre de voyage, n'est pas accepté) ;
3) un justificatif de domicile en France ;
4) une photocopie des deux cartes d'identité ;
5) une lettre datée et signée par les futurs mariés demandant la publication des bans et précisant la date approximative de mariage, la profession des futurs époux ainsi que leurs coordonnées téléphoniques et e-mail.
6) une enveloppe format 17,7 cm x 25 cm affranchie à 5 € ;
7) plus, éventuellement, la copie du jugement de divorce et du contrat de mariage établi avant votre départ de France ou après votre retour. S'il y a des enfants, se munir également de leur extrait d'acte de naissance.
Vous devez envoyer ce dossier au consulat général de France à Los Angeles **au moins deux mois** avant la date du mariage.
Celui-ci demande alors la publication des bans à la mairie du lieu de domicile des futurs conjoints. Après réception des certificats de publication et de non-opposition, vous avez votre feu vert pour une durée d'un an. Après le mariage, pour obtenir votre livret de famille français, vous aurez besoin du **Certified Copy of Marriage Certificate** (voir plus haut comment l'obtenir). Adressez en recommandé cette « copie certifiée conforme de l'acte de mariage » au consulat général de France, 10990 Wilshire Blvd, Suite 300, Los Angeles, CA 90024. ☎ (310) 235-3200. Fax : (310) 312-0704. Vous pouvez aussi vous présenter sur place. Explication du « théoriquement » stipulé plus haut : si vous avez « oublié » de faire la demande préalable de certificat de capacité à mariage, joignez alors à votre envoi au consulat : vos actes de naissance, un justificatif du domicile en France et vos certificats de nationalité française. Ce n'est pas simple et parfois long, mais quand même magique !

Excursions

■ **Gray Line Sightseeing Tours :** ☎ 702-384-1234. ● www.grayline. com ● Cette compagnie organise des excursions à la journée vers le Grand Canyon. L'option la moins chère, à 150 US$, comprend juste le transport aller-retour, la balade proprement dite sur place et le déjeuner. Pour 110 US$ de plus, vous pourrez ajouter un survol du canyon en petit avion. On peut également descendre le Black Canyon en raft pour 115 US$, avec en prime une vision unique du Hoover Dam (sortie d'une journée). Réservez au moins 24 h à l'avance. Propose également de nombreuses autres excursions ; demandez la brochure. Coupons de réduction intéressants dans la revue What's On disponible au Visitor Center.

■ **Scenic Airlines :** ☎ (702) 638-3300 ou 1-800-634-6801. ● www. scenic.com ● Appelez-les, car les départs se font de 2 aéroports différents selon les vols. Les passagers doivent reconfirmer leurs réservations 24 h avant le départ. Réservations depuis la France par des agences de voyages spécialisées sur les États-Unis (voir la rubrique « Comment y aller ? » au début du GDR). Cette compagnie privée organise, au départ de Las Vegas, des survols de la ville la nuit, du Grand Canyon (45 mn de vol pour 110 US$), de Bryce Canyon, ainsi que des excursions à Monument Valley. Attention, l'été, il fait très chaud dans les avions. Hors été, bien vérifier les prévisions météo. Si la neige se met à

les avions n'effectuent pas
on du 2e jour. Il faut alors
etour en bus, pour le même
vous dira qu'on ne peut prévoir la météo, à un jour, et on vous
laisse devant le fait accompli. Également de chouettes descentes en raft
dans le Grand Canyon...

■ **Papillon Grand Canyon Helicopters :** ☎ 1-888-635-7272. ● www.pa
pillon.com ● Survols en hélicoptère
du Strip de nuit. Mais aussi large

choix d'excursions, au départ de Las
Vegas, vers le Grand Canyon, incluant des combinés hélicoptères/
raft, équitation, bateau... *Papillon
Grand Canyon Helicopters* est la
seule compagnie autorisée à se poser au fond du Grand Canyon, avec
trois sites d'atterrissage exclusifs.
Représenté en France par : *Express
Conseil*, 5bis, rue du Louvre, 75001
Paris. ☎ 01-44-77-88-00. Fax : 01-
42-60-05-45. ● resa@ecltd.com ●

– D'autres compagnies proposent des excursions similaires à celles de la
compagnie *Gray Line Sightseeing Tours* et à des tarifs comparables.
– L'auberge de jeunesse citée dans notre rubrique « Où dormir ? », *USA
Hostel Las Vegas Backpackers (plan couleur D2, 10)*, organise aussi des
excursions ou séjours au Grand Canyon.

Achats

Galeries commerciales des grands hôtels-casinos

Vraiment exceptionnelles et à ne manquer sous aucun prétexte. Voici nos
préférées :

☸ **The Grand Canal Shoppes,** au
Venetian (plan couleur B2) ; **The Forum Shops,** au *Caesars (plan couleur A-B1)* ; les boutiques de luxe du
Wynn (plan couleur B2) et enfin le
Desert Passage du *Planet Hol-*
*lywood Resort & Casino (plan cou-
leur A1)*. Absolument incontournables et rivalisant d'originalité. Se
reporter plus haut à la rubrique sur
les casinos du Strip.

Magasins d'usine *(outlets)*

Si les galeries commerciales des casinos valent le coup d'œil, on conseille
franchement de faire vos achats ici, dans ces immenses *malls* regroupant
une centaine de magasins d'usine de grandes marques qui font la renommée
du prêt-à-porter américain : *Gap, Guess, Ralph Lauren, Quicksilver, Tommy
Hilfiger, Banana Republic, Timberland, Calvin Klein...* Les prix défient souvent toute concurrence.

☸ **Las Vegas Premium Outlets**
(hors plan couleur par D1, 60) **:** 875 S
Grand Central Pkwy (par l'I-15, sortie Charleston Blvd), à quelques minutes de Downtown. ☎ 474-7500.
● www.premiumoutlets.com/lasve
gas ● Ouvert de 10 h à 22 h (21 h le
dimanche). Le plus proche du centre

de Vegas.
☸ **Las Vegas Outlet Center** *(hors
plan couleur par A1, 61)* **:** 7400 S
Las Vegas Blvd ; à environ 2 *miles*
au sud du *Luxor*. ☎ 896-5599. Ouvert du lundi au samedi de 10 h à
21 h et le dimanche de 10 h à 18 h, si
vous tombez au bon moment.

Divers

☸ **Fashion Show Mall** *(plan couleur B1, 63)* **:** 3200 Las Vegas Blvd.
☎ 369-0704. Ouvert du lundi au vendredi de 10 h à 21 h, le samedi de
10 h à 20 h et le dimanche de 11 h à
18 h. Vaste *mall* regroupant toutes

les marques américaines, dont les grands magasins *Macy's* et *Neiman Marcus*, à prix non dégriffés cette fois. Défilés de mode l'après-midi du mercredi au dimanche, et *food court* dotée d'une terrasse avec vue sur le Strip.

🏵 *Gamblers General Store (plan couleur D2, 64) :* 800 S Main St. ☎ 382-9903 ou 1-800-322-CHIP. Ouvert tous les jours de 9 h à 17 h. Le magasin des joueurs : jeux de cartes estampillés aux noms des casino, jetons de poker, machines à sous, bouquins, bref, tout ce qui se rap-

porte au monde du jeu. Bon accueil, pas cher, parfait pour des petits cadeaux à rapporter.

🏵 *Everything Coca-Cola (plan couleur A1, 65) :* 3785 S Las Vegas Blvd. Ouvert de 10 h à 23 h. Signalé par une immense bouteille en verre à l'intérieur de laquelle se trouve un ascenseur. Si vous n'avez pas encore donné assez d'argent à M. Coca-Cola à cause de la chaleur du désert, voici l'occasion de dépenser quelques dollars de plus en produits dérivés souvent inutiles.

➤ *ENTRE LAS VEGAS ET GRAND CANYON VILLAGE*

LAS VEGAS

LE BARRAGE DE HOOVER (HOOVER DAM)

À 34 *miles* de Las Vegas, sur la Hwy 93. ☎ 597-5970. Fax : 798-3651. ● www.usbr.gov/lc/hooverdam/ ● Des visites guidées de 35 mn ont lieu à quelques minutes d'intervalle, entre 9 h et 16 h 30. Tarif : 10 US$ (réductions), plus les 5 US$ de parking. Cet immense barrage de 222 m de haut a été inauguré le 30 septembre 1935 par le président F.D. Roosevelt. C'était alors le plus grand du monde – plus grand même, en volume, que la plus grande pyramide d'Égypte. Quelque 5 000 ouvriers ont participé à sa construction, parmi lesquels 96 trouvèrent la mort durant les travaux ! Le barrage sert à prévenir les inondations dues aux crues imprévisibles du fleuve Colorado et à produire de l'électricité pour le Nevada, l'Arizona et la Californie. Il permet également d'irriguer toutes les cultures de cette région désertique, à tel point que n'arrive plus aux paysans mexicains qu'un mince filet d'eau. Merci l'oncle Sam ! La réserve d'eau du lac Mead (880 km de rivage au plus haut niveau) qu'il soutient alimente en eau, en outre, 25 millions de personnes, dont l'agglomération de Las Vegas. Attention, pendant les vacances, les queues sont parfois interminables pour la visite du barrage (venir à l'ouverture). Et on préfère vous prévenir, la visite est finalement assez décevante et un brin ennuyeuse. Il est finalement difficile d'avoir une vue d'ensemble de l'ouvrage. Possibilité cependant de pratiquer des activités nautiques sur le lac.

KINGMAN

À 100 *miles* au sud-est de Las Vegas. Petite ville, grande renommée ! C'est en effet ici que passe l'historique route 66, qui va de Chicago à Santa Monica (Los Angeles). Dans le bourg, elle s'appelle Andy Devine Ave, du nom d'un obscur acteur de westerns de série B, fils du pays. Les motels, les restos, les cafés, les musées font sans cesse référence à la route 66. Bien avant, c'était la dernière escale des pionniers avant la traversée des Black Mountains. Ne pas manquer le musée consacré à la route 66, en plein centre-ville.

Où dormir ? Où manger ?

🏠 *Quality Inn :* 1400 E Andy Devine Ave. ☎ (520) 753-4747 ou │ 1-800-869-3252. Chambres doubles à 60 US$. Coincé entre la route et la voie ferrée, ce confortable motel de chaîne possède une jolie collection d'objets sur le thème de la route 66. Ça fait tout de suite moins standard.

≜ *Motel 6 :* 424 W Beale St. ☎ (520) 753-9222 ou 1-800-4-MOTEL-6. Fax : 753-4791. Chambres doubles à 50 US$. Classique, bien tenu et bon accueil. Piscine. Mieux vaut réserver le week-end.

≜ *Hill Top Motel :* 1901 Andy Devine Rd. ☎ (520) 753-2198. Bon accueil. Laverie, petite piscine. Un motel parmi tant d'autres, un peu fatigué, peut-être, mais moins cher que le *Quality Inn* et le *Motel 6*.

|●| *Dambar & Steakhouse :* 1960 E Andy Devine Ave. ☎ (520) 753-3523. Déjeuner de 11 h à 15 h et dîner dans la foulée jusqu'à 22 h. Prix réduits pour les *early birds* de 15 h à 18 h. Compter 5 à 8 US$ par personne, un peu plus le soir. L'ode de la route 66 à la culture cow-boy ! Une fausse grange rouge sur le bord de la route, avec tout le bataclan : vache sur le toit, roues de chariot contre les murs et, à l'intérieur, sciure sur le sol. Au bar, les sièges sont aux couleurs vache, tachées noir et blanc. Bon choix de salades, *burgers,* sandwichs et viandes grillées avec une prédilection pour le poulet. Biscuits tout chauds apportés au début du repas et bière maison. Les portions sont vraiment généreuses et servies avec le sourire. Bref, une excellente adresse à recommander à tous ceux qui passent par là.

|●| *Mr. D'Z :* 105 E Andy Devine Ave. ☎ (520) 718-0066. Difficile de le rater avec son enseigne à la Cadillac bleue et ses murs rose et vert. Ce bistroquet américain des années 1960, où Jack Kerouac aurait bien posé ses fesses, sert des *burgers,* des sandwichs, des salades et des frites excellentes. *Free refills* de Coca. Une bonne adresse.

OATMAN

Perdu dans les montagnes, sur la vieille route 66, à 25 *miles* au sud-ouest de Kingman. On y trouvait autrefois la plus grosse mine d'or d'Arizona, découverte en 1902 par Joe Jeneres, un prospecteur mexicain. Après une vie en dents de scie, elle a été fermée en 1998 par manque de rentabilité (on peut la visiter). Les descendants des ânes que Joe utilisait pour transporter la terre aurifère se baladent maintenant en liberté dans les rues de la bourgade. La ville fantôme a été ressuscitée par l'avènement du cinéma et du tourisme. Plusieurs westerns y furent tournés dont *La Conquête de l'Ouest.* D'ailleurs, Clark Gable et Carole Lombard n'ont rien trouvé de mieux que de passer leur nuit de noces ici, au vieil *Oatman Hotel.* Le week-end, reconstitutions de duels et musique western. Mais il reste du chemin à parcourir : 150 habitants aujourd'hui seulement contre 3 500 dans les premières années du XXe siècle...

HACKBERRY

Gros patelin paumé à une vingtaine de *miles* au nord-est de Kingman, sur la route 66. Les nostalgiques de la fameuse route 66 doivent s'y arrêter et se rendre au *Visitor Center* de *l'Old Route 66.* Y rencontrer Robert Walmir, le maître des lieux, philosophe érudit et plein d'humour, qui connaît le sujet par cœur. Près de son mini jardin écolo, une pièce renferme un bric-à-brac de souvenirs, notamment de James Dean et de Marilyn Monroe.

SELIGMAN

À 158 *miles* de Las Vegas, sur la route 40, avant Williams. Au milieu de nulle part ; l'Amérique profonde. En fait, entre Seligman et Flagstaff, on roule sur l'ancienne et légendaire **route 66.**

Café Delgadillo (Delgadillo's Snow Cap) : sur la droite de la route principale, à la sortie de la ville, en allant vers Flagstaff. Une vieille Chevrolet Impala blanche (modèle 1966) et décapotable, couverte de guirlandes, porte un sapin de Noël sur la banquette arrière. Quelques vieilles bagnoles dorment dans la cour, près de la cabane qui fait office de toilettes. L'intérieur du café est couvert de billets de banque, de centaines de cartes de visite, d'objets insolites, bref un gentil bric-à-brac comme on les aime. On y grignote un sandwich en passant, on s'y rafraîchit d'un excellent milk-shake, on y boit un coup et on repart. Il paraît qu'il y a la télé et le téléphone dans les toilettes. Patron très sympa. Avec un peu de chance, il vous emmènera peut-être faire un tour dans sa Chevrolet. Juste à côté, son frère Angel a aménagé dans un ancien salon de coiffure (il était barbier) le *Route 66 Visitor Center* – croisement improbable d'un musée, d'un dépotoir et d'une boutique de souvenirs... À voir.

RENO

135 000 hab.   IND. TÉL. : 775

C'est Las Vegas en plus petit, plus provincial, moins cosmopolite et beaucoup moins *crazy*. Comme sa *sister city* du sud-ouest du Nevada, les Américains viennent s'y encanailler le temps d'un week-end. On les voit jouer dans les casinos, dépenser leurs dollars, parfois se marier ou divorcer. Même si, au fil du temps, les formalités de mariage sont devenues plus faciles que celles du divorce (les époux doivent aujourd'hui résider dans l'État du Nevada au moins 6 semaines avant d'entamer la procédure), Reno reste dans l'esprit de beaucoup la capitale mondiale des cœurs brisés... Pourtant, sa clientèle est aujourd'hui surtout composée de mamies et de papys accrochés à leurs machines à sous, venus pour jouer avec le plus grand sérieux du monde et non pour admirer les folies architecturales d'un Las Vegas.

Dans les années 1930, Reno fut une ville de débauche, de jeu et de prostitution, alors que Las Vegas était encore bien sage. Puis, dans les années 1940-1950, le mouvement s'inversa : Las Vegas devint Babylone, tandis que Reno s'assagit. Aujourd'hui, sous des airs de grande ville vouée au jeu, Reno reste une grosse bourgade avec sa rivière campagnarde (Truckee River) et son rythme pépère. Elle est surnommée à juste titre « la plus grande petite ville du monde ». Ne faites pas de détour pour venir jusque-là, ça n'en vaut pas la peine, mais si vous vous rendez de Sacramento à Salt Lake City, alors pourquoi ne pas y faire une courte escale ?

Adresse utile

Visitor Center : 300 N Center St. ☎ 334-2625 ou 1-800-367-7366. ● www.renotahoe.com ● Dans le hall du National Bowling Stadium. Ouvert tous les jours de 9 h à 17 h.

Où dormir ?

Bon marché

Mizpah Hotel : 214 Lake St (à l'angle avec la 2e rue). ☎ 323-5194 ou 323-5195. Autour de 30-35 US$ la nuit pour 2 personnes en semaine avec douche et TV câblée. Pour une chambre avec salle de bains partagée, les prix commencent à 25 US$ environ. Un des plus centraux parmi les hôtels les moins chers. En brique, datant de 1922, il est classé Monument historique (est-ce bien raisonnable ?). Déco ancienne. Chambres simples et propres donnant sur la rue. Un poil plus cher en fin de semaine.

🏠 **Easy 8 Motel :** 255 W 5th St. ☎ 322-4588. L'un des motels les plus proches de Downtown. Très propre et bon rapport qualité-prix en semaine : à partir de 35 US$ la chambre.

Prix moyens

🏠 **Travelodge :** 655 W 4th St. ☎ 329-3451 ou 1-800-578-7878. Fax : 329-3454. En semaine, de 45 à 50 US$. Les prix augmentent le vendredi (55-60 US$) pour devenir franchement élevés le samedi (85-90 US$). Très bien situé, à 0,5 *mile*

des casinos. Accueil souriant. Chambres impeccables avec tout le confort. Piscine et parking. Le meilleur rapport qualité-prix-emplacement de Reno dans cette catégorie pendant la semaine.

Où manger ? Où boire un verre ?

RENO

Les **buffets des casinos** offrent le meilleur rapport qualité-prix. Ils servent une cuisine correcte à prix modérés, selon le principe du *all you can eat* (buffet à volonté). Le buffet de l'*Eldorado* est considéré comme le meilleur de la ville. Un peu moins cher, mais bon quand même, le buffet du *Fitzgerald's*. Correct mais sans plus, celui du *Circus Circus*.

🍽 🍸 **Junk Rock Café :** 300 N Center St. Dans le National Bowling Stadium, où se trouve aussi l'office du tourisme. Un *Hard Rock Café* local, version très *sixties* et finalement plus rigolo que l'original. Banquettes en skaï rouge, néons multicolores, palmiers toc et plafond métal, rien ne

manque, pas même les vieilles affiches, les disques d'or et les photos de *rock stars* de l'époque. La clientèle a à peu près l'âge des tubes débités non-stop. On peut manger, boire un verre au bar ou faire un billard. *Ladies night* le vendredi.

À voir

🎋 **L'arche Arc-en-Ciel :** en plein centre, à l'angle de Virginia St et de Commercial Row. Restaurée en 1987, elle enjambe la rue pour commémorer la renaissance de Downtown après des années de marasme économique. On voit bien l'arche dans *Sister Act,* célèbre film comique avec Whoopi Goldberg dans le rôle d'une impossible bonne sœur. Cela dit, ça ne vaut pas le détour.

🎋 **Le casino Silver Legacy :** Virginia St, entre 4th et 5th St. Le plus beau de tous les casinos. Sa toiture en forme de dôme postmoderne se remarque de loin, surtout la nuit. Ici, tout est placé sous le signe de l'argent, y compris le nom même du casino (*silver* = argent). À l'intérieur du dôme, un immense puits d'extraction minière a été reconstitué à l'ancienne, symbole des mines (d'argent) qui firent la fortune de la région au XIXe siècle.

🎋 **Le pont sur la Truckee River :** les fans du chef-d'œuvre de John Huston, *The Misfits (Les Désaxés),* entièrement tourné dans la région de Reno, y feront un pèlerinage ému. Dans le film, ce n'est pas le pont des soupirs, mais celui des songes amers. Après sa sortie du tribunal où son divorce vient d'être prononcé, Roslyn (Marilyn Monroe) s'y arrête avec sa vieille copine

Isabelle. Cette dernière lui lance : « Si vous y jetez votre anneau, vous n'aurez jamais plus d'autre divorce. » Roslyn, embarrassée, touche son alliance comme pour la protéger. Isabelle : « Faites donc, chérie. Tout le monde le fait. Y'a plus d'or dans cette rivière que dans le Klondike. » Roslyn ne le fait pas. Et elles vont boire un verre au bar d'un casino, pour fêter leur liberté. Leur aventure ne fait que commencer.

Fête

– **Reno Rodeo :** se déroule tous les ans à la mi-juin. L'un des plus specta- culaires du pays. Infos au *Visitor Center.*

➤ *DANS LES ENVIRONS DE RENO*

PYRAMID LAKE

À 35 *miles* au nord de Reno. Compter une heure de voiture. Un somptueux lac aux eaux très pures, situé sur le territoire des Indiens païutes (Pyramid Lake Indian Reservation), à 1 137 m d'altitude, dans un paysage quasi déser- tique. Des monts rocheux et des collines arides de couleur ocre l'entourent. Ciel très bleu et nuits particulièrement étoilées. Quelques sources d'eau chaude. La route bitumée longe la rive ouest (vers le nord) jusqu'à Pyramid Site. Au-delà, c'est une piste de terre. Le lac est très populaire auprès des pêcheurs à la truite (possible toute l'année, sauf de juillet à septembre). Les plus grosses dépassent 6 kilos !

🅱 Pour passer la journée dans la ré- serve, et même pour passer un mo- ment au bord de l'eau (petite plage), il faut acheter un permis, le *day use permit,* au *Dunn Hatchery Visitor Center.* Celui-ci se trouve à gauche de la route, avant le village de Sut- cliffe (rive ouest) ; c'est indiqué. Très chouette d'y camper le soir (permis à la journée autour de 5 US$). Les *ran- gers* indiens sont stricts sur les per- mis. Avis aux resquilleurs !
■ Pour plus d'infos : *Pyramid Lake Rangers' Station,* ☎ 476-1155.

VIRGINIA CITY

Célèbre ville minière de la ruée vers l'or, à environ 23 *miles* au sud-est de Reno et à 38 *miles* à l'est du lac Tahoe. Créée en 1859 sur le versant d'une colline suite à la découverte d'un filon dans le Six Miles Canyon, elle grandit à vitesse grand V, possédant bientôt un opéra, des hôtels et des restaurants de luxe. Parfaitement conservée, classée *National historical landmark,* elle conserve beaucoup d'anciens édifices de bois et de brique le long d'une rue (la C St) typique du Far West. L'écrivain Mark Twain y a vécu dans sa jeu- nesse, au temps de la *gold rush* ; il écrivit même pour le journal local. Aujour- d'hui, Virginia City vit bien entendu du tourisme.

🅱 *Virginia City Convention and Tourism Authority :* 86 S C St. | ☎ 847-7500. Fax : 847-0935.

– Peu de choix pour dormir, c'est cher et surfait.
– Nombreux vieux **saloons** comme l'*Old Washoe Club* (beau bar) ou le *Delta Saloon* qui renferme la fameuse « table des suicidés » – elle était réputée dans toute la région pour la guigne qui touchait tous les joueurs qui s'y installaient.

– Nombreuses boutiques et petits musées privés (pas toujours du meilleur goût).
– Visites souterraines de la ***Chollar Mine*** (30 mn). Fermé de novembre à mai. Entrée payante. On peut visiter une autre mine quand la Chollar Mine est fermée, au *Pondesora Saloon*.
– Célèbres ***courses de chameaux*** en septembre (le week-end après le Labor Day).

CARSON CITY

À 30 *miles* au sud de Reno. Une autre ville mythique dans l'histoire de la conquête de l'Ouest, elle est la capitale de l'État du Nevada (53 000 habitants seulement). Elle porte le nom de Kit Carson, un des grands pionniers de l'Ouest, mais aussi un des plus féroces ennemis des Indiens.

Adresses utiles

RENO

🔲 ***Information Center :*** 1900 S Carson St, suite 200. ☎ 882-1565 ou 1-800-NEVADA-1. ● www.carsoncity.org ● À la sortie sud de la ville, juste derrière le Railroad Museum. Regroupe la *Chamber of commerce* et le *Visitor's Bureau.*
🔲 On trouve un autre ***Visitor Center*** au 401 N Carson St.

À voir. À faire

La ville offre le ***Kit Carson Trail,*** une pittoresque balade dans l'histoire et le folklore de l'Ouest. Carte avec itinéraire détaillé (prix modique).

🏃 Rien de particulier à voir, sinon quelques jolies maisons anciennes, dont la ***Krebs-Peterson House,*** 500 N Mountain St. De la route, on aperçoit la silhouette de John Wayne derrière une des fenêtres de cette maison où il tourna en 1972 des scènes de son dernier film, *The Shootist (Le Dernier des géants).*

🏃 Quitte à être là, on peut aussi jeter un coup d'œil au ***Capitol*** (101 N Carson St), dont la coupole argentée rappelle l'importance de ce métal pour l'État du Nevada. Le ***Nevada State Museum*** (600 N Carson St, ouvert tous les jours de 9 h à 17 h 30 d'avril à octobre et de 8 h 30 à 16 h 30 le reste de l'année), explore l'histoire de l'État depuis les mammouths jusqu'à la période moderne, en passant par les tribus indiennes et l'exploitation des mines au XIXe siècle.

L'ARIZONA

Yà'à tu'ééh ! C'est peut-être avec ces quelques mots de bienvenue que le voyageur sera accueilli en Arizona. Car cette région ensorcelante est une terre complexe, un kaléidoscope de cultures entremêlées dans un écheveau subtil. Elle agit depuis la nuit des temps comme un puissant catalyseur, offrant aux générations de pionniers ses vastes espaces plein de promesses. Déjà au paléolithique, les éclaireurs ne s'y étaient pas trompés en y choisissant certains de leurs terrains de chasse, mais les premiers à avoir vraiment marqué le territoire de leur empreinte sont les Anasazis. Disparus mais pas oubliés, ils ont laissé en souvenirs leurs villages pittoresques agrippés aux falaises du *canyon de Chelly* ou du *Navajo National Monument,* des citadelles du vertige considérées avec respect par leurs successeurs. C'est sans doute ce patrimoine commun qui procure un semblant d'unité à certaines tribus indiennes, même si chaque communauté est un monde à part au caractère bien trempé. Derniers arrivés mais certainement pas les derniers servis, les mineurs de *Bisbee,* les cow boys de *Tombstone* et les hommes d'affaires de *Phoenix* ont participé à leur manière à l'éclosion d'une culture de l'Ouest. Et si le *Pony Express* a avalé sa dernière brassée d'avoine depuis longtemps, les diligences achevant leur carrière dans les musées, l'ombre des pionniers plane toujours sur cette terre formidable. Les mythes ont la vie dure !

Mais comment ne pas se laisser envoûter par le parfum d'aventure qui émane d'Arizona ? Épaisses pinèdes de *Flagstaff* hachurées de profonds ravins, solitudes steppiques du *Painted Desert,* dépouillement majestueux du *Lake Powell,* à-pics vertigineux quasi surnaturels du *Grand Canyon,* autant d'images envoûtantes qui incitent à prendre la route. Bien sûr, les cow-boys d'aujourd'hui ne sont plus si solitaires, mais la moindre cavalcade parmi les formidables pitons rocheux de *Sedona* ou de *Monument Valley* prend aussitôt les allures de chevauchée sauvage. Alors, tout petit face aux nobles saguaros sans âge, on se dit que décidément la légende et la réalité ne font qu'un en Arizona.

PHOENIX   1 300 000 hab.   IND. TÉL. : 602

Ville tellement étendue qu'on la traverse sans s'en rendre compte. Phoenix est une drôle de cité, la terreur des routards en stop. Ce n'était pourtant qu'un village poussiéreux en 1870, une ville mal dégrossie en 1900... Mais la construction de barrages sur la Salt River en 1911 lui permit enfin de s'étendre dans le désert et de voir les choses en grand. En très grand même ! C'est aujourd'hui la 5e ville des États-Unis, le cœur d'une immense conurbation déployée sur plus de 40 *miles* de long et environ 30 de large ! Cette vaste agglomération regroupe en réalité les villes de Phoenix, Tempe, Scottsdale, Mesa et Glendale, et compte en tout près de 3 millions d'âmes. Il y fait très chaud l'été (même brûlant), mais le climat est vraiment agréable le reste de l'année. Ce qui explique le nombre de retraités. À l'exception des buildings de Downtown, il n'y a pratiquement que des pavillons. Depuis l'après-guerre, la ville ne cesse de s'étendre, gagnant toujours sur plus de désert. Elle attire les faiseurs d'affaires, puisqu'en Arizona tout semble possible sur ce plan-là. Mais au rythme où elle va, Phoenix se confrontera à deux problèmes cruciaux : l'eau et la pollution. Des

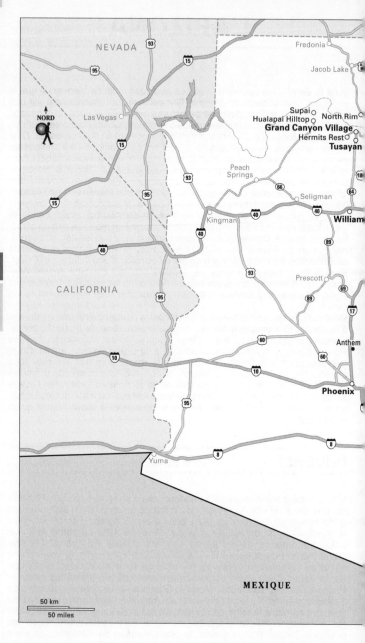

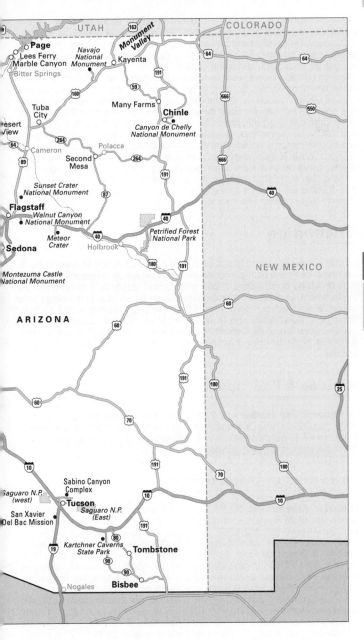

L'ARIZONA

bagnoles partout qui glissent sur d'innombrables *freeways* et un gâchis incroyable de flotte pour arroser les 200 golfs de la *Valley of the Sun* (320 jours d'ensoleillement par an !), pour remplir les piscines, pour faire pousser ceci ou cela. Au premier abord (au deuxième non plus), Phoenix n'a pas un pouvoir de séduction évident. Les points d'intérêt sont très éloignés les uns des autres, et la voiture est indispensable. Le soir, Downtown est vraiment moribond. Surtout, évitez d'arriver un dimanche : peu ou pas de bus urbains. La seule chance de ceux qui sont à pied, c'est de se faire des amis à l'AJ. La ville vous paraîtra alors avoir certains attraits. Sinon, découragé par le gigantisme de la cité, par la chaleur et par le manque de charme, vous reprendrez la route vite fait. En revanche, certaines banlieues sont sympas, notamment du côté de Scottsdale, à environ 25 *miles* au nord, ou à Tempe, avec ses quartiers branchés qui fourmillent d'étudiants. Dans un tout autre style, à *Sun City,* dans la banlieue ouest, on compte plus de 15 000 retraités. Aucun bébé ne naît dans cette ville. Il faut dire que chaque habitant a au moins 50 ans et que les enfants n'ont pas le droit d'y loger pendant l'année scolaire.

Orientation

La ville est divisée entre le sud et le nord par Washington St. Vers le nord, les noms des rues sont précédés par un N, et les numéros s'accroissent plus on va au nord. Même chose pour le sud, avec un S comme préfixe évidemment, et avec des numéros qui s'accroissent plus on se dirige vers le sud. Entre l'est et l'ouest, c'est Central Ave qui sépare la cité. Le système de numérotation suit la même logique de centrifugeuse. Tout ce qui se trouve à l'est de Central Ave s'appelle Street et tout ce qui se situe à l'ouest porte le nom d'Avenue. Facile, mais aussi très facile de se tromper.

Arrivée à l'aéroport

✈ **Phoenix Sky Harbor :** ☎ 273-3300 ou 3321. ● www.skyharborairport.com ● À 10 mn du centre en taxi. C'est d'ailleurs le meilleur moyen de s'y rendre. Toutes les agences de location de voitures sont représentées. Distributeurs automatiques.

Adresses et infos utiles

🛈 **Visitor Bureau :** 50 N 2nd St. À côté du *Hyatt Regency,* au cœur de Downtown. ☎ 452-6282 ou 1-877-CALLPHX. ● www.visitphoenix.com ● Ouvert du lundi au vendredi de 8 h à 17 h. Plan de la ville en français, carte précise de Downtown et montagnes de brochures (dont le *Phoenix Downtown,* petit magazine avec le calendrier culturel de la ville). Accès Internet gratuit (10 mn). Un 2e bureau est situé à Biltmore Fashion Park, 2404 E Camelback Rd, à l'angle avec 24th St *(plan C1).* ☎ 957-0380. Ouvert en semaine de 10 h à 19 h (20 h jeudi et vendredi), le samedi de 10 h à 18 h et le dimanche de midi à 18 h.

🛈 **Office de tourisme de l'Arizona :** 1110 W Washington St, suite 155. ☎ 254-6500. ● www.arizonaguide.com ● Donne tous les renseignements concernant l'Arizona.

@ **Phoenix Public Library :** la principale se situe au 1221 N Central Ave. ☎ 262-4636. Ouvert du mardi au jeudi de 10 h à 21 h, jusqu'à 18 h les vendredi et samedi, de 12 h à 18 h le dimanche. Accès Internet gratuit.

@ *Alphagraphics :* 2120 E Camelback Rd au coin de 22nd St. ☎ 263-0122. Ouvert de 7 h à 22 h en semaine, de 10 h à 17 h le samedi.

Postes

✉ *Postes :* Central Ave, au niveau de Fillmore St, dans le centre. Ouvert en semaine de 8 h à 21 h 30 et le samedi de 9 h 15 à 17 h. Une autre au 4949 E Van Buren. Assez loin du centre.

✉ *Poste restante :* 1553 E Buckeye Rd (loin aussi).

Banques

■ *Bank of America :* 201 E Washington St, 2e étage. ☎ 523-2371.

■ *Wells Fargo :* 100 W Washington St. ☎ 378-46-44.

■ *American Express :* Biltmore Fashion Park, 2508 E Camelback Rd. ☎ 468-1199. Ouvert du lundi au samedi de 10 h à 18 h.

Urgences

■ *Police :* 620 W Washington St. ☎ 262-6151 ou 911.

■ *Phoenix Memorial Hospital :* 1201 S 7th Ave. ☎ 258-5111.

Transports

– *Amtrak :* il n'y a plus de train qui passe par Phoenix depuis quelques années.

▭ *Terminal Greyhound :* 2115 E Buckeye Rd. ☎ 389-4200. Entre 3 et 10 bus par jour selon les destinations desservies : Flagstaff (3 h 30 de route), Los Angeles (6 à 8 h), Tucson (environ 2 h), Dallas (compter 24 h), El Paso (8 h), mais aussi Albuquerque, Las Vegas (8 h) et San Diego.

▭ *Open Road Tours :* ☎ (928)-226-8060. ● www.openroadtours. com ● Agence basée à Flagstaff qui propose 5 *shuttles* quotidiens entre l'aéroport de Phoenix et Flagstaff. Prévoir 3 h de route. Trajet simple à 40 US$. Correspondances possibles avec d'autres *shuttles* qui desservent le Grand Canyon (voir le chapitre sur Flagstaff).

▭ *Central Station :* Van Buren St, à l'angle de Central. ☎ 253-5000. Demander un plan des lignes, on n'a jamais vu un réseau aussi compliqué. Attention, service très réduit le dimanche. Franchement, on doute que vous ayez à utiliser les bus tellement la perte de temps est grande. À signaler dans le centre-ville, des bus violets *Dash* gratuits qui parcourent régulièrement Downtown.

– *Parking :* très facile de se garer dans le centre de Phoenix ; il y a des parkings souterrains ou en surface (horodateurs) partout.

Location de voitures

■ *Alamo :* ☎ 244-0897 ou 1-800-327-9633.

■ *Avis :* ☎ 1-800-831-2847 ou 273-3222.

■ *Dollar :* ☎ 1-800-800-4000 ou (866) 434-2226.

■ *Thrifty :* ☎ 1-800-847-4389 ou 244-0311.

238

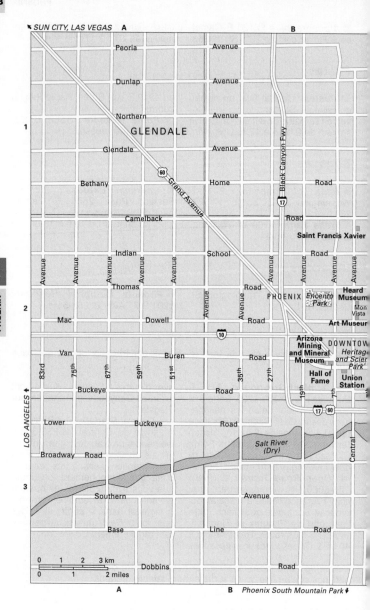

SUN CITY, LAS VEGAS   A   B

Peoria   Avenue

Dunlap   Avenue

Northern   Avenue

1   GLENDALE

Glendale   Avenue   Black Canyon Fwy

Bethany   60 Grand Avenue   Home   Road
                                              17

Camelback   Road

Indian   School   Road   **Saint Francis Xavier**

Avenue Avenue Avenue Avenue Avenue   Road

Thomas   Road   PHOENIX Encanto   **Heard
                                                 Park   Museum**

2   Mac   Dowell   Road   Mon
                                          10   Vista

Van   Buren   Road   **Arizona   **Art Museur**
                                        Mining
83rd 75th 67th 59th 51st   35th 27th and Mineral   DOWNTOW
                                        Museum**   Heritage
Buckeye   Road   and Scier
                                        Hall of   Park
Lower   Buckeye   Road   Fame**   19th **Union
                                                7th Station**
Broadway Road   Salt River 17 60
                                          (Dry)

3   Southern   Avenue   Central

            Base   Line   Road

0 1 2 3 km
0   1   2 miles   Dobbins   Road

           A   B   Phoenix South Mountain Park

LOS ANGELES

PHOENIX

Où dormir ?

L'été à Phoenix est tellement chaud que beaucoup d'hôtels baissent leurs prix pour attirer la clientèle. Un hôtel de luxe devient alors tout à fait abordable. La grande majorité des établissements bon marché se situe le long d'E Van Buren Rd, entre 24th et 35th St. Logique, c'est le coin le plus sinistre de la ville, avec quelques vendeurs de crack, un chapelet de dames légères et un bouquet de clodos. En voiture il n'y a rien à craindre, et les hôtels sont à deux pas du centre et plutôt sûrs. Cela dit, pas question de faire une balade en amoureux après le coucher du soleil.

Très bon marché

🛏 *Youth Hostel Metcalf House :* 1026 N 9th St. ☎ 254-9803. ● www.phxhostel.com ● Un peu éloigné du centre. De la Central Station, prendre le bus n° 10 jusqu'à 9th St (la maison est à quelques numéros au nord de Roosevelt St). Le soir, conseillé de s'y rendre en taxi. En journée, accueil fermé de 10 h à 17 h. Fermé en juillet. Compter près de 15 US$ par personne en dortoir (17 US$ pour les non-membres). Adorable petite maison en brique noyée dans les bambous, retirée dans une rue pavillonnaire tranquille. Atmosphère baba-bohème vraiment sympa distillée par Susan, la patronne. Agréable salle commune un rien bordélique, avec piano et grande table conviviale, courette sur l'arrière, cuisine à disposition, machine à laver...

Bon marché

🛏 *YMCA :* 350 N 1st Ave, entre Van Buren Rd et Fillmore. ☎ 257-5138. ● http://valleyymca.org ● Autour de 20 US$ par personne. Pas de réservation possible. Proche de Central Station, cette grosse bâtisse de brique s'adresse de préférence aux cavaliers solitaires. Ni double, ni dortoir, et la séparation des sexes est respectée toute la journée : à chacun son étage ! Cela n'incite pas vraiment à faire la fête, mais les chambres correctement tenues s'avèrent une option intéressante en plein centre-ville, surtout si elles font partie du lot fraîchement rénové. Douche et w.-c. extérieurs, salon TV commun. En revanche, la piscine et le *fitness center* sont accessibles à tous pour un prix dérisoire.

🛏 ❙●❙ *Flamingo Inn :* 2501 E Van Buren Rd, au croisement de 25th St. ☎ 275-6211. De 40 à 45 US$ pour 2. Avec autant d'heures de vol au compteur, le flamant rose ferait bien d'envisager un bon contrôle technique. On lui pardonne toutefois ses moquettes usées pour son atmosphère populaire et bon enfant : petite piscine pour les juniors et karaoké pour les grands le vendredi ! Resto démocratique sur place (sauf le mercredi), *lounge* à l'ambiance country (billard) et chambres convenables et bien tenues dans l'ensemble. Accueil franc du collier très amical.

🛏 *Budget Lodge Motel :* 402 W Van Buren Rd, au croisement de 4th Ave. ☎ 254-7247. De 35 à 65 US$ pour 2 selon la saison. Supplément certains week-ends. Petit motel sans fantaisie, doté toutefois de grandes chambres impeccables et confortables, à deux pas du centre-ville. Mini-piscine.

Prix moyens

🛏 *Travelodge :* 2900 E Van Buren Rd. ☎ 1-800-578-7878 ou 275-7651. Fax : 275-7007. De 45 à 75 US$ la double. Si l'extérieur terne et fatigué de ce petit motel n'a rien de folichon, les chambres se révèlent étonnamment propres et d'un niveau de confort correct. Gérance peu accueillante. Piscine.

🏨 *Motel 6 :* 214 S 24ᵗʰ St. ☎ 244-1155. Fax : 231-0043. • www.motel6.com • À quelques centaines de mètres de la gare *Greyhound.* De 50 à 60 US$ pour 2, selon la saison et hors week-end. Remise de 10 US$ en réservant par Internet. Un digne représentant de la chaîne : une soixantaine de chambres, banales, mais confortables et très propres. Piscine (quelques arbres en pot ne lui feraient pas de mal). Rien d'autre à dire.

🏨 *Motel 6 :* 6848 E Camelback Rd. ☎ (480) 946-2280 ou 1-800-4-MOTEL 6. • www.motel6.com • Doubles de 50 à 70 US$. Dans le quartier résidentiel de Scottsdale. Excentré, mais ce motel classique fait partie des meilleurs rapports qualité-prix de la ville (AC, TV sat'). Parmi la centaine de chambres, réservez-en une donnant sur la piscine.

Plus chic

🏨 *Days Inn :* 3333 E Van Buren Rd, croisement de 32ⁿᵈ St. ☎ 244-8244. Fax : 244-8240. • www.daysinnphoenix.com • Navette gratuite de et pour l'aéroport toutes les 30 mn. De 59 à environ 90 US$. Excellent établissement façon motel, mais à la place des voitures, au centre, on trouve un vaste espace avec pelouse, arbustes et une piscine. Ainsi possède-t-il une atmosphère presque familiale pendant les vacances, inhabituelle dans un hôtel de chaîne habitué à la clientèle d'affaires. Chambres de bonne taille, très propres et bien équipées. *Lounge* avec billard, cafétéria, location de voitures et accès Internet payant.

🏨 *San Carlos :* 202 N Central Ave. ☎ 253-4121. Fax : 253-6668. • www. hotelsancarlos.com • De 90 à 130 US$ la double, petit dej' compris, selon la saison. Hôtel historique datant de 1928, point de chute de nombreuses stars jusqu'à l'avènement des complexes hôteliers de luxe. Avec sa déco à l'européenne et son atmosphère un brin *british,* le *San Carlos* fait un peu incongru en plein Downtown, à côté des gratte-ciel et des musées. Chambres bien aménagées, mais de tailles très inégales. Le fantôme d'une jeune femme qui s'est jetée du 7ᵉ étage par désespoir amoureux hante le couloir de ce même étage, mais il n'est pas méchant. Piscine sur les toits. Excellent service, resto et pub irlandais sur place.

Où manger ?

Vu l'étendue de la ville, on fait facilement plusieurs *miles* pour aller manger dans des établissements de qualité.

De bon marché à prix moyens

🍴 *Pizzeria Bianco :* 623 E Adams St, dans l'Heritage Square (Downtown). ☎ 258-8300. Ouvert du mardi au samedi de 17 h à 22 h. Pizzas de 9 à 13 US$. Attention les yeux, la pizzeria *Bianco* a été élue en 2005 meilleure pizza de l'année ! Titre de gloire qui s'est instantanément converti en longues files d'attente, mais il faut reconnaître que ce petit italien a tout pour plaire. Le charme d'une des rares maisons historiques de Phoenix, plantée dans le mignon secteur piéton de l'Heritage Square, une intéressante carte de vins italiens et de vraies pizzas cuites au feu de bois (très bonnes, mais c'est la moindre des choses pour la meilleure pizza de l'année). Et si l'attente paraît un peu longuette, *Bianco* s'est approprié la jolie demeure voisine et l'a métamorphosée en chaleureux bar à vins ! Terrasse.

|●| *Sam's Café :* 455 N 3rd St, dans Arizona Center, au rez-de-chaussée. ☎ 252-3545. Ouvert jusqu'à 22 h (23 h le samedi et 21 h le dimanche). Plats autour de 10 US$. Les secrets de la réussite du *Sam's Café* ? Un cadre chaleureux, une déco moderne et réussie (bois blanc, tapis indiens, couleurs mexicaines) et une agréable terrasse en bordure de jardin verdoyant, avec palmiers et petites fontaines. Il fait chaud ? Pas de problème, un brumisateur se charge de rafraîchir l'atmosphère. La carte propose des sandwichs, des salades, mais est surtout réputée pour ses spécialités du Sud-Ouest à base de poulet ou de poisson grillés. Attention, certains plats sont particulièrement *spicy,* vous voilà prévenu !

|●| *Garcia's :* Peoria Ave et 33rd Ave (juste avant l'intersection avec la 35e Av). ☎ 866-1850. Par la Hwy 17, sortie à Peoria. Ouvert de 11 h à 22 h (23 h vendredi et samedi). Salades et plats de 6 à 12 US$. L'un des sé-millants rejetons d'une petite chaîne de restos mexicains bien implantée en ville. Décor coloré, ça va de soi. Bonnes spécialités d'*enchiladas, fajitas combo, chile relleno,* mais surtout le fameux *Garcia's chimichanga.* Plats particulièrement copieux. Bar sympa avec des soirées organisées les vendredi et samedi. *Happy hours* de 15 h à 19 h, du lundi au vendredi.

|●| *The Cheesecake Factory :* 2402 E Camelback Rd, à Biltmore Fashion Park. ☎ 778-6501. Ouvert en semaine jusqu'à 23 h, minuit les vendredi et samedi, 22 h 30 le dimanche. Plats qui s'échelonnent doucement de 8 à 16 US$. Se repère grâce à ses deux colonnes massives et son dôme, qui annoncent une salle tout aussi kitsch mais confortable. Beaucoup d'habitués, venus pour les plats copieux et réguliers (omelettes, salades, pizzas, *burgers,* pâtes, steaks, poissons...), mais surtout pour leur insolite carte des desserts : une bonne vingtaine de *cheesecakes* frais et bien moelleux qui font la réputation de la maison. Si vous ne trouvez pas votre bonheur !

Plus chic

|●| *Richardson's :* 1582 E Bethany Home Rd. ☎ 257-5138. À l'angle supérieur gauche de 16th St N, en venant du centre. Ouvert midi et soir, brunch servi le week end jusqu'à 16 h. Plats de 8 à 12 US$ le midi, de 15 à 25 US$ le soir. Connu comme le loup blanc par une bonne partie des habitants de Phoenix, le *Richardson's* a rallié à sa bannière les amateurs de cuisine *South West* bien ficelée. Mais les plats classiques mexicains sont au coude à coude avec quelques spécialités bien ricaines, comme les *eggs Benedict* (œufs pochés servis sur un muffin et nappés de sauce hollandaise). Suffisamment costaud pour tenir son homme éveillé jusqu'au dîner. Cadre agréable façon taverne, aux boxes chaulés ceinturant un bar bien épais.

|●| *The Fish Market :* 1720 E Camelback Rd, au croisement de 18th St. ☎ 277-3474. Ouvert tous les jours jusqu'à 21 h 30 (22 h le week-end). Majorité des plats entre 10 et 20 US$, avec quelques écarts jusqu'à 30 US$. Connue et reconnue depuis longtemps, cette institution locale n'a plus à défendre sa place dans le circuit des bonnes tables de Phoenix. Assis en salle, au bar ou en terrasse, du poisson frais et encore du poisson, sous toutes les formes, du *ceviche* (mariné) aux sashimis, grillés ou fumés. Un vrai prodige en plein désert !

Très chic

|●| *Vincent Guerithault :* 3930 E Camelback Rd. ☎ 224-0225. Ouvert midi et soir en semaine, uniquement le soir les samedi et dimanche. Fermé le lundi en été. Pour un plat, compter environ 25 US$ et facile-

PHOENIX

ment 40 US$ pour un repas. Vous prenez la meilleure cuisine américaine et internationale revisitée par un grand chef français et vous obtenez *Vincent Guerithault*. Cet ancien chef du *Ritz*, à Chicago, a de l'imagi-nation, de l'audace et du goût. Ses spécialités sont l'agneau et surtout les desserts. Le cadre est agréable, sans prétention, et le service impec-cable. La table de référence à *Phoenix*. Réservation recommandée.

Où boire un verre ? Où sortir ?

Hormis quelques bons points de chute égarés aux quatre coins de la ville, c'est sans surprise dans le quartier étudiant de Tempe qu'on dénichera le plus d'adresses sympas et la meilleure ambiance pour boire un verre ou manger un morceau en bonne compagnie. Nombreuses échoppes et terrasses sur Mill Avenue. Une oasis dans le désert !

Y *3 Roots Coffeehouse :* 1020 S Mill Ave, Tempe. ☎ 966-4949. Ouvert de 7 h à 23 h (9 h à 19 h le dimanche). L'été, uniquement de 9 h à 21 h (19 h le dimanche). Quasiment à l'angle avec 10th St. Petite adresse confidentielle, à mi-chemin entre le néo-bistrot gentiment branché et le café littéraire : les meubles chinés composent une déco hybride réussie, les petites douceurs émoustillent les gourmands et les expos temporaires des copains-artistes alimentent les conversations.

Y *Casey Moore's :* 850 S Ash Ave, Tempe. Descendre Mill Ave jusqu'à 9th St, puis à droite pendant deux blocs. Ouvert de 11 h à 1 h. Tout le monde connaît le pub *Casey Moore's*. Pour son irrésistible terrasse donnant sur une rue paisible, mais aussi pour son atmosphère décontractée propice aux retrouvailles entre copains. L'un des rendez-vous favoris des trentenaires débonnaires, dont la fibre mélomane est flattée par la bonne sélection musicale de la maison. Et quitte à bien faire, les salades et sandwichs font mieux que de la simple figuration !

Y ♪ *Minders Binders :* 715 S Mac Clintock Dr, Tempe. ☎ 966-1911. Prendre University Dr jusqu'à Mac Clintock, c'est à l'angle. Ouvert de 11 h à 21 h (1 h les vendredi et samedi). *Happy hours* en semaine de 16 h à 19 h. Les anciens étudiants ont forcément pris une cuite là-bas, les nouveaux reprennent le flambeau avec panache... Pourtant, cette grande et vieille bicoque en bois rouge et blanc paraît fermée en permanence ; il suffit de pousser la porte. À l'intérieur, un des cadres les plus farfelus qu'on ait jamais vus. Bazar étonnant, poème de Prévert à la puissance 10. Accrochés aux murs et plafonds : canots de chasse à la baleine, mules entières empaillées, traîneaux (dont l'un avec un Père Noël lubrique), une vraie calèche, une machine à égrainer le maïs, des têtes de caribous... Paris est à 6 666 *miles* ! Au 1er étage, grand bar et piste de danse dopée par les groupes rocks qui se produisent le vendredi et le samedi soir. Derrière le resto, « plage » où les étudiants jouent au volley. Encore une excuse pour sécher les cours !

Y ♪ *Chars Has the Blues :* 4631 N 7th Ave. ☎ 230-0205. Droit d'entrée modique les vendredi et samedi. Le reste de la semaine, il suffit de consommer deux boissons. Petite maison blanche, à peine visible sans ses enseignes lumineuses, mais les amateurs de blues connaissent bien le lieu. Tous les soirs, de 21 h à 1 h, ce petit bar familial accueille d'intéressantes formations de blues évidemment, de tous horizons et de toutes tendances. Programme du mois affiché sur la porte. Non-fumeurs.

Y ♪ *Rythm Room :* 1019 E Indian School Rd. Peu après le croisement avec 7th St. ☎ 265-4842. Concerts de jazz et de blues de très bon niveau, appréciés aussi bien des mélomanes que des musiciens.

Y *Garcia's :* Peoria Ave et 33rd Ave. ☎ 866-1850. Voir « Où manger ? ».

PHOENIX

À voir

Dans le centre historique

Longtemps délaissé par ses habitants en raison du fort taux de criminalité, le centre de Phoenix subit depuis quelques années une cure de rajeunissement d'envergure. Rien d'inoubliable, mais le quartier piéton de l'Heritage Square rassemble quelques maisons 1900 rénovées, des musées et une poignée de restos agréables.

🎥🎥🎥 *The Heard Museum* *(plan B2)* : 2301 N Central Ave. ☎ 252-8848. ● www.heard.org ● À une dizaine de blocs au nord du centre de Phoenix. Ouvert tous les jours de 9 h 30 à 17 h. Fermé les jours fériés. Fréquentes visites guidées gratuites (en anglais). Entrée : 10 US$. Réductions. Depuis sa restructuration en 2005, ce séduisant musée installé dans une vaste villa coloniale est devenu le plus complet en Arizona traitant de la question indienne. À l'inverse de ses homologues, celui-ci ne se contente pas de brosser rapidement le portrait des principales peuplades du territoire, mais évoque quantité d'autres tribus méconnues en raison de leur faible population. Secondées par des moyens audiovisuels pertinents, les collections didactiques évoquent sans surprise l'artisanat (tissage, poterie, vannerie, joaillerie), les traditions (mariage, type d'habitat), la religion (exceptionnelle collection de *kachinas*, poupées symbolisant les esprits offertes aux enfants pour les initier à la culture de la tribu), mais pointe également sans artifice certains épisodes délicats de l'histoire récente indienne. À l'étage, une section entière est consacrée aux méthodes d'acculturation forcée orchestrées par le gouvernement américain. Une expérience pas toujours bien vécue... Et comme la culture indienne est heureusement bien vivante, plusieurs galeries accueillent des expositions temporaires s'efforçant de promouvoir les œuvres contemporaines des nouvelles générations d'artistes. Petite section ludique pour les enfants.

🎥🎥 *Phoenix Art Museum* *(plan B2)* : 1625 N Central Ave, à l'angle de Mac-Dowell Rd. ☎ 257-1880. ● www.phxart.org ● Ouvert de 10 h à 17 h (21 h le jeudi). Fermé les lundi et jours fériés. Entrée : 9 US$; réductions. Gratuit le jeudi. Une renaissance (facile pour un phénix !)... Inauguré courant 2006, le *Phoenix Art Museum* nouvelle version s'offre une aile flambant neuve pour accueillir ses collections pléthoriques. Il y en a effectivement pour tous les goûts, des passionnantes sections d'art asiatique (entre armures de samouraïs japonais, bouddhas et terres cuites chinoises) aux peintures américaines démonstratives, en passant par une surprenante collection de maisons de poupées (ravissante cuisine bretonne !). Tout n'est pas essentiel, mais les salles consacrées à l'art européen comptent quelques perles : Rodin, Boucher, Courbet, Vuillard, Corot... Pour terminer, intéressante section d'art contemporain et expositions temporaires de très bon niveau.

🎥 *Arizona Doll Toy Museum* *(plan B2)* : dans l'Heritage Square, le petit centre historique, en plein Downtown. ☎ 253-9337. Ouvert de 10 h (12 h le dimanche) à 16 h. Fermé le lundi et en août. Entrée : 3 US$. Un adorable petit musée du jouet, où les maisons de poupées de grand-maman voisinent avec les figurines de Star Wars du petit-fils. Reconstitution d'une salle de classe 1900 avec des poupées anciennes en guise d'élèves.

🎥🎥 *Phoenix Museum of History* *(plan B2)* : 105 N 5th St. ☎ 253-2734. Dans l'Heritage and Science Park, en face de l'Heritage Square. Ouvert du mardi au samedi de 10 h à 17 h. Entrée : 5 US$; réductions. Gratuit le mercredi à partir de 14 h. Petit musée bien conçu qui retrace les différentes étapes de l'implantation des nouveaux arrivants de 1865 à 1929 (creusement d'un canal pour acheminer l'eau, arrivée du chemin de fer...) à travers l'exposition d'objets de la vie de tous les jours et différentes reconstitutions d'intérieurs. Section intéressante consacrée au patrimoine naturel de l'Arizona.

Dans le Papago Park

Le Papago Park est un vaste espace protégé à environ 6 *miles* à l'est du centre de Phoenix, entre Scottsdale et Tempe *(plan D2)*. On y trouve plusieurs musées, un zoo, un jardin botanique, un terrain de golf, etc. Pour y aller, suivre E Van Buren St.

🎄🎄 *Desert Botanical Garden (plan D2) :* 1201 N Galvin Pwy. ☎ 941-1225. Sur Van Buren Rd, à la hauteur de 56th St. Prendre le bus n° 3E marqué « Zoo ». Ouvert tous les jours de 8 h (7 h de mai à septembre) à 20 h. Nombreuses animations en saison : concerts et visites guidées à thème (nocturnes...). Entrée : 9 US$; réductions. Demander à l'entrée le *Trail Guide* en français. Aux portes de Phoenix, ce vaste jardin botanique renferme un réjouissant labyrinthe de petits sentiers caracolant à flanc de collines. Une balade bucolique à souhait, à la rencontre des 20 000 plantes désertiques rapportées des quatre coins du globe et replantées dans un environnement naturel charmant. Il y en a de toutes les sortes : des bouboules, des rampantes, des trapues, des à poil ras, des filiformes... Un vrai désert en miniature, mais beaucoup plus animé qu'il ne paraît à première vue. Cheminant sans hâte, vous risquez de surprendre tout le monde : au détour d'un virage, un couple d'écureuils regagnant son logis, à l'ombre d'un cactus saguaro, des oiseaux Gila évaluant la taille de leur nid creusé la veille dans la pulpe... Bref, sans le ballet incessant des avions en phase d'atterrissage, on se croirait bel et bien en plein désert ! Nombreux espaces thématiques (habitats reconstitués, serres, jardins), aire de pique-nique et café à l'ombre.

🎄🎄 *Phoenix Zoo :* 1201 N Galvin Pwy. ☎ 273-1341. ● www.phoenixzoo. org ● À deux pas du *Desert Botanical Garden*. L'été, ouvert en semaine de 7 h à 13 h, jusqu'à 16 h le week-end. Nocturne de 17 h 30 à 21 h le vendredi. Ouvert de 9 h à 17 h le reste de l'année. Entrée : 14 US$; réductions. Très joli zoo, mêlant quelques reconstitutions bien léchées à la Disney (amusant village d'Amérique latine) aux beaux paysages désertiques dû à l'environnement naturel. Y aller le plus tôt possible, sous peine de ne voir que la queue des animaux bien cachés à l'abri du soleil (ours, fourmiliers, girafes, tigre, kangourous...). Il n'y a que les touristes pour se balader en plein cagnard ! Bateaux à louer pour canoter sur le petit lac.

🎄🎄🎄 *Hall of Flame* (Fire Fighting Museum ; plan D2) : 6101 E Van Buren Rd. ☎ 275-3473 (ASK-FIRE). ● www.hallofflame.org ● Ouvert de 9 h à 17 h ; le dimanche de 12 h à 16 h. Entrée : 6 US$; réductions. Le plus grand musée du monde sur les soldats du feu. Certains véhicules sont véritablement époustouflants. En 1955, George Getz, industriel de son état, reçut pour son petit Noël un camion de pompiers. Fasciné, il commença à les collectionner. De la plus vieille pièce de 1725 à la pompe Rumsey qui combattit le grand incendie de Chicago (1871), en passant par la rutilante et superbe Seagrave (1928), plus de 100 véhicules à incendie sont exposés. Plus tous les outils, accessoires et uniformes, ainsi que d'intéressantes photos et documents divers répartis en fonction des spécialisations (pompiers des villes, pompiers des champs !). Tout au fond, un mémorial poignant rappelle la tragédie du 11 septembre 2001.

PHOENIX

🎭🎭 *Arizona Historical Society* *(plan D2) :* 1300 N College Ave, à Tempe. ☎ (480) 929-0292. ● www.arizonahistoricalsociety.org ● Ouvert du mardi au samedi de 10 h à 16 h, à partir de 12 h le dimanche. Entrée : 5 US$. L'un de ces musées bien ficelés dont les États-Unis ont le secret : sur deux niveaux, plusieurs sections très pédagogiques retracent l'histoire de l'Arizona en recréant des ambiances d'époque. On verra notamment comment la ressource en eau a été un défi majeur depuis les origines, afin que puisse émerger une si grande agglomération en plein désert, rappelons-le. D'autres sections rappellent les souvenirs douloureux des deux guerres mondiales, comme l'épisode tragique des camps d'enfermement pour citoyens d'origine japonaise soupçonnés d'espionnage. Plus amusante, la reconstitution d'une rue plonge le visiteur dans les années 1950, avant de terminer par l'évolution des transports dans le pays.

À Scottsdale

🎥🎥🎥 *Taliesin West* *(hors plan par D1) :* à l'intersection de Cactus Rd et Frank Lloyd Wright Blvd (au niveau de 114th St). ☎ (480) 860-2700. ● www.franklloydwright.org ● Au nord-est de Scottsdale, très loin du centre. Ouvert toute l'année ; fermé les mardi et mercredi en juillet et août. Visite guidée obligatoire de 1 h à 3 h ; plusieurs formules différentes de 14 à 25 US$, à heures fixes (renseignements sur Internet). Aux limites du désert, Frank Lloyd Wright, l'un des plus grands architectes du pays, décida en 1938 d'édifier une université d'architecture où les élèves pourraient passer l'hiver. Les étudiants ne logeaient pas dans les locaux mêmes, mais avaient pour première tâche de construire eux-mêmes leur propre bungalow, autour de la structure principale, et ce de leurs propres mains. Ici, le propos était de s'intégrer au maximum à la nature, selon le principe de l'*organic architecture*. Une vie assez délirante s'organisait autour de ce campus d'un type un peu particulier. La musique tenait une large place car Frank Lloyd Wright pensait que, comme l'architecture, elle se devait d'être tout en rythme et en équilibre. La première visite nous montre son bureau, le théâtre où étaient organisées des soirées, le cabaret, sa salle de projection. Nous vous recommandons de suivre la 2e visite, l'*Insights Tour,* qui inclut le *Garden Room,* particulièrement grandiose. Visite passionnante pour les férus d'architecture.

🎭🎭 *L'hôtel Biltmore :* 24th St et Missouri Ave. Il s'agit de l'autre grande réalisation de Frank Lloyd Wright à Phoenix. Cet hôtel, bâti en 1929 dans le style Art déco, vaut largement le coup d'œil. Après avoir ciré vos Pataugas, possibilité de prendre un verre au bar sans se faire regarder de travers. Tout à côté, la maison blanche sur le promontoire était celle de Wrigley, l'inventeur du chewing-gum !

🎥 *Scottsdale Museum of Contemporary Art* *(plan D2) :* 7380 E 2nd St. ☎ (480) 994-2787. ● www.smoca.org ● De juin à septembre, ouvert de 10 h (12 h les mercredi et dimanche) à 17 h (20 h le jeudi). Fermé les lundi et mardi. Le reste de l'année, ouvert du mardi au dimanche de 10 h (12 h le dimanche) à 17 h (20 h le jeudi). Entrée : 7 US$; réductions. Au centre de Scottsdale, cet ancien cinéma réhabilité est devenu un lieu d'exposition entièrement consacré aux travaux des artistes et designers contemporains. Expos parfois très conceptuelles, pas toujours lisibles pour les profanes.

Dans Tempe et le quartier de l'université

Proche de l'aéroport et au sud du Papago Park, une ville très agréable et jeune, puisqu'elle abrite l'université. Quatrième cité de l'État (environ 150 000 habitants).

🎬 Voir éventuellement l'*université* et son *Gammage Center of the Performing Arts* (Mill Ave et Apache Rd). Une des dernières grandes œuvres de l'architecte Frank Lloyd Wright. L'université abrite d'intéressants petits musées pour ceux qui disposent de temps : *Géologie* (minéraux, fossiles, etc.), *Fine Arts* (peinture américaine des XIXe et XXe siècles). Mill Ave et 10th St.

🎬 Balade dans le quartier d'*Old Tempe*, fort bien restauré. Beaucoup de jeunes, ça va de soi. Quelques édifices intéressants et de bons restos.

À voir encore pour ceux qui ont du temps

🚶 *Arizona Mining & Mineral Museum* (plan B2) *:* 1502 W Washington St. ☎ 255-3795. Ouvert du lundi au vendredi de 8 h à 17 h et le samedi de 11 h à 16 h. Fermé le dimanche. Entrée : 2 US$. Pour les mordus de minéraux et de pierres insolites.

🚶 *Pueblo Grande Museum* (plan C2) *:* 4619 E Washington St. ☎ 495-0901. Ouvert de 9 h (13 h le dimanche) à 16 h 45. Gratuit le dimanche (sinon 2 US$). Musée préhistorique sur le site d'un ancien village indien Hohokam. Quelques panneaux et vitrines intéressants dans le musée, mais il faut faire un gros effort d'imagination pour reconstituer le village sur la butte de terre érodée par les intempéries. Tout a disparu, alors qu'il y aurait eu jusqu'à 1 000 habitants sur le site !

À faire

– *Salt River Tubing & Recreation :* à une trentaine de *miles* au nord-est de Phoenix (Hwy N 60) sur la Salt River, près de Bush Hwy à la hauteur de Usery Pass Rd (Tonto National Forest). Informations : ☎ 984-3305. ● www. saltrivertubing.com ● Ouvert tous les jours de mai à octobre de 9 h à 19 h. Tarif : 13 US$. Ça consiste à descendre les rapides (qui ne le sont pas trop), sur des chambres à air de camions. C'est l'activité favorite des habitants de Phoenix (prévoir chapeau, crème solaire et chaussures). Le prix inclut la remontée de la rivière en bus, autant de fois qu'on veut, ce qui permet de la descendre plusieurs fois, puisque la location de la chambre à air est valable pour toute la journée.
– *Tours en ballon :* plusieurs compagnies proposent à peu de chose près des services équivalents. En tout, 1 ou 2 h de balade, avec ou sans champagne. Bon, on ne veut pas vous mener en ballon, c'est cher ! Voici quelques noms :

■ *Unicorn Balloon Co :* 15001 N 74th St. Scottsdale. ☎ (480) 991-3666 ou 1-800-755-0935. ● www.unicornballoon.com ●
■ *A Balloon Experience Hot Air Balloon Co :* 2243 E Rose Garden Loop. ☎ (480) 502-6999 ou 1-800-831-7610. ● www.hotairexpeditions.com ●
■ *The Hot Air Balloon Co :* ☎ (602) 482-6030 ou 1-800-84-FLY-US.

Shopping

⊛ *Prime Outlets at Anthem :* à environ 30 *miles* sur l'I-17 direction Flagstaff, sortie 229. ☎ (623) 465-9500. Ouvert du lundi au samedi de

PHOENIX

9 h à 20 h, le dimanche de 11 h à 18 h. Plus de 80 magasins de marque avec ou sans soldes. Demander, au service clientèle, le *Come Back Pack Coupons,* pour des carnets de réductions.

➤ DANS LES ENVIRONS DE PHOENIX

🏃 *Rawhide Western Town :* 5700 W North Loop Rd. ☎ (480) 502-5600. ● www.rawhide.com ● À Wild Horse Pass, situé à l'ouest de la I-10 au sud de Phoenix. Horaires variables en fonction de la saison. Entrée gratuite, mais attractions payantes (compter 5 à 7 US$ en moyenne). Reconstitution assez réussie d'une ville de l'Ouest des années 1880. Rien ne manque : le saloon, l'hôtel (hanté), la prison, le rodéo, les balades à diligence ou en petit train... mais tout se paye ! Les enfants aimeront probablement les duels de cowboys dans la poussière, mais les parents trouveront peut-être l'addition un peu salée !

🏃 *Arcosanti :* à Cordes Junction. À 65 *miles* au nord de Phoenix sur la route de Flagstaff (I-17, Exit 262 A). Au bout d'un chemin de terre de 2 *miles.* ☎ (928) 632-7135 et (602) 254-5309. ● www.arcosanti.org ● Ouvert tous les jours de 9 h à 17 h. Visite guidée à 8 US$, toutes les heures, de 10 h à 16 h. Village de maisons futuristes commencées en 1970 par l'architecte Paolo Soleri, qui envisage à terme de créer en plein désert un genre de ville idéale, sans voiture et intégré à l'environnement. Son projet s'intitule d'ailleurs *Arcology,* néologisme venant d'architecture et écologie. Intéressant surtout pour les amateurs d'architecture. Ceux qui sont intéressés par le travail de Soleri peuvent également visiter **Cosanti,** à Scottsdale, Paradise Valley (6433 E Doubletree Ranch Rd). ☎ 948-6145. ● www.cosanti.com ● Ouvert de 9 h (11 h le dimanche) à 17 h. Gratuit. Bâtiments et structures futuristes également, mais plus portés sur l'écologie. On y fond de superbes cloches d'un modernisme très épuré.

🛏 Possibilité de passer la nuit dans l'un des **guest rooms** au milieu d'Arcosanti. Compter de 25 à 30 US$ pour 2. On peut alors assister aux veillées qui rassemblent les résidents (étudiants, architectes). Réservation obligatoire.

➤ Faites en voiture la **piste Apache Trail** qui sépare **Tortilla Flat** du **lac Roosevelt.** Le paysage est superbe : désert de cactus, canyon, route escarpée de montagne. Compter facilement 2 h 30 à 3 h, sans les arrêts. De nombreuses curiosités jalonnent le parcours, comme ce saloon, au bout de la piste à Tortilla Flat, point de ralliement de nombreux motards, ou une ancienne mine de cuivre, transformée en attraction, à Apache Junction. Possibilité de balade en *Steamboat* sur le Canyon Lake.

TUCSON   500 000 hab.   IND. TÉL. : 520

Pour le plan de Tucson, se reporter au cahier couleur.

Fondée en 1775, Tucson (prononcer « Tousseunn ») est l'une des plus anciennes villes espagnoles. Américaine depuis 1853, elle a toutefois préservé un quartier de maisons mexicaines, le *Barrio Historico,* et renferme le charmant quartier des premiers colons, *El Presidio*. Deuxième ville de l'Arizona, Tucson est aujourd'hui une grande cité dynamique marquée par sa forte population étudiante et les nombreux touristes. Le climat est très chaud et sec, mais tout à fait supportable. Beaucoup d'occasions de rencontrer des Indiens en ville. C'est dans la région de Tucson que l'on trouve les fameux cactus géants saguaros. La ville mérite d'ailleurs une halte pour son très beau parc du même nom, ainsi que pour son étonnant musée du Désert.

Tucson et le rock

Si Athens est connu, c'est grâce aux B-52's (comme Géorgie pour REM ou Seattle avec Nirvana et Pearl Jam), Tucson le sera peut-être avec Calexico. La scène qu'il ne faut pas rater, c'est le Congress, qui est devenu le *hub* de tous les musiciens, bikers et discomaniaques de l'Ouest. Le tex-mex y est né d'un mélange de blues de cow-boys et de *corridos* des *mariachis,* ces balades tragiques à la gloire des mauvais garçons. Il vit dans le quartier mexicain, se joue dans les clubs et s'écoute au campus universitaire. On vient de plus en plus loin, comme les Français Jean-Louis Murat, Dominique A et Autour de Lucie, pour enregistrer au Solar Culture Gallery sous la houlette de Joeys Burns. Une nouvelle Nashville sans les néons mais avec les cactus.

Orientation

Broadway Blvd sépare le nord du sud de la ville. Stone Ave partage Tucson entre l'est et l'ouest.

LE SUD-EST DE L'ARIZONA

Adresses et infos utiles

– Le *Tucson Weekly* et le *Desert Leaf* sont des magazines pleins d'infos sur la ville.

✈ **Tucson International :** ☎ 1-800-321-4538 ou 573-8000 est situé à 8 *miles* au sud de la ville. Bus pour le centre-ville.

ℹ **Tucson Visitor Center** *(plan couleur A2)* : 110 S Church St, sur la Placita, dans le centre. ☎ 624-1817. ● www.visittucson.org ● Ouvert du lundi au vendredi de 8 h à 17 h et le week-end de 9 h à 16 h. Plan de ville, brochure touristique en français et possibilité de téléphoner aux hôtels.

✉ **Poste** *(plan couleur A-B2)* : 141 S 6th Ave. Downtown. ☎ 1-800-275-8777. Ouvert en semaine de 8 h 30 à 17 h et le samedi de 9 h à 12 h.

@ **Internet** *(hors plan couleur par B1)* : à la bibliothèque de l'université, à l'angle de 4th St et Cherry Ave. Et à la *Public Library,* au 101 N Stone Ave.

🚆 **Gare ferroviaire Amtrak** *(plan couleur B2)* : 400 E Toole (et 5th Ave). ☎ 623-4442 ou 1-800-872-7245. Au total, 3 ou 4 trains par semaine pour Los Angeles, Dallas et El Paso.

🚌 **Terminal Greyhound** *(plan couleur B2)* : 2 S 4th Ave. ☎ 792-3475. Downtown. Entre Broadway Blvd et Congress St. De 5 à 8 bus pour Phoenix et Los Angeles, 6 à 8 pour Nogales (frontière mexicaine), près de 5 pour El Paso et Dallas, 2 pour San Diego.

🚌 **Rondstat Transit Center** *(plan couleur A-B2)* : à l'angle de Congress St et de 6th Ave. ☎ 623-4301. Gare routière pour les bus *Sun Tran* qui desservent la ville et ses environs proches. Brochure très détaillée sur l'ensemble des lignes.

Où dormir ?

Contrairement à de nombreux coins du Sud-Ouest américain, la haute saison à Tucson commence *grosso modo* en janvier pour finir en avril. À partir de mai, la baisse des prix est inversement proportionnelle à la hausse des températures !

Camping

⚴ **Gilbert Ray Campground :** juste avant d'arriver au Desert Museum, sur la gauche en venant de Tucson (lire la rubrique « Dans les environs de Tucson »). ☎ 883-4200. Compter 10 US$ pour une tente et 20 US$ pour un camping-car. En plein désert, parmi des milliers de cactus géants. Sauvage, caillouteux et sans ombre (pas mal d'emplacements libres l'été !), mais environnement sublime. Sanitaires, électricité mais pas de douche. On est cow-boy ou on ne l'est pas !

De bon marché à prix moyens

Tous les *Motel 6, Travel Inn, Quality Inn, Super 8,* se situent le long de South Freeway. Depuis l'I-10, prendre la sortie 258. Pas cher, mais environnement déprimant : South Freeway est parallèle à l'Interstate 10. N'y aller que si nos adresses affichent complet.

🛏 **Road Runner Hostel** (plan couleur B2, **15**) : 346 E 12th St. ☎ 628-4709. ● www.roadrunnerhostel. com ● Compter 18 US$ par personne en dortoir de 6 lits, ou 38 US$ pour une double, petit déjeuner compris. Cette jolie maisonnette ornée de mosaïques s'adresse aux voyageurs, mais tout incite à poser ses valises un moment plutôt que de reprendre la route. Forcément, les dortoirs (parquet, lits en bois) sont propres et très corrects, le salon TV fait de l'œil aux cinéphiles avec son écran géant et sa collection de cassettes, et l'accueil exemplaire des propriétaires facilite le séjour à Tucson (bonnes infos). Avec la cuisine à dispo et l'accès à Internet gratuit, on frôle même le sans faute !

🛏 **Flamingo Hotel** (plan couleur A1, **12**) : 1300 N Stone Ave. ☎ 770-1910 ou 1-800-300-3533. ● www.flamingo hoteltucson.com ● Doubles de 50 à 60 US$ (mais remises en fonction de l'affluence), petit déjeuner léger compris. Un motel de compétition ! Les chambres ne donnent pas sur l'avenue, mais encadrent une cour très fleurie, envahie de haies de cactus et de palmiers dont les branches ombragent une jolie piscine. Mais ce qui le distingue vraiment de ses concurrents, c'est l'étonnante déco autour du thème des *Old Tucson Studios* : collections d'affiches de cinéma dans les parties communes et chambres (confortables et nickel) portant le nom d'acteurs.

🛏 **Hôtel Congress** (plan couleur B2, **10**) : 311 E Congress, Downtown. ☎ 622-8848 ou 1-800-722-8848. ● www.hotelcongress.com ● À deux pas du terminal *Greyhound* et de la gare *Amtrak*. Doubles de 60 à 90 US$. Fait également auberge de jeunesse : de 20 à 25 US$ par personne en chambre de 4 lits. Vieil hôtel de l'Ouest (1919) d'une quarantaine de chambres, fort bien restauré et qui a conservé un charme désuet : super radio des années 1940 et chambres *vintage* avec vieux mobilier et téléphones de musée ! John Dillinger, l'affreux bandit, y a dormi. L'hôtel garde une ambiance « frontière ». Bar et boîte de nuit au rez-de-chaussée qui attirent la jeunesse locale (donc attention aux chambres juste au-dessus !). Accès Internet.

🛏 **University Inn** (plan couleur A1, **11**) : 950 N Stone Ave. ☎ 791-7503 ou 1-800-233-8466. ● www.universi tyinntucson.com ● À une centaine de

LE SUD-EST DE L'ARIZONA

mètres de l'angle avec Speedway Blvd. Pas trop loin du centre. De 40 à 45 US$ la chambre pour 2 (avec 1 ou 2 lits), petit dej' inclus. Supplément certains week-ends. Un petit

motel traditionnel qui a un certain charme avec ses murs en brique, son petit balcon tout blanc et son bout de piscine. Chambres impeccables dotées de frigo. Accueil souriant.

Plus chic

≜ *Royal Elisabeth B&B* *(plan couleur A2, 13)* **:** 204 S Scott Ave. ☎ 670-9022 ou 1-877-670-9022. Fax : 928-833-9974. ● www.royalelisabeth.com ● Doubles de 110 à 140 US$ environ, petit déjeuner compris. On n'a pas vu le portrait de la reine, mais la *Elisabeth House* distille une délicieuse atmosphère de bonbonnière à l'anglaise. Chambres

élégantes et cossues, dont les meubles de style rendent hommage à cette vieille demeure de 1878. Les TV sont d'ailleurs cachées dans les armoires pour ne pas dépareiller ! Petit déjeuner gourmet histoire de bien commencer la journée, avant d'aller tâter l'eau de la petite piscine dans la courette. Royal !

Très chic

≜ *Arizona Inn* *(hors couleur plan par B1, 16)* **:** 2200 E Elm St. En arrivant du centre par Speedway Blvd, tourner à gauche dans Campbell Ave et la remonter jusqu'à croiser Elm St (6 blocs plus loin). ☎ 325-1541 ou 1-800-933-1093. Fax : 881-5830. ● www.arizonainn.com ● Doubles de 200 à 300 US$ environ, en fonction de la taille et de la saison. Construite en 1930, cette somptueuse villa a conservé le charme qui avait tant plu à Lady Roosevelt lors d'une visite of-

ficielle dans la région. La salle à manger de style, le piano-bar élégant, ou les vastes chambres aux meubles cossus et dotées de terrasses privées sont déjà dignes d'éloges, mais c'est tout de même l'étonnante bibliothèque qui marque les esprits, avec ses rayonnages anciens, sa cheminée et ses tables sculptées... Le charme de l'ancien...agrémenté comme il se doit d'une piscine, d'un tennis et d'un *fitness center* !

Ranchs

Plusieurs ranchs dans le coin, très chers bien sûr, mais on ne vit qu'une seule fois, et l'expérience est inoubliable ! L'hébergement est en pension complète avec promenades à cheval matin et après-midi comprises, sans parler de la piscine et des activités sportives. On vous donne un bon plan de routards américains, qui réservent 2 nuits mais profitent des balades équestres pendant 3 jours. Arriver par exemple le lundi matin pour la promenade à cheval, nuits du lundi et du mardi, partir le mercredi après le repas du midi et la chevauchée fantastique de l'après-midi. Les débutants sont les bienvenus.

≜ *Tanque Verde Ranch* *(hors plan couleur par B1, 14)* **:** 14301 E Speedway Blvd. Tout au bout de Speedway Blvd, suivre à gauche la voie privée (compter 35 à 40 mn du centre-ville). ☎ 296-6275 ou 1-800-234-3833. Fax : 721-9426. ● www.tanqueverderanch.com ● De 270 à 440 US$ en pension complète pour 2, selon la saison. Réductions enfants. Très beau ranch isolé en pleine nature,

avec de grandes chambres luxueuses façon *old west* (poutres apparentes et meubles massifs) et terrasses donnant sur un chapelet de montagnes hérissées de cactus Saguaro. Immense salle de restaurant très familiale et bonne cuisine copieuse avec buffet. Les promenades à cheval se font à la lisière du Saguaro National Park. Piscines, sauna, cinq courts de tennis, *lounge* avec billard.

Où manger ?

Plein de possibilités dans la fameuse 4th Ave, le quartier étudiant (University Blvd, à partir d'Euclid Ave) et le secteur mexicain.

Bon marché

I●I *El Torero (hors plan couleur par A2, 20)* : 231 E 26th St (à l'ouest de S 4th Ave). ☎ 622-9534. Ouvert de 11 h à 21 h en semaine, un peu plus tard le week-end. Fermé le mardi. Plats de 5 à 10 US$. Petite cantine mexicaine tenue depuis 1956 par la même famille. Les fidèles de la première heure se font plus rares, mais les nouvelles générations plébiscitent à leur tour les plats simples et roboratifs de la maison. Goûter aux *combination plates : tostadas, chimichangas, burros, tamales,* et aux nombreuses spécialités maison. Cadre minimaliste.

Prix moyens

I●I *Cup Café de l'hôtel Congress (plan couleur B2, 10)* : voir « Où dormir ? ». Ouvert tous les jours de 7 h à 22 h (23 h les vendredi et samedi). *Burgers* et salades à moins de 10 US$, plats de 10 à 25 US$. Bistrot gentiment branché, parfait pour prendre un petit dej' dans une atmosphère californienne décontractée. Le soir, trentenaires et quadras s'installent en terrasse ou sous les ventilos de la petite salle pour profiter d'une cuisine bien plus qu'honorable. Bons *burgers* originaux, à la tapenade ou au tzatziki.

I●I *Delectables (plan couleur B1, 22)* : 533 N 4th Ave, entre 5th et 6th St. ☎ 884-9289. Service tous les jours jusqu'à 21 h (23 h les vendredi et samedi). Sandwichs aux alentours de 7 US$, plats de 7 à 15 US$. Dans ce quartier jeune et plutôt branché, un resto aéré qui propose une nourriture fraîche et variée, traversant les frontières : *houmous,* tabouté, truite fumée, salades exotiques, quiches... et même une sélection de fromages ! Tenu par une équipe souriante.

Chic

I●I *Café Poca Cosa (plan couleur A2, 24)* : 88 E Broadway. À l'angle de Scott Ave. ☎ 622-6400. Réservation jusqu'à 21 h. Fermé le dimanche (fermé également le lundi pendant l'été). Le soir, un bon repas avoisine 20 US$. À midi, moitié moins. L'une des tables de référence de la ville. Cadre un brin tapageur, créé par des couleurs et une atmosphère mexicaines à la sauce contemporaine. La cour intérieure est craquante avec ses murs d'un bleu musclé, ses guirlandes de piments rouges, sa verdure et ses bougainvillées exubérantes. Le menu, inscrit à la craie sur un tableau noir, change tous les jours. Qui sait ce que l'inspiration du chef cuisinier vous réservera ? Mais sachez que l'on vient ici pour déguster une cuisine mexicaine de qualité, souvent inventive, ainsi que de bons steaks américains. Clientèle plutôt huppée.

Où boire un verre ? Où écouter de la musique ?

Traîner dans *4th Street*, où restos, boîtes et bars se côtoient de façon sympathique. La plupart des tendances sont représentées. ***Congress St,*** dans sa partie est, est jalonnée de bars de musique plus *underground*. Se laisser guider au son. Sinon, quelques bons spots aux abords de l'université.

♈ ♪ *Cup Café de l'hôtel Congress (plan couleur B2, 10) :* voir « Où dormir ? » et « Où manger ? ». La meilleure adresse de la ville pour le genre de musique qu'on y distille, l'éclectisme des gens qui la fréquentent, et la « coolerie » générale qui s'en dégage. Pour boire un verre, s'éclater ou papoter entre amis.

♈ ♪ *Gentle Ben's (plan couleur B1, 32) :* 865 E University Blvd. Vaste pub où les étudiants testent à tour de rôle les nombreuses bières brassées par la maison, aux sons de la musique rock distillée par quelques groupes locaux. Grande terrasse très agréable.

À voir

🎥🎥 *Arizona State Museum (plan couleur B1) :* dans l'université. ☎ 621-6302. ● www.statemuseum.arizona.edu ● Accès par l'entrée à l'extrémité de University Blvd E. Premier bâtiment à gauche. Ouvert du lundi au samedi de 10 h à 17 h et le dimanche de 12 h à 17 h. Gratuit. Remarquable petit musée, entièrement consacré aux cultures des Indiens du Sud-Ouest des États-Unis. Sont évoquées successivement, sous le nom de « The Paths of Life », l'origine, l'histoire et la vie actuelle d'une dizaine de communautés, les unes connues, les autres beaucoup moins. Intelligent et très complet (intéressante sélection d'objets, mannequins, vidéos...).

🎥 *The University of Arizona Museum of Art (plan couleur B1) :* à l'angle de Speedway et Park Ave (le bâtiment se trouve au centre du pâté de maisons). ☎ 621-7567. Ouvert du mardi au vendredi de 9 h à 17 h, et le dimanche de 12 h à 16 h. Gratuit. Ce petit musée abrite une collection sommaire mais intéressante d'art européen (quelques œuvres italiennes de la Renaissance, sculptures de Picasso, une ou deux peintures de Munch, Kandinsky, Beckmann...) et américain (travaux de Hopper, Georgia O'Keeffe...), mais il est surtout connu pour ses Lipchitz, un des plus grands sculpteurs de l'Art déco. Le musée en possède une soixantaine. Nombreuses expos temporaires.

🎥 Juste en face, *the Center for Creative Photography* propose régulièrement d'excellentes expositions photos, appréciées des amateurs comme des professionnels. ☎ 621-7968. Ouvert de 9 h (12 h le week-end) à 17 h. Gratuit.

🎥🎥 *Arizona Historical Society (plan couleur B1) :* 949 E 2ⁿᵈ St. ☎ 628-5774. Ouvert du lundi au samedi de 10 h à 16 h. Entrée : 5 US$. Ce grand musée présente de façon ludique l'histoire de l'Arizona, de la domination espagnole à nos jours. Plein d'anecdotes intéressantes (comme les premiers médecins arrivés avec l'armée, qui finissaient par s'installer dans l'hôtel du coin avec une poignée d'instruments préhistoriques), des sections thématiques bien ficelées (une vieille diligence et une traction-avant évoquent les transports, où l'on apprend que la 1ʳᵉ voiture est arrivée en Arizona... en train !), des reconstitutions impressionnantes (une mine comme si on y était, les habitats indiens, espagnols et européens fin XIXᵉ siècle)... Petits et grands ne s'y ennuieront pas une seconde !

🎥 *Tucson Museum of Art (plan couleur A2) :* 140 N Main Ave, à l'angle d'Alameda. ☎ 624-2333. ● www.tucsonarts.com ● Ouvert de 10 h (12 h le dimanche) à 16 h. Fermé le lundi. Entrée : 8 US$. Gratuit le 1ᵉʳ dimanche du mois. Situé dans le charmant quartier d'*El Presidio*, ce vaste musée présente différentes collections d'art précolombien, de meubles, de peintures espagnoles et américaines (une aile entière est consacrée à l'art contemporain). Inégal. Nombreuses expositions temporaires de qualité variable.

LE SUD-EST DE L'ARIZONA

En revanche, le billet donne accès à deux vieilles demeures joliment restaurées : la *Casa Cordova* propose quelques explications sur les origines du quartier, la *Corbett House* présente un intérieur 1900 soigneusement reconstitué.

🎙 *4th Avenue (plan couleur B1-2)* : vers 5th et 8th St, flopée de boutiques d'antiquités, de dépôt-vente et de bric-à-brac sympa comme tout.

🎙 *El Presidio (plan couleur A1-2)* : construit en 1775 par un Irlandais au service de l'armée espagnole, le fort *Presidio San Agustin* a aujourd'hui disparu (à l'exception d'une section de remparts) mais a laissé son nom en héritage... Le quartier rassemble de nombreuses demeures du XIXe siècle, alignées le long de ravissantes rues très paisibles et bordées de jardinets bien entretenus. Un endroit idéal pour flâner loin des avenues tonitruantes.

🎙 *Barrio Historico (plan couleur A-B2)* : le quartier des maisons mexicaines. On y parle l'espagnol bien sûr, on y mange des *burritos* et des *enchiladas*, on y joue de la trompette comme dans *Rio Bravo*. Le vrai *barrio*, celui des Latinos, est en lisière de la partie historique, on y croise des Chicanos qui vont aux concours de *low riders*, dont le but est de lever le plus haut possible les roues avant des voitures.

Festivals

– *Tucson Rodeo Parade :* 4823 S 6th Ave. En février, 5 jours de démonstration et compétition de rodéo. ☎ 741-7273. ● www.tucsonrodeo.com ●
– *Arizona International Film Festival :* ☎ 628-1737. Dix jours en avril. ● www.azfilmfest.com ●
– *Tucson International Mariachi Conference :* ☎ 838-3913. En avril, la communauté mexicaine s'en donne à cœur joie. ● www.tucsonmariachi.org ●

➤ *DANS LES ENVIRONS DE TUCSON*

Il faut aller en priorité au Saguaro National Park, divisé en deux vastes réserves situées de part et d'autres de la ville. La partie Est rassemble plus de sentiers de randonnées (possibilité de camper après avoir obtenu une autorisation), mais la partie Ouest est la plus facilement accessible et propose un *scenic drive* séduisant.

🎙🎙🎙 *Saguaro National Park (West) :* à environ une quinzaine de *miles* à l'ouest de la ville. Depuis l'I-10, en venant de Phoenix, sortir à Aura Valley Rd. À Tucson, prendre Exit 99. Entrée : 10 US$ par véhicule, valable 7 jours, ou 5 US$ par piéton. *National Parks Pass* accepté. Le nom du parc vient évidemment du célèbre *Saguaro*, cet impressionnant cactus qui est devenu l'emblème de l'Arizona. Sa croissance est très lente et certains spécimens peuvent dépasser 200 ans et 12 m de hauteur ! Leurs troncs sont d'ailleurs souvent creusés par des *pics Gela*, des oiseaux locaux dont les nids sont systématiquement réoccupés après leur départ par la chauve-souris brune, l'hibou « elf », ou encore différentes espèces d'oiseaux. D'où leur surnom de *cactus hotel* ! On traverse un paysage de plaine doucement vallonnée qui s'étale au pied des monts de Tucson. De mai à juin, c'est la floraison. Les cactées se parent alors de fleurs blanches, jaunes, rouges, souvent discrètes et qui invitent à la contemplation. Le parc propose plusieurs itinéraires de longueur très variable, d'où l'utilité de demander la carte détaillée des chemins de rando. Si hélas, vous n'avez pas beaucoup de temps, vous pouvez toujours vous contenter de petits sentiers (Desert Discovery Nature à 0,5 *mile* du *Visitor Center* et Cactus Garden Trail qui part du *Visitor Center*). Dans tous les cas, ne ratez pas le *Bajada Loop Drive* qui démarre peu après le *Visitor Center*. Les 6 *miles* de piste serpentent le long d'oueds arides, escaladent les flancs de collines desséchées et caracolent sur les sommets. En chemin, laisser la voiture au panneau « view trail » et suivre le sentier jusqu'à une crête voisine : formidable point de vue sur la plaine en contrebas, hérissée de saguaros. Mais où est donc passé John Wayne ? Pas mal de films et séries TV ont été tournés dans le coin *(Les Mystères de l'Ouest, La Petite Maison dans la prairie).* Pour retourner à Tucson, emprunter impérativement Gate Pass Rd (intersection près des Old Tucson Studios). Elle offre de superbes points de vue sur des forêts de *Saguaros*... Le genre de panorama qui laisse des souvenirs impérissables, au moment du coucher du soleil, par exemple.

🛈 *Visitor Center des Red Hills :* sur Kinney Rd. ☎ 733-5158. ● www.nps. gov/sagu ● Ouvert tous les jours de 9 h à 17 h. Beaucoup d'infos, de bouquins, expos intéressantes et très belle vidéo (écouteurs disponibles en français). Demander la brochure en français. Balades en compagnie d'un *ranger,* d'octobre à mars.

🎎 *Arizona Sonora Desert Museum :* 2021 N Kinney Rd. ☎ 883-2702. ● www.desertmuseum.org ● À 2,5 *miles* après le *Visitor Center,* sur la même route. Ouvert de 8 h 30 à 17 h d'octobre à février ; en été de 7 h 30 à 17 h (22 h le samedi de juin à août). Visites guidées et présentations d'animaux (reptiles, rapaces) tous les jours. Entrée : 9 US$ de mai à octobre, 12 US$ l'hiver, réductions. Compter deux bonnes heures de visite. Comment peut-on faire un musée du désert puisque, par définition, il n'y a rien dans un désert ? Eh bien, c'est ce que vous croyez ! Vous serez étonné par les 1 300 espèces d'animaux sauvages, de serpents et d'oiseaux qui peuplent ces immenses étendues caillouteuses. À mi-chemin entre un zoo et un jardin botanique, le *Sonora Desert Museum* a pour vocation de présenter toute la faune et la flore de la région. Résolument pédagogique, il entraîne ses visiteurs le long d'un parcours bien léché, jalonné d'étapes parfois surprenantes. L'environnement naturel est si bien respecté qu'on ne sait pas toujours où sont les limites des cages... où se baladent les coyotes ! On s'inquiète déjà moins en pénétrant dans l'immense volière habitée par quarante espèces d'oiseaux inoffensifs. On prend alors le temps de les écouter, assis sur un banc au bord d'un charmant cours d'eau reconstitué... Romantique, mais la visite de la caverne hérissée de stalactites rappelle les rêveurs à l'ordre (attention la tête) ! C'est l'occasion d'évoquer le sous-sol de l'Arizona, avant d'aller admirer les 300 variétés de plantes rares rassemblées dans le *Cactus Garden.* Un parc magique qui ne laisse pas indifférent. Conseillé de venir le plus tôt possible, car les animaux sont plus actifs le matin.

🎿 *Old Tucson Studios :* 201 S Kinney Rd. À une douzaine de *miles* de Tucson, peu avant la partie ouest du *Saguaro National Park.* ☎ 883-0100. ● www.oldtucson.com ● L'été, ouvert de 10 h à 15 h (16 h le samedi) ; l'hiver, de 10 h à 18 h. Entrée : 13 US$ l'été, 15 US$ l'hiver, réductions. Reconstitution fidèle par la Columbia (en 1939) d'une petite ville de l'Ouest de la fin du XIX⁰ siècle. Tous les décors ont servi dans plus de 200 westerns parmi les plus célèbres. Le premier fut *Arizona,* en 1939, puis *Rio Bravo, El Dorado, Joe Kidd* et *Juge et Hors-la-loi,* entre autres. Tout y est : la rue typique avec banque, prison, saloon, église... En partie ravagés par un terrible incendie en 1995, les studios ont été reconstruits à l'identique et ont pu tenir leur rôle lors du tournage de *Wild Wild West* en 1997 (avec Will Smith et Kevin Kline). Ils servent depuis de parc d'attractions : l'hôtel de ville accueille un petit musée intéressant sur l'histoire des studios (costumes de *La Petite Maison dans la prairie*), le petit train balade les familles dans le désert et des comédiens se mitraillent en pleine rue, à l'ancienne mode. Les méchants sont même pendus haut et court en place publique !

🍴🍴 *Pima Air and Space Museum :* 6000 E Valencia Rd. ☎ 574-0462.
● www.pimaair.org ● Prendre la 10E, la Valencia Exit, puis faire environ 2 *miles*. Ouvert tous les jours de 9 h à 17 h (caisse fermée à 16 h). Petit tram touristique avec explications en anglais, bien fait et instructif (départs à 10 h, 11 h 30 et 13 h 30). Entrée : 10 US$ de juin à octobre, 12 US$ le reste de l'année (ou 16 US$ avec la visite du site de lancement de fusées Titan – voir plus bas). Comment rester insensible à ces centaines d'avions sagement alignés sur le tarmac surchauffé ? Dans un parfait état de conservation, ces 250 appareils présentent une histoire grandeur nature de l'aviation, depuis les années héroïques des chevaliers volants, jusqu'aux fusées de la Nasa bourrées de technologies ultra-sophistiquées. Avions postaux, avions de ligne (type Boeing), hélicoptères et bien sûr chasseurs et bombardiers occupent le terrain, tandis que différents hangars complètent la balade en offrant des études thématiques sur la technologie, ou certaines époques spécifiques.

🍴 Pour compléter la visite du Pima Air and Space Museum, possibilité d'accéder à un *site de lancement des fusées Titan,* désarmé depuis la fin de la guerre Froide, à 25 *miles* environ au sud de Tucson. Sur la I-19S (Exit 69). ☎ 625-7736. Mêmes horaires d'ouverture que le Pima Air and Space Museum.

🍴 *Sabino Canyon :* à une vingtaine de *miles* au nord-est de Tucson. ☎ 749-2861. ● www.sabinocanyon.com ● Pour motorisés uniquement, car assez loin. Prendre l'East Speedway jusqu'à Wilmot, tourner au nord et suivre les indications « Sabino Canyon ». Ouvert tous les jours de 8 h à 16 h 30. Parking à 5 US$, et 7,50 US$ pour une promenade en petit train.
Il s'agit d'un petit parc national qui se singularise par son canyon. Plusieurs sentiers pédestres, mais la plupart des visiteurs choisissent la petite promenade en train de 45 mn qui s'enfonce sur 4 *miles* environ dans le canyon. Départ toutes les heures en semaine et toutes les 30 mn le week-end, de 9 h à 16 h 30. Agréable, mais éviter les grosses chaleurs du milieu de journée. Un 2e minibus mène les randonneurs au départ de plusieurs sentiers de balade et les reprend au retour. Bon, le canyon n'est pas le plus inoubliable de l'Ouest américain, mais si vous disposez d'un peu de temps, la balade reste sympa.

🍴🍴🍴 *Mission San Xavier del Bac :* à environ 10 *miles* au sud de Tucson. ☎ 294-2624. Prendre la I-19, sortie n° 92. Depuis l'autoroute, au niveau de la sortie, on voit au loin cette blanche mission au milieu du désert. Suivre la San Xavier Rd, et c'est fléché. Église ouverte tous les jours de 8 h à 17 h, messe à 8 h 30 et musée de 8 h à 18 h. Gratuit. Située sur la réserve indienne des Tohonos O'odhams, cette magnifique mission espagnole surnommée « la Colombe blanche » est considérée comme l'une des plus belles des États-Unis.
Si la mission fut fondée en 1692 par les jésuites, ce sont les franciscains qui en assument la responsabilité depuis 1768, et sont à l'origine de la construction de l'église à la fin du XVIIIe siècle. Son architecture est un doux mélange d'influences byzantine, mauresque et Renaissance qui lui confère curieusement une certaine unité. Ses fresques intérieures furent restaurées par des artistes ayant participé à la rénovation de la chapelle Sixtine. À l'entrée du chœur, deux lions montent la garde, don d'une famille espagnole à la fin du XVIIIe siècle. À noter encore, dans le transept de gauche, un saint François-Xavier en bois où les fidèles accrochent des ex-voto (on a même vu une photo d'échographie !). Le petit musée n'apporte pas grand-chose, mais donne l'occasion de jeter un coup d'œil au joli cloître lumineux. Vaut vraiment le détour.

🦌 *Kartchner Caverns State Park :* à une vingtaine de *miles* de Tucson vers le sud. Prendre l'I-10, sortie 302 puis la route 90. ☎ 586-2283. Ouvert tous les jours de 7 h 30 à 18 h, dernière visite à 16 h 40. Droit d'entrée dans le parc : 5 US$ par véhicule (gratuit pour ceux qui partent en visites guidées) et visites de la grotte de 19 à 23 US$ par personne ; réductions. Visite guidée d'une heure, départ toutes les 15 mn. L'une des grottes les plus impressionnantes du coin. Préférable de réserver.

TOMBSTONE   1 200 hab.   IND. TÉL. : 520

À 65 *miles* au sud-est de Tucson par l'I-80. Tombstone, « *the town too tough to die !* ». Ancienne cité minière réputée pour sa violence du temps de l'Ouest sauvage, la ville a conservé beaucoup de baraques de cette époque. Bien que sa réputation s'étende sur tout le territoire, Tombstone est une bourgade minuscule, un gros et sympathique village dans lequel il est agréable de faire une petite halte.

Elle est surtout célèbre pour avoir abrité le fameux duel d'*O.K. Corral*. Le souvenir de Wyatt Earp, de Doc Holliday et du clan Clanton flotte encore dans les rues, et le vieux cimetière où l'on enterrait les morts sans les débotter reçoit toujours beaucoup de visites.

Tombstone fut fondée par un prospecteur d'argent, Ed. Schieffelin, à qui on avait dit : « N'allez pas par là, vous n'y trouverez qu'une pierre tombale. » Il y avait découvert un riche filon, attiré d'autres mineurs et baptisé sa ville « Pierre Tombale ». Lorsqu'elle parvint au stade d'une agglomération de quelque importance, un publicitaire entreprenant y fonda le premier journal qu'il nomma, tout naturellement, *L'Épitaphe*. Tombstone connut deux coups durs : l'inondation des mines en 1887 et le transfert du palais de justice à Bisbee en 1929.

Tombstone ne fut jamais une ville fantôme, malgré la fermeture des mines. Elle végéta, certes, mais survécut. Ce qui explique l'état exceptionnel des bâtiments et la qualité des vestiges et souvenirs. On ne reconstitue plus de fusillades dans la rue principale, mais des types déguisés en cow-boys et en shérifs déboulent dans les saloons avec leur colt et se font servir des verres par des serveuses en tenue légère et néanmoins d'époque (on parle bien des tenues légères). Pas besoin d'imaginer, on y est ! Pas mal d'effervescence dans la journée, mais passé 17 h 30 et la fermeture des boutiques, tout s'évapore. Tombstone prend alors des allures de ville fantôme.

RÈGLEMENT DE COMPTES À O.K. CORRAL !

Ce fameux et authentique épisode de l'histoire de l'Ouest se déroula le 26 octobre 1881. Il fut immortalisé par de nombreux films, dont *La Poursuite infernale* de John Ford (avec Henry Fonda et Victor Mature), *Règlement de comptes à O.K. Corral* de John Sturges (avec Kirk Douglas et Burt Lancaster), et *Doc Holliday* de Frank Perry (avec Stacy Keach). Le shérif Wyatt Earp, ses deux frères Virgil et Morgan ainsi que Doc Holliday (dentiste alcoolique devenu aussi une légende) étaient partis pour arrêter les frères Clanton et les MacLaury, connus pour leurs actes de banditisme. La fusillade dura 30 secondes. Deux frères MacLaury furent transformés en flûtes à 6 trous. Trois membres du groupe Earp furent blessés plus ou moins légèrement. Un des frères Clanton expira peu après, non sans avoir demandé à quelqu'un de lui enlever ses bottes, car il avait promis à sa maman de ne pas être enterré avec !

Le shérif Wyatt Earp, contre toute attente, mourut dans son lit en 1929, à Los Angeles, à l'âge de 80 ans. Entre-temps, il avait, il est vrai, changé de métier et était devenu agent immobilier.

L'ORIGINE DE L'EXPRESSION O.K.

L'expression provient pour certains d'un club politique de Pennsylvanie qui supportait le candidat Martin Van Buren en 1836, dans la petite cité de Kinderhook. Le club se fit appeler *Old Kinderhook,* puis prit rapidement le diminutif de *O.K.* Le club étant très en vogue, O.K. fut rapidement utilisé pour désigner quelque chose de très bien. Dans ce club, tout le monde était des *O.K. members,* des gens très bien donc.

Facile d'emploi, l'expression se répandit comme une traînée de poudre dans tous les États de l'Union, puis dans le monde entier, pour dire que c'est très bien, qu'on est d'accord, qu'il n'y a pas de problème. L'impérialisme yankee frappait déjà au XIXe siècle !

D'autres affirment que l'expression daterait plutôt de la guerre de Sécession. Tous les soirs, on aurait noté sur les cahiers des régiments le décompte des morts et des blessés. Lorsqu'il n'y avait pas de victimes on indiquait *O Killed,* abrégé en O.K. On aurait rapidement utilisé l'expression pour dire que tout allait bien.

Une troisième version affirme que O.K. serait tout simplement un dérivé de *oke,* ou *hoke,* mot signifiant oui provenant de la langue indienne *Choktaw.*

LA BELLE ET VÉRITABLE HISTOIRE DE RUSSIAN BILL

Russian Bill, un grand dégingandé aux élégants habits et belles manières, apparut un beau jour de 1880 à Tombstone, un colt rutilant sur le côté. D'emblée, il joua les hors-la-loi, dont il utilisait le parler. Il s'acoquina avec les pires crapules de la ville, notamment Curly Bill, un bandit notoire. Il soignait les blessés de la bande, leur offrait refuge et couvert, bref, faisait tout pour se faire accepter dans le milieu. Las, Curly Bill lui conseilla un jour d'arrêter de faire le pitre car il ne serait jamais un hors-la-loi. Déçu, Russian Bill partit au Nouveau-Mexique et rejoignit la bande de Zeke Murillo, un autre bandit célèbre. Mais là non plus, il n'apparut pas crédible, et on se moqua de lui.

Profondément choqué, il décida d'agir seul désormais. Il commença par voler un cheval, mais comme il resta dans la région, la bête fut vite reconnue et le shérif l'arrêta. Russian Bill passa donc sa première nuit de voleur de chevaux à la prison de Shakespeare, en compagnie de Sandy King, un tueur notoire. Ils furent jugés et condamnés à la pendaison dans la salle à manger du grand hôtel de la ville. Jamais exécution ne perturba autant les braves gens. Russian Bill était hilare et remerciait les bourreaux et la foule avec une politesse raffinée. Pouvaient-ils deviner qu'il réalisait enfin son rêve : être reconnu comme un vrai *outlaw* (hors-la-loi) ! Quelque temps après, on sut qu'il s'appelait de son vrai nom William Tattenbaum et qu'il venait d'une des plus grandes familles d'aristocrates russes.

Adresses utiles

ℹ️ *Visitor Center :* à l'angle d'Allen et 4th St. ☎ 457-3929. ● www.cityof tombstone.com ● Ouvert tous les jours de 9 h à 17 h. Très bon accueil. ✉️ *Poste :* Safford St, à droite à l'entrée de Tombstone, quelques centaines de mètres après Boothill Graveyard. Ouvert du lundi au vendredi de 8 h 30 à 17 h.

■ *Bank of America :* Allen St, entre 5th et 6th St. ☎ 457-2213. Ouvert du lundi au jeudi de 9 h à 17 h et le vendredi de 9 h à 18 h.

Où dormir ?

Pas beaucoup de motels ni d'hôtels dans le village, mais il n'est pas nécessaire de dormir sur place. Ceux qui sont à la recherche de charme pousseront jusqu'à Bisbee ou alors frapperont à la porte d'un *Bed & Breakfast*. Comme il peut faire très chaud pendant l'été dans cette région, la basse saison s'étire de juin à août. Les prix culminent de février à avril.

Camping

⊠ *Tombstone Hills RV Park Campground :* à environ 1 *mile* de la ville en arrivant de Tucson, sur la droite. ☎ 457-3829. ● www.tombstone-rv.com ● Ouvert toute l'année. Compter près de 20 US$ pour une tente, de 24 à 26 US$ pour un camping-car et 38 US$ pour un petit bungalow en bois (avec balancelle sous la véranda !). Vaste et bien aménagé, mais emplacements cailouteux et sans ombre. Sanitaires avec douche, laverie, épicerie, barbecue, tables de pique-nique, aire de jeux pour les enfants... et piscine (de mai à octobre). Accueil très sympathique.

Bon marché

🛏 *Trail Rider's Inn :* 13 N 7th St, perpendiculaire à Fremont St. ☎ 457-3573 ou 1-800-574-0417. Fax : 457-3049. ● www.trailridersinn.com ● Compter de 50 à 55 US$ pour 2. Une fois n'est pas coutume, ce petit motel mignon comme tout fait preuve de beaucoup de personnalité : ses petits bâtiments de brique cernent une courette fleurie agrémentée de bibelots, ses chambres à l'ancienne mais confortables cadrent bien avec l'atmosphère *vintage* de Tombstone, et la piscine ou le spa sont des atouts de poids en période estivale ! Excellent accueil.

Prix moyens

🛏 *Tombstone Motel :* 502 E Fremont St, à l'angle de 5th St. ☎ 457-3478. Fax : 457-9017. ● www.tombstonemotel.net ● Chambres doubles de 60 à 70 US$. Un motel classique, confortable et sans histoire. Chambres de bonne taille fraîchement rénovées, égayées à l'occasion par quelques affiches de cinéma.

🛏 *Larian Motel :* sur Fremont St, entre 4th et 5th St. ☎ et fax : 457-2272. ● www.tombstonemotels.com ● Compter de 55 à 60 US$ pour une double. Supplément le week-end. Petit motel convivial, réunissant une poignée de chambres simples, mais correctes et bien tenues.

Plus chic

🛏 *Marie's :* 101 4th St, à l'angle de Safford St. ☎ 457-3831. Fax : 457-9016. ● www.mariesbandb.com ● De 90 à 100 US$ pour 2, petit déjeuner compris. Petit *Bed & Breakfast* dans une charmante maison du début des années 1900. Les chambres, dans un style victorien un peu chargé, sont inondées de tissus à fleurs et de petits objets familiaux. N'hésitez pas à pousser les bibelots pour poser vos valises ! Confortable, on s'en doute, et tout à fait accueillant avec son piano à disposition dans le salon. Le matin, on peut prendre son petit dej' dans une courette agréable.

🛏 *Best Western :* à 1 *mile* environ avant la ville, sur la droite. ☎ 457-

LE SUD-EST DE L'ARIZONA

2223 ou 1-800-652-6772. Fax : 457-3870. ● www.bestwesterntombstone.com ● De 85 à 95 US$ la double, petit dej' compris. Situé sur une petite colline qui offre une vue superbe et reposante sur la plaine. Hôtel de

chaîne de bon niveau, avec une quarantaine de chambres standardisées à la propreté irréprochable. Petit jardinet coquet où il est difficile de ne pas se poser au coucher du soleil. Piscine.

Où manger ?

|●| *Big Nose Kate's Saloon :* 417 E Allen St. ☎ 457-3107. Ouvert tous les jours. Service jusqu'à 20 h. Hamburgers et pizzas à 7 US$ environ. Le plus Far West des bistrots du coin, avec souvent des concerts de country *old style* faisant écho au comptoir à l'ancienne et aux vitres ciselées d'antan. Plein de cow-boys accoudés au zinc, des serveuses en tenue d'époque dans une atmosphère marrante, digne du début du XXᵉ siècle. Au sous-sol, le fantôme du *swamper* solitaire hante toujours sa mine comme pour mieux la protéger. On y grignote pizzas, sandwichs et *burgers.* Juste correct. On vient surtout pour l'ambiance.

|●| *Nellie Cashman :* à l'angle de 5ᵗʰ St et Toughnut. ☎ 457-2212. Sert tous les jours de 7 h 30 à 20 h 30. À midi, l'addition à moins de 10 US$. Le soir, les plats avoisinent les 15 US$. La maison fut fondée au milieu du XIXᵉ siècle par une sacrée bonne femme, Nellie, qui, à la grande

époque, accueillait et logeait les mineurs... Une sorte de pension de famille qui conserve son atmosphère d'antan. Chaleureuse et discrète, cette charmante adresse propose d'étonnants hamburgers, pas gras du tout et bien servis. Goûtez ceux aux *japaleños,* petits piments mexicains pas trop forts. Les nappes et serviettes en tissu, le service gentil et les prix doux donnent vraiment envie de faire halte chez Nellie.

|●| *Don Teodoro's :* 15 4ᵗʰ St, entre Safford et Fremont St. ☎ 457-3647. Ouvert de 11 h à 21 h. Plats de 8 à 10 US$. Petit troquet apprécié des locaux pour son atmosphère bonne franquette et ses spécialités mexicaines copieuses. Plusieurs petites salles simples avec des tables recouvertes de toiles cirées multicolores et des ventilos qui brassent l'air imperturbablement. Tout est très bon et l'accueil irréprochable. Parfois, on aimerait juste un peu plus d'animation.

Où boire un verre ? Où écouter de la musique ?

🍸 ♪ *Big Nose Kate's Saloon :* voir « Où manger ? ». Bar ouvert jusqu'à 22 h en semaine et 1 h le week-end. L'un des endroits les plus pittoresques et les plus animés de Tombstone. On peut y aller à n'importe quel moment de la journée, c'est tou-

jours plein. Concerts fréquents. Y passer au moins une fois.

🍸 ♪ *Crystal Palace :* voir « À voir. À faire ». Ouvert jusqu'à 22 h ou 23 h en semaine (1 h le samedi). Quelques concerts le week-end. D'un intérêt surtout historique.

À voir. À faire

La ville ayant conservé son Downtown original (quelques rues se coupant à angle droit), les points d'intérêt sont proches les uns des autres. Compter une demi-journée de visite pour la tournée des sites historiques (avec le cimetière un peu en dehors de la ville), sans s'attarder dans les nombreuses attractions qui ouvrent régulièrement et se concurrencent sur le même terrain : musées, spectacles...

🎬🎬 *Tombstone Historama et site d'O.K. Corral :* Allen St (entre 3rd et 4th St). ☎ 457-3456 ou 1-800-518-1566. ● www.ok-corral.com ● Ouvert tous les jours, de 9 h à 17 h (dernière séance pour l'Historama à 16 h 30). Entrée : 5,50 US$ pour le site et l'*Historama*, 7,50 US$ avec le spectacle, réductions. L'Historama est un show de 30 mn en anglais qui présente, à l'aide d'une maquette tournante, l'histoire de la ville. Puis les spectateurs sont invités à découvrir le fameux site, situé juste derrière le bâtiment et garni de mini-musées pour étoffer la balade. On découvre tour à tour une maison de prostituée du « Red Light District », un atelier de forgeron et les écuries (calèches, buggy et même le corbillard qui transporta les corps de Clanton et MacLaury). Dans l'une des baraques, belle expo de photos de Fly, grand photographe de la fin du XIXe siècle. Émouvante évocation de la vie des Indiens et de la reddition de Geronimo. Celui-ci se rendit sur la promesse que la justice américaine serait indulgente... mais fut déporté en Floride et emprisonné jusqu'à sa mort. Enfin, chaque jour à 14 h, l'inévitable reconstitution (assez sommaire mais gentillette, il faut dire) de la célèbre fusillade. Mieux vaut comprendre l'anglais.

🎬 *Crystal Palace :* à l'angle d'Allen et 5th St. L'établissement n'a quasiment pas changé d'aspect depuis 1880. Ce fut le plus populaire des quelque 100 saloons de la ville. En activité jusqu'en 1963, avant d'être racheté et restauré par la commission des Monuments historiques. On reconstruit très exactement (grâce aux photos) le célèbre bar en acajou. Il eut des clients célèbres dont, bien entendu, Virgil Earp (et ses ennemis), le juge Wells Spicer qui conduisit l'enquête sur la fusillade d'O.K. Corral, le Dr Harry Mattews qui examina les corps, le Dr George Goodfellow, fameux chirurgien de l'armée à la retraite, et tant de *desperados* qu'on ne les compte plus. Ce *goodfellow* connut une notoriété invraisemblable. Il soigna toutes les blessures par balle dans un rayon de 100 km, perdit 20 US$ dans un pari avec Geronimo, fut l'ami de Diaz, le président mexicain. Finalement, il négocia la reddition des Espagnols lors de la guerre pour Cuba en 1898. Ce dernier haut fait restera particulièrement dans la légende pour le nombre de bouteilles de gin qui furent descendues pendant la négociation !

🎬🎬 *Bird Cage Theater :* 6th et Allen St. ☎ 457-3421. ● www.tombstoneaz. net ● Ouvert de 8 h à 18 h, tous les jours. Entrée : 6 US$. Peut-être la visite la plus émouvante de la ville. En effet, ce « théâtre » (Honky Tonk), où tricheurs professionnels, mineurs déglingués et notables pourris se bousculaient pour voir les spectacles légers et jouer au poker, est resté complètement en l'état. De 1881 à 1889, il ne ferma pas une minute et connut 16 batailles au revolver. Les murs portent toujours les traces des 140 balles qui s'y logèrent. Scène délabrée, papier peint d'origine, décor poussiéreux dans lequel sont exposés tous les souvenirs de la ville : tables de jeu, vieilles affiches, vêtements d'époque, armes, objets domestiques divers, instruments « chirurgicaux » de dentiste de Doc Holliday, etc. Il faut vraiment tout regarder, vous allez faire d'étonnantes découvertes. Au rez-de-chaussée, voir la loge de Russian Bill, qui venait régulièrement ici se rincer l'œil. En revanche, les loges du premier balcon accueillaient des beautés venues de partout qui chantaient : « Je ne suis qu'un oiseau dans une cage dorée. » Ces loges permettaient aux clients potentiels d'observer les filles depuis le bas. Quand un type avait jeté son dévolu sur l'une d'elles, celle-ci tirait le rideau et le gars montait. Un lit de fortune équipait chaque loge, sans doute pour qu'ils puissent jouer aux cartes plus tranquillement. À titre indicatif, le prix de la passe oscillait entre 10 et 30 US$ en fonction du menu. Au sous-sol, salle de jeu qui accueillit la plus longue partie de poker de toute l'histoire de l'Ouest : 8 ans, 5 mois et 3 jours ! Et combien de bouteilles de whisky pour tenir le coup ?

LE SUD-EST DE L'ARIZONA

🍴 *Rose Tree Inn Museum :* à l'angle de 4th et Toughnut St. ☎ 457-3326. Ouvert tous les jours de 9 h à 17 h. Entrée : 3 US$. Une demeure de 1880 pleine d'histoire et d'anecdotes, transformée par les héritiers en un gentil petit musée. Reconstitution d'un intérieur (ameublement d'origine), photos d'époque et, surtout, le plus gros buisson de roses du monde (homologué par le *Guiness Book of Records*). À l'origine, une jeune mariée écossaise qui reçut de son pays d'origine quelques pousses de roses. L'une d'elles fut plantée dans le patio et prospéra...

🍴 *Boothill Graveyard :* situé à l'entrée nord de la ville, sur la gauche quand on arrive. Ouvert tous les jours, de 7 h 30 à 17 h 30. Gratuit. Petit guide explicatif à l'entrée avec l'historique haut en couleur des décès. Plusieurs dizaines de tombes modestes, voilà tout ce qui subsiste du Tombstone de la grande époque où les gens avaient rarement l'occasion de mourir de maladie. Ainsi la plupart des tombes portent-elles les causes du décès : celle de George Johnson, pendu par erreur, n'aura échappé à personne. Tiens, au fond, en voici un qui est mort naturellement *(natural death)* !

🍴 *Tombstone Epitaph :* 5th St entre Allen et Fremont St. ☎ 457-2211. Ouvert tous les jours de 9 h 30 à 17 h. Gratuit. On peut rendre visite à ce célèbre journal pour rendre hommage à ses anciennes presses poussiéreuses. Les fans de western peuvent même s'y abonner (aujourd'hui, mensuel). Possibilité d'acheter le numéro spécial sur O.K. Corral (avec les minutes de l'enquête et du procès).

🍴 *Le palais de justice* (Court House) : Toughnut et 3rd St. ☎ 457-3311. Ouvert tous les jours de 8 h à 17 h. Entrée : 4 US$, réductions. Édifié en 1882. Un des rares bâtiments en dur de l'époque. À l'intérieur, petit musée divertissant évoquant en détail l'histoire de la ville, avec toutes sortes de souvenirs (armes, outils de mineurs, malles...) et la biographie détaillée de ses principaux acteurs (Wyatt Earp, Doc Holliday et Ed. Schieffelin pardi !). Ne pas rater à l'étage la salle de jugement d'époque. Suite logique de cette salle, dans la cour on peut voir une potence ! Et à côté de la porte donnant sur la cour, un coupon d'invitation en bonne et due forme, pour assister à une pendaison...

🍴 *La mairie* (City Hall) : sur Fremont, entre 3rd et 4th St. Construite à la même époque que le palais de justice et toujours utilisée comme telle. Jolie façade.

➢ Et pourquoi pas un petit *tour en diligence* ? C'est ce que propose *Old Tombstone Tours* tous les jours de 9 h à 17 h, pour 5 US$. ☎ 457-3018. Départ sur Allen St, entre 4th et 5th St.

Animations

– *Reconstitution de combats :* plusieurs compagnies proposent des shows équivalents, dont *Tombstone Historama et le site d'O.K. Corral* (lire « À voir. À faire »), *Hell Dorado* (tout au bout de 4th St), ☎ 457-9035, ou *Six Gun City* (angle de 5th et Toughnut). Aux alentours de 4 US$. Plusieurs shows organisés tous les jours.
– *Wild Bunch Show :* les 1er et 3e dimanche de chaque mois.
– *Show des Vigilantes :* les 2e, 4e et parfois 5e dimanche dans les rues de la ville. Renseignements au bureau du tourisme.

BISBEE

6 100 hab.   IND. TÉL. : 520

À 25 *miles* au sud de Tombstone. Pour les amoureux de l'Ouest, une ancienne ville minière qui vaut vraiment le détour. Autant Tombstone est la ville des cow-boys, autant Bisbee est la cité des mineurs. L'une se visite, dans l'autre on séjourne. Située presque à la frontière mexicaine, elle s'étage dans une belle vallée curieusement très verdoyante et distille une gentille atmosphère européenne. La plupart des bâtiments datent de la fin du XIXe siècle. Un énorme rocher, *Castle Rock,* surplombe la ville. Panorama saisissant en arrivant de Tombstone. D'ailleurs, la route par elle-même vaut la peine. Et puis, contrairement à la plupart des villes américaines, ici, il n'y a pratiquement pas de motels, mais essentiellement des hôtels de caractère et des *Bed and Breakfast,* ce qui ajoute à la sympathie du lieu. Bisbee se parcourt à pied, ou à cheval si vous êtes un cow-boy. Mais sachez qu'il y a des escaliers partout, qui rythment au quotidien la vie de ses habitants. Pour cette raison, Bisbee est l'une des rares villes aux États-Unis où le facteur ne passe pas. Et comme un rituel, chacun va chercher son courrier vers 10 h du matin à la poste, pour le bonheur des uns, ou l'agacement des autres ! Enfin, le charme de la ville et la douceur de son climat (très bon pour la santé paraît-il) attirent depuis quelques années de nombreux artistes qui partagent leur vie entre cette petite cité et les côtes californiennes. Le grand nombre de galeries et d'expositions en témoigne.

UN PEU D'HISTOIRE

Ce fut longtemps un coin très sauvage. Personne ne se hasardait dans cette vallée, à 1 600 m, dominée par les Mule Mountains et peuplée de farouches tribus apaches défendant efficacement leur territoire. Cependant, en 1877, une patrouille de l'armée à la poursuite d'Indiens en rébellion découvrit la vallée et, surtout, une source chargée de plomb (ce qui indiquait la présence de riches filons, d'argent notamment). En fait, c'est en cuivre que la région était le plus riche. Deux ans plus tard, 53 *claims* (concessions) étaient déjà enregistrées. Bisbee était née et atteignit rapidement 25 000 habitants. Les mines prospérèrent puis vint la crise. Ce n'est pourtant qu'en 1975 que ferma la dernière mine, ce qui explique que l'on visite une ville qui se révèle bien loin d'être fantôme. Vu le prix de certains métaux, des rumeurs font même état d'une réouverture probable de certaines mines. En tout cas, les habitants se battent avec conviction pour faire vivre leur ville. Mais en été, la ville vit au ralenti (attention, pas mal de commerces ferment à 17 h).

Adresses utiles

🛈 *Visitor Center :* 2 Copper Queen Plaza, dans le *Convention Center* (sur la place principale). ☎ 432-3554 ou 1-866-224-7233. ● www.discover bisbee.com ● Ouvert de 9 h à 17 h ; le week-end, de 10 h à 16 h (à partir de 11 h le dimanche). Bonne documentation sur la ville. Accueil très sympa.

✉ *Poste :* au bas de Main St, non loin du *Visitor Center.*

📧 *Internet :* à la bibliothèque, au-dessus de la poste. ☎ 432-4232.

Ouvert le lundi de 12 h à 19 h, le mardi et le mercredi de 10 h à 19 h, le jeudi et le vendredi de 10 h à 17 h et le samedi de 10 h à 14 h.

■ *Bank of America :* 1 Main St. ☎ 432-2234. Ouvert du lundi au vendredi de 9 h à 12 h.

■ *Distributeur automatique d'argent :* sur le parking principal de la ville, juste en arrivant dans le centre, sur la gauche, ou dans le *Convention Center* (à côté du *Visitor Center*).

LE SUD-EST DE L'ARIZONA

Où dormir ?

Camping

⚞ **Shady Dell :** 1 Douglas Rd. ☎ 432-3567. ● www.theshadydell. com ● Prendre la Hwy 80 en direction de Douglas, puis la 1ʳᵉ route à droite au niveau du rond-point juste après la station-service (faire un tour complet du rond-point). Toute une gamme de prix : de 40 à 85 US$ pour 2. Un endroit aussi extravagant qu'attachant, où les nostalgiques trouveront une dizaine de caravanes rutilantes des années 1950 avec petit jardinet et barrières blanches dans un genre de camping-musée. Vieille pompe à essence et radio qui diffuse de la musique de l'époque comme pour mieux vous plonger dans l'ambiance, mais c'est le bus et le bateau aménagés en chambres qui leur volent évidemment la vedette. Original.

Bon marché

🏠 **Bisbee Community « Y » Hostel :** 26 Howell Ave, Po Box 968, 85603. ☎ 432-3542. Situé en plein centre d'Old Bisbee. En travaux lors de notre dernier passage, cette auberge devrait rouvrir sous peu. Se renseigner.

Prix moyens

🏠 **The Gardens at Mile High Ranch :** 901 Tombstone Canyon. ☎ 432-3866. ● www.gardensatmile highranch.com ● À environ 2 *miles* du centre, dans le prolongement de Main St. Doubles à 65 US$ en semaine, 85 US$ le week-end, petit déjeuner compris. *B & B* insolite aux allures de motel, dont les différents bâtiments s'organisent autour d'un charmant jardin ombragé, calme et reposant. Chambres tout aussi atypiques, équipées pour certaines comme de vrais appartements avec kitchenette et petit salon TV. Accueil très agréable.

🏠 **The Inn at Castle Rock :** 112 Tombstone Canyon Rd. ☎ 432-4449 ou 1-800-566-4449. Fax : 432-7868. ● www.theinn.org ● À 400 m du *Visitor Center*, dans le prolongement de Main St. Compter de 62 à 100 US$ pour 2, excellent et copieux petit dej' compris. Réduction en semaine ou à partir de 2 nuits. Une immense demeure victorienne rouge, verte et blanche, ancienne *boarding house* (hôtel pour mineurs) ourlée de longs balcons. Intérieur plein de charme, où vieux bibelots, tapis mexicains et balancelles s'organisent dans une joyeuse pagaille. Une curiosité : au milieu du resto, un puits de 3 m de large et 20 m de profondeur, ancienne entrée d'une mine d'argent. Quand elle fut noyée, elle servit durant 15 ans de puits à la ville. Chambres pas très grandes et sans AC, mais personnalisées et joliment meublées (salle de bains dans chacune) : il y a la française pour les classiques, l'asiatique pour les voyageurs, mais la cow-boy et la Géronimo ont bien les deux pieds en bonne terre d'Arizona ! Jardins sur la colline avec ravissant petit sentier à explorer. Accueil vraiment sympa et pas compliqué. Une de nos adresses les plus romantiques.

🏠 **Calumet & Arizona Guesthouse :** 608 Powell St. ☎ 432-4815. ● www.calumetaz.com ● À environ 2 *miles* du centre. Continuer la route 80 en direction de Douglas puis au grand rond-point, prendre Bisbee Rd puis la 1ʳᵉ à gauche après l'hôpital (Cole Avenue). C'est au bout de la rue sur la droite. Entre 70 et 85 US$ pour 2. Dans une maison de 1906 au cœur d'un quartier résidentiel tranquille, un *Bed & Breakfast* cosy de 6 chambres à l'atmosphère très différente : les unes très *british* avec des meubles de famille et des napperons brodés, d'autres avec une déco beaucoup plus kitsch ! Pour le petit dej', tous les convives se retrouvent autour d'une grande table ornée d'une belle nappe, chandelier et argenterie. Piano à queue pour qui veut s'essayer. Très bon accueil. Les fumeurs sont invités à griller leur cigarette dans le jardin.

De plus chic à très chic

⌂ *Hôtel La More :* 45 O.K. St. ☎ 432-5131. Fax : 432-5343. ● www. bisbeeinn.com ● Doubles avec ou sans salle de bains privée de 60 à 85 US$, petit déjeuner compris. Une vingtaine de chambres abritées par une bonne grosse bâtisse de brique, restaurée avec goût. Chambres confortables à l'ancienne mode, profitant parfois de jolies vues sur la ville (la maison occupe une rue en hauteur). Une très bonne option.

⌂ *Copper Queen Hotel :* 11 Howell St. ☎ 432-2216 ou 1-800-247-5829. Fax : 432-4298. ● www.copperqueen. com ● Chambres doubles de 95 à 160 US$. Construit en 1902 par la Phelps Dodge Mining Company en pleine euphorie minière. Tout d'abord le siège de la compagnie, l'édifice est ensuite devenu un hôtel pour les cadres de la mine. Aujourd'hui, fort bien restauré, il a conservé tout son *old flavor*. Plus de 40 chambres meublées dans le style de l'époque (papier peint à fleurs et meubles datés), de tailles inégales mais pleines de caractère. Teddy Roosevelt (n° 406) et John Wayne y ont dormi (mais non, pas ensemble !). Ce dernier, qui possédait un ranch dans les environs, faisait de temps en temps une virée en ville. À peine le temps de descendre 2 ou 3 *drinks* au bar et voilà la foule des fans qui déboulait pour voir l'animal et lui faire signer des autographes ! Si vous arrivez en fin d'après-midi et que l'hôtel n'est pas complet, on pourra même vous proposer une réduction.

Où manger ?

De bon marché à prix moyens

|●| *Prickly Pear Café :* 105 Tombstone Canyon (à 300 m du *Visitor Center,* dans le prolongement de Main St). ☎ 432-7337. Ouvert de 11 h à 20 h (21 h les vendredi et samedi et 16 h le dimanche). Fermé le mardi. Salades et sandwichs à moins de 6 US$. À mi-chemin entre un *deli* et un salon de thé, ce gentil petit café fait d'abord l'unanimité pour son charmant jardinet accolé à la falaise. La poignée de tables rassemblée sous les frondaisons préserve l'intimité du lieu, le tout formant un cadre idéal pour une pause gourmande à base de soupes maisons, de sandwichs élaborés et de salades fraîches.

|●| *Cornucopia :* 14 Main St. ☎ 432-4820. Ouvert de 10 h à 17 h. Fermé le mardi et le mercredi. Plats aux alentours de 7 US$. Croquignolet salon de thé avec tables de jardin, chaises en osier et murs en brique. Soupe du jour, *home made pies,* sandwichs végétariens, salades, glaces et plein de jus de fruits frais à base de carotte, de gingembre... Sympa.

Chic à très chic

|●| *Copper Queen Hotel :* 11 Howell St. ☎ 432-2216 ou 1-800-247-5829. Service jusqu'à 20 h. Plats simples autour de 10 US$, plus élaborés de 15 à 20 US$. C'est assez rare pour le signaler, mais cette institution locale n'a pas tout misé sur son cadre historique pour attirer le chaland. La salle est accueillante, la terrasse très romantique en soirée et le service impeccable, mais ce sont les plats de bonne tenue qui laissent le meilleur souvenir. Rien de révolutionnaire, mais de bonnes spécialités bien pré-

parées et joliment présentées.

¶●ı *Café Roka :* 35 Main St. ☎ 432-5153. En hiver, ouvert uniquement du mercredi au samedi de 17 h à 21 h. En été, ouvert toute la semaine les vendredi et samedi soir, brunch le dimanche. Compter aux alentours de 25 à 30 US$ pour un bon repas. Dissimulée par une étonnante porte en fer forgée, la grande salle à la déco sobre distille un agréable parfum de bistrot chic à l'européenne. Cadre clean et plein de promesses, et carte gourmande qui propose une cuisine excellente à la présentation raffinée. Salades originales, plats à se rouler par terre (pardon, ce n'est pas le genre de la maison !) : saumon norvégien, agneau de Nouvelle-Zélande, cailles au cidre, langouste. Douceurs chocolatées en dessert. Carte des vins bien montée. L'un des meilleurs restaurants de la ville et tout le monde le sait.

Où boire un verre ? Où écouter de la musique ? Où danser ?

♩ ♪ *Stock Exchange Bar* (The Brewery) : 15 Brewery Gulch. ☎ 432-9924. Ouvert tous les jours jusqu'à 1 h. Comme son nom l'indique, c'est l'ancienne bourse des valeurs minières de la ville. L'énorme tableau noir qui couvre tout le mur du fond en atteste. Grosse animation les vendredi et samedi soir sur le plancher où se trémoussent les danseurs qui profitent de la musique distillée par les formations locales. Long comptoir réglementaire et billard usé par les nombreux habitués.

♩ ♪ Vous pouvez également essayer le *Saint Elmo,* sur Review Ave, à 100 m du *Stock Exchange Bar* ; l'un des rares endroits où l'on trouve un peu d'animation le dimanche soir. Bar de quartier fraternel, décoré de tout un tas de bricoles hétéroclites suspendues un peu partout. Concerts de blues et de rock le vendredi et le samedi soir.

♩ Si vous n'avez pas trouvé votre bonheur, tentez *La More Saloon,* à côté de l'hôtel du même nom (voir « Où dormir ? »). Vaste bar prolongé par une micro-terrasse donnant sur une ruelle peu fréquentée. Mais attention, pour non-fumeurs uniquement.

À voir. À faire

👫👫 *Queen Mine Tour :* départ du Queen Mine Building. ☎ 432-2071. Visites tous les jours à 9 h, 10 h 30, 12 h, 14 h et 15 h 30. Entrée : 12 US$, réductions. Prévoir environ 1 h. Balade dans le ventre de la terre, à la découverte de la mine creusée à partir de 1877 après la découverte d'un filon d'argent par deux soldats. Il s'agissait en fait de cuivre... ce qui n'a pas empêché les mineurs de percer 230 km de galeries jusqu'à sa fermeture en 1943 ! La visite historico-nostalgique s'effectue dans les règles : c'est emmitouflé dans un ciré jaune, le casque vissé sur la tête et la lampe de mineurs à la main que l'on va s'enfoncer dans les entrailles de la mine, juché sur un petit train et accompagné généralement par d'anciens mineurs. Les balades n'en sont que plus intéressantes, mais il faut parfois s'accrocher pour démêler les informations annoncées avec un accent *Southwest* terriblement marqué ! Prévoir un lainage, la température descendant jusqu'à 10 °C. Deux arrêts permettent de découvrir différentes sections de galeries, des salles et du matériel (la première perceuse automatique fut baptisée *widowmaker,* « fabricante de veuves », en raison de l'énorme quantité de poussière dégagée et des problèmes médicaux qui s'ensuivaient).

➤ *Visite de la ville en bus* (Historic District & Surface Mine Tour) : départs du Queen Mine Building à 10 h 30, 12 h, 14 h et 15 h 30. Prix : 7 US$. Balade de 1 h 15 environ qui passe également par la *Lavender Open Pit Mine* (voir plus bas). Une autre formule, le *Lavender Jeep Tour,* propose des balades à la carte plus détaillées et plus intimes (☎ 432-5369).

🍴 *Le musée de la Mine :* 5 Copper Queen Plaza. ☎ 432-7071. Dans le centre. Ouvert tous les jours de 10 h à 16 h. Entrée : 4 US$, réductions. Installé dans une belle demeure de 1895, ancien siège de la compagnie et Masonic Lodge Hall. Une intéressante plongée dans l'histoire de Bisbee. Photos en noir et blanc, instruments scientifiques, informations sur la vie difficile de cette communauté bigarrée d'immigrants venus des quatre coins du globe faire fortune. Rappelons qu'à l'époque, Bisbee était une cité plus grande et plus prospère que San Francisco. Intéressante section sur la déportation de 1 200 mineurs grévistes par l'armée en 1917 dans un camp, en plein désert du Nouveau-Mexique. Ah ! Même les grandes démocraties ont leurs petites faiblesses.

🍴 *Lavender Open Pit Mine :* juste après la sortie de la ville, en direction de Douglas. Avant de quitter la ville, arrêt obligatoire sur les hauteurs de l'une des plus grandes mines de cuivre à ciel ouvert d'Arizona, qui attira de nombreux migrants venus d'Europe et qui ferma en 1975. Point de vue impressionnant !

➤ *Balade à pied :* sur les pentes de la ville, le long de Copper Queen Plaza, des rues Main, Subway, Howell, Opera, Brewery, O.K. et sur Naco Rd, on découvre nombre de pittoresques demeures et édifices publics comme la vieille prison, le théâtre lyrique, la poste, la Covenant Presbyterian Church, etc. L'office du tourisme a fort opportunément édité un plan de ville *(Bisbee, A Walking Tour)* avec tous les *landmarks* répertoriés.

🍴 Pour ceux qui sont des *ghost towns and mining camps* addicts et qui disposent de temps, la région se prête bien à une visite en profondeur. Là aussi, une petite brochure de l'office du tourisme d'Arizona présente les nombreuses bourgades et sites dignes d'intérêt. Attention, ils sont souvent beaucoup moins spectaculaires que Tombstone ou Bisbee. Être bien motivé.

Festivals

– *Annual Art Auction :* un samedi vers la mi-mars. L'une des manifestations les plus connues de Bisbee. Un festival des galeries d'art où les peintres envahissent les rues.
– *Bisbee Stair Climb Race :* le 3ᵉ samedi d'octobre. Une course à travers le cœur historique de la ville. Une manière de rendre hommage à ses multiples escaliers. À la fin, chaque participant (du moins ceux qui tiennent le coup) aura gravi 1 034 marches ! Très populaire.
– *Historic Home Tour :* le week-end de Thanksgiving. Hôtels, magasins et particuliers ouvrent leurs portes. C'est alors l'occasion de contempler l'architecture intérieure de superbes bâtisses, ainsi que des trésors cachés. On vient de loin pour ce célèbre week-end.

➤ DANS LES ENVIRONS DE BISBEE

🍴🍴 *Chiricahua National Monument :* à une cinquantaine de *miles* de Bisbee (compter de 1 h 30 à 2 h de route). Prendre la route 80 en direction de Douglas, puis la route 191 en remontant vers le nord. Station-service à la jonction des routes 191 et 181. Prévoir impérativement le pique-nique. Entrée : 5 US$ (gratuit pour les moins de 16 ans). *National Parks Pass* accepté. On a le choix ; pas moins de 20 *miles* serpentent dans le parc. Possibilité de petites balades avec des gardes forestiers en été.

LE SUD-EST DE L'ARIZONA

🛈 *Visitor Center :* à 1,5 *mile* de l'entrée. ☎ 824-3560. Ouvert tous les jours de 8 h à 17 h. ● www.nps.gov/ chir ● Demander la carte des sentiers avec les distances à parcourir.

Pour les Apaches chiricahuas, qui ont longtemps trouvé refuge dans ces montagnes, c'est le « Pays des rochers qui se tiennent debout ». L'érosion a en effet sculpté un étonnant paysage de rochers aux formes parfois élancées, souvent curieuses, insolites et fascinantes. Posés les uns sur les autres, nombreux sont ceux qui semblent défier les lois de la gravité. La végétation contraste fortement avec celle des plaines arides de la région ; les forêts de chênes et de pins sont particulièrement riches. Il faut se rendre (en fin de journée de préférence) au *Massai Point,* l'un des points de vue les plus réputés. Regardez alors en direction du nord, le grand chef Cochise, qui dirigea avec Geronimo de nombreuses attaques contre les pionniers, est toujours là, veillant paisiblement sur la terre de ces ancêtres, pour l'éternité. Impressionnant et émouvant ! De là partent la plupart des sentiers aménagés en boucle. Le secteur est également très favorable aux observations ornithologiques ; emprunter le Natural Bridge Trail qui débute à 1 *mile* du *Visitor Center* sur la gauche (panneau indicateur).

⛺ *Bonita Campground :* à 0,5 *mile* du *Visitor Center.* Ouvert toute l'année. ☎ 824-3560. Emplacement à 12 US$. Un camping rustique au fond du Bonita Canyon comptant près de 25 emplacements sommaires. Ombragé, sauvage, ravissant, mais peu équipé (toilettes et points d'eau, mais pas de douches).

FLAGSTAFF
56 000 hab.   IND. TÉL. : 928

Pour le plan de Flagstaff, se reporter au cahier couleur.

À 140 *miles* de Phoenix, 130 *miles* du lac Powell et 80 *miles* du Grand Canyon. Ville d'altitude (2 300 m), entourée de montagnes boisées. Le climat y est doux, ce qui est agréable après la fournaise du désert. Bien que ce soit en Arizona, il y fait frais le soir et des compétitions de ski y sont même organisées en hiver. Si la ville est étendue, Flag (pour les intimes) possède un sympathique petit centre à l'atmosphère mi-cow-boy mi-européenne, émaillé d'élégants édifices du début du XXᵉ siècle. Bars à musique envahis d'étudiants, petits restos populaires, jolies boutiques, et même quelques AJ en plein centre. Bref, un point de chute extra pour quelques jours, vu que c'est également un point de départ idéal pour le Grand Canyon et tous les environs. C'est ici, en plein centre, que vous pourrez voir et entendre siffler le train, parallèle à la mythique route 66 *(the Main Street of America !).* Passage de convois de marchandises longs, longs comme l'Amérique, et sifflements épais et assourdissants. Boules Quiès de rigueur si vous choisissez un hôtel proche de la voie ferrée ! Certains lecteurs n'ont pas supporté et assurent qu'il faut dormir à au moins 2 *miles* de distance par rapport à la gare.

Adresses utiles

🛈 *Visitor Information* (plan couleur *B2) :* 1 E Rd 66. ☎ 774-9541 ou 1-800-842-7293. ● www.flagstaffarizona.org ● Dans la gare ferroviaire, juste en face de Leroux St. Ouvert du lundi au samedi de 8 h à 17 h, le dimanche de 9 h à 16 h. Personnel compétent et fort gentil. Abondante documentation.

✉ **Poste** (plan couleur B2) : 104 N Agassiz St. Pour la poste restante, 2400 Postal Blvd.

@ **Bookman's Used Books :** (lire plus bas la rubrique « Librairie »). Compter 10 cents/mn la connexion Internet, plusieurs postes à côté du bar.

@ **Public Library** (plan couleur B1) :

300 W Aspen Ave. ☎ 799-7670. Coût : environ 3 US$ les 30 mn d'Internet.

@ **Bifs Bagels** (plan couleur B2) : 1 S Beaver St, au croisement de Phoenix Ave. Ouvert de 7 h à 15 h, le dimanche de 8 h à 14 h. Quelques ordinateurs disponibles pour 5 US$ de l'heure.

Banques, change

Nombreuses banques équipées de distributeurs dans le centre.

Urgences

■ **Flagstaff Medical Center :** 1200 N Beaver St. ☎ 779-3366.

■ **Police :** 911 E Sawmill Rd. ☎ 774-1414.

Transports

🚌 **Terminal Greyhound** (plan couleur A2) : 399 S Malpais Lane. ☎ 774-4573. À 1 mile au sud-ouest de la gare ferroviaire. Guichet ouvert de 7 h à 16 h 30. Liaisons quotidiennes pour Phoenix, Los Angeles, San Francisco et Las Vegas. Consigne.

🚆 **Gare ferroviaire Amtrak** (plan couleur B2) : 1 E Rd 66. ☎ 774-8679 Un train par jour (et tôt le matin !) pour Los Angeles et pour Chicago (via Albuquerque). C'est la ligne de

la grande époque du Far West.

🚌 **Open Road Tours :** agence dans la gare ferroviaire. ☎ 226-8060. ● www.openroadtours.com ● La compagnie propose 5 shuttles quotidiens entre l'aéroport de Phoenix et Flagstaff. Prévoir 3 h de route. Trajet simple à 40 US$.

■ **Absolute Bikes Rentals :** 18 N San Francisco St. ☎ 779-5969. Le vélo est un moyen de locomotion parfaitement adapté à la ville.

Location de voitures

■ **Hertz :** dans la gare ferroviaire. ☎ 226-0120. Ouvert de 7 h à 17 h du lundi au samedi, de 9 h à 16 h le dimanche.

manche.

■ **Enterprise Rent-a-Car :** 100 N Humphreys St. ☎ 774-9407.

Librairie

– Se procurer Flagstaff Live ou Tourist News, des gratuits avec la liste des concerts dans les bars, les films mais aussi les petites annonces.

– **Bookman's Used Books** (hors plan par A2) : dans le Longs Drugs Shopping Center, sur Milton Rd, juste avant l'université (au sud de la ville). ☎ 774-0005. Ouvert tous les jours de 9 h à 22 h, le dimanche à partir de 10 h. Choix impressionnant de livres, cartes, guides de voyage et de disques d'occasion... à consommer sans délai dans l'un des sofas du coin-salon. Également Internet-café avec des concerts le week-end.

Où dormir ?

À Flagstaff, les prix déjà élevés augmentent encore le week-end. À visiter de préférence en semaine. Mais, heureux routards, plusieurs AJ vous tendent leurs petits bras qui ne sont pas très musclés. Rencontres garanties.

FLAGSTAFF ET ENVIRONS

Campings

⋇ *Camping Woody Mountain (hors plan couleur par A2, 17)* : 2727 W Rd 66. ☎ 774-7727 ou 1-800-732-7986. ● www.woodymountaincampground.com ● À 2 *miles* du centre (la partie ouest de la 66 part de Milton Rd). Ouvert de mi-mars à fin octobre. Compter 18 US$ pour une tente. Quelques dollars de plus pour un camping-car. Vaste camping très agréable, aux emplacements bien délimités dispersés dans une grande pinède vallonnée. Équipements de qualité (laverie, piscine...). Sympa, mais un peu bruyant la nuit à cause des trains qui passent dans le voisinage.

⋇ *Fort Tuthill Camping* : à 3 *miles* au sud de Flagstaff, sur la 89A. ☎ 774-3464 (ou 774-5139 de janvier à avril, pour les réservations). Prendre la I-17, en allant vers Sedona. Sortie 337. Ouvert de mai à septembre. Prévoir 9 US$ pour une tente et 13 US$ pour un camping-car. Isolé en pleine pinède, dans le voisinage d'un espace qui accueille à l'occasion quelques salons et manifestations. Équipement simplifié à l'extrême (w.-c. d'appoint, tables de pique-nique), pas de douche.

⋇ *Flagstaff KOA* : 5803 N Hwy 89. ☎ 526-9926. ● www.flagstaffkoa. com ● À environ 5 *miles* au nord-est de la ville, en suivant la 66 puis la 89 en direction de Page. Ouvert toute l'année. Environ 23 US$ pour une tente et de 24 à 33 US$ pour un camping-car. Au milieu des arbres, mais emplacements resserrés et parfois trop proches de la route. Bien équipé (laverie, épicerie, aire de jeux pour les enfants).

Très bon marché

🛏 *Grand Canyon International Hostel (plan couleur B2, 11)* : 19 S San Francisco St. ☎ 779-9421 ou 1-888-44CANYON. Fax : 774-6047. ● www.grandcanyonhostel. com ● Dortoirs pour 4 de 15 à 18 US$ par lit, doubles de 30 à 37 US$, petit déjeuner compris. Auberge mignonne comme tout, aux petites chambres tapissées de parquet et égayées par des tissus colorés. Salon TV confortable, cuisine à disposition, mais douche et w.-c. en commun pour tout le monde. Pas de jaloux ! Si vous appelez, on peut même venir vous chercher gracieusement au terminal de bus. Propose également des tours à la journée au Grand Canyon (environ 50 US$) et à Sedona (environ 25 US$). Internet.

🛏 *Dubeau International Hostel (plan couleur B2, 12)* : 19 W Phoenix Ave. ☎ 774-6731 ou 1-800-398-7112. Fax : 774-6047. ● www.dubeau hostel.com ● Dortoirs pour 8 de 16 à 18 US$ par lit, ou doubles de 34 à 41 US$, petit déjeuner compris. Mêmes proprios que le précédent, mais celui-ci l'emporte d'une courte tête pour sa cour intérieure fleurie équipée de tables fraternelles. Pas étonnant pour un ancien motel ! Chambres simples sans esbroufe, mais propres et dotées de douches et de w.-c. privés. Espaces communs confortables et cuisine bien équipée à disposition. Organise des tours pour le Grand Canyon et Sedona.

Bon marché

En grande majorité, les motels à prix raisonnables se situent à l'est de la ville, le long de la mythique route 66 et s'égrènent sur environ 3 *miles* : *Red Roof*, *Relax Inn* et tous les autres. De qualité très moyenne et à prix équivalent. Ceux-ci fluctuent presque chaque jour en fonction de la demande. Mais bon, entre la route et les trains qui sifflent bien plus de 3 fois... *Good luck !*

🛏 *Arizonan Motel (plan couleur A2, 15)* : 910 S Milton Rd. ☎ 774-7171. Fax : 779-6363. Doubles généralement de 40 à 50 US$ (mais prix incohérents en haute saison). Ce n'est pas franchement la panacée, mais ce petit motel familial n'a pas fait l'erreur de planter sa tente au bord de la voie ferrée. C'est un atout inestimable. Pour le reste, les chambres n'ont rien d'inoubliable, mais sont acceptables pour une nuit et correctement tenues. Accueil sympathique.

🏠 **Days Inn Route 66** (hors plan couleur par A2, 14) : 1000 W Hwy 66. ☎ 774-5221. Fax : 774-4977. ● www. daysinn.com ● De 39 à 129 US$ selon la période, petit déjeuner compris. Pas donné en haute saison, mais une excellente affaire en période creuse, lorsque les chambres se négocient entre 40 et 60 US$. Et pour cause : le meilleur des 3 Days Inn de la ville est moins exposé que ses concurrents (la partie ouest de la 66 est moins agitée), ses bâtiments encadrent un jardin agréable où scintille le bassin d'une piscine et ses vastes chambres se révèlent nickel et confortables. À surveiller !

Prix moyens

🏠 **Weatherford Hotel** (plan couleur B1-2, 13) : 23 N Leroux St. ☎ 779-1919. Fax : 773-8951. ● www.weatherfordhotel.com ● Doubles de 60 à 95 US$ en fonction de la taille. Il fut un temps où ce vieil hôtel de 1897 était l'un des plus classe du coin... mais la 66 a rendu son tablier et le Weatherford a laissé filer le titre ! Les nostalgiques passeront toutefois un bon moment dans les chambres de 1re catégorie : avec leurs meubles old west, leurs poêles anciens et leurs belles salles de bains, elles ont encore fière allure. En revanche, les moins chères dégagent une atmosphère agréable, mais sont petites et un peu défraîchies.

Plus chic

🏠 **Monte Vista Hotel** (plan couleur B2, 10) : 100 N San Francisco St. ☎ 779-6971 ou 1-800-543-3068. Fax : 779-2904. ● www.hotelmontevista.com ● Compter de 65 à 120 US$ la double, selon la période. Situé au vieux centre de Flagstaff, cet hôtel a accueilli John Wayne, Clark Gable et tant d'autres. Des scènes de Casablanca furent même tournées ici. D'ailleurs, dans l'ascenseur, on peut voir la liste des artistes avec les chambres qu'ils ont occupées. Certaines chambres ont gardé leur décor de 1927, avec d'étranges miroirs et des meubles qui changent agréablement des motels. Au bar du rez-de-chaussée, groupes les vendredi et samedi soir.

🏠 **England House B&B** (plan couleur A1, 16) : 614 W Santa Fe Ave. ☎ 214-7350 ou 1-877-214-7350. Fax : 226-0011. ● www.englandhousebandb.com ● Compter de 95 à 195 US$ la double, petit déjeuner compris. Même si cette pittoresque maison à bow-window doit son nom à un certain Mr England, ses plafonds à moulures et sa décoration soignée rappellent tout de même la vieille Europe. D'ailleurs, les adorables propriétaires ont chiné leurs meubles chez des antiquaires spécialisés, jusqu'à dégotter une paire de fauteuils Louis XVI, une armoire Louis XV et de jolies banquettes du plus bel effet. Mais l'élégance sans excès des chambres et du salon n'entame pas l'atmosphère décontractée de la maison, à l'image de la bouteille toujours prête à l'emploi pour l'apéro ou le digestif !

FLAGSTAFF ET ENVIRONS

Où manger ?

Bon marché

🍴 **Macy's European Coffee House** (plan couleur B2, 21) : 14 S Beaver St. ☎ 774-2243. Ouvre de 6 h à 22 h (18 h le vendredi). Plein de salades et de sandwichs de 5 à 7 US$. Coffee-house décontractée, à l'image de la salle meublée de bric et de broc où l'on s'enfile des plats végétariens pas ennuyeux du tout, d'étonnants gâteaux du jour et de bons cafés aromatiques (le gros moulin plaide en leur faveur !). Bien belle adresse qui affiche sa différence en douceur et qualité.

Prix moyens

|●| Josephine's *(plan couleur B1, 25)* : 503 N Humphrey's St. ☎ 779-3400. Ouvert en semaine de 11 h à 14 h 30 et de 17 h 30 à 21 h, le samedi de 17 h 30 à 21 h. Fermé les samedi midi et dimanche. Sandwichs élaborés et salades de 8 à 10 US$ le midi, plats de 16 à 22 US$ le soir. C'est d'abord la jolie maison bien dans l'esprit du pays qui charme le visiteur : une façade en pierre, parcourue ici ou là par de la vigne vierge, une terrasse irrésistible par temps clair et une salle chaleureuse tapissée de parquet et de lambris. Mais c'est lorsque l'équipe souriante apporte les premières assiettes qu'on se félicite d'avoir poussé la porte ! La cuisine saine est la vraie fierté du patron, très éclectique et préparée avec de bons produits : savoureuse purée d'artichauts et de saumon, viandes marinées pleines de goût et sandwichs originaux qui renouvellent la sempiternelle carte des *burgers* fadasses.

|●| Café Express *(plan couleur B2, 24)* : 16 N San Francisco St. ☎ 774-0541. Ouvert de 7 h à 17 h (21 h le week-end en été). Très fréquenté pour le petit dej'. À midi, plat du jour à 6 US$. Le soir, les plats naviguent entre 9 et 15 US$. Genre de salon de thé coquet, connu pour sa cuisine américaine revue et corrigée (comprendre recherchée et moins calorique). La carte propose des salades, des plats originaux souvent végétariens et des gâteaux faits maison. Un endroit tranquille dans une ambiance de galerie de peinture.

|●| Mountain Oasis *(plan couleur B2, 22)* : 11 E Aspen Ave. ☎ 214-

9270. Ouvert de 9 h à 21 h. À midi, les plats s'échelonnent entre 5 et 9 US$. Le soir, ils se musclent un peu et grimpent jusqu'à 15 US$. Un endroit très apprécié des locaux pour son atmosphère à la fois simple, décontractée et branchée. La salle est bien agréable avec ses murs en brique, ses plantes vertes et ses quelques toiles exposées par des amis artistes. Pour un sandwich, on vous demandera quelle viande, quel fromage, quel pain, quels légumes, et ouf !... quelle sauce vous désirez. Bons et consistants. Excellentes salades composées. Délicieux cocktails à base de jus de fruits, jus de carotte, yaourt, glace pilée... qu'on peut d'ailleurs déguster dans l'espace bar caché au fond du resto. En plus, le service est sympa.

|●| Beaver Street Brewery *(plan couleur B2, 23)* : 11 S Beaver St. ☎ 779-0079. Ouvert tous les jours de 11 h 30 à 23 h (minuit les vendredi et samedi). Plats autour de 8 US$. Chouette, une vraie brasserie ! Ne pas rater d'ailleurs les remarquables cuves en cuivre à l'entrée, sagement alignées derrière de grandes baies vitrées. À l'arrivée, 7 bières de bonne tenue, des blondes, des rousses et des brunes, avec bouquet et saveur garantis. Du bel ouvrage ! À la carte, bons sandwichs, salades ou steaks, mais surtout d'excellentes pizzas cuites au feu de bois (et préparées avec des produits frais, comme de vraies tomates et non une sauce insipide). Bonne carte de vins californiens et australiens. Un lieu de vie décontracté mais parfois un peu agité (normal pour un pub).

Chic

|●| Black Barts *(hors plan couleur par B2)* : 2760 E Butler Ave. ☎ 779-3142. Pour ceux qui ont une voiture, car c'est loin du centre. Ouvert tous les soirs de 17 h à 21 h. Plats de 15 à 25 US$. Gigantesque *steakhouse* dans une sorte de saloon reconstitué, au décor « rétro western » assez réussi dont raffolent les touristes (trophées, selles, jougs de bœuf...). Le « plus » de l'endroit : les serveurs et serveuses (tous étudiants à l'université de Flagstaff) chantent et jouent chacun leur tour, tout au long du repas ! Puis ils se réunissent régulièrement pour un petit extrait de comédie musicale. Certains possèdent un talent étonnant. Cuisine de bonne tenue.

🍴 *Horsemen Lodge :* à environ 8 *miles* de la ville sur la Hwy 89 N vers Wupatki, côté gauche. ☎ 526-2655. Ouvert de 17 h à 21 h (21 h 30 les vendredi et samedi). Fermé le dimanche. Plats de 15 à 25 US$. Isolé à la lisière de la forêt, un grand bâtiment en rondins bordé de quelques enclos pour les chevaux. Quelques flocons de neige et nous voilà transportés dans le Grand Nord canadien. On y déguste les meilleurs steaks de la ville dans une ambiance western. Également de la truite et quelques plats de pâtes pour les irréductibles.

Où boire un verre ? Où écouter de la musique ?

Dans le centre

Le soir, pas de problème pour trouver un bar où siroter une petite bière (ou autre d'ailleurs !), généralement ouvert jusqu'à 1 h. Il suffit de longer la route 66 entre Beaver St et N San Francisco St ou de rejoindre S San Francisco St (traverser la voie ferrée) ; on n'a que l'embarras du choix. Le weekend, impossible de ne pas trouver un petit concert sympa. Au 15 W Asten, salle de concert Orpheum, entrée de 20 à 35 US$. ● www.orpheumpresents. com ●

🍸 ♪ *Charly's* (plan couleur B1-2, **13**) : dans le *Weatherford Hotel* (voir « Où dormir ? »). Ouvert jusqu'à 2 h. Le *Charly's Bar*, vieux pub à l'américaine des plus sympathique, est connu comme le loup blanc pour ses soirées blues qui font autant de bruit que le train. En saison, c'est tous les soirs jour de fête avec un programme de concerts surchargé !

🍸 *The Flagstaff* (plan couleur B2, **33**) : 16 Rd 66. Ouvert tous les jours jusqu'à 22 h. Pub en longueur pas bien grand, mais fêtards d'un soir et amateurs de bonnes bières (brassées sur place) ont pris l'habitude depuis longtemps d'annexer la rue piétonne. Tiens... le traditionnel billard a été remplacé par une table de ping-pong. Sacrilège ! Très étudiant. Souvent bondé. Sympa aussi pour grignoter.

🍸 🍴 *Felipes Cantina* (plan couleur B1, **35**) : 103 N Leroux St. Vaste bar arc-en-ciel, à l'ambiance surfeurs relevée à la sauce mexicaine. Aux murs, jolies planches et requins naviguent de concert, survolés par une escadrille de mouettes. Mais ce sont les soirs de concerts que les tequilas font le plus d'effet, lorsqu'on pousse les tables pour aménager la piste de danse ! Plats honnêtes à prix moyens.

🍸 ♪ *Bar du Monte Vista Hotel* (plan couleur B2, **10**) : voir « Où dormir ? ». C'est également un des hauts lieux musicaux de Flag, avec un concert les vendredi et samedi soir et beaucoup d'étudiants pour en profiter. Tous les styles, toutes les tendances, mais que du bon. Enfin, presque.

Dans les proches environs

🍸 ♪ *The Museum Club (The Zoo) :* 3404 E Rd 66. ☎ 526-9434. À 3 *miles* du centre, en bordure de la route mythique, côté gauche. Chercher la grosse guitare en néon rouge. Ouvert tous les jours de 11 h à 1 h. Entrée payante les mercredi, vendredi et samedi. Listé sur tous les dépliants et livres historiques sur la 66, le *Museum Club* est l'étape incontournable des fanas de la « mother road » ! Depuis 1936, ce vaste saloon en bois distille gentiment la meilleure country de tous les environs. Mais il s'est bien diversifié et lors des soirées étudiantes, l'ambiance est très techno ! Il fut surnommé le « Zoo » car c'était la demeure d'un taxidermiste... qui a dû abandonner son lieu en l'état, vu les nombreux trophées sur les murs. Tous les cow-boys de Flag sont là, il ne manque plus que vous !

À voir

🎯 *Lowell Observatory* (hors plan couleur par A1) **:** 1400 W Mars Hill Rd. ☎ 774-3358. ● www.lowell.edu/ ● Suivre la Sante Fe Ave jusqu'au sommet de la colline. Visites guidées de 9 h à 17 h de mars à octobre, puis de 12 h à 17 h le reste de l'année. Nocturnes à 20 h l'été (19 h 30 en mai et septembre). Entrée : 5 US$, réductions. C'est l'histoire d'un certain monsieur Lowell qui fit construire en 1896 un magnifique télescope, gigantesque et élégant, pour mieux observer ce qu'il croyait être un réseau de canaux sur la planète Mars. Ce n'était qu'une illusion optique. Un second télescope conçu en 1928 permit cette fois d'identifier Pluton. Les deux appareils sont toujours utilisés aujourd'hui pour prendre des photos et réaliser certaines études. Un arrêté municipal limite d'ailleurs la lumière dans le centre-ville pour ne pas gêner le travail des astronomes ! La visite comprend un diaporama (certains jours), un petit musée moderne et bien conçu sur l'univers de l'astronomie, un tour dans la salle du grand télescope (tous les réglages se font encore à la main, à l'aide d'une multitude de molettes), la bibliothèque historique où sont regroupés de superbes instruments de mesure anciens, ainsi que le deuxième télescope. Mais le plus intéressant se passe pendant les séances du soir (se renseigner pour les horaires) en fonction des conditions climatiques. On peut observer certains soirs Jupiter, Saturne, Mars ou tout simplement notre copine la Lune.

🎯🎯 *Museum of Northern Arizona* **:** sur l'US 180 (route du Grand Canyon). ☎ 774-5213. ● www.musnaz.org ● À 3 *miles* au nord. Ouvert de 9 h à 17 h. Entrée : 5 US$, réductions.
Ce musée, enfoui dans la pinède, a pour vocation d'explorer toutes les facettes du plateau du Colorado, qu'il s'agisse du patrimoine géologique, animal ou humain. Il évoque d'abord les premières civilisations, apparues probablement il y a environ 15 000 ans, avant de s'attarder plus en détails sur les groupes mieux connus, car sédentaires, comme les Sinaguas. On glisse alors progressivement de l'anthropologie à l'ethnologie, en étudiant soigneusement les tribus actuelles : Hopis, Navajos, Havasupai, Zunis... Le musée possède d'ailleurs une superbe collection de poteries indiennes, petites et grandes. En effet, les maîtres potiers réalisaient systématiquement des miniatures, sans qu'on sache s'il s'agit de jouets ou d'objets votifs. Vous en verrez une bonne cinquantaine. Présentation aussi de l'importance du maïs dans les cultures indiennes. Photos sur les coiffes hopis, vitrine sur les fétiches animaliers des Zunis, poupées hopis et zunis (les célèbres *kachinas* qui symbolisent les esprits)... Très belle collection de bijoux hopis, navajos et zunis. Également une galerie d'art moderne et des expos temporaires de peintures indiennes (le musée accueille plusieurs festivals indiens chaque année). Pour terminer, section sur l'évolution de la terre, enrichie de fossiles et de squelettes d'animaux préhistoriques. Objets d'art en vente dans la boutique.

Manifestations

Nombreuses, variées et échelonnées tout au long de l'année. Demandez le *Calendar of Events* au *Visitor Center* ou visitez leur site ● www.flagstaffarizona.org ● pour connaître les dates exactes. Petite sélection :

– **Festival d'artisanat indien** (Native American Festival) : tout au long de l'été, au Museum of Northern Arizona (chants et danses navajos, zunis et hopis).
– **Pine Country Pro Rodeo :** 3e week-end de juin. C'est la fête annuelle de la ville avec carnaval, danses et spectacles, sans oublier le rodéo, évidemment.
– **Road 66 Festival :** le 2e week-end de septembre. Nostalgiques de la grande époque et dévoreurs de macadam fêtent la grand-maman des routes transcontinentales, à grand renfort de vieilles voitures, de Harley pétaradantes et de concerts.
– Et bien sûr de nombreux concerts, séances de ciné en plein air, ou spectacles de rue informels organisés tout l'été dans le Downtown. Pas de quoi chômer !

Achats

⊛ **Gene's Shoe Hospital** (plan couleur B2) : 111 N Leroux St. Ouvert de 9 h à 18 h (11 h à 16 h le dimanche).

Un immense magasin « western » (lassos, ceintures, éperons, drapeaux, etc.).

➤ *DANS LES ENVIRONS DE FLAGSTAFF*

¶¶ **Wupatki National Monument et Sunset Crater :** pour aller de Flagstaff au Grand Canyon ou à Navajoland, faire absolument le crochet par le Wupatki National Monument plutôt qu'emprunter l'US 89. La route unique traverse les deux National Monuments sur 36 miles, puis regagne l'US 89. Visitor Centers ouverts de 8 h à 17 h (18 h en été). Entrée : 5 US$ par personne, valable pour les deux parcs. National Parks Pass accepté. Camping payant à l'entrée sud du parc.
Ce magnifique détour ne prend qu'une heure sans arrêt... mais il sera difficile de ne pas se laisser tenter par les sites indiens et les différents sentiers de poche qui émaillent la balade ! L'originalité du parcours est de traverser deux parcs radicalement différents. En venant de Flagstaff, vous verrez d'abord le Sunset Crater, dont les dernières éruptions remontent à quelques siècles. Un bébé volcan en somme ! Le paysage conserve encore les traces du cataclysme avec d'impressionnantes coulées de lave, parfaitement visibles. Ceux qui ont un peu de temps ne manqueront pas le Lava Flow Trail (à l'inverse du Lenox Crater Trail, qui se résume à une harassante montée en sous-bois pour atteindre un point de vue sur les San Francisco Peaks). Le magnifique sentier se faufile entre les coulées de lave, puis effleure les pentes du volcan recouvertes d'une surprenante poudreuse noire... On reprend la route plein nord, jusqu'à ce que les profondes forêts de pins cèdent brusquement la place aux étendues désertiques du Wupatki National Monument. C'est le domaine des Anasazis, ancêtres des Indiens. Deux sites méritent largement une halte : le **Wukoki pueblo,** étrange forteresse rouge arrimée à un rocher jaillissant du désert, et le **Wupatki pueblo,** vaste village où l'on devine encore les habitations, les celliers, ou l'agora.

¶¶ **Walnut Canyon National Monument :** à 10 miles à l'est de Flagstaff par la I-40. Exit 204. ☎ 526-3367. ● www.nps.gov/waca ● Ouvert tout l'été de 8 h à 18 h (9 h à 17 h le reste l'année). Entrée : 5 US$. National Parks Pass accepté. Brochure en français payante.
Il s'agit d'un étroit canyon, élégant comme tout avec ses guirlandes de pins dégringolant le long de falaises à pic, où sont regroupées quelques centaines d'habitations troglodytiques des Indiens sinaguas, peuple qui vivait ici autour

du XIIᵉ siècle. Il n'en reste que des ruines. Un petit musée présente cette culture, et deux courts mais beaux sentiers de promenade (plan à demander à l'accueil) permettent d'explorer le canyon. Incontournable, le magnifique *Island Trail* s'enfonce dans le canyon lui-même et décrit une boucle autour d'un impressionnant piton rocheux (prévoir de 45 mn à 1 h). Superbes points de vue. Le *Rim Trail* se contente pour sa part de longer la faille et permet d'approcher les ruines sinaguas.

🍴 *Meteor Crater :* à 35 *miles* à l'est de Flagstaff, sur l'I-40. Exit 233. Le site est isolé dans la plaine à 6 *miles*. ☎ 289-2362. ● www.meteorcrater.com ● En été, ouvert de 7 h à 19 h (de 8 h à 17 h en hiver). Visites guidées toutes les heures sur le bord du cratère (jusqu'à 14 h 15). Entrée : 12 US$, réductions. L'un des plus grands cratères météoriques du monde. Assez spectaculaire : 1 265 m de diamètre et 174 m de profondeur. Et comme les Américains raffolent des chiffres et des comparaisons, vous apprendrez qu'il y a assez de place pour caser 20 terrains de football dans la cuvette, et 2 millions de spectateurs sur les parois. Sacré match ! Sur le bord du cratère, un musée bien fichu avec différentes animations sur les météorites, d'impressionnantes photos de cratères lunaires, et des documents sur la conquête spatiale. L'endroit fut d'ailleurs utilisé comme camp d'entraînement par les astronautes. On apprend, par ailleurs, que ce météore de nickel et de fer se serait écrasé il y a 50 000 ans à une vitesse de 40 000 *miles* à l'heure. Il aurait appartenu à une ceinture d'astéroïdes et la ceinture se serait détachée ! Avec la vitesse, celui-ci se serait désintégré à l'atterrissage, formant une extraordinaire explosion surmontée d'un champignon énorme, ce qui explique qu'on n'a rien retrouvé au fond du cratère. Plus de 300 millions de tonnes de rocher se déplacèrent et se désintégrèrent en s'éparpillant. Un petit film de 10 mn analyse en détail les différentes formes de collisions entre les météorites et les impacts possibles qui pourraient en résulter.

🍴 *Petrified Forest National Park :* l'entrée nord est à environ 110 *miles* à l'est de Flagstaff, sur l'I-40 ; l'entrée sud à environ 100 *miles* par la I-40, puis la 180. Ouvert toute l'année de 7 h à 19 h. Entrée : 10 US$ par voiture. *National Parks Pass* accepté.

🔲 *Visitor Center :* à l'entrée nord du parc (sortie 311 depuis l'I-40). ☎ 524-6228. ● www.nps.gov/pefo ● Documentation, programme des activités du jour (conférences organisées par les rangers sur les sites) et vidéo de 20 mn sur le parc et les processus de fossilisation des végétaux. On y trouve également un resto et une station-service.

– *Rainbow Forest Museum :* à l'entrée sud. ☎ 524-6823. Un petit musée consacré à la géologie et aux fossiles trouvés sur le site.
Déroulé de part et d'autre de l'I-40, ce vaste parc traversé par une seule route de 28 *miles* réunit en réalité plusieurs sites très différents. Tout le long du parcours, une vingtaine de points d'observation et une poignée de sentiers aménagés permettent de les approcher. La partie nord frange d'abord les étendues surnaturelles du *Painted Desert,* un océan de collines érodées dont les couleurs varient en fonction de l'emplacement du soleil. Ces contrées désolées font le bonheur des paléontologues, qui y découvrent régulièrement des squelettes de dinosaures. Plus loin, ce sont les ruines d'un village indien qui attirent le regard, mais les dessins gravés dans la roche lui volent bientôt la vedette. Ces pétroglyphes bien conservés sont parfois âgés de plus de 5 000 ans ! Avec la fascinante balade de *Blue Mesa,* on aborde la partie sud du parc pleinement consacrée à la forêt pétrifiée. On y découvre de nombreux troncs d'arbres pétrifiés dans un paysage lunaire composé de roches volcaniques. Ils sont aujourd'hui transformés en quartz et arborent de superbes couleurs rouge, jaune, orange, marron, ocre... C'est un processus

d'infiltration de silice contenue dans les eaux il y a 225 millions d'années qui est à l'origine de tout cela. Ah oui, juste un détail : on vous conseille de renoncer au moindre petit morceau de pierre en guise de souvenir ! Amende très élevée, et tant mieux, ça évite le pillage ! Plus intéressant que la forêt pétrifiée située sur la route de Calistoga, dans la Napa Valley.

Suggestion d'itinéraire au départ de Flagstaff

Flagstaff est un excellent point de départ pour découvrir certains sites parmi les plus beaux des États-Unis, ainsi que des réserves indiennes. L'itinéraire que nous proposons effectue une boucle et peut se faire en une semaine environ. De nombreux endroits ne sont pas desservis par les bus, et le stop est risqué (peu de voitures et grosses chaleurs). Voilà pourquoi la location d'une voiture s'impose.

Au départ de Flagstaff : Grand Canyon, puis prendre l'US 264 qui traverse les réserves hopi et navajo, puis l'US 191 pour le canyon de Chelly et Monument Valley, Page et le lac Powell, Bryce Canyon, Zion, Las Vegas et retour sur Flagstaff.

Croyez-nous, cet itinéraire sera sans doute l'un des plus beaux souvenirs de votre vie. Conseillé d'acheter une carte d'Arizona assez détaillée. Possibilité d'extension au départ du canyon de Chelly par l'US 40 pour Santa Fe, Taos, Durango et Mesa Verde. Puis retour à l'itinéraire principal par Monument Valley.

– Détenteurs de l'*Ameripass Greyhound* : il n'est pas possible de se rendre gratuitement au Grand Canyon. Seules des navettes peuvent vous y amener, le prix d'entrée du parc est compris dans le tarif. L'inconvénient alors, c'est le peu de temps passé sur place. Infos au *Visitor Center*.

FLAGSTAFF ET ENVIRONS

■ Les *AJ* que nous citons plus haut proposent des balades en bus à la journée vers le Grand Canyon et Sedona. Se renseigner sur place.

■ *Seven Wonders Scenic Tours :* renseignements par téléphone ☎ 526-2501. Propose des excursions vers les sites de l'Arizona du Nord (Grand Canyon, réserve hopi, Monument Valley, etc.). Vient chercher et dépose chaque passager dans son hôtel respectif.

■ *Open Road Tours :* agence dans la gare ferroviaire. ☎ 226-8060. ● www. openroadtours.com ● Départs à 8 h 30 et 15 h, 1 h 45 de trajet, et retour à 10 h 45 et 17 h 45. Compter 25 US$ le trajet par personne, et 20 US$ au départ de Williams. Aller-retour respectivement à 50 et 40 US$. Propose aussi des excursions au Meteor Crater, Petrified Forest, Painted Desert.

SEDONA   16 000 hab.   IND. TÉL. : 928

À 26 *miles* au sud de Flagstaff, par l'US 89A. C'est une superbe excursion à la journée si l'on fait une pause pique-nique au bord de la rivière. Depuis Flagstaff, la route qui y mène traverse une grande et épaisse forêt, avant de plonger dans un formidable canyon aux roches rouge orangé qui suit les méandres de l'Oak Creek. Juste avant la descente au fond de la vallée, arrêtez vous impérativement au *Oak Creek Vista* (panneaux) pour profiter des points de vue à couper le souffle sur cette profonde entaille tranchant vigoureusement avec le vert de la forêt. La Coconino National Forest (c'est son nom) possède plusieurs petits campings bien indiqués depuis le bord de la route *(Flatpine, Bootleg-ger...)* basiques, très scout, en pleine pinède (réservations au ☎ (877) 444-

6777). On peut même y acheter du bois pour faire du feu. Toujours en chemin, un peu plus loin, les vasques naturelles du *Slide Rock State Park* invitent à la baignade dans un environnement délicieux (entrée à 10 US$ par véhicule ; ouvert de 8 h à 19 h l'été, 17 h l'hiver). Après un bon casse-croûte, un petit plouf et une sieste légère, on arrive enfin à Sedona !

Cette ville, où vécut longtemps l'artiste Max Ernst, est devenue La Mecque du New Age. L'endroit, hyper-branché, attire tous les Californiens friqués, et son ambiance évoque un Luberon à l'américaine. La ville en elle-même ne présente aucun intérêt. Mais elle peut servir de camp de base pour sillonner sa région, tout simplement superbe. Ce paysage de roches jaunes, ocre, orangées confine au merveilleux, surtout quand il est caressé par une lumière rasante. Ces pitons aux formes parfois extravagantes ont quelque chose de *Monument Valley,* la forêt en plus... Pas étonnant que ce soit devenu un repaire du mystico-business. La petite cité a grandi beaucoup trop vite et laisse un arrière-goût de mercantilisme. Le New Age semble être devenu un véritable fonds de commerce de tous les marchands du temple, et les boutiques où l'on vous vend des merdouilles au prix du Graal sont légion tout le long de la rue principale. En une petite décennie, nombre de centres de spiritualité, de relaxation et de « réflexion » se sont ouverts ici, gobant les gogos comme d'autres les œufs frais.

La région, quant à elle – on parle là de la nature environnante et non pas de la ville –, est depuis des millénaires un important centre de convergence d'énergies de la terre pour les Indiens. Ils y venaient bien avant que ce ne soit la mode, et y viennent toujours. Mais leur rapport sincère à la nature n'a jamais subi d'ambiguïté. Ces zones de confluences de magnétisme sont connues sous le nom de vortex, et on en trouve plusieurs à quelques *miles* à la ronde.

Infos et adresses utiles

Sedona possède une poste et plusieurs banques dans le centre ou le long de la W Hwy 89A. On vous parlera souvent du Y ; point de repère très utilisé. C'est l'intersection entre la Hwy 89A et la route 179.

🛈 *Visitor Centers :* le principal se trouve sur Oak Creek Canyon, à quelques centaines de mètres du Y. ☎ 282-7722. • www.visitsedona. com • Ouvert du lundi au samedi de 8 h 30 à 17 h, le dimanche de 9 h à 15 h. Un 2e centre, à 7 *miles* au sud de Sedona, sur la route 179, est ouvert aux mêmes horaires. Nombreuse documentation, parfois en français. Accueil souriant et efficace.

■ *Sedona Sports :* en face de *Tlaquepaque.* ☎ 282-1317. • www.se donasports.com • Ouvert de 9 h à 18 h (17 h le dimanche). Location de VTT et matériel de randos.

■ *Sedona Bike & Bean :* à 6 *miles* environ du Y sur la route 179. ☎ 284-

0210. • www.bike-bean.com • Idéalement placé juste en face du Bell Rock. Location de VTT. Assez cher tout de même (à partir de 25 US$ la demi-journée) mais bon matériel et le casque, les outils et des infos sur les balades sont compris dans le tarif.

■ *Trail Horse Adventures :* du Y, suivre la 89A direction Cottonwood (ouest) jusqu'au Lower Red Rock Loop Rd. Le suivre 1 *mile* jusqu'à Elmerville Rd, qui rejoint Mockingbird Lane et le centre équestre. ☎ 282-7252 ou 1-800-723-3538. • www.trail horseadventures.com • Pour des randos à cheval.

Où dormir ? Où manger ?

Les hôtels sont pour la plupart très luxueux et franchement hors de prix. On conseille donc de passer la nuit à Flagstaff. Mais pour ceux qui tiennent à dormir ici, voici tout de même une adresse sympa et pas chère :

⌂ *Village Lodge :* 78 Bell Rock Blvd.
☎ 284-3626 ou 1-800-890-0521.
● www.sedonalodge.com ● À 6 *miles* au sud du Y en prenant la 179. Doubles de 50 à 60 US$. Très intéressant à 3 ou 4. Un petit hôtel récent, dont le premier mérite est d'occuper un bâtiment ocre qui s'intègre assez bien dans le paysage. Il propose une dizaine de chambres bien équipées, confortables et propres, dotées à l'occasion de cheminées. Préférer celles à l'étage qui offrent une vue sur les Rocks. Juste à côté du Red Rock et du départ des sentiers de randonnée. Pratique. Très prisé par les adeptes du VTT.

|●| *The Hideaway :* route 179.
☎ 282-4204. À 100 m du Y, côté droit en venant du sud. Ouvert de 11 h à 21 h. Plats à moins de 10 US$ le midi, de 10 à 15 US$ le soir. Attention les yeux ! De l'extérieur, difficile d'imaginer les balcons de bois suspendus au-dessus d'une mer de pins, d'où émergent les majestueux pitons rocheux. Bon, après avoir déchargé son appareil photo, on s'intéresse enfin à la carte... À midi, copieuses salades joliment présentées et accompagnées de délicieux *garlic cheese bread* et de sauces faites maison. Certaines sont prévues pour 2 ou 4. Sandwichs particulièrement généreux. Le soir, c'est tendance plus italienne avec pâtes et pizzas honnêtes. Un endroit calme et reposant que l'on apprécie encore plus après une bonne balade !

|●| *The Red Planet :* 1665 W Hwy 89A. ☎ 282-6070. Ouvert de 11 h à 23 h, *every day baby* ! Repas de 10 à 15 US$. Êtes-vous prêt à pénétrer dans le monde étrange d'une soucoupe volante des années 1950 ? Eh bien, tant mieux... vous y voilà ! Un authentique *dinner* à l'américaine sauce Roswell : petits hommes verts, objets interplanétaires, comptoir recouvert de véritables (!) photos d'OVNI, couleurs fluo... Apprêtez-vous à manger une cuisine certes bonne, mais venue d'on ne sait quelle planète : *Space Shrooms, Solar Salad, Comet Burger, Cosmic Clam Chowder*... Si vous ne croyez pas aux extra-terrestres, soyez certain que vous changerez d'avis.

À voir. À faire

🌶 En plein centre-ville, *Tlaquepaque* (prononcer « Talakapaké ») est un village mexicain rutilant comme vous n'en verrez jamais au Mexique (une reconstitution parfaite... mais sans âme !). Patios fleuris égayés par des fontaines. Boutiques et restos pratiquent des tarifs exorbitants, mais on n'est pas là pour acheter. Vous y verrez plein de galeries. Plus de 300 peintres vivent dans les environs.

➤ DANS LES ENVIRONS DE SEDONA

➤ Nombreuses possibilités pour d'inoubliables *balades* à pied, à cheval ou à VTT. C'est principalement pour cela que l'on vient en général. Les randonneurs occasionnels et les pros devraient y trouver leur bonheur. Mais attention, mieux vaut ne pas s'aventurer sur un chemin sans en connaître sa difficulté. Se renseigner d'abord aux *Visitor Centers* qui disposent de cartes détaillées avec indication des distances, des dénivelés, du niveau de difficulté pour chacun des sentiers. Enfin, n'oubliez pas de vous procurer le *Red Rock Pass* (5 US$ par véhicule et par jour ; 15 US$ la semaine), permis de parking obligatoire pour toutes les aires de stationnement situées sur le territoire du *Red Rock Country*. S'achète aux *Visitor Centers* (ou au distributeur situé devant le principal *Visitor Center*). Si vous n'avez pas de véhicule, pas besoin de *pass*. En revanche, le *pass* n'est pas valable pour les quelques *State Parks* du secteur (comme le Slide Rock et une poignée d'aires de pique-nique), où il faut s'acquitter d'un droit d'entrée séparé.

🐾🐾 *Bell Rock :* c'est le point de vortex le plus connu de la région, situé à environ 6 *miles* au sud de la ville, sur la route 179. Demander à l'office du tourisme comment on y va précisément, car le chemin n'est pas compliqué mais le décrire est assez hasardeux. Il s'agit d'un bel appendice rocheux au sommet duquel on s'allonge et on se relaxe, tout simplement. Avec un peu de foi et de sérieux (petits rigolos en goguette s'abstenir), certains parviennent à sentir une sorte de détachement de leur propre enveloppe corporelle, comme un recul pris entre le mental et le physique. Les uns en ressortent tout chamboulés, les autres se contentent de faire semblant pour ne pas avoir l'air trop tarte devant les copains. Évidemment, c'est quelque chose d'éminemment intime, et un minimum de disponibilité d'esprit est nécessaire. Même si ça ne marche pas pour vous, le site est vraiment très beau avec la vue sur tous ces rochers rouges qui cernent la ville.

🐾🐾 En allant vers le Bell Rock, ne ratez surtout pas le site de la *chapelle de Holy Cross* (à 2 *miles* au sud de la ville). Prendre Chapel Rd, sur la gauche en venant de Sedona. Chapelle ouverte de 9 h (10 h le dimanche) à 17 h, mais le site est en accès libre. Cette curieuse église, enchâssée dans le roc, occupe un promontoire génial d'où l'on découvre une vaste étendue d'incroyables pitons rouges aux formes insolites. Couchers de soleil d'anthologie ! Mais n'oubliez pas pour autant la chapelle, édifiée en 1956 selon les plans de l'artiste Marguerite Brunswig Staude. Elle possède une étonnante structure qui s'intègre merveilleusement dans la nature, tout en conservant un parti pris de modernité. Le bout de la nef est une verrière, et c'est donc la nature qui fait office de retable.

🐾🐾 Pour ceux qui ne font qu'un petit passage rapide à Sedona, monter sur la colline de l'aéroport, à environ 1 *mile* du Y. Prendre la W Hwy 89A, puis Airport Rd sur la gauche. Le point de vue est l'un des plus grandioses du coin.

🐾 Enfin, les passionnés de civilisations indiennes feront un crochet par le *Montezuma Castle* en retournant vers Flagstaff. Situé à 25 *miles* au sud de Sedona, on y accède très facilement depuis la route 179, puis l'I-17 (sortie 289). Ouvert de 8 h à 18 h. Entrée : 3 US$; *National Parks Pass* accepté. Construit au XIIe siècle par les indiens Sinagua, cette large structure de 5 étages renfermant une vingtaine de salles frappe surtout les esprits par sa situation, au creux d'une cavité à plus de 30 m de hauteur. On n'accède pas au bâtiment lui-même, mais le spectacle de cette imposante structure faisant corps avec la falaise vaut le coup d'œil.

WILLIAMS   2 500 hab.   IND. TÉL. : 928

Williams se trouve à 58 *miles* au sud de Grand Canyon Village et à 29 *miles* à l'ouest de Flagstaff, à la jonction de l'I 40 et de la route 64. Petite ville Old West authentique, au centre bien vivant (en journée) figé dans le souvenir de l'époque héroïque des pionniers et de la vieille 66. Autre avantage non négligeable, elle s'ancre au cœur des pins, dans une zone au climat nettement plus frais. Nombreux motels à prix doux (toutes les chaînes nationales sont représentées), restos et cafés. À une heure de voiture du Grand Canyon, c'est une excellente étape.

Adresse et info utiles

🛈 *Visitor Information Center :* dans Railroad Ave, à l'angle de Grand Ca- | nyon Blvd. Ouvert de 8 h à 18 h 30 l'été (17 h hors saison). Accueil souriant. Dépliant sur le « Williams historique », plan de la ville et petit musée un peu fourre-tout sur la ville, avant, pendant et après l'arrivée du chemin de fer, puis de la 66.

➤ Liaisons ferroviaires quotidiennes avec Grand Canyon Village (voir « Comment y aller ? » dans le chapitre sur le Grand Canyon).

Où dormir ?

Campings

⚠ *Kaibab Lake Campground :* à 5 mn du centre-ville, sur la Hwy 64 en direction du Grand Canyon. ☎ 699-1239. Emplacement pour 15 US$. Petit camping rudimentaire... mais quel cadre ! Romantiques et pêcheurs se partagent les berges d'un lac mignon comme tout, enfoncé au cœur d'une jolie forêt à l'écart de la route. On lui pardonne du coup l'absence de douche !
⚠ *Camping KOA :* 5333 Hwy 64.

À 7 mn du centre-ville, sur la Hwy 64 en direction du Grand Canyon. ☎ 635-2307. Ouvert de mars à début novembre. Près de 20 US$ pour une tente et de 28 à 40 US$ pour un camping-car. Bien équipé, mais sa situation en bord de route et ses emplacements sans ombre ni herbe ne plaident pas en sa faveur. Vaut surtout le coup pour sa piscine et son resto où l'on peut écouter de la country.

De prix moyens à plus chic

Plusieurs petits motels jalonnent le centre-ville, comme le très correct *El Rancho* (chambres datées, mais accueil très gentil et piscine).

🏠 *Red Garter Bed & Bakery :* 137 W Railroad Ave. ☎ 635-1484 ou 1-800-328-1484. ● www.redgarter. com ● Ouvert de février à fin novembre, de 7 h à 10 h 30 et de 16 h à 19 h 30. Dans l'intervalle, le sympathique proprio est souvent là, alors n'hésitez pas à sonner. Chambres de 95 à 130 US$, petit déjeuner compris. Un ancien bordel ! D'où le nom de ce *B & B* épatant, qui signifie le « Jarretelle Rouge ». Toutes les chambres ont leur propre salle de bains et dégagent une charmante atmosphère *old west* (lits métalliques, papier peint à fleurs...). La plus sympa (et aussi l'une des plus chères) est la « Best Gal's Room », avec son poêle et son salon qui donne sur la rue. De la fenêtre, les filles appâtaient le chaland (comme le rappelle le joli mannequin) ! Ouverte en 1897 par un Allemand (avec un saloon au rez-de-chaussée), la maison de passe resta en activité jusqu'en 1941. Il y a même eu, à une époque,

une fumerie d'opium tenue par un Chinois... Si ça ce n'est pas du *Lucky Luke* tout craché ! Le *bakery* de *Bed & Bakery* fait allusion à la boulangerie-pâtisserie située au rez-de-chaussée où vous prendrez votre petit dej'. Conseillé de réserver. Un petit bémol enfin : pas de jeunes enfants.
🏠 *Motel 6 :* 831 W Rd 66. ☎ 635-9000 ou 1-800-4-MOTEL-6. Fax : 635-2300. À l'entrée de la ville en arrivant par l'ouest. Chambres doubles de 45 à 85 US$ selon la saison, 10 US$ de plus le week-end. Ne pas se tromper : il s'agit du *Motel 6* situé à droite en arrivant vers le centre depuis l'ouest. À la différence de son voisin immédiat, celui-ci est installé dans les bâtiments d'une ancienne chaîne de standing. Les chambres, réparties sur deux bâtiments, sont plus spacieuses et plus confortables que la moyenne des *Motel 6*. Piscine couverte, jacuzzi. Bon rapport qualité-prix.

Où manger ? Où prendre le petit dej' ?

De bon marché à prix moyens

Ⲩ l●l *Java Cycle :* 326 W Rd 66. ☎ 635-1117. Jolie petite salle colorée, idéale pour savourer un café fraîchement moulu accompagné de quelques gourmandises. De quoi commencer la journée en douceur.

l●l *Pine Country Restaurant :* 107 N Grand Canyon Blvd. ☎ 635-9718. Ouvert de 5 h 30 à 21 h. Plats de 6 à 10 US$. Beaucoup d'habitués dans ce petit resto souriant, connu pour sa cuisine familiale bien faite, généreuse et sans chichis. Mais ce qui lui vaut vraiment les louanges de toute la communauté, c'est son incroyable collection de *pies* du jour, crémeuses à souhait (certaines font plus de 20 cm d'épaisseur !). Bonne ambiance et déco amusante faite d'une multitude de petits objets en bois ; avis aux amateurs, tout (enfin presque) est à vendre. Belle carte des *breakfasts*.

l●l *Old Smoky's Pancake House :* à l'entrée de la ville en venant de l'ouest, presque en face du supermarché *Safeway*. ☎ 635-2091. Ouvert tous les jours de 6 h à 13 h 30. Compter environ 10 US$. Petite cahute jaune à l'enseigne du trappeur, qui abrite un bistrot typique envahi par les abonnés de la première heure. La bonne adresse pour le petit dej', avec un grand choix de pains frais maison.

l●l *Pancho MacGillicuddy's :* 141 W Railroad Ave. ☎ 635-4150. Tout contre le *Red Garter Bed & Bakery*. Ouvert de 11 h à 22 h. Plats de 9 à 15 US$. Dans un vieux bâtiment en brique classé datant de 1895 (l'ancien *Cabinet Saloon*). D'ailleurs, la rue était autrefois surnommée « Saloon Row » (quelque chose comme « l'allée des Saloons »). Mais la déco intérieure n'a plus rien d'historique, et se définit plutôt comme la rencontre inattendue du Mexique et des montagnes Rocheuses. Chèvres à longs poils et bison empaillés font bon ménage avec une fontaine et une façade de maison hispanique ! Ce mariage détonnant se retrouve sur la carte, où *burritos, tamales, enchiladas* et *tacos* côtoient steaks, *ribs, burgers* et BBQ. Grand choix de bières et de margaritas à tous les parfums. Petite terrasse fleurie.

Chic

l●l *Rod's Steak House :* 301 E Bill Williams Ave, face à l'*Econo Lodge*. ☎ 635-2671. Ouvert de 11 h à 21 h 30. Plats de 11 à 25 US$ en moyenne. On ne peut pas le rater : un bœuf sur le toit et un autre qui monte la garde devant la porte en compagnie d'une vache ! Ce royaume des mangeurs de viande est renommé depuis plus de 50 ans. Les steaks à toutes les sauces sont, en toute logique, succulents. Reste la déco... qui ne date pas d'hier non plus ! Bon rapport qualité-prix.

➤ *DANS LES ENVIRONS DE WILLIAMS*

ⵋⵋ *La réserve Havasupai :* la réserve est située à une trentaine de *miles* à vol d'oiseau à l'ouest de Grand Canyon Village, mais on y accède depuis Seligman par la route 66 (à 44 *miles* à l'ouest de Williams par l'I-40), puis par la route 18 dont l'intersection se situe 7 *miles* avant Peach Spring. Droit d'entrée : 20 US$. La réserve est très connue pour ses merveilleuses cascades et piscines d'eau douce de couleur turquoise, formées par la rivière Havasu. Les Havasupais leur doivent d'ailleurs leur nom, qui signifie « peuple de l'eau émeraude ». La réserve, administrée directement par les Indiens, englobe un vaste territoire limitrophe du parc national. Il est situé de part et d'autre du canyon de la rivière Havasu qui se jette dans le Colorado. À l'ouest se trouve l'immense réserve des Hualapais, auxquels les Havasupais sont apparentés. Autrefois semi-nomades, ceux-ci cultivaient leurs champs à l'intérieur du canyon en été et chassaient sur ses berges en hiver. Ils ne sont plus aujourd'hui que 430, l'une des plus petites tribus des États-Unis, vivant pour la plupart dans l'unique village de *Supai* – sans doute l'un des derniers du pays à ne pouvoir être atteint qu'à pied ou à cheval ! Du coup, la visite de la réserve sera sans doute l'occasion d'une belle aventure, mais nécessite un minimum d'organisation. Partir au débotté relève de l'inconscience. Il faut déjà compter 3 h de route de Williams (ou 4 h du Grand Canyon Village) jusqu'au site de *Hualapai Hilltop,* situé au bout de la route 18, à 68 *miles* de l'intersection avec la 66. Là, on abandonne son véhicule pour suivre l'unique sentier conduisant au village. N'oubliez pas d'apporter vos provisions en eau pour la randonnée, *Hualapai Hilltop* n'est qu'une aire de stationnement sans aucune infrastructure (pas d'essence non plus). Le chemin, assez raide, descend sur 8 *miles* jusque dans la gorge (compter 3 à 4 h de marche, mais possibilité de descendre à dos de mule en réservant à l'avance). Il est donc impossible de faire l'aller-retour dans la journée... à moins d'opter pour la solution de l'hélicoptère (proposée par différentes compagnies comme *Papillon Helicopters* ; voir « Tusayan »), mais onéreuses. Et comme les places sont comptées, il faut impérativement réserver une nuit au camping ou au lodge sous peine de découvrir un panneau complet à *Hualapai Hilltop* ! Cela fait pas mal de recommandations, mais le jeu en vaut la chandelle.

🔳 Pour tout renseignement, vous pouvez contacter : *Havasupai Tourist Enterprises,* PO Box 160, Supai, AZ 86435. ☎ 448-2141 (office du tourisme). • www.havasupaitribe. com •

🛏 Au village de Supai, petit hameau moderne, on trouve une épicerie, un resto et un hôtel, l'*Havasupai Lodge.* ☎ 448-2111. Prévoir 125 US$ la double. Une vingtaine de chambres avec AC et salle de bains, mais sans TV ni téléphone pour préserver l'intimité du lieu ! Réserver longtemps à l'avance.

⛺ À 2 *miles* de là, plus près des chutes, un *camping* de 400 emplacements. ☎ 448-2121. Compter 10 US$ par personne. Très rustique : on se lave à l'ancienne mode dans la rivière (prévoir du savon biodégradable). En revanche, cadre magique.

TUSAYAN

IND. TÉL. : 928

Petit village champignon mal foutu et sans aucun cachet, le seul construit aux portes du parc (2 *miles*) pour répondre à la croissance exponentielle du nombre de touristes. Une situation de monopole qui n'incite pas les hôteliers à pratiquer des prix démocratiques... Les prix indiqués ici sont, comme d'habitude, ceux de la haute saison (de juin à septembre). Dans certains établissements, elle débute en avril et s'achève en octobre. Le reste de l'année, ils baissent de 10 à 30 % selon les hôtels.

Adresses et infos utiles

Procurez-vous le journal gratuit *The Guide.* Il y a une *poste* (à l'intérieur du General Store ouvert de 7 h 30 à 22 h 30 en été), deux *stations-service* (chères), un *supermarché,* des *téléphones publics,* des *cafés Internet* et un *distributeur de billets* (au dôme IMAX) qui acceptent les cartes *Visa* et *MasterCard.*

Où dormir ?

Le camping sauvage est toléré à l'extérieur du parc dans la forêt, à condition de se trouver au moins à 500 m de la route principale. De toute manière, il est obligatoire de demander une autorisation préalable aux *Rangers* de Tusayan, Kaibab National Forest, PO Box 3088, Grand Canyon, AZ 86023. ☎ 638-2443.

Campings

⋇ *Ten-X Campground :* à 2 *miles* au sud de Tusayan, dans la Kaibab National Forest. ☎ 638-2443. Ouvert d'avril à septembre. Emplacement à 10 US$. Premier arrivé, premier servi. Ni douche ni électricité. Le cadre est sauvage et très agréable, en pleine forêt, et c'est rarement complet. Avis aux trappeurs !

⋇ *Camper Village :* à droite à la sortie du village en direction du Grand Canyon. ☎ 1-877-638-2887. Ouvert de mars à octobre. Autour de 20 US$ l'emplacement pour une tente, 25 US$ pour un *tepee*. Près de 40 US$ pour un camping-car. On y trouve souvent de la place et pour cause : le site n'est pas folichon, ni même très tranquille, et les douches sont payantes. En dépannage.

Prix moyens

⌂ *7 Mile Lodge :* ☎ 638-2291. Compter environ 70 US$ pour une double en été. Un bâtiment modeste avec 20 chambres seulement, un peu datées mais tout à fait fréquentables (AC, TV). C'est le moins cher et franchement le meilleur rapport qualité-prix du coin. Vous aurez même droit à un accueil souriant. Attention, pas de réservation, il faut être le premier arrivé, et les horaires d'ouverture de la réception sont fantaisistes...

Plus chic

⌂ *Rodeway Inn (Red Feather Lodge) :* sur le côté gauche de la route en venant de Williams. ☎ 638-2414 ou 1-800-538-2345. Fax : 638-9216. ● www.redfeatherlodge.com ● À partir de 90 US$ dans l'aile la plus ancienne, et jusqu'à 150 US$ dans la nouvelle. Les affaires marchant plutôt bien, il a fallu greffer une partie hôtel au vieux motel des années 1960. En fonction de vos finances, vous aurez droit à une chambre impersonnelle un peu vieillotte, ou à une chambre impersonnelle récente. Bon confort dans l'ensemble. Piscine et jacuzzi. Accès Internet.

⌂ *Best Western Grand Canyon Squire Inn :* à l'entrée sud de Tusayan. ☎ 638-2681 ou 1-800-622-6966. Fax : 638-2782. ● www.grand canyonsquire.com ● Chambres de 100 à 160 US$. Grand complexe classique de 250 chambres, personnalisé par quelques statues de cowboy et des fontaines d'un kitsch très abouti. Chambres spacieuses confortables (accès à Internet, salles de bains impeccables) et bonnes infrastructures : tennis, bowling, jacuzzi, coiffeur... Seule la piscine un peu maigrichonne ne correspond pas vraiment au standing de l'établissement.

⌂ *Quality Inn :* au centre de Tusayan. ☎ 638-2673 ou 1-800-221-2222 ou 1-800-228-5151. Fax : 638-9537. ● www.grandcanyonquality inn.com ● De 80 à 140 US$ la chambre double standard, petit déjeuner compris. De l'extérieur, ce vaste bâtiment inodore ne laisse rien deviner de son immense patio parfaitement aménagé : le restaurant et le spa sont envahis par une forêt de plantes vertes, protégés du soleil par des parasols suspendus... et coiffés par une verrière pour que l'AC fonctionne à plein régime ! Très village de vacances ! Chambres sans surprise et fonctionnelles, colorées à l'occasion par quelques fleurs en plastique véritable. Piscine.

Où manger ?

Village artificiel vivant essentiellement du tourisme, Tusayan ne s'embarrasse guère de bonnes tables... Évidemment, les prix ne sont pas timides. Les fauchés et les pressés se rabattront éventuellement sur le *MacDo*, le *Taco Bell*, le *Wendy's* ou le *Stix Canyon Food Mart* (supérette).

|●| *Café Tusayan :* un peu avant l'IMAX. ☎ 638-2151. Ouvert tous les jours de 7 h à 21 h (20 h 30 hors saison). Déjeuner autour de 10 US$. Le soir, plats de 10 à 16 US$. Banquettes de moleskine et petits boxes donnent à ce resto sympathique un petit air de brasserie. La carte ne fait pas preuve d'une très grande originalité mais tient globalement la route ; incontournables sandwichs, salades, *burgers*, viandes et poissons, plus une touche mexicaine. Bon accueil.

|●| *We cook pizza and pasta :* à l'entrée de Tusayan en arrivant du Grand Canyon. ☎ 638-2780. Ouvert de 11 h à 21 h 30. Pizzas pour deux autour de 15 US$, familiales pour environ 25 US$. Tables communes, bancs et toiles cirées font de cette petite cantine un bon point de chute pour les bandes de copains de retour de randonnées. Pas d'étiquette ni de règles de bienséance alambiquées, chacun pioche sans façon dans les énormes pizzas à l'américaine, copieuses et très correctes. Dynamique... mais peu romantique !

|●| *Yippee-Ei-O Steakhouse :* au centre de Tusayan. ☎ 638-2780. Face à l'IMAX (de l'autre côté de la route). Ouvert jusqu'à 21 h 30 (uniquement le soir hors saison). Steak à partir de 15 US$, sinon *burger* et plat du jour. Un genre de grand saloon apprécié des touristes pour sa déco en bois, sa musique country de rigueur et ses serveurs qui jouent aux cow-boys, Stetson vissé sur la tête. La cuisine moyenne ne laissera pas un souvenir impérissable, mais c'est l'un des rares endroits de Tusayan qui ressemble vraiment à un resto.

À voir. À faire

🎦 *Grand Canyon IMAX :* dans le centre de Tusayan. ☎ 638-2468. Ouvert de mars à fin octobre de 8 h 30 à 20 h 30 ; le reste de l'année de 10 h 30 à 18 h 30. Compter 10 US$; réductions. Film toutes les heures sur écran géant. L'histoire du canyon, avec effets spéciaux. Réussi, mais assez cher pour 35 mn de cinéma.

➤ *Balades à cheval :* Apache Stables, ☎ 638-2891. ● www.apachestables. com ● Propose en saison des balades d'une heure (30,50 US$) et des randos de plusieurs jours en forêt et en bordure du Grand Canyon.

➤ *Survol du Grand Canyon :* de nombreuses compagnies proposent le survol du Grand Canyon en hélico ou en avion depuis l'aéroport de Tusayan, situé au sud du village sur la gauche en venant de Williams. Compter de 115 à 140 US$ en hélicoptère pour 30 mn (tarif en fonction du type d'appareil), et 90 US$ en avion pour 45 mn. Réductions. Les prix varient en fonction du nombre de personnes, de la durée et de l'heure. À midi, c'est souvent moins cher, mais on voit moins bien en raison de la chaleur. Le mieux est d'en consulter plusieurs avant de se décider. Pour quelques dollars de plus, on vous conseille franchement l'hélicoptère. Moins bruyant qu'on se l'imagine, et on voit nettement mieux, surtout si vous avez la chance d'être à côté du pilote. À peine décollé, vous êtes déjà au-dessus du canyon. Souvenir garanti à vie ! Dans l'hélicoptère, on est placé en fonction du poids, les plus légers ayant le privilège d'être devant ! La plupart des compagnies ont des commentaires enregistrés en français. Pensez à les demander.

Plusieurs compagnies proposent *grosso modo* les mêmes services :

■ **Grand Canyon Airlines :** ☎ 638-2407 ou 1-866-2-FLY-GCA. ● www.grandcanyonairlines.com ● La plus ancienne des compagnies (en avion), un passager par fenêtre.

■ **Air Grand Canyon :** ☎ 638-2686 ou 1-800-247-4726. ● www.airgrandcanyon.com ● Propose des vols économiques en avion, à partir de 75 US$ pour 30 mn environ. Paiement par carte bancaire.

■ **Maverick Helicopters :** ☎ 638-2622 ou 1-800-962-3869. Propose des vols en hélico (deux types d'appareils, dont les « eco-star » équipés de larges hublots). ● www.maverickgrandcanyon.com ●

■ **Papillon Helicopters :** ☎ 638-2419 ou 1-800-528-2418. ● www.papillon.com ● Vols en hélicoptère. Ces derniers proposent des tarifs *super saver* entre 11 h 20 et 13 h 20. Insistez, car ils ne le disent pas systématiquement. Proposent également des balades jusqu'à la réserve indienne *Havasupai* (voir « dans les environs de Williams »). Représentés en France par *Express Conseil*, 5 bis, rue du Louvre, 75001 Paris. ☎ 01-44-77-88-02. Fax : 01-42-60-05-45.

■ **Scenic Airlines :** ☎ (702) 638-3300 ou 1-800-634-6801. ● www.scenic.com ● Nombreuses possibilités de vols. Représenté en France par *Interface Tourism*, 11bis, rue Blanche, 75009 Paris. ☎ 01-53-25-11-11. Fax : 01-53-25-11-12.

LE CANYON DU COLORADO (GRAND CANYON)

IND. TÉL. : 928

L'entrée principale du parc du Grand Canyon se trouve à 80 *miles* de Flagstaff, 275 *miles* de Las Vegas et plus de 480 *miles* de Los Angeles. On ne vous apprend rien si on vous dit que le Grand Canyon est l'un des phénomènes géologiques les plus étonnants qui soient. Ça, tout le monde le sait. Griffant en dents de scie le vaste plateau qui s'étend du sud de l'Utah au nord de l'Arizona, le Colorado s'est taillé dans la roche parfois tendre, parfois dure (ce qui explique ses innombrables méandres), une route sinueuse sur très exactement 277 *miles* – c'est le chiffre officiel. Superficie totale : 4 856 km². Le canyon peut atteindre 1 829 m de profondeur pour une largeur maximale de 18 *miles*. Avant 1963, date de la construction du barrage de Glen Canyon, le fleuve charriait 500 000 t de sable par jour. Difficile de l'imaginer mais, depuis deux milliards d'années, le territoire du Grand Canyon a vu passer plusieurs mers, des déserts et des montagnes aussi hautes que l'Himalaya – on n'a pas vérifié, mais c'est ce qu'affirment les géologues. Le sable que l'on trouve partout est essentiellement d'origine maritime. Mêlé à des sédiments, il s'est graduellement aggloméré pour finir par se transformer en grès et en schiste. Au mésozoïque (à la fin de l'ère secondaire), sous la pression des plaques continentales, la plaine du Colorado s'est peu à peu soulevée pour finir par former le plateau mentionné ci-dessus. Puis, celui-ci s'est incliné alors que les Rocheuses apparaissaient plus à l'est. Le fleuve qui, comme tous les fleuves, coule toujours vers le bas (!), a commencé à creuser. Plus il descend, plus il révèle de couches géologiques. La plus ancienne, tout au fond, remonte à 1,7 milliard d'années. C'est pour cela que l'on dit que le canyon est une formation géologique unique. On peut y lire en résumé les 2/5 de l'histoire de la Terre.

Du fait des différences d'altitude considérables, cinq des sept grandes zones climatiques se retrouvent de haut en bas du Grand Canyon – ou plus exactement, ici, de bas en haut. Ainsi, vers 1 000 m, au fond de la gorge, des cactées indiquent-elles un climat subtropical sec. À 1 200 m, si la chaleur domine toujours, on note une influence tempérée, avec des chênes et des acajous. Plus haut, on trouve des pins. Enfin, vers 2 500 m s'étend une zone climatique du type canadien, avec une forêt de pins et de sapins (surtout sur la rive nord). D'où une grande biodiversité : on a répertorié 1 500 espèces de plantes, 305 d'oiseaux et 76 de mammifères. Ce sont les écureuils que vous aurez le plus de chance de voir mais, attention, ils mordent. Les *mule deers* (daims) sont aussi assez communs. En tout cas, n'oubliez pas de prendre un pull, voire un imper : il pleut souvent sur le canyon, même en été !

UN PEU D'HISTOIRE

Il semble que les premiers chasseurs, dans le grand mouvement de migration des tribus venues d'Asie par le détroit de Béring au paléolithique supérieur, se soient installés dans la région du Grand Canyon il y a environ 11 000 ans. Pour l'instant, les premières traces de présence humaine découvertes par les archéologues ne remontent toutefois pas au-delà du second millénaire av. J.-C. : il s'agit de fragiles figurines en brindilles représentant des animaux, dissimulées dans des crevasses.
Vers l'an 500, une tribu émerge dans le Grand Canyon : les Anasazis, aussi connus sous le nom de Pueblos et de *basketmakers* (« fabricants de paniers »), en référence au grand nombre de paniers tressés découverts sur les lieux qu'ils ont habités. Élisant domicile dans des maisons semi-souterraines basses et enfumées, ils se consacrent encore essentiellement à la chasse, parallèlement à la culture du maïs. Près de 2 000 sites d'habitation ont été répertoriés d'un bout à l'autre du canyon. Selon une étude récente, il semblerait que les tribus de l'époque étaient anthropophages et n'avaient rien de pacifique.
À la fin du XIIIe siècle, les Anasazis quittent les lieux pour cause de sécheresse ou de guerres, et s'installent plus à l'est, là ou vivent aujourd'hui les Hopis (les passionnés se rendront à Tusayan Museum pour en savoir plus). En 1848, le Grand Canyon devient américain par le truchement du rachat du territoire au Mexique vaincu. L'armée dépêche des expéditions jusqu'au Grand Canyon pour reconnaître les zones vierges. Le major Powell entreprend son incroyable odyssée sur le Colorado, ouvrant tout le Sud-Ouest à la colonisation. Les Blancs arrivent, les Indiens se planquent et hop ! voilà le tourisme qui débarque. Le Grand Canyon est décrété parc national en 1919. Pas fou, Fred Harvey, à l'aube du XXe siècle, avait déjà fait construire un hôtel pour les citadins en mal de grands espaces. L'histoire a prouvé qu'il avait du nez.

Comment visiter le Grand Canyon ?

Il y a 3 solutions pour bien découvrir le Grand Canyon : l'avion ou l'hélico (fabuleux mais cher), le raft (moyen le mieux adapté au contexte « naturel » ; mais il est vivement conseillé de réserver sa place le plus longtemps possible à l'avance) et enfin, plus simplement, la descente à pied d'un des versants. Une bonne condition physique est préférable, mais c'est la solution la moins chère, les points de vue sont plus riches, et la foule plus rare au fur et à mesure que l'on descend. Pensez à tout cela avant d'organiser votre visite. Sinon, vous risquez bien de ne pas rapporter un souvenir aussi ébloui que prévu de ce qui est pourtant l'une des merveilles naturelles du globe. Si vous prévoyez de n'y passer que quelques heures en fin de journée, essayez d'y être 2 h avant le coucher du soleil.

– *Avertissement* : autant savoir que l'observation du canyon depuis les belvédères peut s'avérer frustrante. On n'en saisit pas toute l'ampleur tellement le monstre est grand. De plus, vu le nombre considérable de visiteurs (quelque 5 millions chaque année), la contemplation ne se fait pas toujours dans la tranquillité ! Essayez de sortir du village et d'aller plus loin, sur les différents sites d'observation surplombant le canyon. Ils sont répartis sur plusieurs kilomètres le long de la corniche. À l'ouest du village, la Hermits Rest Route est interdite aux voitures la plus grande partie de l'année. Le seul moyen d'y aller est donc de garer sa voiture dans l'un des parkings et de monter dans le bus qui fait la navette d'un site à l'autre. En revanche, à l'est, la Kaibab Trail Route est accessible en voiture (à l'exception d'un petit tronçon). Procurez-vous auprès du *Visitor Center* les brochures gratuites et les cartes du site (très bien faites) qui permettent de bien situer les lieux. Les différents belvédères sont bien indiqués : *Maricopa Point, Mohave Point, Pima Point, Yavapai Point,* etc.

– *Autre avertissement :* les différents points d'observation sont toujours bien aménagés avec des barrières en bordure de précipice. Bref, pas de danger. Mais le Rim Trail, qui longe la corniche sud (South Rim) sur plusieurs *miles,* s'approche parfois dangereusement du vide dans sa partie la plus sauvage, entre Mohave Point et Hermits Rest (Hermits Rest Rim). Il vaut mieux ne pas se promener le nez en l'air à certains moments, même si plane au-dessus de vous le rare condor californien. L'une des questions le plus fréquemment posées aux *rangers* du *Visitor Center* par nos amis américains est : « Combien de touristes tombent au fond du Canyon par an ? » Véridique ! Eh bien, il paraît que le nombre n'est pas si élevé que ça ! Alors prudence. On tient à nos lecteurs et ne faites pas augmenter les chiffres !

– *Dernier détail :* le canyon du Colorado, comme tout canyon qui se respecte, possède deux faces qui ne sont pas éloignées l'une de l'autre à vol d'oiseau mais, par la route, ça fait quand même 215 *miles*. Compter facilement 5 h de voiture du Grand Canyon Village à la rive nord.

Comment y aller ?

À partir de Flagstaff

Voir la rubrique « Suggestion d'itinéraire au départ de Flagstaff », plus haut.

À partir de Williams

➤ *En train :* de cette petite ville située à 29 *miles* à l'ouest de Flagstaff part chaque jour un train pour le Grand Canyon. Renseignements au : ☎ (928) 773-1976 ou 1-800-THE-TRAIN. ● www.thetrain.com ● Fonctionne toute l'année sauf à Noël. Un départ le matin (10 h) et retour en milieu d'après-midi (vers 15 h 30). Compter un peu plus de 2 h 15 de trajet. Mieux vaut acheter son billet à l'avance et être sur place au moins 1 h à 1 h 30 avant le départ. L'aller-retour vous coûtera de 60 à 155 US$ selon la classe (grosse réduction pour les enfants), rafraîchissements compris (jus de fruit... ou champagne !). Il est aussi possible de ne prendre qu'un aller simple, ou d'opter pour un *package* avec une nuit au Grand Canyon Village et une nuit à Williams. Originalité : le *Grand Canyon Railway* date de 1901 ! En haute saison, on a donc droit à un exemplaire unique de 1923, avec vapeur, cheminot et « tût-tût » du fameux sifflet. Le reste de l'année c'est une loco Diesel des années 1950.

À partir de Tusayan

– Un service de *shuttle* entre les hôtels de Tusayan et le Maswick Transportation Center (Grand Canyon Village) est assuré par *Grand Canyon Coaches.* Irrégulier, mais devrait être parfaitement opérationnel pour 2006. Se renseigner au ☎ 638-0821. De même, l'idée d'un *tramway* entre Tusayan et le nouveau *Visitor Center* de Mather Point est désormais acceptée, mais les fonds manquent encore pour concrétiser le projet (et aucune date sérieuse n'est avancée). La seule vraie nouveauté sera l'inauguration prochaine d'un sentier entre Tusayan et le *Visitor Center*. Pour suivre l'évolution du projet :
• www.nps.gov/grca/mgmt •

À partir de Las Vegas

➢ *En bus Gray Line :* 1550 S Industrial Ave. ☎ (702) 384-1234 ou 1-800-634-6579. Excursion d'une journée (longue la journée !) avec option de survol du canyon. Assez cher.
➢ *En avion avec Scenic Airlines :* 275 E Tropicana Ave. ☎ (702) 638-3300 ou 1-800-634-6801. Représenté en France (voir la rubrique « Comment y aller ? » au début du guide). Cher, mais idéal pour découvrir un des paysages les plus somptueux du monde. Le survol du Grand Canyon se limite à un aperçu général, car il n'est plus possible de descendre dans les gorges. Préférez les sièges du fond : 7a et 7c, et le tarif K est moins cher que le Y. En haute saison, préférable de réserver.
– Enfin, les deux AJ de Las Vegas proposent également des excursions dans le Grand Canyon.

Comment circuler dans le Grand Canyon ?

Navettes gratuites de bus

– *Free Shuttle Bus :* navettes très régulières entre les 3 différentes routes : Hermits Rest Route, Village Route et Kaibab Trail Route. Ces bus s'arrêtent plusieurs fois en cours de route. Les passagers peuvent monter et descendre librement à chacun des arrêts. Un excellent moyen pour découvrir le Grand Canyon depuis la corniche, et qui permet d'alterner la marche et les pauses. On trouve la carte des itinéraires avec les horaires dans *The Guide*. Attention, entre 11 h et 16 h, il y a parfois beaucoup de monde.
➢ *Hermits Rest Route :* l'accès à cette corniche est interdit aux voitures (sauf en décembre, janvier et février, où il n'y a pas de navettes), exception faite de celles transportant des personnes handicapées. Le bus part de l'arrêt « Village Route Transfer », bien indiqué à côté du Bright Angel Lodge. Fonctionne entre 1 h avant le lever du soleil et 1 h après son coucher. Départs toutes les 30 mn jusqu'à 7 h 30, puis toutes les 15 mn. Le bus s'arrête 8 fois, dans les sites les plus intéressants, jusqu'au terminus Hermits Rest situé à 8 *miles* à l'ouest du Village. Ce site est le point de départ du sentier de randonnée Hermit Trail. Si vous ne descendez pas du bus, comptez 1 h 15 de trajet au total (aller et retour). Attention, au retour, il n'y a que 2 arrêts (Mohave Point et Hopi Point). Si vous ne voulez pas aller jusqu'au terminus, prévoyez de reprendre la navette à l'un de ces arrêts et non aux 6 autres, desservis à l'aller seulement.
➢ *Village Route :* fonctionne entre 1 h avant le lever du soleil et 23 h (22 h jusqu'à fin mai). Cette navette gratuite relie en permanence le *Visitor Center,* les hôtels, les restaurants, les campings dans le village.
➢ *Kaibab Trail Route :* une 3e navette permet d'atteindre Yaki Point et le sentier South Kaibab Trailhead. Elle relie ces 2 sites au Canyon View Information Plaza, et fonctionne, comme les autres, de 1 h avant le lever du soleil

à 1 h après le coucher. Rotations toutes les 30 mn jusqu'à 6 h 30, puis toutes les 15 mn. Ceux qui veulent descendre dans le canyon par le South Kaibab Trail et veulent démarrer plus tôt peuvent profiter des bus express : l'été, départ à 4 h, 5 h et 6 h du *Bright Angel Lodge* et du *Backcountry Information Center,* puis trajet sans arrêt jusqu'au sentier. Sinon, ils devront prendre un taxi (*Fred Harvey Taxi :* ☎ 638-2631). Quant à ceux qui remontent trop tard, eh bien, qu'ils comptent 1 h de marche en plus jusqu'au Village... ou qu'ils changent d'idée sur l'itinéraire à prendre avant qu'il ne soit trop tard !

■ *Transcanyon Shuttle :* ☎ 638-2820. Opère un service de navettes quotidien en été entre la rive sud et la rive nord. Très pratique si on veut faire la traversée du canyon à pied. Dans le sens nord-sud, départ à 7 h.

Dans le sens sud-nord, départ à 13 h 30. Le trajet dure 5 h ! C'est cher : 65 US$, l'aller simple (110 US$ l'aller-retour) ! Réservation obligatoire.

RIVE SUD (SOUTH RIM)

La rive sud est de loin la plus fréquentée (90 % des visiteurs du Grand Canyon ne viennent qu'ici). Deux entrées officielles du parc national : l'une à Moqui, juste après le village de Tusayan (Hwy 64S), et l'autre à Desert View (Hwy 64E), à 26 *miles* à l'est de Grand Canyon Village.
Entrée payante : 20 US$ par voiture, valable 7 jours, sauf si vous avez déjà acheté le *National Parks Pass* à 50 US$. Ceux qui arrivent en bus, à pied, à vélo ou à moto doivent payer 10 US$.
Grand Canyon Village est un village artificiel construit pour les besoins du tourisme. Les promoteurs ne sont pas idiots car le site est fabuleux, tout au bord du Grand Canyon.

Adresses et infos utiles

– Procurez-vous absolument l'indispensable *The Guide* (gratuit) et le *Backcountry Trip Planner,* excellentes sources d'informations sur le parc et les activités que l'on peut y faire, le tout avec plein de renseignements pratiques. *The Guide* existe en version française, mais rarement remis à jour.

À Grand Canyon Village

🖬 *Visitor Center :* à 2 mn à pied de Mather Point, dans le Canyon View Information Plaza. ☎ 638-7610. Ouvert tous les jours de 8 h à 17 h (en hiver) ou 18 h (en été). Passage obligé pour ne rien rater du Grand Canyon. Attention, il est tellement bien inséré dans son environnement qu'on ne le voit pas depuis la route. Une foule d'informations et, parfois, des prospectus en français. Se renseigner sur les promenades guidées *(bird watching...)* avec les *rangers,* films ou montages diapos gratuits. Ne pas oublier *The Guide* et le *Backcountry Trip Planner.* Juste à côté, librairie proposant un grand choix de livres sur le Grand Canyon. Toilettes.

■ *Informations par écrit et sur Internet :* Superintendant, Grand Canyon National Park, PO Box 129, Grand Canyon, AZ 86023, USA. ● www.nps.gov/grca ●
■ *Backcountry Information Center (plan, 8) :* dans Grand Canyon Village. ☎ 638-7875 (de 13 h à 17 h du lundi au vendredi). Fax : 638-2125. Ouvert tous les jours de 8 h à midi et de 13 h à 17 h. Délivre les permis nécessaires pour passer une nuit dans le Grand Canyon.
✉ *Poste :* en haute saison, ouvert du lundi au vendredi de 9 h à 16 h 30 et le samedi de 11 h à 15 h. Distributeur de timbres accessible de 5 h à 22 h.

@ **Internet :** bornes d'accès dans les halls des hôtels, dont le *Yavapai Lodge (plan, 16)*, le *Bright Angel Lodge (plan, 12)* et le *Maswick Lodge (plan, 14)*. Voir « Où dormir ? ». La bonne nouvelle, c'est qu'il n'y a pas d'horaires (les noctambules seront avantagés : pas de queue), mais la mauvaise nouvelle, ce sont les tarifs insultants pratiqués : environ 15 US$ de l'heure.

@ **Library** *(plan, 2) :* dans le *Park Headquarters*. Ouvert du lundi au jeudi de 8 h 30 à 12 h et de 13 h à 16 h. Fermé pendant les vacances. C'est le bon plan du Grand Canyon Village : gratuit. Mais il n'y a qu'un ordinateur, alors ne pas abuser...

■ **Banque One** *(plan, 9) :* à côté de la poste et du Market Place. ☎ 638-2437. Ouvert du lundi au jeudi de 9 h à 17 h ; le vendredi jusqu'à 18 h. La seule banque du Village. Change les chèques de voyage et certaines devises. Distributeur de billets.

🚆 **Gare ferroviaire** *(Santa Fe Railway Depot) :* consigne. Gare construite de 1909 en rondins de bois. Le train assure la liaison avec Williams.

■ **Fred Harvey Taxi :** ☎ 638-2631.

■ **Garage automobile** *(plan, 5) :* ☎ 638-2631. Ouvert tous les jours de 8 h à 17 h. Les pompes à essence les plus proches se trouvent en revanche à Tusayan.

■ **État des routes :** ☎ 638-7888 (répondeur).

■ En cas de pépin, un **médecin** est disponible à la **Grand Canyon Clinic** *(plan, 4),* au sud du Village. ☎ 638-2551. Ouvert en semaine de 9 h à 19 h, le samedi de 10 h à 16 h. En dehors des horaires d'ouverture, contacter n'importe quel *ranger*.

■ **Market Place** *(plan, 3) :* ouvert tous les jours de 8 h à 20 h (18 h l'hiver). Grand supermarché, idéal pour le ravitaillement, avec un important rayon consacré au matériel de camping (chapeaux, chaussures, tentes et tablettes énergétiques) et un snack.

■ **Laverie** *(plan, 6) :* près du **Mather Campground** *(plan, 10).* Ouvert de 6 h à 21 h 45 en haute saison.

■ **Douches publiques** *(plan, 7) :* ouvert de 6 h à 23 h en été. Prévoir 1,50 US$ en pièces.

À Desert View

À 26 *miles* à l'est de Grand Canyon Village.

🛈 **Visitor Center :** ouvert tous les jours de 9 h à 17 h en haute saison. On y trouve un panneau très pratique indiquant les hébergements disponibles à Grand Canyon Village et à l'extérieur du parc.

|●| **Snack bar** et **supermarché** (en saison, ouvert de 8 h à 19 h, 18 h pour le supermarché).

■ **Stations-service :** caisse ouverte de 8 h à 18 h en saison, ou libre-service 24 h/24 par carte bancaire. Très cher.

Où dormir ?

Dans le Village, l'hébergement est, bien sûr, très souvent complet. Les réservations se font des mois à l'avance pour la haute saison. Une petite chance toutefois en s'y prenant tôt le matin et en s'adressant au *Visitor Center :* il y a presque toujours quelques annulations de dernière minute.

L'ensemble des hôtels, restaurants et campings est une concession exclusive accordée à Fred Harvey. À la fin du XIXe siècle, ce sacré bonhomme commença sa carrière comme plongeur dans un resto du Kansas. Très vite, il comprit le parti que l'on pouvait tirer des régions indiennes. Grand Canyon Village était sur la ligne de chemin de fer de Santa Fe, qui conduisait les pionniers vers l'Ouest. Les femmes qui travaillaient dans les res-

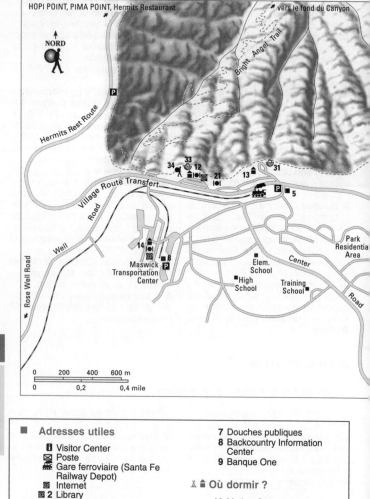

LE GRAND CANYON

■ **Adresses utiles**

- 🚹 Visitor Center
- ✉ Poste
- 🚂 Gare ferroviaire (Santa Fe Railway Depot)
- @ Internet
- @ 2 Library
- 3 Market Place
- 4 Grand Canyon Clinic
- 5 Garage automobile
- 6 Laverie

- 7 Douches publiques
- 8 Backcountry Information Center
- 9 Banque One

⚕ ♨ **Où dormir ?**

- 10 Mather Campground
- 11 Trailer Village
- 12 Bright Angel Lodge
- 13 El Tovar Hotel

taurants et hôtels de Fred Harvey acquirent une solide réputation. Elles étaient courageuses au travail et habiles. Cette réputation était si forte qu'épouser une *Fred Harvey's girl* devint une référence. Hélas, les temps ont bien changé : le personnel actuel est tellement débordé que l'accueil s'en ressent.

– Ceux qui envisagent de partir en **randonnée** plusieurs jours (une activité soumise à l'obtention d'un permis) ne peuvent obtenir ledit permis que sur place et en personne, s'il vous plaît.

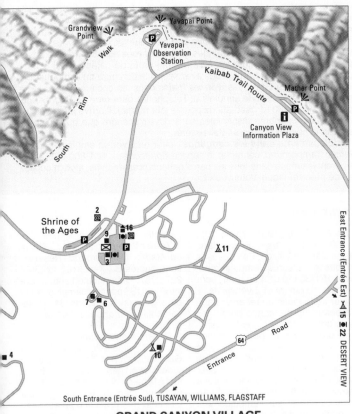

LE GRAND CANYON

GRAND CANYON VILLAGE

- **14** Maswick Lodge
- **15** Desert View Campground
- **16** Yavapai Lodge
- **21** The Arizona Room
- **22** Snack-bar de Desert View

|●| **Où manger ?**

- **3** Café-delicatessen du Market Place
- **12** Bright Angel Restaurant
- **14** Cafétéria du Maswick Lodge
- **16** Cafétéria du Yavapai Lodge

🏃 **À voir**

- **34** Kolb Studio

⊛ **Achats**

- **31** Hopi House
- **33** Lookout Studio

Comment réserver une chambre ou une place dans un camping au Grand Canyon ?

– **Chambres :** les réservations dans tous les *lodges* du parc (les 3 anciens et les 4 plus modernes, genre motel – ainsi que le camping *Trailer Village*) sont gérées par un seul et même organisme, *Xanterra Parks & Resorts,* ce qui, au premier abord, a l'air plutôt simple... ☎ 1-888-297-2757. Fax : (303) 297-3175. ● www.grandcanyonlodges.com ● www.xanterra.com ●

On peut également écrire à : *Xanterra Parks & Resorts,* 14001 E Iliff, Suite 600, Aurora, CO 80014. Mais alors là, sachez qu'il faudra vous armer de patience. Éventuellement, allez allumer un cierge à l'église la plus proche. Lorsque, enfin, vous avez la réponse tant attendue, et si on ne vous dit pas que tout est plein jusqu'aux calendes grecques, vous aurez le droit de payer par mandat postal (bonjour les frais) ou par carte de paiement. Si vous y dormez 6 mois après, bravo, vous avez réussi le parcours du combattant.

Si vous arrivez au Grand Canyon les mains dans les poches, il vous reste une solution : espérer une annulation. Téléphonez dare-dare au *Bright Angel Lodge :* ☎ 638-2631 (réservations pour le jour même). Il arrive même qu'il y ait quelques chambres disponibles sans devoir attendre que quelqu'un se casse la jambe ou enterre sa belle-mère...

– **_Emplacements dans les campings :_** pour réserver un emplacement au *Mather Campground,* contacter le service *Spherics* au : ☎ 1-800-365-2267. Ils gèrent les résas dans tous les parcs nationaux américains, alors n'oubliez pas de préciser lequel vous voulez.

Campings

⚏ **_Mather Campground_** (plan, **10**) : à 500 m du Market Place dans Grand Canyon Village. Pas de résas en basse saison. L'emplacement coûte 15 US$ (10 US$ en hiver) pour 2 tentes maximum et 2 véhicules. Y arriver tôt le matin ou réserver car il y a beaucoup de monde durant les vacances (voir infos ci-dessus sur la procédure). Avec un peu de chance et en évitant le week-end, les têtes en l'air trouveront quand même un emplacement libre – il y en a 320. Dans le pire des cas, si on est prêt à dormir à la belle étoile, on peut toujours se glisser sur l'emplacement de quelqu'un d'autre avec son accord. En été, ce n'est pas si rare. Si vous avez une résa et que vous arrivez après 18 h 30, le *ranger* aura affiché à l'entrée le numéro du site qui vous a été attribué. Les sites sont disséminés au milieu des pins, simples et resserrés mais agréables. Il y a des bancs et des endroits prévus pour les barbecues. Attention, il est interdit de ramasser du bois (vous en trouverez à vendre au Market Place). Douches publiques payantes et laverie à proximité.

⚏ **_Trailer Village_** (plan, **11**) : à 500 m du *Mather Campground.* Réservations auprès de Xanterra : ☎ (303) 297-2757. Ouvert toute l'année. Environ 22 US$ pour un camping-car et deux personnes. Au total, 84 emplacements ombragés, réservés aux camping-cars.

⚏ **_Desert View Campground_** (hors plan, **15**) : situé à 26 *miles* à l'est de Grand Canyon Village, à Desert View. Ouvert généralement de la mi-mai à la mi-octobre. Compter 10 US$ par emplacement (valable jusqu'à 2 tentes, 1 véhicule et 6 personnes). Les 50 emplacements ne sont pas ouverts à la réservation (first arrived, first served) et il n'y a pas d'accueil : chaque campeur s'enregistre et paye tout seul à une espèce d'horodateur posté à l'entrée. Petit camping rustique noyé dans la végétation. Très ombragé, très sauvage et très tranquille. Pas d'électricité, pas de douches (les plus proches sont au Grand Canyon village). Supermarché, snack-bar, poste et station-service sur place.

De prix moyens à plus chic

🏠 **_Bright Angel Lodge_** (plan, **12**) : à l'ouest de la gare. ☎ 638-2631. De 50 à 70 US$ pour la chambre standard (simple mais correcte) et environ 85 US$ dans les vieux bungalows avec cheminée, mais sans chauffage. De 105 à 130 US$ dans les nouveaux dominant le canyon. Construit en 1935, ce gros chalet rustique flanqué de bungalows bénéficie d'un emplacement de rêve au bord de la falaise... mais c'est aussi son principal défaut ! C'est à croire que tous les visiteurs du parc y passent à un moment ou à un autre. Il faut dire qu'il est situé à deux pas d'un point d'observation stratégique et à côté des arrêts de bus ! Accès Internet. Consigne à bagages (utile pour les randonneurs, mais payante).

🛏 *Yavapai Lodge (plan, 16)* : derrière Market Place et la poste. Doubles à 95 US$ dans le secteur ouest, 110 US$ dans le secteur est. Les bâtiments ne donnent pas sur le canyon, mais sont les seuls à profiter d'un environnement vraiment calme. De type motel, ils se répartissent entre deux grandes clairières noyées dans la pinède, à 10 mn à pied du *Canyon View Information Plaza*. Les chambres classiques bénéficient de l'AC et de bouilloires dans la partie est.

🛏 *Maswick Lodge (plan, 14)* : derrière le Maswick Transportation Center. Environ 75 US$ la nuit en bungalow. Les chambres varient, elles, de 80 à 120 US$ selon l'aile dans laquelle elles se trouvent. En retrait de la corniche dans un environnement boisé et plus calme que le *Bright Angel Lodge*. Bungalows plutôt rustiques, pas toujours bien situés en bordure de route.

Très chic

🛏 *El Tovar Hotel (plan, 13)* : non loin du *Maswick Lodge,* plus à l'est. Les chambres les plus chères du parc et les plus demandées : à partir de 130 US$ pour une chambre standard et jusqu'à 300 US$ pour la plus belle des suites, avec une vue imprenable sur le Grand Canyon. Ce vieil hôtel chic de 1905, tout en bois et coiffé d'un toit en bardeaux, porte le nom du conquistador qui a été le premier Européen à fouler le sol du Grand Canyon. Il accueille depuis le début du XXe siècle la *gentry* américaine en vacances. Parties communes rustiques cossues (feu de cheminée l'hiver) et chambres tout confort modernisées. Même si on n'y dort pas, on peut y faire un tour pour le plaisir.

Où manger ?

À l'heure du déjeuner, la foule de touristes se précipite dans les cafétérias, c'est une perte de temps pour manger entre 4 murs. Les plus malins auront préparé leurs sandwichs, tout en sachant que vous êtes dans un parc national, donc ne pensez pas pique-niquer face au Grand Canyon, mais trouvez un endroit dans Grand Canyon Village.

Bon marché

l❶l Pour faire vos courses, un *supermarché* au Market Place *(plan, 3)*. Ouvert tous les jours de 8 h à 20 h en été (18 h le reste de l'année). On y trouve de surcroît une sorte de café-delicatessen (ferme 1 h plus tôt que le supermarché) pratiquant des prix défiant toute concurrence : hot-dogs et sandwichs à 4 ou 5 US$, poulet grillé à peine plus cher, nombreuses tartes et desserts. Vraiment bien pour un en-cas sur le pouce. Plusieurs tables au frais ou en terrasse.

l❶l *Cafétéria du Maswick Lodge (plan, 14)* : ouvert tous les jours de 6 h à 22 h. Sandwichs de 4 à 6 US$ ou plats de 7 à 10 US$. Vaste self-service plein à craquer en été, à mi-chemin entre la cafétéria d'entreprise et le resto U. On fait donc la queue aux différents stands pour sa *pasta* ou son *cheeseburger,* mais au moins c'est assez bon marché et mangeable. En plus des incontournables *burgers,* des plats mexicains, des soupes... Cadre pas déplaisant.

l❶l *Cafétéria du Yavapai Lodge (plan, 16)* : près de la poste et du Market Place. Ouvert tous les jours de 6 h à 21 h. Plats de 5 à 8 US$. Grande cafétéria bruyante où l'on trouve de quoi se nourrir sans enthousiasme mais sans se ruiner non plus : choix de salades, sandwichs, *burgers,* pizzas et tout le tintouin. À peine digeste, sauf si l'on dégotte une table le long de la baie vitrée donnant sur la forêt. Fait aussi petit dej'.

Prix moyens

I●I *Bright Angel Restaurant (plan, 12) :* dans l'enceinte du *Bright Angel Lodge* (voir « Où dormir ? »). ☎ 638-2631. Ouvert tous les jours de 5 h 30 (6 h 30 l'hiver) à 22 h. Sandwichs et salades de 6 à 10 US$, ou plats de 10 à 16 US$. Dans le genre grosse usine à touristes, ce restaurant s'en tire plutôt bien avec une salle sympathique à l'ambiance détendue, couleurs beige et lustres massifs. Rien de très original pour le *lunch.*

Chic

I●I *The Arizona Room (plan, 21) :* à côté du *Bright Angel Lodge,* sur la falaise. Ouvert de 11 h 30 à 15 h et de 16 h 30 à 22 h. Le midi, sandwichs, salades et plats simples à moins de 10 US$, de 12 à 25 US$ le soir. Bien campée face au grand canyon, cette salle sobre de bon ton propose l'une

I●I *Snack-Bar de Desert View (hors plan, 22) :* petit snack-bar ouvert de 8 h à 19 h (16 h 30 en hiver). Sandwichs et plats de 3 à 6 US$. Sandwichs, soupes et petits plats basiques à consommer dans une petite salle climatisée, ou à l'une des tables disposées sous la véranda.

En revanche, le soir, quelques spécialités culinaires du Sud-Ouest (parmi lesquelles des *fajitas*) jouent des coudes avec les plats de pâtes ou les viandes grillées classiques. Pas de quoi s'enflammer non plus, la cuisine est correcte, sans plus. Mais on est bien content de trouver un vrai resto aux prix très raisonnables au cœur de Grand Canyon Village. Beaucoup plus calme le soir.

des meilleures cartes du village. Cela se sait et la foule des grands jours fait le pied de grue tous les soirs en saison ! Comme ils ne prennent pas de réservation, on viendra sagement pour le 2e service, profiter d'une cuisine classique préparée dans les règles.

À voir. À faire

Pour vos déplacements, reportez-vous à la rubrique « Comment circuler dans le Grand Canyon ? », plus haut.

Grand Canyon Village *(ind. tél. : 928)*

🦌 *Kolb Studio (plan, 34) :* une maison en bois agrippée à la falaise. Ouvert de 8 h à 19 h. Les frères Kolb s'y installèrent en 1904. C'est d'ici qu'ils commencèrent à photographier systématiquement tout ce qu'ils voyaient, notamment les conducteurs de mules. C'est aujourd'hui une librairie spécialisée sur le Grand Canyon. Au sous-sol, une salle abrite des expos tournantes de photos, de peinture. Mais on y a déjà vu une expo de bottes de cow-boys ! En fait, très éclectique. Entrée gratuite.

🦌🦌 *Yavapai Observation Station :* situé à un *mile* à l'ouest du Canyon View Information Plaza. Ouvert de 8 h à 20 h pendant les mois d'été (19 h le reste de l'année). Cet observatoire d'où la vue est forcément sublime abrite une boutique et des petites expos temporaires de fossiles. Si vous voulez en savoir plus sur les forces qui ont façonné le canyon, inscrivez-vous à l'une des activités proposées par les rangers. La *geology walk,* par exemple, a lieu tous les jours en début d'après-midi et dure environ une heure. Inutile de préciser que la compréhension de l'anglais est vivement souhaitable. Au fait, regardez bien, on voit même un minuscule morceau de Colorado.

🏃🏃🏃 *Mather Point :* encore un peu plus loin (on passe juste à côté en arrivant de Tusayan). Un autre beau point de vue. Évidemment, la construction du Canyon View Information Plaza – à 2 mn à pied – fait que le coin a perdu de son calme...

🏵 *Hopi House (plan, 31) :* à Grand Canyon Village, en face de l'*El Tovar Hotel.* Ouvert de 8 h à 20 h. Il s'agit d'une boutique ordinaire mais dont l'architecture hopi a été totalement respectée. Bel artisanat indien.

🏵 *Lookout Studio (plan, 33) :* une maisonnette en pierre de 1914, qui surplombe l'abîme du Grand Canyon. À l'époque, c'était déjà une boutique de souvenirs, en concurrence avec la Hopi House et le Kolb Studio... Ouvert de 8 h à 20 h l'été. La vue est superbe depuis ses petites terrasses sur différents niveaux.

Hermits Rest Route

C'est ici qu'il vous faudra troquer votre voiture pour une place dans une des navettes du parc (voir infos détaillées dans la rubrique « Comment circuler dans le Grand Canyon ? »). Les queues sont longues en été et, si vous prévoyez d'aller voir le coucher du soleil, pensez à vous y prendre un peu à l'avance ou vous pourriez bien ne voir qu'un canyon plongeant dans le noir... Évitez d'ailleurs le coucher de soleil à *Hopi Point,* noir... de monde ! Ou alors marchez le long du *Rim Trail* jusqu'à trouver un coin plus tranquille.

Le premier arrêt est celui de *Trailview Overlook* suivi de *Maricopa Point,* d'où l'on voit très bien le Bright Angel Trail qui descend vers Indian Gardens et le fond du canyon. C'est à cet endroit que le *Rim Trail,* qui suit la corniche (depuis Mather Point, à l'est du Village, jusqu'à Hermits Rest), cesse d'être goudronné. Autant dire que vous serez plus tranquille en allant vers l'ouest. Mais attention, le trajet jusqu'à Hermits Rest fait quand même encore 7 *miles.* À moins d'être un pur et dur, l'idéal est donc de combiner marche et bus. C'est vraiment très agréable, d'autant plus que la section comprise entre *Maricopa Point* et *Powell Point* n'est pas la plus fascinante (en sous-bois). En revanche, sur les 5 derniers *miles* à parcourir, le sentier (souvent ombragé) effleure fréquemment la bordure du canyon, sans barrière évidemment. Certains passages sont même un peu scabreux. Être donc impérativement bien chaussé. Déconseillé après une pluie. Peu après Maricopa viennent *Powell Point, Hopi Point* (toilettes) et *Mohave Point,* d'où les panoramas sur le canyon sont superbes. Un *mile* plus loin, à *The Abyss,* les falaises de Great Mojave plongent verticalement de 1 000 m jusqu'au Colorado. Vraiment impressionnant. Vous finirez la balade par *Pima Point* (pour s'y rendre, le dernier tronçon du sentier de randonnée traverse la forêt ; rafraîchissant, mais aucune vue sur le canyon) et, enfin, *Hermits Rest.* Ce lieu tient son nom d'un Québécois solitaire, répondant au doux nom de Louis Boucher, qui y fit pousser des légumes dans les années 1890 tout en prospectant dans les environs. On y trouve des toilettes, un point d'eau, une boutique et un snack (ouvert de 9 h au coucher du soleil). À 150 m de là débute l'Hermit Trail, un sentier au dénivelé marqué, qui gagne les sources de Santa Maria, à 5 *miles* (si vous voulez remonter le même jour, c'est là qu'il vous faudra rebrousser chemin).

Kaibab Trail Route

Contrairement à l'Hermits Rest Route, la Kaibab Trail Route reste, à une exception près, accessible aux voitures particulières. Il y a une bonne raison à cela : c'est la route qui mène à Cameron, à l'est du parc, en direction de Page et du lac Powell (ainsi que vers la rive nord). Là aussi, vous profiterez de points de vue époustouflants sur le canyon au coucher du soleil.

🐾🐾🐾 *Yaki Point :* ce belvédère, qui offre à notre avis l'un des plus beaux panoramas de la South Rim, est l'un des seuls de la Kaibab Trail Route à être interdit aux voitures (sauf pour les personnes handicapées). Le South Kaibab Trailhead qui démarre peu avant le point de vue est également inaccessible aux véhicules. Le parking n'était plus assez grand pour accueillir le flot de visiteurs. Pour vous y rendre, voir les infos dans la rubrique « Comment circuler dans le Grand Canyon ? ». Si vous passez dans le coin et que vous n'avez pas envie de retourner à Canyon View Information Plaza pour prendre le bus, vous pouvez toujours y aller à pied. Il y a un petit parking à 100 m sur la droite après l'embranchement en venant de Grand Canyon Village. Ne vous mettez pas le long de la route, la fourrière du parc viendrait enlever votre voiture, et ils ne plaisantent pas ! Attention, sachez que vous en aurez quand même pour environ 30 mn de marche. Vous pouvez vous rendre également au départ du South Kaibab Trail, à 15 mn à pied puis attendre le bus qui vous amènera à Yaki Point. Vous trouverez les plus jolis panoramas, avec la lumière orangée se reflétant sur les parois rocheuses, en longeant la barrière vers l'est.

South Kaibab Trail est le sentier qui descend jusqu'au *Phantom Ranch* via Cedar Ridge.

🐾🐾🐾 Vers l'est, les points de vue se succèdent le long de la route, certains « officiels » (et donc surpeuplés), d'autres sans indication, mais moins fréquentés et presque aussi impressionnants. À privilégier pour profiter des paysages en toute sérénité. De *Grandview Point,* l'un des plus connus, un sentier descend vers le plateau intermédiaire, à la mine de cuivre de la dernière chance, exploitée dans les dernières années du XIXᵉ siècle. Les mineurs faisaient des allers et retours incessants avec leurs mules pour remonter le minerai. Ce sentier très difficile ne s'adresse qu'aux randonneurs expérimentés : la piste étroite et caillouteuse s'enfonce brutalement dans le canyon, sans aucun point d'eau sur le parcours pour se ravitailler (le site est d'ailleurs déconseillé en été). Plus loin, *Moran Point* offre une vue magnifique sur l'Hance Canyon et les rapides du Colorado, dont la route s'est beaucoup rapprochée.

🐾 *Tusayan Museum :* à un peu plus de 21 *miles* du Grand Canyon Village, vers Cameron. Ouvert tous les jours de 9 h à 17 h. Entrée libre. Très succinct, ce musée minuscule donne toutefois quelques informations de base avant d'aller visiter un site d'envergure. Il se consacre à la culture anasazi et à ceux que l'on considère généralement comme leurs descendants, les Hopis. Photos, documents, bijoux et objets domestiques. Également une vitrine sur les Navajos et les Supai. Tout contre le musée, on peut voir les maigres vestiges d'un petit *pueblo* vieux de 8 siècles, qui fut habité par une trentaine de personnes. On y a retrouvé deux *kivas,* lieux cérémoniels secrets partiellement enterrés. Visites commentées à 11 h, 13 h 30 et 15 h 30.

🐾🐾🐾 La balade le long de l'East Rim Drive se termine par deux autres points de vue « officiels » : d'abord *Lipan Point,* d'où l'on distingue bien le Colorado, puis *Desert View Point,* célèbre pour sa tour d'inspiration indienne construite en 1932. Accès gratuit de 8 h au coucher du soleil, mais l'ascension vaut surtout le coup pour les quelques fresques Hopis peintes sur les murs, puisque du sommet on découvre... exactement la même chose que du bas. C'est-à-dire le fleuve enfin pleinement découvert qui serpente majestueusement entre les buttes et les falaises. Desert View Point est l'une des entrées officielles du parc : on y trouve un *Visitor Center,* un camping, un supermarché, une petite cafétéria, une station-service, des toilettes. Au-delà de Desert View, la route bifurque vers l'est en direction de Cameron. Après quelques *miles,* on longe le *canyon du Little Colorado.* Quelques points de vue méritent bien un petit arrêt.

RIVE NORD (NORTH RIM)

Boudée par les masses touristiques (elle ne reçoit que 10 % des visiteurs du Grand Canyon), la rive nord possède pourtant ses atouts propres. En fonction de ce que l'on veut faire, on peut même la préférer à la rive sud. À son actif : elle est bien plus intime (les rangers et les professionnels du tourisme sont nettement plus disponibles), la route qui y mène est bordée de profondes forêts de sapins et de vastes prairies riantes qui rappellent le Canada, elle est plus élevée en altitude (2 400 m contre 2 000 m à la rive sud), et le sentier qui descend vers le Colorado est plus bucolique et même ombragé par endroits. À son passif : elle est plus difficile d'accès, son altitude rend les nuits plus fraîches, les points de vue sont très impressionnants mais moins nombreux, et elle n'est ouverte que de mi-mai à mi-octobre (la neige bloque les routes). La question se pose vraiment pour les trekkers : le sentier pour descendre au fond fait 14,5 *miles* à partir de la rive nord, alors qu'il n'y a que 8,5 *miles* depuis la rive sud. Pour ceux qui veulent descendre et remonter par le même chemin, mieux vaut donc opter pour la seconde. En revanche, si votre intention est de descendre par un côté et de remonter par l'autre, on vous conseille de descendre par le nord. Voilà ! Maintenant, à vous de choisir.

Adresses et infos utiles

🚹 *Visitor Center :* à la fin de la route, sur la gauche. Ouvert tous les jours de 8 h à 18 h. Se procurer *The Guide- North Rim,* décrivant toutes les balades avec infos utiles et la carte du canyon. Se renseigner aussi sur le programme des nombreuses activités organisées par les *rangers* (*geology walk and talk, nightlife & stellar wonders,* etc.).

✉ *Poste :* au *Grand Canyon Lodge Complex.*

◼ *Magasin d'alimentation (Gene-* *ral Store) :* à l'entrée du *North Rim Campground.* Ouvert tous les jours de 7 h à 21 h. Assez limité. Vend aussi du bois et quelques éléments de camping.

◼ *Douches et machines à laver :* à 100 m du *North Rim Campground.* Ouvert tous les jours de 7 h à 21 h. Prévoir 1,50 US$ par douche et par lessive.

◼ *Station Service :* à l'entrée du *North Rim Campground.* Ouvert tous les jours de 7 h à 19 h.

Où dormir ?

Un camping et un *lodge* à l'intérieur du parc, à deux pas du canyon.

Camping

⛺ *North Rim Campground :* tout près du canyon, à moins d'un mile sur la droite avant la fin de la route. ☎ (301) 722-1257 ou 1-800-365-2267. ● www.reservations.nps.gov ● pour les réservations. Ferme généralement le 15 octobre (parfois plus tard, si le temps le permet). Emplacement à 15 US$. Sous de grands pins majestueux. Calme et bien équipé. Système de paiement par enveloppe. Douches et machines à laver (disponibles tous les jours de 7 h à 21 h) et épicerie à proximité.

Plus chic

🛏 ***Grand Canyon Lodge :*** ouvert de mi-mai à mi-octobre. Réservations conseillées, longtemps à l'avance auprès de Xanterra ☎ (303) 297-2757 ● www.grandcanyonnorthrim.com ● (voir aussi « Comment réserver une chambre ou une place dans un camping au Grand Canyon ? »). Doubles de 95 à 125 US$. Au bord de la falaise, ce beau bâtiment en pierres et bois profite d'une vue impression-nante sur le canyon. Lever et coucher de soleil uniques. Logement classique dans différentes catégories de cabanes en bois tout équipées et disséminées dans la forêt. Pas donné, mais très bon rapport qualité-prix, et c'est un endroit romantique à souhait. Les plus chères disposent même de balcons équipés de fauteuils à bascule face au canyon.

Où dormir hors du parc ?

⛺ ***De Motte Campground :*** à 16 *miles* de la North Rim, dans la Kaibab National Forest. Fermé en 2005 pour rénovation, ce camping géré par le parc devrait rouvrir pour l'été 2006.
⛺ ***Jacob Lake Campground :*** à 45 *miles* du parc sur la 89, juste après la bifurcation pour le Grand Canyon en arrivant de Flagstaff. Ouvert en été seulement. Pas de réservation. Emplacement à 14 US$. Camping très nature géré par le parc, aux emplacements agréables dispersés sous les pins. Bois à vendre pour les feux de camp, toilettes et points d'eau. Quelques soirées organisées.

🛏 ***Kaibab Lodge :*** à 18 *miles* au nord du *North Rim Campground*. ☎ 638-2389. ● www.kaibablodge. com ● Ouvert de mi-mai à début novembre uniquement. De 85 à 100 US$ pour 2. Une auberge réputée, nichée dans un gros chalet en rondins à l'ambiance « trappeurs ». Les chambres sans fioritures sont réparties dans différents cabanons rustiques, adossés à la forêt face à une vaste prairie. Souvent complet pendant le rush d'été. Resto moyen et cher le soir (le midi, sandwichs à prix raisonnables).

Où manger ? Où prendre le petit dej' ?

Pas grand-chose à se mettre sous la dent !

🍽 ***Deli in the Pines :*** dans le *Grand Canyon Lodge,* dans le bâtiment de droite avant d'entrer dans la réception. Ouvert tous les jours de 8 h à 21 h. Plats autour de 6 US$. Cafétéria sans prétention, qui aligne tous les classiques du genre (pâtes, soupes, sandwichs) préparés sans génie mais corrects.
🍽 ***Resto du Grand Canyon Lodge :*** ☎ 638-2612. Ouvert tous les jours de 6 h 30 à 21 h 45. Réservation nécessaire pour le dîner. Plats de 7 à 12 US$ le midi, jusqu'à 20 US$ le soir. Bons sandwichs ou un excellent Taco Bar (à volonté) le midi, plats *south west* de bonne tenue le soir. Vaut surtout pour sa salle rustique agréable et la vue formidable sur le canyon depuis les immenses baies vitrées.

À faire

On vous indique ici les principales balades. Mais sachez qu'il en existe d'autres et que les *rangers* du *Visitor Center* se feront un plaisir de vous les indiquer. Pour passer une nuit au fond du canyon, il faut un permis. Voir « Excursions au fond du Canyon ».

➤ **Bright Angel Trail :** petit sentier de 15 mn qui démarre du *Grand Canyon Lodge* et s'avance sur un promontoire effilé, en proue de navire. Vue indescriptible. Au coucher comme au lever du soleil, un must.

➤ **Transept Trail :** rejoint le premier, mais démarre du *North Rim Campground*. Compter environ 1 h.

➤ **North Kaibab Trail :** débute à moins d'un *mile* au nord du *North Rim Campground*. Fléché et jalonné de points d'eau. C'est le seul sentier qui descend tout au fond, jusqu'au Colorado, depuis la North Rim. Vu que la totalité fait environ 14 *miles* (aller seulement), la plupart des visiteurs se contentent d'une petite portion. Pour une balade d'une demi-journée, on peut descendre jusqu'au petit pont, en 1 h 45 (remontée en 2 h 30 minimum). Pour un trek d'une journée (6 à 8 h), on peut rallier Roaring Springs et retour (9,4 *miles* en tout). Au-delà et pour ceux qui descendent tout en bas, se renseigner auprès des *rangers*. Il est nécessaire de réserver sa place de camping à l'avance. Certains font la descente en une journée, mais les *rangers* conseillent de la faire en 2 jours. La remontée par la rive sud se fait en une journée à condition de partir très tôt du campement.

➤ **Cape Royal :** à 23 *miles* du *Visitor Center*. Petit sentier sans difficulté qui mène à un balcon dominant le canyon. C'est le seul point de la rive nord d'où l'on peut apercevoir le Colorado. Beau panorama.

➤ **Point Imperial :** un autre point de vue, encore différent des précédents. Toilettes.

EXCURSIONS AU FOND DU CANYON

Conseils pour ceux qui descendent
au fond du Canyon

– Allez avant tout au **Visitor Center :** discutez des itinéraires (il y en a plusieurs) avec les *rangers*.

– Pour toute information, ou pour effectuer une réservation pour une randonnée *(hiking)* ou pour l'un des terrains de camping « primitifs » situés dans le Grand Canyon, vous pouvez aussi écrire à l'avance au **Backcountry Reservations Office :** PO Box 129, Grand Canyon, AZ 86023. Renseignements par téléphone au ☎ (928) 638-7875 (de 13 h à 17 h du lundi au vendredi). ● www.nps.gov/grca ●

– Un permis est obligatoire lorsque l'on envisage de passer la nuit dans le canyon. Le nombre de permis délivrés est limité ; c'est un moyen de réguler la pression touristique. Il est payant (10 US$ + 5 US$ par personne) et ne s'obtient que par courrier ou sur place (pas par téléphone) auprès du *Backcountry Information Center*, situé à Grand Canyon Village (voir « Adresses et infos utiles »). Conseillé de réserver 4 mois à l'avance au moins pour être sûr d'avoir son permis en poche le jour souhaité. Le meilleur moyen est donc de contacter le *Backcountry Information Center* par fax ou grâce au site Internet. Mais ce n'est pas très facile de se faire une idée précise du circuit emprunté, à des milliers de kilomètres... Et pourtant, on vous demandera de préciser l'itinéraire que vous souhaitez suivre. Sinon, on peut obtenir le permis sur place. On vous donne alors un numéro sur une liste d'attente et là, on croise les doigts. Mais ça vaut le coup de tenter... Il y a souvent des désistements. Vous n'avez pas besoin de permis si vous faites l'aller-retour dans la journée ou si vous dormez au *Phantom Ranch*.

– N'oubliez pas que ces randonnées pédestres se font à l'inverse de l'alpinisme. D'abord la descente, puis la remontée, quand on est... épuisé.

– Ne pas se risquer à faire l'aller-retour jusqu'au Colorado dans la journée. La descente au petit matin peut paraître facile, mais dès 10 ou 11 h le soleil rappelle à l'ordre les rêveurs. Le rythme de la marche ralentit de lui-même et les pauses se multiplient... Pour descendre jusqu'au Colorado (ajouter encore

2 *miles* pour le *Phantom Ranch*) et remonter, compter en moyenne plus de 8 h sans arrêt. Les plus entraînés ne mettront peut-être que 4 h pour tout le trajet retour depuis le Colorado, d'autres mettront jusqu'à 7-8 h, c'est plus que fréquent. Ajoutez les heures passées à descendre et faites le compte ! Voilà pourquoi il est indispensable de passer une nuit en bas et de remonter au lever du jour, à la fraîche. En plus, à ce moment-là, les couleurs sur les falaises sont magnifiques.

– On conseille pour descendre de ne prendre que des provisions et de l'eau (au moins 4 litres par personne si vous n'empruntez pas un parcours équipé en points d'eau), plus des cachets de sel en vente en haut (très important, les cachets de sel). La température peut atteindre 49 °C en plein été ! Attention à la déshydratation. Pour le reste, limiter son équipement au strict minimum. D'ailleurs, on peut alléger son sac à la consigne du *Bright Angel Lodge* (voir « Où dormir ? »).

– Pour se protéger du soleil, il est indispensable de se couvrir tout le corps, y compris les bras, et de porter un chapeau à larges bords.

– Toutes les excursions pédestres du canyon peuvent se faire sans guide, mais il est formellement interdit de quitter les chemins.

– Attention, l'intervention de secours est facturée jusqu'à 1 000 US$ pour tous les randonneurs imprudents qui auront surestimé leurs forces. À bon entendeur...

🛏 🍴 Pour manger ou dormir dans les cabanes du **Phantom Ranch,** au fond du canyon, il faut réserver long-temps à l'avance, surtout en été. ☎ (303) 297-2757. Fax : (303) 297-3175. ● www.grandcanyonlodges. com ● On peut passer directement au *Bright Angel Transportation Desk* (*Bright Angel Lodge*), de 6 h à 19 h. ⛺ Idem si on veut **camper** au fond du canyon (*Phantom Ranch*). Amende très importante si on s'ins-talle sans permis. Sinon, dans le ter-rain de camping au fond de la gorge règne une ambiance assez sympa le soir.

– Quant à la descente à dos de mulet, il faut – là aussi – s'y prendre des lustres à l'avance. Au moins 3 mois ! Si ! En plus, c'est très cher : environ 140 US$ par personne pour une balade aller-retour jusqu'au *Plateau Point* (voir ci-dessous l'itinéraire *Bright Angel Trail*), lunch inclus, ou près de 370 US$ par personne, avec une nuit « rustique » au *Phantom Ranch* et tous les repas, et 600 US$ pour deux. De toute façon, la mule, ça n'est pas très intéressant. Ça ne va pas beaucoup plus vite qu'à pied et on attrape des ampoules aux fesses. Les conditions d'acceptation sont assez drastiques : peser moins de 90 kg, mesurer plus de 1,40 m (!) et bien sûr parler anglais... Pour tout renseignement : ☎ 303-297-2757 ; ou, pour le jour même (il y a parfois des annulations) : ☎ 638-2631 ou informations (et listes d'attente) à la réception du *Bright Angel Lodge*.

Itinéraires dans le canyon

On parcourt des millénaires géologiques en quelque 1 500 m de décor déni-velé (la précision est importante pour les candidats), et le paysage est abso-lument fantastique. Équipement ultra-léger de rigueur. À noter : la descente et la remontée du fond du Grand Canyon sont dangereuses et déconseillées par les *rangers*.

1er itinéraire : Bright Angel Trail

Le sentier le plus populaire de tous. Il descend en lacets à partir du *Bright Angel Lodge,* jusqu'au fond du canyon. Attention, les distances suivantes n'indiquent que les allers simples et mieux vaut être averti : une bonne condi-tion physique est nécessaire pour se lancer dans cette rando ; la route est

LE GRAND CANYON

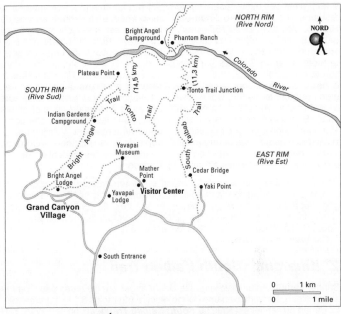

ITINÉRAIRES DANS LE CANYON

longue (surtout le retour...), et ça monte dur ! Si on veut un avant-goût du canyon sans passer la nuit en bas, la superbe balade jusqu'à Indian Gardens et Plateau Point (voir ci-dessous) suffit largement à occuper la journée. Voici les diverses étapes sur l'itinéraire :

– 1,5 *mile* : eau et toilettes à la 1re *resthouse* de mai à septembre.
– 3 *miles* : eau à la 2e *resthouse* de mai à septembre.
– 4,5 *miles* : *Indian Gardens.* Compter 4 à 6 h pour l'aller-retour sans les arrêts. Ça se fait facilement dans la journée à condition de prendre son temps. Mais on peut aussi y camper. Véritable oasis située à mi-pente, où l'on voit souvent des daims le soir. Point d'eau, toilettes et petit ruisseau pour se rafraîchir les pieds.
– 6 *miles* : *Plateau Point.* Sentier facile sur le plateau intermédiaire depuis Indian Gardens (compter 1 h aller-retour), mais attention, c'est un cul-de-sac et il n'y a absolument aucune ombre sur le trajet. De là, on surplombe le fleuve. Vue absolument superbe. Il faut vraiment pousser jusque-là. C'est d'ailleurs le meilleur endroit pour faire halte avant de remonter, à moins d'avoir prévu de passer la nuit au fond du canyon. La vue étant plus belle à mi-chemin, on peut choisir de ne pas descendre tout au fond de la gorge. Reste à rebrousser chemin jusqu'à Indian Gardens, avant de remonter ou de pouvoir poursuivre la descente jusqu'au Colorado.
– 8 *miles* : *Colorado River.* La dernière partie de la descente, d'Indian Gardens au Colorado, est assez raide. Si on a le temps, on peut choisir de passer la nuit sur le plateau, au camping, avant de poursuivre son chemin. Le fleuve se découvre presque au dernier moment. Après avoir longé un peu les berges, on passe un grand pont de fer pour arriver au *Phantom Ranch* (où se trouve aussi le camping de Bright Angel) situé précisément à 9,6 *miles* de la rive sud. *Ne pas se baigner :* le courant vous emporterait vite fait. On tient à nos lecteurs. Ah, au fait, dernière petite chose : si vous vous posez des questions, le fantôme évoqué est celui d'une légende.

🏠 |🍽| Il n'est pas désagréable de se restaurer et de dormir au **Phantom Ranch.** ☎ (303) 297-2757. Fax : (303) 297-3175. Au fond du canyon, après une « balade » de 9,6 *miles.* Compter environ 30 US$ par personne en dortoir et 82 US$ pour 2 dans un bungalow, douches en commun pour tout le monde. Dortoir impeccable avec AC (40 °C la nuit en août). Bungalows rustiques en bois et gros moellons, façon pionniers de la première heure. Une bonne (mais courte) nuit de repos permet de reprendre la route le lendemain matin à 4 h pour atteindre le sommet à la mi-journée. La nourriture au fond de la gorge est assez chère. Petit dej' autour de 18 US$, panier pique-nique et 3 options de dîner (végétarien, pot-au-feu ou steak). Pour manger à l'auberge du *Phantom Ranch,* réserver au moins quelques heures à l'avance pour le resto et plusieurs semaines à l'avance, voire plusieurs mois pour les périodes chargées, pour l'hébergement. Voir infos à ce sujet dans la rubrique « Conseils pour ceux qui descendent au fond du Canyon ».

Pour ceux qui descendent tout au fond et qui remontent par la North Rim, prévoir 2 jours de grimpette dans des conditions parfois pénibles. Se renseigner auprès des *rangers* pour organiser son trek. Ils sont fous ces Américains : le record de vitesse en jogging pour traverser le Grand Canyon, de South Rim à North Rim, soit 21 *miles,* est de 3 h.
⛺ **Camping** sur le parcours.

2ᵉ itinéraire : South Kaibab Trail

Sentier abrupt et plus difficile que le *Bright Angel,* car il y a très peu d'ombre et pas d'eau. Emportez-en une bonne réserve (au moins 3,5 l par personne). Le départ du sentier est situé au **South Kaibab Trailhead,** un peu avant Yaki Point. On y accède en navette uniquement (voir la rubrique « Comment circuler dans le Grand Canyon ? »). Le chemin descend jusqu'au fond du canyon en 6 *miles.* Le *Phantom Ranch* est situé 1,5 *mile* plus loin, de l'autre côté du Colorado. On peut choisir de descendre par là (c'est plus rapide : compter de 3 à 4 h de marche jusqu'au *Phantom Ranch*) et de remonter par le Bright Angel Trail – en plus, comme ça, on voit des paysages différents.

3ᵉ itinéraire : Hermit Trail

S'adresse uniquement aux expérimentés. Passages rétrécis parfois difficiles. Débute à Hermits Rest, à l'extrémité de l'Hermits Rest Route que l'on atteint en prenant la navette. Uniquement de l'eau de source à traiter.

➤ DESCENTE DES RAPIDES DU COLORADO

Parcourir l'Ouest américain sans descendre le Colorado, c'est un peu comme visiter la Bourgogne en ne buvant que de l'eau d'Évian. Bref, cette descente (sans véritable danger d'ailleurs !) risque d'être un grand moment de votre vie. Vous prenez place, en compagnie de quatre à huit autres passagers, sur des radeaux ou bateaux pneumatiques, dirigés chacun par un pilote américain confirmé. Les raisons de l'attrait de ces descentes sont multiples. C'est tout d'abord la meilleure façon d'assister librement, sans contrainte, au grand défilé des somptueux chefs-d'œuvre naturels de l'Ouest, puisque ces rivières traversent les plus spectaculaires paysages. C'est aussi renouer avec la nature. Au long du parcours, pas de traces de civilisation, tout est en place comme au premier jour. Le bivouaque sur les plages de sable, on déjeune au hasard de la course, et des promenades à pied permettent de s'éloigner du fleuve pour aller saisir, là-haut, d'autres paysages. Les rivières de l'Ouest, c'est aussi... les rapides ! Souvent paisibles, il leur arrive, capricieux, de se précipiter soudain dans des gorges, de caracoler et de bondir.

Les balades et descentes sont organisées et réalisées par des entreprises américaines spécialisées. Vous aurez avec vous des compagnons de tous les horizons, ce qui ajoute à l'attrait du voyage par la qualité des rencontres que l'on fait. La durée de chaque périple est, selon les cas, de un jour à une semaine ; il est donc facile de l'insérer dans un voyage dans l'Ouest. Pas donné toutefois.

– *ATTENTION :* les descentes du canyon du Colorado se font au départ de *Marble Canyon* (Lee's Ferry), près de *Page* (Arizona), en amont, et non au départ de Grand Canyon Village. On peut aussi choisir de descendre le Colorado depuis Moab, plus au nord dans l'Utah. Il existe plus de 15 sociétés, dont vous trouverez les références dans le journal *Backcountry Trip Planner*. On vous en donne une : *Wilderness River Adventures*, PO Box 717, Page, Arizona 86040. ☎ (928) 645-3296 ou 1-800-992-8022. ● www.riveradventures.com ● Sinon comparer sur les sites ● www.westernriver.com ● www.gcex.com ● www.mokimac.com ●

– *Une précision :* il est pratiquement impossible de trouver une place si vous n'avez pas réservé 2 mois à l'avance. Un grand nombre d'agences françaises spécialisées peuvent effectuer pour vous les réservations auprès d'organisations américaines. Et pour le même prix qu'aux États-Unis, puisque la commission est payée par l'agence organisatrice et non par le client.

Descente des rapides du Colorado avec les Indiens

Le Colorado traverse le territoire de la réserve et toute la rive sud du Grand Canyon est la propriété du « peuple des grands pins », les Indiens hualapais. Plus de 100 000 dans les années 1800, ils ne sont plus que 1 100 aujourd'hui. Depuis plusieurs années, une poignée de ces *Native Americans* ont pris, non pas le sentier de la guerre, mais celui du business à l'américaine en organisant des raftings d'une journée à l'intérieur des gorges du Grand Canyon (au départ de Peach Spring, au sud-ouest de Grand Canyon Village). Ils s'occupent de toute la logistique et vous préparent un déjeuner au fond du canyon, avant de reprendre les rapides et de vous remonter en hélicoptère au coucher du soleil, avec la possibilité de dormir au *Hualapai Lodge* (service moyen). Dommage, les prestations de l'excursion ne sont pas d'un excellent rapport qualité-prix, loin s'en faut.

■ *Hualapai River Runners :* ☎ (888) 255-9550. ● www.river-runners.com ● À partir de 250 US$ par jour et par personne.

À emporter pour les rapides du Colorado

– Tente légère ou sur-sac de bivouac (orages fréquents en été). Le sac de couchage et la tente peuvent généralement se louer sur place.
– Imperméable genre K-Way.
– Crème solaire protectrice.
– Produits antimoustiques.
– Chapeau.
– Lunettes de soleil.
– Maillot de bain.
– Chaussures ne craignant pas l'eau.
– Chemise à manches longues.

LES RÉSERVES INDIENNES

Si l'on veut rencontrer les Indiens, il faut s'attendre à vivre un étrange paradoxe : ils sont là, aujourd'hui, nombreux, Navajos, Hopis, Apaches, Papagos, Pueblos, Supais et bien d'autres encore, sur leurs réserves, hors des réserves, dans les villes, sur les routes ou dans les déserts et les montagnes. On

les voit, à côté de nous, accessibles, et on a envie d'être avec eux. Seulement voilà, on trimbale aussi des images à propos des Indiens : à l'image de « l'Indien-qui-fait-peur » s'est ajoutée l'image de « l'Indien-pauvre-victime ». Alors, on se sent gêné, vaguement coupable, on a peur de déranger.

Les Indiens sont comme ils sont. Alors ne vous empressez pas de les trouver peu accueillants ou réservés s'ils ne déroulent pas le tapis rouge devant vous. Les Indiens ne chercheront jamais à faire plaisir ou à séduire. Il s'agira donc de laisser vos comportements tout faits au vestiaire et de vous laisser aller à votre authenticité, à vos sentiments, à la considération de l'autre. Les déserts, les montagnes, les canyons et tout ce qui y vit, serpents, cactus, coyotes, chevaux, yuccas, scorpions, etc., vous feront déjà voir avec vos yeux, entendre avec vos oreilles, pour peu que vous acceptiez de sortir du confort des *highways* goudronnées. Puisque vous voulez découvrir les Indiens autrement qu'en touriste, commencez alors par abandonner toute idée d'emploi du temps. Vivez à l'*Indian time* !

Si les Indiens vous invitent, vous saisirez qu'ils ne parlent pas pour ne rien dire, qu'ils répugnent à employer des tournures de phrases négatives et qu'il vous faudra désapprendre votre anglais pour parler celui que les Indiens sont bien obligés d'utiliser. En attendant, bien sûr, de connaître leur langue, ce qui est quand même le plus pratique.

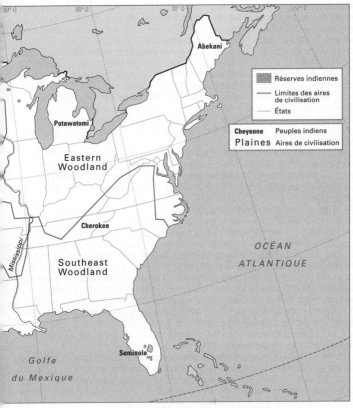

LES RESERVES INDIENNES

Dans son roman *Les Clowns sacrés,* Tony Hillerman s'inspire d'une anecdote véridique : dans le film *Cheyennes* de John Ford, c'étaient en fait des Navajos qui jouaient les Indiens ! Alors que les Navajos n'ont rien à voir avec les Cheyennes... Et pendant le tournage des scènes, les « pseudo-Cheyennes », sur un ton et avec des mines parfaitement adaptés au script (du genre « sages palabres »), échangeaient en navajo des blagues grivoises ou sans aucun rapport avec le film, qui ne se trouvaient bien sûr pas dans le script.

LES NAVAJOS

Du Grand Canyon, la route 64 (vers l'est) mène au territoire navajo. À partir de Tuba City, vous avez le choix : route 160 vers Kayenta et Monument Valley ou route 264 (qui traverse la réserve hopi) pour Chelly ou Gallup. Ces chapitres sont traités plus loin. Attention, la réserve navajo adopte l'heure du Nouveau-Mexique. De mi-avril à mi-octobre, il y a une heure d'avance par rapport au reste de l'Arizona. Heure identique en hiver. La réserve hopi est enchâssée dans la réserve navajo, bien plus grande. Les deux tribus ont du mal à cohabiter sans heurts, car leurs cultures sont totalement différentes : les Hopis sont agriculteurs et sédentaires alors que les Navajos sont traditionnellement nomades et chasseurs. S'ajoute à cela quelques vieilles rancœurs quasi médiévales, sur de vieilles histoires de vols de bétail...

Les Navajos ont l'habitude de ne pas regarder dans les yeux la personne à laquelle ils s'adressent. Assez déroutant au début, mais on s'y fait. De toute façon, faites de même. Cette habitude aurait tendance à disparaître, notamment chez les jeunes. Les Navajos ne mangent pas de poisson, censé les étouffer, et ne veulent pas entrer en compétition avec leurs voisins... Ils ne croient pas à l'au-delà. Après la mort, c'est le néant.

Enfin, les Navajos ont une langue tellement difficile qu'elle fut utilisée par les services secrets américains pendant la Seconde Guerre mondiale pour transmettre les messages secrets au nez et à la barbe des Japonais. L'opération fut un total succès, et un bataillon navajo fut même créé, les Navajo Code Talkers.

Il est vivement recommandé de fréquenter les rodéos (en été seulement), où l'on peut voir d'excellents cow-boys indiens rivaliser d'adresse avec de tout aussi excellents cow-boys blancs, sous le regard amusé et les cris d'encouragement de parents et d'amis des candidats. Mais préparez-vous à frire, le soleil tape dur.

La capitale administrative de la nation navajo (on prononce « navaho », voire « navarro ») est Window Rock, au sud-est de la réserve. Mais la vraie capitale est Gallup (entre Flagstaff et Albuquerque, sur la mythique route 66) : c'est là que les Indiens trouvent du travail, mais surtout là qu'ils peuvent acheter de l'alcool (un de leurs drames), la ville étant située en dehors du territoire de la réserve. Pour comprendre, n'oubliez pas qu'il s'agit d'un peuple vaincu vivant sur une terre occupée. D'ailleurs, l'alcool importé par les Blancs a anéanti les Indiens bien plus radicalement que la Winchester.

Partout, vous verrez des turquoises, la pierre porte-bonheur des Navajos. Pour passer une bonne journée, il suffit de regarder une turquoise dès son réveil. Elle permet, paraît-il, de vérifier la fidélité des femmes. Si, en la portant, la couleur se ternit, attention. Mesdames, si vous n'avez pas la conscience tranquille, faites-vous plutôt offrir un diamant !

Certains tableaux navajos représentent des dessins constitués de sable de couleurs différentes *(sand paintings)*. Selon les sorciers, le sable absorbe les maux. Ensuite, le tout est enterré. Certaines couleurs indiquent les directions : noir = nord ; jaune = ouest ; bleu = sud ; blanc = est, tandis que le rouge symbolise le soleil.

Vous croiserez sûrement, en traversant la réserve, les voitures de la police navajo, rendue célèbre par les romans policiers de l'écrivain Tony Hillerman, dont l'action se déroule à chaque fois sur la réserve. Hillerman est l'un des seuls visages pâles à avoir obtenu le statut de membre honoraire de la nation navajo, car ses best-sellers ont réussi à faire prendre conscience à une partie de la population américaine de la réalité sociale des Indiens... On vous conseille de vous procurer ces romans si vous avez l'intention de passer un peu de temps en terre navajo ; vous comprendrez mieux quelle est la vie actuelle de ces « déracinés à domicile ». Nos trois titres préférés : *Porteurs de peaux* (ambiance de sorcellerie), *Voleurs de temps* (dans le canyon du Chaco) et *Là où dansent les morts* (magie hopi) ; publiés aux Éditions Rivages.

LE TERRITOIRE HOPI   10 000 hab.   IND. TÉL. : 602

La petite réserve hopi est entièrement encerclée par les terres navajos. Traversée par la route 264, elle reçoit peu de touristes, malgré la beauté de ses paysages, les Navajos monopolisant les visiteurs grâce à Monument Valley et au Canyon de Chelly. Au moins, ici, vous serez tranquille, et le mode de vie hopi, moins dénaturé par le tourisme que celui des Navajos, vous paraîtra un peu plus authentique (si c'est encore possible). Excellents agriculteurs, les Hopis ont des techniques très avancées pour cultiver sur terrain aride. La réserve couvre trois plateaux (les *mesas*). C'est alors un paysage de vastes plaines tabulaires. Sur chacun se trouve un village perché aux maisons de pierre (mais les mobile homes gagnent du terrain...). Région très pauvre, « insularité » oblige, elle a cependant bénéficié récemment des faveurs du gouvernement américain, sous la forme d'écoles et d'un hôpital bien équipé. Leur tradition orale semble confirmer que les Hopis sont bien les descendants les plus proches des anciens Anasazis, disparus brusquement vers la fin du XIIIᵉ siècle. L'invasion espagnole apporta un terrible fléau : la petite vérole. L'épidémie tua les deux tiers de la population. Grâce aux chevaux importés par les Européens, les Navajos, guerriers redoutables, firent de terribles razzias chez les Hopis.

Leurs femmes sont célèbres pour leur curieuse coiffure, surnommée *butterfly hairdo* et qui leur fait un peu des oreilles de Mickey. Le *piki bread* est la grande tradition culinaire des Hopis. Ce sont des galettes de maïs de couleur verte. On ne peut pas assister aux cérémonies religieuses des Hopis (qui ont pour la plupart lieu dans des caves cérémonielles, les *kivas*). Leur religion est encore secrète. Tant mieux, c'est toujours ça que les Blancs ne leur voleront pas !

Les poupées hopis *(kachinas)* sont au cœur de leur religion. Symboles des esprits surnaturels, elles sont utilisées pour éduquer les enfants selon leurs croyances.

Le territoire Hopi reste toute l'année à l'heure du fuseau *Mountain Time,* comme l'Arizona et contrairement à la réserve navajo. Ainsi, de mi-avril à mi-octobre, il y a une heure de décalage entre le territoire hopi et la réserve navajo.

Où dormir ?

À *Tuba City (territoire navajo)*

Village éclaté sans charme, surtout valable pour faire le plein d'essence et manger un morceau avant de reprendre la route. On y trouve en cas de besoin trois hôtels : un *Quality Inn* nickel mais cher, un motel, *Diné Inn,* correct et la bonne adresse ci-dessous.

Bon marché

🛏 *Greyhills Inn Hostel :* réservations au : ☎ 283-4450, ou par courrier à *Hotel Management Program,* Greyhills Academy High School, PO Box 160, Tuba City, AZ 86045. En venant de l'ouest par la route 160, ne pas prendre la direction du centre-ville, mais continuer tout droit vers Kayenta. L'*hostel* se situe un peu plus loin à gauche. C'est bien indi-

qué. Ouvert toute l'année (à partir de 16 h les lendemains de fête). Chambres doubles confortables et très bien tenues, autour de 50 US$, à louer dans une résidence scolaire pour Navajos. Bien moins cher avec la carte des AJ. La salle de bains et les toilettes sont en commun. Bonne occasion de rencontres et bon accueil.

À *Second Mesa (territoire hopi)*

Attention, toutes nos adresses se situent dans le *Hopi Cultural Center,* isolé au bord de la route 264, sur la gauche en venant de Tuba City et à environ

5 *miles* avant Second Mesa. Ouvrez l'œil, on a vite fait de dépasser le seul panneau marron en bois. Distributeur automatique.

⛺ *Camping :* possibilité de camper à côté du *motel de l'Hopi Cultural Center*. Pas d'infrastructure ni d'équipement, mais emplacement gratuit. Le seul endroit de la réserve où le camping soit autorisé.

🏨 *Motel de l'Hopi Cultural Center :* ☎ 734-2401. Fax : 734-6651. Compter 95 US$ pour 2. Supplément le week-end. Gratuit pour les moins de 12 ans. Le seul hôtel de la réserve hopi, exclusivement tenu par des In-diens. Chaque chambre dispose d'un grand lit, de w.-c. et d'une salle de bains privée. Simple mais convenable. Demander plutôt les chambres au 1er étage ; elles donnent sur la plaine et permettent parfois de contempler de spectaculaires vents de sable. Souvent complet. Pas de piscine. Musée hopi et cafétéria dans le même bâtiment, pour prendre le petit dej'.

Où manger ?

À Tuba City (territoire navajo)

I●I *Kate's Café :* à côté du *trading post* et du *Quality Inn*. Ouvert tous les jours de 7 h à 21 h 30 (8 h le dimanche). Sandwichs et plats du jour de 4 à 6 US$, jusqu'à 12 US$ le soir. Petit bistrot de quartier avec tables en formica de rigueur, boxes pour les familles et comptoir pour les cow-boys solitaires. Simple et sans surprise, mais très sympa pour se mêler à la population locale, très nombreuse le midi. Très typique.

I●I *Hogan Restaurant :* à 50 m du *Tuba Motel Quality Inn*. ☎ 283-5260. Ouvert tous les jours de 6 h à 21 h. À midi, propose un honnête *salad bar,* sandwichs de 5 à 8 US$, *lunch specials* pour 7 US$. Le soir, un repas avoisine 15 US$. Un genre de cafétéria au cadre agréable (salle fraîche, déco soignée). Spécialités mexicaines et américaines tout à fait correctes.

À Second Mesa (territoire hopi)

I●I *Resto de l'Hopi Cultural Center :* ☎ 734-2401. Ouvert jusqu'à 21 h (20 h l'hiver). La plupart des plats sont autour de 7 US$. C'est clair, on ne vient pas ici pour le cadre qui est banal, sans être pour autant désagréable. On y trouve salades, sandwichs et *burgers* pour les indécrottables, mais c'est surtout l'occasion de goûter à la cuisine hopi. Vous auriez franchement tort de ne pas essayer ; elle est très bonne et moins épicée que la cuisine mexicaine. Beaucoup de plats à base de haricots, servis avec du *fried bread* (genre de beignet). Les spécialités ne manquent pas : *tsili' öngava* (soupe aux haricots), *hopi tosado* (salade servie sur un lit de *fried bread*). Mais attention, pas d'alcool. La première bière se trouve hors des réserves, à environ 80 *miles* (c'est ce qui fait de la plus insipide des bières américaines la meilleure du monde).

À voir

ATTENTION : il est absolument interdit de photographier sur le territoire hopi. Aussi bien les paysages que les habitants : ils en ont assez de voir les visages pâles se faire de l'argent sur leur dos. Sachez aussi qu'on ne peut enregistrer leur musique, dessiner leurs villages ou leurs danses, ni même prendre des notes. Alors, ce n'est pas le moment d'écrire à grand-mère, de sortir un stylo, un appareil photo ou un magnéto. Et ils ne plaisantent pas, certains de nos amis ont eu de sérieux ennuis en sortant juste un bloc-notes...

🎥 À **Tuba City,** le *trading post,* bâti en 1870, fut, à la grande époque de l'Ouest, un relais commercial entre les Indiens et les Blancs. Aujourd'hui, c'est un magasin d'artisanat indien.

🎥🎥 **Walpi :** à la sortie de Polacca, prendre à gauche au panneau First Mesa, puis la 1re à droite (panneau). Le plus beau et le plus spectaculaire des villages hopis. Imaginez un hameau médiéval perché sur un promontoire acéré, sans eau ni électricité, habité par seulement 4 familles ! Antérieur au XVe siècle, il a conservé sa configuration primitive (maisons tordues, kivas, puits, vieux escaliers partout...), même si plusieurs habitations sont aujourd'hui crépies pour résister aux tempêtes. Beaucoup de charme, mais on comprend aisément pourquoi les autres familles se sont repliées dans la partie neuve. Au pied de Walpi, les plaines s'étendent à perte de vue. *Attention,* la visite est obligatoirement guidée. Il faut laisser son véhicule à l'entrée du nouveau village et s'adresser au **bureau municipal.** Ouvert en principe de 9 h 30 à 17 h (15 h l'hiver). Pour infos : ☎ 737-2670. Entrée : 8 US$. La visite dure environ 40 mn.
Quelques artisans vendent de belles poteries dans le village.

🎥 **Hopi Museum :** dans le centre culturel, à **Second Mesa.** ☎ 734-6650. Ouvert du lundi au vendredi de 8 h à 17 h et le week-end de 9 h à 15 h. Fermé le week-end en hiver. Entrée : 3 US$. Petit, mais instructif. Résumé de l'histoire des Hopis au travers des fouilles archéologiques et de l'artisanat traditionnel (poterie, vannerie, bijoux). Panneaux intéressants sur quelques éléments clés de leur culture, comme les danses, et nombreuses informations sur leurs rapports conflictuels avec les Navajos. Très belles photos d'Edward Curtis, qui passa sa vie à photographier les Indiens dans leur environnement quotidien.
– Sur place, renseignez-vous sur les **danses.** Il y en a pratiquement tous les week-ends. Elles sont très importantes pour les Hopis et chaque village organise des manifestations ouvertes au public (toutes ne le sont pas). Parmi les plus connues, la danse du Serpent. Les Hopis arrivent en jeans dans leurs grosses bagnoles déglinguées. Les vieux s'installent sur des pliants autour de la place du village, un *coke* à la main. D'un coup, une vingtaine de danseurs, de musiciens et de clowns rappliquent en costumes, avec des masques sur la tête. On n'y comprend pas grand-chose, mais c'est très prenant, et l'on a vraiment l'impression d'être revenu un siècle en arrière.

LE CANYON DE CHELLY

IND. TÉL. : 520

Prononcer « Canyon di ché ». À mi-chemin entre Gallup et Monument Valley, en pleine réserve navajo. On y accède par **Chinle,** sorte de gros bourg très éclaté, situé sur la route 191. L'un des rares *National Monuments* dont l'accès est gratuit. C'est une superbe faille taillée au poignard dans une plaine désertique. L'intérêt principal de ce canyon, outre son indéniable beauté, est sa taille. Contrairement au Grand Canyon qui nous secoue par son gigantisme, ici, on est à une échelle que notre vision peut embrasser dans son ensemble. On saisit bien l'érosion des roches, comment le lit de la rivière s'est creusé, comment la vie des hommes a pu s'organiser dans cette curieuse vallée. Au fond, de minuscules champs verdoyants. En effet, à la différence des autres canyons, celui-ci est habité depuis des millénaires. On y trouve les ruines de villages anasazis (datant de 350 à 1300), premiers occupants de la région, que les Navajos appellent respectueusement « ancêtres ». L'originalité de ces villages, comme à Mesa Verde, c'est qu'ils furent construits dans des grottes, à même la paroi rocheuse ! On peut également admirer de nombreux pictogrammes gravés dans la roche. Inutile de souligner qu'en fin d'après-midi la lumière est sublime. Autre raison pour laquelle le site est sacré : c'est ici que l'infâme Kit Carson gagna en 1864 la bataille finale contre les Navajos après les avoir affamés. C'est vers 1700 que les Navajos, plutôt guerriers dans l'âme, se sont installés dans le canyon de Chelly. De là, ils ont mené des attaques contre des villages pueblos, puis contre des positions espagnoles et enfin, américaines. Pour mater ces turbulents Navajos, une campagne militaire fut alors lancée. Elle se solda par la déportation de près de 8 000 Navajos vers des terres à l'est du Nouveau-Mexique. Il s'agissait de créer l'une des premières réserves indiennes. Face à l'échec du projet, quatre ans plus tard, les Navajos furent autorisés à regagner le canyon de Chelly. Pour bien comprendre comment s'organise le canyon et comment le visiter, s'arrêter au *Visitor Center.*

Adresses et infos utiles

– Chinle dispose d'une *poste,* d'une *banque (Wells Fargo)* et de plusieurs *stations-service.*

🛈 *Visitor Center :* à l'entrée du parc. ☎ 674-5500. ● www.nps.gov/cach ● Ouvert de 8 h à 17 h. Il abrite un petit *Musée indien* un peu court, mais intelligible, et un *hogan,* habitation traditionnelle navajo : hutte de cèdre enduite de glaise et toujours de forme ronde. Organise des balades pédestres (cf. « À voir. À faire »). Demander le programme de toutes les activités, ainsi que le plan du canyon (quelques cents pour la brochure en

français).
■ *Head Quarters :* ☎ 674-5500.
■ *Totsonii Ranch :* prendre la South Rim Dr pendant environ 12 *miles,* puis suivre une piste sur 1,5 *mile.* ☎ 755-6209. ● www.totsoniiranch. com ● Propose différentes balades à partir de 2 h (pour les familles, mais on ne descend pas dans le canyon) jusqu'à plusieurs jours. Pour deux jours, prévoir 470 US$ pour 2, sans les repas.

Où dormir ?

Camping

⚠ *Cottonwood Campground :* à moins de 1 *mile* au sud du *Visitor Center.* Ouvert toute l'année. Gratuit et pas de réservation possible. Premier arrivé, premier servi. Une centaine d'emplacements ombragés, très calmes et agréables. Tables. Toilettes. Mobile homes de grande taille interdits. Attention, parfois des mous-

tiques en été. Il n'y a pas de douche, mais vous pourrez en prendre une pour 2 US$ à la *Chapter House,* à Chinle, 1 *mile* avant le *Visitor Center* (ouvert du lundi au vendredi de 8 h à 16 h 30). Entretien un peu aléatoire toutefois, et les locaux mériteraient une sérieuse rénovation.

Bon marché

🏠 *Many Farms Inn :* PO Box 307, Many Farms, AZ 86538. ☎ 781-6362. ● mfhsinn@manyfarms.bia.edu ● À Many Farms (c'est original), 16 *miles* au nord de Chinle, sur la route

191. À la sortie du village en direction de la 160, prendre à gauche (panneau) jusqu'aux bâtiments universitaires, puis à droite à l'intersection. Compter 30 US$ la chambre

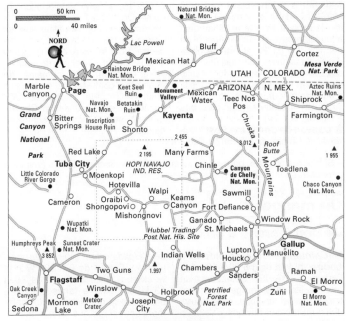

NAVAJOLAND

que l'on soit un ou deux. Dans le cadre d'un projet pédagogique (de jeunes Navajos ont aménagé, sous la houlette de Lonnie Farmer, le concepteur du projet et patron des lieux, une partie de leur établissement scolaire), une sorte d'AJ proposant des tarifs imbattables dans le secteur. Si les vastes bâtiments ne sont pas folichons au premier abord, les chambres se révèlent plutôt agréables, avec AC et mini-réfrigérateur. Toilettes et douches communes. Salon TV, salle de gym et cuisine à disposition.

Plus chic

Les quelques motels et hôtels du secteur sont tout simplement hors de prix. L'unique point positif est que leur tarif est quasiment le même pour 4 que pour 2... ce qui fera une belle jambe à ceux qui ne sont que deux !

🏠 *Holiday Inn :* à 500 m avant le *Visitor Center* en venant de Chinle, sur la gauche. ☎ 674-5000 ou 1-800-HOLIDAY. Fax : 674-8264. ● www. holiday-inn.com/chinle ● Près de 100 à 120 US$ la double (2 lits). Même en basse saison, les prix restent corsés. Dans la grande famille des hôtels de chaîne, celui-ci tire plutôt bien son épingle du jeu : il profite d'un environnement agréable, patchwork de roches et de massifs bien verts, tandis que les chambres impeccables et tout confort s'organisent autour d'un carré de gazon bien net avec une piscine. Fait également resto (le *Garcia's Restaurant* ; voir « Où manger ? »).

🏠 *Thunderbird Lodge :* à 0,5 *mile* au sud du *Visitor Center.* ☎ 674-5841 ou 1-800-679-2473. ● www.tbirdlodge. com ● Réservation très conseillée en été. Aux alentours de 110 US$ pour 2. Près de 70 chambres dans un beau

LES RÉSERVES INDIENNES

bâtiment à l'architecture indienne, bien fichu, dans les tons qui rappellent la couleur de la terre. Chambres accueillantes avec un soupçon de personnalité (la TV est même dissimulée dans un meuble, initiative rare aux État-Unis !). Propose des circuits en camion-jeep dans le canyon (celui d'une demi-journée est largement suffisant). Cafétéria (voir plus bas « Où manger ? »).

🏠 *Canyon de Chelly Inn Best Western :* à Chinle. ☎ 674-5875. Fax : 674-3715. ● www.canyondechelly. com ● De 100 à 140 US$ la double. Beaucoup moins bien situé que les autres car près de la route, en plein centre. Pour le reste, c'est un grand établissement classique de bon niveau, alignant une centaine de chambres confortables mais sans charme. Piscine intérieure. Bon accueil. Resto (le *Junction Restaurant,* qui sert une cuisine soi-disant navajo...).

– Si tout est complet, poursuivez jusqu'à *Window Rock* ou *Gallup* (voir chapitre correspondant).

Où manger ?

De bon marché à prix moyens

|●| *Cafétéria du Thunderbird Lodge :* ouvert de 6 h 30 à 20 h 30. Plats de 5 à 10 US$. Self-service un peu insolite dans son genre, proposant en plus des plats classiques quelques recettes navajos. Et la déco n'est pas en reste : très sympa, avec de nombreux tapis indiens et une ribambelle d'objets. Correct.

|●| *Garcia's Restaurant :* restaurant de l'*Holiday Inn* (voir « Où dormir ? »). Ouvert de 6 h 30 (17 h le week-end) à 22 h. Plats de 10 à 15 US$. Lumière tamisée et ambiance cosy définissent principalement ce restaurant à taille humaine, encore plus agréable les soirs de concert. Plats mexicains (mais fallait-il le préciser) copieux et de bonne tenue.

À voir. À faire

Le parc national se compose en réalité de deux canyons qui se rejoignent du côté ouest : le canyon del Muerto (North Rim Drive) et le canyon de Chelly proprement dit (South Rim Drive). Une route suit plus ou moins les contours de chaque rive du canyon, accessible de loin en loin par les voies conduisant aux points de vue.

En gros, il y a trois façons de visiter le site (tout de même très étendu, même si ce n'est pas le Grand Canyon).

🐾🐾 *Découvrir les points de vue (overlooks) :* prendre l'une des deux routes qui contournent les deux canyons (la 64 ou la 7) et se contenter des *view points* (belvédères) qui offrent d'époustouflantes vues sur le canyon. Les deux routes s'étirent sur environ 15 *miles,* mais ne se rejoignent pas. La *South Rim Drive* se terminant même par un cul-de-sac, il vous faudra retourner sur vos pas avant d'emprunter la *North Rim Drive* (prévoir donc 37 *miles* aller-retour, plus 16 *miles* aller pour la partie nord). C'est le plus simple mais, à moins d'avoir de grosses jumelles, on a du mal à bien distinguer les ruines anasazis et encore moins les pictogrammes ! Sachez que les plus beaux points de vue se découvrent depuis la route longeant la rive sud (South Rim) : sur les 7 arrêts que propose le parcours, *White House* et *Spider Rock Overlooks* sont sans doute les plus fascinants. Compter deux bonnes heures.

🐾🐾 *Emprunter le White House Trail :* c'est l'unique chemin autorisé pour se rendre seul au fond du canyon. Il part de la South Rim Drive depuis le

White House Overlook. Balade facile de 1 h 30 environ aller-retour, avec de bonnes chaussures évidemment. Cette merveilleuse piste de 1,2 *mile* aboutit à une rivière souvent asséchée, que l'on traverse pour atteindre l'une des plus belles ruines de Chelly : ***White House,*** vieux village bâti en adobe et accroché à l'une des parois du canyon. Les barrières maintiennent à distance les visiteurs, mais on distingue tout de même assez bien les pictogrammes. Prévoir de l'eau et un chapeau et respectez l'interdiction de vous rendre ailleurs (les *rangers* navajos veillent). Toilettes à l'arrivée.

🦃🦃 *Suivre une visite en groupe guidée par un Navajo :* plus coûteux, mais plus enrichissant. C'est le seul moyen de voir vraiment les deux canyons depuis le fond, puisqu'ils sont interdits (à l'exception du chemin détaillé plus haut) sans un guide accompagnateur. Trois raisons à cette interdiction : des familles navajos vivent encore au fond des canyons et cultivent des lopins de terre. Certaines zones sableuses peu stables peuvent s'avérer dangereuses. Mais surtout, des déprédations des ruines et des pictogrammes ont mis en péril le patrimoine sacré des Indiens. Depuis, les Navajos préfèrent garder un contrôle du site qui, d'ailleurs, leur appartient (et non pas aux parcs nationaux comme on pourrait le croire). Bref, la visite guidée s'effectue soit à cheval (voir coordonnées dans la rubrique « Adresses et infos utiles »), soit à pied, soit en 4x4.

➤ ***Balades à pied :*** se rendre au *Visitor Center* pour rencontrer les guides Navajos. Visites à la carte, sans réservation, à négocier avec les guides. Sachez toutefois qu'il n'y a pas d'excursions de moins de 3 h, et qu'elles sont limitées à 15 personnes. Compter 15 US$ par personne et par heure. Prévoir 5 ou 6 h minimum pour vraiment profiter du canyon et voir plusieurs villages anasazis, ainsi qu'une bonne sélection de pictogrammes.

➤ Pour des ***balades en 4x4,*** le *Thunderbird Lodge* propose des sorties quotidiennes. Minimum de 8 personnes. Réserver sa place en été (coordonnées dans « Où dormir ? »). Compter 40 US$ la demi-journée par personne, ou 65 US$ la journée, déjeuner compris. Voir également *De Chelly Tours,* ☎ 674-3772. ● www.dechellytours.com ●

MONUMENT VALLEY   IND. TÉL. : 435

Souvenez-vous des grands westerns *(La Chevauchée fantastique, Fort-Apache, Rio Grande, La Charge héroïque...)* ! Au premier plan, le héros à cheval. Au fond, d'étonnants pitons de roche rouge qui atteignent parfois 300 ou 400 m. Eh bien, c'est Monument Valley, l'un des phénomènes naturels les plus extraordinaires des États-Unis. Le jeu des couleurs, variant du rose au violet, revêt un charme particulier à l'aube et au coucher du soleil. Quand vous y serez, vous vous croirez en plein western. Les paysages n'ont pas changé depuis le passage du *Pony Express.* Il ne vous restera plus qu'à imaginer les cow-boys jouant du lasso et les Indiens lançant leur cri de guerre. La vallée est en outre peuplée d'Indiens navajos, qui vivent de l'agriculture et de l'élevage de moutons, ainsi que de la vente d'objets artisanaux, bijoux en argent et couvertures tissées. Certains habitent, aujourd'hui encore, à la manière de leurs ancêtres, dans des *hogans* en bois, brindilles et argile, accomplissent leur travail quotidien selon les traditions ancestrales, participent aux rites perpétués par le *medecine man* (sorcier) et pratiquent l'art des tableaux de sable. Allez boire un coup par exemple au *Golden Sand,* un des bistrots de Kayenta, passez une nuit dans un *B & B* tenu par une famille navajo. Vous y verrez des Indiens, des vrais de vrais.

MONUMENT VALLEY ET LE CINÉMA

Monument Valley est un lieu mythique dans l'histoire du cinéma. Si l'image de ses pitons rocheux ocre-rouge dressés sur un immense plateau désertique a fait le tour du monde, c'est grâce aux nombreux westerns que John Ford y réalisa. Des 140 films que ce géant d'Hollywood tourna entre 1917 et 1966, 9 le furent à Monument Valley, le plus somptueux des décors naturels. « Je suis un paysan qui fait des films de paysan », aimait-il déclarer. Tout commença par la rencontre en 1938 entre Harry Goulding et John Ford. Goulding, qui vivait à Monument Valley (au *Goulding's Lodge*), montra des photos du site au célèbre réalisateur. Enthousiasmé, John Ford décida aussitôt d'y tourner en 1939 *La Chevauchée fantastique (The Stage Coach)* avec John Wayne dans le rôle principal. Après la Seconde Guerre mondiale, durant laquelle il fut engagé dans la Marine, Ford revint en 1946 à Monument Valley pour y tourner *La Poursuite infernale (My Darling Clementine)* avec Henry Fonda et Linda Darnell. Ce film, qui fait revivre l'histoire d'O.K. Corral, a été mis en image une cinquantaine de fois par Hollywood ! John Ford donna à John Wayne le premier rôle dans trois autres de ses plus célèbres westerns, tous tournés à Monument Valley : *Le Massacre de Fort-Apache,* en 1948 ; *La Charge héroïque (She Wore a Yellow Ribbon),* en 1949 ; et *Rio Grande,* en 1950.

Ces trois chefs-d'œuvre forment une trilogie à la gloire de la cavalerie américaine. Évidemment, les Indiens paient toujours les pots cassés. C'est dans ces westerns que John Wayne forgea sa légende d'homme de l'Ouest, franc, rude, lent intellectuellement, mais courageux, loyal et déterminé. Bref, l'archétype du bon Américain. Et Monument Valley devint un lieu mythique du western et du 7e art.

Sur sa lancée, porté par un incroyable succès mondial, John Ford filma à nouveau dans son décor de prédilection. Il y tourna *Le Convoi des braves (Wagon Master)* en 1950 également, *La Prisonnière du désert (The Searchers)* en 1956, avec John Wayne et Nathalie Wood, puis *Le Sergent noir (Sergeant Rutledge)* en 1960 et *Les Cheyennes (Cheyenne Autumn)* en 1964, avec James Stewart et Carole Baker. Il employa fréquemment des Indiens navajos comme figurants. Hosteen Tso, un sorcier local, servit de météorologue sur les tournages.

Ce cadre naturel, dépouillé jusqu'à l'épure, continue de nos jours à inspirer les cinéastes. Dans *The Eiger Sanction* (1975), on voit Clint Eastwood anxieux escaladant les 273 m du roc Totem (il est d'ailleurs un des deux seuls hommes à avoir escaladé ce roc jusqu'au sommet). Des scènes de *Retour vers le futur III (Back To The Future III),* de Robert Zemeckis, et de *Forrest Gump* y ont été tournées. Mais ce sont avant tout les publicitaires qui, aujourd'hui, se l'arrachent. Décidément, cette « vallée du Monument » porte bien son nom : on peut dire qu'elle a donné à Hollywood quelques-uns de ses plus beaux films... monuments du cinéma !

Comment y aller ?

Pas d'accès en bus. L'entrée de Monument Valley se trouve sur la route 163, entre Kayenta et Mexican Hat, juste après avoir quitté l'Arizona et pénétré en Utah (donc, attention, le parc est à l'horaire de l'Utah). Au carrefour, en venant du sud, une route mène à gauche vers le *Goulding's Lodge,* l'autre à droite vers la réserve.

Le parc est ouvert en saison de 6 h à 19 h 30 (dernière entrée), et en hiver, de 8 h à 16 h 30.

Principales distances

– *Mexican Hat* (Utah) : 20 *miles* (33 km).
– *Kayenta* (Arizona) : 24 *miles* (38 km).

– *Canyon de Chelly* (Arizona) *:* 109 *miles* (175 km), par la route 59 (plus courte).
– *Page* (Arizona) *:* 120 *miles* (192 km).
– *Mesa Verde National Park* (Colorado) *:* 121 *miles* (193 km) par Bluff.
– *Canyonlands* (Utah) *:* 139 *miles* (222 km) depuis The Needles.
– *Moab* (Utah) *:* 145 *miles* (232 km).
– *Arches National Park* (Utah) *:* 150 *miles* (240 km) de l'entrée.
– *Flagstaff* (Arizona) *:* 182 *miles* (291 km).
– *Grand Canyon Village* (Arizona) *:* 187 *miles* (300 km).
– *Capitol Reef National Park* (Utah) *:* 191 *miles* (305 km).
– *Zion National Park* (Utah) *:* 242 *miles* (387 km).
– *Bryce Canyon National Park* (Utah) *:* 271 *miles* (433 km) de l'entrée.
– *Saint George* (Utah) *:* 272 *miles* (435 km).
– *Salt Lake City* (Utah) *:* 378 *miles* (605 km) par Moab.
– *Las Vegas* (Nevada) *:* 388 *miles* (621 km) par Saint George.

Adresses utiles

À Monument Valley (Utah)

🛈 *Visitor Center de Monument Valley :* à 4 *miles* de la jonction avec la 163, à l'entrée du parc. ☎ 727-5872. Fax : 727-5875. Par courrier : Monument Valley Navajo Tribal Park, PO Box 360289, Monument Valley, UT 84536. Ouvert tous les jours de 6 h à 20 h d'avril à septembre et de 8 h à 17 h le reste de l'année. On y trouve une petite expo sur les traditions navajos, une autre sur les fameux *Navajo Code Talkers*, une cafétéria, des toilettes, des distributeurs de timbres et un distributeur de glaçons.
N'oubliez jamais que vous êtes chez les Indiens et qu'ici tout se passe à leur manière et à leur rythme. Rangez donc vos manies et vos exigences. Ne soyez pas empressé, restez courtois et gardez toujours votre bonne humeur : c'est la règle d'or en territoire indien pour sympathiser avec ses habitants. Les compagnies assurant des excursions en 4x4 *(jeep tours)* sont représentées dans une cahute juste à côté du *Visitor Center*. Elle est tenue par une seule agence, à tour de rôle (du moins officiellement !). Les autres (une douzaine) se trouvent alors sur le parking.
■ *Distributeurs de billets* (ATM) : dans la *Goulding's Grocery*.
■ *Alimentation : Goulding's Grocery,* à deux pas du *Goulding's Lodge* (un peu plus loin sur la route, côté droit). Ouvert de 7 h à 21 h tous les jours.
■ *Station-service :* station Conoco, à côté du *Goulding's Lodge* (voir « Où dormir ? »).

À Kayenta (ind. tél. : 928)

✉ *Poste :* sur la route 163, environ 300 m après le carrefour, sur la route de Monument Valley, côté gauche.
■ *Distributeur de billets accessible 24 h/24 :* à la *Wells Fargo Bank,* sur le parking entre le *Burger King* et le *McDo,* au bord de la route 160.
■ *Alimentation :* supermarché *Basha's,* tout au fond du parking entre le *Burger King* et le *McDo.*
■ *Laverie : Coin op Laundry,* sur le côté droit de la route 163 en venant du sud, environ 0,5 *mile* après le grand carrefour. Ouvert de 9 h à 22 h (à partir de 8 h le dimanche).

Où dormir ? Où manger ?

Curieusement, les infrastructures hôtelières sont inversement proportionnelles aux innombrables touristes attirés par le prestige de *Monument Valley*.

MONUMENT VALLEY

Les rares adresses sur place sont chères ou prises d'assaut, ce qui oblige les visiteurs à se rabattre sur l'affreuse *Kayenta,* le hameau plan-plan *Mexican Hat* ou la gentille bourgade *Bluff.*

À *Monument Valley (Utah)*

Camping et *hogan*

⚠ *Goulding's Monument Valley Campground :* à Goulding's, sur la route opposée à celle qui mène à l'entrée du parc tribal. ☎ 727-3235 ou 727-3231 (c'est le n° du *lodge* dont le camping dépend). Fax : 727-3344. • www.gouldings.com • Passer le *lodge* et la station *Conoco,* c'est un peu plus loin. Ouvert de la mi-mars à fin octobre. Emplacement pour tente à 18 US$, pour camping-car autour de 32 US$. Excellente adresse. Plus calme et nettement plus confortable que le *Mitten View Campground.* Le camping est propre, très bien entretenu et dispose de nombreux emplacements (petits), de tables de pique-nique, d'une laverie, d'une petite boutique et d'une mini-piscine couverte et de douches chaudes. L'ensemble manque cruellement d'ombre, il faut donc bien choisir son coin.

⚠ *Mitten View Campground :* tout à côté du *Visitor Center,* juste avant l'entrée du parc. Ouvert toute l'année sans réservation. Compter 10 US$ l'emplacement (jusqu'à 6 personnes). Malgré la situation exceptionnelle, environnement peu agréable car on est dérangé tôt le matin par l'arrivée de milliers de visiteurs (les soirées sont en revanche d'un calme olympien). Le site est de surcroît peu ombragé et caillouteux, ce qui n'est guère étonnant vu que vous êtes au milieu du désert ! Attention, par grand vent, beaucoup de

poussière soulevée. Tables de pique-nique sous abri, BBQ. Sanitaires et douches (payantes) en forme de *hogan* (habitation traditionnelle navajo).

🏠 ❙●❙ *Agnes Gray-Hogan B & B :* près de l'entrée du parc tribal (à 1,5 *mile* avant le croisement en venant de Kayenta), sur la gauche. Se repère facilement au *hogan* dans la cour et à l'enclos pour les chevaux à côté. Par courrier : Navajo Basket Weavers, PO Box 3163, Kayanta, AZ 86033. ☎ (928)-265-5382. Environ 30 US$ par personne (petit dej' compris). Voilà enfin l'occasion de passer une nuit dans un authentique *hogan* navajo, pouvant accueillir une douzaine de personnes. Confort très rustique : on dort sur des tapis et des peaux de mouton installés sur le sol en terre battue, si possible avec un duvet (c'est très propre). Même si le *hogan* est conçu pour rester frais le jour et conserver la chaleur la nuit, les températures nocturnes sont souvent plus basses qu'on ne se l'imagine. Mais le vieux poêle installé au milieu devrait tirer les frileux d'affaire ! La propriétaire habite derrière, dans un *trailer.* Elle fait partie d'une coopérative de vanniers navajos. Elle prépare aussi à dîner sur réservation. Expérience rigolote avec en plus lever et coucher de soleil sur Monument Valley. Les prix, pour la nourriture comme pour le *hogan,* varient en fonction du nombre de personnes.

Plus chic

🏠 ❙●❙ *Goulding's Lodge :* PO Box 360001, Monument Valley, UT 84536. ☎ 727-3231. Fax : 727-3344. • www.gouldings.com • Le célèbre *lodge* de Monument Valley est situé à environ 6 *miles* à l'ouest du *Visitor Center.* En venant de Kayenta, plutôt que de tourner à droite vers le parc,

tournez à gauche. C'est indiqué. Ouvert toute l'année. Doubles de 75 à 170 US$ en fonction de la saison. C'est bien sûr sa situation exceptionnelle qui fait l'attrait du *Goulding's Lodge.* Étagés à flanc de colline, ses différents bâtiments profitent tous d'une vue imprenable sur le désert.

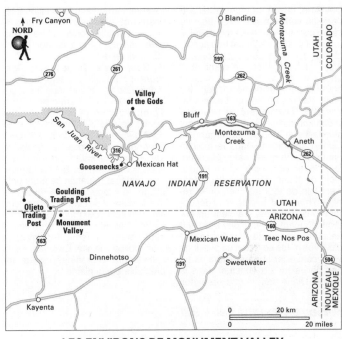

LES ENVIRONS DE MONUMENT VALLEY

Le motel a vu défiler des ribambelles de réalisateurs, d'acteurs, de stars du cinéma. John Ford descendait toujours dans la même chambre, qui était d'un confort bien plus sommaire qu'aujourd'hui. Mais si les chambres sont effectivement très confortables, elles seraient toutefois assez banales sans leurs balcons individuels ouvrant sur le désert de l'Utah. Il y a tout de même une petite piscine couverte, flanquée d'une terrasse avec transats pour parfaire son bronzage. Petit clin d'œil : la réception loue les vidéos des grands westerns tournés à Monument Valley. Une bonne occasion de revoir l'un de ces chefs-d'œuvre du cinéma américain tout en étant sur les lieux mêmes de leur tournage. Pour les périodes les plus chargées (de mai à octobre), il est conseillé de réserver plusieurs mois à l'avance ! On peut trouver de la place à la dernière minute en cas d'annulation. Excursions au départ du motel d'une journée ou d'une demi-journée dans le parc tribal.

🏠 |●| *Fire Tree B & B :* Diane Harris, ☎ 727-3228. Par courrier : PO Box 360417, Monument Valley, UT 84536. ● www.firetreeinn.com ● Du carrefour de Monument Valley avec Goulding, prendre vers le *Goulding's Lodge.* Quelques *miles* plus loin, juste avant la *Goulding's Grocery,* prendre à droite sur la 420. Faire 10 *miles* par une bonne route jusqu'au *trading post* d'Oljato, puis environ 3 *miles* après que celle-ci est devenue une piste. C'est sur la droite de la route, panneau « Fire Tree ». Ouvert toute l'année et le prix du *hogan* ne change pas : compter 150 US$ pour 2 (taxes comprises) et 30 US$ par personne supplémentaire, ce qui est tout de même très cher. Il y a une quarantaine d'années, dans la pure tradition du *homesteading* américain, Diane Harris a posé sa moto, en terre navajo, au pied de fantastiques roches orangées. Un peu par hasard, l'électricité est arrivée, puis le téléphone. Et depuis quelques années Diane et son fils

David ont ouvert un étonnant *B & B* dans un véritable *hogan* en bois de cèdre construit par des amis navajos (on peut y dormir à 2 ou 4 très agréablement). À l'intérieur, tout le confort : AC, chauffage, frigo, un grand lit et un sol de pierre. Et, par la lucarne ouverte dans le dôme du toit, les nuits étoilées du désert. Les nomades dans l'âme préféreront peut-être la solution du tipi, mais les tarifs sont dissuasifs (130 US$) au regard du confort sommaire. Dans la maison principale, un grand salon circulaire avec livres et magazines et la jolie salle de bains. On vous l'accorde, c'est loin de tout (et cher, on le répète !) mais que cela ne vous décourage pas, car c'est vraiment un endroit étonnant – et une ouverture sur un autre visage de l'Amérique. De plus, vos hôtes se feront un plaisir de vous conseiller sur les différents types de balades à effectuer dans la région. Diane préfère que ses hôtes réservent au préalable (mail ou téléphone) et appellent avant leur arrivée, sinon elle risque d'être partie faire ses courses à Blending, à... 80 *miles* de là !

|●| Goulding's Stagecoach Restaurant : il s'agit du resto du *Goulding's Lodge.* Ouvert tous les jours de 6 h 30 à 21 h (fermé de 15 h à 17 h). Pour un petit dej', compter autour de 8 US$, sinon *burgers* de 5 à 7 US$, ou prévoir de 15 à 25 US$ pour un repas. Et puis, à signaler, le *all-you-can-eat salad and soup* à environ 9 US$ le midi. Bonne formule économique. Situation de monopole oblige, le *Stagecoach* ne force pas trop la dose et se contente d'une cuisine vite faite pour touristes pressés. Évitez d'ailleurs le premier service à midi, infernal lorsque les groupes monopolisent le site. En revanche, la salle en gradin profite d'une vue appréciable sur la plaine.

À *Kayenta* (ind. tél. : 928)

Un bled assez mortel. En fait c'est le croisement important de deux routes, la 160 et la 163, autour duquel se sont développés plusieurs motels et quelques quartiers de *trailers,* très éparpillés autour de ce vaste carrefour.

De bon marché à prix moyens

À Kayenta, la solution la moins chère et la plus authentique est la **chambre chez l'habitant.** On appelle cette formule *overnight accommodation.* Elle a toutefois beaucoup perdu de terrain et la plupart des propriétaires ont malheureusement abandonné cette activité. Sachez également que beaucoup d'adresses offrent un confort nettement plus rudimentaire que la majorité des *B & B* américains. Beaucoup sont installées dans des *trailers,* ces maisons bon marché faites pour déménager à dos de camion et qui ont été oubliées là. Les ruelles de Kayenta étant parfois en manque de goudron ou alors extraordinairement ramifiées, certains *B & B* sont plutôt difficiles à trouver. En téléphonant, les propriétaires vous donnent l'adresse exacte, et souvent même ils viennent vous chercher. Certains quartiers sont vraiment très pauvres, sans bitume, avec des carcasses de bagnoles partout, des terrains vagues, le tout un peu crade. Une autre vision de l'Amérique. Si vous n'arrivez à trouver de place nulle part, il vous reste la possibilité d'appeler le *Police Department,* qui vous indiquera l'endroit où il reste une chambre. Mentionnons aussi, pour les routardes voyageant seules, que la plus grande prudence est recommandée.

🏠 ***Roland's B & B :*** ☎ 697-3524. Par courrier : PO Box 1542, Kayenta, AZ 86033. Sur le côté droit de la 163 en remontant vers Monument Valley, peu après l'*Amigo Café,* vous verrez une grande pancarte indiquant « Roland's Navajoland Tours » sur la droite. Doubles de 60 à 70 US$.

Roland, un Navajo sympathique qui organise des excursions à Monument Valley (voir son site : ● www.navajolandtours.com-1.net ●), propose 3 chambres dans un grand *trailer* très bien entretenu qui ressemble à une vraie maison. Étonnant de comparer la modestie de l'environnement extérieur et le confort de l'intérieur. Un salon douillet précède les chambres impeccables, tapissées de moquettes vertes et agrémentées d'une ou deux reproductions. Deux d'entre elles se partagent une salle de bains. Petite terrasse de bois couverte sur le devant. *Cash* et chèques de voyage uniquement.

🛏 *Navajo B & B Saganey (Yà'à tu'éèh) :* ☎ 697-8200. Par courrier : PO Box 634, Kayenta, AZ 86033. Pour y aller : prendre la route 163, direction Monument Valley, puis la 1re rue à gauche juste après le *Best Western*. Une centaine de mètres plus loin, au 1er carrefour, prendre à gauche. Faire moins de 0,5 *mile*. On passe la « Navajo Communications Company » puis devant l'école « Kayenta Primary School ». Poursuivre tout droit alors que la route devient un chemin de terre. Faire encore à peine 50 m et emprunter le 1er chemin sur la droite. C'est environ 150 m plus loin la dernière maison sur la gauche. Ouvert uniquement de juin à septembre. Compter environ 70 US$ la chambre pour 3. Dans un quartier assez désolé, face aux collines désertiques et au milieu d'autres *trailers*. Calme total et environnement pas vraiment crado mais où règne un gentil laisser-aller. Ce *B & B* tenu par un couple de Navajos, Greg et Bertha, plaira à tous ceux qui ont toujours voulu tout savoir sur les coutumes et le pays navajos. Cet ancien guide en connaît un rayon sur la région, l'histoire et les coutumes de son peuple. Il s'occupe désormais d'enfants en difficulté qu'il héberge régulièrement chez lui, mais accueille toujours des hôtes de passage lorsque sa maison est inoccupée. Il propose alors une seule chambre avec 3 lits simples et une salle de bains privative. Au fait, si vous vous demandez, sachez que *yà'àt'ééh* signifie « bienvenue ».

|●| *Golden Sands Café :* ☎ 697-3684. En venant de l'intersection des routes 160 et 163 (direction Monument Valley), c'est à 1 gros *mile* environ, sur la gauche de la route, sur le côté du *Best Western*. Ouvert en semaine de 6 h 30 à 22 h ; le week-end, de 7 h à 21 h. Steaks, omelettes, soupes, sandwichs, hot-dogs, chilis, le tout dans les 4 à 10 US$. Vieille cabane en bois dans le style de l'Ouest, avec peau de bison et vieilles photos sur les murs, ainsi que quelques objets indiens. On rencontre d'ailleurs beaucoup de Navajos de sortie en ville parmi la clientèle. Plats basiques un peu inégaux, mais archi-copieux (les poulets sont servis par moitié !). Très populaire.

|●| *The Blue Coffee Pot :* ☎ 697-3396. Presque au niveau de l'intersection des routes 160 et 163, en direction de Page, sur la droite. Ouvert en semaine de 6 h à 21 h. Fermé le week-end. Pour un en-cas correct et pas cher (6 à 8 US$ environ) : grand choix de sandwichs, quelques spécialités mexicaines et steaks le soir. On ne peut pas le louper : le resto, octogonal, s'inspire de ces cafetières bleues que les Navajos achetaient autrefois en priorité dans les *trading posts*. Bon, l'intérieur est chaleureux comme un hall de gare... La maison n'accepte pas les cartes de paiement.

|●| *Burger King :* sur la route 160, presque au carrefour des routes 160 et 163 (bien visible). ☎ 697-3534. Ouvert de 6 h à 23 h (minuit le samedi). Ce n'est pas dans notre habitude d'indiquer les fast-foods, mais celui-ci vaut le coup de supporter l'odeur de graillon pour sa petite mais intéressante expo consacrée aux *Navajo Code Talkers*. En 1942, l'armée décide d'utiliser la langue des Navajos, encore très peu étudiée et de structure très compliquée, pour transmettre les messages secrets dans le Pacifique. Près de 450 Navajos serviront dans les Marines pendant la Seconde Guerre mondiale comme « Code Talkers ». L'armée, toujours en retard d'un métro, n'a d'ailleurs déclassifié la langue navajo qu'en... 1968 !

Plus chic

🏨 *Best Western (Wetherill Inn) :* au nord de la ville, le long de la route 163 menant à Monument Valley, sur la gauche. ☎ 697-3231. Fax : 697-3233. ● wetherill@gouldings.com ● Autour de 110 US$ de mai à octobre la chambre double. Beaucoup moins cher hors saison. L'hôtel doit son nom à John Wetherill, qui établit le premier *trading post* de Kayenta en 1910. N'imaginez pas pour autant une vieille demeure de caractère ! Ce digne représentant de la chaîne propose des chambres impersonnelles à souhait, mais de grande taille et d'un très bon niveau de confort. Ah, il y a tout de même quelques jardinières ici ou là pour donner un peu de couleur à l'ensemble... Petite piscine intérieure chauffée.

🏨 I●I *Holiday Inn :* dans le centre de Kayenta, à l'intersection de l'US 160 et de l'US 163, mais sur la 160. ☎ 697-3221. Fax : 697-3349. ● www.holiday-inn.com/kayentaaz ● Autour de 120 US$ de début mai à mi-octobre (presque moitié moins en hiver). Donc franchement abusif. Même si les chambres sont très confortables, la vue omniprésente du parking n'est pas emballante (sauf pour les quelques privilégiées côté piscine). L'accueil n'aidera pas non plus à digérer le prix de la nuitée ! Valable quand tout est complet ailleurs, d'autant plus que sa taille titanesque permet généralement de dégotter une chambre libre en dernière minute. Restaurant vaguement décoré à la façon d'un *pueblo* indien. Bonne cuisine navajo et formule *all you can eat* pour le petit dej'.

À Mexican Hat (Utah ; ind. tél. : 435)

Mexican Hat se trouve à 21 *miles* au nord-est de Monument Valley. À la même distance de Monument Valley que Kayenta, un petit village nettement plus sympathique. Quelques maisons coincées au bord de la rivière, et voilà. Son curieux nom lui vient de la forme d'une roche plate et circulaire évoquant un chapeau mexicain et située en suspension sur un piton rocheux. Elle se trouve au nord de la ville, sur la gauche de la route. On vous recommande chaudement de réserver quelques semaines à l'avance pour dormir ici en saison.

Camping

⊠ *Valle's RV Park and Campground :* à la sortie nord de la ville, sur la droite. ☎ 683-2226. Pour camping-car et tentes. Emplacement à 14 US$ pour 2. Quelques petites *cabins* autour de 55 US$ pour 2 personnes (draps inclus). Aucun charme : terrain tristounet, sans ombre et au sol très sec. Prévoir un marteau-piqueur et apporter son Dunlopillo. Douches et toilettes. Acceptable si tout est complet et si vous ne pouvez pousser jusqu'à Bluff.

Prix moyens

🏨 I●I *The San Juan Inn and Trading Post :* à l'entrée sud de Mexican Hat, tout de suite à gauche après avoir passé le pont sur la San Juan River. ☎ 683-2220 ou 1-800-447-2022. Fax : 683-2210. ● www.sanjuaninn.net ● Compter 70 US$ pour 2. Au restaurant, ouvert de 7 h à 20 h 30, plats autour de 8 US$ (plus cher pour les grillades). On aime bien ce grand motel pour son emplacement de choix : adossé aux falaises de roches rouges et accoudé au bord de la rivière. Sa petite terrasse déroulée en surplomb de la berge est d'ailleurs très prisée à l'heure de

MONUMENT VALLEY

l'apéro ! En revanche, les chambres très conventionnelles ne se démarquent pas, mais sont bien tenues et tout à fait confortables... à condition d'éviter la 12 et la 14 au-dessus des générateurs. La maison possède également son propre restaurant, un genre d'auberge accueillante perchée au-dessus de la rivière, où l'on sert une cuisine américano-indienne sans génie mais acceptable pour un soir.

🏠 ❙●❙ *Mexican Hat Lodge :* sur la route principale, côté droit en arrivant de Monument Valley. ☎ 683-2222. Fax : 683-2203. ● www.mexi canhat.net ● Chambres autour de 65 US$ pour 2 personnes et 75 US$ pour 4. Moins cher au printemps. Plats de 10 à 18 US$. Petit motel ocre tout à la gloire du western. Chambres assez agréables dans les tons jaunes, propres et plutôt bien équipées (AC, TV...). *Steakhouse* sur place, dans une courette aménagée à la façon d'un camp de pionniers. Sert uniquement le soir de bons steaks et des *burgers* tendrement cuits au BBQ (plats très copieux). Assez réputé dans la région. Grand salon cow-boy avec photos en hommage à John Wayne et billard.

À *Bluff* (ind. tél. : 435)

Une petite halte agréable dont on parle plus loin, après Monument Valley. Nombreuses adresses pour dormir et manger.

À *l'ouest de Kayenta*

Pour ceux qui se rendent de Monument Valley au Grand Canyon (ou l'inverse), possibilité de dormir à *Tuba City,* petite ville située sur la route 160, à 72 *miles* à l'ouest de Kayenta (voir plus haut : « Où dormir ? » dans « Le territoire hopi »).

⛺ *Camping gratuit :* dans le parc du Navajo National Monument, à 30 *miles* à l'ouest de Kayenta, sur la route 564 (qui part de la 160). Le terrain est juste à côté du *Visitor Center.* Pas de réservation possible. Un endroit extra. Bien aménagé, superbe végétation autour, avec ombre, sanitaires, tables, mais pas de douches. En été, arriver tôt car il est vite complet. Dans ce cas, on peut accéder à un second site (le *Canyon View Campground*), encore plus rustique, mais dont les emplacements profitent de fort belles vues sur le canyon.

🏠 ❙●❙ *Anasazi Inn-Tsegi Canyon :* à 9 *miles* à l'ouest de Kayenta, sur la route 160, en direction de Tuba City et de Page. ☎ (928) 697-3793. Fax : 697-8249. ● www.anasaziinn.com ● Une soixantaine de chambres avec AC. Compter environ 70 US$ pour 2. Isolé au milieu de nulle part, ce grand motel blanc et bleu turquoise adossé à un canyon très mignon aligne des chambres vieillottes acceptables pour une étape. Il y a aussi des *trailers* (chacun avec deux chambres) au même prix. Snack-bar attenant pas très cher. Accueil à la Navajo.

Comment visiter Monument Valley ?

Il y a *grosso modo* deux manières d'explorer Monument Valley. L'une n'empêche pas l'autre. Tout est question de temps... et d'argent. La plus économique consiste à emprunter avec votre propre véhicule la piste principale de 17 *miles,* accessible à tous les véhicules, qui sinue entre les plus belles formations géologiques (pour votre culture, elles s'appellent *butt* quand elles sont plus hautes que larges et *mesa* quand elles sont plus larges que hautes) et qui part du *Visitor Center*. C'est gratuit une fois qu'on a payé l'entrée du parc. L'autre solution consiste à faire une excursion avec une agence sur les pistes qui ne sont pas accessibles aux touristes individuels. Le parc appartenant aux Indiens, il est géré par eux et les agences sont en grande majorité issues de leur communauté.

– **Entrée du parc :** 5 US$ par personne, en liquide (gratuit pour les moins de 9 ans). L'entrée est payante, même avec le *National Parks Pass* ou le *Golden Eagle*, car on est en territoire indien et ce n'est donc pas l'État qui gère le parc. Dernière entrée à 19 h 30, l'été ; 16 h 30, l'hiver. Billet valable uniquement pour une journée.

➢ **Par la piste « Valley Drive » :** à faire avec sa propre voiture. Poussiéreuse, elle se faufile entre les gigantesques blocs rocheux éparpillés dans le désert de la vallée, formant un circuit de 17 *miles* de long. À l'entrée du parc on vous remet un plan avec l'indication des *monuments* (sites) les plus originaux. Compter environ 2 h 30 pour faire la boucle, en ne dépassant pas les 15 mph (24 km/h) de vitesse limite autorisée et en s'arrêtant à tous les points de vue. La meilleure lumière s'obtient évidemment tôt le matin et en fin d'après-midi. Sachez qu'au coucher de soleil, l'un des plus beaux sites est le fameux *John Ford's Point*.

➢ **Excursions organisées :** toutes les compagnies sont représentées sur le parking du *Visitor Center*. L'unique stand est tenu par une agence différente chaque jour, à tour de rôle. Les formules et les prix sont presque tous les mêmes. En fonction du nombre de participants, on part soit en 4x4 (le plus agréable : 3 ou 4 personnes maxi), soit en pick-up ouvert (12 personnes), équipé de banquettes peu confortables. Mieux vaut éviter ce genre de plans en camions 4x4 découverts : coups de soleil et poussière garantis ! Il existe plusieurs excursions : 1 h, 2 h 30 (autour de 40 US$) à la demi-journée (autour de 60 US$) et même à la journée. Bien se renseigner sur le contenu de la balade et se mettre d'accord : la plupart des agences se contentent de trimbaler les touristes sur le circuit ouvert à tous (avec le gros désavantage de ne pas rester aussi longtemps qu'on le voudrait aux différents arrêts) et ne proposent en réalité qu'une ou deux pistes privées. On précise encore que seules celles de plus de 2 h 30 explorent les pistes interdites aux voitures individuelles. Il nous semble donc inutile de prendre un tour d'une durée inférieure. Pour les circuits de plus de 2 h 30, impératif de réserver car un départ tôt le matin est préférable pour la lumière et la chaleur en été. On est accompagné par un guide navajo, qui, selon sa personnalité et la qualité du groupe, sera plus ou moins prolixe. Ne vous attendez pas en tout cas à ce qu'il vous tape sur le dos. Ce n'est pas le genre de la maison. Certains racontent pas mal de chouettes histoires sur leur culture, d'autres, au pire, se contentent de pointer du doigt les sites en disant leur nom. Pour voir la *Mystery Valley* et la *Back Country of Mystery Valley*, fermées aux individuels, la balade dure 5 h (60 US$ par personne). Avantage : on voit des ruines anasazis, des arches et des ponts naturels, mais on peut aussi approcher des Navajos vivant dans Monument Valley et visiter un *hogan* traditionnel. C'est bien sûr très touristique mais le tour est bon.

➢ **Balade à cheval :** depuis 2002, les balades en solitaire à cheval sont strictement interdites dans le parc. La trop forte affluence de John Wayne en herbe ne respectant pas les consignes et galopant hors des pistes a fini par lasser les locaux. En revanche, il est toujours possible de partir accompagné d'un guide, le nez enfoui dans son foulard et le Stetson enfoncé jusqu'aux sourcils ! En fin de journée, lorsque les derniers rayons de soleil enflamment les vieux colosses rocheux au port altier, le moindre galop prend des allures de chevauchée fantastique... Plusieurs compagnies proposent leurs services au parking du *Visitor Center* (et si vous avez des regrets, vous croiserez les corrals et les guides postés au *John Ford's Point* et au *Hub*). Compter 40 US$ par personne pour 1 h, ou 60 US$ pour 2 h.

À voir

🏃🏃 *Monument Valley Museum :* à *Goulding,* dans l'enceinte du *Goulding's Lodge* (voir « Où dormir ? Où manger ? »). Ouvert de mi-mars à novembre de 7 h 30 à 21 h. Donation demandée à l'entrée. Brochure en français à 3 US$. C'est dans cette authentique maison de l'Ouest américain que Harry Goulding et sa femme Léone, surnommée Mike, fondèrent le premier *trading post* de Monument Valley en 1928. Ils s'étaient établis ici cinq ans plus tôt, face à la 8e merveille du monde. Acceptés par les Navajos, dont le mode de vie les avait séduits, ils avaient commencé par faire du troc avec eux. Ils échangeaient des produits finis contre des produits locaux. Pour faire connaître Monument Valley (alors inconnu du grand public !) et pour remplir les caisses, vides depuis le début de la Grande Dépression, Harry se rendit à Hollywood pour rencontrer John Ford. Il attendit 3 jours dans son bureau avant de pouvoir lui montrer des photos de Monument Valley. Impressionné, Ford décida sur le champ de venir y tourner son prochain western, *La Chevauchée fantastique.* C'était en 1939. La légende cinématographique de Monument Valley était lancée...

On visite, sur deux étages, la boutique (à l'entrée), l'entrepôt, la salle forte, le salon, la salle de séjour, la chambre, la cuisine et la salle des photographies... toutes envahies de souvenirs et de témoignages sur les Goulding, leurs amis et la vie de l'époque. La salle dite des tournages a été construite à l'origine comme décor de saloon, puis elle servit de salle à manger à l'équipe de tournage du film *Harvey Girls.* Cette salle évoque les films tournés à Monument Valley. Nombreux documents : photos de John Ford et de son fidèle ami et acteur John Wayne, deux vedettes d'Hollywood, tous deux irlandais d'origine (de vraies « guimbardes », c'est aussi pour ça qu'ils s'entendaient aussi bien). Photos de films comme *The Stage Coach* ou *La Chevauchée fantastique, Rio Grande, Le Massacre de Fort-Apache, Le Convoi des braves, La Prisonnière du désert, Les Cheyennes,* etc. Juste derrière le musée, l'ancienne remise du *Goulding's* (où étaient entreposées les patates) fut transformée en 1949 en « quartiers du Capitaine Brittles » pour les besoins du film *La Charge héroïque* avec John Wayne. Elle n'a pas bougé depuis.

➤ *DANS LES ENVIRONS DE MONUMENT VALLEY*

🏃🏃 *Navajo National Monument :* à un peu moins de 31 *miles* à l'ouest de Kayenta. Prendre la route 160 vers Tuba City et Page. Puis bifurquer à droite au bout de 20 *miles* environ et suivre la route 564 sur 9 *miles*. Elle conduit au Navajo National Monument. Gratuit.

Malgré son nom, cet ensemble de ruines magnifiquement préservées n'est pas navajo mais anasazi (les ancêtres des Hopis). Ceux-ci se seraient installés dans les canyons soit pour se réfugier en période de guerre, soit parce que leurs champs, situés sur les plateaux supérieurs, subissaient une dure période de sécheresse. Ce sont les Navajos qui découvrirent les deux villages, après qu'ils furent abandonnés à la fin du XIIIe siècle. Et ce sont eux qui nommèrent le peuple mystérieux qui avait vécu ici – *Anasazis,* qui signifie en navajo « autre peuple ancien ».

🛈 *Visitor Center :* ☎ (928) 672-2727 ou 672-2700. Ouvert l'été de 8 h à 19 h (Moutain Time), de 8 h à 17 h le reste de l'année. À l'intérieur, jolie expo de poteries et ustensiles anasazis, plus petit film sur l'histoire du site.

➤ *Sentiers de découvertes :* il y en a deux ; le *Sandal Trail,* un petit chemin goudronné très agréable (1 *mile* aller et retour, soit 30 mn de marche au total). Juste après le *Visitor Center,* sur la gauche, reconstitution d'un *hogan.* Tout le long du sentier, des panneaux précisent la nature de la végétation alentour, courte et torturée, extrêmement vivace. Au bout, c'est la surprise : d'un coup s'ouvre devant vous le **canyon de Betatakin,** ramification de l'immense canyon de Begi. Du belvédère, un télescope permet d'admirer une cavité de 140 m de haut où les Indiens anasazis avaient construit l'un de leurs villages en pierre et en adobe. Il en reste de belles ruines encore bien visibles. Superbe. C'est grâce aux poutres qu'utilisaient les Indiens que les archéologues ont pu dater les maisons de Betatakin : celles-ci révèlent leur âge par la technique du carbone 14, mais aussi par l'étude de leurs anneaux – qui gardent trace des années de sécheresse. Les premières maisons semblent avoir vu le jour vers 1250-1260 pour être abandonnées moins de 40 ans plus tard. Le village est si bien caché que les Américains ne l'ont découvert qu'en 1909.

La deuxième balade, **Aspen Trail,** est un sentier botanique qui permet d'embrasser un panorama différent. Il a sans doute un peu moins d'intérêt que le premier car on n'aperçoit pas les ruines indiennes.

➢ **Randonnées :** de juin à septembre, les *rangers* proposent deux randonnées gratuites pour s'approcher des sites indiens. Sportif, mais c'est leur principal atout, puisque du coup les candidats se font rares !

La première balade permet de descendre dans le canyon pour s'approcher des ruines de *Betatakin* (on ne visite plus le village lui-même). Il faut pour cela s'inscrire le matin (dès l'ouverture) sur la liste du *Visitor Center.* La balade, qui fait 5 *miles* (8 km) aller-retour, dure environ 5 h et est accompagnée d'un *ranger.* Départ tous les jours en théorie. On descend d'abord (c'est raide) pour remonter ensuite, comme au Grand Canyon. On reste environ 1 h sur place, c'est peu mais c'est bien. Il est impossible de réserver par courrier ou par téléphone. Le mieux est de se renseigner la veille au soir et de dormir au camping gratuit. (Voir infos dans la rubrique « Où dormir ? Où manger ? ».)

Deuxième balade : un autre village, **Keet Seel** (dont le nom signifie « poterie cassée » en navajo), se trouve également dans le canyon, mais il est invisible du chemin. C'est pourtant le premier à avoir été découvert en 1894. C'est le plus grand et le mieux préservé des deux. Il fut, semble-t-il, occupé un peu plus tôt pour être abandonné aux environs de 1286. Là aussi, on ne peut y accéder qu'à pied, de juin à septembre. Au programme : 17 *miles* (27 km) aller-retour. La balade se fait seul, mais un *permit* (gratuit) doit être demandé au *Visitor Center.* Possibilité de passer une nuit dans le canyon (sur réservation également). Un guide attend les randonneurs au village. Réserver assez longtemps à l'avance auprès du *Visitor Center.*

🔾🔾🔾 **The Valley of the Gods :** la route entre Mexican Hat et Bluff offre des paysages spectaculaires : des terres rouges, des formations « canyonesques », des espaces infinis... La Valley of the Gods est un circuit qui se faufile entre des formations s'apparentant à celles de Monument Valley. Pour s'y rendre, après Mexican Hat, parcourir 4 *miles* en direction de Bluff puis prendre à gauche la route 261 vers Goosenecks et Lake Powell. Faire environ 6 *miles.* Sur la droite (panneau), prendre la petite route de terre bien damée. Sur 17 *miles* environ, on est dans un petit Monument Valley (désert couleur ocre, fabuleux rochers), le monde en moins ! À ne pas faire quand il a plu, la piste traversant alors des oueds en crue impraticables. La boucle revient sur la route 163, qui relie Mexican Hat à Bluff. Sur cet étonnant circuit encore peu fréquenté, une adresse géniale (mais chère malheureusement !) pour faire halte.

🛏 **B & B Valley of the Gods :** sur le sentier de la Valley of the Gods ; à 0,5 *mile* après le début de la piste, sur la gauche. Adresse postale : PO Box 310307, Mexican Hat, UT 84531. ☎ (970) 749-1164 (portable). ● www.valleyofthegods.cjb.net ● Ouvert toute l'année. Chambres doubles de 120 à 130 US$. Une maison charmante édifiée en 1930, complètement en harmonie avec son environnement naturel. Généreuse véranda avec fauteuils de bois, grandes baies vitrées au salon, le tout donnant sur une nature intacte. Trois chambres seulement, donc une intimité préservée, une avec cheminée et véranda privée (la plus grande) et une autre nichée dans une sorte de cabanon un peu à l'écart de la maison, avec la chambre en bas et la salle de bains en haut. Salon commun plein de charme, avec un vieux poêle et une poutre transversale provenant d'une ancienne plate-forme pétrolière. Inutile de dire qu'ici le calme est total. Si l'on rajoute que l'électricité est solaire, qu'il y a des dizaines de balades à faire au gré du vent depuis la maison, que l'atmosphère pourrait être qualifiée de posthippie, *revival-beat* ou tout simplement écologique, vous comprendrez qu'on a un vrai faible pour cette maison dans la vallée. *Check-in* de 16 h à 20 h, n'oubliez pas de prévenir vos hôtes si vous arrivez après.

🏃🏃🏃 *Goosenecks :* de Mexican Hat, suivre la 163 pendant environ 4 *miles* en direction de Bluff, puis prendre à gauche la 261 pendant 1 *mile* et enfin la 1ʳᵉ à gauche. Si vous êtes par là, vaut absolument le détour. Point de vue splendide sur les méandres de la San Juan River, canyons profonds de 300 m taillés dans un paysage noir et dénudé. Les méandres sont tellement resserrés à cet endroit que la rivière s'enroule sur 6 *miles*... mais ne progresse que de 1,5 *mile* ! Table de pique-nique sous abri et toilettes sur place.

BLUFF
300 hab. IND. TÉL. : 435

À 52 *miles* au nord-est de la Monument Valley, sur la route 191, mais tellement plus sympa que *Mexican Hat* ou *Kayenta* que la rallonge de *miles* se justifie largement. Tout commence au détour d'une colline, où une grosse tache verte apparaît. C'est l'oasis de Bluff, à peine 300 âmes en tout et pour tout. Depuis quelques années, la bourgade est pourtant devenue un centre très actif pour les balades dans la région : découverte des pétroglyphes indiens, descente de la San Juan River, randonnée, etc. De quoi justifier la présence de plusieurs petits motels plus agréables que la moyenne et de quelques restos engageants. À la sortie nord de la ville, sur la gauche, juste derrière le *Twin Rocks Café*, jeter un œil aux deux belles aiguilles dressées vers le ciel.

ATTENTION *:* les restos ferment à 21 h 30. Ceux qui assistent au coucher du soleil à Monument Valley vers 19 h 30 ou 20 h ne doivent pas traîner en route s'ils ne veulent pas mourir d'inanition !

Adresses utiles

✉ **Poste :** dans Main St (route 161) et à l'angle de la 5ᵉ rue. Ouvert en semaine de 8 h à 12 h et de 13 h à 16 h 30 ; le samedi de 10 h 30 à 12 h 30.

■ **Distributeur de billets :** à l'intérieur du *K and C Store,* station-service *Sinclair* ; au centre du bourg, route principale. Ouvert tous les jours en saison de 6 h à 22 h (20 h hors saison).

@ **Internet :** au *Twin Rocks Café* (voir « Où manger ? »). Compter 5 US$ pour 30 mn.

■ **Alimentation :** *K and C Store,* à la station-service *Sinclair,* juste après le pont sur la droite quand on va vers le nord.

■ **Laverie Cottonwood Wash and Dry :** face à la station-service Sinclair, côté gauche de la route quand on vient du sud. Ouvert tous les jours de 9 h à 20 h.

Où dormir ?

Campings

⋏ *Cottonwood RV Park and Campground :* sur la 191, dans le centre de Bluff, côté droit quand on va vers le nord. Compter 12 US$ l'emplacement pour une tente, 20 US$ pour un camping-car. Vaste espace cailouteux (quelques brassées d'herbe pour les tentes) sans une parcelle d'ombre. Douches et toilettes. Basique.

⋏ *Cadillac Ranch RV Park :* vers la sortie nord de la ville, côté droit. ☎ 672-2262 ou 1-800-538-6195. Emplacement pour tente ou camping-car autour de 18 US$ pour deux. Mini-terrain propret et bien organisé (douches et w.-c.), enserrant un petit étang qui fera le bonheur des amateurs de pêche. De loin en loin, quelques tables de pique-nique émergent d'entre les roseaux. Impeccable pour l'apéro !

Bon marché

🛏 *Mokee Motel :* à l'entrée de la ville en arrivant de *Mexican Hat*, à droite (à l'angle de 5th West St). ☎ 672-2242. Fax : 672-2464. ● mokeemotel@frontiernet.net ● La double à 55 US$ et 10 US$ de moins en basse saison. Un petit bout de motel avec seulement une poignée de chambres, dans un bâtiment ourlé de fleurs perpendiculaire à la route (ce qui diminue le bruit). Enfin un motel un peu personnalisé... et intime. Chambres à l'ancienne mode simples et très propres, patron accueillant et causant. Bon rapport qualité-prix.

🛏 *Kokopelli Inn :* dans le centre, à droite de la route quand on vient du sud. PO Box 27. ☎ 672-2322 ou 1-800-541-8854. Fax : 672-2385. ● www.kokoinn.com ● Environ 50 US$ la double. Chambres petites et impersonnelles, mais tout confort et bien tenues. Ça peut dépanner pour une nuit si on arrive tard et que tout est plein. Accueil sympa.

De prix moyens à plus chic

🛏 *Recapture Lodge :* dans le centre, juste après la station-service Sinclair, sur la droite, un peu en retrait de la route. Adresse postale : PO Box 309, Bluff, UT 84512. ☎ et fax : 672-2281. ● www.recapturelodge.com ● Doubles autour de 60 US$. Paisible motel en bois rouge, joliment décoré, avec piscine et jacuzzi à l'abri des regards dans un décor de verdure fleuri. Chambres lambrissées un peu datées, mais propres et tout à fait fréquentables. Excellent accueil. Des projections de diapos sur la région sont organisées tous les soirs de mars à octobre par un archéologue du village. Gratuit.

🛏 *The Decker House Inn B & B :* à l'angle de Mulberry et N 3rd East (en arrivant du sud, tourner à gauche juste avant le *Wild Rivers Expeditions*). ☎ 672-2304 ou 1-888-637- 2582. ● www.deckerhouseinn.com ● Doubles de 65 à 80 US$, familiales de 90 à 100 US$, petit déjeuner compris. N'imaginez pas un paquebot échoué ou un bus londonien réhabilité, il s'agit simplement d'une charmante maison de 1888 (historique comme on dit par ici), plantée dans un jardin tout aussi accueillant. Les chambres ne dépareillent pas, personnalisées et douillettes comme tout, mais la vraie bonne surprise de la maison c'est sa cuisine et sa jolie salle commune à la disposition des hôtes. Accueil jeune et dynamique.

🛏 *Calf Canyon Bed & Breakfast :* 7th E St. Prendre la 6th St à gauche, après Bluff Fort en venant du sud, puis la 1re à droite. La maison est plus loin à l'angle. ☎ 672-2470 ou 1-888-922-2470. ● www.calfcanyon.com ● Doubles de 80 à 100 US$ (selon la chambre), petit déjeuner compris. Retirée dans un quartier résidentiel, cette jolie maison de caractère renferme trois chambres meublées avec goût, tapissées de moquettes si épaisses qu'on y distingue à peine ses pieds ! Intérieur très sage et élégant, à l'image de l'accueil. Jolie terrasse ombragée.

🏠 *Desert Rose Inn :* 701 W Main St. À l'entrée de la ville en arrivant de *Mexican Hat*, à droite. ☎ 672-2303 ou 1-888-475-7673. Fax : 672-2217. ● www.desertroseinn.com ● Ouvert toute l'année. Autour de 95 US$ l'été et 75 US$ au printemps et à l'automne (encore moins cher l'hiver). Jolie structure de bois tout en rondins, qui compense sa grande taille grâce à sa chaleur et son excellent confort. Déco agréable, chambres généreuses (mobilier en pin, couvre-lits colorés, quelques lithos aux murs), bon équipement (AC, machine à café...). Pas de petit dej' servi (il n'y a pas de resto). Quelques *cabins* également, encore mieux équipées.

Où manger ? Où prendre le petit dej' ?

Prix moyens

|●| *Twin Rocks Café and Trading Post :* 913 E Navajo Twin Dr. ☎ 672-2341. À la sortie de Bluff, sur la gauche en venant de Mexican Hat. Ouvert de 7 h à 21 h. Petit dej' autour de 6-8 US$ et plats entre 10 et 12 US$. Resto lumineux aux allures de cafétéria, à fréquenter surtout pour ses petits déjeuners bien faits à consommer en terrasse. Sandwichs, pizzas navajos et quelques plats classiques à la carte.

|●| *Cow Canyon Trading Post Restaurant :* route 191. ☎ 672-2208. À la sortie nord de Bluff, sur la droite. Ouvert du jeudi au dimanche de 18 h à 20 h 30. Plats de 10 à 15 US$. Un lieu atypique. Isolée du bourg, cette espèce de cabanon Far West se reconnaît d'abord à ses deux vieilles guimbardes affalées dans la poussière. La carte postale parfaite ! Mais la déco intérieure prend cette image d'Épinal à contre-pied : cheminée, parquet, rayonnages de livres et vérandas charmantes évoquent plutôt un salon de thé coquet ! Cuisine maison raffinée qui change toutes les semaines. Plats à dominante mexicaine ou européenne, parfois originaux (soupe abricot-orange-carotte !).

De prix moyens à un peu plus chic

|●| *Cottonwood Steakhouse :* petite maison western tout en bois sur le côté droit de la route en venant du sud, en plein centre de Bluff. ☎ 672-2282. Ouvert uniquement le soir de 17 h 30 à 21 h. Tous les classiques de l'Ouest à des prix raisonnables (de 15 à 20 US$ selon les morceaux et leur taille). Les amateurs de viande s'en mettront plein la panse. On mange dans la cour, décorée *Old West* avec des selles de chevaux et des tables éclairées à la lampe à huile. Pittoresque, mais la salle du resto ne se défend pas mal non plus, à mi-chemin entre un relais de chasse et un saloon. Une bonne adresse... dommage que les proprios envisagent de vendre prochainement.

À faire

– *Descente de la San Juan River :* une expédition bien sympathique bien qu'elle coûte très cher.

■ *Wild Rivers Expeditions :* un peu après la station-service Sinclair, sur la droite quand on vient du sud. ☎ 672-2244 ou 1-800-422-7654.

MONUMENT VALLEY

Fax : 672-2365. ● www.riversandruins. com ● Agence spécialisée dans la descente de la rivière San Juan. Expéditions de un à plusieurs jours, émaillées de visites de sites indiens

et de petites randonnées. En une journée, descente de Bluff à Mexican Hat (26 *miles*). À partir de 125 US$ par jour, repas compris.

PAGE (ARIZONA) ET LE LAC POWELL (UTAH)

6 800 hab.   IND. TÉL. : 928

Le spectacle de ces énormes falaises rouges qui tombent dans le lac Powell est une des visions magiques de cette région. Il est assez rare que l'intervention de l'homme pour modifier le dessin de la nature ait un effet esthétique aussi positif. Pour le lac Powell, c'est pourtant le cas. Personne, lorsque le barrage fut mis en service, ne pouvait imaginer que le nouveau paysage créé de toute pièce (d'eau) serait aussi majestueux. Personne non plus ne pensait que l'objectif premier (créer une puissance hydraulique) serait rapidement relayé par une autre industrie qui se révèle aujourd'hui bien plus importante et lucrative : celle du tourisme. À 4 h de Salt Lake City, le lac est devenu en quelques décennies le grand terrain de jeux des citadins. Ils déboulent par milliers en fin de semaine avec leurs énormes camping-cars qui tirent un hors-bord d'enfer, une paire de scooters des mers ou on ne sait quoi encore. Reste que la sécheresse dont est victime le lac depuis quelques années commence à poser de sérieux problèmes. De nombreux chenaux sont désormais impraticables, ou difficilement navigables, ce qui oblige les plaisanciers à faire parfois de longs détours et à emprunter les mêmes chemins. Bon, ce n'est pas le périphérique à l'heure de pointe, le lac est encore suffisamment vaste pour que chacun y prenne son plaisir... mais tout de même. Autant dire que les prévisions météorologiques sont devenues l'un des grands sujets de conversations des gens du coin, qui misent tous sur les prochains hivers et la fonte des neiges pour remonter le niveau de leurs eaux.

De nombreux films furent tournés dans le secteur, parmi lesquels *Bandolero* (avec James Stewart, Dean Martin et Raquel Welch, pas moins !), *Wanda Nevada* (avec Peter Fonda), *La Planète des singes* (avec Charlton Heston), *Maverick* (avec Mel Gibson), et même des scènes de *Superman* ! Page est une petite localité, qui n'est pas, contrairement à ce que beaucoup pensent, située au bord du lac, mais sur Manson Mesa, un plateau désertique qui domine la rive sud. Le lac se trouve à environ 6 *miles* du centre-ville par la route US 89. À un saut de puce quoi ! Selon une enquête du journal *Newsweek,* Page est classée comme « la 3ᵉ plus sympathique des petites villes d'Amérique ».

À notre avis, voilà une étape agréable en cours de voyage : il n'y fait jamais trop chaud à cause de l'altitude (1 310 m), il y a de l'eau, beaucoup d'eau, et elle est à 26 °C en août. Il y a plein de possibilités d'excursions dans les environs. Enfin, tout semble magnifié par les grands espaces, *the spirit of the place.*

JOHN WESLEY POWELL

John Wesley Powell (1834-1902) est l'homme qui mena la première expédition dans le but de mettre en carte tout le tracé de la rivière Colorado. Il fit la guerre de Sécession, sous la bannière de Lincoln, avec le grade de lieutenant-colonel, d'où son surnom de major Powell. Amputé du bras droit à la suite d'une blessure, il enseigna la géologie. Officier, professeur, Powell devint explorateur. Avec 4 canots et 9 compagnons, il descendit une grande partie de la rivière Colorado en mai 1869. Ils partirent de Green River dans le Sud-Wyoming pour suivre le cours de la rivière pendant 99 jours. Ce voyage exploratoire se termina le 29 août 1869 à l'endroit où la Virgin River se jette dans le Colorado – soit le bout oriental du lac Mead actuel, près de Las Vegas –, avec deux bateaux seulement et six hommes. Ce périple de 1 760 km constitua une grande première dans l'histoire de l'Ouest américain. Aujourd'hui, le Glen Canyon est devenu un immense lac qui porte le nom de l'intrépide explorateur. Il l'a bien mérité.

PAGE, VILLE NEUVE

Jusqu'en 1884, la région était une terre navajo. Selon une croyance indienne c'était « l'endroit où les arbres mouraient d'effroi ». Les esprits s'y réfugiaient et les hommes le désertaient. Voilà peut-être pourquoi il y a si peu d'arbres encore aujourd'hui dans ces immenses paysages désertiques. Il n'y avait rien, ou presque rien ici jusqu'en 1957. Cette année-là, le gouvernement décida la construction d'un énorme barrage, destiné à endiguer le flot du Colorado et à produire en masse de l'électricité. Le barrage engendra le 2e plus grand lac artificiel des États-Unis, une incroyable oasis de fraîcheur dans un désert de rocaille biblique. Du coup, les maisons sortirent de terre, pour héberger les foules d'ouvriers et de contremaîtres employés sur ce méga-chantier. Pendant longtemps, ce ne fut qu'une ville de travailleurs, à tel point qu'elle était surnommée « le plus grand port de camions des États-Unis ». Les choses ont bien changé.

VIDER LE LAC ?

On s'accorde à dire que le barrage fut créé pour une durée de 300 ans environ, pas plus. En effet, il provoque des problèmes écologiques qui iront en augmentant avec le temps. Notamment celui de l'ensablement : le pied du barrage bloque des dizaines de tonnes de sable qui ne peuvent naturellement couler vers l'aval. Le Colorado en amont a donc tendance à s'ensabler, de même que la San Juan River. Par ailleurs, contrairement à ce qu'on croit, le barrage ne produit pas tant d'énergie que ça. En fait, il sert uniquement de support, durant les heures de pointe, à la grosse centrale au charbon dont on voit les trois grandes cheminées qui se découpent dans le paysage, à l'ouest du lac, à quelques *miles* de Page.

Entre les questions écologiques qui se font plus vives avec le temps et les critiques sur la véritable utilité économique du barrage, la question de vider le lac, saugrenue a priori, commence à se poser. Évidemment, ce serait une catastrophe touristique et certainement un vrai coup de grâce pour Page. Mais on n'en est pas là. Simplement, le *Sierra Club,* un groupe écolo, a déposé il y a peu un projet proposant la destruction du barrage devant le congrès. Il fut largement repoussé. Reste que cette idée ne fait plus sourire.

COUP DE GUEULE SUR LES PRIX !

On adore le lac Powell, vous l'avez compris. Mais il y a depuis quelques années une augmentation des prix des activités nautiques qui devient insupportable, surtout qu'elle ne tient même pas compte de la baisse des eaux du lac. Facteur pourtant très limitant ! Les tarifs de location de bateaux et des tours organisés ont grimpé au-delà du raisonnable. Ce qui pourrait finalement être compréhensible (à défaut d'acceptable), puisqu'on est dans un système d'économie de marché féroce (loi de l'offre et de la demande), devient proprement injuste quand on sait que le lac fait partie de la *Glen Canyon National Recreation Area* et qu'à ce titre, selon les directives des parcs, il doit « être accessible au plus grand nombre ». Or c'est devenu une pompe à fric. Vu que le lac ne peut véritablement s'explorer qu'en bateau, seuls ceux qui possèdent ou louent une embarcation peuvent donc en profiter. Et avec les prix pratiqués par les propriétaires de la concession de la marina (et qui en ont le monopole par la même occasion), seules les personnes très friquées peuvent en profiter ! CQFD. Nous, les *Frenchies* ne roulant pas forcément sur l'or, on est souvent hors jeu. Le moindre petit tour coûte 35 US$.

Ce coup de gueule passé, on peut se démerder (c'est le mot) en se groupant pour louer un bateau à plusieurs couples, et profiter en plus des réductions faites à ceux qui louent au dernier moment (lire nos infos à ce sujet dans « Balades en bateau sur le lac Powell »). Bref, faut ruser !

Adresses et infos utiles

🛈 *Chamber of Commerce (plan A2) :* 608 Elm St, suite C. ☎ 645-2741. Fax : 645-3971. ● www.page lakepowellchamber.org ● Infos par courrier : PO Box 727, Page, AZ 86040. Situé en face de la poste. En été, ouvert en semaine de 8 h à 17 h ; le reste de l'année, en semaine de 9 h à 16 h. Très compétent (demander Bob, qui parle parfaitement le français), accueillant et bourré d'informations consultables en français. Se procurer *Your Photographer's Guide to Page* pour les bons conseils photo.

🛈 *Carl Hayden Visitor Center (carte « Environs de Page ») :* ☎ 608-6404. ● www.nps.gov/glca ● Situé à 2 *miles* au nord de Page, sur la route US 89, dans le centre de réception du barrage (Glen Canyon Dam). Ouvert tous les jours de 8 h à 18 h, jusqu'à 17 h hors saison. Site stratégique oblige, prière de ne pas se présenter aux portails de détection de métaux avec des sacs de voyage. On peut y voir une grande maquette en relief du plateau du Colorado. Informations intéressantes et vidéos sur la construction du barrage. Quelques infos également sur le niveau des eaux du lac et les balades en bateau envisageables.

✉ *Poste (plan A2) :* 44 6th Ave. ☎ 645-2571. Ouvert du lundi au vendredi de 8 h 30 à 17 h.

@ *Page Public Library (hors plan par B2, 6) :* 479 Lake Powell Blvd, hors du centre-ville, face au collège. Ouvert du lundi au jeudi de 10 h à 20 h (17 h les vendredi et samedi). Accès Internet à 3 US$ pour 30 mn.

@ *Digital Lands (plan A1-2, 4) :* 40 S Lake Powell Blvd. Ouvert du lundi au samedi de 10 h à minuit. Compter 3 US$ pour 30 mn. Nombreux postes et Internet à haut débit.

@ *Beans Coffee House (plan A1-2, 34) :* un seul poste 3 US$ les 15 mn. Voir « Où manger ? ».

Argent, banques, change

■ *National Bank of Arizona (plan B2, 3) :* 58 S Lake Powell Blvd. ☎ 645-2441. Distributeur de billets.
– *Change :* à l'heure actuelle, il n'y a pas de banque faisant le change à Page. C'est dire si la municipalité compte sur les touristes étrangers !

Urgences

■ *Police (hors plan par B2, 1) :* Cooppermine Rd. ☎ 645-2463.

■ *Hôpital (plan A2, 2) :* 501 N Navajo Dr. ☎ 645-2424.

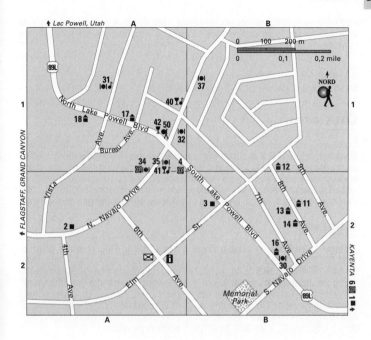

PAGE (CENTRE-VILLE)

■ **Adresses utiles**

- ℹ Chamber of Commerce
- ⊠ Poste
- **1** Police
- **2** Hôpital
- **3** National Bank of Arizona
- @ **4** Digital Lands
- @ **6** Page Public Library
- @ **34** Beans Coffee House

🏠 **Où dormir ?**

- **11** Uncle Bill's Place
- **12** Lulu's Sleep Ezze
- **13** Red Rock Motel
- **14** KC's Motel
- **16** Budget Host Inn
- **17** Page Boy Motel
- **18** Travelodge

|●| **Où manger ? Où prendre le petit dej' ?**

- **30** Fiesta Mexicana
- **31** Ken's Old West
- **32** Strombolli's
- **34** Beans Coffee House
- **35** The Dam Bar & Grille
- **37** Ranch House

🍸 🎵 **Où boire un verre ? Où sortir ?**

- **40** Windy Mesa
- **41** Gunsmoke Saloon
- **42** The Bowl

🏃 **À voir**

- **50** John Wesley Powell Memorial Museum

– Si vous avez des ***problèmes de santé,*** allez à l'office du tourisme avant de vous rendre à l'hosto et demandez à Bob de vous indiquer un médecin, ce sera moins cher que l'hôpital.

Divers

■ ***Sunshine Laundry :*** 131 Lake Powell Blvd.

Où dormir ?

Il faut arriver tôt le matin en saison pour être sûr d'avoir une chambre. La ville compte quelques *B & B* qui ne sont jamais indiqués extérieurement. L'office du tourisme en fournit la liste avec les différents numéros de téléphone. Il faut appeler, et le propriétaire vous donnera son adresse pour que vous puissiez venir. L'hébergement chez l'habitant coûte tout de même entre 90 et 120 US$. Pas donné donc. Cela dit, plusieurs possibilités de se loger pas cher à Page.

Camping

⚔ ***Page Lake Powell Campground and RV Park :*** 849 Coppermine Rd. ☎ 645-3374. Fax : 645-2588. ● http:// campground.page-lakepowell.com ● À l'entrée de Page, sur la droite en venant de Kayenta. Ouvert toute l'année. Emplacement pour tente autour de 17 US$, de 22 à 28 US$ pour un camping-car. Peu d'ombre et presque exclusivement des camping-cars comme voisins (les tentes sont coincées sur une maigre plate-bande en plein milieu du site). En plein cagnard et en bord de route. Douches climatisées incluses. Laverie, piscine couverte et jacuzzi.

Bon marché

La quasi-totalité des adresses de cette catégorie se regroupe autour d'une seule et même rue (8th Ave), un ancien lotissement ouvrier datant de la construction du barrage, devenu quartier résidentiel. Hors saison, la négociation est de mise.

🏠 ***KC's Motel*** *(plan B2, 14) :* 126 8th Ave. ☎ 645-2947. Fax : 608-0559. ● www.kcmotel.com ● Autour de 40 US$ la double, 50 US$ le studio (55 US$ pour 4). D'emblée, l'accueil exemplaire du patron rassure sur la qualité de la maison : irréprochable. Les petites chambres sobres et nickel, avec salle de bains, TV et parfois l'AC sont déjà une bonne affaire, mais les studios pour 4 avec cuisine et coin-salon sont carrément d'un rapport qualité-prix imbattable. Et tout cela sans compter les bons tuyaux de Dick sur le lac Powell !

🏠 ***Uncle Bill's Place*** *(plan B2, 11) :* 117 8th Ave. ☎ 645-1224 ou 1-888-359-0945. Fax : 645-3937. ● www.unclebillsplace.com ● À partir de 45 US$ la double avec salle de bains à partager (plus cher avec salle de bains privée) en haute saison. Également un appartement de 3 chambres, avec cuisine, à 120 US$ en été. Barbecue et terrasse à disposition. Après avoir voyagé, Françoise, une francophone, et Baron « Uncle Bill » ont remisé leurs sacs à dos et ouvert cette pension de famille. Depuis, Deanna les a rejoints dans cette nouvelle aventure, et tout ce petit monde se relaie pour accueillir les invités. Même si quelques signes de fatigue pointent ici ou là, on aime toujours autant le jardin plein de roses, la personnalité de Bill, les soirées tranquilles dans la verdure. Mais pas d'enfants de moins de 6 ans. Chambres classiques très correctes. Laverie.

🏠 ***Lulu's Sleep Ezze*** *(plan B1, 12) :* 105 8th Ave, à l'angle d'Elm St. ☎ 608-0273 ou 1-800-553-6211. ● lulus@canyoncountry.net ● De 40 à 55 US$ en haute saison. Chambres gentiment décorées dans les tons blanc et rose. Les jeunes amoureux apprécieront. Accueil vraiment très sympathique de Lulu, qui maintient sa maison très propre et propose un accès Internet gratuit à ses hôtes. Petite terrasse tranquille à l'arrière, idéale pour l'apéro ou le BBQ.

🏠 *Page Boy Motel* (plan A1, 17) : 150 N Lake Powell Blvd, à l'angle de Bureau Ave. ☎ 645-2416 ou 1-800-299-0455. Fax : 645-2269. ● www. thepageboy.com ● De 35 à 45 US$ selon la saison pour un grand lit. Petit motel sympathique et pas compliqué, qui se démarque par de notables efforts d'aménagement dans la cour intérieure : petites allées, fleurs, jeux pour les enfants et piscine entretiennent une atmosphère conviviale et détendue. Les chambres, simples et sans surprise, s'organisent tout autour.

🏠 *Red Rock Motel* (plan B2, 13) : 114 8th Ave. ☎ et fax : 645-0062. ● www.redrockmotel.com ● De 40 à 60 US$ en haute saison selon la chambre (certaines ont une cuisine pour le même prix). Motel minuscule sans prétention, mais propre et bien tenu. Cachet et ambiance réduits à leur plus simple expression. Toutes les chambres ont une machine à café et sont précédées par un jardinet fatigué.

🏠 *Budget Host Inn* (plan B2, 16) : 121 S Lake Powell Blvd. ☎ 645-2488 ou 1-800-BUD-HOST. Fax : 645-9472. Sur la route principale. De 40 à 55 US$ la double selon la saison. Motel banal de taille moyenne, mais tout à fait correct pour une nuit. Deux bâtiments perpendiculaires à la route, séparés par un parking où les voitures et une mini-piscine se disputent la place.

Prix moyens

🏠 *Travelodge* (plan A1, 18) : 207 N Lake Powell Blvd. ☎ 645-2451 ou 1-800-578-7878. Doubles autour de 60 US$. Racheté depuis peu par le groupe Travelodge, de qualité moyenne, cet établissement appartenait toutefois à l'origine à une chaîne hôtelière d'un rang supérieur. Du coup, les chambres de bonne taille sont bien équipées et les infrastructures convenables (piscine).

Plus chic

🏠 *Canyon Colors B & B* (hors plan par B2) : 225 S Navajo Dr. ☎ et fax : 645-5979 ou ☎ 1-800-536-2530. ● www.canyoncolors.com ● De 65 à 95 US$ selon la chambre et la saison. Ce *B & B* familial, situé dans un quartier résidentiel mignon au sud du centre-ville, dispose de 4 chambres agréables et confortables. Salles de bains privées pour tout le monde, mais seule la plus grande bénéficie d'un jacuzzi et d'un poêle pour les soirées d'hiver. Les hôtes se retrouvent volontiers dans le salon commun douillet (il faudra juste pousser un peu les bibelots), où l'on déniche une bonne sélection de films vidéos. Toute petite piscine. Cartes de paiement acceptées. Famille très sympa et de bon conseil.

Où dormir au bord du lac Powell ?

L'accès à la marina de Wahweap est payant puisqu'on pénètre dans le parc : 10 US$ par voiture, valable une semaine à toutes les entrées, 3 US$ par personne pour ceux qui sont à pied ou à vélo. *National Parks Pass* accepté.

Camping et *trailer park*

⚊ *Lone Rock Campground :* en venant de Page, indication « Lone Rock », 4 *miles* après l'embranchement de la marina en direction de Kanab. On est au bord du lac, donc à l'intérieur du parc (entrée à 10 US$, ou *National Parks Pass* accepté). Un chemin mène à une longue plage de sable (laisser sa voiture au parking bitumé, risque d'ensablement important) mais sans aucune ombre. Cet espace désertique très beau est autorisé au camping : 8 US$ par véhicule, peu importe le nombre de personnes dans la voiture. Toilettes, robinets et douche de plage à disposition au parking. On a le droit de faire du feu (avoir son bois). La solution la moins chère autour de Page.

⚿ *Wahweap Campground (plan Wahweap Marina, B2)* : 100 Lake Shore Dr, dans l'ensemble de la marina de Wahweap. ☎ 645-1059. À 6 *miles* de Page, un camping bien aménagé, avec vue sur le lac. Emplacement pour tente à 15 US$. Ne prend pas de réservations. Magnifiquement situé face aux grandes falaises plongeant dans le lac. Tables et BBQ gratuits. Plage pas terrible près de la marina, mais plusieurs anses tranquilles sont faciles d'accès à pied, un peu plus loin côté ouest. Sur place : épicerie, laverie, toilettes et douches à pièces (2 US$ pour 15 mn maximum).

⚿ Ceux qui voyagent en camping-car iront au *Wahweap Trailer Village (plan Wahweap Marina, B2)*, toujours dans l'enceinte de la marina. ☎ 645-1004. Sur une colline dominant la baie. Prévoir 28 US$ avec douche chaude. Petite épicerie et laverie.

Très chic

🏠 *Lake Powell Resort (plan Wahweap Marina, B2)* : 100 Lake Shore Dr. ☎ 645-2433 ou 1-800-528-6154. Fax : 645-1031. ● www.lakepowell.com ● Au cœur de la marina. Ouvert toute l'année. De 80 à 170 US$ la double selon la saison. Argh ! Ça fait chérot ! Mais ce complexe tentaculaire bénéficie évidemment d'un emplacement de choix face au lac. Beaucoup moins sympa si les chambres donnent sur le parking, et pas génial lorsqu'elles occupent les bâtiments de droite, braqués vers les cheminées de la centrale. Bon niveau de confort, piscines, boutiques et tout le tralala sur place.

Où dormir dans les environs ?

🏠 *Dreamkatchers B & B (carte « Environs de Page »)* : 66 S American Way, à Big Water (dans la rue à gauche en arrivant de Page, juste avant les entrepôts du *Boat Storage*). À une douzaine de *miles* au nord-ouest de Page par la 89. Adresse postale : PO Box 410181, Big Water, UT 84741. ☎ (435) 675-5828 ou 1-888-479-9419. ● www.dreamkatchersbandb.com ● En saison, doubles pour 100 US$, ou 85 US$ avec la salle de bains dans le couloir (mais privée), petit déjeuner compris. Eric ne fait pas les choses à moitié : rien n'a été laissé au hasard dans sa jolie maison ocre tirée à quatre épingles, du salon cosy avec cheminée pour les soirées d'hiver à la terrasse équipée de ventilos pour les petits déjeuners ensoleillés, en passant bien sûr par ses chambres à thème, confortables et meublées avec soin. Mais le plus inattendu, c'est le spa sur le toit pour se délasser sous les étoiles... Romantique !

Où manger ? Où prendre le petit dej' ?

Bon marché

🍴 *Beans Coffee House (plan A1-2, 34)* : 644 N Navajo Dr, Dam Plaza. ☎ 645-6858. Ouvert du lundi au vendredi de 6 h 30 à 17 h, le samedi à partir de 7 h et le dimanche de 8 h à midi. Environ 4 ou 5 US$ le petit dej'.

Ce minuscule *coffee-shop* est une vraie bénédiction pour un petit dej' pas cher. *Muffins,* biscuits variés, toasts... *caffè latte, cappuccino.* Un grand canapé pour se vautrer en s'éveillant à l'odeur d'un bon *espresso.* Accès (payant) à Internet.

|●| *Ranch House (plan B1, 37) :* 819 N Navajo Dr. ☎ 645-1420. Ouvert de 6 h à 15 h (21 h en été). Grand choix de *burgers,* salades et sandwichs pour moins de 6 US$. Resto

populaire sympathique à l'écart des circuits touristiques. Les outils accrochés aux murs ne parviennent pas vraiment à dérider la vaste salle aux allures de cafétéria, mais ce sont les habitués venus en famille qui assurent une ambiance conviviale. Très fréquenté pour ses petits dej', mais aussi pour ses plats classiques tout à fait convenables et généreux, à l'image des boissons servies d'emblée en *King size* !

Prix moyens

|●| *Fiesta Mexicana (plan B2, 30) :* 125 S Lake Powell Blvd. ☎ 645-4082. Ouvert tous les jours midi et soir, jusqu'à 21 h. Plats de 9 à 12 US$ le soir. Le bon resto mexicain de la ville, connu et reconnu pour ses *margharitas* préparées dans les règles et ses plats bien ficelés. Déco sympa un peu chargée, petite terrasse agréable et des serveurs à l'américain hésitant.

|●| *Strombolli's (plan A1, 32) :* 711 N Navajo Dr. ☎ 645-2605. Ou-

vert de 11 h (midi le dimanche) à 21 h 30. Pastas de 9 à 12 US$, pizzas individuelles autour de 11 US$. Les Napolitains auront du mal à reconnaître leurs pizzas chéries, mais les versions locales épaisses et bien fournies font l'affaire après une bonne journée bien remplie. Plats de pâtes dans le même esprit, *al dente* comme du riz chinois, mais mangeables. Terrasse très agréable ou petite salle accueillante façon bistrot.

Plus chic

|●| *The Dam Bar & Grille (plan A1, 35) :* 644 N Navajo Dr, Dam Plaza (à l'angle de Navajo et de Lake Powell). ☎ 645-2161. Ouvert de 17 h à 22 h. De moins de 10 US$ à plus du double. De 17 h à 19 h, ils proposent des *early birds specials,* plats identiques et moins chers que sur la carte. Grandes salades, pâtes, steaks sous toutes les coutures, *ribs* et quelques plats de poisson. *Fish & chips* également. Le tout à déguster sur une grande terrasse ombragée, donnant sur les allées tranquilles du centre commercial. Si vous devez attendre une table, il y a aussi un *Sports Bar,* qui propose tout un assortiment de cocktails. Bon accueil.

|●| ♪ *Ken's Old West (plan A1, 31) :* 718 Vista Ave, à l'angle de Lake Powell Blvd. ☎ 645-5160. Ouvert tous les jours de 16 h à 22 h. Burgers à moins de 10 US$, ou plats de 12 à 20 US$. Pour les petites faims, choisir le *soup and salad bar,* un *all you can eat* de bonne tenue à 8 US$. Un chariot du Far West suspendu au-dessus de la bâtisse en bois annonce la couleur. C'est le rendez-vous des cow-boys du coin, qui viennent y écouter de la country et danser au son des groupes qui se succèdent sur scène (du jeudi au samedi). Plats de viande de rigueur, avec parfois quelques plats de *seafood* en invités surprise. *Salad bar* à volonté avec chaque plat.

Où manger au bord du lac Powell ?

Bon marché

|●| *Bene Pizza Restaurant (plan Wahweap Marina, B2) :* dans l'en-

ceinte de la marina, juste à côté du *Lake Powell Resort.* Ouvert unique-

PAGE ET
LE LAC POWELL

ment en saison de 11 h à 22 h. Pizzas pour 2 de 11 à 16 US$, pour 4 de 14 à 20 US$. Arrondie et carrelée comme un snack à l'ancienne mode, cette petite pizzeria tout en baies vitrées est prolongée par une terrasse dominant la marina (vue pas tip-top cela dit). *Salad bar,* sandwichs et grandes pizzas américaines à partager.

De chic à très chic

|●| *Resto du Lake Powell Resort* (*plan Wahweap Marina, B2*) : à l'intérieur du *Lake Powell Resort* (voir « Où dormir dans les environs ? », plus haut). ☎ 645-2433. Ouvert tous les jours de 6 h à 14 h et de 17 h à 22 h. Pas de réservation possible. Petit dej'-buffet à 10 US$. Salades, sandwichs, *burgers* à partir de 8 US$, sinon les plats sont plus chers et augmentent encore le soir. Vraiment agréable de grignoter une salade dans cette salle climatisée quand le soleil cogne dehors. La vue à 180° sur le lac et le canyon est superbe. Bonne cuisine, mais service parfois longuet.

|●| *Bateau Canyon King Dinner Cruise* (*plan Wahweap Marina, B2*) : ☎ 645-1070. Départ de mi-août à fin septembre à 17 h et de juin à mi-août à 18 h. Durée : 2 h 30. Un peu moins de 70 US$. Toouut ! Toouut ! Larguez les amarres. Tous les soirs en haute saison, le *Roi du Canyon,* aux allures de bateau à aubes du Mississippi, parcourt le lac jusqu'au coucher du soleil. Dîner à bord très couru, donc réservation recommandée. Ce n'est paradoxalement pas si cher en comparaison des balades de 3 h proposées pour 55 US$.

Où boire un verre ? Où sortir ?

♈ ♪ *Windy Mesa* (*plan A1, 40*) : 800 N Navajo Dr. ☎ 645-2186. Ouvert tous les jours de 9 h à 1 h du matin. Concerts ou karaoké tous les soirs sauf le lundi : rock, country local, DJ... À ne pas louper dans le genre. *Happy hours* de 9 h à 12 h et de 16 h à 19 h. Prolos, margeos et Indiens pour une bonne musique rock et country. Entre les danseurs, les musiciens, les joueurs de billard et les pochtrons du comptoir, l'atmosphère n'est pas toujours de tout repos. Bourrelet sur le bar, pour ne pas se heurter le menton. Mais qui est donc cet étranger qui vient de franchir le seuil ?...

♈ ♪ *Gunsmoke Saloon* (*plan A1-2, 41*) : 644 N Navajo Dr, Dam Plaza, tout contre le *Dam Bar & Grille* (c'est la même maison). Ouvert en saison de 19 h à 1 h du matin. Parfois un petit droit d'entrée à payer. Plusieurs billards, musique *live* (surtout country) tous les soirs, sauf les dimanche et lundi. Rien n'interdit de profiter de la piste de danse pour se jeter dans une *square dance* endiablée !

♈ *The Bowl* (*plan A1, 42*) : 24 N Lake Powell Blvd. ☎ 645-2682. Bowling populaire ouvert de 9 h à minuit. Quelques billards aussi. Bonne atmosphère.

À voir

🏹 *John Wesley Powell Memorial Museum* (*plan A1, 50*) : 6 N Lake Powell Blvd et N Navajo Dr. ☎ 645-9496. ● www.powellmuseum.org ● Ouvert du lundi au samedi de 9 h à 17 h (fermé le samedi hors saison). Fermeture annuelle de mi-décembre à début février. Entrée : 5 US$; réductions. Ce petit musée, assez modeste, présente de nombreux documents et souvenirs sur l'histoire du lac Powell et de Page. On y trouve notamment des informations sur les Indiens (vitrines renfermant quelques poteries), sur la construction du grand barrage (photos intéressantes) et une petite section sur le patrimoine géologique de la région. Mais il rend surtout hommage à John Wesley

Powell (1834-1902), l'homme qui mena la première expédition sur le Colorado (lire les informations sur le major Powell au début du chapitre sur Page). Dans le couloir, petite sélection de photos en noir et blanc des tournages de films des années 1960, au tout début de la vie du lac. Drôle comme tout.

➤ *DANS LES ENVIRONS PROCHES DE PAGE*

LE BARRAGE DE GLEN CANYON (carte « Environs de Page »)

🎥🎥 À 2 *miles* environ au nord de Page, sur la route US 89, en direction de Kanab et de la marina de Wahweap. Visites guidées gratuites limitées à 20 personnes (s'inscrire en arrivant pour le prochain départ), toute l'année, tous les jours (sauf en cas de mauvais temps). ☎ 608-6072. ● www.glenca nyonnha.org ● Départ toutes les 30 mn de 8 h 30 à 16 h (sauf à 11 h 30 et midi). L'hiver, toutes les 2 h de 8 h 30 à 14 h 30. Prévoir environ 45 mn. Attention, les sacs de voyage sont interdits dans l'enceinte du barrage pour raison de sécurité. Avec 216 m de haut, c'est le 4e barrage des États-Unis. Ce qui impressionne surtout, c'est l'épaisseur de la masse de béton : 10 m dans la partie haute et 100 m à ses pieds. Dans le hall d'entrée, maquette en relief du Glen Canyon et expo bien ficelée sur les techniques de construction. Noter, au début du couloir, sur la droite du comptoir, un tableau du peintre Norman Rockwell où l'on voit une famille indienne qui semble se désoler devant cette construction. Sûrement n'était-ce pas le sens de la commande faite à l'artiste américain ! Durant la visite, on explore la partie supérieure du barrage (distribution de beaucoup de chiffres oubliables), avec une vue exceptionnelle sur le lac paisible d'un côté et le Colorado tumultueux de l'autre, puis l'ascenseur intérieur nous mène au pied du barrage : vision par une vitre des énormes turbines produisant l'électricité.

POINTS DE VUE SUR LE LAC POWELL (carte « Environs de Page »)

Il existe plusieurs points de vue extra sur le lac.

🎥🎥🎥 *Scenic view :* situé 2 *miles* après la bifurcation de la marina, sur la droite quand on vient de Page. Panneau « Scenic view », 100 m après le panneau « mile 552 ». On fait un petit *mile* par une piste avant d'embrasser le très beau panorama. La position légèrement dominante de ce point offre une jolie vue. Les amoureux, les touristes et les touristes amoureux s'y retrouvent au coucher du soleil.

🎥🎥 *Lone Rock :* en venant de Page, poursuivre tout droit sur 4 *miles* après l'embranchement de la marina (en direction de Kanab). Attention, il s'agit à nouveau du parc : 10 US$ par voiture. *National Parks Pass* accepté. Superbe point de vue sur ce bras du lac et sur le *Lone Rock,* ce rocher colossal isolé sur l'eau. À moins de rouler en 4x4, laisser absolument son véhicule au parking : risque très important d'ensablement. Petites plages de sable agréables.

🎥🎥 *Horseshoe Bend :* on accède facilement à ce point de vue (gratuit) plongeant sur l'un des méandres du Colorado depuis Page. Vraiment une vision à ne pas manquer. Prendre la route de Flagstaff jusqu'à la hauteur du *mile marker* (panneau) 545. Côté gauche, vous verrez un grand « P » blanc peint sur un rocher. Juste après, prendre le tronçon de route sur la droite, jusqu'au parking situé à 300 m. De là, vous n'êtes plus qu'à 10-15 mn de marche. Il faut juste passer de l'autre côté de la colline. Le Colorado s'enroule autour d'un gros piton rocheux qu'on peut observer depuis la falaise. Spectaculaire de beauté. Attention toutefois, les bords de la falaise peuvent présenter de gros dangers. Soyez vraiment vigilant si vous êtes avec des enfants, il n'y a pas de garde-fous. Les photographes auront une meilleure lumière le matin, mais pas avant 8 h 30 ou 9 h (ça dépend des saisons), car plus tôt, tout est encore dans l'ombre.

UPPER ET LOWER ANTELOPE CANYONS

Les deux sites fabuleux d'Antelope Canyon se trouvent à 6 *miles* à l'est de Page. Pour s'y rendre, prendre la route 98 vers Kayenta. L'entrée de l'Upper Antelope Canyon se trouve à droite, juste après le *mile marker* 299 et un peu avant l'immense usine d'énergie. Le point de départ est la petite cabane en bois sur le parking. L'entrée du Lower Antelope Canyon est située quelques centaines de mètres plus loin, sur la route de *l'Antelope Point Marina* qui part de la 98 juste après l'Upper Antelope Canyon. Les deux sites sont ouverts de 8 h à 17 h du printemps à fin octobre (le Lower est ouvert de 9 h à 15 h au-delà). Fermés les jours d'orage à cause des risques de crue, qui peuvent avoir de terribles conséquences. En 1997, un accident a fait plusieurs morts dans le Lower Antelope Canyon. Des touristes (français en majorité) se promenaient dans le fond de la gorge. Un orage violent et inattendu a éclaté à plusieurs kilomètres de là et les eaux d'un *río* voisin ont dévalé dans le canyon. Ils ont été emportés et noyés par un torrent d'eau qui a balayé le fond du canyon.

L'Upper Antelope Canyon

🕴🕴🕴 ☎ 698-3285. Un somptueux défilé large de 2 m et long de près de 200 m. Une sorte de coup de sabre violent qui aurait creusé l'écorce d'un plateau de *sandstone,* le magnifique grès rouge caractéristique de la région. Les parois, étonnamment sculptées, rappellent des toiles qui flotteraient sous le vent, voire même d'étranges vagues minérales. Les couleurs changent selon l'inclinaison du soleil. On conseille vraiment d'y aller entre 11 h 30 et 14 h (les meilleures horaires varient un peu selon les saisons, évidemment). Dans cette tranche horaire, le canyon reçoit plus de lumière et la pierre prend une extraordinaire teinte orangée. Il faut en effet que la lumière soit presque à la verticale pour pénétrer dans le canyon : c'est elle qui donne toute la magie à ce lieu. Après 14 h, ça n'a plus aucun intérêt car la roche devient grise et terne. Découvert en 1931 par une jeune bergère navajo, le canyon tient son nom des nombreux *pronghorns* (sorte d'antilope) qui habitaient autrefois les environs.
– *Conseil :* pour ceux qui sont encore à l'argentique, prévoir des pellicules photo de 400 ASA ou, mieux encore (et valable aussi pour le numérique), un trépied pour les deux canyons pour pouvoir capter le maximum de détails. À noter, l'utilisation du flash est interdite.

Comment visiter l'Upper Antelope Canyon ?

L'Upper Antelope Canyon a les faveurs du grand public car c'est le plus facile à visiter. Aucun dénivelé, aucune échelle machiavélique sur le parcours ! C'est pourquoi toutes les agences de Page proposent uniquement la visite de ce canyon. On a donc le choix entre deux solutions :
– *Par ses propres moyens :* le moins cher est d'aller directement à l'entrée du parc, où l'on doit obligatoirement laisser son véhicule sur le parking près

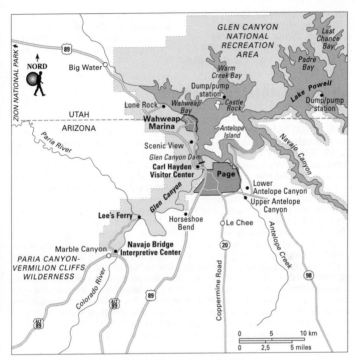

LES ENVIRONS DE PAGE

de la cahute : outre le billet d'entrée à Antelope (6 US$ par personne qui reviennent au parc), il faut louer les services des Navajos qui, pour 15 US$ par personne, assurent un service de navettes en pick-up jusqu'au canyon situé environ 3 *miles* plus loin (cette piste sablonneuse est interdite aux individuels). Départ *grosso modo* toutes les demi-heures en haute saison, toutes les heures s'il n'y a pas grand monde. On vous laisse dans le canyon environ 1 h selon la fréquence des navettes, avant de venir vous rechercher. Cette formule est moins chère et plus pratique que de passer par une agence. En outre, on peut faire dans la foulée la visite du Lower Antelope Canyon qui est juste à côté. À noter pour les photographes : possibilité de rester 2 h dans le canyon pour 25 US$.

– *Par agence :* 4 agences de Page vous emmènent à Antelope. Compter environ 29 US$ par personne. Plusieurs départs par jour. Les balades durent environ 1 h 30 (puisqu'elles comprennent le trajet depuis Page). La seule différence avec le fait d'y aller par ses propres moyens est qu'il y a un guide qui peut parler un peu du secteur. À vous de voir si ça vaut la différence de prix. Pour nous, ça ne la vaut pas. Toutes les agences proposent aussi une excursion spéciale « photographes » d'une durée de 2 h (environ 50 US$). On reste plus longtemps dans le canyon pour profiter des variations de lumière. Bon à savoir : en saison, aux meilleures heures, c'est carrément la foule des grands jours !
Voici les 4 agences, qui proposent strictement la même chose au même prix :

■ *Overland Canyon Tours :* 695 N Navajo Dr. ☎ 608-4072. • www. | overlandcanyontours.com • ■ *Antelope Canyon Adventures :*

104 S Lake Powell Blvd. ☎ 645-5501. ● www.jeeptour.com ●
■ *Grand Circle Adventures :* 48 S Lake Powell Blvd. ☎ 645-5594 ou 1-800-835-8859. ● www.antelopeslot

canyontours.com ●
■ *Antelope Canyon Tours :* 22 S Lake Powell Blvd. ☎ 645-9102. ● www.antelopecanyon.com ●

Le Lower Antelope Canyon

ᚼᚼᚼ ☎ 660-2844. ● www.lowerantelope.com ● L'entrée est matérialisée par une cabane plantée dans un parking en contrebas de la route. Entrée : 12,50 US$, plus 6 US$ pour l'entrée du parc (vous n'avez pas à repayer cette entrée si vous avez déjà visité l'Upper Antelope Canyon dans la même journée ; le billet n'est plus valable le lendemain). Le canyon, qu'on aborde ici par le haut (contrairement à l'Upper Antelope Canyon), est situé immédiatement après la cahute d'entrée. On le remarque pourtant à peine, et l'on pourrait très bien dépasser cette fine entaille sans imaginer un seul instant les trésors qu'elle protège. Car le Lower Antelope Canyon se mérite. Ici la visite se confond avec un amusant parcours du combattant, une visite haute en couleurs où l'on se plaque contre la roche pour traverser un étroit défilé, avant de dégringoler de palier en palier jusqu'aux salles les plus joliment sculptées par les pluies diluviennes. Un système d'échelles métalliques permet toutefois d'accéder au fond du canyon sans encombre, que l'on parcourt ensuite sur quelques centaines de mètres avant de remonter pour revenir par le dessus. Peut-être un peu moins impressionnant que son voisin, mais beaucoup moins fréquenté et plus amusant pour les enfants avec son système d'échelles partout. La balade se fait en théorie avec un guide navajo qui vous accompagne sur une partie (justement à cause des échelles).

LE LAC POWELL *(ind. tél. : 435)*

ᚼᚼᚼ À cheval sur la partie nord de l'Arizona et le sud de l'Utah. Il a fallu 17 ans pour remplir d'eau ce lac, après l'inauguration du barrage de Glen Canyon en 1957. Dix-sept ans qui prouvent l'immensité des lieux. Par sa taille, il est le 2e plus grand lac artificiel des États-Unis (655 km). Ses nombreuses tentacules s'enfoncent dans les terres. Au total, criques découpées et canyons secondaires inclus, il totalise 3 150 km de rivage, soit plus que toute la côte Ouest du pays ! En fait, il s'agit à l'origine d'un long et profond canyon, creusé dans le plateau par la rivière Colorado.

Ce canyon fut découvert par le major Powell en 1869 (voir au début du chapitre sur Page le texte qui lui est consacré). « Voilà un curieux ensemble de merveilleuses curiosités : des parois sculptées, des arcs royaux, des gorges, des ravins encaissés, des tertres et des monuments. De laquelle de ces curiosités allons-nous emprunter le nom ? Eh bien, nous avons décidé de l'appeler Glen Canyon », note John Wesley Powell dans son journal de bord. *Glen* signifie « vallée étroite » en anglais (mot gaélique d'Écosse). C'est en souvenir de son voyage exploratoire de 1869 que le lac porte son nom aujourd'hui.

En 1957, le Glen Canyon fut en grande partie englouti sous les eaux retenues par le barrage. En été, la température de l'eau oscille autour de 26 °C. On y trouve quelques plages et une multitude de criques sauvages où il est vraiment agréable de se baigner ou de jouer à Robinson, le pionnier de l'Ouest. Les spectacles naturels sont saisissants, et cette balade sera sans doute l'un de vos plus beaux souvenirs du pays. Voilà un lac artificiel où tout

semble si naturel. Le mariage de l'eau et de la pierre est tellement harmonieux, tellement beau, que ce paysage semble exister depuis l'aube des temps.
– *Entrée :* 10 US$ par véhicule, 3 U$ par piéton. *National Parks Pass* accepté.
– Un des sites les plus visités du lac se trouve à 50 *miles* (80 km) à l'est de la marina de Wahweap : c'est le ***Rainbow Bridge National Monument,*** classé Monument national en 1910. Il s'agit d'une énorme arche de pierre ocre-rose *(Navajo sandstone),* haute de 83 m, située au fond d'un merveilleux canyon accidenté. Des excursions depuis la Wahweap Marina y mènent chaque jour. On peut aussi s'y rendre en louant un bateau (voir les infos là-dessus plus loin). Malheureusement, la baisse du niveau des eaux a rendu malaisée la visite de ce formidable site. On s'y rend en bateau, certes, mais il faut désormais débarquer à environ 2 *miles* du pont. Autant dire que la marche de 45 mn n'est pas toujours agréable en plein cagnard ! Mais le jeu en vaut la chandelle. On se croirait dans un décor de film, tel que *Les Aventuriers de l'arche perdue.* Sa forme de pont primitif et d'arc-en-ciel explique son nom. Pour les Indiens navajos, cette arche naturelle est un lieu sacré, chargé de légendes et de spiritualité. Respectez leurs croyances religieuses en ne marchant pas sous l'arche, même si d'autres le font.
La découverte du lac demande du temps. Sur les rives nord et sud, des petits ports accueillent ceux qui se baladent en bateau :
– La nouvelle ***marina d'Antelope Point*** censée remédier à la fermeture d'autres sites est encore en cours d'aménagement. On peut toutefois y faire halte.
– La ***marina de Dangling Rope*** possède un poste de *rangers* et une station-service. Plus loin, ***Bullfrog*** (☎ (435) 684-3000) et ***Halls Crossing*** (☎ (435) 684-7000) sont deux marinas qui se font face sur les deux rives opposées. On est déjà à 95 *miles* (152 km) du barrage de Glen Canyon et de la marina de Wahweap ! Ces deux bases nautiques sont bien équipées : camping, restos, station de *rangers* et épicerie.
– La ***marina de Hite*** est actuellement fermée en raison du faible niveau des eaux. Les débarcadères sont aujourd'hui les pieds... dans l'herbe ! – Pour plus de détails sur les virées nautiques, voir ci-dessous la rubrique « Balades en bateau sur le lac Powell ».

⌐ Le ***Lake Powell Ferry*** (☎ 684-7000) est un bac qui assure la liaison régulière entre Bullfrog et Halls Crossing. Il relie ainsi les deux tronçons de la route 276 qui mène d'Hanksville (Utah) à Natural Bridges. Une route de terre permet également de gagner Capitol Reef. L'été, un bac toutes les 2 h de 8 h à 18 h à partir de Halls Crossing, de 9 h à 19 h à partir de Bullfrog. L'hiver, 1 départ le matin et 1 l'après-midi depuis chaque rive. Attention, il n'embarque qu'une quinzaine de voitures. La traversée est payante : autour de 3 US$ par personne et 12 US$ par véhicule.

Balades en bateau sur le lac Powell

À ne pas manquer si vous avez les moyens ! C'est d'ailleurs le meilleur moyen et le seul pour découvrir le lac Powell et ses innombrables curiosités et fantaisies de la nature : ponts naturels (dont le fameux Rainbow Bridge National Monument), parois sculptées, déserts de sable rouge, gorges et ravins, plages de sable d'une finesse incroyable... La seule et unique compagnie qui possède la concession de l'exploitation commerciale du lac propose en gros 2 formules : soit on fait une balade touristique plus ou moins longue sur le lac en bateau, soit on loue une embarcation plus ou moins puissante pour se balader à sa guise. Dans les 2 cas, ça coûte cher (réductions pour les 3-12 ans).

344

PAGE ET
LE LAC POWELL

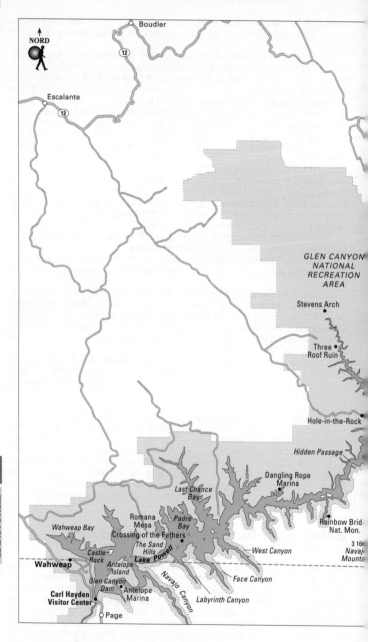

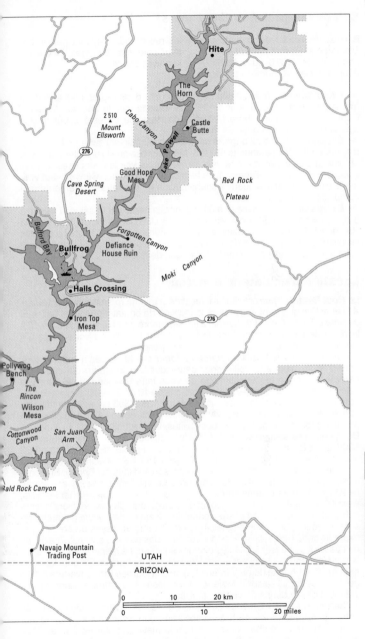

LE LAC POWELL ET LE GLEN CANYON

Balades organisées *(boat tours)*

■ *Réservations :* au comptoir du *Lake Powell Resort*. Infos et réservations : ☎ 645-1070 ou 1-800-528-6154. Ce dernier numéro concerne les réservations en tout genre (bateau, chambre au *lodge*...). ● www.lakepowell.com ●

➢ *Excursion de 1 h 30 :* 2 départs le matin et 1 dans l'après-midi en saison (un seul l'hiver). Prix : autour de 35 US$. Balade vers le *dam* et l'Antelope Canyon. C'est la moins chère. Malgré sa courte durée, ça reste un bon moyen d'avoir un aperçu des beautés du lac.

➢ *Excursion de 3 h :* 2 départs par jour (un le matin et l'autre en tout début d'après-midi). Prix : autour de 55 US$. Même chose que le premier tour, avec en plus une incursion dans Navajo Canyon (pour voir les fameuses falaises évoquant une *Navajo Tapestry*). La balade dans le Navajo Canyon vaut vraiment le coup, étroit et sinueux à souhait. À noter : des rafraîchissements sont compris dans le tarif.

➢ *Excursion à la journée (7 h 30) :* généralement, départ selon la saison à 8 h, dernier à 13 h 30. Prix : autour de 115 US$, *lunch* inclus. Va jusqu'au Rainbow Bridge, arrêt sur place et retour. N'oubliez pas que le pont n'est plus visible depuis le lac. Il faut désormais suivre une piste d'environ 2 *miles* pour l'atteindre : bonnes chaussures et chapeau de rigueur !

Location d'un bateau à moteur

Le *Boat Rental Office* est situé à l'ouest de la marina *(plan Wahweap Marina, A1)* et est uniquement consacré à la location de bateaux de toutes tailles et de *house-boats*. Ouvert de mi-mai à fin septembre de 7 h à 19 h (de 8 h à 18 h le reste de l'année). Important de bien choisir la taille de votre bateau. Il existe de nombreux tarifs en fonction de la période.

– *Conseils pour le choix du bateau à louer :* ne louez pas n'importe quoi. Tout d'abord, venez la veille pour demander leur brochure qui décrit les bateaux et donne les prix, histoire de vous faire une idée et de faire vos calculs. Les *Power Boat* (existe en versions de 18 à 23 pieds) sont des hors-bord de 8 places dont la puissance varie de 135 à 305 ch, selon la taille du bateau. Après analyse, on trouve que le 19 pieds équipé d'un 135 ch est un bon compromis puissance-prix-possibilités. On peut aller jusqu'au Rainbow Bridge et on se sent en sécurité. C'est le pied, mais ça reste cher : autour de 330 US$ la journée au cœur de la saison (de mi-juin à mi-août). À ce prix, il vous faudra ajouter les taxes (6,75 %), plus 16 US$ d'assurance et encore environ 150 US$ d'essence si vous allez jusqu'au Rainbow Bridge. En demi-saison, les tarifs baissent de 30 % environ, mais restent assez élevés : autour de 250 US$ pour le même bateau. En saison, si vous voulez limiter les frais, il est nécessaire de partager la location à plusieurs. Ça devient alors raisonnable. Si vous n'êtes pas assez nombreux, essayez de trouver d'autres personnes pour vous accompagner à nos meilleures adresses où dormir : par exemple chez *Uncle Bill's Place*. La conduite des bateaux est facile, ce qui ne doit pas vous pousser à faire les dingues sur l'eau. Le respect des autres sur la route comme sur l'eau est un vrai truc ici, pas du baratin. On peut louer un bateau pour 1 h, une demi-journée (4 h) ou à la journée (de l'ouverture à 16 h ou 17 h, selon la saison). Mais le mieux reste à la journée, sinon on n'a vraiment pas le temps de se faire plaisir.

– *Comment louer ?* On vous conseille de réserver avant le voyage ou dès votre arrivée (au moins 48 h à l'avance en août). Pour une location le jour même, tentez votre chance en allant tôt le matin (à partir de 7 h) au *Boat Rental Office*. ☎ 1-800-528-6154 (central de réservation). Possibilité également de réserver par Internet (● www.lakepowell.com ●). Il faut donner son numéro de carte de paiement. Aucun permis bateau n'est requis, mais il est

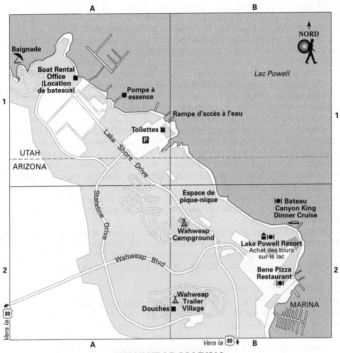

WAHWEAP MARINA

nécessaire d'avoir son passeport ou un permis de conduire (les voitures). Avant le départ, le bateau est inspecté *(inventory)* et une *check-list* établie (comme pour une voiture de location). Vérifiez particulièrement l'hélice, source du plus grand nombre de litiges, ainsi que l'embase du moteur. Faites noter tout choc sur l'*inventory*. Si vous avez besoin d'aide, demandez à parler à un instructeur parlant le français. Il y en a toujours au moins un en saison qui le baragouine. Demander la brochure en français *Guide pour les petits bateaux*. Les explications durent en général 30 mn. C'est le moment de poser toutes les questions sur la conduite de l'engin et sur les règles de navigation (qu'on trouve d'ailleurs dans la brochure en français). L'après-midi, retour obligatoire à 16 h (17 h en été). Il est impératif de refaire le plein avant de rendre le bateau à la marina (la pompe est à côté du Boat Rental Office). Attention, ne pas dépasser l'heure si vous ne voulez pas payer un *late fee* (en général 50 US$). D'ailleurs, concernant la caution, sachez qu'il vaut mieux la payer en *cash.* Les cartes de paiement sont débitées puis recréditées à votre retour ce qui, avec l'application des taux de change par votre banque, vous coûtera environ 15 US$ supplémentaires.

– *« La » combine :* sachez que s'il leur reste des bateaux à louer à 10 h du matin, il y a alors des *specials,* à savoir des réductions allant jusqu'à 30 %. Seul inconvénient : les bateaux doivent être rendus impérativement à 16 h. Marche à suivre : venir dès 9 h. À 9 h 30, on délivre des tickets par ordre d'arrivée. La location des bateaux restant commence à 10 h, en fonction de votre ordre d'arrivée. Évidemment, on n'est pas sûr d'avoir un bateau (surtout en juin et juillet), mais ça peut valoir le coup. Sachez toutefois qu'en partant à 10 h 30, on n'a plus le temps d'aller jusqu'au Rainbow Bridge National Monument (puisqu'il faut prendre en compte les 4 *miles* aller-retour de randonnée). Mais on peut parfaitement se contenter d'explorer les méandres du lac sans pousser jusque là-bas (économie d'essence).

– **Conseils :** munissez-vous d'abord d'une bonne carte du lac, c'est important. Celle délivrée par le parc n'est pas assez précise pour naviguer sur le lac. On conseille la *Stan Jones Map* ou la *South Lake Powell Map*, vendue au point de location. Prendre aussi le *Glen Canyon Lake Powell Magazine,* petit guide gratuit très complet contenant plein d'infos utiles sur le lac et les balades en bateau. On la trouve à la *Chamber of commerce.* Faites attention au soleil : la réverbération est intense ; il est bon d'avoir un vêtement pour se couvrir les membres, des lunettes de soleil et un chapeau. N'oubliez pas d'apporter de l'eau et quelques provisions. *Attention à la météo :* des vents violents peuvent survenir brusquement dans la journée. Si vous avez peur de vous retrouver sur le lac avec force 6 (c'est arrivé), on vous conseille là encore de louer la catégorie supérieure. Il serait dommage de vous priver de cette excursion. Si vous voulez vous rendre jusqu'au Rainbow Bridge National Monument, il est nécessaire au retour de faire halte à la Dangling Rope Marina pour refaire le plein (pompe ouverte toute la journée).

– Dernier point, si vous devez revenir plus tôt à cause du temps, il n'y a pas de remboursement.

– **Attention aussi au shérif :** si vous entrez dans le port en faisant des vagues, il fonce sur vous toute sirène hurlante. Une amende pour excès de vitesse sur le lac Powell, c'est vraiment trop bête ! On conseille de bien lire les règles de navigation données dans la brochure en français.

Location d'un *house-boat*

Également possible au **Boat Rental Office.** Une super façon de découvrir le lac en toute sérénité, mais vraiment très très cher. Pour 3 jours (c'est le minimum), de mi-juin à mi-août, compter 1 370 US$ pour un bateau de 12 m (bien à 6, serré à 8). Hors saison, pour le même bateau, à partir de 825 US$. Les prix grimpent logiquement avec la taille du bateau et son confort. Si l'aventure vous tente, pensez à réserver longtemps à l'avance. Possibilité de prendre une tente et de camper où vous voulez sur les rives du lac. On peut même faire du feu (achat de bois possible au point de location). Ceux qui sont intéressés par cette formule préféreront partir de Halls Crossing, une marina plus au nord du lac. Ils se retrouveront tout seul, dans un secteur très peu fréquenté.

Descente du Colorado

Au-delà du barrage, le Colorado poursuit sa route liquide. Ce n'est pas forcément le site le plus remarquable pour le descendre, mais on peut y faire un petit tour sans déplaisir.

■ **Wilderness River Adventures :** renseignements chez *Wilderness Outfitters*, 50 S Lake Powell Blvd, près du supermarché Safeway. ☎ 645-3296 ou 1-800-528-6154. Ils proposent une descente du Colorado sereine (sans rapides) depuis le lac Powell jusqu'à Lee's Ferry, en passant par le Marble Canyon. Demi-journée à 65 US$ (un départ à 7 h 30, un autre à 13 h 30 ; tout le reste de l'année, départ unique à 11 h 15 et retour à 15 h 30). Également à la journée, mais plus cher évidemment et le trajet est le même finalement...

À faire

Baignade

Au bord du lac Powell, il existe de nombreuses plages nichées dans le fond des criques, sur les rives du Glen Canyon. Près de Page, les plages, plus rares, sont bien cachées, donc plus difficiles à trouver. Il y en a près des points de départ des bateaux, mais l'eau n'est pas très engageante. Celles bordant la route sont évidemment accessibles à tous sans bateau.

△ **Dans l'enceinte de la marina de Wahweap** (plan Wahweap Marina, A1) : prendre la route qui va vers l'extrémité ouest de la marina (après le camping). Au bout, des dalles de roches blanches, plates, où l'eau est super propre. Pas vraiment de plage mais l'endroit est calme.

△ **À Lone Rock :** voir « Points de vue sue le Lac Powell » ci-dessus. Sans conteste le meilleur coin accessible sans bateau.

△ **Plages accessibles en bateau :** ceux qui loueront un bateau auront le loisir d'explorer les centaines de kilomètres de côtes : falaises hautes, roches en pente douce ou incroyables plages de sable ocre rouge, jaune ou blanc selon les lumières. Vraiment des paysages de toute beauté, à l'étonnante diversité. Le jeu consiste à trouver un bras de lac où il n'y a encore personne, pour avoir le sentiment d'une totale solitude. Il y a tellement de coins et de recoins que ce n'est pas très difficile de se retrouver tout seul. Évidemment, plus on s'éloigne du lac, moins il y a de monde. Ceux qui ont des enfants et un bateau apprécieront la baignade à *Warm Creek Bay,* qui porte si bien son nom. On peut aussi y faire du ski nautique. *Padre Bay* est également renommée. Mais on le répète, tout est beau partout.

Randonnées

➢ Une piste de 14 *miles* permet d'atteindre le superbe Rainbow Bridge. Demander la brochure au *Visitor Center.* Le canyon d'Escalante figure parmi les plus belles randonnées du lac Powell. Les Paria Canyon (voir plus loin la rubrique « Dans les environs de Page »), Dark Canyon et Grand Gulch offrent aussi de très belles randonnées.

Survol du lac Powell

■ Il n'y a plus de compagnies d'hélicoptères basées à Page. En revanche, toutes celles du Grand Canyon (à Tusayan) proposent des vols jusqu'au Lac Powell.
■ À Page même, deux compagnies aériennes organisent régulièrement des balades à bord de petits avions de tourisme : **American Aviation** (☎ 866-525-3247 ; ● www.lakepowel lairtours.com ●) et **Westwind Air** (☎ 800-245-8668 ; ● www.westwin daviation.com ●).

➢ **DANS LES ENVIRONS DE PAGE**

🍴 **Lee's Ferry** (carte « Environs de Page ») : à 24 *miles* au sud de Page, par la route 89A (celle qui mène à la rive nord du Grand Canyon). Entrée du parc : 10 US$ par véhicule, *National Parks Pass* accepté. La route redescend vers le Colorado à l'endroit où, à la fin du XIXe siècle, fut inauguré le premier ferry sur le fleuve. C'était le seul point de passage entre l'Arizona et l'Utah sur près de 100 km !
Ce sont essentiellement des pionniers mormons qui traversaient à cet endroit – en fait, à 3 *miles* en amont du pont actuel. Ils empruntaient la « route de la Lune de miel » (Honeymoon Trail) : beaucoup d'entre eux venaient de se marier civilement dans l'Arizona ou le Colorado et se rendaient à Saint George, dans l'Utah, pour la cérémonie religieuse au temple. Les mormons étant tout juste tolérés hors d'Utah, il n'y en avait pas de plus proche. Ce n'est qu'à la fin des années 1920 que le flot se tarit.

On franchit aujourd'hui le fleuve et le Marble Canyon sur un pont moderne, parallèle au Navajo Bridge inauguré en 1929 après le naufrage du ferry. Comme tout ce qui a 50 ans aux États-Unis, celui-ci a été classé. Juste après, un embranchement mène sur la droite à Lee's Ferry, contournant le grand Cathedral Rock, aux allures de Monument Valley, et passant auprès d'un étonnant rocher en équilibre qui ressemble étrangement à un champignon.

Du bout de la route, vous pourrez effectuer plusieurs promenades dans les environs, voire remonter le canyon de Paria – une extraordinaire randonnée de plusieurs jours qui vous conduira jusqu'en Utah (voir ci-dessous). Aujourd'hui, Lee's Ferry est le point de départ de la plupart des descentes du Colorado en raft.

➤ **Cathedral Wash :** balade d'environ 2 h dans un petit canyon. Ne pas y aller si le temps est orageux.

➤ **River Trail :** suit l'ancienne route des diligences sur 1 *mile* le long du Colorado.

➤ **Paria Canyon :** départ de Lee's Ferry ou de White House et Buckskin Gulch. Cette randonnée exceptionnelle, réservée aux amoureux des grands espaces dotés d'une solide expérience en la matière, permet de découvrir des paysages fabuleux, avec un grand nombre de canyons-fentes. Il faut compter de 3 à 6 jours, selon sa forme physique et le temps dont on dispose, pour rallier White House ou Buckskin Gulch, sur la route 89, au sud de l'Utah (point de départ traditionnel, à 41 *miles* à l'ouest de Page) depuis Lee's Ferry. Le canyon est particulièrement resserré dans sa partie supérieure et s'élargit au fur et à mesure de la descente. Il faut traverser la rivière à de nombreuses reprises – parfois même on ne peut progresser que dans son lit. Mieux vaut éviter l'été, sujet aux orages, au profit du printemps ou de l'automne. Pour un avant-goût, on peut se contenter de remonter le canyon dans la journée depuis Lee's Ferry (départ derrière le Lonely Dell Ranch). Pour une journée seulement, pas besoin de permis. Pour plusieurs jours, se rendre à la *Rangers' Station*.

Où dormir dans le coin ?

⛺ **Lee's Ferry Campground :** sur la gauche, peu avant d'arriver à la *Rangers' Station*. Compter 10 US$ par emplacement. Emplacements petits et peu ombragés, mais admirablement situés sur la croupe d'une colline environnée de montagnes rouges. Bonne base si vous comptez remonter le canyon de Paria pour une journée seulement ou faire d'autres balades dans les environs. On choisit son emplacement et on paye par enveloppe. Certains ont un auvent bien pratique en cas de pluie. Toilettes, mais pas de douches (elles sont disponibles au *Marble Canyon Lodge*).

🏨 **Marble Canyon Lodge :** ☎ (520) 355-2225 ou 1-800-726-1789. Fax : (520) 355-2227. ● www.marblecanyon lodge.com ● Au croisement de la route 89A et de l'embranchement menant à Lee's Ferry, juste après le pont. Ouvert toute l'année. Chambres confortables à partir de 70 US$ pour deux. Motel perdu en plein désert, façon *Bagdad Café*. Chambres lambrissées bien tenues, mais accueil peu amène. Tout contre l'hôtel, vous trouverez un *trading post*, établi en 1926, et un café-restaurant, ouvert tous les jours de 6 h à 21 h 30.

L'UTAH

Un État qui a l'honneur de posséder plusieurs caractéristiques uniques aux États-Unis. Sur le plan géologique et géographique, des parcs nationaux fabuleux, des montagnes où l'on peut pratiquer les sports d'hiver au nord et un immense lac au sud (Lake Powell) où l'on peut s'adonner aux sports nautiques l'été, des petites villes sympathiques dans lesquelles commencent à immigrer beaucoup d'Américains qui considèrent les côtes (est et ouest) trop chères et surfaites. Ils trouvent en Utah une ville – Salt Lake City – assez grande pour proposer une vie culturelle riche, entourée d'une nature de toute beauté, intacte et qui reste en grande partie à découvrir. Pas mal d'atouts, donc, pour qui redécouvre le chemin parcouru par les premiers colons. Pour convaincre les hésitants, il suffit de citer quelques noms : Zion, Bryce, Grand Staircase-Escalante, Capitol Reef, Canyonlands, Arches, National Forest Manti-La Sal, Antelope Island... En Utah, quand on met bout à bout les espaces protégés, on s'aperçoit qu'ils couvrent un bon tiers de la surface totale de l'État. Sur les plaques d'immatriculation de certains véhicules apparaît la plus belle arche de l'Arches National Park, surmontée des mots « Delicate Arch ». Beau symbole. L'Utah est un État fragile et délicat, un bijou de nature à découvrir, à respecter et surtout à protéger.

COMMENT BOIRE EN UTAH ?

La prédominance mormone en Utah provoque quelques inconvénients pour ceux qui aiment bien descendre une petite mousse tranquillou dans un bar. Mais rassurez-vous : la bière est servie sans problème dans de nombreux endroits, à condition que l'établissement ne serve rien d'autre comme alcool. En revanche, pour le vin, les cocktails et les alcools forts, il est nécessaire d'avoir une licence spéciale, et peu d'endroits la possèdent. Aussi les appelle-t-on ici des *private clubs.* Ils n'ont en fait rien de privé puisqu'on y entre sans problème, mais pour y boire, il faut soit acheter une *membership card* (carte de membre), soit se faire parrainer par un client du bar possédant une carte. Dans certains établissements, la fameuse carte vous est délivrée un bon mois plus tard. Vous avez donc largement le temps de crever de soif ! L'autre solution, qui consiste à se faire parrainer, est bien plus rapide. Le patron du troquet vous fait alors signer un papier après vous avoir trouvé un « parrain » accoudé au comptoir... qui vous donne droit d'étancher votre soif. Et tout ça se passe sur-le-champ. Il vous reste alors à commander... et à payer un verre à votre parrain, selon l'usage. On précise que les établissements servant de la nourriture ne sont pas soumis à ce système. Dans ces derniers, il est possible de boire ce qu'on veut, à condition d'être à table et d'accompagner sa commande liquide d'une commande solide. En revanche, la liste des alcools ne figure pas au menu, il faut la demander.

ZION NATIONAL PARK IND. TÉL. : 435 (pour tout le secteur)

٩٩٩ Endroit isolé du fait de la difficulté d'accès, la région autour de Zion, au sud-ouest de l'Utah, fut pendant longtemps le refuge des pionniers mormons venus chercher la tranquillité dans ces paysages sauvages et inhabités. Ils le baptisèrent ainsi, en référence au Sion de la Bible. Pour ces croyants, marginalisés et exilés, Zion représentait un idéal éthique et humain, le royaume de Dieu qu'ils rêvaient d'établir un jour sur terre. Arrivés dans ce bout du monde, aux paysages aussi dépouillés que ceux qu'ils avaient connus en lisant la Bible, ils se dirent pourquoi pas ici ? Mais les mormons ne furent pas les premiers à considérer ce site comme sacré, puisque les Indiens le vénéraient déjà bien longtemps avant eux. Aujourd'hui Zion est devenu le nom d'un parc national et un refuge naturel pour les 2,5 millions de visiteurs qui y viennent chaque année.

La route goudronnée, très étroite et sinueuse sur 19 *miles,* est couverte de bitume rouge afin de ne pas jurer avec le paysage. Côté est, on traverse des paysages de rochers érodés avec des stries étonnantes, comme si la nature avait utilisé un râteau... Au parc de Bryce Canyon, les visiteurs commencent par découvrir le canyon d'en haut, puis ils descendent à pied dans le fond du canyon. Au parc de Zion, c'est le contraire, on commence par admirer les choses d'en bas et ensuite, on grimpe vers les hauteurs, pour mieux découvrir le site.

Zion est le nom de ce parc de 595 km², mais c'est avant tout le nom du canyon de Zion, un long défilé encaissé d'à peine 8 *miles,* creusé depuis 13 millions d'années par la rivière Virgin. Ah ! Cette vierge rivière ! Ne vous fiez pas à son apparence, car elle peut être aussi redoutable que le Colorado. Le canyon de Zion est sans doute la partie la plus intéressante du parc et, en tout cas, la plus impressionnante. Elle se termine en cul-de-sac. Le site est souvent comparé à un pays de géants. C'est vrai que les falaises sont impressionnantes, avec ces parois perpendiculaires qui varient entre 610 et 910 m de hauteur, et leurs couleurs étonnantes : beige, rose, orange, rouge... Les formes ne sont pas en reste : cheminées, blocs suspendus, dômes, etc. Un des premiers visiteurs européens fut le pasteur Frederick Fisher qui nomma la plupart des falaises par des noms évocateurs : « The Great White Throne » (« Le Grand Trône Blanc ») et « Angel's Landing » (« Débarcadère de l'Ange »). Bref, encore un parc superbe, surtout si on prend le temps de faire des randonnées. Le Nouveau Monde dans toute sa splendeur.

FAUNE ET FLORE

Le parc est un sanctuaire pour plusieurs espèces naturelles comme l'aigle royal, le cerf-mulet à grandes oreilles, le lion de montagne (ou puma). À l'ombre des saules, des frênes et des peupliers bordant la rivière Virgin, évoluent des lapins de garenne et des lynx bais. En marchant sur les pistes, on peut entendre l'écho du chant d'un roitelet caché dans un pin noyer ou un genévrier. On peut surprendre aussi le *road runner.* Un drôle d'oiseau celui-là. Un petit corps, une longue queue qui monte, et une tête comme une bombe de cavalier. Il s'agit d'un serpentaire coureur de routes, de la famille des coucous. Ainsi surnommé parce qu'il avait (et il a toujours) la manie de suivre à toute allure les diligences, les trains de marchandises et aujourd'hui les voitures.

Topographie des lieux

On peut schématiquement diviser le parc en deux parties. La très grande majorité des visiteurs se rend seulement à Zion Canyon, qui correspond à un petit morceau de territoire au sud du parc, mais qui a l'avantage d'être situé sur la route naturelle qui relie Zion à Bryce ou au lac Powell. L'autre partie, Kolob Canyon, au nord, couvre près de 90 % du parc de Zion. Beaucoup moins touristique, car elle n'est pas située sur une route de liaison entre une

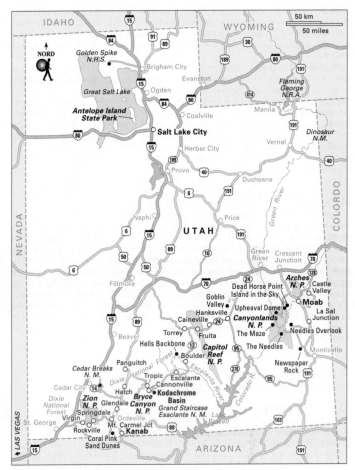

L'UTAH

région et une autre, c'est la route 15 menant à Cedar City et Salt Lake City qui y mène. Moins spectaculaire, Kolob Canyon vaut néanmoins le détour, surtout si vous êtes amené à emprunter cette route 15 (l'entrée se trouve alors à moins de 1 *mile*).

Quelques conseils et infos utiles

– **Entrée :** 20 US$ par véhicule ou 10 US$ par personne pour ceux qui sont à pied ou à vélo. *National Parks Pass* accepté. Accès gratuit le 25 août, date anniversaire de la fondation des parcs nationaux.
– **Transport public à l'intérieur du parc :** d'avril à octobre, le parc ne se visite pas en voiture mais en bus, seuls véhicules autorisés à circuler à l'intérieur. Le reste de l'année, il n'y a pas de navettes, on peut alors prendre sa voiture. Avant 2000, près de 5 000 véhicules par jour faisaient le trajet

dans le canyon en saison. La pollution devenait telle qu'on en ferma l'accès. Depuis, la faune et la flore reviennent aux abords de la route. On peut garer son véhicule au parking du *Visitor Center*. Si vous logez à Springdale, vous pouvez aussi y laisser votre voiture : le *shuttle* s'y arrête en 6 points différents.

– Pour la visite du parc, les bus gratuits partent du *Visitor Center*, toutes les 8 mn environ dans la journée. Rotations un peu moins fréquentes tôt le matin et le soir (la navette fonctionne de 6 h 30 à 21 h 30 environ en saison). Dans le parc, sur la *scenic drive*, 8 arrêts à l'aller comme au retour. On descend et on remonte quand on veut. Ainsi peut-on faire une ou plusieurs randonnées dans la journée en gagnant les points de départ grâce à la navette. Très bien fait. À l'arrêt *Zion Lodge*, il y a une grande pelouse ombragée avec des rocking-chairs, très agréable pour une halte, et également une cafétéria avec terrasse proposant boissons, sandwichs et glaces. La navette a pour terminus *Temple of Sinawava*. Cette route qui traverse le parc se prête aussi merveilleusement à la balade à vélo : c'est quasiment plat, et il n'y a pas de voitures. Seul bémol, la location de vélos à Springdale (la petite ville la plus proche) est assez chère (compter environ 35 US$ la journée).

– *Camping-cars et vélos :* lorsque l'on vient de Bryce Canyon ou de Kanab, passage obligatoire du tunnel Zion-Mount Carmel, qui se trouve sur la route 9, entre l'entrée est (East Entrance) et le canyon de Zion. Il est interdit aux bicyclettes. Celles-ci doivent être mises sur un véhicule motorisé. Les camping-cars ne doivent pas dépasser 2,40 m de largeur et 3,40 m de hauteur. Si votre véhicule dépasse ce gabarit, un convoi est obligatoire pour pouvoir traverser ce tunnel. Dans ce cas, se présenter à l'entrée est ou ouest et demander un *tunnel permit,* qui coûte 10 US$. Possibilité de passer d'avril à octobre, de 8 h à 20 h. Le reste de l'année, réservation obligatoire au : ☎ 772-3256. En fait, un *ranger* se poste à l'entrée du tunnel et bloque la circulation dans le sens opposé pendant 20 à 30 mn pour vous laisser passer.

Adresses utiles

Dans le parc

🏛 *Visitor Center du Zion Canyon :* à l'entrée sud du canyon. ☎ 772-7616. ● www.nps.gov/zion ● Ouvert en été de 8 h à 19 h (18 h au printemps et 17 h en hiver). Demander le journal du parc, très utile. Toutes les randonnées sont indiquées, ainsi que les temps de parcours. Demander aussi la doc en français, avec pas mal d'infos pratiques. Il y a aussi un panneau avec la météo au jour le jour. Pour les randonnées dans les Narrows, un panneau d'information donne l'essentiel de ce qu'il faut savoir. Librairie bien fournie, maquette du parc et nombreux panneaux descriptifs juste à l'extérieur, et toujours des *rangers* à votre disposition.

🏛 *Visitor Center du Kolob Canyon :* à l'entrée du Kolob Canyon. ☎ 586-9548. ● www.nps.gov/zion ●

■ *Urgences :* ☎ 772-3322 (ou 911).
■ *Balades à cheval :* avec *Canyon Trail Rides*, à partir du *Zion Lodge*, dans le canyon. ☎ 772-3810 ou 679-8665. ● www.canyonrides.com ● Excursions de 1 h le long de la rivière Virgin (4 départs quotidiens, jusqu'à 15 h 30) ou d'une demi-journée. Compter 30 à 55 US$ par personne en fonction de la durée. D'autres balades avec *Zion Mountain Trailrides*, établi à 2 *miles* de l'entrée sud de Zion. ☎ 1-866-648-2555. ● www.zion mountainresort.com ● Courte excursion dans la réserve de bisons jusqu'au panorama sur *Escalante Grand Staircase* ou balade de 4 h en suivant le *Clear Creek Moutain trail*. Accessibles à tous (poneys pour les enfants). Compter 20 à 75 US$ selon la durée.

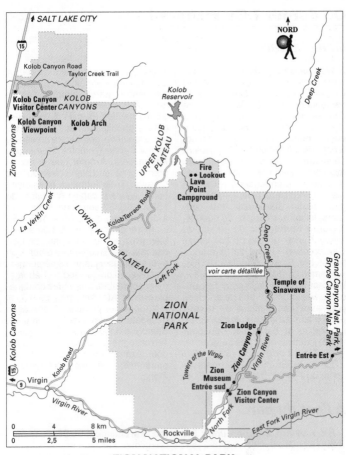

ZION NATIONAL PARK

Au sud-ouest du parc, à Springdale

✉ *Post Office :* à l'entrée de Springdale en venant du parc ; sur Zion Park Blvd, à côté du *Desert Pearl Inn*. Ouvert du lundi au vendredi de 7 h 30 à 11 h 30 et de 12 h à 16 h, le samedi de 9 h à 12 h.

■ *Zion Bank :* 921 Zion Park Blvd. Ouvert de 9 h à 16 h du lundi au vendredi (ferme à 14 h en hiver). Distributeur accessible 24 h/24.

■ *Urgences :* Zion Canyon Medical Clinic : ☎ 772-3226. Fonctionnement restreint hors saison. Les hôpitaux les plus proches se trouvent à Saint George, Cedar City et Kanab.

■ *Zion Park Laundry :* à l'angle de Zion Park Blvd et Manzanita Dr. Ouvert tous les jours de 7 h à 20 h. Bon marché.

■ *Location de vélos :* plusieurs loueurs à Springdale. On n'en indique aucun en particulier car ils pratiquent tous les mêmes tarifs et prestations. Matériel de qualité et accessoires fournis (casque, gourde...). Compter 25 US$ pour une demi-journée et 35 US$ par jour.

Où dormir ? Où manger ?

Dans le parc

⚠ **Watchman Campground :** à quelques centaines de mètres du *Visitor Center*. Ouvert toute l'année. Emplacements de 16 à 20 US$. Possibilité de réserver (à condition de s'y prendre au plus tard 5 mois à l'avance !) pour la période de mi-mars à fin octobre : ☎ 1-800-365-2267. • www.reservations.nps.gov • Hors saison, fonctionne selon la règle du « premier arrivé, premier servi ». Bien situé, au bord de la rivière. Tables de pique-nique, barbecue, eau courante, toilettes, mais pas de douche.

⚠ **South Campground :** au sud du *Visitor Center*, proche du *Watchman Campground*. Ouvert de mi-mars à fin octobre. Emplacements à 16 US$. « Premier arrivé, premier servi », telle est aussi la règle pour ce camping. Mieux vaut venir avant midi pour avoir des chances d'y trouver de la place. Là encore, tables de pique-nique et barbecue, eau courante, toilettes, mais pas de douche.

🏠 |●| **Zion Lodge :** ☎ (303) 297-2757 ou 1-888-297-2757 (réservations) ou 772-3213 (réception). Fax : 772-2001. • www.zionlodge.com • Ouvert toute l'année. L'hôtel est situé dans la partie interdite d'accès aux voitures particulières. Nécessité d'avoir un *Red Permit* qui vous sera délivré gratuitement soit lors de votre réservation, soit à votre arrivée au *Visitor Center* (comptoir *Zion Lodge Information*). À noter que le fait de dormir ici ne rend pas l'entrée du parc gratuite. Trois formules possibles : hôtel, *western cabins* et *suites*, de 133 à 149 US$ pour 2 de début mars à fin novembre, de 80 à 126 US$ le reste de l'année. Extrêmement bien situé, au cœur du parc, en face des falaises. En chambre d'hôtel, on peut s'entasser jusqu'à 5 personnes, unique solution qui rend cet hébergement abordable. Chambres confortables avec AC mais pas de TV, ni téléphone, ni piscine. Réservation nécessaire (souvent complet). Snack, resto et *gift shop* sur place. Terrasse, bancs et superbe pelouse pour lézarder en profitant de la vue panoramique sur les montagnes de Zion...

À l'est du parc

⚠ **RV Western Campground :** PO Box 193, Orderville. ☎ 648-2154. Fax : 648-2829. À 500 m de l'entrée est du parc de Zion, sur la route 9. Ouvert toute l'année. Compter 16 US$ pour 2 (3 US$ par personne en plus) avec une tente. Très bien situé, aux portes du parc, sur la gauche de la route en venant de Mount Carmel Junction. Sanitaires propres (douche chaude à 1 US$ les 15 mn), beaucoup d'espace et un cadre assez agréable. Emplacements équipés de barbecues (charbon de bois à la réception). Machine à laver à pièces. Manque la piscine (mais on est au bord de la rivière). Face au camping, pompe à essence, épicerie et resto. Bonne ambiance.

À l'ouest du parc, à Rockville

Petite ville à 5 *miles* à l'ouest de l'entrée sud du parc de Zion, sur la route de Saint George.

🏠 **The Lyon's Inn B & B :** 125 E Main Rockville. ☎ 772-6881. Fax : 772-6882. • www.lyonsinn.com • Compter 65 à 75 US$ pour 2, de 85 à 105 US$ pour la « Country room ». Petit dej' inclus. Grande maison à l'écart de la route, tenue par une sympathique famille originaire de Ca-

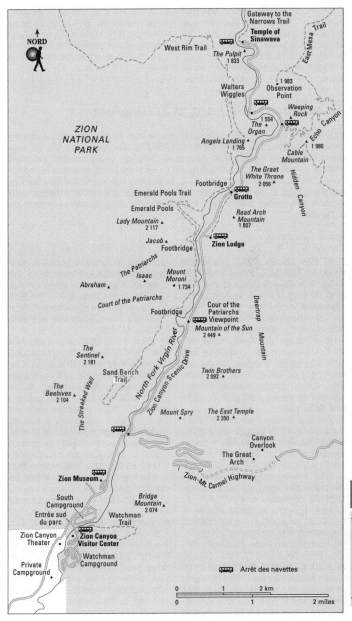

LE CANYON DE ZION

lifornie. Quatre belles chambres tout confort, soigneusement décorées. La « Safari » porte bien son nom et donne sur le jardin à l'arrière, partageant la salle de bains avec la « Cape Cod », dans les tons bleu et blanc. Les deux autres chambres sont tout aussi agréables, avec sanitaires privés. Accueil relax et jardin avec jacuzzi. Un excellent rapport qualité-prix et une bonne alternative aux motels touristiques de Springdale.

Au sud-ouest du parc, à Springdale

Petite ville entièrement dévolue au tourisme vert, Springdale est idéalement située à deux pas de l'entrée est du parc de Zion. Oh, rien de particulier, mais une atmosphère agréable et détendue dans un environnement de toute beauté. La rue principale (et quasiment unique) est bordée de motels, hôtels, restos, et boutiques de souvenirs. Une halte quasi-incontournable lors de votre passage à Zion. Dommage que les prix restent élevés presque toute l'année, excepté en plein hiver... Plusieurs sympathiques adresses toutefois à signaler.

Bon marché

🛏 *El Rio Lodge :* 995 Zion Park Blvd. ☎ 772-3205 ou 1-888-772-3205. ● www.elriolodge.com ● De 49 à 59 US$ la nuit pour 2, d'avril à novembre, moins cher en hiver. Tenu par Marlene et John, qui assurent un accueil très chaleureux. Chambres avec AC et petite salle de bains, dotées de baies vitrées. Certaines font face à la vallée. L'ensemble est assez modeste mais impeccablement tenu. Calme, simple, familial. Certainement le meilleur rapport qualité-prix de la ville.

🛏 *Terrace Brook Lodge :* 990 Zion Park Blvd. ☎ 772-3932 ou 1-800-342-6779. Fax : 772-3596. ● www.terracebrooklodge.com ● Des chambres pour 2 de 49 à 65 US$ (1 ou 2 lits). Un *lodge* qui n'offre rien de particulier mais qui aura l'avantage de dépanner à moindre frais. Confort honnête et petite piscine à l'abri des regards. Le matin, café à disposition à la réception.

🍴 *Bumbleberry Restaurant :* 897 Zion Park Blvd. ☎ 772-3611. Ouvert du lundi au samedi de 7 h 30 à 21 h. Cadre délicieusement rétro (chaises et banquettes en skaï rouge, papier peint à fleurs) pour ce resto familial qui, comme son nom l'indique, doit sa renommée aux confitures et tartes aux *bumblerries* (petites baies locales)... Un bon plan pour s'offrir un copieux petit dej' ou un *lunch* classique sans se ruiner, et goûter au passage la fameuse *jelly* maison. Le soir, plats de viande et poisson un peu plus élaborés (compter 10 à 15 US$). Accueil charmant et service efficace. Une des rares adresses authentiques de la ville.

🍴 *Zion Park Deli :* 864 Zion Park Blvd. ☎ 772-3843. Ouvert du lundi au samedi de 9 h à 19 h. Rien d'extraordinaire pour ce *deli* envahi par les babioles et les souvenirs du *gift shop* adjacent, mais de goûteux sandwichs frais, préparés selon votre goût (pain, garnitures et sauce). Emballés soigneusement pour le pique-nique, avec un petit paquet de chips, le tout pour un peu plus de 5 US$, ce qui reste raisonnable dans le coin. Vente de pain frais et bon *espresso*, glaces crémeuses à souhait et *fudge* maison pour les bouches en sucre.

🍴 *Roberto's Baja Tacos :* 447 Zion Park Blvd. ☎ 772-6901. Ouvert tous les jours de 10 h à 23 h. Compter 6 à 10 US$ par personne. Cadre modeste pour ce petit snack établi dans une ancienne station-service. Un effort de déco malgré tout, pour rendre la halte assez plaisante, et surtout une bonne cuisine mexicaine, copieuse et fraîchement préparée. Les *quesadillas* et *tacos* ne nous ont pas déçus, tout comme les *chile rellenos*, spécialité de la maison. Sans oublier de savoureux *burgers, juicy* à souhait, et un choix de crèmes glacées en dessert, pour éteindre le feu du piment ! À déguster sur place, ou à emporter.

Prix moyens

â *Canyon Ranch Motel :* 668 Zion Park Blvd. ☎ 772-3357. Fax : 772-3057. • www.canyonranchmotel. com • De 64 à 82 US$ la double d'avril à fin octobre, de 74 à 92 US$ avec 2 grands lits (et 10 US$ de plus avec kitchenette). À notre avis la meilleure adresse dans cette catégorie. Petits bungalows très coquets autour d'une grande pelouse et entourés de beaux arbres. La déco des chambres reste modeste mais l'ensemble est impeccable. Piscine et jacuzzi au pied des falaises. Joli panorama et excellent accueil.

â |●| *Pioneer Lodge & Restaurant :* 828 & 838 Zion Park Blvd. ☎ 772-3233 ou 1-888-772-3233. • www.pioneerlodge.com • Situé en plein centre de Springdale. Compter 79 à 89 US$ pour 2 en haute saison (10 US$ de plus le week-end). Chambres propres et confortables, bien équipées et quelconques à la fois. Possède une des plus grandes piscines de la ville. Le restaurant adjacent propose de copieuses formules pour le petit dej', des *lunches* à prix intéressant et de bonnes grillades le soir. Grande salle sur 2 niveaux et service efficace. En prime, 10 % de réduction au resto pour les résidents et accès Internet (3 US$ pour 20 mn).

|●| *Zion Pizza and Noddle Co :* 868 Zion Park Blvd. ☎ 772-3815. Ouvert tous les jours de 16 h à 22 h. Plats fort copieux de pâtes ou pizzas à partir de 10 US$. Un classique du circuit culinaire de la ville. Pas de la grande cuisine mais une bonne bouffe roborative, servie efficacement par une équipe jeune et dynamique. On passe commande et on paie au comptoir à l'entrée, avant de s'installer sur l'agréable terrasse couverte à l'arrière ou dans la grande salle aérée. Sodas à volonté, sélection de bières et vins au verre. Ambiance très animée le soir en fin de semaine.

Plus chic

â *Driftwood Lodge :* 1515 Zion Park Blvd. ☎ 772-3262 ou 1-888-801-8811. Fax : 772-3702. • www. driftwoodlodge.net • À 2 *miles* environ de l'entrée du parc. Compter 82 US$ pour 2 en haute saison (109 US$ pour une « mini-suite »). Un peu à l'écart du centre, dans un environnement verdoyant. Un peu moins cher que les autres hôtels de ce standing et bien plus rafraîchissant. Les chambres, avec de grandes baies vitrées, donnent sur les parois rocheuses. Belle piscine. Accueil sympathique.

â *Under-The-Eaves Bed & Breakfast :* 980 Zion Park Blvd, face à l'*El Rio Lodge.* ☎ et fax : 772-3457 ou 1-866-261-2655. • www.under-the-eaves.com • Quatre chambres de 80 à 100 US$, copieux petit dej' inclus. Petite maison originale de pierre et ciment, face aux falaises rocheuses. Un nid douillet tenu par une charmante artiste-peintre et son mari. Déco très soignée et belle salle à manger pour le petit dej'. Les chambres les moins chères, simples et coquettes, doivent partager la salle de bains. On a un faible pour le *garden cottage,* qui abrite 2 chambres indépendantes. Sous les toits, très belle et grande suite pour 4 avec cuisine (de 155 à 175 US$).

Très chic

â *Desert Pearl Inn :* 707 Zion Park Blvd. ☎ 772-8888 ou 1-888-828-0898. Fax : 772-8889. • www.desertpearl.com • Compter 118 à

173 US$ selon le confort et la période. Cette « perle du désert » est une des récentes adresses de luxe en vue à Springdale. Vaste bâtiment en bois, verre et métal, de conception moderne mais qui ne détonne pas avec l'environnement naturel, superbe. Nombreuses chambres dotées de balcon à flanc de falaises ou avec vue sur l'immense piscine en plein air (avec aussi un grand jacuzzi). Lumineuses et soigneusement décorées (parquet, tons pastels aux murs...), elles sont dotées de tout le confort imaginable. Les prix restent toutefois élevés et l'accueil impersonnel.

🛏 *Cliffrose Lodge and Gardens :* 281 Zion Park Blvd. ☎ 772-3234 ou 1-800-243-8824. Fax : 772-3900. ● www.cliffroselodge.com ● À moins de 1 *mile* de l'entrée sud du parc. Au printemps et en été, compter 119 US$ pour 2 et jusqu'à 179 US$ pour une famille de 6 personnes. Jardin fleuri et superbe pelouse qui dévale jusqu'à la jolie piscine, avec en prime une vue extra sur les falaises rocheuses. Une adresse de charme, pas pour les chambres qui sont impeccables et grandes mais sans originalité, mais pour l'environnement particulièrement soigné. Tout de même cher payé...

À *Virgin*

Bon marché

🛏 ⚔ *Zion River Resort (RV Park and Campground) :* Hwy 9. ☎ 635-8594 ou 1-800-838-8594. ● www.zionriverresort.com ● Sur la gauche en venant de Zion. Ouvert toute l'année. Côté camping, compter 30 US$ jusqu'à 4 personnes et côté *cabins*, de 65 à 75 US$ pour 4 selon le confort. Grand espace aménagé avec épicerie, accès Internet, laverie, BBQ et cuisine à disposition pour les campeurs, service de *shuttle* pour le parc de Zion et une grande piscine. Bon, l'ensemble peut dépanner car c'est très propre, mais pour le charme, on repassera. Les espaces sont riquiqui, l'ensemble est assez bétonné et envahi de RV's en saison, et il n'y a pas un poil d'ombre... Autant le savoir !

Où dormir ? Où manger entre Zion National Park et le Bryce Canyon ?

À *Mount Carmel*

Mount Carmel n'est qu'un vulgaire carrefour à la jonction des routes qui conduisent au Bryce Canyon (61 *miles* au nord), au Zion Canyon (14 *miles* à l'ouest) et à Page. Pratique pour dormir s'il n'y a pas de place ailleurs...

Bon marché

🛏 *Golden Hills Motel :* à Mount Carmel Junction. ☎ 648-2268 ou 1-800-648-2268. Fax : 648-2558. ● www.goldenhillsmotel.com ● En haute saison, compter 50 US$ pour 2, autour de 35 US$ le reste de l'année ; *family suites* (jusqu'à 6 personnes) de 70 à 80 US$. Motel traditionnel sans charme, situé au carrefour entre le Bryce Canyon et le National Park Zion. Seul véritable atout : des prix bas toute l'année. Salle de bains, TV et AC dans les chambres. Petite piscine couverte pour se détendre, accès Internet à la réception pour consulter ses mails, et un resto pour s'offrir le petit dej' avant de reprendre la route.

Plus chic

🛏 |◉| *Best Western Thunderbird Resort :* Mount Carmel Junction. ☎ 648-2203 ou 1-888-848-6358. Fax : 648-2239. ● www.bwthunder bird.com ● Vaste complexe touristique avec grande piscine en plein air, mini terrain de golf, resto et boutique de souvenirs... Dans le genre chic puisqu'il faut compter au moins 90 US$ en saison la chambre double, tout confort. Bien moins cher en basse saison.

À Glendale

Petite ville située à 36 *miles* au nord-est du Zion National Park.

Campings

⛺ *Bauer's Canyon Ranch RV Park & Campground :* US Hwy 89. ☎ 648-2564 ou 1-888-648-2564. En plein centre de Glendale. Ouvert de mars à novembre. Compter 12 US$ pour 2 (douche comprise). Petit camping familial, un peu en retrait de la route. L'espace réservé aux tentes est à l'ombre des arbres, sur une pelouse à l'écart des emplacements pour camping-cars. Un seul bloc sanitaire, mais impeccable. Cadre agréable et au calme. Un des cam-pings les plus sympas de la région. ⛺ *Bryce-Zion KOA :* à environ 3 *miles* au nord de Glendale, le long de la route 89. ☎ 648-2490 ou 1-800-562-8635. Compter 18 US$ pour une tente et 2 personnes, 3 US$ par personne supplémentaire. Camping un peu à l'écart de la route, au pied des falaises. Pas formidable dans l'ensemble et tenue moyenne. Emplacements pour les tentes assez limités. Il y a aussi 3 *cabins* (35 US$ la nuit) et une petite piscine en été.

Prix moyens

🛏 *Historic Smith Hotel B & B :* 295 N Main St, PO Box 106, dans le centre de Glendale. ☎ et fax : 648-2156 ou 1-800-528-3558. ● www.his toricsmithhotel.com ● Ouvert toute l'année. Réservation conseillée. Chambres doubles avec salle de bains de 48 à 70 US$ pour 2 et une pour 4 personnes à 80 US$. Un *B & B* de 7 chambres dans une jolie maison datant de 1927, remplie d'antiquités. La n° 5 a du charme (la plus grande). La n° 7 a un grand lit *Queen size.* Elles donnent sur le jardin rempli de pommiers et de cerisiers. Au petit dej', succulents *muffins* confectionnés par Bunny et Rochelle, les deux charmantes maîtresses de maison. Tiens, sous la véranda, un *hot tub* chauffé au bois (prévenir le matin pour que ce soit chaud le soir). Une belle adresse à l'atmosphère sereine, pour un prix très raisonnable.

À Hatch

À 22 *miles* au sud-ouest du Bryce Canyon. Ville-étape où les hébergements s'avèrent globalement sans charme, mais offrent des prix un peu plus intéressants.

Bon marché

🛏 *Stage Stop Motel & General Store :* 117 S Main St. ☎ 735-4014. ● www.lucky7ranch.net ● En saison, chambres autour de 37 US$ pour 2 et 42 US$ pour 4. Motel, épicerie, la-verie et station-service. C'est tout à la fois. Petit bâtiment en rondins de bois avec un peu de caractère. Une dizaine de chambres assez agréa-bles et lumineuses, avec salle de bains. L'ensemble est confortable et très bien tenu, à prix imbattables. Le motel le moins antipathique de la ville.

l●l *Cafe Adobe :* 16 N Main St.

☎ 735-4020. Ouvert de 11 h à 20 h du mardi au samedi. Compter envi-ron 8 US$ pour un repas. Petit café sympa, tout en bois clair. Propose un bon choix de sandwichs et *bur-gers* préparés avec des ingrédients de qualité, ainsi qu'une variété de plats mexicains. Bon endroit pour grignoter un morceau et boire un pe-tit *espresso* avant de reprendre la route.

Plus chic

🛏 *Panguitch Anglers Inn :* environ 7 *miles* avant Hatch, sur la Hwy 89 en roulant vers Bryce (panneau « Fly Shop & Inn »). ☎ (435) 676-8950. Fax : (435) 676-8952. ● www.panguit changlers.com ● Compter 85 à 165 US$ pour 2 selon le confort et la saison. Trois chambres avec salle de bains privée dans une petite maison en bois un peu à l'écart de la route, au bord de la Sevier River et avec vue sur le Red Canyon. Le petit dej' n'est pas servi, mais tous les ingré-dients sont laissés à votre disposi-tion dans la cuisine (œufs frais, ba-

con, café, etc.). La maison est simple, les chambres très sobres (mais agréables) ; les invités sont les seuls maîtres à bord. Prix un poil su-restimé, mais la cuisine équipée à disposition compense cela. Les nou-veaux proprios – venus de Califor-nie – ont aussi entièrement rénové une *log cabin* plus que centenaire, pour accueillir les couples en lune de miel (jacuzzi, cheminée)... Égale-ment un petit chalet avec 2 lits dou-bles. L'adresse est aussi une bouti-que réputée pour les amateurs de pêche à la mouche !

Où acheter de bons produits ?

■ *Springdale Fruit Company Mar-ket :* ☎ 772-3222. Au bord de la route, à 1 *mile* environ de Spring-dale. Ouvert en saison de 8 h à 20 h, jusqu'à 18 h le reste de l'année. Une jolie maison en bois dans un cadre agréable. C'est une grande épicerie proposant une variété de jus et de fruits frais, issus de la plantation d'ar-

bres fruitiers, oasis de verdure au cœur d'un paysage aride et ro-cailleux. Mais aussi de nombreux produits bios : miel, lait, *peanut but-ter,* muesli, pain, diverses sauces (dont la marque de Paul Newman), etc. Sans oublier d'alléchants coo-kies et gâteaux maison... Seul bé-mol, les prix sont assez élevés.

À faire

Gorges parfois abruptes et impressionnantes, dunes de sable pétrifiées, for-mations rocheuses couvertes de stries régulières ou de verdure. Zion se découvre par le bas, en grimpant le long de sentiers escarpés depuis le fond des vallées encaissées, jusqu'à de superbes panoramas sur l'ensemble du canyon. Un paysage dramatique qui rappelle par endroit la Cordillère des Andes...

Balade en *shuttle*

Zion est un impressionnant défilé sillonné par une route. Les plus fainéants se contenteront d'emprunter le bus qui part régulièrement du *Visitor Center* et de faire le trajet jusqu'au fond du défilé, en descendant à différentes haltes. Compter minimum 1 h 30 pour faire l'ensemble du trajet. (Voir la rubrique « Quelques conseils et infos utiles », plus haut.)

Randonnées

Comme d'habitude, l'excellente carte délivrée à l'entrée du parc ou au *Visitor Center* permet de se rendre compte en un clin d'œil des possibilités de promenades. Les distances et durées sont indiquées clairement. Pour faire simple, voici quelques indications : randos faciles, *Riverside Walk* (2 *miles* ; 1 h 30) et *Lower Pool* (1,2 *mile* aller-retour, faible dénivelé) ; niveau moyen, *Middle Emerald Pools* (2 *miles* ; 2 h) ; *Angel's Landing* (5 *miles* ; 4 h), un peu difficile, voire vertigineux pour la dernière section, et enfin la plus costaude, *The Narrows,* qu'on entreprend à la carte (voir plus loin).
En saison, les *rangers* organisent des randonnés guidées tous les jours, à 9 h. Se renseigner au *Visitor Center.*

➢ *Weeping Rock :* balade assez courte et agréable (20 mn aller-retour). Belle vue sur la vallée. Aussi fastoche mais un peu plus longue, essayer la **Riverside Walk,** vraiment sympa, qui, comme son nom l'indique, suit le cours de la rivière (on croise plein d'écureuils en chemin). Au printemps et en été, ceux qui sont équipés de chaussures waterproof ou de bottes pourront poursuivre la balade dans la rivière.

➢ *Emerald Pools Trails* (environ 2 h) *:* très agréable, même si ça grimpe un peu parfois. En fait, il y a trois piscines : l'*upper,* la *middle* et la *lower.* Plus que des piscines, il s'agit de vasques naturelles plus ou moins pleines qui reçoivent l'eau de pluie et celle des petites chutes d'eau environnantes. Rien de spectaculaire, en vérité ; c'est plutôt la balade qui l'est.

➢ *Angel's Landing :* itinéraire de 5 *miles,* compter 4 h. Une superbe balade assez sportive, déconseillée toutefois aux randonneurs sujets au vertige. Ça grimpe sec jusqu'à la dernière section, qui offre une vue imprenable sur la vallée et la *Virgin River.* Les 800 derniers mètres avant le sommet s'effectuent sur une arête très escarpée, surplombant un ravin. Par sécurité, les marcheurs s'accrochent à une chaîne qui suit le bord de la falaise... Vraiment impressionnant, surtout si le vent est de la partie. Les moins aventureux pourront toujours effectuer la balade jusqu'au *Scout Lookout,* pour profiter de la vue en attendant que les plus aventureux grimpent tout en haut. Du sommet d'*Angel's Landing,* vue fabuleuse sur le canyon.

➢ *The Narrows :* à l'extrémité nord du Zion Canyon. Il faut descendre au dernier arrêt de bus : *Temple of Sinawara.* Le défilé des Narrows commence où la route carrossable s'arrête. Il s'agit d'une rando difficile réservée aux marcheurs expérimentés. Il est absolument indispensable, avant de l'entreprendre, d'aller voir les *rangers* au moins 1 jour ou 2 avant pour préparer le trek et s'informer du niveau des eaux. Ne pas négliger leurs conseils. La randonnée se fait dans la rivière tellement le canyon est étroit. En fait, il est assez large au départ, se présentant comme une faille dans un large cirque rocheux, mais il ne fait que se rétrécir au fil de la marche. Très impressionnant. Prévoir des chaussures étanches ou de bonnes chaussures de marche, ainsi qu'un maillot de bain. Prévoir aussi une grande quantité d'eau et envelopper ses affaires dans un sac waterproof. Enfin, éviter également de marcher dans les herbes, car il y a des serpents (vous pourrez aussi croiser sur le chemin de superbes tarentules, qui nichent dans les roches...) ! Permis obligatoire *(overnight permit)* pour ceux qui prévoient de passer la nuit dans le canyon (se renseigner au *Visitor Center*). Attention, c'est assez long, ceux qui vont au fond doivent prévoir entre

10 et 12 h de marche. Il existe toutefois plusieurs niveaux de difficulté. La plupart des randonneurs n'en font en fait qu'une infime partie, une promenade tranquille où l'on découvre déjà des paysages magnifiques. L'excursion demande alors moins de préparation, même s'il reste indispensable de se renseigner sur le niveau de l'eau. L'accès aux Narrows est interdit par temps d'orage. Au départ de l'itinéraire, un tableau affiche l'échelle de risques de montée des eaux.

➢ À **Kolob Canyon,** on suit la route qui mène jusqu'au point de vue *(Kolob View Point).* Agréable et pas très long. Seuls les courageux iront jusqu'à *Kolob Arch,* la 2e plus grande arche au monde. Plus de 5 *miles* de marche.

Escalade

Zion est le 2e parc des États-Unis le plus populaire pour l'escalade, après celui de Yosemite. Granit pour ce dernier, *sandstone* pour Zion, donc beaucoup plus difficile à négocier. Certains jours, on peut voir sur les falaises verticales du temple de Sinawava quelques doux-dingues en faire l'ascension. Le soir, on les aperçoit aux jumelles, pendus dans leur hamac. Vertigineux !

À voir

🍖 **Zion Museum :** dans le Zion Canyon. C'est le 2e arrêt du bus qui traverse le canyon. Ce petit musée présente l'histoire de Zion et les différents aspects géologiques du canyon. Intéressant.

🍖 **Zion Canyon Giant Screen Theater :** à deux pas de l'entrée est du parc et du *Visitor Center.* ☎ 772-2400. En saison, on y diffuse 3 films différents, tous les jours de 11 h à 20 h (nombreuses séances dans l'après-midi). Entrée : 8 US$; 5 US$ pour les moins de 11 ans. Le film sur le Zion National Park offre l'occasion de voir de superbes images du parc et notamment des Narrows, ces passages étroits que seuls les randonneurs chevronnés exploreront. Toute l'histoire de la découverte du canyon, des Indiens Anasazi à l'occupation par les premiers colons, jusqu'aux visiteurs d'aujourd'hui.

QUITTER ZION NATIONAL PARK

Principales routes et distances

– **Entrée est du parc** (East Entrance) **:** 13,2 *miles* (21 km).
– **Mount Carmel Junction :** 25 *miles* (40 km). Accès par la Hwy 9, superbe *scenic road* qui traverse le parc.
– **Kanab :** 40 *miles* (64 km). Accès par la Hwy 9 jusqu'à Mount Carmel Junction, puis la 89 S.
– **Bryce Canyon :** 85 *miles* (137 km). Rejoindre Mount Carmel Junction puis suivre la Hwy 89 N jusqu'au village de Hatch. Prendre à l'est la Hwy 12 puis au sud la Hwy 63, jusqu'à l'entrée de Bryce.
– **Page** (Arizona) **:** 120 *miles* (192 km).
– **Kolob Canyon :** 45 *miles* (72 km).
– **Cedar City :** 60 *miles* (96 km).
– **Las Vegas** (Nevada) **:** 157 *miles* (252 km).

KANAB

3 300 hab.   IND. TÉL. : 435

À 75 *miles* au nord-ouest de Page, sur la route 89 qui conduit aux parcs nationaux de Bryce et de Zion Canyons, et à seulement 4 *miles* de la frontière avec l'Arizona, non loin de Lake Powell et Monument Valley. Même si elle n'a pas un grand cachet, la petite ville de Kanab se révèle être une étape tranquille, à la lisière de plusieurs grands parcs. Le Kane County est aussi le « Little Hollywood » du sud de l'Utah, lieu de tournage de nombreux westerns, films et séries TV. En saison, la nostalgie du *Old West* est célébrée à l'occasion de divers festivals, notamment le fameux *Western Legends Round-up,* qui voit la population de la ville doubler à la fin août.

Adresses utiles

🛈 *Office du tourisme du Kane County* (plan B2) : 78 S 100 E. ☎ 644-5033. ● www.kaneutah. com ● Ouvert tous les jours de 8 h à 19 h, de juin à fin octobre ; de 9 h à 17 h le reste de l'année.
✉ *Poste* (plan A2) : presque à l'angle de Center St et de Main St. Ouvert du lundi au vendredi de 9 h à 16 h, jusqu'à 13 h le samedi.
■ *Zion First National Bank* (plan A1, 1) : 41 Center St. Guichet ouvert en semaine de 9 h à 17 h (18 h le vendredi). Distributeur automatique accessible 24 h/24.
@ *Internet :* accès libre à la *bibliothèque municipale* (plan A1), 133 E 300 N. Ouvert les lundi et vendredi de 10 h à 17 h, du mardi au jeudi de 9 h à 19 h et le samedi de 10 h à 14 h. Une dizaine de postes à disposition et jusqu'à 1 h de connexion gratuite !

Où dormir ?

Campings

⚹ *Crazy Horse Campground* (plan B2, 11) : 625 E 300 S. ☎ 644-2782. Compter 15 US$ l'emplacement pour une tente (1 à 4 personnes). À la sortie de la ville, en direction du Grand Canyon. Un camping familial bien agréable, établi au pied de la montagne. Pas mal d'espace et des emplacements ombragés pour les campeurs, sanitaires et douches impeccables. Petite piscine en plein air, laverie et épicerie sur place.
⚹ *Hitch'n'Post RV Park* (plan B2, 10) : 196 E 300 S (face au *McDo*), à la jonction des routes 89 et 89A. ☎ 644-2142 ou 1-800-458-3516. Compter 16 US$ pour planter la tente (douche chaude comprise) et environ 26 US$ pour un bungalow. Petit camping rempli de camping-cars, mais aussi des emplacements pour les tentes, avec vue sur les monts environnants. Les quelques *cabins* en bois sont nickel. Pas mal de verdure et à deux pas du centre. Familial, avec un petit côté baba-cool pas fait pour nous déplaire.

Bon marché

🛏 *Bob-Bon Inn Motel* (plan A1, 12) : 236 Hwy 89 N. ☎ 644-3069 ou 1-800-644-5094. ● www.bobbon.com ● À l'entrée nord de la ville. Chambres doubles à partir de 39 US$ pour 2 et environ 50 US$ pour 4. Le meilleur rapport qualité-prix de la ville. Bob et Bonnie (d'où le nom) ont rénové cette grande maison et construit un sympathique motel tout en bois. Hyperclean et agréable, avec des chambres confortables et un petit bout de piscine. Bonnie est aussi la directrice du festival de films du *Western Legends Round-up* et le bureau de la réception est couvert de photos dédicacées d'ex-stars du western. Réservation conseillée.

Prix moyens

🏠 ***Aiken's Lodge*** *(plan A1, 13)* : 79 W Center St. ☎ 644-2625 ou 1-800-790-0380. ● www.aikenslodge. com ● À partir de 50 US$ la chambre double en saison, de 56 à 61 US$ avec 2 lits doubles ou *Queen size*. En plein centre, un motel classique fort bien tenu. Les chambres sont assez lumineuses, propres et confortables. On dispose également d'une petite piscine et d'un poste avec accès Internet gratuit. En prime, les tarifs restent raisonnables toute l'année et l'accueil est sympathique. Bref, un excellent rapport qualité-prix.

🏠 ***Super 8 Motel*** *(plan A2, 15)* : 70 S 200 W. ☎ 644-5500. Un tout petit peu à l'écart de la Hwy 89. Pour 2 personnes, compter 80 US$ l'été et autour de 60 US$ en basse saison, petit dej' (céréales, pain et boissons) inclus. Tout confort (AC, piscine, *hot tub*). Pour ceux qui préfèrent un niveau supérieur et qui sont très à cheval sur la propreté. Reste que l'endroit est très impersonnel.

Plus chic

🏠 ***Victorian Charm Inn*** *(plan A1, 16)* : 190 N Hwy 89. ☎ 644-8660 ou 1-800-738-9643. ● www.victorianchar minn.com ● Compter de 99 à 119 US$ la double, 159 US$ pour la suite. La maison se repère aisément : sa façade un tantinet précieuse, dans le style victorien (carton-pâte), dénote avec les motels du secteur. L'intérieur, entièrement décoré dans un style fin XIXe, ne trahit pas la première impression. Quel que soit le type de chambre – la *Honeymoon suite,* la double avec cheminée, la « basique » (!) – toutes sont romantiques à souhait et ont leur propre jacuzzi. Le somptueux petit dej', servi dans la tout aussi somptueuse salle à manger, est compris dans la nuitée. À l'image des lieux, l'atmosphère est feutrée et le service très cordial mais discret.

Où manger ?

Bon marché

|●| ***Rewind Diner*** *(plan A1, 22)* : presque à l'angle de Centre St et de Main St. Ouvert du lundi au vendredi de 10 h à 21 h 30, le samedi jusqu'à 16 h. Compter 6-8 US$ pour un repas complet. Si vous avez toujours rêvé de faire un saut dans les années 1950, c'est ici qu'il faut venir ! Comptoir et murs couverts de carrelage noir et blanc, banquettes en skaï rouge, tabourets chromés... Au menu, les classiques hamburgers, hot-dogs, salades et sandwichs. Plus original, un choix de sodas « old-fashioned ». Tous les soirs, autour de 19 h, on tire l'écran géant séparant le coin-épicerie, pour offrir une séance de cinéma façon *drive-in* à tous les clients.

|●| ***Escobar's Mexican Restaurant*** *(plan B2, 23)* : 373 E 300 S. ☎ 644-3739. Ouvert de 11 h à 21 h, tous les jours sauf le samedi. Compter 8-10 US$ le repas complet. Une cantine mexicaine populaire et incontournable en ville. Le quartier et la salle de resto ne paient pas de mine, mais les habitués ne s'y trompent pas et affluent à toute heure pour savourer la copieuse cuisine familiale. Surtout, les prix restent démocratiques et l'accueil est très chaleureux. On sort forcément content et repu après un repas chez *Escobar's* !

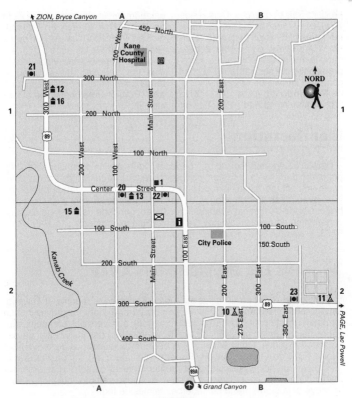

KANAB

■ **Adresses utiles**

🛈 Office du tourisme du Kane County
⊠ Poste
@ Bibliothèque municipale
1 Zion First National Bank

⚊ ☗ **Où dormir ?**

10 Hitch'n'Post RV Park
11 Crazy Horse Campground

12 Bob-Bon Inn Motel
13 Aiken's Lodge
15 Super 8 Motel
16 Victorian Charm Inn

|●| **Où manger ?**

20 Rocking V Café
21 Fernando's
22 Rewind Diner
23 Escobar's Mexican Restaurant

Prix moyens

|●| *Rocking V Café (plan A1, 20) :*
97 W Center St. ☎ 644-8001. Ouvert tous les jours de 11 h à 21 h 30 (voire plus tard le week-end). Compter 15 US$ le plat. Petit café-restaurant au rez-de-chaussée et galerie d'art à l'étage. Murs et par-

quet aux couleurs vives, dans le style mexicain. Tableaux contemporains, banquettes ou chaises en bois, cheminée pour les soirées d'hiver. Un cadre assez cosy et branché pour s'offrir de bons sandwichs et salades, à base de produits frais et d'épices. Classiques *burgers* et *enchiladas,* mais aussi quelques plats exotiques pour le dîner. Gardez une place pour le dessert, la maison a obtenu de nombreux prix pour ses gâteaux ! Accueil charmant et service efficace.

|●| *Fernando's* (plan A1, 21) : 332 N 300 W. ☎ 644-3222. Ouvert uniquement en saison, tous les jours de 11 h à 21 h 30 environ. Compter de 8 à 14 US$ pour un plat. Un peu à l'écart du centre. Un autre petit resto mexicain populaire en ville, possédant une chouette terrasse où déguster *tamales, tacos, enchiladas, burritos...* Portions très copieuses et bon accueil.

Manifestation

– *Western Legends Round up :* pendant 5 jours à la fin du mois d'août. Très populaire dans toute la région, ce festival dédié à la culture de l'ouest américain voit affluer des milliers de cow-boys nostalgiques. Grande parade en ville, avec notamment quelques vieilles légendes du cinéma western, nombreux stands d'artisanat et animations, rodéo, concerts de musique country, compétition de poésie cow-boy (sic !), etc. Renseignements : ☎ 1-800-733-5263. ● www.westernlegendsroundup.com ●

➤ *DANS LES ENVIRONS DE KANAB*

🥾 *Toroweap Point :* à 67 *miles* au sud de Kanab par Fredonia et Tuweep. On y accède par l'Antelope Valley, en suivant une route de gravier qui se termine en piste cahoteuse (4x4 recommandé), à travers des étendues sauvages de sauge (compter 3 h de trajet). Vraiment un des plus beaux paysages de l'Amérique. On arrive à un des belvédères méconnus de la rive nord (North Rim) du Grand Canyon. Superbe. Le mieux est d'y passer la nuit (camping « primitif » possible) pour profiter du lever de soleil. Les premiers rayons viennent frapper l'immense paroi rocheuse verticale qui plonge vers le fleuve et la pierre prend de superbes teintes de feu.

🥾 *Coral Pink Sand Dunes State Park :* à environ 12 *miles* au nord-ouest de Kanab, par un embranchement en cul-de-sac depuis la route 89 (celle de Bryce et Zion). Accès : 5 US$ par véhicule ; 3 US$ pour les piétons et les cyclistes ; à payer au poste de *rangers* à l'entrée du parc, ou selon un système d'enveloppe. Si vous passez à côté, ne ratez pas cet étonnant petit parc, où s'étend une succession de dunes de sable fin aux couleurs orangées. Elles se sont formées, un peu comme à Monument Valley, par la désagrégation du grès rouge sous l'effet de l'érosion. Puis, le vent, soufflant par la brèche ouverte entre les monts Moquith et Mocassin, a tout poussé là. Aujourd'hui, Coral Pink Sand Dunes est le royaume des amateurs de *quad* (ces petites « motos » à 4 roues tout-terrain), qui se donnent rendez-vous ici pour s'éclater dans les dunes ! Possibilité de locations à Kanab, se renseigner à l'office du tourisme. Pour les marcheurs et amoureux de nature préservée devant l'éternel, une large section du parc est interdite aux *quads*, avec plusieurs sentiers de randonnée. Possibilité d'y camper (compter 14 US$ par véhicule, entrée incluse).

BRYCE CANYON NATIONAL PARK   IND. TÉL. : 435

🥾🥾🥾 Ce n'est pas vraiment un canyon, mais un plateau calcaire (entre 2 018 et 2 748 m) dont l'érosion a créé des colonnes rocheuses aux formes très déchiquetées, d'une étonnante gamme de couleurs allant du jaune orangé au rouge profond *(Pink Cliffs)*. Même si vous avez vu le Grand Canyon, le paysage est suffisamment différent – et magnifique – pour mériter absolument un détour. Le premier mormon qui s'y établit en 1875, Ebeneezer Bryce, s'exclama : « C'est un sacré coin pour perdre une vache ! » Les Indiens païutes, eux, préféraient y voir « des rochers rouges dressés comme des hommes dans un canyon en forme de cuvette ». Autrefois, la mer recouvrait tout, puis elle s'est retirée. Les formations en forme de bougies (appelées ici *hoodoos,* des cheminées de fées) sont dues à l'érosion par la pluie. Le coin abonde de *tamias* (sorte de petits écureuils). Certainement un des plus beaux parcs de l'Utah, mais aussi un des plus fréquentés donc moins sauvage. Juste avant d'arriver au Bryce Canyon, sur la Hwy 12 entre Panguitch et Bryce, on traverse le **Red Canyon** qui, lui aussi, dévoile de superbes roches rouges érodées.

Adresses et infos utiles

– **Entrée du parc :** 20 US$ par véhicule (accès libre avec le *National Parks Pass*), 10 US$ par personne à pied ou à vélo.

🛈 **Visitor Center :** à l'entrée du parc national, sur la droite. ☎ 834-5322. Ouvert tous les jours de 8 h à 20 h de mi-mai à début septembre (18 h à la mi-saison et 16 h 30 en hiver). Vaste centre d'information sur le parc. Petit musée instructif sur la faune et l'environnement du parc, film de 20 mn (dernière projection 3 mn avant la fermeture) et librairie spécialisée (cartes topographiques...). Distribue le journal gratuit, *Bryce Canyon Hoodoo,* qui donne tous les renseignements utiles sur le parc, ainsi que la liste des chemins pédestres avec leur durée et leur difficulté. Carte détaillée en anglais très bien faite, disponible en français (0,50 US$). Si vous comprenez l'anglais, renseignez-vous sur les *ranger's talks,* exposés très pédagogiques sur des thèmes différents chaque jour, en particulier la géologie et l'astronomie.

■ **Urgences :** ☎ 1-676-2411 (ou 911).

■ **Poste et épiceries :** le *General Store* au *Ruby's Inn,* juste avant l'entrée du parc. Ouvert toute l'année de 7 h à 22 h 30 et très bien approvisionné. C'est aussi là que se trouve le bureau de poste. Également le *Bryce Canyon General Store,* ouvert en saison uniquement, près du Sunrise Point, à l'intérieur du parc. Micro-ondes à disposition. On peut aussi acheter du bois et prendre une douche pour quelques dollars.

■ **Laveries :** au *Ruby's Inn* (toute l'année) et au *Bryce Canyon General Store* (en saison).

✉ 🖥 **Poste et Internet :** petit bureau de poste près du hall d'accueil et possibilité de consulter ses mails au *Ruby's Inn,* mais horriblement cher (système de carte de paiement).

■ **Randonnées à cheval :** renseignements au *Bryce Canyon Lodge,* ☎ 834-5361. Ils ont un petit bureau pour réserver auprès de *Canyon Trail Rides.* On peut aussi les contacter directement : ☎ 679-8665. ● www. canyonrides.com ● Entre avril et octobre. Deux randonnées possibles de 2 h ou d'une demi-journée, de 40 à 55 US$ par personne. Également des excursions dans le Red Canyon (de 1 h 30 à la journée) avec le *Ruby's Inn.* Infos sur place ou réservations au : ☎ 1-800-782-0002. Même ceux qui n'ont jamais fait de cheval peuvent essayer.

– **Transport public à l'intérieur du parc :** de fin mai à début septembre, il existe un système de *shuttle* sillonnant les routes du parc. Fonctionne tous les jours de 9 h à 18 h ; arrêts desservis toutes les 12 mn environ. On peut ainsi laisser sa voiture au parking, ce qui est vivement recommandé par les *rangers* du parc – et plus écologique – mais pas obligatoire.

Où dormir ? Où manger ?

À l'intérieur du parc

Campings

⚊ **Bryce Canyon North Campground :** face au *Visitor Center*. Ouvert toute l'année. Compter 10 US$ par emplacement. De mi-mai à fin septembre, réservation conseillée au : ☎ (877) 444-6777. Pas de réservation en hiver : « premier arrivé, premier servi ». 107 emplacements magnifiquement situés, en pleine pinède. Pas de douche, mais eau courante, BBQ sur chaque site et table de pique-nique.

⚊ **Sunset Campground :** à environ 1,5 *mile* au sud du *Visitor Center*. ☎ 834-5322. Ouvert uniquement d'avril à octobre. Pas de réservation. « Premier arrivé, premier servi ». Venir très tôt pour avoir une petite chance de trouver une place. Une centaine d'emplacements à l'intérieur du parc, près de l'un des plus beaux points de vue. Environnement agréable et très bien aménagé. Superbe le soir, pour aller voir le coucher du soleil sur ces pitons flamboyants.

Très chic

⚊ |●| **Bryce Canyon Lodge :** au cœur du parc (bien indiqué). ☎ 834-5361. Fax : 834-5464. Central de réservations (plusieurs mois à l'avance) : ☎ (303) 297-2757 ou 1-888-297-2757. ● www.brycecanyon lodge.com ● Ouvert du 1er avril au 31 octobre. De 126 à 141 US$ en chambres d'hôtel, *western cabins* ou *lodge suites* (10 US$ par personne supplémentaire). Le seul hôtel à l'intérieur du parc, dans un cadre verdoyant couvert d'arbres. Une centaine de chambres propres et confortables, sans grand charme et chères payées. Les bungalows en bois sont répartis dans la pinède et possèdent une cheminée... à gaz. Le *lodge* en lui-même fait un peu « usine à touristes » mais dans un style rustique assez réussi. Resto correct à l'ambiance un rien western (plats de 13 à 25 US$).

Près du parc

Sachez que plus vous vous éloignez du parc, plus les prix baissent. Par prudence, ceux qui n'ont pas réservé à l'avance ont tout intérêt à se loger ailleurs que dans le parc. En été, les motels de la région ont une fâcheuse tendance à doubler leurs prix...

Campings

⚊ **Ruby's RV Park & Campground :** juste avant l'entrée du parc, à côté du *Ruby's Inn*. ☎ 834-5301 ou 1-800-468-8660. Fax : 834-5481. ● www.ru bysinn.com ● Ouvert d'avril à octobre. Compter 18 US$ pour 2 avec une tente, (à partir de 26 US$ si vous dormez sous tipi (30 US$ pour 4), 45 US$ pour 2 en *cabins* (à peine plus cher pour 4 ou 5). De larges espaces assez ombragés et agréables, même s'ils n'ont pas le caractère bucolique des campings situés dans le parc. Peu d'emplacements toutefois pour les campeurs individuels et les quelques tipis et *cabins* sont au bord de la route... Douche chaude incluse, piscine et *hot tub,* petite épicerie, lavomatic, etc.

⚊ **Red Canyon RV Park and Camp-**

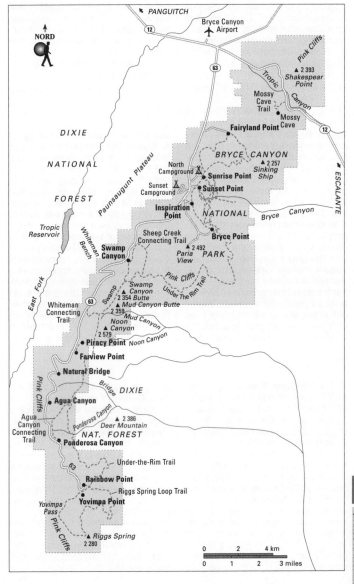

NORD

PANGUITCH

Bryce Canyon Airport

12

63

Pink Cliffs

▲ 2 393 Shakespear Point

Tropic Canyon

Mossy Cave Trail

Mossy Cave

12

ESCALANTE

DIXIE

NATIONAL

FOREST

Paunsaugunt Plateau

Tropic Reservoir

East Fork

Whiteman Bench

Fairyland Point

BRYCE CANYON

North Campground

Sunrise Point

Sunset Campground

Sunset Point

Inspiration Point

Sheep Creek Connecting Trail

Swamp Canyon

Whiteman Connecting Trail

63

Swamp

Swamp Canyon ▲ 2 354 Butte
▲ Mud Canyon Butte
2 359

Noon Canyon
2 579

Piracy Point

Farview Point

Natural Bridge

Pink Cliffs

Agua Canyon Connecting Trail

Agua Canyon

Ponderosa Canyon

NAT. FOREST

Ponderosa Canyon

▲ 2 257 Sinking Ship

NATIONAL

Bryce Point

▲ 2 492 Paria View

Pink Cliffs

Under The Rim Trail

Mud Canyon

Noon Canyon

PARK

Bryce Canyon

Bridge

DIXIE

Ponderosa Canyon

▲ 2 386 Deer Mountain

Under-the-Rim Trail

Rainbow Point

Riggs Spring Loop Trail

Yovimpa Point

Yovimpa Pass

Pink Cliffs

▲ Riggs Spring 2 280

0   2   4 km

0   1   2   3 miles

BRYCE CANYON NATIONAL PARK

ground : à une dizaine de *miles* de l'entrée du parc, sur l'US 12 en allant vers Zion. ☎ 676-2690. Pour deux, compter 11 US$ avec une tente et de 20 à 40 US$ pour un bungalow. Douche en supplément : 3 US$. Pas beaucoup d'ombre et un environnement désertique, mais l'ensemble est très bien tenu et l'accueil est chaleureux. Sanitaires à l'extérieur, impeccables. Les *cabins* sont modestes mais très correctes pour le prix, certains avec petite salle de bains. Snack, épicerie et station-service juste à côté.

De bon marché à prix moyens

🛏 🍴 ◗ **Bryce Canyon Pines :** à environ 6 *miles* de l'entrée du parc, sur l'US 12, en direction de Zion. ☎ 834-5441. Fax : 834-5330. ● www.bryce canyonmotel.com ● Compter 16 US$ pour 2 avec une tente. Chambres en motel de 65 à 75 US$ d'avril à octobre, de 45 à 65 US$ le reste de l'année. Chambres classiques de motel, propres et anonymes. Petite piscine en été. Le restaurant juste à côté est une heureuse surprise. Excellente cuisine maison, des copieux *breakfast* aux soupes du jours, en passant par les classiques grillades et une fabuleuse *pie* en dessert ! Le camping est un peu plus loin sur la route, avec douches chaudes gratuites, épicerie et laverie. Propose aussi des balades à cheval dans le Red Canyon.

🛏 **Bryce View Lodge :** Hwy U-63, en face du *Ruby's Inn*. ☎ et fax : 834-5180 ou 1-888-279-2304. ● www.bry ceviewlodge.com ● Compter 72 US$ pour 2 en été, autour de 50 US$ le reste de la saison. Une bonne alternative pour loger à deux pas de l'entrée du parc. Bien moins cher et touristique que son illustre concurrent en face, avec plusieurs bâtiments d'un étage, des chambres fonctionnelles et bien tenues. Pour ceux qui ne veulent pas revivre une scène d'*Apocalypse now* de bon matin, préférer les chambres à l'arrière, car l'héliport est juste devant ! Piscine couverte accessible 24 h/24. Un bon rapport qualité-prix dans l'ensemble.

Plus chic

🛏 **Best Western Ruby's Inn :** à l'entrée du parc. ☎ 834-5341 ou 1-800-468-8660. Fax : 834-5265. ● www.ru bysinn.com ● En fonction de la situation et du confort de la chambre, compter pour 2 de 105 à 150 US$ de juin à fin septembre, de 69 à 135 US$ environ au printemps et à l'automne ; moins cher en plein hiver. Malgré toutes ses attractions style western, cet hôtel est une véritable usine. Tout a commencé avec l'arrivée en 1916 d'un pionnier nommé Reuben Syrett. Il ouvrit le premier hôtel de la région en 1919. Depuis, le *Ruby's Inn* n'a cessé de grandir (près de 370 chambres aujourd'hui !). Il est composé de plusieurs grandes structures autonomes. Certaines chambres sont bien plus tranquilles, car situées loin de la route et donnant sur un petit plan d'eau (au *Lake View Lodge* ou *Elk Lodge*), mais compter 20 US$ de supplément pour la vue. Grande piscine intérieure. Tous les services à disposition dans l'immense hall d'accueil et autour de l'hôtel (distributeur de billets, station-service, épicerie, poste, boutique de souvenirs, laverie, etc.). Également un vaste resto dans l'hôtel avec plusieurs formules *all-you-can-eat buffet,* assez médiocres, et un petit fast-food pas fameux de l'autre côté du parking.

À Panguitch

Petite ville très bien située, à 22 *miles* au nord-ouest de Bryce Canyon (compter 20 mn sur une belle route). Fondée en 1863, Panguitch a gardé un peu de son caractère western. Une excellente étape pour une nuit, avec quelques bonnes adresses authentiques. Voir le *Paunsagaunt Western Wildlife Museum,* sur Center St, à l'entrée sud de la ville (des centaines d'animaux naturalisés, chassés par le créateur du musée lui-même). En été, la ville s'anime à l'occasion de divers festivals locaux, notamment le *Panguitch Valley Ballon Rally,* célèbre rassemblement de montgolfières pendant 3 jours à la fin juin (les prix grimpent ce week-end-là). Superbe spectacle insolite à ne pas manquer si vous êtes dans le coin.

De bon marché à prix moyens

🏠 *Horizon Motel :* 730 N Main St. ☎ 676-2651 ou 1-800-776-2651. Fax : 676-8420. ● www.horizonmotel. net ● Compter pour 2 de 49 à 59 US$. Un motel... comment dire, très motel. D'une affligeante neutralité, avec une dizaine de chambres assez vieillottes, mais spacieuses et fort bien tenues (bonne literie, TV, salle de bains). *Hot tub* à l'extérieur. L'accueil est agréable et malgré l'aspect impersonnel, l'adresse reste d'un bon rapport qualité-prix.

🏠 *Best Western New Western Motel :* 2ⁿᵈ E Center St. ☎ 676-8876 ou 1-800-528-1234. Fax : 676-8876. Sur la route principale. Pour 2, compter 70 US$ l'été et environ 55 US$ de novembre à mai. Motel de chaîne classique et propre avec de nombreuses chambres fonctionnelles et très confortables. Petite piscine et jacuzzi en plein air.

|●| *Joy's Country Corner Café :* 80 N Main St. ☎ 676-8851. En face de la *Cow-boy's Smokehouse.* Ouvert toute l'année, du lundi au samedi de 7 h à 20 h. Sandwichs et *burgers* autour de 6 US$. Typique des années 1950, avec des banquettes en moleskine rouge, un décor un rien rétro et une atmosphère populaire. Salades, plats du jour et quelques desserts. Bonne adresse toute simple, en plein centre, idéale pour le petit dej' ou pour manger sur le pouce.

|●| *Cow-boy's Smokehouse Café :* 95 N Main St. ☎ 676-8030. Ouvert du mardi au samedi de 16 h 30 à 21 h. Resto très populaire en plein centre de Panguitch. Une vieille maison en brique avec une agréable salle aérée, avec un bric-à-brac d'objets western et animaux empaillés, ainsi qu'un mur entièrement couvert de cartes de visite. Cadre agréable et service efficace, pour déguster une bonne viande grillée ou des *pork ribs,* spécialités maison. La viande est fumée au bois de mesquite, ce qui lui donne un parfum unique, et tous les plats sont servis avec salade, grosse pomme de terre et *roll.* Bon, copieux, authentique et prix raisonnables. Pas d'alcool fort, juste de la bière. Petits concerts en fin de semaine.

🍸 *Big Fish Saloon :* 618 S Main St. ☎ 676-8898. Ouvert tous les jours de midi à minuit. Un bar très populaire dans le coin pour vivre une expérience authentique. Une vingtaine de bières au choix et quelques sodas artisanaux, tables de billard et de poker (on joue sans argent !), fléchettes... Large comptoir pour trinquer avec les habitués et quelques snacks bon marché pour tenir le cap. Le patron est dynamique et a su redonner vie à cette petite ville isolée, en organisant régulièrement des soirées à thème (tournois, karaoké, soirée madison, etc.).

🏠 *The Red Brick Inn B & B :* 161 N 100 W St, PO Box 779. ☎ 676-2141. ● www.redbrickinnutah. com ● Prendre la 1ʳᵉ à gauche à l'angle de la *Cow-boy's Smokehouse,* puis 1ʳᵉ à droite. La maison est à 50 m sur la gauche. Pour 2, compter environ 69 US$ de novembre à mai et 79 US$ en été. Élégante demeure de brique des années 1930, à l'origine le premier hôpital de la ville. Chambres spacieuses et douillettes à la déco chargée et assez kitsch, mais l'endroit est vraiment sympa. Peggy Egan est par ailleurs une excellente cuisinière, et les œufs du petit dej' sont ceux des poules qu'elle élève dans le grand jardin derrière la maison. Un bel espace vert, idéal pour savourer les longues soirées d'été. Son mari, Brett, tient également le *Big Fish Saloon,* le seul bar de la ville pour s'offrir un verre en soirée.

Où dormir ? Où manger à l'est du Bryce Canyon ?

À *Tropic*

À l'est du Bryce Canyon, on poursuit cette superbe route 12 absolument étonnante. C'est une *scenic byway,* c'est-à-dire qu'elle est considérée comme une des plus belles des États-Unis. À environ 11 *miles* de Bryce, Tropic est une minuscule bourgade qui a l'avantage de proposer plusieurs motels, mais pas vraiment moins chers qu'à Bryce.

Bon marché

🛏 *A & R Bybee Steppingstone Motel :* 21 S Main St. ● bybeestepp@ hotmail.com ● Au bord de la route principale. Ouvert de début avril à fin octobre. Chambres pour 2 à 54 US$ l'été et 49 US$ au printemps et à l'automne. Petit motel modeste avec seulement quelques chambres. Très propre et fonctionnel, avec TV et salle de bains privée. Accueil sympathique.

|●| *Clarke's Country Restaurant :* 141 N Main St. Juste derrière la station essence « Phillips 66 ». Compter 5-6 US$ pour le petit dej' ou le lunch, 10 à 15 US$ pour le dîner. Grande maison en bois et brique style western, salle de resto sans grand charme avec quelques photos anciennes sur les murs. Une bonne cuisine proposant les classiques *breakfast*, sandwichs, *burgers*, salades... Le soir, goûteuses viandes et truites grillées ; parfois des petits concerts de musique country. Et pour les plus gourmands, le proprio tient aussi un *candy-shop* à l'entrée. Sur place, on trouve aussi une supérette et 2 postes avec accès Internet (1 US$ les 5 mn).

Prix moyens

🛏 *The Bullberry Inn Bed & Breakfast :* 412 S Hwy 12. ☎ 679-8820 ou 1-800-249-8126. ● www.bullberryinn. com ● En venant de Bryce, à la sortie de Tropic sur la gauche. En été, compter 70 US$ pour 2. Maison aérée et lumineuse proposant 5 chambres avec salle de bains. Wally, Nettie et leur fils Steven vous réservent un accueil chaleureux dans leur maison soigneusement tenue. Environnement agréable avec vue sur Bryce Canyon. Peut-être aurez-vous également la chance de goûter à la confiture de *bullberry*, spécialité familiale préparée à base de cette baie locale. Une bonne adresse à l'atmosphère familiale.

🛏 |●| *Bryce Valley Inn :* 199 N Main St. ☎ 679-8811 ou 1-800-442-1890. Fax : 679-8846. ● www.bryceval leyinn.com ● Compter autour de 70 US$ l'été pour 2. La façade est peu engageante mais les chambres sont bien tenues et confortables. Surtout valable quand tout est complet ailleurs, car il y a une soixantaine de chambres mais absolument aucun charme.

À *Cannonville*

À environ 5 *miles* à l'ouest de Tropic. On est là à deux pas du Kodachrome Basin, un délicieux petit *state park* encore assez méconnu (voir le chapitre plus loin).

⚑ **KOA Campground and Cabins :** Hwy 12, Red Rock Rd. ☎ 679-8988 ou 1-888-562-4710. ● www.bryceca nyonkoa.com ● Bien fléché côté droit de la route quand on vient de Bryce. Pour 1 tente et 2 personnes, compter autour de 20 US$. Chouettes *cabins* tout en bois à 48 US$ pour 2. Camping assez agréable et récent mais qui manque d'ombrage. Une vingtaine d'emplacements pour les tentes. Sanitaires et douches impeccables, cuisine à disposition. Minuscule piscine en plein air. Petite épicerie et laverie sur place.

À voir. À faire

– Se procurer le journal **Hoodoo,** édité par le parc, qui contient toutes les infos utiles, ainsi que la liste des principales randonnées que l'on peut faire dans une journée. Le **Visitor Center** fournit plus d'infos sur les randonnées, l'état des pistes et la météo.

Dans le parc, plusieurs sites absolument superbes, comme *Sunrise Point, Sunset Point, Bryce Point.* Il y a une dizaine de balades à faire, entre 1 h et 5 h de marche. Si vous n'avez pas le temps de faire une petite randonnée, il vous faudra prendre le temps de parcourir tranquillement la route qui, sur une vingtaine de *miles,* longe les impressionnantes falaises et offre de nombreux points de vue incroyables. On conseille vraiment de faire toutes les haltes et de parcourir toute la route, jusqu'au point le plus au sud. On rappelle également que la meilleure lumière se capte tôt le matin et en fin d'après-midi. Les accros de ces paysages n'hésiteront pas à venir deux fois, le matin ET le soir. Quel pied de se retrouver dans la fraîcheur du petit matin ou aux dernières lumières du soir, à admirer le panorama.

🎥🎥 **Sunset Point :** on y trouve des *hoodoos* ou pinacles, résultat des variations de température : 200 jours d'hiver rigoureux, puis 100 jours d'enfer ! Les coloris proviennent de l'oxydation de minéraux (les oranges, roses et rouges du fer, le violet du manganèse, les parties blanches sont du pur calcaire).

🎥🎥 **Sunrise Point :** à peu près la même vue qu'à Sunset, mais à voir au soleil levant bien sûr ! Très jolie balade d'environ 1 h à *Queen's Garden* au milieu des pitons rocheux. Au retour, ça grimpe !

🎥🎥 **Bryce Point :** ressemble à une espèce de proue de navire qui s'enfonce dans le canyon et livre une vue à plus de 180° sur l'horizon. Forêt d'aiguilles effilées. Droit devant, un massif rocheux a été baptisé *Alligator*. De là, panorama particulièrement impressionnant, présentant des roches blanches, jaunes, orangées et rouges.

🎥 Plus au sud, le **Farview Point** propose une vision moins minérale, plus végétale, tandis que le **Natural Bridge** est une arche curieuse, qui s'est sans doute trompée d'adresse (elle aurait pu être dans l'Arches National Park).

🎥🎥 **Agua Canyon :** encore plus au sud, il présente des colonnes particulièrement effilées qui se dressent très haut. Une fois ici, poursuivez donc jusqu'au **Rainbow Point** où le point de vue est encore grandiose.

➤ **Randonnées dans le parc :** extraordinaires, il n'y a pas d'autre mot. Ce qu'il y a de formidable, ici, c'est qu'il y en a pour tout le monde : des courtes et des longues, des faciles et des coriaces. Toutes permettent de descendre à l'intérieur de ce gigantesque amphithéâtre. Un complément indispensable à la vision qu'on peut avoir depuis les points de vue d'en haut. Les chemins se faufilent entre les colonnes rocheuses dont certaines atteignent plusieurs dizaines de mètres. Pour les promenades fléchées dans le parc, la carte du

Visitor Center suffit. En revanche, si vous envisagez de vous balader une journée, procurez-vous la *Bryce Canyon hiking map,* en vente au *Visitor Center* (5 US$). Comme toujours, le plaisir qu'on prendra est souvent fonction de l'heure à laquelle on fait la balade.

Quelques conseils : partez tôt le matin pour éviter la chaleur... et les touristes. Portez de bonnes chaussures, emportez beaucoup d'eau et un chapeau. Et prenez votre temps sous peine d'avoir le souffle coupé, car l'altitude est élevée (2 438 m).

Toutes les randonnées sont intéressantes. Mais si vous devez en faire une seule, combinez les deux itinéraires : *Queen's Garden Trail* et *Navajo Loop.* Le plus facile est de partir de *Sunset Point.* Ces deux randonnées bout à bout (3 *miles* au total) permettent d'admirer le plus beau paysage du parc. Une autre possibilité très agréable est d'emprunter le *Rim Trail* de *Sunrise Point* à *Inspiration Point* ou *Bryce Point.* Autre possibilité (en été uniquement) : faire la randonnée de *Bryce Point* à *Sunrise Point* et prendre le *shuttle bus* pour revenir ; ou l'inverse. On longe sans cesse l'amphithéâtre, la vue est superbe et, surtout, c'est plat ! La *Fairyland Loop,* très populaire, permet de faire une superbe rando (4-5 h) au milieu des cheminées de fée, avec quelques côtes bien senties jusqu'au sommet des falaises. Les marcheurs avertis seront heureux de savoir qu'en suivant la *Rim Trail* on peut « faire » à pied tout le canyon sans interruption du nord au sud (soit 11 *miles* ; compter 5-6 heures). Ne pas hésiter à demander conseil aux *rangers* du *Visitor Center.*

➤ **Tours en petit avion ou en hélicoptère :** avec *M & S Aero* ou *Bryce Canyon Airlines & Helicopter* (voir ci-dessous). Vraiment une expérience géniale et pas si chère que ça.

■ **M & S Aero :** aéroport de Bryce Canyon. ☎ 834-5101 ou 679-8440. ● www.msaero-bryce.com ● Steve Winters (très sympa) propose toute l'année 3 tours différents en petit avion au-dessus du Bryce Canyon. Vol exceptionnel à partir de 30 US$ par personne (15 mn de vol) et jusqu'à 75 US$ pour 30 mn (le pilote vous emmène jusqu'à Escalante). Réservation conseillée.

■ **Bryce Canyon Airlines & Helicopter :** aéroport de Bryce Canyon. Réservations auprès du bureau du *Ruby's Inn :* ☎ 834-5341. Choix d'excursions pour explorer Bryce et Red Canyon, Zion National Park, Monument Valley ou le Grand Canyon. De 15 mn à 4 h de balade, à partir de 60 US$ par personne. Également un service de charter en avion ou hélico avec les villes de Cedar City, Page (Arizona), Las Vegas et Salt Lake City.

➤ *DANS LES ENVIRONS DU BRYCE CANYON NATIONAL PARK*

🥾🥾 **Cedar Breaks National Monument :** un très beau parc qui ressemble un peu à Bryce, au milieu de la Dixie National Forest. Se renseigner avant, car la route est souvent enneigée jusqu'à fin mai ou juin, et donc impraticable. Une *scenic drive* de 5 *miles* permet d'explorer une partie du parc en longeant les falaises, avec plusieurs arrêts pour profiter du panorama. Le *Visitor Center,* ouvert de début juin à mi-octobre, fournit toutes les infos sur le camping (28 emplacements avec eau courante, toilettes, tables de pique-nique) et les possibilités d'excursions. Renseignements : ☎ (435) 586-9451. ● www.nps.gov/cebr ●

🥾🥾🥾 **Entre le Bryce Canyon et Capitol Reef :** la Hwy 12 (se reporter à la rubrique « Dans les environs de Capitol Reef »).

KODACHROME BASIN

IND. TÉL. : 435

●●●

🐾🐾 Un petit détour sympa lorsqu'on quitte Bryce Canyon par l'est. Son nom lui a été donné par l'honorable National Geographic Society qui y a pris quelques milliers d'images et a contribué à sa notoriété (encore modeste toutefois). La route qui y mène permet déjà de découvrir un paysage de collines rougeoyantes, parsemées de végétation par touches discrètes, qui apparaît au détour des virages. De Cannonville (sur la route 12), faire environ 8 *miles* sur la route 63 vers le sud, puis prendre à gauche la 308 ; le Kodachrome Basin est 1 *mile* plus loin. Entrée payante par système d'enveloppe : 5 US$ par voiture. Les *Pass* ne sont pas acceptés, car ce n'est pas un « National Park ».

Il s'agit d'un tout petit parc d'État, composé d'un ensemble de superbes roches multicolores, rouge, ocre et jaune... blanc aussi. Un parc qui ne manque pas d'attraits, même s'il n'a pas l'ampleur et la majesté de Bryce ou de Zion. Les spécialistes pensent qu'il y a bien longtemps, le site ressemblait à ce qu'est Yellowstone aujourd'hui. Possibilité de camper loin de la foule. On peut aussi louer des chevaux à la *Scenic Safaris Trail Head Station* (voir « Où dormir ? »). Plusieurs randonnées en boucle possibles, allant d'un quart de *mile* à 3 *miles*.

Où dormir ?

🏕 **Campground :** il est niché au pied d'un petit cirque rocheux, au milieu de la verdure. Paiement par système d'enveloppe. Possibilité de réserver un site au minimum 2 jours à l'avance : ☎ 1-800-322-3770. Compter 14 US$ par véhicule (entrée du parc comprise). Tables de pique-nique, douches et toilettes.
🏠 **Scenic Safaris Trail Head Station :** faire environ 1 *mile* à l'intérieur du parc, en suivant les panneaux « Campground & Scenic loop ».

☎ 679-8536 ou 8787. ● www.bryce canyoninn.com ● Location de *cabins* impeccables autour de 73 US$ pour 2 et 4 personnes. Assez confortable, avec 2 grands lits, salle de bains, kitchenette, petite terrasse et barbecue. Calme parfait et panorama extra sur les roches. Petite épicerie juste à côté. Propose aussi des balades à cheval ou en chariot de 1 h à la demi-journée, au milieu des falaises, colonnes et cheminées de fées.

CAPITOL REEF NATIONAL PARK

IND. TÉL. : 435

●●●

🐾🐾 Situé au nord de Lake Powell, entre Bryce Canyon et Canyonlands National Parks, Capitol Reef n'est pas le plus spectaculaire des parcs américains, mais c'est incontestablement l'un des moins aménagés et des plus sauvages de la région. Loin des foules de Grand Canyon ou de Zion, on le découvre par le « fond », au cœur de Grand Wash et Capitol Gorge, superbes canyons aux parois abruptes, le long du Waterpockt Fold, vallée encaissée à la pointe sud du parc, ou de Cathedral Valley, au nord. On se promène dans un paysage minéral, semi-désertique, dominé par des dômes massifs ciselés par l'érosion et à travers des gorges sinueuses. Dans ce contexte, les vergers de l'oasis de Fruita paraissent presque incongrus, mais ô combien enchanteurs. C'est le fruit des bienfaits de la Fremont River, qui coule à travers Capitol Reef et permet le développement d'une végétation insolite en plein désert, peupliers, saules et frênes le long de ses rives, nombreuses fleurs saisonnières lui donnant un vrai charme bucolique au printemps...

Ce parc plaira à tous ceux qui apprécient les marches solitaires au milieu d'une nature préservée. D'ailleurs, la région tout entière invite à des balades et des randonnées superbes. Un peu plus au sud se trouve le *National Monument* le plus récent des États-Unis : Escalante, avec ses canyons et ses formations rocheuses de toute beauté. Pour couronner le tout, la région, sans doute parce qu'elle est moins visitée, est à quelques exceptions près l'une des moins chères de l'Ouest. Vous y trouverez donc de bonnes petites adresses 20 ou 30 % moins chères qu'ailleurs. Cependant, la région ne se réveille qu'aux alentours de Pâques et un bon nombre d'adresses sont fermées hors saison.

Adresses et infos utiles

– **Accès au parc :** l'entrée est située sur l'US 24, qui relie Hanksville et Torrey. Entrée : 5 US$; système d'enveloppe à déposer dans une boîte qui se trouve après l'oasis de Fruita et le camping, ou à payer auprès du *Visitor Center.*

🛈 **Visitor Center :** à l'entrée de l'oasis de Fruita, sur l'US 24. ☎ 425-3791. • www.nps.gov/care • Informations par courrier : Superintendent, Capitol Reef National Park, Torrey, UT 84775. Généralement ouvert de 8 h à 18 h de fin mai à la mi-octobre et jusqu'à 17 h le reste de l'année (sauf les jours de fête nationale). Centre d'accueil efficace, qui tient à votre disposition une brochure sur le parc en français et la carte des sentiers de balades (en anglais). Petite expo sur l'histoire et la géologie locales, librairie (nombreuses cartes détaillées). Toutes les infos sur les campings, les activités dans le parc, la météo, l'état des routes et des pistes...

– **Activités gratuites :** de mai à septembre, divers programmes animés par les *rangers,* balades commentées, soirées feu de camp au camping de Fruita, etc. Programme détaillé au *Visitor Center.*

🛈 **Visitor Information de Torrey :** à environ 10 *miles* à l'ouest de l'entrée du parc, sur l'US 24. Un petit local à la jonction des routes 12 et 24, à côté de la station Chevron et du *Days Inn.* ☎ 425-3365 ou 1-800-858-7951. • www.capitolreef.org • On peut aussi écrire : PO Box 7, Teasdale, UT 84773. Généralement ouvert de Pâques à l'automne, tous les jours mais à horaires variables. Accueil disponible et très sympa.

✉ **Poste :** 75 W Main, en plein centre de Torrey, face au *Chuck Wagon General Store.* Ouvert en semaine de 7 h 30 à 13 h 30 et jusqu'à 11 h 30 le samedi.

■ **Clinique et pharmacie :** à Bicknell (18 *miles* de Capitol Reef). ☎ 425-3744. En cas d'urgence : ☎ 1-800-356-8757 (ou 911). Prendre la Hwy 24W. Arrivé à Bicknell, continuer environ 0,5 *mile* jusqu'à l'intersection avec la 300 W. Tourner à gauche. La clinique est un bloc plus loin. Ouvert uniquement de 9 h à 17 h en semaine et le samedi de 9 h à 13 h.

■ **Laverie et épicerie :** au *Austin's Chuck Wagon General Store & Lodge,* 12 W Main St, à Torrey (voir plus loin, rubrique « Où dormir ? »).

■ **Distributeurs ATM :** au *Chuck Wagon General Store* et dans la station-service à la jonction des routes 12 et 24.

@ **Internet :** au *Castle Rock Coffee & Candy* à Torrey, à la jonction des routes 12 et 24, juste à côté de l'office du tourisme. Connexion Internet à 3 US$ pour 15 mn, 5 US$ la demi-heure. Également au *Robber's Roost,* petit café et librairie très sympa (voir plus loin, rubrique « Où manger ? »).

■ **Capitol Reef Backcountry Outfitters :** à Torrey, à la jonction des routes 12 et 24. ☎ 425-2010. • www.capitolreefoutfitters.com • Cette agence vous fournira toutes les infos sur les activités en extérieur dans la région de Capitol Reef. Locations de VTT ou de 4x4. Peut également réserver diverses excursions guidées : à pied, en vélo, à cheval (de 1 h à la journée), en 4x4... Pas donné tout de même.

– **À SAVOIR :** une partie de la *Scenic Drive* et beaucoup de routes de l'arrière-pays, au sud de la Fremont River, ne sont pas goudronnées. La plupart restent cependant praticables en véhicule de tourisme, jusqu'à Cohab Canyon et Capitol Gorge. En revanche, un 4x4 est indispensable pour explorer Cathedral Valley, à l'extrémité nord du parc, ou Strike Valley, au sud de Cedar Mesa.

– Les autres routes du parc peuvent elles aussi être coupées par les chutes de neige en hiver ou les violents orages *(flash floods)* qui s'abattent épisodiquement sur la région de juin à septembre. Bien s'informer sur l'état des routes et la météo (affichés au *Visitor Center*) avant de rouler hors des sentiers battus, d'autant plus que certaines pistes empruntent par endroit le lit d'un torrent (attention aux orages !).

Où dormir ?

Les possibilités d'hébergement sont dispersées dans toute la région, mais la plupart des hôtels cités ici se regroupent dans le village de Torrey, situé à une quinzaine de kilomètres du *Visitor Center* du parc.

À *l'intérieur du parc*

Campings

⚊ *Campings primitifs :* avec un permis gratuit délivré au *Visitor Center,* on peut camper librement dans presque tout le parc. Il existe aussi deux terrains de campings rudimentaires, à Cedar Mesa et Cathedral Valley, dotés de tables de pique-nique, grils et w.-c. mais pas d'eau potable.

⚊ *Fruita Campground :* dans l'oasis de Fruita, non loin du *Visitor Center.* ☎ 425-3791. Ouvert toute l'année. Pas de réservations : « premier arrivé, premier servi ». En été, le camping est généralement plein vers midi, en particulier le week-end.

Compter 10 US$ avec une tente ou un camping-car (jusqu'à 5 personnes). Enregistrement et paiement au *Visitor Center*. Propose 71 emplacements dans un terrain très agréable, aménagé dans l'oasis de Fruita. Calme et verdoyant (arbres fruitiers), avec de l'eau potable, des toilettes, des tables et des barbecues, mais pas de douche. Le gazon est beau, la rivière coule à côté, et assure un couchage bien agréable pour les campeurs. Pour compléter ce tableau champêtre, vous aurez sûrement la visite de daims et d'oiseaux...

À *Torrey*

Camping

⚊ |●| *Thousand Lakes RV Park :* 1050 W Hwy 24. ☎ 425-3500 ou 1-800-355-8995. ● www.thousandla kesrvpark.com ● Ouvert d'avril à octobre. Un emplacement pour tente coûte 13,50 US$ pour 2 (2 US$ par personne en plus). Locations de 5 petits bungalows rudimentaires mais impeccables, à 30 US$ pour 2, draps non fournis. Également 2 deluxe cabins (55 US$ pour 2), avec kitchenette, salle de bains riquiqui et espace pique-nique tranquille. Le cadre est un peu moins évocateur que pour le *Fruita Campground,* mais le site reste agréable, malgré l'affluence de *RV's* (la plupart du terrain leur est dévolu). Bien appréciables : les douches et sanitaires immaculés, la petite piscine bienvenue aux heures chaudes et le petit resto *The Pavilion,* qui sert le soir (uniquement) une bonne cuisine familiale et pas chère. Sur place, épicerie, laverie et même la location de 4x4.

Très bon marché

🏠 **Sand Creek Hostel :** 540 Hwy 24. ☎ 425-3577 ou 78. ● www.sandcreek rv.com ● À la sortie ouest de Torrey, sur le côté droit de la route. Cette petite maison privée voisine avec un terrain pour camping-cars et quelques tentes, sans charme et pas un poil d'ombre. L'auberge de jeunesse, en revanche, n'est pas mal du tout. Elle compte 8 lits seulement (superposés) dans une seule pièce tout en bois, très propre et plutôt agréable. Prévoir 12 US$ par personne avec draps et couvertures, 2 US$ de moins si vous n'en avez pas besoin. Laverie et sanitaires impeccables (hommes et femmes séparés), partagés avec le camping attenant. En prime, l'accueil est charmant.

🏠 **Torrey Trading Post-Capitol Reef Cabins :** 75 W Main St, en plein centre, face au *Chuckwagon General Store.* ☎ 425-3716. ● www.torrey tradingpost.com ● Ouvert toute l'année. Compter 28 US$ pour 2 d'avril à octobre, 20 US$ le reste de l'année. Seulement 5 *cabins* avec 2 lits doubles, petite salle de bains, TV et ventilo. Confort assez rudimentaire mais l'ensemble est bien tenu et reste très économique. L'accueil est assuré par la sympathique famille... Torrey (!), qui tient aussi une boutique d'artisanat et le bureau de poste juste à côté.

Bon marché

🏠 **Capitol Reef Inn & Café :** 360 W Main St. ☎ 425-3271. ● www.ca pitolreefinn.com ● À la sortie de Torrey, en direction de Teasdale. Ouvert de fin mars à fin octobre. Compter 48 US$ pour 2. Un petit motel aux allures de *B & B.* Une dizaine de chambres à l'écart de la route, agréables quoique un peu vieillottes, avec TV, salle de bains, frigo et machine à café. Plusieurs bons points : l'atmosphère familiale, le grand jacuzzi dans le jardin, au pied des arbres, et le restaurant attenant, certainement le plus sympa de Torrey (voir infos à ce sujet dans la rubrique « Où manger ? »).

🏠 **Boulder View Inn :** 385 W Main St. ☎ 425-3800 ou 1-800-444-3980. ● cptlreef@color-country.net ● À la sortie ouest de Torrey, presque en face du *Capitol Reef Inn.* Les chambres sont toutes à 48 US$ pour 2 (4 US$ par personne en plus), petit dej' continental inclus. Un motel tout ce qu'il y a de plus banal, mais les chambres restent confortables et impeccables. Deux ont un *King bed,* les autres ont 2 lits.

Prix moyens

🏠 **Austin's Chuck Wagon General Store & Lodge :** 12 W Main St. ☎ 425-3335 ou 1-800-863-3288. ● www.austinschuckwagonmotel. com ● Au centre de Torrey. Fermé de novembre à mars. Compter 64 US$ pour une double dans le bâtiment principal, et 45 US$ pour une chambre plus petite au-dessus de l'épicerie. Également 3 *cabins* pour 4 à 6 personnes à 110 US$. Un grand motel en bois sur 2 étages, avec chambres confortables et bien tenues, avec TV câblée. Les *cabins,* quant à elles, sont vraiment agréables et spacieuses (vraie cuisine, salle de bains...). Piscine en plein air et jacuzzi. Sur place, le *General Store* vous rendra bien service : boulangerie, *deli,* laverie et distributeur ATM. Bon accueil.

🏠 **Rim Rock Inn :** à l'est de Torrey. ☎ 425-3398 ou 1-888-447-4676. ● www.therimrock.com ● Le plus proche du parc de Capitol Reef avec le *Best Western.* Fermé de novembre à Pâques. Compter environ 52 US$ la double avec salle de bains, TV et machine à café. Une vingtaine de chambres plutôt agréables, propres et bien équipées, une moitié avec 2 lits, l'autre avec un seul *(King size).* Petite terrasse longeant les chambres pour profiter de la vue sur les plaines alentour.

⌂ **Wonderland Resort :** perché sur une colline, à la jonction des Hwys 12 et 24. ☎ 425-3775 ou 1-800-458-0216. ● www.capitolreefwonderland. com ● Compter environ 65 US$ d'avril à octobre pour 2, 52 US$ le reste de l'année. Une cinquantaine de chambres spacieuses et confortables (TV câblée, machine à café...), certaines avec vue sur la vallée. On dispose d'une piscine chauffée et d'un jacuzzi protégés par une agréa-

ble véranda ensoleillée. Restaurant et snack également ouverts toute l'année. Seul bémol, l'hôtel est envahi de groupes en saison et l'accueil est assez impersonnel.

⌂ **Super 8 Motel :** 600 E Hwy 24. ☎ 425-3688 ou 1-800-800-8000. ● www.super8.com ● Ouvert toute l'année. Compter 48 US$ la chambre double hors saison, environ 60 US$ en été (petit dej' continental inclus). Aucun charme mais des chambres nickel, une bonne literie et un confort irréprochable. Piscine intérieure et jacuzzi.

Dans les environs de Torrey

Plus chic

⌂ **B & B Muley Twist Inn :** 125 S, à Teasdale (PO Box 117, UT 84773). ☎ 425-3640 ou 1-800-530-1038. ● www.muleytwistinn.com ● De Torrey, prendre la route 24 vers l'ouest, puis à gauche vers Teasdale. Suivre State St jusqu'à l'église et tourner à droite ; ensuite c'est indiqué. Chambres doubles de 99 à 109 US$, 15 US$ par personne supplémentaire ; petit dej' inclus. Une belle maison en bois à flanc de montagne, en-

tièrement rénovée. Eric et Penny, les sympathiques proprios, disposent de 5 chambres spacieuses et joliment décorées, dotées de tout le confort. L'ensemble est très lumineux et cosy à la fois. Agréable pièce commune où prendre le copieux petit dej' maison. Le soir, on profite de la terrasse avec vue sur la vallée... et de l'immense terrain pour se dégourdir les jambes.

Très chic

⌂ **The Lodge at Red River Ranch :** 2900 W Hwy 24, à Teasdale (PO Box 22, UT 84773). ☎ 425-3322 ou 1-800-205-6343. ● www.redriverranch. com ● De Torrey, prendre la route 24 vers l'ouest. Passer l'embranchement menant à Teasdale, l'entrée du ranch se situe après la descente sur la droite. Ouvert d'avril à fin octobre. Les prix oscillent entre 125 et 175 US$ pour 2, selon qu'il s'agit d'une *deluxe* (pour 2) ou d'une *luxury* (de 4 à 5 personnes). Environnement superbe pour cette luxueuse adresse de charme, sur une note *Old West*.

Au total, 15 chambres avec parquet, cheminée et salle de bains privée, certaines avec patio ou petit balcon donnant sur les montagnes. Très belle pièce commune au rez-de-chaussée, tout en pierre et rondins, avec des plafonds immenses et, partout, de magnifiques tapis navajos. On peut, bien sûr, se contenter de prendre son temps et ses aises, notamment dans le jacuzzi entouré de pelouses. Mais l'activité fétiche des clients du *Lodge* est la pêche à la mouche, car la Fremont River passe juste derrière la maison.

Sur la route entre Bryce Canyon et Capitol Reef

⌂ ⚹ **Boulder Mountain Ranch :** à Salt Gulch. ☎ 335-7480. ● www.boul

der-utah.com ● Par courrier : PO Box 1373, Boulder, UT 84716. En

UTAH
(PARCS NATIONAUX)

pleine nature, à 45 *miles* au sud-ouest de Torrey par la route de Bryce Canyon. Environ 3,5 *miles* après Boulder, prendre sur encore 3,5 *miles* l'Hell's Backbone Rd (la « colonne de l'Enfer » !), route gravillonnée qui serpente en pleine montagne... Compter de 55 à 83 US$. On vous conseille vivement cette adresse située au bout du monde. Environnement sauvage et vue imprenable pour ce ranch authentique, avec de vrais cow-boys, des chevaux et du bétail. On peut loger dans le *lodge* principal, en gros rondins (55 et 60 US$ pour 2 ou 4 personnes), ou dans des bungalows en bois (66 à 83 US$ selon la taille). Taxes comprises, pour une fois. Confort simple et rustique pour les chambres cosy de la maison ou les petits chalets indépendants. Gary et Sheri assurent un accueil très chaleureux et de bons repas. Quant à Bob et Sioux Cochran, ils proposent de belles balades à cheval (de 35 US$ pour 2 h à 110 US$ pour la journée), et même des randonnées de plusieurs jours.

Où manger ? Où prendre le petit dej' ?

À *Torrey*

Bon marché

|●| ***Chuck Wagon General Store & Deli*** : 12 W Main St. Contre l'hôtel du même nom, au centre du village. L'arrêt idéal pour le pique-nique. Le *deli* propose le midi un choix de sandwichs et salades à emporter, pour moins de 5 US$. Reste à faire le tour des rayons de l'épicerie pour compléter le repas et s'offrir un gueuleton digne de ce nom sur les sentiers de Capitol Reef ! Très bon accueil, ce qui ne gâche rien.

|●| ***Castle Rock Coffee & Candy*** : à la jonction des Hwys 12 et 24. Ouvert tous les jours en saison, de 7 h 30 à 19 h. Une petite *coffee-house* tenue par des jeunes sympas, qui propose de très bons *espresso*, *cappuccino* et autres cafés arrangés. Choix de thés et de céréales pour le petit dej', vitrine alléchante de gâteaux et confiseries maison *(muffin, rock-cake, fudge)*. Excellents *smoo-thies* (fruits frais et lait mixés) pour faire le plein de vitamines. On peut profiter de la pause pour consulter ses mails (un poste avec accès Internet).

|●| ***Robber's Roost Books & Beverages*** : 185 W Main St. Ouvert tous les jours en saison, de 9 h à 21 h (de 10 h à 15 h le dimanche). Petite maison en bois bordée par un ruisseau, à la fois librairie et petit café très convivial. Pas de snacks mais d'excellents *espresso* et cafés bio, ainsi qu'un choix de boissons. À siroter dans une ambiance relax, en naviguant sur la toile (5 US$ les 30 mn). Toute une sélection de bons bouquins pour les anglophones. Fait aussi boutique d'artisanat et petit « marché aux puces » le dimanche. Une adresse alternative assez rare dans le coin pour la signaler !

Prix moyens

|●| ***Capitol Reef Inn & Café*** : 360 W Main St. ☎ 425-3271. À la sortie ouest de Torrey, en direction de Teasdale. Ouvert de 7 h à 21 h. Compter 13 à 20 US$ par personne pour le dîner ; le midi, sandwich et salade autour de 8 US$. Un resto convivial agrémenté d'une véranda lumineuse, où sont installées banquettes cosy et tables en bois, le tout sur une note indienne. La devise de la maison est « *Local, natural & healthy* ». La carte fait donc une large place aux produits naturels : copieuses formu-

les pour le petit dej', soupe du jour et pain maison, sandwichs frais et truite – fumée ou non –, qui vient d'un élevage voisin. On pense aussi aux végétariens, sans pour autant oublier les mangeurs de steaks et de *prime ribs*. Carte de vins, bières locales et cocktails. Le service est discret et les prix restent raisonnables. Autant dire que nous avons eu un coup de cœur pour ce sympathique établissement, qui fait aussi boutique d'artisanat indien et motel (voir la rubrique « Où dormir ? Bon marché »).

|●| *Rim Rock Restaurant :* 2523 E Hwy 24. ☎ 425-3388. Compter 15 à 25 US$ pour un repas. Chaleureuse salle pavée et grandes baies vitrées offrant un superbe panorama sur les environs. Un décor et une atmosphère *Old West* pour déguster une cuisine de cow-boys : steaks grillés sauce au bourbon ou aux oignons caramélisés, côtes de porc au miel et aux pommes, quelques poissons frais (dont la truite aux herbes) et des *burgers*. Clin d'œil aux westerns de Sergio Leone, quelques plats de spaghettis servis avec soupe et salade. Belle terrasse également.

Sur la route entre Bryce Canyon et Capitol Reef

|●| *Hell's Backbone Grill :* sur la Hwy 12, dans le centre du village de Boulder. ☎ 335-7464. Ouvert uniquement pour le petit dej' (autour de 7 US$) et le dîner (environ 25 US$ sans la boisson). On repère facilement cette maison toute ronde entourée de drapeaux tibétains. Une halte bien sympa sur la route, pour faire une pause relax et s'offrir un bon repas. Excellents produits frais au petit dej' : confitures et pain maison, œufs de la ferme... Le soir, menu assez élaboré (et pas donné) proposant notamment du bœuf fermier, les légumes du jardin et des plats végétariens. Bières locales pour accompagner le tout, et quelques succulents desserts. À déguster dans une jolie salle en bois, très conviviale, ou en terrasse.

À voir. À faire

🦌 En venant de Torrey sur la Hwy 24, prendre l'embranchement (bien indiqué) conduisant sur la droite à *Goosenecks,* d'où l'on profite d'un point de vue vertigineux sur les méandres de Sulphur Creek. Une autre piste de 0,3 *mile* mène au *Sunset Point,* autre point de vue superbe au coucher du soleil.

Juste avant d'arriver au *Visitor Center,* on passe à gauche d'impressionnantes falaises de roche rouge ruiniforme, connues sous le nom de *Castle.* Les teintes sont particulièrement vives au coucher du soleil et sa forme évoque bien un immense château fortifié.

🦌🦌 Bien agréable dans ce paysage désertique, l'*oasis de Fruita,* où se situe le *Visitor Center,* s'étire le long de Fremont River. Les premiers colons, des mormons, s'installèrent ici à la fin du XIXe siècle. Ce sont eux qui plantèrent une partie des centaines d'arbres fruitiers qui occupent aujourd'hui encore les prés verdoyants. De juin à octobre uniquement, on peut ramasser gratuitement des cerises, des abricots et, au début de l'automne, des pommes et des poires. Une petite redevance est demandée seulement si l'on en prend beaucoup. Se renseigner au *Visitor Center,* car tous les champs ne sont pas ouverts à la cueillette.

🦌 Si l'on suit la route 24 vers l'est au-delà de l'oasis de Fruita, on peut voir la *Historic Fruita School,* petite école de la communauté mormone d'origine. À en juger par sa taille, il ne devait pas y avoir beaucoup d'élèves. Peu après (près d'un grand parking), on peut voir en logeant une passerelle en bois des *pétroglyphes indiens* gravés à même la falaise. Certains ont disparu, effacés par les éléments ou emportés par la chute de la roche friable, mais on reconnaît encore de nombreuses formes humaines. Ils auraient près de 1 000 ans et seraient l'œuvre des Indiens fremonts.

➤ Toujours vers l'est sur la route 24, vous atteignez le point de départ du sentier de l'*Hickman Bridge,* le plus populaire du parc. Plutôt facile, bien que pentu, ce chemin conduit en 1 *mile* à la plus grande arche du parc (Hickman Bridge justement). Le sentier fait une boucle en passant juste en-dessous de l'arche, pour une vue imprenable.

🐾🐾🐾 *Scenic drive du Waterpocket Fold :* du *Visitor Center,* une route en cul-de-sac part vers le sud dans l'alignement du Waterpocket Fold – le plissement géologique, long de 160 km, qui donna naissance aux montagnes de Capitol Reef et dont le nom est dû aux nombreuses poches d'eau qu'il abrite. Compter 2 h aller-retour pour la sillonner en voiture.

➤ On passe d'abord un verger protégé, puis un vaste terrain de pique-nique ombragé (superbes arbres centenaires), avant d'arriver à la hauteur de la vieille ferme Gifford, restaurée en l'état des années 1930.

🐾 *The Gifford Homestead :* ouvert de Pâques à octobre, du mardi au samedi de 10 h à 14 h. Un petit arrêt s'impose pour découvrir cette ancienne ferme mormone, reconvertie en petit musée et boutique d'artisanat. Toute une variété de produits fabriqués par l'association locale d'Histoire naturelle : poterie, ustensiles de cuisine, patchwork, jouets et objets en bois, bougies et savons artisanaux. Dans l'ancienne cuisine très rétro, quelques gourmandises alléchantes : cookies et biscuits maison, miel, glaces, sucres d'orge...

➤ Passé le camping de Fruita, le désert reprend ses droits. À *Grand Wash,* on pénètre par une piste entre de vertigineuses falaises rouges, dans un canyon parsemé de genévriers. Tout au début du XXe siècle, on y exploitait l'uranium dans des puits de mines. Il était alors utilisé en cataplasmes ou réduit en poudre et mélangé à de l'eau pour soigner les rhumatismes et l'arthrite ! Butch Cassidy, dit-on, trouva souvent refuge dans ces parages. Le célèbre hors-la-loi a d'ailleurs laissé son nom à l'une des arches du parc, *Cassidy Arch.* Pour l'atteindre, un sentier raide grimpe la falaise sur un peu moins de 2 *miles.* Le sentier arrive au-dessus de l'arche.

➤ De retour sur la route principale, continuez vers le sud. Les marcheurs pourront emprunter le *Old Wagon Trail,* une randonnée assez difficile de 7 *miles* aller-retour, qui suit l'ancienne route des pionniers à travers Miners Mountain, avec de beaux panoramas sur Waterpocket Fold. Bien se protéger du soleil et prendre des réserves d'eau.
Après avoir passé la formation rocheuse connue sous le nom de « Temple égyptien », le goudron cède la place à la piste. La branche de droite, la plus cahoteuse, conduit à la rivière de *Pleasant Creek.* Celle de gauche pénètre dans *Capitol Gorge,* un défilé abrupt et sinueux, où les pionniers s'enfonçaient avec leurs chariots à la fin du XIXe siècle. Avant de s'y aventurer, ils gravaient leurs noms sur la roche, à un endroit connu sous le nom de *Pioneer Register.* Pour rejoindre le site, un chemin plat d'un *mile* y mène depuis le bout de la piste. Le sentier du *Golden Throne* grimpe sur 2 *miles* jusqu'au sommet des falaises, avec vue imprenable à 360°.

🐾🐾 Les bienheureux possesseurs d'un véhicule tout-terrain ne rateront pas *Cathedral Valley,* tout au nord du parc, sanctuaire des aigles royaux, ou encore les sites escarpés de *Strike Valley* et *Muley Twist Canyon,* au sud de Cedar Mesa.

➤ *DANS LES ENVIRONS DE CAPITOL REEF*

🗶🗶🗶 *La National Scenic Byway 12,* qui mène de Capitol Reef à Bryce Canyon et au-delà, est réputée comme étant l'une des plus belles *scenics* des États-Unis. Dans une incessante enfilade de virages, elle ondule, elle grimpe, elle traverse des forêts de bouleaux, contourne des falaises imprenables, redescend vers les fermes ou hameaux solitaires, franchit des crêtes haut perchées. La section entre Boulder et Escalante est spectaculaire, avec plusieurs *miles* de route étroite au sommet d'une crête vertigineuse, entre deux pans de vide. Points de vue superbes tout au long de la route. Plusieurs *Scenic Backways* permettent aussi d'explorer l'intérieur des terres, mais certaines sont accessibles uniquement en 4x4, et peuvent être fermées après un orage ou des chutes de neige. Infos et guide détaillé disponibles dans les *Visitor Centers* de la région.

🗶 De Capitol Reef jusqu'à Moab, la route 24 suit les méandres de la Fremont River en direction du nord-est. On traverse *Caineville,* un petit hameau quasi-désert qui abrite pourtant une perle rare, le *Mesa Farm Market.* ☎ (435) 456-9146. Une petite boutique peinte en violet qui propose à la vente tous les bons produits frais de la ferme, 100 % bios. Excellent café à la demande, pain organique maison, salades composées des légumes du jardin, fruits frais... Et l'accueil de ce couple de fermiers écolos est vraiment chaleureux.

🗶🗶 *Grand Staircase-Escalante State Park & National Monument :* immense territoire s'étendant entre le parc de Capitol Reef, celui du Bryce Canyon et la frontière de l'Arizona, Escalante est le plus récent des *National Monuments* américains, créé en 1996. Pour toutes infos, s'adresser à *l'Interagency Office,* à Escalante, 755 W Main. ☎ (435) 826-5499. Ouvert tous les jours de mi-mars à octobre, de 7 h 30 à 17 h 30 ; du lundi au vendredi, de 8 h à 16 h 30, hors saison. La superficie du Grand Staircase est de 6 900 km^2 ! C'est l'un des derniers lieux des États-Unis à avoir été explorés. Façonnés par la rivière Escalante (qui porte le nom d'un père espagnol qui explora la région) et ses affluents saisonniers, les paysages sont parmi les plus sauvages du pays. Gorges profondes creusées dans le grès rouge, canyons, falaises imprenables, arches délicates ou massives, ils offrent une infinie variété de formations rocheuses. Sans oublier les innombrables sites recouverts de pétroglyphes ou abritant des ruines indiennes, ainsi que la faune, extrêmement riche (coyotes, pumas, antilopes *pronghorns,* etc.). Le seul hic, c'est que, outre son étendue, le pays n'est traversé que par quelques rares pistes réservées aux 4x4. Mieux vaut connaître le coin avant de s'y aventurer. Certains guides locaux organisent des excursions de un à plusieurs jours au départ d'Escalante ou de Boulder – un village où on peut en outre visiter le très intéressant *Musée anasazi.* Voir aussi nos adresses dans les rubriques « Où dormir ? » et « Où manger ? Sur la route entre Bryce Canyon et Capitol Reef ».

🗶 *Goblin Valley State Park :* on y accède par une piste carrossable depuis la route reliant Hanksville à l'I-70, au nord-est de Capitol Reef. Cette étonnante forêt de pignons rocheux aux formes étranges apparaît soudain en plein désert. Trois sentiers permettent de se balader au milieu. Vaut un petit détour si on passe à proximité. Droit d'entrée (5 US$) également valable pour les sites de camping sauvage.

CANYONLANDS NATIONAL PARK   IND. TÉL. : 435

🗶🗶🗶 À l'est de Bryce et de Zion, au nord du Lake Powell et proche de Arches. L'un des plus beaux et des plus variés de tous les parcs nationaux. Sur une étendue considérable (848 km^2), Canyonlands offre un condensé des plus grandioses paysages de l'Ouest : ponts de pierre naturels comme à Arches, colonnes rouges comme à Bryce Canyon, ruines de villages indiens comme à Mesa Verde et gorges profondes dignes de celles du Grand Canyon... Canyonlands est une immense étendue rocheuse, sculptée par les éléments au cours des siècles et traversée au centre par deux gorges imposantes, où coulent le Colorado et la Green River. Elles ont formé deux canyons qui ont divisé le territoire en trois parties distinctes : Island in the Sky (« île dans le ciel »), vaste plateau (*mesa*) qui domine Canyonlands, offrant des panoramas à couper le souffle ; The Needles (« les aiguilles »), situé 600 mètres au-dessous du mesa et composé d'un paysage très varié (pitons rocheux striés de blanc et rouge, arches, canyons...) ; et The Maze (le « labyrinthe »), considéré comme l'un des secteurs les plus reculés et inaccessibles des États-Unis (pas moins !). Cette dernière section du parc nécessite un véhicule tout-terrain et une bonne préparation. Depuis la ville de Moab, qui constitue une base idéale pour découvrir la région, on accède facilement au site d'Island in the Sky (à 32 *miles*), mais la route menant à l'entrée de The Needles est très éloignée (pratiquement 3 h de route entre les deux sites). À moins de les visiter à une vitesse japonaise, il vaut mieux y consacrer 2 jours. Passer la première journée à Island in the Sky, en s'arrêtant en route au Dead Horse Point State Park, la seconde à The Needles, section qui, si vous aimez la marche, mérite à elle seule une pleine journée. Même là, un grand nombre de pistes est réservé aux tout-terrain. Vous pourrez, si vous le souhaitez, en louer un à Moab, ou vous y inscrire pour une excursion en 4x4 ou en bateau.

Comment y aller ?

– *Island in the Sky :* c'est la porte d'entrée la plus proche de Moab et la plus accessible, à une trentaine de *miles* par la US 191 en direction du nord, puis la 313 South (sur la gauche). Une route goudronnée continue à travers le plateau, jusqu'au Grand View Point Overlook.
– *The Needles :* la partie sud du parc est accessible par deux routes goudronnées en cul-de-sac, qui ne communiquent pas entre elles. En venant de Moab par la US 191 en direction du sud, on rencontre le premier embranchement à 10 *miles* environ au sud de La Sal Junction (soit à 32 *miles* de Moab). Les panneaux indiquent Needles Overlook et Anticline Overlook. On passe d'abord le *Windwhistle Campground* à 6 *miles* (voir plus loin la rubrique « Où dormir ? ») avant d'atteindre une bifurcation , au bout de 9 *miles* : la route de gauche mène en 7 *miles* au point de vue de Needles Overlook, dominant le bassin de Lockhart, l'autre embranchement conduit en 15 *miles* au point de vue d'Anticline, plus proche du fleuve.
Pour rejoindre l'entrée de The Needles proprement dite depuis Moab, continuer 7 *miles* sur la 191 au-delà de la bifurcation décrite dans le paragraphe précédent, puis prendre à droite la route 211. L'entrée du parc est à 35 *miles*.
– *The Maze :* un territoire isolé que l'on peut rejoindre uniquement par l'ouest, depuis les routes US 24 ou 95. Depuis Moab, il faut remonter au nord par l'US 191 jusqu'à la Hwy 70, la suivre à l'ouest jusqu'à la sortie 149, puis prendre la US 24 vers le sud, jusqu'au niveau de Goblin Valley State Park, et rouler 45 *miles* de plus pour rejoindre Hans Flat, à l'entrée du Maze.

Adresses et infos utiles

■ *Canyonlands National Park :* infos par courrier : Canyonlands Natio- | nal Park, 2282 S W Resource Blvd, Moab, UT 84532-3298. ☎ 719-2313.

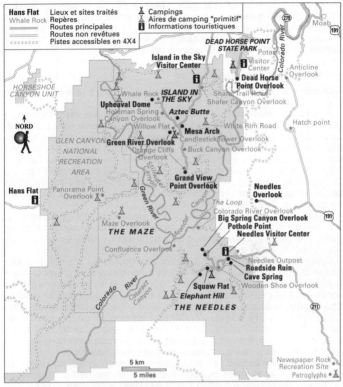

Hans Flat	Lieux et sites traités
Whale Rock	Repères
	Routes principales
	Routes non revêtues
	Pistes accessibles en 4X4

⚑ Campings
⚑ Aires de camping "primitif"
ℹ Informations touristiques

CANYONLANDS NATIONAL PARK

Fax : 259-4285. ● www.nps.gov/ca
ny ● canyinfo@nps.gov ●
■ *Canyonlands National Park
Reservations Service :* mêmes
adresse postale, fax et site Internet.
Infos et réservations par téléphone :
☎ 259-2313.
ℹ *Visitor Center d'Island in the
Sky :* ouvert de 8 h à 18 h d'avril à fin
octobre (16 h 30 le reste de l'année).
☎ 259-4712. Petite expo sur la géologie locale, maquette en relief du
parc, projection de vidéo, librairie,
etc. Toutes les infos sur les sentiers
et les activités du parc, notamment
les balades guidées. Le mode d'emploi de Canyonlands n'étant pas évident, ne pas hésiter à demander infos et conseils aux *rangers.* On peut
aussi y acheter des bouteilles d'eau
et des boissons fraîches.
ℹ *Visitor Center de The Needles :*

☎ 259-4711. Le centre se situe à
Needles proprement dit et non à
Needles Overlook. Ouvert de 8 h à
17 h en saison (16 h 30 le reste de
l'année). Réplique de celui de Island
in the Sky, on y achète les différents
permits, selon les mêmes règles. Si
vous souhaitez vous enfoncer dans
l'arrière-pays en 4x4, à pied ou en
VTT, vous y trouverez tout à la fois la
liste des pistes ouvertes à chaque
activité, des cartes détaillées et des
dépliants sur toutes les activités, notamment le *Needles Hiking Trails and
4WD Roads.*
ℹ *Hans Flat Ranger Station, The
Maze :* ☎ 259-2652. Ouvert toute
l'année de 8 h à 16 h 30. Point d'information mais pas de vente de *pass*
ni *permits.*
ℹ *Visitor Center de Dead Horse
Point State Park :* ☎ 259-2614. Ou-

vert de 8 h à 18 h en saison et jusqu'à 17 h le reste de l'année.

– Une bonne quarantaine d'agences à Moab proposent des **tours en 4x4, bateau, à cheval** ou encore la **loca-tion de VTT.** On trouve leurs brochures au *Visitor Center* de Moab. Bien comparer leurs prix. Voir aussi les infos dans la rubrique « Adresses utiles » à Moab.

Infos et conseils pratiques

– **Entrée :** 10 US$ par véhicule (*pass* valable 7 jours), 5 US$ pour les marcheurs. *National Parks Pass* accepté.

– **Précautions élémentaires :** dans ce territoire au climat désertique, on ne saurait que trop vous conseiller de prendre toutes les précautions pour éviter tout risque d'insolation et de déshydratation, en particulier lors des randonnées. Se renseigner également sur les risques d'orage, qui peuvent être violents, en consultant les bulletins météo affichés dans les *Visitor Centers*.

– **Eau potable :** il n'existe aucun point d'eau potable à l'intérieur du parc, à l'exception du camping de Squaw Flat, dans la section des Needles. Vente de bouteilles au *Visitor Center* de Island in the Sky mais mieux vaut prévoir un gros stock d'eau avant la visite du parc.

– **Important :** il est strictement interdit de s'écarter des sentiers signalés par des *cairns* (tas de pierres), au risque de se perdre et de détruire l'environnement. Voir plus loin cette rubrique dans le chapitre « Adresses et infos utiles » d'Arches National Park.

– **Excursions en 4x4 :** Canyonlands est très réputé pour ses pistes de 4x4, créées pour la plupart par les chercheurs d'uranium, qui ont prospecté dans la région jusqu'en 1964. Ceux qui ont du temps – et les moyens – s'offriront absolument une excursion d'un ou plusieurs jours, pour sillonner la White Rim Rd, qui contourne Island in the Sky, ou explorer les nombreuses pistes qui traversent The Needles ou The Maze. S'adresser aux agences de Moab pour s'offrir les services de guides expérimentés, ou louer un véhicule. Mieux vaut toutefois avoir une certaine expérience de conduite en terrains accidentés, car certaines pistes sont assez ardues et vertigineuses.

– **Excursions en bateau :** on peut aussi bien passer une demi-journée de balade tranquille en canoë que descendre le Colorado en 4 jours, jusqu'au lac Powell. En amont du confluent, la Green River et le Colorado serpentent tranquillement à travers de profonds canyons, une section idéale pour les débutants. En aval, les eaux combinées des deux rivières entament une ruée jusqu'aux rapides de Cataract Canyon, qui raviront les amateurs de sensations fortes. Cette section offre une des descentes les périlleuses du pays, qui n'a rien à envier aux rapides de Grand Canyon. Infos et adresses auprès des *Visitor Centers* de la région et dans notre chapitre sur Moab.

– **Backpacking et backcountry permits :** indispensables pour emprunter les pistes de 4x4, camper dans les campings primitifs du parc ou descendre la rivière en bateau. En vente auprès du *Backcountry Office* situé dans chaque *Visitor Center*. On peut aussi réserver à l'avance une partie des emplacements de camping primitif et certains permis, par courrier ou par fax auprès du *Reservations Service* (voir plus haut la rubrique « Adresses utiles »). Au printemps et à l'automne, périodes les plus touristiques, il est très conseillé de réserver un *permit* au moins 2 semaines à l'avance. Voici quelques indications de prix pour un *backpacking permit,* valide 14 jours : 15 US$ pour des marcheurs (valable pour 5 à 7 personnes selon la destination), 5 US$ pour un forfait à la journée en 4x4 et 30 US$ pour 7 jours et jusqu'à 3 véhicules (valable dans ce cas pour 9 à 15 personnes). Le camping est compris dans le prix.

Où dormir ?

Les motels les plus proches se trouvent à Moab (voir plus loin « Où dormir ? » dans le chapitre sur Moab).

Campings

À l'intérieur du parc

– Il existe deux campings gérés par le parc sur la base du « premier arrivé, premier servi » (à Island in the et The Needles) et des dizaines de terrains « primitifs » disséminés à travers les vastes étendues du parc, uniquement accessibles à pied, en 4x4 ou par bateau. Ces derniers sont soumis à l'obtention d'un *backcountry permit* (voir plus haut la rubrique « Adresses et infos utiles »).

⚜ *Willow Flat Campground :* à 7 *miles* au sud du *Visitor Center* d'Island in the , à côté de Mesa Arch. Ouvert toute l'année. Pas de réservations : « premier arrivé, premier servi ». Compter 5 US$ par nuit. Une douzaine d'emplacements seulement, disséminés entre les arbres. De là, vous êtes à deux pas du point de vue de Green River. Tables de pique-nique, grils et toilettes, mais pas d'eau courante ni de douches.

⚜ *Squaw Flat Campground :* à environ 6 *miles* du *Visitor Center* de Needles. Ouvert toute l'année. Pour être sûr de trouver un emplacement, mieux vaut arriver entre 8 h et 10 h. Compter 10 US$ par emplacement. Vingt-six emplacements, très espacés et bien ombragés, le long d'une barrière rocheuse. Il y a de l'eau et des toilettes mais pas de douches.

Autour du parc

⚜ *Dead Horse Point Campground :* juste après le *Visitor Center* de Dead Horse, à quelques *miles* de l'entrée d'Island in the Sky. Possibilité de réserver jusqu'à 16 semaines à l'avance (et minimum 2 jours avant) : ☎ 1-800-322-3770. Compter 14 US$ (jusqu'à 8 personnes). À noter, ce tarif inclut l'entrée du parc. Seulement une vingtaine d'emplacements, tranquilles, entre les arbres. Chacun dispose d'un auvent et d'un BBQ. Il y a des toilettes mais, là encore, pas de douches.

⚜ *Needles Outpost Campground :* ☎ (435) 979-4007 (portable). ● www.canyonlandsneedlesoutpost.com ● Camping privé, juste un *mile* avant d'arriver au *Visitor Center* de The Needles, tourner à droite, puis faire encore 0,5 *mile* jusqu'au camping. S'il n'y a personne à la réception, installez-vous, vous paierez le lendemain. Il en coûte 15 US$ par emplacement et 3 US$ pour une douche. Situé juste à la limite du parc, c'est un terrain plutôt sec et sans beaucoup d'ombre – mais, bon, c'est le désert... Pompe à essence (plus chère qu'ailleurs) et petite épicerie sur place. On peut aussi venir prendre une douche si l'on dort au *Squaw Flat Campground* (5 US$).

⚜ *Windwhistle Campground :* depuis la 191 S en direction de The Needles, à 6 *miles* après avoir quitté la route en direction de Needles Overlook et Anticline Overlook. ☎ 259-6111. Compter 10 US$ en saison (4 tentes par site maximum). Paiement par enveloppe. Un petit camping plutôt isolé mais très agréable, aux emplacements éparpillés entre des pins clairsemés et encadrés de hautes parois de roche rouge remarquable. BBQ et tables de pique-nique. Toilettes chimiques et eau en saison, mais pas de douches.

À voir. À faire

Sur la route d'Island in the Sky

🎎 *Dead Horse Point State Park :* accolé à la partie nord de Canyonlands. Accès par la route 313 menant à Island in the Sky, puis embranchement sur la gauche, avec panneau indiquant Dead Horse Point. C'est encore à 6 *miles*. Ce petit parc est géré par l'État et non par les services des parcs nationaux. Il faut donc payer une autre entrée même si vous disposez d'un *pass*. Entrée : 7 US$. Cela les vaut bien : du bout de la route, vous découvrirez un fantastique promontoire sur le Colorado, où la vue s'étend à perte de vue, embrassant tout le réseau des canyons creusés par les affluents saisonniers – un peu comme une vue d'avion. Pour les cinéphiles amateurs, c'est ici que fut tournée la dernière scène de *Thelma et Louise* (de Ridley Scott), où les deux héroïnes se jettent en voiture dans le vide. Le site comprend un *Visitor Center* et un camping (voir plus haut).

Island in the Sky

L'« Île dans le Ciel » mérite bien son nom. À The Neck, juste après le *Visitor Center,* une étroite bande de terre d'une centaine de mètres relie la « terre ferme » (la pointe de la *mesa* par laquelle on arrive) à Island in the Sky, délimitée d'un côté par le Colorado et de l'autre par la Green River, qui s'écoulent 600 m plus bas. Les Indiens et les cow-boys se servaient de cette particularité pour y parquer leurs troupeaux de cerfs ou de vaches.
À moins d'être un marcheur impénitent, on visitera cette partie surtout en voiture en suivant la scenic-drive (34 *miles* en tout), pour se rendre à **Green River Overlook** (vue sur la Green River) puis à **Grand View Point Overlook.** Superbes points de vue sur les canyons. Plusieurs sentiers de balades faciles permettent d'explorer cette section du parc, notamment jusqu'à **Mesa Arch** (30 mn de marche), au sommet du plateau, ou pour rejoindre **Aztec Bute** (1 h 30 maximum). Ne pas manquer de visiter le site d'**Upheaval Dome,** un vaste cratère formé par le sel et la roche, qui reste encore une énigme pour les géologues. Points de vue accessibles à pied en une demi-heure et superbe randonnée pour en faire tout le tour (5-6 h de marche).

The Needles

Après 12 *miles* sur la route 211, on entre dans une vallée verdoyante alimentée par les eaux de l'Indian Creek. Il faut absolument s'arrêter au **Newspaper Rock,** sur la droite de la route. Sur une période de plus de 2 000 ans (jusqu'au XIVe siècle), les Indiens fremonts et pueblos (anasazis) y ont gravé toute une série de pétroglyphes. Les Navajos l'appelaient le « Rocher qui raconte des histoires ». La plupart de ces dessins et signes qui restent ne sont pas datés et restent indéchiffrables.
En continuant de suivre la 211, on traverse une vallée couverte de prairies et de cultures au pied des montagnes, puis on arrive à l'entrée de The Needles. Cette partie du parc offre plein de possibilités pour les amateurs de randonnées, avec de belles balades au fond des canyons (4-6 h de marche en moyenne). Quelques sentiers courts et très chouettes permettent d'explorer les Needles à moindre effort. Le *Visitor Center* possède un tas de brochures très bien faites avec tous les détails sur les *hiking trails.*
Plusieurs *trails* valent vraiment le coup :
➤ Le **Roadside Ruin** (moins d'un demi-*mile*) permet de découvrir la flore typique du parc et un petit grenier à grain anasazi. Balade en boucle de 20 mn.
➤ Le sentier de **Cave Spring** (moins d'un *mile*) est vraiment amusant. La piste qui y mène passe devant de véritables champignons minéraux et mène jusqu'à un ancien campement établi par la *John Albert Scorup Cattle Company.* Des centaines de cow-boys vivaient autrefois sur ce vaste territoire, s'occupant de 10 000 têtes de bétail. Le camp est resté en activité jus-

qu'en 1975. On passe ensuite sous des cavités rocheuses puis on grimpe par un sentier de terre sur de larges dalles généreuses, qui permet d'avoir un point de vue extra sur la région.

➤ *Squaw Flat Loop Trail :* point de départ de plusieurs sentiers de randonnée, notamment de Big Spring Canyon à Squaw Canyon, agréable rando en boucle de 7,5 *miles* (soit 3-4 h de marche), qui offre de superbes points de vue et un bel aperçu des richesses naturelles de Needles.

➤ Partant juste derrière le camping de Willow Flat, une piste serpente entre de jolies formations rocheuses jusqu'à *Elephant Hill.* Pas besoin de 4x4, un véhicule normal suffit. De là, trois sentiers de 6 à 11 *miles*. En mai-juin, on peut voir des centaines de cactus en fleurs, jaunes, roses ou grenats. Magnifique. Au bout de la route, des tables de pique-nique ont été installées dans un cadre agréable. Ce lieu est aussi le point de départ de balades à pied dans le bel *Elephant Canyon* et en 4x4 jusqu'à proximité du *Confluence Overlook.*

➤ Plus loin vers l'ouest, le *Pothole Trail* (moins de 1 *mile*) permet de découvrir les *potholes,* bassins creusés dans le grès par l'érosion, où les eaux de pluie s'y accumulent et créent des mini-écosystèmes, qui abritent toute une vie en miniature (crustacés, vers, insectes, etc.).

➤ *Big Spring Canyon Overlook :* à l'extrémité de la route. Très beau point de vue sur une rangée de formations rocheuses. De là démarre le sentier *Big Spring Trailhead* (Confluence Overlook). Belle rando de 11 *miles* (4 à 6 h aller-retour), à travers des paysages désertiques et au milieu des fameuses Needles, jusqu'au point de vue d'où l'on peut voir la Green River se jeter dans le Colorado.

ARCHES NATIONAL PARK

IND. TÉL. : 435

🎥🎥🎥 Ce petit parc (305 km² seulement) est l'un des plus étonnants du pays et un des plus célèbres de l'Utah. Les fortes amplitudes thermiques et les forces conjuguées de la nature, pluie, neige, gel, y ont façonné au fil des millénaires des paysages somptueux, marqués avant tout par la présence du plus grand nombre connu d'arches de pierre : elles sont plus de 2 000 à travers le parc ! Courtes ou longues, massives ou effilées, elles confèrent aux paysages un caractère unique et spectaculaire, renforcé encore par la présence d'autres formations fantaisistes : rochers suspendus, cheminées de fées, falaises rouges vertigineuses. Un paysage surréaliste qui servit de décor à de nombreux films (notamment certaines scènes de *Thelma et Louise*), que l'on peut aisément explorer en une journée, en voiture, à vélo ou à pied.

Adresses et infos utiles

■ *Arches National Park Service :* infos par courrier : Arches National Park, PO Box 907, Moab, UT 84532. ☎ 719-2299 (boîte vocale). ● www.nps.gov/arch ● Le parc reste ouvert toute l'année, accessible 24 h/24.

🛈 *Visitor Center :* à l'entrée du parc. ☎ 719-2319 ou 719-2299. Sur la droite après l'entrée, à 5 *miles* au nord de Moab, sur le côté de la route 191, menant vers l'I-70. Ouvert de 7 h 30 à 18 h 30 de mars à octo-

bre et de 8 h à 16 h 30 en hiver. Une étape indispensable avant d'explorer le parc. Petite expo sur la géologie, la faune et la flore, toutes les infos pratiques (camping, météo, points d'eau, etc.) et une excellente carte du parc avec, comme toujours, les indications des différentes balades à faire et leur temps de parcours, ainsi que les points de vue (brochure disponible en français).

Quelques infos et conseils pratiques

– **Entrée :** 10 US$ par véhicule (*pass* valable 7 jours), 5 US$ pour ceux qui arrivent à pied ou, ce qui est plus probable, à vélo. *National Parks Pass* accepté.

– **Accès à vélo :** il est possible de visiter le parc à VTT, à condition de ne pas quitter les routes goudronnées et les pistes pour voitures (sentiers interdits). Parmi les balades à vélo ou en 4x4 les plus sympas, on peut prendre le chemin de Willow Flats, qui part à la hauteur de Balanced Rock et redescend vers la route 191 (environ 10 *miles*). Toutes les infos auprès du *Visitor Center*. Voir aussi les coordonnées de loueurs dans la rubrique « Adresses utiles » de Moab.

– **Précautions élémentaires :** vous êtes ici dans un environnement désertique et les températures peuvent facilement atteindre 35 °C en été (avec des pointes à 48 °C enregistrées en juillet !). L'air est très sec et la luminosité intense. Dans ces conditions, il est vivement recommandé d'emporter chapeau, lunettes, crème solaire à indice élevé, et de boire au minimum 4 l d'eau par jour et par personne, régulièrement et à petites gorgées. Conseils d'autant plus valables pour les enfants et si vous partez en balade. En cas d'orages, qui peuvent ici être soudains et très violents, il est conseillé de rejoindre – si possible – son véhicule, sinon, d'éviter les zones dégagées, les points élevés et les arbres isolés.

– **Eau potable :** quelques points d'eau (fraîche en prime !) sont répartis dans le parc, notamment au *Visitor Center* et à Devils Garden.

– **Important :** rester impérativement sur les sentiers signalés par des *cairns* (petits tas de pierres), au risque de se perdre et surtout, de détruire la « croûte crypto biotique » (sic) ! Cette fine couche formée au fil des ans de micro-organismes (lichen, mousse, bactéries et minéraux), consolide le sol et les roches sablonneuses très friables, maintient un certain taux d'humidité et fournit des substances essentielles à la végétation. En marchant sur cette couche protectrice, on détruit un long processus naturel et on affecte directement l'équilibre fragile de cet environnement.

– **Photos :** pour les amateurs de beaux clichés, le journal du parc indique les meilleurs sites en fonction de la luminosité : notamment Double Arch et Devil's Garden tôt le matin, Balanced Rock Windows Section et Delicate Arch en fin d'après-midi.

Où dormir ?

Une seule solution si vous souhaitez passer la nuit dans le parc : le camping. Un excellent moyen de profiter de l'aube et du soleil couchant, loin de la foule qui déserte Arches en fin de journée... Sinon, tous les motels se trouvent à Moab, à moins de 5 *miles*.

Camping

⚞ **Devils Garden Campground :** à l'intérieur de l'Arches National Park, à 18 *miles* de l'entrée. Ouvert toute l'année. Compter 10 US$ par site (maxi 10 personnes). Seulement 52 emplacements pour tentes ou camping-cars. 28 sites disponibles sur réservation, de mars à fin octobre, au minimum 4 jours à l'avance, auprès de *Reserve America* : ● www. reserveUSA.com ● (rubrique « Devils Garden ») ou ☎ 877-444-6777. Les autres emplacements sont attribués toute l'année sur la base du « premier arrivé, premier servi » mais, en haute saison, il affiche souvent complet en milieu de matinée. Essayer d'arriver dès l'ouverture du *Visitor Center* pour vous enregistrer. Il faut dire que ce camping est bien agréable : la cinquantaine d'emplacements est disséminée entre les rochers et les genévriers géants, certains ont une vue imprenable sur les montagnes de La Sal et tous disposent de tables et de gril. Sur place, eau potable et toilettes, mais pas de douches.

À voir. À faire

➤ Une **route goudronnée** d'environ 20 *miles* traverse tout le parc du sud au nord, depuis le *Visitor Center* jusqu'à Devils Garden (camping ; voir plus haut). Deux embranchements permettent de gagner certains des principaux centres d'intérêt : The Windows Section, avec la seule arche double du parc, et au nord, Delicate Arch, la plus célèbre.
On peut déjà s'offrir un bel aperçu du parc en voiture, en s'arrêtant aux différents points de vue sur la route. Mais il est très conseillé d'explorer Arches à pied, en empruntant les divers **sentiers de découverte,** qui permettent d'approcher au plus près des célèbres arches de pierre. Il y en a pour tous les goûts, de 15 mn à 5 h de balade, la plupart restant accessible aux marcheurs occasionnels et aux enfants. On vous indique les sentiers au cours de l'itinéraire et ils sont tous détaillés dans la brochure et la carte du parc. Voir aussi plus haut, la rubrique « Quelques infos et conseils pratiques ».
– **Activités gratuites :** de mi-mars à octobre, les *rangers* organisent régulièrement diverses activités pour les adultes et les enfants. Balade guidée de 1 h programmée quotidiennement à la découverte d'un site différent chaque jour, exposés sur la géologie et la faune, programme de nuit au camping de Devils Garden... Renseignements, réservations et horaires au *Visitor Center*.

➤ Sitôt l'entrée franchie, la route s'élève rapidement et le spectacle commence. On passe d'abord à la hauteur de **Park Avenue,** un ensemble de rochers imposants formant de hautes parois qui évoquent l'alignement des immeubles de l'artère new-yorkaise. Un sentier descend à travers le canyon jusqu'aux Courthouse Towers. Compter 30 à 60 mn de marche aller-retour, avec un petit dénivelé de 100 m pour rejoindre le parking de Park Avenue.
En continuant la route, un peu après, sur la gauche, on découvre le rocher très évocateur des **Three Gossips** *(Les Trois Commères).*

➤ Quelques kilomètres plus loin se dresse le célèbre **Balanced Rock,** rocher suspendu en équilibre fragile, assez surréaliste. On peut en faire le tour en suivant un petit sentier (15 mn de marche). La route sur la droite dessert **Windows Section,** qui abrite de superbes arches. On passe d'abord côté gauche le **Garden of Eden,** aux nombreuses aiguilles rocheuses, très appréciées des amateurs d'escalade, puis voilà les premières arches et la **Parade of Elephants,** d'énormes rochers rouges sculptés par l'érosion. Ce n'estrien encore en comparaison des **North et South Windows,** deux ponts de pierre voisins tout aussi monumentaux l'un que l'autre. Depuis le Windows parking, une boucle de 1 *mile* permet de grimper jusqu'au pied des arches puis de les contourner en empruntant le sentier primitif depuis South Window viewpoint (compter 30 mn à 1 h de marche). Le clou de cette section reste **Double Arch,** la seule arche double du parc, facilement accessible par le Primitive Trail (15 mn de marche). Lumière superbe en matinée et vue imprenable sur **Windows Section.**

➤ Plus au nord, prendre la route menant à Wolfe Ranch et **Delicate Arch.** Trois façons de voir cette arche mythique : deux pour les flemmards et une pour les mollets courageux. Ces derniers iront se garer au Wolfe Ranch parking. Là, commence le sentier pédestre grimpant vers l'arche. L'aller-retour fait tout juste 3 *miles*. Compter environ 45 mn pour monter, 30 à 35 mn pour redescendre ; apporter de l'eau et un chapeau car il n'y a pas un poil

UTAH (PARCS NATIONAUX)

d'ombre. À l'arrivée au sommet, vue splendide sur cette arche magnifique, posée comme par miracle au bord de la falaise. L'idéal en été est de commencer la balade 2 h avant le coucher du soleil. La lumière orangée est magique... mais on n'est pas tout seul à profiter du spectacle ! Les moins courageux passeront le 1er parking pour aller jusqu'au **Delicate Arch Viewpoint.** De cet endroit, deux points de vue possibles, l'un comme l'autre assez lointains (pour le *Lower View Point,* 100 m à parcourir ; pour *l'Upper View Point* compter 800 m aller-retour !).

➤ En rejoignant la route principale vers le nord, accès à **Fiery Furnace,** un labyrinthe de rochers aux formes étranges et surprenantes. Pour ceux qui veulent effectuer la promenade, impératif de passer auparavant au *Visitor Center.* Aucun sentier n'est indiqué à l'intérieur de ce dédale de *fingers.* Aussi est-il indispensable de s'inscrire à une balade de 2 *miles,* d'une durée de 3 h, organisée quotidiennement par les *rangers* (8 US$ par adulte). Les groupes sont de 25 personnes maximum, et on peut réserver (uniquement sur place) jusqu'à 7 jours à l'avance. En été, il faut – au moins – y penser la veille pour espérer avoir de la place. Pour s'y promener seul, il est obligatoire de demander un permis (2 US$ par personne) mais les *rangers* déconseillent vivement cette solution, tellement le tracé est confus.

➤ En continuant au nord, **Sand Dune Arch,** accessible par un sentier facile (15 mn), **Broken Arch,** dont le sentier mène aussi au camping de Devils Garden, et **Skyline Arch,** dont une large partie s'est écroulée en 1940, sculptant cette forme très effilée. Arrivé au bout du parc, emprunter absolument le sentier du **Devil's Garden,** où se concentrent le plus grand nombre d'arches (7), parmi les plus spectaculaires du parc. Le sentier mène en 30 mn environ jusqu'à **Landscape Arch,** une des plus longues arches du monde (compter 2 *miles* aller-retour). Haute de 32 m, elle mesure 93 m de long. En 1991, un morceau de roche de 20 m de long et de 1,20 m d'épaisseur s'en est détaché, la réduisant presque à un trait suspendu dans les airs. Superbe ! Le sentier se poursuit sur les roches, à travers des paysages spectaculaires et parfois vertigineux, jusqu'à **Double O Arch,** qui forme un superbe « 8 » dans le ciel, et mérite l'effort (compter 2 *miles* de plus depuis *Landscape Arch*). Pour le chemin du retour, les plus courageux opteront sans hésiter pour le *primitive trail,* 2,2 *miles* de sentier assez ardu, sur les roches et dans le sable, qui rejoint ensuite le sentier principal. Attention cependant : suivre attentivement les petits tas de pierre indiquant (plus ou moins bien) le sentier. Par ailleurs, cette marche peut s'avérer éprouvante pour les novices. Mais elle permet de découvrir des paysages variés, encore sauvages et hors des « grands boulevards » fort fréquentés. La première partie du sentier de Devils Garden reste toutefois accessible au plus grand nombre.

MOAB

9 000 hab.   IND. TÉL. : 435

Moab est une petite ville sympathique, établie au cœur d'une région encore sauvage. Après un premier boom dû à l'uranium, elle est devenue la capitale touristique du secteur grâce à la proximité d'Arches et de Canyonlands. Seule ville de l'Utah posée près du Colorado, elle est tout indiquée pour des excursions sur le fleuve mythique. Descentes faciles pour les néophytes comme pour les initiés. Ces dernières années, Moab est également devenue le rendez-vous des adeptes du VTT. Attirant une population jeune, elle est toujours très animée. Vraiment une halte agréable, une ville où l'on prend vite ses repères, même si la grande route qui la traverse livre une première impression peu amène.

Comment y aller ?

➢ **En bus :** il y a tellement peu de transports en commun dans la région qu'on n'hésite pas à en signaler quand il y en a. À noter donc, une liaison quotidienne en bus entre l'aéroport de Salt Lake City et Moab (3 arrêts différents). Réservations auprès de *Bighorn Express shuttle service* : ☎ 1-888-655-7433. Départ en début d'après-midi ; 4 h 30 de trajet via Provo, Price et Green River, puis jusqu'à Monticello. Compter environ 50 US$ par personne.

Adresses utiles

Informations touristiques

🛈 **Visitor Center** (plan B1-2) : Center & Main St (Hwy 191). ☎ 259-8825 ou 1-800-635-6622. ● www.discovermoab.com ● Ouvert tous les jours de 8 h à 21 h de mai à fin septembre, jusqu'à 20 h à la mi-saison et de 9 h à 17 h en plein hiver (avec une pause pour le déjeuner). Personnel compétent et plein d'infos sur la ville, brochures sur les activités sportives de la région (raft, 4x4, randonnées, *mountain bike*, etc.) et bien évidemment sur les parcs de Canyonlands et Arches. Possède aussi une excellente sélection de cartes pour les *hiking, biking*, 4x4.

Communications

✉ **Poste** (plan B1) : 50 E 100 N St. ☎ 259-7427. Ouvert du lundi au vendredi de 8 h 30 à 17 h 30, le samedi de 9 h à 13 h.

@ **Accès Internet :** connexion gratuite pendant 15 mn à la **Library** (bibliothèque ; plan B1, 6) : à l'angle de Center St et de 100 East (à côté du musée). Ouvert de 9 h à 20 h du lundi au mercredi, jusqu'à 19 h les jeudi et vendredi et 17 h le samedi. Également un poste avec connexion gratuite (jusqu'à 30 mn), si vous déjeunez à l'*EklectiCafe* (plan B1, *33)* ou au **Mondo Café** (plan B2, *32)*.

@ Quelques postes avec accès payant (compter 5 US$ les 15 mn de connexion) au **Red Rock Bakery and Café** (plan, B2, *37)*.

Argent, banques, change

■ **Zion Bank** (plan B2, *1) :* 300 S Main St. Ouvert du lundi au jeudi de 9 h à 17 h, jusqu'à 18 h le vendredi. Distributeur de billets accessible 24 h/24.

■ **Wells Fargo** (plan B1, *2) :* 4 N Main St, à l'angle de Center St. ☎ 259-7102. Ouvert du lundi au jeudi de 9 h à 17 h, jusqu'à 18 h le vendredi et de 9 h à 13 h le samedi. Compter 5 US$ de commission pour le change (passeport obligatoire). Distributeur accessible 24 h/24.

Santé

■ **Pharmacy :** dans le *City Market* (plan B2, *30),* sur Main St. Ouvert du lundi au vendredi de 9 h à 19 h, le samedi jusqu'à 18 h et le dimanche de 10 h à 16 h.

■ **Allen Memorial Hospital** (hors plan par A1, *3) :* 719 W 400 N St. ☎ 259-7191. Hôpital public et privé.

Divers

■ **Wet Spot Laundry** (plan B2, *7) :* 49 W 100 S. Ouvert tous les jours en saison, de 7 h à minuit environ. Laverie bon marché, en plein centre,

juste à côté de *Zax Pizza* (voir « Où manger ? Où boire un verre ? »).
■ *Douches :* un bon plan à Moab pour ceux qui font du camping primitif, la possibilité de prendre une douche pour moins de 5 US$, notam-

ment aux *Archview* et *Canyonlands Campgrounds,* ainsi qu'au *Lazy Lizard Hostel* (seulement 2 US$!). Voir plus loin la rubrique « Où dormir ? ».

Transports

■ *Road Runner Shuttle :* ☎ 259-9402. Si vous voulez vous faire déposer au départ ou récupérer au retour d'un sentier, d'une balade en VTT ou d'une descente en kayak. Le prix est dégressif selon le nombre de passagers. Compter environ 15 US$

par tête pour plusieurs lieux populaires des environs de Moab si vous êtes 2 (10 US$ par personne pour 3, etc.). Téléphoner pour réserver. Deux autres compagnies en ville proposent le même service.

Location de VTT, canoës, kayaks et 4x4 ; excursions accompagnées

Toutes les adresses et les infos au *Visitor Center*. On vous signale ici quelques adresses très pros et établies depuis longtemps dans la région.

■ *Moab Cyclery* (plan B2, 8) : 391 S Main St. ☎ 259-7423 ou 1-800-596-2953. ● www.moabcyclery. com ● Ouvert à partir de 8 h. Location de VTT à partir de 39 US$ la journée. Tarif dégressif pour plusieurs jours. Bon matériel, casque et bouteille d'eau fournis. Propose aussi des excursions accompagnées, d'une demi-journée à 5 jours, notamment dans le parc de Canyonlands (*White Rim Trail* et *The Maze*). Location du matériel de camping.
■ *Rim Cyclery* (plan A1, 9) : 94 W 100 N. ☎ 259-5333 ou 1-888-304-8219. ● www.rimcyclery.com ● Ouvert de 8 h à 20 h en saison. VTT à partir de 38 US$ la journée (de 9 h à 17 h). Tarif dégressif pour plusieurs jours. La location de vélo comprend le prêt d'un casque, une trousse à outils et une bouteille d'eau ! Loue aussi du matériel (galerie pour vélos, tente, réchaud...). Accueil très sympa.
■ Plusieurs agences de *location de 4x4* à Moab, aux tarifs souvent élevés, succès touristique oblige... Toutes les adresses disponibles au *Visitor Center*. Ne pas hésiter à comparer les prix et la qualité des prestations, voire à négocier une remise en période creuse.
■ *Farabee's* (plan B1, 10) : 397 N

Main St. ☎ 259-7494. ● www.farabee jeeprentals.com ● Agence de location de 4x4, représentant de *Budget*. Compter 145 US$ la journée (cartes et glacière fournis). Avoir 25 ans minimum et 2 ans de permis. Pour l'assurance, avoir une carte *Visa, MasterCard, Platinum* ou *Amex*.
■ *Canyon Voyages* (plan B1, 5) : 211 N Main St, à l'angle de 200 N. ☎ 259-6007 ou 1-800-733-6007. ● www.canyonvoyages.com ● Ouvert tous les jours de 8 h à 20 h en saison (18 h le reste de l'année). Propose tout un tas d'activités et de formules de location : canoës, kayaks, rafting, tours guidés à pied, VTT, ou en 4x4 dans Canyonlands... Matériel d'excellente qualité et personnel très compétent. Compter 36 à 48 US$ par personne pour une demi-journée d'excursion en raft ou en kayak, 52 à 80 US$ la journée. Également des excursions combinées de 2 à 5 jours, pas données tout de même...
■ *Tag-A-Long Expeditions* (plan B1, 4) : 452 N Main St. ☎ 259-8946 ou 1-800-453-3292. ● www.tagalong. com ● Agence très expérimentée établie depuis 1964. Excursions en rafting ou en 4x4. Propose notamment un combiné d'une journée *rafting-jeep* dans Canyonlands (en suivant le *Rim Trail*) et la descente en

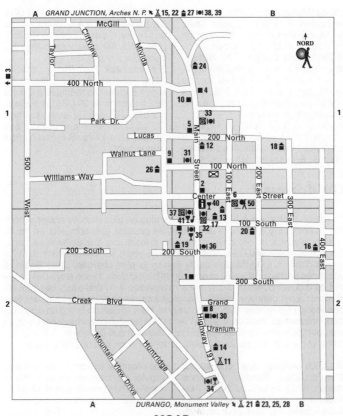

MOAB

raft du Westwater Canyon, très mouvementée. Pratique : si vous louez un canoë chez eux, ils assurent un service de *shuttle* avec Moab.

■ *Red Cliffs Lodge Trail Rides :* ☎ 259-2002. ● www.redcliffslodge. com ● À environ 16 *miles* au nord de Moab, sur la scenic Hwy 128. Vaste complexe hôtelier qui propose des excursions à cheval, tôt le matin, d'environ 3 h (compter 60 US$ par cavalier) dans la Castle Valley, sur les pistes rendues célèbres par John Wayne. Également des excursions

en VTT, à la demi-journée (60 US$ par personne), ou à la journée dans la région des Fisher Towers (100 US$ par personne, repas inclus). Sur réservation.

■ *Horseback Trail Rides :* ☎ 259-7410. ● cowboyadventures@hotmail. com ● Excursions montées à cheval de 2 h (à partir de 30 US$), à la demi-journée (60 US$), à la journée (95 US$) et même des randonnées de plusieurs jours. Sur réservation uniquement.

Où dormir ?

La saison touristique à Moab s'étend de plus en plus, succès oblige. Attention, même s'il y a pléthore de motels, ils peuvent être complets en haute saison (d'avril à mi-octobre), et n'hésitent alors pas à doubler leurs tarifs, comme le week-end. Les Américains voyageant essentiellement dans la région d'avril à juin (Pâques est la saison la plus chargée, *Jeep Safari* et vacances scolaires oblige !) et en septembre-octobre, il vous reste des chances de trouver quelque chose sans réservation en juillet-août. Les prix en semaine à ces périodes (moins chargées à cause de la chaleur) peuvent être beaucoup plus raisonnables. À noter que, hors saison ou lors d'un creux de fréquentation au cours de la saison, les hôtels les plus chers baissent incroyablement leurs prix, rendant les tarifs parfois presque dérisoires. Ici, la loi de l'offre et de la demande joue à plein, il ne faut donc pas hésiter à négocier.

■ *Réservations des chambres. Canyonlands Central Reservations :* ☎ 259-5125 ou 1-800-748-4386. ● www.moab.net/reserva tions ● Service gratuit, pour réserver

une chambre quand on ne veut pas appeler les hôtels un par un. Contact téléphonique possible de 8 h à 17 h, du lundi au vendredi.

Campings

De nombreuses aires de camping « primitif » occupent les berges du Colorado et du Kane's Lake, certaines à quelques *miles* seulement de Moab, en pleine nature. Bien agréable, cette présence de l'eau lorsqu'il fait aussi chaud. Des p'tits coins de paradis pour une poignée de dollars... Souvent pourvus de tables de pique-nique et de barbecues, et de toilettes rudimentaires, mais pas d'eau potable ni de douche. On paie l'emplacement par système d'enveloppe (de 5 à 10 US$). Tous les sites de la région sont recensés dans le *Moab Area Camping Guide,* disponible au *Visitor Center.* Renseignements : ☎ 259-2100.

⚑ *Le long de la route 128,* en direction de Cisco : suivre la Scenic Byway 128. Pas moins de 10 aires de camping le long du Colorado, notamment le *Goose Island Campground,* à environ 2 *miles* après le pont depuis l'US N 191, le plus proche de Moab. Environ 5 *miles* plus

loin, le *Big Bend Campground* est le plus grand (24 emplacements).
⚑ *Le long de la Kane Creek Rd :* on y accède en quittant la ville par le sud sur l'US 191, puis à gauche à moins de 1 *mile*. Quatre sites de camping rudimentaires de part et d'autre de la route.

⊠ **Ken's Lake :** bien agréable, cette aire camping « primitif » est établie sur les berges du lac, à seulement 8,5 *miles* au sud de Moab, par l'US 191. Trente emplacements avec tables de pique-nique et grils.

⊠ **Canyonlands Campground** *(plan B2, 11) :* 555 S Main St. ☎ 1-800-522-6848. Fax : 259-6848. ● www.canyonlandsrv.com ● Au centre de Moab, juste avant le *Red Stone Inn,* derrière la station Tesoro. Emplacement pour tentes à 20 US$ pour 2. Également quelques *cabins* autour de 35 US$ pour 2, draps non fournis. Compter 3 US$ par personne en plus. Coincé entre une rivière, le terrain de football et celui de base-ball de l'école. Sites plutôt petits mais assez bien ombragés, grâce à des structures en dur. À noter, le confort des *cabins* est moyen, notamment la literie... Douches, laverie, petite piscine.

⊠ **Portal RV Park** *(hors plan par A1, 15) :* 1261 N Hwy 191. ☎ 259-6108 ou 1-800-574-2028. ● www.portalrvpark.com ● À la sortie nord de Moab et seulement 5 *miles* de l'entrée d'Arches. Pour 2 personnes, compter 16 US$ avec une tente, de 35 à 39 US$ en *cabins,* selon le confort. Un camping familial très agréable, dans un cadre verdoyant, avec vue imprenable sur les montagnes. Emplacements ombragés, pelouse, table de pique-nique et barbecue pour les campeurs. *Cabins* de confort modeste mais bien tenus (draps non fournis). Sanitaires impeccables. Nombreux services sur place : épicerie, laverie, cuisine à disposition, possibilité d'excursions...

⊠ **KOA Campground** *(hors plan par B2, 21) :* 3225 S Hwy 191. ☎ 259-6682 ou 1-800-562-0372. ● www.moabkoa.com ● À environ 5 *miles* au sud de la ville. Ouvert de mars à octobre. Emplacement tente autour de 23 US$ pour 2 (3 US$ par personne supplémentaire). Également des petits bungalows en bois plutôt spacieux (pour 2 à 4 personnes) à 43,50 US$. Il y en a aussi de plus grands, avec 2 chambres autour de 54 US$ (jusqu'à 6 personnes). Rustiques et confortables, ils sont très bien tenus (draps non fournis). Camping plutôt agréable et vraiment bien équipé, même s'il manque un peu d'ombre. On trouve, sur place, une piscine, une épicerie bien approvisionnée, un coin laverie (accessible 24 h/24), un poste avec accès Internet et un minigolf. Très propre et bien entretenu. Accueil sympathique.

⊠ **Archview Resort RV Camp Park** *(hors plan par A1, 22) :* ☎ 259-7854 ou 1-800-813-6622. ● www.archviewresort.com ● Sur la Hwy 191, à 9 *miles* au nord de Moab. En venant du sud, sur la droite, juste après la bifurcation pour Dead Horse Point. Derrière la station *Shell.* Pour 2, compter environ 16,50 US$ pour une tente et de 33 à 85 US$ pour une *cabin* (selon le confort et le nombre de personnes). Douches chaudes incluses. Un camping posé au milieu de la plaine, où l'on peut planter sa tente dans un superbe paysage désertique. Les arbres protégeant les petits emplacements doivent être les seuls à plusieurs *miles* à la ronde ! Plusieurs types de *cabins,* avec AC et pour 4 personnes maximum : les rudimentaires (draps non fournis) et les *deluxe* avec salle de bains, kitchenette et draps fournis. Sanitaires impeccables, piscine, supérette, laverie, boutique de souvenirs... Dommage que l'accueil soit si impersonnel.

⊠ **The Lazy Lizard Hostel :** voir ci-dessous.

Bon marché

🏠 **The Lazy Lizard Hostel** *(hors plan par B2, 23) :* 1213 S Hwy 191. ☎ 259-6057. ● lazylzrd@lasal.net ● À 2,3 *miles* au sud du centre de Moab, sur la gauche. Repérer le panneau jaune marqué « Hostel ». Ouvert toute l'année. Petits dortoirs vraiment bon marché : compter 10 US$ par personne, ou chambres individuelles (1 à 4 personnes) pas chères non plus : de 24 à 40 US$. Possibilité également de planter la tente pour 6,50 US$. Quelques *cabins* de 1 à 6 personnes de 29,50 US$ à 51 US$. Ceux qui campent ailleurs peuvent aussi venir prendre une douche ici (2 US$). *Youth hostel* privée établie dans une petite maison isolée, légèrement à l'écart de la route. Calme et tranquillité assurés. Le patron a un peu baroudé avant de se fixer ici. Atmosphère très *fellow travellers*. C'est un peu fait de bric et de broc, pas hyper bien tenu, l'environnement direct n'a rien d'attractif, mais ça reste une des solutions les moins chères, et de loin. En outre, c'est une des rares *youth hostels* qui proposent pour ses hôtes... un vrai jacuzzi ! Accès Internet payant.

De prix moyens à un peu plus chic

🛏 *Inca Inn Motel* (plan B1, 24) : 570 N Main St. ☎ 259-7261 ou 1-866-462-2466. ● www.incainn. com ● Au nord du centre-ville. Ouvert de début mars à fin octobre. En saison, prévoir 60 US$ pour 2 ou 4 personnes. Chambres propres avec TV, salle de bains, AC. Pas le grand charme, mais un bon rapport qualité-prix. Piscine de poche. Accueil souriant.

🛏 *Kokopelli Lodge* (plan B1-2, 13) : 72 S 100 E. ☎ 259-7615 ou 1-888-530-3134. ● www.kokopellilodge. com ● Ouvert toute l'année. Selon la saison, compter de 33 à 70 US$ pour 2. Petit motel au calme. Tout juste 8 chambres, décorées avec goût, chacune avec frigo, micro-ondes et machine à café. Jacuzzi dans le jardin. Accueil souriant. Le proprio possède aussi le *Center Street Hotel* (☎ 259-9431), dans une petite maison indépendante à deux pas du *Visitor Center*. Neuf chambres à thème, tout aussi confortables, et une cuisine avec salle commune à disposition (possibilité de louer à la semaine ou au mois).

🛏 *Pioneer Spring Bed & Breakfast* (hors plan par B2, 25) : 1275 Boulder Ave. ☎ 259-4663. ● www.pioneer spring.com ● À la sortie sud de Moab, 2ᵉ petite rue à droite après la station Maverik. Pour 2, compter de 70 à 80 US$ selon la période. Si le quartier et la maison ne payent pas de mine au premier abord, vous apprécierez l'atmosphère très relax dans cette agréable maison aérée et vivante. Cinq chambres très sobres et bien tenues. Délicieux petit dej' préparé par Marc, ex-restaurateur, à savourer sur une grande terrasse ombragée. Billard au sous-sol à la disposition des invités. Quant au jardin : un écrin de verdure au pied de la montagne, paisible, avec piscine et *hot tub*. Accueil très chaleureux.

🛏 *Landmark Inn* (plan B1, 12) : 168 N Main St. ☎ 259-6147 ou 1-800-441-6147. ● www.landmarkinn moab.com ● Bonnes chambres avec AC à 80 US$ pour 2, moitié moins cher hors saison. Un motel de qualité dans une structure sur 2 niveaux, à dominante de brique, fort bien tenue, avec pour seul défaut d'être trop proche de la route. Micro-piscine en bord de route (!).

🛏 *Red Rock Lodge & Suites* (plan A1, 26) : 51 N 100 W. ☎ 259-5431 ou 877-207-9708. ● www.red-rocklod ge.com ● Chambres de 61 à 79 US$ pour 2 ou 4 personnes, selon le confort. Plusieurs bâtiments en centre-ville, et une grande variété de chambres, avec ou sans cuisine. L'ensemble est bien tenu et le confort est très correct, même si la déco est modeste. Les chambres avec kitchenette sont bien équipées et assez spacieuses. Piscine en plein soleil pour se dorer à la fraîche. Accueil très serviable. Un bon rapport qualité-prix pour cette adresse, bien pratique quand la foule afflue en saison.

🛏 *Red Stone Inn* (plan B2, 14) : 535 S Main St. ☎ 259-3500 ou 1-800-772-1972. ● www.moabredsto ne.com ● Chambres autour de 65 US$ pour 2 (70 US$ pour 4) de mars à octobre, de 30 à 55 US$ le reste de l'année. Motel tout en bois, impeccable et joliment arrangé. Chambres un peu petites mais confortables et fort bien tenues, avec kitchenette et TV câblée. Laverie. Pas de piscine, mais celle du *Big Horn* juste en face est à votre disposition (gratuit). Un bon plan : coupon de réduction de 10 US$ distribué au *Visitor Center* (pour le *Red Stone Inn* et le *Big Horn,* tenus par le même propriétaire).

🛏 *The Westwood Guest House*

(plan B2, **17**) : 81 E 100 S. ☎ 259-7283 ou 1-800-526-5690. ● www.moab-utah.com/westwood ● Dans une rue calme et très centrale, juste derrière le *Visitor Center*. À partir de 40 US$ pour 2, autour de 90 US$ en haute saison (printemps et automne), environ 70 US$ en été. Sorte de *guesthouse* offrant des appartements de 1 ou 2 chambres avec tout le confort (cuisine équipée, salle de bains, living, etc.). En revanche, la déco est plutôt ringarde et il y a un certain laisser-aller. Possibilité d'y loger à la semaine ou au mois (en hiver). Très conseillé de réserver.

🛏 **Super 8 Motel** (hors plan par A1, **27**) : 889 N Main St. ☎ 259-8868 ou 1-800-800-8000. ● www.super8moab.com ● À la sortie nord de Moab. Les chambres oscillent entre 70 et 88 US$ en été, jusqu'à 138 US$ en haute saison, pour redescendre vers 45 US$ en hiver. Petit dej' continental inclus. Un motel de chaîne classique, tout confort. L'ensemble est moderne et impersonnel, malgré un petit effort de déco. Surtout pratique car c'est le plus grand de la ville.

🛏 **Apache Motel** (plan B2, **16**) : 166 S 400 E St. ☎ 259-5727 ou 1-800-228-6882. ● www.apachemotel.net ● Un peu excentré du centre-ville. Suivez la flèche ! Le prix des chambres varie du simple au double entre l'hiver et l'été (80 US$) en passant par le printemps et l'automne (autour de 55 US$). Toutefois, les prix sont négociables selon l'affluence. Cadre correct quoiqu'un peu vieillot, style West et accueillant, même si précisément l'accueil est mitigé. Pas le grand charme, mais relativement propre et calme. Il y a une suite pour les admirateurs de John Wayne. Petite piscine agréable.

Plus chic

🛏 **Desert Hills B & B** (hors plan par B2, **28**) : 1989 Desert Hills Lane. ☎ 259-3568. ● www.deserthillsbnb.com ● À environ 5 *miles* au sud de Moab, par la S Hwy 191, puis à gauche, suivre la Spanish Trail Rd. Compter 89 à 99 US$ pour 2, copieux petit dej' maison inclus. Une authentique adresse de charme à quelques *miles* du centre. Grande maison soigneusement décorée, agrémentée d'un superbe jardin, avec vue sur les montagnes. Trois chambres à l'étage, coquettes et tout confort ; et une chambre familiale (jusqu'à 5 personnes), tout aussi soignée et bien aménagée. Excellent petit dej' servi en terrasse aux beaux jours. Pour prolonger la pause détente, jacuzzi dans le jardin, à l'abri des regards... Accueil très chaleureux d'un couple d'origine belge, installé dans le coin depuis plusieurs années. Un coup de cœur !

🛏 **Cali Cochitta B & B** (plan B2, **20**) : 110 S 200 E, à l'angle de 100 South St. ☎ 259-4961 ou 1-888-429-8112. ● www.moabdreaminn.com ● Six chambres seulement entre 105 et 135 US$. Une d'elles peut loger 4 personnes, toutes ont une salle de bains privée. Un *B & B* chic et convivial à la fois, d'assez bon goût général, clair et très calme, dans une maison de brique agrandie. Jacuzzi dans le joli jardin fleuri. Excellent petit dej' avec tarte, quiche, *muffins*... Possibilités de *lunch box* ou dîner aux chandelles... (sur demande). On se sent vite comme chez soi. Kimberley et David Boger, les proprios, sont charmants.

Très chic

🛏 **Sunflower Hill B & B Inn** (plan B1, **18**) : 185 N 300 E. ☎ 259-2974 ou 1-800-662-2786. ● www.sunflowerhill.com ● Compter 135 à 175 US$ pour 2. Rassurez-vous, la maison accepte toutes les cartes de paiement ! Le *B & B* le plus chic de Moab. Deux superbes maisons en bois, absolument charmantes, dans un quartier résidentiel très calme, avec un grand jardin ombragé. Une douzaine de chambres très confortables avec salle de bains privée et lits à l'ancienne. Les plus belles ont également un balcon et un jacuzzi, comme la « french room », réservée aux oc-

MOAB

casions spéciales ou aux lunes de miel (!). Petit dej' de luxe, avec gâteaux tout juste sortis du four, servi dans le patio, et collations en fin de journée. Superbe piscine et jacuzzi sous les arbres. Machines à laver à disposition et *lunch package* sur demande. Une belle adresse de charme.

â **The Gonzo Inn** *(plan B2, 19)* : 100 W 200 S. ☎ 259-2515 ou 1-800-791-4044. ● www.gonzoinn.com ● Entre 135 et 179 US$ pour 2, de 209 à 300 US$ pour 4 à 6 personnes

(40 % moins cher de décembre à mars). Petit dej' continental inclus. Sur Main St, une pancarte avec un gros lézard en short indique la direction ! La façade est un peu austère mais à l'intérieur, on note un vrai effort de déco. Chambres très confortables sur une note colorée et originale, au style fonctionnel et moderne. Les suites les plus chères sont dotées de bain à remous, cheminée, kitchenette et balcon. Accueil agréable. Côté charme, on préfère quand même le *Sunflower Hill B & B Inn*.

Où dormir dans les environs ?

Dans la Castle Valley

À une vingtaine de *miles* de Moab, par la route 128 en longeant le Colorado.

Très chic

â **Castle Valley Inn B & B** : ☎ 259-6012 ou 1-888-466-6012. ● www.castlevalleyinn.com ● Après avoir suivi la 128 sur environ 16 *miles*, tourner à droite sur Castle Valley Rd, puis à nouveau à droite après 1,7 *mile* ; le *B & B* est indiqué. Fermé en décembre et janvier. Le *Castel Valley* dispose de 5 chambres avec salle de bains privée et frigo, de 95 à 135 US$, selon le confort et la saison, et de 3 bungalows très agréables, avec kitchenette, autour de 165 US$. Cette adresse se dissimule au fond d'une vallée verdoyante encadrée par de hautes roches rouges. Un cadre on ne peut plus bucolique : vous partagerez la pelouse et les vergers avec des daims curieux ; vous vous plongerez, sous un ciel étoilé, dans le jacuzzi ou vous loverez dans un hamac ou un transat. La déco se veut résolument western. Le petit dej', très Southwest, est servi par beau temps sur la terrasse. Réservation plus que recommandée.

â **Sorrel River Ranch** : sur la route 128, au *mile* 17. Adresse postale : Po Box, K, Moab, UT 84532. ☎ 259-4642 ou (877) 359-2715. ● www.sorrelriver.com ● Pour les chambres les moins chères avec vue sur la montagne, compter 220 US$ en semaine et 250 US$ le week-end ; suites de 270 à 340 US$ (!). Posé comme par enchantement entre la montagne rougeoyante et le Colorado, ce ranch luxueux est une étape de rêve pour ceux qui en ont les moyens. Des suites incroyables dans des chalets en bois, genre western haut de gamme : coin cuisine, salle de bains design avec jacuzzi, grandes baies vitrées donnant sur le Colorado ou la montagne, terrasse en bois avec chaise à bascule... Vous voyez le tableau, pas déplaisant ! *Of course,* vaste piscine et spa *included*. Superbe écurie avec de nombreux chevaux. Les activités annexes genre rafting, équitation ou soins du corps sont à des prix en relation avec le standing de la maison !

Où manger ?

Bon marché

l●l **City Market** *(plan B2, 30)* : Main St. Ouvert de 6 h du matin à minuit. À l'intérieur de ce supermarché, section *deli* bien achalandée.

Salades variées, charcuterie, viandes cuites... Avec du pain (section boulangerie juste à côté) et des fruits, voilà de quoi préparer un pique-nique extra pour partir en excursion dans les parcs.

|●| Moab Diner (plan B2, 36) : 189 S Main St. ☎ 259-4006. Ouvert tous les jours de 6 h du matin jusqu'au soir. Vraiment pas cher : de 5 à 10 US$ les plats copieux. Ce *diner* typique qui semble tout droit sorti des années 1960 nous a conquis. D'abord pour le petit dej' (servi toute la journée), avec une bonne dizaine de formules pour caler sa faim. Pour ceux qui partent en excursion juste après, il y a même un *mountain biker breakfast*, un *rapid rafter breakfast* et un *jeep safari breakfast* ! Pour le reste, traditionnels sandwichs, *burgers* divers, copieuses salades, poulet grillé ou frit... Accueil souriant et prévenant, cadre lumineux. Une bonne petite adresse, très fréquentée par les locaux. On allait oublier, c'est aussi un *ice cream shop*.

|●| EklectiCafé (plan B1, 33) : 352 N Main St. ☎ 259-6896. Ouvert du lundi au samedi jusqu'à 14 h 30. Notre adresse fétiche pour le petit dej' ou la pause déjeuner. Cadre agréable pour cette petite maison en bois soigneusement décorée, à l'atmosphère très relax. Pas mal de tables en terrasse, à l'abri d'une tonnelle et dans un vrai coin de jardin fleuri, rempli de plantes. Dans l'assiette, que du bio et du bon, 100 % organique ! Quelques plats aux parfums exotiques (curry, poulet sauce satay), mais surtout d'excellents et copieux sandwichs au pain maison. Jeter un œil aussi à l'ardoise, pour le choix de soupes, quiches et salades du jour. Sans oublier les cookies géants... Accueil décontracté et en prime, accès gratuit à Internet (20 mn).

|●| Jailhouse Café (plan B1, 31) : 101 N Main St. ☎ 259-3900. Ouvert tous les jours de 7 h à 12 h (13 h le week-end). Petit dej' complet autour de 8 US$. Une petite maison toute rose, qui fut à la fin du XIXᵉ siècle le tribunal de la ville. L'actuelle cuisine faisait office de cellule pour les prisonniers. Un grand classique de la ville pour le petit dej', avec notamment un café digne de ce nom et du jus d'orange frais. La spécialité de la maison : les *eggs Benedict,* préparation composée d'un *muffin* canadien avec bacon et œuf poché sauce hollandaise, le tout un peu épicé ! Pour les moins courageux, choix d'omelettes, œufs, *pancakes* et recettes variées pour quelques dollars seulement. Bon accueil et terrasse ensoleillée.

|●| The Red Rock Bakery and Café (plan B2, 37) : 74 S Main St. ☎ 259-5941. Ouvert tous les jours de 7 h à 17 h (16 h le dimanche). On grignote autour de 5 US$. Une petite ambiance *coffee-shop* californienne et une agréable déco tout en bois, avec son lot en vitrine de *raspberry truffle, brownies, oatmeal raisin, apricot fruit bar...* Quelques sandwichs aussi, au pain bien croustillant, et des glaces artisanales. Un couloir couvert de dessins psychédéliques mène aux quelques postes avec accès Internet (cher).

|●| Mondo Café (plan B2, 32) : 59 S Main St, McStiff's Plaza. ☎ 259-5551. Ouvert tous les jours à partir de 6 h 30. Fréquenté par la jeunesse sportive du coin. On y prend le petit dej' pour quelques dollars. Cafés et thés variés, céréales, jus et *smoothies* aux fruits frais, œufs brouillés, gaufres, *bagels,* etc. Accès Internet gratuit si vous prenez une formule complète. Également de copieux *panini* à manger sur place ou à emporter.

De bon marché à prix moyens

|●| Zax Pizza & Family Restaurant (plan B2, 35) : à l'angle de Main St et 100 S. La maison fait resto et bar. La foule afflue en soirée pour les formules buffets à volonté entre 6 et 11 US$. Celui de pizzas cuites au feu de bois vous offre la possibilité de varier les plaisirs au prix d'une pizza individuelle ; et de compléter votre repas avec la soupe du jour et un buffet de salade. Sympa, non ? Service jeune et efficace, à l'image du lieu,

MOAB

cool et très fréquenté. Également des plats de viande grillée, des *burgers*, sandwichs... Le tout à déguster avec une bonne bière locale, sur l'agréable terrasse (avec brumisateurs les jours de canicule !) ou dans la grande salle conviviale.

|●| *Moab Brewery* (plan B2, *34) :* 686 S Main St. ☎ 259-6333. Ouvert tous les jours de 11 h 30 à 22 h (23 h en fin de semaine). Compter 8 à 15 US$ pour un plat complet. Un grand bâtiment genre western spaghetti avec fausses briques et faux pisé mais à l'intérieur assez froid malgré la tentative de déco axée sur le sport (delta, rafting, kayak et VTT au plafond). On peut manger à l'intérieur (où l'on trouve aussi un *sports bar* très animé les jours de match) ou sur la terrasse. Une carte longue comme le bras proposant plein de bonnes choses : salades, plats végétariens, poulet à toutes les sauces, steaks, *burgers,* poissons et on en passe... Excellent rapport qualité-prix. En plus, la maison fait sa propre bière. Essayez donc la Dead Horse (« Cheval Mort ») ou la Raven Stout (une brune onctueuse).

Chic

|●| *Buck's Grill House* (hors plan par A1, *38) :* 1393 N Hwy 191. ☎ 259-5201. À la sortie nord de la ville, côté gauche de la route. Ouvert tous les soirs de 17 h 30 à 22 h environ. De 9 US$ pour un *burger* à 22 US$ pour les steaks. Une grande cabane en rondins genre trappeur. Mais attention, l'impression est trompeuse : le patron, Mr Buckhingam (d'où *Buck's*), a été nommé en son temps parmi les « 10 nouveaux meilleurs jeunes chefs américains ». Si ça, c'est pas royal... Cuisine du Southwest plutôt plus élaborée qu'ailleurs, avec une importante section steaks (notamment du *buffalo steak* ou du *buffalo meat loaf),* mais aussi de bons *BBQ ribs,* de l'agneau braisé, de la truite grillée, des salades...

|●| *Sunset Grill* (hors plan par A1, *39) :* 900 N Hwy 191. ☎ 259-7146. À la sortie nord de la ville. Ouvert uniquement le soir, de 17 h à 22 h. Fermé le dimanche. Compter de 16 à 23 US$ pour les poissons comme pour les steaks. Une des adresses les plus *trendy* de la ville. Le restaurant est perché sur une colline dominant la vallée de Moab. Grande baie vitrée avec vue admirable évidemment. Les amateurs de poissons trouveront chaussure à leur pied : saumon, truite, *halibut...* Côté viande, filet mignon, *prime ribs,* etc. Les prix sont encore raisonnables compte tenu de la qualité et le service est au diapason.

|●| *Ranch House Restaurant* (hors plan par A1, *38) :* 1266 N Hwy 191. ☎ 259-5753 ou 1-888-259-5759. À la sortie nord de la ville, sur la droite en venant de Moab. Ouvert le soir seulement à partir de 17 h et jusqu'à environ 21 h 30. Compter entre 20 et 30 US$ par personne. Un restaurant ouvert en 1896. Pour le Far West, c'est la préhistoire ! Le gang de Butch Cassidy y est passé à l'occasion. Vraiment plaisant après tous ces restaurants sans âme. On peut dîner à l'intérieur, dans un cadre chic, ou dans le patio, au pied de l'arbre planté par la petite-fille des premiers occupants de la maison, il y a plus d'un siècle de cela. Une cuisine soignée avec quelques spécialités d'outre-Rhin et d'excellentes viandes (servies en prime avec une soupe ou un choix de salades). Cela reste tout de même cher payé.

Où boire un verre ? Où sortir ?

🍸 🎵 *Woody's Tavern* (plan B2, *41) :* 221 S Main St. Juste à côté du *Best Western* (Greenwell Inn). Ouvert tous les jours de 14 h à 1 h (minuit le dimanche). L'un des *watering holes* (le bel euphémisme !) les plus populaires de Moab. On y boit une bière en regardant les éliminatoires du football, en faisant un billard ou une partie de fléchettes. Très long bar de bois, déco de bric et de broc, musique forte, concerts en fin de semaine. Seul bémol, la maison, pleine et animée certains soirs, peut également être mortellement déserte.

🍷 *Zax Pizza* (plan B2, 35) : à l'angle de Main St et 100 S. Le *watering hole* est à gauche du resto en entrant, il vous suffit de pousser les portes de saloon pour découvrir les billards et le bar servant de la bière et tout autre alcool fort... à condition de grignoter un petit quelque chose à côté ! Voir le texte plus haut, dans la rubrique « Où manger ? ».

🍷 *Moab Brewery* (plan B2, 34) : 686 S Main St. ☎ 259-6333. Ouvert tous les jours de 11 h 30 à 22 h (23 h en fin de semaine). Outre quelques bières locales fameuses, ce vaste resto propose une sélection de cocktails et de vins californiens à prix raisonnables. À siroter en terrasse, toujours accompagnés d'un petit quelque chose à grignoter, loi sur l'alcool en Utah oblige ! Beaucoup de monde en fin de semaine, dans une atmosphère jeune et festive.

🍷 *Eddie McStiff's Microbrewery* (plan B1-2, 40) : à l'angle de Center St et Main St. À deux pas du *Visitor Center*. Ouvert en semaine de 17 h à minuit (22 h pour le resto) et les vendredi, samedi et dimanche à partir de midi pour le *lunch*. Parmi la douzaine de bières maison, quelques curiosités comme la *jalapeño*, une bière pimentée qui accompagne à merveille un plat mexicain bien corsé. Atmosphère très *sports bar*, surtout le week-end, avec billard à l'étage. Le restaurant n'est pas exceptionnel... venez plutôt ici pour la bière maison et l'atmosphère. Au fait, n'oubliez pas qu'en Utah, le taux d'alcoolémie toléré au volant est de 0,08 g/l !...

À voir à Moab

🏛 *Dan O'Laurie Canyon Country Museum* (plan B1, 50) : 118 E Center St. ☎ 259-7985. Juste en face du palais de justice, derrière le *Visitor Center*. En été, ouvert du lundi au vendredi de 10 h à 18 h, le week-end à partir de midi ; en hiver, du lundi au vendredi de 10 h à 15 h et les samedi et dimanche de 12 h à 17 h. Entrée : 3 US$; 7 US$ pour les familles et gratuit pour les moins de 12 ans.

Ce musée d'intérêt essentiellement local se consacre à la géologie, l'archéologie et l'histoire de la région. Explications sur l'extraction de l'uranium, découvert dans les années 1890 mais exploité sur une grande échelle seulement à partir des années 1950 (guerre Froide oblige). Belles céramiques utes, un squelette entier et un gros fémur de dinosaures, quelques fossiles et la reproduction d'une étonnante inscription laissée sur la roche en 1837 par un trappeur... français ! Intéressantes photos des gangsters patibulaires du début du XXe siècle. Tiens, une minuscule section sur les minéraux. Appuyez donc sur la *Black Light Test* qui fait apparaître la luminescence des minéraux. L'étage est un peu fourre-tout et illustre plutôt la vie quotidienne. En mai-juin, traditionnelle expo annuelle de patchwork (!).

À faire

MOAB

Excursions dans les parcs nationaux d'Arches et Canyonlands

Moab est le point de chute idéal pour partir en excursion dans les parcs voisins, pour une demi-journée minimum et jusqu'à plusieurs jours d'aventures, en louant les services d'une agence ou par ses propres moyens. Se reporter aux chapitres sur Arches National Park et Canyonlands pour connaître toutes les possibilités d'excursions, à pied, en VTT, en rafting, en 4x4... On vous détaille ici les diverses activités proposées dans la région.

Randonnées à pied

Très nombreux sentiers de découverte dans toute la région, autour de Moab et dans les parcs voisins. Toutes les infos pratiques et des brochures détaillées (gratuites) et vente de cartes topographiques auprès du *Visitor Center*. Le dépliant *Moab Area Hiking Trails* vous indique quelques belles balades au sud de la ville, notamment le *Portal Overlook trail*, au départ de la *scenic Byway 279,* qui longe le Colorado. Un sentier grimpe progressivement le long de parois rocheuses jusqu'à un superbe panorama sur la vallée de Moab et les montagnes La Sal. Compter 3 h aller-retour.

Balades en VTT

➤ *Slickrock Trail :* un des sentiers de VTT les plus connus au monde et d'une grande complexité. Bien fléché au départ du centre-ville, même si le parcours proprement dit ne débute qu'à 2 *miles* de la ville. Cette balade nécessite un bon entraînement et est réservée aux VTTistes avertis seulement. Elle effectue une boucle de 12,7 *miles* (16 km), très technique et qui grimpe pas mal. Compter environ 5 h !
– Si vous désirez faire d'autres excursions à VTT dans les environs de Moab, procurez-vous la brochure *Mountain Bike Trails* au *Visitor Center*. Elle recense 4 autres pistes plus ou moins ardues, de 7,4 à 33 *miles* ! Voir aussi la rubrique « Adresses utiles » pour des adresses de loueurs.

Balades à cheval

Qui n'a jamais rêvé de parcourir le Grand Ouest à cheval, tel un *lonesome cowboy* en quête d'aventure... ? Pour goûter à cette expérience dans de bonnes conditions, se reporter plus haut à la rubrique « Adresses utiles », où vous trouverez les coordonnées de 2 agences locales très expérimentées. Situées sur la *scenic Byway 128,* le long de la Colorado River, elles proposent des excursions guidées dans un cadre digne des plus beaux westerns... Balades d'une demi-journée à plusieurs jours, avec bivouacs et dîner au feu de camp. *Just like in the old days !*

Excursions en raft ou en canoë sur le Colorado
Avec une agence

Renseignements au *Visitor Center*, qui possède toutes les brochures de toutes les agences, ou auprès des agences citées plus haut dans la rubrique « Adresses utiles ». Elles pratiquent des tarifs voisins et proposent les mêmes descentes du Colorado en raft, d'une demi-journée ou d'une journée (*lunch* toujours inclus), avec le passage de quelques très gentils rapides. Il faut savoir que, sur cette partie, le Colorado est vraiment très cool et donc accessible à tous. À noter aussi que le niveau de l'eau peut être assez bas en juillet-août et ainsi rendre la descente décevante. Se renseigner au *Visitor Center*.

Par ses propres moyens

Ceux qui ne veulent pas faire partie d'un groupe peuvent parfaitement louer un canoë gonflable, sorte d'hybride entre le canoë et le kayak, vraiment facile d'utilisation. On peut les placer sans problème sur le toit d'une voiture de location sans rien abîmer. Le loueur vous expliquera comment manœuvrer et vous indiquera où mettre votre embarcation à l'eau et où la retirer en fonction de la durée de votre location.

Excursions combinées 4x4 et raft

Pas bête. Les agences proposent désormais des escapades combinées, en 4x4 le matin dans Canyonlands et sur le Colorado en raft l'après-midi. Une formule intéressante pour ceux qui veulent découvrir différents aspects de la région en peu de temps.

Fêtes et manifestations

– *Jeep Safari :* la semaine avant à Pâques. Sorte de messe nationale dédiée au 4x4. Si vous n'êtes pas un fan, évitez Moab à cette période, car y trouver une chambre devient un exploit... sans parler des tarifs !
– *Moab Music Festival :* la 1re quinzaine de septembre, festival de musique de chambre. Artistes de tous les pays. La ville est pleine à cette période. ● www.moabmusicfest.com ●
– *Canyonlands Fat Tire Bike Festival :* pendant 3 jours fin octobre, rendez-vous annuel de tous les VTTistes enthousiastes. Très convivial. ● www.moab fattire.com ●
– *Folk Festival :* festival annuel, un week-end début novembre, rassemblant artistes de musique folk venant de tout le pays. Concerts en intérieur et en extérieur. ● www.moabfolkfestival.com ●

➤ *DANS LES ENVIRONS DE MOAB*

🕯 *Découverte des lieux de tournage de grands films :* demander au *Visitor Center* la brochure *Moab Area Movie Location Auto Tour.* Indispensable pour faire le tour en voiture des sites de tournage de manière autonome. La région de Moab, avec ses paysages sauvages, a inspiré de nombreux cinéastes et fourni des sites de tournage à bien des équipes de cinéma. Des monstres sacrés d'Hollywood et des stars internationales sont venus ici le temps d'imprimer quelques scènes sur la pellicule : John Ford (encore lui !) avec John Wayne, Steven Spielberg pour des scènes d'*Indiana Jones et la dernière croisade* (1988), Ridley Scott pour quelques-unes des plus remarquables images du *road movie Thelma et Louise.* Comme la Monument Valley, grâce au 7e art, ce coin perdu de l'Utah appartient désormais à la géographie mythique de l'Ouest américain.

🕯🕯 *La vallée du Colorado et la Scenic Byway 128 :* ce petit tour le long du Colorado par cette route spectaculaire est une bonne occasion de côtoyer le fleuve mythique. À la sortie nord de Moab, prendre la 128 juste avant de franchir le pont sur le Colorado. Cette route, qui ne fut percée qu'en 1901, remonte le long du fleuve sur environ 28 *miles,* offrant autant de points de vue magnifiques. Au-delà de cette section, elle ne présente plus guère d'intérêt. Sur tout le parcours indiqué, on peut se baigner dans la rivière à condition de le faire sur des sites où il n'y a pas de courant et de rester proche du bord évidemment (le courant est plus fort qu'il n'en a l'air). Tiens, vous avez remarqué, les rives du Colorado sont bordées dans leur partie sud d'épais tamaris qui remontent la rivière naturellement. Ils ne furent jamais plantés mais ont proliféré de manière soudaine et rapide. On pense qu'ils furent apportés de Californie par... le vent.

Un *mile* environ après avoir passé le pont, en observant attentivement, on découvre sur la gauche, dans la partie haute de la falaise, une étrange et énorme cavité qui évoque une sorte d'œil. Si l'on regarde bien, il figure l'orbite d'un alligator géant. Toute la falaise prend alors l'allure d'un énorme animal couché, avec sa gueule qui s'étend sur la gauche. Environ 3 *miles* après la bifurcation, Negro Bill Canyon offre une belle balade (4 *miles* aller-retour) qui vous conduit à Morning Glory Bridge, le 6e pont des États-Unis par sa portée (80 m). Après le Big Bend (grand S sur le Colorado), la route atteint la bifurcation de Castle Valley, sorte d'oasis recroquevillée entre les montagnes, où se trouve un très élégant *B & B* (voir rubrique « Où dormir dans les environs ? »). À Fisher Towers, côté droit de la route, se dressent des pitons de couleur ocre rouge de près de 500 m de haut, se découpant sur les montagnes La Sal enneigées. Certains de ces pitons portent les noms de The Convent (le couvent), Sister Superior (inutile de traduire) et plus à droite The Priest and the Nun. De quoi faire travailler l'imagination. La route quitte le fleuve environ 5 *miles* avant Cisco, d'où l'on rejoint facilement l'I-70.

🍴 *Les pétroglyphes de Courthouse Wash :* à 2,5 *miles* au nord de Moab, peu après avoir passé le pont sur le Colorado. Parking sur la droite. Un sentier revient le long de la route et retraverse le torrent pour conduire à quelques pétroglyphes (inscriptions indiennes sur la pierre). Ils furent abîmés par des vandales il y a longtemps mais bien restaurés depuis. Ce sont les plus fameux des pétroglyphes du coin. D'autres, assez connus aussi, sont ceux de *Potash Road Rock Art*.

Si vous vous intéressez aux pétroglyphes, demandez au *Visitor Center* la brochure *Moab Area Rock Art Auto Tour*. Elle répertorie les plus importants des environs et indique comment s'y rendre. Les plus éloignés ne sont qu'à 8 *miles* de Moab.

📷📷 *Scott M. Matheson Wetlands Preserve :* à Moab, de Main St, partir vers le sud et prendre à droite au *McDo* (Kane Creek Blvd). Faire 0,75 *mile* et à la fourche suivre la route de gauche. Continuer environ 6 *miles*, le parking est sur votre droite. Si la pierre gravée qui indique l'entrée est très discrète, en revanche vous ne raterez pas le monstrueux pylône juste avant. Une réserve paisible, très peu fréquentée par les touristes et, pourtant, la petite promenade dans ce marais, au milieu du désert, surprend et repose. Sa végétation luxuriante abrite de nombreuses espèces d'animaux, dont quelque 180 types d'oiseaux. En Utah, ce marais sur les rives du Colorado est unique en son genre et donc précieux pour la faune et la flore. À l'entrée du parc, petite boîte contenant quelques brochures explicatives sur l'environnement et une liste de tous les piafs que vous pourrez rencontrer ou entendre.

Sur votre lancée, n'hésitez pas à parcourir la très belle Kane Creek Rd après le parking, même si elle se termine en cul-de-sac. Cette route étonnamment boisée longe le Colorado au pied des parois rocheuses rougeoyantes.

À voir sur la route de Yellowstone

🍴 *Dinosaur National Monument :* ce parc est trop loin de tout pour vraiment justifier le détour. Mais si vous passez à proximité, sur le chemin de Moab à Yellowstone, par exemple (la route la plus probable), alors là, n'hésitez pas à vous arrêter. Entrée : 10 US$ par véhicule (*National Parks Pass* accepté). ● www.nps.gov/dino ●

Dinosaur Monument abrite l'une des plus grandes carrières de fossiles de dinosaures au monde. C'est un paléontologue du Carnegie Institute qui, le premier, en 1909, découvrit 8 os de la queue d'un brontosaure. Depuis, des milliers d'ossements, y compris des squelettes presque complets, ont été mis au jour. Leurs anciens propriétaires vécurent ici il y a environ 145 millions d'années, dans ce qui était alors une vaste plaine tropicale aux larges rivières. Il s'agissait essentiellement de brontosaures, diplodocus et stégosaures (tous trois végétariens), ainsi que du terrible allosaure, aux griffes acérées (on peut en voir d'effrayants exemples au musée de Quarry). Leurs cadavres, emportés par les cours d'eau en période de crue, s'accumulèrent en un point précis du fleuve, à un endroit où se trouvaient de nombreux bancs de sable. Ensevelis, leurs os ont été parfaitement conservés. Ils sont revenus à la surface à la faveur de la naissance des montagnes Rocheuses qui, en propulsant toute la région vers le haut, révéla des couches géologiques très anciennes.

– **_Quarry_** : c'est le site le plus visité du parc. ☎ (435) 789-2115. On s'y rend le plus facilement depuis Vernal, dans le nord-est de l'Utah (à 20 _miles_), par la route 40. À Jensen, prendre la 149 vers le nord jusqu'au _Visitor Center_. Là, en été, il faut abandonner la voiture et prendre une navette qui, toutes les 15 mn, fait l'aller-retour jusqu'à la Dinosaur Quarry (la carrière). Le reste de l'année, on peut s'y rendre directement en voiture. Ouvert de 8 h à 19 h de fin mai à septembre et jusqu'à 16 h 30 le reste de l'année. Une sorte de musée a été construit sur le site même des fouilles. Sur un pan de roche incliné, on découvre, vision aussi unique qu'étrange, des centaines d'os de dinosaures partiellement exposés. Les paléontologues en ont déjà retiré un grand nombre, mais ceux-ci ont été laissés en place pour que les visiteurs puissent se rendre compte du travail de fouilles. À l'entrée, on peut se procurer pour 1 US$ un guide qui facilite l'identification.

Il existe d'autres carrières de fossiles à travers le parc, moins importantes mais fermées aux visiteurs. Les chercheurs y ont découvert des squelettes, des œufs et même des embryons de dinosaures !

➢ Du _Visitor Center_ de Quarry, on peut emprunter la **route de Cub Creek,** le long de laquelle se trouvent plusieurs sites avec des **_pétroglyphes_** réalisés par les Indiens fremonts. La route se termine à la _Josie Morris Cabin,_ construite au cœur d'une petite oasis de verdure.

➢ Le parc, désertique pour l'essentiel, est immense et peut faire l'objet de **randonnées.** Mais attention à la chaleur. C'est un four ! On peut se renseigner à ce sujet et sur les campings au _Visitor Center_ de Dinosaur, le principal du parc, à 32 _miles_ à l'est de Quarry (côté Colorado).

🦌 _Flaming Gorge National Recreation Area_ : si vous continuez votre route vers les parcs nationaux de Grand Teton et Yellowstone, vous traverserez, au nord de Vernal, ce parc situé à cheval sur l'Utah et le Wyoming. Un grand barrage, construit de 1958 à 1964, y a créé un immense réservoir d'eau, le lac Flaming Gorge, très apprécié des pêcheurs. On y trouve notamment des saumons et des truites de taille record. La région est aussi connue pour les diverses activités nature, sentiers de randonnée, VTT, rafting, kayak, excursions à cheval... La faune s'observe facilement et il n'est pas rare de croiser la route de cerfs, élans, marmottes, écureuils... D'avril à octobre, plusieurs campings très bien aménagés, dans un site magnifique (emplacements autour de 15 US$). On aime particulièrement le site de Red Canyon, avec une vue vertigineuse sur la rivière et entouré de forêts. Possibilité de réserver certains campings à l'avance : ☎ (877) 444-6777.

Pass exigé en saison pour sillonner le parc : 2 US$ par jour ou 5 US$ pour 2 semaines. Exception faite pour les routes _scenic_ 44 et 191, de Manila à Rock Springs.

Toutes les infos auprès du _Flaming Gorge Ranger District,_ Ashley National Forest, PO Box 279, Manila, UT 84046. ☎ (435) 784-3445. ● www.fs.fed.us ● Également plusieurs offices de tourisme répartis dans le parc, dont le _Flaming Gorge Dam Visitor Center,_ près du barrage, ouvert toute l'année.

MOAB

SALT LAKE CITY   185 000 hab.   IND. TÉL. : 801

> **Pour les plans de Salt Lake City, se reporter au cahier couleur.**

Salt Lake City est une cité bicéphale : capitale administrative active et prospère de l'Utah, elle est aussi (et surtout) capitale historique et religieuse des mormons. C'est leur chef, Brigham Young, qui, un jour de juillet 1847, au terme d'un interminable périple à travers le pays, eut la révélation de cette Terre Promise. Un peu comme Moïse lorsqu'il désigna de sa main, du haut du mont Nébo, la patrie tant rêvée. La comparaison n'est pas aussi gratuite qu'on pourrait le croire : les mormons l'affirment, ils sont issus de l'une des sept tribus perdues d'Israël... Ici comme là-bas, le Peuple élu a fait prospérer le désert.

Salt Lake City est aujourd'hui l'une des villes les plus dynamiques des États-Unis, très prisée des touristes amateurs de sport et de grands espaces. Aussi, beaucoup de jeunes Américains délaissent le gigantisme et l'insécurité de Los Angeles, et même le reste de la Californie, pour venir s'installer ici, dans l'Utah, entre le désert torride, le *Great Salt Lake* et les montagnes enneigées. Des montagnes qui ont accueilli en 2002 les Jeux olympiques d'hiver.

Religieuse et commerciale, La Mecque des mormons (environ 60 % de la population) et des *golden boys* réunis, Salt Lake City vit ses contradictions sans complexe. Un élan pionnier et un état d'esprit bien américain au fond, où la bonne conscience se mêle à l'intérêt bien compris de chacun. Et malgré son aspect très propre, très sage, très organisé, Salt Lake n'est pas une ville sans cachet. Elle en a même un bien particulier. Il flotte ici un air de bonheur béat, d'insouciance heureuse, très différent de l'atmosphère des autres grandes villes des États-Unis... et d'ailleurs ! C'est une ville riche, mais sans frime ni tape-à-l'œil, qui ne connaît pas les problèmes de ghettos d'autres grandes villes américaines.

LES MORMONS

La révélation faite à Joseph Smith

Tout a commencé dans un petit bois, dans les environs de Palmyra, au nord-est de l'État de New York. À 14 ans, Joseph Smith Junior, fils d'un pauvre fermier presbytérien, y eut sa première révélation divine. Il en parla autour de lui mais fut rejeté et ridiculisé. Un soir de septembre 1823, un visiteur inconnu lui apparut à nouveau, se présentant sous le nom de l'ange Moroni, messager du Créateur. Moroni assura à Smith « que Dieu avait un travail à lui confier ». Il lui révéla aussi l'existence d'un Livre écrit sur des tablettes d'or. L'ange lui montra l'endroit, et J. Smith les trouva dans une caisse de pierre cachée sous un rocher, au sommet de la plus haute colline près de Manchester. Ces tablettes d'or relataient l'histoire et les origines des premiers habitants de l'Amérique. Elles contenaient aussi la « plénitude de l'Évangile éternel », l'essentiel du message divin transmis par le Sauveur à ces peuples. À côté d'elles, deux mystérieuses pierres transparentes cerclées d'argent, l'Urim et le Thummim, avaient naguère procuré le don de seconde vue aux Prophètes des temps anciens. Si Dieu les avait mises là, c'était évidemment pour permettre à son nouvel Élu de comprendre et de traduire les tablettes.

Le Livre de Mormon

À Harmony (Pennsylvanie), en avril 1828, Smith et son secrétaire Martin Harris s'enfermèrent dans la même pièce, installés face à face, mais séparés par une grosse couverture pendue au plafond. À l'aide des pierres Urim et Thummim qu'il posait devant ses yeux comme des bésicles, Smith déchiffra les signes étranges inscrits sur les tablettes. Comme par magie, ces hiéro-glyphes se transformaient en mots anglais au fur et à mesure de la lecture. Smith n'avait plus qu'à dicter le texte à Harris. Le résultat représenta un épais manuscrit de 600 pages. Ainsi est né le Livre de Mormon. En 1830, Joseph Smith réussit à convaincre un riche fermier d'éditer 3 000 exemplaires de ce « nouveau catéchisme ». Vendus à 1 US$, ces livres furent vivement contes-tés et rapidement soldés à 25 cents, mais ils symbolisent la naissance du peuple mormon.

Difficile de résumer le contenu de ce gros bouquin, incroyable bricolage spi-rituel basé en grande partie sur la Bible. Il est le fruit de l'inspiration (géniale, il faut le dire) d'un homme obsédé par le retour à la pureté primitive du chris-tianisme. Il raconte les tribulations et la disparition de trois anciens peuples originaires de Babylone et de Jérusalem, les Jaradites, les Lamanites et les Néphites. Au VIe siècle av. J.-C., quelques-uns de ces fils d'Israël auraient traversé l'Atlantique et atteint l'Amérique. Ils seraient les ancêtres des Indiens d'Amérique, Mayas et Incas inclus... On apprend qu'ils auraient vécu au Nou-veau Monde une histoire parallèle à celle du peuple hébreu, qu'ils auraient eu leurs propres prophètes, leurs souverains, qu'ils auraient été persécutés et qu'ils auraient cherché une terre promise. Le dernier des Néphites, en 421 av. J.-C., aurait gravé ce récit primordial sur des plaques d'or, celles que Smith affirma avoir retrouvées des siècles plus tard.

Selon ce Livre de Mormon, le Christ lui-même serait apparu au Peuple élu d'Amérique après sa résurrection. Le Christ ordonne aussi d'établir l'empire de Sion. « Nous croyons que Sion, la Nouvelle Jérusalem, doit être cons-truite sur le continent américain », proclamait Joseph Smith. À peine sorti, le Livre de Mormon fut vivement critiqué, fustigé, vilipendé. L'écrivain Mark Twain le considérait comme « un plagiat insipide et ennuyeux du Nouveau Testament »... « Que Joseph Smith ait composé ce livre, et surtout qu'il ne se soit pas endormi en le dictant, voilà le miracle ! »

Brigham Young, un « Moïse américain »

Le 6 avril 1830, Joseph Smith et ses fidèles fondèrent l'Église de Jésus-Christ des Saints des Derniers Jours, le nom officiel de l'église mormone (*LDS Church,* en abrégé). Pourchassés dans l'Est, les Saints émigrèrent dans l'Illinois où ils se fixèrent à Nauvoo, en mars 1844, sur la rive gauche du Mississippi. Joseph Smith postula à la présidence des États-Unis. Le 27 juin 1844, il fut assassiné dans sa prison de Carthage (Illinois) par des anti-Mormons. Le voilà consacré saint et martyr aux yeux de ses disciples. À 43 ans, l'un d'eux, Brigham Young, un charpentier-menuisier originaire du Vermont, prit en main la destinée du mouvement. Pour beaucoup de non-mormons, et encore aujourd'hui, Young fut un des plus grands organisateurs de l'histoire américaine. Il décida de fuir vers l'Ouest pour y chercher une nouvelle terre promise, y établir Sion et y fonder la cité des Saints, loin des turpitudes et de la méchanceté des « gentils ».

Le 4 février 1846, les premiers chariots quittèrent Nauvoo pour un périple et interminable voyage à travers les Grandes Plaines de l'Iowa, du Nebraska et du Wyoming. Après un long hiver d'arrêt à Winter Quarters (près d'Omaha), ils reprirent leur périple. Et le 24 juillet 1847, alors que le convoi venait de traverser les montagnes Rocheuses, face à l'immense plaine déserte où s'étend le Grand Lac Salé, Brigham Young s'immobilisa. Il eut comme une révélation et s'écria « *This is the place.* » Il avait trouvé le lieu. C'est là qu'il fonda, en juillet 1847, la ville de Salt Lake City et l'État mormon de Deseret. Deseret signifiait « abeille », la ruche étant l'emblème des Saints (les abeilles sont censées incarner leur côté industrieux). Ce Deseret englobait alors les immenses territoires du Nevada, du Colorado, du Wyoming et de l'Utah.

L'Utah ne devint territoire américain, par décision du congrès, qu'en 1850, date à laquelle ces terres sauvages cessèrent d'appartenir au Mexique. Mais pour qu'il devienne un État, il fallut attendre jusqu'en 1896, Washington refusant de lui accorder ce statut tant que les mormons ne renonçaient pas à la polygamie (ce qu'ils firent officiellement, mais la réalité est tout autre... voir plus loin : « Les fondamentalistes mormons »). Les pionniers s'installèrent dans cette cuvette désolée et fondèrent Salt Lake City, cité de l'utopie. Leur ville idéale fut dès le départ quadrillée selon des règles et des mesures précises, reflétant l'éthique et l'ingéniosité mormones.

Depuis la moitié du XIXᵉ siècle jusqu'à aujourd'hui, le mormonisme a connu une expansion fulgurante, à l'image de la ville des Saints. Mais la foi d'origine américaine la plus importante dans le monde reste un royaume à part.

Les mormons et les femmes

Joseph Smith, le fondateur, avait une petite particularité : il adorait les femmes. « Chaque fois que j'aperçois une jolie femme, je rends grâce au Seigneur », affirmait-il. À Salt Lake City, dès 1847, Brigham Young, le second prophète, instaura la polygamie dans la religion mormone et rendit obligatoire le mariage multiple. Il eut 27 épouses vivantes dont 8 ex-épouses de feu son maître Joseph Smith et il fut « scellé pour l'Éternité » à 28 femmes décédées. Neuf de ses épouses divorcèrent de lui et il était le père de 53 enfants. Dans ses deux maisons, Beehive House et Lion House (voir la rubrique « À voir »), Brigham créa ce qui fut à la fois le premier et le dernier « harem yankee » de l'histoire américaine. Des foules de journalistes, de curieux, de non-mormons sceptiques vinrent dans la deuxième moitié du XIXᵉ siècle à Salt Lake City pour observer de près cette étrange minorité religieuse polygame. Les adeptes du mariage multiple avaient des arguments pour se défendre : ils ne faisaient que suivre, disaient-ils, la voie tracée par Abraham et les Patriarches de l'Ancien Testament, tous polygames. Les Saints prétendaient s'adonner à la polygamie sans esprit de luxure mais pour faire plus d'enfants. Et aussi parce que beaucoup de leurs hommes avaient été tués durant le voyage vers l'Ouest puis dans la guerre contre le Mexique. « Cet Islam moderne a sa Mecque au lac Salé », lisait-on dans la presse de l'époque. En outre, la polygamie fut longtemps admise et ne fut vraiment interdite par la loi américaine que le 25 septembre 1890.

Même si les mormons sont monogames aujourd'hui (sauf des dissidents, qui se compteraient tout de même en milliers, mais rejetés par l'Église), la femme n'est pas toujours l'égale de l'homme. D'ailleurs, pour avoir pris position en faveur de l'égalité des droits entre les femmes et les hommes, une mormone américaine fut excommuniée en 1980 par un tribunal religieux présidé par un évêque mormon... par ailleurs fonctionnaire de la CIA.

Près de 12 millions de fidèles dans 155 pays

Religion bizarre : au début, les Noirs n'étaient pas admis, et cela valut au chef mormon d'être condamné par le *Civil Right*. Il y a des passages du *Book of Mormon* qui considèrent la peau noire comme un signe de défaveur de Dieu ! Ce qui ne doit pas être le cas de la couleur jaune : dans tous les hauts lieux mormons, de jeunes et adorables personnes d'origine asiatique viennent se proposer comme guides, généralement associés à un acolyte d'origine sud-américaine ou européenne...

Ainsi, il n'existe pas de clergé rémunéré. En revanche, sitôt leurs études terminées, les jeunes gens sont invités à partir dans le monde entier pour y exercer une activité missionnaire pendant 18 mois pour les filles, dont beaucoup à Salt Lake City et 2 ans pour les garçons, partout dans le monde, et à leurs frais. S'ils n'en ont pas les moyens et que leurs parents refusent de payer, ils sont sponsorisés par leur paroisse. On les reconnaît facilement : ils portent chemisette blanche, cravate et jupe ou pantalon sombre.

À la fin de la visite guidée, incontournable si l'on veut visiter certains lieux de Temple Square, on vous demandera de remplir une petite fiche informative. On vous conseille de ne pas donner votre nom et votre adresse si vous ne voulez pas voir rappliquer chez vous des mormons chargés de vous prêcher la parole divine !

D'autres traits de la vie des mormons sont la discipline sexuelle, la fécondité du mariage, l'ardeur d'apprendre, le renoncement à l'alcool et à toutes formes d'excitant, café, thé, tabac et drogues (cela va sans dire !). L'Église est en même temps une richissime entreprise économique possédant des propriétés foncières, des banques, des compagnies d'assurance, des hôtels, des moulins, son propre quotidien et une station de radio. Il faut dire qu'un certain nombre de fidèles lui versent 10 % de leurs revenus (selon le principe de la dîme, loi de l'Ancien Testament), ce qui permet de voir venir...

Pourquoi et comment rebaptisent-ils les morts ?

Les mormons ont un drôle de passe-temps, c'est de baptiser ou de rebaptiser les morts. Pour assurer le salut éternel de l'humanité entière depuis Adam, le baptême traditionnel chrétien ne serait pas suffisant selon les critères éthiques mormons. D'après leurs croyances, seul le baptême accordé selon les articles de foi du Livre de Mormon serait capable de laver l'humanité du péché originel et de lui redonner, par conséquent, une petite chance de rejoindre Dieu dans l'au-delà. Plus concrètement, pour rebaptiser une personne déjà décédée, il suffit de connaître le nom, le prénom et la date de naissance de cette personne. Les cérémonies de baptême *post-mortem* se déroulent n'importe où dans le monde, mais toujours dans un des temples de la *LDS Church*. À défaut de pouvoir immerger des corps de personnes adultes vivantes (et consentantes) dans des baignoires sacrées, comme le veut la coutume, les fidèles doivent agir abstraitement. Ils se font ainsi baptiser eux-mêmes (par immersion dans des fonts baptismaux) à la place de leurs ancêtres.

Voilà pourquoi des centaines de mormons parcourent à longueur d'année 57 pays à travers le monde à la recherche de vieux registres de mairie (actes de naissance, de mariage et de décès) ou d'église afin de répertorier nos ancêtres sur microfilms. Le tout est d'abord centralisé dans une des 4 000 bibliothèques généalogiques de la *LDS Church* implantées dans ces différents pays. Puis, les informations recueillies sont archivées à la bibliothèque généalogique *(Family History Library)* de Salt Lake City. À cela s'ajoutent les données transmises volontairement par quiconque ayant mené des recherches généalogiques et souhaitant transmettre leurs données à la Bibliothèque généalogique.

Toutes ces infos y sont archivées et entreposées sous forme de données informatiques *(Ancestral File, International Genealogical Index)*, que l'on peut consulter librement sur un des 200 ordinateurs de la bibliothèque (voir plus loin la rubrique « À voir »). Chaque fiche correspond à une personne décédée rebaptisée *(endowed)* par la *LDS Church*. Le « re-baptême » mormon est indiqué à l'écran et porte la mention « LDS Ordinance ». S'il s'agit, en revanche, d'actes microfilmés, les personnes mentionnées ne sont pas encore rebaptisées. Ces kilomètres de microfilms forment une sorte d'interminable liste d'attente d'archives, avant le « re-baptême *post-mortem* ».

Ces documents sont tellement précieux que les originaux sont enfermés sous une montagne, dans un abri anti-atomique, inaccessible aux profanes. Seuls les doubles peuvent être mis à la disposition des visiteurs. Officiellement, les mormons ont le droit de rebaptiser des personnes décédées à condition que leurs descendants soient eux-mêmes mormons et seulement s'ils ont donné leur accord. En outre, les personnes doivent être nées au moins un siècle auparavant. Car l'état civil en France, en Belgique et dans la plupart des pays est confidentiel pour les cent dernières années. Il en est de même pour ces fichiers. Dans la réalité, ça ne se passe pas toujours comme ça et de nombreuses entorses sont faites à cette règle. Indépendamment de ce travail de fourmi, bien précis et ciblé, les membres de l'Église cherchent toujours à faire de nouveaux adeptes. Lors de son baptême, un mormon (vivant bien sûr) en profite pour parrainer une dizaine de défunts qui se retrouvent convertis au mormonisme, sans leur avis, bien entendu. Bref, votre arrière-grand-père, que vous avez peut-être connu, était catholique, protestant, orthodoxe ou autre. Eh bien, il est peut-être devenu mormon sans que vous ne le sachiez... Et pour le vérifier, il faut venir faire des recherches dans la bibliothèque généalogique de Salt Lake City.

Les fondamentalistes mormons

Il y a un siècle environ, lorsque la polygamie fut interdite en Utah, tous croyaient qu'elle disparaîtrait d'elle-même. Pourtant, aujourd'hui, 30 000 à 75 000 personnes, selon les estimations, vivent encore dans des familles composées d'un mari et de deux, trois, cinq, dix et jusqu'à trente femmes. Soit tout de même 1 à 3 % de la population de l'État. On compterait, à l'échelle nationale, plus de 100 000 de ces bigames et demi-games... Et leur nombre ne cesse de croître.

La pratique, si elle a disparu de la communauté mormone « officielle », survit dans des clans traditionalistes, sortes de groupuscules sectaires. Ils seraient une dizaine, placés sous l'égide de patriarches, dont certains comptent plusieurs milliers d'adeptes : *Corporation of the Presiding Elder of the Apostolic United Brethren, Latter Day Church of Christ, Corporation of the President of the Fundamentalist Church,* etc. Ils cultivent la paranoïa et la défiance du monde extérieur, allant jusqu'à affirmer que tous ceux qui vivent en dehors de la communauté sont condamnés à la damnation éternelle.

Pour ces clans, fondés sur une recherche constante de la tradition comme seule voie de salut, la polygamie est une évidence, une révélation divine faite à Joseph Smith – et abdiquée par une Église mormone officielle qu'ils considèrent comme hérétique. Le rôle des femmes, dans cette perspective, est unique : produire autant d'enfants que possible. La plupart des groupes affirment qu'il faut en avoir un par an. Et ils expliquent pourquoi : il y a au paradis des esprits en attente d'incarnation. Et s'ils ne naissent pas dans des familles mormones, vraiment mormones, alors ils seront protestants, catholiques ou juifs... La jalousie, s'il y en a, est dissimulée, car traduite comme l'expression du malin. Ceux qui ont plus de trois femmes mettent en place un roulement, passant une nuit chez l'une, puis la suivante chez une autre, et ainsi de suite ; alors, avec cinq ou dix femmes... !

Mariées au plus tard vers l'âge de 16 ou 17 ans, les jeunes filles le sont couramment vers 14 et parfois même dès 9 ans. Refuser, c'est désobéir à Dieu. Dans certaines communautés, elles épousent leur cousin, leur oncle, parfois même leur beau-père ou leur demi-frère ! Une pratique qui conduit tout naturellement à l'inceste. En juin 1999, la condamnation de John Daniel Kingston, membre influent de l'Église du Christ des Derniers Jours, a relancé le débat. C'est l'une de ses filles, âgée de 16 ans, qui a déposé plainte pour coups et blessures : son père l'avait férocement battue car elle refusait de devenir la 15e femme de son oncle. Dans le clan, le plus riche des groupes fondamentalistes mormons, un credo guide les actions de tous les membres : la pureté du sang. Pour la conserver, quoi de mieux que d'épouser sa demi-sœur, sa cousine ou sa nièce ? Sans doute la consanguinité a-t-elle des conséquences, des enfants naissent handicapés, mais c'est là le prix à payer pour gagner le paradis...

C'est à Hildale et Colorado City, à cheval sur la frontière entre l'Utah et l'Arizona, que vit la plus grande communauté polygame des États-Unis : près de

6 000 personnes appartiennent au conseil du président de l'Église fondamen-
taliste. La communauté y possède tout ou presque. Et s'accroît à un rythme
inégalé dans le pays : 10 % par an, tant les naissances sont nombreuses !
Près de 50 ans durant, l'État n'a rien fait. Mais l'affaire Kingston a vu une
montée sans précédent de l'antipolygamie dans l'opinion. L'État, soucieux de
son image à l'approche des Jeux olympiques d'hiver de 2002 (déjà ternie par
un premier scandale causé par le versement de pots de vin au comité olympique en vue de l'obtention des J.O. d'hiver !), sembla enfin décidé à agir. Au
printemps 1999, l'âge légal du mariage est ainsi passé de 14 à 16 ans. Puis
en juin, pour la première fois depuis 1953, un polygame a été traduit en
justice sur plainte de l'une de ses cinq femmes. En outre, des femmes sorties
de mariages polygames ont créé en 1998 une association pour venir en aide
à leurs consœurs, *Tapestry of polygamy*. N'hésitez pas à consulter leur site
Internet : ● www.polygamy.org ● Vous trouverez une liste de toutes les cou-
pures de presse traitant du problème parues ces dernières années. C'est
édifiant.

Arriver à Salt Lake City

Arrivée à l'aéroport

✈ L'*aéroport (hors plan couleur général par A2)* est situé à tout juste
7 *miles* à l'ouest du centre-ville, à la
lisière du Grand Lac Salé. ☎ 575-
2400. ● www.slcairport.com ● On
trouve des consignes à bagages (qui
accepent les skis) dans le terminal.
Kiosque d'informations touristiques
dans le hall d'arrivée, avec quelques
documentations utiles et des cartes de
Salt Lake City et de l'Utah.

Pour rejoindre le centre-ville

➢ *En bus n° 50 :* il vous conduit en plein centre (N Temple et Main St). Plan
détaillé et horaires disponibles auprès du kiosque touristique de l'aéroport.
En semaine, départs toutes les 30 mn de 6 h 18 à 19 h 30, puis toutes les
heures jusqu'à 23 h 45 ; départs toutes les heures de 6 h 40 à 23 h 45 le
samedi, avec une pause le midi, et service réduit le dimanche (toutes les
heures de 6 h 30 à 17 h 30). Le billet coûte 1,50 US$.
➢ *En navette :* Express Shuttle, ☎ 596-1600 ou 1-800-397-0773. Service
porte à porte depuis l'aéroport.
➢ *En taxi :* comptez entre 18 et 22 US$ selon l'endroit de la ville où vous
vous rendez.

Transports urbains

– *Les bus et les tramways (TRAX) de l'Utah Transit Authority (UTA) :* ils
sont gratuits dans le centre-ville, dans la zone déterminée par North Temple,
200 East, 500 South et 400 West. La zone verte est indiquée sur les plans du
réseau qu'on trouve aux arrêts de bus. En dehors de cette zone, un ticket
pour 2 h coûte 1,25 US$, et le *pass* pour la journée 2,50 US$. Rotation toutes
les 10 à 20 mn aux heures de pointe. Les bus fonctionnent de 6 ou 7 h à
minuit, les tramways de 5 h 30 à 23 h. Attention, pas de bus ni de tramway les
jours fériés. Pour arriver à se repérer dans les méandres du réseau d'autobus et de tramways, se procurer absolument la *Transit System Map,* au kiosque touristique de l'aéroport, au *Visitor Center* de Salt Lake City et dans pas
mal d'hôtels de la ville. Renseignements au : ☎ 743-3882. ● www.rideuta.
com ●
– Un *trolley* existe, mais il est beaucoup moins pratique et régulier que les
bus et le tram.

Adresses et infos utiles

Informations touristiques

🄸 *Visitor Center (plan couleur général A2) :* Salt Palace, 90 SW Temple St. ☎ 521-2822 ou 1-800-541-4955. Fax : 355-9323. ●www.visitsalt lake.com ● Ouvert du lundi au vendredi de 8 h 30 à 18 h (17 h en hiver) ; le week-end de 9 h à 17 h. Plein de brochures et d'infos sur les hébergements, restos, musées, excursions... à Salt Lake et dans tout l'état, notamment les parcs nationaux. Le journal gratuit *City Weekly,* également disponible dans les restos et bars de la ville, est très utile pour connaître toute l'actualité culturelle : concerts, théâtre, cinéma, clubs privés, petites annonces, etc. ■ *Utah Travel Council (plan couleur général B1, 1) :* dans le Council Hall, en face du Capitol. ☎ 538-1030 ou 1-800-200-1160. Fax : 538-1399. ● www.utah.com ● Ouvert de 8 h (10 h le week-end) à 17 h. Renseignements sur les parcs, les campings et les hôtels pour tout l'Utah. Plein de brochures et de cartes.

Services

✉ *Poste (hors plan couleur général par A3) :* 230 W 200 S. Ouvert du lundi au vendredi, de 8 h à 17 h 30, et le samedi de 9 h à 14 h. Self-service ouvert tous les jours, 24 h/24. Parking juste devant, gratuit la première demi-heure.
@ *Internet :* à *The City Library (plan couleur général B3, 3),* 210 E 400 S. Ouvert tous les jours de 9 h à 21 h (18 h le samedi) et le dimanche de 13 h à 17 h. Parking attenant, gratuit la première demi-heure. Chic alors ! Une magnifique bibliothèque, qui propose un libre accès Internet (limité à 30 mn) dans un environnement aéré, moderne et merveilleusement équipé. Également 2 postes avec accès payant (4 US$ l'heure de connexion) au *Spice (plan couleur général A2, 32)* ; voir la rubrique « Où manger ? ».

Urgences

■ *LDS Hospital (hors plan couleur général par B1) :* 800th Ave C St. ☎ 408-1100.
■ *Police :* ☎ 799-3000.

Loisirs, divers

■ *Librairie Sam Weller's (Zion Bookstore ; plan couleur général A3, 2) :* 254 S Main St. ☎ 328-2586 ou 1-800-333-7269. La meilleure librairie généraliste de la ville, sans doute la plus grande et la plus pointue, avec, entre autres, un rayon consacré à l'histoire de l'Utah et aux mormons. ■ *Borders (plan couleur général A2, 4) :* Crossroads Plaza, 50 Main St. Vaste librairie sur 2 niveaux, ouverte tard le soir, agréable avec son café sympa au 1er étage et vue sur Temple Square. On peut y lire tranquillement et se reposer de la grosse chaleur pendant l'été. Rayon tourisme bien fourni (cartes détaillées, guides...).

Où dormir ?

Campings

⚊ *Cherry Hills Campground :* voir la rubrique « Où dormir dans les environs ? ».
⚊ *Salt Lake City KOA/VIP (hors plan*

couleur général par A2) : 1400 WN Temple. ☎ 328-0224. Fax : 355-1055. ● www.campvip.com ● À l'ouest du centre-ville, à mi-chemin de l'aéroport. La solution la moins chère : 19 US$ l'emplacement pour 2 (2 US$ par personne supplémentaire). On peut aussi louer des *cabins* assez sommaires, compter environ 40 US$ pour 2. On trouve ici une vaste aire de camping bien aménagée (douches, machines à laver, épicerie bien approvisionnée et piscine chauffée), mais occupée à près de 90 % par des camping-cars et située à la sortie d'une grande ville, entre de grandes routes...

Très bon marché

🛏 *The Avenues Youth Hostel (hors plan couleur général par B2, 10) :* 107 F St. ☎ 359-3855 ou 1-800-467-8351. Fax : 532-0182. ● www. saltlakehostel.com ● Dans un quartier résidentiel huppé, à 6 pâtés de maisons de Temple Square (1 *mile* quand même). Pour y accéder de la gare ferroviaire ou depuis le terminal des bus, il faut prendre le bus n° 3 (plus ou moins fréquent) ou... marcher ! Réception ouverte de 7 h 30 à 12 h 30 et de 16 h à 22 h 30. Compter 15,5 US$ par personne en dortoir et de 33,5 à 39 US$ pour 2 en chambre double, taxes incluses. Draps et couvertures fournis (sauf pour les dortoirs). Une soixantaine de lits en dortoirs, chambres semi-privées ou indépendantes, dans une grande maison peu à peu rénovée. Préférer les chambres les plus récentes, vraiment nickel et très agréables. Parties communes confortables et conviviales : cuisine bien équipée (café et thé à disposition), salon TV, accès à Internet (payant), laverie. Une bonne adresse dans un quartier bien tranquille...

🛏 *International Ute Hostel (hors plan couleur général par A3, 15) :* 21 E Kelsey Ave (1160 S). ☎ 595-1645. Fax : 539-02-91. ● www.infoby tes.com/utehostel ● Dans un quartier très populaire au sud de la ville. Du centre et de Temple Square, prendre Main St et tourner sur la gauche avant d'arriver sur 13th South St. Possibilité de navette gratuite pour aller vous chercher à l'aéroport, à la gare ou au terminal *Greyhound* si vous téléphonez au moins 24 h avant. Compter 15 US$ par personne en dortoir, 35 US$ en chambre double. Un peu de bric et de broc, mais plutôt bien tenu. Dortoirs petits mais propres (hommes d'un côté avec 3 lits superposés, femmes de l'autre avec seulement 4 places), sinon 2 chambres avec ventilo sur pied pour les couples. Cuisine, thé et café à volonté le matin, salons avec TV câblée et jeux vidéo. Un bon plan apprécié des routards sac au dos, des étudiants de passage et des petits budgets.

Bon marché

🛏 *City Creek Inn (plan couleur général A2, 11) :* 230 WN Temple St. ☎ 533-9100 ou 1-866-533-4898. Fax : 533-9149. ● www.citycreekinn. com ● Selon la période, compter de 39 à 43 US$ pour un lit et de 49 à 53 US$ pour deux. Dans cette catégorie de prix, une bonne adresse à deux pas de Temple Square, le cœur de la ville. L'accueil est plaisant, les chambres sont très bien tenues et agréables, avec TV et AC. Grand parking intérieur (gratuit).

🛏 *Motel 6 (hors plan couleur général par A3, 16) :* 176 W 600 S. ☎ 531-1252 ou 1-800-466-8356. Fax : 359-2859. Pour une double, compter 46 à 52 US$ en été (selon le jour de la semaine). Plus d'une centaine de chambres classiques dans un motel rénové, sans charme. Petite piscine, AC et machines à laver. Basique mais propre et assez confortable, à prix très corrects.

Prix moyens

⌂ *Travelodge Temple Square (plan couleur général A2, 12)* : 144 WN Temple St. ☎ 533-8200. Fax : 596-0332. Compter 52 à 60 US$ pour 2 ou 4 personnes (un peu moins cher en hiver). Très central, à deux pas de Temple Square. Motel classique doté d'une quarantaine de chambres, très correctes. Simple et confortable. Accueil relax et petit dej' (*muffin* et jus d'orange) inclus.

⌂ *Carlton Hotel (plan couleur général B2, 13)* : 140 ES Temple St. ☎ 355-3418 ou 1-800-633-3500. Fax : 335-3428. ● www.carltonhotel-slc.com ● En saison, compter 79 US$ pour 2 (réductions étudiants), petit dej' inclus. Élégant petit hôtel en brique sur 2 étages, possédant un certain charme *british* et situé en plein centre. Chambres impeccables et douillettes, dotées d'épaisses moquettes fleuries (!), avec frigo, micro-ondes, TV et magnétoscope (choix de films) à un prix étonnamment raisonnable. Spa et sauna. En plus, l'accueil est charmant, le petit déjeuner (copieux) est compris, tout comme le parking et le *shuttle* pour l'aéroport. Une très bonne adresse dans cette catégorie, d'un excellent rapport qualité-prix.

De plus chic à très chic

⌂ *Best Western Garden Inn (hors plan couleur général par A3, 16)* : 154 W 600 S. ☎ 521-2930 ou 1-800-521-9997. Fax : 355-0733. En saison, le prix d'une chambre double varie de 80 à 100 US$, selon la fréquentation et le niveau de confort, petit dej' continental inclus. Dans un quartier rempli d'hôtels et de motels, cet ensemble de bâtiments en brique avec de jolies fenêtres et de faux volets, à la mode du Sud et de la Louisiane, forme un complexe assez coquet et agréable. Piscine et sauna. Confortable et très propre, à quelques blocs du centre.

⌂ *Peery Hotel (plan couleur général A3, 14)* : 110 W Broadway. ☎ 521-4300 ou 1-800-331-0073. Fax : 364-3295. ● www.peeryhotel.com ● Pour 2 personnes, compter de 80 à 130 US$ selon la période et le niveau de confort. Un vieil hôtel chic de 1910, remis au goût du jour.

Chambres impeccables et élégantes, à la déco un rien victorienne, avec des fenêtres à guillotine ouvrant sur le centre-ville. Grand hall luxueux au lustre chargé et fréquentation plutôt distinguée.

⌂ *The Inn (plan couleur général A2, 17)* : 71 WS Temple. ☎ 531-1000 ou 1-800-843-4668. Fax : 536-7272. ● www.theinn.com ● Doubles de 99 à 135 US$; jusqu'à 175 US$ pour les *deluxe suites* avec jacuzzi ! Superbe bâtiment tout en brique de 5 étages, avec vue imprenable sur Temple Square. Déco et atmosphère raffinées pour cet hôtel de luxe idéalement situé. Confort irréprochable, large buffet pour le petit déjeuner – inclus, accueil pro et attentionné. À noter, les chambres les moins chères sont déjà très agréables. L'adresse chic et élégante du centre-ville, prix en conséquence...

Bed & Breakfast

⌂ *Anton Boxrud B & B (hors plan couleur général par B2, 18)* : 57 S 600 E. ☎ 363-8035 ou 1-800-524-5511. Fax : 596-1316. ● www.antonboxrud.com ● L'adresse de *B & B* la plus proche de Downtown. Prendre S Temple St vers l'est et tourner à droite sur 600 E ; la maison est sur la gauche. De 69 US$ (salle de bains partagée) à 140 US$ la double. Dans un quartier résidentiel, une coquette maison en brique dont la véranda donne sur une pelouse arborée. Chambres au 1er étage, arrangées avec goût et dotées de tout le confort ; la *Queen suite* possède un jacuzzi... La maîtresse de maison, très attentionnée est francophile, en prime ! Petit déjeuner maison et copieux, collation offerte chaque soir aux hôtes et cuisine à disposition 24 h/24 pour que les gourmands y soignent leurs petits creux. En été, réservation impérative.

🏠 *Saltair B & B (hors plan couleur général par B2, 19) :* 164 S 900 E. ☎ 733-8184 ou 1-800-533-8184. ● www.saltlakebandb.com ● Chambres doubles de 85 à 120 US$. Dans un quartier résidentiel, calme et verdoyant, à 5 mn en voiture du centre-ville. Une jolie maison blanche classée, avec un porche à colonnades. Propriétaires vraiment charmants. L'intérieur est chic et impeccable, mais l'atmosphère reste familiale. Chambres tout confort et décorées sur une note victorienne. Petit déjeuner copieux et le soir, on laisse à votre disposition une foultitude de petites choses à grignoter. Jacuzzi. Une très bonne adresse.

Très chic et excentrique

🏠 *The Anniversary Inn (hors plan couleur général par B2 ou B3, 20) :* 678 ES Temple ou 460 S 1000 E. ☎ 363-4900 ou 1-800-324-4152. ● www.anniversaryinn.com ● Attention, il y a deux *Anniversary Inn*. Le premier est situé à l'angle de 7th East et de S Temple St, à côté du temple maçonnique. Pour le second, en venant du centre-ville, suivre la 400 S, puis prendre la bretelle de droite dans le grand virage après le *Village Inn*. Les prix oscillent entre 120 et 340 US$ la nuit, la moyenne se situant autour de 180-200 US$. Une incroyable folie architecturale signée Henry Monheim, construite à la demande des frères Kahn, deux immigrants qui firent fortune dans la région au XIXe siècle. Extérieurement, les deux maisons ne sont même pas très imposantes, mais l'intérieur mérite sans conteste le premier prix de l'excentricité. La maison d'origine (la Kahn Mansion), classée demeure historique, est une étonnante bâtisse victorienne qui abrite aujourd'hui 14 chambres de luxe décorées selon un thème particulier. Le second *Anniversary Inn*, plus grand mais construit sur le même principe, a vu le jour une vingtaine d'années plus tard, et dispose de 36 chambres plus ou moins fantasmagoriques ! Dans ces mini-décors de cinéma, le moindre recoin doit se plier au thème choisi. Dans la « Jackson Hole Suite », la « Log cabin », la « Lake Powell » ou la « Moutain Hideaway », le vieil Ouest et la vie des pionniers ont été recréés dans le moindre détail. On dort dans un authentique chariot ou sur un radeau en bois, on séjourne dans un véritable cabanon en rondins et on prend sa douche dans des rochers en carton-pâte comme dans un torrent de montagne. Si vous avez toujours rêvé de dormir sur le dos d'un éléphant en plastique, grandeur nature, réservez donc la « Sultan's Palace ». Évidemment l'animal un peu encombrant réduit considérablement l'espace de la pièce, mais bon ! Et si vous rêvez encore d'aventure, optez pour la « Jungle Safari », la « Family Robinson » ou la « Mysteries of Egypt »... Bref, tout un programme ! Naturellement, il y a tout le confort et c'est très cher. Avis aux curieux sans le sou : les chambres des deux maisons peuvent être visitées entre 13 h et 15 h... Mérite le coup d'œil !

Où dormir dans les environs ?

Camping

🏕 *Cherry Hills Campground :* 1325 S Main. ☎ 451-5379 ou 1-888-4-GO-CAMP. Fax : 451-2267.● www.cherry-hill.com ● À Kaysville, à 18 *miles* au nord de Salt Lake City par l'I-15. Prendre la sortie 331 vers Main St, puis 2,2 *miles* en direction du sud. Ouvert d'avril à fin octobre.

Un emplacement pour tente coûte autour de 26 US$ pour 2. Voilà donc un camping très confortable, à l'ombre des cerisiers, avec une grande piscine, un golf miniature et un parc aquatique (payants). Inutile de préciser que la clientèle est essentiellement familiale. Dommage que l'autoroute soit si proche.

Où manger ?

Bon marché

|●| *Tony Caputo's Market & Deli* (*hors plan couleur général par A3, 21*) : 308 W 300 S. ☎ 531-8669. Ouvert en semaine de 9 h à 19 h, jusqu'à 17 h le samedi, et de 11 h à 15 h le dimanche. Compter de 6 à 11 US$ pour un plat ou un sandwich. Quelle activité dans ces anciens locaux de *Firestone* ! Accolé à l'épicerie vendant des produits *made in Italy*, le comptoir voit défiler les commandes de sandwichs, salades et plats de pâtes (à consommer sur place ou à emporter). Ce *deli* à l'italienne est surtout apprécié pour la fraîcheur de ses ingrédients et son cadre ouvert, joyeusement fouillis.

|●| *Toasters* (*plan couleur général A3, 23*) : 155 W 200 S. ☎ 328-2928. Ouvert du lundi au vendredi de 7 h à 20 h et le samedi de 10 h à 18 h. Formule le midi à 5,5 US$. Petit café aux couleurs vives et à l'atmosphère conviviale, idéal pour s'offrir à toute heure un délicieux sandwich toasté. Copieusement garnis et élaborés à base de bons produits frais (*turkey avocado, roastbeef, prosciutto...*), ils sont servis avec des chips artisanales. Salades fraîches, formule pour le petit dej' et plusieurs variétés de cafés. À déguster sur place, ou à emporter.

|●| *Siegfried's Delicatessen* (*plan couleur général A3, 24*) : 20 W 200 S. ☎ 355-3891. Ouvert du lundi au vendredi de 9 h à 18 h, jusqu'à 17 h le samedi. Compter environ 10 US$ pour ressortir l'estomac pleinement satisfait. Allergiques à la cuisine allemande, passez votre chemin. Pour les autres, en revanche, cette petite épicerie-snack est l'occasion de dévorer une très bonne *Bratwurst*, du chou rouge cuit, de la salade chaude de pommes de terre, une part de tarte maison, le tout arrosé de diverses bières européennes. À déguster dans un cadre moderne, avec une large baie vitrée sur la rue.

|●| *Salt Lake Roasting Co.* (*plan couleur général B3, 36*) : 320 E 400 S. ☎ 363-7572. Ouvert du lundi au samedi de 7 h à minuit. Sympathique *coffee-house* fréquentée par les étudiants, les artistes et les employés du quartier. Au rez-de-chaussée, de grands sacs de café entourent une imposante machine à moudre ; à l'étage, les murs sont couverts de cartes du monde. Pour contenter votre envie de caféine, pas moins d'une quarantaine de variétés remplissent les rayons derrière le comptoir... Avec son *mug* de café bien corsé, on peut opter selon l'envie pour une part de tourte salée (plusieurs au choix) ou une délicieuse pâtisserie maison. Un régal.

|●| *Spice* (*plan couleur général A2, 32*) : 123 SW Temple. ☎ 322-4796. Ouvert du lundi au samedi de 11 h à 22 h, 23 h en fin de semaine. Un bar-resto à tendance méditerranéenne, qui propose toute une variété de plats végétariens, mais aussi quelques spécialités à base de viande. Optez au choix parmi les plats variés aux parfums ensoleillés : sandwichs chauds et *fajitas* aux légumes frais, *tzatziki*, *hommous*, copieuses salades... Vous pourrez aussi accompagner votre repas d'une bière locale ou d'un verre de vin... et profiter de la pause pour consulter vos mails (2 postes à 4 US$ l'heure de connexion). Le soir, petits concerts, lectures, etc. Sympa.

|●| *Chuck-A-Rama* (*hors plan couleur général par B3, 33*) : 744 E 400 S. ☎ 531-1123. Ouvert tous les jours jusqu'à 21 h (20 h le dimanche). Compter 7 US$ le midi et une dizaine de dollars par personne le

soir. C'est un self plutôt bien fichu, du genre *all you can eat*, l'endroit rêvé si l'on n'a pas mangé depuis une semaine. Plusieurs buffets débordant de victuailles : légumes frais et toute la variété d'assaisonnements, pâtes, viandes, pâtisseries, glaces... C'est plutôt bon si on aime les salades et les desserts bien sucrés. Les plats de résistance sont un peu moins tentants, mais le rapport qualité-prix reste excellent. Conséquence logique, c'est souvent bondé.

|●| *The Judge Café* (plan couleur général A3, *31*) : 8 E Broadway. ☎ 531-0917. Ouvert du lundi au vendredi de 7 h à 15 h. Compter environ 8 US$ pour un petit déjeuner complet (servi jusqu'à 11 h). Un café branché dans un lieu spacieux et moderne. La qualité du petit déjeuner compense le manque de chaleur ambiante. Jus d'orange frais à prix fort raisonnable, muesli et confiture maison, les plus gros appétits se régaleront d'omelettes ou de *pancakes.* Le tout est copieusement servi. Également des *lunchs* à prix intéressants.

Prix moyens

|●| *Red Iguana* (hors plan couleur général par A2, *34*) : 736 WN Temple St. ☎ 322-1489. Ouvert de 11 h (12 h le dimanche) à 21 h (22 h les vendredi et samedi). Pour un repas (dont on ressort repu), compter de 12 à 18 US$. Les couleurs vives agressent un peu l'œil quand on entre. On ne vient pas dans ce petit resto familial pour la déco, mais pour la savoureuse nourriture mexicaine qu'on y sert avec le sourire. Carnivores, mangeurs de poissons, végétariens, il y en a pour tout le monde sur la longue carte alléchante. Excellents plats traditionnels à la sauce *mole* (au cacao) notamment. Attention, sa situation un peu excentrée ne rebute manifestement pas le client qui s'y presse à toute heure : réservation conseillée.

|●| *Squatters Pub Brewery* (plan couleur général A3, *22*) : 147 W Broadway. ☎ 363-2739. Ouvert tous les jours de 11 h 30 à 1 h du matin. Brunch le week-end de 10 h 30 à 15 h. Compter 10 à 15 US$ pour un plat. Au long bar devant lequel les clients boivent et mangent, on est vraiment bien pour faire la connaissance des serveurs (ou serveuses) qui virevoltent, face aux cuisines. En terrasse, on sirote un verre à la fraîche, dans une atmosphère de barbecue entres amis. Ici, la cuisine est très correcte et l'ambiance est bonne, ce qui n'est pas toujours le cas partout. En plus, la bière faite maison ne mérite que des éloges. *Squatters,* on y court !

|●| *Red Rock Brewing Company* (plan couleur général A3, *35*) : 254 S 200 W. ☎ 521-7446. Ouvert tous les jours de 11 h à minuit (1 h les vendredi et samedi). Un pub-resto ouvert à tous et sans carte de membre, c'est assez rare pour le signaler ! Vaste salle lumineuse au cadre moderne, long comptoir, mobilier et lampes en métal, fréquentée assidûment par la jeunesse étudiante, les cols blancs à la sortie du bureau et les familles en goguette. Au menu, toute une variété de plats copieux et fraîchement cuisinés, viandes, fruits de mer, pâtes, salades, et bonnes pizzas au feu de bois. Les prix restent honnêtes et on peut arroser le tout en optant parmi la riche sélection de bières locales, de vins californiens et de cocktails en tout genre.

|●| *Cafe Pierpont* (plan couleur général A3, *26*) : 122 W Pierpont Ave. ☎ 364-1222. Ouvert du lundi au jeudi de 11 h 30 à 22 h (23 h les vendredi et samedi) ; le dimanche de 12 h 30 à 21 h (brunch jusqu'à 15 h). Compter 12 à 18 US$, pour un repas complet, formules « earlybird » à moins de 10 US$ de 16 h à 19 h. Comme son nom ne l'indique pas forcément, un vaste resto mexicain qui assure un cadre, une ambiance et une cuisine bien pimentés. Énorme salle colorée sur 2 niveaux et aérée par de grands ventilos. Toujours bondé. Généreuses spécialités mexicaines de qualité, servies efficacement par une équipe jeune. Petite carte de cocktails du cru (*mo-*

jito, margharita, etc.) pour accompagner le tout. Aux beaux jours, on peut déjeuner en terrasse sur le trottoir, à l'ombre des acacias.

Chic

|●| *The Garden Restaurant (plan couleur général A2, 30) :* 15 ES Temple St. ☎ 539-3170. Au 10ᵉ étage du Joseph Smith Memorial Building. Ouvert de 11 h à 15 h et de 17 h à 21 h (22 h les vendredi et samedi). Comptez 15 à 25 US$ par personne selon votre appétit. Sur le même palier que le *Roof Restaurant,* avec la même vue imprenable. Un cadre, comment dire ?... paradisiaque ! Décor très éthéré, colonnes néogrecques, mobilier et murs tout blancs, des plantes vertes partout et même un toit ouvrant ! En prime, service attentionné et musique douce en fond ; idéal pour une pause détente, seul ou en amoureux. À condition de ne pas être trop exigeant sur la qualité de la cuisine (honnête sans plus, mais à prix raisonnables) et de se passer de verre de vin... On est toujours chez les « Saints ». Pas d'alcool, ni thé, ni café, mais du lait, du chocolat, des jus de fruits.

|●| *The Lion House Pantry (plan couleur général A2, 27) :* 63 ES Temple St. ☎ 363-5466. Au sous-sol de la *Lion House,* qui abrite les anciens appartements de Brigham Young. Ouvert de 11 h à 20 h du lundi au samedi. C'est en fait une sorte de snack avec un menu fixe qui change tous les jours, comprenant une soupe, une salade *(salmon caesar, cashew chicken, crab stuffed avocado...),* un plat et le gâteau du jour. Cuisine simple et accueil gentil assuré par les sosies de la famille Ingalls (!), dans un cadre historique.

De chic à très chic

|●| *Market Street Grill (plan couleur général A3, 28) :* 48 W Market St. ☎ 322-4668. Dans cet immeuble New York de 1906, se trouvent de gauche à droite et vus de face : le *New Yorker Private Club,* un restaurant gastronomique fréquenté par l'élite de Salt Lake City, l'*Oyster Bar,* réservé aussi aux membres du club, et le *Market Street Grill,* ouvert à tout le monde. Ouvert de 6 h 30 à 22 h (23 h les vendredi et samedi). Formules petit dej' complet ou brunch autour de 8 US$; le midi, compter 12 à 20 US$ par personne sans la boisson, 25 à 35 US$ le soir. Un cadre de bistrot épuré, une valse de serveurs en tenue noir et blanc et une cuisine au diapason, des classiques *breakfast* avec des œufs Bénédict aux goûteuses spécialités de viande et surtout de poissons, importés chaque jour des quatre coins du pays. Pour la pause *tea-time,* le *cheese cake* et l'*apple tart* du jour ne sont pas en reste... Une adresse chic et traditionnelle, qui reste abordable pour tous.

|●| *Lamb's Grill Cafe (plan couleur général A2, 29) :* 169 S Main St. ☎ 364-7166. Ouvert du lundi au vendredi de 7 h à 21 h ; le samedi à partir de 8 h. Compter environ 12 US$ pour un repas le midi, 25 US$ le soir. *Lamb's* est l'un des plus vieux restaurant d'Utah. Fondé en 1919 par un immigrant grec, il occupe depuis 1939 le rez-de-chaussée du vieil Herald Building, un immeuble historique du centre. Rien n'a changé depuis cette date et on adore sa déco intérieure digne d'un film des années 1930. Malgré son nom (qui signifie « agneau »), il propose une cuisine américaine très variée, bonne et pas si chère. Mais il semble vivre sur sa réputation ces derniers temps, et on regrette vivement que le service ne soit pas toujours à la hauteur... Mieux vaut y venir pour le petit dej' ou le déjeuner.

|●| *Baci Trattoria (plan couleur général A3, 25) :* 134 W Pierpont Ave. ☎ 328-1500. Ouvert de 11 h 30 à 15 h et de 17 h à 22 h (23 h les vendredi et samedi). Fermé le diman-

che. On s'en tire facilement à midi pour 15 US$, entre 22 et 30 US$ le soir. Un bon plan, *happy hours* de 16 h (17 h les vendredi et samedi) à 18 h et après 21 h. Grande salle lumineuse à la déco et au mobilier très design, tout en bois clair, inox et Plexiglas. Large choix de spécialités italiennes, comme son nom l'indique, dont les prix ont plus de piquant que l'assiette ! Un bon point toutefois pour les portions copieuses, les viandes bien saisies et les bons plats de fruits de mer. Juste à côté, le club *Baci* est un *wine-bar* très sélect réservé aux seuls membres.

Où boire un verre ? Où sortir ?

Contrairement à ce qu'on imagine d'une ville où l'influence mormone est si forte, la vie nocturne à S.L.C. est plutôt agitée ! L'alcool coule à flots dans la plupart des clubs privés où, pour une poignée de dollars, vous pouvez être admis comme membre temporaire et inviter qui vous voulez ! Musique *live* ou simples boîtes de nuit, les lieux de perdition ne manquent pas, tous genres confondus. Mieux vaut se munir du journal (gratuit) *City Weekly* pour en savoir plus... Et si l'on désire juste acheter quelques bouteilles, il existe des « magasins d'État » où l'on peut se procurer vins et alcools forts (il n'y en a pas dans les supermarchés).

🍷 **Squatters Pub Brewery** (plan couleur général A3, 22) : 147 W Broadway. Ouvert tous les jours jusqu'à 1 h. La seule vraie brasserie de l'Ouest qui propose donc sa production artisanale. Grand choix de bières à la pression, locales ou européennes, avec des recettes aux noms étranges, genre *emigration amber ale*...

🍷 **Red Rock Brewing Company** (plan couleur général A3, 35) : 254 S 200 W. ☎ 521-7446. Adresse très populaire en ville pour trinquer autour d'une bonne bière. Le bar ne désemplit pas dès le début de la soirée, dans une ambiance très festive. Voir aussi plus haut, la rubrique « Où manger ? ».

🍷 🎵 **Dead Goat Saloon** (plan couleur général A2, 50) : 165 SW Temple St. ☎ 328-4628. Au sous-sol. Ouvert de 11 h 30 (18 h le week-end) à 1 h. Pour entrer, il faut une carte de membre à environ 5 US$, valable 2 semaines. Musique *live* avec orchestre de blues, de rock ou de pop, du mardi au samedi à 21 h 30. Le dimanche soir, ce sont les clients qui poussent la chansonnette (à condition de s'être inscrit un peu avant).

Un des endroits les plus populaires de la ville depuis près de 40 ans. Pour tous les âges et tous les styles avec une majorité d'étudiants.

🍷 🎵 **Club Axis** (hors plan couleur général par A2, 51) : 108 S 500 W. Ouvert du mercredi au samedi de 21 h à 2 h. Limite d'âge : 18 ans. Devenir membre coûte 50 US$, il ne reste donc plus qu'à espérer qu'une âme généreuse acceptera de vous parrainer ! Boîte très en vogue de Salt Lake, elle propose diverses soirées à thème : *Ladies' night, special guest* avec des DJs américains et internationaux de renom, soirée gays et lesbiennes, etc. Ça bouge et ça pulse sur les deux *dance floors,* au rythme de la techno et du R'n'B. La population, ne dépassant guère la trentaine, s'échauffe les sens dans une ambiance explosive !

🍷 🎵 **Shaggy's Livin' Room** (hors plan couleur général par A3, 52) : 155 W 200 S. ☎ 743-0751. Carte de membre : 20 US$. Pour tous les amateurs de funk, soul, reggae, R'n'B, c'est l'adresse idéale où siroter un bon cocktail exotique et se déhancher en bonne compagnie. Atmosphère cool et festive.

À voir

Juste un mot, avant de commencer, pour faire plaisir à tous nos lecteurs : Salt Lake City est, à notre connaissance, la seule ville américaine où les musées et sites à visiter sont, à de très rares exceptions près, gratuits. Le mormonisme, ça a du bon !...

À Temple Square

🎥🎥 **Temple Square** (plan couleur général A2, et zoom couleur A2) : au centre de la ville, sur 4 ha, c'est un vaste espace architectural, délimité par une enceinte entre N et S Temple St et W Temple et State St. Ce lieu saint des mormons comporte les deux monuments les plus importants, le saint des saints, c'est-à-dire le temple et le tabernacle. Il contient aussi l'imposant *Church Office Building*, qui abrite les bureaux administratifs, et le *Joseph Smith Memorial Building*.

– **Informations :** il y a deux centres d'accueil et d'informations à l'intérieur de l'enceinte. Le **North Visitor Center** (zoom couleur A2, 6) et le **South Visitor Center** (zoom couleur A2, 5). Ils sont ouverts tous les jours de 9 h à 21 h. Des visites guidées régulières, en anglais, français, espagnol, allemand, japonais... (33 langues en tout) partent du hall de réception de ces centres. Il y a toujours une adorable guide-hôtesse (*sister* Trucmuche) qui vient au devant des visiteurs. Ces « sœurs » sont des « missionnaires » venues du monde entier passer 18 mois à Salt Lake City à leurs frais. Elles ne manqueront pas de vous indiquer le point de rencontre (**Flagpole**, zoom couleur A2, 7) où débute chaque visite guidée, toutes les 15 mn environ, de 9 h à 20 h 15.

– **Visite :** en fait, même pour nos lecteurs agnostiques, libres-penseurs, chrétiens, juifs, musulmans, hindouistes, bouddhistes du Grand ou du Petit Véhicule, il faut effectuer la visite guidée et gratuite à l'intérieur de *Temple Square*. Vous n'y verrez pas grand-chose. De toute façon, il y a bien peu à voir, trois couloirs, deux bâtiments, mais au moins vous observerez la manière « subtile » d'agir des mormons. Tout commence par un petit laïus : « Et vous, d'où venez-vous ? De France ? Ah ! c'est chouette, il y a ici des gens de tous les pays... » Sœur Geneviève, sœur Amélia ou sœur Yu Ju expliquent en quelques minutes les articles de foi et le credo de la religion mormone. Puis, on prend la direction du *North Visitor Center,* et là, c'est un christ géant sous une voûte étoilée qui accueille les visiteurs. Notre « guide-sœur » débite à nouveau un petit sermon, avec la sincérité et la ferveur un peu naïves des convertis de fraîche date. Au terme de la balade et des bla-bla, on vous remet une petite carte pour savoir si vous êtes content... Naguère, on vous recommandait en rigolant de mettre le nom de votre pire ennemi sur cette carte. On ne le fait plus. Quelques mois après, vous pouviez être sûr qu'un missionnaire mormon frappait à sa porte. Les hôtesses (souvent de charmantes jeunes filles) et les missionnaires que nous avons rencontrés se sont toujours montrés d'une exquise courtoisie, jamais agressifs. À la différence des sectes prosélytes violentes (et bornées) qui pullulent en Amérique et dans le monde, les Saints des Derniers Jours cherchent à convaincre de façon ouvertement non violente, avec la seule force de leur foi et de leurs idées, et seulement si l'interlocuteur se montre réceptif. C'est à mettre à leur actif.

Les mormons peuvent parfois agacer par leur insistance et par leur naïveté extrêmes, mais jamais ils ne tentent de forcer l'intégrité de leur interlocuteur. Enfin, sachez qu'aux États-Unis on ne parle pas de secte à leur propos mais de minorité religieuse. Une minorité qui a bien grandi aujourd'hui...

🎥 **Salt Lake Temple** (zoom couleur A2, 70) : imposante construction en gros blocs de granit, ce temple mormon – très sacré – fut commencé en 1853 et demanda 40 ans de travaux. Son emplacement avait été choisi par le prophète Brigham Young, 4 jours seulement après l'installation des premiers pionniers sur les terres désertiques de Salt Lake City. Elle est couronnée d'une statue de l'ange Moroni qui apparut à Joseph Smith (voir l'histoire des mormons au début du chapitre sur Salt Lake City). L'accès est interdit aux non-mormons, et pour y entrer, un mormon doit détenir une recommandation de son évêque attestant de sa dignité. En été, plus de cent couples s'y marient chaque jour. Vous imaginez l'affluence !

🎥🎥 *Le Tabernacle (zoom couleur A2, 71) :* à l'époque de sa construction, entre 1863 et 1867, beaucoup de pionniers de Salt Lake City vivaient encore dans des cabanes en rondins de bois et se déplaçaient dans des chars à bœufs ! Mais la foi ne soulève-t-elle pas les montagnes ? On remarque aussitôt la forme oblongue de son dôme charpenté de bois et recouvert d'aluminium. C'est l'une des plus grandes portées de voûte du monde. Le dôme subit d'importants travaux de consolidations depuis janvier 2005, qui devraient prendre fin à l'automne 2006. Le tabernacle est fermé au public pendant toute cette période.
L'acoustique est d'une telle qualité qu'un simple froissement d'une feuille de papier depuis la tribune peut être entendu aisément jusqu'au fond de la salle. Les orgues sont en bois de pin et totalisent près de 11 600 tuyaux. C'est le deuxième plus grand ensemble du monde, commandé par Brigham Young à un fabricant d'orgues converti venu d'Australie. C'est ici qu'ont lieu les fameux concerts d'orgue et du chœur mormon (gratuits). Pendant la durée des travaux (jusqu'à fin 2006), les représentations ont lieu dans l'immense *Conference Center (zoom couleur A2, 83)*. Pour les détails, voir plus loin la rubrique « Manifestations ».

🎥 *Assembly Hall (zoom couleur A2, 72) :* un bel édifice de 1882, assez proche des églises traditionnelles, où se tiennent régulièrement des concerts d'artistes locaux et internationaux (à partir de 8 ans ; gratuit).

🎥 *Le monument de la Mouette (zoom couleur A2, 73) :* la mouette *(seagull)* est l'emblème de l'Utah. À l'origine, il y a une belle histoire, qui n'est pas sans rappeler celle des 7 plaies d'Égypte de la Bible. Peu de temps après l'installation des mormons sur les rives désertiques du Grand Lac Salé en 1847, des nuées sauvages de criquets s'attaquèrent aux champs fraîchement cultivés et se mirent à saccager les récoltes. Les Saints luttèrent en vain contre cette invasion avec les moyens du bord (prières, eau, feu, bâtons). Soudain, une colonie de mouettes apparut dans le ciel (il y en a des milliers sur la route d'Antelope Island !), les oiseaux se jetèrent sur les criquets et mirent un terme à cette folie dévastatrice. Sauvés de la disette, les mormons considèrent cette intervention in extremis comme un miracle, et depuis cette date, la mouette est devenue leur animal fétiche.

🎥🎥 *Museum of Church History and Art (zoom couleur A2, 81) :* 45 NW Temple St. ☎ 240-3310. Ouvert du lundi au vendredi de 9 h à 21 h ; les week-ends et jours fériés de 10 h à 19 h. Vaste bâtiment d'architecture contemporaine, qui abrite un musée moderne à la scénographie soignée, où l'épopée des mormons est racontée en détail et fort bien présentée, depuis la première révélation de l'ange Moroni au prophète Joseph Smith jusqu'à la fondation de Salt Lake City par Brigham Young, son disciple. Y sont rassemblés d'innombrables souvenirs du temps héroïque des pionniers, objets quotidiens, meubles, vêtements, livres, artisanat mormon et indien, etc. On peut ainsi voir des pages manuscrites du Livre de Mormon écrites par Joseph Smith, un plan imaginé par Smith en 1833 pour la construction de la cité idéale de Sion, et encore des souvenirs du temple de Nauvoo (Illinois), où les mormons établirent leur première ville utopique avant d'être chassés vers l'Ouest. La partie la plus mal connue concerne les persécutions et les dissensions du mouvement. Ici, on parle de « Martyrdom ». L'assassinat de Smith, l'évacuation de Nauvoo, l'exode et la grande traversée des plaines à bord des chariots tirés par des bœufs ou des chevaux (6 000 personnes sur 70 000 moururent en chemin), toute cette histoire contribue à nous les rendre plus sympathiques. Même pourchassés et en route vers une terre promise improbable, ils gardèrent leur sens de l'organisation et restèrent solidaires dans l'épreuve. C'est là leur force. Un chariot bâché porte un odomètre sur une de ses roues, instrument rudimentaire destiné à calculer les *miles* parcourus en un jour par la caravane. Une grande carte murale expose l'itinéraire suivi, la « piste des Mormons » *(Mormon Trail),* entre Nauvoo (Illinois) et Salt Lake City (Utah). Une grande maquette montre la ville en 1870, et on peut même voir la monnaie émise après leur arrivée ! Bref, on découvre que Brigham Young n'était pas qu'un chef religieux, mais aussi et surtout un organisateur de génie, un pionnier de l'Ouest et un colonisateur de terres vierges. Au 1er étage, salles d'expos temporaires et galerie de portraits de tous les présidents de l'Église. Au fil du temps, ils perdent leur barbe de missionnaire pour se métamorphoser en vrais *businessmen.* On peut aussi y voir une galerie d'art mormon ! Il doit falloir être converti pour apprécier les qualités artistiques des « œuvres »...

🏃 *Joseph Smith Memorial Building (zoom couleur A2, 74) :* à côté du temple, au 15 ES Temple St (prendre l'entrée sur S Temple). Ouvert du lundi au samedi de 8 h à 22 h ; visites guidées gratuites (de 9 h à 21 h). L'ancien hôtel *Utah,* inauguré au début du XXe siècle, renferme notamment une partie des bureaux de l'Église et le *Family Search Center.* L'intérieur est particulièrement luxueux. Dans le petit théâtre au rez-de-chaussée, on peut assister (sur réservation) à la projection du film *The Testament,* sur l'épopée des mormons. Jetez un coup d'œil, au 1er étage, à la chapelle aménagée dans l'ancienne salle de bal de l'hôtel, avec ses plafonds à caissons. Puis grimpez au 10e étage. Vue superbe sur la ville, le temple, les montagnes... Il y a deux restaurants à cet étage, le *Roof Restaurant,* très chic, et le *Garden Restaurant* (voir la rubrique « Où manger ? »).

🏃 *Family Search Center (zoom couleur A2, 74) :* Joseph Smith Memorial Building, 15 ES Temple St. ☎ 240-4085. ● www.familysearch.org ● Le sous-sol du Joseph Smith Memorial Building abrite le centre de recherche des familles, destiné à ceux qui font des investigations généalogiques. Ouvert du lundi au vendredi de 9 h à 21 h, jusqu'à 17 h le samedi (uniquement le rez-de-chaussée). N'importe qui peut y accéder et c'est gratuit. C'est par là qu'il faut commencer si vous êtes venu en quête de vos ancêtres. Une hôtesse vous accueille et vous escorte jusqu'à un ordinateur, tout en vous expliquant son fonctionnement. C'est facile. Vous entrez dans la machine le nom de la personne sur laquelle vous recherchez des renseignements (a priori votre aïeul le plus éloigné), sa date et son pays de naissance. Si vous ne trouvez rien, il vous faudra alors, avec l'aide d'une hôtesse, essayer de trouver des fichiers contenus dans l'ordinateur sur lesquels il pourrait y avoir des informations relatives à votre aïeul, parmi une multitude de catégories : outre les registres d'églises et de mairies (de tous pays et de toutes religions), il y a les renseignements d'ordre militaire (affectations, morts au combat, etc.), les demandes de naturalisation, de changement de nom, etc. Le plus important c'est de préparer vos renseignements avant votre voyage, de collecter les noms de vos ancêtres, leurs dates et leurs lieux de naissance, de mariage et de mort... À noter, les registres étant pour la plupart vieux d'au moins un siècle (c'est un préalable légal, même s'il n'est pas toujours respecté), vous aurez peu de chances de trouver des archives si vous n'avez pas d'informations sur vos arrière-grands-parents.

Après une première recherche au *Family Search Center,* les références de fichiers que vous aurez trouvées vous permettront de vous rendre à la Family History Library voisine, où sont stockées toutes les archives – ces fameuses « archives de l'Humanité » – regroupant sur microfilms plus de 2 millions de noms. Il s'agit obligatoirement de personnes décédées, la plupart rebaptisées post-mortem par l'Église mormone ou en attente de l'être.

🪶 *Family History Library (bibliothèque généalogique ; zoom couleur A2, 80)* : 35 NW Temple St. ☎ 240-2331. • www.familysearch.org • Ouvert du lundi au samedi de 8 h à 21 h (17 h le lundi). Ouvert à tous. Accès gratuit et en libre-service. Frais de photocopie et frais postaux à la charge du visiteur. C'est le plus grand centre de recherche généalogique au monde et c'est logiquement ici que vous viendrez après vos premières recherches au *Family Search Center*. C'est très simple. Références de documents à consulter en main, vous descendez au sous-sol 1 *(basement 1)*, où se trouve le département international. Pour les îles Britanniques, il faut aller au 2e sous-sol *(basement 2)*. Les 2e et 3e étages *(2nd et 3rd floors)* sont entièrement dévolus au Canada et aux États-Unis. Au comptoir d'accueil *(main floor)*, on pourra vous aider et vous expliquer comment consulter les microfiches (700 000) ou les microfilms (il y en a plus de 2,4 millions) qui vous intéressent. Il y a généralement quelqu'un qui parle le français. Théoriquement, les personnes dont les noms apparaissent ne sont pas rebaptisées, simplement indexées. On peut consulter librement ces microfilms et faire des photocopies des fiches d'état civil, à condition de le demander à l'accueil. On peut également affiner ses recherches en consultant les logiciels de recherche généalogique, à disposition sur certains postes (index d'état civil, registre de recensements, fichier d'ascendance). Si vous n'avez rien trouvé, il sera toujours temps de retourner au *Family Search Center* pour d'autres références de documents susceptibles de vous renseigner sur vos aïeux. Si vous ne disposez que de peu de temps, demandez les coordonnées des centres généalogiques mormons en France. Il existe pas moins de 3 400 centres répartis dans le monde, qui possèdent des copies de la plupart des fichiers. Bon courage !

🪶 *LDS Church Office and Administration Buildings (zoom couleur A-B2, 75 et 76)* : ces grandes tours modernes abritent le moteur, le cerveau et le cœur du pouvoir mormon. Elles sont à l'image de leur puissance financière. Seul le LDS Church Office Building est ouvert au public, de manière à permettre d'accéder à la plate-forme d'observation du 26e étage (sur réservation uniquement : ☎ 240-2190).

🪶🪶 *The Beehive House (zoom couleur B2, 78)* : 67 ES Temple St. ☎ 240-2681. Ouvert tous les jours de 9 h 30 à 20 h 30. Visite guidée (gratuite et obligatoire) toutes les 10 mn.
L'ancienne résidence officielle de Brigham Young lorsqu'il était président de la *LDS Church* et gouverneur de l'Utah. Construite en 1854 et entièrement restaurée dans le style colonial Nouvelle-Angleterre, la demeure, qui possède 35 pièces, était à l'origine entourée d'un mur d'enceinte. Elle porte ce nom car la ruche est l'emblème des mormons (travail, organisation, vie active en communauté). Young y vécut avec sa seconde épouse Mary Ann Angel et plus tard avec Lucy Decker. La visite guidée est amusante, histoire de voir les innombrables chambres de ses innombrables enfants. Vous remarquerez comme les quartiers des filles étaient confortables et ceux des garçons nettement plus frustes. Ils n'avaient ni poêle ni cheminée car Brigham Young ne voulait pas qu'ils perdent du temps à paresser au lit ! Les femmes y menaient toutefois une existence laborieuse. Elles se levaient à 4 h 30 du matin, se couchaient à 23 h 30, passant leur journée à faire la cuisine pour nourrir la progéniture du prophète (!).

🪶 *The Lion House (zoom couleur B2, 77)* : 63 ES Temple St. ☎ 363-5466. Voilà la demeure où vécut le dernier harem yankee officiel d'Amérique. Construite en 1855 pour héberger les nombreuses épouses et les enfants de Brigham Young, la « résidence du Lion » est un drôle de bâtiment, de style Gothic Revival, relié par un couloir à la Ruche (Beehive House). De l'extérieur, elle fait songer plus simplement à ces nombreuses demeures coloniales de Nouvelle-Angleterre. Le « prophète » Brigham Young ayant eu 27 épouses (dont 16 ont réellement vécu avec lui) et 53 enfants, il lui fallait beaucoup de place pour héberger son immense famille. D'où l'idée de bâtir cette demeure de 2 étages et demi, avec 20 fenêtres sous pignon. Au 1ᵉʳ et principal étage se trouvait une série de 12 appartements occupés exclusivement par les femmes dont il avait des enfants. Outre les chambres, il y avait un grand salon central utilisé pour les délibérations, les prières et les réceptions. Les favorites de Young, et les plus âgées, y recevaient leurs amies. Les épouses de moindre importance recevaient les leurs dans des parloirs individuels. Le deuxième et dernier étage était réservé aux épouses sans enfant. Pour nourrir tout ce petit monde, la salle à manger pouvait recevoir 70 personnes. À l'époque, on trouvait aussi au rez-de-chaussée une crémerie, un atelier de tissage, un bureau, le logement des cochers et une classe d'école provisoire. « Pour les non-mormons, la résidence du Lion était devenue synonyme de harem oriental, écrit Irving Wallace, mais il émanait de cette maison une atmosphère de maternité généreuse plutôt que de concubinage désordonné. »

C'est dans la résidence du Lion que Brigham Young est mort le 29 août 1877. Il est enterré, non loin, au cimetière des pionniers, 140 E First Ave. Le public n'est pas autorisé à visiter l'intérieur de la maison, mais il peut profiter du rez-de-chaussée où se trouve le restaurant *Lion House Pantry* (voir notre rubrique « Où manger ? »).

🏃 *Eagle Gate (zoom couleur B2, 79)* : enjambe State St, à l'angle de S Temple. Érigée en 1859, au tout début de la fondation de la ville, cette grande arche surmontée d'un aigle marquait l'entrée de la propriété du prophète Brigham Young. L'aigle en bois des origines a été remplacé en 1963 par l'actuel aigle en bronze (l'original est exposé au *Pioneer Memorial Museum*). Chaque personne qui franchissait cette arche pour rejoindre le canyon de City Creek, au nord de la ville, devait payer une taxe à Young pour avoir le droit de traverser sa propriété.

Un peu plus loin

🏃 *La cathédrale de la Madeleine (plan couleur général B2, 60)* : 331 ES Temple St. Ouvert de 7 h 30 à 21 h 30 (19 h 30 le week-end). Monument de style gothique qui vaut surtout le coup d'œil pour ses jolis vitraux, peu courants sur ce continent. Visites, expo de tableaux contemporains, concerts.

🏃🏃 *Pioneer Memorial Museum (plan couleur général A1, 61)* : 300 N Main St. ☎ 538-1050. Ouvert du lundi au samedi de 9 h à 17 h ; en été, également le dimanche de 13 h à 17 h. Gratuit.

Un vrai musée de pionniers et l'une des plus incroyables collections d'objets qu'on connaisse. Des milliers d'ustensiles et de petits riens, de meubles et de machines ayant appartenu aux pionniers mormons, récoltés et conservés méthodiquement dès 1901 par les *Daughters of Utah Pioneers* (les « Filles des pionniers de l'Utah »). On y trouve de tout, présenté sur plusieurs niveaux, comme dans une immense brocante. Des peintures et photos de patriarche à longue barbe blanche, des fusils, des vêtements, des carrioles, des chaises en veux-tu, en voilà, des petites cuillères, des bibelots, des instruments de musique, des dessus-de-lit en patchwork, des poupées ; tous ces objets forment un formidable inventaire à la Prévert.

– Au *rez-de-chaussée,* les gants de bébé de Brigham Young, les chaussons de Brigham Young, le peigne et aussi le couteau suisse du président Brigham Young. Il y a là un arrière-goût de culte de la personnalité, non ? ! Dans la *salle des manuscrits,* des vieux plans de Salt Lake City à l'époque de sa fondation, et une collection de *Books of Mormon* dont les éditions en japonais, en samoan, en français, et la première édition américaine (donc un exemplaire historique) de ce livre sacré des mormons.

– *Aux 1er et 2e étages :* tableaux et vieilles photos, poupées, patchwork, bibelots, porcelaine, montres et pendules, etc. Bon, on peut y jeter un œil en passant...

– *Au sous-sol :* toute une collection d'armes (fusils, pistolets, canne-épée) et immanquable, l'aigle géant qui se trouvait à l'origine en haut de l'arche d'Eagle Gate, dans le centre-ville. Il repose aujourd'hui sur une ruche de bois entourée... de machines à coudre !

– Ne pas manquer à l'arrière du musée, dans la **Carriage House** (accès par le sous-sol), plusieurs salles présentant d'authentiques chariots de pionniers et divers moyens de locomotion, carrioles, vélos, landeaux... et même un *street car*, l'ancêtre du tramway. Admirer le *Council wagon* de Brigham Young (toujours lui !) et la réplique du *pioneer wagon*, conçu à Saint-Louis et destiné aux Saints pour la traversée des Grandes Plaines. Ne pas manquer le *Roosevelt*, superbe lance à eau à vapeur de l'*American Fire Engine Company*, datant de 1902 et superbement restaurée.

🔫 **Utah State Capitol** *(plan couleur général A-B1) :* au nord de Temple Square. Au sommet de cette colline justement nommée Capitol Hill, ce grand bâtiment construit en 1915, avec du granit de la région, abrite le gouvernement de l'Utah.

🔫 **The Gateway** *(hors plan couleur général par A2) :* dans l'ancien *Union Pacific Train Depot* sur la 400 W. Magasins ouverts du lundi au samedi de 10 h à 21 h et le dimanche de 12 h à 18 h. Ce vaste centre commercial en plein air, datant des J.O. 2002, semble avoir fait glisser l'activité commerciale et sociale de la ville vers l'ouest. La ruche, elle est ici le week-end ! Il faut dire qu'on y trouve plus de 90 restos et boutiques, un night-club, un planétarium, un aquarium, etc.

🔫 **Historic Trolley Square** *(hors plan couleur général par B3) :* 600 S 700 E. Ouvert du lundi au samedi de 10 h à 21 h ; le dimanche, de 12 h à 17 h. Centre commercial aménagé dans un ancien dépôt de trolleys. Un autre modèle de reconversion réussie. Animations, boutiques (plutôt chic), restaurants et bars ouverts après 21 h. Toutefois cet ensemble est peu à peu déserté, supplanté par *The Gateway*. À l'extérieur, petit snack sympa installé dans un ancien wagon.

🔫 **Utah Museum of Fine Arts** *(hors plan couleur général par B3) :* 410 Campus Center Drive. ☎ 581-7332. Au cœur de l'université. Ouvert du mardi au dimanche de 10 h (11 h le week-end) à 17 h (20 h le mercredi). Entrée : 4 US$ (réductions). Pour les fans de musées d'art qui ont une heure à perdre, ce musée vaut le déplacement. Dans un cadre agréable, il abrite des collections d'art du monde entier, plus de 17 000 pièces d'art amérindien, africain, égyptien, océanien, etc., très bien présentées. La section asiatique est l'une des plus intéressantes, mais on trouve aussi des collections d'art médiéval européen, mobilier, peintures, tapisseries flamandes d'après des cartons de l'atelier de Rubens, peintures de l'école américaine, etc. Éclairages sophistiqués, fiches techniques par salle. Bien fait.

🔫 **Utah Museum of Natural History** *(hors plan couleur général par B3) :* sur le campus de l'université, au niveau de 220 S et 1350 E. ☎ 581-4303. Ouvert du lundi au samedi de 9 h 30 à 17 h ; le dimanche de 12 h à 17 h. Entrée : 6 US$ (réductions). Vaste musée à la scénographie soignée, consacré à l'environnement, la géologie et la paléontologie en Utah ! Le *Dinosaur Discovery Hall* vaut le coup d'œil, avec d'impressionnants squelettes, nombreux silex et vestiges découverts en Utah, tout comme l'expo sur les *Native Americans*.

Fêtes et manifestations

– Le journal hebdomadaire gratuit *Salt Lake City Weekly,* distribué un peu partout en ville, fournit toutes les infos culturelles : expos, concerts, événements sportifs, festivals...

– *Mormon Tabernacle Choir et Organ Recitals :* concerts d'orgue et de la chorale ; un must local. Traditionnellement au Salt Lake Tabernacle (voir la rubrique « À voir ») mais transférés pendant les travaux de rénovation au *Conference Center (zoom couleur A2, 83),* qui peut accueillir 6 500 personnes. Récitals d'orgue tous les jours du lundi au samedi, de 12 h à 12 h 30, le dimanche à 14 h. Chaque jeudi soir, répétition des 360 membres de la chorale de 20 h à 21 h 30, et c'est gratuit aussi. Toujours au *Conference Center,* le dimanche matin, vous pouvez assister à l'enregistrement hebdomadaire de la chorale (de 9 h 30 à 10 h) pour la télé et les radios locales. Arriver impérativement avant 9 h 15.

– *Pioneer Day :* le 24 juillet. Célébré dans tout l'État. Commémoration de la fondation de la ville par les pionniers mormons le 24 juillet 1847. On assiste à une grande parade à l'américaine (chars, majorettes...) et à de splendides rodéos (en salle). La ville est parée de milliers de drapeaux et on peut assister à de nombreux spectacles et animations les jours précédents et suivants le jour J. Infos au : ☎ 274-8545.

– *Festivals :* très nombreux événements culturels et artistiques, pendant tout l'été, notamment le *Living Traditions Festival,* autour du 20 mai, sur Washington square, le *Utah Arts Festival,* autour du 23 juin, sur Library square, et le *Salt Lake City Jazz Festival,* début juillet, le *Gallivan Folk & Bluegrass Festival,* à la mi-août, ou encore les *Blues & Brews* et *Rock'N'ribs festivals* en septembre (ouf !). Beaucoup de spectacles gratuits dans la journée, expos, artisanat. Bonne ambiance et tarifs très honnêtes pour les concerts, généralement bons (jazz, folk, blues...). Toutes les dates et infos dans le *Salt Lake Visitors Guide,* disponible à l'office du tourisme et dans certains hôtels.

– Beaucoup de *concerts* gratuits ont lieu en juin, juillet et août, notamment les mardi et vendredi soirs au *Brigham Young Historic Park (zoom couleur B2, 82),* ainsi qu'au *Temple Square Hall* et le mercredi soir au Gallivan Center (sur la 200 S, entre State et Main St). Programme hétéroclite, musique classique, pop-rock, répertoire populaire et musiques de films !

➤ *DANS LES ENVIRONS DE SALT LAKE CITY*

🎬 *This Is The Place Heritage Park :* 2601 E Sunnyside Ave. ☎ 584-1847.
● www.thisistheplace.org ● Prendre la 800 S vers l'est et la remonter complètement, puis poursuivre sur Sunnyside Ave. Deseret Village est alors sur votre gauche (face au Hogle Zoo). Entrée payante, avec visite guidée et animations, uniquement de juin à début septembre, du lundi au samedi de 10 h à 17 h. Entrée : 6 à 8 US$ (selon l'événement) ; réductions enfants et seniors. Le reste de l'année, accès libre et gratuit au site, mais pas grand-chose à voir...

Un grand musée en plein air constitué de nombreuses maisons en bois de l'époque des pionniers, reconstruites à l'identique, avec la mairie, l'école, la banque, la caserne des pompiers, le drugstore, etc., habités et animés en été par des personnes costumées. Voir notamment le *Social Hall,* la *Heber School,* l'imprimerie du *Deseret News,* le magasin de la coopérative (aujourd'hui boutique de souvenirs), ainsi que les étables et la ferme expérimentale où le prophète Brigham Young parvint pour la première fois à cultiver des betteraves à sucre et des vers à soie (3 blocs à l'ouest). Visite intéressante car le Deseret Village démontre le sens de l'organisation, l'esprit pratique (et terrien) et débrouillard des premiers pionniers de l'Utah. Comprises dans le ticket d'entrée, des promenades en carriole tirée par des bœufs et la visite guidée en costumes. Pendant tout l'été, nombreuses activités (jeux et animations) pour les enfants. Également diverses festivités pendant le *Pioneer Festival* et les fêtes nationales, notamment à l'occasion d'Halloween, avec promenades contées la nuit (pour les adultes et les enfants) et spectacle retraçant la légende de *Sleepy Hollow* (brrr !)...

À l'entrée du parc, un grand monument en granit gris évoque l'arrivée des premiers pionniers dans cette région sauvage et désertique, le 24 juillet 1847. Il se dresse à l'emplacement supposé où le prophète Brigham Young, à la tête de sa caravane, aurait prononcé la fameuse phrase « *This is the place.* » Bien plus qu'un monument dédié à la seule gloire des mormons, il rend avant tout hommage aux trappeurs, aux explorateurs connus ou inconnus (comme Fremont, Jededia Smith et Jim Bridger), aux pères catholiques espagnols et aux immigrants en route pour la Californie, bref à tous ceux qui « ont contribué à la fondation d'un empire au sommet des montagnes ». Le monument rend également hommage au chef indien Washakie (1804-1900), chef des Eastern Shoshones, que l'on compara parfois au « Washington indien ».

🦬🦬 **Le Grand Lac Salé** *(hors plan couleur général par A2)* : à 17 *miles* de la ville. Au niveau actuel, qui varie sans cesse, il mesure 120 km de long sur 56 km de large – et n'est profond, en moyenne, que de 4 m (11 m au maximum). Depuis environ 150 ans, son niveau a varié de près de 6 m, repoussant à certains endroits le rivage de plus de 20 m. Great Salt Lake est en fait le vestige d'un immense lac (lake Bonneville) apparu lors de la dernière ère glaciaire et qui s'étendait autrefois jusqu'aux confins du Nevada. Le lac n'ayant aucun débouché sur l'océan, les minéraux et les éléments salins apportés par les cours d'eau des montagnes environnantes stagnent dans les eaux du lac. La teneur en sel de l'eau est en moyenne 6 fois supérieure à celle de la mer (pouvant parfois atteindre 27 % !). D'où son nom de Grand Lac Salé. Aujourd'hui, six compagnies spécialisées extraient du lac et de ses rives près de 1,6 million de tonnes de sel chaque année. L'eau pompée est mise dans d'énormes bassins où le sel se dépose par évaporation.

Aucun poisson ne peut vivre dans ces conditions. Toutefois, le lac est un formidable sanctuaire naturel qui abrite 250 espèces d'oiseaux *(bald eagles, great blue herons, white faced ibises...)* 64 types de mammifères, dont des renards et des rats musqués, 8 sortes de serpents, et plusieurs variétés de lézards et d'amphibiens. La réserve naturelle de *Bear River Bird Refuge,* au fond de la baie de Bear River, au nord d'Ogden, constitue une étape importante pour les oiseaux migrateurs. Sur l'île Gunnison, dans la partie ouest du lac, des milliers de pélicans font leur nid chaque printemps. Près de 80 000 mouettes de Californie vivent sur les rives du lac, où elles se nourrissent des nombreuses petites crevettes appelées *brine shrimps*. On peut en voir des colonies le long de la digue routière qui relie le continent à l'île d'Antelope. C'est d'ailleurs depuis les rivages de cette île que l'on peut découvrir le mieux le Grand Lac Salé (voir plus loin le chapitre « Antelope Island »).

🦬 **Bonneville Speedway** : sur l'I-80, à 112 *miles* à l'ouest de Salt Lake City, avant la ville de Wendover et la limite entre l'Utah et le Nevada. Les visiteurs peuvent s'y arrêter et visiter l'expo consacrée aux records du monde de vitesse sur terre. Quand on parle du Grand Lac Salé, on songe aussitôt à ce désert qui l'entoure, où se trouve la Bonneville Speedway, une immense piste de 9 *miles* de long sur 24 m de large.

Là, sur une étendue salée, plate à l'infini, s'exercent toutes sortes de bolides, dragsters monstrueux ou automobiles transformées en fusées, capables d'atteindre des vitesses astronomiques. Le premier record du monde pour un véhicule à 4 roues fut établi en 1935 par Sir Malcom Campbell, qui atteignit la vitesse de 484,518 km/h à bord de son prototype *Napier-Campbell*. Mais, depuis, de nombreux autres bolides, encore plus rapides, ont dépassé cette vitesse, atteignant 500, 600, 700, 1 000 km/h en 1970 (*The Blue Flame* de Gary Gabelich) ! Puisqu'on parle de *crazy Americans...* voici la meilleure info : pour la première fois dans l'histoire, le *mur du son au sol* a été franchi (sans être homologué), en octobre 1997, par Andy Green (pilote de la Royal Air Force) dans le désert de Black Rock (Nevada). Il détient donc à ce jour le record mondial de vitesse au sol : soit 1 232 km/h !

– Il faut y venir la 3ᵉ semaine d'août pour assister aux *Bonneville National Speed Trials*. Infos et détails au *Welcome Center* de Wendover ou à Salt Lake City (Bureau of Land Management : ☎ 977-4300).

🍴 *Bingham Canyon Mine :* environ 25 *miles* au sud-ouest de Salt Lake City. De l'I-15 South, prendre les sorties 7 200 S ou 9 000 S vers l'ouest ; puis suivre la route jusqu'à Bingham Hwy (que l'on croise juste après les rails de chemin de fer) et suivre les panneaux. Ouvert de début avril à fin octobre, de 8 h au crépuscule, et selon la météo. Entrée : 4 US$ par voiture.

La plus ancienne et la plus grande mine de cuivre à ciel ouvert des États-Unis, datant de 1906. *« Richest hole on earth »,* comme elle a été baptisée dans la région. Du *Visitor Center,* à l'intérieur de la mine, on peut voir une petite expo et observer les opérations, qu'un haut-parleur commente. Les chiffres font état de plus de 15 millions de tonnes de cuivre extraites et de grosses quantités d'or, d'argent et de molybdène, un métal peu commun. Le cratère ainsi créé par 90 ans d'exploitation est profond de plus de 800 m et large de 4,5 km !

🍴 *Factory Stores @ Park City :* à 20 mn de Salt Lake City. Prendre l'I-80 E puis la quitter à la sortie 145 ; tourner à droite après le McDo puis c'est indiqué. Ouvert du lundi au samedi de 10 h à 21 h ; le dimanche de 11 h à 18 h. Décidément ! On ne cesse de tenter vos âmes de consommateurs. Mais on s'en voudrait de vous priver d'une telle adresse. Une grande *Factory Outlet* où sont représentés *Levi's, Nike, Reebok, Gap, Calvin Klein, Ralph Lauren* et plein d'autres. En plus, la route serpentant paisiblement entre les montagnes pour s'y rendre ne manque pas de charme.

🍴🍴 *Golden Spike National Historic Site :* à Promontory Summit, à environ 80 *miles* au nord-ouest de Salt Lake City. Prendre l'I-15 N jusqu'à la sortie 368, en direction de Corrine, puis continuer 30 *miles* sur l'agréable route 83. Site bien indiqué ensuite. Accès payant à 7 US$ par voiture en saison et 5 US$ le reste de l'année (*National Parks Pass* accepté).

🛈 *Visitor Center :* ☎ (435) 471-2209. ● www.nps.gov/gosp ● Ouvert tous les jours de 9 h à 17 h, de mai à septembre ; fermé les lundi et mardi hors saison. Petite expo et film explicatif sur l'histoire du site et des 2 compagnies de chemin de fer. Vous y trouverez la carte des balades à faire et le guide du lieu. Si le centre est fermé, plans et infos à disposition dans une boîte à l'entrée.

C'est ici, à Promontory Summit, que les compagnies de chemins de fer de *l'Union Pacific* et *Central Pacific Railroad* ont relié leurs voies le 10 mai 1869. Golden Spike signifie « clou en or », car le dernier clou symbolique qui marquait la jonction entre ces deux lignes de chemin de fer était composé de ce précieux métal... Il fut cédé en 1892 au musée d'Art de l'université de Stanford, en Californie, où il est toujours exposé.

La jonction de ces deux lignes marque un tournant historique, car après un travail de titan commencé en 1863, s'étendant sur une surface d'environ 1 800 *miles* de terres hostiles (désert, rivières et montagnes), l'Est et l'Ouest des États-Unis étaient enfin reliés. Un lien concret qui joint non seulement les deux océans, mais consolide également l'union politique du pays, en permettant le développement économique, démographique et agricole de toute une région de l'Ouest jusqu'ici isolée. Un grand événement donc... considéré d'un mauvais œil par les tribus indiennes peuplant ces terres et qui se battirent pour empêcher la réalisation de ce projet qui menaçait, entre autres, leur principale ressource : le bison. D'énormes troupeaux de *buffaloes* gambadaient naguère dans ces immenses plaines cernées par les montagnes, mais la voie ferrée et surtout l'avidité du « visage pâle » a eu raison d'eux... Et aujourd'hui, ce sont les troupeaux de bovins des grands fermiers de la région qui paissent sur les anciens pâturages des bisons.

En haute saison uniquement, démonstrations quotidiennes de locomotives à vapeur. Les samedi et jours fériés, on rejoue la scène des deux locomotives qui se rejoignent.

Promenade à pied facile sur le *Big Fill Loop Trail,* (1,5 *mile* ; compter 1 h 30 pour toute la boucle), en suivant le tracé original des voies des deux compagnies ferroviaires. Promenade en voiture également possible sur le site, en suivant le *Promontory Auto Tour,* une boucle de 16 *miles* qui domine le plateau (également accessible aux VTT et aux chevaux). À noter : il n'y a aucune station-service ou boutique à moins de 26 *miles* : soyez prévoyant.

QUITTER SALT LAKE CITY

En train

🚆 **Gare Amtrak** *(hors plan couleur général par A3) :* Amtrak Station Downtown. Infos et horaires : ☎ 1-800-872-7245. La ligne quotidienne « California Zephyr » qui relie Salt Lake City à Denver est un célèbre *scenic rail trip,* qui traverse de superbes paysages. Liaisons également vers Chicago, Reno et San Francisco.

➤ **Pour Las Vegas :** 3 trains par semaine.
➤ **Pour Los Angeles :** 3 trains par semaine.

En bus

🚌 **Greyhound Bus Depot** *(plan couleur général A2) :* 160 WS Temple St. ☎ 355-9579.

➤ **Pour Cheyenne :** 1 bus par jour tôt le matin, avec 1 transfert. Trajet : 8 h 50.
➤ **Pour Reno :** 2 bus directs par jour, dont 1 de nuit. Trajet : 9 h 20 à 10 h.
➤ **Pour Denver :** 3 bus par jour, départs le matin. Trajet : 10 à 12 h.
➤ **Pour Las Vegas :** 3 bus par jour (un le matin, un en fin d'après-midi et un le soir). Durée : 7 h 50 à 11 h 30 (avec 1 transfert).
➤ Bus quotidiens également vers la Californie, 1 le matin pour **Los Angeles** et 1 en fin de journée pour **San Diego**.
➤ Système de *shuttles* réguliers pour **Moab** (Utah), uniquement depuis l'aéroport. Compter 4 h 30 de trajet. Également de nombreuses liaisons vers les **stations de ski** et *resorts* en Utah.

Plusieurs compagnies se partagent le réseau, notamment *Park city Transportation* : ☎ 1-800-637-3803 ; *City Express & Ride* : ☎ 1-866-385-2489 ; ou *All Resort Express*, le plus luxueux : ☎ 1-800-457-9457. Il faut obligatoirement téléphoner auparavant pour réserver. Profitez-en pour faire confirmer les horaires et les tarifs (autour de 55 US$ l'aller simple en saison).

Principales distances

– **Arches National Park :** 232 *miles* (371 km).
– **Bryce Canyon :** 260 *miles* (416 km).
– **Canyonlands** *(The Needles) :* 304 *miles* (486 km).
– **Capitol Reef :** 218 *miles* (348 km).

– **Grand Canyon :** 520 *miles* (831 km) pour la rive sud (S Rim), 380 *miles* (609 km) pour la rive nord (N Rim).
– **Grand Teton National Park :** 300 *miles* (478 km) via Evanston.
– **Mesa Verde :** 360 *miles* (576 km).
– **Yellowstone National Park :** 354 *miles* (566 km) pour West Yellowstone.
– **Zion National Park :** 300 *miles* (480 km).

ANTELOPE ISLAND

Des 12 îles que compte le Grand Lac Salé, Antelope Island est la plus grande : 24 km de long sur 6 km de large. Elle fut découverte en 1845 par les deux pionniers John Fremont et Kit Carson qui la baptisèrent ainsi après y avoir vu gambader plusieurs antilopes (des *pronghorns*).

À vrai dire, ce n'est plus vraiment une île, car une longue digue-chaussée de 7 *miles* la relie aujourd'hui au continent. L'île est constituée par une chaîne de petites collines couvertes d'herbe rase et abrite une réserve naturelle à l'extrémité sud. De tous les rivages du Grand Lac Salé, plats et peu accessibles, ce site naturel constitue le meilleur endroit qui soit pour découvrir la faune et la beauté étrange de cet étonnant plan d'eau. Les rives du lac – sur ses bas-côtés – sont à certains moments envahies de milliers de mouettes de Californie *(Californian seagulls),* qui se nourrissent des petites crevettes du lac *(brine shrimps),* seul spécimen aquatique (avec les algues) adapté à ces eaux très salines, et qui fournissent une nourriture abondante aux oiseaux migrateurs. Un spectacle assez étonnant.

Comment y aller ?

➤ **De Salt Lake City :** Antelope Island est située à 35 *miles* au nord de Salt Lake City. Prendre l'I-15 vers le nord et Ogden, puis la sortie 335 en direction de Syracuse et d'Antelope Island (à gauche, c'est bien indiqué). On suit la route UT-108 sur 6,5 *miles* (traversée de la ville de Syracuse) jusqu'au pont menant à Antelope Island. En fait : de pont, il s'agit plus d'une digue-chaussée (traversée payante, 8 US$ par véhicule), ouverte tous les jours de 7 h à 22 h (en hiver de l'aube au crépuscule). On peut sortir comme on veut mais impossible d'y entrer passé ces heures.

Adresse et info utiles

🚹 **Davis County Visitor Center :** ☎ 725-9263. ● www.stateparks.utah. gov ● Vaste centre d'information construit au sommet d'une butte d'herbe rase, peu après la digue en allant vers la plage de Bridger Bay. Ouvert de 9 h à 18 h de Pâques à septembre (17 h le reste de l'année). Infos détaillées sur la faune et la flore, petite expo et vidéo (sur demande) résumant l'histoire de l'île, brochures sur le Grand Lac Salé et sur Antelope Island ainsi que sur les sentiers de randonnée, renseignements sur les campings et les activités, etc.

Quelques conseils

– Il n'y a pas d'arbres, et le soleil est particulièrement ardent en été, donc prévoir absolument un chapeau ou une casquette, des lunettes de soleil et un parasol (pour la plage). Toujours dans le registre de la météo, sachez qu'il y souffle parfois un vent à décorner les bisons !

– Pour le ravitaillement, les campeurs devront se rendre au supermarché (« Smith's ») ou dans les épiceries de Syracuse pour faire le plein de victuailles.

– Les seuls points d'eau potable de l'île sont situés au *Visitor Center* et sur la plage de Bridger Bay. En été, il est impératif de prévoir en moyenne 4 l d'eau par jour et par personne. À bon entendeur...

– Prévoir aussi suffisamment d'essence, car il n'y a pas de station sur l'île.

– Le seul téléphone publique correct est celui du *Visitor Center*.

Où camper ? Où manger ?

Ⓧ *Camping de Bridger Bay :* au sud de la plage, accessible par un chemin de terre. Inscription indispensable et réservation très conseillée : ☎ 322-3770 ou 1-800-322-3770. Quelques emplacements attribués selon le système : « Premier arrivé, premier servi ». Un emplacement coûte environ 10 US$ pour la 1ʳᵉ nuit et 8 US$ pour les nuits suivantes (passage du pont-chaussée inclus). Superbe vue depuis ce camping « primitif », isolé, naturel, brut. C'est le seul de l'île ouvert aux individuels (le second est réservé aux groupes). Propose 26 emplacements seule-

ment, 2 cabines de w.-c., une table, un banc, un barbecue, mais ni eau ni ombre (prévoir une tente à auvent pour se protéger du soleil écrasant). |●| 🍷 *Buffalo Point Bistro :* petite cabane et terrasse au sommet de Buffalo Point. ☎ 776-6734. Ouvert pour le déjeuner, uniquement en saison et quand le temps le permet (!). Vous l'aurez compris, mieux vaut pique-niquer sur l'île... Ce snack a toutefois le mérite de servir des hamburgers (notamment à la viande de bison), des frites et des boissons fraîches sur une agréable terrasse.

À voir. À faire

🦌 *Buffalo Point :* grosse colline haute de 91 m, accessible aux voitures et du sommet de laquelle on a une superbe vue sur le lac et sur la partie nord d'Antelope Island.

🦌 *Buffalo Pens* (enclos aux bisons) : les premiers bisons (une douzaine) furent introduits sur l'île en 1893 par deux éleveurs, Dooly et Frary. Les bestiaux se sont si bien adaptés qu'il y a aujourd'hui 500 à 700 têtes sur l'île ! On peut observer quelques spécimens dans les enclos du *Buffalo Pens*, où l'on garde surtout les vieux, les malades ou les femelles venant de mettre bas. Mais la majorité du troupeau de bisons se déplace librement sur toute l'île, rassemblé seulement une fois par an (à l'automne) pour les recenser et les soigner.

🦌 *Fielding Garr Ranch :* sur la côte sud-est de l'île, à 5 *miles* au sud de la digue-chaussée. Accessible par une piste de terre. Construit en adobe en 1848, isolé au bord de l'eau, le ranch fut fondé par Fielding Garr, un cow-boy décidé à faire prospérer ce bout de terre sauvage. C'est la plus vieille maison anglo-saxonne construite dans l'Utah qui soit toujours debout.

➤ *Randonnées pédestres :* une bonne solution pour découvrir l'île à condition que la chaleur ne soit pas trop étouffante (autant dire, pas en été). Se procurer la brochure *Antilope State Park Trails,* au *Visitor Center,* qui fournit un plan et des infos sur chaque sentier. Un plan détaillé est également disponible dans une boîte au départ de chaque sentier (0,50 US$).
Pour les débutants, quelques balades assez faciles, comme le *Lakeside Trail* (2,8 *miles*), au pied de Buffalo Point, ou le *Elephant Head Trail* (1,4 *mile*).

D'autres randonnées permettent de découvrir l'intérieur de l'île, comme la *White Rock Loop* (7,5 *miles*), qui passe par le point culminant, *Beacon Knob,* à 243 m au-dessus du lac, et que l'on peut prolonger à l'ouest par la *Split Rock Loop* (5 *miles*). On peut aussi longer une grande partie de la côte est jusqu'au *Fielding Garr Ranch,* au sud, en suivant le bien nommé *Mountain View Trail,* assez long et fastidieux toutefois si on le parcoure en entier (11,4 *miles*). À noter, certains sentiers sont fermés entre le 1er avril ou le 15 mai et le 1er ou 15 juin, pour respecter la période des naissances de *pronghorns.*

➤ **Baignade :** sur la **plage de Bridger Bay,** à l'extrême nord de l'île. À 3 mn en voiture de la digue-chaussée qui relie Antelope Island au continent. Elle a la forme d'un vague croissant long de 3 km, avec des étendues et des dunes de sable blanc, mais des espaces plutôt couleur grisaille au bord de l'eau. Vu la quantité de sel dans l'eau, les baigneurs y flottent sans effort. Cela dit, à 100 m du bord, on a de l'eau seulement jusqu'aux genoux... C'est un peu frustrant ! À l'arrière de la plage, il y a des abris pour le pique-nique, des douches et des w.-c.

LE WYOMING,
LE MONTANA
ET LE DAKOTA DU SUD

Le Nord des Rocheuses est rarement au programme d'un premier voyage dans l'Ouest américain. C'est loin, c'est vrai, et puis l'Ouest est si riche et les parcs nationaux si nombreux qu'il est difficile de boucler la boucle en une seule fois... Alors, on se dit que ce sera pour la prochaine. Pourtant, le Yellowstone, qui fut le tout premier à porter le nom de parc national, et qui ne ressemble à aucun autre, est une merveille du monde à ne rater sous aucun prétexte. Ses centaines de geysers et de sources chaudes, ses lacs cristallins et ses mares de boue bouillonnantes sont d'une beauté sauvage et insolite à couper le souffle. Collé à son flanc sud, le parc du Grand Teton, l'autre fleuron des Rocky Mountains, offre lui aussi des paysages spectaculaires de montagnes et glaciers aux sommets enneigés. Tous deux abritent une faune sauvage unique : grizzlys, ours bruns, élans, wapitis, bisons, antilopes d'Amérique, totalement indifférents à la présence humaine (méfiez-vous quand même !). Bref, un paradis pour amoureux transis de nature, à découvrir à pied, le long des kilomètres de sentiers de randonnées, en bateau ou bien à cheval. Quant aux nostalgiques du Far West, ils ne seront pas en reste car le mythe de la conquête de l'Ouest s'est forgé ici. Cody, la ville de Buffalo Bill, qui fit du rodéo un spectacle mondialement connu, mérite une halte, de même que Cheyenne, qui, à l'occasion de ses *Cheyenne Frontier Days,* rassemblent les cow-boys du monde entier.

JACKSON HOLE (WYOMING)   8 800 hab.   IND. TÉL. : 307

Jackson Hole : c'est Jackson-le-Trou ! La ville s'étale au pied de hautes montagnes, au fond d'une vallée protégée où la Snake River perd momentanément de son agressivité. Avant l'arrivée des colons, les Indiens shoshones et bannocks venaient y chasser pendant l'été. On est ici au sud du parc de Grand Teton et à une heure et demie de voiture de l'entrée sud du parc national de Yellowstone. C'est donc une ville-étape essentielle, en raison de la proximité de l'aéroport et de l'entrée des deux parcs. Des ranchs et des prairies bien vertes, de la musique country dans tous les bars, des rodéos à gogo, une parade renommée pour la fête nationale du 4 Juillet, et Town Square, le square du centre-ville où l'on entre sous des arches faites d'un empilement de bois de daims et de wapitis... Rassurez-vous, ce n'est pas (que) le fruit d'un massacre. Chez les cervidés, ils tombent tous les ans à l'automne. Très touristique, hyper-animée, et pourtant si provinciale, Jackson Hole a su conserver un centre ancien quadrillé et des maisons tout en bois. Malheureusement, tourisme oblige, on construit à tort et à travers, à la périphérie de la ville. À force d'être plus « western » que l'Ouest, le résultat est plutôt outrancier. Un côté village de carton-pâte à Disneyland, avec des dizaines de boutiques de souvenirs de plus ou moins bon goût... Mais qu'importe, l'Amérique c'est aussi un certain sens de l'excès, et Jackson Hole est située dans un cadre inoubliable. C'est aussi une station de ski, très prisée en hiver.

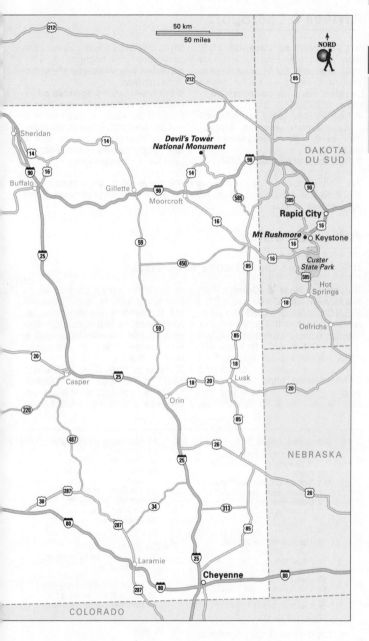

LE WYOMING, LE MONTANA ET LE DAKOTA DU SUD

Arrivée à l'aéroport

✈ L'**aéroport de Jackson Hole** (hors plan par B1) est à 8 miles au nord de la ville, sur la route du parc de Grand Teton, en pleine nature sauvage, dans un cadre extraordinaire. ☎ 733-7682.

■ Nombreuses **infos touristiques** près de la porte de sortie. À proximité, **central de réservations** pour les hôtels.

■ **Distributeur de billets (ATM) :** si-tué du côté des arrivées, après le hall de livraison des bagages. Accepte les cartes Visa, MasterCard et American Express.

■ Les plus grandes **agences de location de voitures** (Alamo, Avis et Budget) ont leurs bureaux dans le hall de l'aéroport. En été, il est impératif de réserver à l'avance. Voir la liste des principales agences dans la rubrique « Adresses utiles ».

Pas d'hôtel à côté de l'aéroport. **Pour rejoindre le centre de Jackson Hole,** la compagnie Alltrans assure les navettes entre la ville et l'aéroport. Seule autre option : le taxi.

Adresses utiles

Informations touristiques et générales

🛈 **Jackson Hole & Greater Yellowstone Visitor Center** (plan B1) : 532 N Cache St. ☎ 733-3316. ● www.jacksonholechamber.com ● Par courrier, écrire à : Chamber of Commerce, PO Box 550, Jackson, WY 83001. Ouvert tous les jours de 8 h à 19 h de juin à septembre, de 8 h 30 à 17 h le reste de l'année. On y trouve un plan gratuit de la ville et une doc gratuite, détaillée et abondante. Il est essentiel d'y passer pour en savoir plus sur la ville, les activités sportives, le calendrier des animations, les manifestations estivales... On trouvera affichée, près des toilettes (!), la liste complète des hébergements, dont les B & B.

■ **Jackson Hole Central Reservation :** ☎ 733-4005 ou 1-800-443-6931. ● www.jacksonholeresort.com ● Le n° gratuit en 1-800 est très

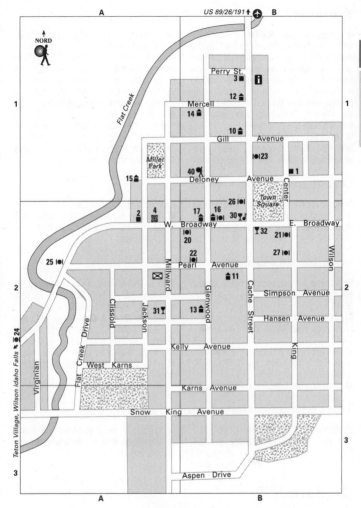

JACKSON HOLE

utile car on peut réserver gratuitement une chambre d'hôtel à distance. On donne son numéro de carte de paiement et ça roule tout seul. Ça peut vraiment dépanner en été, quand les motels sont très souvent complets. Pensez-y ! Réservations pour toutes sortes d'activités : du rafting à l'équitation en passant par la pêche, le ski ou le traîneau à chiens en hiver.

■ *Météo :* ☎ 733-1731. Également plusieurs radios FM signalées le long des routes.

■ *État des routes :* ☎ 1-888-996-7623 et 344-7381 (en hiver).

■ *St. John's Hospital :* ☎ 733-3636.

■ *The Jackson State Bank (plan B1, 1) :* 112 Center St, à l'angle d'E Delouney. Ouvert en semaine de 8 h à 17 h, le samedi de 9 h à 12 h. Distributeur accessible 24 h/24 *(Visa, MasterCard, American Express).*

Transports

■ **Compagnie START :** ☎ 733-4521. • www.startbus.com • Circule de 6 h à 22 h 30. Deux lignes de bus pour circuler à l'intérieur de Jackson Hole, dont l'une dessert toute la ville et l'autre Teton Village (à raison de 8 voyages par jour). Procurez-vous au *Visitor Center* la brochure détaillant trajets et horaires.

■ **Jackson Hole Express :** ☎ 1-800-652-9510. Organise des navettes en minibus depuis Evanston (Wyoming), à 210 *miles* vers le sud, Idaho Falls (Idaho), à 90 *miles* vers l'ouest, et Salt Lake City (Utah). Fréquence : 4 fois par jour depuis Idaho Falls, 1 fois par jour depuis Evanston et Salt Lake City (5 h 30 de trajet environ). Réservation obligatoire.

■ **Alltrans, Inc. :** ☎ 733-3135 ou 1-800-443-6133. Outre la navette avec l'aéroport, liaisons quotidiennes avec Idaho Falls et Salt Lake City. Réservation conseillée.

Compagnies aériennes

■ **American Airlines :** ☎ 1-800-443-7300. Pour Chicago.

■ **Delta Airlines / Skywest :** ☎ 1-800-453-9417. Au total, 9 vols par jour vers Salt Lake City.

■ **United Airlines :** ☎ 1-800-241-6522. Pour Salt Lake City, Denver et Los Angeles.

Location de voitures

■ **Alamo :** à l'aéroport de Jackson Hole. ☎ 733-0671 ou 1-800-327-9633.

■ **Avis :** à l'aéroport de Jackson Hole. ☎ 733-3422 ou 1-800-831-2847.

■ **Budget :** à l'aéroport de Jackson Hole. ☎ 733-2206 ou 1-800-527-0700.

■ **Dollar Rent-a-Car** (plan A2, **2**) : 345 W Broadway, dans le centre de Jackson. ☎ 733-9224300.

■ **Thrifty :** ☎ 733-9300.

■ **Eagle Rent-a-Car** (plan B1, **3**) : sur N Cache St, proche du *Visitor Center*. ☎ 739-9999 ou 1-800-582-2128. Spécialiste des motos-neige et 4x4. Une des agences les moins chères.

Télécommunications

@ **Bits-n-PC's Internet Café** (plan A2, **4**) : 265 W Broadway. ☎ 733-7746. Ouvert du lundi au samedi de 9 h 30 à 19 h. On entre d'abord chez un disquaire pour accéder aux quelques postes avec accès Internet pour 5 US$ les 30 mn.

Où dormir ?

Jackson Hole compte un nombre considérable d'hôtels et de motels (près de 90 en tout). Profitant de leur situation aux portes de Grand Teton et Yellowstone, et de la présence de l'aéroport le plus proche du parc, la majorité pratique des tarifs très élevés, particulièrement en juillet et en août, mais aussi durant la saison de ski à Teton Village. En dehors du camping et des AJ, ne comptez pas trouver une chambre à moins de 60 ou 70 US$.

Bon marché

Désolé, pas grand-chose dans cette catégorie. Et pourtant on a cherché.

🛏 **The Bunkhouse Hostel** (plan B1, **10**) : 215 N Cache St. ☎ 733-3668. Dépend de l'*Anvil Motel* voisin (voir plus loin). C'est d'ailleurs là qu'on trouve la réception. Compter 30 US$. Rien de folichon : 25 lits superposés dans une seule grande pièce. Cuisine et possibilité de faire sa lessive,

salon avec TV câblée. Ceux qui ne couchent pas là peuvent venir y prendre une douche pour... 5 US$!

De prix moyens à chic

♦ *Teton Gables Motel :* 1140 W Hwy 22. ☎ 733-3723. Au croisement des routes 22 et 189. Tabler sur 65 US$ pour 1 lit en été et 75 US$ pour 2 lits. Un des motels corrects les moins chers de la ville. Chambres assez confortables avec TV câblée. Souvent plein en haute saison. Mieux vaut réserver.

♦ *Sundance Inn (plan B2, 17) :* 135 W Broadway. ☎ 733-3444 ou 1-888-478-6326. Fax : 733-3440. ● www.sundanceinnjackson.com ● Selon la saison, de 59 à 149 US$ pour 2 à 4 personnes. Un chouette motel en plein Downtown. Maison en bois de style cow-boy avec petite terrasse et jacuzzi à l'étage. Chambres confortables et bien tenues, toutes avec salle de bains. En prime, un copieux petit dej' avec des produits frais et l'accueil charmant d'Amy et Casey. Une de nos adresses préférées.

♦ *Antler Inn (plan B2, 11) :* 43 W Pearl Ave. ☎ 733-2535 ou 1-800-483-8667. Fax : 733-4158. ● www.townsquareinns.com ● De 72 à 145 US$ selon le confort et la saison. Un très bon motel. Grandes chambres confortables avec frigo, AC et TV câblée dans l'une des ailes, ou plus petites, mais entièrement en bois, dans les chalets individuels. Certaines chambres, plus chères, ont même une cheminée. Jacuzzi, sauna, *fitness center* et laverie.

♦ *Pioneer Motel (plan B1, 12) :* 325 N Cache St. ☎ 733-3673 ou 1-888-320-3673. ● www.pioneermotel.com ● Compter 85 à 105 US$ en été, 55 à 75 US$ hors saison. Un petit motel aux chambres simples mais décorées avec un certain goût. Petites baraques en bois plutôt sympas. Certaines ont un frigo et un micro-ondes, toutes ont une salle de bains et la TV câblée. Dommage que l'accueil soit médiocre.

♦ *Western Motel & Suites (plan B2,*

13) : 225 S Glenwood. ☎ 733-3291 ou 1-800-845-7999. Fax : 734-0049. Environ 80 à 120 US$ en été, 60 à 70 US$ hors saison. Chambres de motel à la déco tristoune mais confortables, avec TV câblée et salle de bains. Petite piscine et jacuzzi.

♦ *Anvil Motel (plan B1, 10) :* 215 N Cache St. ☎ 733-3668 ou 1-800-234-4507. Fax : 733-3957. ● www.anvilmotel.com ● Pour 2, de 62 à 130 US$ en juillet et août. Les proprios trustent tout le pâté de maisons avec l'*Anvil Motel* et le *Bunkhouse Hostel.* Les deux motels sont classiques et confortables, avec TV câblée. L'*Anvil* a en plus frigo et micro-ondes dans les chambres. Les prix doublent de la même manière entre la basse et la haute saison. Quoi qu'il en soit, ils restent parmi les moins chers de cette très chère ville.

♦ *The Alpine House B & B (plan B1, 14) :* 285 N Glenwood St. ☎ 739-1570 ou 1-800-753-1421. Fax : 734-2850. ● www.alpinehouse.com ● Compter 95 US$ en basse saison et jusqu'à 195 US$ en juillet et en août, petit dej' inclus. L'un des rares *B & B* de Jackson, au confort irréprochable. Propose 22 chambres spacieuses et épurées, meublées dans un style scandinave. Elles ont toutes leur propre salle de bains et sont décorées avec goût. Petit dej' copieux assuré par Hans et Nancy, qui faisaient partie de l'équipe de ski olympique américaine et sont donc d'excellent conseil pour les nombreuses excursions dans la région. Piscine et jacuzzi pour apaiser les courbatures...

♦ *Parkway Inn (plan A1, 15) :* 125 N Jackson St. ☎ 733-3143 ou 1-800-247-8390. Fax : 733-0955. ● www.parkwayinn.com ● Chambres doubles, petit dej' inclus, de 100 à 200 US$ selon la saison. Chambres doubles cosy et confortables, dans un style d'inspiration victorienne.

Chic et cher mais situé au calme, dans un cadre agréable. Belle pis-cine intérieure, jacuzzi, saunas et *fitness center.*

Très chic

🏠 *The Wort Hotel* (plan B2, 16) : à l'angle de W Broadway et Glenwood St. ☎ 733-2190 ou 1-800-322-2727. Fax : 733-2067. ● www. worthotel.com ● Les chambres culminent à 275 US$ de début juin à fin septembre pour redescendre à 160 US$ le reste de l'année. LE grand hôtel de Jackson depuis 1941, immense chalet rustique tout en bois. Les chambres sont spacieuses et très confortables, sur une note western plus ou moins discrète... On ne vous dit même pas le prix des suites. Ou plutôt, si, allez... 375 à... près de 550 US$! Mais au moins il est le même toute l'année. En prime, salle de *fitness,* piscine, sauna, jacuzzi...

Où dormir dans les environs ?

Camping

⛺ *Camping Teton Village KOA :* sur la route de Teton Village. ☎ 733-5354. Fax : 739-1298. À 6 *miles* de Jackson Hole. Ouvert de mai à mi-octobre. Un emplacement coûte environ 30 US$ pour 2, 40 US$ pour les camping-cars. Il existe également des bungalows en bois de 1 ou 2 pièces, autour de 50 US$. Propose 156 emplacements dont une quarantaine sont réservés aux tentes. Plutôt petits mais belle herbe verte. Douches propres, laverie et petite épicerie.

Bon marché

🏠 *The Hostel X :* à Teton Village. ☎ 733-3415. Fax : 739-1142. ● www. hostelx.com ● À 11 *miles* au nordouest de Jackson Hole. Presque en face de la station-service, sur la droite, c'est un grand chalet brun avec plein de drapeaux. Compter 48 US$ pour 1 ou 2 personnes (65 US$ pour 3 ou 4). Plus qu'une auberge de jeunesse, il s'agit d'un complexe au pied des pistes qui pro-pose des chambres avec salle de bains (presque) bon marché pour étudiants. Grande salle commune au sous-sol avec ping-pong, billard, grande cheminée avec banquettes et coussins moelleux, bibliothèque, jeux, laverie, accès à Internet (payant), on en oublie sûrement. Possibilité de transfert depuis l'aéroport.

Très chic

🏠 *A Teton Tree House B & B :* 6175 Heck of a Hill Rd. ☎ 733-3233. Fax : 733-0713. ● www.cruisingamerica. com/tetontreehouse ● À la sortie ouest de Wilson (à 6 *miles* de Jackson), prendre Fall Creek Rd et, un peu plus loin à droite, Heck of a Hill Rd. Un simple écriteau indique « Becker's Tree House ». Garez-vous et grimpez les 95 marches en bois jusqu'au chalet, construit à flanc de colline au milieu des sapins. Environ 165 US$ de mi-juin à mi-septembre ; 145 US$ d'avril à mi-juin, et de novembre à mi-décembre ; 155 US$ le reste de l'année. Cela comprend un excellent petit dej' avec pain maison. Superbe environnement pour cette maison insolite, répartie sur plusieurs niveaux labyrinthiques. Déco moderne et chaleureuse pour les 6 chambres, qui ont toutes une salle de bains privée, et dont deux possèdent une entrée particulière. Le grand salon est bien agréable avec sa cheminée et ses bouquins à feuilleter. La salle à manger en mezzanine est lumineuse, entourée de nature. Et n'oublions pas le jacuzzi sur la plate-forme supérieure... Quant à Denny et Chris Becker, les charmants proprios, ils sont d'anciens guides et pourront vous donner des tas de conseils pour profiter de la région. Les tarifs, bien sûr, sont à la hauteur du confort. Séjour minimum de 3 jours en juin et septembre et de 4 jours en juillet et août.

Où manger ? Où prendre le petit dej' ?

Bon marché

|●| Harvest Bakery & Café (plan B2, 20) : 130 W Broadway. ☎ 733-5418. Ouvert du lundi au samedi de 7 h à 20 h, le dimanche de 9 h à 16 h en été et de 10 h à 18 h hors saison. Pâtisseries dans les 5 US$, plats autour de 7 ou 8 US$. Plutôt végétarienne et complètement bio, cette boulangerie-café-épicerie fait une bonne escale diététique pour changer des *burgers*-frites. Excellents petits déjeuners, avec fruits de saison, pain frais et vraie confiture, accompagnés de jus de fruit pressé. Grand choix de thés, cafés et milk-shakes. À midi, sandwichs et soupes du jour voisinent avec riz basmati à toutes les sauces, lentilles et haricots rouges, tofu et légumes du jardin. Les prix sont raisonnables et le cadre est agréable. Vous pourrez en profiter pour faire vos courses dans l'épicerie bio.

|●| Shades Café (plan B2, 21) : 7582 S King St. ☎ 733-2015. Ouvert de 7 h 30 à 16 h. Jolie petite cabane en rondins, à 200 m de la place centrale. Quelques tables, trois banquettes, un intérieur chaleureux et de bonnes petites choses pour quelques dollars : *muffins, bagels* et muesli pour le petit dej' ; soupes, *panini*, salades, sandwichs et en-cas mexicains pour le déjeuner. *Specials* différents chaque jour. Fréquenté par une clientèle essentiellement locale, qui apprécie le cadre convivial et la terrasse ensoleillée. Bon, le café, ce n'est pas vraiment ça, mais est-ce vraiment une surprise ?

|●| Pearl Street Bagels (plan B2, 22) : 145 W Pearl Ave. ☎ 739-1218. Ouvert tous les jours de 6 h 30 à 18 h. Compter 5 US$ maximum. Jolie façade en bois rouge pimpant et déco authentique de snack-bar populaire. Nombreux *bagels* avec une grande variété de *fillings* (garnitures). Également de bons sandwichs frais et un vrai *espresso* pour finir en beauté. Que demander de plus ?

Prix moyens

|●| Bubba's Bar-B-Que (plan A2, 25) : 515 W Broadway. ☎ 733-2288. Ouvert de 7 h à 21 h. *Lunch special* de 11 h à 15 h 30. Déco western plutôt réussie. Autour de 5 US$ le midi, entre 10 et 15 US$ le soir. Le midi, chili, *burgers*, salades, etc. ; le soir, c'est un *BBQ restaurant,* qui sert des plats typiques américains. En particulier la spécialité maison, les *spare ribs*, et du *beef, pork* ou *chicken*, accompagné de diverses sauces secrètes... Le soir, ambiance conviviale et animée. Pour une virée arrosée, prévoyez votre propre bière car ils ne servent que des sodas. Une adresse très populaire dans le coin, d'un excellent rapport qualité-prix.

|●| The Merry Piglets Mexican Grill (plan B1, 23) : 160 N Cache St. ☎ 733-2966. Autour de 12 US$ par personne. Un resto mexicain établi depuis 35 ans dans la ville. Cadre agréable tendance hacienda, avec une grande véranda et 3 salles aux murs colorés. Cuisine traditionnelle avec sauces maison et produits frais servis copieusement. Sympa et goûteux, à prix très corrects. Plus de 30 tequilas au choix et quelques margaritas bien corsées pour accompagner le tout. *Ay, Arriba !*

|●| Sweetwater (plan B2, 27) : 855 King St. ☎ 733-3553. Déjeuner de 11 h 30 à 15 h. Dîner de 17 h 30 à 22 h. Salades, soupes, sandwichs et plats de 7 à 10 US$, entre 15 et 25 US$ le soir. Un autre chalet en rondins, à l'angle de King et de Pearl Ave. Déco chaleureuse avec parquet, tables en bois et vieux poêle

pour les soirées d'hiver. On peut aussi manger dans le patio. Le menu varié, plus recherché le soir, propose de bonnes viandes et des poissons grillés en saison, épinards et feta pour les végétariens.

Très chic

|●| *The Gun Barrel* (hors plan par A2, **24**) : 862 W Broadway. ☎ 733-3287. Ouvert tous les soirs. Compter 25 à 35 US$ par personne. Le nom l'annonce ; ici, c'est l'Ouest, le vrai. Du *T-bone* au filet de wapiti, en passant par le steak de bison, la truite locale et le saumon, les mangeurs de viande et les amateurs d'exotisme seront au paradis. L'intérieur, qui abritait autrefois un musée de la faune du Wyoming, en a conservé trophées, animaux empaillés, vieux meubles et photos anciennes. Large choix de bières à la pression et desserts maison.
|●| *The Silver Dollar Bar & Grill* (plan B2, **16**) : 50 N Glenwood. ☎ 733-2190. À l'intérieur du *Wort Hotel*. Un bar-resto au grand comptoir incrusté de 2 032 pièces d'un dollar en argent ! Malgré l'interdiction sur le jeu qui frappait le Wyoming dans les années 1940-1950, on y

trouvait des tables de poker et de black-jack. Une époque agitée où les bagarres n'étaient pas rares. Ne ratez pas, près des toilettes, la gravure d'un Indien réalisée en 1961 à coups de... revolver, en 90 secondes, par le champion du monde de tir ! Côté cuisine, goûtez les spécialités régionales (wapiti, bison), c'est modérément gastronomique, mais certainement exotique ! Côté bar, large choix de vin et cocktails maison. *Happy hours* de 16 h à 19 h.
|●| *Cadillac Grille* (plan B1-2, **26**) : 55 N Cache St. ☎ 733-3279. Sur la place centrale. Compter 25 US$ minimum par personne. Décor et service raffinés, une des meilleures tables de la ville. Bonnes entrées, pâtes fraîches, viandes renommées. Si la qualité est irréprochable, la quantité a paru un peu faible à certains...

Où manger dans les environs ?

À Wilson

|●| *Nora's Fish Creek Inn :* W Hwy 22, dans le village de Wilson. Compter 10 US$ le midi et 20 ou 25 US$ par personne le soir. Sandwichs à 5 US$. Une grosse cabane en rondins surmontée d'une enseigne en forme de truite. C'est bien sûr la spécialité maison, servie à prix démocratique. On pense également

aux mangeurs de viande avec quelques bons steaks et des plats mexicains. Les prix sont corrects et l'on peut aussi se rabattre sur les sandwichs bon marché. La grande salle est plutôt agréable avec sa cheminée. Clientèle locale et accueil souriant. Une bonne adresse.

Où boire un verre ? Où écouter de la musique ? Où danser ?

Attention, les saloons sont strictement interdits aux moins de 21 ans.

♟ ♪ *Million Dollar Cowboy Bar* (plan B2, **30**) : 25 N Cache St.

☎ 733-2207. Il y a souvent une rangée de motos à l'entrée, les *bikers* en Harley Davidson ayant remplacé les cow-boys à cheval. Orchestre rock, folk ou country tous les soirs. En saison, leçons de *swing dance* et de *two-step* chaque jour à 19 h 30. Billards. C'est aussi un bon *steakhouse*.

♥ **Snake River Brewing Co** *(plan A2, 31)* **:** 265 S Millward (à l'angle d'Hansen). ☎ 339-BEER. Pub ouvert de midi à minuit (1 h 30 les vendredi et samedi). Sur le site même de la brasserie, un des bars à bière les plus populaires de Jackson Hole. Dans l'entrée sont exposées toutes les médailles gagnées par la maison dans les concours de brasseurs. Cadre convivial avec plusieurs niveaux

en mezzanine et les cuves en cuivre au milieu de la salle. Ambiance animée en fin de semaine. On peut aussi y manger (simple).

♥ **Rancher Spirits & Billiards** *(plan B2, 32)* **:** 20 E Broadway. ☎ 733-3886. Ouvert de 11 h à 1 h 30. Au 1er étage, juste en face du Town Square. Un bar authentique fréquenté par les gens du coin et les amateurs de billard. Une quinzaine de tables éclairées par les classiques lumières vertes nous plongent dans l'atmosphère des *Arnaqueurs*. Belle sélection de bières locales et petite terrasse ensoleillée pour profiter de la vue sur les montagnes.

À voir

🔭 **Jackson Hole Historical Society & Museum** *(plan B1, 40)* **:** à l'angle de N Glenwood et Deloney. ☎ 733-2414 (en été) ou 733-9605. Ouvert de fin mai à début octobre de 9 h 30 à 18 h du lundi au samedi et de 10 h à 17 h le dimanche. Entrée : 3 US$; réductions. Visite du musée et tour guidé du quartier historique de Jackson. On y retrouve toute l'histoire de la région, depuis les premières tribus indiennes jusqu'à la colonisation, en passant par la vie des trappeurs. Vous pourrez y voir le plus gros trophée d'orignal répertorié dans le Wyoming et y apprendre notamment que Jackson Hole, sous des abords un peu « vieil Ouest », est la première ville des États-Unis à avoir eu un conseil municipal entièrement composé de femmes (en 1920). Pas si étonnant lorsqu'on sait que le Wyoming est également le premier État du pays à avoir concédé le droit de vote au sexe faible : dès 1870 ! Remarquez dans l'une des vitrines le mini-pistolet que les premiers résidents de la ville dissimulaient dans leur manche ou dans une poche de secours. On reconstitue aussi l'itinéraire local de Butch Cassidy – de son vrai nom Robert Le Roy Parker –, fils d'une famille mormone de l'Utah (!). Avec ses compères (the Wild Bunch, aussi appelé le Hole in the Wall Gang), ils dévalisaient allègrement les banques et les trains. Mais selon la légende, Butch Cassidy n'a jamais tué personne. En 1902, il partit pour l'Argentine avec l'un de ses hommes et sa maîtresse, continuant leur équipée sauvage à travers l'Amérique du Sud. Cassidy aurait finalement été tué en 1911 dans une escarmouche avec les forces boliviennes. D'autres théories, pourtant, le font revenir discrètement aux États-Unis, où il aurait fini sa vie riche et tranquille. Belle morale !

🔭 **National Elk Refuge** *(plan B1)* **:** s'étend juste derrière le *Visitor Center*, des limites de la ville jusqu'à celles du parc national de Grand Teton. Informations sur la réserve au 675 E Broadway, ☎ 733-9212. Créé en 1912 pour protéger le domaine où les wapitis et les biches viennent hiverner. Si vous passez par là à cette époque de l'année et que vous voulez les voir, mieux vaut venir le matin, lorsqu'ils sont nourris. On peut y observer toute l'année de jolis oiseaux colorés et quelques cerfs habitués aux lieux. Ne manquez pas la petite visite ludique dans le *Visitor Center*. Présentation instructive de la faune des parcs nationaux voisins, daims, wapitis, loups, grizzlis, etc. Tous les conseils pour se balader sans danger et reconnaître ces beaux spécimens.

À faire

Randonnée, escalade

Pour les amateurs éclairés, mais aussi pour les novices. Pour toute information :

■ **Exum Mountain Guides :** situé à Jenny Lake, dans le parc national de Grand Teton. ☎ 733-2297. ● www. exumguides.com ● De 80 à 250 US$ selon le type d'excursions. École d'escalade et guides de montagne expérimentés. Excursions de 1 à 4 jours pour tous les niveaux. On peut grimper au sommet des glaciers de Grand Teton ou explorer les Wind River Mountains.

■ Autre très bonne adresse, **Jackson Hole Mountain Guides & Climbing School :** 165 N Glenwood St. ☎ 733-4979 ou 1-800-239-7642. ● www.jhmg.com ● Dans le centre-ville de Jackson Hole. De 90 à 150 US$ par personne.

Rafting, canoë

En aval de Jackson sur la Snake River (remous garantis) ou gentilles balades en amont. Plusieurs boutiques vous louent le matériel et proposent des excursions accompagnées. Plus ou moins les mêmes forfaits : descente des rapides sur 8 *miles* ou en *scenic float* autour de 40 US$, ou les deux pour 70 US$ environ. Un repas est assuré à chaque excursion. Deux bonnes adresses :

■ **Jackson Hole Whitewater Scenic Floats Teton Expeditions :** 650 W Broadway. ☎ 733-1007 ou 1-800-458-7238. ● www.jhww.com ●

■ **Mad River Boat Trips :** 1255 S Hwy 89. ☎ 733-6203 ou 1-800-458-7238. ● www.mad-river.com ●

Balades équestres

Balades guidées avec petit dej' ou dîner au coin du feu de camp compris (entre les deux, il fait trop chaud !). Choisir l'excursion en fonction du paysage désiré. Les prix sont à peu près standard et la qualité du service aussi (en règle générale, 35 US$ pour 2 h, jusqu'à 55 US$ en fonction du dîner).

■ Pour les amoureux du Old West, **A-OK Corral** organise des balades en diligence et des excursions de 2 jours à cheval. ☎ 733-6556. ● www.horsecreekranch.com ●

Balades en VTT

Là aussi, plusieurs compagnies proposent la location à des tarifs relativement similaires : autour de 30 US$ les 24 h, tarif dégressif. Les adresses qui suivent pourront vous renseigner sur les balades les plus sympas à faire dans le coin.

■ **The Edge Sports :** 490 W Broadway. ☎ 734-3916.
■ **Hoback Sports :** 40 S Millward. ☎ 733-5335.
■ **Adventure Sports :** chez Dornan's, à Moose. ☎ 733-2415 ou 3307. À 12 *miles* au nord de Jackson Hole, dans le parc de Grand Teton. Ouvert de mai à septembre.

Balades en ballon

Une petite heure pour faire le tour du Grand Teton en 80 émotions ! Balades en ballon dirigeable (environ 225 US$ par personne) avec :

■ *Grand Teton Balloon Flights :* 970 W Broadway. ☎ 1-800-73378-0470 ou (208) 354-8080.

■ *The Wyoming Balloon Co :* ☎ 739-0900.

Sports d'hiver

En hiver, ski hors pistes par hélicoptère (à Teton Village ; ☎ 733-3274) ou encore balades en traîneau et chiens ou élans (!) et location de *snowmobiles.*

Manifestations

∞ *Rodéos :* au *Teton County Fair & Rodeo Grounds (plan A3)*. ☎ 733-2805. Tous les mercredis et samedis soir à 20 h de la fin mai à début septembre. Entrée : environ 12 US$ pour les adultes, réductions pour les enfants jusqu'à 12 ans.
∞ *Town Square Shootout (plan B1-2) :* reconstitution de duels sur la place principale du lundi au samedi à 18 h 15, là encore de fin mai à début septembre. Infos au ☎ 733-3316. Gratuit.

QUITTER JACKSON HOLE

En bus

➢ *Pour l'aéroport de Jackson Hole :* voir « Arrivée à l'aéroport », plus haut.
➢ *Pour Evanston* (Wyoming), à 210 *miles* vers le sud, *Idaho Falls* (Idaho), à 90 *miles* vers l'ouest, et *Salt Lake City* (Utah) : en bus *Jackson Hole Express* (☎ 1-800-652-9510). Également avec *Alltrans, Inc* (☎ 733-3135 ou 1-800-443-6133).

En voiture

➢ *Pour le parc de Grand Teton et Yellowstone :* 57 *miles* entre Jackson Hole et l'entrée sud du parc (S Entrance). Suivre la route US 89/191, qui traverse du sud au nord le superbe parc de Grand Teton en passant par Moose et Moran Junction. Compter 1 h 30 environ en voiture. On peut aussi emprunter la Moose-Wilson Rd entre Grand Teton Village et Moose, une voie interdite aux camping-cars et bus touristiques. On continue ensuite vers le nord sur la Teton Park Rd, qui longe Jenny Lake avant de rejoindre l'US 191 à Jackson Lake Junction. Une des plus belles voies d'accès à Yellowstone : cimes enneigées, lacs aux eaux limpides, vastes prairies d'herbe rase où l'on croise des bisons et des cerfs.

PINEDALE
IND. TÉL. : 307

Située à 76 *miles* au sud de Jackson, par la 191. Ceux qui veulent fuir la foule de Jackson en été iront se réfugier dans cette petite ville de montagne, au bord des Wind River Mountains. La ville n'est en fait qu'une longue rue principale, bordée par endroits de trottoirs en bois, avec de bons restos, une grande boutique de cow-boys et une autre pour randonneurs. Plein de balades possibles aux alentours, comme celle qui conduit au lac Fromont, superbe, niché au creux des montagnes. C'est le second plus grand lac du

Wyoming. Il faut seulement espérer que l'endroit conserve sa quiétude car les estivants commencent à venir et le tourisme s'y développe d'année en année.

Adresses utiles

■ *Pinedale Area Chamber of Commerce :* 32 E Pine, PO Box 176, WY 82941. ☎ 367-2242. ● www.pinedaleonline.com ● Infos pratiques sur les logements et les activités à Pinedale et dans la région. Nombreuses docs et bon accueil.

■ *Sublette Travel Center :* 432 W Pine, PO Box 1415. ☎ 367-8359.

Excellentes infos sur les activités dans le comté de Sublette, entre le parc du Grand Teton et Salt Lake City. Excursions à cheval, randonnées, balades à VTT, canoë, rafting, pêche... Accès Internet bon marché et accueil très sympa.

■ *Laverie :* Highlander Center, 313 W Pine. Ouvert 24 h/24.

Où dormir ?

Le week-end, en saison, il est vivement recommandé de réserver.

Prix moyens

🛏 *Pine Creek Inn :* 650 W Pine. ☎ 367-2191. De 45 à 80 US$ selon la période. Un sympathique motel offrant un bon rapport qualité-prix. Grandes chambres propres avec salle de bains, literie confortable, TV et frigo. Salle commune accueillante, avec bar, cuisine, possibilité de barbecue et petit dej' servi en été. Accueil très convivial de Mike et Karen et accès gratuit à Internet. Une adresse qu'on aime bien.

🛏 *Log Cabin Motel :* 49 E Magnolia. ☎ 367-4579. ● www.thelogcabinmotel.com ● Ouvert de mai à octobre. À partir de 65 US$. Jolies et anciennes *cabins* en bois, construites à la fin des années 1920, la plupart avec cuisine, situées un peu à l'écart de la rue principale. Un charme authentique. Confort et propreté impeccables.

🛏 *B & B The Chambers House :* 111 W Magnolia. ☎ 367-2168. ● www.chambershouse.com ● Chambres doubles de 60 à 115 US$ selon la saison. Cinq chambres douillettes dans une demeure historique, avec salle de bains privée. Bon petit dej' compris.

Plus chic

🛏 *Best Western Pinedale Inn :* 850 W Pine. ☎ 367-6869. À l'entrée de Pinedale en venant du nord. Compter 75 à 120 US$ la chambre avec 2 grands lits, petit dej' (simple mais correct) compris. Chambres spacieuses. Tout le confort d'un hôtel récent, bien tenu. Petite piscine intérieure.

Où manger ? Où boire un verre ?

|●| *Moose Creek Trading Co :* 44 W Pine. ☎ 367-4616. Une authentique maison du Far West tout à l'honneur du roi des animaux de la région : l'élan ! Des anecdotes amusantes parsèment le menu qui propose toute une variété de *breakfasts* et quelques plats le midi. De quoi satisfaire tous les appétits avec de bons produits maison. Laissez-vous tenter par

les tartes et gâteaux, ou la glace crémeuse à souhait...

|●| *Los Cabos-Mexican Restaurant :* 120 W Pine. ☎ 367-6781. Ouvert tous les jours midi et soir. Un excellent resto de spécialités mexicaines. Cadre agréable, tissus et peintures colorés, meubles en bois. On savoure une cuisine familiale, avec les traditionnels *fajitas, enchiladas* et *burritos,* et de bonnes spécialités servies copieusement. Garantis de première fraîcheur et pour un prix imbattable. Que demander de plus ? Ah si, peut-être un cocktail maison

pour accompagner le tout !

|●| ♈ *Calamity Jane's :* Corral Bar, 30 W Pine. ☎ 367-2469. Pizzas, salades, *burgers* et frites très corrects. Quelques plats mexicains. C'est d'abord un bar assez chouette, à l'atmosphère authentique. Assez abordable question prix.

|●| *Stockman's Steak Pub :* 117 W Pine. ☎ 367-4563. Avec votre steak, savoureux, vous avez droit à une salade que vous prenez au bar, formule de type *all you can eat.* Pas donné quand même (compter 20 US$ par personne).

À faire

➢ Les pêcheurs, et les autres, apprécieront les eaux limpides des lacs Half Moon et Fremont, à 2 *miles* du centre de Pinedale. Les marcheurs sillonneront les sentiers de randonnée à travers les Wind River Mountains, qui abritent 60 glaciers ; et les cow-boys nostalgiques ne manqueront pas de s'offrir une excursion de 1 à 3 jours, à cheval et à l'ancienne ! Ceux qui disposent de moins de temps fileront tout droit vers le parc du Grand Teton.

GRAND TETON NATIONAL PARK   IND. TÉL. : 307

🎬🎬🎬 Un des fleurons des Rocky Mountains. Une chaîne de montagnes et des glaciers dont les sommets enneigés oscillent entre 3 500 et 4 197 m. Une interminable vallée s'étend au bas de cette muraille naturelle, où rôdent de nombreux animaux sauvages et où veille l'esprit du vieil Ouest. Et pour donner un aspect encore plus « Old Testament » à ces paysages spectaculaires, des cours d'eau limpide, des rivières et quelques lacs, admirables miroirs aux eaux claires et aux rives étrangement découpées. Telle est la silhouette caractéristique de ce parc, collé au flanc sud du parc de Yellowstone, et pourtant beaucoup moins connu que lui. Arriver à Yellowstone après avoir traversé Grand Teton, c'est comme passer par le jardin d'Éden avant d'accéder au paradis.

Fondé en 1929, donc un demi-siècle après le parc de Yellowstone, le Grand Teton National Park porte un nom bien gaulois. Il vient des premiers trappeurs français, à la recherche de peaux de castors. Venus de l'Idaho, ils découvrirent la région au XVIIIᵉ siècle. À la vue des trois plus hauts sommets, ils songèrent à la forme de tétons féminins... Drôle de comparaison, drôles de tétons ! Cependant, le nom est resté, de même que Gros Ventre River ou Nez Percé Peak. Au début du XIXᵉ siècle, les trappeurs John Colter (membre de l'expédition Lewis et Clark), Jim Bridger et Osborne Russell y vinrent à leur tour chasser les castors. Ils furent les premiers pionniers. Mystérieusement, ces braves castors n'ont pas tous été exterminés, contrairement à ceux de Yellowstone.

Le parc se compose d'une cuvette glaciaire, Jackson Hole, traversée par la Snake River et occupée par des lacs de montagne très poissonneux, et de Teton Range, cette superbe chaîne de montagnes qui s'élève brusquement. Les trois principaux sommets sont South Teton (3 814 m), Middle Teton

(3 903 m) et Grand Teton (4 197 m). Dans la vallée de haute montagne abondent les élans (orignaux) et les wapitis (cerfs). Sur l'eau glissent les pélicans blancs, les canards et les oies sauvages. Un troupeau de bisons vit dans Wildlife Range, pas loin de la Buffalo Entrance. Mais on peut les voir dans les prairies le long des routes principales du parc. On rencontre aussi parfois des ours bruns et des grizzlis. Et depuis peu, les loups réintroduits à Yellowstone ont gagné le territoire du parc. En matière d'animaux sauvages, les conseils et les recommandations sont les mêmes ici qu'à Yellowstone (lire impérativement ce chapitre).

Comment y aller ?

En voiture

Pour tous les détails et les distances kilométriques, se reporter au chapitre sur le parc de Yellowstone et à la rubrique « Comment y aller ? ».
➤ *De Jackson Hole :* le *Moose Visitor Center,* le centre d'accueil et d'information le plus au sud du parc, n'est qu'à 3,8 *miles* de l'aéroport de Jackson Hole (situé à l'intérieur du parc) et à une douzaine de *miles* de Jackson Hole, la seule ville d'importance.
➤ *De la porte sud du parc de Yellowstone :* seulement 8 *miles* entre l'entrée sud du parc de Yellowstone et l'entrée nord du parc de Grand Teton, au niveau de Lizard Creek. Suivre ensuite la route 191/89/287 qui traverse le parc de Grand Teton du nord au sud.
– Compter environ 1 h 30 de route, à une allure normale, sans s'arrêter, pour aller de Jackson Hole (ville) à l'entrée sud du parc de Yellowstone.

Adresses et infos utiles

Informations touristiques

– Le *journal gratuit Teewinot* est disponible dans les *Visitor Centers.* C'est le journal d'information du parc national de Grand Teton. Il contient tous les détails sur les attractions, les possibilités d'hébergement et de restauration, les recommandations, les points les plus intéressants pour observer les animaux sauvages... Bref, un indispensable !
– Le *billet d'entrée du Grand Teton National Park* (20 US$, valable 7 jours) couvre aussi la visite du Yellowstone. Ne pas le jeter.
– Le *National Parks Pass* (50 US$, valable une année) est, bien entendu, aussi accepté.
– On trouve des *distributeurs automatiques* à Moose et au Flagg Ranch toute l'année, également au Jackson Lake Lodge et à Colter Bay Village en saison.
– Plusieurs *stations-essence* réparties dans le parc. À Jackson Lake, Colter Bay, Flagg Ranch, Signal Mountain et Moose Village.

■ Écrire, téléphoner ou visiter le site du *Grand Teton National Park :* Visitor Services, PO Box 170, Moose, WY 83012-0170. ☎ 739-3600. ● www.nps.gov/grte ●
🅸 *Visitor Center de Moose :* ☎ 739-3399. Siège central du parc situé à Moose, à l'ouest de Moose Junction, sur la route de Teton Park. Ouvert toute l'année, tous les jours de 8 h à 17 h, (19 h en été). Très bien, très complet. Petite expo sur la faune et la flore.
🅸 *Visitor Center de Colter Bay :* ☎ 739-3594. Proche de Colter Bay Junction, sur la Hwy 89/191/287. Ouvert tous les jours de 8 h à 20 h de mi-mai à fin septembre. Abrite aussi l'intéressant *Indian Arts Museum.*
🅸 *Visitor Center de South Jenny*

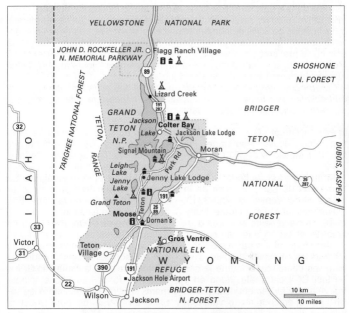

GRAND TETON NATIONAL PARK

Lake : ☎ 739-3343. À 8 *miles* au nord de Moose Junction, sur Teton Park Rd. Ouvert de 8 h à 19 h de début juin à août (jusqu'à 17 h en septembre).

🄸 ***Information Station de Flagg Ranch :*** à 15 *miles* au nord de Colter Bay sur la Hwy 89/121/287. Ouvert tous les jours de 9 h à 17 h 30 de juin à fin août.

Divers

■ ***Urgences :*** ☎ 911.
■ ***Grand Teton Medical Clinic :*** au Jackson Lake Lodge. ☎ 543-2514 ou 733-8002. Fonctionne de mi-mai à mi-octobre.
■ ***Météo :*** ☎ 739-3611.

■ ***État des routes :*** ☎ 739-3300.
■ ***Infos camping :*** ☎ 739-3603.
■ ***Infos escalade :*** ☎ 739-3604.
■ ***Infos pour l'arrière-pays et sur les rivières :*** ☎ 739-3602.

Où dormir ? Où manger ?

Campings

– Dans le parc on trouve 5 ***aires de camping,*** dont seulement un, le *camping de Jenny Lake* (très fréquenté), est réservé exclusivement aux tentes. Les autres campings acceptent des tentes, des camping-cars, des caravanes. Chacun est équipé de toilettes et d'arrivée d'eau (froide seulement), d'emplacements pour faire du feu et de tables de pique-nique. Mais pas de douches ni de raccordement à l'électricité. Même tarif pour tous : 15 US$ l'emplacement jusqu'à 6 personnes.

Comme dans le parc du Yellowstone, le principe de fonctionnement est « premier arrivé, premier servi ». Possibilité de réserver entre janvier et mi-mai, dans la limite de 30 % du nombre total d'emplacements. Les deux tiers restants sont attribués aux premiers demandeurs, sans réservation. En pleine saison, se présenter, si possible, 24 h à l'avance, dans les *Visitor Centers* à Moose, Colter Bay ou à Jenny Lake. On peut camper 7 jours à Jenny Lake. Ailleurs, la durée maximale est de 14 jours.
– *Camping sauvage :* pour camper en dehors des aires aménagées, faire du *backcountry camping*, une autorisation est nécessaire. Il faut s'adresser au *Permit Office,* en leur soumettant votre itinéraire.

■ *Permit Office :* Grand Teton National Park, Moose Headquarter, PO Box 170, Moose WY 83012. ☎ 739-3309.

⚑ *Camping de Gros Ventre :* à l'extrême sud du parc, non loin de la rivière Gros Ventre. ☎ 739-3340. Ouvert de mai à la mi-octobre. Nombreux emplacements entourés d'arbres. Dans un paysage de prairies parfois fréquentées par les bisons. De tous les campings du parc, c'est le moins couru, car il tourne le dos au lac. Et il est vaste, donc on y trouve assez facilement de la place. En juillet et en août, mieux vaut toutefois arriver dans l'après-midi.

⚑ *Camping de Jenny Lake :* ouvert de début mai à fin septembre. Au total, 51 emplacements exclusivement réservés aux tentes. Environnement superbe, au pied des montagnes enneigées, dans une forêt de sapins clairsemée. Attention, c'est le plus recherché de tous. En été, se présenter dès 8 h du matin.

⚑ *Camping de Signal Mountain :* au bord du superbe lac de Jackson (Jackson Lake). Ouvert de début mai à mi-octobre. Très agréable. Certains emplacements ont une vue magnifique sur le lac et les montagnes. Se présenter avant 10 h du matin pour être sûr de trouver de la place. Épicerie et pompe à essence.

⚑ *Camping de Colter Bay :* au nord du parc. Ouvert de fin mai à fin septembre. Sur une colline dominant de loin Jackson Lake, dans un cadre extraordinaire avec la chaîne de Grand Teton en fond. Les 350 emplacements sont disséminés entre les sapins, en retrait du lac. Douches payantes (3 US$), laverie, gaz propane à proximité.

⚑ *Camping de Lizard Creek :* au bord du lac de Jackson ; au nord du parc, à quelques kilomètres de l'entrée sud de Yellowstone. Ouvert de début juin à début septembre. Se remplit vers 14 h. Environ 90 emplacements pour ce camping agréable, toujours entouré d'arbres et bien tenu.

Hôtels, *lodges*

La majorité des logements du parc sont gérés par le même organisme. Pour plus d'informations, ou pour réserver longtemps à l'avance (ce qui est hautement recommandé en été), contacter :

■ *Grand Teton Lodge Co :* PO Box 240, Moran, WY 83013. ☎ 543-3100 ou 1-800-628-9988. Infos générales : ☎ 543-2811. Fax : 543-3046. ● www.gtlc.com ● Le *Signal Mountain Lodge* est le seul qui doit être contacté directement.

🛏 I●I *Colter Bay Village Cabins :* au bord du grand Jackson Lake. L'hébergement le moins cher. Il y a un site pour les *tent cabins,* ouvert de juin à septembre seulement. Ce sont des abris de toile équipés de poêles à bois, d'une table, de 2 lits superposés et d'un auvent. Compter 36 US$ pour un ou deux (5 US$ par personne supplémentaire). Il y a aussi les *log cabins,* ouvertes de fin mai à fin septembre. Ce sont des cabanons en rondins de bois, dans le style vieil Ouest. Ceux qui disposent d'une salle de bains oscillent entre 70 et 134 US$ jusqu'à 4 personnes, les autres, avec sanitaires communs, sont à 35 US$ pour 1 ou 2 personnes. Douches et laverie au « village ». On y trouve de surcroît une épicerie, une station-service, un garage et un restaurant-pizzeria.

≜ |●| *Jackson Lake Lodge :* ouvert de la mi-mai à début octobre. Chambres à partir de 135 US$ dans le *lodge,* autour de 165 US$ dans les bungalows, 230 US$ pour avoir une vue sur le lac. Véritable complexe avec un resto chic, un snack et deux bars. Tout confort mais c'est cher et c'est loin d'être le plus beau du parc. Station-service et infirmerie.

≜ |●| *Jenny Lake Lodge :* ☎ 733-4647. Situé à deux pas du ravissant lac de Jenny, au pied des hautes montagnes aux cimes enneigées. Ouvert de juin à début octobre. Environ 450 US$ pour 2 personnes. Les tarifs comprennent le petit dej', le dîner, une excursion à cheval et les vélos à disposition. Le *lodge* le plus haut de gamme du parc. Charmants bungalows en rondins, avec tout le confort, éparpillés dans une forêt de sapins. Grand *lobby* très agréable où crépite un bon feu de bois. Buffet le dimanche soir.

≜ |●| *Signal Mountain Lodge :* ☎ 543-2831. Fax : 543-2569. ● www.signalmountainlodge.com ● Ouvert de début mai à mi-octobre. L'un des mieux situés, tout contre le lac de Jackson. Cinq types d'hébergements : les plus agréables et les moins chers sont les cabanes en rondins (95 à 140 US$ selon le confort). Les autres types de chambres vont de 120 US$ (style motel avec frigo) à 200 US$ (bungalow familial avec kitchenette, terrasse et BBQ). Locations de bateaux et de canots.

Ranch-hôtel

Beaucoup plus cher, mais ô combien dépaysant, le *dude ranch,* c'est-à-dire le ranch-hôtel, est une formule assez répandue dans l'Ouest américain. On est logé en pension complète et on participe pleinement à la vie des fermiers-éleveurs du Far West !

≜ |●| *Triangle X Ranch :* à Moose, WY 83012. ☎ 733-2183. Fax : 733-8685. ● www.trianglex.com ● Sur l'US 191 entre Moose et Moran. Hébergement uniquement à la semaine : en été, compter 1 200 à 1 470 US$ pour un chalet de 2 à 6 personnes. Repas, excursions à cheval et activités du ranch comprises. Cartes de paiement refusées. La famille Turner avait acquis ces terres avant qu'elles ne soient intégrées au parc national, c'est dire s'ils connaissent le coin. On loge dans des bungalows confortables à 1, 2 ou 3 chambres avec salle de bains privée. Les repas sont pris en commun dans le *lodge* principal. Hormis des promenades à cheval, on peut faire des excursions sur la rivière, pêcher la truite et vivre des soirées animées avec musique country et madison... En hiver, les pistes de la Bridger-Teton National Forest voisine sont connues pour être excellentes. Idéal aussi pour le ski de fond.

Où manger ?

Peu d'alternatives pour se restaurer dans le parc. Entre les restaurants chic des hôtels et les quelques épiceries-snacks autour de Moose, Colter Bay et Flagg Ranch, peu d'options s'offrent à vous. Pour les campeurs et les budgets serrés, pensez impérativement à faire le plein dans les supermarchés de Jackson, car les prix sont plus élevés partout dans le parc.

Bon marché

|●| Plusieurs snacks et cafétérias répartis dans le parc. Toute l'année, petits déjeuners, sandwichs, *burgers,* pizzas, salades, etc., servis au *Dor-*

nan's Pizza & Pasta Co à Moose ; et en saison, au *Pioneer Grill* du Jackson Lake Lodge, au *John Col-* *ter Café Court* à Colter Bay et au *Coffee Shop* de Signal Mountain.

Prix moyens

|●| On trouve 3 adresses dans le parc où manger une bonne cuisine régionale, avec un large buffet le midi et des *prime ribs, T-bones* et steaks au barbecue pour le dîner. *Dornan's* *Chuck Wagon,* au village de Moose ; *Chuckwagon Restaurant,* à Colter Bay ; et *Trapper Grill,* à Signal Mountain. Ouverts de mai à octobre.

Chic

|●| Quelques restos chic dans les hôtels du parc, notamment le *Mural Room* à Jackson Lake Lodge, *The Aspens Restaurant* à Signal Moutain et le *Jenny Lake Lodge Dining Room.* Réservation et tenue correcte fortement recommandées... pour finalement déguster une cuisine régionale très classique, à des prix exagérés. Mais l'ambiance est feutrée, la vue sublime et la qualité honnête.

À voir

🎥🎥 À *Colter Bay,* au milieu du parc, le *Visitor Center* abrite un superbe *musée d'Art et Traditions indiens.* Ouvert tous les jours de 8 h à 20 h de mi-mai à septembre. Pour tout savoir sur la vie des Indiens au XIXᵉ siècle. La plupart des objets qui y sont conservés datent d'après 1850. Les collections sont époustouflantes : bijoux, coiffes, calumets (et sacs à calumets tissés de perles), tissages, boucliers, casse-tête, instruments de musique, sacs brodés, outils et ustensiles quotidiens, poterie et vannerie... Ne manquez pas non plus l'étonnante collection de mocassins, ni les jouets d'enfants. Des démonstrations d'artisanat shoshone sont régulièrement organisées.

À faire

➤ En saison, chaque hôtel géré par la *Grand Teton Lodge Co* organise quotidiennement des excursions à cheval, en diligence, en canoë ou en rafting. Également des séances de pêche, des sorties en bateau ou en bus... À partir de 10 US$ pour la location de canoë, jusqu'à 45 US$ pour une balade à cheval avec repas au coin du feu. Renseignements : ☎ 543-3100 ou 1-800-628-9988.

➤ *Randonnées à pied :* plus de 320 km de sentiers pour tous les niveaux. Toutes les informations auprès des *Visitor Centers.* Demander la brochure des randonnées *(Day Hikes).* Elle comporte des balades faciles à réaliser, comme Polecat Creek Loop Trail, Leigh Lake, Cunningham Cabin... Le plus souvent, ce sont des boucles de moins de 6 *miles,* avec 3 ou 4 h de marche modérée. Comme celles des Cascade Canyon Trail, Colter Bay Area et Taggart Lake Area. Les marcheurs les plus expérimentés pourront affronter des sentiers de haute montagne, de 10 h de marche à 5 jours ! De juin à septembre, les *rangers* organisent régulièrement des excursions guidées. Se renseigner auprès des *Visitor Centers.* ☎ 539-3399.

➤ *Descente de la Snake River :* on peut faire du radeau, du canoë, du kayak ou du rafting sur la Snake River. Outre les excursions proposées par les hôtels du parc, vous trouverez aux *Visitor Centers* la liste complète des agences locales organisant des descentes. Notamment *National Park Float Trips,* à Moose Village. ☎ 733-6445 et 5500.

➢ *Excursions à cheval :* même système que précédemment. Les *Jackson Lake* et *Jenny Lake Lodge* organisent diverses excursions à cheval, en diligence, avec repas, ou non... Les autres adresses sont disponibles auprès des *Visitor Centers.*

➢ On peut aussi s'inscrire à un *fishing trip,* si on aime pêcher, et se procurer ou louer tout le matériel dans les *general stores* de Moose, Signal Mountain, Colter Bay et Flagg Ranch.

Où voir des animaux sauvages ?

Pour tous les détails et les différents sites d'observation, consulter les panneaux des *Visitor Centers* et le journal *Teewinot,* bourré d'infos. En été, on peut aussi s'offrir les lumières des *rangers,* qui organisent des excursions quotidiennes. Observation de la faune et de la flore, sorties nocturnes et ateliers pour enfants. Certaines activités sont gratuites, sinon, compter 15 US$ par adulte (réductions). Renseignements auprès des *Visitor Centers,* dans le journal *Teewinot* ou par téléphone : ☎ 539-3399.

YELLOWSTONE NATIONAL PARK   IND. TÉL. : 307

C'est le plus ancien de tous les parcs nationaux américains (1872), et une des plus belles merveilles du monde. Cet extraordinaire fleuron du patrimoine naturel mondial se situe aux confins du Wyoming, de l'Idaho et du Montana, sur cette colonne vertébrale des montagnes Rocheuses qui sépare les Grandes Plaines de la côte Pacifique. Toute la beauté sauvage de l'Ouest américain semble contenue dans ce territoire, où se mêlent comme à l'aube du monde le feu, l'air et l'eau. Les premiers trappeurs français, vers 1776, vivaient parmi les Indiens mandans du North Dakota et avaient déjà entendu parler d'une rivière des Roches Jaunes. Il s'agissait en fait de la rivière actuelle de Yellowstone, un affluent du Missouri, aux falaises abruptes de grès jaune. De là vient le nom de ce parc, largement couvert de forêts de pins, dont l'étendue (8 992 km^2) équivaut à celle de la Corse.

C'est la puissance des forces naturelles qui a fait le mystère de Yellowstone. Ainsi les paysages ne seraient pas ce qu'ils sont aujourd'hui sans ce terrible « Big Bang » qui bouleversa la région il y a 630 000 ans (voir « Un peu d'histoire » plus bas). Car ce plateau montagneux à 2 500 m d'altitude en moyenne, entouré de cimes enneigées, a toujours vécu en contact étroit avec ces éléments à la fois vitaux et dévastateurs. Le pire, celui qui a laissé le plus de traces visibles pour un œil humain, c'est le feu : 36 % du total de la forêt du parc sont partis en fumée au cours des incendies de l'été 1988. Les feux furent allumés, non par la main de l'homme, mais par les étincelles d'éclairs tonitruants, tombés du ciel dans le fracas des orages d'été. Mais destruction et création vont souvent de pair dans la nature. Même si plus d'un tiers de la forêt forme dorénavant une étrange mer de troncs calcinés, le cycle de la vie a fini par reprendre le dessus. Les arbres et la végétation repoussent, les animaux reviennent et se reproduisent. Le Phoenix Yellowstone renaît peu à peu de ses cendres. Mais il faudra être patient et attendre encore une bonne trentaine d'années pour revoir le visage initial de Yellowstone. Si dame Nature le veut !

UN PEU D'HISTOIRE

Grattez la croûte, vous trouverez le magma !

Tout a commencé par une explosion apocalyptique, il y a 630 000 ans. Plus de 1 000 km³ de débris, de cendres, de pierres furent projetés dans tous les sens, à plus de 50 km d'altitude ! Les laves refroidies ont fini par retomber et modeler un plateau dont l'altitude moyenne est maintenant de 2 500 m. Ce qui constitue aujourd'hui la partie centrale du parc – autour du lac Yellowstone – s'écroula autrefois, formant ce que l'on appelle une gigantesque caldeira, un cratère géant de 45 km sur 75. Cette éruption, 200 fois plus forte que tout autre dans l'histoire, n'était en fait que la répétition des grandes éruptions qui secouèrent le pays il y a déjà 1,2 million et 2 millions d'années. La particularité géologique de Yellowstone est d'être placé au-dessus d'un feu permanent. Le magma en fusion ne se trouve qu'à 3 350 m sous la surface de la terre (!), l'épaisseur d'une feuille de papier à cigarette comparée aux dimensions de la planète. Bref, la marmite du diable n'arrête pas de bouillir, de gronder, de vitupérer. Comme en témoignent ces nombreux phénomènes naturels géothermiques uniques au monde : la surface de la terre, autour de la caldeira, est trouée par près de 10 000 geysers, une ribambelle de sources chaudes, des « marmites boueuses », des fumerolles, autant d'ingrédients incroyables qui mijotent à l'extérieur sous l'effet de roches en fusion à plus de 537 °C. (Pour plus de détails, se reporter plus loin, à la rubrique « À voir ».)

Les Indiens s'en vont, les bisons restent

De nombreuses tribus indiennes vécurent, jusque vers le milieu des années 1870, dans ce qui est aujourd'hui le parc de Yellowstone. Les principaux groupes étaient alors les Shoshones (les plus anciens habitants), les Crows (ou Absarkees, d'où le nom des montagnes Absaroka) et les Blackfeet. Les maladies, mais surtout les attaques répétées des Blancs et la chasse aux bisons, eurent raison de ces *Native Americans*. Déplacés, les Shoshones (seulement 4 000 aujourd'hui) vivent dans la réserve de Fort Hall, dans l'Idaho, et ailleurs au Wyoming. Quant aux Crows, après avoir été chassé du Yellowstone, ils furent installés dans une réserve le long de la rivière Bighorn, au sud de Billings dans le Montana.

Les secteurs les moins calcinés

La forêt a brûlé en différents points du parc. Un peu partout, on peut voir des kilomètres de forêt calcinée, à perte de vue, des milliers d'arbres morts alignés comme des armées d'allumettes grises, trop vite consumées... Le long de la route qui va de l'entrée sud jusqu'au lac Yellowstone et jusqu'au geyser Old Faithful, les paysages ont beaucoup souffert des incendies. La vue de ces forêts inertes et grises peut avoir quelque chose d'attristant. D'octobre à juin, la neige recouvre le paysage et atténue cette impression de désolation. En revanche, la forêt a moins brûlé au nord-est du parc, entre Tower Roosevelt et l'entrée nord-est.

Quand y aller ?

La plupart des 3 millions de visiteurs annuels y viennent en été. Vous avez compris, si vous avez la possibilité de choisir, il vaut mieux opter pour le printemps ou l'automne. Le printemps commence à la fin avril. Mai et juin sont les mois les plus frais et les plus humides, mais, aussi, ceux où les couleurs sont les plus vertes, où la nature émerge doucement après un hiver

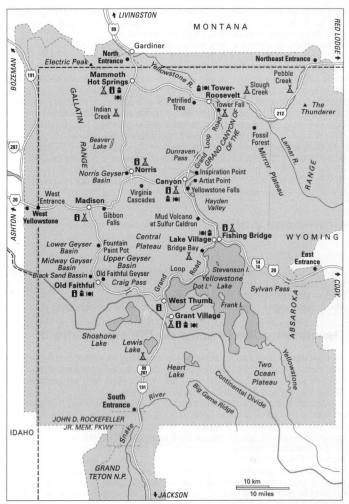

YELLOWSTONE NATIONAL PARK

rude. On observe facilement la faune à cette période, concentrée autour des geysers et des sources chaudes où la neige est fondue. L'été commence début juin pour les parties les plus basses, mais pas avant mi-juillet dans les montagnes (au-dessus de 3 000 m). Les étés sont secs, parfois même très secs (comme en 1988, année des incendies). L'automne commence dès septembre. Fin septembre est un bon moment pour visiter le Yellowstone, car il y a nettement moins d'affluence et la nature est alors épanouie. Attention, les hôtels sont parfois encore complets, même à cette époque. On peut faire de la randonnée, y compris dans les secteurs les plus élevés, jusqu'à mi-octobre. Les amateurs observeront plus facilement les migrations des animaux sauvages à ce moment-là. Enfin, l'hiver arrive tôt et dure jusqu'au mois d'avril, voire la 1re quinzaine de mai, selon l'altitude. À cette période, peu d'hôtels sont ouverts, donc peu de choix dans l'hébergement. Memorial Day, le dernier lundi de mai, marque officiellement le début de la saison touristique. Pour skier, il faut venir entre la mi-janvier et avril.

– *Ouverture des routes :* les entrées ouest, sud et nord-est ferment début novembre pour rouvrir entre la mi-avril (entrée ouest) et le 1er vendredi de mai (les deux autres). Tout dépend bien entendu des conditions météo. Une route relie l'entrée nord et la ville de Gardiner (Montana) avec l'entrée nord-est et la bourgade de Cooke City. Elle longe Blacktail Deer Plateau et Lamar Valley et reste ouverte toute l'année. Mais à l'intérieur du parc, la circulation automobile est impossible à partir de début novembre. Il reste autorisé de se déplacer en moto-neige... La route qui ouvre le plus tard (à partir de mi-juin) est celle qui relie au nord Canyon Village à Tower-Roosevelt.

– *Climat, températures :* en été (juillet et août), la température de jour oscille entre 16 et 23 °C. On supporte bien un pull le soir et la nuit. Au printemps et en automne, il fait plus frais, et le thermomètre oscille entre - 6 et + 15 °C. Quant à l'hiver, il est évidemment très froid, avec des tempêtes de neige et une température pouvant descendre à - 20 °C.

Comment y aller ?

Par la route

Pour pénétrer dans le parc, 5 routes d'accès mènent à 5 entrées différentes : les entrées sud (S Entrance), ouest (W Entrance), nord (N Entrance), est (E Entrance) et nord-est (N-E Entrance).
Voir le paragraphe consacré à l'ouverture des routes ci-dessus.

Depuis les grandes villes de l'Ouest américain

➢ *De Denver* (Colorado) *:* traverser le Wyoming et arriver soit à Jackson Hole (entrée sud) soit à Cody (entrée est). Denver-Cody : 496 *miles* (794 km). Denver-Jackson Hole (Wyoming) : 533 *miles* (853 km) en passant par Cheyenne et Rock Springs (trajet le plus rapide).

➢ *De Salt Lake City* (Utah) *:* compter 206 *miles* (330 km) et 3 h 30 de route en ligne droite jusqu'à Idaho Falls (Idaho), pour rejoindre West Yellowstone par l'US 20. On peut aussi rejoindre Jackson Hole, à l'est, par l'US 26, puis traverser le Grand Teton National Park jusqu'à la S Entrance.

➢ *De Seattle* (Washington) *:* compter 765 *miles* (1 224 km) et 2 ou 3 jours de route (mais quelle route !) via Ellensburg, Spokane, Missoula (Montana), Butte et Livingston. On traverse ainsi trois États : Washington, Idaho et Montana, un beau morceau du Nord-Ouest américain. On arrive à Gardiner (Montana) et à l'entrée nord du parc (ou au choix à West Yellowstone, la distance étant la même).

➢ *De San Francisco* (Californie) *:* 846 *miles* (1 353 km), soit 2 ou 3 jours en oblique, à travers les fabuleux paysages de l'Ouest américain. On traverse la Californie, le Nevada et l'Idaho, en passant par Sacramento, Reno, Winnemucca, Wells, Twin Falls, Idaho Falls.

Depuis les villes les plus proches du parc

➢ *De Jackson Hole* (Wyoming) *:* 64 *miles* (103 km) entre Jackson Hole et l'entrée sud du parc. Une des plus belles voies d'accès à Yellowstone : cimes enneigées, lacs aux eaux limpides, vastes prairies d'herbe rase où l'on croise des bisons et des wapitis. On traverse du sud au nord le superbe parc de Grand Teton, avant d'arriver à la S Entrance. Compter 1 h 30 environ en voiture en suivant la route US 89/191.

➢ **De Bozeman** (Montana) : 82 *miles* (131 km) entre Bozeman et l'entrée nord du parc. On passe par Livingston, puis on emprunte la route US 89 jusqu'à Gardiner, petite ville pas désagréable et porte d'entrée au nord du parc (N Entrance). De Bozeman, on peut aussi suivre la route US 191, qui permet de rejoindre la ville de West Yellowstone, située à l'entrée ouest (W Entrance). Dans ce cas, la distance est de 88 *miles* (140 km).

➢ **D'Idaho Falls** (Idaho) : 109 *miles* (174 km) d'Idaho Falls à West Yellowstone (W Entrance), par la route US 20 via Ashton. L'entrée ouest, située à 2 032 m d'altitude, ne présente pas le même paysage qu'à l'est. Pas de hautes montagnes ni de sommets imposants. C'est beau quand même.

➢ **De Cody** (Wyoming) : 55 *miles* (85 km) entre Cody et l'entrée est (E Entrance). Suivre la route US 14/16/20. On traverse de superbes canyons et la Shoshone National Forest avant d'atteindre le parc. Compter 1 h 30 de voiture.

➢ **De Red Lodge** (Montana) : 72 *miles* (115 km) entre Red Lodge et l'entrée nord-est du parc (N-E Entrance), située à 2 245 m d'altitude. On suit une superbe route, appelée la « Beartooth Highway » (la « route de la Dent de l'Ours »), considérée comme une des plus belles *scenic roads* du pays. Elle passe par le col de Beartooth (3 336 m) et reste ouverte normalement de fin mai à mi-octobre. Compter au moins 1 h 30 en voiture.

En avion

➢ **De l'aéroport de Jackson Hole** (Wyoming) : à 57 *miles* (91 km) au sud de S Entrance et à 8 *miles* (13 km) de Jackson Hole. Il est situé dans l'extrémité sud du parc de Grand Teton. De l'aéroport, inutile de passer par la ville de Jackson si l'on veut monter directement en voiture jusqu'au parc, excepté pour les campeurs qui feront le plein de victuailles au supermarché, moins cher que les épiceries du parc. Pour les vols assurant la liaison, voir détails à Jackson Hole à la rubrique « Comment y aller ? ».

➢ **De l'aéroport de Bozeman** (Montana) : à 95 *miles* (152 km) au nord de l'entrée ouest (W Entrance) du parc de Yellowstone (par la route 191) et 89 *miles* l'entrée nord (par l'I-90 et la 89). Dans les deux cas, compter 2 h 30 de route.

En bus

– **Avertissement** : aucune ligne régulière (publique) de bus ne peut traverser le parc de Yellowstone. Voilà donc un moyen de transport qui n'est pas vraiment adapté à la découverte de Yellowstone, où tout est fait pour les randonneurs, les voitures, les camping-cars et les vélos. La solution pour un routard sac à dos consiste donc à rejoindre les villes à l'extérieur du parc. Sur place, en se regroupant, on peut louer une voiture (pour un ou plusieurs jours) chez un des nombreux loueurs pratiquant des prix raisonnables. Sinon, plusieurs compagnies dans chaque ville limitrophe assurent des excursions à la journée avec des arrêts dans tous les sites remarquables. On vous signale plusieurs adresses à titre indicatif. Vous obtiendrez toutes les liaisons et les horaires sur place, auprès des *Visitor Centers*.

➢ **De West Yellowstone** (Montana) : depuis West Yellowstone, la compagnie Gray Line propose des visites du parc à bord de petits bus. Le tour du Lower Loop dure une journée. Propose aussi l'Upper Loop, le Quake Lake, et même le parc de Grand Teton. Habituellement, les départs ont lieu tôt le matin. Retour en fin d'après-midi. Tarifs raisonnables (environ 40 US$ pour les deux excursions, 50 US$ pour la visite du parc de Grand Teton). Infos : Gray Line, 633 Madison Ave, W Yellowstone. ☎ (406) 646-9374 ; 1-800-523-3102 (en été) ou 1-800-733-2304 (en hiver).

➢ **De Gardiner** (Montana) : diverses compagnies proposent des excursions à la journée.

➤ *De Jackson Hole* (Wyoming) *:* là aussi, on peut prendre une excursion en bus auprès de la compagnie *Gray Line Tours,* 1580 W Martin Lane. ☎ 733-4325 ou 1-800-443-6133. Excursions à la journée dans le parc de Yellowstone ainsi qu'à Grand Teton (autour de 50 US$).

Distances dans le parc

La vitesse est limitée à 45 mph (72 km/h). Sur certaines routes, il est demandé de rouler encore plus lentement.
– *La Grande Boucle (Grand Loop Road) :* c'est le grand huit. Au total, 142 *miles* (230 km).
– *La Basse Boucle (Lower Loop Road) :* 96 *miles* (155 km). On visite le sud du parc en passant par West Thumb, Old Faithful, Madison, Norris, Canyon Village et Lake Village.
– *La Haute Boucle (Upper Loop Road) :* 70 *miles* (113 km). On sillonne le nord en passant par Canyon Village, Norris, Mammoth Hot Springs et Tower-Roosevelt.
– *De l'entrée sud (S Entrance) à l'entrée nord (N Entrance) :* 95 *miles* (153 km), via Old Faithful, Norris et Mammoth Hot Springs.
– *De l'entrée ouest (W Entrance) à l'entrée est (E Entrance) :* 83 *miles* (134 km) via Madison, Norris, Canyon Village et Lake Village.

Adresses et infos utiles

Les centres d'information *(Visitor Centers)*

Votre première escale indispensable. Situés aux endroits clés du parc, près des attractions les plus recherchées ou des entrées, ils sont remarquablement organisés (à l'américaine !) et documentés. On y trouve une doc gratuite en anglais, mais parfois aussi en français. Les cartes du parc et les brochures contiennent une somme de détails que nous ne pouvons énumérer ici. Si vous avez des questions précises, posez-les aux *rangers.* Ce sont des garde-forestiers-naturalistes extrêmement compétents, avec un grand sens du service. Ils connaissent parfaitement le parc. Cependant, ils sont très sollicités. Donc assurez-vous auparavant que les réponses à vos questions ne se trouvent pas déjà affichées sur les nombreux panneaux muraux ou dans le journal du parc, très bien faits.
– Les *Visitor Centers* sont ouverts en règle générale de 8 h ou 9 h à 17 h hors saison et jusqu'à 19 h au cœur de l'été (pour plus de détails voir plus loin dans les descriptifs de chaque centre). Attention, aux périodes transitoires (mai et octobre-novembre), ils sont ouverts en fonction des conditions de routes (parfois fermées).
– Dans chaque centre, les règles, les directives, les avertissements et les conseils utiles sont donnés avec le maximum de clarté. Il y a des panneaux d'affichage exposant les prévisions météo du jour ainsi que les risques d'orage. On y trouve aussi les programmes détaillés au jour le jour des conférences et excursions accompagnées par les *rangers.* On affiche aussi la liste complète des *lodges* et des campings avec la disponibilité des places au jour le jour, presque heure par heure.

🛈 *Visitor Center d'Albright :* à Mammoth Hot Springs. ☎ 344-2263. C'est le seul centre d'accueil ouvert toute l'année. Hors saison de 9 h à 17 h (jusqu'à 18 h en septembre) et de fin mai à fin août de 8 h à 19 h.
🛈 *Visitor Center d'Old Faithful :* sur le site d'Old Faithful. ☎ 545-2750. Ouvert à partir de fin avril de 9 h à 17 h puis de fin mai à septembre de

18 h à 19 h. On y trouve les prévisions des horaires d'éruption des geysers. Informations, librairie, film sur les phénomènes géothermiques et les geysers.

❏ *Visitor Center de Canyon :* site de Canyon Village. ☎ 242-2550. Ouvert seulement de fin mai à fin septembre de 8 h à 19 h.

❏ *Visitor Center de Fishing Bridge :* site de Fishing Bridge, Lake Village et Bridge Bay. ☎ 242-2450. Ouvert de fin mai à fin septembre, de 8 h à 19 h. Petite expo sur la faune et les oiseaux du parc.

❏ *Visitor Center de Grant Village :* site de Grant Village. ☎ 242-2650. Ouvert de fin mai à fin septembre, de 8 h à 19 h. Infos, librairie et expo très bien faite consacrée aux incendies de forêts dans le parc (« Yellowstone and Fire »).

■ Les *bureaux d'information* de *Madison* (☎ 344-2821) et de ***West Thumb*** disposent aussi de documentation. Ils sont ouverts de juin à fin septembre de 9 h à 17 h.

Autres infos touristiques

■ *Renseignements d'ordre général :* ☎ 344-7381. ● www.nps.gov/yell ● Par courrier : PO Box 168, Yellowstone National Park Information, WY 82190.

■ *Hébergement :* la majorité des logements du parc et 5 campings sont gérés par *Yellowstone National Park Lodges,* filiale de *Xanterra Park & Resorts :* ☎ 344-7311. ● www.travelyellowstone.com ● www.xanterra.com ●

■ *État des routes et météo :* ☎ 344-2117.

■ *Association du parc national du Yellowstone* (*The Yellowstone Association*) *:* PO Box 117, Yellowstone National Park, WY 82190. ☎ 344-2294. ● www.yellowstoneassociation.org ●

Documentations, cartes

– La brochure gratuite ***Bienvenue à Yellowstone*** donne quelques infos essentielles en français. Mais pour avoir un aperçu complet et toutes les infos pratiques, il faut se procurer l'excellent journal (gratuit) intitulé ***Yellowstone Today*** qui contient les programmes détaillés des activités de découverte, des conférences et des sorties organisés chaque jour par les *rangers*. Il est donné avec le *pass* et dans chaque *Visitor Center*.

– ***Cartes :*** une carte en couleurs de Yellowstone, avec une foule d'infos utiles, est remise gratuitement à chaque visiteur à toutes les entrées du parc, tout comme le journal *Yellowstone Today*. Des cartes plus détaillées des sites importants (Old Faithful, Mammoth Hot Springs, Canyon Village...) sont vendues pour 50 cents seulement dans les différents *Visitor Centers* ainsi que sur les sites. Des cartes de randonnées et des topoguides sont vendus dans chaque poste d'information et dans les boutiques du parc.

Distributeurs automatiques de billets

Par précaution, il est plus prudent d'avoir de l'argent liquide sur soi avant de se lancer dans la visite du parc, particulièrement au mois d'août, période d'affluence.

■ *Dans le parc :* distributeurs automatiques fonctionnant 24 h/24, à l'*Old Faithful Inn,* au *Lake Yellowstone Hotel & Cabins* et au *Canyon Lodge & Cabins.*

Urgences médicales

■ *Urgences :* ☎ 911.

■ *Clinique de Mammoth :* à Mammoth Hot Springs. ☎ 344-7965. Ouvert toute l'année du lundi au vendredi de 8 h 30 à 17 h (13 h le vendredi) de janvier à fin mai et de septembre à décembre ; tous les jours de 8 h 30 à 17 h, de juin à début septembre.

■ *Clinique d'Old Faithful :* à Old Faithful. ☎ 545-7325. Ouvert tous les jours de 7 h à 19 h de mi-mai à mi-septembre.

■ *Lake Clinic & Pharmacy :* ☎ 242-7241. Ouvert tous les jours de 8 h 30 à 20 h 30 de mi-mai à fin septembre.

Conseils à suivre (par ordre alphabétique)

– *Animaux sauvages :* les meilleurs moments pour apercevoir les animaux sont l'aube et le crépuscule. Ils traînent dans les plaines, dans les sous-bois, sur les bas-côtés de la route et souvent sur la chaussée. Attention ! La règle de base consiste à ne jamais les approcher de trop près, quels qu'ils soient. Ne pas les taquiner, ni essayer de les nourrir (c'est illégal). On pense particulièrement aux bisons et aux ours qui sont des animaux imprévisibles et dangereux (les ours sont tout de même moins visibles). Dans tous les cas, gardez vos distances, c'est-à-dire une centaine de mètres entre vous et l'animal. Si vous croisez un animal sur votre route, la solution la plus sûre, préconisée par les autorités du parc, consiste à rester dans l'habitacle de sa voiture. Ce que la majorité des gens font. En outre, si un accident arrive, la loi américaine se retournera contre vous. Elle stipule en effet qu'il est interdit d'approcher un ours à moins de 91 m, et à moins de 23 m pour les autres animaux du parc. Vous seriez donc en tort. Et votre compagnie d'assurance ne pourrait pas rembourser de sitôt le morceau de bras que les nounours aura arraché d'un énergique coup de mâchoire... Bref, si dans notre imaginaire les ours semblent gentils, patauds et débonnaires, dans la réalité ils peuvent être agressifs et vraiment dangereux. Ils sont fortement attirés par les odeurs de cuisine et les détritus alimentaires. Les pique-niqueurs et les campeurs veilleront donc à ne rien laisser traîner au-dehors. Toujours ranger ses provisions dans des boîtes hermétiques, dans le coffre de sa voiture, ou suspendues dans un sac prévu à cet effet à 3 m du sol et à 1,50 m horizontalement d'un arbre, pour réduire le danger. Les campeurs ne devront rien laisser non plus dans leur tente.

– *Baignade :* selon le règlement interne du parc, « natation, baignade et pataugeage *(sic !)* dans les sources thermales ou dans les cours d'eau alimentés par celles-ci sont illégaux ». À cause des amibes et des infections possibles, mais aussi pour ne pas dénaturer la beauté des sites. Sinon, il reste l'eau non thermale, pas toujours facile à distinguer des autres eaux ! De toutes manières, l'eau des rivières, des cours d'eau et des lacs est généralement si froide qu'aucun baigneur ne s'y aventure. Les risques d'hypothermie sont réels. Yellowstone n'est pas Miami !

– *Billets d'entrée :* l'entrée de Yellowstone est payante ; 20 US$ par véhicule, 10 US$ si vous arrivez à pied ou à vélo. *National Parks Pass* accepté. Ce billet est valable 7 jours et doit être conservé précieusement si vous entrez et sortez du parc au cours de votre visite, car il vous sera demandé à chaque poste d'entrée. Le billet est également valable pour le parc national de Grand Teton.

– *Campings, hébergement, lodges :* en été, tout est pris d'assaut. Pour avoir une chance de trouver une place disponible dans un *lodge* du parc en plein été, il faut réserver plusieurs mois, voire un an à l'avance. C'est un parcours du combattant... C'est pourquoi de nombreux voyageurs optent pour les petites villes aux abords du parc (West Yellowstone, Gardiner, voire Cody ou Jackson Hole). Pour les campings, la situation est moins désespérée. On peut trouver facilement de la place, sans réservation, à condition de se lever le plus tôt possible et de se présenter au premier centre d'accueil venu pour vérifier les places disponibles. Après 10 h, les campings affichent souvent complet.

– **Circulation :** la vitesse maximale autorisée dans le parc est de 45 mph (72 km/h). Comme partout aux États-Unis, personne ne dépasse cette limite. Et les moyennes routières doivent souvent être revues à la baisse en raison du passage inopiné d'animaux sauvages sur la chaussée. De nuit, soyez d'autant plus prudent.

– **Détritus :** ne jamais laisser de nourriture ou d'ordures traîner après votre passage afin de ne pas attirer les animaux, surtout les ours... et par respect pour la nature, tout simplement !

– **Eau :** malgré son aspect pur et limpide, l'eau des lacs et des rivières n'est pas potable. On peut la boire si elle a été filtrée ou bouillie auparavant (au moins 5 mn).

– **Feux de camp :** à éviter autant que possible. Ils sont autorisés uniquement sur les terrains de camping désignés et dans les sites réservés au pique-nique, où l'on trouve des châssis de foyer. À condition de respecter toutes les règles de sécurité... Seul le bois mort et ramassé à terre comme bois à brûler peut être utilisé pour le feu.

– **Randonnées :** si vous partez pour une randonnée à l'écart des circuits de petite promenade, renseignez-vous avant auprès des *rangers* des centres d'accueil. Ils vous indiqueront les sentiers accessibles, car la neige bloque parfois certains passages jusqu'à fin juin. L'obtention d'un permis est aussi nécessaire pour toutes les randonnées de plus d'une journée et le camping sauvage (voir plus loin « Infos pratiques » dans « Où camper ? »). Enfin, près des sources chaudes (sulfureuses), il est essentiel de ne pas sortir des sentiers balisés car on risque d'être ébouillanté. Bien surveiller vos enfants.

– **Ravitaillement, épiceries :** on trouve une douzaine d'épiceries à l'intérieur du parc, situées dans les sites et les villages les plus fréquentés. Hormis l'épicerie de Mammoth Hot Springs ouverte toute l'année, ces *general stores* ouvrent en moyenne de mi-mai à fin septembre. Ils sont très bien fournis et on y trouve de tout. Ils proposent tous des snacks et des sandwichs chauds à toute heure.

– **Stations-service et garages :** on trouve 7 stations-service et 4 garages à l'intérieur du parc. Garage se dit *repair service*. À *Old Faithful* (2 stations et 1 garage), à *Canyon Village* (station et garage), à *Mammoth Hot Springs*, à *Fishing Bridge* (station et garage), à *Grant Village* (station et garage) et à *Tower Roosevelt* (station).

Où dormir ?

Il y a 9 endroits différents, dans le parc, où il existe des cabanons *(cabins)*, bungalows *(lodges)* ou hôtels, tous gérés par *Xanterra Parks and Resorts* (voir plus loin).

Infos et réservations

– **Conseil :** pour obtenir une chambre dans un hôtel, louer une *cabin* ou un *lodge*, les réservations ne sont pas obligatoires mais elles sont hautement recommandées. Car en été, et même avant et après la haute saison, tout (ou presque) est plein. Les Américains eux-mêmes réservent parfois dès l'automne pour l'été suivant. On effectue la réservation par courrier, téléphone ou fax, en sachant qu'il faut verser des arrhes pour obtenir la confirmation. L'autre solution, plus efficace, mais plus chère, consiste à passer par une agence de voyages spécialisée sur les États-Unis (voir au début de ce guide). Enfin, si vous ne trouvez pas de place dans une structure à l'intérieur même du parc, rabattez-vous sur les adresses des villes de West Yellowstone ou de Gardiner (voir plus loin), situées à ses portes.

■ **Xanterra Parks and Resorts :** PO Box 165, Yellowstone National Park, WY 82190. ☎ 1-307-344-7311. Fax : 1-307-344-7456. ● www.travelyellows tone.com ● www.xanterra.com ● Il s'agit de l'organisme qui gère la majorité des structures d'hébergement du parc. Sachez qu'en mai et juin, ils sont saturés par les appels et les demandes de réservation (ils conseillent alors d'appeler le soir ou le week-end).

Les types d'hébergements

Dans le parc, il y a 5 catégories de chambres et de prix. Les chambres les moins chères sont en cabanons, sans douche, et commencent à 52 US$. Ensuite, ça monte jusqu'à 180 US$. Pour les chambres en *cabins,* avec salle de bains, on compte trois niveaux de confort : **rough rider** (ou *pioneer*), **frontier** et **western.** Trois catégories aussi pour les chambres des *lodges* ou des hôtels : **mid range, high range** et **premium.** C'est comme les différences de champagne, à vous de choisir... Enfin, en haut de la gamme des prix, les suites, à partir de 275 US$.

Les réductions

Il existe un tarif *early bird* pour certains hôtels et *lodges* si vous réservez avant le mois d'avril pour le printemps de l'année suivante. Ces réductions peuvent s'avérer très intéressantes (jusqu'à 45 %) mais varient d'un endroit à l'autre. Également des tarifs spéciaux en automne et en hiver, ainsi que des offres exceptionnelles sur les sites Internet cités plus haut.

Les établissements

À Roosevelt

🏠 **Roosevelt Lodge Cabins :** ainsi nommée en hommage au président Roosevelt qui y séjourna plusieurs fois et qui joua un rôle décisif dans la sauvegarde et la protection du parc. Ouvert de début juin à fin août seulement. Les cabanons sont les moins chers du parc avec ceux d'*Old Faith-*ful Lodge. Il y a des *rough riders* à environ 52 US$ sans salle de bains et des *frontiers* à 88 US$ (avec douche et w.-c.). Très beau coin et belle vue. Déco rustique et ambiance western. Possibilité de balades à cheval et en chariot.

À Old Faithful

🏠 **Old Faithful Snow Lodge & Cabins :** entre l'*Old Faithful Lodge Cabins* et l'*Old Faithful Inn.* Ouvert de mai à mi-octobre, ainsi que de mi-décembre à mi-mars. Chambres *premium* à 150 US$ et cabanons avec salle de bains de 76 à 115 US$. Un des établissements les plus récents du parc, au design et à la déco tout en bois. En revanche, c'est le seul qui n'a pas de vue sur le fameux geyser.
🏠 **Old Faithful Lodge Cabins :** im-posant chalet de style Old West, très bien situé, face au célèbre geyser Old Faithful. Ouvert de mi-mai à mi-septembre. Les *cabins* sans bains sont à 53 US$, parmi les moins chères de tout Yellowstone. Également une catégorie *frontier* à 75 US$, avec salle de bains.
🏠 **Old Faithful Inn :** ouvert de début mai à mi-octobre. De 75 US$ la chambre sans salle de bains, à partir de 96 US$ avec salle de bains jusqu'à 177 US$ dans la catégorie

premium. Suites à 350 US$. À deux pas du geyser Old Faithful, cette magnifique auberge de 1903 semble tout droit sortie de l'imagination de Jack London. Construite avec des troncs d'arbres, des gros rondins et des pierres, elle est classée Monument historique. Une sorte de chalet géant pour trappeurs enrichis, un des plus grands dans le monde. Le hall mérite à lui seul le coup d'œil, avec 25 m de hauteur sous plafond, une cheminée monumentale et 5 étages de balcons en bois jusqu'au toit. Elle a pourtant conservé le charme rusti-que des vieilles maisons forestières de l'Ouest américain, malgré ses 370 chambres. Certaines d'origine, à la déco western, un peu sombres et mal insonorisées mais au charme authentique. D'autres chambres tout confort et plus lumineuses, dans une annexe bien intégrée au chalet. Grande terrasse ensoleillée, aux premières loges pour admirer l'éruption du mythique geyser. On y trouve aussi un restaurant à la carte, une cafétéria et un agréable bar. S'il n'y a pas trop de monde, c'est un merveilleux endroit.

À Mammoth Hot Springs

🛏 **Mammoth Hot Springs Hotel & Cabins :** au nord du parc. Ouvert de début mai à début octobre, ainsi que de fin décembre à début mars. Vieil hôtel de 1937. Propose 94 chambres catégorie 2 étoiles à 71 US$ sans salle de bains ou 93 US$ avec, plus 126 cabanons à 61 US$ sans douche et 88 US$ avec. Les chambres de l'hôtel sont assez vieillottes et sombres, l'insonorisation laisse un peu à désirer, mais l'ensemble possède un certain charme rétro. *Cabins* au confort simple, mais propres et bien tenues.

À Canyon Village

🛏 **Canyon Lodge & Cabins :** bien situé, non loin du grand canyon de la rivière Yellowstone. Ouvert de juin à mi-septembre. *Cabins* de 58 US$ (catégorie *pioneer*) à 115 US$ *(western)*. Chacun des cabanons peut recevoir au moins 4 personnes. Ils ont tous toilettes privées et douche, mais leur prix varie en fonction du confort. Les chambres d'hôtel du *lodge,* avec salle de bains, sont dans la catégorie *high range* (environ 135 US$). Restaurant agréable avec une grande cheminée.

À Grant Village

🛏 **Grant Village :** ouvert de fin mai à fin septembre. De 96 à 108 US$ selon la catégorie. Ensemble de 300 chambres avec salle de bains style motel amélioré, réparties dans 6 *lodges* différents. Tout nouveau, confortable et fonctionnel, mais pas très beau. Deux restaurants à côté.

À Lake Village

🛏 **Lake Yellowstone Hotel & Cabins :** ouvert de mi-mai à début octobre. Chambres de 115 à 180 US$. Cabanons avec salle de bains à 84 US$. Même s'il n'en a pas vraiment l'air, il s'agit du plus vieil hôtel du parc. Dominant les eaux bleues de l'immense lac de Yellowstone, entouré de forêts, il fut construit en 1891 pour accueillir les premiers touristes. Il leur en coûtait alors 4 US$ par nuit, dîner inclus ! Aujourd'hui, l'hôtel a été entièrement rénové et abrite 158 chambres de catégories *high range* et *premium.* Beaucoup ont une vue superbe sur le lac. Noter aussi le grand salon au rez-de-chaussée, très agréable, avec un bar à vin et une grande baie vitrée. Il y a aussi 168 *cabins* à prix correct, mais pas de vue sur le lac. Le snack de l'hôtel pratique des tarifs raisonnables à midi (sandwichs frais, salades et *burgers,* tous les classiques à 6 ou 8 US$).

🛏 Un peu plus loin, au *Lake Lodge,* on peut louer d'autres cabanons avec salle de bains. De 56 à 115 US$. Un style casernement rustique qui n'offre pas beaucoup de charme. On peut trouver mieux dans le parc.

Où camper ?

Camper à Yellowstone reste la solution la plus économique et la plus écologique. La beauté des paysages, l'omniprésence d'une faune sauvage, l'espace qui n'en finit pas, tout contribue ici à faire du camping une expérience unique.

Le parc national gère 7 campings qui fonctionnent sur le principe du « premier arrivé, premier servi » *(first come, first served).* En été, en juillet et en août particulièrement, ils sont souvent complets dès la fin de la matinée. Pour avoir des chances de trouver une place, présentez-vous au *Visitor Center* le plus proche dès l'ouverture et consultez le tableau des campings et des places disponibles. Puis rendez-vous directement à la réception du camping.

En revanche, on peut effectuer une réservation dans les 5 autres campings du parc gérés par *Xanterra Parks and Resorts* (voir « Infos et réservations », dans « Où dormir ? ») : *Bridge Bay Campground, Canyon Campground, Grant Village Canyon Campground, Madison Campground* et *Fishing Bridge RV Park.* Vous pouvez aussi téléphoner le jour même au : ☎ 344-7901 pour savoir ce qui est disponible. Les emplacements y coûtent autour de 18 US$ (environ 30 US$ à Fishing Bridge, qui est réservé aux camping-cars), contre 10 à 13 US$ pour les sites sans réservation.

Réservations

■ *Xanterra Parks and Resorts :* PO Box 165, Yellowstone National Park, WY 82190. ☎ 344-7311. ● www.tra velyellowstone.com ● www.xanterra. com ●

Infos pratiques

– *Équipements :* tous les campings sur réservation ont des toilettes avec douches (eau froide) et des raccordements à l'eau potable. Les autres sont plutôt rudimentaires mais situés dans un environnement très agréable.

– *Règles :* impossible de camper plus de 14 jours au même endroit, dans la période du 15 juin au 15 septembre. Seul au *Fishing Bridge RV Park* (réservé aux camping-cars), on peut rester le temps que l'on veut.

– Pour le *camping sauvage,* il est nécessaire d'obtenir une autorisation spéciale *(wilderness permit)* auprès des *rangers* dans les *Visitor Centers* (au maximum 48 h avant le départ de la randonnée). C'est gratuit. Seuls quelques sites de l'arrière-pays sont ouverts à la réservation ; ils sont alors payants (15 US$ par permis). Si c'est le cas de celui – ou de ceux – que vous avez choisis, vous pouvez écrire au :

■ *Backcountry Office :* PO Box 168, Yellowstone National Park, WY 82190. Maximum 1 à 3 nuits selon le lieu.

Campings avec réservation

Attention, les dates d'ouverture et de fermeture des campings peuvent varier de quelques jours en fonction de la météo. Un numéro unique permet d'effectuer une réservation pour le soir même : ☎ 344-7901. À contacter de 7 h à 10 h, pas après.

⚲ *Fishing Bridge RV Park :* très bien placé, près du lac de Yellowstone. Ouvert de mi-mai à mi-septembre. Emplacement autour de 35 US$. N'accepte que les caravanes et les camping-cars, pas les tentes. À proximité, douches (payantes), épicerie, laverie, station-service et garage.

⚲ *Grant Village Canyon Campground :* situé sur la rive sud du lac de Yellowstone, à 22 *miles* de l'entrée sud du parc. Ouvert de fin juin à fin septembre. Compter 17 US$ l'emplacement avec tente jusqu'à 6 personnes. Notre préféré en raison de la présence du lac et du site ombragé par des arbres. Douches payantes ; snack, commerces et laverie à proximité.

⚲ *Bridge Bay Campground :* sur la rive ouest du lac de Yellowstone, à 3 *miles* au sud de Fishing Bridge Junction. Ouvert de fin mai à mi-septembre. Compter 18 US$ l'emplacement. Le plus grand camping du parc (430 emplacements) mais pas le plus agréable : les sites sont accolés, sans ombre, et la route est assez proche. Épicerie, location de bateaux. Il faut faire 4 *miles* pour trouver une douche et une laverie.

⚲ *Canyon Campground :* près du grand canyon de Yellowstone. Ouvert de début juin à début septembre. Compter 17 US$. Dans un bois de sapins assez touffu, ce qui explique qu'il reste souvent des congères jusqu'à fin juin. N'oubliez donc pas votre petite laine. Douches payantes, laverie, magasins et snack à proximité.

⚲ *Madison Campground :* situé à moins de 14 *miles* de l'entrée ouest et à 16 *miles* du geyser Old Faithful. C'est celui qui est ouvert le plus longtemps : de mai à fin octobre. Emplacements à 17 US$. Pas de douches et plutôt isolé, mais emplacements ombragés.

Campings sans réservation

⚲ *Mammoth Campground :* au nord du parc. Le seul camping ouvert toute l'année. Compter 18 US$. Pas désagréable, mais situé assez près des habitations des employés du parc, entre deux virages de la route. En revanche, vous aurez droit à la visite des wapitis, peu farouches et certainement quelques bisons. Sanitaires et eau courante (froide).

⚲ *Slough Creek :* situé au nordest du parc. Ouvert de fin mai à fin octobre. Compter 10 US$ l'emplacement. Dans un coin sauvage, idéal pour la pêche. Avec *Pebble Creek,* sans doute le plus isolé et le plus tranquille des campings. Pas de douches.

⚲ *Pebble Creek :* à environ 13 *miles* de l'entrée nord-est du parc. Ouvert de juin à fin septembre. Compter 10 US$. Très tranquille, bien pour la pêche aussi. Pas de douches.

⚲ *Lewis Lake :* à 12 *miles* de l'entrée sud du parc. Ouvert de fin juin à début novembre. Prévoir 10 US$ pour l'emplacement. Bien ombragé, il est situé sur la berge du lac. Pas de douches.

⚲ *Indian Creek :* au nord-ouest du parc, à environ 10 *miles* au sud de Mammoth Hot Springs. Ouvert de début juin à fin septembre. Compter 10 US$. Au milieu des sapins, tout près de la rivière du même nom. Plutôt moins de monde qu'ailleurs. Pas de douches.

⚲ *Tower Fall :* situé juste au-dessus des chutes, au sud de Tower-Roosevelt. Ouvert de mi-mai à fin septembre. Emplacement à 10 US$. C'est l'un des plus agréables campings de Yellowstone. Propose 32 emplacements seulement, essentiellement pour tentes, dans une clairière entourée de sapins. Pas de douches. *General store* au niveau des chutes.

⚲ *Norris :* au nord-ouest du parc, à environ 21 *miles* au sud de Mammoth Hot Springs. Ouvert de mi-mai à fin septembre. Autour de 14 US$. C'est le plus grand avec 116 emplacements. Agréable et ombragé, situé le long d'un petit cours d'eau irriguant une prairie grasse. Il ne manque que les bisons, mais on est consolé par la visite des wapitis. Sanitaires et eau courante (froide).

Où manger ?

Bon marché

La solution la plus économique consiste à faire ses courses à l'avance, au mieux, dans les supermarchés des villes à l'extérieur du parc ou alors dans une des 12 épiceries *(general stores)* du parc. Sinon, on trouve des snacks et des cafétérias dans chaque village. Ils servent des *hamburgers,* des pizzas, des sandwichs et des glaces, généralement de 10 h à 17 h 30. Le cadre est souvent agréable, la nourriture plutôt bonne et les tarifs à peine supérieurs à ceux de McDo !
Pour le déjeuner ou le dîner, il faut se contenter des restaurants dépendant d'un *lodge* ou d'un hôtel, à des prix nettement plus élevés.

De prix moyens à très chic

Les restaurants des hôtels et *lodges* du parc offrent l'unique alternative aux pique-nique et snacks bon marché. Pour le *breakfast,* ils proposent un large buffet de *pancakes,* gaufres, omelettes, *french breads...* à 8 US$, boissons non comprises. Un peu cher payé... En revanche, pour le déjeuner, on trouve les classiques américains autour de 10 à 15 US$ par personne. Prix honnêtes pour un repas complet de qualité. Le soir, cuisine un peu plus recherchée avec de bons steaks, poissons et légumes assortie d'une carte des vins prohibitive... On s'en tire facilement pour 25 US$ par personne. L'atmosphère est assez chic et il est conseillé de réserver à l'avance, par téléphone : ☎ (307) 344-7901, ou, le plus simple, en se présentant à la réception du resto, au tout début ou en fin de service, pour éviter d'attendre trop longtemps.

À voir

Le parc est très bien aménagé. Si vous souhaitez juste en avoir un premier aperçu, prévoyez quand même 3 jours complets (c'est grand !). Mais les amoureux des phénomènes naturels et des animaux sauvages peuvent y rester une semaine et plus sans s'ennuyer.
Les 5 accès du parc débouchent sur un grand « huit » de 175 *miles* de long. Le Yellowstone est un parc à remonter le temps, une image vivante de ce à quoi pouvait ressembler le monde avant l'apparition de l'homme. Croiser un dinosaure ne surprendrait pas autrement dans ce décor... À défaut des monstres préhistoriques, mieux vaut ne pas approcher les animaux de près (voir, plus haut, notre rubrique « Conseils à suivre »).

Les animaux

La faune qui abonde au Yellowstone est aussi variée que la flore et les différents habitats qu'on y trouve : les mouflons gambadent sur les sommets rocailleux en compagnie des marmottes ; ours, wapitis (cerfs), chevreuils et écureuils peuplent les forêts et les sous-bois ; les bisons, les coyotes, les antilopes et les loups préfèrent généralement les plaines ; daims, orignaux (élans) et castors adorent les lisières des bois proches des points d'eau, où d'ailleurs tous les autres viennent les retrouver pour s'abreuver ! Bien sûr, vous vous attirerez des ennuis si un *ranger* vous surprend à les nourrir avec les restes du pique-nique...
– *Où et quand voir les animaux ?* Il faut tout d'abord bien choisir son moment, à savoir l'aube ou le crépuscule, lorsque les animaux sortent pour se nourrir. C'est alors que l'on a le plus de chances de les voir le long des

routes. Les plus faciles à observer sont les cervidés, wapitis *(elks)* et daims *(mule deers* ou *white-tailed deers)*. On est quasiment assuré d'en voir dans les prairies de Gibbon, zone herbeuse située entre Madison et le bassin de Norris (voir plus loin). Pour apercevoir des orignaux *(mooses)* – ou élans du Canada – , aller de préférence dans les environs des Yellowstone River et Lewis River, ou près de l'entrée sud, à Pelican Creek, à l'est de Fishing Bridge. Il y en a aussi à Hayden Valley, entre Fishing Bridge et Canyon, et, tout au nord, entre Mammoth Hot Springs et Gardiner.

La Lamar Valley est plutôt le domaine des coyotes, des bisons et des antilopes. Et surtout, depuis leur réintroduction à Yellowstone en 1991, de deux hordes de loups. Les antilopes *(pronghorn antelopes)* évoluent aussi dans le secteur autour de l'entrée nord du parc. Quant aux grizzlis et aux ours, ils ont plutôt tendance à se cacher dans la partie nord-est, entre Tower Roosevelt et Canyon, du côté des monts Washburn. On a plus de chance d'en apercevoir dans le parc voisin de Grand Teton.

Pour en savoir plus : se renseigner dans les *Visitor Centers,* auprès des gardes forestiers *(rangers).* En été, ils proposent quotidiennement des excursions guidées pour découvrir la faune (ainsi que la flore et les phénomènes naturels).

Des phénomènes naturels exceptionnels

Rappelons-le, il y a environ 630 000 ans, le cœur du Yellowstone subit une gigantesque explosion, créant un cratère de plus de 40 km de diamètre pour une profondeur de 2 000 m. L'érosion fit le reste, stoppant les coulées de lave et comblant les bouches d'éruption. Mais comme la croûte terrestre y est restée relativement mince, l'eau s'infiltre jusqu'à la roche en fusion, les gaz sous pression faisant le chemin inverse. Cette combinaison et la nature des roches déterminent les événements en surface. Geysers, bassins de concrétions, fumerolles, lacs multicolores, mares de boue... tout s'agite, fume, crache à haute température, avec des bruits inquiétants et dans une forte odeur de soufre. C'est Belzébuth qui semble gronder sous l'écorce terrestre ! Ces phénomènes sont uniques au monde par leur diversité, leur nombre et leur importance sur un même territoire. Des aménagements appropriés permettent à tous de s'émerveiller devant des spectacles normalement réservés aux aventuriers et aux scientifiques.

– **Les geysers :** ce mot anglais emprunté à l'islandais *geysir* désigne une source thermale intermittente, qui projette dans les airs des gerbes d'eau bouillante et de vapeur, le plus souvent sous forme d'un unique jet ultra-puissant. À l'origine, l'eau de pluie ou de neige s'infiltre vers l'intérieur de la croûte terrestre, passant à travers les pores de la roche volcanique. L'eau entre en contact avec le magma en fusion à moins de 4 km sous la terre, et se réchauffe progressivement, comme dans une bouilloire.

Sous l'effet de la pression grandissante, elle remonte ensuite vers la surface, en suivant un dédale de fentes et fissures. Les bulles de vapeur en expansion poussent l'eau surchauffée vers les orifices du sol. Une ouverture large permettra à l'eau et à la vapeur de se transformer en source chaude. Mais un orifice étroit les obligera à jaillir violemment et par intermittence à l'extérieur, formant les geysers.

Ce phénomène est particulièrement répandu dans le parc de Yellowstone, au point de lui avoir donné son image mondiale de « parc à geysers ». Un chiffre intéressant : sur les 300 geysers du parc, près de la moitié des geysers les plus beaux du monde sont concentrés dans le seul Upper Geyser Basin, autour de l'Old Faithful ! Celui-ci figure d'ailleurs comme le geyser le plus célèbre et le plus régulier du parc (voir plus bas). Les autres sites sont les bassins de Norris, de West Thumb, Gibbon, Lone Star, Heart Lake, Shoshone et les sites de Upper, Midway et Lower sur le secteur de Firehole. Sorti de Yellowstone, sachez qu'il y a seulement 3 endroits dans le monde présentant des phénomènes comparables : l'Islande, la Nouvelle-Zélande et la péninsule du Kamtchatka en Russie (moins accessible...).

– **Les sources d'eau chaude** *(hot springs) :* se forment quand l'eau n'est ni brûlante ni sous pression. Pas de jet intempestif de ce cratère proéminent, mais une simple cavité percée à la surface de la terre, plus ou moins grande, dans laquelle se trouve une mare d'eau claire, filtrée par la roche. Les couleurs spectaculaires de l'eau varient du bleu turquoise au vert émeraude.

– **Les fumerolles** *(*fumaroles *ou* steam vents) :* ça commence comme une source chaude, mais ça finit en vapeur, faute d'une quantité suffisante d'eau. Là aussi, l'eau chaude remonte du sous-sol. Arrivée à la surface, son volume est trop faible pour jaillir ou créer une mare. Alors elle se transforme en vapeur et libère une sorte de nuage de fumée grise dans l'atmosphère.

– **Les mares boueuses** *(mud pots) :* ce sont des « marmites boueuses », c'est-à-dire des trous béants à la surface du sol, remplis d'une boue stagnante et brûlante. Ces étranges chaudrons se forment au-dessus des fumerolles. Celles-ci dégagent un gaz acide qui décompose la roche en boue et en argile. Gare aux odeurs nauséabondes ! Superbes et inquiétantes mares boueuses dans le bassin de Norris (voir plus bas).

De l'entrée sud (South Entrance) à Old Faithful

🏹 **Lewis River Canyon :** ce canyon porte le nom de Meriwether Lewis, célèbre découvreur américain, membre associé de l'expédition Lewis and Clark qui, pour la première fois, explora les régions sauvages de l'Ouest américain en 1804-1806. Curieusement, ni Lewis ni Clark ne passèrent à Yellowstone. Pour eux, ce n'était qu'un obstacle naturel dans leur progression vers le Pacifique, leur objectif initial. Ils le contournèrent donc, en passant à 80 km au nord, afin de poursuivre leur chemin vers l'extrême ouest du continent.

🏹 **Lewis Lake :** le 3e lac du parc par sa superficie. Il ne dégèle que courant juin. Il est relié au lac Shoshone par un étroit cours d'eau, riche en truites brunes *(brown trouts).* Ce poisson n'est pas originaire d'Amérique, il fut importé d'Europe en 1882.

🏹 **La ligne de partage des eaux (Continental Divide) :** la ligne de partage des eaux entre le bassin Pacifique et le bassin Atlantique traverse le sud du parc de Yellowstone, immense château d'eau du Nord-Ouest des États-Unis. Au nord de cette ligne, tous les cours d'eau existants se déversent forcément dans des affluents du Missouri et coulent via le Mississippi vers l'océan Atlantique à des milliers de kilomètres. Les cours d'eau coulant vers le sud vont au contraire se jeter dans l'océan Pacifique en rejoignant les rivières Snake et Columbia. Une pancarte indique cette ligne de partage des eaux à mi-chemin entre le lac Lewis et Grant Village.

🏹🏹 **West Thumb :** une large baie découpée dans la partie sud-ouest du lac Yellowstone, où se niche le site de *West Thumb Geyser Basin,* moins actif que les autres grands bassins thermaux du parc mais qui présente de belles couleurs. La vue sur le lac et les montagnes enneigées au loin est superbe. Au printemps, il n'est pas rare d'observer des daims et des bisons qui viennent brouter sur le site.
Pour plus de détails, voir plus loin.

🏹🏹 **Grant Village :** sur la rive sud-ouest du lac Yellowstone. Un bon point de chute pour camper au bord de l'eau. Il faut s'arrêter au *Visitor Center* pour y visiter le musée consacré aux feux de forêts.

– **Le musée du Feu et des Incendies :** à l'intérieur du *Visitor Center* de Grant Village. Très bien fait, très complet, il raconte en détail l'épisode dramatique des incendies de l'été 1988. Tout y est expliqué : depuis les premiers éclairs d'orage qui embrasèrent les arbres ce 22 juin 1988, jusqu'à l'extinction des dernières flammes en novembre (!). Les conséquences furent très lourdes. Près de 36 % de la surface du parc partit en fumée. Des milliers d'animaux périrent asphyxiés. Au total, 25 000 pompiers venus des quatre coins du pays participèrent aux opérations.

Mais, au-delà de cet incendie particulier, le musée aborde la question (universelle !) du feu et de son rôle dans la nature, notamment dans le cycle de vie des forêts. Présentées ici comme une force élémentaire destructrice mais également créatrice, les cendres constituent, par exemple, un excellent engrais favorisant la repousse des plantes basses. Les animaux y trouvent ainsi leur compte.

Le plus intéressant dans ce petit musée, c'est qu'on apprend autant sur le feu que sur cet esprit américain positif, presque optimiste. Même si le drame de 1988 représente un des plus grands désastres écologiques de ces cinquante dernières années, on ne parle pas de destruction à proprement parler au Yellowstone, mais de transformation...

🦌 **Isa Lake :** au niveau de Craig Pass, un col de 2 518 m, sur la route de l'Old Faithful. Petit lac avec de grands nénuphars. Il est situé sur la ligne de partage des eaux, alimentant le bassin Atlantique ou Pacifique, selon son humeur.

🦌🦌🦌 **Upper Geyser Basin :** un quart des geysers existant à la surface du globe se trouve rassemblé ici, sur un bout de terrain grand comme un mouchoir de poche (4 km de long sur 1,5 km de large). On compte 75 geysers actifs et 600 sources chaudes. Un site étonnant à découvrir à pied. Évitez les foules en venant tôt le matin ou en fin de journée. On peut emprunter des sentiers et marcher jusqu'au *Castle Geyser* (un des plus vieux et des plus beaux du parc), qui jaillit pendant 50 mn en moyenne, toutes les 13 h environ, jusqu'au *Grand Geyser*, plus puissant que l'*Old Faithful* mais moins prévisible (toutes les 10 h en moyenne), ou jusqu'au *Riverside Geyser*, qui jaillit toutes les 8 h en moyenne, juste au bord de l'eau. Les prévisions d'éruption des principaux geysers du bassin (dont l'Old Faithful) sont affichées tous les jours à l'accueil du *Visitor Center*.

🦌🦌🦌 **Le geyser Old Faithful :** c'est un monstre sacré, une immense colonne liquide, le produit des ténèbres et des mystères de la croûte terrestre. Monument historique de la Nature, il est le geyser le plus connu des États-Unis, sinon du monde. Ses éruptions durent en moyenne de 2 à 5 mn et son jet ultra-puissant atteint une hauteur variant entre 30 et 55 m. Voilà un roi entouré de centaines d'admirateurs, tous gardés à distance sur une promenade en planches. De cet hémicycle, le spectacle est éblouissant. Les ooooh ! et les aahhh ! du public médusé figurent parmi les plus belles exclamations du parc. Surtout, Old Faithful est le plus constant de tous les geysers du parc, et on peut prévoir ses éruptions à 10 mn près. C'est cette ponctualité qui lui valut d'être baptisé « vieux loyal », dès 1870. En prime, l'intervalle entre deux éruptions peut varier de 45 à 80 mn, jamais plus. Les prévisions sont affichées sur un panneau au *Visitor Center*, ainsi qu'à la réception de l'auberge *Old Faithful Inn*, juste en face du bassin. À chacune de ses éruptions, il expulse entre 44 000 à 53 000 l d'eau chaude.

🦌 **Black Sand Basin :** jolis bassins multicolores, notamment la *Emerald Pool*, qui porte bien son nom. On passe aussi devant le *Cliff Geyser*, qui s'est formé au bord de la rivière, pour rejoindre le superbe *Sunset Lake*, qui offre toute la gamme des couleurs de l'arc-en-ciel.

D'Old Faithful à Mammoth Hot Springs

🦌🦌🦌 **Midway Geyser Basin :** on peut y admirer la *Grand Prismatic Spring*, la plus grande source chaude du parc, et la 2e dans le monde. Près de 100 m de diamètre ! Elle porte bien son nom, présentant des couleurs extraordinairement variées, comme le jaune, le rouge, le bleu et le vert. Le bassin, aux eaux bouillonnantes, a été formé par les éruptions successives du geyser *Excelsior* voisin, dans les années 1880. Elles atteignaient alors 15 à 90 m de haut. Leur force même a endommagé le système d'alimentation du geyser. Pourtant, en 1985, il s'est réveillé pour une éruption continue de 47 h. Depuis, plus rien.

Pour une vue générale, on peut éventuellement escalader la petite butte qui se trouve de l'autre côté de la route, à l'extrémité sud du parking. À faire dans ce cas le matin, la lumière dans le dos. On vous conseille aussi de prendre des jumelles et un téléobjectif d'au moins 200 mm. Inutile, bien sûr, de monter si le vent souffle la vapeur dans votre direction.

La source chaude *Turquoise Pool,* plus petite, mesure environ 30 m de diamètre. Très belle elle aussi.

🍴🚶 *Lower Geyser Basin :* en suivant la Firehole Lake Dr, on peut admirer plusieurs beaux geysers dont le *Great Fountain Geyser,* un des plus grands du monde. Son éruption, qui a lieu toutes les 8 à 12 h, atteint couramment 30 m de haut et parfois jusqu'à 65 m. Il crache à plusieurs reprises, sur une période comprise entre 10 mn et 1 h, avec des intervalles sans manifestation. Une pancarte, sur place, indique l'heure approximative de la prochaine éruption (pouvant varier de plusieurs heures). Un peu plus loin, le *White Dome Geyser* jaillit, lui, toutes les 15 à 30 mn en moyenne (bien qu'il puisse parfois rester 3 h sans se manifester). Son jet est moins spectaculaire (9 m), mais assez joli et surtout plus facile à voir. Un site moins fréquenté et pourtant très spectaculaire.

🍴 *Fountain Paint Pot :* suivre le sentier depuis le parking. On passe d'abord près de la *Silex Spring* aux jolies eaux cristallines, avant d'atteindre ce bassin de boue bouillonnante aux teintes rosées. Le sentier continue vers un site où se regroupent plusieurs geysers. Pour la plupart, ils ont malheureusement vu leur comportement profondément modifié par le séisme de 1959, qui atteignit 7,5 sur l'échelle de Richter.

C'est juste au nord de Fountain Paint Pot, en direction de Madison, que vous aurez des chances de voir de grands troupeaux de bisons.

🍴 *Madison :* simple carrefour où se retrouvent 3 routes. Celle qui vient d'Old Faithful au sud, une autre qui arrive de West à l'ouest et une troisième de Mammoth Hot Springs au nord. Même pas un village. Il y a juste un camping et un point d'information.

🍴 *Les chutes et le canyon de la rivière Gibbon :* la route longe la rivière Gibbon, qui devient de plus en plus impétueuse à mesure que l'on remonte son cours. Les chutes sont hautes de 20 m. On peut s'arrêter facilement pour les admirer. Puis on continue vers le nord, dans une section qui a beaucoup souffert des incendies, surplombant un canyon accidenté. Ce dernier porte le nom du général J. Gibbon qui explora la région en 1872.

🍴🚶 *Les prairies de Gibbon (Gibbon Meadows) :* sorte de plateau d'altitude, couvert d'herbes jaunes et peuplé d'animaux sauvages. Au crépuscule, des troupeaux de daims *(mule deers),* de wapitis *(elks)* et parfois même des élans *(mooses)* viennent brouter sur les bas-côtés, montant quelquefois sur la chaussée. Là encore, quitte à se répéter, on vous donne les avertissements d'usage : automobilistes, soyez prudents ! Évitez de déranger les animaux, ne les approchez pas de trop près et ne les nourrissez pas.

🍴🚶🍴 *Norris Geyser Basin :* à l'endroit où les deux boucles du grand huit (« Upper » et « Lower » Loop Road) se rencontrent. Voilà encore un endroit fabuleux et captivant, à découvrir à pied. Un de nos coups de cœur. On se croirait n'importe où sauf sur la planète Terre. À 2 281 m d'altitude, ce bassin

contient les sources et les geysers les plus chauds du parc. Les eaux souterraines y bouillonnent à une température pouvant atteindre 374 °C. Un
endroit où l'on sent plus qu'ailleurs l'omniprésence des ténèbres qui gron-
dent sous la fine couche de la terre. C'est une sorte de cuvette plate, blanchâtre, au pied d'un verrou rocheux abrupt couvert par une mer d'arbres
calcinés. Le sol est troué ici et là par des sources d'eau chaude, de forme
vaguement circulaire. Il y a aussi des fumerolles rageuses (*fumaroles* ou
steam vents), des jets de vapeur d'eau émanant du magma, ou ces incroyables *mud pots*, littéralement « marmites à boue ». Dans celles-ci, pas de jet
sous pression, pas d'émanation brutale de vapeur, aucune eau claire, mais
un abominable liquide marronnâtre et stagnant, formé par la décomposition
acide de la roche mélangée à l'eau.

Plusieurs sentiers aménagés sur des passerelles en bois permettent d'approcher de près ces étranges phénomènes naturels. Une brochure avec le détail
des itinéraires est en vente (50 cents) à l'entrée du site (en libre-service) et
dans les *Visitor Centers*.

On vous rappelle qu'il est interdit de sortir du sentier balisé et conseillé de
bien tenir la main de vos enfants.

➤ **Le sentier du Porcelain Basin :** une grande boucle de 5 *miles* (8 km). La
plus petite balade. On est assuré de voir quelques petits geysers exploser,
ainsi que des fumeroles et des *mud-pots*. Superbe paysage lunaire et panorama à 180°.

➤ **Le sentier du Back Basin :** une boucle de 1,5 *mile*. Formidable et inquié-
tant. On peut y admirer la belle *Emerald Spring,* une source chaude aux eaux
vert-jaune-bleu. Il y a aussi une série de mares boueuses, de fumerolles. On
découvre aussi le site du *Steamboat Geyser,* considéré comme le plus grand
geyser actif du monde. Il est capable de jaillir à plus de 110 m de haut, soit
2 fois la hauteur maximum d'Old Faithful. Un seul problème, il est imprévisible, paresseux, et ne se manifeste que très rarement. Il peut parfois s'écouler
50 ans entre deux éruptions ou, au contraire, tout juste quelques jours. La
dernière s'est produite en mai 2005. Mais ça vaut le coup de pique-niquer
dans le coin le jour J pour admirer un spectacle aussi hallucinant. L'éruption
de son voisin, l'*Echinus Geyser,* bien que plus faible (12 à 18 m quand même),
est plus régulière mais aussi imprévisible : 2 fois par jour en moyenne, parfois tous les 2 ou 3 jours.

🎭🎭 **Le musée du Visitor Center de Mammoth Hot Springs :** à 5 *miles* de
l'entrée nord (N Entrance) et la petite ville de Gardiner. Intéressant petit musée
consacré à l'histoire du parc, depuis sa découverte par les explorateurs jusqu'aux débuts du tourisme. Beaucoup de documents et des photos sépia
prises lors de l'expédition Hayden. Au 1er étage, des animaux empaillés, des
trappeurs (non empaillés) et des infos sur les Indiens blackfeet. On y apprend
notamment l'extraordinaire aventure de Truman Everts. En 1870, Everts
découvrit le Yellowstone en tant que membre de l'expédition Washburn-
Langford-Doane. Au cours d'un arrêt, il s'écarta du groupe de tête, perdit son
cheval, et se retrouva seul, sans rien, abandonné au milieu des forêts immenses. Il erra ensuite comme une âme en peine, pendant 37 jours. Sans voir
plus loin que le bout de son nez car il avait même perdu ses verres de contact !
Il se nourrissait de plantes et d'herbes, buvant l'eau des rivières, se cachant
comme il pouvait des ours et des loups, bref une incroyable expérience de
survie en milieu hostile. Aujourd'hui, des Américains un peu fous sont prêts à
payer des milliers de dollars pour un stage extrême qui leur permettra de
revivre le même type d'expérience et de jouer les Truman Everts...

🎭🎭🎭 **Les terrasses de Mammoth Hot Springs :** un des phénomènes naturels les plus étonnants du parc. Il s'agit d'un flanc de montagne, composé
d'une série de bassins en escalier, accumulés les uns sur les autres. L'eau

chaude s'écoule de haut en bas de cette étrange construction et absorbe une grande quantité de dioxyde de carbone, qui devient de l'acide. Cet acide attaque la roche calcaire et la dissout lentement déposant au fond des bassins une fine couche de roche appelée travertin, une roche blanchâtre dont la particularité est de pouvoir fixer toutes sortes de bactéries et d'algues colorées. D'où les couleurs épatantes qui s'en dégagent (orange, jaune, vert, brun) et un paysage sans cesse changeant. Ces insolites terrasses rappelleront, pour ceux qui connaissent, celles de Pamukkale en Turquie.

Pour découvrir le site à pied, on peut soit partir du village, au niveau de Liberty Cap, juste après la station-service, soit, pour les plus paresseux, arriver par en haut, en laissant sa voiture sur un des parkings de la route de l'*Upper Terrace Loop.* Un sentier pédestre sinue entre les diverses terrasses. Un des plus beaux endroits est le site de *Canary Spring.* Là, pas de canaris, mais une passerelle en bois qui débouche sous un bosquet d'arbres, face à un ensemble de terrasses remarquables. Au fil des ans, les rebords extérieurs des terrasses, en travertin, ont été sculptés comme des dentelles. Bizarre agrégat de mèches pendantes pétrifiées, de lames filandreuses et de coulées baroques. Il faut voir aussi la superbe terrasse *Minerva,* d'une blancheur neigeuse.

De Mammoth Hot Springs à Tower Roosevelt

🦌 *Petrified Tree :* quelques *miles* avant d'arriver à Tower Roosevelt. Il s'agit d'un bout de tronc pétrifié, haut de 2 m, encore planté en terre, sur les pentes d'un vallon paisible. Il y a 50 millions d'années, une coulée de lave avala cet arbre vivant, qui, du coup, passa du stade de bois à celui de la pierre. À l'origine, il y avait deux arbres. L'un fut cassé en morceaux par des chasseurs qui les emportèrent comme souvenir. L'autre, c'est le vaillant totem que l'on voit, entouré d'une protection métallique, tel un émouvant trophée d'un âge révolu.

De Tower Roosevelt à l'entrée nord-est

🦌🦌 Voilà un des coins les moins calcinés du parc. Sur une cinquantaine de kilomètres, on suit la **vallée de Lamar,** une ancienne vallée glaciaire, qui fournit en hiver la nourriture essentielle aux bisons et aux élans, repliés dans le secteur depuis les incendies de 1988. C'est aussi là qu'on a le plus de chances de voir des loups.

De Tower Roosevelt au lac Yellowstone

🦌 *Tower Roosevelt :* croisement de 3 routes, celle de Mammoth Hot Springs, celle qui mène à l'entrée nord-est, vers Cody, et celle qui file au sud vers Canyon Village.

🦌 *Tower Fall :* une cascade de 40 m qui dégringole dans la Yellowstone River. De fines aiguilles rocheuses détachées des parois la dominent, offrant un très joli point de vue. Les photographes y viendront de préférence le matin.

🦌🦌 *Washburn Range :* au sud de Tower Falls et autour du mont Washburn (3 122 m) s'étend une des régions du parc les plus sauvages, une de celles aussi qui ont le moins souffert des feux de 1988. C'est ici que vit le plus grand nombre de grizzlis. Au point qu'en dehors des routes, ce coin est interdit aux randonneurs pour des raisons de sécurité.

🐾🐾🐾 *Grand Canyon de Yellowstone :* la North Rim Road (2,5 *miles,* à sens unique) part de Canyon Village et mène au site d'*Inspiration Point.* De quoi être inspiré en effet ! De ce nid d'aigle, on surplombe un incroyable canyon, profond selon les endroits de 240 à 360 m, long de 32 km et large au maximum de 1,2 km. Tout en bas coule la rivière Yellowstone qui prend sa source hors du parc. Ici, elle trace son chemin intrépide dans un relief aussi abrupt que possible. Les parois du canyon ont des couleurs particulièrement intéressantes au crépuscule, résultat de l'écoulement de l'eau chaude sur les roches volcaniques. *Yellow stone* signifie pierre jaune. Vous l'avez compris. En réalité, ce ne sont pas les couleurs, mais les rives jaunissantes de la rivière qui ont inspiré les Indiens minnetarees. En aval, les *Lower* et *Upper Falls,* deux vigoureuses chutes d'eau, donnent de la vie à ce vertige de roches et de rocailles. La plus haute mesure près de 100 m, la seconde le tiers. Si le sentier est ouvert, descendre au point de vue situé en haut des Lower Falls (Brink of the Lower Falls), on y trouve une plate-forme d'observation qui offre un spectacle impressionnant. Pour les courageux, le sentier de l'oncle Tom *(Uncle Tom's trail)* sur la rive droite conduit à un point de vue en bas des Lower Falls, après une descente vertigineuse de 328 marches, à flanc de canyon. La vue vaut vraiment le détour, et mérite qu'on peine un peu dans la remontée. D'*Artist Point,* la vue sur les chutes inférieures est l'une des plus belles du parc. Mais la concurrence est rude. Il y a aussi *Grandview Point* et *Lookout Point,* accessibles par la route de la rive nord (North Rim Road).

🐾🐾 *Mud Volcano et Sulfur Caldron :* encore des mares et des geysers de boue bouillonnante. Chouette sentier baigné de vapeurs nauséabondes pour découvrir le site. Avec un peu plus loin en contrebas, de l'autre côté de la route, des bassins de soufre gargouillant et des évents, sulfureux eux aussi. Odeurs d'œuf pourri garanties.

🐾🐾🐾 *Le lac Yellowstone :* c'est le plus grand lac du parc par sa taille et même le plus grand lac de montagne de toute l'Amérique du Nord. Il mesure 32 km de long sur 23 km de large, 117 m de profondeur et totalise 176 km de rivages (en grande partie boisés). Grand miroir limpide et rafraîchissant, à 2 357 m d'altitude, sa surface est souvent gelée jusqu'en juin. Il occupe un ancien cratère volcanique, encadré par les sommets des monts Absaroka que l'on distingue très bien au loin. Autrefois, ses eaux pouvaient alimenter des rivières coulant aussi bien vers le Pacifique que vers l'Atlantique. Mais tout change. Aujourd'hui, ses eaux rejoignent exclusivement l'Atlantique via le Missouri et le Mississippi. Une épopée ! En outre, selon les experts, si le niveau du lac baissait seulement de quelques mètres, cela pourrait provoquer une violente explosion de vapeur hydrothermale. C'est ce type d'explosion qui a d'ailleurs généré les cratères de Mary Bay et d'Indian Pond. On peut louer des bateaux pour se promener sur le lac et pêcher la truite (avec permis). Mais on vous déconseille d'y faire trempette, car l'eau reste glaciale même en été.

🐾 *Lake Village et Bridge Bay :* sur la rive ouest, au bord du lac. C'est ici qu'on trouve le plus vieil établissement du parc, le *Lake Yellowstone Hotel & Cabins,* construit à la fin du XIXe siècle, qui fait face au lac (voir notre rubrique « Où dormir ? »). Bridge Bay est la marina située entre Lake Village et West Thumb.

À faire

Promenades en bateau

Les promenades en bateau sont permises sur les lacs Yellowstone, Lewis et Shoshone. Des balades guidées et des séances de pêche sont organisées au départ de la marina de Bridge Bay, au bord du lac Yellowstone. On peut ainsi découvrir toute la partie nord de ce merveilleux lac, et plus particulièrement la petite île Stevenson, peuplée d'orignaux (élans) et d'aigles pêcheurs. Fonctionne de début juin à mi-septembre. Premier départ à 9 h 15, dernier départ à 19 h 15. Entre le 15 juin et début septembre, les plus autonomes pourront louer des petits bateaux à rames (*rowboats*, pour 2 à 4 personnes, environ 8 US$ de l'heure) ou à moteur (*outboard*, pour 2 à 6 personnes, à 33 US$).

Promenades à vélo

Bien que les routes soient un peu étroites au regard du nombre de véhicules qui les empruntent en été, la bicyclette reste un bon moyen de découverte, à condition d'avoir du temps. Location possible aux villes d'entrée, West Yellowstone, Gardiner et plus au nord, Jackson Hole.

Promenades à cheval *(horseback rides)*

Des balades à cheval de 1 ou 2 h sont organisées dans 3 sites du parc, à Mammoth Hot Springs (de mi-mai à mi-septembre), au *Roosevelt Lodge* (de début juin à fin août) et à Canyon Village (de mi-juin à fin août). Au départ de Roosevelt, il y a aussi des petites randonnées en chariot et des excursions équestres à la demi-journée, avec déjeuner au coin du feu. Les réservations sont vivement recommandées, surtout en août. Les enfants doivent avoir au moins 8 ans. Compter 28 ou 42 US$ pour 1 à 2 h de cheval. Environ 8 US$ par adulte pour les balades en chariot et 23 US$ avec repas. Réservations et infos : ☎ 344-7311. Ou auprès des centres d'accueil et des établissements du parc.

Pêche

Elle est autorisée mais nécessite un permis payant (10 US$ pour une validité de 10 jours, le double pour tout l'été), à demander dans les centres d'accueil. À quelques exceptions près, la saison dure de fin mai jusqu'au 1er dimanche de novembre. Les coins les plus intéressants sont la rivière de Yellowstone, au nord de Canyon Village, la rivière Madison, entre Madison et l'entrée ouest du parc, ainsi que les lacs Yellowstone, Shoshone et Sylvan. On trouve beaucoup de truites (*lake trout* et *cutthroat trout*), mais aussi des *graylings* (que l'on doit impérativement relâcher) et des *mountain whitefishes*. *Important* : si vous pêchez une *lake trout*, vous devez absolument la tuer car elle envahit tout le territoire et menace directement la survie des truites *cutthroat*. Introduite malencontreusement par la main de l'homme, les autorités tentent aujourd'hui de l'éradiquer !

Randonnées

Plus de 800 *miles* (1 280 km) de sentiers dans le parc, qui conduisent, d'une manière ou d'une autre, dans les coins les plus sauvages – ce que les Américains appellent le *wilderness*. Toutes les informations, des plus générales aux plus détaillées, sont fournies par les gardes forestiers (les *rangers*) au sein des *Visitor Centers*. Procurez-vous la brochure qui recense une vingtaine de randonnées à la journée *(day hikes)*. On trouve aussi des guides très complets édités par les associations du parc. Une solution intéressante consiste à louer les services d'un des nombreux guides professionnels du parc. Bien sûr, c'est payant, mais vous aurez le privilège de randonner en compagnie des meilleurs connaisseurs de la faune et de la flore et d'apprendre énormément de choses, à condition de bien comprendre l'anglais, évidemment. Voir les conseils pour la randonnée, plus haut.

Sports d'hiver

Yellowstone se prête à de nombreuses activités durant la « saison blanche » : ski de piste ou de fond, patin à glace à Mammoth Hot Springs et même balades en raquettes (au départ de Mammoth et d'Old Faithful). On peut louer tout l'équipement nécessaire pour les différents sports auprès de *Xanterra Parks and Resorts* (voir « Où dormir ? »). Pour les amateurs, on peut aussi louer un moto-neige, le meilleur moyen de locomotion dans le parc à cette période. La compagnie propose, en outre, des excursions accompagnées de Mammoth Hot Springs jusqu'au Grand Canyon de Yellowstone. Le spectacle des chutes inférieures gelées est tout simplement superbe. On peut aussi téléphoner à l'office du tourisme de West Yellowstone (☎ 406-646-7701) pour obtenir la liste des loueurs locaux.

WEST YELLOWSTONE (MONTANA) IND. TÉL. : 406

Située à l'extrême limite du Montana et du Wyoming, sur la route 20, la bourgade de West Yellowstone possède un atout majeur : sa situation. Elle est à un demi-*mile* de l'entrée ouest (W Entrance) du Yellowstone. Moins excentrée que Jackson Hole, au sud, ou que Cody à l'est, plus proche d'Old Faithful que Gardiner, au nord, elle est une base arrière idéale pour ceux qui n'ont pas trouvé d'hébergement à l'intérieur du parc. D'autant plus que la ville offre de nombreux motels à tous les prix.

West Yellowstone est plate, petite, quadrillée simplement, sans grand charme pour tout dire. Ici, les 913 habitants vivent quasi exclusivement du tourisme. On est à 2 032 m d'altitude, ce qui donne des hivers froids et enneigés. Heureuse conséquence de l'altitude, la température estivale reste très supportable. On respire !

Adresses utiles

ⓘ *Office de tourisme (plan B3) :* Chamber of Commerce, 30 Yellowstone Ave, PO Box 458, West Yellowstone MT 59758. ☎ 646-7701. Fax : 646-9691. ● www.westyellowstonechamber.com ● Ouvert en semaine de 9 h à 17 h, tous les jours jusqu'à 19 h en saison. La brochure *West Yellowstone Montana*, bien faite, contient toutes les infos sur la ville. Bons de réduction de 1 US$ pour le Museum of Yellowstone, ainsi que pour l'IMAX Theater voisin.

✈ *Yellowstone Airport (hors plan par B1) :* à 1 *mile* au nord de la ville, Hwy 191. ☎ 646-7631. Avec la compagnie *Skywest,* liaisons quotidiennes de juin à septembre depuis Jackson Hole, Salt Lake City, Denver, etc. Renseignements : ☎ 646-7351 ou 1-800-221-1212. ● www.skywest.com ●

✉ *Poste (plan B3) :* 209 Grizzly Ave. ☎ 646-7704.

@ *Send it Home (plan B2) :* 27 Madison Ave. ☎ 646-7300. Ouvert du lundi au samedi de midi à 21 h. Accès Internet pour 5 US$ les 30 mn. Vente de timbres, envoi de courriers et colis en *FedEx.*

Transports

■ *Yellowstone Taxi Service (plan B2, 5) :* ☎ 646-1111 ou 749-9622. Liaisons en taxi ou en bus pour l'aéroport et le centre-ville, mais aussi le parc du Yellowstone, Jackson Hole, le Montana et l'Idaho. Prix variables selon la saison, la destination et le nombre de passagers.

Location de voitures

■ **Budget** (plan B2, 3) : à l'aéroport et dans le centre, 131 Dunraven St. ☎ 646-7882. Ouvert de mi-mai à mi-octobre. À partir de 60 US$ + assurance (19 US$) par jour ; 320 US$ + assurance par semaine. Kilométrage illimité mais interdiction de quitter l'Idaho, le Montana et le Wyoming.

■ **Avis :** à l'aéroport de West Yellowstone. ☎ 646-7635.
■ **Big Sky Car Rental** (plan A3, 6) : 415 Yellowstone Ave. ☎ 646-9564 ou 1-800-426-7669. Bureau situé au *Randy's Auto Repair*. Location de voitures et de vans. Un peu moins cher que *Budget*.

Divers

■ **Medical Clinic** (plan B3, 1) : 236 Yellowstone Ave. ☎ 646-7668.
■ **First Security Bank** (plan B3, 2) : 106 S Electric St. ☎ 646-7646. Distributeur accessible 24 h/24. Toutes

cartes de paiement.
■ **Canyon Street Laundry** (plan B2, 4) : 312 Canyon St. ☎ 646-9733. Laverie ouverte toute l'année mais horaires variables.

Où dormir ?

L'office du tourisme distribue une liste complète des campings, des motels et *guest ranches* de la région, avec leurs caractéristiques et leurs prix.

Campings

Dans tous les cas, préférer les campings du parc de Yellowstone. Même si les douches font souvent défaut, le cadre est mille fois plus agréable.

⚠ **Rustic Wagon RV Campground** (plan A2, 10) : 637 W Hwy 20. ☎ 646-7387. ● www.rusticwagonrv.com ● Ouvert d'avril à fin octobre. Compter un bon 30 US$ pour un emplacement avec tente, à partir de 45 US$ en bungalow avec frigo et TV. Bien situé, bien équipé et assez calme, même si la route n'est pas loin. Laverie et douches chaudes. Les 10 emplacements réservés aux tentes sont cependant bien petits.
⚠ **Wagon Wheel RV Campground**

(plan A2, 11) : 408 Gibbon Ave. ☎ 646-7872. ● www.wagonwheelrv.com ● Ouvert de mi-mai à mi-octobre. Mêmes propriétaires que le *Rustic Wagon RV*. Les prix sont donc identiques pour les tentes (environ 30 US$). Ceux des bungalows, très confortables, diffèrent : compter 100 US$ pour 4. Les emplacements pour tentes sont ombragés et les sanitaires très propres. Machines à laver.

De bon marché à prix moyens

🏠 **Madison Hostel, Hotel and Motel** (plan B3, 13) : 139 Yellowstone Ave. ☎ 646-7745 ou 1-800-838-7745. Fax : 646-9766. ● www.wyellowstone.com/madisonhotel ● Ouvert de fin mai à mi-octobre seulement. Propose 3 types d'hébergement à tarifs différents. Compter environ 25 US$ en dortoir ; 45 US$

pour une chambre sans salle de bains, 55 US$ avec ; 65 à 85 US$ dans la catégorie motel ; et autour de 95 US$ si l'on veut l'AC. Les prix baissent en début et en fin de saison. Central, situé au-dessus d'une boutique de souvenirs bien remplie. C'est le plus vieil hôtel de la ville, classé Monument historique.

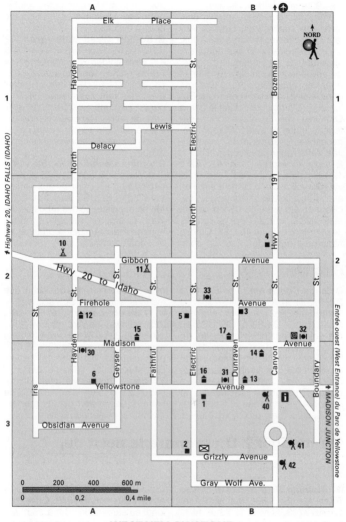

WEST YELLOWSTONE

■ Adresses utiles

- **⊞** Office de tourisme
- **✉** Poste
- **▨** Send it Home
- **1** Medical Clinic
- **2** First Security Bank
- **3** Budget
- **4** Canyon Street Laundry
- **5** Yellowstone Taxi Service
- **6** Big Sky Car Rental

⌂ Où dormir ?

- **10** Rustic Wagon RV Campground
- **11** Wagon Wheel RV Campground
- **12** Lazy G Motel
- **13** Madison Hostel, Hotel and Motel
- **14** Alpine Motel
- **15** Golden West Motel
- **16** Travelers Lodge
- **17** Stage Coach Inn

ⵘ Où manger ? Où prendre le petit dej' ?

- **30** Running Bear Pancake House
- **31** Three Bear Restaurant
- **32** Bullwinkle's Saloon & Eatery
- **33** Uncle Laurie's Riverside Café

⚲ À voir. À faire

- **40** Museum of the Yellowstone
- **41** IMAX
- **42** Grizzly & Wolf Discovery Center

En 1929, le président Harding y séjourna, puis quelques années plus tard, son successeur, Hoover. Aujourd'hui, pour les routards sac à dos, il y a un *hostel* avec des dortoirs à plusieurs lits. Rudimentaire, propre, un peu encombré mais pas cher et douches chaudes. Les chambres dans le vieil hôtel sont correctes. Salon avec TV, très cosy dans le genre Old West. Les chambres dans la catégorie motel et avec l'AC sont impeccables, avec salle de bains privée. Atmosphère très conviviale.

🛏 *Lazy G Motel (plan A2, 12)* : 123 Hayden St. ☎ 646-7586. • la zyG@wyellowstone.com • Fermé en avril. Les prix, très raisonnables, oscillent en été entre 43 US$ pour 1 lit et 53 US$ pour 2. Hors saison, ils descendent à 35 ou 40 US$. Quinze chambres agréables, tout en bois,

avec frigo et TV pour toutes, kitchenette pour certaines (+ 10 US$). Excellent accueil.

🛏 *Golden West Motel (plan A2, 15)* : 429 Madison Ave. ☎ 646-7778. • www.goldenwestmotel.com • Fermé en novembre et avril. En été, compter 52 à 62 US$. Les chambres avec 2 lits sont plus spacieuses. Propose 12 chambres seulement, avec salle de bains, TV câblée et machine à café. Un peu sombre mais calme et très propre. Et l'accueil est sympathique.

🛏 *Alpine Motel (plan B3, 14)* : 120 Madison Ave. ☎ 646-7544. Fax : 646-0158. Les prix estivaux varient entre 55 et 67 US$ pour 1 ou 2 lits. Motel en bois avec des arbustes devant. Chambres simples, propres, comme il faut. Accueil souriant et atmosphère familiale.

Plus chic

🛏 *Stage Coach Inn (plan B2, 17)* : 209 Madison Ave. ☎ 646-7381 ou 1-800-842-2882. • www.yellowstoneinn.com • De 89 à 109 US$ en été, selon le confort et la période. Un vaste hôtel à la déco western. L'établissement abrite un restaurant et aussi un bar très sympa. Un certain charme Old West à l'atmosphère cosy. Chambres spacieuses et confortables, propreté et literie irréprochables. Les prix sont élevés,

mais le lieu a bien plus de cachet que les motels alentour. Bon accueil.

🛏 *Travelers Lodge (plan B3, 16)* : 225 Yellowstone Ave. ☎ 646-9561 ou 1-800-831-5741. • www.travelersyellowstone.com • De 75 à 85 US$ pour deux en été, petit dej' inclus. Chambres avec salle de bains et TV câblée, certaines avec kitchenette. Accès Internet pour 6 US$ de l'heure. Le rapport qualité-prix est malheureusement en baisse...

Où manger ? Où prendre le petit dej' ?

Bon marché

🍴 *Running Bear Pancake House (plan A3, 30)* : 538 Madison Ave. ☎ 646-7703. Ouvert de 7 h à 14 h. Tout est à moins de 8 ou 10 US$. Une bonne adresse pour le petit dej' : pain maison, omelettes, *pancakes* et tous les classiques. Bons *burgers*, salades et sandwichs pour le déjeuner. Clientèle familiale.

🍴 *Uncle Laurie's Riverside Café*

(plan B2, 33) : à l'angle d'Electric St et Hwy 20. ☎ 646-7040. Ouvert du lundi au samedi de 10 h à 16 h. Minuscule café qui propose une bonne cuisine maison. Plats du jour, soupes, salades, sandwichs frais. Sans oublier d'excellents gâteaux et desserts. Le tout à déguster sur place ou à emporter pour le pique-nique.

Prix moyens

🍴 *Bullwinkle's Saloon & Eatery (plan B2, 32)* : 19 Madison Ave.

☎ 646-7974 ou 646-7921. Ouvert de 11 h à 22 h 30. Compter de 10 à

25 US$. La devise de ce saloon-restaurant moderne, tout en bois, avec son inévitable tête d'élan empaillée : « *Eat, drink and be merry* ». Et il y en a pour tous les goûts : des *burgers* (pour changer, goûtez le bison ou l'élan), des grillades, du poisson, des pâtes, et des salades gargantuesques et délicieuses. Tout est ultra-copieux et de première fraîcheur. Vin au verre et bonne bière à la pression. Accueil très cordial.

|●| **Three Bear Restaurant** *(plan B3, 31)* : 205 Yellowstone Ave. ☎ 646-7811. Petit dej' autour de 8 US$ servi jusqu'à 11 h. Compter 25 US$ par personne le soir. Une institution à West Yellowstone. Le restaurant remonte aux années 1920. Décor chaleureux, sur une note plus Grand Nord qu'Old West : raquettes, animaux empaillés, vieilles photos, on sait que l'on est en pays de trappeurs. Tous les classiques à des prix encore raisonnables. Steaks, *prime rib,* truites et fruits de mer en saison... Pour le dessert, essayez les *home made pies* à la pomme ou aux airelles, spécialité maison.

À voir. À faire

🐾🐾 **Museum of the Yellowstone** *(plan B3, 40)* : Yellowstone Ave, à l'angle de Canyon St. ☎ 646-7814 ou 1-800-500-6923. Ouvert de mi-mai à mi-octobre de 9 h à 18 h (21 h en été). Entrée : 6 US$; réductions. Consacré au parc national et à l'histoire régionale. Il présente sa faune (empaillée...) et plus particulièrement le grizzly. Deux petits films sont projetés, l'un sur les feux de 1988, l'autre sur les phénomènes géothermiques. Vous apprendrez tout sur le développement du tourisme dans le parc et les séismes qui le frappent régulièrement. Le dernier date du 17 août 1959 et atteignit 7,5 sur l'échelle de Richter. Petite expo sur le chemin de fer et *l'Union Pacific Railroad.* On peut aussi voir une belle collection d'objets indiens et quelques vitrines sur les cow-boys et les trappeurs.

🐾 **IMAX** *(plan B3, 41)* : 101 S Canyon St. ☎ 646-4100 ou 1-888-854-5862. Ouvert toute l'année. Séances toutes les heures environ de 9 h à 21 h, avec 3 films différents. Compter 8 US$ par adulte. Le film sur le Yellowstone est très beau mais un peu surfait, tout comme celui retraçant l'expédition de Lewis et Clark.

🐾 **Grizzly & Wolf Discovery Center** *(plan B3, 42)* : 201 S Canyon St. ☎ 646-70001 ou 1-800-257-2570. ● www.grizzlydiscoveryctr.com ● Ouvert de 8 h au coucher du soleil. Entrée : 8,50 US$ pour un adulte, moitié prix jusqu'à 12 ans. On peut y admirer de près des grizzlys et une meute de loups en semi-liberté. Cependant, ce projet fait l'objet d'une certaine controverse dans la région. Même si le but déclaré est la sauvegarde des espèces, les ours ont été capturés en Alaska et au Canada pour être montrés ici aux touristes. Et c'est un peu paradoxal de les voir « tourner en cage » alors que leurs congénères s'épanouissent librement dans le parc du Yellowstone voisin...

➤ **Balades à pied, en vélo, à cheval ou en 4x4 :** toutes les excursions possibles dans le parc du Yellowstone, mais aussi dans le Montana. Également du rafting, du canoë, et du moto-neige en hiver. Renseignements et adresses auprès de l'office de tourisme. Notamment *Yellowstone Mountain Guides,* ☎ 646-7230.

GARDINER (MONTANA)
IND. TÉL. : 406

Sur la route 89, Gardiner est la porte d'entrée nord (N Entrance) du parc de Yellowstone, la seule qui soit ouverte toute l'année. C'est l'entrée la plus ancienne, marquée par la *Roosevelt Arch* (1904). Ce n'est pourtant pas la ville la mieux placée pour séjourner, ni pour rayonner (celle de West Yellowstone, à l'entrée ouest, l'est beaucoup plus). Mais par son cadre et son je-ne-sais-quoi d'Ouest authentique, elle l'emporte sur les autres petites villes à l'orée du parc. Autour, ce ne sont que des montagnes aux sommets enneigés. Plus bas, des collines accidentées, couvertes d'herbe rase, qui s'étendent à perte de vue. Il n'est pas impossible de surprendre de temps en temps quelques animaux comme des antilopes, des bisons ou des cerfs. Ils viennent chercher de la nourriture jusqu'aux portes de Gardiner. Deux rivières impétueuses, la Yellowstone et la Gardiner, traversent la ville, et on peut même y pêcher.

Adresses utiles

🏢 *Office de tourisme :* Chamber of Commerce, 222 W Park St, PO Box 81, Gardiner MT 59030. ☎ 848-7971. Fax : 848-2446. ● www.gardinerchamber.com ● Ouvert toute l'année du lundi au vendredi de 9 h à 17 h, le week-end en été. Nombreuses docs sur la ville et le Montana.

■ *First Interstate Bank :* en centre-ville, sur Hwy 89. ☎ 848-7474. Distributeur accessible 24 h/24.

Où dormir ?

Rien de vraiment bon marché à Gardiner. Solution : se regrouper et dormir à plusieurs dans une même chambre.

Prix moyens

🏠 *Jim Bridger Court :* Scott St (Hwy 89). ☎ 848-7371 ou 1-800-858-7508. Ouvert seulement de mi-mai à mi-octobre. Environ 65 US$ avec un lit, 75 US$ avec deux. Tarifs intéressants si l'on est quatre. Le portrait du vieil explorateur James Bridger, à la réception, donne le ton. Hébergement dans une vingtaine de petits bungalows en gros rondins de bois style Far West. Malgré leur âge relatif (60 ans), ces *modern cabins* sont bien conservées et impeccablement tenues. L'un des meilleurs rapports qualité-prix de la ville. Chauffage mais pas d'AC, vieux lavabos rétros, douches refaites, TV câblée.

🏠 *Riverside Cottages :* à l'angle de Second St et Scott St (Hwy 89). ☎ 848-7719 ou 1-877-774-2836. ● www.riversidecottages.com ● En été, compter 79 à 109 US$ selon le confort, autour de 55 US$ le reste de l'année. Petits bungalows jaune pimpant installés le long de la rivière. Chambres basiques, propres et confortables. Les cottages offrent un bon rapport qualité-prix si on est au moins quatre. Accueil agréable.

🏠 *Hillcrest Cottages :* sur Scott St (Hwy 89), face à la station Exxon. ☎ 848-7353 ou 1-800-970-7353. ● www.hillcrestcottages.com ● Prix unique autour de 70 US$ en été, 55 US$ hors saison. Petits bungalows en bois avec AC, 1 ou 2 lits et une salle de bains. Chacun dispose d'un coin cuisine, d'un frigo, d'une table et de chaises. La déco est banale, mais les prix sont raisonnables. Bon accueil.

Plus chic

🏠 *Yellowstone Suites B & B :* 506 4th St. ☎ 848-7937 et 1-800-948-7937. ● www.wolftracker.com/ ys ● Au bout de 4th St, proche de la rivière. En été, la « Moran Room » est autour de 100 US$, la suite à

110 US$, et les 2 chambres avec salle de bains commune à 85 US$. Bon petit dej' inclus. Une de nos adresses préférées pour l'accueil, le charme et le calme. Construite en 1904, cette maison de style victorien abrite de jolies chambres sur 3 étages. La « Moran Room », au 2e étage, est très agréable. Déco soignée avec du mobilier ancien. Également une suite tout confort et 2 chambres au 1er étage, qui partagent une même salle de bains. Petit jardin avec jacuzzi *(hot tub)*.

🏠 *Best Western by Mammoth Hot Springs :* à la sortie nord de Gardiner, sur le bord de la Yellowstone River. ☎ 848-7311 ou 1-800-828-9080. ● www.bestwesternbymammoth. com ● Grandes chambres confortables mais chères en été (à partir de 95 US$), dont le prix descend progressivement à 50 US$ de la mi-octobre à la mi-mai. C'est alors un excellent *deal*. Les chambres avec vue sur la rivière sont plus chères. Piscine intérieure, jacuzzi et saunas. Restaurant et bar attenants.

Où manger ? Où prendre le petit dej' ? Où boire un verre ?

Bon marché

🍴 *Sawtooth Deli :* 220 W Park St. ☎ 848-7600. Ouvert du lundi au samedi de 11 h à 19 h, à partir de 9 h et jusqu'à 22 h en été. Compter 10 US$ maximum. Un snack populaire très sympa. Grande terrasse en bois pour les beaux jours, et une salle authentique avec quelques banquettes et un large comptoir. Bons hamburgers juteux (bœuf garanti 100 % Montana), sandwichs frais, *french fries* et *onion rings* bien croustillants. Pour le dîner, poulet et steak au barbecue, pâtes... Accueil souriant et atmosphère conviviale.

🍴 *K-Bar & Café :* à l'angle de Main St et Second St. ☎ 848-9995. Ouvert midi et soir. Compter 10 ou 15 US$ pour 2. Grande façade style saloon pour ce snack-bar populaire, fréquenté pour ses excellentes pizzas. « Les meilleures de l'Ouest ! » dit le slogan, et c'est vrai ! Mais aussi des *burgers,* de copieux plats du jour et une bière locale servie à la pression. Bref, un bon repas pour une poignée de dollars. En prime, billard, juke-box et machines à sous. *Bikers* pur jus et cow-boys au comptoir pour compléter le tableau !

Plus chic

🍴 *The Yellowstone Mine :* à la sortie nord de Gardiner, sur le bord de la Yellowstone River. ☎ 848-7336. Ouvert de 6 h à 11 h pour le petit dej' et de 17 h à 21 h 30 pour le dîner. C'est le restaurant du *Best Western*. Sans doute le meilleur de Gardiner s'il faut en désigner un. Grand choix de poisson et steaks à des prix assez élevés. Intérieur en bois assez sombre. Service soigné.

QUITTER GARDINER

En voiture

➢ *Pour Mammoth Hot Springs :* 5 *miles* (8 km) via Entrance.
➢ *Pour Old Faithful :* 56 *miles* (90 km) via Norris et Madison.
➢ *Pour l'entrée nord-est du parc :* 52 *miles* (84 km).
➢ *Pour l'entrée est du parc :* 81 *miles* (123 km) via Norris et Canyon Village et Fishing Bridge.

WEST YELLOWSTONE ET GARDINER

➢ *Pour l'entrée sud du parc :* 95 *miles* (153 km) via Norris, Old Faithful et West Thumb.
➢ *Pour Jackson Hole :* 160 *miles* (256 km).

CODY (WYOMING)
8 850 hab.   IND. TÉL. : 307

Cody, c'est la ville fondée en 1896 par William Cody, plus célèbre sous le nom de Buffalo Bill. Ce vaniteux mégalomane, ancien messager du *Pony Express,* revendiquait fièrement le massacre de 4 280 bisons en 17 mois. Tout cela contribua à nourrir les ouvriers chargés de construire le chemin de fer... mais aussi à affamer les Indiens ! Il était si imbu de lui-même qu'il monta un spectacle itinérant, le *Wild West Show,* où il jouait son propre rôle. C'est ainsi qu'il devint célèbre, notamment en Europe, où ses grandes tournées théâtrales popularisèrent le Far West... Mais la légende a sacrément bonifié la réalité. La ville actuelle reste une des capitales du rodéo et abrite d'authentiques cow-boys, qui affluent le week-end pour flâner sur Sheridan Ave. Une atmosphère Old West pas désagréable, avec quelques jolies maisons anciennes dans les rues adjacentes.

Adresses utiles

🛈 *Chambre du commerce de Cody & Buffalo Bill's Yellowstone Country :* 836 Sheridan Ave. ☎ 587-2777 ou 1-800-393-2639. Fax : 527-6228. ● www.codychamber.org ● www.yellowstonecountry.org ● Proche du Buffalo Bill Historical Center, sur l'avenue principale. De juin à septembre, ouvert du lundi au samedi de 8 h à 18 h, le dimanche de 10 h à 13 h. Excellent accueil. On y trouve toute la doc sur Cody et sa région.

✈ *Yellowstone Regional Airport :* 3001 Duggleby Dr. ☎ 587-5096. Liaisons quotidiennes avec Salt Lake City (*SkyWest* : ☎ 587-9740 ou 1-800-221-1212) et Denver (*Great Lake Airlines* : ☎ 587-7683 ou 1-800-241-6522).
■ *Location de voitures :* 3 agences à l'aéroport. *Budget* (☎ 587-6066), *Hertz* (☎ 587-2914) et *Thrifty* (☎ 587-8855), un peu moins cher.

Où dormir ?

Campings

Toute une série de campings sur Yellowstone Hwy, à l'entrée de la ville en venant du parc du Yellowstone (US 14/20).

⚹ *Parkway RV Campground :* 132 Yellowstone Ave. ☎ 527-5927. Ouvert toute l'année. En été, compter 30 US$ par emplacement jusqu'à 6 personnes. Un petit camping avec douches et sanitaires impeccables. Atmosphère familiale.

⚹ *Gateway Campground :* 203 Yellowstone Ave. ☎ 587-2561. Ouvert de mai à septembre. Près de 90 emplacements avec pelouse, tentes et camping-cars. Peu ombragé mais bien tenu, à prix honnêtes.

De bon marché à prix moyens

🏠 *Pawnee Hotel :* 1032 12th St. ☎ 587-2239. ● jodehony@wyoming. | com ● En été, compter 38 à 42 US$ pour une chambre avec 1 ou 2 lits, salle de bains privée et TV. Très central. Le moins cher des hôtels de Cody, dans un établissement fondé au début du XXe siècle. Propose 18 chambres à la déco rudimentaire mais très correctes et aux prix imbattables. Très bon accueil et atmosphère conviviale. Petit patio attenant.

🛏 *Rainbow Park Motel :* 1136 17th St. ☎ 587-6251 ou 1-800-710-6930. À l'est du centre-ville, là où la route 14/16/20 tourne à droite. Ouvert toute l'année. Pour deux, compter 65 US$ en haute saison. Classiques chambres de motel avec salle de bains, TV câblée et AC, certaines avec kitchenette. L'ensemble est tout de même vieillot.

Plus chic

🛏 *Parson's Pillow B & B :* 1202 14th St. ☎ 587-2382 ou 1-800-377-2348. Fax : 527-8908. ● www.cruising-america.com/parsonspillow ● Ouvert toute l'année. De 85 à 95 US$, avec un copieux petit dej'. Voici l'occasion de dormir dans la première église de Cody, construite en 1902 et revendue quand les méthodistes décidèrent de s'agrandir ! Belle déco, vieux meubles et planchers en bois. Propose 5 chambres avec salle de bains privée, dont l'une est située dans le clocher (la « Western »). Atmosphère très cosy, excellent petit dej' maison et accueil charmant. Notre adresse préférée. Réservation fortement conseillée en été.

🛏 *The Irma Hotel :* 1192 Sheridan Ave. ☎ 587-4221 ou 1-800-745-4762. ● www.irmahotel.com ● En été, dans le bâtiment d'origine, compter 115 US$, autour de 80 US$ pour les chambres dans les annexes. Nettement moins cher le reste de l'année. Buffalo Bill l'a fait construire en 1902 pour sa fille Irma, avec deux suites pour son usage personnel et son bureau. Le lieu a conservé le décor et l'atmosphère western. Les chambres à l'ancienne, rénovées, ont l'AC et une salle de bains. Mais certaines sont beaucoup plus récentes et n'ont pas le même cachet. Précisez bien votre demande à la réservation.

🛏 *Buffalo Bill Village :* 1701 Sheridan Ave. ☎ 587-5544 ou 1-800-527-5544. Au bout de la rue principale, là où la route 14/16/20 tourne en direction de Greybull. Ouvert de mai à septembre. Compter 70 à 95 US$ selon le nombre de lits. Logement en bungalows en bois, plutôt agréables mais pas vraiment bon marché. Tous avec salle de bains et TV câblée. L'ensemble est propre et confortable. On peut aussi profiter de la grande piscine de l'*Holiday Inn* jusqu'à 22 h. Accueil très serviable.

Où dormir entre Cody et Yellowstone ?

🛏 *Pahaska Tepee :* 183 B1 Yellowstone Hwy. ☎ 527-7701 ou 1-800-628-7791. ● www.pahaska.com ● Juste avant l'entrée est du parc de Yellowstone en venant de Cody (à 50 *miles*). Ouvert de début mai à début octobre. Compter un bon 100 US$ de mi-juin à fin août, 73 US$ le reste de l'année et 100 US$ pour les bungalows avec 2 lits et kitchenette. Buffalo Bill (encore lui) y construisit un *lodge* de chasse au tournant du XXe siècle, où vinrent de nombreuses personnalités euro-péennes et membres de l'aristocratie. En 1913, Cody servit même de guide au prince Albert Ier de Monaco ! On ne dort plus aujourd'hui dans le *lodge* d'origine (conservé en état et ouvert à la visite), mais dans des bungalows en bois. Tous confortables, avec salle de bains et TV, certains carrément luxueux avec salon, jacuzzi et vue sur la rivière. On peut faire du cheval à la belle saison et du moto-neige en hiver. Resto sur place, boutique de souvenirs et pompe à essence.

Où manger ? Où prendre le petit dej' ?

Bon marché

|●| *Peter's Café Bakery :* 1219 Sheridan Ave. ☎ 527-5040. Ouvert tous les jours de 6 h 45 à 22 h. Rien ici ne dépasse 6 US$. Une excellente adresse pour le petit dej', mais aussi pour un *lunch* rapide ou un en-cas à n'importe quel moment de la journée. Clientèle essentiellement locale, qui apprécie les *burgers,* sandwichs, salades et plats du jour, servis copieusement et bon marché. Vaste choix de glaces, milk-shakes et *sundays* pour les bouches en sucre. Accueil souriant.

|●| *Maxwell's :* 937 Sheridan Ave. ☎ 527-7749. Ouvert de 11 h à 21 h. Déjeuner jusqu'à 16 h 30, dîner à partir de 17 h. Sandwichs et salades à 7 ou 10 US$. Une jolie maison en bois recouverte de bardeaux. Cadre agréable avec terrasse ensoleillée. Ce restaurant, qui fait aussi café-boulangerie, propose toute une gamme de sandwichs et de copieuses salades d'un bon rapport qualité-prix.

|●| *Silver Dollar Bar :* 1313 Sheridan Ave. ☎ 527-7666. Ouvert tous les jours de 10 h à 2 h. Moins de 10 US$. Si l'intérieur de ce long bar est plutôt sombre et enfumé, il est très agréable de prendre un repas sur la grande terrasse attenante. Les *burgers* et sandwichs sont en tête d'affiche, en particulier le Dollar Burger, et sa livre de viande ! Laissez-vous tenter par les *Rocky Mountain oysters* (huîtres des montagnes rocheuses, tout un programme), vous nous en direz des nouvelles ! Bière maison. Musique *live* certains soirs.

|●| *Mustard's Last Stand :* 1276 Sheridan Ave. ☎ 527-4147. Ouvert du lundi au samedi de 11 h à 21 h. Compter 5 US$ maximum. C'est LE snack où déguster plus de 20 hot-dogs au choix. Viande garantie pur bœuf pour les sandwichs goûteux, servis avec des chips ou une petite salade. À déguster sur place dans le petit snack typique, ou à emporter.

De prix moyens à plus chic

|●| *Irma Grill & Silver Saddle Lounge :* 1192 Sheridan Ave. ☎ 587-4971. Compter 12 à 18 US$ par personne, 25 US$ pour les amateurs de steaks. Resto bon et copieux. Les *burgers* ont la réputation d'être les meilleurs du Wyoming et des environs. Bar en merisier fabriqué en France et offert par la reine Victoria à Buffalo Bill (Irma était sa fille). Devant le resto, il y a un spectacle Far West joué par une troupe de théâtre du lundi au samedi à 18 h en été (gratuit). Après, dans le resto, véritable marée de Stetsons et santiags !

|●| *Proud Cut Saloon & Restaurant :* 1227 Sheridan Ave. ☎ 527-6905. Steaks de 13,50 à 22 US$. *Burgers,* salades et sandwichs bon marché : 6 US$. Cuisine et décor cow-boy, avec tables en bois et vieilles photos sur les murs. Comme l'annonce la carte, « *You're in meat and potatoes country* » (Vous êtes au pays de la viande et de la pomme de terre...). Les steaks sont donc excellents. Et la qualité de la cuisine est appréciée dans toute la région. Bon plan : *burgers* ou le *prime rib sandwich,* qui n'a de sandwich que le nom ; on vous servira une belle entrecôte, fondante à souhait (servie avec deux tranches de pain), pour un prix imbattable. Très populaire.

|●| *La Comida :* 1385 Sheridan Ave. ☎ 587-9556. Vous y mangerez bien pour 12 à 18 US$ par personne. Le meilleur mexicain de la ville, bourré à craquer les soirs de week-end. Cité dans certains canards gastronomiques américains. Agréable terrasse en bois donnant sur la rue. On y déguste les traditionnelles spécialités, *enchiladas, burritos, quesadillas...* Accompagnées d'une *margharita* maison pour faire descendre le tout...

À voir

🎥🎥🎥 *Buffalo Bill Historical Center :* 720 Sheridan Ave. ☎ 587-4771. ● www.bbhc.org ● Extraordinaire musée qui regroupe la Whitney Gallery of Western Art, le Plains Indian Museum, le Draper Museum of Natural History, le Cody Firearms Museum et le Buffalo Bill Museum. Ouvert de 10 h à 17 h en avril, de 8 h à 20 h en mai, de 7 h à 20 h de juin à mi-septembre et de 8 h à 17 h jusqu'à fin octobre. De novembre à mars, le musée n'est ouvert que de 10 h à 15 h du mardi au dimanche (fermé le lundi). Entrée : 15 US$ (réduction étudiants et enfants), valable 2 jours. Le plus grand musée entre Minneapolis et la côte ouest ! De fait, les amoureux de la conquête de l'Ouest, et même ceux qui ne s'y intéressent que modérément, trouveront ici un résumé particulièrement parlant de l'histoire de la région. Il y a tout : une superbe section sur les Indiens des plaines et l'histoire naturelle de la région, Buffalo Bill et l'esprit colon, les armes à feu ; et même une section peinture, révélant l'attachement lyrique des Américains aux grands espaces. Scénographie très soignée avec jeux de sons et lumières, ateliers interactifs...

– *Plains Indian Museum :* sans doute le plus intéressant des 5 musées du centre. Il abrite une riche collection d'objets ayant appartenu aux Sioux, Cheyennes, Blackfeet, etc. Superbes vêtements et coiffes ouvragés, armes, calumets, objets spirituels, jouets... Superbe reconstitution – grandeur nature – des différents types d'habitats, photos, peintures... La section sur le massacre des bisons et le parcage des Indiens en réserve est particulièrement poignante.

– *Draper Museum of Natural History :* présentation ludique et instructive du parc du Yellowstone et de sa région. L'ensemble de la faune et de la flore est bien représenté, en fonction du milieu naturel, les rivières, les plaines, la forêt, la montagne... Les phénomènes naturels (avalanches, geysers, feux) sont aussi bien expliqués, tout comme l'écosystème et les activités humaines.

– *Buffalo Bill Museum :* c'est le premier à avoir vu le jour, dès 1927. Aujourd'hui comme hier, on peut y voir toute une série d'objets ayant appartenu à William Cody et à sa troupe. Affiches des spectacles, costumes, armes, diligences, etc.

– *Cody Firearms Museum :* armes à feu américaines et européennes (quelques-unes remontant au XVIe siècle), dont la célèbre collection Winchester. Plus de 5 000 armes en tout, qui n'en finissent pas de se ressembler. Vous êtes sûr d'y rencontrer les membres de la NRA (National Rifle Association) en vacances culturelles...

– *Whitney Gallery of Western Art :* pour ceux qui aiment l'Ouest plus que pour ceux qui aiment la peinture... Une large collection de peintres du grand Ouest, au talent très variable. Également des œuvres contemporaines, toujours inspirées par les cow-boys et le western.

🎥🎥 *Old Trail Town :* W Yellowstone Hwy. ☎ 587-5302. Ouvert de mai à septembre de 8 h à 20 h. Entrée : 6 US$; réductions. C'est une petite ville de pionniers reconstituée avec d'authentiques maisons de l'époque, trouvées dans tout le pays, achetées et remontées ici par un couple passionné de l'histoire de la conquête de l'Ouest. Vous y verrez la cabane où Butch Cassidy et le Sundance Kid se donnaient rendez-vous, celle où vivait l'aide de camp indien du général Custer (eh oui ! Little Big Man a réellement existé), la tombe du vrai Jeremiah Johnson et, pas loin, celles des victimes d'une sombre histoire d'amour et de vengeance, un saloon, une école, un bureau de poste, l'échoppe d'un maréchal-ferrant, etc. Le tout est aménagé avec des meubles et des centaines d'objets d'époque. Un vrai plongeon dans l'univers de Fenimore Cooper, d'où l'on ressort un peu étourdi, avec la certitude que la vie dans l'Ouest était encore plus rude et plus anarchique qu'on se l'imaginait.

CODY ET CHEYENNE

Manifestations

– **Rodéos :** au *Rodeo Grounds,* sur Yellowstone Hwy (US 14/20), tous les soirs à 20 h 30 de juin à fin août. Renseignements au : ☎ 587-5155 ou 1-800-207-0744. Entrée : environ 15 US$; réductions. N'oubliez pas que Cody s'est autoproclamée « Rodeo Capital of the World ».
– **Yellowstone Jazz Festival :** le 2e week-end de juillet. Un festival de jazz au pays de la musique country, c'est assez rare pour le signaler ! Deux jours de concerts à Cody et Powell. Infos : ☎ 754-6427.

➤ *DANS LES ENVIRONS DE CODY*

➢ Une boucle en voiture vous mènera jusqu'aux **Bighorn Mountains** (plus de 3 300 m). Voir, entre autres, la *Medecine Wheel,* un grand cercle de pierres ornées de symboles, dont l'origine reste mystérieuse. Parmi les théories qui s'y rapportent, on l'attribue aux Aztèques (des légendes locales voudraient qu'ils aient vécu dans la région avant d'émigrer au Mexique !) en raison de sa similitude avec certains de leurs calendriers... Prendre l'US 14 East en direction de Greybull (qui tient son nom d'un bison albinos, sacré pour les Indiens). À Burgess Junction, tourner sur la 14A. Un panneau indique un chemin raide (mais tout à fait carrossable par temps sec). Vue inoubliable.

➢ De Cody, une extension de cette boucle permet de visiter quelques sites célèbres de l'histoire indienne, notamment l'impressionnante **vallée de Little Big Horn,** où le général Custer prit une raclée en juin 1876. Prévoir une journée entière. Prendre la route 14 ou 14A en direction de Sheridan, puis l'I-90N jusqu'à Crow Agency (on traverse la réserve des Crows). Là, on est déjà au Montana. On y a constaté un réel effort d'information sur la cause indienne, avec notamment le *Little Big Horn Battlefield National Monument.* Chaque année a lieu la *Crow Fair,* un gigantesque *pow-wow* qui rassemble la plupart des nations indiennes à la mi-août.

🏃 **Kirwin Ghost Town :** une vraie ville fantôme à l'intérieur de la Shoshone National Forest. De Cody, se rendre à Meeteetse (31 *miles*) par la route 120, emprunter l'US 290 sur environ 6 *miles* puis prendre un chemin en direction de Wood River. De là part une piste menant à Kirwin (9 *miles*), mais ATTENTION, celle-ci n'est praticable que par des véhicules 4x4.

CHEYENNE (WYOMING)   IND. TÉL. : 307

Capitale du Wyoming. La ville ne présente guère d'intérêt, sauf fin juillet pour le plus grand et le plus ancien rodéo du monde. Alors, toute la ville vit à l'heure des cow-boys... Y aller en début de semaine, car il y a un monde fou pendant les trois derniers jours... Sinon, c'est une étape où l'on ne fait que passer avant de rejoindre le Yellowstone et la région du mont Rushmore.

Adresses utiles

🏛 **Cheyenne Area Convention & Visitor Bureau :** à l'angle de Capital Ave et 15th St. ☎ 778-3133 ou | 1-800-426-5009. ● www.cheyenne. org ● En été, ouvert du lundi au vendredi de 8 h à 17 h, à partir de 9 h le samedi et 11 h le dimanche. Fermé le week-end hors saison. Personnel très accueillant. Importante documentation sur la ville et la région.

■ *Location de voitures :* à l'aéroport, *Avis :* ☎ 632-9371 ou 1-800-831-2847 ; et *Hertz :* ☎ 634-2131. Un peu moins cher, en ville, *Enterprise :* 800 W Lincoln Way. ☎ 632-1907 ou 1-800-736-8222.

Où dormir ?

Campings

⚑ *AB Camping :* 1503 College Dr. ☎ 634-7035. Ouvert de mars à octobre. Compter 15 ou 20 US$ par emplacement. Le plus proche du centre-ville. Un vaste camping arboré et tout confort. Propose 40 emplacements ombragés pour les tentes. Douches et sanitaires impeccables, laverie, barbecue...

⚑ *Restway Travel Park :* 4212 Whitney Rd. ☎ 1-800-443-2751. Ouvert toute l'année. En été, compter 15 US$ par emplacement. Un excellent rapport qualité-prix. Piscine, minigolf, épicerie, laverie, snack-bar, terrains de jeux...

De prix moyens à plus chic

🛏 *Rainsford Inn Bed & Breakfast :* 219 E 18th St. ☎ 638-2337. ● www.rainsfordinnbedandbreakfast ● Deux chambres avec salle de bains commune à 50 US$; puis de 70 à 88 US$. Définitivement notre coup de cœur pour loger à Cheyenne. Une grande maison de 1904 en plein Downtown. Déco victorienne soignée, couleurs chaudes et atmosphère très cosy. Plusieurs gammes de prix pour un confort imbattable. Literie impeccable, vieux parquet, salle de bains avec jacuzzi dans la plupart des chambres... Belle salle commune où est servi le petit dej' ultracopieux, et même des *cookies* maison à volonté pour les gourmands. Pour ceux qui en redemandent, Murray tient un petit stand de BBQ et *ribs* juste à côté, tout aussi fameux. En prime, l'accueil est adorable.

🛏 *The Plains Hotel :* 1600 Central Ave. ☎ 638-3811. ● www.theplainshotel.com ● Chambres doubles à partir de 70 US$ hors saison, jusqu'à 110 US$ en été. Grand bâtiment historique en plein centre, entièrement rénové. Déco western, superbe hall aux plafonds vertigineux et sol en marbre. Des chambres spacieuses et tout confort, certaines luxueuses avec salon privé et jacuzzi, à des prix en conséquence... Bar au rez-de-chaussée avec terrasse sur la rue. Également un resto chic et cher. Accueil pro.

🛏 *Holiday Inn :* 204 W Fox Farm Rd. ☎ 638-4466. ● www.holiday-inn.com/cheyennewy ● Compter 90 US$ pour 1 à 4 personnes de mai à septembre ; 70 US$ hors saison. Un vaste hôtel à 10 mn à pied du centre-ville avec restaurant, bar, boutique, etc. Des chambres tout confort, avec literie impeccable, salle de bains et TV câblée. Belle piscine intérieure et jacuzzi.

Où manger ? Où prendre un petit dej' ?

Bon marché

|●| *The Egg & I :* 2300 Carrey Ave. ☎ 632-5577. Ouvert du lundi au samedi de 6 h à 14 h. L'endroit idéal pour déguster un bon petit dej' reconstituant ! Les lieux sont tout entier dédiés aux gallinacés, murs jaunes, vieilles affiches, etc. Une trentaine de recettes à base d'œufs, des classiques omelettes aux spécialités à la mexicaine, à la texane...

Un vrai repas pour bien commencer la journée et quelques plats servis le midi. Une egg-cellente adresse !

IOI *Zen's Bistro :* 2606 E Lincolnway. ☎ 635-1889. Ouvert du lundi au samedi de 8 h à 22 h. Compter 8 US$ par personne. Un resto-snack à des années-lumière des saloons peuplés de cow-boys ! Décoration totalement... zen, voire psychédélique, murs violets, tissus colorés, plantes...

Une grande variété de sandwichs et salades avec des produits frais garantis bio. Également du chili maison, une bonne soupe du jour, un vrai *espresso* et une grande sélection de thés. Plusieurs soirs par semaine, concerts, débats de philo, poésie, etc. Une chouette adresse pour les routards nostalgiques en mal de cuisine saine. Accueil très sympa.

Prix moyens

IOI *Luxury Diner :* 1401 W Lincolway. ☎ 638-8971. Environ 10 US$ le midi, jusqu'à 25 US$ le soir. Une maison de chef de gare datant de 1924, reconvertie en petit resto de spécialités locales. Cadre agréable malgré la voie ferrée juste à côté, banquettes pour les amoureux et

grandes tables pour les familles. *Breakfast* servi 24 h/24, mais on y vient surtout pour sa bonne cuisine populaire. Steaks, *prime ribs, burgers* et copieuses salades : de quoi satisfaire tous les appétits ! Des plats de qualité à déguster sur place, ou à emporter.

Les *Cheyenne Frontier Days*

Fin juillet, durant 9 jours. Renseignements : *Cheyenne Frontier Days,* PO Box 2477, Cheyenne, WY 82003. ☎ 778-7222 ou 1-800-227-6336. ● www. cfdrodeo.com ● Les *Cheyenne Frontier Days* sont, depuis 1897, une immense fête annuelle qui rassemble les vrais cow-boys américains de tout le pays. Bien entendu, le *rodéo* qui se déroule tous les après-midi est le spectacle le plus prisé de ce festival. Depuis le domptage des chevaux sauvages jusqu'à la monte de taureaux d'une tonne, en passant par les exercices de lasso, tout y est. Mais ce n'est que le clou d'une fête qui dure plus d'une semaine, avec des cortèges de chariots, des Indiens, des fanfares et tout le folklore de l'Ouest.

Autres attractions :
– *Parades géantes* de vieilles diligences, fanfares, majorettes... Trois fois dans la semaine. À cette occasion, *petits déjeuners* géants gratuits avec distribution de *pancakes* à tour de bras.
– *Spectacle folklorique* et *exposition d'artisanat* donnés par des tribus indiennes authentiques. Et, bien entendu, dans le cabaret, on recrée l'ambiance des saloons de l'Old West avec orchestre de banjo et *girls* en bas résille.
– *Fête foraine* permanente.
– Tous les soirs, concerts avec des vedettes de *country music* (payant), *courses de chariots, bal...*

➤ *DANS LES ENVIRONS DE CHEYENNE*

🍴 *Terry Bison Ranch :* 51 I-25 E Service Rd. ☎ (307) 634-4171. À 7 *miles* au sud de Cheyenne par l'I-25, juste après la limite du Wyoming. Plus de 2 500 bisons vivent en liberté, dans les paysages immenses des Grandes Prairies (30 000 ha !). En été, des rodéos et des randonnées à cheval y sont organisés. Possibilité d'hébergement et restauration sur place.

DEVIL'S TOWER NATIONAL MONUMENT (WYOMING)

C'est là qu'a été tourné le film *Rencontres du troisième type* de Steven Spielberg. Il s'agit d'un énorme bloc stratifié de 264 m de haut. Appelé Mateo Tepee ou Grizzly Bear Lodge par les Sioux, cette immense roche au sommet plat et rectangulaire a inspiré de nombreuses légendes. La plus célèbre raconte l'aventure de sept jeunes Indiennes qui y seraient grimpées pour échapper à un ours. Elles prièrent ardemment pour leur secours, et la roche s'éleva du sol, les protégeant du grizzly. Elle s'éleva si haut que les jeunes filles atteignirent le ciel et furent transformées en étoiles, formant la constellation des Pléiades. Les longues rainures verticales dessinées sur la roche seraient les traces des griffes de l'ours à leur poursuite... Autour, vous verrez des chiens de prairie et des wapitis. Superbe !

Pour y aller, quittez la route 14 à 50 *miles* de la frontière avec le Dakota du Sud, sur la droite.

RAPID CITY ET LE MONT RUSHMORE (DAKOTA DU SUD)

IND. TÉL. : 605

LE MONT RUSHMORE

L'endroit est mondialement célèbre pour les têtes colossales des présidents *Washington, Jefferson, Lincoln* et *Theodore Roosevelt,* hautes de 20 m et sculptées dans le granit du Dakota par un certain Borglum, de 1927 à 1941. Aujourd'hui, les abords du mont Rushmore sont plus ou moins défigurés par l'exploitation outrancière du site (trois millions de visiteurs chaque année) : chaîne de motels, boutiques de souvenirs et attractions diverses. Rapid City est la plus grande ville à proximité du site. Elle possède un minuscule quartier historique, confiné autour de trois blocs, qui a préservé un certain charme. Le reste est envahi par des dizaines de motels impersonnels, pas vraiment bon marché...

Comment y aller ?

➤ *En voiture :* le mont Rushmore est à un peu plus de 20 *miles* au sud de Rapid City, à la pointe sud-ouest de l'État du South Dakota. Accès par l'US 16.
➤ *En bus :* liaisons quotidiennes et excursions vers le mont Rushmore, Custer Park et les sites aux alentours. Plusieurs compagnies à partir de Rapid City, notamment *Gray Line.* ☎ 342-4461 ou 1-800-456-4461. ● www.black hillsgrayline.com ●

Adresses utiles

🛈 *Black Hills Visitor Information Center :* 1851 Discovery Circle, sortie 61 sur l'I-90. ☎ 355-3700. ● www. blackhillsbadlands.com ● Ouvert tous les jours de 8 h à 17 h (20 h en été). Infos pratiques sur Rapid City et la région des Blackhills. Très complet.

■ *Bates Motorhome & Camper Rentals :* à l'ouest de Rapid City, sortie 51 sur l'I-90. ☎ 787-7898 ou 1-888-978-2267. ● www.blackhillsrv. com ● Une des rares adresses spécialisées dans la location de vans et camping-cars. *Visa* et *MasterCard* acceptées.

Où dormir ?

Campings

⋏ *Rapid City KOA :* sur l'I-90, sortie 61. ☎ 348-2111 ou 1-800-562-8504. Ouvert de mi-avril à mi-octobre. Compter 20 à 34 US$ pour 2 personnes avec une tente ; 38 à 60 US$ en bungalow. Camping tout confort. Pelouse et terrains ombragés, douches chaudes, laverie, piscine et jacuzzi.

⋏ *Battle Creek Campground :* 634 Hill City Rd, à moins de 1 *mile* de Keystone. ☎ 666-4557. ● www.go campingamerica.com/battlecreek ● Ouvert de mi-avril à mi-octobre. Emplacement à 16 US$ jusqu'à 4 personnes ; 40 US$ pour les bungalows. Petit camping familial très agréable. Terrains ombragés, douches chaudes, laverie et petite épicerie. Proche de sentiers de balades dans les Black Hills.

De prix moyens à plus chic

À Rapid City

Nombreux hôtels et motels de chaîne répartis tout autour de la ville et sur Memorial Rd, en direction du mont Rushmore. La petite ville touristique de Keystone est la plus proche du site.

🏠 *The Hotel Alex Johnson :* 523 6th St. ☎ 342-1210 ou 1-800-888-2539. ● www.alexjohnson. com ● Chambres doubles de 71 à 120 US$ de mi-octobre à mi-juin ; à partir de 110 US$ en saison. Un superbe bâtiment en brique de 10 étages, dans le quartier historique. Magnifique hall au plafond ouvragé et peint avec des motifs indiens. Les chambres sont spacieuses et agréables. Confort et propreté irréprochables. On profite aussi du *Landmark Restaurant,* de très bonne réputation, ou du *Paddy O'Neill's Pub* pour grignoter un snack et prendre un verre. Un établissement luxueux à prix raisonnables.

À Keystone

🏠 *Powder House :* Hwy 16A, à moins de 1 *mile* de Keystone en venant de Rapid City. ☎ 666-4646 ou 1-800-321-0692. ● www.powderhou selodge.com ● Ouvert de mai à septembre. Chambres doubles à partir de 65 US$. De 80 à 136 US$ en chalets individuels, avec ou sans kitchenette. Environnement agréable pour ces bungalows en bois, disséminés en hauteur, au milieu de la forêt. Bon confort, déco rustique et chaleureuse. Piscine en plein air et resto de spécialités locales. Le soir, on déguste une truite ou un steak de bison, éclairé à la lumière des bougies. Accueil très cordial.

Où manger ? Où boire un verre ?

À Rapid City

|●| 🍸 *Firehouse Brewing Co. :* 610 Main St. ☎ 348-1915. *Happy hours* en semaine de 15 h à 18 h. Concerts du mercredi au samedi soir et karaoké le dimanche. Belle déco pour cette ancienne caserne de

LE MONT RUSHMORE

pompiers reconvertie en brasserie artisanale. Large sélection de bières à la pression, cocktails détonants et vins au verre. Pour caler sa faim, steaks, plats mexicains, *burgers* et salades. À déguster autour du bar, sur le patio ou sur la grande terrasse en plein air. Clientèle locale et atmosphère conviviale.

À Keystone

|●| *Historic Ruby House Restaurant :* Main St. ☎ 666-4404. Ouvert d'avril à octobre. On vous propose ici un véritable saut dans le temps. Décor d'époque plus ou moins kitsch, murs rouges ornés de Winchester et tableaux hétéroclites, vieux meubles et mannequins en costume aux balcons (!). Le midi, copieuses salades et sandwichs à prix honnêtes. Le soir, les prix grimpent raisonnablement, et on profite de l'ambiance animée du saloon. Pour épicer l'atmosphère, l'alcool est servi par d'authentiques *girls* avec jupe à frous-frous et jarretière garnie de billets. *« Just like in the old days ! »*

À voir

🎭🎭🎭 *Mount Rushmore National Memorial :* ☎ 574-2523. ● www.nps.gov/moru ● Entrée libre. Parking payant (8 US$). On le surnomme « le Tombeau de la Démocratie ». C'est vrai qu'ils en imposent, ces présidents immortalisés dans la roche. Tout a été aménagé pour accueillir le flot de touristes venus admirer ce monument mythique. Juste en face, petit musée et *Visitor Center,* boutique de souvenirs, snack, etc. Si on veut échapper à la foule et admirer de plus près le travail de Borglum, on peut emprunter le *President trail,* facile d'accès. Le site fut aussi le décor du film *La Mort aux trousses* d'Alfred Hitchcock. Mais le National Park Service lui refusant l'autorisation de filmer les plans de coupe dont il avait besoin, les têtes qu'on voit lors de la poursuite finale sont en carton pâte !

🎭🎭 *Borglum Historical Center :* 342 Winter St, à Keystone. ☎ 666-4404. Ouvert tous les jours de mai à septembre, de 8 h à 17 h (19 h en été). Adulte : 7 US$; réductions. L'entrée est chère, mais la visite vaut le détour. On apprend que Gutzon Borglum était un sculpteur de talent qui ne s'est pas seulement illustré avec le célèbre mont, entamé à l'âge de 60 ans. Il a sculpté, entre autres, le plongeur représenté sur les médailles olympiques. On découvre de belles sculptures, bustes de personnalités, quelques tableaux, des photos et des archives sur la vie bien remplie de cet artiste. Audio-guide et film (en anglais).

➤ *DANS LES ENVIRONS DU MONT RUSHMORE*

🎭🎭 *Custer State Park :* informations : ☎ 255-4515. ● www.state.sd.us/sdparks/custer ● Entrée : 12 US$ par véhicule, valable 1 à 7 jours. Parc fondé en 1919, dans la région des Black Hills, au sud du mont Rushmore. Le parc mérite le détour à condition d'avoir une voiture. Depuis le mont Rushmore, on emprunte la *Iron Mountain road* (16 A) pour rejoindre l'entrée est du parc. La route grimpe à travers les montagnes avec d'impressionnantes passerelles en bois qui tournent à 360° et plusieurs tunnels étroits creusés dans la roche. Un véritable grand-huit ! On peut alors sillonner au sud la *Wildlife Loop Road* (un circuit de 18 *miles*), superbe route à travers les prairies, où l'on peut voir des troupeaux de bisons, des cerfs et des antilopes. Au nord-est, la *Needle Highway,* petite route sinueuse, traverse des « cathédrales » de pierres et des formations rocheuses spectaculaires, dues à l'érosion. Nombreuses activités pour découvrir le parc, randonnée, VTT, balades à cheval, escalade... Possibilité de camping sur les 7 sites du parc, notamment autour du superbe Sylvan Lake.

🅧 *Crazy Horse Memorial :* à 17 *miles* du mont Rushmore vers le sud-ouest, sur l'US 16/385. ☎ 673-4681. ● www.crazyhorse.org ● Korczak Ziolkowski a commencé en 1948 la sculpture de cette effigie équestre de 172 m, dans Thunderhead Mountain. Il devait représenter *Crazy Horse,* un chef indien qui symbolisait l'esprit des Indiens d'Amérique, leur fierté et leur courage. La sculpture d'un tel monument, restée à l'état d'ébauche après la mort de son auteur, s'est faite à l'aide de bâtons de dynamite, de rouleaux compresseurs et de bulldozers ! Le résultat n'est pas encore convaincant, malgré la poursuite des travaux suivant les plans et les instructions laissés par Ziolkowski... En outre, la famille du sculpteur a bâti tout un complexe atelier-musée-centre touristique au pied de la montagne. Entrée : 12 US$; ça sent l'arnaque.

LE COLORADO

Terre de contrastes, le Colorado est un État que les routards fascinés par la conquête de l'Ouest ne sauraient contourner. C'est ici, dans les montagnes du centre, que Stephen King écrivit son *Shining* et que William Cody, dit Buffalo Bill, joua pour de vrai aux cow-boys et aux Indiens, avant de répandre le mythe du Far West dans le monde entier. Certes, le 4x4 a remplacé le cheval, le réseau routier et Internet ont aboli les distances qui coupaient autrefois la moindre bourgade de la civilisation, les villes issues de la ruée vers l'or sont désormais pleines de casinos et les versants montagneux accueillent plus de skieurs que de trappeurs, mais l'esprit d'aventure, épris de liberté et d'espace, souffle toujours sur les plaines superbes et vivifiantes des hauts plateaux. Le port du chapeau y est d'ailleurs toujours de rigueur et, en vous écartant tant soit peu des grands axes, vous croiserez encore des troupeaux de bisons ! De même, c'est sans doute dans cet État que vous verrez le plus de villes à l'architecture 1900, où l'on peut encore admirer des façades dignes des planches de Lucky Luke, dissimulant un hôtel... ou un saloon ! Sans parler des villes « fantôme », abandonnées après la fièvre de la *Gold Rush,* ou des trains à vapeur qui ont repris du service pour offrir aux visiteurs de spectaculaires balades à travers les Rocheuses... Bon, trêve de bavardages, le mieux, comme toujours, est que vous découvriez tout cela par vous-même... alors, comme le dit le panneau qui souhaite la bienvenue dans l'État : *Welcome to colourful Colorado !*

DENVER   2 400 000 hab. (agglomération)   IND. TÉL. : 303

Pour le plan de Denver, se reporter au cahier couleur.

Il y a de bonnes chances pour qu'un jour ou l'autre vous fassiez une escale à Denver, ville-carrefour au pied des Rocheuses qui, malgré son urbanisation galopante et ses problèmes de croissance, a gardé intactes l'âme et l'énergie des hommes du Far West. « Ville reine des Grandes Prairies », aujourd'hui, elle est aussi connue comme « la Reine des Bières » : on y brasse plus de bière que dans n'importe quelle autre ville américaine. Dans le quartier de Downtown, le coin le plus sympa de la ville, quelques micro-brasseries en fabriquent d'excellentes, utilisant l'eau des montagnes. Autres records : Denver serait la ville la plus « mince » des États-Unis, et celle au niveau d'éducation moyen le plus élevé ! Ajoutez à cela une poignée d'excellents musées et vous comprendrez comment l'on peut, au bout du compte, passer quelques jours ici sans s'ennuyer.
Denver est le point de chute idéal pour commencer l'exploration du Colorado, partir à la découverte des montagnes Rocheuses et s'imprégner de l'esprit de l'Ouest. *The real West.*

UN PEU D'HISTOIRE

Denver est une des rares jeunes grandes villes de l'histoire de l'Ouest. Elle est née dans un site a priori peu favorable à l'éclosion d'une ville. Elle n'était

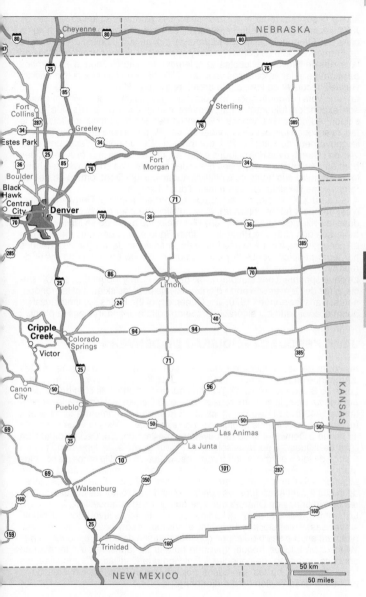

LE COLORADO

située ni sur une route ni sur une piste. Les pionniers et les caravanes du XIXᵉ siècle avaient l'habitude de passer soit très au nord par le Wyoming (la piste de l'Oregon, la piste des Mormons), soit au sud (la piste de Pike, celle de Fremont et celle de Santa Fe). Il n'y avait pas de lignes ferroviaires, pas de lacs, pas de fleuves navigables, simplement de maigres cours d'eau tombés des sommets des Rocheuses voisines. C'est dans un de ceux-ci que William Russell découvrit de l'or pour la première fois en 1858.

La ruée vers l'or commença. Elle provoqua la naissance de la ville et assura son expansion fulgurante. La première construction un peu solide fut un saloon. Au cours des années, Denver fut détruite deux fois, une fois par le feu, la seconde fois par une inondation. La ville prit le nom de James Denver, le gouverneur du Kansas. Pas très original. Peu importe, c'était une vraie ville de l'Ouest, avec des saloons enfumés, des salles de jeux bruyantes, des bars un peu louches, des jolies filles, des bandits, des cow-boys, des hors-la-loi. Et aussi des hommes d'affaires audacieux qui firent fortune en peu de temps dans l'exploitation des mines d'or et d'argent.

À la fin du XIXᵉ siècle, on faisait obligatoirement escale à Denver en allant d'est en ouest (ou le contraire), avant d'aller chercher de l'or ou de l'argent dans les villes minières des Rocky Mountains ou avant de se lancer dans la traversée des Grandes Prairies. Larimer Square, une des plus vieilles rues du centre, vit passer toute une faune de pionniers et de voyageurs exténués par leurs périples, venus là pour s'amuser et boire un bon coup avant de repartir.

Le développement des stations de ski dans les Rocky Mountains, au XXᵉ siècle, a fait de Denver une porte d'entrée idéale pour les skieurs et les randonneurs. Dans les années 1970, la « Queen city of the Plains » connut aussi un boom économique considérable grâce au pétrole abondant dans la plaine.

JACK KEROUAC : « L'OISEAU DE DENVER »

Au cours de ses longues errances en bus ou en auto-stop sur les routes d'Amérique dans les années 1940-1950, Jack Kerouac (son vrai nom : Jean-Louis Le Bris de Kerouac, dit Ti Jean pour ses proches), le chef de file de la *beat generation,* fit de nombreuses escales à Denver. Il y vint même au printemps 1949 avec l'idée de s'y caser. Il travailla un moment à la halle aux fruits, « le boulot le plus pénible de mon existence ». Mais la vraie raison de sa venue à Denver était de retrouver son meilleur copain, Dean Moriarty, un gars de l'Ouest, « de race solaire », « pour la route, le type parfait », un « ange de feu » qui s'amusait à voler les voitures. Il en fit le héros de son plus grand livre : *Sur la route (On The Road).* Dans ce récit, Kerouac évoque plusieurs fois l'atmosphère particulière de cette ville de l'Ouest où les étoiles de la nuit « sont aussi grosses que des chandelles romaines et aussi solitaires que le prince du Dharma qui a perdu son bosquet ancestral... ».

La Larimer Street, aujourd'hui Larimer Square, revient souvent sous sa plume « avec ses vieilles cloches titubantes et ses foutus cow-boys ». D'autres lieux rythment encore ses tribulations comme la station de bus *Greyhound,* l'hôtel *Windsor* où il logea fréquemment, le bureau du tourisme où il trouva une annonce proposant de conduire à Chicago une Cadillac 47 Limousine, les bars charmants où les serveuses portent le pantalon, les lumières de la 27ᵉ rue et de la Welton (le quartier noir)...

Arrivée à l'aéroport

✈ **Denver International Airport (DIA) :** 8500 Pena Blvd. ☎ 342-2200. Autre numéro pour informa-tions : ☎ 1-800-AIR-TO-DEN. ● www.flydenver.com ● L'aéroport se trouve à 22 *miles* au nord-est de la ville. Son territoire de 137 km^2 en fait sans doute le plus grand aéroport du monde, en termes de superficie. C'est surtout l'un des plus modernes et des plus importants du pays. La gigantesque toiture en téflon symbolise les Rocheuses qui pointent derrière mais aussi, et surtout, des *tepees* du XXIe siècle plantés au milieu de la Grande Prairie. Au total, quelque 45 millions de passagers y transitent chaque année et certains jours de pointe, il voit passer plus de 1 500 avions.

– Un ***métro automatique*** en sous-sol relie les différents terminaux de l'aéroport (A, B, C et le terminal principal).
– Les grands ***loueurs de voitures*** *(Hertz, Avis, Budget, Alamo...)* sont représentés à l'aéroport, des navettes à leurs noms vous conduisent aux agences depuis la sortie du terminal principal.

Pour se rendre à Downtown

➢ ***En bus :*** 1 départ par heure depuis la sortie de l'aéroport (*îlot* n° 5), entre 5 h et 23 h. Compter 1 h de trajet et 8 US$ (avoir le compte juste !).
➢ ***En minibus privé :*** avec *Super Shuttle* (comptoir à l'aéroport ; ☎ 370-1300). Départ toutes les 15 mn entre 7 h et 23 h. Vous dépose où vous voulez en ville. Coût : 18 US$ par personne. Intéressant si vous êtes seul ou à deux. À partir de trois, mieux vaut prendre un taxi.
➢ ***En voiture :*** compter une bonne trentaine de minutes pour se rendre en voiture au centre-ville. Les loueurs de voitures donnent un plan avec l'itinéraire à suivre. De toute façon, c'est assez simple : prendre 78th Ave qui débouche sur Pena Blvd. Suivre Pena Blvd jusqu'à l'I-70W. Pour rejoindre Downtown, il faut sortir de l'I-70, prendre l'I-25 et sortir ensuite à Colfax Ave.
➢ ***En taxi :*** compter 45 à 50 US$.

Adresses utiles

Informations touristiques et services

🛈 ***Denver Visitor Information Center*** *(plan couleur A2) :* 1600 California St. ☎ 892-1505. ● www.denver. org ● De mai à septembre, ouvert du lundi au vendredi de 9 h à 18 h, jusqu'à 17 h le samedi et de 11 h à 15 h le dimanche. Le reste de l'année, ouvert du lundi au vendredi de 9 h à 17 h. C'est l'office du tourisme de la ville. Vous y trouverez plein de plans et de prospectus. Demander la brochure gratuite *Denver and Colorado,* qui contient plein d'infos utiles, notamment la liste complète des endroits à visiter avec les horaires en vigueur. D'autres infos sur le climat, le logement, les restos, les transports, les magasins et les activités sportives et culturelles.
✉ ***Poste*** *(plan couleur B1) :* à l'angle de Curtis et 20th St. Ouvert tous les jours de 7 h (8 h 30 le week-end) à 22 h 30 !

■ ***Change :*** American Express, 555 17th St *(plan couleur B2, 1).* ☎ 383-5050. Ouvert du lundi au vendredi de 8 h à 17 h. Le seul endroit où changer de l'argent ou des *travellers.* Prend une commission de 6 US$.
@ ***Denver Public Library*** *(plan couleur B3, 2) :* 14th Ave, à l'angle de Broadway. Ouvert du lundi au mercredi de 10 h à 21 h, du jeudi au samedi jusqu'à 17 h 30, et le dimanche de 13 h à 17 h. Libre accès à Internet. L'architecture post-moderne du bâtiment est due à Michael Graves. Exposition au dernier étage.
@ ***Café Netherworld*** *(plan couleur B3, 3) :* 1278 Pennsylvania St. Ouvert de 11 h à 2 h. L'un des rares cafés Internet de la ville. Compter 1 US$ pour 15 mn. Gratuit jusqu'à 16 h si on consomme pour plus de 5 US$.

Transports

🚌 **Greyhound Bus** (plan couleur A1) : 19th St, entre Arapahoe et Curtis. ☎ 1-800-231-2222. Ouvert de 6 h à minuit. Propose 4 bus par jour pour Santa Fe et Albuquerque, 3 bus par jour pour Las Vegas et Los Angeles, 3 bus pour N.Y. et Chicago (entre 7 h et 18 h), et 4 bus pour Dallas. En général, premier départ assez tôt le matin et dernier vers 23 h.

🚆 **Union Station** (gare Amtrak ; plan couleur A1) : au bout de 15th St. ☎ 1-800-872-7245. Un départ par jour vers l'Ouest (Salt Lake City et San Francisco) et vers l'Est (Chicago), à bord du California Zephyr.
– De mi-décembre à fin mars fonctionne aussi, au départ de Union Station, le **Ski Train** (☎ 296-4754 ; ● www.skitrain.com ●), qui amène les skieurs ou simples curieux au Winter Park, une station de ski à 2 h de Denver. Départ le week-end uniquement (à 7 h, retour à 16 h) ainsi que le vendredi à partir de fin janvier et les 3 derniers mercredis de mars. Une belle balade en perspective au cœur des Rocky Moutains !

■ **United Airlines :** 1873 Bellaire St, Suite 1700. ☎ 1-800-241-6522. Pour infos et reconfirmation des vols.

■ **Continental Airlines :** 1605 California St. ☎ 1-800-523-3273.

■ **Frontier Airlines :** ☎ 1-800-432-1359. Près de 50 destinations au départ de Denver.

■ **État des routes :** sur les principales routes et autoroutes (highways et interstates) à 2 h autour de Denver : ☎ 639-1111.

Culture

■ **Tattered Cover Bookstore** (plan couleur A1, 4) : 1628 16th St. ☎ 322-7727. Ouvert jusqu'à 21 h en semaine, 23 h les vendredi et samedi et 18 h le dimanche. Une des meilleures librairies de l'Ouest, sur 2 niveaux. Très sympa car on peut s'asseoir à une table ou dans un fauteuil, avec un café et même un sandwich. Bon choix de magazines et journaux français.

Où dormir ?

Camping

⚥ **Delux RV Park :** 5520 N Federal Blvd. ☎ 433-0452. Fax : 458-7590. Sur l'I-70, en venant de l'aéroport, sortir à Federal Blvd et prendre à droite. Ouvert toute l'année. Compter 15 US$ pour 2. Pas la joie mais c'est le seul du coin. De plus, c'est surtout pour les camping-cars...

À Downtown

Très bon marché

🏠 **Denver International Youth Hostel** (plan couleur B2, 10) : 630 E 16th Ave. ☎ 832-9996. Fax : 861-1376. ● www.youthhostels.com/denver ● À 15 mn à pied de la gare routière Greyhound. Si c'est par là que vous arrivez et qu'il fait déjà nuit, on vous conseille de marcher jusqu'à 16th St et, de là, de prendre le Free MallRide (bus gratuit) jusqu'au terminus de Broadway Station, d'où vous pouvez gagner l'auberge par 16th Ave. De l'aéroport, prendre le RTD Bus jusqu'à Market Street Station (plan couleur A1) et, de là, le bus gratuit le long de 16th St, comme indiqué plus haut. Réception de 8 h à 10 h et de 17 h à 22 h 30. Pas de couvre-feu. Compter 10 US$. Il s'agit d'un grand bâtiment en brique, central et bien situé, avec un petit parking gratuit à côté. À l'intérieur, ce n'est pas le grand luxe mais vous ne trouverez rien d'aussi bon marché dans le centre de Denver. Dortoirs (non mixtes) avec salle de bains, pour la plupart de 10 lits. Au rang des services, on note une laverie, plusieurs petites cuisines, des *lockers,* une petite bibliothèque, des infos touristiques... Le patron organise aussi des visites guidées pour les groupes.

▪ *Melbourne International Hostel (plan couleur B1, 11) :* 607 22nd St, à l'angle de Welton. ☎ 292-6386. Fax : 292-6536. ● www.denverhostel.

com ● Bureau ouvert de 7 h à 21 h. Pas de couvre-feu. Dortoirs de 6 lits autour de 18 US$ par personne et chambres pour couple à 35 US$. Petite réduction pour les détenteurs de la carte *Hostelling International.* La réception est située dans la laverie du rez-de-chaussée où officie une famille mexicaine. À l'étage, l'*hostel* fait un peu « refuge pour immigrés », avec des chambres ou petits dortoirs séparés des couloirs par des sortes de grilles... Cela dit, c'est propre et il y a une cuisine équipée, un coin-laverie et un lieu pour garer les vélos et les motos.

Bon marché

▪ *Broadway Plaza Motel (plan couleur B3, 12) :* 1111 Broadway. ☎ 893-0303. Fax : 893-3513. Compter 45 à 50 US$ pour une chambre à 1 lit. Banal motel en béton, sans âme, mais

pas cher et proche du centre-ville, ce qui est rare à Denver. Il est géré par une famille chinoise dont l'anglais n'est pas le fort. Parking gratuit.

Très chic

▪ *Luna Hotel (plan couleur A1, 18) :* 16/2 Wazee St. ☎ 572-3300 ou 1-866-724-5862. ● www.thelunahotel. com ● À partir de 130 US$ pour deux, *bagels* et café compris. Dans le quartier animé de Blake St. Un établissement chic et charmant, un *boutique hotel* comme on dit ici. Il abrite une vingtaine de chambres à la fois sobres et design, avec lecteur de CD-DVD et, pour certaines, un balcon et un jacuzzi. Clientèle de jeunes managers ou de touristes friqués. Internet gratuit à l'étage, bar à la réception.

Assurément un bon choix... pour ceux qui peuvent se l'offrir.

▪ *Comfort Inn (plan couleur B2, 16) :* 401 17th St. ☎ 296-0400. ● www. denvercomfortinn.com ● Chambres de 90 à 160 US$, avec le petit déjeuner. Situé au milieu des gratte-ciel de Downtown, cet hôtel offre un bon rapport qualité-prix. Chambres agréables, joliment meublées, avec vue pour les plus élevées. Face au *Brown Palace,* le plus vieux palace de la ville, où il est très agréable de boire un verre dans le grand patio intérieur.

BED AND BREAKFAST

Comme souvent aux *States,* les *Bed & Breakfast* de Denver se situent surtout dans la catégorie « Chic ». Ils sont généralement installés dans des demeures cossues, voire historiques, avec de gros murs de pierre et même, parfois, une petite tourelle pour couronner l'ensemble... L'intérieur est à l'avenant, luxueux, avec souvent pas mal de charme et de caractère. Pas vraiment pour le routard de base, quoi !

▪ *Queen Anne B & B Inn (plan couleur B1, 14) :* 2147-51 Tremont Pl. ☎ 296-6666. Fax : 296-2151. ● www. queenannebnb.com ● De 95 à 175 US$. Un peu moins cher en hi-

ver. Au cœur du quartier historique Clement se tiennent côte à côte deux maisons victoriennes en bois tout à fait charmantes. Voilà une adresse qui cumule les récompenses dans les magazines ! Il faut dire que Tom et Chris King, le père et le fils, ont arrangé leur quinzaine de chambres avec beaucoup de soin et de goût. L'*Oak Room* par exemple (la moins chère) a un style XIXe. La *Rooftop* possède une terrasse avec bain à bulles et l'*Aspen Room*, nichée dans la tourelle, une fresque qui couvre tous les murs ! Atmosphère très relax, petit dej' varié et *evening wine* offert.

☖ *Capitol Hill Mansion* (plan couleur B3, 15) : 1207 Pennsylvania St. ☎ 839-5221. Fax : 839-9046. ● www. capitolhillmansion.com ● À partir de 95 US$ pour 2, petit déjeuner très copieux inclus, puis ça monte jusqu'à 175 US$. Une demeure cossue, en pierre brune, dans un quartier résidentiel chic et verdoyant, à deux pas de Downtown. Excellent accueil de Carl et Jay qui vous raconteront l'histoire de leur maison, un ancien hôtel de charme. Chambres toutes très belles et luxueuses, portant chacune un nom de fleur du Colorado. Les plus chères, comme la *Pasqueflower,* possèdent un jacuzzi.

À l'extérieur de Downtown, un peu plus loin du centre

Très bon marché

☖ *Hostel of the Rocky Mountains* (hors plan couleur par B2, 17) : 1717 Race St. ☎ 861-7777. ● www. inkeeperrockies.com ● À une vingtaine de blocs à l'est de Broadway, entre les 19th et 20th Ave. Compter 17 US$ par personne en dortoir, sans les draps mais avec le petit dej' et la taxe. Un peu moins cher en hiver. Dans une maison particulière, une soixantaine de lits en dortoirs de 2 à 8 lits. Laverie, Internet, cuisine, petit salon... dans la cave. Un peu cher tout de même, car l'ensemble est assez spartiate, mais les adresses du genre *budget accommodation* sont rares à Denver. Propose également des chambres privées dans une autre maison pas loin.

Bon marché

On trouve une ribambelle de motels pas chers (chambres de 30 à 50 US$) à la sortie ouest de Denver, le long de l'avenue Colfax. Plutôt pour les fauchés, cela dit, car la plupart sont assez pouilleux !

☖ *Town and Country Motel :* 639 W 39th Ave. ☎ 455-3653. Près de la sortie 213 de la Hwy 25. Au nord de la ville, mais pas très loin de Downtown et du Coors Field. Autour de 50 US$ pour deux, 60 US$ le week-end en été. Même prix pour 4 personnes ! Bâtiment en forme de U avec des murs de brique. Un motel au cachet un peu ancien, mais bien tenu. Bois sur les murs des chambres, salle de bains des années 1960, AC. Tenu par une famille chinoise sympathique.

☖ *Motel 6 :* 3050 W 49th Ave. ☎ 455-8888. Fax : 433-2218. Situé à la jonction de l'I-70 et de Federal Blvd. De 42 à 46 US$ pour deux, selon la saison. Compter quelques dollars en plus le week-end. Grand motel de près de 200 chambres. Rien de très excitant mais confort standard et tarifs abordables.

☖ *Days Inn Central :* 620 Federal Blvd. ☎ 571-1715. Fax : 825-0548. Du centre, prendre Colfax Ave vers l'ouest puis, au bout de 2 *miles*, Federal Blvd sur la gauche. Compter 55 US$ pour deux en été et 40 US$ en hiver. Sur une artère assez importante. Ne vous laissez pas décourager par le lobby, les chambres, elles, sont plutôt convenables.

DENVER

Prix moyens

🏠 **Ramada Continental Hotel** (hors plan couleur par A2, 13) : 2601 Zuni St. ☎ 433-6677. Fax : 455-1530. À 1 mile environ au nord-ouest de Downtown. Au niveau de l'I-25 et de Speer, sortie 212B. De 65 à 80 US$ pour 2. Agréable lobby aux canapés bien moelleux. C'est un motel de 130 chambres bien arrangées et confortables, avec du mobilier un peu ancien. Correct pour le prix. Resto-bar au rez-de-chaussée, où se fait parfois entendre un juke-box.

Où manger ?

Bon marché

|●| **Rocky Mountain Diner** (plan couleur A1, 23) : à l'angle de 18th et Stout St. ☎ 293-8383. Ouvert de 11 h à 22 h (23 h les vendredi et samedi). On peut caler une petite faim pour moins de 10 US$. Salle animée et sympathique, où l'on mange dans de petits compartiments. C'est bon et pas très cher. Essayez, par exemple, le vaquero cheese steak sandwich.

|●| **Wahoo's Fish Taco** (plan couleur A1, 25) : 1521 Blake St. ☎ 623-0263. Ouvert de 10 h à 21 h (22 h le week-end). Compter 5 à 7 US$. Un des fameux fast-foods de Wing Lam, un surfeur qui, après avoir ouvert son premier resto avec deux frères en Californie, en a maintenant plus de 35. On y avale de succulents tacos et burritos de poisson (ou de viande), ainsi que d'autres plats. Cadre coloré pour les amateurs de glisse. Un autre resto au 225 20th St.

|●| **The Market** (plan couleur A1, 21) : 1445 Larimer Sq. ☎ 534-5140. Situé dans la rue la plus animée du centre-ville. Ouvert de 6 h à 23 h (minuit le week-end). Ici, comme le nom l'indique, on vient plutôt faire son marché. Il s'agit en fait d'une vaste salle revêtue de parquet avec, au milieu, un grand comptoir carré où l'on commande de bons sandwichs et toutes sortes de plats. Sympa et animé, surtout à midi. On peut aussi y acheter des produits fins ou se contenter de prendre une boisson chaude au coffee-shop à l'entrée.

Prix moyens

|●| **Mercury Café** (plan couleur B1, 20) : 2199 California St. ☎ 294-9281. Près du Melbourne International Hostel. Plats entre 7 et 18 US$. Ouvert de 17 h 30 à 1 h en semaine et de 9 h (pour le brunch) à 2 h le week-end. Fermé le lundi. À côté d'un vaste parking, une bâtisse aux murs peints. Resto convivial au cadre un peu New Age. On y mange bien et, en plus, quand on a fini, on peut aller danser le swing, la salsa ou le tango à l'étage, tous les soirs dès 19 h ou 20 h !

|●| **Bd's Mongolian Barbeque** (plan couleur A1, 26) : 1620 Wazee St. ☎ 571-1824. Ouvert jusqu'à 22 h (23 h le week-end). Compter 14 US$ pour la formule à volonté, qu'on recommande. Un peu moins cher le midi. Pour ceux qui ne connaîtraient pas encore la formule, c'est simple : on va se servir, à un buffet, de légumes, de viandes, de poisson et de fruits de mer, on y ajoute diverses sauces et on donne le tout à cuire, sur une plaque. En 30 secondes, c'est prêt !

|●| **Rock Bottom Brewery** (plan couleur A1, 24) : 1001 16th St, à l'angle de Curtis St. ☎ 534-7616. Ouvert jusqu'à 2 h. Plats autour de 10 US$ à midi et de 10 à 20 US$ le soir. Ici, on brasse la bière et on la tire directement des fûts situés derrière le bar. Ambiance musicale et plats bons et copieux, qu'on peut manger sur la terrasse. Service jeune

DENVER

et dynamique.

|●| *Josephina's (plan couleur A1, 22) :* 1433 Larimer Sq. ☎ 623-0166. Ouvert à partir de 11 h 30. On entre par le pub où l'on sert d'excellentes bières locales à la pression. Compter 8 à 13 US$ pour un plat. Au menu, des salades et des pâtes mais, surtout, des pizzas, bien fines et très appétissantes ! On mange au pub, dans un petit couloir ou dans la petite salle à l'arrière, au choix. Orchestres certains soirs.

Chic à très chic

|●| *Le Central (hors plan couleur par B3, 28) :* à l'angle de 8ᵗʰ St et Lincoln St. ☎ 863-8094. Plats de 14 à 22 US$. Ouvert midi et soir jusqu'à 21 h (22 h le week-end). La façade basse et colorée, garnie de bouteilles vides, donne le ton. On est dans un resto français pur jus, tenu par un Toulonnais, Robert, depuis un quart de siècle. Cadre assez informel mais cuisine vraiment bonne ! La carte change tous les jours. Seule constante : la moules-frites à la *Duvel* (une bière belge) à 9 US$ et, les lundi et mardi, le menu homard 3 services à 23 US$. Réservation indispensable le week-end.

|●| *Buckhorn Exchange (hors plan couleur par A3, 27) :* 1000 Osage St. ☎ 534-9505. Fermé les samedi et dimanche midi. Réservation vivement conseillée le soir. Plats à partir de 20 US$, mais les bons steaks vont chercher dans les 30-40 US$! Le plus vieux restaurant de Denver (1886), classé Monument historique.

Il est situé à l'angle d'Osage St et de 10ᵗʰ Ave, occupant un drôle de vieux bâtiment en brique tout en longueur, face à un arrêt du *Light Rail Transit* (qu'on peut prendre sur 16ᵗʰ St). On se croirait dans un museum d'histoire naturelle ou dans le cabinet de curiosités d'un pionnier un peu fou du XIXᵉ siècle. Plus de 500 trophées de chasse et animaux empaillés sont exposés sur les murs ou dans des vitrines. Le fondateur du resto, « Shorty Scout », fut le plus jeune scout de la bande de Buffalo Bill. Ce dernier y venait souvent, ainsi que le chef indien Red Cloud. Y passèrent aussi des acteurs hollywoodiens, le président Franklin D. Roosevelt et l'illustre Eisenhower. On dîne à des tables à poker vieilles de plus de 100 ans. Le bœuf et le bison sont les spécialités de la maison. Steaks énormes, tendres et délicieux. Du mercredi au samedi, le soir, musique folk avec Roz Brown. Une adresse exceptionnelle dans l'Ouest.

À l'extérieur du centre-ville

|●| *Casa Bonita (hors plan couleur par A2) :* 6715 W Colfax au croisement de Sheraton Blvd, dans le quartier de Lakewood. ☎ 232-5115. Il y a un grand parking devant et un clocheton rose bonbon, à la mexicaine, marquant l'entrée. Ouvert tous les jours de 11 h à 21 h 30 (22 h les vendredi et samedi). De toute manière, mieux vaut venir avant 18 h, sinon il faut faire la queue pendant une demi-heure ! La cuisine, pas chère (autour de 10 US$), est assez quelconque, mais voilà sans doute un des décors de resto les plus extravagants du Colorado. Ça commence par une sorte de self-service et ça se termine dans un parc d'attractions, populaire et tropical, où la lumière du jour ne pénètre jamais. Et pour cause : il s'agit d'un ancien centre commercial reconverti en resto-spectacle pour familles, dans un décor artificiel, avec des faux rochers, des grottes obscures, des bassins bordés de palmiers, des chutes d'eau. Les petits et les grands adorent les sketches qui finissent souvent par « Pan, pan, pan ». Bien choisir sa place car ça vaut vraiment le coup d'œil, mais pour la cuisine, pas la peine de traverser le Colorado !

Où boire un verre ? Où sortir ?

– **Conseil :** se procurer le journal hebdomadaire gratuit *Westword*, la meilleure source d'infos sur les concerts, les spectacles et l'actualité musicale en ville. Denver est une cité qui bouge pas mal dans ce domaine.

– Le gros de la vie nocturne de la ville se déroule entre 20th St, 13th St, Lawrence St et Wazee St *(plan couleur A1),* soit dans un rectangle de 800 m sur 400. Là, grosse concentration de *sport bars, martini lounges* et *micro breweries.* Quelques night-clubs aussi, comme le *Rise* (techno, *hip-hop),* le *Polyester* (musique des 70's et 80's) et le *Market 41* (qui passe les tubes du moment). La plupart des boîtes sont ouvertes du mercredi au samedi et pratiquent un petit *cover,* généralement de 5 à 10 US$.

♛ *Wynkoop Brewery* *(plan couleur A1, 30)* **:** 1634 18th St. ☎ 297-9999. En face de la gare Union Station, dans un grand bâtiment du début du XXe siècle. Ouvert jusqu'à 2 h (minuit le dimanche). Ce fut la première micro-brasserie du Colorado et la plus grande en surface. Près de 22 tables de billard occupent les clients quand ils ne discutent pas assis près du grand bar. Parmi les meilleures bières, toutes faites maison, on compte la Railyard Ale, la Saint Charles Extra Special Bitter, la Sagebrush Stout (brune). Plein de jeunes tous les soirs. Possibilité de prendre des petits plats. Visite gratuite de la brasserie le samedi à 13 h.

♛ ♪ *Celtic Tavern* *(plan couleur A1, 33)* **:** 1801 Blake St. Grand pub à l'accent irlandais, avec deux jolis salons et leur feu de cheminée en hiver. Tout le mobilier vient d'Irlande. Concert de blues ou de rock le samedi soir (l'occasion de montrer ce que danser veut dire !). Il y a de la *Murphy's* en pression mais pas de *Guinness,* pour ça, il faut aller au *Falling Rock,* au 1919 de la même rue (voir ci-dessous).

♛ *Falling Rock* *(plan couleur A1, 34)* **:** 1919 Blake St. ☎ 293-8338. Le meilleur *beer bar* de Denver, avec quelque 75 bières à la pression et autant en bouteilles. Il est tenu par 3 frères texans... amoureux dudit breuvage. Comme souvent dans ce genre d'endroits, c'est la Belgique qui est à l'honneur (une trentaine d'étiquettes), mais il y a aussi une large sélection de bières *made in USA.*

♛ ♪ *Le Chapultepec* *(plan couleur A1, 32)* **:** au carrefour de 20th et Market St. Un bar-jazz qui n'a pas changé depuis les années 1940. Kerouac, d'ailleurs, le fréquentait. Bonne ambiance et bonne musique, tous les soirs à partir de 21 h. Attention, un écriteau prévient : « No dancing » (trop petit !) et prière de consommer.

♛ ♪ *15th St Tavern.Com* *(plan couleur A2, 31)* **:** sur 15th St donc, entre Welton et California St. ☎ 572-0822. Ouvert jusqu'à 2 h. Un peu *trash* mais bonne taverne avec musique rock à fond la caisse, un billard et un heureux mélange *White-Black American.*

À voir

➤ **Visites à pied du Denver historique :** de juin à août, l'office du tourisme propose un *walking tour* gratuit qui vous mènera, sous la conduite d'un guide attitré, dans le secteur historique de Denver. Normalement, départ au *Visitor Center* (16th et California St) les jeudi et samedi à 9 h 15.

🎭 ***Colorado History Museum*** *(plan couleur B3, 40)* **:** 1300 Broadway. ☎ 866-3682. ● www.coloradohistory.org ● Ouvert de 10 h (12 h le dimanche) à 16 h 30. Entrée : 5 US$; réductions.

Un musée qu'on aime beaucoup. Au programme : toute l'histoire du Colorado des origines à nos jours. Ça commence par le *Colorado Timescape,* un panorama de l'évolution géographique et humaine du Colorado. Puis, on découvre une autre belle exposition multimédia *(Ancient Voices)* sur les premiers habitants de la région, suivie d'une section dédiée à la colonisation espagnole. Vient ensuite « The Colorado Chronicle », ou chronique plus récente du Colorado. C'est la partie qu'on a préférée. Riche collection de documents, photos, cartes, écrits originaux, tableaux et, surtout, des superbes dioramas montrant, entre autres, des scènes de villages indiens. Voir aussi l'étonnante maquette de Denver en 1860, avant l'incendie qui ravagea la ville, ainsi que les pièces relatives à l'exploitation minière. Très vivant et fort intéressant pour comprendre la conquête du Colorado, stimulée, il faut le dire, par la découverte de mines d'or. Jusque-là en effet, la coexistence des Indiens et des blancs était plutôt pacifique. Ce n'est que lorsque démarra la *gold rush*, en 1859, et que des milliers de chercheurs d'or se mirent à empiéter sur le territoire des Indiens que les affrontements meurtriers entre les deux camps commencèrent. À ce propos, ne pas rater le tableau qui illustre l'un des plus horribles massacres d'Indiens, celui qui eut lieu à Sand Creek, le 29 novembre 1864...

Pour finir, allez jeter un coup d'œil à l'expo intitulée « Tenth Mountain », cette division armée formée dans les montagnes du Colorado pendant la Seconde Guerre mondiale pour aller combattre dans les Alpes italiennes. Quel rapport avec l'histoire du Colorado ? Aucun, si ce n'est que c'est un peu à cette division que l'État doit aujourd'hui toutes ses stations de ski !

⚑ *Molly Brown House (plan couleur B3, 42) :* 1340 Pennsylvania St. ☎ 832-4092. ● www.mollybrown.org ● Ouvert de 10 h (12 h le dimanche) à 15 h 30 (dernière visite). Fermé le lundi hors saison. Entrée : 6,50 US$; réductions. Une belle maison victorienne de la fin du XIXe siècle dans un quartier de somptueuses demeures. La visite est guidée par des personnes en costumes d'époque qui vous racontent l'extraordinaire histoire de Molly Brown. On ne vous sert pas le menu en entier, les guides le font très bien, mais cette Molly a eu une vie vraiment trépidante, dédiée à une foule de causes. Survivante du *Titanic,* Denver en fit une héroïne, alors qu'avant son voyage, elle était snobée par la jet-set de l'époque qui la trouvait trop nouveau riche. La visite de sa maison restée en l'état est intéressante, surtout si on comprend bien l'anglais.

⚑ *US Mint (plan couleur A2, 43) :* 320 W Colfax Ave. ☎ 405-4761. Visites guidées toutes les heures de 9 h et 15 h le lundi et de 8 h à 15 h les autres jours de la semaine. Fermé le week-end. Attention, en été, il y a rarement de la place pour la visite qui suit l'inscription, il faut donc souvent revenir plus tard. De même, ayez votre passeport avec vous pour vous inscrire, et sachez qu'aucun sac, pas même les porte-monnaie et poches ventrales, ne sont autorisés lors de la visite.

Le bâtiment, construit en 1904, rappelle le style de la Renaissance italienne et des palais de Florence. Pour le casse du siècle, c'est raté. Le détecteur de métaux et les gardes lourdement armés à l'entrée ont de quoi en dissuader plus d'un. C'est aussi bien gardé que Fort Knox. Et pour cause, 25 % des réserves d'or du pays se trouvent ici ! Mais c'est surtout l'un des principaux lieux de production de *coins, nickels, dimes, pennies* et autres *quarters.* Toutes ces pièces font un vacarme assourdissant. Ah l'argent ! Entre Denver et l'argent, c'est d'amour qu'il s'agit. La ville est née de la ruée vers l'or en 1858, un signe qui ne trompe pas. À l'origine, les chercheurs d'or vendaient directement à l'usine leurs pépites trouvées dans les lits des rivières. Puis, quand l'or se fit plus rare, ce fut l'argent, et après l'argent, apparurent les mélanges métalliques « vulgaires ».

– *Visite :* elle commence par un coup d'œil à une petite salle consacrée à la monnaie et aux pièces. Puis, en marchant dans des galeries élevées, séparées des ateliers de fabrication par des baies vitrées, on peut suivre les différentes étapes de la production. Une précision : l'activité de l'US Mint consiste essentiellement à poinçonner les pièces, c'est-à-dire à découper des morceaux de métal et à les imprimer. Il faut 40 t de pression pour marquer un cent, 75 à 80 t pour une pièce d'un dollar. C'est la phase cruciale du « coinage », autrement dit l'estampillage ou le poinçonnage. Chaque machine crache près de 800 pièces à la minute. Ici, on comprend le sens exact de l'expression « à l'emporte-pièce ». Ensuite, les flots de pièces rutilantes passent dans une machine appelée le « shaker ». Ses vibrations intenses doivent éliminer les pièces de mauvaise dimension. Les bonnes pièces sont alors mises dans des sacs, puis emmagasinées en attendant le passage du prochain camion *(truck)* qui acheminera tout cet argent frais vers la *Federal Reserve Bank* à Washington DC (on peut voir les camions faire la queue dans la cour du bâtiment).

🎥🎥 *Black American West Museum and Heritage Center* (hors plan couleur par B1) : 3091 California St. ☎ 292-2566. Au nord-ouest de Downtown, au niveau de 31st St. De juin à août, ouvert tous les jours de 10 h à 17 h. Le reste de l'année, ouvert de 10 h à 14 h du mercredi au vendredi et de 10 h à 17 h le week-end ; fermé les lundi et mardi. Entrée : 6 US$; réductions.
Ne pas repartir de Denver sans l'avoir vu. C'est le seul musée du genre dans tout l'Ouest américain. Ici, rien de spectaculaire pourtant. Installé dans une petite maison en bois de l'époque victorienne (qui fut déplacée de Downtown jusqu'ici en 1982 !), il raconte en détail et avec les moyens du bord l'aventure oubliée des Noirs américains et leur contribution essentielle à la conquête de l'Ouest. « *We tell it like it was.* » Environ un tiers des cow-boys de l'Ouest sauvage était des Blacks. Des Blacks qui avaient participé au commerce de la fourrure en tant que serviteurs, accompagnateurs, assistants, scouts, guides ou cuisiniers, mais aussi des Blacks explorateurs, des esclaves affranchis qui avaient émigré à l'Ouest après la guerre de Sécession pour commencer une nouvelle vie. Parmi ces pionniers sans le sou, un dénommé Bill Pickett, un des meilleurs *Black cow boys* du Far West. Bill inventa une nouvelle manière de capturer les bêtes à cornes, on appelle ça le *bulldogging*. Le gaillard courait après la bête, l'attrapait violemment par les cornes, la retournait encore plus violemment sur le sol et lui donnait un grand coup de dents dans la lèvre supérieure. À ce moment-là, Bill levait les bras en l'air, en signe de victoire. Sacré Bill ! Il y avait aussi des *Black cow girls,* comme Béatrice Boyer ou Mary Field, qui protégeait les convois avec un fusil. À 70 ans, celle-ci ouvrit une laverie et donna un jour, dans un saloon, un coup de poing à un client qui n'avait pas payé. Des documents évoquent aussi l'épisode des *Buffalo Soldiers,* les soldats noirs engagés dans l'US Army au XIXe siècle.
Enfin, ne pas quitter ce musée passionnant sans avoir discuté avec Paul Stewart, son fondateur. Il est toujours habillé en cow-boy et connaît le sujet sur le bout des doigts. Enfant, Paul jouait aux cow-boys et aux Indiens comme les gamins de son âge. Mais il devait toujours jouer l'Indien car il n'y avait pas de cow-boy noir. Adulte, il rencontra un jour un vrai cow-boy noir de la grande époque. L'idée d'exhumer ce morceau d'histoire noire méconnue lui est venue ce jour-là. Après des années de recherches, sans moyens, Paul est parvenu à rassembler dans ce musée près de 35 000 objets.

🎥🎥 *Denver Museum of Natural History :* 2001 Colorado Blvd. ☎ 322-7009. ● www.dmns.org ● À 3 *miles* à l'est du centre. Ouvert tous les jours de 9 h à 17 h. Entrée : 10 US$; réductions.
Un musée d'histoire naturelle tout bonnement remarquable. La section sur les origines de la vie, au 3e niveau, avec ses squelettes ou fossiles de dinosaures et ses excellentes explications, est vraiment bien faite. On peut même voir des scientifiques travailler dans un labo derrière une vitre. Plus bas, le *Hall of Life* recèle toutes sortes d'expériences et jeux interactifs pour comprendre le fonctionnement du corps humain, ses sens notamment. Par exem-

ple, si vous n'avez jamais conduit en état d'ivresse, c'est le moment... de voir ce que cela fait ! Possibilité de mesurer son stress aussi, d'assister à l'évolution du fœtus, etc. À voir encore : la superbe (et très riche) collection d'animaux naturalisés aux 2e et 3e étages, ainsi que le hall au rez-de-chaussée consacré à l'espace, où vous apprendrez, enfin, comment fonctionne le *Global Positioning System*... Ah, oui, on allait oublier la galerie des minéraux, à découvrir pour sa splendide grotte de cristal ! Compter bien 2 h pour tout voir.

🦌🦌 *Denver Art Museum* (plan couleur B3, 45) : 100 W 14th Ave Parkway. ☎ 865-5000. ● www.denverartmuseum.org ● Ouvert de 10 h (12 h le dimanche) à 17 h (21 h le mercredi). Fermé le lundi. Entrée : 8 US$; réductions. En 2006, le musée d'art de Denver possédera une nouvelle aile aux formes surprenantes, tout en angles tranchants, et verra ainsi doubler son espace d'exposition. En attendant, on peut voir sur 5 niveaux des collections d'art d'une grande variété : totems, tipi, vannerie et textiles indiens, argenterie, peintures et art religieux espagnols, objets design du XXe siècle, art précolombien, asiatique (tapisseries, vases chinois, statues indiennes, armures japonaises...), art décoratif du XIXe siècle, mobilier rococo, peinture européenne... Bref, un ensemble d'œuvres vraiment très complet, qui ravira tous les amateurs d'arts visuels.

Au cœur de Downtown

🦌 *16th Street Mall* (plan couleur A1-2) : « the true heart of Downtown Denver », le cœur même de Downtown. Il faut commencer là votre balade à pied dans la ville. Cet axe piéton, long de près de 1 600 m et bordé de 200 arbres, constitue l'artère la plus humaine, la plus animée de Denver.

🦌🦌 *Larimer Square* (plan couleur A1) : un beau morceau d'histoire est condensé dans ce Larimer Sq, une des plus vieilles rues de Denver. Pas de hautes tours, mais 18 élégants petits immeubles victoriens, retapés et bien conservés. Dans l'un d'eux logea le célèbre Buffalo Bill, un habitué de Denver. Une trentaine de restaurants branchés (voir notre rubrique « Où manger ? ») et de magasins. L'écrivain Jack Kerouac y avait aussi ses habitudes dans les années 1950.

🦌 *Lower Downtown* (plan couleur A1) : appelé communément « LoDo ». Il s'agit de la partie historique du centre-ville, située entre Union Station, Larimer Square et le Coors Field. Beaucoup de vieux immeubles en brique de l'époque victorienne, dominés par la silhouette triomphale du Coors Field.

🦌 *Coors Field* (plan couleur A1, 44) : au croisement de 20th St et Blake St. ☎ 1-800-388-ROCK. Tout beau, le stade Coors est depuis 1995 la grande arène de base-ball de Denver. Ici, on ne plaisante pas avec ce sport, qui fait partie des activités historiques de la ville. Il peut accueillir 50 000 spectateurs et abrite des restos, des espaces d'expo et même une micro-brasserie – la *Sandlot Brewing Company*. Si vous êtes là entre avril et septembre, ça vaut la peine d'assister à un match car ici, c'est une grande fête et, même si on n'est pas supporter des Colorado Rockies, on en apprend beaucoup sur nos hôtes. Sinon, on peut se joindre à une visite guidée (payante) des lieux, du lundi au samedi à 10 h et 12 h.

🦌 *Brown Palace Hotel* (plan couleur B2, 41) : 321 17th St. ☎ 297-3111 ou 1-800-321-2599. Les amoureux des vieux palaces américains ne manqueront pas cet élégant immeuble de 9 étages construit en 1892, en plein quartier d'affaires. « Une grande dame », comme on dit à Denver. Le public est autorisé à y entrer et à jeter un coup d'œil au rez-de-chaussée et au 1er étage. Des visites guidées gratuites ont lieu tous les mercredis et samedis à 14 h.

Durée : 45 mn. Rendez-vous à la réception *(lobby)*. Le *lobby*, justement, représente la partie la plus surprenante de l'hôtel avec son haut patio, ses galeries à claire-voie en fer forgé, sa luxueuse décoration. Du temps de sa splendeur, un tunnel secret reliait l'hôtel à l'immeuble Navarre, le bordel le plus luxueux de Denver, situé sur 17th St, juste en face du *Brown Palace Hotel.*

❦ *Colorado's Capitol (plan couleur B2, 46) :* à l'angle de Colfax Ave et Lincoln St. Édifié entre 1886 et 1908, il abrite le sénat et la chambre des représentants de l'État du Colorado. Son dôme est recouvert de feuilles d'or. En vous plaçant sur la 13e marche de l'escalier extérieur, vous serez exactement 1 *mile* au-dessus du niveau de la mer. Visites guidées gratuites de l'édifice du lundi au vendredi de 9 h à 15 h 30 (14 h 30 en hiver).

Shopping

✿ *Gart's Sports Castle :* Broadway et 10th St. Le plus grand magasin de sport des États-Unis avec piste de ski, tennis sur le toit, etc. Vous y trouverez tout, absolument tout. Denver a été désignée « Sport City USA », on comprend pourquoi !

✿ *The Outlets at CastleRock :* sur l'I-25 en direction de Colorado Springs, à 20 mn de Denver, sortie 184. Magasins d'usine, ouverts du lundi au samedi de 10 h à 21 h, le dimanche de 11 h à 18 h. Très bon choix.

✿ *Mile High Flea Market :* sur l'I-76 vers le nord à la sortie 10. Ouvert toute l'année, le mercredi et le week-end de 7 h à 17 h. Le plus grand marché aux puces du Colorado. C'est assez folklo, et on peut y trouver des souvenirs pas chers.

➤ *DANS LES ENVIRONS DE DENVER*

❦ *Red Rocks Amphitheater :* à 13 *miles* à l'ouest de Denver par l'I-70, sortie Morrison Rd. ☎ 697-4939. Des concerts, classiques et rock, ont lieu chaque été dans ce magnifique amphithéâtre naturel de 9 000 places. La plus belle salle de concert de Denver, évidemment. Air naturel climatisé.

❦❦ *La tombe et le musée de Buffalo Bill :* 987 1/2 Lookout Mountain Rd, à Golden, à 30 mn de Downtown Denver. Prendre l'I-70, sortie 256. C'est indiqué « Buffalo Bill Grave ». Très belle route sinueuse à flanc de montagne. C'est au sommet que repose une des figures mythiques du *Wild West*. Buffalo Bill est mort à l'âge de 71 ans, au 2932 Lafayette St à Denver. Le 3 juin 1917, une foule recueillie de 25 000 fidèles monta de Denver jusqu'ici pour accompagner le « héros » jusqu'à sa dernière demeure. Comme disait Gene Fowler, William Cody fut « peut-être l'Américain le plus élégant de tous les temps, un symbole de l'aventure, un homme admiré par les hommes, courtisé et aimé par les femmes, et qui servit de modèle aux enfants ». Même très vieux, il avait gardé une sacrée allure d'aventurier, du panache, avec ses cheveux longs et argentés, sa barbichette blanche, son Stetson légèrement de travers sur la tête. Tout n'était pas glorieux chez lui. Il fut aussi un des plus grands vaniteux de l'Ouest, et c'est à mettre à son passif de plus grand tueur de bisons de toute l'histoire du pays. Si le personnage est haut en couleur, sa tombe brille par sa banalité.

Le *musée* est ouvert tous les jours de 9 h à 17 h de mai à octobre et du mardi au dimanche de 9 h à 16 h le reste de l'année. ☎ 526-0744. Entrée : 3 US$. Fort bien fait, il évoque la vie aventureuse de Buffalo Bill à travers une collection de photos d'époque, de documents, de souvenirs, de journaux et de magazines. Noter la qualité des affiches publicitaires. Évidemment, le musée ne montre rien qui puisse ternir la « légende ». Peut-être d'ailleurs n'y a-t-il rien à montrer car, si Buffalo Bill tua, dit-on, 4 000 bisons, il prétendait n'en avoir jamais laissé pourrir un seul sur place, autrement dit, ce qu'il faisait, c'était pour nourrir l'armée. Quant aux Indiens, certes il fut leur adversaire lorsqu'il travaillait comme éclaireur pour la cavalerie, mais devint ensuite un farouche défenseur de leurs droits, en s'opposant notamment au projet de les parquer dans des réserves... Quoi qu'il en soit, Buffalo Bill fut finalement plus un homme de spectacle qu'un aventurier puisque, dès l'âge de 26 ans, il entama une carrière d'acteur en incarnant son propre rôle dans *The Scouts of the Prairies,* une pièce mettant en scène ses exploits, avant de créer l'œuvre de sa vie, le *Buffalo Bill's Wild West Show,* qu'il joua sur scène à travers le monde pendant 30 années !

En juillet, fête commémorative à Golden *(Buffalo Bill Days Celebration).* Cette fête dure 3 jours, infos à la *Chamber of Commerce* de Golden : ☎ 279-3113.

🗙🗙 *Coors Brewing :* 13ᵗʰ et Ford St, toujours à Golden. ☎ 277-BEER. Visites guidées gratuites tous les jours de 10 h à 16 h. Fermé le dimanche. Durée de la visite : 1 h 30.

Denver sans la *Coors,* c'est comme Dublin sans la *Guinness* ou la Bourgogne sans son vin ! *Do you have Coors ? Yes, of course.* C'est une institution, mais c'est surtout la plus grande brasserie du monde, qu'il faut visiter avec une mousse en prime. Fondée en 1873 par un émigrant allemand du nom d'Adolf Coors, elle produit aujourd'hui plus de 17 millions de *barrels* (1 barrel = 119 l), soit plus de 2 milliards de litres de bière par an ! Ici ce n'est pas « Waterworld » mais « Beerworld ». Visite intéressante, surtout si vous n'avez jamais mis les pieds dans une grande brasserie, qui permet de découvrir les différentes étapes du processus de fabrication, le maltage, le brassage et l'empaquetage *(malting, brewing and packaging).*

PLUS LOIN

🗙 *Central City et Black Hawk :* à 38 *miles* à l'ouest de Denver par la Hwy 6W. Plein de compagnies de bus desservent ces deux villes. Vraiment bizarre, cet endroit. Au XIXᵉ siècle, les deux villes poussèrent au gré de l'exploitation d'un des plus riches filons d'or du monde. Une fois celui-ci épuisé, les villes périclitèrent jusqu'en 1991, date à laquelle les jeux furent légalisés. Depuis, c'est un nouveau boom. Au total, 36 petits casinos ont poussé dans cette étroite vallée au milieu de nulle part...

🗙 *Georgetown :* à 44 *miles* à l'ouest de Denver sur le bord de l'I-70. Petit village typique western, avec quelques beaux bâtiments historiques, comme cet hôtel de Paris sur 6ᵗʰ St. Balade en train à vapeur tous les jours de mai à fin septembre. Renseignements : ☎ 1-888-456-6777. ● www.town.george town.co.us ●

🗙 *Estes Park :* à une bonne heure au nord-ouest de Denver, l'une des portes d'entrée des Rocky Mountains. De nombreux ranchs dans les environs accueillent les touristes. Jeter un coup d'œil au magnifique *Stanley Hotel,* fondé en 1909 par l'inventeur de la Stanley Steamer Automobile (modèle dans le hall). Stephen King y séjourna pour rédiger son thriller *Shining* !

🗙 Sur la route d'Estes Park, en montant vers l'entrée du parc, le **Dick's Rock Museum** (gratuit), au 490 Moraine Route (à gauche), est l'antre d'un marchand de roches et de pierres. Il les taille lui-même et les vend aux visiteurs (notamment des coprolithes, ou crottes de dinosaures fossilisées !).

CRIPPLE CREEK

1 400 hab.   IND. TÉL. : 719

Son nom signifie « Ruisseau de l'Infirme ». Il ne fallait pourtant pas être infirme mais plutôt un robuste gaillard pour venir chercher fortune dans cette région au temps de la ruée vers l'or. Dans une cuvette entourée par des montagnes, Cripple Creek connut ses heures de gloire à ce moment-là, au tournant des XIXe et XXe siècles. Après la découverte de filons gigantesques en 1891, des foules de pionniers affluèrent, toutes tentées par l'aventure et appâtées par la fortune. En 1900, environ 500 compagnies minières opéraient dans le secteur, qui comptait 50 000 habitants. En fait, Cripple Creek était le centre financier, administratif et social du champ aurifère (le Great Gold Camp), mais la plupart de l'or extrait provenait des mines situées à 10 km plus au sud, autour de la petite ville (aujourd'hui presque fantôme) de Victor. Puis la fièvre de l'or retomba, aussi vite qu'elle était arrivée, quelques années plus tard, à mesure que les gisements s'épuisaient.

Pour sauver de la mort cette ville minière ruinée, devenue l'ombre d'elle-même, des commerçants fauchés eurent l'idée en 1991, soit un siècle après sa fondation, de la transformer radicalement et d'en faire une ville de jeux et de casinos, autrement dit une excellente pompe à fric pour se refaire une santé. C'est désormais chose faite, et le « Ruisseau de l'Infirme » est devenu le « Temple du Bandit Manchot » (le nom vulgaire donné aux machines à sous) ! Rien de comparable toutefois avec la démesure de Las Vegas dans le Nevada. Cripple Creek est une ville de jeux, certes, mais l'architecture Wild West en brique y est bien conservée, et l'ensemble ne manque ni de charme ni de caractère. Ici, les casinos sont moins nombreux, moins tentants, plus petits en taille, donc plus humains et plus faciles à l'usage.

Comment y aller ?

➢ **De Denver :** à l'entrée du village en venant de Denver, dans un Colorado Springs (67 *miles*). Au niveau de Colorado Springs, prendre la sortie 141, suivre la Hwy 24 jusqu'à Divide (44 *miles*). À Divide, prendre la route 67 à gauche (montagnes) et continuer jusqu'à Cripple Creek (17,5 *miles*).

Adresses utiles

🛈 **Tourism Info :** à l'entrée du village en venant de Denver, dans un wagon vert. ☎ 1-877-858-4653. Ouvert tous les jours de 8 h à 18 h. Informations sur les activités du coin et les disponibilités des hôtels.

@ **Aspen Center :** 166 Bennett Ave. Ouvert du lundi au samedi, uniquement en journée. Compter 5 US$ de l'heure pour surfer. C'est un *Community Center* où il est également possible de grignoter un sandwich ou prendre une soupe.

@ **Public Library :** sur B St, à l'angle de Galena Ave.

Où dormir ?

Attention, les prix montent le week-end en été.

Campings

⚐ **Lost Burro :** traverser le village (venant de Denver), prendre la direction de la poste, puis c'est indiqué à 4 *miles*. ☎ 689-2345. Ouvert toute l'année. Compter 15 US$ avec une tente et 20 US$ avec un camping-car. Installé dans un superbe environnement, entre collines et bois de sapins. Petite rivière et emplacements ombragés. Bon accueil.

Bon marché

🛏 *Fortune Hotel :* dans la petite ville de Victor, à 6 *miles* au sud de Cripple Creek. ☎ 689-3307. Réception ouverte de 8 h à 17 h (20 h en été). Compter 35 US$ pour deux. Dans la rue principale, un vieil immeuble de 1889, qui fut la maison close la plus réputée de Victor. Pour les fauchés qui voudraient passer une nuit dans cette petite ville presque abandonnée.

De prix moyens à plus chic

🛏 🍴 *The Hospitality House & RV Park :* 600 North B St. ☎ 689-2513 ou 1-800-500-2513. ● www. cchospitalityhouse.com ● De l'autre côté du village en venant de Denver. Ouvert de mai à fin octobre. De 45 à 90 US$ pour deux, selon le type de chambre. Petit déjeuner inclus. Notre adresse préférée à Cripple Creek. Un ancien hôpital de 1901 reconverti en hôtel, c'est dire si le lieu a une longue tradition d'hospitalité ! Propose 17 chambres meublées à l'ancienne et très bien tenues, avec salle de bains privée. On peut aussi y camper pour environ 20 US$ à deux.

🏕 *Cripple Creek Gold Campground :* 12654 Hwy 67. ☎ 689-2342. ● wgb601@juno.com ● À 6 *miles* au nord de Cripple Creek sur la 67. Beau cadre là encore, dans la montagne.

Laverie et accès Internet.

🛏 *Gold King Mountain Inn :* 601 Galena Ave. ☎ 689-2600 ou 1-800-445-3607. ● www.gkmi.com ● Venant de Denver, c'est la 1re à droite sur la route 67 en arrivant à Cripple Creek. Prévoir 70 à 90 US$ en semaine et 80 à 100 US$ le week-end, selon la saison. Parfois des offres spéciales du dimanche au jeudi, consultez leur site web. Bon accueil. Chambres standardisées de motel mais impeccables et tout confort. Possède aussi une piscine, un bain à bulles et un sauna.

Où manger ?

La plupart des restos se trouvent dans les casinos et proposent une cuisine pas trop chère (mais plutôt vite expédiée), histoire d'appâter le client en qui, bien sûr, sommeille un joueur potentiellement flambeur. Certains vont même jusqu'à offrir des « petits dej' » à 50 *cents* !

🍽 *Casino Womack's Bob's Grill :* sur Bennett Ave, la rue principale. En voilà, tiens, un exemple de casino qui brade ses petits déjeuners : ici, ils sont à 1 US$. Bien sûr, on est au cœur du monstre, avec le bruit des machines et le stress des joueurs...

🍽 *Maggies Colorado Grande Restaurant :* à l'angle de 3rd St et de Bennett Ave, côté gauche en venant de Denver. Ouvert de 7 h à 1 h 30 du matin. À midi*, burgers,* sandwichs, salades, *fish & chips* et autres plats de 5 à 8 US$. Plus cher le soir. Également des *all-day breakfasts.* L'un des meilleurs rapports qualité-prix de Cripple Creek. Bon accueil. De plus, ici, on ne mange pas à côté des machines à sous !

Où boire un verre ?

🍸 *Zeke's Place :* à Victor, à 6 *miles* de Cripple Creek. Dans le centre. Changement d'atmosphère avec ce troquet qui attire tous les locaux du coin, y compris ceux qui ont déjà fait la tournée des autres bars... Bien pour ceux qui veulent s'évader des paillettes et des néons de Cripple Creek ! Musique pop ou *country (old Mississipi Delta blues)* le week-end. Petite restauration à la carte.

À voir. À faire

🏃 *Les vieilles publicités en couleurs :* peintes directement sur les pignons et les murs de brique des immeubles du centre-ville. Il y en a de très originales à prendre en photo.

🏃🏃 *The Old Homestead :* 353 E Meyers Ave. À côté du *Wild Horse Casino,* dans une rue parallèle à la rue principale. ☎ 689-3090. Ouvert tous les jours de 11 h à 17 h. Fermé hors saison. Entrée : 4 US$. C'était le bordel chic de Cripple Creek du temps de la ruée vers l'or. Dans la rubrique *entertainment* et divertissement, les rudes gaillards de Cripple Creek avaient l'embarras du choix entre les 150 saloons et les 4 maisons closes de la ville. Celle-ci était la plus élégante. Installé dans une demeure de 1896, au sein d'un quartier surnommé alors le « Red Light District » (c'était bien gentil par rapport à celui d'Amsterdam), l'Old Homestead ferma ses portes en 1916. Les nostalgiques de la Belle Époque pourront voir les 10 chambres où les élégantes dames vendaient leurs charmes. Une visite insolite, car, aux États-Unis, les maisons closes transformées en musée se comptent sur les doigts de la main.

🏃 *The Cripple Creek District Museum :* à côté du *Visitor Center,* à l'angle de 5th St et de Bennet Ave. ☎ 689-2634. Ouvert tous les jours de 10 h à 17 h en été et du vendredi au dimanche, de 11 h à 16 h, le reste de l'année. Entrée : 5 US$; réductions. Dans 3 petits bâtiments dont le principal servait de terminal au wagon qui abrite aujourd'hui le *Visitor Center,* situé juste à côté. Belle évocation des années fastes de Cripple Creek à travers des documents, des photos, des objets, du mobilier et des fringues de cette époque. Ne pas rater, au 2e étage, la remarquable maquette de la seule mine encore en activité de la ville. Plaira à tous les passionnés de l'épopée de l'Ouest américain.

🏃 *The Cripple Creek Narrow Gauge Railroad :* à côté du *Visitor Center.* ☎ 689-2640. Tour de 45 mn autour de Cripple Creek à bord d'un train à vapeur. Sympa pour découvrir le paysage minier du coin. Fonctionne de fin mai à début octobre, tous les jours à partir de 10 h. Tarif : 9,50 US$; réductions.

🏃🏃🏃 *La mine d'or Mollie Kathleen (Mollie Kathleen Gold Mine) :* à moins de 2 *miles* de l'entrée de Cripple Creek, dominant la ville, sur la gauche en venant de Divide et de Colorado Springs par la route 67. ☎ 689-2466. Ouvert d'avril ou mai (ça dépend du temps) à octobre, tous les jours de 9 h à 17 h (dernier tour). Hors saison, téléphoner pour se renseigner. Entrée : 15 US$; réductions.
Mollie Kathleen Gointner est la fondatrice de la mine. Avec sa famille, elle exploita le site dès 1892. Mollie Kathleen Gold Mine fonctionna à plein jusqu'en 1961 puis cessa partiellement son activité. Aujourd'hui, les mineurs ne s'activent plus que de temps en temps, la production étant nettement plus faible qu'autrefois. En tout cas, ça n'a plus rien de comparable.
La visite, guidée par d'authentiques mineurs, dure 1 h. Départs toutes les 15-20 mn en saison. On vous prête une sorte de ciré imperméable et un casque avant d'embarquer.
On descend (dans un monte-charge rustique) à 1 000 pieds sous terre, dans les entrailles des Rocheuses, d'où le guide communique avec l'extérieur à l'aide d'une corde reliée à une clochette ! Hormis un tronçon en petit train à

AU SUD DE DENVER

air, la visite se fait à pied, en cheminant dans les boyaux souterrains, immense labyrinthe de galeries interminables. On apprend plein de choses sur le fonctionnement des mines d'or (si le guide n'a pas un trop fort accent !) et sur les conditions de vie des mineurs. De même, tout le processus d'extraction est passé en revue, et de façon très vivante car le guide fait fonctionner devant vous les machines impliquées dans l'opération (perceuses, pelleteuses...).Un peu avant la fin, les groupes s'arrêtent aussi au *mineral display,* notamment près d'un bon gros wagonnet contenant un chargement de pierres aurifères. Bon, il ne s'agit pas de pépites à emporter, le guide vous remettra simplement un petit morceau de caillou avec quelques points infimes qui brillent à la surface : c'est bel et bien de l'or, mais de l'or dit argenté. Avant de le mettre sur le marché, il faut l'extraire de sa gangue pierreuse et le « cuire » pour qu'il vire au doré... Décidément, que ne ferait-on pas pour avoir de l'or ?

➤ *DANS LES ENVIRONS DE CRIPPLE CREEK*

🎭 *Victor :* une ville un peu fantôme faite de mines désaffectées, de voitures rouillées, de maisons abandonnées, un peu comme dans un *road movie,* mais accueil chaleureux des rares habitants. Victor date elle aussi de la ruée vers l'or, mais n'a pas basculé dans les machines à sous et, du coup, est l'antithèse de sa voisine. Au temps de sa splendeur, il y avait 12 000 habitants, et 70 trains pouvaient s'y rendre chaque jour sur 3 voies. Aujourd'hui, seule la grande mine à ciel ouvert sur la route de Cripple Creek à Victor est encore active dans la région. En déambulant on trouve plusieurs épiceries d'un autre âge et quelques magasins d'antiquités, où quand on pousse la porte, la clochette tinte. Au croisement de Victor Ave et de 3rd St, George Sode a reconstitué l'intérieur et le décor d'une maison de ville telle qu'elle était à l'époque du *gold rush.*
– *Vers la mi-juillet* c'est la fête des *Gold Rush Days.* Infos au *Visitor Center* de Cripple Creek : ☎ 1-877-858-4653.

QUITTER CRIPPLE CREEK PAR VICTOR

➤ *Pour Colorado Springs et Denver :* pour redescendre dans la grande plaine et rejoindre Colorado Springs, on peut choisir une alternative et emprunter une route historique. Il s'agit de la *Gold Camp Road.* Au départ de Victor, elle est d'abord goudronnée mais devient vite un chemin de terre et de pierres, tortueux et étroit, où passait naguère une ligne de train (il n'y a plus de rails, rassurez-vous). Les voitures peuvent y passer sans difficulté, à condition de rouler doucement. À éviter cependant en cas d'orage ou de brouillard. Paysages superbes et sauvages.

DURANGO
15 000 hab. IND. TÉL. : 970

« Durango » vient du basque (si, si !) *urango* qui signifie « ville d'eau ». Cette charmante petite ville, née de l'arrivée du train en 1880 dans le Sud-Ouest du Colorado, est située au pied des Rocky Mountains et à 37 *miles* à l'est du parc national de Mesa Verde. C'est un endroit attachant, car on a su y conserver l'atmosphère d'autrefois. La rue principale a été restaurée avec goût dans la grande tradition *Old West.* Beaucoup de choses sont organisées pour le touriste, si bien qu'on peut y rester un ou deux jours sans s'en apercevoir.

Circuler à Durango

En trolley

Le *Durango Trolley* parcourt Main St entre la gare au sud et Animas View Dr au nord. Circule toutes les 20 mn entre 7 h et 22 h 40. Le passage coûte 50 cents (avoir le compte juste car le chauffeur ne rend pas la monnaie). Infos au : ☎ 259-LIFT (5438).

Adresses utiles

🗓 *Durango Area Tourism Office :* 111 S Camino del Rio. ☎ 247-3500 ou 1-866-294-5187. • www.durango. org • À la sortie sud de la ville, au bord de la Hwy 550. Ouvert tous les jours en été de 8 h à 18 h (17 h le samedi et de 10 h à 16 h le dimanche), et en hiver de 8 h à 17 h (fermé le week-end). Plein d'infos, de cartes et de plans. Prenez-y le *Durango Telegraph,* journal gratuit pour tout savoir sur l'actualité culturelle de la semaine. • www.durangotelegraph. com •

✉ *Poste :* 8th St, entre le Camino del Rio et Main Ave. Ouvert du lundi au vendredi de 8 h à 17 h 30 et le samedi de 9 à 13 h.

@ *Public Library :* 1188 2nd Ave. Ouvert du lundi au mercredi de 9 h à 21 h et du jeudi au samedi (le dimanche aussi en hiver) de 9 h à 17 h 30. Accès gratuit à Internet.

■ *Gateway réservations :* ☎ 1-800-828-4228 ou 385-4711. • www. gatewayreservations.com • Pour toute réservation d'hébergement et d'excursions.

■ *Aéroport de Durango :* à 19 *miles* au sud, sur la route de Pagosa Springs (US 160). ☎ 247-8143. Liaisons avec Denver et Phoenix. Location de voitures *(Avis, Budget, Hertz, National* et *Dollar Rent a Car)* dans le hall d'entrée.

■ *Laverie :* 1127 Camino Del Rio, non loin de la poste. Ouvert de 7 h à 21 h. Prix au poids, mais prend minimum 10 US$.

Où dormir ?

Ici, les tarifs varient beaucoup selon le moment de l'année. En gros, juillet et août sont les mois les plus chers. Viennent ensuite juin et septembre, puis mai, octobre et les vacances de Noël (stations de ski pas très loin) et, enfin, janvier, février, avril et novembre. Attention aussi aux jours fériés (style *Labor Day*), où les prix peuvent littéralement s'envoler !

Camping

⚑ *United Campground :* 1322 Animas View Dr. ☎ 247-3853. À 4 *miles* au nord de la ville, sur la route 550 (accessible en Trolley). Ouvert d'avril à octobre. Emplacements agréables pour les tentes à 23 US$, sur un épais tapis de gazon. Avec un camping-car, compter 30 à 35 US$. Petite piscine chauffée, sanitaires très propres, laverie et boutique. La rivière Animas passe au pied du camping et le vieux train Durango-Silverton... au beau milieu. On ne peut pas dire qu'on ne l'entende pas passer, mais il n'y a jamais que 2 à 4 passages par jour... Malgré cela, les réservations sont fortement conseillées en été. Arriver avant 16 h ou téléphoner pour prévenir d'un éventuel retard. Au fait, n'oubliez pas d'aller dire bonjour aux chevaux miniatures.

AU SUD DE DENVER

De bon marché à prix moyens

Plusieurs motels pas trop chers sur Main Ave, vers le nord de la ville (loin du centre à pied, mais il y a le trolley) :

≜ *Siesta Motel :* 3475 Main Ave. ☎ 247-0741. ● www.durangosiesta motel.com ● Selon la saison, de 32 à 58 US$ pour une chambre à 1 lit. Réception sympa, décorée de vieux objets. C'est un motel familial de 22 chambres toutes un peu différentes mais très confortables, avec de bons gros lits et une moquette pelucheuse. Proprios charmants. Un excellent rapport qualité-prix !

≜ *Caboose Motel :* 3363 Main Ave. ☎ 247-1191 ou 1-877-527-1191. À partir de 48 US$ pour deux, petit dej' compris. Ici encore, les propriétaires vivent sur les lieux, ce qui est rare dans cette ville. Même style de motel que le précédent, avec des chambres personnalisées. Un peu plus cher, cependant.

≜ *Dollar Inn :* 2391 Main Ave. ☎ 247-0593 ou 1-800-727-3746. ● www.durango.com/dollarinn ● De 35 US$ en hiver à 65 US$ en été, pour un *King size*. Chambres assez grandes et propres, à défaut d'avoir du charme. John, le proprio polonais, adore les *Frenchies*. Jacuzzi à disposition et petit déjeuner en été.

≜ *Durango Lodge :* 150 East 5th St. ☎ 247-0955 ou 1-888-440-4489. Fax : 385-1882. ● www.durangolod ge.com ● À côté de la gare. De 45 à 95 US$ pour deux, selon la saison. Petit déjeuner compris. Un motel accueillant et en plein centre-ville. Pro-

pose des chambres convenables avec frigo et table à repasser, à 1 ou 2 lits (mais ce ne sont pas les mêmes tarifs). Une bonne petite adresse.

≜ *Budget Inn :* 3077 Main Ave. ☎ 247-5222 ou 1-800-257-5222. De 28 US$ en hiver à 60 US$ en été, pour une chambre à 1 lit. Bien tenu mais pas beaucoup d'âme. Piscine, jacuzzi et laverie (payante).

≜ *Spanish Trails Inn & Suites :* 3141 Main Ave, face au City Market. ☎ 247-4173. De 40 à 60 US$ en hiver et de 60 à 90 US$ en été, pour un *Queen bed*. Chambres correctes. Préférez la n° 700, plus éloignée de la route. Toutes ont un frigo et un four à micro-ondes. Mini-piscine en bord de route et machines à laver (payant).

≜ *Best Western Mountain Shadows :* 3255 Main Ave. ☎ 247-5200 ou 1-800-521-5218. Au nord du centre-ville. Hors saison, la double descend à 60 US$ pour remonter progressivement jusqu'à 120 US$ au cœur de l'été. Le prix inclut le petit déjeuner. Le moins cher des *Best Western* de Durango et le meilleur rapport qualité-prix des trois. Frigo et bonne literie dans les chambres. La piscine et le jacuzzi, sous un dôme de verre, sont particulièrement agréables et accessibles toute l'année.

De plus chic à très chic

≜ *Strater Hotel :* 699 Main Ave. ☎ 247-4431 ou 1-800-247-4431. Fax : 259-2208. ● www.strater.com ● De 80 US$ en hiver à 170 US$ en juillet et en août, pour une chambre standard. Superbe bâtisse victorienne construite en 1887. Au cœur du ravissant centre historique de la ville. Malheureusement les chambres, meublées dans le style de l'époque victorienne, n'ont pas un charme fou, on paye surtout le cadre. À vous de voir ce qui prime,

donc. Également dans l'hôtel : un resto raffiné, un théâtre et le *Diamond Belle Saloon*, où l'on vous recommande de toute façon d'aller prendre un verre, que vous logiez ou non à l'hôtel.

≜ *Rochester Hotel-Leland House B & B :* 721 et 726 E 2nd Ave. ☎ 385-1920 ou 1-800-664-1920. Fax : 385-1967. ● www.rochesterhotel.com ● Les prix, petit déjeuner inclus, oscillent entre 110 et 230 US$, selon la saison et le type de chambre. Dans deux bâtiments situés de part et d'autre de la rue, un hôtel-*B & B* charmant et très accueillant, mais un peu cher. Ses 15 chambres, de taille variable, sont toutes décorées dans l'esprit western, certaines portant le nom de vieux films des années 1950 tournés dans la région – *Viva Zapata, The Cowboys*, etc. Au *Leland*, il s'agit davantage de studios et de suites avec kitchenette. Le petit déjeuner, excellent, se prend au *Rochester*. Agréable petit jardin à l'arrière.

🛏 *Apple Orchard Inn :* 7758 County Rd 203. ☎ 247-0751 ou 1-800-426-0751. ● www.appleorchardinn.com ● À 8 *miles* au nord de Durango, par une petite route de campagne qui part de Main Ave, sur la droite, après 37th St. Chambres de 85 US$ en basse saison à 140-160 US$ de mai à mi-octobre. Également des *cottages*, de 100 à 210 US$. Pour ceux qui en ont les moyens, voici une excellente adresse ! Il s'agit d'un *B & B* de charme posé dans un superbe jardin où coulent des ruisseaux, et d'où l'on peut voir passer le petit train à vapeur de Durango. Au choix, 4 chambres spacieuses, confortables et bien arrangées dans la maison principale, ou 6 *cottages* dispersés dans le jardin, tout aussi bien réalisés que les chambres, certains possédant en plus une cheminée et un jacuzzi. Pour les gourmets, la proprio a suivi des cours de cuisine en France et peut vous préparer à manger le soir sur demande (compter alors 30 à 40 US$, vin compris). De toute façon, il y a des *freshly baked cookies* tous les jours, de même qu'un apéro, avec vin et fromage, servi entre 16 h et 19 h... Sans oublier le petit dej', copieux et varié. Réservation impérative le week-end en été.

Où manger ?

De bon marché à prix moyens

|●| *Durango Bagel :* 106 E 5th St. ☎ 385-7297. Tout près de la gare. Ouvert de 6 h 30 à 15 h. Les amateurs de *bagels* et tous ceux qui ont un petit creux trouveront ici un grand choix de ces délicieux petits pains ronds. Tout frais, à la cannelle et aux raisins secs, au sésame, graines de pavot, ail, oignon, miel, etc., ils font de délicieux sandwichs. Le *New Yorker*, avec *cream cheese*, saumon fumé, oignon et câpres est un vrai régal. Tout ça pour quelques malheureux billets verts.

|●| *Carvers Restaurant & Brew Pub :* 1022 Main Ave. ☎ 259-2545. Ouvert de 6 h 30 à 22 h (14 h le dimanche). Bon choix au petit déjeuner avec des *specials* chaque jour (jusqu'à 11 h) autour de 7 US$. Sinon, sandwichs et salades de 7 à 9 US$ et plats le soir de 12 à 17 US$. Déco banale mais atmosphère cool et bonne cuisine. Pas mal de passage d'ailleurs. Les bières servies sont toutes maison.

|●| *Olde Tymer's Café :* 1000 Main Ave. ☎ 259-2990. Ouvert jusqu'à 22 h (21 h le dimanche). Ici, rien ne dépasse les 9 US$. Ambiance américaine avec une touche mexicaine. À la carte, des sandwichs et des salades surtout, mais chaque jour a son *special* en plus, généralement copieux et pas cher. Le *burger* du lundi, à 5 US$, est une véritable affaire ! Goûter aussi à la Durango (bière), servie au pichet. La *wheat* (une blanche), n'est pas filtrée, donc trouble, mais fameuse avec un zeste de citron. Si vous n'aimez pas manger au rythme des matchs de baseball ou de foot, allez dans le patio, tout au fond de la salle.

|●| *Steamworks Brewing Co :* 801 E 2nd Ave, au croisement de 8th St. ☎ 259-9200. Ouvert à partir de 11 h. Sandwichs et salades autour de 8,50 US$ ou plats (à partir de 17 h) de 10 à 18 US$. Ambiance jeune et relax dans une grande salle en béton. C'est un ancien salon de voitures reconverti en brasserie, raison pour laquelle le sol est jonché d'épluchures de cacahouètes car, bien sûr, il faut assoiffer les clients !

AU SUD DE DENVER

Cuisine copieuse, arrosée d'une douzaine de bières maison. Musique *live* ou DJ en fin de semaine aussi, dès 22 h.

De chic à très chic

|●| *Chez Grand-Mère :* 3 Depot Pl. ☎ 247-7979. Situé près de la gare. Au bout de Main St, remonter 5th St sur un demi bloc, et prendre à droite après le Ralph Lauren Factory Store. Ouvert du mardi au samedi, uniquement le soir (jusqu'à 21 h 30). Menu 6 services à 65 US$ ou plats à la carte de 24 à 29 US$. Dans une vieille maison en bois du début du XXe siècle. Exquise cuisine française, qui fait bien plaisir après un long régime de pizzas et de *burgers*. Le chef franco-belge, Michel Poumay, fait tout lui-même. Service chaleureux et classe. Belle carte des vins (français et américains) aussi, le tout dans des petites salles garnies de papier à fleur et d'estampes de châteaux de France. Une adresse qui mérite un petit coup de folie.

|●| *Francisco's :* 619 Main Ave. ☎ 247-4098. Ouvert de 11 h à 21 h 30 (22 h en été). Plats de 8 à 12,50 US$ le midi et de 10 à 25 US$ le soir. Il y a aussi des sandwichs et salades, de 7 à 10 US$. Grand resto mexicain à la déco un peu kitsch. Cela dit, on y sert aussi une cuisine internationale, voire *fusion*. Bons plats copieux. Une adresse sûre.

|●| *Ore House :* 147 E College Dr. ☎ 247-5707. Le restaurant est ouvert de 17 h à 22 h, plus tard pour le bar. Plats de 16 à 34 US$. Une maison ancienne en bois genre « cabane au Canada ». Cultive son côté vieil Ouest et fait une large place aux viandes. Le steak « du mineur », taillé dans le filet, vaut son pesant d'or ! *Seafood* également et grande *salad bar*.

Où prendre le petit déjeuner ?

|●| *Jean-Pierre :* 601 Main Ave. ☎ 385-0122. Ouvert du lundi au samedi de 7 h à 18 h, et le dimanche de 8 h à 15 h. Croyez-le ou non, vous êtes chez Jean-Pierre, pâtissier français à Durango depuis 1969. Assortiment extra de croissants (à l'abricot, aux myrtilles), de pains au chocolat, de succulents *rolls*... Vraiment le bon endroit pour un petit dej' ! De plus, la salle, de style 1900, ne manque pas de caractère.

Où boire un verre ? Dans les saloons !

Eh oui, Durango est l'une des rares villes américaines à avoir conservé la tradition de ce genre d'établissements où l'on plumait les chercheurs d'or à la grande époque de la ruée vers l'or. Vous pourrez donc écouter du ragtime et de la musique country pas trop frelatée. Encore aujourd'hui, on y rit bien et ça chauffe à blanc, surtout le samedi soir. Beaucoup de touristes.

♟ ♪ *Diamond Belle :* 699 Main Ave. Au rez-de-chaussée du *Strater Hotel* (voir « Où dormir ? »). Ouvert de 11 h à minuit, parfois plus tard s'il y a du monde. C'est le plus connu de Durango. On s'y croirait : luxe kitsch, serveuses en décolleté et bas résille affriolants, pianiste ringard (de 17 h 30 à minuit), etc. Rigolo, bien qu'assez touristique.

♟ ♪ *Wild Horse Saloon :* College Dr et 2nd Ave. ☎ 375-2568. Tout contre l'*Ore House*. Ouvert du jeudi au samedi, de 19 h à 2 h, avec une animation musicale tous les soirs (rock ou country), on peut même danser. Entrée modeste (environ 2 US$) et consommations pas ruineuses. Une bonne adresse d'ici avec de jolies serveuses en chapeau et de vrais cow-boys.

♟ *El Rancho :* 975 Main Ave.

☎ 259-8111. Ouvert jusqu'à 1 h 30. Réputé pour ses bières fraîches et ses *bloody Mary's.* Ambiance musicale et billards. Pas de musique *live,* mais c'est l'un des bars les plus animés de Durango. Y'a qu'à voir le monde qui défile le mercredi *(beer specials)* et le vendredi !
🍷 **Lady Falconburgh's (Barley Ex-** *change) :* 640 Main Ave (dans le Century Mall). ☎ 382-9664. Ouvert jusqu'à 2 h. Le pub de Durango qui sert le plus de sortes de bières : une bonne centaine au dernier compte, locales et d'importation, dont une quarantaine à la pression. On peut aussi y manger des trucs simples et pas très chers tard le soir.

À voir. À faire

➤ **The Silverton Train :** de mi-mai à fin octobre, plusieurs fois par jour, un vieux train à vapeur (une loco de 1900), quitte Durango pour Silverton, une ancienne ville minière perchée à près de 3 000 m d'altitude, à 45 *miles* vers le nord. Il passe 2 h 15 sur place avant de rebrousser chemin. Réservation impérative : ☎ 247-2733 ou 1-888-872-4607. ● www.durangotrain.com ● 62 US$ par adulte l'aller-retour (moitié prix pour les 5-11 ans). Les paysages traversés sont fantastiques mais, bien sûr, ceux qui habitent en Haute-Savoie risquent de s'ennuyer un peu car le trajet dure quand même 3 h 30 dans chaque sens. Un tuyau : dans le sens Durango-Silverton, réserver sa place à droite *(east side),* on voit nettement mieux que du côté gauche.
On signale que c'est quand même long et fatigant, et surtout salissant à cause de la fumée pour ceux qui choisissent les wagons ouverts *(gondolas).* De plus, en mai et à partir de septembre, Silverton connaît de fréquentes bourrasques de vent glacé, des averses, voire de la neige. S'équiper en conséquence. Bondé en été. En juillet, il faut même s'y prendre plusieurs jours, voire plusieurs semaines à l'avance pour être sûr d'avoir une place. Après le 15 août, c'est plus facile. Dans tous les cas, soyez à la gare de Durango (au début de Main Ave) en avance – au moins 30 mn, voire 45 mn si vous devez retirer vos billets sur place.
Deux ou trois trains par jour au départ de Durango : à 8 h 15, 9 h et, de mi-juin à mi-août, à 9 h 45. Il existe un wagon de 1re classe *(parlor car)* dans le train de 9 h. Possibilité aussi d'effectuer le retour en bus, c'est un peu plus cher mais cela raccourcit le trajet de 2 h (réserver au départ en même temps que l'aller et se faire enregistrer auprès du chauffeur dès l'arrivée à Silverton). Enfin, il y a également un train en hiver, à 10 h (le *Cascade Canyon Winter Train*) qui ne fait qu'une partie du trajet (au-delà, il y a trop de neige). Retour vers 15 h. Prix : 59 US$. Le prix du billet comprend toute l'année la visite du Durango Railroad Museum et du Silverton Freight Yard Museum.

🍴 **Railroad Museum :** à la gare, de l'autre côté des voies (c'est fléché). Ouvert de 7 h à 19 h de mai à fin octobre ; le reste de l'année, horaires très réduits. Gratuit si l'on prend le train, sinon c'est 5 US$.
Ce musée ravira les *aficionados* de vieux tchou-tchou avec son authentique loco à vapeur *Rio Grande Southern* de 1887 et ses wagons datant de la même époque. L'un, très luxueux (le *Nomade*), remontant à 1878 et entièrement tendu de velours rouge, servit, entre autres, à transporter le président Taft, avant d'être racheté en 1957 pour être utilisé (comme train privé) sur la ligne Durango-Silverton. Encore parfois remis sur les rails, c'est l'un des plus vieux wagons encore en service de la nation.

🍴 **Bar D Chuckwagon Suppers :** sur la route de Silverton à quelques *miles* de Durango, prendre la CR 252, au niveau du golf Dalton Ranch, puis c'est fléché. ☎ 247-5753 ou 1-888-800-5753. Fonctionne de fin mai à début septembre. Réservation conseillée. C'est une reconstitution de la vie du Far West avec repas et concert de country. Bon, ce n'est pas du plan routard, plutôt de l'animation organisée, mais ce peut être un chouette moment de réjouissance. Le repas est servi à 19 h 30. Compter 17 à 26 US$, selon ce que vous voulez manger. La caisse ouvre à 17 h 30 et les premiers arrivés sont les mieux placés pour le spectacle.

🎭 *Aztec Ruins National Monument :* à une trentaine de *miles* au sud de Durango sur l'US 550, vers Aztec. ☎ (505) 334-6174. Ouvert de 8 h à 18 h (17 h en hiver). Entrée : 4 US$; gratuit pour les moins de 17 ans. *National Parks Pass* accepté. Se procurer (pour 1 US$) le petit livret du site (disponible en français) à l'accueil.

Site *pueblo* du XIIe siècle situé au Nouveau-Mexique, suffisamment intéressant pour avoir été inscrit au Patrimoine mondial de l'humanité. Seule la partie ouest des ruines a été mise au jour mais, mine de rien, c'est l'une des plus importantes constructions d'Amérique du Nord de cette époque ! Elle contient plusieurs *kivas* (sortes de rotondes qui servaient aux cérémonies), la plus grande ayant été reconstituée en 1934... pour donner du travail à la population ! Également, au *Visitor Center,* un petit musée qui permet de voir de nombreuses poteries retrouvées sur place. Au fait, quel rapport avec les Aztèques ? Aucun. Ce sont tout simplement les découvreurs du site, au XIXe siècle, qui l'attribuèrent indûment aux Aztèques, pensant que les Indiens du coin étaient incapables d'un telle complexité architecturale...

– *Sports « d'aventure » :* beaucoup de jeunes Américains un peu friqués, néo-sportifs, anciens babas ou yuppies musclés s'offrent des séjours *adventure* à Durango. Les activités en vogue proposées ici sont nombreuses : *skiing, rafting, kayaking, hiking, rock climbing* ou *mountain biking...* Durango a d'ailleurs accueilli le championnat du monde de *mountain bike* en 1990. Plusieurs agences de Durango proposent leurs services. En voici deux, mais il y en a d'autres :

■ *Mountain Waters Rafting :* 643 Camino del Rio. ☎ 259-4191 ou 1-800-642-5389. Rafting sur l'Animas River, qui arrose Durango.

■ *Southwest Adventures :* 1205 Camino del Rio. ☎ 259-0370 ou 1-800-642-5389. Spécialisé dans l'escalade et le VTT.

– Possibilité de *se faire photographier* :

■ *Old West Photos :* 643 Main Ave. ☎ 247-8626. Ouvert en été de 8 h à 23 h. Pour se faire tirer le portrait en cow-boy ou en danseuse de saloon... en teinte sépia. Tout de même assez cher (30 US$).

Animations

∞ *Rodéos :* de la mi-juin à la fin août, mais surtout en juillet. À *La Plata County Fairgrounds,* à l'angle de Main Ave et 25th St. Renseignements : ☎ (602) 909-2346. Entrée : 12 US$. Barbecue (en supplément mais pas cher) à partir de 18 h et rodéos vers 19 h 30, les mardi, mercredi, vendredi et samedi. Ambiance très western. Pas besoin de réserver, on vient directement.

– *Rally in the Rockies :* le week-end du *Labor Day* (1er lundi de septembre). Des milliers de motards prennent d'assaut la ville et les environs ! Infos : ● www.rallyintherockies.com ●

– *Hozhoni Days :* fin mars. C'est la fête des Indiens hozhoni. Elle se déroule au Fort Lewis College (à Durango), pendant une semaine. C'est l'occasion de voir des plumes et les costumes du dimanche.

– *Music in the Mountains :* de mi-juillet à début août. Festival de musique classique. Infos : ● www.musicinthemountains.com ●

SILVERTON

IND. TÉL. : 970

Posée dans une cuvette haut perchée, au cœur des montagnes San Juan, dans un environnement magnifique, Silverton dut sa prospérité à la découverte d'or en 1874. Aujourd'hui, c'est une petite ville de l'Ouest, agréablement restaurée pour le bonheur des touristes. Rues en terre battue, saloon à l'ancienne, dans une ambiance Rocky Mountains : Silverton est nettement plus petite et aussi plus authentique que Durango. Il est agréable d'y passer quelques heures, voire d'y rester pour la nuit, lorsque tous les touristes sont partis.

Adresse utile

🗗 *Visitor Center :* à l'entrée du village, sur la gauche. ☎ 1-800-752-4494. Ouvert tous les jours, de 9 h à 18 h en été et de 10 h à 16 h en hiver.

Où dormir ?

Campings

Il y en a deux à l'entrée du village, un peu après le *Visitor Center*. Ils sont ouverts de mi-mai à mi-octobre.

⚕ *Silver Summit RV Park :* ☎ 387-0240 ou 1-800-352-1637. Compter 28 US$ avec un camping-car. Ne prend pas les tentes.

⚕ *The Red Mountain :* derrière le précédent. ☎ 387-5512 ou 1-888-970-5512. Emplacement tente autour de 18 US$.

Très bon marché

🛏 *The Silverton Hostel :* 1025 Blair St. ☎ 387-0115. Ouvert en principe toute l'année. Compter 12 US$ (15 US$ en plein été) pour un lit en dortoir et 24 à 30 US$ pour deux en chambre privée. Petite maison abritant 1 dortoir et 8 chambres, avec pour certaines des lits superposés. Les nos 2 et 4 sont les plus agréables. Sinon la maison est toute simple et tenue par le sympathique Kyle, qui fait de la poterie.

De bon marché à prix moyens

🛏 *Canyon View Motel :* 661 Greene St. ☎ 387-5400. À l'entrée de la ville, en face du camping *Silver Summit*. Compter 40 à 50 US$ pour un *King size,* et 50 à 60 US$ pour deux *Queen*. Un petit motel de 10 chambres... neuves et bien arrangées, dans les tons clairs, avec du mobilier en bois. Belles salles de bains. Un bon rapport qualité-prix.

🛏 *Teller House Hotel B & B :* 1250 Greene St. ☎ 387-5423 ou 1-800-342-4338. ● www.silverton.org ● À partir de 64 US$ avec salle de bains partagée, 90 US$ pour une salle de bains privée, petit déjeuner inclus dans les deux cas. Une vieille maison construite en 1896, dans la rue principale. La façade fait très « hôtel de l'Ouest ». Chambres d'époque, très soignées, et bonne atmosphère générale. De plus, excellent accueil !

De plus chic à très chic

🛏 *Villa Dallavalle Inn :* 1257 Blair St (parallèle à la rue principale). ☎ 387-5555. ● villadallavalle@aol.com ● De juin à octobre et de janvier à mars, compter 90 à 100 US$ pour deux, petit déjeuner inclus. Une vieille maison en bois datant de 1901. Les grands-parents de l'actuel propriétaire sont venus d'Italie dans les dernières années du XIXe siècle et l'ont construite eux-mêmes après avoir traversé le pays. Outre un salon intime et agréable équipé d'un vieux piano, on y trouve 7 chambres colorées et mignonnes, avec salle de bains. Petit déjeuner copieux et apéro en fin de journée.

🏠 *Grand Imperial Victorian Hotel :* 1219 Greene St. ☎ 387-5527 ou 1-800-341-3340. De 90 à 110 US$ en été. L'un des premiers hôtels de la ville, construit en 1882 par un Anglais. Ici, le victorien rencontre le style western. Chambres meublées à l'ancienne donnant sur les montagnes San Juan. L'ancien *Hub Saloon* accueille un bar western avec un zinc tout en longueur, comme dans les films de John Ford. Pianiste en saison et buffet mexicain bon marché au resto.

🏠 *The Wyman Hotel :* 1371 Greene St. ☎ 387-5372 ou 1-800-609-7845. Fax : 387-5745. ● www.thewyman. com ● Compter 140 à 170 US$ pour deux. Hôtel bâti en 1902, mais totalement restauré en 2000. Murs épais en pierre. Décoration et ameublement de style victorien. Les 17 chambres, cossues et bien arrangées, disposent de lits rembourrés de plumes et parfois même d'un bain à bulles en plus des sanitaires. Gros petit déjeuner et *4 o'clock tea* servi avec des *cookies* maison inclus dans le prix. Sans oublier le vin et le fromage, un peu plus tard. Bon accueil.

Où manger ? Où prendre le petit déjeuner ? Où boire un verre ?

|●| *Avalanche Coffee House :* 1053 Blair St. Ouvert de 8 h à 15 h, sauf le lundi. Petite maison colorée tenue par un couple sympa. Bien pour un petit déjeuner.

|●| 🍷 *Brown Bear Café :* 1129 Greene St. ☎ 387-5630. Ouvert tous les jours de 7 h à 21 h. Fermé en novembre et en avril. *Burgers,* sandwichs et salades autour de 7 US$ ou plats (à partir de 16 h) entre 9 et 16 US$. Le plus populaire du village, y'a de ces tronches dans ces patelins... Notez aussi la caisse enregistreuse, comme dans *Lucky Luke.*

|●| *The Pickel Barrel :* 1304 Greene St. ☎ 387-5713. Ouvert tous les jours de 11 h à 15 h et du jeudi au lundi de 17 h à 21 h 30. Fermé le midi en basse saison, ainsi qu'en novembre. Compter 8 à 18 US$ pour un plat. Établi depuis 1971. Si vous cherchez un resto pour la soirée, n'allez pas plus loin, c'est le meilleur de la ville. De plus, excellent accueil.

🍷 *Handlebars :* 117 13th St. ☎ 387-5395. Ouvert tous les jours de mai à octobre, jusqu'à 2 h du mat'. Y passer pour son décor en bois, plein d'animaux empaillés. On peut aussi y manger un morceau.

À voir. À faire

🔏 *County Jail :* Greene St. Ouvert de fin mai à début septembre, tous les jours de 9 h à 17 h.

L'ancienne prison est aujourd'hui un musée. Le shérif y habitait. Le bâtiment fut ensuite transformé en maison de retraite puis abandonné pendant 25 ans. À leurs plus grandes heures, et bien qu'elles n'aient été conçues que pour 16 personnes, les geôles accueillirent jusqu'à 40 prisonniers – surtout le week-end, à cause des rixes provoquées par les cow-boys éméchés. Il y avait aussi régulièrement quelques mineurs, qui s'étaient servis eux-mêmes dans la mine... À l'étage, les cellules sont encore là. Mais les pochards se retrouvaient pour la plupart à la cave, là où est aujourd'hui conservée une

collection d'outils de mineurs. Le shérif n'avait pas envie de les traîner le long des escaliers. Là, c'était plus simple, ils roulaient tout seuls jusqu'en bas !
– **Gunfight :** 12ᵉ St, à la hauteur de Blair St, où le train s'arrête. De juin à début septembre, les jeudi, vendredi et samedi à 17 h 30. Spectacle gratuit.

➤ DANS LES ENVIRONS DE SILVERTON

🎭🎭 **Old Hundred Gold Mine Tour :** à 5 *miles* à l'est de Silverton par la County Rd 2 (la route à droite au bout du village). ☎ 387-5444 ou 1-800-872-3009. ● www.minetour.com ● De la ville fantôme d'Howardsville, à 4 *miles* de Silverton, prendre à droite la County Rd 4 ; la mine se trouve 1 *mile* plus loin. Ouvert de mai à mi-octobre, tous les jours de 10 h à 16 h (dernier départ). Visite toutes les heures. Tarif : 16 US$.
Un petit train à voie étroite vous conduit au cœur de la montagne, à travers cette authentique mine d'or découverte en 1904. Elle cessa d'être exploitée en 1971, quelques années après le creusement d'un tunnel de 2 km ! Un ancien mineur raconte l'histoire, la géologie et les méthodes d'extraction, en plus de faire une petite démonstration du fonctionnement des machines. À la fin de la visite, vous aurez même l'occasion de manier la batée. Intéressant si vous comprenez bien l'anglais, mais tout de même cher. Dernière recommandation : prenez un pull avec vous car à l'intérieur de la mine, il fait moins de 10 °C. De là, on peut pousser jusqu'à **Anima's Forks Ghost Town,** un village fantôme dans un cirque de verdure habitée par des marmottes, à 7 *miles* au nord de la mine.

➤ Pour ceux qui ont du temps ou qui vont vers Moab (en Utah) en passant par Grand Junction : superbes paysages de montagne au nord de Silverton, par la Hwy 550. À quelques *miles,* le **Red Mountain Pass** (près de 3 500 m d'altitude !) et sa montagne rouge et blanc (vraiment) puis la ville d'**Ouray** (une jolie petite ville western très vivante en été), et encore de jolis villages encaissés, etc.

🎭 **Telluride :** à une vingtaine de *miles* au nord-ouest de Silverton à vol d'oiseau, mais à 75 *miles* par la route (et ça tourne) ! De la Hwy 550, prendre la 62 vers Placerville, puis la 145 vers le sud et, enfin, la bretelle conduisant à Telluride. Perchée à près de 3 000 m d'altitude, cette petite station de ski, ancienne ville de mineurs, est depuis quelque temps l'une des plus fréquentées par la jet-set. De grands noms du show-biz américain y ont une propriété, à commencer par la célébrissime Oprah Winfrey, animatrice vedette du petit écran (avec son show tous les après-midi). Les deux tiers des 2 200 habitants sont branchés sur Internet et bossent par télétravail. Telluride, c'est le futur de l'Amérique : la décentralisation comme on la rêve, entre les pins et avec le grand air. Le long de la rue principale s'alignent la plupart des boutiques et des cafés.

🎭 **Museum of Western Colorado :** 248 S 4ᵗʰ St, à **Grand Junction**, ville à 120 *miles* au nord de Silverton. ☎ 242-0971. Dans le centre de Grand Junction. En saison, ouvert du lundi au samedi de 9 h à 17 h et le dimanche de 12 h à 16 h. Entrée : 5 US$. Si vous passez justement par là, faites un petit détour par ce musée qui présente de beaux spécimens d'artisanat indien et une intéressante collection de pistolets du XIXᵉ siècle dans la *Gun Room.*

MESA VERDE NATIONAL PARK   IND. TÉL. : 970

🎭🎭🎭 Classé par l'Unesco au Patrimoine de l'humanité, le parc de Mesa Verde abrite les plus incroyables exemples de villages indiens abandonnés

AU SUD DE DENVER

du Sud-Ouest, magnifiquement préservés sous des auvents rocheux. Baptisé par les Espagnols, ce « plateau verdoyant », dominant de 600 m tout l'angle sud-ouest du Colorado, fut occupé par les Anasazis dès les environs de l'an 550. Ce peuple, d'abord nomade, se développa rapidement grâce à l'introduction de l'agriculture et la domestication du chien et du dindon. La tribu habitait à l'origine des maisons d'argile semi-souterraines. Puis, des constructions en dur de plus en plus ambitieuses virent le jour. Entre 1100 et 1300, les Anasazis atteignirent leur apogée. On sait peu de chose de leur vie, si ce n'est qu'ils célébraient leurs cérémonies religieuses dans des caves circulaires : les *kivas*. Les archéologues tentent d'interpréter les découvertes qu'ils font à la lumière des croyances et de la tradition orale des Indiens hopis ou, quand cela est possible, des Indiens tanon et kerezan, descendants supposés les plus directs des Anasazis. Pour une raison obscure, vers l'an 1200, la tribu abandonna ses villages des plateaux pour s'installer dans les anfractuosités des canyons. Fuyait-elle un ennemi, cherchait-elle à se protéger des éléments ? Nul ne sait, mais c'est dans ce nouveau cadre que les Anasazis bâtirent leurs plus belles demeures, celles que l'on vient voir aujourd'hui.

L'état de conservation de ces habitations troglodytiques *(cliff dwellings)* est fantastique. On en dénombrerait pas moins de 600 à travers le parc. Musée, guides et livres retracent de façon très vivante toute l'histoire de cette civilisation indienne qui, pour des raisons restées elles aussi mystérieuses (sécheresse, épuisement du sol, troubles sociaux...), disparut soudainement du canyon à la fin du XIIIᵉ siècle.

L'entrée du parc de Mesa Verde est située entre la ville de Cortez (10 *miles* à l'ouest) et Durango (35 *miles* à l'est). Une fois franchi le poste de garde (compter 10 US$ par véhicule, *National Parks Pass* accepté), il reste à parcourir encore 15 *miles* jusqu'au *Visitor Center*, d'où une route mène vers Chapin Mesa, la partie la plus importante, et une autre vers Wetherill Mesa, où l'on a également retrouvé des habitations. Si vous n'avez que peu de temps à consacrer au parc, vous pouvez vous contenter d'observer les vestiges archéologiques depuis les différents points de vue, d'autant que le parc vaut à lui seul le détour, même s'il a énormément souffert des incendies successifs survenus ces dix dernières années.

Adresses utiles

🛈 *Far View Visitor Center* : ☎ 529-5036. ● www.nps.gov/meve ● Ouvert du 10 avril au 10 octobre, tous les jours de 8 h à 17 h. Fermé le reste de l'année. Chaque personne désirant visiter l'un des 3 principaux groupes d'habitations troglodytiques (*Balcony House*, *Cliff Palace* et *Long House*) doit être en possession d'un ticket d'entrée à prendre au *Visitor Center* selon le principe du « premier arrivé, premier servi ». Tour guidé obligatoire avec un *ranger*. C'est bien pour les explications qu'il fournit mais un peu enquiquinant pour obtenir le ticket (qui, puisqu'on en parle, coûte 2,75 US$). À propos, il est impératif d'arriver tôt (de préférence avant midi), du moins si vous ne voulez pas trop poireauter... ou si vous voulez visiter plus d'un site dans la même journée. Possibilité aussi de faire un tour en bus d'une demi-journée (39 US$) sur le *Mesa Top Loop* et à la *Spruce Tree House*.

Où dormir ? Où manger ?

La solution la plus simple est de dormir dans la vallée, à Cortez, la ville la plus proche (nombreux motels) ou à Durango (voir plus haut ce chapitre), et de visiter Mesa Verde le lendemain matin.

△ *A & A Mesa Verde RV Park & Campground :* un peu en retrait de l'I-160, juste avant l'entrée du parc. ☎ 565-3517 ou 1-800-972-6620. ● www.mesaverdecamping.com ● Ouvert d'avril à octobre. Compter 21 US$ pour une tente et 28,50 US$ pour un camping-car. Possibilité aussi de louer un bungalow, pour 38,50 US$ (pour deux personnes). Camping bien équipé, niché dans un bel environnement et avec pas mal d'ombre. Boutiques, machines à laver, bain à bulles et piscine. Quelques chevaux dans leur enclos aussi. Pas de doute, on est bien dans le Colorado !

△ *Morefield Campground :* dans le parc, à 4,5 *miles* de l'entrée. ☎ 565-2133. Ouvert de mai à mi-octobre. Réception de 7 h à 21 h. Emplacement (pouvant accueillir jusqu'à 6 personnes) à 20 US$ pour les tentes et 25 US$ pour les camping-cars. Premier arrivé, premier servi, mais vous y trouverez presque toujours de la place, même en plein été. Très beau site et calme absolu, à défaut d'y avoir beaucoup d'ombre. Si vous ne voulez pas être trop loin des bâtiments qui regroupent les douches, la laverie et l'épicerie, installez-vous sur Zuni Loop. De là, il y a 200 m à pied.

🏠 |●| *Far View Lodge :* dans le parc, à côté du *Far View Visitor Center.* ☎ 529-4421 ou 1-800-449-2288. Fax : 529-4411. ● www.visitmesaver de.com ● Ouvert d'avril à mi-octobre. Chambres chères (de 110 à 130 US$), disséminées dans plusieurs bâtiments genre motel, mais c'est le seul hôtel du parc. Préférez les chambres *Deluxe,* à peine plus chères que les *standard* mais bien plus sympas. La plupart ont un balcon avec une vue imprenable sur la plaine en contrebas. Réservations impératives 2 ou 3 mois à l'avance pour juillet et août. Il existe des *packages* incluant 1 ou 2 nuitées, le petit déj' et une excursion en minibus (voir site Internet). Restaurant ouvert pour le dîner seulement. Cher là aussi (plats entre 15 et 30 US$), et souvent complet, mais en dessert le *Cliff Palace Cinnamon Crisp* n'est pas inintéressant...

|●| On trouve deux *cafétérias* à Mesa Verde, l'une à Spruce Tree Terrace (ouverte toute l'année), l'autre près du *Far View Visitor Center* (mêmes horaires d'ouverture que ce dernier). Rien de vraiment génial, mais permet de se caler sans se ruiner. Le mieux est évidemment d'apporter son pique-nique pour profiter des grands arbres et de l'air pur.

AU SUD DE DENVER

À voir

🏛🏛 *Chapin Mesa Museum :* à 6 *miles* au sud du *Visitor Center.* Ouvert toute l'année, de 8 h à 18 h 30 (17 h en hiver). Créé en 1917 dans une cabane en bois, il s'est peu à peu agrandi pour devenir, mine de rien, l'un des plus riches musées archéologiques du pays ! Il abrite de très intéressantes collections d'objets concernant les Indiens de Mesa Verde. Explications très précises sur la vannerie, la poterie, les méthodes de teinture, de chasse, de tissage, de construction, etc. Juste après l'entrée, vitrine avec maquettes très réussies montrant l'évolution de l'habitat. Dans une autre, on présente tout ce qu'on doit aux Indiens (plantes à usage industriel ou médicinal, fruits et légumes, etc.). Intéressante vidéo toutes les demi-heures sur le parc et l'épopée des Anasazis.

🏛🏛 Derrière ce musée, un sentier mène (en 10 mn environ) à *Spruce Tree House,* une des plus grandes habitations troglodytiques du parc et l'une des mieux préservées. Elle est ouverte toute l'année mais, en hiver, il faut être accompagné d'un *ranger* pour la visiter.

🏛🏛 *Cliff Palace :* à 8 *miles* du *Visitor Center,* 20 mn en voiture. Les visites, obligatoirement guidées, ont lieu de mi-avril à début novembre, de 9 h à 18 h de fin mai à début septembre et de 9 h à 17 h le reste de la saison. *Cliff*

Palace, c'est un peu la vitrine de Mesa Verde. Près de 150 pièces massées dans une vaste cavité au-dessus d'un canyon impressionnant. C'est aussi l'un des plus grands complexes troglodytiques d'Amérique du Nord, découvert en 1888 par deux cow-boys en goguette. Ils étaient partis à la recherche de leurs vaches égarées. Les archéologues estiment que 120 personnes vivaient là. Balade plus facile (400 m à parcourir et 5 échelles à descendre) que la Balcony House, qui suit.

🎥🎥 *Balcony House :* 2 *miles* après le *Cliff Palace*. Visites (guidées uniquement) de début mai à mi-octobre, de 9 h à 17 h (17 h 30 en pleine saison). Même type de constructions que le *Cliff Palace,* en un peu moins grand. En revanche, la visite est plus difficile physiquement car, ici, les échelles sont plus hautes (l'une d'entre elles fait 10 m), il faut passer à quatre pattes dans un tunnel étroit et gravir des marches creusées dans la roche. Bref, ce n'est pas très conseillé à ceux qui sont fort sujet(te)s au vertige.

🎥🎥 *Long House :* à 12 *miles* du *Far View Visitor Center,* par la route de Wetherill Mesa, situé à l'ouest de Chapin Mesa. Visite guidée obligatoire, de fin mai à début septembre uniquement, entre 10 h et 16 h (dernier tour). C'est le second plus important groupe d'habitations du parc. Départ de l'*Information Kiosk* de Wetherill Mesa. On prend d'abord un bus (le dernier tronçon de la route étant interdit aux véhicules particuliers), puis on marche moins d'un *mile*. Ici, il n'y a que 3 échelles à franchir. Après la visite, on peut reprendre le bus qui effectue d'autres arrêts, d'où l'on peut admirer d'autres ruines indiennes. Compter 30 mn pour tout le circuit. En plein été, ceux qui ont un ticket pour Long House sont prioritaires. Les autres doivent parfois attendre le bus suivant.

➤ Ceux qui n'ont pas beaucoup de temps peuvent se contenter de parcourir la **Mesa Top Loop Road,** d'où l'on découvre de très beaux panoramas sur différents groupes d'habitations – avec la possibilité d'accéder à certains d'entre eux par un sentier. Ceux qui n'iront pas au Grand Canyon ne manqueront pas le *Navajo Canyon View* ! Du *Cliff Palace View,* vue panoramique sur Cliff Palace. À côté, se trouve le *Sun Temple*. La route est ouverte toute l'année de 8 h au coucher du soleil.

LE NOUVEAU-MEXIQUE (NEW MEXICO)

Avec 6 habitants au km² (moins de 2 millions d'âmes pour un territoire plus étendu que la Pologne !), le Nouveau-Mexique est l'un des États qui offrent le plus de grands espaces vierges. Pour ceux qui viennent de l'Est, il se présente comme une zone de transition entre les vastes prairies de l'Oklahoma ou du Texas et le grand désert de l'Ouest : la végétation se raréfie et les terres s'élèvent pour former des plateaux arides s'étendant à l'infini sous un ciel profondément bleu, parfois constellé de petits nuages d'une éclatante blancheur... Ici, Indiens (10 % de la population), Hispaniques (plus de 40 %) et Anglo-saxons, jadis en conflit, cohabitent désormais pacifiquement pour former un savoureux mélange culturel qui s'exprime à travers la cuisine, riche en piments, l'art (Santa Fe, la capitale, compte une bonne centaine de galeries et est le 4e lieu d'échange d'œuvres d'art du pays), et bien sûr l'architecture, tantôt ultra-moderne, tantôt hispano-coloniale, parfois en adobe, comme à Pueblo (dans la magnifique vallée de Taos), ou même en roche, avec les intéressantes habitations troglodytiques que l'on retrouve aux quatre coins de l'État. Pour rappel, c'est aussi au Nouveau-Mexique que fut conçue la première bombe atomique, plus précisément à Los Alamos (petite ville au nord-ouest de Santa Fe), où l'on peut revivre, dans deux musées, cet épisode capital de l'Histoire.

TAOS

7 000 hab.   IND. TÉL. : 505

Pour le plan de Taos, se reporter au cahier couleur.

À 72 *miles* au nord-est de Santa Fe. L'approche est superbe. On accompagne pendant quelques *miles* le cours du rio Grande (sans pouvoir taire la chanson d'Eddy Mitchell !) avant de monter sur un plateau parfaitement tabulaire et littéralement déchiré par le canyon de la rivière. On a alors l'étrange sensation d'une terre qui s'ouvre lentement mais inexorablement. En toile de fond se dresse un magnifique site montagneux, dont les sommets (4 014 m pour le *Wheeler Peak*) restent enneigés une bonne partie de l'année. Au cœur de ce site, Taos a gardé le style de ces petits villages de l'époque mexicaine, avec ses maisons en adobe et aux toits plats. Celles-ci, habitées sans interruption depuis mille ans, sont les plus anciennes des États-Unis. Depuis toujours, Taos attire les artistes, dont les œuvres sont exposées dans les galeries de la ville.

Les environs ont également servi de décor à de nombreux films : *Les Mines du roi Salomon, Butch Cassidy et le Kid, Easy Rider, L'Homme qui venait d'ailleurs* (avec David Bowie) et même *Star Wars, Superman* et *Indiana Jones* ! L'écrivain D. H. Lawrence *(L'Amant de Lady Chatterley, Le Serpent à plumes)* a vécu ici vers la fin de sa vie. Il est enterré dans un ranch du coin. Le charme de Taos, outre celui de son architecture exclusivement vouée au style pueblo (comme à Santa Fe), est que la ville est à l'échelle humaine, chose suffisamment rare aux États-Unis pour être soulignée. Enfin une ville où la voiture est inutile ! Dommage, touristes et yuppies des grosses villes de l'État y affluent parfois en nombre, et la petite ville connaît même les embouteillages, désormais. Y vivre revient assez cher, malheureusement, mais moins qu'à Santa Fe.

La vie y est plaisante et les activités sportives et culturelles sont suffisamment nombreuses pour que ceux qui en ont les moyens puissent prévoir d'y passer quelques nuits.

Adresses et infos utiles

Visitor Center *(plan couleur A3) :* 1139 paseo del Pueblo Sur. ☎ 758-3873 ou 1-800-732-8267. ● www.taoschamber.com ● À 2 *miles* du centre, à gauche quand on vient de celui-ci. Ouvert tous les jours, de 9 h à 17 h. Fermé le dimanche en hiver. Documentation complète sur ce qu'il y a à voir et à faire en ville et dans les environs.

Poste *(plan couleur B1) :* 313 paseo del Pueblo Norte. Dans le centre. Ouvert du lundi au vendredi de 8 h 30 à 17 h. Un autre bureau, à 3 *miles* au sud de la ville, est ouvert le samedi matin *(hors plan couleur par A3)*.

Internet *(plan couleur B1) :* à la bibliothèque, Camino de la Placita. ☎ 758-3063. Ouvert de 10 h (12 h le lundi) à 18 h (17 h le samedi). Fermé le dimanche. Ici, l'accès à Internet se monnaye 1 US$ la demi-heure.

Hôpital Holy Cross *(hors plan couleur par B3, 1) :* 1397 Weimer Rd. ☎ 758-8883.

Taos Bus Station *(hors plan couleur par A3) :* 1386 paseo del Pueblo Sur. ☎ 758-1144. À environ 3 *miles* au sud du centre, sur la droite, à côté du *Guadalajara Grill*. Ouvert de 9 h à 15 h et de 17 h à 19 h du lundi au vendredi, et de 9 h à 15 h le samedi. Fermé le dimanche. Deux départs quotidiens pour Santa Fe, Albuquerque, Denver et El Paso. Il existe également des navettes *Chile Line*, reliant Taos à la station Ski Valley (en hiver), ainsi qu'à Taos Pueblo. ☎ 751-4459.

Location de VTT : *Gearing Up*, 129 paseo del Pueblo Sur, à l'angle de Des George Lane. ☎ 751-0365. Ouvert tous les jours de 9 h 30 à 18 h. Compter 35 US$ (casque compris) pour une journée. Le proprio a fait le tour de France à vélo !

État des routes : ☎ 1-800-432-4269.

– **Radio KTAO :** sur 101.5 FM. Présente la particularité de fonctionner uniquement à l'énergie solaire.

Où dormir ?

Les prix varient en général selon la saison. La haute saison, c'est l'été et, pour certains établissements, l'hiver aussi car il y a des stations de ski pas loin. Le week-end peut également être plus cher que la semaine, sans compter qu'il y a des festivals, des jours fériés... Mais bon, tout cela varie d'un motel à l'autre !

Campings

Monte Bello RV Park *(hors plan couleur par B1, 10) :* à 5 *miles* de Taos par la Hwy 64 W, direction le *Rio Grande Bridge*. ☎ 751-0774. ● www.taosmontebellorvpark.com ● Ouvert toute l'année. De 18 à 30 US$ l'emplacement, selon le confort souhaité. Belle situation au milieu de la plaine, avec vue sur les montagnes.

Petite boutique, sanitaires impeccables et bon accueil. Des 3 campings des environs de Taos, c'est notre préféré.

Taos RV Park *(hors plan couleur par A3, 11) :* 1800 route 68. ☎ 758-1667 ou 1-800-323-6009. À 3,5 *miles* au sud de Taos. Compter 16,50 US$ pour une tente et 25 US$

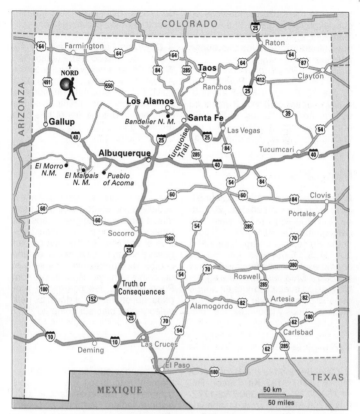

LE NOUVEAU-MEXIQUE

pour un camping-car. Pas génial et surtout sans ombre. En revanche, Dan, le patron, est très sympa et se fera un plaisir de vous raconter l'histoire de l'*alien abduction that occured here in 1999...*

△ Sinon, il y a encore le **Taos Valley RV & Campground** *(hors plan couleur par A3, 11) :* 120 Este Es Rd. ☎ 758-4469 ou 1-800-999-7571. En venant de Taos, prendre à gauche un peu avant le *Taos RV Park,* c'est à quelques centaines de mètres sur la droite. Bien équipé mais assez cher : de 22 à 33 US$ pour une tente ou un camping-car.

De bon marché à prix moyens

🏠 **Sun God Lodge** *(plan couleur A3, 12) :* 919 paseo del Pueblo Sur. ☎ 758-3162 ou 1-800-821-2437. Fax : 758-1716. ●www.sungodlodge. com ● Chambres à 1 lit de 45 à 55 US$. Pour 2 lits, compter 15 US$ de plus. Petit déjeuner compris. Éga-lement quelques suites plus chères. C'est un motel d'une cinquantaine de chambres aménagées sur 2 étages. Le parking a été remplacé par une belle et agréable pelouse plantée ! Pour le reste, architecture de style traditionnel, et chambres très coquettes, avec murs blancs, fauteuils en cuir, lavabo en azulejos... Le style indien quoi, en tout cas tout sauf de la déco standardisée ! Une très bonne adresse.

🛏 **Super 8 Motel** *(plan couleur A3, 13)* **:** 1347 paseo del Pueblo Sur. ☎ 758-1088 ou 1-800-800-8000. ● www.super8.com ● À 3 *miles* au sud du centre. Autour de 50 US$ pour deux personnes (1 ou 2 lits), petit déjeuner inclus. Plus cher en cas

de grosse affluence. Rien à redire pour le prix, les chambres sont spacieuses, fraîches et bien finies.

🛏 **Days Inn Taos** *(plan couleur A3, 14)* **:** 1333 paseo del Pueblo Sur. ☎ 758-2230. ● www.daysinn.com ● À côté du précédent. Compter 42 à 70 US$ pour deux, selon le moment, petit déj' compris. Même type de chambres, confortables et très bien tenues, qu'au *Super 8 Motel*. Une bonne affaire là encore.

Plus chic

🛏 **La Doña Luz Inn** *(plan couleur B1, 15)* **:** 114 Kit Carson Rd. ☎ 758-4874. 1-800-758-9187. ● www.ladonaluz.com ● De 60 à 140 US$ pour deux. Également un appartement à 200 US$. Toute une gamme de chambres, toute une gamme de prix ! Un *Bed & Breakfast* dans une agréable maison avec des murs en adobe dans le plus pur style du Nouveau-Mexique. Vous y trouverez une quin-

zaine de chambres personnalisées, de taille et de confort variables mais toutes fort bien arrangées, dans des tons divers, avec plein d'objets insolites et des œuvres d'art. La plupart possèdent un jacuzzi, certaines une cheminée, d'autres une cheminée et un coin salon, ça dépend. Ce sont Paco et Nina, les charmants proprios, qui ont réalisé la déco. Le petit déjeuner est bien sûr compris.

Très chic

🛏 **Casa Benavides B & B** *(plan couleur B1, 16)* **:** 137 Kit Carson Rd. ☎ 758-1772 ou 1-800-552-1772. Fax : 758-5738. ● www.casabenavides.com ● Chambres de 100 à 235 US$, avec le petit dej'. Compter 10 % de moins en hiver. Très central. Le plus bel hôtel de charme de la ville. Chambres évidemment toutes différentes mais toutes aussi réus-

sies les unes que les autres, adorablement meublées (lits en bois sculpté !) et décorées dans le style hispano-indien. Certaines disposent d'une cheminée où l'on peut faire du feu en hiver, d'autres possèdent un balcon couvert... ou s'ouvrent sur un patio. Accueil extrêmement courtois. On a craqué !

Où dormir dans les environs ?

Campings

⊼ Le long du rio Grande, plusieurs *petits campings* proposent un emplacement pour 5 US$ (par nuit et par véhicule) dans un cadre sauvage et superbe. Pas de réservation. À 12 *miles* au sud de Taos, au niveau du hameau du *Pilar* (attention, indiqué en venant du nord, mais pas du sud), prendre la route qui s'enfonce

dans le canyon. On découvre alors un paysage de roches éboulées recouvertes d'arbustes cendrés. Les campings sont au bord du rio Grande, avec de simples sanitaires. Les rafteurs se rassemblent souvent au *Taos Junction Campground*, situé à 5 *miles* de l'embranchement avec la route 68.

Bon marché

🏕 🍴 *The Abominable Snowman-sion :* à Arroyo Seco. ☎ 776-8298 ou 1-866-604-4195. ● snowman@newmex.com ● Dans une petite localité à une dizaine de *miles* au nord de Taos. Pour s'y rendre, prendre la Hwy 64 sur 5 *miles,* puis la Hwy 150 sur 5 *miles.* La maison est à l'entrée du village, sur la gauche. Assez galère de s'y rendre sans voiture. Cela dit, si vous restez au moins 2 nuits, on peut venir vous chercher à la gare des bus sur simple appel téléphonique. Ouvert toute l'année. Réception de 8 h à 12 h et de 16 h à 22 h. Pas de *curfew,* mais *check-out* à 10 h. Si vous n'avez pas la carte *Hostelling International,* compter 18 US$ par personne en dortoir et autour de 45 US$ pour deux en chambre privée. Un peu plus cher en hiver (les stations de ski ne sont pas loin). C'est un bâtiment en adobe restauré, construit dans le style des habitations des Indiens de Taos avec plein de décorations colorées. Plusieurs possibilités : planter sa tente dans le jardin (réserver à l'avance car peu de places), dormir en dortoir (garçons et filles séparés), dans une cabane en bois, dans un *tepee* de 4 personnes ou encore en chambre privée. Salon commun dans le bâtiment principal, histoire de rencontrer d'autres routards. Cuisine équipée aussi, et salle à manger avec tables en bois. Internet. Un endroit sommaire mais convivial.

De prix moyens à plus chic

🏠 *Stewart House B & B :* sur la Hwy 150, un peu après le croisement avec la Hwy 64, en allant vers Arroyo Seco. ☎ 1-888-505-2557. ● http://laplaza.org/~stwrths ● C'est sur la gauche en venant de Taos. De toute façon, vous ne risquez pas de le louper : c'est un petit complexe, pour le moins curieux, d'habitations en pierre et en bois ! Compter 65 à 125 US$ pour deux, avec le petit déjeuner. Plus que pour les chambres (bien tenues et originales mais pas vraiment bon marché), on viendra pour l'atmosphère un peu « primitive » qui imprègne les murs de cet amusant *B & B.* De plus, chouette accueil de Sandy, la maîtresse des lieux.

Où manger ?

De bon marché à prix moyens

🍴 *Eske's (plan couleur B1, 21) :* 106 Des Georges Lane. ☎ 758-1517. Ouvert de 11 h 30 à 22 h 30. Fermé à midi en semaine hors saison. Dans un cadre simple et décontracté, on grignote des salades, sandwichs, *burgers, burritos* et *specials* pour 7 à 12 US$. Les deux petites salles sont sympathiques, mais la terrasse ombragée est tout aussi agréable. Des concerts de jazz et de musique plutôt apaisante sont organisés les vendredi et samedi ; l'occasion de jeter un coup d'œil à la carte plutôt bien fournie des bières.
🍴 *Roberto's Restaurant (plan couleur B1, 22) :* 23b Kit Carson Rd. ☎ 758-2434. Fermé le mardi. Au fond d'une cour, derrière le *Caffe Tazza.* Compter environ 10 US$ pour un plat. Cuisine purement néo-mexicaine, classique et réussie. *Tamales, tacos, enchiladas...* Bonne *chile relleno combination.* Bref, les grands classiques du genre, servis ici depuis plus de 30 ans. Une originalité tout de même : le vin est servi uniquement au verre ! Qualité régulière, reconnue par le *New York Times,* le *Los Angeles Times* et désormais par le « *Routard Chronicle* » !
🍴 *Bravo (plan couleur A3, 25) :* 1353-A paseo del Pueblo Sur. ☎ 758-8100. Ouvert du lundi au sa-

medi de 11 h à 21 h. À environ 3 *miles* au sud de la ville. Pour un plat, compter 7 à 13 US$ à midi et 11 à 16 US$ le soir. Sorte de *diner* tenu par un Français, Lionel, qui vit aux États-Unis depuis plus de 30 ans. Si l'atmosphère n'est pas des plus intimes, la cuisine, elle, est franchement bonne et variée (à la carte : pizzas, canard rôti, *crab cake* – excellent ! – *burgers*, pâtes aux champignons, salade aux épinards, wok de fruits de mer...). On peut aussi y acheter des produits fins, du vin notamment (quelque 3 500 étiquettes en rayon !).

|●| *The Alley Cantina* (plan couleur B1, 23) : 121 Teresina Lane. ☎ 758-2121. Ouvert tous les jours de 11 h à 23 h. Compter environ 7 US$ pour un sandwich, 14 US$ pour une grillade. C'est plus une atmosphère qu'on vient rechercher ici qu'une nourriture qu'on vient déguster. On est dans la plus ancienne maison de la ville, avec son bout de terrasse, sa salle de resto, son billard et la patine du temps. C'est aussi le rendez-vous de tous les pochtrons de la ville à certaines heures. Bouffe basique, on se contente de grignoter un sandwich ou des grillades en observant les habitués. Le soir, c'est souvent un haut lieu de la vie nocturne (voir « Où boire un verre ? Où écouter de la musique ? Où danser ? »).

Chic

|●| *Apple Tree* (plan couleur B1, 20) : 123 Bent St. ☎ 758-1900. Pas loin de la *plaza*. Ouvert tous les jours jusqu'à 21 h. Plats de 6 à 13 US$ le midi, de 15 à 20 US$ le soir. Au sein d'une maisonnette particulière, on s'installe dans de charmantes petites salles aux murs ocre avec banquettes couvertes de coussins ou dans un jardin-terrasse bien agréable. Cuisine fraîche et copieuse. La carte propose quelques bonnes salades, des plats « néo-mexicains » revisités (*enchilada* de poulet à la mangue, *fajitas* de canard), ou de simples truites arc-en-ciel. La réputation est là et l'affluence aussi.

Très chic

|●| *Doc Martin's* (plan couleur B1, 24) : 125 paseo del Pueblo Norte. ☎ 758-2233. Ouvert tous les jours jusqu'à 21 h. Compter 10 US$ pour manger à midi (sans les boissons). Le soir, menu 4 services autour de 30-35 US$ ou plats à la carte à partir de 17 US$. Dans une demeure historique en adobe. Beaucoup de charme. Belle salle à manger, même si elle est un peu sombre à midi. On préférera alors s'installer dans l'agréable patio. La cuisine est originale et excellente : *enchilada* de fruits de mer, agneau bio et, la spécialité de la maison, le *Doc's chile relleno platter*... Musique parfois le week-end. Fait aussi hôtel. Chambres magnifiques, mais chères (de 60 US$, pour les plus petites et les plus bruyantes, à 250 US$ pour une suite).

Où manger dans les environs ?

Bon marché

|●| *Taos Cow* : à Arroyo Seco. ☎ 776-5640. Sur la route 150, à deux pas de l'AJ. Ouvert tous les jours de 7 h à 19 h. Moins de 10 US$. Une sorte de *coffee-shop-deli*-boulangerie-pâtisserie super cool. Leurs préparations sont tout bonnement excellentes, avec des sandwichs de qualité, des produits frais et une ambiance tranquille et sympa. On allait oublier leurs pâtisseries... Les glaces faites maison contribuent aussi

et à juste titre à la réputation du lieu. Il n'est pas rare que sous les arbres, à côté, un type prenne sa guitare, juste pour le *fun*, et pousse la chansonnette. Bien entendu, on ne vient pas ici juste pour ça, mais si vous logez à l'auberge tout près, ça deviendra rapidement votre cantine.

Très chic

|●| **The Stakeout :** à 9,5 *miles* au sud de Taos (sur la route 68), prendre le chemin de terre au niveau du chapeau de cow-boy. ☎ 758-2042. Ouvert tous les jours de 17 h à 21 h 30. Compter 40 US$ pour un bon repas (vin non compris). L'emplacement est idéal. Sur une petite colline, en pleine nature, on est aux premières loges pour contempler avec sérénité les montagnes dominant la plaine scarifiée par le rio Grande. La terrasse est presque un passage obligé pour le coucher du soleil ! Intérieur blanc, sobre, avec de grandes vitres. La cuisine (continentale) est à la hauteur : filet mignon, chateaubriand béarnaise, *ravioli ai carciofi*, *pork roulade*, *duck Cumberland* (sorte de canard à l'orange), *sweetbreads grenoblois*... Réservation conseillée.

Où boire un café, un verre ? Où écouter de la musique ? Où danser ?

♥ *Caffe Tazza (plan couleur B1, 30) :* 122 Kit Carson Rd. ☎ 758-8706. Ouvert de 6 h 30 (8 h le weekend) à 21 h (19 h les lundi et mardi). Un salon de thé au décor des plus charmants, dans le style rustique local, avec plein de couleurs et des tables en forme de roue de chariot. Idéal pour se poser un peu, le temps de boire un café ou de manger une pâtisserie. Petite expo d'art tous les mois et quelques concerts le weekend. Pour les fumeurs, il y a aussi un très agréable petit jardin à l'écart de la rue.

♥ ♪ *The Alley Cantina (plan couleur B1, 23) :* voir « Où manger ? ». *Happy hours* du jeudi au samedi, de 17 h à 19 h. On se répète, mais on vient ici pour l'ambiance. En journée, c'est calme. Très souvent, à partir de 21 h 30, l'atmosphère change. Le lieu se remplit de gens de passage ou d'habitués... un concert de blues ou de rock se prépare alors. Les chaises viennent à manquer et on sympathise vite. Un endroit vraiment sympa.

♥ ♪ ♫ *Sagebrush Inn (hors plan couleur par A3, 31) :* paseo del Pueblo Sur. ☎ 758-2254. À 3,5 *miles* au sud de la ville, sur la droite en venant du centre. Interdit aux moins de 21 ans après 22 h. Qui croirait que ce bel hôtel de luxe en adobe, genre hacienda pour touristes, héberge un bar pour cow-boys ? Ici, dans une ambiance western, on joue et danse le *two-step*, le vrai. Concerts (gratuits) du mercredi au samedi, vers 21 h. Clientèle très locale.

♥ ♪ De petits concerts se tiennent également à l'*Eske's (plan couleur B1, 21) :* voir la rubrique « Où manger ? ».

À voir

Taos compte 6 musées. Infos : ● www.taosmuseums.org ● Il existe un *pass* à 20 US$ qui permet de les visiter librement (sauf la Kit Carson's House), intéressant seulement si vous comptez les faire tous.

♞ La *plaza (plan couleur B1)*, bien sûr, avec ses jolies maisons de style et ses boutiques (un peu trop nombreuses malheureusement !). On pourrait presque regretter son côté trop « léché ».

🎇 *Kit Carson's House* (plan couleur B1) : Kit Carson Rd. ☎ 758-4613. Ouvert tous les jours de 9 h à 18 h. Horaires réduits en hiver. Entrée : 5 US$; réductions.

À l'est de la *plaza,* la maison où vécut pendant 25 ans le célèbre Kit Carson, qui fut à la fois éclaireur, trappeur et même franc-maçon. Malheureusement, il n'y a plus grand-chose à voir depuis le départ du dernier propriétaire, qui a presque tout emporté ! Le musée devrait néanmoins peu à peu se refaire, on vous laisse le soin de voir ce qu'il en est lors de votre visite... En attendant, on peut toujours voir les armes, la canne, la tabatière et le testament de l'illustre bonhomme qui, soit dit en passant, est enterré dans le Kit Carson Park (en sortant du musée, prendre à droite deux fois, la tombe est au fond du parc).

🎇 *Blumenschein Home & Museum* (plan couleur B1) : 222 Ledoux St. ☎ 758-0505. Ouvert tous les jours de 9 h à 17 h. Horaires modifiés en hiver. Entrée : 6 US$; réductions.

Tout a commencé en automne 1898 sur une route déserte, alors qu'un orage violent avait emporté un morceau de piste. La roue de la voiture qui transportait Ernest L. Blumenschein et son ami G. Phillips se cassa net. Ernest dût rejoindre le premier petit village, Taos. C'est alors qu'eut lieu le coup de foudre. Peu de temps après, il acheta une maison et participa activement à la fondation de la *Taos Society of Artists.* Son ancienne habitation est aujourd'hui transformée en musée : la cuisine, la salle à manger, la bibliothèque et les chambres conservent des objets personnels. Plus intéressante est la petite collection de tableaux d'Ernest L. Blumenschein et de son épouse dans l'une des pièces.

🎇 *The Harwood Museum of Art* (plan couleur B1) : 238 Ledoux St. ☎ 758-9826. Ouvert de 10 h (12 h le dimanche) à 17 h. Fermé le lundi. Entrée : 6 US$. Fondé en 1923, c'est le 2e plus vieux musée d'art du pays. À voir pour sa collection permanente de tableaux de la *Taos Society of Artists* (Ernest Blumenschein, Victor Higgins...), mais aussi pour les œuvres de modernistes américains et de peintres plus contemporains tels que Larry Bell, Ken Price et, surtout, Agnes Martin (galerie à part). À l'étage, collection d'art religieux hispanique.

🎇 *Hacienda de Los Martinez* (hors plan couleur par A1) : 708 Hacienda Rd. ☎ 758-1000. Ouvert tous les jours, de 9 h à 17 h de mai à octobre et de 10 h à 16 h le reste de l'année. Entrée : 6 US$. L'un des rares exemples de demeures coloniales espagnoles du Nouveau-Mexique accessible au public. Elle a appartenu à Antonio Severino Martinez, marchand influent puis réformateur social dans la région de Taos. Les 21 pièces que compte la maison, avec tout leur bric-à-brac, donnent une bonne idée de ce que devait être la vie quotidienne dans la région au début du XIXe siècle.

🎇 *Les galeries de peinture du centre :* on peut admirer les créations récentes de peintres locaux... gratuitement. Taos a attiré, attire, et continuera à attirer de nombreux peintres qui trouvent ici un cadre, une atmosphère et une énergie propices à la création.

À faire

Ski

Taos possède les meilleures pistes de ski des États-Unis, rien que ça ! En hiver, prenez les navettes *Chile Line* pour Taos Ski Valley. La station est petite, mais la neige excellente. D'autres stations sont également très courues : Angel Fire (spécial *snowboard*) et Red River. Mais il faut y aller par ses propres moyens.

Balades à cheval

> *Cieneguilla Stables :* sur la route 68. ☎ 751-2815. Situé à 11 *miles* au sud de Taos.

Rafting

Pas mal d'agences proposent des descentes du rio Grande, d'une demi-journée (compter 50 US$) ou d'une journée (environ 100 US$). En voici une parmi d'autres :

■ *Far-Flung Adventures :* ☎ 758-2628 ou 1-800-359-2627. ● www.far | flung.com ●

Randonnée, VTT, rafting, etc.

■ *Native Son's Adventures :* 1033a paseo del Pueblo Sur. ☎ 758-9342 ou 1-800-753-7559. Prenez | leur *10 % off discount coupon* à l'office du tourisme.

Escalade, pêche, canoë (prononcez « quenouuuu »), montgolfière

En été, possibilité de faire de l'escalade, de la pêche, du canoë et même de survoler la région en montgolfière. Prospectus d'agences disponibles au *Visitor Center.*

Fêtes et manifestations

– *Taos Spring Arts Festival :* tous les ans en mai. Festival consacré aux arts de la ville.
– *Taos Pueblo Pow-Wow :* 3 jours durant la 2e semaine de juillet. Important rassemblement d'Indiens, danses, chants et compétitions. Une fête haute en couleur.
– *Fiesta de Santiago y Santa Ana :* la 3e semaine de juillet. L'une des principales fêtes populaires de Taos, au cours de laquelle on célèbre les saints de la ville. La *plaza* est alors fermée à la circulation pour accueillir la foule en liesse.

> # DANS LES ENVIRONS DE TAOS

TAOS

🎫🎫 *Millicent Rogers Museum (hors plan couleur par B1) :* à 4 *miles* au nord de Taos, à l'écart de la route 64. ☎ 758-2462. Bien signalé. Ouvert tous les jours (sauf le lundi de novembre à mars) de 10 h à 17 h. Entrée : 7 US$; réductions.
Sans doute l'un des plus beaux musées dédiés à la culture indienne et hispanique de tout l'État. C'est en fait une collection privée rassemblée par Mrs Millicent Rogers, l'héritière de la Standard Oil Company. Amoureuse de l'art indien et colonial, elle acheta un grand nombre de pièces, et comme elle avait un goût sûr, tout ce qu'on voit ici est beau. On y présente de nombreuses poteries et des vitrines organisées par thèmes. Une grande section est également consacrée à Maria Martinez, une Indienne (malgré son nom) qui fit renaître l'art de la poterie indienne traditionnelle. Elle vécut très vieille, mais sa date de naissance est assez incertaine. Le certificat qu'on voit dans une vitrine est d'ailleurs tout à fait approximatif. Elle se fit connaître dans le

monde entier, et même en France, comme l'atteste ce curieux diplôme remis par le ministère de l'Éducation nationale française en 1954 ! Nombre de ses poteries sont exposées ici. La finesse et la modernité de certaines étonnent. À voir encore, des poupées zunis, des bijoux navajos, des poteries pueblos... et quelques bijoux réalisés par Mrs Millicent elle-même. Coffres, tapis et couvertures complètent l'ensemble. Un musée unique, à ne pas manquer.

🏃🏃 *Taos Pueblo* (hors plan couleur par B1) : à 3 *miles* au nord-est de Taos (route fléchée depuis le paseo del Pueblo Norte). On peut s'y rendre grâce aux bus *Chile Line* du centre de Taos. ☎ 758-1028. Ouvert de 8 h à 16 h 30 (16 h en hiver) ; le dimanche de 8 h 30 à 16 h. Fermé les jours de cérémonie, en mars et avril, ainsi que la 2nde quinzaine d'août en raison des festivités religieuses. Droit d'accès : 10 US$ par personne... si vous n'avez pas d'appareil photo, 15 US$ dans le cas contraire ; réductions.

Village indien historique, à voir, même si les locaux ont choisi ici l'exploitation touristique. Ce n'est d'ailleurs pas plus mal car ainsi, après les visites, ils ont la paix. Soit on se balade dans le village tout seul (attention, on ne peut pas aller partout), soit on choisit la petite visite guidée par un autochtone, en anglais. Cette dernière est préférable si on veut comprendre quelque chose à cette culture finalement très secrète. On apprend ainsi que des Indiens sont là depuis plus de 1 000 ans, que leur culture se transmet uniquement de manière orale, qu'ils n'ont ici ni eau courante ni électricité, et qu'ils sont enterrés sans cercueil, en contact direct avec la terre, afin de la nourrir en retour, etc. On vous rappellera également que la cavalerie US anéantit une bonne partie de la population en 1847 et que le président Roosevelt leur vola leur terre. C'est Nixon qui la leur rendit en 1971. C'est d'ailleurs le seul président à avoir rendu visite à des Indiens, sur leur terre. Peut-être la seule chose de sympathique qu'il ait faite durant son mandat. Ici, le style *pueblo* est conservée dans sa forme la plus pure. Le village ne compterait plus aujourd'hui qu'une cinquantaine d'habitants. Malheureusement, on ne les voit pas beaucoup car les parties accessibles sont en fait assez limitées. Autour de la *plaza*, traversée par une rivière d'où l'eau est puisée, se groupent des maisons fortifiées en brique d'adobe. Devant celles-ci, il y a souvent des fours en forme d'œuf (que certains prennent pour des niches de chiens). Particulièrement remarquables, les deux maisons communautaires de 4 et 5 étages. Les cérémonies animistes continuent à être célébrées avec des chants et des danses. Église coloniale typique avec plafond en bois, tribune et saints. Les habitants, aimables, restent toutefois réservés vis-à-vis des touristes. Possibilité d'acheter un bel artisanat, ainsi que des petits pains confectionnés par des femmes indiennes. Beaucoup d'Indiens sont également des peintres de grand talent.

🏃 *L'église San Francisco de Asis* (hors plan couleur par A3) : à 3,5 *miles* au sud de la ville de Taos. Construite entre 1710 et 1801. Vraiment très belle.

🏃 *Le pont du rio Grande* (Gorge Bridge ; hors plan couleur par B1) : à environ 12 *miles* au nord-ouest de Taos, un pont métallique enjambe le rio Grande, situé 198 m plus bas. Il date de 1965 et fut édifié pour le passage d'une nouvelle route. Vue grandiose sur le rio.

LOS ALAMOS

18 300 hab.   IND. TÉL. : 505

En venant de Taos, sur la route de Santa Fe, prendre à droite. Au bout d'une route superbe vous découvrirez une petite ville bien américaine, lovée dans un cadre magnifique à 2 200 m d'altitude. Los Alamos est célèbre pour son laboratoire national de recherche créé au début de la Seconde Guerre mondiale, où a été conçue la bombe atomique. Depuis, la ville joue un rôle majeur dans la recherche sur la Défense, mais aussi en matière d'environnement et de santé. Le laboratoire travaille en partenariat avec l'université de Californie. La ville en elle-même ne présente pas vraiment d'intérêt, on viendra plutôt ici pour les deux musées qui retracent son histoire, ainsi que pour la nature environnante. De plus, elle n'est qu'à 11 *miles* du Bandelier National Park et peut constituer un bon point de chute ou de passage.

Dommage toutefois que les incendies de 2000 aient brûlé pas mal de forêts des montagnes avoisinantes. Essayez de vous y trouver début août, lors de la fête locale. Chouette ambiance, grand rodéo.

Adresse utile

■ *Los Alamos Meeting & Visitor Bureau :* 109 Central Park Square. ☎ 662-8105 ou 1-800-444-0707. ● www.visit.losalamos.com ● Dans le centre. Ouvert du lundi au vendredi de 9 h à 17 h ; le samedi de 9 h à 16 h et le dimanche de 10 h à 15 h.

Où dormir ? Où manger ?

🛏 *Holiday Inn Express :* 2455 Trinity Dr. ☎ 661-1110 ou 1-800-HOLIDAY. Dans le centre. Compter 90 US$ pour deux, 10 de moins en hiver. Petit dej' inclus. Agréable motel abritant des chambres confortables avec connexion Internet. Pop corn gratuit à la réception, *fitness center*. Bon accueil. Propose des formules week-end.

I●I *Viola's Restaurant :* 1360 Trinity Dr. ☎ 662-5617. Ouvert de 7 h 30 à 14 h (13 h le samedi). Fermé le dimanche. Plats autour de 6,50 US$. Venez-y pour manger pas cher et typique mais, on vous prévient, le cadre est *cheap* ! Petit *diner* avec banquettes orange, où l'on engloutit des *beef taco plates, rolled enchiladas, bowls of chile*... Accueil tout à fait charmant de la famille de proprios.

I●I *Blue Window Bistro :* Central Ave. ☎ 662-6305. Service de 11 h à 15 h et de 17 h à 21 h. Fermé le dimanche. À midi, on est rassasié pour un peu moins de 10 US$. Le soir, les plats tournent autour des 15-20 US$. Bon petit resto bien sympathique qui rend hommage aux couleurs ; c'est un festival de bleu, de vert, de rouge, d'orange... Des petits murets entre les tables assurent une certaine intimité pour un repas en tête-à-tête, mais les groupes de copains trouveront aussi leur bonheur autour de grandes tables rondes et conviviales. À midi, ce sera salades, crêpes salées, sandwichs ou *enchiladas*. Le soir, les plats sont plus cuisinés. Une adresse bien chaleureuse.

À voir

🍴 *Fuller Lodge :* Central Ave & 20th St. ☎ 662-8405. Magnifique salle d'expos et de spectacles, construite tout en *log,* ces gros rondins de bois, dans les années 1930. Il faut y aller lors des fêtes locales, lorsque joue l'excellent orchestre big band de la ville, dont la moyenne d'âge avoisine la soixantaine, et que danse la belle jeunesse locale. Petite salle d'exposition de peintures à l'*Art Center* d'à côté, ouvert du lundi au samedi de 10 h à 16 h ; gratuit.

🍴 *Los Alamos Historical Museum :* 1921 Juniper St. ☎ 662-6272. À côté du Fuller Lodge. En été, ouvert du lundi au samedi de 9 h 30 à 16 h 30 et le dimanche de 11 h à 17 h. Horaires réduits en hiver. Gratuit. Petit musée sur l'histoire de Los Alamos. On y apprend pourquoi le site fut choisi pour le fameux projet Manhattan, comment celui-ci se déroula, et à quoi ressemblait

TAOS

la vie de tous ces hommes installés dans cette *secret city* qui, officiellement, n'existait pas. Plus touchante est la section sur les conséquences, à l'échelle mondiale, de toute cette entreprise, avec notamment des photos panoramiques d'Hiroshima et de Nagasaki après leur bombardement. On remarquera aussi le bon goût de l'Atomic Cake, en l'honneur d'un essai atomique fructueux à Bikini en 1946 !

🍴 *Bradbury Science Museum :* 15th St & Central Ave. ☎ 667-4444. Ouvert tous les jours, de 10 h (13 h les dimanche et lundi) à 17 h. Gratuit. Exposition bien faite sur le développement et l'utilisation des armes atomiques de 1945 à nos jours. Il y est également question de la gestion de l'arsenal nucléaire car, depuis l'arrêt complet (en 1992) des essais nucléaires américains, Los Alamos s'occupe surtout de la maintenance des armes existantes, dont il faut s'assurer du bon fonctionnement sans plus pouvoir recourir à des tests ! Un petit film montre aussi l'importance de la ville comme centre de recherche sur le génome humain, les différentes sources d'énergie, l'environnement. On se recycle comme on peut ! Enfin, on a apprécié que le musée ne fasse pas l'impasse sur la polémique qu'engendra l'utilisation de la 1re bombe en 1945, en montrant notamment des photos des victimes japonaises.

➤ DANS LES ENVIRONS DE LOS ALAMOS

🥾 *Bandelier National Monument :* à 11 *miles* de Los Alamos, par la 501 puis la 4. ● www.nps.gov/band ● Entrée : 10 US$ par véhicule (*National Parks Pass* accepté). Si la route goudronnée n'est longue que de 3 *miles* (elle se termine au *Visitor Center* ; ouvert de 8 h à 18 h de juin à septembre et de 9 h à 17 h le reste de l'année), quelque 70 *miles* de sentiers traversent ce parc. Ils mènent aux divers lieux habités autrefois, des *pueblos,* ou permettent de découvrir tout simplement la beauté des paysages. Petites balades ne présentant aucune difficulté ou chemins de rando nécessitant de bonnes chaussures, il y en a pour tous les goûts. Procurez-vous (pour 1 US$) le petit livret *Ruins Trail* au *Visitor Center,* qui vous permettra de vous orienter. On découvre d'anciennes grottes enfouies dans les falaises, auxquelles on accède par des escaliers assez raides, quand ce ne sont pas carrément des échelles ; sujets au vertige s'abstenir. Certains endroits, comme la grotte dédiée aux cérémonies (Ceremonial Cave), que l'on atteint grâce à 4 échelles, sont vraiment spectaculaires et méritent la visite. Le parc doit son nom à Adolph Bandelier qui découvrit ces ruines en 1880.

⛺ *Juniper Campground :* après l'entrée du parc, sur la droite. ☎ 672-3861 (de 8 h à 16 h 30). Ouvert toute l'année mais eau courante uniquement de mars à novembre. Pas de réservation. Une centaine d'emplacements à 10 US$. Sanitaires mais pas de douche. Dans un joli site plein de petits arbres rabougris, en pleine nature. Il se peut même que vous soyez réveillé un beau matin par un ours curieux. Mais rassurez-vous, c'est rare.

SANTA FE   65 000 hab.   IND. TÉL. : 505

Pour le plan de Santa Fe, se reporter au cahier couleur.

C'est la plus vieille ville de l'Union, fondée en 1609 par les Espagnols, soit 11 ans avant l'arrivée du *Mayflower*. C'est aussi la capitale du Nouveau-

PLANS ET CARTES EN COULEURS

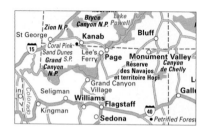

LES PARCS NATIONAUX DE L'OUEST AMÉRICAIN

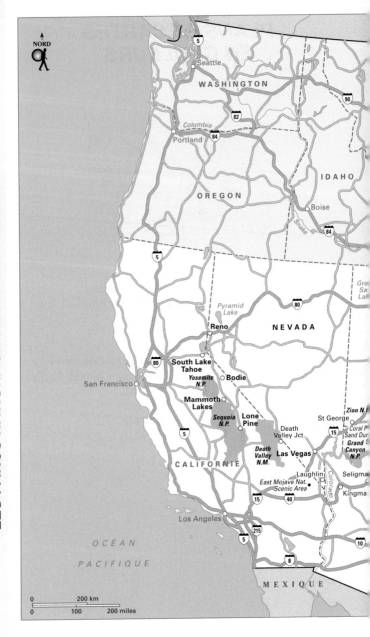

LES PARCS NATIONAUX DE L'OUEST AMÉRICAIN

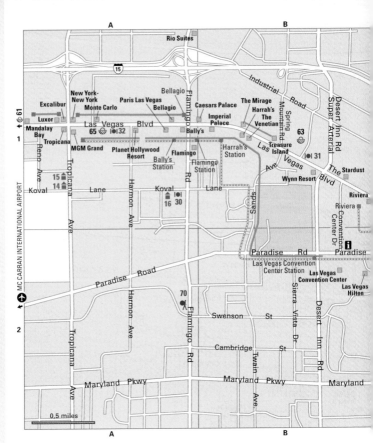

4

LAS VEGAS

Adresses utiles

- **B** Visitor Center
- ✈ Aéroport international Mac Carran
- 🚌 Greyhound
- **2** Marriage License Bureau (Clark County Court House)

Où dormir ?

- **10** USA Hostel Las Vegas Backpackers
- **11** Sin City Hostel
- **12** Gold Spike Casino
- **13** Budget Inn Motel
- **14** Motel 6

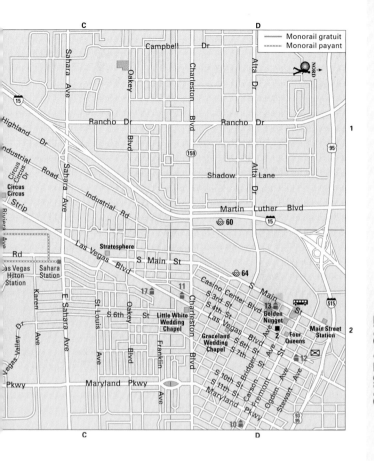

LAS VEGAS

15 Americas Best Value Inn	⚙ **Achats**
16 Super 8 Motel	**60** Las Vegas Premium Outlets
17 Howard Johnson Inn	**61** Las Vegas Outlet Center
	63 Fashion Show Mall
|●| **Où manger ?**	**64** Gamblers General Store
	65 Everything Coca Cola
30 Ellis Island	
31 Gilley's	🏹 **À voir**
32 Smith & Wollensky	**70** Atomic Testing Museum

TUCSON

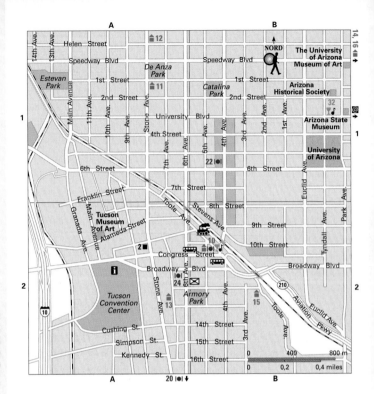

TUCSON

■ **Adresses utiles**

🛈 Tucson Visitor Center
✉ Poste
🚍 Rondstat Transit Center
🚌 Terminal Greyhound
🚂 Gare ferroviaire Amtrak
@ Internet

🛏 **Où dormir ?**

10 Hôtel Congress
11 University Inn
12 Flamingo Hotel
13 Royal Elisabeth B&B
14 Tanque Verde Ranch

15 Road Runner Hostel
16 Arizona Inn

🍴 **Où manger ?**

10 Cup Café de l'hôtel Congress
20 El Torero
22 Delectables
24 Café Poca Cosa

🍸♪ **Où boire un verre ? Où écouter de la musique ?**

10 Cup Café de l'hôtel Congress
32 Gentle Ben's

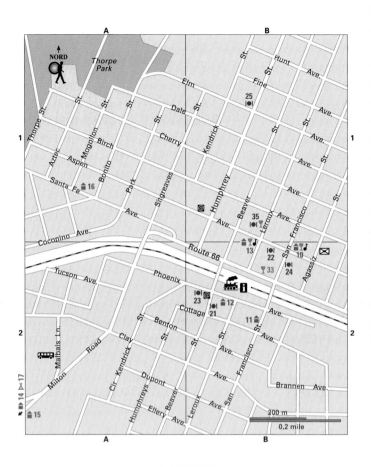

FLAGSTAFF

FLAGSTAFF

■ **Adresses utiles**

- 🛈 Visitor Information
- ✉ Poste
- 🚌 Terminal Greyhound
- 🚂 Gare ferroviaire Amtrak
- @ Internet

🏕 🏠 **Où dormir ?**

- 10 Monte Vista Hotel
- 11 Grand Canyon International Hostel
- 12 Dubeau International Hostel
- 13 Weatherford Hotel
- 14 Days Inn Route 66
- 15 Arizonan Motel
- 16 England House B&B

- 17 Camping Woody Mountain

|●| **Où manger ?**

- 21 Macy's European Coffee House
- 22 Mountain Oasis
- 23 Beaver Street Brewery
- 24 Café Express
- 25 Josephine's

🍷 |●| 🎵 **Où boire un verre ?**
Où écouter de la musique ?

- 10 Bar du Monte Vista Hotel
- 13 Charly's
- 33 The Flagstaff
- 35 Felipes Cantina

SALT LAKE CITY – DOWNTOWN (PLAN GÉNÉRAL)

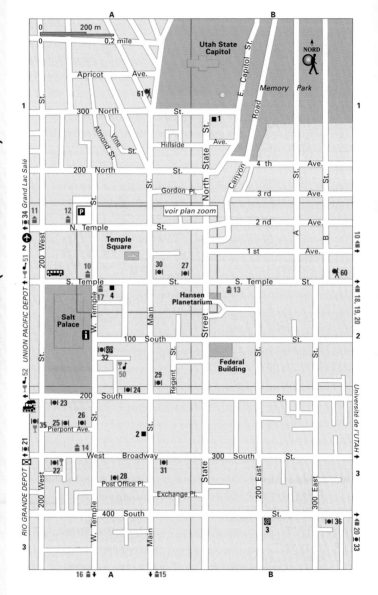

SALT LAKE CITY – DOWNTOWN (PLAN GÉNÉRAL)

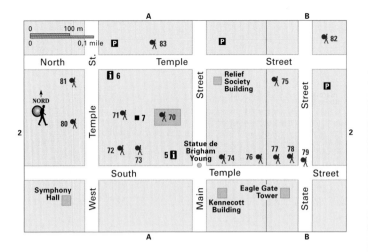

SALT LAKE CITY – TEMPLE SQUARE (ZOOM)

■ **Adresses utiles**

🛈 Visitor Center
🚌 Greyhound Bus Depot
✉ Poste
📷 3 City Library (bibliothèque)
📷 32 Spice
1 Utah Travel Council
2 Librairie Sam Weller's
4 Librairie Borders
🛈 5 South Visitor Center *(zoom)*
🛈 6 North Visitor Center *(zoom)*
7 Flagpole *(zoom)*

🛏 **Où dormir ?**

10 The Avenues Youth Hostel
11 City Creek Inn
12 Travelodge Temple Square
13 Carlton Hotel
14 Peery Hotel
15 International Ute Hostel
16 Motel 6 et Best Western Garden Inn
17 The Inn
18 Anton Boxrud B & B
19 Saltair B & B
20 The Anniversary Inn

🍽 **Où manger ?**

21 Tony Caputo's Market & Deli
22 Squatters Pub Brewery
23 Toasters
24 Siegfried's Delicatessen
25 Baci Trattoria
26 Cafe Pierpont
27 The Lion House Pantry
28 Market Street Grill
29 Lamb's Grill Cafe
30 The Garden Restaurant
31 The Judge Café
32 Spice
33 Chuck-A-Rama
34 Red Iguana
35 Red Rock Brewing Company
36 Salt Lake Roasting Co.

🍸🎵 **Où boire un verre ? Où sortir ?**

22 Squatters Pub Brewery
35 Red Rock Brewing Compagny
50 Dead Goat Saloon
51 Club Axis
52 Shaggy's Livin' Room

🎇 **À voir**

60 Cathédrale de la Madeleine
61 Pioneer Memorial Museum
70 Salt Lake Temple *(zoom)*
71 Tabernacle *(zoom)*
72 Assembly Hall *(zoom)*
73 Monument de la Mouette *(zoom)*
74 Joseph Smith Memorial Building et Family Search Center *(zoom)*
75 LDS Church Office Building *(zoom)*
76 LDS Administration Building *(zoom)*
77 The Lion House *(zoom)*
78 The Beehive House *(zoom)*
79 Eagle Gate *(zoom)*
80 Family History Library (bibliothèque généalogique) *(zoom)*
81 Museum of Church History and Art *(zoom)*
82 Brigham Young Historic Park *(zoom)*
83 Conference Center *(zoom)*

DENVER

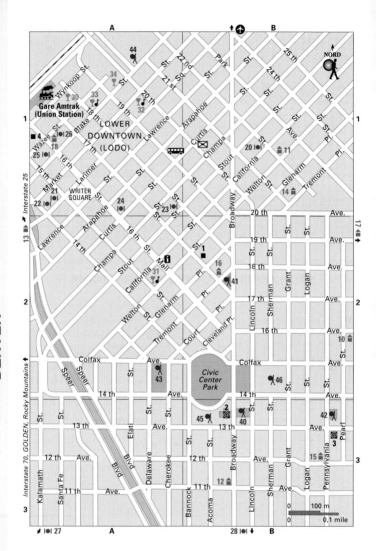

DENVER

REPORTS DU PLAN DE DENVER

■ **Adresses utiles**

🅑 Denver Visitor Information
   Center
🚆 Union Station
🚌 Greyhound Bus
✉ Poste
1 American Express
🅐 2 Denver Public Library
🅐 3 Café Netherworld
4 Tattered Cover Bookstore

🛏 **Où dormir ?**

10 Denver International Youth
   Hostel
11 Melbourne International Hostel
12 Broadway Plaza Motel
13 Ramada Continental Hotel
14 Queen Anne *B & B* Inn
15 Capitol Hill Mansion
16 Comfort Inn
17 Hostel of the Rocky Mountains
18 Luna Hotel

|●| **Où manger ?**

20 Mercury Café

21 The Market
22 Josephina's
23 Rocky Moutain Diner
24 Rock Bottom Brewery
25 Wahoo's Fish Taco
26 Bd's Mongolian Barbeque
27 Buckhorn Exchange
28 Le Central

🍸 ♪ **Où boire un verre ? Où sortir ?**

30 Wynkoop Brewery
31 15th Street Tavern.Com
32 Le Chapultepec
33 Celtic Tavern
34 Falling Rock

🎭 **À voir**

40 Colorado History Museum
41 Brown Palace Hotel
42 Molly Brown House
43 US Mint
44 Coors Field
45 Denver Art Museum
46 Colorado's Capitol

REPORTS DU PLAN DE DENVER

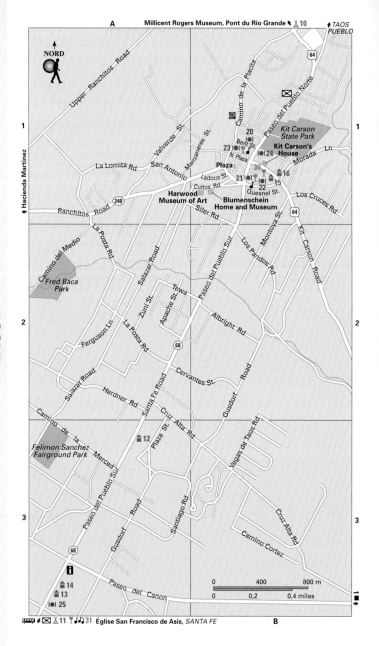

TAOS

NORD

A

B

1

2

3

Upper Ranchitos Road

Hacienda Martinez

Valverde St.

La Lomita Rd

San Antonio

Ranchitos Road

Camino de la Placita

Manzanares St.

Plaza

Ledoux St.

Cuitos Rd.

Harwood Museum of Art

Blumenschein Home and Museum

Siler Rd.

Bent St.

N. Plaza

Quesnel St.

Paseo del Pueblo Norte

Kit Carson State Park

Kit Carson's House

Morada Ln.

Los Cruces Rd.

Kit Carson Road

Camino del Medio

La Posta Rd.

Fred Baca Park

Salazar Road

Zuni St.

La Posta Rd.

Ferguson Ln.

Salazar Road

Herdner Rd.

Santa Fe Road

Tewa

Apache St.

Paseo del Pueblo Sur

Los Pandos Rd.

Albright Rd.

Gusdorf Road

Montoya St.

Cervantes St.

Camino de la Merced

Felimon Sanchez Fairground Park

Paseo del Pueblo Sur

Gusdorf Road

Plaza St.

Cruz Alta Rd.

Santiago Rd.

Vegas de Taos Rd.

Cruz Alta Rd.

Camino Cortez

Paseo del Canon

0   400   800 m
0   0,2   0,4 miles

20

23

21

30

24

22

15

16

12

14

13

25

🚌 🚠 ⊠ ⅄ 11 ⅄♫♪ 31   Église San Francisco de Asis, SANTA FE

TAOS

REPORTS DU PLAN DE TAOS

■ **Adresses utiles**

- 🛈 Visitor Center
- ✉ Poste
- 🚌 Taos Bus Station
- 🖳 Internet
- 1 Hôpital Holy Cross

⚑ **Où dormir ?**

- 10 Monte Bello RV Park
- 11 Taos RV Park et Taos Valley RV & Campground
- 12 Sun God Lodge
- 13 Super 8 Motel
- 14 Days Inn Taos
- 15 La Doña Luz Inn
- 16 Casa Benavides *B & B*

|●| **Où manger ?**

- 20 Apple Tree
- 21 Eske's
- 22 Roberto's Restaurant
- 23 The Alley Cantina
- 24 Doc Martin's
- 25 Bravo

🍸 🎵 **Où boire un verre ? Où écouter de la musique ? Où danser ?**

- 21 Eske's
- 23 The Alley Cantina
- 30 Caffe Tazza
- 31 Sagebrush Inn

REPORTS DU PLAN D'ALBUQUERQUE

■ **Adresses utiles**

- 🛈 1 Old Town Visitor Center
- 🛈 2 Downtown Information Center
- ✉ Poste
- 🚌 Terminal des bus Greyhound
- 🚆 Gare Amtrak
- 🖳 Internet
- 3 Presbyterian Hospital

🏠 **Où dormir ?**

- 10 Hostel Route 66
- 11 Imperial Inn
- 12 Stardust Inn
- 13 Econolodge

|●| **Où manger ? Où prendre le petit dej' ?**

- 21 Kellys
- 23 Flying Star Café
- 24 Sadie's
- 25 Bennigan's

- 26 Cooperage
- 27 Garcia's

🍸 🎵 **Où boire un verre ? Où écouter de la musique ?**

- 21 Kellys
- 30 The Library
- 31 Tiki Lounge
- 32 Zinc

✹ **À voir**

- 41 Indian Pueblo Cultural Center
- 42 The National Atomic Museum
- 43 Rattelsnake Museum
- 44 The Albuquerque Museum of Art and History
- 45 New Mexico Museum of Natural History and Science
- 46 National Hispanic Cultural Center
- 47 Université

REPORTS DES PLANS DE TAOS ET D'ALBUQUERQUE

ALBUQUERQUE

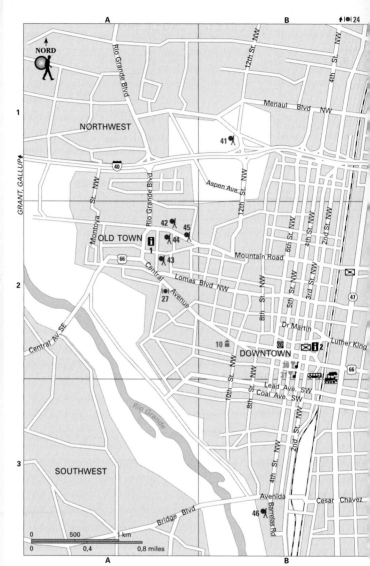

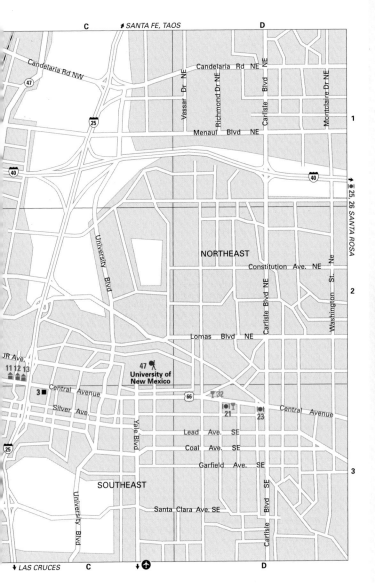

SANTA FE

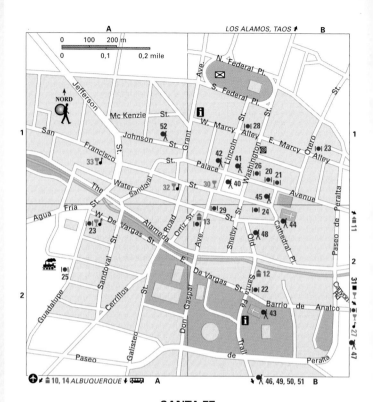

SANTA FE

■ **Adresses utiles**

- 🛈 Office de tourisme
- 🛈 Visitor Center of New Mexico
- ✉ Poste
- @ Internet
- 🚂 Santa Fe Southern Railway
- 🚌 Terminal Greyhound
- 31 Magazines en français

🛏 **Où dormir ?**

- 10 Motels de Cerillos Road
- 11 Camas de Santa Fe et Hacienda Nicholas
- 12 Garett's Desert Inn
- 13 Hôtel Saint Francis
- 14 Santa Fe International Hostel

|●| **Où manger ? Où prendre le petit dej' ?**

- 13 Hôtel Saint Francis
- 20 The Shed
- 21 La Cantina
- 22 Upper Crust Pizza
- 23 Cowgirl Hall of Fame
- 24 French Pastries
- 25 Tomasita's
- 26 Burrito Company Cafe
- 27 El Farol
- 28 Il Piatto
- 29 Café Pasqual's

🍸🎵 **Où boire un café ou un verre ? Où écouter de la musique ?**

- 23 Cowgirl Hall of Fame
- 27 El Farol
- 30 Ore House
- 31 Downtown Subscription
- 32 Evangelo's
- 33 Vanessie

🎥 **À voir**

- 40 Plaza
- 41 Palace of the Governors
- 42 Fine Arts Museum
- 43 Chapel of San Miguel
- 44 Saint Francis Cathedral
- 45 Institute of American Indian Arts
- 46 Museum of International Folk Art
- 47 Canyon Road
- 48 Loretto Chapel
- 49 Museum of Indian Arts and Culture
- 50 Wheelwright Museum of the American Indian
- 51 Museum of Spanish Colonial Art
- 52 Georgia O'Keeffe Museum

Mexique. Santa Fe, avec Taos, reste le témoin de l'antériorité, dans le Sud-Ouest du pays, de la culture espagnole, avec ses églises de l'époque coloniale et sa fameuse *plaza,* qui rappelle les *zocalos* des villes mexicaines.

Son charme pittoresque contraste avec l'ordonnancement des villes américaines. Ici, tout building est banni (!), et chaque maison se doit de respecter l'architecture traditionnelle du Nouveau-Mexique (le style *pueblo*) : hauteur limitée des bâtiments, toits plats et murs en adobe, ou plutôt en un *stuc* qui imite l'adobe car ce dernier est en fait un mélange de terre, de sable, de paille et d'eau qu'on laisse sécher au soleil. Inutile, en effet, de préciser que ce n'est plus tout à fait dans ce matériau qu'on construit aujourd'hui les maisons de Santa Fe... Pour certains, cette architecture rappellera l'atmosphère mexicaine des films de Sergio Leone.

Depuis quelque temps, Santa Fe est la ville branchée par excellence. Artistes et pontes du show-biz californien y passent leurs week-ends, incitant les promoteurs à y investir en masse. Les prix n'arrêtent donc pas de flamber, poussant les habitants modestes à déserter la ville. Ne reste plus que des galeries d'art (une centaine, excusez du peu !), des boutiques d'artisanat hors de prix et de fringues super chics, des restos chers et quelques librairies vaguement intellos. Rendez-vous des yuppies et des marginaux friqués, Santa Fe est désormais l'une des 5 villes les plus visitées des États-Unis ! Mais, même si tout est cher ici, elle reste une ville à découvrir, qui possède, outre une ambiance particulière, de superbes musées et une richesse culturelle débordante, ce qui n'est pas le cas dans toutes les villes américaines, loin s'en faut.

Adresses et infos utiles

Infos touristiques et services

🏢 *Office du tourisme (plan couleur B1) :* 201 W Marcy St, dans le Sweeney Convention Center (à l'angle de Marcy et Grant). ☎ 955-9984 ou 1-800-777-2489. ● www.santafe. org ● Ouvert du lundi au vendredi de 8 h à 17 h. Un autre sur la *plaza (plan couleur B1 ;* à côté de la *First National Bank),* ouvert de mi-mai à mi-octobre, tous les jours de 9 h à 16 h 30.
🏢 *Visitor Center of New Mexico (plan couleur B2) :* 491 Old Santa Fe Trail. ☎ 827-7336. Ouvert tous les jours de 8 h à 17 h. Toutes les infos sur l'État.

✉ *Poste (plan couleur B1) :* S Federal Pl. Dans le centre. Ouvert le samedi matin.

🖥 *Internet (plan couleur B1) :* à la bibliothèque, 145 Washington Ave. ☎ 955-6987. Ouvert du lundi au jeudi de 10 h à 21 h, les vendredi et samedi de 10 h à 18 h et le dimanche de 13 h à 17 h. Mieux vaut réserver son moment car les ordinateurs sont souvent tous occupés.

Transports

🚂 *Amtrak :* à Lamy, à 18 *miles* au sud-est de Santa Fe. ☎ 1-800-872-7245. Liaison avec l'est (Kansas City, Chicago) et avec l'ouest (Albuquerque, Gallup, Flagstaff et Los Angeles) une fois par jour.
🚂 *Santa Fe Southern Railway (plan couleur A2) :* 410 S Guadalupe St. ☎ 1-888-989-8600. Trains touristiques permettant de rallier la gare de Lamy. Un départ quotidien entre 10 h 30 et 14 h, selon le jour. Attention, c'est cher !

🚌 *Terminal Greyhound (hors plan couleur par A2) :* 858 Saint Michael's Dr. ☎ 471-0008. À environ 3 *miles* au sud du centre. Bus pour Albuquerque et Denver (4 fois par jour), pour Taos (2 par jour), mais aussi Flagstaff, Gallup, Phoenix, Los

Angeles...

🚐 *Santa Fe Shuttle* : ☎ 1-888-833-2300. Environ 8 navettes par jour entre Santa Fe et l'aéroport d'Al-buquerque, de 5 h à 20 h. Départs depuis les hôtels, sur réservation. Un peu cher.

Location de vélos

■ *Mountain Bike Tours (plan couleur B2)* : 102 East Water St. ☎ 982-8986. Ouvert du lundi au samedi de 9 h à 17 h et le dimanche de 10 h à 16 h. Compter environ 25 US$ pour un jour de location. Organise également des excursions.

Urgences, divers

■ *Hôpital Saint Vincent* : 455 Saint Michael's Dr. ☎ 983-3361.
■ *Police* : ☎ 955-5080.
■ *Magazines en français* : au *Downtown Subscription (hors plan couleur par B2, 31)*, voir « Où boire un verre ? Où écouter de la musique ? ».

Où dormir ?

Camping

⛺ *Camping KOA (Apache Canyon)* : à environ 10 *miles* au sud-est de Santa Fe, par l'I-25 (Exit 290 ou 294). ☎ 466-1419. Ouvert de mars à novembre. De 23 à 29 US$ pour une tente ou un camping-car. Moyennement ombragé. Épicerie, sanitaires et laverie.

Très bon marché

🏠 *Santa Fe International Hostel (hors plan couleur par A2, 14)* : 1412 Cerrillos Rd. ☎ 988-1153. ● santafehostel@qwest.net ● À 1,5 *mile* du centre historique. Ouvert de 7 h à 22 h 30. Pas de couvre-feu. Pour réserver, écrire et joindre un mandat au moins 2 semaines avant. Environ 15 US$ la nuit en dortoir et de 35 à 43 US$ en chambre double. Pas de taxe. Le seul endroit de la ville pour fauchés ! Dortoirs de 4 à 7 lits ou chambres privées, avec ou sans salle de bains. Attention, les matelas sont assez inégaux ! Autre petit désagrément : les corvées obligatoires. Les premiers levés ont le choix, ceux qui font la grasse mat' pas tellement (à bon entendeur...). Cuisine avec bouffe (riz, pâtes, céréales, pain, thé, café...) pour les hôtes, accès (payant) à Internet, casiers et local de sécurité, laverie, infos sur Santa Fe... Ce n'est pas le grand luxe mais l'ambiance est bonne et le patron sympa.

Bon marché

La plupart des *motels* s'égrainent sur *Cerrillos Road (hors plan couleur par A2, 10)*, entre les n°s 1000 et 4000, au sud-ouest de la ville. Assez chers en général. De plus, tout est souvent complet le week-end (les vendredi et samedi soir), et parfois, dans ces motels, les prix connaissent alors une inflation de 10 à 20 % !

🏠 *Silver Saddle Motel* : 2810 Cerrillos Rd. ☎ 471-7663. De 40 à 60 US$ la chambre à 1 lit, un peu plus pour une chambre à 2 lits. Notre préféré dans cette catégorie. Propose des chambres de style western, avec fauteuils en cuir et mobilier en bois patiné. Enfin un motel qui se moque des standards ! De plus, petit buffet à la réception le matin, et bon accueil.

🛏 *Thunderbird Inn :* 1821 Cerrillos Rd. ☎ 983-4397. Selon l'affluence, compter 40 à 55 US$ pour une chambre à 1 lit. Tenu par des Indiens d'Inde, un petit motel à l'architecture mexicaine, tout blanc et agréablement coloré par des portes bleu-vert. Chambres propres, excellent accueil. Également une petite piscine, au milieu de quelques arbres.

🛏 *Motel 6 :* 3007 Cerrillos Rd. ☎ 473-1380. Pour deux, compter environ 45 US$ en semaine et 55 US$ le week-end. On vous l'indique car c'est l'un des moins chers. Pour le reste, confort et déco très standard (*Motel 6,* quoi). Petite piscine.

De plus chic à très chic

🛏 *El Rey Inn :* 1862 Cerrillos Rd. ☎ 982-1931 ou 1-800-521-1349. ● www.elreyinnsantafe.com ● Toute une gamme de prix : chambres doubles et suites comprises entre 80 et 225 US$, sauna, bain à bulles, piscine, Internet et petit dej' inclus ! Un peu moins cher hors saison. Un motel assez exceptionnel. Environnement fleuri, chambres délicieusement décorées (style colonialo-mexicain), de confort et de taille très variable, d'où l'éventail de tarifs. Elles donnent, au choix, sur un patio, une allée romantique ou carrément sur la piscine. Un conseil : faites-vous indiquer sur le plan de l'hôtel les emplacements et les prix des chambres disponibles avant de vous décider (bonjour les emmerdeurs !). Seul problème : trop souvent complet. Penser à réserver par téléphone à l'avance.

🛏 *Camas de Santa Fe* (hors plan couleur par B2, 11) *:* 323 E Palace Ave. ☎ 984-1337 ou 1-800-632-2627. ● www.camasdesantafe. com ● Réception ouverte de 7 h à 20 h. Compter 80 à 175 US$ pour une chambre ou une suite à deux, selon la saison. *B & B* à la façon d'un hôtel ; pas moins de 15 chambres, aménagées avec soin dans un style qui allie avec bonheur authenticité et modernité. Mobilier patiné, beaux parquets, un peu d'adobe et charmantes salles de bains. Dotées de tout le confort, certaines chambres possèdent en plus une cheminée au gaz. Non-fumeurs exclusivement.

🛏 *Stage Coach Motor Inn :* 3360 Cerrillos Rd. ☎ 471-0707. Réception généralement fermée de 10 h à 12 h. Pour 80 à 100 US$, on dispose d'une ravissante chambre avec 1 ou 2 lits. Suites à 150 US$. Prix identiques toute l'année. C'est un adorable petit motel d'une quinzaine de chambres décorées avec goût et soin dans le style mexicain. Un univers de peintures sur bois... En plus, l'accueil est agréable. Une adresse de charme où l'on se sent bien.

🛏 *Garrett's Desert Inn* (plan couleur B2, 12) *:* 311 Old Santa Fe Trail. ☎ 982-1851 ou 1-800-888-2145. ● www.garrettsdesertinn.com ● De 110 US$ pour un *Queen bed* à 150 US$ pour une « mini-suite », en juillet et août. Les prix changent 6 fois par an mais ne descendent pas au-dessous de 80 US$. Vaste motel moderne situé dans le centre de Santa Fe. Les chambres sont confortables et bien réalisées, dans les tons bruns. Piscine. Tout de même cher pour un motel, d'autant que le parking est payant. Envisageable si vous êtes 4.

Très, très chic

🛏 *Hacienda Nicholas* (hors plan couleur par B2, 11) *:* 320 East Marcy St. ☎ 992-8385 ou 1-888-284-3170. ● www.haciendanicholas. com ● De 130 à 210 US$ pour deux en haute saison. À deux pas de *Camas de Santa Fe,* dans une petite rue perpendiculaire à Palace Ave. Si vous êtes prêt à entamer votre tire-lire, voici un véritable *B & B* de charme, niché dans une maison en adobe de 1920. Attention, la façade est discrète ! À l'intérieur, tout respire le bon goût et le souci du détail, du grand salon où l'on prend le petit dej' (en commun), aux chambres, ravissantes et très cosy, avec leur mobilier rustique et leur gros lit à baldaquin ou à armature métallique... Vin et fromage gracieusement offerts aux hôtes en fin d'après-midi, petits gâteaux le soir au coin du feu... pas de doute, c'est un séjour plein d'agréments qui vous attend ici !

🏠 *Hôtel Saint Francis* (plan couleur B2, 13) : 210 Don Gaspar Ave. ☎ 983-5700 ou 1-800-529-5700. ● www.hotelstfrancis.com ● En été, pas moins de 150 US$ pour une petite chambre et de 275 US$ pour une suite. En plein centre. L'un des hôtels de charme et de luxe de la ville. Les vestiges du XIXe siècle remis, avec brio, au goût du jour. 82 chambres plus ou moins spacieuses, mais toutes agréables et chaleureuses. Confort et bon goût assurés à tous les étages. Fait aussi resto (voir « Où manger ? »). Une adresse raffinée.

Où manger ? Où prendre le petit dej' ?

À l'instar de l'hébergement, les restos ne sont pas bon marché à Santa Fe.

Bon marché

|●| *The Shed* (plan couleur B1, 20) : 113 East Palace Ave. ☎ 982-9030. Ouvert de 11 h à 14 h 30 et de 17 h 30 à 21 h. Fermé le dimanche. Compter 7 à 9 US$ pour un plat à midi. Un peu plus cher le soir. En service depuis 1960. Et pourtant, le cadre est frais et pimpant, avec un plafond en rondins, des peintures indiennes aux murs, des plantes en l'air... le tout agrémenté d'une musique de guitare ! Au menu, des spécialités du sud-ouest, à base de piment surtout. Rien à redire, c'est tout simplement excellent. Très agréable terrasse aussi. Un sans faute sur toute la ligne, et on pèse nos mots !

|●| *Upper Crust Pizza* (plan couleur B2, 22) : 329 Old Santa Fe Trail. ☎ 982-0000. Tout près de la chapelle San Miguel. Ouvert tous les jours de 11 h à 22 h (23 h en été). Salades et sandwichs pour 6,50 US$ environ et pizzas correctes à partir de 11 US$. Surtout intéressant pour leur *lunch time special,* servi en semaine de 11 h à 13 h uniquement. C'est un peu l'esprit fast-food dans une vieille maison en adobe ; on commande avant de s'asseoir. En bord de route, la terrasse ombragée est agréable pour se poser un peu. Ambiance décontractée.

|●| *French Pastries* (plan couleur B2, 24) : 100 E San Francisco St. ☎ 983-6697. À 50 m de la *plaza.* Ouvert tous les jours de 6 h 30 à 17 h. Petite restauration le midi entre 4,50 et 7,50 US$. Salon de thé tenu par des Français avec une belle collection de cuivres sur une cheminée en brique. Petit dej' bien de chez nous avec croissants, pains aux raisins, pains au chocolat et vrai café. Délicieuses crêpes, sandwichs avec baguette authentique, onctueuses tartes salées. Une belle réussite à la française.

|●| *Tomasita's* (plan couleur A2, 25) : 500 S Guadalupe. ☎ 983-5721. À côté de la petite gare. Service du lundi au samedi de 11 h à 22 h. *Daily specials* à 10 US$. À la carte, compter environ 8 US$ pour un plat. Installé dans un ancien entrepôt de chemin de fer. Très bon accueil, atmosphère bruyante et bon enfant. Comme il y a toujours du monde, on vous fourgue un appareil dans les mains... qui vibre quand votre table est prête ! Cuisine mexicaine conforme au prix. On viendra surtout pour l'ambiance. Attention, le week-end, pas mal d'attente !

|●| *The Burrito Company Cafe* (plan couleur B1, 26) : 111 Washington Ave. ☎ 982-4453. En été, ouvert tous les jours de 7 h 30 à 20 h. Plats

de 5 à 9 US$. Ceux qui sont allergiques à l'ambiance fast-food passeront leur chemin car il s'agit bien de cela, mais aux couleurs mexicaines. Certes, on y mange aussi des *bur-gers,* mais surtout des *enchiladas, burritos, combo platos.* Et puis la terrasse est plutôt sympa. Une adresse qui cale bien pour pas cher.

Prix moyens

I●I *Cowgirl Hall of Fame (plan couleur A2, 23) :* 319 S Guadalupe St. ☎ 982-2565. Ouvert tous les jours jusqu'à 2 h (minuit le dimanche). Service jusqu'à minuit. À midi, *lunch specials* à partir de 7 US$. Le soir, les plats s'échelonnent de 6 à 19 US$. Un peu pour toutes les bourses. Voilà un endroit sympa, chaleureux, vivant qui rend hommage aux plus grandes cow-girls de l'Ouest américain ; une exposition de photos et d'affiches sur les murs leur est consacrée. Chapeau ! Un jardin ombragé à midi ou paré de guirlandes lumineuses le soir vous accueille. L'intérieur est réservé aux heures un peu plus tardives, pour siroter une bière en écoutant un bon concert (tous les soirs). La carte propose un mélange de bonne cuisine mexicaine, texane, mais aussi quelques spécialités comme le « Cowgirl sweet sixteen ». Évidemment, l'affluence est là et il n'est pas rare de devoir attendre près d'une demi-heure qu'une table se libère.

Mais ça vaut la peine !
I●I *Il Piatto (plan couleur B1, 28) :* 95 W Marcy Alley. ☎ 984-1091. Service jusqu'à 21 h. Fermé les samedi et dimanche midi. Plats de 8 à 10 US$ à midi et de 11 à 18 US$ le soir. Cadre propre avec des nappes et serviettes en tissu, une lumière tamisée. Sous des allures un peu chicos règne une certaine décontraction. Du style, de la classe et des préparations modernes de haute volée, inventives et goûteuses, avec des parfums bien marqués, esquivant soigneusement les écueils de la nouvelle cuisine chichiteuse. Parfois quelques petits ratés quand même, comme une légère tendance à écourter une cuisson. Mais bon. *Specials* les mardi, jeudi et samedi, qui sont les jours de marché. Sinon, il y a la belle sélection de pâtes, viandes et poissons à la carte, qui change régulièrement. Carte des vins (italiens) bien fournie aussi. Et accueil très sympathique de Matt, le patron et *chef.*

De chic à très chic

I●I *La Cantina (plan couleur B1, 21) :* 125 E Palace Ave. ☎ 988-9232. Ouvert tous les jours de 17 h 30 à 22 h. Plats de 12 à 26 US$. Accès par une cour verdoyante. Ici, on dîne en écoutant les grands classiques de Broadway, entonnés par les serveurs eux-mêmes ! Ambiance évidemment très sympathique, surtout lorsque les chanteurs, pris de fou rire, n'arrivent pas à finir leur chant... Service très gentil et bonne cuisine du South West. On recommande.
I●I *Café Pasqual's (plan couleur B2, 29) :* à l'angle de Don Gaspar et Water St. ☎ 983-9340. À deux pas de la *plaza.* Ouvert tous les jours matin, midi et soir. En été, service jusqu'à 22 h (22 h 30 les vendredi et samedi).

À midi, plats de 13 à 15 US$. Le soir, l'addition s'envole, avec des plats compris entre 20 et 30 US$. Dans un décor frais, très plaisant et coloré avec des guirlandes de piments rouges, on se bouscule pour goûter à la bonne cuisine mexicaine (dès le petit dej'). Excellents *chorizo burrito, polenta, huevos motulenos* (hmm !), crevettes thaïes, etc. Le soir, les plats sont plus travaillés avec une touche très personnelle. D'ailleurs, pour la plupart, les recettes sont consignées dans le livre de cuisine du *Café Pasqual's,* en vente à l'entrée... Belle carte des vins. Une adresse chaleureuse.
I●I *El Farol (hors plan couleur par B2, 27) :* 808 Canyon Rd. ☎ 983-

9912. Ouvert tous les jours. Service jusqu'à 22 h. Pour un plat, compter 8 à 16 US$ à midi et 20 à 30 US$ le soir. Chouette bar-resto distillant souvent un vieux blues tranquille. Une ambiance intello-branchée-contemporaine qui est un peu à l'image de Canyon Rd ; les différentes petites pièces aux murs blancs sont transformées en véritables salles d'expo de peinture ou de photos. Cuisine espagnole bien préparée (spécialité de paellas) et large sélection de *tapas* (dont le chef, ici encore, a publié les recettes dans un livre qu'on s'arrache dans les librairies !). Tous les soirs, à partir de 21 h, groupes de blues, jazz ou autre. Flamenco le mercredi. Mieux vaut réserver le soir. ❘●❘ Ne pas négliger non plus l'*hôtel*

Saint Francis (plan couleur B2, *13* ; voir « Où dormir ? »), qui sert tous les jours une excellente cuisine, de type moderno-américaine, mais diamétralement opposée à ce que cette appellation peut laisser présager. Plats de 18 à 34 US$. Ambiance intimiste dans une grande salle d'époque ou dans la petite cour, agrémentée d'un service diligent et discret à la fois. Pour un dîner en amoureux, à l'ombre de quelques arbres et au rythme du glouglou d'une gentille fontaine ou sur fond de musique classique.
– Pour les gourmets, une *épicerie* attenante à la *Santa Fe School of Cooking* vend les produits sélectionnés par les chefs (voir la rubrique « À faire », « Stages de cuisine », plus loin).

Où boire un café ou un verre ? Où écouter de la musique ?

❘ *Downtown Subscription* (hors plan couleur par B2, *31*) : 376 Garcia St. De la *plaza*, prendre Cathedral St, traverser le pont, prendre Canyon Rd puis la première à droite. Ouvert de 7 h à 18 h. À l'écart de la frime et de l'agitation, dans un quartier résidentiel paisible. C'est le coin des étudiants : librairie, galerie photo et café, le tout installé dans une maison de la Presse ! On consulte les journaux, on boit son café au soleil sur la grande terrasse entourée de quelques arbres. Bref, on est bien. Pas d'alcool, mais 12 sortes de cafés. Belles pâtisseries et quelques sandwichs également.
❘ ♪ *El Farol* (hors plan couleur par B2, *27*) : voir « Où manger ? ». C'est aussi un caf'-conc' sympa où l'on écoute de la musique plutôt douce. Tous les soirs à partir de 21 h, des groupes de blues, de jazz ou des artistes indépendants s'y produisent. Qu'on soit accoudé au bar, en terrasse, ou assis autour d'une table, l'ambiance est décontractée, souvent américano-hispanisante mais parfois un brin intello. Et ça dure jusqu'à 2 h.
❘ ♪ *Cowgirl Hall of Fame* (plan couleur A2, *23*) : voir « Où man-

ger ? ». De nombreux concerts aux alentours de 21 h dans un cadre chaleureux. Surtout blues, parfois country ou rock.
❘ ♪ *Evangelo's* (plan couleur A1, *32*) : à l'angle de Galisteo et San Francisco St. Ouvert jusqu'à 2 h (minuit le dimanche). Un genre de pub à l'esprit plutôt rock, comme les groupes ou la bande de copains qui y jouent ou donnent parfois l'impression de s'essayer. C'est cool... mais peut-être un peu moins pour les tympans !
❘ ♪ *Vanessie* (plan couleur A1, *33*) : 434 W San Francisco. Ouvert tous les soirs de 19 h 30 à 22 h 30. Pour changer d'ambiance, un pianobar installé dans une grande salle, qui ronronne doucement depuis 1982. On peut aussi y manger, mais c'est assez cher.
❘ *Ore House* (plan couleur B1, *30*) : sur la *plaza*, à l'angle de la rue San Francisco (côté ouest). Au 1er étage, élégante terrasse donnant sur la plus belle place de l'Ouest américain. Tables et chaises en fer forgé, décorées d'azulejos. Le comble du raffinement : par vent frais, des radiateurs extérieurs réchauffent l'air ! En dégustant une tequila ou

une *margarita* (la spécialité de la maison), on se croirait carrément à Oaxaca... Service prévenant. Le soir, l'ambiance n'est pas des plus folles. Y passer plutôt l'après-midi.

Ⴤ Enfin, on peut siroter un cocktail face au coucher du soleil sur la terrasse du luxueux *hôtel La Fonda* (*plan couleur B1* ; à l'angle de la *plaza* et de San Francisco, côté est), qui offre un beau panorama sur la ville.

À voir

La plupart des musées de Santa Fe sont ouverts de 10 h à 17 h et fermés le lundi toute l'année. Ils sont payants, mais il existe un *pass* de 4 jours (à 15 US$) qui donne accès aux 4 musées publics de la ville. On vous le conseille. Infos : ● www.museumofnewmexico.org ●

Ⴤ *La plaza (plan couleur B1, 40) :* centre touristique de Santa Fe. C'est la vieille place du marché, aménagée par les conquistadors espagnols. Monument élevé à la mémoire des soldats américains morts au cours des guerres indiennes, et que semblent ignorer les descendants des Hopis ou des Navajos. Noter cependant (remords tardifs) qu'un mot a été gratté sur le monument, sur le côté nord de l'obélisque. Devinez lequel ?

ႸႸ *Palace of the Governors (plan couleur B1, 41) :* sur la *plaza*. ☎ 476-5100. Entrée : 7 US$; réductions. Inclus dans le *pass*. Gratuit le vendredi de 17 h à 20 h. Ancienne demeure des gouverneurs, et tout particulièrement de Lewis Wallace qui, s'ennuyant ferme, écrivit *Ben Hur*. À l'origine, elle faisait partie d'un fort qui couvrait 5 blocs de l'actuel centre-ville. Aujourd'hui, elle abrite un musée sur le Nouveau-Mexique. On y trouve une collection d'objets de l'époque hispanique tels que meubles et armes, ainsi que des panneaux retraçant l'histoire de l'État (jetez un œil au tableau avec toutes les dates importantes et comparez-les aux dates historiques des USA et de l'Europe). La chapelle personnelle des gouverneurs, tout à fait exceptionnelle, a été préservée. Voir aussi l'expo des presses, la remarquable collection de statuettes précolombiennes et, surtout, la *Segesser Hide Painting*, peinture sur peau de bison représentant une bataille entre Espagnols, Indiens et Français. Enfin, ne pas rater, près de l'entrée, l'emblème du Nouveau-Mexique fait de clés, de crochets, de couteaux et de dos de cuiller. À l'extérieur, le long du bâtiment, de vraies Indiennes viennent vendre des poteries et des bijoux assez jolis. Plutôt chers cependant.

Ⴤ *Fine Arts Museum (plan couleur B1, 42) :* à côté du palais des Gouverneurs. ☎ 476-5059. Entrée : 7 US$; réductions. Inclus dans le *pass*. Gratuit le vendredi de 17 h à 20 h. Consacré à l'art du Nouveau-Mexique. Très belles et riches collections permanentes : sculptures, poteries, photos... Joli patio. Quelques toiles intéressantes : *Blue River, From the River, Light Blue, Spring Tree n° 1*, de Georgia O'Keeffe. Gravures de Will Shuster, paysages de Willard Nash et Randall Davey. Nouvelle aile pour les expos temporaires. Jeter également un coup d'œil à l'auditorium Saint-Francis, très beau.

Ⴤ *Chapel of San Miguel (plan couleur B2, 43) :* sur Old Santa Fe Trail. Ouvert du lundi au samedi de 9 h à 17 h et le dimanche de 13 h 30 à 16 h. Entrée modique. La plus vieille église des États-Unis, construite en 1610. Elle renferme aussi la plus vieille cloche du pays (que personne ne se sente visé). Joli intérieur, dans le plus pur style mexicain. On y donne encore la messe, le dimanche à 17 h.

Ⴤ Dans la ruelle sur le flanc gauche de l'église, *The Oldest House*, construite en torchis vers 1200 et transformée évidemment en magasin de souvenirs. Reste aussi deux petites pièces où il n'y a presque rien à voir, même si l'entrée est payante.

🧍 *Loretto Chapel* (plan couleur B2, 48) : 207 Old Santa Fe Trail. ☎ 982-0092. ● www.lorettochapel.com ● Ouvert de 9 h (10 h 30 le dimanche) à 17 h. Entrée : 2,50 US$. Chapelle gothique construite en 1873 sur le modèle de la Sainte-Chapelle à Paris. Il faut voir son escalier miraculeux autour duquel réalité et légende se confondent. C'est une véritable prouesse architecturale. Il est construit sans support central et avec de simples chevilles en bois à la place des clous. Il aurait été édifié par un charpentier de passage ayant une scie, une équerre et un marteau pour seuls outils. Certains pensent que ce charpentier, qui disparut à la fin des travaux, ne pouvait être que saint Joseph lui-même ! L'origine du bois reste également un mystère.

🧍 *Saint Francis Cathedral* (plan couleur B2, 44) : sur Cathedral Pl. Une enclave française dans cette Espagne du Nouveau Monde. Datant du XIXe siècle, elle fut construite grâce à un évêque auvergnat, Mgr Lamy, désireux d'élever une église romane qui concurrencerait la brique américaine. On peut voir la statue du saint homme sur le parvis.

🧍 *Institute of American Indian Arts* (plan couleur B1, 45) : 108 Cathedral Pl. ☎ 983-1666. Dans le centre-ville. Ouvert de 10 h (12 h le dimanche) à 17 h. Entrée : 4 US$; réductions. C'est une école d'art indien très renommée où les œuvres des élèves (anciens et actuels) sont exposées. Le musée fait constamment tourner ses collections, donc impossible de décrire ce que vous verrez, mais sachez qu'il s'agit principalement de peintures et de sculptures dignes d'intérêt et qui prouvent que l'art indien est bien vivant.

🧍🧍🧍 *Museum of International Folk Art* (hors plan couleur par B2, 46) : au *Museum Hill*, à environ 2 *miles* du centre. ☎ 476-1200. Redescendre l'Old Santa Fe Trail vers le sud, puis prendre le Camino Lejo (c'est bien fléché). Entrée : 7 US$; réductions. Inclus dans le *pass* des musées de la ville. À l'entrée de la salle (sur le mur de droite), prendre le guide en anglais de la collection Girard, qui donne tous les commentaires sur les vitrines. Indispensable. On pèse nos mots : l'un des plus beaux musées d'art traditionnel que l'on connaisse. À ne pas manquer.

Outre d'importantes expos temporaires, le musée abrite 2 sections permanentes : l'art hispanique et, surtout, la fabuleuse *collection Girard*. Cette dernière est présentée dans un cadre magnifique, une salle immense où sont exposés quelque 10 000 objets, tissus, jouets, etc., de plus de 100 pays. Riche collection de talismans, amulettes, ex-voto, etc. Ce fou d'ethnographie avait accumulé toute sa vie des milliers de poupées, jouets, santons, révélant les rituels de la vie et de la mort. Très belle collection de trains miniatures. Villes chinoises et mexicaines reconstituées, théâtres-maquettes, etc. Il légua sa collection (dont 90 % n'est pas visible !) au musée. Festival de grâce, de couleurs joyeuses, enchantement pour les yeux.

La section sur l'*art religieux hispanique,* quoique plus modeste, mérite aussi qu'on s'y attarde.

🧍🧍 *Museum of Indian Arts and Culture* (hors plan couleur par B2, 49) : à côté du *Museum of International Folk Art*. ☎ 476-1250. Entrée : 7 US$; réductions. C'est le 4e musée accessible avec le *pass*. Pour découvrir la culture et l'art des Indiens du Sud-Ouest des États-Unis. Très complet. La salle n° 1 (prenez le plan à l'entrée), conçue par des Indiens Pueblos et Navajos, présente une foule d'objets rassemblés autour de plusieurs thèmes : les cycles de la vie, le langage et les chants, les plantes, les animaux, le troc, l'architecture... Notez, par exemple, la comparaison entre l'habitation traditionnelle des Navajos et le type de maison où ils vivent aujourd'hui. Beaucoup de textiles aussi, de vannerie et, dans la salle n° 2, une superbe collection de céramiques des 19 communautés d'Indiens pueblo qui vivent sur le sol américain. Et ça continue dans les autres salles, avec notamment une section d'art contemporain et d'argenterie. Vaut le détour.

🥾🥾 **Wheelwright Museum of the American Indian** (hors plan couleur par B2, **50**) : à quelques centaines de mètres du Museum of Indian Arts and Culture. ☎ 982-4636 ou 1-800-607-4636. ● www.wheelwright.org ● Ouvert de 10 h (13 h le dimanche) à 17 h. Gratuit. Un musée privé, très intéressant complément pour ceux qui s'intéressent à la culture indienne. Belles sculptures à l'entrée. Le musée a la forme circulaire d'un hogan (habitation traditionnelle navajo). La porte s'ouvre à l'est, car les bonnes choses viennent toujours de ce point cardinal. Il est dédié à l'art indien sous toutes ses formes. Mais difficile de dire précisément ce que vous verrez puisqu'il fonctionne sur la base d'expositions thématiques et temporaires. En tout cas, c'est toujours intéressant. Les expositions rassemblent des œuvres contemporaines et pluriséculaires, comme pour mieux souligner l'intemporalité de la culture indienne. Sympathique case trading-post (la boutique du musée) au sous-sol.

🥾 **Museum of Spanish Colonial Art** (hors plan couleur par B2, **51**) : toujours à Museum Hill, un peu avant les 3 précédents. ☎ 982-2226. ● www.spanishcolonial.org ● Ouvert du mardi au samedi de 10 h à 17 h. Entrée : 6 US$. Le dernier-né des musées de Museum Hill. Collection d'art colonial espagnol dans un joli bâtiment restauré de style pueblo. Un peu cher tout de même pour ce qu'on y voit.

🥾 **Canyon Road** (hors plan couleur par B2, **47**) : ancienne route commerciale devenue aujourd'hui la pittoresque rue des artistes avec leurs ateliers de peinture. Des dizaines de galeries à visiter et de toiles à acheter – pour ceux qui ont encore quelques dizaines de milliers de dollars cachés dans leurs Pataugas.

🥾 **Georgia O'Keeffe Museum** (plan couleur A1, **52**) : 217 Johnson St. ☎ 946-1000. ● www.okeeffemuseum.org ● Ouvert de 10 h à 17 h. Entrée : 8 US$; réductions. Gratuit le vendredi de 17 h à 20 h. Un musée qui possède la collection de tableaux la plus importante au monde de la célèbre peintre (environ 130 pièces). Également des expositions temporaires consacrées à d'autres artistes.

À faire

■ **Santa Fe School of Cooking** (plan couleur B1) : 116 W San Francisco St. ☎ 983-4511. Pour les gourmets curieux, l'école de cuisine de Santa Fe propose des petits stages d'initiation à la cuisine régionale. Attention, c'est assez cher. Une épicerie attenante vend les produits sélectionnés par les chefs.
– **Sports et loisirs :** les environs de Santa Fe se prêtent à toutes sortes d'activités plus ou moins sportives : ski, randonnée, VTT, pêche, balades à cheval, rafting... Demandez le Recreation guide à l'office de tourisme pour la liste des agences proposant tours et matériel.

Fêtes et manifestations

– **Santa Fe Fiesta :** la 1re quinzaine de septembre pendant 8 jours (de liesse). Grande fête de la ville qui commémore la reconquête de Santa Fe par les Espagnols en 1692.
– **Indian Market :** en général vers la mi-août. Grande exposition d'artisanat indien (de plus de 100 tribus différentes) avec des bijoux, turquoises, poteries et autres objets. Assez cher toutefois.
– **Saison de l'opéra de Santa Fe :** en juillet et août. ☎ 986-5900 ou 1-800-280-4654. ● www.santafeopera.org ● Un opéra de plein air avec des chanteurs venus du monde entier. Pour y aller : c'est à 7 miles de la ville, au nord,

en empruntant la route de Taos. Panneau « Opera » sur la gauche. Représentation tous les soirs, à 20 h ou 21 h. Les opéras se jouent dans la langue originale. Ça vaut vraiment le coup mais attention, les places sont chères, au propre et au figuré ! Pour les fauchés, il y a des *standing rooms* à 10 US$ mais, là encore, mieux vaut les acheter le plus tôt possible car leur nombre est limité. Soirée extra en perspective.

➤ *DANS LES ENVIRONS DE SANTA FE*

➤ *Turquoise Trail :* c'est la route qui relie Santa Fe à Albuquerque, parallèle à l'I-25. Elle passe par l'ancien chemin des chercheurs de turquoise (zinc et plomb). Allez en direction de *Cerrillos.* Arrêtez-vous devant la *Casa Grande,* sorte de *trading store* construit par le propriétaire, mi-trappeur mi-hippy. Vous trouverez des turquoises pour pas cher et même un mini-zoo avec des gallinacés et des lamas. Poursuivez votre route jusqu'à l'ancienne petite ville minière de *Madrid* qu'il faut visiter pour ses artisans, artistes et hippies qui tentent de recréer une ambiance de bout du monde. Maisons en bois, colorées et fleuries. Folklore assuré. Poussez la visite jusqu'à l'ancienne mine de charbon avec bâtiments, machines d'époque et descente en wagonnet au fond de la mine. Et si vous avez un petit creux, arrêtez-vous à la *Mine Shaft Tavern,* l'un des plus anciens bars de la région où on mange pour 7 US$ des sandwichs, des *burgers* ou des plats mexicains. On peut ensuite s'arrêter à *Sandia Crest* d'où l'on domine toute la ville. Sandia Crest est la station de ski du coin.

ALBUQUERQUE 765 000 hab. (agglomération) IND. TÉL. : 505

Pour le plan d'Albuquerque, se reporter au cahier couleur.

La plus grande ville du Nouveau-Mexique, capitale des *hot air balloons.* Albuquerque (prononcer « Albou-kerki ») ne possède pas (loin s'en faut) le charme de Santa Fe. Entourée de désert, c'est avant tout une ville moderne (quoique tricentenaire) et universitaire, à la population assez jeune (moyenne d'âge des habitants : 35 ans). Dans l'ensemble pas déplaisante, cela dit, d'autant que le soleil y brille quelque 310 jours par an. Si vous y passez une journée, l'une ou l'autre attraction mérite une visite. Mais franchement, on n'y séjourne pas une semaine.

Arrivée à l'aéroport

✈ *Aéroport :* à 15 mn du centre-ville. ☎ 842-4379. On le surnomme *Albuquerque International Sunport.* 🛈 Il existe un *centre d'information touristique* dans le hall d'arrivée. Ouvert tous les jours de 9 h 30 à 20 h.

■ Toutes les *compagnies de location de voitures (Hertz, Avis, Budget, Alamo, National Car Rental...)* se trouvent à 5 mn de l'aéroport, au *Rental Car Center.* Une navette gratuite fait la liaison très fréquemment.

Comment rejoindre le centre-ville ?

➤ *En bus :* possible mais pas pratique car il faut changer.
➤ *En taxi :* la solution la plus simple. Compter environ 12 US$.

Orientation

La ville est divisée en 4 grands quartiers *North-West, North-East, South-West* et *South-East*. Simple. C'est *Central Avenue* (l'ancienne route 66) qui sépare le nord du sud et l'Interstate 25, l'est de l'ouest.

Adresses et infos utiles

Infos touristiques et services

🏠 *Old Town Visitor Center (plan couleur A2, 1) :* 303 Romero N-W. ☎ 1-800-284-2282. D'avril à octobre, ouvert tous les jours de 9 h à 17 h ; le reste de l'année, de 9 h 30 à 16 h 30.
🏠 *Downtown Information Center (plan couleur B2, 2) :* 401 2nd St. ☎ 1-800-284-2282. Pas toujours ouvert faute de bénévoles, mieux vaut donc s'adresser à celui de la vieille ville. Le parking situé en face offre toutefois jusqu'à 2 h de stationnement gratuit (se faire tamponner le ticket par l'*Information Center*).
✉ *Postes (plan couleur B2) :* Civic Plaza, presque en face du *Downtown Information Center.* Ouvert du lundi au vendredi de 9 h à 17 h. Un autre bureau à l'angle de 1135 Broadway N-E.

@ *Internet (plan couleur B2) :* à la bibliothèque, 501 Copper Ave N-W. ☎ 768-5141. Ouvert du lundi au samedi de 10 h à 18 h. Attention, il faut acheter une carte à 3 US$ (valable 1 an) pour pouvoir surfer.
– Sinon, il y a le *Central Connection,* un snack-resto sur Central Ave, entre 2nd et 3rd St *(plan B2),* où l'on peut consulter gratuitement ses mails si l'on consomme. Ouvert du lundi au samedi de 10 h à 22 h.
– *Radio KBZU et KIOT :* de bons vieux standards du rock, à écouter sur 96.3 et 102.5 FM en remontant la route 66 vers Gallup !

Argent, change

Pas vraiment de possibilité de change dans cette ville, à moins d'avoir un compte à la *Bank of America* ou à la *Wells Fargo.* L'unique solution est donc de retirer de l'argent aux distributeurs, qu'on trouve partout.

Transports

🚌 *Terminal des bus Greyhound (plan couleur B2) :* 300 2nd St S-W. ☎ 243-4435. Au sud de Central Ave. Quatre départs par jour pour *Santa Fe* et *Denver,* 3 pour *Gallup, Flagstaff, Phoenix* et *Los Angeles,* et 3 pour *El Paso.*

🚂 *Gare ferroviaire Amtrak (plan couleur B2-3) :* 214 1st St S-W. ☎ 1-800-USRAIL. En face du terminal *Greyhound.* Liaison une fois par jour pour l'Est (Dodge City, Kansas City, Chicago) et pour l'Ouest (Flagstaff et L.A.).

Location de véhicules

Les agences sont regroupées au *Rental Car Center,* près de l'aéroport.

■ *Alamo et National :* ☎ 724-4500 ou 1-800-462-5266.
■ *Avis :* ☎ 762-3147 ou 1-888-897-8448.

■ *Hertz :* ☎ 244-8300.
■ *Budget :* ☎ 247-2576 ou 1-800-527-7000.

Urgences

■ **Presbyterian Hospital** *(plan couleur C3, 3)* : 1100 Central Ave S-E. ☎ 841-1234.

■ **Police** *(plan couleur B2)* : 400 Roma Ave N-W. ☎ 242-2677.

Où dormir ?

Albuquerque, beaucoup moins touristique que Santa Fe, propose des hébergements financièrement abordables. Mais compter 15 % supplémentaires environ lors de l'*Albuquerque International Balloon Fiesta,* qui a lieu en octobre.

Camping

⚑ **Camping KOA Bernalillo :** à 15 *miles* au nord d'Albuquerque par l'I 25, sortie 240. Puis prendre Hill Rd. ☎ 867-5227 ou 1-800-562-3616. D'environ 20 US$ pour une tente à 30 US$ pour un camping-car. Propose également des chalets en bois (pouvant accueillir jusqu'à 4 person-nes) pour moins de 40 US$. Un peu loin de la ville, mais ce camping, agréable et ombragé, est le meilleur du coin. Boutique. Le matin, des *pan-cakes* faits maison sont offerts. Accueil fort sympathique. Réservation recommandée.

Très bon marché

🛏 **Hostel Route 66** *(plan couleur B2, 10)* : 1012 Central Ave S-W. ☎ 247-1813. Fax : 268-2825. ● ctaylor939@ aol.com ● À l'angle de 10th St. Accueil de 7 h 30 à 10 h 30 et de 16 h à 23 h. Pas de couvre-feu. Compter environ 15 US$ la nuit en dortoir et moins de 30 US$ la chambre double. AJ privée. Maison ancienne repeinte en crème et turquoise. Dortoirs de 6 à 9 lits ou 9 chambres privées de 1 à 3 lits, avec ou sans salle de bains. C'est assez sommaire, mais l'en-semble du lieu est convivial : chouette petit salon commun avec livres et jeux, cuisine équipée où l'on trouve des produits alimentaires de base... en échange, si vous le souhaitez, de menus services (ranger, balayer, ramasser les feuilles ou laver les vitres). De plus, ils font un dîner tous les soirs vers 18 h à l'intention des hôtes, pour lequel on donne ce qu'on veut... ou ce qu'on peut. Laverie juste à côté. Excellent accueil. Parking privé.

Bon marché

Nombreux *motels* à prix très raisonnables sur Central Ave (entre Carlisle Blvd et San Mateo Blvd). Franchement, il est difficile d'en indiquer un plus qu'un autre. Comme ils sont tous les uns à côté des autres, on vous conseille de comparer les prix qui sont affichés à l'extérieur et d'aller jeter un œil aux chambres avant de vous décider.

🛏 **Imperial Inn** *(plan couleur C2, 11)* : 701 Central Ave. ☎ 247-4081. De 35 à 38 US$ pour deux, taxe incluse. Mêmes tarifs toute l'année. Qualifier le lieu d'impérial serait exagéré. On va dire correct... pour le prix. Piscine de poche dans la cour.

🛏 **Stardust Inn** *(plan couleur C2, 12)* : 801 Central Ave. ☎ 243-2891. Compter 38 à 45 US$ pour 2, toute l'année. Petit déjeuner inclus. Chambres bien tenues, à défaut de déborder de charme. Celles du rez-de-chaussée ont été refaites à neuf. Bon accueil. Petite piscine sur le parking là aussi.

🏠 *Econolodge* (plan couleur C2, 13) : 817 Central Ave. ☎ 243-1321. Autour de 50 US$ pour deux, mais ne pas hésiter à négocier. Petit dé-jeuner compris. Un peu plus cher que les deux autres mais un cran au-des-sus. Chambres bien finies, confor-tables et, malgré la proximité de l'I-25, plutôt calmes. Piscine et accès gra-tuit à Internet.

Où manger ? Où prendre le petit dej' ?

Bon marché

🍴 *Kellys* (plan couleur D3, 21) : 3222 Central Ave. ☎ 262-2739. Se repère facilement grâce à ses deux anciennes pompes à essence. Ou-vert de 8 h à minuit. Sandwichs et *burgers* autour de 7,50 US$ ou plats autour de 10 US$. Ici, même si la cui-sine est bonne, ce n'est pas vraiment l'esprit restaurant qui domine. L'am-biance est sympa, que l'on mange dans l'ancien garage de 1939 ayant appartenu à la *Jones Motor Com-pany* ou en terrasse. Très prisé le soir par les étudiants qui viennent siroter, en prenant le frais, une des 20 bières brassées sur place et servies à la pompe. Belle sélection de sandwichs et *burgers* aussi, ou plats plus consistants comme le steak de bœuf ou de thon. Très correct dans un ca-dre fort sympathique.

🍴 *Church Street Café* (plan cou-leur A2) : 2111 Church St, derrière la plaza de la vieille ville. ☎ 247-8522. Ouvert de 8 h à 16 h (20 h les jeudi, vendredi et samedi). Plats de 6 à 12 US$. Petit restaurant bien sympa-thique, installé dans une maison aussi vieille qu'Albuquerque ! Inté-rieur agréable au dallage vernissé, murs blancs et plafond en bois. Ça a l'air bien charmant tout ça mais ne vous y fiez pas : on dit que la maison est hantée ! À la carte, succulentes salades, soupes, *burgers* mexicains, *tacos, burritos, rellenos...* Idéal pour le *lunch*, d'autant qu'on peut aussi s'installer dans le jardin à l'arrière, où coule une petite fontaine.

🍴 *Garcia's* (plan couleur A2, 27) : 1736 Central Ave S-W. ☎ 842-0273. À deux pas de la vieille ville et de l'AJ. Ouvert de 6 h 30 à 22 h. Plats autour de 7 US$. Également des *specials* à 6 US$ le midi en semaine. Sorte de *diner* mexicain où règne une bonne atmosphère. Déco simple et colorée, service souriant et cuisine « néo-mexicaine » de bon aloi (*blue corn enchiladas, combination plate*). On peut même prendre son petit dej' à l'heure qu'on veut. Très populaire.

🍴 *Flying Star Café* (plan couleur D3, 23) : 3416 Central Ave S-E. ☎ 255-6633. Ouvert tous les jours de 6 h à 23 h 30 (minuit le week-end). Une chouette adresse spéciale petit dej' pour environ 5 US$. Plein de très bonnes pâtisseries et de monstrueux croissants... qu'on déguste dans un cadre aux couleurs vives avec une foule de revues classées par thèmes sur des étagères. On peut aussi y gri-gnoter un sandwich ou une salade en journée. Très sympa.

Prix moyens

🍴 *Sadie's* (hors plan couleur par B1, 24) : 6230 4th St N-W. ☎ 345-5339. À quelques *miles* au nord du centre, derrière une station-service Conoco. Ouvert de 11 h à 22 h (21 h le dimanche). *Lunch spe-cials* pour environ 6 US$, du lundi au vendredi. Sinon, toute une gamme de plats de 7 à 15 US$. Dans un bâ-timent à l'architecture traditionnelle, plusieurs grandes salles animées et bruyantes. On préfère un peu la cour extérieure, plus calme. Ici, vous êtes au royaume de la cuisine mexi-caine... certes bonne, mais parfois très épicée. On y retrouve tous les classiques, *burritos, enchiladas...* Bénéficie d'une excellente réputation. Les articles de journaux, à l'entrée, se chargent d'ailleurs de vous le rappeler !

|●| *La Crêpe Michel* (plan couleur A2) : 400 San Felipe St. ☎ 242-1251. Au cœur de la vieille ville, dans une petite allée qui part de San Felipe. Ouvert de 11 h 30 à 14 h du mardi au dimanche et de 18 h à 21 h du jeudi au samedi. Fermé le lundi. Plats de 7 à 13 US$. Tenu par une Française, qui s'affaire aux fourneaux. Vous l'avez deviné, ici, on mange des crêpes. À la volaille, aux épinards, aux fruits de mer, à la ratatouille... C'est bon et puis, dans ce pays, ça change un peu ! Quelques plats en plus le soir, comme le saumon au champagne et le filet de bœuf. Réservation conseillée en fin de semaine.

|●| *Bennigan's* (hors plan couleur par D1, 25) : 2105 Louisiana Blvd N-E. ☎ 883-1665. Ouvert de 11 h à 2 h (minuit le dimanche). Salades, sandwichs et *burgers* pour 7-8 US$, plats plus élaborés entre 9 et 18 US$. Appartient à une chaîne connue mais rassurez-vous, on y mange bien. Décor assez typique, avec du bois et de la moquette. Pas mal de passage, ce qui est toujours bon pour l'ambiance. La carte propose une cuisine du Nouveau-Mexique mais aussi des plats genre *chicken stir-fry, cajun seafood platter, ribs, steaks, fish & chips,* etc. Viandes délicieuses (qu'on peut avoir « bleues » !). Un excellent rapport qualité-prix.

Chic

|●| *Cooperage* (hors plan couleur par D1, 26) : 7220 Lomas Blvd N-E, près de l'angle de Louisiane. ☎ 255-1657. Ouvert de 11 à 14 h 30 et de 17 h à 22 h (23 h les vendredi et samedi) ; le dimanche, de 12 h à 21 h. À midi, formule soupe et *salad bar* à 7 US$ ou plats à 7-8 US$. En revanche, pour un bon repas le soir, l'addition sera beaucoup plus costaude, avec des plats de 12 à 25 US$ et le verre de vin à partir de 5 US$. C'est un grand restaurant qui a la forme d'un tonneau (normal, il célèbre le travail des charrons). Décor intérieur original, service parfait. Beau buffet à midi. Carte variée qui propose même des fruits de mer. Musique *live* le jeudi et, parfois, les vendredi et samedi soir. Sa réputation n'est plus à faire.

Où boire un verre ? Où écouter de la musique ?

Loin de nous l'idée de vous faire croire que les nuits d'Albuquerque sont torrides, mais si vous êtes là un soir, voilà une petite sélection :

🍸🎵 *The Library* (plan couleur B2, 30) : Central Ave, entre 3rd et 4th St. Ouvert de 11 h à 2 h (minuit le dimanche). Grand café-resto aux murs couverts d'étagères pleines de livres... consultables. De là à dire que c'est l'endroit où bouquiner, il y a un pas que nous ne franchirons pas car... vous verrez si vous y allez ! Ambiance bon enfant l'après-midi (*happy hours* entre 16 h et 17 h) mais plus *select* le soir, lorsque le lieu se transforme en boîte.

🍸🎵 Dans un genre différent, on peut faire un tour au *Tiki Lounge* (313 Gold Ave ; plan couleur B2, 31), un bar à concerts ouvert tous les soirs dès 20 h.

🍸 Pour un simple verre en terrasse et profiter de la fraîcheur d'un soir d'été, on ira plutôt au *Kellys* (plan D3, 21) ; voir « Où manger ? ».

🍸 Et puis, pour un verre de vin dans une atmosphère un peu *underground,* on vous conseille le *Zinc* (plan couleur D3, 32), 3009 Central Ave, à 200 m du *Kelly*. Concerts de jazz et de blues les jeudi et samedi à partir de 21 h 30.

À voir

🏃🏃 *Indian Pueblo Cultural Center* *(plan couleur B1, 41)* : 2401 12th St N-W (un bloc au nord de l'I-40). ☎ 843-7270 ou 1-800-766-4405. ● www.indian pueblo.com ● Ouvert tous les jours de 9 h à 17 h. Entrée : 6 US$; réductions. Un grand centre culturel à l'architecture indienne, géré par les tribus de la région. Il comprend des boutiques mais surtout, au sous-sol, un excellent musée. Belles fresques dans la cour intérieure. Tout sur l'histoire et la culture des Indiens Pueblos. Poteries, vêtements, photos, documents, maquettes de *pueblos,* petite chapelle reconstituée. Vitrine pour chaque *pueblo* avec sa production locale (on apprécie ainsi la diversité de ce groupe ethnique). Également des expos temporaires dans la galerie d'art. Possibilité de se restaurer à la cafétéria, tous les jours de 8 h à 15 h. Danses le week-end à 11 h et 14 h.

🏃 *Old Town* *(plan couleur A2)* : vieux quartier espagnol restauré et évidemment assez touristique. Pour s'y rendre, suivre Central Ave vers l'ouest depuis le centre-ville. Le quartier s'étend autour de San Felipe, Romeo et Church St, qui se serrent tout contre la très agréable *plaza* où trône l'église San Felipe de Neri (édifiée en 1706, c'est la plus ancienne d'Albuquerque). Ensemble absolument ravissant : adobe ocre, patios fleuris, gazouillis, petites allées serpentines. Nombreuses boutiques et galeries d'art. Y aller dans la journée car le soir tout est fermé. Petite balade agréable dans ce quartier « à la mexicaine » comme savent parfaitement les faire les Américains après avoir tout transformé à leur sauce.

🏃 Et puisque vous êtes là, pourquoi ne pas aller jeter un œil au petit *Rattlesnake Museum* *(plan couleur A2, 43)* : 202 San Felipe N-W. ☎ 242-6569. Ouvert tous les jours de 10 h à 18 h (de 13 h à 17 h le dimanche). Entrée : 3,50 US$; réductions. Impressionnante collection de serpents à sonnette vivants, sonnants et trébuchants (pas moins de 30 espèces différentes). Quelques mygales et amphibiens viennent agréablement compléter l'ensemble.

🏃 *The Albuquerque Museum of Art and History* *(plan couleur A2, 44)* : 2000 Mountain Rd. ☎ 242-4600. ● www.cabq.gov/museum ● En bordure de la vieille ville. Ouvert du mardi au dimanche de 9 h à 17 h. Entrée : 4 US$; réductions. Collections sur l'histoire de la ville, cartes anciennes du Nouveau Continent, armes et armures de conquistadors, épées... bref, toute l'attirail du XVIIe siècle. Documents sur le duc d'Alburquerque. Le parcours continue avec des objets du XIXe siècle, la reconstitution d'un intérieur des années 1800 et même une superbe Ford modèle T de sport ! Également un film sur l'évolution d'Albuquerque et une petite section sur les Indiens. Enfin, collection de peintures anciennes et contemporaines sur la ville. Instructif, d'autant que le musée accueille aussi des expos temporaires d'envergure sur l'art des grandes civilisations.

🏃🏃 *New Mexico Museum of Natural History and Science* *(plan couleur A2, 45)* : 1801 Mountain Rd. ☎ 841-2800. ● www.museums.state.nm.us/ nmmnh ● En bordure de la vieille ville. Ouvert tous les jours de 9 h à 17 h. Entrée : 6 US$; réductions. Beau musée d'histoire naturelle proposant un voyage dans le temps depuis le big-bang jusqu'à l'ère glaciaire. Ça démarre au 1er étage, où l'on peut voir l'étonnante reconstitution d'un tyrannosaure aux prises avec un diplodocus. Vient ensuite la salle du crétacé, avec effets sonores et mini-jungle, puis des galeries remplies de minéraux, des fausses grottes, etc. Amusant aussi, la simulation sur écran du cataclysme qui provoqua l'extinction des dinosaures. Pour finir, petit *Naturalist Center* où l'on peut observer des insectes au microscope et s'amuser à reconnaître des empreintes d'animaux dans le sable...

ALBUQUERQUE ET GALLUP

🍴 **The National Atomic Museum** (plan couleur A2, 42) : 1905 Mountain Rd. ☎ 245-2137. ● www.atomicmuseum.com ● À coté du musée d'Histoire naturelle. Ouvert tous les jours de 9 h à 17 h. Entrée : 5 US$; réductions. Pour ceux que le sujet intéresse, expo bien faite sur les principes, le développement et les applications de la physique nucléaire. Sans oublier Marie Curie, le musée fait la part belle au projet Manhattan qui fut conduit à Los Alamos près de Santa Fe. On peut ainsi admirer la gangue, grandeur nature, des bombes atomiques (*Little Boy* et *Fat Man*) qui furent larguées sur Hiroshima et Nagasaki, ainsi que d'autres bombes nucléaires, comme celles qui sont tombées par accident dans le sud de l'Espagne en 1966 et qu'on a pu récupérer parce qu'elles n'avaient pas explosé !

🍴 **National Hispanic Cultural Center** (plan couleur B3, 46) : 1701 4ᵗʰ St S-W. ☎ 246-2261. ● www.nhccnm.org ● Au sud de Downtown. Ouvert du mardi au dimanche de 10 h à 17 h. Entrée : 3 US$; réductions. Un vaste centre consacré à la culture hispanique contemporaine des États-Unis. Il comprend un centre de recherche, une grande salle de spectacles et un musée avec des expositions temporaires et une collection permanente. On peut y voir des œuvres de Gronk, Alfredo Ceibal ou Ruben Trejo, pour ne citer qu'eux. Le projet n'est pas tout à fait achevé. À terme, il accueillera même une cuisine ! Possibilité de se restaurer jusqu'à 15 h.

🍴🍴 **Sandia Peak Aerial Tramway** : 10 Tramway Loop N-E. ☎ 856-7325. Au nord-est de la ville. Pour y aller, sortie 234 sur l'I-25, puis faire 6 *miles* vers l'est sur Tramway Rd. Autre possibilité : la sortie 167 de l'I-40, puis 9 *miles* vers le nord sur Tramway Blvd. Ouvert tous les jours de 9 h à 21 h de juin à début septembre ; hors saison, ouvert de 9 h (17 h le mardi) à 20 h. C'est, paraît-il, le plus long téléphérique du monde (un peu plus de 4 km) ! Il vous hissera tout en haut de *Sandia Peak* (environ 3 000 m d'altitude), d'où l'on peut, par beau temps, balayer du regard 28 000 km^2 de territoire du Nouveau-Mexique... Coût : 15 US$ par personne. *Visitor Center* (ouvert uniquement en saison) et resto au sommet.

🍴 **L'université** (plan couleur C2, 47) : à l'angle de University et Central Ave. Éminemment vivante. Pour les passionnés, abrite un petit *Fine Arts Museum*. À l'intérieur de Popejoy Hall. ☎ 277-4001. Fermé le dimanche matin, samedi et lundi. Intéressantes peintures principalement américaines : *Taos Plaza* de Ward Lockwood, *Indians Hunting* de George L. K. Morris, *Le Vase* de Fernand Léger, *Grey Hills Forms* et *White Flowers* de Georgia O'Keeffe.

Festival

– **Albuquerque International Balloon Fiesta** : durant la 1ʳᵉ quinzaine d'octobre. C'est la grande fête d'Albuquerque. Pendant 9 jours, près de 800 montgolfières colorent le ciel de la ville. C'est alors l'occasion d'y grimper. Plutôt impressionnant ! Il faut savoir aussi que c'est le plus grand rassemblement de montgolfières au monde. Pour en savoir plus : ● www.balloonfiesta.com ●

➤ DANS LES ENVIRONS D'ALBUQUERQUE

TRUTH OR CONSEQUENCES

– *Informations* : ☎ 1-800-831-9487. Pour y aller, prendre l'I-25. À un peu moins de 145 *miles* au sud d'Albuquerque en direction d'El Paso.

Anciennement « Hot Springs » (il y a de nombreuses sources d'eau chaude dans cette région), cette ville a pris ce nom surprenant en 1950, d'après un célèbre show télévisé de Ralph Edwards. L'animateur proposa un jour un jeu (idiot) où le premier patelin qui accepterait de changer son nom pour prendre le nom de l'émission verrait celle-ci tournée dans ce village. Ce qui fut fait et Hot Springs devint Truth or Consequences. En plein désert, on tombe sur un endroit étonnant. Vous pourrez vous baigner dans un lac, visiter les nombreuses villes fantômes dans les environs, et même pousser jusqu'au magnifique site de Gila Cliff Dwellings.

Où dormir ?

🛏 *Riverbend Hot Springs A.V.H. Hostel :* 100 Austin, Truth or Consequences, New Mexico, 87901. ☎ 894-6183. ● www.nmhotsprings. com ● Desservi par les bus *Greyhound.* Ouvert de 8 h à 11 h et de 17 h à 22 h. Compter dans les 15 US$ par personne. Une vraie pe-

tite auberge de jeunesse officielle. Accueil sympa et décontracté. On peut dormir soit sous un tipi, soit dans un *trailer* (caravane), soit en chambre privée, soit sur une barge sur la rivière. Chouettes bains d'eau chaude à prendre dans de petits bassins.

D'ALBUQUERQUE À GALLUP

Les deux villes sont distantes de 138 *miles* et reliées par l'I-40. Mais on vous propose un petit itinéraire bien agréable qui permet de faire une incursion dans de très beaux paysages.

PUEBLO OF ACOMA (SKY CITY)

À une soixantaine de *miles* d'Albuquerque. Vers l'ouest, sur la route de Gallup, sortie 102. Suivre Acoma Sky City, itinéraire fléché. C'est à une dizaine de *miles*.
– *Renseignements :* ☎ 1-800-747-0181 ou ● www.skycity.com ● D'avril à novembre, ouvert tous les jours, sauf pendant les fêtes religieuses, de 8 h à 16 h 30 (départ du dernier tour) ; le reste de l'année, de 8 h à 15 h. Droit d'entrée : 10 US$ par personne, plus une taxe photo (re-10 US$), ça commence à faire cher ! Autrefois inaccessible, le village ne peut être visité que si l'on est accompagné d'un guide indien. Un minibus vient chercher les touristes au pied de la *mesa.*
Village indien donc, posé au sommet d'un plateau *(Enchanted Mesa).* C'est le plus ancien village encore habité du pays. Le plus ancien, pas forcément le plus spectaculaire ! Les demeures et les installations peuvent paraître modestes.

EL MALPAIS NATIONAL MONUMENT

À 75 *miles* environ d'Albuquerque. Prononcer « el-malpaïs ». Accès gratuit. C'est un paysage surprenant où le vert de la végétation contraste fortement avec le gris cendré des roches, un paysage qui conserve les traces indélébiles d'une ancienne activité volcanique intense. Parcouru par plusieurs sentiers (se munir de chaussures fermées), El Malpais National Monument offre de belles balades parmi d'anciens cratères qui localement se succèdent pour former une chaîne. On y observe également des cônes de scories, d'impressionnantes coulées de lave basaltique et même des grottes ressemblant à de véritables tubes et dont certaines contiennent de la glace toute l'année. Pas moins de 17 *miles* de réseau souterrain sont ainsi recensés. Des explorations sont organisées en été pour les découvrir. Superbes points de vue également. Cette terre a été longtemps habitée par les Indiens anasazis avant qu'ils ne s'installent à Acoma vers le milieu du XIVᵉ siècle. Aujourd'hui, leurs descendants perpétuent les traditions en venant y cueillir des plantes médicinales.

🛈 *Northwest New Mexico Visitor Center :* ☎ 876-2783. ● www.nps. gov/elma ● Depuis l'I-40, prendre la sortie 85. Ouvert tous les jours, de 9 h à 18 h en été et de 8 h à 17 h en hiver. Infos et cartes sur toute la région.

🛈 Un *autre centre d'information* (plus spécifiquement sur le parc El Malpais) en bordure de la route 53 (sortie 81), à 28 *miles* du précédent. ☎ 783-4774. Ouvert tous les jours de 8 h 30 à 16 h 30. Dispose également des cartes indispensables.

EL MORRO NATIONAL MONUMENT

À une petite vingtaine de *miles* d'El Malpais National Monument, en continuant sur la route 53 vers l'ouest. Et à 56 *miles* de Gallup. Entrée : 3 US$. *National Parks Pass* accepté. Visite autoguidée (au moyen d'un petit livret vendu au *Visitor Center*) d'environ 2 h.

Une paroi verticale qui dresse ses 60 m face à la plaine. Rien de très exceptionnel à première vue, et pourtant ce site conserve de manière émouvante la mémoire de plus de 800 ans d'histoire. On y voit les ruines de deux villages anazasis datant de la fin du XIIIᵉ siècle, au sommet de la *mesa,* que l'on atteint par un sentier de 2 *miles.* Au pied de la paroi, chaque génération d'occupants ou de simples voyageurs (Indiens, conquistadors espagnols et plus tard Américains) ont gravé la roche de pétroglyphes et d'inscriptions. On remarquera, entre autres, la signature datant du 16 avril 1605 de Don Juan de Onate, premier gouverneur du Nouveau-Mexique. Petit *musée* consacré à l'histoire du Nouveau-Mexique également.

🛈 *Visitor Center :* ☎ 783-4226. ● www.nps.gov/elmo ● Ouvert tous les jours, de 9 h à 18 h en été et de 8 h à 16 h 30 en hiver.

Où dormir ? Où manger ?

⚐ I●I *El Morro RV Park-El Morro Café :* à environ 1 *mile* à l'est d'El Morro National Monument, sur la route 53. ☎ 783-2874. ● www.elmorro-nm.com ● Ouvert toute l'année. Près de 10 US$ pour une tente et 20 US$ pour un camping-car. Quelques petits bungalows en bois, avec salle de bains, de 60 à 75 US$. Un site agréable et ombragé avec sanitaires et douches. Resto ouvert de 9 h (11 h en hiver) à 20 h. *Burgers,* sandwichs, salades, *burritos* et *tortillas* autour de 6 US$. Viandes grillées entre 7 et 10 US$. C'est surtout pratique lorsqu'on est dans le coin et qu'on n'a pas prévu de pique-nique.

⚐ À moins d'un *mile* du *Visitor Center,* un autre *camping* (tout petit) propose une dizaine d'emplacements pour 5 US$. Le site est idéal et très sauvage. Pas de douche ni d'électricité. Souvent plein.

GALLUP

20 000 hab.   IND. TÉL. : 505

À la frontière du territoire navajo, en bordure de la highway entre Albuquerque et Flagstaff. Ville sans charme, mais c'est ici que vous saisirez le mieux la réalité des Indiens d'aujourd'hui. On y trouve des dizaines de motels... au cas où vous devriez passer la nuit ici, ce qu'on vous déconseille plutôt car le coin est un peu *bluesy.*

En revanche, les amateurs de bijoux indiens y feront halte, car c'est le grand centre de fabrication et d'écoulement d'une bonne partie de l'artisanat navajo, zuni et hopi. Non seulement le choix est plus large qu'ailleurs mais les prix proposés sont plus bas car les articles qu'on trouve dans les boutiques viennent directement des Indiens. On ne s'en aperçoit malheureusement pas toujours immédiatement, et c'est après avoir quitté Gallup que l'on se rend compte qu'on a loupé de bonnes affaires. À vous d'ouvrir l'œil donc, et de comparer les prix entre les boutiques de la ville et celles d'ailleurs.

Outre son artisanat, Gallup est également célèbre pour ses rodéos (d'avril à octobre surtout). Ne pas manquer non plus, en août, l'*Inter Tribal Indian Ceremonial.*

Adresse utile

🔲 *Gallup Visitors Center :* 201 E Rd 66. ☎ 863-3841 ou 1-800-242-4282. ● www.gallupnm.org ● Ouvert du lundi au samedi de 8 h à 20 h 30 en été, et du lundi au vendredi de 8 h à 17 h en hiver. Infos sur la région. Sympathique *coffee-shop.*

Où dormir ?

Dans le centre

🛏 *El Rancho Hotel & Motel :* 1000 E 66 Ave. ☎ 863-9311 ou 1-800-543-6351. Pour deux, compter 45 à 55 US\$ au motel et 68 à 80 US\$ à l'hôtel. Prix intéressants à 3 ou 4. Un établissement fondé en 1937 par le frère du grand cinéaste D. W. Griffith, afin d'héberger les acteurs de tous les westerns qu'on tournait dans le coin. Le hall d'entrée est assez spectaculaire, avec son balcon, ses boiseries, sa belle cheminée, ses fauteuils garnis de roues de chariot, son vieux piano et toutes ses curiosités. En revanche, les chambres, dotées de toute petite salle de bains, sont un peu vieillottes. Préférer celles du motel, dans le bâtiment d'à côté, qui offrent un rapport qualité-prix un peu meilleur. Restaurant attenant aussi (prix moyens), proposant tout plein de plats nommés d'après les nombreuses stars qui ont fréquenté l'endroit (Ronald Reagan, Burt Lancaster, Katharine Hepburn, Robert Taylor, etc.) ! Service jusqu'à 22 h.

Sur la route 66

Camping

⚕ *Camping KOA :* 2925 W Rd 66. ☎ 863-5021. Sur la route 66, à côté de l'*Holiday Inn.* Par l'I-40, sortie n° 16. Autour de 25 US\$ pour deux (tente ou camping-car). Chalet pour environ 35 US\$. Bien équipé, mais cadre pas vraiment champêtre et pas d'ombre.

De bon marché à prix moyens

On trouve de nombreux *motels* sur la route 66, à la sortie ouest de la ville, entre les n°s 1000 et 3000 (sortie n° 16 sur l'I-40). Ils se valent à peu près tous et proposent des tarifs de bon marché à prix moyens. Les chambres sont propres et bien équipées.

🛏 *Motel 6 :* 3306 W Rd 66. ☎ 863-4492. De 35 à 45 US$ pour 2, selon la saison. Rien à redire pour le prix.

🛏 *Econo Lodge :* 3101 W Rd 66. ☎ 722-3800. Entre 40 et 50 US$ pour 2, avec un *King* ou deux *Queen*. Chambres impeccables. De plus, petit déjeuner et Internet gratuit.

🛏 *Red Roof Inns :* 3304 W Rd 66. ☎ 722-7765 ou 1-800-RED-ROOF.

Compter 50 US$ pour deux, petit dej' inclus. Ensemble neuf et très bien tenu. Accès Internet. Une bonne affaire là encore.

🛏 *Days Inn :* 3201 W Rd 66. ☎ 863-6889 ou 1-800-DAYS-INN. Près de 60 US$ la double en haute saison, petit dej' inclus. Bonnes chambres à la déco standard.

Où dormir dans les environs ?

🛏 *Navajo Nation Inn :* 48 Hwy 264, Window Rock. ☎ 871-4108 ou 1-800-662-6189. Sur la droite de la route quand on vient de l'est, à quelques dizaines de *miles* au nord-ouest de Gallup. Un peu moins de 70 US$

la double, petit dej' à 2 US$. L'un des rares motels de la réserve, situé dans la capitale navajo. Tenu, bien sûr, par des Navajos. Chambres confortables mais banales.

Où manger ? Où prendre le petit déjeuner ?

🍴 *Oasis Mediterranean Restaurant :* 100 E Rd 66. ☎ 722-9572. Ouvert de 9 h 30 à 21 h. Fermé le dimanche. Buffet à 7,50 US$ le midi et à 11 US$ le soir. À la carte, sandwichs et salades autour de 5-6 US$ et plats autour de 10 US$. Étonnant de trouver un resto arabe au cœur de l'Ouest américain ! Enfin, ça l'est déjà moins quand on sait que pas mal de négoces du coin sont tenus par des Libanais et des Palestiniens... Mais qu'importe, pour vous, ce sera l'occasion d'avaler autre chose que des *burgers* et des *enchiladas* ! Cadre quelconque mais

bonne cuisine arabe, où l'on retrouve les traditionnels *shish kebab, shish taouk,* tabouté, *falafel, hommous,* etc.

🍴 *El Rancho Hotel & Motel :* voir la rubrique « Où dormir ? En ville ». Cuisine américaine classique.

🍴 *Coffee House :* 203 W Coal Ave. Dans le centre, tout près de la route 66. Ouvert tous les jours de 7 h à 21 h 30. Pour ceux qui veulent un vrai café, plutôt que la lavasse des motels ! Atmosphère sympa dans une grande salle avec de vieux canapés. Idéal pour sympathiser avec les locaux. On peut aussi y manger.

À voir

🍴 *Gallup Historical Museum :* 301 W Rd 66. ☎ 863-1363. Dans le centre. Horaires capricieux ou changeants. Mieux vaut téléphoner. Gratuit. Plein d'objets de 1881 à nos jours, tous provenant de dons de citoyens de la ville. Nombre d'entre eux rappellent qu'il y avait 54 mines de charbon autour de la ville au XIXe siècle. Une sorte de poème à la Prévert plutôt rigolo, qui raconte un peu la vie de tous les jours.

Achats

🛍 Dans le centre de la ville, sur la route 66, autour des 3rd, 2nd et 1st St,

ainsi que dans la rue parallèle à la 66 (toujours au niveau du centre), il y a des nombreuses *Indian jewelries* et *pawn shops,* où les Indiens viennent déposer leurs bijoux en gages. On trouve également des tapis, des poteries, des paniers et les fameux *dream catchers* (qui chassent les mauvais rêves). Sinon, on peut acheter directement aux Indiens en allant au *flea market* (sur 11th St, le samedi) ou au *Native Crafter Jewelry,* en face de la Chambre de Commerce. Là au moins, vous êtes sûr de ne trouver que de la marchandise authentique (pour s'en assurer, chercher la signature de l'artiste et le cachet *Sterling Silver*). Enfin, il y a encore la boutique *Richardson's Trading,* établie depuis longtemps, entre 2nd et 3rd St, sur la route 66. Quoi qu'il en soit, tâchez de comparer les tarifs à plusieurs endroits avant de vous décider. Vous pouvez aussi essayer de marchander.

routard
ASSISTANCE
L'ASSURANCE VOYAGE
INTEGRALE A L'ETRANGER

VOTRE ASSISTANCE « MONDE ENTIER » LA PLUS ETENDUE

RAPATRIEMENT MEDICAL **ILLIMITÉ**
(au besoin par avion sanitaire)
VOS DEPENSES : MEDECINE, CHIRURGIE, (env. 1.960.000 FF) **300.000 €**
HOPITAL, GARANTIES A 100% SANS FRANCHISE
HOSPITALISE : RIEN A PAYER ! ... (ou entièrement remboursé)
BILLET GRATUIT DE RETOUR DANS VOTRE PAYS : **BILLET GRATUIT**
En cas de décès (ou état de santé alarmant) **(de retour)**
d'un proche parent, père, mère, conjoint, enfant(s)
*BILLET DE VISITE POUR UNE PERSONNE DE VOTRE CHOIX **BILLET GRATUIT**
si vous être hospitalisé plus de 5 jours **(aller - retour)**
Rapatriement du corps – Frais réels **Sans limitation**

RESPONSABILITE CIVILE «VIE PRIVEE» A L'ETRANGER

Dommages CORPORELS (garantie à 100%) ....(env. 4.900.000 FF) **750.000 €**
Dommages MATERIELS (garantie à 100%) ....(env. 2.900.000 FF) **450.000 €**
(dommages causés aux tiers) (AUCUNE FRANCHISE)
EXCLUSION RESPONSABILITE CIVILE AUTO : ne sont pas assurés les dommages
causés ou subis par votre véhicule à moteur : ils doivent être couverts par un contrat
spécial : ASSURANCE AUTO OU MOTO.
ASSISTANCE JURIDIQUE (Accident) ....(env. 1.960.000 FF) **300.000 €**
CAUTION PENALE .... (env. 49.000 FF) **7500 €**
AVANCE DE FONDS en cas de perte ou de vol d'argent ..(env. 4.900 FF) **750 €**

VOTRE ASSURANCE PERSONNELLE «ACCIDENTS» A L'ETRANGER

Infirmité totale et définitive (env. 490.000 FF) **75.000 €**
Infirmité partielle – (SANS FRANCHISE) **de 150 € à 74.000 €**
(env. 900 FF à 485.000 FF)
Préjudice moral : dommage esthétique (env. 98.000 FF) **15.000 €**
Capital DECES (env. 19.000 FF) **3.000 €**

VOS BAGAGES ET BIENS PERSONNELS A L'ETRANGER

Vêtements, objets personnels pendant toute la durée de votre voyage à l'étranger :
vols, perte, accidents, incendie, (env. 6.500 FF) **1.000 €**
Dont APPAREILS PHOTO et objets de valeurs (env. 1.900 FF) **300 €**

À PARTIR DE 4 PERSONNES
TARIFS
"Spécial Famille"
Nous consulter Tel. : 01 44 63 51 00
Souscription en ligne : www.avi-international.com

routard
ASSISTANCE
L'ASSURANCE VOYAGE
INTEGRALE A L'ETRANGER

BULLETIN D'INSCRIPTION

NOM : M. Mme Melle |___|___|___|___|___|___|___|___|___|___|___|___|

PRENOM : |___|___|___|___|___|___|___|___|___|___|___|___|___|

DATE DE NAISSANCE : |___|___|___|___|___|___|___|

ADRESSE PERSONNELLE : |___|___|___|___|___|___|___|___|___|

|___|___|___|___|___|___|___|___|___|___|___|___|___|___|

|___|___|___|___|___|___|___|___|___|___|___|___|___|___|

CODE POSTAL : |___|___|___|___|___| TEL. |___|___|___|___|___|___|___|___|___|___|

VILLE : |___|___|___|___|___|___|___|___|___|___|___|___|___|

DESTINATION PRINCIPALE...

Calculer exactement votre tarif en SEMAINES selon la durée de votre voyage :

7 JOURS DU CALENDRIER = 1 SEMAINE

Pour un Long Voyage (2 mois…), demandez le **PLAN MARCO POLO**

COTISATION FORFAITAIRE 2006-2007
Tarif inchangé depuis 2002

VOYAGE DU|___|___|___|___|___| AU |___|___|___|___|___| = |___|___|
                                                               SEMAINES

Prix spécial *«JEUNES»* (3 à 40 ans) : **20 € x** |___|___| = |___|___|___| €

De 41 à 60 ans (et – de 3 ans) : **30 € x** |___|___| = |___|___|___| €

De 61 à 65 ans : **40 € x** |___|___| = |___|___|___| €

Tarif "**SPECIAL FAMILLES**" 4 personnes et plus : **Nous consulter au 01 44 63 51 00**
Souscription en ligne : www.avi-international.com

Chèque à l'ordre de ROUTARD ASSISTANCE – *A.V.I. International*
28, rue de Mogador – 75009 PARIS – FRANCE - Tél. 01 44 63 51 00
Métro : Trinité – Chaussée d'Antin / RER : Auber – Fax : 01 42 80 41 57

ou Carte bancaire : Visa ☐   Mastercard ☐   Amex ☐

N° de carte : |___|___|___|___|___|___|___|___|___|___|___|___|___|___|___|___|

Date d'expiration : |___|___| |___|___| Signature

Je déclare être en bonne santé, et savoir que les maladies
ou accidents antérieurs à mon inscription ne sont pas assurés.

Signature :

Faites des copies de cette page pour assurer vos compagnons de voyage…

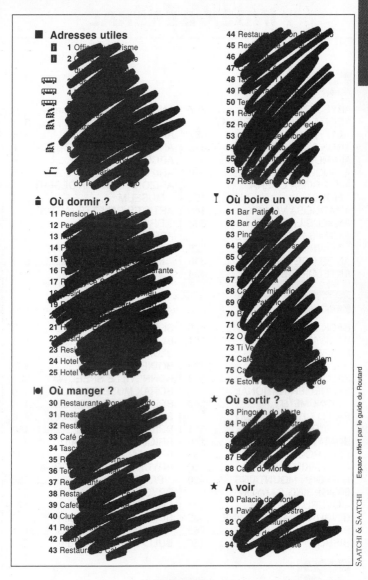

■ **Adresses utiles**

ℹ 1 Offic̶e̶ ̶ risme
ℹ 2 C̶

2̶
4̶

8̶

🛏 **Où dormir ?**

11 Pension D̶u̶ ̶ ̶ ̶
12 Pen̶
13
14 P̶
15 R̶
16 R̶ ̶ ̶ ̶ rante
17 R̶ ̶ Ca
18̶ ̶ sida̶ ̶ ̶ ̶ ̶
19 ̶
2̶
21 H̶
22̶ ̶ side
23 Resi̶
24 Hotel
25 Hotel ̶ ascu̶

🍴 **Où manger ?**

30 Restaurante Don̶ ̶ ̶ ̶ do
31 Resta̶
32 Resta̶ ̶ ̶
33 Café d̶
34 Tasc̶
35 R̶ ̶ ̶ erne
36 Ter̶
37 Res̶ ̶ rante
38 Restau̶
39 Cafet̶
40 Club̶
41 Res̶
42 R̶ ̶ en̶
43 Restaur̶ C̶

44 Restaur̶ ̶ on̶ ̶ ̶ ̶ o
45 Res̶
46
47 C̶
48 Ta̶
49 P̶
50 Ter̶
51 Res̶ ̶ ̶ em
52 Re̶ ̶ Do̶ ̶ edr̶
53 C̶ ̶ el̶ ̶ ont̶
54 ̶ ̶ ento
55 ̶
56 P̶
57 Rest̶ ̶ ̶ Chmo

🍷 **Où boire un verre ?**

61 Bar Patin̶ o
62 Bar do̶ ̶ ̶
63 Pinc̶
64 B̶ ̶ ̶ s
65 C̶
66 ̶ ̶ ha
67 ̶
68 Ca̶ ̶ mi̶ ̶ ric̶
69 C̶ ̶ Patin̶ o
70 B̶
71 C̶
72 O̶ ̶ ̶
73 Ti Ve̶
74 Café ̶ ̶ ̶ em
75 Ca̶
76 Estori̶ ̶ ̶ ̶ rde

★ **Où sortir ?**

83 Pingo̶ ̶ in do Norte
84 Pav̶ ̶ ̶ stre
85̶
8̶ ̶ ̶ ̶ ̶ a
87 B̶
88 Casa do Mon̶ ̶

★ **A voir**

90 Palacio do̶ ̶ onte̶
91 Pavi̶ ̶ ̶ estre
92 C̶ ̶ ̶ ural̶
93 ̶ ̶ e d̶
94 ̶ ̶ ote

Espace offert par le guide du Routard

SAATCHI & SAATCHI

reporters
sans frontières

www.rsf.org

N'attendez pas qu'on vous prive de l'information pour la défendre.

INDEX GÉNÉRAL

– D –

– E –

– F –

– G –

– H –

– I-J –

– K –

– T –

INDEX

– U –

OÙ TROUVER LES CARTES ET LES PLANS ?

INDEX

les **Routards** *parlent aux* **Routards**

Faites-nous part de vos expériences, de vos découvertes, de vos tuyaux.
Indiquez-nous les renseignements périmés. Aidez-nous à remettre l'ouvrage à jour.
Faites profiter les autres de vos adresses nouvelles, combines géniales... On adresse un exemplaire gratuit de la prochaine édition à ceux qui nous envoient les lettres les meilleures, pour la qualité et la pertinence des informations. Quelques conseils cependant :
– Envoyez-nous votre courrier le plus tôt possible afin que l'on puisse insérer vos tuyaux sur la prochaine édition.
– N'oubliez pas de préciser l'ouvrage que vous désirez recevoir.
– Vérifiez que vos remarques concernent l'édition en cours et notez les pages du . guide concernées par vos observations.
– Quand vous indiquez des hôtels ou des restaurants, pensez à signaler leur adresse précise et, pour les grandes villes, les moyens de transport pour y aller. Si vous le pouvez, joignez la carte de visite de l'hôtel ou du resto décrit.
– N'écrivez si possible que d'un côté de la lettre (et non recto verso).
– Bien sûr, on s'arrache moins les yeux sur les lettres dactylographiées ou correctement écrites !

Le Guide du routard : 5, rue de l'Arrivée, 92190 Meudon

E-mail : guide@routard.com
Internet : www.routard.com

Les **Trophées** *du* **Routard**

Parce que le *Guide du routard* défend certaines valeurs : Droits de l'homme, solidarité, respect des autres, des cultures et de l'environnement, les Trophées du Routard soutiennent des actions à but humanitaire, en France ou à l'étranger, montées et réalisées par des équipes de 2 personnes de 18 ans à 30 ans.
Pour la seconde édition des Trophées du Routard 2005, 6 équipes sont parties, chacune avec une bourse et 2 billets d'avion en poche, pour donner de leur temps et de leur savoir-faire aux 4 coins du monde. Certains vont recenser des sites de tourisme solidaire au Sénégal, installer du matériel informatique dans une école au Burkina Faso, créer un atelier de couture au Vietnam ; d'autres vont perfectionner la production d'une microentreprise laitière au Burkina Faso, aider une association d'orphelins à accéder à l'auto-financement par l'élevage bovin au Congo ou encore construire un puits en Inde.
Ces projets ont pu être menés à bien grâce à l'implication de nos partenaires qui nous soutiennent depuis le début : le Crédit Coopératif ● www.credit-cooperatif.coop ● et l'Unat ● www.unat.asso.fr ●

Routard Assistance *2006*

Routard Assistance, c'est l'Assurance Voyage Intégrale sans franchise que nous avons négociée avec les meilleures compagnies, Assistance complète avec rapatriement médical illimité. Dépenses de santé et frais d'hôpital pris en charge directement sans franchise jusqu'à 300 000 € + caution + défense pénale + responsabilité civile + tous risques bagages et photos. Assurance personnelle accidents : 75 000 €. Très complet ! Le tarif à la semaine vous donne une grande souplesse. Tableau des garanties et bulletin d'inscription à la fin de chaque *Guide du routard* étranger. Si votre départ est très proche, vous pouvez vous assurer par fax : 01-42-80-41-57, en indiquant le numéro de votre carte de paiement. Pour en savoir plus : ☎ 01-44-63-51-00 ; ou, encore mieux, sur notre site : ● www.routard.com ●

Photocomposé par MCP - Groupe Jouve
Imprimé en France par Aubin
Dépôt légal n° 64087-1/2006
Collection n° 13 - Édition n° 01
24/0347/5
I.S.B.N. 2.01.24.0347-6